PUBLICATIONS DE L'INSTITUT ORIENTALISTE DE LOUVAIN

3

UNTERSUCHUNGEN ZUM KOPTISCHEN STUNDENGEBET

von

Hans QUECKE

UNIVERSITÉ CATHOLIQUE DE LOUVAIN
INSTITUT ORIENTALISTE
LOUVAIN
1970

UNTERSUCHUNGEN
ZUM KOPTISCHEN STUNDENGEBET

PUBLICATIONS DE L'INSTITUT ORIENTALISTE DE LOUVAIN

3

UNTERSUCHUNGEN ZUM KOPTISCHEN STUNDENGEBET

von

Hans QUECKE

UNIVERSITÉ CATHOLIQUE DE LOUVAIN
INSTITUT ORIENTALISTE
LOUVAIN
1970

D. 1970/0602/12

INHALTSVERZEICHNIS

VERZEICHNIS DER BIBLIOGRAPHISCHEN ABKÜRZUNGEN

ʿABD AL-MASĪḤ, *Canon of the Resurrection* = Y. ʿABD AL-MASĪḤ, *The Canon of the Ressurrection* "ⲦⲈⲚⲚⲀⲨ", in *Bulletin de la Société d'Archéologie Copte* 14 (1950/7) 23–35.

ABD AL-MASIH, *Doxologies* = Yassa ABD AL-MASIH, *Doxologies in the Coptic Church. Unedited Ṣaʿidic Doxologies.* Volumes XIII and XIV of the *Pierpont Morgan Collection of Coptic MSS.*, in *Bulletin de la Société d'Archéologie Copte* 5 (1939) 175–191.

ʿABD AL-MASĪḤ, *Hymn of the Three Children* = Yassā ʿABD AL-MASĪḤ, *The Hymn of the Three Children in the Furnace*, in *Bulletin de la Société d'Archéologie Copte* 12 (1946/7) 1–15.

ʿABD AL-MASIH, *Psali* = YASSA ʿABD AL-MASIH, *A Greco-Arabic Psali*, in *Bulletin de l'Institut des Études Coptes* 1958, S. 77–100.

Abendgebet = KĪRILLUS KĪRILLUS, *Ṭaqs ṣalāt ʿašīyah* (Helwan, o. J.)

Abū 'l-Barakāt, *Lampe* = *Miṣbāḥ aẓ-ẓulmah l-īḍāḥ al-ḫidmah l-Ibn Kabar.* Band 1 (Kairo 1950).

Abū Ṣāliḥ, *Churches* = *The Churches and Monasteries of Egypt and Some Neighbouring Countries attributed to Abû Ṣâliḥ, the Armenian.* Edited and translated by B. T. A. EVETTS. With added notes by Alfred J. BUTLER (*Anecdota Oxoniensia*; Oxford 1894 und 1895).

Äthiop. Horol. = *Maṣḥafa saʿatāt* [Vatikanstadt 1952].

Äthiop. Synax. = Sylvain GRÉBAUT, *Le Synaxaire éthiopien. Les mois Tâḥschâsch, Ṭer et Yakâtit publiés et traduits* [1. Teil], in *Patrol. Orient.* 15 (1927) 543–798 [1–256] (= Fasz. 5).

ALIBIZATOS, *Antiphonar* = Amilkas ALIBIZATOS, *'Ἀντιφωνάριον*, in *'Ἐγκυκλοπαιδικὸν Λεξικόν ('Ἐλευθερουδάκη)*, Band 1 (Athen 1927) 231b–232a.

AMÉLINEAU, *Moines* = E. AMÉLINEAU, *Les moines égyptiens. Vie de Schnoudi* (*Annales du Musée Guimet. Bibliothèque de vulgarisation*; Paris 1889).

AMÉLINEAU, *Monuments* = E. AMÉLINEAU, *Monuments pour servir à l'histoire de l'Égypte chrétienne aux IVᵉ et Vᵉ siècles* und *Monuments pour servir à l'histoire de l'Égypte chrétienne aux IVᵉ, Vᵉ,VIᵉ et VIIᵉ siècles* (*Mémoires publiés par les membres de la Mission archéologique française au Caire* 4,1–2; Paris 1888 und 1895).

AMÉLINEAU, *Œuvres* = *Œuvres de Schenoudi.* Texte copte et traduction française par E. AMÉLINEAU. 2 Bände, jeder in 3 Lieferungen (Paris 1907/14).

AMUNDSEN, *P. Oslo* = Leiv AMUNDSEN, *Christian Papyri from the Oslo Collection*, in *Symbolae Osloenses* 24 (1945) 121–147.

Armen. Horol. = *Kargaworutʿiwn hasarakacʿ alōtʿicʿ* (Vortitel: *Žamagirkʿ*) (Venedig 1934).

Armen. Offiz. = *Kargaworutʿiwn hasarakacʿ alōtʿicʿ* (Venedig 1898). [Darin, mit eigener Paginierung, das Horologion; allein darauf wird im folgenden Bezug genommen.]

ASSEMANI, *Catalogus* = Stephanus Evodius ASSEMANUS et Joseph Simonius ASSEMANUS, *Bibliothecae Apostolicae Vaticanae codicum manuscriptorum catalogus* 1,3 (Rom 1759).

ASSFALG, *Ordnung* = Julius ASSFALG, *Die Ordnung des Priestertums. Ein altes liturgisches Handbuch der koptischen Kirche* (*Publications du Centre d'Études Orientales de la Custodie Franciscaine de Terre-Sainte. Coptica* 1; Kairo 1955).

Athan., *De Virg.* = Λόγος σωτηρίας πρὸς τὴν παρθένον (*De Virginitate*). *Eine echte Schrift des Athanasius.* Von Eduard VON DER GOLTZ (*Texte und Untersuchungen* N. F. 14,2a; Leipzig 1905).

ATIYA, *Manuscripts* = Aziz Suryal ATIYA, *The Arabic Manuscripts of Mount Sinai. A hand-list of the Arabic manuscripts and scrolls microfilmed at the library of the Monastery of St. Catherine, Mount Sinai.* Foreword by Wendell PHILLIPS (Baltimore 1955).

AUDET, *Didachè* = Jean-Paul AUDET, *La Didachè. Instruction des apôtres* (*Études Bibliques*; Paris 1958).

AUFHAUSER, *Miracula* = *Miracula S. Georgii.* Ed. Joannes B. AUFHAUSER (*Bibliotheca Teubneriana*; Leipzig 1913).

BACHT, *Antonius und Pachomius* = Heinrich BACHT, *Antonius und Pachomius. Von der Anachorese zum Cönobitentum,* in *Antonius Magnus Eremita 356-1956. Studia ad antiquum monasticismum spectantia* cura Basilii STEIDLE (*Studia Anselmiana* 38; Rom 1956) 66–107.

BACHT, *Meditatio* = Heinrich BACHT, »Meditatio« *in den ältesten Mönchsquellen,* in *Geist und Leben* 28 (1955) 360–373.

BAETHGEN, *Psalmen* = Friedrich BAETHGEN, *Die Psalmen* übersetzt und erklärt. 3., neubearb. Aufl. (*Handkommentar zum Alten Testament,* II. Abt., 2. Bd.; Göttingen 1904).

BALESTRI, *Sarapione* = G. BALESTRI, *Il martirio di Apa Sarapione di Panefôsi,* in *Bessarione* 2. S. 9 (1905) 33–50 (continua).

BALESTRI-HYVERNAT, *Acta Mart.* = I. BALESTRI et H. HYVERNAT, *Acta Martyrum* (*Corpus Script. Christ. Orient.,* Script. Copt., Ser. tertia, tom. 1 et 2; Paris 1907 und 1924).

BĀNŪB, *Schätze* = BĀNŪB 'ABDUH, *Kunūz an-ni'mah li-ma'ūnah ḥuddām al-kalimah fī šarḥ anāǧil as-sanah 't-tūtīyah.* 4 Band: Fastenzeit (Kairo 1958).

BARDELLI, *Daniel* = *Daniel copto-memphitice.* Ed. Joseph BARDELLI (Pisa 1849).

BAUMSTARK, *Festbrevier* = Anton BAUMSTARK, *Festbrevier und Kirchenjahr der syrischen Jakobiten. Eine liturgiegeschichtliche Vorarbeit* (*Studien zur Geschichte und Kultur des Altertums* 3,3–5; Paderborn 1910).

BAUMSTARK, *Frühchristl. Theotokion* = Anton BAUMSTARK, *Ein frühchristliches Theotokion in mehrsprachiger Überlieferung und verwandte Texte des ambrosianischen Ritus,* in *Oriens Christianus* N. S. 9 (1920) 36–61.

BAUMSTARK, *Literaturen* = Anton BAUMSTARK, *Die christlichen Literaturen des Ostens.* 2. Bd.: II. *Das christlich-arabische und das äthiopische Schrifttum.* III. *Das christliche Schrifttum der Armenier und Georgier* (*Sammlung Göschen*; Leipzig 1911).

BAUMSTARK, *Liturgie comparée* = A. BAUMSTARK, *Liturgie comparée.* Conférences faites au Prieuré d'Amay. Edition refondue (Chevetogne [1939]).

BAUMSTARK, *Messe* = Anton BAUMSTARK, *Die Messe im Morgenland* (*Sammlung Kösel* 8; Kempten-München 1906).

BAUMSTARK, *Nocturna Laus* = Anton BAUMSTARK, *Nocturna Laus. Typen frühchristlicher Vigilienfeier und ihr Fortleben vor allem im römischen und monastischen Ritus.* Fotomechanischer Nachdruck der 1957 erschienenen Ausgabe mit Ergänzungen von Odilo HEIMING (*Liturgiewissenschaftliche Quellen und Forschungen* 32; Münster 1967).

BAUMSTARK, *Paläst. Erbe* = Anton BAUMSTARK, *Palästinensisches Erbe im byzantinischen und koptischen Horologion*, in *Atti del V congresso internazionale di studi bizantini. Roma 20-26 settembre 1936*. II : *Archeologia e storia dell'arte, liturgia e musica, cronaca del congresso* (*Studi bizantini e neoellenici* 6; Rom 1940) 463–469.

BAUMSTARK, *Passionsgesänge* = Anton BAUMSTARK, *Drei griechische Passionsgesänge ägyptischer Liturgie. Versuch einer Textgestaltung*, in *Oriens Christianus* 3. S. 3–4 (1928/9) 69–78.

BAUMSTARK, *Textüberlieferung* = Anton BAUMSTARK, *Die Textüberlieferung des »Hymnus angelicus«*, in *Hundert Jahre A. Marcus und E. Webers Verlag 1818–1918* (Bonn 1919) 83–87.

BECK, *Kirche* = Hans-Georg BECK, *Kirche und theologische Literatur im byzantinischen Reich* (*Handbuch der Altertumswissenschaft*, 12. Abt., 2,1; München 1959).

BEER, *Pesachim* = *Pesachim (Ostern)*. Text, Übersetzung und Erklärung. Von Georg BEER (*Die Mischna*. Text, Übersetzung und ausführliche Erklärung II 3; Gießen 1912).

BELOT, *Vocabulaire* = J. B. BELOT, *Vocabulaire arabe-français à l'usage des étudiants*. 16. Aufl. (Beirut 1951).

Bened. Reg. = *Benedicti Regula*. Rec. Rudolphus HANSLIK (*Corpus Script. Eccles. Latin.* 75; Wien 1960).

BEVERIDGE, *Synodicon* = Guilielmus BEVEREGIUS, *Συνοδικόν sive Pandectae Canonum SS. Apostolorum et Conciliorum ab Ecclesia Greca receptorum*. 2 Bände (Oxford 1672).

BKU = *Ägyptische Urkunden aus den Königlichen Museen zu Berlin*. Herausgegeben von der Generalverwaltung. *Koptische Urkunden*, 1. Band (Berlin 1904).

BLACK, *Horologion* = Matthew BLACK, *A Christian Palestinian Syriac Horologion* (Berlin MS. Or. Oct. *1019*) (*Texts and Studies* N. S. 1; Cambridge 1954).

BLACK, *Rituale* = Matthew BLACK, *Rituale Melchitarum. A Christian Palestinian Euchologion* (*Bonner orientalistische Studien* 22; Stuttgart 1938).

BLUME, *Engelhymnus* = Clemens BLUME, *Der Engelhymnus Gloria in excelsis Deo. Sein Ursprung und seine Entwicklung*, in *Stimmen aus Maria-Laach* 73 (1907) 43–62.

BÖHLIG, *Bibelübers.* = A. BÖHLIG, *Koptische Bibelübersetzungen*, in *Lexikon für Theologie und Kirche*. 2. Aufl. Hrsg. von Josef HÖFER und Karl RAHNER. 2. Band (Freiburg 1958) 392–394.

BÖHLIG, *Lehnwörter* = Alexander BÖHLIG, *Die griechischen Lehnwörter im sahidischen und bohairischen Neuen Testament* (*Studien zur Erforschung des christlichen Ägyptens* 2; München 1954).

BÖHLIG, *Synaxeis* = Alexander BÖHLIG, *Zu den Synaxeis des Lebendigen Evangeliums*, in A. BÖHLIG, *Mysterion und Wahrheit. Gesammelte Beiträge zur spätantiken Religionsgeschichte* (*Arbeiten zur Geschichte des späteren Judentums und des Urchristentums* 6; Leiden 1968) 222–227.

BÖHLIG-LABIB, *Schrift ohne Titel* = *Die koptisch-gnostische Schrift ohne Titel aus Codex II von Nag Hammadi im Koptischen Museum zu Alt-Kairo*. Herausgegeben, übersetzt und bearbeitet von Alexander BÖHLIG und Pahor LABIB (*Deutsche Akademie der Wissenschaften zu Berlin. Institut für Orientforschung*. Veröffentlichung Nr. 58; Berlin 1962).

BOTTE, *Heures* = Bernard BOTTE, *Les heures de prière dans la «Tradition Apostolique» et les documents dérivés*, in Monseigneur CASSIEN et Bernard BOTTE, *La prière des heures* (*Lex Orandi* 35; Paris 1963) 101–115.

BOURIANT, *Concile d'Éphèse* = U. BOURIANT, *La bibliothèque du Deïr-Amba Shenoudi.* 2. Teil: *Actes du Concile d'Éphèse.* Texte copte publié et traduit (*Mémoires publiés par les membres de la Mission archéologique française au Caire* 8,1; Paris 1892).

BOUSSET, *Apophthegmata* = Wilhelm BOUSSET, *Apophthegmata. Studien zur Geschichte des ältesten Mönchtums* (Tübingen 1923).

Brev. Armen. = *Breviarium Armenum sive dispositio communium Armeniacae Ecclesiae precum.* Nunc primum in latinam linguam translatum (Venedig 1908).

Brev. Chald. = *Breviarium iuxta ritum Syrorum Orientalium id est Chaldaeorum.* 3 Bände (Rom 1938).

Brev. Syr. = *Breviarum juxta ritum Ecclesiae Antiochenae Syrorum.* Bd. 2 (Mosul 1886); Bd. 4 (1891).

BRIGHTMAN, *Liturgies* = F. E. BRIGHTMAN, *Liturgies Eastern and Western.* Bd. 1 (Oxford 1896).

BRINKTRINE, *Gloria* = Joh. BRINKTRINE, *Zur Entstehung und Erklärung des Gloria in excelsis,* in *Römische Quartalschrift* 35 (1927) 303–315.

BROGI, *Salmodia* = *La Santa Salmodia Annuale della Chiesa copta.* Traduzione, introduzione e annotazione di Marco BROGI. Prefazione di Gabriele GIAMBERARDINI (*Studia Orientalia Christiana. Aegyptiaca*; Kairo 1962);

BROOKS, *Hymns* = James of Edessa, *The Hymns of Severus of Antioch and Others.* Syriac Version edited and translated by E. W. BROOKS. 2. Teil, in *Patrol. Orient.* 7 (1911) 593–802 [181–390] (= Fasz. 5).

BRUNTON, *Qau* = Guy BRUNTON, *Qau and Badari* III ([*Publications of the Egyptian Research Account and British School of Archaeology in Egypt* 50]; London 1930).

BUDGE, *Book of the Saints* = E. A. Wallis BUDGE, *The Book of the Saints of the Ethiopian Church.* A translation of the Ethiopic Synaxarium. 4 Bände (Cambridge 1928).

BUDGE, *Homilies* = E. A. Wallis BUDGE, *Coptic Homilies in the Dialect of Upper Egypt, Edited from the Papyrus Codex Oriental 5001 in the British Museum* (London 1910).

BUDGE, *Miscell. Texts* = E. A. Wallis BUDGE, *Miscellaneous Coptic Texts in the Dialect of Upper Egypt.* Edited with English translations (London 1915).

BUDGE, *Psalter* = E. A. Wallis BUDGE, *The Earliest Known Coptic Psalter* (London 1898).

BURMESTER, *Consecration of the Patriarch* = *The Rite of Consecration of the Patriarch of the Patriarch of Alexandria (Text according to MS. 253 Lit., Coptic Museum).* Translated and annotated by O. H. E. KHS-BURMESTER (*Publications de la Société d'Archéologie Copte.* Textes et documents; Kairo 1960).

BURMESTER, *Copts in Cyprus* = O. H. E. KHS-BURMESTER, *The Copts in Cyprus,* in *Bulletin de la Société d'Archéologie Copte* 7 (1941) 9–13.

BURMESTER, *Four Folios* = O. H. E. KHS-BURMESTER, *Four Parchment Folios of a Bohairic Horologion from Scetis,* in *Bulletin de la Société d'Archéologie Copte* 17 (1963/4) 49–56.

BURMESTER, *Fragments* = O. H. E. KHS-BURMESTER, *Fragments of a Ṣa'idic Horologion from Scetis,* in *Bulletin de la Société d'Archéologie Copte* 18 (1965/6) 23–45.

BURMESTER, *Fragments Jo* = O. H. E. KHS-BURMESTER, *New Fragments from the Gospel of Saint John in the Ṣa'idic Dialect,* in *Studia Orientalia Christiana. Collectanea* 9 (1964) 207–221.

BURMESTER, *Hours* = O. H. E. BURMESTER, *The Canonical Hours of the Coptic Church,* in *Orientalia Christiana Periodica* 2 (1936) 78–100.

BURMESTER, *Lectionnaire* = O. H. E. BURMESTER, *Le lectionnaire de la Semaine Sainte* II, in *Patrol. Orient.* 25 (1943) 175–485 [127–437] (= Fasz. 2).

BURMESTER, *Liturgical Services* = O. H. E. KHS-BURMESTER, *The Egyptian or Coptic Church. A Detailed Description of Her Liturgical Services and the Rites and Ceremonies Observed in the Administration of Her Sacraments (Publications de la Société d'Archéologie Copte.* Textes et documents; Kairo 1967).

BURMESTER, *Observance liturgique* = O. H. E. KHS-BURMESTER, *L'observance liturgique du monachisme et son influence sur l'Église,* in *Pachomiana. Commémoration du XVIe Centenaire de St Pacôme l'Égyptien (348-1948) (Publications du Centre d'Études Orientales de la Custodie Franciscaine de Terre-Sainte. Coptica* 3; Kairo 1955) 31–45.

BURMESTER, *Rites* = O. H. E. HADJI-BURMESTER, *Rites and Ceremonies of the Coptic Church,* Part 3, in *The Eastern Churches Quarterly* 8 (1949/50) 291–316.

BURMESTER, *Ṭurūḥāt* = O. H. E. BURMESTER, *The Ṭurūḥāt of the Coptic Church,* in *Orientalia Christiana Periodica* 3 (1937) 78–109.

BURMESTER-DÉVAUD, *Psalterium* = *Psalterii versio memphitica* e recognitione Pauli DE LAGARDE. Réédition avec le texte copte en caractères coptes par Oswald H. E. BURMESTER et Eugène DÉVAUD (Löwen 1925).

BUTE, *Morning Service* = John, Marquis of BUTE, *The Coptic Morning Service for the Lord's Day (Christian Liturgies;* London 1908).

BUTLER, *Churches* = Alfred J. BUTLER, *The Ancient Coptic Churches of Egypt.* 2 Bände (Oxford 1884).

BUTLER, *Hist. Laus.* = Cuthbert BUTLER, *The Lausiac History of Palladius.* II : The Greek text edited with introduction and notes *(Texts and Studies* 6,2; Cambridge 1904).

Byzant. Horol. = Ὡρολόγιον. 2. Aufl. (Rom 1937).

Byzant. Horol. (georg.) = *Žamni.* Tiflis 1866[1].

CAPELLE, *Gloria* = Bernard CAPELLE, *Le texte du «Gloria in excelsis»,* in *Revue d'histoire ecclésiastique* 44 (1949) 439–457.

CAVALLO, *Ricerche* = Guglielmo CAVALLO, *Ricerche sulla maiuscola biblica (Studi e testi di papirologia editi dall'Istituto papirologico «G. Vitelli» di Firenze* 2; Florenz 1967).

CERULLI, *Miracoli di Maria* = Enrico CERULLI, *Il libro etiopico dei miracoli di Maria e le sue fonti nelle letterature del medio evo latino (R. Università di Roma. Studi orientali pubblicati a cura della scuola orientale* 1; Rom 1943).

CEUGNEY, *Fragments* = Ch. CEUGNEY, *Quelques fragments coptes-thébains inédits de la Bibliothèque Nationale,* in *Recueil de travaux relatifs à la philologie et à l'archéologie égyptiennes et assyriennes* 2 (1880) 94–105.

CHABOT, *Bibliothèque* = J.-B. CHABOT, *La bibliothèque du couvent de Saint-Michel au Fayoum,* in *Journal des Savants* N. S. 10 (1912) 179–182.

CHABOT, *Inventaire* = J.-B. CHABOT, *Inventaire sommaire des manuscrits coptes de la Bibliothèque Nationale,* in *Revue des bibliothèques* 16 (1906) 351–367.

CHAÎNE, *Apophthegmata* = M. CHAÎNE, *Le manuscrit de la version copte en dialecte sahidique des «Apophthegmata Patrum» (Publications de l'Institut français d'Archéologie orientale. Bibliothèque d'études coptes* 6; Kairo 1960).

CHAÎNE, *Hist. Laus.* = M. CHAÎNE, *La double recension de l'Histoire Lausiaque dans la version copte,* in *Revue de l'Orient chrétien* 25 (1925/6) 232–275.

[1] Das von mir benutzte Exemplar der Vatikanischen Bibliothek (Signatur: R. G. Liturgia. III.309) hat kein Titelblatt. Bibliographische Angaben nach dem Katalog der Bibliothek.

Chaîne, *Syméon stylite* = M. Chaîne, *La vie et les miracles de Saint Syméon stylite l'ancien* (*Publications de l'Institut français d'Archéologie orientale. Bibliothèque d'études coptes* 3; Kairo 1948).

Chassinat, *Fragments* = Émile Chassinat, *Fragments de manuscrits coptes en dialecte fayoumique*, in *Bulletin de l'Institut français d'Archéologie orientale* 2 (1902) 171–206.

Check List = [Henry Hyvernat], *A Check List of Coptic Manuscripts in the Pierpont Morgan Library* (New York 1919).

Choiak-Psalm. (1764) = ⲡⲓⲭⲱⲙ ⲛⲧⲉ ⲛⲓⲑⲉⲟⲧⲟⲕⲓⲁ ⲛⲉⲙ ⲕⲁⲧⲁ ⲧⲁⲝⲓⲥ ⲛⲧⲉ ⲡⲓⲁⲃⲟⲧ ⲭⲟⲓⲁⲕ. [Ed. Rāfāyīl Ṭūḥī (Rom 1764)][2].

Choiak-Psalm. (1911) = ⲡⲓⲭⲱⲙ ⲛⲧⲉ ϯⲯⲁⲗⲙⲱⲇⲓⲁ ⲉ̄ⲑ̄ⲩ̄ ⲛⲧⲉ ⲡⲓⲁⲃⲟⲧ ⲭⲟⲓⲁⲕ. Ed. Iqlawdiyūs Labīb (Kairo 1911–1921)[3].

Choiak-Psalm. (1955) = ⲡⲓⲭⲱⲙ ⲛⲧⲉ ϯⲯⲁⲗⲙⲱⲇⲓⲁ ⲉ̄ⲑ̄ⲩ̄ ⲛⲧⲉ ⲡⲓⲁⲃⲟⲧ ⲭⲟⲓⲁⲕ. Ed. ʿAṭā-ʾllāh Arsāniyūs al-Muḥarraqī (Kairo 1955).

Christ-Paranikas, *Anthologia* = *Anthologia Graeca Carminum Christianorum*. Adornaverunt W. Christ et M. Paranikas (Leipzig 1871).

Ciasca-Balestri, *Fragm. copto-sah.* = *Sacrorum Bibliorum fragmenta copto-sahidica Musei Borgiani*. Volumen 1 et 2 [Vetus Testamentum] studio Augustini Ciasca (Rom 1885 und 1889). Vol. 3. — Novum Testamentum edidit J. Balestri (Rom 1904).

Clark, *Checklist* = *Checklist of Manuscripts in St. Catherine's Monastery, Mount Sinai, Microfilmed for the Library of Congress, 1950*. Prepared under the direction of Kenneth W. Clark (Washington 1952).

Clédat, *Baouît* = Jean Clédat, *Le monastère et la nécropole de Baouît* (*Mémoires publiés par les membres de l'Institut français d'Archéologie orientale du Caire* 12; Kairo 1904).

Clugnet, *Dictionnaire* = Léon Clugnet, *Dictionnaire grec-français des noms liturgiques en usage dans l'Eglise Grecque* (Paris 1895).

Cod. Aeth. = *Codices Aethiopici Vaticani et Borgiani, Barberinianus orientalis 2, Rossianus 865*. Recensuerunt Silvanus Grébaut et Eugenius Tisserant. 2 Bände (*Bybliothecae Apostolicae Vaticanae codices manu scripti recensiti*; Vatikanstadt 1935 und 1936).

Cod. Alex. = [T. C. Skeat], *The Codex Alexandrinus (Royal MS. 1 D. v-viii)* in reduced photographic facsimile. Old Testament, Part IV (London 1957).

Cod. Copt. = *Codices Coptici Vaticani, Barberiniani, Borgiani, Rossiani*. I : *Codices Coptici Vaticani*. Recensuerunt Adulphus Hebbelynck et Arnoldus van Lantschoot. II 1 : *Codices Barberiniani orientales 2 et 17, Borgiani coptici 1-108*. Recensuit Arnoldus van Lantschoot (*Bibliothecae Apostolicae Vaticanae codices manu scripti recensiti*; Vatikanstadt 1937 und 1947).

Cod. Iustin. = *Codex Iustinianus*. Ed. Paulus Krueger. Ed. undecima lucis ope expressa (*Corpus Iuris Civilis*. Vol. sec.; Berlin 1954).

[2] Dies die einzige Ausgabe der Unierten. Die Ausgaben von 1911 und 1955 sind solche der Orthodoxen.

[3] Nach Malak ist Labibs Ausgabe der Choiak-Psalmodie in zwei Auflagen erschienen, zuerst 1911, dann 1921 (*Livres Liturgiques* 19). Wenn ich die Angaben der beiden mir zugänglichen Exemplare dieses Buches recht verstehe, handelt es sich um eine einzige Ausgabe, die von 1911 bis 1921 faszikelweise erschienen ist (vgl. auch Graf, *Geschichte* I 650).

COLOMBÁS, *Benito = San Benito. Su vida y su Regla.* Dirección e introducciones de García M. COLOMBÁS. Versiones de León M. SANSEGUNDO. Comentarios y notas de Odilón M. CUNILL (*Biblioteca de Autores Cristianos* 115; Madrid 1954).

CONYBEARE, *Rituale = Rituale Armenorum. Being the Administration of the Sacraments and the Breviary Rites of the Armenian Church together with the Greek Rites of Baptism and Epiphany* edited from the oldest MSS. by F. C. CONYBEARE and *The East Syrian Epiphany Rites* translated by A. J. MACLEAN (Oxford 1905).

COQUIN, *Abū 'l-Barakāt* = R. COQUIN, *Kabar (Šams ar-Ri'āsa Abū 'l-Barakāt, surnommé Ibn Kabar),* in *Catholicisme. Hier, aujourd'hui, demain.* Encyclopédie publiée sous la direction de G. JACQUEMET, Band 6 (Paris [1967]) 1349–1351.

COQUIN, *Canons d'Hippolyte* = René-Georges COQUIN, *Le Canons d'Hippolyte.* Edition critique de la version arabe, introduction et traduction française, in *Patrol. Orient.* 31, S. 269–444 [1–176] (= Fasz. 2; Paris 1966).

CRAMER, *Buchmalerei* = Maria CRAMER, *Koptische Buchmalerei. Illuminationen in Manuskripten des christlich-koptischen Ägypten vom 4. bis 19. Jahrhundert* (Recklinghausen 1964).

CRAMER, *Christl.-kopt. Ägypten* = Maria CRAMER. *Das christlich-koptische Ägypten einst und heute. Eine Orientierung* (Wiesbaden 1959).

CRAMER, *Hymnologie* = Maria CRAMER, *Koptische Hymnologie in deutscher Übersetzung. Eine Auswahl aus saidischen und bohairischen Antiphonarien vom 9. Jahrhundert bis zur Gegenwart* (Wiesbaden 1969).

CRAMER, *Liturgical MSS.* = Maria CRAMER, *Some Unpublished Coptic Liturgical Manuscripts in the John Rylands Library,* in *Bulletin of the John Rylands Library* 50 (1967/8) 308–316.

CRAMER, *Paläographie* = Maria CRAMER, *Koptische Paläographie* (Wiesbaden 1964).

CRAMER, *Pascha-Bücher* = Maria CRAMER, *Studien zu koptischen Pascha-Büchern. Der Ritus der Karwoche in der koptischen Kirche. Eine liturgiegeschichtliche Untersuchung nach unveröffentlichten koptisch-arabischen Handschriften der National-Bibliothek zu Wien* (Fortsetzung), in *Oriens Christianus* 49 (1965) 90–115.

CRAMER, *Theotokie* = Maria CRAMER, *Zum Aufbau der koptischen Theotokie und des Difnars. Bemerkungen zur Hymnologie,* in *Probleme der koptischen Literatur (Wissenschaftliche Beiträge der Martin-Luther-Universität Halle-Wittenberg* 1968/1 [K 2]) 197–223.

CRUM, *Anz. Deißmann* = W. E. CRUM, Anzeige von DEISSMANN, *Septuaginta-Papyri,* in *Egypt Exploration Fund. Archaeological Report* 1905-1906, S. 66.

CRUM, *Catalogue B. M.* = W. E. CRUM, *Catalogue of the Coptic Manuscripts in the British Museum* (London 1905).

CRUM, *Catalogue Rylands* = W. E. CRUM, *Catalogue of the Coptic Manuscripts in the Collection of the John Rylands Library, Manchester* (Manchester 1909).

CRUM, *Coptic Ostraca* = W. E. CRUM, *Coptic Ostraca from the Collection of the Egypt Exploration Fund, the Cairo Museum and Others.* With a contribution by F. E. BRIGHTMAN (*Special Extra Publication of the Egypt Exploration Fund;* London 1902).

CRUM. *Dict.* = W. E. CRUM, *A Coptic Dictionary* (Oxford 1939).

CRUM, *Meletian Documents* = W. E. CRUM, *Some Further Meletian Documents,* in *The Journal of Egyptian Archaeology* 13 (1927) 19–26.

CRUM, *MSS. Fayyum* = W. E. CRUM, *Coptic Manuscripts Brought from the Fayyum by W. M. Flinders Petrie, Esq., D. C. L. together with a Papyrus in the Bodleian Library* (London 1893).

CRUM, *Onnophrius* = *Discours de Pisenthius sur saint Onnophrius*, édité et traduit par W. E. CRUM, in *Revue de l'Orient chrétien* 20 (1915/7) 38–67.

CRUM, *Papyri Antinoe* = W. E. CRUM, *Two Coptic Papyri from Antinoe*, in *Proceedings of the Society of Biblical Archæology* 26 (1904) 174–178.

CRUM, *Papyruscodex* = W. E. CRUM, *Der Papyruscodex saec. VI–VII der Phillipps-bibliothek in Cheltenham. Koptische theologische Schriften.* Herausgegeben und übersetzt. Mit einem Beitrag von A. EHRHARD (*Schriften der Wissenschaftlichen Gesellschaft in Straßburg* 18; Straßburg 1915).

CRUM, *Psaume* = W. E. CRUM, *Un psaume en dialecte d'Akhmim*, in *Mélanges Maspero.* II. *Orient grec, romain et byzantin* (*Mémoires publiés par les membres de l'Institut français d'Archéologie orientale* 67; Kairo 1934 ff.) 73–76.

CRUM, *Short Texts* = W. E. CRUM, *Short Texts from Coptic Ostraca and Papyri* (Oxford 1921).

CRUM, *Symeon Stylit* = W. E. CRUM, *Die koptische Übersetzung des Lebens Symeons des Styliten*, in *Zeitschrift für die neutestamentliche Wissenschaft* 26 (1927) 119–128.

CRUM-EVELYN WHITE, *Epiphanius* = *The Monastery of Epiphanius at Thebes.* II : *Coptic Ostraca and Papyri* ed. with translation and commentaries by W. E. CRUM. *Greek Ostraca and Papyri* ed. with translations and commentaries by H. G. EVELYN WHITE (*The Metropolitan Museum of Art Egyptian Expedition*; New York 1926).

CRUM-STEINDORFF, *Rechtsurkunden* = *Koptische Rechtsurkunden des achten Jahrhunderts aus Djême (Theben).* Herausgegeben und übersetzt von Walter E. CRUM und Georg STEINDORFF. 1. Band : Texte und Indices. Von Walter E. CRUM (Leipzig 1912).

CUMONT, *Bibliothèque Morgan* = Franz CUMONT, *Les manuscrits coptes de la bibliothèque Morgan*, in *Académie Royale de Belgique. Bulletins de la classe des lettres et des sciences morales et politiques et de la classe des beaux-arts.* Jg. 1912, S. 10–13.

CZERMAK, *Rhythmus* = Wilhelm CZERMAK, *Der Rhythmus der koptischen Sprache und seine Bedeutung in der Sprachgestaltung* (*Akademie der Wissenschaften in Wien. Philosophisch-historische Klasse. Sitzungsberichte*, 213. Band, 2. Abhandlung; Wien und Leipzig 1931).

DAVID, *Fragments Mt* = J. DAVID, *Fragments de l'Évangile selon saint Matthieu en dialecte moyen-égyptien*, in *Revue biblique* N. S. 7 (1910) 80–92.

DAVIS, *John Khamé* = M. H. DAVIS, *The Life of Abba John Khamé*, in *Patrol. Orient.* 14 (1920) 313–372 [1–60] (= Fasz. 2).

DE BOCK, *Matériaux* = W. DE BOCK, *Matériaux pour servir à l'archéologie de l'Égypte chrétienne* (St. Petersburg 1901).

DEBRUNNER, *Nachklass. Griechisch* = Albert DEBRUNNER, *Geschichte der griechischen Sprache.* II : *Grundfragen und Grundzüge des nachklassischen Griechisch* (*Sammlung Göschen* 114; Berlin 1954).

DE FENOYL, *Sanctoral* = Maurice DE FENOYL, *Le sanctoral copte* (*Recherches publiées sous la direction de l'Institut de lettres orientales de Beyrouth*; Beirut [1960]).

DEISSMANN, *Septuaginta-Papyri* = Adolf DEISSMANN, *Die Septuaginta-Papyri und andere altchristliche Texte der Heidelberger Papyrus-Sammlung* (*Veröffentlichungen aus der Heidelberger Papyrus-Sammlung* 1; Heidelberg 1905).

DENZINGER, *Ritus Orient.* = Henricus DENZINGER, *Ritus orientalium, Coptorum, Syrorum et Armenorum, in administrandis sacramentis.* 2 Bände (Würzburg 1863 und 1864).

DE SLANE, *Catalogue* = M. DE SLANE, *Catalogue des manuscrits arabes de la Bibliothèque Nationale* (Paris 1883 ff.).

DE STRYCKER, *Protévangile* = Emile DE STRYCKER, *La forme la plus ancienne du Protévangile de Jacques* (*Subsidia Hagiographica* 33; Brüssel 1961).

DE VIS, *Homélies* = Henri DE VIS, *Homélies coptes de la Vaticane* 2 (*Coptica* consilio et impensis Instituti Rask-Oerstediani edita 5; Kopenhagen 1929).

DEVOS, *Hist. Monach.* = Paul DEVOS, *Fragments coptes de l'«Historia monachorum» (Vie de s. Jean de Lycopolis BHO. 515)*, in *Analecta Bollandiana* 87 (1969) 417-440.

Diakonale = ΠϪⲰⲘ ⲚϮⲘⲈⲦⲢⲈϤϢⲈⲘϢⲒ ⲚⲦⲈ ⲠⲒⲆⲒⲀⲔⲰⲚ ⲚⲈⲘ ⲚⲒⲂⲰϨⲈⲘ. 3. Aufl. Ed. ʿAṬĀ-ʾLLĀH ARSĀNIYŪS AL-MUḤARRAQĪ (Kairo 1965).

Didask. (arab.) = *Ad-dasqūlīyah aw taʿālīm ar-rusul.* Ed. ḤĀFIẒ DĀWUD (Kairo 1924).

DMITRIEVSKIJ, *Opisanie* = Aleksěj DMITRIEVSKIJ, *Opisanie liturgičeskih rukopisej.* I: Typika, 1. Teil (Kiev 1895). II: Euchologia (Kiev 1901).

DORESSE, *Rez. Legrain* = J. DORESSE, Rezension von LEGRAIN, *Famille*, in *Bibliotheca Orientalis* 6 (1949) 16.

DORESSE-LANNE, *Liturgie de S. Basile* = J. DORESSE et E. LANNE, *Un témoin archaïque de la liturgie copte de S. Basile* (*Bibliothèque du* Muséon 47; Löwen 1960).

DOSSETTI, *Simbolo* = Giuseppe Luigi DOSSETTI, *Il simbolo di Nicea e di Constantinopoli.* Edizione critica (*Testi e Ricerche di Scienze Religiose* 2; Rom 1967).

DRAGUET, *Hist. Laus.* = R. DRAGUET, *Le chapitre de l'Histoire Lausiaque sur les Tabennésiotes dérive-t-il d'une source copte?* In *Le Muséon* 57 (1944) 53-145 und 58 (1945) 15-95.

DRESCHER, *Concordances* = J. DRESCHER, *The Earliest Biblical Concordances*, in *Bulletin de la Société d'Archéologie Copte* 15 (1958/60) 63-67.

DRESCHER, *Lectionary Fragment* = J. DRESCHER, *A Coptic Lectionary Fragment*, in *Annales du Service des Antiquités de l'Égypte* 51 (1951) 247-256.

DRESCHER, *Mena* = James DRESCHER, *Apa Mena. A selection of Coptic texts relating to St. Menas* edited, with translation and commentary (*Publications de la Société d'Archéologie Copte.* Textes et documents; Kairo 1946).

EDGERTON, *Rez. Till* = William F. EDGERTON, Rezension von TILL, *Gramm.* (1. Aufl.), in *Journal of Near Eastern Studies* 16 (1957) 136 f.

EISENHOFER, *Handbuch* = Ludwig EISENHOFER, *Handbuch der katholischen Liturgik.* 2., unveränd. Aufl. 2. Bände (Freiburg i. Br. 1941).

ELBOGEN, *Gottesdienst* = Ismar ELBOGEN, *Der jüdische Gottesdienst in seiner geschichtlichen Entwicklung.* 3., verb. Aufl. (Frankfurt 1931).

ENGBERDING, *Cyrillusliturgie* = Hieronymus ENGBERDING, *Das Verhältnis der syrischen Timotheusanaphora zur koptischen Cyrillusliturgie*, in *Oriens Christianus* 42 (1958) 55-67.

ENGBERDING, *Formgeschichtl. Verständnis* = Hieronymus ENGBERDING, *Zum formgeschichtlichen Verständnis des* ἅγιος ὁ θεός, ἅγιος ἰσχυρός, ἅγιος ἀθάνατος — ἐλέησον ἡμᾶς, in *Jahrbuch für Liturgiewissenschaft* 10 (1930) 168-174.

ENGBERDING, *Homologia* = Hieronymus ENGBERDING, *Ein Problem in der Homologia vor der hl. Kommunion in der ägyptischen Liturgie*, in *Orientalia Christiana Periodica* 2 (1936) 145-154.

ENGBERDING, *Liturgie* = Hieronymus ENGBERDING, *Die koptische Liturgie*, in *Koptische Kunst. Christentum am Nil. 3. Mai bis 15. August in Villa Hügel, Essen*, S. 95-103.

ENGBERDING, *Nil* = Hieronymus ENGBERDING, *Der Nil in der liturgischen Frömmigkeit des Christlichen Ostens*, in *Oriens Christianus* 37 (1953) 56-88.

ERMAN, *Volkslitteratur* = Adolf ERMAN, *Bruchstücke koptischer Volkslitteratur (Abhandlungen der Königlichen Akademie der Wissenschaften zu Berlin. Aus dem Jahre 1897. Philosophische und historische Abhandlungen. 1. Abh.;* Berlin 1897).

ERNŠTEDT, *Eremitage* = P. V. ERNŠTEDT, *Koptskie teksty Godusarstvennogo Ermitaža* (Moskau-Leningrad 1959).

Euchol. = ⲡⲓϪⲱⲙ ⲚⲦⲈ ⲡⲓⲈⲨⲬⲞⲖⲞⲄⲒⲞⲚ ⲈⲐⲞⲨⲀⲂ. Ed. ʿABD AL-MASĪḤ ṢALĪB (Kairo 1902).

EURINGER, *Mutmaßl. Verfasser* = Sebastian EURINGER, *Der mutmaßliche Verfasser der koptischen Theotokien und des äthiopischen Weddâsê Mârjâm*, in *Oriens Christianus* N. S. 1 (1911) 215–226.

EVELYN WHITE, *Macarius* = *The Monasteries of the Wadi 'n Natrûn.* I : *New Coptic Texts from the Monastery of Saint Macarius* ed. with an introduction on the library of the Monastery of Saint Macarius by Hugh G. EVELYN WHITE. With an appendix on a Coptic-Arabic MS. by G. P. G. SOBHY (*The Metropolitan Museum of Art Egyptian Expedition*; New York 1926).

FECHT, *Evangelium Veritatis* = G. FECHT, *Der erste »Teil« des sogenannten Evangelium Veritatis* (S. 16,31 - 22,20). I : Kapitel[4] 1, Str. I-III, in *Orientalia* N. S. 30 (1961) 371–390.

FEGHALI, *Emprunts syriaques* = Michel T. FEGHALI, *Étude sur les emprunts syriaques dans les parlers arabes du Liban.* Thèse complémentaire pour le doctorat ès lettres présentée à la Faculté des Lettres de l'Université d'Alger (Paris 1918).

FESTUGIÈRE, *Enquête* = A.-J. FESTUGIÈRE, *Enquête sur les moines d'Égypte (Historia Monachorum in Aegypto)* (*Les moines d'orient* 4,1; Paris 1964).

FESTUGIÈRE, *Hist. Monach.* = A.-J. FESTUGIÈRE, *Historia Monachorum in Aegypto.* Édition critique du texte grec (*Subsidia hagiographica* 34; Brüssel 1961).

Fetha Nagast = *Il «Fetha Nagast» o «Legislazione dei re».* *Codice ecclesiastico e civile di Abissinia* pubblicato da Ignazio GUIDI (*Pubblicazione scientifiche del R. Istituto Orientale in Napoli*; Roma 1936. Neudruck der Ausgabe 1897).

Fetha Nagast (Übers.) = *Il «Fetha Nagast» o «Legislazione dei re».* *Codice ecclesiastico e civile di Abissinia* tradotto e annotato da Ignazio GUIDI (*Pubblicazioni scientifiche del R. Istituto Orientale in Napoli* 3; Rom 1899).

FLASHAR, *Septuagintapsalter* = Martin FLASHAR, *Exegetische Studien zum Septuaginta-psalter* [Forts.], in *Zeitschrift für die alttestamentliche Wissenschaft* 32 (1912) 241–268.

FLEISCH, *Homélie* = H. FLEISCH, *Une homélie de Théophile d'Alexandrie en l'honneur de St Pierre et de St Paul.* Texte arabe publié pour la première fois et traduit, in *Revue de l'Orient chrétien* 30 (1935/46) 371–419.

FOLLIERI, *Initia* = Henrica FOLLIERI, *Initia hymnorum Ecclesiae Graecae.* 5 Bände in 6 Teilen (*Studie Testi* 211–215 bis; Vatikanstadt 1960–1966).

Fotograf. Ausgabe = *Bybliothecae Pierpont Morgan Codices Coptici photographice expressi.* [Ed. H. HYVERNAT] 56 Bände (Rom 1922).

FRIES, *Weddâsê* = Karl FRIES, *Weddâsê Mârjâm. Ein äthiopischer Lobgesang an Maria* nach mehreren Handschriften herausgegeben und übersetzt (Uppsala 1892).

FUNK, *Didasc.* = *Didascalia et Constitutiones Apostolorum.* Ed. Franciscus Xaverius FUNK. 2 Bände (Paderborn 1905).

FUNK-DIEKAMP, *Patres Apostol.* = *Patres Apostolici.* Editionem Funkianam novis curis in lucem emisit Franciskus DIEKAMP. Vol. II (Tübingen 1913).

GAMBER, *Codices* = Klaus GAMBER, *Codices liturgici latini antiquiores.* 2., stark erweit. Aufl. 2 Bände (*Specilegii Friburgensis Subsidia* 1; Freiburg/Schweiz 1967).

GAMBER, *Missa* = Klaus GAMBER, *Missa Romensis. Beiträge zur frühen römischen Liturgie und zu den Anfängen des Missale Romanum* (*Studia Patristica et Liturgica* quae edidit Institutum Liturgicum Ratisbonense 3; Regensburg 1970).

GARITTE, *Léonce de Tripoli* = Gérard GARITTE, *Textes hagiographiques relatifs à saint Léonce de Tripoli*. I. *La passion copte sahidique*, in *Le Muséon* 78 (1965) 313–348.

GARITTE, *Panégyrique* = Gérard GARITTE, *Panégyrique de saint Antoine par Jean, évêque d'Hermopolis*, in *Orientalia Christiana Periodica* 9 (1943) 100–134 und 330–365.

GASTOUÉ, *Grande doxologie* = Amédée GASTOUÉ, *La grande doxologie. Étude critique*, in *Revue de l'Orient chrétien* 4 (1899) 280–290.

GEHMAN, *Hagios* = Henry S. GEHMAN, *ʿΑγιος in the Septuagint, and its Relation to the Hebrew Original*, in *Vetus Testamentum* 4 (1954) 337–348.

General Catalogue B. M. = British Museum. *General Catalogue of Printed Books*. Photolithographic edition to 1955. Band 138 [2. Teil mit eigener Kolumnenzählung: Liturgies] (London 1962).

GIAMBERARDINI, *Croce* = Gabriele GIAMBERARDINI, *La Croce e il Crocifisso presso i copti*, in *Studia Orientalia Christiana. Collectanea* 7 (1962) 45–100.

GIAMBERARDINI, *Orazione* = Gabriele GIAMBERARDINI, *L'orazione nella Chiesa Copta*, in *La preghiera*. A cura di Renato BOCCASSINO. 2. Band (Mailand-Rom 1967) 747–781.

GIAMBERARDINI, *Preghiera* = Gabriele GIAMBERARDINI, *La preghiera nella chiesa copta*, in *Studia Orientalia Christiana. Collectanea* 8 (1963) 3–77.

GIAMBERARDINI, *Theotokos* = Gabriele GIAMBERARDINI, *Il «Sub tuum praesidium» e il titolo «Theotokos» nella tradizione egiziana*, in *Marianum* 31 (1969) 324–369.

GIBSON, *Catalogue* = Margaret Dunlop GIBSON, *Catalogue of the Arabic MSS. in the Convent of S. Catharine on Mount Sinai* (*Studia Sinaitica* 3; London 1894).

GIORGI, *Fragmentum* = *Fragmentum Evangelii S. Iohannis graeco-copto-thebaicum saeculi IV. Additamentum ex vetustissimis membranis lectionum evangelicarum divinae missae. Cod. diaconici reliquiae et liturgica alia fragmenta veteris thebaidensium ecclesiae ante Dioscorum ex Veliterno Museo Borgiano ...* opera et studio Augustini Antonii GEORGII (Rom 1789).

Gloria = *The Gloria in Excelsis*, in *The Church Quarterly Review* 21 (1885/6) 1–21.

GOLDSCHMIDT, *Talmud* = *Der Babylonische Talmud mit Einschluß der vollständigen Mišnah* herausgegeben ... übersetzt und mit kurzen Anmerkungen versehen von Lazarus GOLDSCHMIDT. 3. Band (Berlin 1899).

GOUSSEN, *Orient.-liturg. Fund* = H. GOUSSEN, *Über einen neuen orientalisch-liturgischen Fund*, in *Oriens Christianus* 3. S. 1 (= 23) (1927) 174.

GRAF, *Catalogue* = Georg GRAF, *Catalogue des manuscrits arabes chrétiens conservés au Caire* (*Studi e Testi* 63; Vatikanstadt 1934).

GRAF, *Geschichte* = Georg GRAF, *Geschichte der christlichen arabischen Literatur*. I : *Die Übersetzungen*. II : *Die Schriftsteller bis zur Mitte des 15. Jahrhunderts* (*Studi e Testi* 118 und 133; Vatikanstadt 1944 und 1947).

GRAF, *Verzeichnis* = Georg GRAF, *Verzeichnis arabischer kirchlicher Termini*. 2., vermehrte Aufl. (*Corpus Script. Christ. Orient.* 147 = Subsidia 8; Löwen 1954).

GROHMANN, *Geographie* = Adolf GROHMANN, *Studien zur historischen Geographie und Verwaltung des frühmittelalterlichen Ägypten* (*Österreichische Akademie der Wissenschaften. Philosophisch-historische Klasse. Denkschriften* 77,2; Wien 1959).

GROHMANN, *Marienhymnen* = Adolf GROHMANN, *Äthiopische Marienhymnen* herausgegeben, übersetzt und erläutert (*Abhandlungen der philologisch-historischen Klasse der Sächsischen Akademie der Wissenschaften* 33,4; Leipzig 1919).

Guide B. M. = British Museum. *A Guide to the Fourth, Fifth and Sixth Egyptian Rooms, and the Coptic Room* (London 1922).

GUNKEL, *Psalmen* = Hermann GUNKEL, *Die Psalmen*. Übersetzt und erklärt. 4. Aufl.
  (*Göttinger Handkommentar zum Alten Testament*, II. Abt., 2. Bd.; Göttingen
  1926).

GUNKEL-BEGRICH, *Einleitung* = Hermann GUNKEL, *Einleitung in die Psalmen. Die
  Gattungen der religiösen Lyrik Israels*. Zu Ende geführt von Joachim BEGRICH.
  2. Aufl. (Göttingen 1966).

GUY, *Cassien* = J. C. GUY, *Jean Cassien, historien du monachisme égyptien?* In *Studia
  Patristica* 8 (*Texte und Untersuchungen* 93; Berlin 1966) 363–372.

HAACKE, *Kaiserl. Politik* = Rhaban HAACKE, *Die kaiserliche Politik in den Auseinandersetzungen um Chalkedon (451–553)*, in *Das Konzil von Chalkedon*. Hrsg. von Aloys
  GRILLMEIER und Heinrich BACHT. Band 2 (Würzburg 1953) 95–177.

HAASE, *Konzil von Nicäa* = Felix HAASE, *Die koptischen Quellen zum Konzil von Nicäa*.
  Übersetzt und untersucht (*Studien zur Geschichte und Kultur des Altertums* 10,4;
  Paderborn 1920).

HACʿUNI, *Geschichte* = Vardan HACʿUNI, *Patmutʿiwn hayocʿ alōtʿamatoycʿin* (Venedig
  1965). Auch in Fortsetzungen *Bazmavēp* (*Pazmaveb*) 114 (1956) – 123 (1965).

HAENCHEN-WEIGANDT, *Orig. Text of Acts* = Ernst HAECHEN and Peter WEIGANDT,
  The Original Text of Acts? In *New Testament Studies* 14 (1967/8) 469–481.

HALKIN, *Monastère copte* = François HALKIN, *Un monastère copte à Famagouste au
  XIVᵉ siècle*, in *Le Muséon* 59 (1946) 511–514.

HALKIN, *Vitae* = *Sancti Pachomii vitae graecae*. Ediderunt Hagiographi Bollandiani
  ex recensione Francisci HALKIN (*Subsidia Hagiographica* 19; Brüssel 1932).

HAMMERSCHMIDT, *Formkriterium* = E. HAMMERSCHMIDT. *Das liturgische Formkriterium.
  Ein Prinzip in der Erforschung der orientalischen Liturgien*, in *Studia Patristica* 5
  (*Texte und Untersuchungen* 80; Berlin 1962) 50–68.

HAMMERSCHMIDT, *Gregoriusanaphora* = Ernst HAMMERSCHMIDT, *Die koptische Gregoriusanaphora. Syrische und griechische Einflüsse auf eine äygptische Liturgie* (*Berliner
  byzantinische Arbeiten* 8; Berlin 1957).

HANSSENS, *Hippolyte* = Jean Michel HANSSENS, *La liturgie d'Hippolyte. Ses documents,
  son titulaire, ses origines et son caractère*. 2. Aufl. (*Orientalia Christiana Analecta* 155;
  Rom 1965).

HANSSENS, *Instit. liturg.* = Ioannes Michael HANSSENS, *Institutiones liturgicae de ritibus
  orientalibus* 2,1 (Rom 1930).

HANSSENS, *Matines* = Jean Michel HANSSENS, *Aux origines de la prière liturgique.
  Nature et genèse de l'office des matines* (*Analecta Gregoriana* 57; Rom 1952).

HEBBELYNCK, *Fragment de psalmodie* = Ad. HEBBELYNCK, *Un fragment de Psalmodie
  du manuscrit Vatican copte 23, en dialecte bohairique*, in *Le Muséon* 44 (1931) 153–168.

HEBBELYNCK, *Isaïe* = Ad. HEBBELYNCK, *Fragments inédits de la version copte sahidique
  d'Isaïe*, in *Le Muséon* N. S. 14 (1913) 177–227.

HEBBELYNCK, *Manuscrits coptes-sahidiques* = A. HEBBELYNCK, *Les manuscrits coptes-
  sahidiques du « Monastère Blanc ». Recherches sur les fragments complémentaires de la
  collection Borgia. I. Les Fragments de l'ancien Testament*, in *Le Muséon* N. S. 12
  (1911) 91–154.

HEER, *Evangelienfragm.* = Joseph Michael HEER, *Neue griechisch-saïdische Evangelien-
  fragmente*, in *Oriens Christianus* N. S. 2 (1912) 1–47.

HEIMING, *Anz. P. Ryl.* = Odilo HEIMING, Anzeige von *P. Ryl.* III, in *Archiv für Liturgiewissenschaft* 1 (1950) 354 f.

HEIMING, *Anz. Schneider* = Odilo HEIMING, Anzeige von SCHNEIDER, *Oden*, in *Archiv für Liturgiewissenschaft* 3 (1953/4) 405 f.

HEIMING, *Odenkanones* = Odilo HEIMING, *Die Neun- und Drei-Odenkanones der Byzantiner*, in *Der christliche Orient in Vergangenheit und Gegenwart* 2 (1937) 105–109.

HENGSTENBERG, *Anz. Burmester* = W. HENGSTENBERG, Anzeige von BURMESTER, *Hours*, in *Byzantinische Zeitschrift* 36 (1936) 216.

HERKENNE, *Psalmen* = Heinrich HERKENNE, *Das Buch der Psalmen.* Übersetzt und erklärt (*Die Heilige Schrift des Alten Testamentes* 5,2; Bonn 1936).

HESSELING, *Rez. Pleyte-Boeser* = D. C. HESSELING, Rezension von PLEYTE-BOESER, *Manuscrits*, in *Museum.* Maandblad voor philologie en geschiedenis 6 (1898) 324–327.

Horol. (1750) = ⲞⲨⲬⲰⲘ ⲚⲦⲈ ⲚⲒⲈⲨⲬⲎ ⲘⲠⲒⲈϨⲞⲞⲨ ⲚⲈⲘ ⲠⲒⲈⲬⲰⲢϨ ⲚⲌ̅. [Ed. Rāfāyīl Ṭūḫī (Rom 1750)][4].

Horol. (1930) = ⲠⲒⲬⲰⲘ ⲚⲦⲈ ⲚⲒⲀⲬⲠ [Kairo 1930].

Horol. (1930; arab.) = *Kitāb al-aǧbīyah ay as-sabʿ ṣalawāt al-laylīyah wa-ʾn-nahārīyah* [Kairo 1930][5].

Horol. (1936) = *Al-aǧbīyah ay kitāb as-sabʿ ṣalawāt al-laylīyah wa-ʾn-nahārīyah.* Ed. der Gesellschaft Abnāʾ al-kanīsah. Mit eigener Paginierung in ϮϢⲞⲘϮ ⲚⲀⲚⲀⲪⲞⲢⲀ. 2. Aufl. (Kairo 1936). 3. Aufl. [das Horol. stereotyper Nachdruck] 1960.

Horol. (1952) = *Al-aǧbīyah ay kitāb as-sabʿ ṣalawāt al-laylīyah wa-ʾn-nahārīyah.* Ed. der Gesellschaft Al-Maḥabbah (Kairo 1952).

Horol. (1955) = *Kitāb al-aǧbīyah (ay as-sāʿāt).* 3. Aufl. (Kairo 1955).

Horol. (1957) = ⲠⲒⲬⲰⲘ ⲚⲚⲒⲀⲬⲠ ⲈⲦⲈ ⲠⲒϢⲀϢϥ ⲚϢⲖⲎⲖ. Ed. ʿABD AL-MASĪḤ SULAYMĀN (Kairo 1957). [Nur arab. Text.]

Horol. (1961) = *Al-aǧbīyah ay kitāb as-sabʿ ṣalawāt al-laylīyah wa-ʾn-nahārīyah.* Ed. der Gesellschaft Al-Maḥabbah (Kairo 1961).

Horol. aeth. = *Horologion aethiopicum iuxta recensionem alexandrinam copticam.* [Latein. Übersetzung von Arn. VAN LANTSCHOOT] (S. Congregazione « Pro Ecclesia Orientali ». Prot. N. 293/1937; Vatikanstadt 1940) [nicht im Buchhandel].

HUBBEL, *Liturgy* = Harry M. HUBBEL, *A Christian Liturgy from Egypt*, in *Yale Classical Studies* 8 (1942) 69–78.

HYVERNAT, *Actes des martyrs* = Henry HYVERNAT, *Les actes des martyrs de l'Égypte.* Texte copte et traduction française avec introduction et commentaire. Band 1 (Paris 1886).

HYVERNAT, *Album* = Henri HYVERNAT, *Album de paléographie copte pour servir à l'introduction paléographique des actes des martyrs de l'Égypte* (Paris-Rom 1888).

HYVERNAT, *Anciennes collections* = H. HYVERNAT, *Pourquoi les anciennes collections de manuscrits coptes sont si pauvres*, in *Revue biblique* N. S. 10 (1913) 422–428.

HYVERNAT, *Fragmente* = H. HYVERNAT, *Fragmente der altcoptischen Liturgie* [1. Teil], in *Römische Quartalschrift* 1 (1887) 330–345.

HYVERNAT, *Hamuli-Handschriften* = Henry HYVERNAT, [Brief über die neu entdeckten Hamuli-Handschriften], in *Académie des Inscriptions & Belles-Lettres. Comptes rendus des séances de l'année* 1912, S. 8–10.

---

[4] Von den hier aufgeführten Ausgaben des koptischen Horologions sind solche der Orthodoxen die Ausgaben von 1936, 1952, 1957 und 1961, solche der Unierten die von 1750, 1930 und 1955, außerdem Morgen- und Abendgebet im *Schatz.*

[5] Nach MALAK, *Livres liturgiques* 18 und 31 (sʹ) 2. Auflage einer erstmals 1906 erschienenen Ausgabe, deren 3. Auflage *Horol.* (1955) wäre.

HYVERNAT, *Literature* = H. HYVERNAT, *Coptic Literature*, in *The Catholic Encyclopedia* 16 (New York 1914) 27–30.

HYVERNAT, *Morgan Collection* = Henri HYVERNAT, *The J. P. Morgan Collection of Coptic Manuscripts*, in *Journal of Biblical Literature* 31 (1912) 54–57.

HYVERNAT, *Versions coptes* = H. HYVERNAT, *Étude sur les versions coptes de la Bible* (Suite), in *Revue biblique* 5 (1896) 540–569.

Ibn Sabbāʿ, *Juwel* = Yūḥannā ibn Zakaryā genannt Ibn Sabbāʿ, *Kitāb al-ǧawharah 'n-nafīsah fī 'ulūm al-kanīsah* (Kairo 1902)

Jahres-Psalm. (1908; Alex.) = ⲦⲮⲀⲖⲘⲞⲨⲦⲒⲀ ⲚⲦⲢⲞⲘⲠⲒ ⲈⲐⲞⲨⲀⲂ. Ed. MĪNĀ AL-BARAMŪSĪ (Alexandrien 1908)[6].

Jahres-Psalm. (1908; Kairo) = ⲠⲬⲰⲘ ⲚⲦⲈ ⲦⲮⲀⲖⲘⲞⲆⲒⲀ ⲈⲐⲨ ⲚⲦⲈⲘ-ⲢⲞⲘⲠⲒ. Ed. Klaudios Ioa. LABIB (Kairo 1908).

Jahres-Psalm. (1949) = ⲠⲬⲰⲘ ⲚⲦⲈ ⲦⲮⲀⲖⲘⲞⲆⲒⲀ ⲈⲐⲨ ⲚⲦⲈⲘⲢⲞⲘⲠⲒ. Ausg. der Gesellschaft Nahḍah 'l-kanā'is (Kairo 1949).

Jahres-Psalm. (1960) = ⲠⲬⲰⲘ ⲚⲦⲈ ⲦⲮⲀⲖⲘⲞⲆⲒⲀ ⲈⲐⲨ. Ed. ʿAṬĀ-'LLĀH ARSĀNIYŪS AL-MUḤARRAQĪ (Kairo 1960). [Verkleinerter stereotyper Nachdruck der *Jahres-Psalm.* (1908; Kairo). Ohne Änderung der Originalpaginierung sind nach S. 152 eine und nach S. 398 oder 404 zwei Seiten eingefügt.]

JANERAS, *Trisagion christologique* = Vincenç-S. JANERAS, *Les byzantins et le trisagion christologique*, in *Miscellanea liturgica … Giacomo Lercaro*, Bd. 2 (Rom 1967) 469–499.

JELLICOE, *Septuagint* = Sidney JELLICOE, *The Septuagint and Modern Study* (Oxford 1968).

JEREMIAS, *Passahfeier* = Joachim JEREMIAS, *Die Passahfeier der Samaritaner und ihre Bedeutung für das Verständnis der alttestamentlichen Passahüberlieferung* (*Beihefte zur Zeitschrift für die alttestamentliche Wissenschaft* 59; Gießen 1932).

Joh. v. Nikiu, *Chronik* = *Chronique de Jean, évêque de Nikiou*. Texte éthiopien publié et traduit par H. ZOTENBERG, in *Notices et extraits des manuscrits de la Bibliothèque Nationale et autres bibliothèques* 24 [1. Teil] (1883) 125–608 [auch separat mit eigener Paginierung].

Joh. v. Odsun, *Opera* = *Domini Johannis Philosophi Ozniensis Armeniorum Catholici opera* per Johannem Bapt. AUCHER (Venedig 1834)[7].

JUNKER, *Engelshymnus* = H. JUNKER, *Eine saʿidische Rezension des Engelshymnus*, in *Oriens Christianus* 6 (1906) 442–446.

JUNKER, *Poesie* = Herman JUNKER, *Koptische Poesie des 10. Jahrhunderts* [1. Teil], in *Oriens Christianus* 6 (1906) 319–411. [Separatausgabe mit eigener Paginierung Berlin 1908].

JUNKER-SCHUBART, *Kirchengebet* = H. JUNKER und W. SCHUBART, *Ein griechisch-koptisches Kirchengebet*, in *Zeitschrift für ägyptische Sprache* 40 (1902/3) 1–31.

KAHLE, *Balaʾizah* = Paul E. KAHLE, *Balaʾizah. Coptic texts from Deir el-Balaʾizah in Upper Egypt* (London 1954).

KAMIL, *Catalogue* = Murad KAMIL, *Catalogue of all manuscripts in the Monastery of St. Catherine on Mount Sinai* (Wiesbaden 1970).

---

[6] Alle Ausgaben der Jahres-Psalmodie sind solche der Orthodoxen.

[7] Unter dem Titel *Yovhannu imastasiri Awjnecʿwoy matenagrutʿiwnkʿ* ist 1953 zu Venedig eine 2. Auflage (ohne lateinische Übersetzung) erschienen.

KAMIL, *Katalog* = Murād KĀMIL, *Fihrist maktabat dayr sānt Kātrīn bi-Sīnāʾ*. I : *Sammlungen orientalischer Sprachen* (Kairo 1951).

Karwochen-Typikon = *Kitāb dallāl wa-tartīb ǧumʿah ʾl-ālām wa-ʿīd al-fiṣḥ al-maǧīd.* Ed. FĪLŪṬĀʾUS AL-MAQĀRĪ, BARNĀBĀ AL-BARAMŪSĪ, MĪḪĀʾĪL ĠIRǦIS (Kairo 1920).

KASSER, *Compléments* = Rodolphe KASSER, *Compléments au Dictionnaire copte de Crum* (*Publications de l'Institut français d'Archéologie orientale. Bibliothèque d'études coptes* 7; Kairo 1964).

KASSER, *Compléments morphologiques* = Rodolphe KASSER, *Compléments morphologiques au Dictionnaire de Crum*, in *Bulletin de l'Institut français d'Archéologie orientale* 64 (1966) 19–66.

KASSER, *Dialectes* = Rodolphe KASSER, *Dialectes, sous-dialectes, et «dialectules» dans l'Égypte copte*, in *Zeitschrift für ägyptische Sprache* 92 (1966) 106–115.

KASSER, *P. Bodmer 16* = *Papyrus Bodmer XVI. Exode I-XV, 21 en sahidique.* Ed. Rodolphe KASSER (Cologny-Genf 1961).

KASSER, *P. Bodmer 18* = *Papyrus Bodmer XVIII. Deuteronome I-X, 7 en sahidique.* Ed. Rodolphe KASSER (Cologny-Genf 1962).

Kassian, *Collat.* = *Iohannis Cassiani conlationes XXIII.* Ed. Michael PETSCHENIG (*Corpus Script. Eccles. Lat.* 13; Wien 1886).

Kassian, *Inst.* = *Iohannis Cassiani de institutis coenobiorum ... libri XII.* Ed. Michael PETSCHENIG (*Corpus Script. Eccles. Lat.* 17; Wien 1888).

KHATER-BURMESTER, *Catalogue* = Antoine KHATER — O. H. E. KHS-BURMESTER, *Catalogue of the Coptic and Christian Arabic MSS. Preserved in the Cloister of Saint Menas at Cairo* (*Publications de la Société d'Archéologie Copte. Bibliothèque de manuscrits* 1; Kairo 1967).

Kitāb al-Hudā = *Kitāb al-Hudā ou Livre de la Direction. Code Maronite du Haut Moyen Age.* Traduction du Syriaque en Arabe par l'Evêque Maronite David l'an 1059. Publié ... par Pierre FAHED (Aleppo 1935).

KOENEN, *Prosahymnus* = Ludwig KOENEN, *Ein christlicher Prosahymnus des 4. Jhdt.s* (*O. Zucker 36*), in *Antidoron Martino David oblatum* (*Papyrologica Lugduno-Batava* 17; Leiden 1968) 31–52.

KRALL, *Klosterbibliothek* = J. KRALL, *Aus einer koptischen Klosterbibliothek* I und II, in *Mittheilungen aus der Sammlung der Papyrus Erzherzog Rainer* 1 (1887) 62–72 und 2–3 (1887) 43–73.

KRAUSE-LABIB, *Apokr. Joh.* = *Die drei Versionen des Apokryphon des Johannes im Koptischen Museum zu Alt-Kairo.* Ed. Martin KRAUSE und Pahor LABIB (*Abhandlungen des Deutschen Archäologischen Instituts Kairo. Kopt. Reihe, Bd. 1*; Wiesbaden 1962).

KUHN, *Panegyric* = K. H. KUHN, *A Panegyric on John the Baptist attributed to Theodosius archbishop of Alexandria* (*Corpus Script. Christ. Orient.* 268 = Script. copt. 33; Löwen 1966).

KUSSAIM, *Contribution* = Samir KUSSAIM, *Contribution à l'étude du moyen arabe des coptes. L'adverbe ḫāṣṣatan chez Ibn Sabbāʿ* [Teil 1], in *Le Muséon* 80 (1967) 153–209.

KUSSAIM, *Perle* = Samīr Ḫalīl QUSAYM, *La Perle Précieuse d'Ibn Sabbāʿ : texte (ch. 57-84)*, *manuscrits, date et langue* (unveröffentlichte Diplomarbeit der Faculté des Lettres von Aix-en-Provence, eingereicht 1964, approbiert 1965).

LABIB, *Papyri* = Pahor LABIB, *Coptic Gnostic Papyri in the Coptic Museum at Old Cairo* (Kairo 1956).

LACAU, *Textes A. T.* = Pierre LACAU, *Textes de l'Ancien Testament en copte sahidique*, in *Recueil de travaux relatifs à la philologie et à l'archéologie égyptiennes et assyriennes* 23 (1901) 103–124.

LADEUZE, *Cénobitisme* = Paulin LADEUZE, *Étude sur le cénobitisme pakhômien pendant le IVe siècle et la première moitié du Ve* (Löwen-Paris 1898).

LAGARDE, *Aegyptiaca* = Paul DE LAGARDE, *Aegyptiaca* (Göttingen 1883).

LAGARDE, *Pentateuch* = *Der Pentateuch koptisch*. Herausgegeben von Paul DE LAGARDE (Leipzig 1867).

LAGARDE, *Psalterium* = *Psalterii versio memphitica* e recognitione Pauli DE LAGARDE. *Accedunt Psalterii thebani fragmenta Parhamiana, Proverbiorum memphiticorum fragmenta Berolinensia* (o. O., 1875).

LANNE, *Euchologe* = Emmanuel LANNE, *Le Grand Euchologe du Monastère Blanc*. Texte copte édité avec traduction française, in *Patrol. Orient.* 28, S. 265–407 [1–143] (= Fasz. 2; Paris 1958).

Laqqān = ΠΙΧⲰⲘ ⲚⲦⲈ ϮⲖⲀⲔⲀⲚⲎ ⲚⲈⲘ ΠΙΧⲒⲚⲞⲨⲰϢⲦ. 2. Aufl. Ed. AṬANĀSIYŪS, Metropolit von Beni Suef und Behnesa (Kairo 1957).

LEBON, *Christologie* = Joseph LEBON, *La christologie du monophysisme syrien*, in *Das Konzil von Chalkedon*. Hrsg. von Aloys GRILLMEIER und Heinrich BACHT. Bd. 1 (Würzburg 1951) 425–580.

LEBRETON, *Gloria* = Jules LEBRETON, *La forme primitive du* Gloria in excelsis. *Prière au Christ ou prière à Dieu le Père ?* In *Recherches de science religieuse* 13 (1923) 322–329.

LECLERCQ, *Chantres* = H. LECLERCQ, *Chantres*, in *Dictionnaire d'archéologie chrétienne et de liturgie* 3,1 (Paris 1913) 344–365.

LECLERCQ, *Hymnes* = H. LECLERCQ, *Hymnes*, in *Dictionnaire d'archéologie chrétienne et de liturgie* 6,2 (Paris 1925) 2826–2928.

LECLERCQ, *Ostraka* = H. LECLERCQ, *Ostraka*, in *Dictionnaire d'archéologie chrétienne et de liturgie* 13,1 (Paris 1937) 70–112.

LEFEBVRE, *Deir-el-Abiad* = G. LEFEBVRE, *Deir-el-Abiad*, in *Dictionnaire d'archéologie chrétienne et de liturgie* 4,1 (Paris 1920) 459–502.

LEFEBVRE, *Recueil* = Gustave LEFEBVRE, *Recueil des inscriptions grecques-chrétiennes d'Égypte* (Kairo 1907).

LEFORT, *Concordance* = L.-Th. LEFORT, *Concordance du Nouveau Testament sahidique*. I. *Les mots d'origine grecque* (*Corpus Script. Christ. Orient.* 124 = Subsidia 1; Löwen 1950).

LEFORT, *Homélie* = L. Th. LEFORT, *L'homélie de S. Athanase des papyrus de Turin*, in *Le Muséon* 71 (1958) 5–50 (à suivre).

LEFORT, *Pères apostol.* = L.-Th. LEFORT, *Les Pères apostoliques en copte* (*Corpus Script. Christ. Orient.* 135 = Script. copt. 17; Löwen 1952).

LEFORT, *Vies de Pachôme* = L. Th. LEFORT, *Les vies coptes de Saint Pachôme et de ses premiers successeurs*. Traduction française (*Bibliothèque du* Muséon 16; Löwen 1943).

LEFORT, *Vitae sahid.* = L. Th. LEFORT, *S. Pachomii Vitae sahidice scriptae*. 2 Fasz. (*Corpus Script. Christ. Orient.*, Script. copt., ser. tertia, t. 8; Paris 1933 und 1934).

LEGRAIN, *Famille* = Georges LEGRAIN, *Une famille copte de Haute-Égypte* (Brüssel 1945).

LEIPOLDT, *Schenute* = Johannes LEIPOLDT, *Schenute von Atripe und die Entstehung des national ägyptischen Christentums* (*Texte und Untersuchungen* N. F. 10,1; Leipzig 1903).

LEITNER, *Volksgesang* = Franz LEITNER, *Der gottesdienstliche Volksgesang im jüdischen und christlichen Altertum. Ein Beitrag zur jüdischen und christlichen Kultgeschichte* (Freiburg 1906).

LEMM, *Bibelfragm.* II = O. v. LEMM, *Sahidische Bibelfragmente.* II, in *Bulletin de l'Académie Impériale des Sciences de St.-Pétersbourg* N. S. 1 (33) (1890) 373–391 = *Mélanges Asiatiques* 10, S. 79–97.

LEMM, *Bibelfragm.* III = Oscar von LEMM, *Sahidische Bibelfragmente III*, in *Bulletin de l'Académie Impériale des Sciences de St.-Pétersbourg* 5. S. 25 (1906) 093–0137.

LENORMANT, *Concilium Nicaenum* = *Fragmenta versionis copticae libri synodici de primo concilio nicaeno* a Georgio Zoega primum edita nunc denuo recusa cum emendationibus et notis et versione latina plane nova cura et studio Caroli LENORMANT, in *Spicilegium Solesmense* ... curante J. B. PITRA, 1. Band (Paris 1852) 513–536.

LEVI DELLA VIDA, *Ricerche* = Giorgio LEVI DELLA VIDA, *Ricerche sulla formazione del più antico fondo dei manoscritti orientali della Biblioteca Vaticana (Studi e Testi* 92; Vatikanstadt 1939).

LIETZMANN, *Symeon Stylites* = Hans LIETZMANN, *Das Leben des heiligen Symeon Stylites.* Mit einer deutschen Übersetzung der syrischen Lebensbeschreibung und der Briefe von Heinrich HILGENFELD *(Texte und Untersuchungen* 32,4; Leipzig 1908).

LOWE, *Latin Liturg. Fragm.* I = E. A. LOWE, *Two New Latin Liturgical Fragments on Mount Sinai*, in *Revue Bénédictine* 74 (1964) 252–283.

LOWE, *Latin Liturg. Fragm.* II = E. A. LOWE, *Two Other Unknown Latin Liturgical Fragments on Mount Sinai*, in *Scriptorium* 19 (1965) 3–29.

MALAK, *Livres liturgiques* = Hanna MALAK, *Les Livres liturgiques de l'Église copte*, in *Mélanges Eugène Tisserant.* Vol. III : Orient Chrétien. Deuxième partie *(Studi e Testi* 233; Vatikanstadt 1964) 1–35.

MALLON, *Grammaire* = Alexis MALLON, *Grammaire copte* [avec] bibliographie, chrestomathie et vocabulaire. 4e éd. revue par Michel MALININE (Beirut 1956).

MALLON, *Théotokies* = Alexis MALLON, *Les théotokies ou office de la sainte Vierge dans le rite copte*, in *Revue de l'Orient chrétien* 9 (1904) 17–31.

MANSI, *Concil. coll.* = Joannes Dominicus MANSI, *Sacrorum Conciliorum nova et amplissima collectio.* Band 2 und 3 (Florenz 1759).

MARGOLIOUTH, *Liturgy of the Nile* = G. MARGOLIOUTH, *The Liturgy of the Nile*, in *The Journal of the Royal Asiatic Society of Great Britain and Ireland* for 1896, S. 677–731.

Maronit. Gebetbuch = *Kitāb as-sab'at ṣalawāt al-laylīyah wa-'n-nahārīyah li-kull yawm 'alā rutbah 'l-mawarīnah 's-suryān* [Karschuni] (Rom 1584).

Maronit. Offiz. = *Šḥīmtō d-šab'ō yawmē metkarkōnē d-šabtō* (Beirut 1890).

MASPERO, *Fragments* = G. MASPERO, *Fragments coptes* [Forts.], in *Recueil de travaux relatifs à la philologie et à l'archéologie égyptiennes et assyriennes* 7 (1886) 142–144.

MASPERO, *Mss. coptes-thébains* = G. MASPERO, *Fragments de manuscrits coptes-thébains provenant de la bibliothèque du Deir Amba-Shenoudah (Mémoires publiés par les membres de la Mission archéologique française au Caire* 6,1; Paris 1892).

MATEOS, *Horologion* = Juan MATEOS, *Un horologion inédit de Saint-Sabas. Le Codex sinaitique grec 863 (IXe siècle)*, in *Mélanges Eugène Tisserant.* Vol. III : Orient Chrétien. Deuxième partie *(Studi e Testi* 233; Vatikanstadt 1964). 47–76.

MATEOS, *Invitatoire* = J. MATEOS, *L'invitatoire du nocturne chez les Syriens et les Maronites*, in *Orient Syrien* 11 (1966) 353–366.

MATEOS, *Lelya-Ṣapra* = Juan MATEOS, *Lelya-Ṣapra. Essai d'interprétation des matines chaldéennes (Orientalia Christiana Analecta* 156; Rom 1959).

MATEOS, *Matines* = J. MATEOS, *Les matines chaldéennes, maronites et syriennes*, in *Orientalia Christiana Periodica* 26 (1960) 51–73.

MATEOS, *Office chaldéen* = Jean MATEOS, *L'Office divin chez les chaldéens*, in Monseigneur CASSIEN et Bernard BOTTE, *La prière des heures* (*Lex orandi* 35; Paris 1963) 253–281.

MATEOS, *Office chez Athan.* = J. MATEOS, *Office de minuit et office du matin chez s. Athanase*, in *Orientalia Christiana Periodica* 28 (1962) 173–180.

MATEOS, *Office de minuit* = J. MATEOS, *Un office de minuit chez les Chaldéens?* In *Orientalia Christiana Periodica* 25 (1959) 101–113.

MATEOS, *Office du soir* = Juan MATEOS, *Quelques anciens documents sur l'office du soir*, in *Orientalia Christiana Periodica* 35 (1969) 347–374.

MATEOS, *Office monastique* = J. MATEOS, *L'office monastique à la fin du IVe siècle: Antioche, Palestine, Cappadoce*, in *Oriens Christianus* 47 (1963) 53–88.

MATEOS, *Orthros* = J. MATEOS, *Quelques problèmes de l'orthros byzantin*, in *Proche-Orient chrétien* 11 (1961) 17–35 und 201–220.

MATEOS, *Prières initiales* = J. MATEOS, *Prières initiales fixes des offices syrien, maronite et byzantin*, in *Orient Syrien* 11 (1966) 489–498.

MATEOS, *Psalmodie* = J. MATEOS, *La psalmodie dans le rite byzantin*, in *Proche-Orient chrétien* 15 (1965) 107–126.

MATEOS, *Vigile cathédrale* = J. MATEOS, *La vigile cathédrale chez Égérie*, in *Orientalia Christiana Periodica* 27 (1961) 281–312.

MATTĀ 'L-MISKĪN, *Lobpreis* = MATTĀ 'L-MISKĪN, *At-tasbiḥah 'l-yawmīyah wa-mazāmīr as-sawā'ī* (*Risālat bayt at-takrīs bi-Ḥilwān* 13 = *Dirāsāt fī 't-taqlīd al-kanasī* 4; 1967).

MAYSER, *Gramm.* = Edwin MAYSER, *Grammatik der griechischen Papyri aus der Ptolemäerzeit mit Einschluß der Ostraka und der in Ägypten verfaßten Inschriften.* I : *Laut- und Wortlehre.* Neue Ausgabe (Berlin und Leipzig 1923). I 2 : *Flexionslehre.* 2., umgearb. Aufl. (1938).

MEARNS, *Canticles* = James MEARNS, *The Canticles of the Christian Church Eastern and Western in Early and Medieval Times* (Cambridge 1914).

MEINARDUS, *Brot* = Otto F. A. MEINARDUS, *Das Brot bei den Kopten*, in *Brot und Gebäck* 18 (1964) 210 f.

MEINARDUS, *Christian Egypt* = Otto F. A. MEINARDUS, *Christian Egypt, Ancient and Modern*, with Preface by Henry Habib AYROUT (Kairo 1965).

Menaia = Μηναῖα τοῦ ὅλου ἐνιαυτοῦ. Bd. 2 : November und Dezember (Rom 1889).

MERCENIER, *Antienne mariale* = F. MERCENIER, *L'antienne mariale grecque la plus ancienne*, in *Le Muséon* 52 (1939) 229–233.

Miss. Ambros. = *Missale Ambrosianum duplex (proprium de tempore)* editt. Puteobonellianae et typicae (1751–1902) cum critico commentario continuo ex manuscriptis schedis Ant. M. Cereani ediderunt A. RATTI — M. MAGISTRETTI (Mailand 1913).

MISTRĪḤ, *Margarita* = Jûḥannâ Ibn Abî Zakarîâ Ibn Sibâ', *Pretiosa Margarita de scientiis ecclesiasticis* recognita in textu arabico, apparatu critico aucta ac in latinum idioma versa a Vincentio MISTRĪḤ (*Studia Orientalia Christiana. Aegyptiaca*; Kairo 1966).

MÖLLER, *Liederhandschrift* = Georg MÖLLER, *Eine neue koptische Liederhandschrift*, in *Zeitschrift für ägyptische Sprache* 39 (1901) 104–113.

MOLITOR, *Chald. Brev.* = *Chaldäisches Brevier. Ordinarium des ostsyrischen Stundengebets.* Übersetzt und erläutert von Joseph MOLITOR (Düsseldorf 1961).

MONNERET DE VILLARD, *Couvents* = Ugo MONNERET DE VILLARD, *Les couvents près de Sohâg (Deyr el-Abiaḍ et Deyr el-Aḥmar).* 2 Bände (Mailand 1925 und 1926).

MONTAGNA, *Lode alla Theotokos* = Davide M. MONTAGNA, *La lode alla Theotokos nei testi greci dei secoli IV-VII*, in *Marianum* 24 (1962) 453–543.

MŌRAÏTĒS, *Antiphonar* = Dēm. N. MŌRAÏTĒS, 'Αντιφωνάριον, in Θρησκευτικὴ καὶ ἠθικὴ 'Εγκυκλοπαιδεία, 2. Band (Athen 1963) 940–941.

Morgan Collection = *The Pierpont Morgan Collection of Coptic Manuscripts* (nach einer Notiz in *New York Sun*, December 31, 1911), in *The Catholic University Bulletin* 18 (1912) 186–190.

MÜLLER, *Einsetzung* = *Die Bücher der Einsetzung der Erzengel Michael und Gabriel*. Ed. C. Detlef G. MÜLLER (*Corpus Script. Christ. Orient.* 225 = Script. copt. 31; Löwen 1962).

MÜLLER, *Predigt* = Caspar Detlef Gustav MÜLLER, *Die alte koptische Predigt (Versuch eines Überblicks)*. Diss. Heidelberg 1954.

MUNIER, *Mélanges* = Henri MUNIER, *Mélanges de littérature copte. II : Manuscrits coptes de Cheikh Abadéh*, in *Annales du Service des Antiquités de l'Égypte* 21 (1921) 77–88.

MUNIER, *S. Isidore* = Henri MUNIER, *Les actes du martyre de saint Isidore*, in *Bulletin de l'Institut français d'Archéologie orientale* 14 (1918) 97–190.

MUYSER, *Essai* = Jacob MUYSER, *Un premier essai d'étude sur les vraies valeurs de la prière du moine copte et de celle de son église d'après ce que nous possédons actuellement comme sources coptes les plus authentiques*, in *Les Cahiers Carmélitains* 1 (1950) 84–107.

MUYSER, *Maria's heerlijkheid* = Jacob MUYSER, *Maria's heerlijkheid in Egypte. Een studie der Koptische Maria-literatuur*. 1. Teil [2. Teil nicht erschienen] (Löwen-Utrecht 1935).

MUYSER, *Samedi et dimanche* = Jacob MUYSER, *Le Samedi et le Dimanche dans l'Église et la Littérature Coptes*, in Togo MINA, *Le Martyre d'apa Épima* (Kairo 1937) 89–111.

NAGEL, *Untersuchungen* = Peter NAGEL, *Grammatische Untersuchungen zu Nag Hammadi Codex II*, in Franz ALTHEIM und Ruth STIEHL, *Die Araber in der Alten Welt* 5,2 (Berlin 1969) 393–469.

NAU, *Solitaires* = F. NAU, *Histoires des solitaires égyptiens* (suite; à suivre), in *Revue de l'Orient chrétien* 13 (1908) 47–66 und 14 (1909) 357–379.

NÖLDEKE, *Syr. Gramm.* = Theodor NÖLDEKE, *Kurzgefaßte syrische Grammatik*. 2., verbess. Aufl. (Leipzig 1898).

Nomokanon = *Kitāb al-qawānīn alladī ğama'ahu 'š-šayḫ aṣ-Ṣafī al-'ālim ibn al-'Assāl*. Ed. Murqus ĞIRĞIS (Kairo 1927).

Œuvres de Pachôme = *Œuvres de S. Pachôme et de ses disciples* éditées par L. Th. LEFORT (*Corpus Script. Christ. Orient.* 159 = Script. copt. 23; Löwen 1956).

Officium Maronit. = *Officium feriale. Juxta ritum Ecclesiae Syrorum Maronitarum*. Denuo reimpressum (Beirut 1885).

Old Test. = *The Old Testament in Greek*, Edited by A. E. BROOKE and N. MCLEAN, Band 1, Teil 2 (Cambridge 1909).

O'LEARY, *Difnar* = DE LACY O'LEARY, *The Difnar (Antiphonarium) of the Coptic Church*. 3 Bände (London 1926, 1928 und 1930).

O'LEARY, *Directory Fragment* = D. L. O'LEARY, *On a Directory Fragment Recently Discovered in the Wadi n-Natrun*, in *The Journal of Theological Studies* 24 (1923) 428–432.

O'LEARY, *Office* = DE LACY O'LEARY, *The Daily Office and Theotokia of the Coptic Church* (London 1911).

O'Leary, *Theotokia* = De Lacy O'Leary, *The Coptic Theotokia*, in *Coptic Studies in Honor of Walter Ewing Crum* (*Bulletin of the Byzantine Institute* 2; Boston 1950) 417–420.

O'Leary, *Theotokia* (Ed.) = De Lacy O'Leary, *The Coptic Theotokia. Text from Vatican Cod. Copt. xxxviii. Bibl. Nat. Copte 22, 23, 35, 69 and other MSS. including fragments recently found at the Dêr Abû Makâr in the Wadi Natrun.* With introduction (London 1923).

Omont, *Missions archéol.* = Henri Omont, *Missions archéologiques françaises en Orient aux XVIIe et XVIIIe siècles* (*Collection de documents inédits sur l'histoire de France*; Paris 1902).

Orlandi, *Storia* = *Storia della Chiesa di Alessandria.* Testo copto, traduzione e commento di Tito Orlandi. Vol. I: *Da Pietro ad Atanasio* (*Testi e Documenti per lo studio dell'antichità* 17; Mailand [1968]).

Orlandi, *Studi* = Tito Orlandi, *Studi copti.* 1) *Un encomio di Marco evangelista.* 2) *Le fonti della* Storia dei Patriarchi di Alessandria. 3) *La leggenda di S. Mercurio* (*Testi e Documenti per lo studio dell'antichità* 22; Mailand [1968]).

Pachom. Latina = *Pachomiana Latina. Règle et Epîtres de S. Pachôme, Epître de S. Théodore et «Liber» de S. Orsiesius.* Texte latin de S. Jérôme. Edité par Amand Boon. Appendice: *La Règle de S. Pachôme.* Fragments coptes et Excerpta grecs. Édité par L. Th. Lefort (*Bibliothèque de la Revue d'histoire ecclésiastique* 7; Löwen 1932).

Paez, *Historia* = *Petri Paez Historia Aethiopae. Liber I et II* (*Rerum Aethiopicarum Scriptores Occidentales.* Ed. C. Beccari. Vol. 2; Rom 1905).

Pantelakēs, *Antiphonar* = Emm. G. Pantelakēs, *'Αντιφωνάριον*, in *Μεγάλη 'Ελληνικὴ 'Εγκυκλοπαιδεία*, Band 4 (Athen 1928) 339bc.

Patriarchengesch., Ed. Evetts = *History of the Patriarchs of the Coptic Church of Alexandria. II: Peter I to Benjamin I (661).* Arabic text edited, translated, and annotated by B. Evetts, in *Patrol. Orient.* 1 (1907) 381–518 [117–254] (= Fasz. 4).

Patriarchengesch., Ed. Seybold I = *Severus ben el Moqaffa', Historia Patriarcharum Alexandrinorum.* Ed. Chr. Fred. Seybold (*Corpus Script. Christ. Orient.*, Script. arab., ser. tertia, tom. 9; Beirut-Paris 1904 und 1910).

Patriarchengesch., Ed. Seybold II = *Severus ibn al Muqaffa, Alexandrinische Patriarchengeschichte von S. Marcus bis Michael I 61–767.* Nach der ältesten 1266 geschriebenen Hamburger Handschrift im arabischen Urtext herausgegeben von Christian Friedrich Seybold (*Veröffentlichungen aus der Hamburger Stadtbibliothek* 3; Hamburg 1912).

Patriarchengesch. II = *History of the Patriarchs of the Egyptian Church, Known as the History of the Holy Church by Sawīrus Ibn al-Muḳaffa'.* Vol. II, Part I-III. Translated and annotated by Aziz Suryal Atiya [von Teil 2 an], Yassā 'Abd al-Masīḥ, O. H. E. KHS-Burmester (*Publications de la Société d'Archéologie Copte.* Textes et documents; Kairo 1943, 1948 und 1959).

P. Bad. = *Veröffentlichungen aus den badischen Papyrus-Sammlungen.* Heft 4 [Nr. 47–111]: *Griechische Papyri (Urkunden, Briefe, Schreibtafeln, Ostraka etc.).* Herausgegeben von Friedrich Bilabel (Heidelberg 1924). Heft 5 [Nr. 112-167]: *Griechische koptische und arabische Texte zur Religion und religiösen Literatur in Ägyptens Spätzeit.* Herausgegeben von Friedrich Bilabel und Adolf Grohmann nebst einem Beitrage von Georg Graf (Heidelberg 1934).

PEETERS, *Vie copte* = Paul PEETERS, *Une vie copte de S. Jean de Lycolopis*, in *Analecta Bollandiana* 54 (1936) 359–381.

PÉRIER, *Canons* = *Les « 127 Canons des Apôtres »*. Texte arabe en partie inédit, publié et traduit en français par Jean PÉRIER et Augustin PÉRIER, in *Patrol. Orient.* 8 (1912) 551–710 [1–160] (= Fasz. 3).

PÉRIER, *Perle* = *La Perle Précieuse traitant des sciences ecclesiastiques (chapitres I-LVI)* par Jean, fils d'Abou Zakariâ, surnommé Ibn Sabâ'. Texte arabe publié et traduit par Jean PÉRIER, in *Patrol. Orient.* 16 (1922) 591–760 [1–170] (= Fasz. 4).

PETERSEN, *Coptic Manuscript* = Theodore C. PETERSEN, *An Early Coptic Manuscript of Acts: An Unrevised Version of the Ancient So-Called Western Text*, in *Catholic Biblical Quarterly* 26 (1964) 225–241.

PETERSEN, *Paragraph Mark* = Theodore PETERSEN, *The Paragraph Mark in Coptic Illuminated Ornament*, in *Studies in Art and Literature for Belle da Costa Greene*. Ed. by Dorothy MINER (Princeton 1954) 295–330.

PETRÁČEK, *Arab. Dialekt* = Karel PETRÁČEK, *Zum arabischen Dialekte von Ägypten. Zum koptischen Einfluß im Arabischen*, in *Archiv Orientální* 24 (1956) 591–595.

PEYRON, *Psalterium* = *Psalterii copto-thebani specimen … ad fidem codicis taurinensis* cura et criticis animadversionibus Bernardini PEYRONI (Turin 1875).

PG = *Patrologiae cursus completus*. Accurante J.-P. MIGNE. Series graeca (Paris 1857 ff.).

PGM = *Papyri Graecae Magicae. Die griechischen Zauberpapyri*. Herausgegeben und übersetzt von Karl PREISENDANZ. Bd. 2 (Leipzig und Berlin 1931).

Phrynichus, *Praepar. soph.* = *Phrynichi Sophistae Praeparatio sophistica*. Ed. Ioannes DE BORRIES (*Bibliotheca Teubneriana*; Leipzig 1911).

PINELL, *Horas* = J. PINELL, *El numero sagrado de las horas de oficio*, in *Miscellanea liturgica … Giacomo Lercaro*, Bd. 2 (Rom 1967) 887–934.

Pistis Sophia = *Pistis Sophia*. Neu herausgegeben mit Einleitung nebst griechischem und koptischem Wort- und Namenregister von Carl SCHMIDT (*Coptica* consilio et impensis Instituti Rask-Oerstediani edita 2; Kopenhagen 1925).

PL = *Patrologiae cursus completus*. Accurante J.-P. MIGNE. Series latina (Paris 1844 ff.)

PLEYTE-BOESER, *Manuscrits* = *Manuscrits coptes du Musée d'antiquités des Pays-Bas à Leide* publiés par W. PLEYTE et P. A. A. BOESER (Leiden 1897).

Plinius, *Nat. hist.* = *C. Plini Secundi Naturalis historiae libri XXXVII*. Ed. Carolus MAYHOFF. Vol. II. Libri VII–XV (*Bibliotheca Teubneriana*; Leipzig 1909).

P. Lond = *Greek Papyri in the British Museum*. Catalogue, with Texts. Edited by F. G. KENYON and H. I. BELL. Band 3 (London 1907).

P. Mich. = *Papyri in the University of Michigan Collection*. Vol. III: *Miscellaneous papyri*. Edited by John Garret WINTER (*University of Michigan Studies. Humanistic Series*; Ann Arbor 1936).

POLOTSKY, *Conjugation System* = H. J. POLOTSKY, *The Coptic Conjugation System* in *Orientalia* N. S. 29 (1960) 392–422.

POLOTSKY, *Études* = H. J. POLOTSKY, *Études de syntaxe copte* (*Publications de la Société d'Archéologie Copte*; Kairo 1944).

POLOTSKY, *Nominalsatz* = H. J. POLOTSKY, *Nominalsatz und Cleft Sentence im Koptischen*, in *Orientalia* N. S. 31 (1962) 413–430.

POLOTSKY, *Orthographe* = H. J. POLOTSKY, *Une question d'orthographe bohaïrique*, in *Bulletin de la Société d'Archéologie Copte* 12 (1946/7) 25–35.

POLOTSKY, *Plural Article* = H. J. POLTSKY, *The 'Weak' Plural Article in Bohairic*, in *The Journal of Egyptian Archaeology* 54 (1968) 243–245.

POLOTSKY, *Rez. Husselman* = H. J. POLOTSKY, Rezension von Elinor M. HUSSELMAN, *The Gospel of John in Fayumic Coptic (P. Mich. Inv. 3521)* (Ann Arbor 1962), in *Orientalistische Literaturzeitung* 59 (1964) 250–253.

POLOTSKY, *Rez. Kahle* = H. J. POLOTSKY, *Zu den koptischen literarischen Texten aus Balaizah*, in *Orientalia* N. S. 26 (1957) 347–349.

POLOTSKY, *Rez. Till* = H. J. POLOTSKY, Rezension von TILL, *Gramm.* (1. Aufl.), in *Orientalistische Literaturzeitung* 52 (1957) 219–234.

POLOTSKY, *Rez. Till²* = H. J. POLOTSKY, Rezension von TILL, *Gramm.* (2. Aufl.), in *Orientalistische Literaturzeitung* 57 (1962) 478–481.

Pontif. = ⲠⲒⲨⲰⲘ ⲈϤⲈⲢⲀⲠⲀⲚⲦⲞⲔⲦⲒⲚ ⲈⲬⲈⲚ ⲚⲒⲈⲨⲬⲎ ⲈⲐⲞⲨⲀⲂ. 2 Bände. [Ed. Rāfāyīl Ṭūḥī (Rom 1761 und 1762)].

PORCHER, *Hom. cathédrale* = *La première homélie cathédrale de Sévère d'Antioche.* Éditée et traduite par E. PORCHER, in *Revue de l'Orient chrétien* 2. S. 9 (19) (1914) 69–78 und 135–142.

PORCHER, *Manuscrits coptes* = E. PORCHER, *Analyse des manuscrits coptes 131¹⁻⁸ de la Bibliothèque Nationale, avec indication des textes bibliques.* Avec introduction de Henri HYVERNAT, in *Revue d'égyptologie* 1 (1933) 105–160 (A suivre).

PORCHER, *Vie d'Isaac* = E. PORCHER, *Vie d'Isaac, patriarche d'Alexandrie de 686 à 689, écrite par Mina, évêque de Pchati*, in *Patrol. Orient.* 11 (1915) 299–390 [1–92] (= Fasz. 3).

PRADO, *Gloria* = German PRADO, *Una nueva recensión del himno «Gloria in excelsis»*, in *Ephemerides liturgiques* 46 (1932) 481–486.

P. Ryl. = *Catalogue of the Greek and Latin Papyri in the John Rylands Library, Manchester*, Vol. III: Theological and literary texts (Nos. 457–551). Edited by C. H. ROBERTS (Manchester 1938).

Psalter = ⲠⲒⲨⲰⲘ ⲚⲦⲈ ⲠⲒⲮⲀⲖⲦⲎⲢⲒⲞⲚ ⲚⲦⲈ ⲀⲀⲨⲒⲀ. [Ed. Rāfāyīl Ṭūḥī (Rom 1744)].

Quarante-neuf vieillards = *Les quarante-neuf vieillards de Scété.* Texte copte inédit et traduction française par Seymour DE RICCI et Eric O. WINSTEDT, in *Notices et extraits des manuscrits de la Bibliothèque Nationale et autres bibliothèques* 29,2 (1916) 323–358 [auch separat 1910].

QUATREMÈRE, *Recherches* = Étienne QUATREMÈRE, *Recherches critiques et historiques sur la langue et la littérature de l'Égypte* (Paris 1808).

QUECKE, *Dokumente* = Hans QUECKE, *Dokumente zum koptischen Stundengebet*, in *XVII. Deutscher Orientalistentag vom 21. bis 27. Juli 1968 in Würzburg.* Vorträge herausgegeben von Wolfgang VOIGT (*Zeitschrift der Deutschen Morgenländischen Gesellschaft. Supplementa* 1; Wiesbaden 1969) 392–402.

QUECKE, *Erhebet euch* = Hans QUECKE, »*Erhebet euch, Kinder des Lichtes!*«, in *Le Muséon* 76 (1963) 27–45 und 266 (Nachtrag).

QUECKE, *Fragmente* = Hans QUECKE, *Fragmente einer Handschrift des koptischen Horologions in den Bibliotheken zu Leipzig und Berlin (Cod. Tisch. XXI und Ms. or. fol. 2556 g)*, in *Orientalia* N. S. 36 (1967) 305–322.

QUECKE, *Griech. Parallelen* = Hans QUECKE, *Neue griechische Parallelen zum koptischen Horologion*, in *Le Muséon* 77 (1964) 285–294.

QUECKE, *Griech. Strophe* = H. QUECKE, *Eine griechische Strophe in koptischer Überlieferung*, in *Orientalia Christiana Periodica* 32 (1966) 265–270.

QUECKE, *Horologion* = Hans QUECKE, *Ein koptisch-arabisches Horologion in der Bibliothek des Katharinenklosters auf dem Sinai (Cod. Sin ar. 389)*, in *Le Muséon* 78 (1965) 99–117.

QUECKE, *Kommunionlied* = Hans QUECKE, *Ein saïdisches Kommunionlied* (Wien, K 8348), in *Le Muséon* 79 (1966) 103–111 und 315 (Berichtigung).

QUECKE, *Qualitativ* = Hans QUECKE, *Eine mißbräuchliche Verwendung des Qualitativs im Koptischen*, in *Le Muséon* 75 (1962) 291–300.

QUECKE, *Rez. Schrage* = Hans QUECKE, Rezension von W. SCHRAGE, *Das Verhältnis des Thomas-Evangeliums zur synoptischen Tradition und zu den koptischen Evangelienübersetzungen* (Berlin 1964), in *Le Muséon* 78 (1965) 234–239.

QUECKE, *Sub tuum praesidium* = Hans QUECKE, *Das »Sub tuum praesidium ...« im koptischen Horologion*, in *Enchoria*. Zeitschrift für Demotistik und Koptologie 1 (1970) [bei Drucklegung dieser Arbeit noch nicht erschienen].

RAES, *Introductio* = Alphonsus RAES, *Introductio in liturgiam orientalem* (Rom 1947).

RAHLFS, *Alttest. Lektionen* = Alfred RAHLFS, *Die alttestamentlichen Lektionen der griechischen Kirche*, in *Nachrichten der Königlichen Gesellschaft der Wissenschaften zu Göttingen. Philologisch-historische Klasse*, 1915, S. 28–136. Auch separat in *Mitteilungen des Setuaginta-Unternehmens* I 119–230.

RAHLFS, *Berl. Psalter* = Alfred RAHLFS, *Die Berliner Handschrift des sahidischen Psalters* (*Abhandlungen der Königlichen Gesellschaft der Wissenschaften zu Göttingen. Philologisch-historische Klasse* N. F. 4, Nr. 4; Berlin 1901).

RAHLFS, *Psalmi*, = *Psalmi cum Odis*. Ed. Alfred RAHLFS. 2., durchges. Aufl. (*Septuaginta*. Vetus Testamentum Graecum Auctoritate Academiae Litterarum Gottingensis editum 10; Göttingen 1967).

RAHLFS, *Septuaginta* = *Septuaginta*. Id est Vetus Testamentum graece iuxta LXX interpretes, edidit Alfred RAHLFS. Ed. septima (Stuttgart 1962).

Règle du Maître = *La Règle du Maître*. I-II : Introduction, texte, traduction et notes par Adalbert DE VOGÜÉ. III : Concordance verbale ... par Jean-Marie CLÉMENT, Jean NEUFVILLE, Daniel DEMESLAY (Sources Chrétiennes 105-107; Paris 1964 und 1965).

RENAUDOT, *Liturg. Orient.* = *Liturgiarum Orientalium Collectio*. Opera et studio Eusebii RENAUDOTII. 2 Bände (Paris 1716).

REVILLOUT, *Concile de Nicée* = E. REVILLOUT, *Le concile de Nicée d'après les textes coptes et les diverses collections canoniques*. Seconde série de documents. [2. Teil :] *Le manuscrit Borgia, dans son ensemble, rapproché des textes correspondents des papyrus de Turin*, in *Journal Asiatique* 7. S. 5 (1875) 209–266. Auch separat mit eigener Paginierung in *Le concile de Nicée ...*, 1. Fasz. : *Nouvelle série de documents (le manuscrit Borgia)* (Paris 1881).

RIEDEL, *Kirchenrechtsquellen* = Wilhelm RIEDEL, *Die Kirchenrechtsquellen des Patriarchats Alexandrien*. Zusammengestellt und zum Teil übersetzt (Leipzig 1900).

RIEDEL-CRUM, *Canons of Athan.* = *The Canons of Athanasius of Alexandria*. The Arabic and Coptic versions edited and translated with introduction, notes and appendices by Wilhelm RIEDEL, and W. E. CRUM (*Works Issued by the Text and Translation Society*; London-Oxford 1904).

RITTER, *Konzil von Konstantinopel* = Adolf Martin RITTER, *Das Konzil von Konstantinopel und sein Symbol* (*Forschungen zur Kirchen- und Dogmengeschichte* 15; Göttingen 1965).

ROSSI, *Manoscritti copti* = Francesco ROSSI, *Trascrizione di tre manoscritti copti del Museo Egizio di Torino*, in *Memorie della Reale Accademia delle scienze di Torino*. Serie sec., t. 37 (1886), scienze morali, storiche e filologiche, p. 65–175. [Separatausg. mit eigener Paginierung 1885.]

Rossi, *Testi copti* = Francesco Rossi, *Trascrizione di alcuni testi copti tratti dai papiri del Museo Egizio di Torino*, in *Memorie della Reale Accademia delle Scienze di Torino*, Serie sec., t. 36 (1885), scienze morali, storiche e filologische, p. 89–182. [Separatausg. mit eigener Paginierung 1884.]

Sachsen, *Neue Streifzüge* = Johann Georg Herzog zu Sachsen, *Neue Streifzüge durch die Kirchen und Klöster Ägyptens* (Leipzig-Berlin 1930).

Säve-Söderbergh, *Remarks* = T. Säve-Söderbergh, *Some Remarks in Coptic Manichaean Poetry*, in *Coptic Studies in Honor of Walter Ewing Crum* (*Bulletin of the Byzantine Institute* 2; Boston 1950) 159–173.

Säve-Söderbergh, *Studies* = Torgny Säve-Söderbergh, *Studies in the Coptic Manichaean Psalm-Book. Prosody and the Mandaean Parallels* (Uppsala 1949).

Salāmah, *Perlen* = Yūḥannā Salāmah, *Al-la'āli' an-nafīsah fī šarḥ ṭuqūs wa-mu'taqadāt al-kanīsah*. 2 Bände. 3. Aufl. (Kairo 1965 und 1966).

Ṣalīb, *Riten* = [Ṣalīb Sūryāl], *Aṭ-ṭuqūs al-qibṭīyah. Raf' al-baḫūr, at-tasbiḥah, al-quddās* (*Muḏakkirāt fī* 3; Gise, o. J.).

Salmon, *Prière des heures* = P. Salmon, *La prière des heures*, in A. G. Martimort, *L'Église en prière. Introduction à la Liturgie*. 3e éd. revue et corrigée (Paris 1965) 807–902.

Sanz, *Papyri* = Peter Sanz, *Griechische literarische Papyri christlichen Inhaltes I. (Biblica, Väterschriften und Verwandtes)* (*Mitteilungen aus der Papyrussammlung der Nationalbibliothek in Wien* N. S. 4; Baden bei Wien 1946).

Schatz = *Kitāb kanz al-masīḥī. Ṣalawāt al-kanisah 'l-qibtīyah*. Ed. Aliksandrus, Bischof von Assiut (Alexandrien 1958).

Schermann, *Aufbau* = Theodor Schermann, *Der Aufbau der ägyptischen Abendmahlsliturgien vom 6. Jahrhundert an*, in *Der Katholik*, 92. Jg. [1. Halbband] (4. F. 9) (1912) 229–254, 325–354 und 396–417.

Schermann, *Abendmahlsliturgien* = Theodor Schermann, *Ägyptische Abendmahlsliturgien des ersten Jahrtausends in ihrer Überlieferung dargestellt* (*Studien zur Geschichte und Kultur des Altertums* 6,1–2; Paderborn 1912).

Schermann, *Festkalender* = Theodor Schermann, *Der ägyptische Festkalender vom 2.–7. Jahrhundert*, in *Theologie und Glaube* 5 (1913) 89–102.

Schmitz, *Parakaleo* = Otto Schmitz, Παρακαλέω *und* παράκλησις *im griechischen Judentum*, in *Theologisches Wörterbuch zum Neuen Testament*. Begründet von Gerhard Kittel. Hrsg. von Gerhard Friedrich. 5. Band (Stuttgart, o. J.) 774–777.

Schneider, *Oden* = Heinrich Schneider, *Die biblischen Oden im christlichen Altertum*, in *Biblica* 30 (1949) 28–65; *Die biblischen Oden seit dem sechsten Jahrhundert*, ebd. 239–272; *Die biblischen Oden in Jerusalem und Konstantinopel*, ebd. 433–452; *Die biblischen Oden im Mittelalter*, ebd. 479–500.

Schulz, *Trishagion* = H.-J. Schulz, *Trishagion*, in *Lexikon für Theologie und Kirche*. 2. Aufl. Hrsg. von Josef Höfer und Karl Rahner. 10. Band (Freiburg 1965) 365.

Schwartz, *Cod. Vat. gr. 1431* = Eduard Schwartz, *Codex Vaticanus gr. 1431, eine antichalkedonische Sammlung aus der Zeit Kaiser Zenos* (*Abhandlungen der Bayerischen Akademie der Wissenschaften*, Philos.-philol. und hist. Kl., 32. Bd., 6. Abh.; München 1927).

Schwartz, *Conc. Constant.* = *Concilium Universale Constantinopolitanum sub Iustiniano habitum*. Ed. Eduardus Schwartz. Vol. alterum (*Acta Conciliorum Oecumenicorum* 4,2; Straßburg 1914).

SCHWARTZE, *Ägypten* = M. G. SCHWARTZE, *Das alte Ägypten oder Sprache, Geschichte, Religion und Verfassung des alten Ägyptens*. 1. Teil (Leipzig 1843).

SCHWARTZE, *Gramm.* = M. G. SCHWARTZE, *Koptische Grammatik*. Herausgegeben nach des Verfassers Tod von H. STEINTHAL (Berlin 1850).

SCHWYZER, *Gramm.* = Eduard SCHWYZER, *Griechische Grammatik*. 1. Bd. (*Handbuch der Altertumswissenschaft*. 2. Abt., 1,1; München 1939).

SIDAROUSS, *Pâque* = Adel SIDAROUSS, *La Pâque Sainte ou La Semaine Sainte selon la liturgie copte*, in *Proche-Orient Chrétien* 17 (1967) 3–43.

SIJPELSTEIJN, *Hymne des Moses* = P. J. SIJPESTEIJN, *Die Hymne des Moses (Exodus XV 1–19) auf einem Ostrakon der Sammlung des »Rijksmuseum van Oudheden« in Leiden*, in *Oudheidkundige Mededelingen uit het Rijksmuseum van Oudheden te Leiden* 44 (1963) 27–33.

SIMAIKA, *Catalogue* = Marcus SIMAIKA assisted by Yassa ʿABD AL MASIḤ, *Catalogue of the Coptic and Arabic Manuscripts in the Coptic Museum, the Patriarchate, the Principal Churches of Cairo and Alexandria and the Monasteries of Egypt*. Band 1 (*Publications of the Coptic Museum*; Kairo 1939).

SIMON, *Bibl. copte* = Jean SIMON, *Bibliographie copte*. 3 (1950) (suite) and 6 (1953), in *Orientalia* N. S. 20 (1951) 423–442 und 23 (1954) 70*–97*.

Sinuthii opera = *Sinuthii archimandritae vita et opera omnia*. Ed. Iohannes LEIPOLDT adiuvante W. E. CRUM. Band 4 (*Corpus Script. Christ. Orient.*, Script. copt., ser. secunda, tomus 5; Paris 1913).

Sinuthii vita = *Sinuthii archimandritae vita et opera omnia*. Edidit Iohannes Leipoldt adiuvante W. CRUM. Band 1 (*Corpus Script. Christ. Orient.*, Script. copt., ser. secunda, tomus 2; Paris 1906).

SKEAT, *Cod. Alex.* = T. C. SKEAT, *The Provenance of the Codex Alexandrinus*, in *The Journal of Theological Studies* N. S. 6 (1955) 233–235.

STADLHUBER, *Stundengebet* = Josef STADLHUBER, *Das Stundengebet des Laien im christlichen Altertum*, in *Zeitschrift für katholische Theologie* 71 (1949) 129–183.

STAPELMANN, *Hymnus angelicus* = Wilhelm STAPELMANN, *Der Hymnus angelicus. Geschichte und Erklärung des Gloria* (*Philologia Sacra* 1; Heidelberg 1948).

STEGEMANN, *Paläographie* = Viktor STEGEMANN, *Koptische Paläographie. 25 Tafeln zur Veranschaulichung der Schreibstile koptischer Schriftdenkmäler auf Papyrus, Pergament und Papier für die Zeit des III. bis XIV. Jahrhunderts. Mit einem Versuch einer Stilgeschichte der koptischen Schrift* (*Quellen und Studien zur Geschichte und Kultur des Altertums und des Mittelalters* C 1; Heidelberg 1936).

STEINDORFF, *Lehrbuch* = Georg STEINDORFF, *Lehrbuch der koptischen Sprache* (Chicago 1951).

Stephan v. Siunik, *Erklärung* = Žamakargutʿean meknutʿiwn əndarjak Stepʿannosi imastasiri Siwneacʿ episkoposi. [Hrsg. von Sahak AMATUNI], in *Ararat* 49 (1915) 225–240, 361–364, 485–496, 634–639 und 50 (1916) 129–141.

STERN, *Bibelfragm.* = Ludw. STERN, *Zwei koptische Bibelfragmente*, in *Zeitschrift für ägyptische Sprache* 22 (1884) 97–99.

STERN, *Gramm.* = Ludwig STERN, *Koptische Grammatik* (Leipzig 1880);

STRACK, *Pᵉsaḥim* = Hermann L. STRACK, *Pᵉsaḥim. Der Mišnatraktat Passafest mit Berücksichtigung des Neuen Testaments und der jetzigen Passafeier der Juden nach Handschriften und alten Drucken herausgegeben, übersetzt und erläutert* (*Schriften des Institutum Judaicum in Berlin* 40; Leipzig 1911).

STRACK-BILLERBECK, *Kommentar* = Hermann L. STRACK und Paul BILLERBECK, *Kommentar zum Neuen Testament aus Talmud und Midrasch*. 4. Band : *Exkurse zu einzelnen Stellen des Neuen Testaments. Abhandlungen zur neutestamentlichen Theologie und Archäologie* (München 1928).

STRZYGOWSKI, *Kopt. Kunst* = Josef STRZYGOWSKI, *Koptische Kunst (Catalogue Général des antiquités égyptiennes du Musée du Caire.* Nᵒˢ 7001-7394 et 8742-9200; Wien 1904).

SULAYMĀN, *Perikopen* = FARĪD SULAYMĀN, *Dallāl al-fuṣūl al-kanasīyah* (Kairo 1931).

Synax., Ed. BASSET = *Le Synaxaire arabe jacobite (rédaction copte)*. Texte arabe publié. traduit et annoté par René BASSET. Teil 2 und 3, in *Patrol. Orient*. 3 (1909) 243–546 [167–470] (= Fasz. 2) und 11 (1915) 505–860 [471–826] (= Fasz. 5).

Synax., Ed. FORGET = *Synaxarium alexandrinum*. Edidit I. FORGET. 2 Bände (*Corpus Script. Christ. Orient*., Script. arab., ser. tertia, tom. 18 et 19; Beirut 1905 und 1912). Übersetzung in 2 Bänden (Rom 1921 und 1926).

Syr. Horol. (1902) = *Ṣlawōtō d-yawmē šḥīmē d-šabtō* (Scharfe 1902).

Syr. Horol. (1937) = *Ṣlawōtō d-yawmōtō šḥīmē d-šabtō* (Scharfe 1937).

TATTAM, *ProphetaeMajores* = *Prophetae Majores, in dialecto linguae aegyptiacae memphitica seu coptica*. Edidit cum versione latina Henricus TATTAM. Tomus 2 (Oxford 1852).

Textes Leide = *Textes manuscrits sur pierres, bois, fragments de poterie, etc., du Musée d'Antiquités des Pays-Bas à Leide* (Publiés dans la 23ᵉ Livraison, ou la 16ᵉ de la IIᵉ Partie des MONUMENS ÉGYPTIENS DU MUSÉE, par le Dr. C. LEEMANS). 13 Planches [Taf. 228–240] et 1¼ feuille de texte [S. 85–89] (Leiden 1865).

THOMPSON, *Certain Books O. T.* = Herbert THOMPSON, *The Coptic (Sahidic) Version of Certain Books of the Old Testament* from a papyrus in the British Museum (London 1908).

TIDNER, *Didasc.* = *Didascaliae Apostolorum, Canonum Ecclesiasticorum, Traditionis Apostolicae versiones latinae*. Ed. Erik TIDNER (*Texte und Untersuchungen* 75; Berlin 1963).

TILL, *Biblical Texts* = Walter C. TILL, *Coptic Biblical Texts Published after Vaschaldes Lists*, in *Bulletin of the John Rylands Library* 42 (1959/60) 220–240.

TILL, *Chrest.* = Walter TILL, *Koptische Chrestomathie für den fayumischen Dialekt mit grammatischer Skizze und Anmerkungen (Schriften der Arbeitgemeinschaft der Ägyptologen und Afrikanisten in Wien* 1; Wien 1930).

TILL, *Coptica* = Walter TILL, *Die Coptica der Wiener Papyrussammlung*, in *Zeitschrift der Deutschen Morgenländischen Gesellschaft* 95 (1941) 165–218.

TILL, *Dialektgramm.* = Walter C. TILL, *Koptische Dialektgrammatik mit Lesestücken und Wörterbuch*. 2., neugestaltete Aufl. (München 1961).

TILL, *Fragmente A. T.* = Walter TILL, *Saidische Fragmente des Alten Testamentes*, in *Le Muséon* 50 (1937) 175–237.

TILL, *Gramm.* = Walter C. TILL, *Koptische Grammatik (Saïdischer Dialekt). Mit Bibliographie, Lesestücken und Wörterverzeichnis*. 3., verbess. Aufl. (*Lehrbücher für das Studium der orientalischen und afrikanischen Sprachen* 1; Leipzig 1966). (1. Aufl. 1955, 2. Aufl. 1961)

TILL, *Griech. Philosophen*, = Walter TILL, *Griechische Philosophen bei den Kopten*, in *Mélanges Maspero.* II : *Orient grec, romain et byzantin (Mémoires publiés par les membres de l'Institut français d'Archéologie orientale* 67; Kairo 1934 ff.) 165–175.

TILL, *Heiligenlegenden* = Walter TILL, *Koptische Heiligen- und Märtyrerlegenden.* Texte, Übersetzungen und Indizes. 1. Teil (*Orientalia Christiana Analecta* 102; Rom 1935).

TILL, *Kleinliteratur* = Walter C. TILL, *Koptische Kleinliteratur 1–4*, in *Zeitschrift für ägyptische Sprache* 77 (1942) 101–111.

TILL, *Lied* = Walter C. TILL, *Ein koptisches Lied*, in *Mitteilungen des Deutschen Instituts für ägyptische Altertumskunde in Kairo* 10 (1941) 129–135.

TILL, *Rez. Steindorff*, = Walter C. TILL, *Zu Steindorffs* Lehrbuch der koptischen Sprache, in *Orientalia* N. S. 23 (1954) 152–169.

TILL, *Rez. van Lantschoot* = W. TILL, Rezension von VAN LANTSCHOOT, *Questions*, in *Orientalia* N. S. 27 (1958) 319–322.

TILL, *Wiener Faijumica* = W. TILL, *Wiener Faijumica*, in *Le Muséon* 49 (1936) 169–217.

TILL, *Wochentagsnamen* = Walter C. TILL, *Die Wochentagsnamen im Koptischen*, in *Tome commémoratif du millénaire de la Bibliothèque Patriarcale d'Alexandrie* (*Publications de l'Institut d'Études Orientales de la Bibliothèque Patriarcale d'Alexandrie*; Alexandrien 1953) 101–110.

TILL-LEIPOLDT, *Kirchenordnung* = *Der koptische Text der Kirchenordnung Hippolyts* herausgegeben und übersetzt von Walter TILL und Johannes LEIPOLDT (*Texte und Untersuchungen* 58; Berlin 1954).

TILL-SANZ, *Odenhandschrift* = Walter TILL und Peter SANZ, *Eine griechisch-koptische Odenhandschrift (Papyrus copt. Vindob. K 8706)* (*Monumenta Biblica et Ecclesiastica* 5; Rom 1939).

TREU, *Bilinguen* = Kurt TREU, *Griechisch-koptische Bilinguen des Neuen Testaments*, in *Koptologische Studien in der DDR* (*Wissenschaftliche Zeitschrift der Martin-Luther-Univeristät Halle-Wittenberg* 1965/Sonderheft) 95–123.

TURAEV, *Äthiop. Hss.* = B. TURAEV, *Ěf·iopskija rukopisi v S.-Peterburgě*, in *Zapiski Vostočnago Otdělenija Imperatorskago Russkago Arheologičeskago Obščestva* 17 (1906), 115–248. Separatausgabe mit eigener Paginierung als *Pamjatniki ěf·iopskoj pis'-mennosti* 3.

TURAEV, *Horol.* = B. TURAEV, *Časoslov Ěf·iopskoj Cerkvi* (*Mémoires de l'Académie Impériale des Sciences de St. Pétersbourg*. 8. sér., classe historico-philologique, vol. 1, n° 7; Sankt Petersburg 1897).

TURAEV, *Theotokien* = B. TURAEV, *K voprosu o proishoždenii koptskih* ΘΕΟΤΟΚΙΑ, in *Vizantijskij Vremennik* 14 (1907) 189–190.

USPENSKIJ, *Věroučenie* = A[rhimandrit] P[orfirij] U[SPENSKIJ], *Věroučenie, bogosluženie, činopoluženie i pravila cerkovnago blagočinija egipetskih hristian (koptov)* (Sankt Petersburg 1856).

VAN CRANENBURGH, *Vie latine* = *La Vie latine de s. Pachôme traduite du grec par Denys le Petit*. Édition critique par Henri VAN CRANENBURGH (*Subsidia Hagiographica* 46; Brüssel 1969).

VAN DER MENSBRUGGHE, *Prayer-time* = A. VAN DER MENSBRUGGHE, *Prayer-time in Egyptian Monasticism (320–450)*, in *Studia Patristica* II (*Texte und Untersuchungen* 64; Berlin 1957) 435–454.

VAN GOUDOEVER, *Fêtes* = J. VAN GOUDOEVER, *Fêtes et calendriers bibliques*. Troisième édition revue et augmentée (*Théologie historique* 7; Paris 1967).

VAN LANTSCHOOT, *Colophons* = Arn. VAN LANTSCHOOT, *Recueil des colophons des manuscrits chrétiens d'Égypte*. Tome I: *Les colophones coptes des manuscrits sahidiques*. 2 Bände (*Bibliothèque du Muséon* 1; Löwen 1929).

VAN LANTSCHOOT, *Paraboles* = Arnold VAN LANTSCHOOT, *Deux paraboles syriaques (Roman de Barlaam et Josaphat)*, in *Le Muséon* 79 (1966) 133–154.

VAN LANTSCHOOT, *Questions* = Arn. VAN LANTSCHOOT, *Les «Questions de Théodore»*. Texte sahidique, recensions arabes et éthiopienne (*Studi e Testi* 192; Vatikanstadt 1957).

VAN LANTSCHOOT, *Textes palimpsestes* = Arn. VAN LANTSCHOOT, *Les textes palimpsestes de B. M., Or. 8802*, in *Le Muséon* 41 (1928) 225–247.

VANSLEB, *Histoire* = J. M. VANSLEB, *Histoire de l'Église d'Alexandrie* (Paris 1677).

VASCHALDE, *Version coptes* = A. VASCHALDE, *Ce qui a été publié des versions coptes de la Bible* [Teil 10], in *Le Muséon* 45 (1932) 117–156; [Teil 11], in *Le Muséon* 46 (1933) 299–313.

VEILLEUX, *Liturgie* = Armand VEILLEUX, *La liturgie dans le cénobitisme pachômien au quatrième siècle* (*Studia Anselmiana* 57; Rom 1968).

VELAT, *Me'erāf* = Bernard VELAT, *Études sur le Me'erāf, commun de l'office divin éthiopien*. Introduction française, commentaire liturgique et musical = *Patrol. Orient.* 33 (Paris 1966). *Me'erāf, commun de l'office divin éthiopien pour toute l'année.* Texte éthiopien avec variantes, in *Patrol. Orient.* 34 [auf dem Titelblatt fälschlich 33], S. I–XV und 1–413 (= Fasz. 1–2; Paris 1966).

VERGOTE, *Rez. Steindorff* (1) = J. VERGOTE, Rezension von STEINDORFF, *Lehrbuch*, in *Chronique d'Égypte* 28 (1953) 406–408.

VERGOTE, *Rez. Steindorff* (2) = J. VERGOTE, Rezension von STEINDORFF, *Lehrbuch*, in *Bibliotheca Orientalis* 11 (1954) 103–107.

VILLECOURT, *Lampe* = *Livre de la Lampe des Ténèbres et de l'exposition (lumineuse) du service (de l'Église) par Abû'l-Barakât connu sous le nom d'Ibn Kabar*. Texte arabe édité et traduit par Louis VILLECOURT avec le concours d'Eugène TISSERANT et Gaston WIET [1. Teil; mehr nicht erschienen], in *Patrol. Orient.* 20 (1929) 575–734 [1–160] (= Fasz. 4).

VILLECOURT, *Observances liturgiques* = L. VILLECOURT, *Les Observances liturgiques et la discipline du jeûne dans l'Église Copte (Ch. XVI-XIX de la Lampe des ténèbres)* [französische Übersetzung], in *Le Muséon* 36 (1923) 249–292; 37 (1924) 201–280; 38 (1925) 261–320. [Die drei Teile werden als I, II und III zitiert.]

VITTI, *Salterio* = A. VITTI, *Le varianti del salterio boairico del Cod. Vat. Copt. 5*, in *Biblica* 9 (1928) 341–349.

VYCICHL, *Pi-Solsel* = Werner VYCICHL, *Pi-Solsel, ein Dorf mit koptischer Überlieferung*, in *Mitteilungen des Deutschen Instituts für ägyptische Altertumskunde in Kairo* 6 (1936) 169–175.

Wadi Sarga = *Wadi Sarga. Coptic and Greek Texts from the Excavations Undertaken by the Byzantine Research Account.* Edited by W. E. CRUM and H. I. BELL. With an introduction by R. Campbell THOMPSON (*Coptica* consilio et impensis Instituti Rask-Oederstediani edita 3; Kopenhagen 1922).

WARREN, *Antiphonary* = *The Antiphonary of Bangor. An Early Irish Manuscript in the Ambrosian Library at Milan.* Edited by F. E. WARREN. 2 Bände (*Henry Bradshaw Society* 4 und 10; London 1893 und 1895).

WEIGANDT, *Griech.-sah. Acta-Hss.* = Peter WEIGANDT, *Zwei griechisch-sahidische Acta-Handschriften: P[41] und 0236*, in *Materialien zur neutestamentlichen Handschriftenkunde* I. Herausgegeben von K. ALAND (*Arbeiten zur neutestamentlichen Textforschung* 3; Berlin 1969) 54–95.

Weihnachten-Epiphanie = ⲠⲓⲬⲰⲘ ⲚⲦⲈ ⲚⲒⲮⲀⲖⲒ ⲚⲈⲘ ⲚⲒⲮⲀⲖⲒⲀ ⲚⲈⲘ ⲚⲒⲖ̄ⲰⲤ ⲚⲦⲈ ⲚⲒⲠⲀⲢⲀⲘⲞⲚⲎ ⲚⲚⲒⲰⲀⲒ ⲚⲦⲈ ⲠⲒⲬⲒⲚⲘⲒⲤⲒ ⲚⲈⲘ ⲠⲒⲰⲘⲤ. 2. Aufl. Ed. AṬANĀSIYŪS, Metropolit von Beni Suef und Behnesa (Kairo 1957).

WEISS, *Lexikon* = Hans-Friedrich WEISS, *Ein Lexikon der griechischen Wörter im Koptischen*, in *Zeitschrift für ägyptische Sprache* 96 (1970) 79 f.

WESSELY, *Monuments* = Charles WESSELY, *Les plus anciens monuments du christianisme écrits sur papyrus 2*, in *Patrol. Orient.* 18 (1924) 341–511 [117–287] (= Fasz. 3).

WESSELY, *Psalmenfragmente* = Carl WESSELY, *Sahidisch-griechische Psalmenfragmente* (*Sitzungsberichte der philosophisch-historischen Klasse der Kaiserlichen Akademie der Wissenschaften.* 155. Band, Jahrgang 1906. 1. Abhandlung; Wien 1908).

WESSELY, *Texte* = Carl WESSELY, *Griechische und koptische Texte theologischen Inhalts 3, 4 und 5* (*Studien zur Paläographie und Papyruskunde* 12, 15 und 18; Leipzig 1912, 1914 und 1917).

WIESMANN, *Sin. opera* = *Sinuthii erchimandritae vita et opera omnia* IV. Interpretatus est H. WIESMANN (*Corpus Script. Christ. Orient.*, Script. copt., ser. secunda, tomus 5; Paris 1936).

WILKINS, *Pentateuch* = *Quinque libri Moysis prophetae in lingua Ægyptiaca.* Ex MSS. Vaticano, Parisiensi et Bodleiano descripsit et Latine vertit David WILKINS (London 1731).

WOOLLEY, *Offices* = *Coptic Offices.* Translated by Reginald Maxwell WOOLLEY (*Translations of Christian Literature.* Series 3; London 1930).

WORRELL, *Coptic Manuscripts* = William H. WORRELL, *The Coptic Manuscripts in the Freer Collection* (*University of Michigan Studies. Humanistic Series* 10; New York 1923).

WORRELL, *Pointing* = W. H. WORRELL, *Bohairic versus Sahidic Pointing*, in *Bulletin de la Société d'Archéologie Copte* 4 (1938) 91–95.

WRIGHT, *Catalogue* = W. WRIGHT, *Catalogue of the Ethiopic Manuscripts in the British Museum* (London 1877).

YOUNG, *Precept* = Dwight W. YOUNG, *"Precept": A Study in Coptic Terminology*, in *Orientalia* N. S. 38 (1969) 505–519.

ZERFASS, *Lesung* = Rolf ZERFASS, *Die Rolle der Lesung im Stundengebet*, in *Liturgisches Jahrbuch* 13 (1963) 159–167.

ZERFASS, *Schriftlesung* = Rolf ZERFASS, *Die Schriftlesung im Kathedraloffizium Jerusalems* (*Liturgiewissenschaftliche Quellen und Forschungen* 48; Münster 1968).

ZIADEH, *Apocalypse* = *L'Apocalypse de Samuel, supérieur de Deir-el-Qalamoun.* Texte arabe édité et traduit en français par J. ZIADEH, in *Revue de l'Orient chrétien* 20 (1915/7) 374–404.

ZIEGLER, *Daniel* = *Susanna, Daniel, Bel et Draco.* Ed. Joseph ZIEGLER (*Septuaginta. Vetus Testamentum Graecum Auctoritate Academiae Litterarum Gottingensis editum* 16,2; Göttingen 1954).

ZOEGA, *Catalogus* = *Catalogus codicum copticorum manu scriptorum qui in Museo Borgiano Velitris adservantur.* Auctore Georgio ZOEGA (Rom 1810).

ZOTENBERG, *Catalogue* = [H. ZOTENBERG], *Catalogue des manuscrits éthiopiens (gheez et amharique) de la Bibliothèque Nationale* (Paris 1877).

VORBEMERKUNG

Über das koptische Stundengebet und seine Geschichte sind wir immer noch recht mangelhaft unterrichtet. Als De Lacy O'Leary vor rund 60 Jahren seine Arbeit über »The Daily Office and Theotokia of the Coptic Church« schrieb, begann er sie mit den Worten: »Although much work has been done in the Eucharistic Liturgies of the Eastern Churches, comparatively little attention has been given to their daily offices[1].« Nun ist die Erforschung der Ursprünge des Stundesgebetes und seiner Entwicklung in den einzelnen Riten in der Zwischenzeit natürlich nicht stehengeblieben. Doch bleibt gerade auf dem Gebiete des koptischen Stundengebetes das meiste noch zu tun. Die vorliegende Arbeit möchte hierzu eine kleine Anregung geben. Die Stoffauswahl ist in erster Linie von dem Inhalt eines neuerschlossenen Dokuments zur Geschichte des koptischen Stundengebetes her bestimmt. Mit dem großen Handschriftenfund von Hamuli (al-Ḥāmūlī) kamen am Beginn dieses Jahrhunderts auch die bislang ältesten vollständig erhaltenen koptischen liturgischen Handschriften zutage. Eine von ihnen, die Handschrift M 574 der Pierpont Morgan Library, enthält auch eine Reihe von Texten, die eindeutig für das Stundengebet bestimmt sind. Dieser Abschnitt der Handschrift M 574 ist mit vollem Wortlaut im Schlußteil veröffentlicht. Im vorausgehenden Kapitel wird eine erste Auswertung dieses bisher kaum beachteten Textes versucht[2]. Dabei werden zuerst die Ergebnisse für den Aufbau des koptischen Stundengebetes bzw. einzelner seiner Horen erhoben, dann die einzelnen Texte mit der übrigen Überlieferung verglichen. Im Zusammenhang mit der Textpublikation wird auch eine Reihe weiterer Texte ertmals oder aufs neue veröffentlicht, die im Verlauf der Arbeit mit behandelt oder zum Vergleich herangezogen werden und die entweder bisher unveröffentlicht waren oder eine Neubearbeitung erforderten[3]. Das erste Kapitel gibt eine Übersicht über das

---

[1] O'LEARY, *Office*, Preface (unpaginiert).

[2] Einen ersten Bericht habe ich schon auf dem 17. Deutschen Orientalistentag 1968 in Würzburg gegeben (QUECKE, *Dokumente*).

[3] Im Verlauf der Arbeit werden auch noch andere unveröffentlichte Texte zitiert. Da bei den Handschriften der ehemaligen Sammlung Borgia und den Berliner Hand-

koptische Stundengebet in seiner späteren Form[4], behandelt aber auch einige historische Fragen.

Bei der Abfassung dieser Arbeit habe ich von vielen Seiten wertvolle Hilfe erfahren, für die ich aufrichtig danke. Nicht jeden kann ich hier mit Namen nennen. Für meine Löwener Lehrer möge Herr Prof. Gérard Garitte stehen. Wichtige Auskünfte in liturgiegeschichtlichen Fragen hat mir P. Juan Mateos gegeben, solche über die heutige Praxis der koptischen Liturgie u. a. Herr Adel Sidarus. Der Commission des Publications de l'Université de Louvain danke ich für die Gewährung eines namhaften Druckkostenzuschusses, dem Institut Orientaliste dafür, daß es die Arbeit in seine neue Publikationsreihe aufgenommen hat und für einen Teil der Unkosten aufgekommen ist, der Direktion der Pierpont Morgan Library für die Erlaubnis zur Veröffentlichung der Handschrift M 574.

schriften der heutige Aufbewahrungsort aus der Signatur nicht unmittelbar ersichtlich ist, sei hier ein genereller Hinweis gegeben: Alle unveröffentlichten Borgia-Fragmente, die im folgenden genannt werden, befinden sich heute in der Vatikanischen Bibliothek. Die derzeitigen Aufbewahrungsorte derjenigen Berliner Stücke, die ich selbst kollationiert habe, sind zum Teil an Ort und Stelle angegeben, außerdem aber in jedem Fall aus dem Index (unten S. 530b) zu ersehen. — Eine Horologion-Handschrift im Privatbesitz von Herrn Prof. J. Vergote konnte nicht berücksichtigt werden; die Bearbeitung dieses Textes liegt in anderen Händen und ist noch nicht abgeschlossen.

[4] Einige Angaben nach privaten Informationen, die ich koptischen Bekannten verdanke; aus eigener Teilnahme kenne ich den Gottesdienst der koptischen Kirche nicht.

DAS KOPTISCHE STUNDENGEBET

Übersicht und Bezeugung

O'Leary widmet ein eigenes kurzes Kapitel den »books used at the Divine Office«[1]. Es sind dies nach ihm Horologion, »Psalmodie«[2] und Difnar. Der Difnar[3] bringt jeweils für den liturgischen Tag nur einen bestimmten Hymnus, der an verschiedenen Stellen im Offizium seinen Platz finden kann[4]. Einige weitere Texte ähnlicher Art und Verwendung, wie etwa bestimmte »Psali«, stehen noch in anderen liturgischen Büchern[5]. Den Ablauf des Stundengebetes und seiner einzelnen Horen kann man indessen allein aus den beiden anderen Büchern, dem Horologion und der »Psalmodie«, ersehen. Diese beiden liturgischen Bücher ergänzen sich gegenseitig, wenn auch gewisse Texte heute gewöhnlich sowohl ins Horologion als auch in die »Psalmodie« aufgenommen sind. Es gibt allerdings im koptischen Ritus noch eine liturgische Funktion, die nur als Teil des Offiziums verstanden werden kann, deren Texte aber traditionsgemäß in keinem dieser beiden Bücher verzeichnet stehen. Davon sei zunächst die Rede.

---

[1] O'Leary, *Office* 49 f.

[2] »Psalmodie« (ⲮⲀⲗⲘⲰⲆⲒⲀ/*ibṣalmūdīyah*) ist also der Titel eines liturgischen Buches der koptischen Kirche (zur Erklärung des Namens vgl. unten S. 75). Um einer Verwechslung mit der im Deutschen sonst üblichen Bedeutung dieses Wortes als Psalmengesang oder -gebet vorzubeugen, setze ich das Wort »Psalmodie«, das ich ausschließlich zur Bezeichnung das liturgischen Buches verwende, immer (abgesehen von Wortzusammensetzungen) in Anführungszeichen. Eine weitere Bedeutung geben Khater-Burmester, *Catalogue* dem Wort »Psalmodia«. Bei ihnen werden ganz verschiedene liturgische Bücher mit Gesangstexten, und nicht nur solchen des Offiziums, sondern auch der Messe, als »Psalmodia« bezeichnet; vgl. der Einfachheit halber im Index S. 81 f. Soweit ich sehe, findet dieser Gebrauch des Wortes »Psalmodia« keine Stütze in den Handschriften der von Khater-Burmester so bezeichneten Textsammlungen.

[3] Zum Namen und zur Sache vgl. unten S. 88.

[4] Z. B. Burmester, *Liturgical Services* 108 mit Anm. 3 und 110 (Nr. 21).

[5] Vgl. etwa Malak, *Livres liturgiques* 20. Den Platz im Offizium siehe wiederum bei Burmester, *Liturgical Services* 108 (Nr. 3) und 110 (Nr. 16).

WEIHRAUCHDARBRINGUNG UND GEMEINDEOFFIZIUM

Der eucharistischen Liturgie geht heute bei den Kopten immer die abendliche und morgendliche Weihrauchdarbringung[1] voraus. Die dabei verwendeten Texte stehen dementsprechend im »Euchologion«[2]. Den Kern dieses Ritus bilden, umrahmt von zahlreichen Gebeten, die Inzensationen, die ihm den Namen gegeben haben, und gewöhnlich eine Schriftlesung, die den Evangelien entnommen ist[3]. O'Leary betrachtet die Weihrauchdarbringung nicht mehr als Teil des Offiziums, da hier die ursprünglich zum Offizium gehörige Schriftlesung[4] »has passed out of the Divine Office and assimilated to the pre-anaphoral portion of the Liturgy[5].« Damit hat O'Leary aber zumindestens noch die Herkunft der Weihrauchdarbringung aus dem Offizium gesehen. Ob die Gründe, die Weihrauchdarbringung nicht mehr als Teil des Offiziums anzusehen, stichhaltig sind, ist eine andere Frage. Mir scheint es sachgerecht, die Weihrauchdarbringung als Teil des Offiziums zu behandeln[6]. Und man braucht nur etwa Abū 'l-Barakāts Be-

---

[1] **ⲦⲀⲖⲞ ⲘⲠⲒⲤⲐⲞⲒⲚⲞⲨϥⲒ** / *raf' al-baḫūr.* Zur ausführlichen Information über diesen Ritus kann u. a. BUTE, *Morning Service* 13–45 und BURMESTER, *Liturgical Services* 35–45 dienen. Nach meinen Informationen ist streng genommen nur die morgendliche Weihrauchdarbringung vor der Messe verpflichtend. Gewöhnlich wird aber am Samstagabend auch die abendliche gehalten. Auch an den Vorabenden der beiden anderen Tage mit Meßfeier (Mittwoch und Freitag) soll das weithin geschehen, vor allem am Donnerstagabend. Strenger wäre die Verpflichtung auch der abendlichen Weihrauchdarbringung nach BURMESTER: »These *two* Services *always* precede a celebration of the Divine Liturgy (*Liturgical Services* 32; Hervorhebung von mir).

[2] Als griechisches Wort ins Koptische übernommen; daraus arabisch *ḫūlāǧī.* Der Hauptinhalt dieses liturgischen Buches sind die eucharistischen Formulare. Vorausgeschickt ist die Weihrauchdarbringung, es folgen die wechselnden Texte der Oratio fractionis und, je nach Handschrift oder Ausgabe, verschiedene andere Gebete.

[3] An den Tagen des Jonas- oder Ninivefastens (Montag bis Mittwoch der vorletzten Woche vor der großen Fastenzeit) und den Werktagen (nicht Samstagen) der großen Fastenzeit wird in der morgendlichen Weihrauchdarbringung (die abendliche findet nicht statt) auch eine wechselnde Anzahl von »Prophetien«, d. h. alttestamentlichen Perikopen, gelesen.

[4] Gemeint sind die Lesungen, von denen Kassian, Inst. II 4 und 6 berichtet.

[5] O'LEARY, *Office* 71.

[6] ENGBERDING nennt sie den »Rest [des Stundengebetes]«, der noch außerhalb der Klöster gefeiert wird (*Liturgie* 99), oder bezieht sich darauf einfach als auf das »Stundengebet (Vesper und Laudes)« (*Nil* 77).

schreibung[7] zu lesen, um zu sehen, daß die Weihrauchdarbringung integrierender Bestandteil eines umfassenderen Offiziums am Morgen und am Abend ist[8].

Einzugehen ist vor allem auf eines der Argumente, mit denen O'Leary die Trennung der Weihrauchdarbringung vom Offizium zu rechtfertigen sucht. Er beruft sich darauf, daß die Weihrauchdarbringung allgemein üblich ist, während nach ihm das Stundengebet in Ägypten niemals außerhalb der Klöster habe Fuß fassen können[9]. Diese Behauptung entspricht nicht den Tatsachen. Auch das Offizium wird allgemein in den Pfarrkirchen, nicht nur in den Klöstern gefeiert. Es sind dabei zwei Tatbestände zu unterscheiden, nämlich das alte Gemeindeoffizium von der späteren Kombination der monastischen Horen mit der Meßfeier[10].

Zumindestens in späterer Zeit wird das gesamte Stundengebet monastischer Prägung im Zusammenhang mit der Feier der eucharistischen Liturgie absolviert[11]. Die abendliche Weihrauchdarbringung beginnt mit den Psalmen von Non[12], Vesper und Komplet[13]. Der morgendlichen Weihrauchdarbringung und Messe wird sodann das Mitternachtsgebet vorausgeschickt, wie sich mit hinreichender Deutlichkeit schon daraus ergibt, daß das Euchologion ausführliche Erklärungen zum Mitternachtsgebet enthält[14]. An die Erklärung der Normalform des Mitternachtsgebetes schließt sich auch unmittelbar

---

[7] VILLECOURT, *Observances liturgiques* II 218–224.

[8] Das gilt auch noch für die heutige Praxis und geht auch aus den modernen Darstellungen der Kopten mit aller nur wünschenswerten Deutlichkeit hervor; vgl. etwa ṢALĪB, *Riten* 32–57 und 60 f. oder *Abendgebet*.

[9] O'LEARY, *Office* 70; vgl. auch ebenda 25. Ebenso *Theotokia* (Ed.) v und *Directory Fragment* 428.

[10] Von der Rezitation der Tagzeiten »both in the churches and the monasteries« spricht auch BURMESTER, *Liturgical Services* 99, Anm. 2; ähnlich *Hours* 89, Anm. 2.

[11] Inwieweit die Gemeinde daran effektiv teilnimmt, ist eine andere Frage.

[12] An Fasttagen wird die Non vor der Messe gebetet.

[13] Allgemeiner Hinweis auf »das Gebet der Psalmen« *Euchol.* 3. Genauer *Abendgebet* 6 und ṢALĪB, *Riten* 35.

[14] *Euchol.* 5–14. In den Pfarrkirchen wird das Mitternachtsgebet nach meinen Informationen praktisch nur vor den Messen an den Sonntagen gehalten. Das soll gewöhnlich so vor sich gehen, daß der Kirchensänger sehr früh morgens in der Kirche die entsprechenden Texte vorträgt, wobei bestenfalls vereinzelte Gläubige anwesend sind, jedoch kein Priester. Anders steht es mit der Beteiligung des Volkes natürlich im Monat Choiak, wenn die Theotokien aller sieben Wochentage in der Nacht vom Samstag auf Sonntag gesungen werden.

die des Morgengebetes an, eingeleitet mit »Dann beginnt man das Morgengebet[15].« Genauer ist Ṣalīb Sūryāl. Seine erste Angabe zur morgendlichen Weihrauchdarbringung lautet: »Wenn das Mitternachtslob beendet ist, beginnt man die Morgengebete[16].« Was die übrigen Horen betrifft, so sagt der Herausgeber des Euchologions wieder etwas unbestimmt, daß am Beginn der Messe »das Gebet der Psalmen der Horen« vom Volk gebetet wird[17]. Ṣalīb Sūryāl präzisiert wieder, daß es sich um Terz und Sext handelt[18]. Beide Autoren betonen aber, daß dies die heutige Praxis sei[19]. Es bedarf keines Beweises, daß es sich bei diesem Abbeten des vollen Horenzyklus im Zusammenhang mit der Meßfeier um eine Übernahme des monastischen Kursus handelt. Zweifelhaft ist nur, wie die Übernahme im einzelnen erfolgte und welche Teile des Stundengebetes, da selbst das alte Gemeindeoffizium bildend, von Hause aus gemeinsam in den Pfarrkirchen verrichtet wurden. In ihrer heutigen Form sind alle Horen stark vom monastischen Offizium her geprägt. Sicher aber waren Morgen- und Abendgebet von alters her auch Volkshoren, worauf gleich des näheren eingegangen werden wird. Es kann hier aber nicht untersucht werden, welche Elemente in diesen Horen ihre Wurzeln im alten Gemeindeoffizium haben. Eine andere Frage ist, ob nicht auch im Mitternachtsgebet ein Rest des alten Gemeindeoffiziums weiterlebt[20].

Vom alten Gemeindeoffizium leitet sich aber ohne Zweifel auch die morgendliche und abendliche Weihrauchdarbringung her. Daß es früher in Ägypten ebenso wie in anderen Gegenden des römischen

---

[15] *Euchol.* 9.

[16] Ṣalīb, *Riten* 60.

[17] *Euchol.* 197, Anm. 1.

[18] Ṣalīb, *Riten* 65 f.; und Non an Fasttagen (ebd. 35 und 66).

[19] Ṣalīb, *Riten* 66, Anm. 1 fügt noch hinzu, daß die älteren Euchologion-Handschriften nicht davon sprechen und daß die Horen früher unabhängig von der Messe gebetet wurden.

[20] Die Frage scheint mir zu bejahen, doch möchte ich damit natürlich nicht behaupten, es habe einmal ein täglich von der Gemeinde gehaltenes Mitternachtsgebet gegeben. Ich meine vielmehr, daß im späteren Mitternachtsoffizium auch ein Teil des alten Morgengottesdienstes aufgegangen ist, nämlich die biblischen Cantica mit den meiner Meinung nach dazugehörigen Theotokien (vgl. dazu unten S. 174 ff. und 205 ff.). Ein eigentlicher nächtlicher Gemeindegottesdienst sind natürlich die Nachtwachen vor Sonn- und Festtagen gewesen (vgl. unten S. 162, Anm. 78), worüber wir jedoch nicht allzu genau informiert sind. Einen nächtlichen Gemeindegottesdienst auf der Grundlage des späteren Mitternachtsoffiziums halten die Kopten heute in den Nächten vom Samstag zum Sonntag im Monat Choiak (vgl. unten S. 57 f.).

Reiches ein morgendliches und abendliches Gemeindeoffizium[21] gegeben hat[22], scheint aus verschiedenen Quellen mit hinreichender Deutlichkeit hervorzugehen. Noch in der großen theologischen Enzyklopädie vom Anfang des 14. Jahrhunderts, Abū ʾl-Barakāts »Lampe der Finsternis«[23], findet sich die Vorschrift, daß die Gläubigen das Morgen- und Abendgebet, besonders am Samstag und Sonntag, in der Kirche halten sollen[24]. Es sieht zwar danach aus[25], als sei Abū ʾl-Barakāt hier vom Nomokanon Ibn al-ʿAssāls bzw. dessen Quellen[26] abhängig, doch besagt das nicht notwendig, daß diese Angabe keinerlei praktische Bedeutung mehr gehabt haben kann. Mit einem am Morgen und Abend in der Kirche gehaltenen Gebet kann Abū ʾl-Barakāt dann kaum etwas anderes gemeint haben als das von ihm beschriebene Morgen- und Abendgebet[27], eben das liturgische Morgen- und Abendgebet, von dem die Weihrauchdarbringung integrierender Bestandteil ist. Vielleicht noch älter als Abū ʾl-Barakāts »Lampe der Finsternis« ist das »Kostbare Juwel«[28] des Ibn Sabbāʿ[29]. Auch nach Ibn Sabbāʿ hat das Gebet der Laien am Morgen und Abend in der Kirche statt- zufinden[30]. Daß es sich hierbei um das liturgische Gebet handelt,

---

[21] In der modernen Literatur häufig »Kathedraloffizium« genannt.

[22] Für die allgemeine Verbreitung des Morgen- und Abendgebetes in den Pfarrkirchen vgl. Euseb. Caesar., In Ps 64,10 (PG 23, 640B).

[23] Über den Autor vgl. GRAF, *Geschichte* II 438–445 und COQUIN, *Abū ʾl-Barakāt*. Zur »Lampe« siehe vor allem GRAF, *Geschichte* II 439–442. Eine vollständige Ausgabe gibt es meines Wissens bis heute nicht. Handschriften siehe bei GRAF, *Geschichte* II 441–442, Teilausgaben und -übersetzungen ebd. 440–441, außerdem SIMON, *Bibl. copte* 3, Nr. 176a (ABŪ ʾL-BARAKĀT, *Lampe*) und 6, Nr. 103.

[24] VILLECOURT, *Observances liturgiques* II 216.

[25] So auch VILLECOURT a. a. O. in den Verweisen.

[26] Vgl. dazu gleich unten (S. 6 f.).

[27] VILLECOURT, *Observances liturgiques* II 218–225 und 235–241; vgl. auch I 281–285.

[28] *Al-ǧawharah ʾn-nafīsah*. Französisch gewöhnlich »la perle précieuse« genannt und nicht mit dem Florilegium »Die kostbare(n) Perle(n)« (*Ad-durr aṯ-ṯamīn*) zu verwechseln. Zu letzterem Werk vgl. GRAF, *Geschichte* II 313-315.

[29] Zum Autor und seinem Werk vgl. GRAF, *Geschichte* II 448 f. und KUSSAIM, *Perle* 65–110 (2. Pag.) und *Contribution* 157–164. Graf hält Ibn Sabbāʿ für »einen vielleicht jüngeren Zeitgenossen des Abu ʾl-Barakāt« und wird darin von ASSFALG bestätigt, nach dem »Das kostbare Juwel« jünger als »Die Ordnung des Priestertums« sein muß (*Ordnung* 155-159); ähnlich MISTRῙḤ, *Margarita* XVI ff. Dagegen will Kussaim zeigen, daß Ibn Sabbāʿ vor Abū ʾl-Barakāt und dem Autor der »Ordnung« geschrieben hat.

[30] Kap. 59, MISTRῙḤ, *Margarita* 170; KUSSAIM, *Perle* 4. Kap. 60 in den älteren Kairoer Ausgaben (z. B. IBN SABBĀʿ, *Juwel* 100); vgl. zu diesen Ausgaben MISTRῙḤ, *Margarita* XXX ff.

ist nicht ausdrücklich gesagt und dem Text auch nicht mit Sicherheit zu entnehmen[31]. Ein ganzes Jahrhundert vor Abū 'l-Barakāt
liegt die große Sammlung kirchenrechtlicher Bestimmungen im
Nomokanon Ibn al-ʿAssāls[32] Auch hier heißt es, daß das Morgen-
und Abendgebet, besonders am Sonntag und Samstag, in der Kirche
stattfinden soll[33]. Als Quellen werden der 47. Kanon der 71 Apostolischen Kanones und die Kapitel 10 und 7[34] der (arabischen) Didaskalie
angegeben. Der 47. Kanon der 71 Apostolischen Kanones, zur sogenannten Ägyptischen Kirchenordnung gehörig, die heute gewöhnlich
als Hippolyts Traditio apostolica angesehen wird, enthält nicht genau
das, wofür Ibn al-ʿAssāl ihn anführt. Es ist darin nur von einer morgendlichen Versammlung in der Kirche die Rede, die nicht täglich
stattfindet und die auch keine Gebetsversammlung ist, sondern
vielmehr eine Unterweisung[35]. Das in der Ägyptischen Kirchenordnung
genannte Morgen- und Abendgebet ist von den Gläubigen privat zu
Hause zu verrichten[36]. Anders steht es mit dem 10. Kapitel der Didaskalie[37]. Der gemeinte Text hat seine Quelle im 59. Kapitel des 2.

[31] Der Text lautet : *yaǧibu ʿalayhim an yuṣallū bākiran ilā* (Var. *fī*) *'l-kanīsah bi-suǧūd
wa-rukūʿ wa-ḫulūw bāl aydan wa-ka-ḏalika ʿašiyatan bi-ʾš-šarḥ* (MISTRÎḤ, *Margarita*
170) = »Sie (die Laien) müssen am Morgen in der Kirche beten mit Prostration und
tiefer Verneigung und auch mit Sammlung; und gleichfalls am Abend in derselben
Weise.« (Übersetzung nach MISTRÎḤ, *Margarita* 484; zu *bi-ʾš-šarḥ* vgl. noch ebd. 607a
und unten S. 191, Anm. 173.)

[32] Zum Autor und seinem Werk vgl. GRAF, *Geschichte* II 387–389 und 398–403; Ausgaben ebd. 401. Da es keine Übersetzung des ägyptisch-arabischen Textes in eine
europäische Sprache gibt, sei noch auf die italienische Übersetzung der äthiopischen
Fassung durch I. Guidi verwiesen : *Fetha Nagast* (Übers.); das Kapitel über das Gebet
dort S. 150–158. Die arabische und die äthiopische Fassung stimmen weitgehend überein ;
auf einige Abweichungen macht Guidi auch in den Anmerkungen aufmerksam. Divergenzen bestehen verschiedentlich auch in den Verweisen auf die zitierten Quellen, die
im Fetha nagast natürlich der äthiophischen Zählweise angepaßt sind.

[33] Kap. 14; *Nomokanon* 133,16 f.

[34] In dieser Reihenfolge.

[35] Koptischer Text bei TILL-LEIPOLDT, *Kirchenordnung* 34 f., Kap. 62,2–7 nach Lagardes
Zählung, 32,2–8 nach der Funks. Arabischer Text PÉRIER, *Canons* 616 f. [66 f.]. Von
dieser gegebenfalls am Morgen in der Kirche stattfindenden Unterweisung ist auch im
42. Kanon (arabischer Zählung) die Rede : koptisch TILL-LEIPOLDT, *Kirchenordnung* 32,
Kap. 57,2 f. Lagarde = 27,2 f. Funk, arabisch PÉRIER, *Canons* 613 f. [63 f.]; hier ist
auch die lateinische Übersetzung erhalten : LXXVII 27–31; TIDNER, *Didasc.* 142.

[36] Vgl. dazu u. a. BOTTE, *Heures* 104 und 110.

[37] Zu dieser Schrift, die nicht direkt von der gewöhnlich so genannten Schrift, deren
griechischer Urtext fast völlig verloren ist, sondern von den Büchern 1–6 (bzw. 7) der
Apostolischen Konstitutionen herzuleiten ist, vgl. GRAF, *Geschichte* I 564–569. Die Schrift

Buches der Apostolischen Konstitutionen. Hier wird tatsächlich zu
täglich zweimaligem Kirchenbesuch, nämlich am Morgen und am
Abend, ermahnt, und dieser speziell für Samstag und Sonntag[38]
ans Herz gelegt[39]. Die Quelle für den gemeinten Text aus dem 7.
Kapitel der Didaskalie findet sich im 36. Kapitel des 2. Buches der
Apostolischen Konstitutionen, wo den Christen der Kirchenbesuch
am Abend und Morgen empfohlen wird[40]. Daß der Kirchenbesuch gemeinschaftlichem Gebet und nicht etwa nur privater Andacht dient,
geht jedoch allein aus dem ersten Text (Apost. Konst. II 59 = arab.
Didask. 10) hervor: hier ist von »Versammeln« die Rede, von »Psallieren
und Beten«, und es ist sogar für Morgen- und Abendgebet je ein
bestimmter Text angegeben, nämlich Ps 62 und 140[41]. Außerdem
sei noch auf folgende in Ägypten verbreitete oder dort sogar entstandene Schriften verwiesen: Nicht ganz klar ist ein Abschnitt aus
dem 8. Buch der Apostolischen Konstitutionen, wo nach Aufzählung
der Gebetszeiten der Fall behandelt wird, daß man sich »wegen der
Ungläubigen« nicht zur Kirche begeben kann. In diesem Fall soll
der Bischof in den Häusern συνάγειν[42]. Ist hier Versammlung zum
Gebet oder zur Eucharistiefeier gemeint[43]? Von einer täglichen
Versammlung des gesammten Klerus (Priester, Diakone, Subdiakone,
Lektoren) und des Volkes zur Zeit des Hahnenschreis spricht ein-

---

liegt in zwei recht verschiedenen Rezensionen vor, von denen nur die sogenannte Vulgata
veröffentlicht ist (*Didask.* [*arab.*]).

[38] In dieser Reihenfolge, also anders als bei Ibn al-ʿAssāl.

[39] Vgl. vor allem FUNK, *Didasc.* I 171,5–7 und 171,18–173,2; *Didask.* (*arab.*) 99,11 f.
und 100,1–4.

[40] FUNK, *Didasc.* I 123,6–8; *Didask.* (*arab.*) 72,4 f.

[41] Die Psalmenzählung ist natürlich die der LXX; so auch grundsätzlich im weiteren
Verlauf dieser Arbeit. Die Verszählung nach RAHLFS, *Psalmi*, auch bei Zitationen
koptischer Psalter-Texte, deren Herausgeber die Verse anders zählen. Mit kleinen
lateinischen Buchstaben werden gegebenenfalls innerhalb einzelner Verse die Zeilen
der Rahlfschen Ausgabe gezählt (ohne Berücksichtigung der Titel). Wenn man es als
keiner Erwähnung bedürftig ansehen sollte, daß die Kopten selbst der LXX-Zählung
folgen (ausdrücklich etwa *Euchol.* 18, Anm. 3), so ist es umso wichtiger, darauf hinzuweisen, daß man bei ihnen heute auch die Zählung des hebräischen Psalters antreffen
kann (so bei SALĀMAH, *Perlen*); sie haben sich hierin den Protestanten angeglichen.

[42] FUNK, *Didasc.* I 540,23 f. = Epitome 24,8, FUNK, *Didasc.* II 89,5 f.; koptisch:
Can. Eccl. 75,39, LAGARDE, *Aegyptiaca* 284; arabisch: Kanon 68 der 71 Apostol. Kan.,
PÉRIER, *Canons* 652 [102].

[43] Nur der arabische Text gibt dem Kanon eindeutig letzteren Sinn, indem er das
Wort *quddās* verwendet.

deutig der 21. Kanon der Hippolyt-Kanones[44]. Dabei werden ver-
richtet: »das Gebet, die Psalmen, die Lesung der Schrift und die
Gebete[45].« Der Text ist von großer Bedeutung, da er uns die genauesten
Angaben über den Verlauf des morgendlichen Gemeindeoffiziums in
Ägypten übermittelt[46]. Das einzige Element daraus, das auch in
anderen Quellen wiederkehrt, sind die Lesungen[47]. Weniger klar ist
wieder Kanon 26[48]. Auch hier geht es um eine Versammlung in der
Kirche, die aber nicht täglich stattfindet. Nach dem Anfang des
Kanons möchte man vermuten, daß es sich um eine Unterweisung
handelt. Nach dem Schluß des Kanons müßte man jedoch eher eine
Gebetsversammlung annehmen, denn dort ergeht die Aufforderung,
an jedem Tag, an dem in der Kirche Gebete gehalten werden, dorthin
zu kommen. Auch wird am Anfang des folgenden Kanons ausdrücklich
von den Tagen gesprochen, an denen man (morgens) nicht in der
Kirche betet[49]. Dieser Text hat seine nächste Parallele, wenn nicht
seine Quelle, in dem oben angeführten Passus der Ägyptischen Kirchenordnung[50], wo eindeutig eine Unterweisung und keine Gebetsversammlung gemeint ist. Das bedeutet aber nicht, daß man den Kanon notwendig im Sinn des Abschnittes aus der Kirchenordnung interpretieren
muß. Eine recht aufschlußreiche Notiz über den täglichen Gang
zur Kirche finden wir in den unter dem Namen des Athanasius laufenden Kanones. Der koptische Text sagt, daß »die Eifrigen … täglich
zur Kirche gehen, besonders am Mittwoch und Freitag, mehr noch
aber am Samstag und Sonntag[51].« Hier ist zwar ausdrücklich weder
von Gebetsversammlungen noch von der Tageszeit, zu der man zur
Kirche gehen soll, die Rede. Immerhin ist soviel klar, daß beim
Kirchgang an den Wochentagen nicht an die Eucharistiefeier gedacht
sein kann. Eine Meßfeier an anderen Tagen als Samstag und Sonntag
(und Festtagen) hat es in den Gemeinden Ägyptens lange nicht

---

[44] Dieses nur arabisch erhaltene Werk wurde kürzlich neu herausgegeben: COQUIN,
Canons d'Hippolyte. Dort finden sich in der Einleitung auch weitere Informationen
über diese Schrift.

[45] COQUIN, *Canons d'Hippolyte* 386 [118].

[46] Der Herausgeber merkt an, daß »cette énumération révèle la structure d'une synaxe«
(ebd., S. 387 [119], Anm. 1 zu Kap. 21).

[47] Siehe unten S. 10 ff.

[48] COQUIN, *Canons d'Hippolyte* 394 [126].

[49] Ebenda 394 f. [126 f.].

[50] TILL-LEIPOLDT, *Kirchenordnung* 34; vgl. oben S. 6 mit Anm. 35.

[51] Nr. 93, RIEDEL-CRUM, *Canons of Athan.* 112 f.

gegeben[52]. Recht abweichend lautet die arabische Fassung dieses Kanons. Diese enthält nur die Anweisung, daß die Priester und Gläubigen am Samstag und Sonntag die Eucharistiefeier nicht vernachlässigen dürfen[53].

[52] Vgl. etwa die bei Muyser, *Samedi et dimanche* 95–98 gesammelten Zeugnisse. Die Frage, ob vielleicht die Mönche — geschlechtliche Enthaltsamkeit gehört zum »eucharistischen Fasten« — schon früh die tägliche Eucharistierfeier einführten, ist hier von zweitrangiger Bedeutung. Die Historia Monachorum nennt an einer Stelle ganz ausdrücklich die tägliche Kommunion (Kap. 8,50, Ed. Festugière 66,317 f.). Eine andere Stelle wird in diesem Sinne zu verstehen sein (Kap. 2,8, Ed. Festugière 37,44 f.). Festugière deutet diese Stellen auf eine eigentliche Meßfeier und nimmt dafür an, daß wenigstens Apa Hor und Apa Apollo Priester waren (*Enquête* 31 f., Kommentar zu Zeile 42 f.). Diese Deutung ist aber keineswegs zwingend. Nach Hanssens nahmen die Mönche das konsekrierte Brot von der sonntäglichen Eucharistiefeier mit in ihre Zellen (*Instit. liturg.* 301). Daß in Ägypten nicht nur Mönche, sondern auch Laien die Kommunion mit nach Hause nahmen, bezeugt uns ganz ausdrücklich ein Brief Basilius' des Großen (Epist. 93; PG 32, 485A). Veilleux ist dieser Nachricht gegenüber allerdings sehr skeptisch; sie findet nach ihm keine Stütze in den direkten Quellen das ägyptischen Mönchtums (*Liturgie* 235). Die Aufbewahrung der Eucharistie in den Häusern dürfte ein Abschnitt der Ägyptischen Kirchenordnung regeln (Till-Leipoldt, *Kirchenordnung* 32, Kap. 59 Lagarde, 29 Funk); so jedenfalls Pinell, *Horas* 918, und wohl zu Recht. Pinell scheint auch das vorhergehende Kapitel (Till-Leipoldt, *Kirchenordnung* 32, Kap. 58 Lagarde, 28 Funk) auf den Empfang der Eucharistie zu Hause zu beziehen. Der Text wäre einer solchen Interpretation in der Tat sehr günstig, da man kommunizieren soll, bevor man irgend etwas anderes zu sich nimmt. Nur der Titel des Kapitels macht die Einschränkung »sooft sie (die Eucharistie) dargebracht wird«; der Titel ist kaum ursprünglich. Von einer Meßfeier an anderen Tagen als Samstag und Sonntag (und Festtagen) spricht Ibn al-ʿAssāl im 13. Kapitel seines Nomokanons. Diese anderen Tage sind Mittwoch und Freitag (*Nomokanon* 124,15; Text auch bei Muyser, *Samedi et dimanche* 95). Man beachte aber, daß die angegebene Quelle, nämlich Didaskalie, Kap. 38, nur den Fall vorsieht, daß ein Fest auf einen Mittwoch oder Freitag, also einen Fasttag, fällt: »Dann soll man beten und die heiligen Geheimnisse empfangen (*yatanāwalū min as-sarāʾir*), aber bis zur neunten Stunde nicht das Fasten brechen« (*Didask.* [arab.] 184,2–4; Text auch bei Muyser, *Samedi et dimanche* 95, Anm. 3). Ob der Text schon die regelmäßige Messe am Mittwoch und Freitag voraussetzt, kann ich nicht entscheiden. Von einem bestimmten Zeitpunkt an waren Mittwoch und Freitag allerdings Meßtage und sind es heute noch; ein eindeutiger Zeuge für diesen Brauch ist eben Ibn al-ʿAssāl. Der Grund für die Einführung der Eucharistiefeier an diesen Tagen dürfte auf der Hand liegen. Es handelt sich um die beiden wöchentlichen Fasttage, und an Fasttagen ist man sowieso zur geschlechtlichen Enthaltsamkeit verpflichtet, erfüllt somit schon diese auch zur Teilnahme an den heiligen Geheimnissen geforderte Bedingung. Argumente für eine tägliche Eucharistiefeier in Ägypten in relativ früher Zeit bei Schermann, *Festkalender* 99 f.

[53] Riedel-Crum, *Canons of Athan.* 51,15 f. (2. Pagin.). Muß man aus der Tatsache, daß die täglichen Gebetsversammlungen hier nicht mehr genannt sind, schließen, daß diese zu der Zeit, da die Athanasius-Kanones ins Arabische übersetzt wurden, nicht mehr in Übung waren?

Dieser aufs ganze gesehen recht klare Befund über das tägliche Morgen- und Abendgebet in der Kirche findet seine Bestätigung in der hagiographischen und homiletischen Literatur. Das wohl älteste Zeugnis für Ägypten ist die Collatio 21 Kassians, in der Theonas sagt, daß auch viele Weltchristen morgens früh aufstehen, um vor Beginn des Tagewerkes zur Kirche zu gehen[54]. Aus dem Text geht aber nicht eindeutig hervor, daß es sich um einen gemeinsamen Gottesdienst und nicht nur ein »privates« Gebet in der Kirche handelt. In einem m. W. nur koptisch überlieferten Apophthegma wird berichtet, daß Apa Niran zweimal täglich zur Kirche ging[55]. In einem anderen koptischen Text ist von Christen die Rede, die täglich morgens und abends zur Kirche gehen[56]. Mehrfach fordern homiletisch-paränetische Texte zum (täglichen) Kirchenbesuch am Morgen und Abend auf[57]. Nur wenige dieser Texte machen ein Minimum an Angaben darüber, was die Gläubigen bei diesen Besuchen in der Kirche taten: sie hörten die Lesung der Hl. Schrift an. Daraus wird zugleich klar, daß es sich zumindestens in diesen Fällen nicht um einen privaten Kirchgang der einzelnen Gläubigen, sondern nur um eine gottesdienstliche Versammlung gehandelt haben kann. In einer Mönchserzählung des Paphnutius heißt es: »Wir (beide), Leute von Assuan, schon eines Sinnes geworden, während wir noch als Gefährten miteinander in der Welt lebten, gingen täglich am Abend und Morgen zur Kirche, wobei wir die Heiligen Schriften hörten, die verlesen werden, und die

---

[54] Kassian, *Collat.* 21,26 Ende, Ed. PETSCHENIG 206,30 ff.

[55] CHAÎNE, *Apophthegmata* 78 (Nr. 251).

[56] Moses-Vita, AMÉLINEAU, *Monuments* 680. Ein koptischer hagiographischer Text über den hl. Georg berichtet, daß Kaiser Konstantin, täglich morgens und abends zur Kirche zu gehen pflegte (BALESTRI-HYVERNAT, *Acta Mart.* II 360,9–11), wobei aber eher an ein privates Gebet gedacht zu sein scheint. Auch dürfte der Text letztlich nicht ägyptischer Herkunft sein, doch kann ich bei AUFHAUSER, *Miracula* keine griechische Parallele dazu finden.

[57] Fragment einer nicht identifizierten Homilie, VAN LANTSCHOOT, *Textes palimpsestes* 237 a 17 ff. Eine Theophilus von Alexandrien zugeschriebene Homilie, WORRELL, *Coptic Manuscripts* 310,7 ff. (MÜLLER, *Predigt* 190 f. hält die Echtheit nicht für ausgeschlossen). Eine weitere unter Theophilus' Namen überlieferte Homilie, BUDGE, *Homilies* 78. In der Historia Lausiaca fordert Makarius eine Frau, die fünf Wochen nicht mehr an den hl. Geheimnissen teilgenommen hat, nur auf, in Zukunft treu zur Kirche und zur Kommunion zu kommen (Kap. 17, BUTLER, *Hist. Laus.* 46,6 f.). Dem entspricht eine kürzere koptische Fassung (CHAÎNE, *Hist. Laus.* 272), während eine längere koptische Fassung außerdem vom täglichen Kirchenbesuch am Morgen und Abend spricht (ebd. 244).

Lesungen aus dem Evangelium« (es folgt ein Zitat)[58]. Ganz ähnlich lautet das Zeugnis einer Theophilus von Alexandrien zugeschriebenen nur arabisch erhaltenen Homilie, in der von dem Armen (miskīn) die Rede ist, der die vorgeschriebenen Gebete verrichtet und morgens und abends zur Kirche geht und bei der Lesung der Perikopen (fuṣūl) anwesend ist[59].

Daß die angeführten Zeugnisse zumindestens in ihrer Mehrzahl[60] von einem morgens und abends gehaltenen Gemeindeoffizium zu verstehen sind und daß wir es hier mit den in der alten Kirche allgemein gepflegten beiden Volkshoren zu tun haben, ist unmittelbar evident. Es kann aber meiner Meinung nach auch keinem Zweifel unterliegen, daß das morgendliche und abendliche Weihrauchopfer des späteren koptischen Ritus ein Abkömmling dieses Gemeindeoffiziums ist. In diesem Zusammenhang ist gerade das Vorkommen von Lesungen besonders interessant. Wenn O'Leary die Lesung der Weihrauch-darbringung von den beiden Lesungen des von Kassian beschriebenen Offiziums der ägyptischen Mönche herleitet[61], so kann er damit kaum Recht haben. Hier möchte ich eher Zerfaß folgen, der die fixe Lesung aller Horen des koptischen Stundengebetes auf die von Kassian beschriebenen Lesungen zurückführt[62]. Leider ist Zerfaß aber auf die Lesungen in der Weihrauchdarbringung des koptischen Ritus nicht näher eingegangen[63]. Da er eben die Schriftlesung im Gemeinde-offizium untersucht, dabei zu dem Ergebnis kommt, daß den beiden täglichen Volkshoren ursprünglich jede Lesung fremd war[64], und dann den Gründen nachgeht, die zur Einbeziehung von Lesungen ins Gemeindeoffizium geführt haben, ist es sehr zu bedauern, daß die koptische Weihrauchdarbringung und deren vermutlicher Zusammen-hang mit dem alten Gemeindeoffizium hier keine Würdigung gefunden

---

[58] BUDGE, Miscell. Texts 437.

[59] FLEISCH, Homélie 399,5 f.

[60] Jedoch sicher nicht alle von Ibn al-'Assāl angeführten Quellenschriften, so etwa nicht die Ägyptische Kirchenordnung, vgl. oben S. 6.

[61] O'LEARY, Daily Office 70 f.

[62] ZERFASS, Schriftlesung 113 und 178.

[63] Nur nebenbei werden die alttestamentlichen Lesungen im »Morgenoffizium der Quadragesima« erwähnt und als der »auffälligste« unter den »kathedralen Einflüssen« auf das koptische Stundengebet gedeutet (ebenda 113, Anm. 349).

[64] Vgl. außerdem ZERFASS, Lesung 161–163.

haben[65]. Wie die oben angeführten Zeugnisse gezeigt haben, erscheint
unter den wenigen Details, die wir aus älterer Zeit über den morgendlichen und abendlichen Gemeindegottesdienst Ägyptens erfahren,
noch am öftesten die Lesung der Schrift und speziell des Evangeliums.
Das älteste dieser Zeugnisse dürften wohl die Hippolyt-Kanones sein.
Nach Coquin wären sie in der zweiten Hälfte des 4. Jahrzehnts des
4. Jahrhunderts in Ägypten entstanden[66]. Ihr Zeugnis ist umso wertvoller, als sich für den fraglichen Kanon keinerlei Quelle oder Parallele
in den verwandten Dokumenten findet[67]. Man wird also bis zum
Beweis des Gegenteils annehmen müssen, daß der Kanon tatsächlich
ägyptische Verhältnisse widerspiegelt. Und wenn dieser Kanon mit
seinem überlieferten Inhalt wirklich aus der Mitte des 4. Jahrhunderts
stammen sollte[68], dann hätten wir für Ägypten ein Vorkommen von
Lesungen im Gemeindeoffizium zu einer Zeit bezeugt, in der sich
andernorts noch kaum Ansätze dazu abzeichnen[69]. Ob die Mönchserzählung des Paphnutius authentisch ist und aus dem 4. Jahrhundert
stammt, bleibe dahingestellt. Die Theophilus-Homilie kann, obwohl
sie auf eine griechische Vorlage zurückzugehen scheint, keinen Anspruch
auf Echtheit erheben und stammt vermutlich aus viel späterer Zeit[70].
Dennoch sind auch diese Zeugnisse für das ägyptische Gemeindeoffizium späterer Zeit nicht ohne Bedeutung.

Näheres über das Auswahlprinzip der Lesungen im Gemeindeoffizium älterer Zeit ist uns leider nicht bekannt. Die in der späteren

[65] Wahrscheinlich hat ZERFASS die koptische Weihrauchdarbringung einfach übersehen, und dies wohl deshalb, weil er das koptische Offizium aufgrund der Horologions (!)
zu pauschal als »ausschließlich monastisch geprägt« angesehen hat (*Schriftlesung* 113,
Anm. 348).

[66] COQUIN, *Canons d'Hippolyte* 318–331 [50–63].

[67] Vgl. die Konkordanztabelle ebenda 335 [67].

[68] Eine wirkliche Sicherheit haben wir hierüber natürlich nicht. Coquin nimmt immerhin an, daß uns die allein erhaltene arabische Übersetzung den Text des vermutlich
griechischen Originals ohne wesentliche Änderungen überliefert hat (S. 301–307 [33–39]).
Ob HANSSENS' Annahme späterer Interpolationen (*Hippolyte* 180 f.) demgegenüber
als echte Gegenposition zu verstehen ist, ist nicht ganz klar, da Hanssens von einer
Abfassungszeit noch vor der Mitte des 3. Jahrhundert auszugehen scheint.

[69] Vgl. wiederum ZERFASS, *Schriftlesung* 1–43 (nur vereinzelt kommen auch Lesungen
im Gemeindeoffizium vor, vgl. ebenda 43 f.). In Jerusalem ist das Gemeindeoffizium
(d. h. die tägliche Morgen- und Abendhore, nicht jedoch die sonntägliche Vigil, das
Auferstehungsoffizium) am Ende des 4. Jahrhunderts noch lesungsfrei. Erst ein halbes
Jahrhundert später werden im armenischen Lektionar Lesungen im Gemeindeoffizium
greifbar. Für das Abendoffizium vgl. noch MATEOS, *Office du soir* 373 f.

[70] So der Herausgeber selbst, FLEISCH, *Homelie* 374 f.

Weihrauchdarbringung verwendeten Perikopen sind vom Charakter des liturgischen Tages her bestimmt (aber natürlich von den Lesungen der Messe verschieden)[71]. Man wird aber die späteren Verhältnisse nicht ohne weiteres auf die frühere Zeit übertragen dürfen. Und einen so ausgebauten Festkalender kann es damals natürlich noch nicht gegeben haben. Auch von den Fragmenten saïdischer Typika und Lektionare, die ja aus viel späterer Zeit stammen, glaube ich nicht, daß sie eine eventuelle Leseordnung des älteren Gemeindeoffiziums wiederspiegeln. Zudem ist dort nirgendwo eine ununterbrochene Perikopenfolge für einen längeren Zeitraum erhalten. Schließlich scheint es mir überhaupt fraglich, ob man im alten Gemeindeoffizium eine feste Leseordnung für alle Wochentage annehmen darf. Vielleicht hat man einzelne Abschnitte der Hl. Schrift kursorisch oder Perikopen nach freier Wahl gelesen.

DAS HOROLOGION

Über das Horologion kann sich auch hier im Westen derjenige, dem die Originalausgaben[1] nicht zugänglich sind oder der nicht

---

[71] Über die Lesungen der unbeweglichen Feste des koptischen Kirchenjahres kann sich auch der, dem die Lektionare und Leselisten nicht zugänglich sind, leicht mithilfe von DE FENOYL, *Sanctoral* informieren. Daraus ist auch zu ersehen, daß für jeden Tag des Jahres schon nach diesem fixen Kalender ein Fest und damit entsprechende Lesungen vorgesehen sind. Das vom Verfasser angekündigte »temporal« über die Lesungen der beweglichen Feste, der Sonntage und der Werktage mit eigenen Lesungen ist noch nicht erschienen.

[1] Die von mir verglichenen Druckausgaben sind im Literaturverzeichnis aufgeführt (s. S. XXI: *Horol.*); weitere Ausgaben sind genannt bei GRAF, *Geschichte* I 650 und BURMESTER, *Liturgical Services* 346. Von den Druckausgaben geben nur zwei den koptischen Text (neben dem arabischen), *Horol.* (1750) und *Horol.* (1930), beides Ausgaben der Unierten. Druckausgaben mit koptischen Text erübrigen sich zweifelsohne deshalb, weil, wie BURMESTER angibt, die Horen heute sowohl in den Kirchen als auch in den Klöstern nur noch arabisch, nicht mehr koptisch gebetet werden (*Liturgical Services* 99, Anm. 2). Wesentliche Unterschiede zwischen den Ausgaben der orthodoxen Kopten und denen der unierten bestehen nicht. Die dogmatisch inspirierten Abweichungen sind minimal. Alle mir bekannten Ausgaben der Unierten fügen — im Unterschied etwa zu der römischen Ausgabe des byzantinisch-griechischen Horologions (*Byzant. Horol.*, z. B. S. 31) — ins Credo das Filioque ein. Die meisten Ausgaben der Unierten lassen weiterhin im Trishagion die lange Zeit als Schibboleth der »Monophysiten« angesehenen Zusätze »der aus der Jungfrau geboren wurde« etc. weg. Neuerdings hat aber auch eine Ausgabe der Unierten diese Zusätze beibehalten (*Horol.* [1955] 34); andererseits fehlen

über die nötigen Sprachkenntnisse verfügt, noch am ehesten informieren. Allerdings gehören die eigentlichen Übersetzungen[2] auch in unseren öffentlichen Bibliotheken fast zu den Raritäten. Leichter zugänglich sind die detaillierten Beschreibungen[3].

Der bei uns im Westen geläufige griechische Terminus »Horologion« entspricht auch sprachlich der bei den Kopten üblichen Benennung »Das Buch der Stunden«. Heute wird hierfür natürlich nur noch selten ein eigentlich koptischer Ausdruck gebraucht: ⲡⲓϫⲱⲙ ⲛⲧⲉ ⲛⲓⲁⲭⲡ[4] bzw. ⲡⲓϫⲱⲙ ⲛⲛⲓⲁⲭⲡ[5], doch ist das koptische Wort für »Stunde« ins Arabische übernommen worden und wird hier regelmäßig verwendet: aǧbīyah bzw. kitāb al-aǧbīyah. Nur als Erklärung kann noch zusätzlich im Titel das arabische as-sāʿāt = »die Stunden« erscheinen[6]. Daneben gibt es eine eigene arabische Form für »die Horen«, nämlich as-sawāʿī[7]. Wohl von diesem Wort abzuleiten ist as-sawāʿīyah (dann =

sie in einer noch jüngeren Ausgabe des Morgengebetes und der Komplet (*Schatz* 21) noch (oder: wieder?).

[2] Es gibt zwei englische Übersetzungen, BUTE, *Morning Service* 135 ff. nach *Horol.* (1750) und O'LEARY, *Office* 87–117 nach einer Oxforder Handschrift (vgl. unten S. 82 mit Anm. 11). Die russische Übersetzung von USPENSKIJ, *Věroučenie* 49–94 beruht auf einer offensichtlich modernen, im Syrer-Kloster des Wadi Natrun erworbenen arabischen Handschrift und weist verschiedene Abweichungen gegenüber den Texten der älteren Handschriften und modernen Drucke auf. Übersetzungen einzelner Texte aus dem Horologion finden sich an verschiedenen Stellen, so italienische Übersetzung der Troparien von Sext und Non bei GIAMBERARDINI, *Croce* 75–78, französische Übersetzung derselben Troparien bei SIDAROUSS, *Pâque* 40–43, niederländische Übersetzung der marianischen Texte des Horologions bei MUYSER, *Maria's heerlijkheid* 238–242.

[3] Die vatikanischen Handschriften in *Cod. Copt.* I 211–213, II 4–7, 62–64 und 65–68. Kairoer Handschrift bei BURMESTER, *Hours* (vgl. aber unten S. 20, Anm. 34). Zwei fragmentarische Handschriften bei QUECKE *Horologion* und QUECKE, *Fragmente*. Nach modernen Druckausgaben BURMESTER, *Rites* 294–301 und BURMESTER, *Liturgical Services* 96–107 (vgl. auch 31–33). Summarischer Überblick bei ENGBERDING, *Liturgie* 99 f. Ausführliche Darstellung der Vesper bei RAES, *Introductio* 199–201 (mit Tabelle S. 203 und 205). Horenschema bei GIAMBERARDINI, *Preghiera* 39 f. oder *Orazione* 768.

[4] *Horol.* (1930) Titel.

[5] *Horol.* (1957) Titel; die Ausgabe bietet aber allein den arabischen Text des Horologions.

[6] *Horol.* (1955).

[7] Cod. Vat. copt. 40: ṣalawāt as-sawāʿī 'l-laylīyah wa-'n-nahārīyah = »Die Gebete der Horen der Nacht und des Tages« (*Cod. Copt* I 211); ebenso, nur mit Umstellung von »Nacht« und »Tag«, im Cod. Barb. or. 17 (*Cod. Copt.* II 4). Ṣalāt as-sawāʿī auch *Jahres-Psalm.* (1908; Alex.) 4 und mazāmīr as-sawāʿī (»die Psalmen der Horen«) im Titel von MATTA 'L-MISKĪN, *Lobpreis*. Im Synaxar zum 10. Ṭūbah (= 5. Jan. jul.) wird eine Kontroverse zwischen den orthodoxen Kopten und den Melkiten (Byzantinern) behandelt, die den Fall betrifft, daß der Vortag von Weihnachten oder Epiphanie, ein Fasttag, auf

»Horologion«), das wie *as-sāʿāt* ausnahmsweise zur Erklärung von
al-aǧbīyah im Buchtitel dient[8].

Allein im Horologion sind in den modernen Druckausgaben der
liturgischen Bücher alle Horen des koptischen Stundengebetes berücksichtigt. Es sind dies — in der Reihenfolge, in der sie im Horologion
erscheinen — Morgengebet, Terz (wörtlich: dritte Stunde), Sext
(sechste Stunde), Non (neunte Stunde), Vesper oder elfte Stunde,
Komplet oder zwölfte Stunde[9], eine nur den Mönchen eigene zweite
Komplet[10] und Mitternachtsgebet. Es ergibt sich also, wenn man
von der den Mönchen eigenen zweiten Komplet absieht, ein Zyklus
von sieben Horen, jene sieben Horen, die schon Ibn al-ʿAssāl als
allgemein verpflichtende Gebetszeiten aufführt[11]. Für die Siebenzahl
beruft Ibn al-ʿAssāl sich natürlich auch auf Ps 118,164a[12], die sozusagen
klassische Bibelstelle für das siebenmalige Gebet im Verlauf des
Tages[13].

Während die den Mönchen eigene zweite Komplet bei Ibn al-ʿAssāl
noch nicht erscheint, hat er dafür eine andere Gebetszeit, die sich
nicht mehr im heutigen Stundengebet findet und die er als ein spezielles
Mönchsgebet hinstellt, das Gebet beim Hahnenschrei[14]. Hierfür
beruft Ibn al-ʿAssāl sich — außer auf Ps 56,9c–10 — auf Kanon 47
und 67 der 71 Apostolischen Kanones, Kanon 28 der Basilius-Kanones
und Kanon 21 der Hippolyt-Kanones. Keine dieser Quellen sagt
allerdings genau das, wofür Ibn al-ʿAssāl sie anführt, daß nämlich
speziell die Mönche zu einem besonderen Gebet zur Zeit des Hahnenschreis verpflichtet sind. Im einzelnen bieten die genannten Quellen

---

einen Samstag oder Sonntag fällt. Dabei heißt es u. a., daß die melchitischen Priester in
der Kirche *as-sawāʿī* rezitieren (*Synax.*, Ed. FORGET I 203,3; Ed. BASSET 570 [536]);
FORGET übersetzt »horas« (I 329,29 der Übers.), Basset »vigiles« (a. a. O.).

[8] *Horol.* (1930).

[9] Die gewöhnlichen Bezeichnungen für Vesper und Komplet sind »Gebet des Abends«
und »Gebet des Schlafes«, doch kommen daneben auch »das Gebet der elften …« und
»… der zwölften Stunde« vor, z. B. *Jahres-Psalm.* (1908; Alex.) 4 oder *Horol.* (1955)
100 und 115. Verschiedentlich wird die Vesper »11. Stunde«, die Komplet »Stunde des
Schlafes« genannt, so z. B. im Cod. Barb. or. 17 (*Cod. Copt.* II 6).

[10] Vgl. dazu unten S. 34 ff.

[11] *Nomokanon* 132,11 ff. Eine Behandlung der zahlreichen von Ibn al-ʿAssāl angeführten Quellen erübrigt sich an dieser Stelle.

[12] *Nomokanon* 133,6.

[13] Man scheint sich aber doch nicht so übermäßig häufig auf sie berufen zu haben;
vgl. die Belege bei COLOMBÁS, *Benito* 427.

[14] *Nomokanon* 134,14–16.

folgende Angaben. Der 47. Kanon der 71 Apostolischen Kanones nennt ein Gebet zur Zeit des Hahnenschreis[15], das wie die anderen hier genannten Gebete von den Gläubigen privat zu Hause verrichtet werden muß[16]. Dasselbe gilt vom 67. Kanon[17]. Im 28. Kanon der Basilius-Kanones[18], der »von den Zeiten, zu denen man beten soll«, handelt, ist zwar wiederum von einem Gebet beim Hahnenschrei die Rede[19], aber auch hier sind alle aufgezählten Gebete »privater« Natur und für die Gläubigen insgesamt gedacht. Ganz anders steht es mit dem 21. Kanon der Hippolyt-Kanones. Darin ist von einem Gebet des gesamten Klerus und Volkes in der Kirche zur Zeit des Hahnenschreis die Rede[20]. Es wird also das morgendliche Gemeindeoffizium, von dem schon oben ausführlich die Rede war[21], auf die Zeit des Hahnenschreis verlegt. Damit entfernt sich dieser Text noch weiter als die anderen von dem, was Ibn al-ʿAssāl eigentlich sagen will. Ibn al-ʿAssāl ging es ja um eine den Mönchen eigene Hore, die von dem Morgengebet, zu dem die Gläubigen sich in der Kirche versammeln, verschieden ist und, da sie beim Hahnenschrei stattfindet, in der Meinung Ibn alʿAssāls wohl zeitlich vor diesem liegen soll. Keine der von Ibn al-ʿAssāl herangezogenen Quellen bezeugt also eine vom Morgengebet verschiedene monastische Hore zur Zeit des Hahnenschreis. Für eine solche Hore können wir somit bisher nur das Zeugnis Ibn al-ʿAssāls selbst in Anspruch nehmen. Allerdings geht auch aus Ibn al-ʿAssāls Text nicht mit absoluter Sicherheit hervor, daß es sich um ein von den Mönchen in Gemeinschaft verrichtetes Gebet handelt und nicht um nur eine Zeit, zu der sich die Mönche, jeder für sich auf seiner Zelle, dem Gebet zu widmen hatten. Dies sagt Ibn al-ʿAssāl übrigens auch für die anderen Horen nicht mit der wünschenswerten Deutlichkeit.

---

[15] Koptisch TILL-LEIPOLDT, *Kirchenordnung* 40, Kap. 62,22 Lagarde, 32,28 Funk; lateinisch LXXX 4 f. (TIDNER, *Didasc.* 147); arabisch PÉRIER, *Canons* 620 [70].

[16] Siehe oben S. 6, Anm. 36.

[17] Griechische Quelle Apost. Konst. VIII 34,1 und 7 (FUNK, *Didasc.* I 540,13 f. und 21 f.) bzw. Epitome 24,1 und 7 (FUNK II 88, 20 f. und 89,3 f.); koptisch LAGARDE, *Aegyptiaca* 284 (Can. Eccl. 75,32 und 38); arabisch PÉRIER, *Canons* 651 [101].

[18] Vgl. dazu GRAF, *Geschichte* I 606–608. Der arabische Text ist bisher nicht ediert. Deutsche Übersetzung bei RIEDEL, *Kirchenrechtsquellen* 233 ff.. Der Kanon 28 findet sich nicht unter den bis heute bekannt gewordenen koptischen Fragmenten des Textes.

[19] RIEDEL, *Kirchenrechtsquellen* 246.

[20] COQUIN, *Canons d'Hippolyte* 386 [118]; vgl. schon oben S. 7 f.

[21] Vgl. S. 4 ff.

Wie steht es nun mit weiteren Zeugnissen für eine kanonische Hore zur Zeit des Hahnenschreis? Wir haben da zunächst die bohairische Vita Symeons des Styliten, in der es heißt ⲚⲓⲤϨⲞⲨ[22] ⲆⲈ ⲈⲦⲐⲎϢ ⲚⲀⲒ ⲚⲈ ⲦⲪⲀϢⲒ ⲘⲠⲒⲈϪⲰⲢϨ ⲪⲚⲀⲨ ⲘⲠⲒⲀⲖⲈⲔⲦⲰⲢ ϨⲀⲚⲀⲦⲞⲞⲨⲒ ⲈⲔⲚⲀⲦⲰⲚⲔ ⲀϪⲠ ⲅ̄ ⲀϪⲠ ⲝ̄ ⲀϪⲠ ⲑ̄ ⲠⲒⲖⲨⲬⲚⲓⲔⲞⲚ ⲚⲈⲘ ⲢⲞⲨϨⲒ ⲈⲔⲚⲀⲚⲔⲞⲦ[23] = »die (für das Gebet) festgesetzten Zeiten sind aber folgende: Mitternacht, die Stunde des Hahn(enschreis), die Morgen-(stunde), wenn du aufstehst, die 3. Stunde, die 6. Stunde, die 9. Stunde, die Stunde, zu der man die Lampen anzündet (λυχνικόν), und die Abend(stunde), wenn du schlafen gehst.« Wir finden hier genau den Zyklus des bohairischen Tagzeitengebetes und zusätzlich die Hore beim Hahnenschrei. Eine gewisse Schwierigkeit, diesen Text aus der Vita Symeons des Styliten als Zeugen für das koptische Stundengebet heranzuziehen, liegt natürlich darin, daß hier nicht über ägyptische Verhältnisse berichtet wird, wie auch die Quellen dieser bohairischen Vita letztlich sicher nicht in Ägypten zu suchen sind. Doch können wir trotzdem in der Vita auch mit typisch ägyptischen Zügen rechnen, weil derartige Texte bei der Übertragung ins Koptische nicht immer wortwörtlich übersetzt, sondern häufig überarbeitet und den ägyptischen Verhältnissen angepaßt wurden[24]. Bei dem uns interessierenden Punkt kommt hinzu, daß die am nächsten verwandten griechischen Texte der Symeons-Vita in der Aufzählung der Gebetszeiten sehr variantenreich sind und — dies ist besonders wichtig — kein einziger von ihnen ein Gebet beim Hahnenschrei nennt[25]. Zumindestens kann keiner der uns bekannten griechischen Texte der Anlaß dafür gewesen sein, daß der koptische Bearbeiter die Hore beim Hahnenschrei in die Liste der Gebetszeiten aufgenommen hat. Und ganz allgemein wird man sagen dürfen, daß in den verschiedenen Rezensionen die dem jeweiligen Abschreiber, Übersetzer oder Bearbeiter vertraute Praxis, die nach Ort und Zeit verschieden war, irgendwie ihren Niederschlag gefunden hat. Wenn also gerade in der koptischen Version das Gebet beim Hahnenschrei genannt wird, so ist die nächstliegende Erklärung für diesen Tatbestand eben die Annahme, daß diese Hore einmal zum Zyklus des Tagzeitengebetes der ägyptischen Mönche gehört hat.

[22] Die Ausgabe hat statt ⲚⲓⲤϨⲞⲨ = »die Zeiten« ⲚⲓⲤⲚϨⲞⲨ = »die Brüder«; es handelt sich dabei um einen Lese- oder Druckfehler (Original kollationiert).

[23] CHAÎNE, *Symeon stylite* 17,22–27; vgl. auch CRUM, *Symeon Stylit* 123.

[24] Daß der ägyptische Bearbeiter des griechischen Textes der Symeons-Vita sich »alle möglichen Freiheiten erlaubt« hat, hat schon CRUM festgestellt (*Symeon Stylit* 120).

[25] LIETZMANN, *Symeon Stylites* 22 f.

Ein indirektes Zeugnis für eine Hore beim Hahnenschrei im koptischen Ritus haben wir dann durch eine entsprechende Hore im äthiopischen Tochterritus. Leider sind mir die diesbezüglichen Materialien nur sehr unvollkommen zugänglich, so daß ich nicht einmal genau feststellen kann, in welchem Maße der äthiopische Ritus ein Gebet beim Hahnenschrei kennt. Unter den von Turajev für seine Ausgabe des äthiopischen Horologions[26] herangezogenen Handschriften gibt eine jenen Texten, die in den anderen Handschriften den Schlußabschnitt des Mitternachtsgebetes bilden, den Titel »Gebet beim Hahnenschrei«[27]. Der so bezeichnete Abschnitt findet sich nur deshalb nicht im koptischen Horologion, weil die betreffenden Texte bei den Kopten in der »Psalmodie« stehen. Es handelt sich um jenen Teil des Mitternachtsgebetes, der mit den Psalmen 148–150 (= 4. Ode) beginnt. Auch in der römischen Ausgabe von 1952 ist der Schluß des Mitternachtsgebetes von diesem abgetrennt und als eigene Hore mit dem Titel »Gebet beim Hahnenschrei« behandelt[28]. Dieser Abschnitt deckt sich aber nicht mit dem »Gebet beim Hahnenschrei« der genannten Handschrift Turajevs, sondern ist umfangreicher. Er beginnt mit der »Doxologia alleluiatica«[29], so daß zum »Gebet beim Hahnenschrei« hier alle vier Oden des koptischen Ritus gehören. Es ist mir nicht bekannt, ob diese Abrenzung des »Gebetes beim Hahnenschrei« eine handschriftliche Stütze hat und, wenn ja, welche. Wie immer aber die Quellenlage im äthiopischen Bereich letztlich nun sein mag, es findet sich jedenfalls die Spur eines »Gebetes beim Hahnenschrei«, und es besteht eine gewisse Wahrscheinlichkeit dafür, daß hier Abhängig-

[26] In Äthiopien sind ganz verschiedene Typen von Tagzeitengebeten bekannt; vgl. *Cod. Aeth.* II 68 f.; *Horol. aeth.*, S. III–VIII; Paez, *Historia* 455–470; VELAT, *Meʿerāf.* Wenn im Verlauf dieser Arbeit vom äthiopischen Horologion die Rede ist, dann ist immer jener Typ gemeint, der, von Kleinigkeiten abgesehen, mit dem koptischen Stundengebet übereinstimmt. Eben dieser Typ findet sich bei TURAEV, *Horol.* (mit krit. App.). Im wesentlichen auf dieser Ausgabe fußt die lateinische Übersetzung von van Lantschoot (*Horol. aeth.*). Die römische Ausgabe von 1952 (*Äthiop. Horol.*) repräsentiert denselben Typ, ist aber allein für den praktischen Gebrauch bestimmt, hat also keinen kritischen Apparat und gibt keine Quellen für die einzelnen Texte oder deren Anordnung an.

[27] Turajev hat diesen Titel in seinen Text aufgenommen (TURAEV, *Horol.* 138). Van Lantschoot hat ihn in seine Übersetzung übernommen (*Horol. aeth.* 68), ohne anzugeben, daß er nur von einer einzigen Handschrift bezeugt ist, und den ganzen Abschnitt von der Mitternachtshore getrennt und als eigene Hore behandelt.

[28] *Äthiop. Horol.* 259–347.

[29] TURAEV, *Horol.* 128; *Horol. aeth.* 63. Der Text ist weder hier noch dort ausgeschrieben, wohl aber in der römischen Ausgabe (*Äthiop. Horol.* 259–261).

keit vom koptischen Ritus vorliegt. Auch dieser Befund spricht also dafür, daß die Kopten einmal eine Hore »beim Hahnenschrei« gekannt haben. Bei den Äthiopiern scheint aber auch in anderen Formen des Tagzeitengebetes ein Gebet beim Hahnenschrei nicht unbekannt gewesen zu sein[30], und wir stehen vor der schwierigen Frage, worauf das sporadische Vorkommen eines Gebetes beim Hahnenschrei in dem Tagzeitengebet koptischer und anderer Provenienz nun letztlich zurückzuführen ist. Man könnte sich etwa denken, daß die Erwähnung des Gebetes beim Hahnenschrei in der nomokanonischen Literatur die Einführung einer solchen Hore veranlaßt hat. Von einer Sicherheit sind wir in dieser Frage vorerst weit entfernt. Noch schwieriger ist die weitere Frage, ob diese Hore, wie das äthiopische Horologion nahezulegen scheint, im wesentlichen aus Texten bestanden hat, die den Schluß des heutigen Mitternachtsgebetes bilden, nämlich aus den vier Oden (oder der 4. Ode) und der Theotokie[31]. Es darf auch nicht übersehen werden, daß das äthiopische »Gebet beim Hahnen-schrei« selbst wieder typische Elemente eines Mitternachtsgebetes enthält wie die Lesung Lk 11,5–13[32], die zweifelsohne wegen ihres Anfangs[33] gewählt ist und so zeigt, daß sie für ein Mitternachtsgebet gedacht ist. Wir können aber vorerst nicht entscheiden, ob derartige Elemente ursprünglich sind und beweisen, daß erst sekundär ein Teil der Mitternachtshore zum »Gebet beim Hahnenschrei« gemacht wurde, oder ob ein echtes »Gebet beim Hahnenschrei« später mit der Mitternachtshore verbunden wurde und bei dieser Gelegenheit auch Züge derselben erhielt.

* * *

[30] Ich habe keine systematischen Nachforschungen hierüber angestellt und verweise nur auf den Cod. Vat. aeth. 15 (*Cod. Aeth.* I 54).

[31] Wo in anderen Riten vergleichbare Horen in ähnlicher Weise mit biblischen Cantica beginnen, wie die »Morgenhore« (աոաւոտէան ժաս) des armenischen und die Laudes des ambrosianischen Ritus, scheint es sich jeweils nicht um den ursprüng-lichen Horenbeginn zu handeln; vgl. zu ersterer HEIMING, *Odenkanones* 108 und unten S. 183 f., und zu letzteren MATEOS, *Vigile Cathédrale* 304. Zu der nach M 574 zu rekon-struierenden älteren »Vigil« des koptischen Ritus vgl. unten S. 182 ff., zu der von Mattā 'l-Miskīn postulierten »Frühhore« S. 184, Anm. 160.

[32] TURAEV, *Horol.* 158 (nur Initium); *Horol. aeth.* 100 (nur Verweis); *Äthiop. Horol.* 338 f.

[33] »Und er sagte zu ihnen: Wer von euch hätte einen Freund und ginge zu ihm um Mitternacht ...«

Die einzelnen Horen des koptischen Stundengebetes[34] sind weithin nach demselben Schema aufgebaut. Ganz parallel laufen Terz, Sext und Non. Jede Hore beginnt mit den allgemeinen Einleitungsgebeten[35]. Diese allgemeinen Einleitungsgebete stehen außer im Horologion

[34] In dem folgenden Überblick werden sowohl Druckausgaben als auch Handschriften berücksichtigt. Die ältesten Handschriften sind (Näheres vgl. unten S. 81 ff.): zwei vatikanische Handschriften, Cod. Vat. copt. 40 (*Cod. Copt.* I 211 ff.) und Cod. Barb. or. 17 (*Cod. Copt.* II 4 ff.), und die Kairoer Handschrift (BURMESTER, *Hours*); engstens verwandt ist die schon jüngere Oxforder Handschrift Marsh. 57 (O'LEARY, *Office* 87 ff.). Leider ist der Befund der Kairoer Handschrift aus Burmesters Beschreibung nicht mit letzter Sicherheit zu erheben (das Original habe ich nicht gesehen). Obwohl nach BUR-MESTERS Aussage die Handschrift die Horen in der Form enthält, wie sie Ṭūḫī gibt (*Hours* 88, Anm. 2), weichen Burmesters Angaben auch an anderen Stellen als denen, die er in den Anmerkungen eigens nennt, von Ṭūḫīs Text ab; z. B. bringen sie Initia von Texten, die bei Ṭūḫī fehlen. Burmester muß also die Kairoer Handschrift als Vorlage gehabt haben. Nun sagt Giamberardini von den Troparien, die Burmester für die Vesper angibt, ausdrücklich, daß sich diese nicht in der Kairoer Handschrift finden (vgl. unten S. 28, Anm. 80). Demnach hätte Burmester an der fraglichen Stelle nicht die Texte der Kairoer Handschrift, sondern die von Ṭūḫīs Ausgabe genannt. Vielleicht beziehen sich noch andere von seinen Angaben in Wirklichkeit auf Ṭūḫīs Ausgabe statt auf die Kairoer Handschrift, zumal er nirgendwo deutlich sagt, daß er seiner Beschreibung diese Hand-schrift und nicht die Ausgabe von 1750 zugrunde gelegt hat. Auch für die moderne Form des Horologions ist meine Beschreibung unvollständig, da mir keineswegs alle Druckausgaben zugänglich waren. Immerhin wird man aus dem von mir verglichenen Material grundsätzlich ersehen können, in welchem Maße und in welcher Weise die verschiedenen Zeugen des Horologions voneinander abweichen, wenn auch damit zu rechnen ist, daß es im einzelnen weitere Varianten gibt, die mir unbekannt geblieben sind.

[35] Vgl. BURMESTER, *Liturgical Services* 99 f. Burmesters Angaben unterscheiden sich insofern von allen mir bekannten gedruckten Texten, als er die allgemeinen Einleitungs-gebete nur für das Morgengebet, nicht aber für die übrigen Horen gibt. Die Druckaus-gaben haben die Einleitungsgebete auch bei den anderen Horen. Außerdem zählen diese Ausgaben Ps 50 noch zu den Einleitungsgebeten, d. h. sie lassen ihn unmittelbar auf das »Gebet der Danksagung« folgen; so auch BURMESTER, *Rites* 294. Die ältesten Handschriften bringen nun in der Tat Ps 50 im Morgengebet erst nach den Texten, die zur speziellen Einleitung dieser Hore dienen: Kairoer Handschrift (BURMESTER, *Hours* 89), vatikanische Handschriften (*Cod. Copt.* I 211 [mit Corrigendum S. XXXIII] und II 4), Oxford, Marsh. 57 (O'LEARY, *Office* 89). Wo ältere Handschriften — so die vatikanischen — bei den einzelnen Horen die allgemeinen Einleitungsgebete erwähnen, geschieht das in so unbestimmter Weise, daß die damit gemeinten Texte nicht mit Sicherheit auszumachen sind. Der Sin. ar. 389 läßt dabei alle Texte »bis zu Ps 50« sprechen (QUECKE, *Horologion* 113, 114, 115, 116), wobei sich dann eben die Ungereimt-heit ergibt, daß demgemäß auch Texte, die nur für das Morgengebet passen, zu den Einleitungsgebeten aller Horen gehören müßten. Vgl. zum Problem der allgemeinen Einleitungsgebete noch QUECKE, *Horologion* 107 f.

häufig auch in der »Psalmodie«[36]. Der erste typische Text einer jeden Hore ist dann ein kurzer Einleitunghymnus, der allerdings in seinem Grundbestand gleichfalls für alle Horen denselben Wortlaut aufweist und nur den Zeitbezug der Hore abwandelt: »Den Lobgesang des Morgens (der 3. Stunde usw.) des gesegneten Tages will ich darbringen usw.[37]« Auch diese Texte kommen zumindestens vereinzelt in den Handschriften, nicht mehr in den Druckausgaben, in der »Psalmodie« vor[38] und fehlen umgekehrt in den älteren Horologion-Handschriften[39]. Dann folgen die Psalmen, gewöhnlich zwölf in einer Hore. Die Psalmen sind in der Reihenfolge des Psalters auf die Tageshoren verteilt, d. h. die zwölf Psalmen des Morgengebetes[40] sind alle dem ersten Abschnitts des Psalters entnommen, die der Terz dem folgenden usw.[41] Die einzelnen Psalmen werden mit »Alelluja« beschlossen. Die auf die Psalmen folgende Evangelienlesung[42] ist unveränderlich,

[36] So verschiedentlich in Handschriften, etwa Vat. copt. 36 (*Cod. copt.* I 143), Paris, B. N., copte 35 (O'LEARY, *Office* 75), Göttingen, Kopt. 10 (ebd. 80), wohl auch Ryl. 430 (CRUM, *Catal. Rylands*, S. 202) und in allen Druckausgaben, sowohl der Jahres-Psalmodie als auch der Choiak-Psalmodie.

[37] Das *Horol.* (1750) bringt den Text dieses Eröffnungshymnus nur für das Morgengebet und die 2. Komplet. Bei den anderen Horen dürfte er in der einleitenden Rubrik, die Hore »wie gewöhnlich zu beginnen«, mit gemeint sein.

[38] Vgl. unten S. 58 f.

[39] Alle vier oben S. 20, Anm. 34 genannten älteren Handschriften.

[40] Im Morgengebet werden noch weitere Psalmen als diese zwölf verwendet vgl. unten S. 29 f.

[41] Vgl. etwa HANSSENS, *Matines* 16 und 67 f.

[42] Die Lesungen fehlen in den beiden vatikanischen Handschriften Vat. copt. 40 und Barb. or. 17 (*Cod. Copt.* I 211 ff. und II 4 ff.), ebenso in der Kairoer Handschrift (BURMESTER, *Hours* 90, Anm. 2) und dem Cod. Sin. ar. 184 (rein arab.). Was die Oxforder Handschrift Marsh. 57 betrifft, so ist aus O'LEARYS Angaben nicht mit letzter Sicherheit zu entnehmen, ob diese Handschrift die Lesungen enthält. In seiner Beschreibung gibt O'Leary für die Horen von der Terz bis zur Vesper Verweise auf die Lesungen (*Office* 97 ff.), nicht aber für die anderen Horen. Ebensowenig werden die Lesungen in der schematischen Übersicht über die Horen (S. 48) und in der Inhaltangabe des Horologions (S. 50) genannt. Die Leipziger Handschrift Tisch. XXI bringt die Lesungen erst am Ende der Horen (nach dem Schlußgebet!), nicht an ihrem heutigen Platz. Vielleicht haben wir es mit einer Handschrift aus der Zeit zu tun, als die Lesungen ins Horologion aufgenommen wurden. Damit soll nicht gesagt sein, daß die Lesungen erst ab dieser Zeit im Stundengebet zur Verwendung kamen. Vermutlich benutzte man früher für die Lesungen Bibel- bzw. Evangelien-Handschriften. Auch Hinweise auf die Lesungen erübrigten sich. Die Lesung einer Hore ist ja jeden Tag dieselbe und kann so als bekannt vorausgesetzt werden. Manchmal sind verschiedene Lesungen für eine Hore angegeben, z. B. *Horol.* (1750) 244–247 für die Vesper die beiden synoptischen Parallelen Mk 1,29–34 und Lk 4,38–41 (vgl. dazu BURMESTER, *Hours* 93, Anm. 6). Der Befund der Leipziger Hand-

wie überhaupt das Horologion keinerlei wechselnde Teile des Offiziums
enthält. Auf die Lesung folgt eine Reihe von Troparien, die weithin
mit Texten des byzantinischen Ritus identisch sind[43]. In Terz, Sext
und Non sind die Troparienreihen ganz parallel gebaut. Jede dieser
Horen hat sechs Troparien, von denen jeweils das dritte und sechste
ein Theotokion ist[44]. Dabei ist das erste Troparion mit zwei Stichen
ausgestattet, nach denen es ursprünglich jeweils zu wiederholen war,
das dritte Troparion (= 1. Theot.) mit einem Stichus, ohne daß ich
bisher einen Beleg dafür finden konnte, daß das Troparion nach dem

schrift zeigt, daß Burmesters Angabe, die Horologion-Handschriften enthielten die
Lesungen nicht (ebd. 90, Anm. 2), in dieser allgemeinen Form nicht zutreffend ist.
Auch der Cod. Sin. ar. 389 enthält die Lesungen (vgl. QUECKE, *Fragmente*).

[43] Einzelnachweise in der unten S. 49, Anm. 183 aufgeführten Literatur und S. 50 ff.

[44] Die Zählung dieser Troparien bei den modernen Autoren ist leider nicht einheitlich.
O'LEARY, *Office* 97 ff. (ebenso van Lantschoot, *Cod. Copt.* II 5 f.) spricht bei jeder Hore
nur von zwei Troparien, d. h. er schlägt auch noch jeweils das Theotokion zu den vorhergehenden Troparien. Dies Vorgehen ist damit zu rechtfertigen, daß die Kopten selbst
keine besondere Bezeichnung für die Theotokien verwenden. Burmester trennt die
Theotokien von den vorhergehenden Troparien, faßt letztere aber jeweils zu einem
Troparion zusammen, so daß sich für die einzelnen Horen folgende Reihen ergeben:
1. Troparion, 1. Theotokion, 2. Troparion, 2. Theotokion. Ich habe in meinen früheren
Aufsätzen auch innerhalb des ersten und zweiten Troparions (nach Burmesters Zählung)
zwei Troparion unterschieden, woraus sich dann jeweils folgende Reihe ergab: 1. Trop.,
2. Trop., 1. Theot., 3. Trop., 4. Trop., 2. Theot. Am konsequentesten ist es aber, mit
MUYSER, *Maria's heerlijkheid* 238 f. alle sechs Troparien einer Hore durchzuzählen, und
ich werde diese Zählweise nun anwenden. Damit wird man am besten dem schon genannten Tatbestand gerecht, daß die Kopten keinerlei besondere Bezeichnung für die
marianischen Troparien haben, umgekehrt aber der Ausdruck »Theotokie« bei ihnen eine
ganz spezielle Anwendung für bestimmte Texte der »Psalmodie« findet (vgl. etwa unten
S. 54). Den marianischen Charakter der betreffenden Troparien kann man leicht
durch ein in Klammern hinzugefügtes »Theot.« zum Ausdruck bringen. Damit ergibt
sich folgende Zählweise: 1. Trop., 2. Trop., 3. Trop. (1. Theot.), 4. Trop., 5. Trop.,
6. Trop. (2. Theot.). Die Bezeichnung der dritten und sechsten Troparien als »Theotokien«
kann sich nicht nur auf den marianischen Inhalt dieser Strophen stützen, sondern zusätzlich auf den Umstand, daß diese Texte auch im byzantinischen Horologion vorkommen und dort eben »Theotokien« genannt werden. — Die zweimal drei Troparien der
koptischen Horen scheinen eine Eigentümlichkeit dieses Ritus und das Ergebnis einer
sekundären Kombination zu sein. In den Zeugen des byzantinischen Ritus finden wir
für die Horen jeweils entweder das erste oder das zweite Troparion des koptischen
Ritus. Vermutlich gab es ursprünglich zwei verschiedene Reihen von Troparien für die
Horen, die die Kopten dann zum jeweils ersten und zweiten Troparion ihrer Horen
zusammengestellt haben; vgl. QUECKE, *Griech. Parallelen* 286–293.

Stichus zu wiederholen gewesen wäre[45]. In den modernen Ausgaben
sind die Stichen nicht mehr eigens bezeichnet und auch in der Druckan-
ordnung zu einem einheitlichen Text mit ihrem Troparion zusammen-
gezogen. Zudem fehlt jeder Hinweis auf eine Wiederholung des Troparions. Nach dem ersten und vierten Troparion steht »Die Ehre (ist)
dem Vater ...«[46], nach dem zweiten, dritten (1. Theot.) und fünften Troparion »Jetzt und allezeit ...[47]« Variabel ist der Platz, den das Trishagion und das Unser-Vater zwischen bzw. nach den Troparien einnehmen. Das Kyrieeleison folgt immer erst auf das sechste Troparion (2.
Theot.). Die Angaben über die Zahl der Kyrieeleison gehen zwar etwas
auseinander[48], doch kann kein Zweifel darüber bestehen, daß 41 nach
koptischer Auffassung die richtige Anzahl ist[49]. Neben 41 und 50

[45] Die Bezeichnung der Psalmverse als »Stichen« und die Rubriken für die Wiederholung der ersten Troparien finden sich absolut konsequent und vollständig im Leipziger
Cod. Tisch. XXI (QUECKE, Fragmente). Nur beim 3. Trop. (1. Theot.) der Non fehlt die
Bezeichnung »Stichus«, wohl deshalb, weil der zu diesem Troparion gehörige Bibelabschnitt kein Psalmvers, sondern dem Buch Daniel (3,34 f.) entnommen ist. Ebenso
konsequent sind die Stichen des jeweils ersten Troparions im (unveröff.) Cod. Sin. ar.
184 bezeichnet, wo sie jedoch nicht »Stichen« genannt sind; es steht stattdessen jeweils
die Angabe »aus dem Psalm« (min al-mazmūr). Das erste Troparion wird in dieser Handschrift noch zweimal mehr wiederholt als in der Leipziger Handschrift (vgl. folg. Anm.).
Nicht bezeichnet sind hier allerdings die zu den dritten Troparien (1. Theot.) gehörigen
Stichen.

[46] Nach dem Sin. ar. 184 findet eine Wiederholung des 1. Trop. auch noch nach dem
»Die Ehre (ist) dem Vater...« statt. Im ganzen wird in dieser Handschrift das 1. Trop.
zweimal mehr wiederholt als in der Leipziger Handschrift, da es ein erstes Mal schon
vor dem 1. Stichus wiederholt wird.

[47] Das »Die Ehre (ist) dem Vater ...« und »Jetzt und allezeit ...« ist auch in den modernen arabischen Druckausgaben zumeist noch in griechischer Sprache beibehalten (in
Transkription).

[48] 50 Kyrieeleison etwa in der Kairoer Handschrift (BURMESTER, Hours 91, Anm. 1),
im Barb. or. 17 (Cod. Copt. II 5 f.) und auch im Horol. (1750); im Vat. copt. 40 von der
Sext an (Cod. Copt. I 212 f.).

[49] Die Kopten begründen diese Zahl damit, daß Jesus nach jüdischem Recht 39
Geißelhiebe erhalten haben muß, außerdem »einmal« mit einem Rohr auf sein Haupt
geschlagen worden sei und schließlich einen Lanzenstich in seine Seite erhalten hat.
So schon in der mittelalterlichen Literatur der Kopten wie der »Ordnung des Priester-
tums«, Kap. 16 (ASSFALG, Ordnung 42 f., Übers. 119) und bei Ibn Sabbāʿ im »Kostbaren
Juwel«, Kap. 34 (MISTRĪḤ, Margarita 133 f.; PÉRIER, Perle 725 f. [135 f.]), aber auch
heute noch, etwa SALAMAH, Perlen I 170. In einer Anmerkung des Euchol. lautet die
Erklärung ein wenig anders : Jesus erhielt »einen Backenstreich« von dem Knecht des
Hohenpriesters und 40 Geißelhiebe (S. 138, Anm. 1). Gerade die Divergenz in der Erklärung zeigt, daß die Zahl 41 das wesentliche ist.

kommen auch 40 Kyrieeleison vor, doch kenne ich keinen Text, der konsequent diese Zahl bieten würde[50]. Das Schwanken in der Stellung von Trishagion und Unser-Vater geht so weit daß, diese Texte sogar in ein und derselben Handschrift in verschiedenen Horen verschiedene Plätze einnehmen können[51]. Auch ist nicht immer klar, ob das Trishagion[52] oder das »Heilig, Heilig, heilig ...« gemeint ist[53]. Die ältesten Handschriften haben das Trishagion und Unser-Vater nach dem

---

[50] Nur in der Terz 40 Kyrieeleison hat der Leipziger Cod. Tisch. XXI (QUECKE, *Fragmente* 313), in allen anderen (erhaltenen) Horen hingegen 41 (ebenda, S. 314, 315, 318); hier wird man bei der Terz ein Versehen annehmen können. Schwieriger liegt der Fall beim Sin. ar. 184 (unveröffentlicht; vgl. unten S. 43 f. mit Anm. 164). Im Morgengebet, der Sext und Non steht in Worten eindeutig »vierzigmal«, und zwar nicht als Rubrum (fol. 38v, 90r, 112r). Dagegen scheint mir die Ziffer in der Terz nur eine »41« sein zu können (fol. 65v); diesmal handelt es sich um ein Rubrum, und es stellt sich die Frage, ob die Ziffer von einer anderen Hand stammt als der, die den Haupttext geschrieben hat. Es werden dabei die sogenannten koptischen Kursivziffern verwendet; das hier gebrauchte Zeichen für »40« unterscheidet sich deutlich von demselben Zeichen, wie es zur Foliierung der Blätter 40–49 gebraucht wird. In den 40 Kyrieeleison zeigt sich vielleicht Einfluß des byzantinischen Ritus, in dem jeweils 40 Kyrieeleison gesprochen werden.

[51] Vgl. den Cod. Sin. ar. 389, auf den gleich unten ein wenig ausführlicher eingegangen werden wird.

[52] Da die Terminologie leider nicht einheitlich ist (vgl. SCHULZ, *Trishagion*), sei ausdrücklich gesagt, daß ich mit Trishagion immer das ῞Αγιος ὁ Θεός, κτλ. meine.

[53] Falls nämlich nur mit dem arabischen Anfangswort darauf verwiesen wird, das ja in beiden Fällen gleich lautet (*quddūs*). Nach meinen Informationen steht *quddūs* heute nur als Abkürzung für »Heilig, heilig, heilig ...« Darauf wird auch BURMESTERS Angabe beruhen, daß am Schluß der Horen »Heilig, heilig, heilig ...« gesprochen wird (*Liturgical Services* 101 ff.); die meisten modernen Drucke haben hier nämlich diese Abkürzung. Die Abkürzung *quddūs* kann aber weder immer so verstanden worden sein noch heute ausschließlich so verstanden werden. Denn nach meinen Informationen sprechen die orthodoxen Kopten heute am Schluß der Horen durchweg das Trishagion und nicht »Heilig, heilig, heilig ...«, während bei den Unierten sowohl das eine als auch das andere in Gebrauch sein soll. Für die ältere Zeit vergleiche man etwa die zweisprachigen Rubriken des Cod. Vat. copt. 40, wo für die Terz im Koptischen ⲀⲄⲒⲞⲤ und im Arabischen *quddūs* steht (fol. 81v). ⲀⲄⲒⲞⲤ meint eindeutig das Trishagion, denn das »Heilig, heilig, heilig ...« hat bei den Kopten koptischen Wortlaut und beginnt ⲬⲞⲨⲀⲂ. Ein unzweideutiger Hinweis auf das Trishagion soll die Abkürzung *aǧiyūs* sein, was gut zu der Praxis passen würde, das Trishagion nur auf griechisch zu singen (vgl. unten S. 132, Anm. 84). *Aǧiyūs* als Hinweis auf das Trishagion am Ende der Horen kommt etwa im Cod. Tisch. XXI vor (QUECKE, *Fragmente* 313), wo ihm im koptischen Text der Rubrik (für die Terz) in der Tat ⲀⲄⲒⲞⲤ Ⲟ ⲐⲈⲞⲤ entspricht. Das Trishagion am Schluß der Horen wird heute aber nicht gesungen, und der Verweis darauf mit *aǧiyūs* findet sich in keinem mir bekannten modernen Horologion.

dritten Troparion (1. Theot.)[54]. Dagegen stehen in den modernen
Druckausgaben beide Texte durchweg erst nach dem sechsten Troparion (2. Theot.), genauer nach den 41 Kyrieeleison, die auf dies
Troparion folgen. Nur selten zeigt allerdings die Formulierung eindeutig, daß das Trishagion gemeint ist[55]. Einmal ist ebenso eindeutig
klar, daß das »Heilig, heilig, heilig ...« gemeint ist[56]. Fast unentwirrbar
verfilzt sind die Verhältnisse im Sin. ar. 389. In der Terz folgt auf
das dritte Troparion (1. Theot.) das vierte Troparion ohne Zwischen-
schaltung von Trishagion oder Unser-Vater[57]. Das Unser-Vater
steht dann nach dem sechsten Troparion[58]. In der Sext folgen Trishagion
und Unser-Vater auf das dritte Troparion (1. Theot.), allerdings
steht beides dann noch einmal nach den 41 Kyrieeleison, die auf das
sechste Troparion (2. Theot.) folgen[59]. Möglicherweise haben wir es
mit einer Handschrift aus der Zeit zu tun, als Trishagion und Unser-
Vater ihren Platz wechselten, d. h. den Platz nach dem dritten Troparion (1. Theot.) aufgaben und dafür den hinter dem sechsten (2.
Theot.) einnahmen[60]. In der Non stehen in dieser Handschrift Trishagion und Unser-Vater dann wieder nach dem dritten Troparion
(1. Theot.)[61], während das Blatt mit dem Schluß des sechsten Troparion
(2. Theot.) und den darauf folgenden Angaben leider verloren gegangen ist. Hinzuzufügen wäre noch, daß nach dieser Handschrift
in der Sext auch das Credo zu sprechen ist, nämlich zwischen dem
sechsten Troparion (2. Theot.) und den darauf folgenden 41 Kyrie-

---

[54] Die oben S. 20, Anm. 34 genannten vier Handschriften, außerdem der Cod. Sin.
ar. 184 (unveröffentlicht) und *Horol.* (1750). Wenn im Cod. Tisch. XXI, der ebenfalls
diese Anordnung hat (QUECKE, *Fragmente*), in der Terz das Unser-Vater fehlt, so wird
es sich um eine zufällige Auslassung handeln.

[55] So *Horol.* (1952) und *Horol.* (1961), wo die beiden ersten Worte (*quddūs al-lāh*)
zitiert sind. Damit ist eindeutig das Initium des Trishagion gegeben.

[56] Die Ausgabe *Horol.* (1930), die die Rubriken auch koptisch bringt; das ⲬⲞⲨⲀⲂ
ist eindeutig das Initium des »Heilig, heilig, heilig ...«

[57] QUECKE, *Horologion* 112.

[58] Ebenda.

[59] Ebenda 114.

[60] Oder sollte nach dem 3. Troparion (1. Theot.) das »Heilig, heilig, heilig ...«, nach
dem Kyrieeleison das Trishagion gemeint sein? Im ersten Fall lautet die Rubrik:
»Dann wird gesagt 'Heilig' (*quddūs*) und was darauf folgt, dann 'Unser Vater in den
Himmeln'«, im zweiten Fall: »Dann sagt er das Glaubensbekenntnis und die drei 'Heilig
(ist) Gott' und 'Unser Vater in den Himmeln'«.

[61] QUECKE, *Horologion* 115.

eleison[62]. Am Schluß hat dann jede Hore ihr besonderes Entlassungsgebet. Wenn O'Leary sagen will[63], daß diese Schlußgebete bei den
Kopten Basilius dem Großen zugeschrieben werden, so ist mir dafür
kein Zeugnis bekannt. Auch sind die von O'Leary angenommenen
Beziehungen zwischen bestimmten koptischen und griechischen
Schlußgebeten, in so loser Form O'Leary sie auch verstanden wissen
will[64], nicht gegeben, und Burmester hat mit Recht darauf verzichtet,
diese byzantinischen Texte als Parallelen zu den koptischen Schlußgebeten anzuführen[65].

Die Abweichungen der anderen Horen von diesem Grundschema
können hier nicht mit allen Details gegeben werden. Noch weniger
können alle Besonderheiten aufgeführt werden, die nur vereinzelt in
der Überlieferung bezeugt sind. Insofern wir uns hier auf die Horologion-Texte beschränken, steht den bisher behandelten Horen die
Vesper am nächsten. Die kürzeste Form findet sich im Cod. Sin. ar. 389.
Dort steht nach den zwölf Vesper-Psalmen nur noch die Evangelien-
Lesung[66]. Die andere Sinai-Handschrift, der Cod. Sin. ar. 184, hat
außerdem noch das spezielle und das allgemeine Schlußgebet[67]. In den
beiden vatikanischen Handschriften[68] wird nach den Psalmen auf
Würdige-dich[69], Trishagion, Unser-Vater[70], Credo und Kyrieeleison

---

[62] Ebenda 114. Auch nach dem Cod. Barb. or. 17 ist an dieser Stelle der Sext das
Credo zu sprechen (Cod. Copt. II 5); Trishagion und Unser-Vater stehen hier natürlich
allein nach dem 3. Trop. (1. Theot.), vgl. oben S. 24 f. mit Anm. 54. Wenn das Credo in
zwei Handschriften an derselben Stelle der Sext vorkommt, so kann es sich dabei kaum
um rein zufällige Versehen handeln; man wird darin wohl ein bestimmte Überlieferung
sehen müssen. Das äthiopische Horologion hat das Credo in Terz, Sext und Non (vgl.
TURAEV, Horol. 48, 58 und 66).

[63] O'LEARY, Office 48.

[64] Ebenda 48 f.

[65] Nur bei den Schlußgebeten von Terz und Sext hatte er ursprünglich auf Anklänge
hingewiesen (BURMESTER, Hours 91, Anm. 8 und 92, Anm. 6).

[66] QUECKE, Horologion 115 f.

[67] Zum Fehlen der Lesung in dieser und den beiden Vatikanischen Handschriften ist
natürlich zu beachten, daß alle diese Handschriften auch in den anderen Horen die
Lesung nicht bringen; vgl. oben S. 21, Anm. 42.

[68] Cod. Vat. copt. 40 (Cod. Copt. I 212) und Cod. Barb. or. 17 (Cod. Copt. II 6).

[69] Eine im Deutschen eingebürgerte Übersetzung für das Καταξίωσον κτλ. gibt es
meines Wissens nicht. Aus praktischen Gründen zitiere ich diesen Text mit dem Initium
Würdige-dich. Die Frage, wie Καταξίωσον ... φυλαχθῆναι ἡμᾶς sprachlich zu verstehen ist,
ob als »Wolle, daß wir ... bewahrt werden« oder als »Wolle uns ... bewahren«, lasse ich
offen. Vom Altertum bis in die Neuzeit haben die Übersetzer sich bald für die eine, bald
für die andere Auffassung entschieden. — BUTE, der Horol. (1750) übersetzt, hat das
dort nur als Initium zitierte Würdige-dich als das nach der Jahreszeit wechselnde Gebet
für die Nilüberschwemmung, die Saaten und das Gedeihen der Früchte gedeutet (Morning

hingewiesen; dann folgt das Schlußgebet. Überein kommen alle vier genannten Handschriften darin, daß sie keine Troparien kennen. In den übrigen Zeugen hat aber auch die Vesper Troparien, doch bieten die Handschriften und Ausgaben zwei ganz verschiedene Troparienreihen. Die eine, die bei O'Leary[71] und Bute[72] übersetzt ist und deren Initia sich in zwei der drei Beschreibungen des Horologions durch Burmester finden[73], steht schon in zwei älteren Handschriften[74]. Von den mir zugänglichen Drucken haben sie nur einige Ausgaben der Unierten[75]. Die Mehrzahl der modernen Ausgaben hat hingegen die Troparien, die Burmester in seiner Beschreibung im Eastern Churches Quarterly gibt[76]. Zwischen bzw. nach den Troparien stehen auch in der Vesper Trishagion, Unser-Vater und Kyrieeleison[77]. Nur in der zuerst angegebenen, vermutlich älteren Troparienreihe steht weiterhin das Canticum Simeonis[78], in den älteren Textzeugen

Service 154) und damit aller Wahrscheinlichkeit nach mißverstanden. Ein Hinweis auf diese Fürbittgebete in einem Horologion ist mir nur aus dem Cod. Tisch. XXI als sekundäre Eintragung zur Terz bekannt (QUECKE, _Fragmente_ 311), wo aber auch in den übrigen Horen Verweise auf entsprechende andere Fürbittgebete beigefügt sind (ebenda 311 f.).

[70] Nicht im Barb. or. 17; der Verweis wird nur versehentlich weggefallen sein.

[71] O'LEARY, _Office_ 103–105.

[72] BUTE, _Morning Service_ 153–155.

[73] BURMESTER, _Hours_ 93 f. und _Liturgical Services_ 104.

[74] Oxforder Handschrift Marsh. 57 (O'LEARY, _Office_ 103 ff.) und Leipziger Handschrift Tisch. XXI (QUECKE, _Fragmente_ 317).

[75] _Horol._ (1750) 247 ff.; _Horol._ (1930) 261 ff.; _Horol._ (1930; arab.) 135 ff. Da BURMESTERS Beschreibung des Offiziums in _Liturgical Services_ 99 ff. nach der Kairoer Ausgabe von 1922 und _Horol._ (1936) gemacht sein soll (_Liturgical Sercives_ 100, Anm. 2), müßten diese beiden Ausgaben gleichfalls die genannte Troparienreihe enthalten (ebd. 104). Dies trifft aber nicht zu, jedenfalls nicht für das _Horol._ (1936); die Ausgabe von 1922 war mir leider nicht zugänglich. Burmester folgt hier also vermutlich dem _Horol._ (1750), wie er es höchstwahrscheinlich schon _Hours_ 93 f. getan hat (vgl. unten Anm. 80).

[76] BURMESTER, _Rites_ 298. Das 1. Trop. setzt sich aus den beiden Kathismata vom Montag und Dienstag im 1. Ton Εἰ ὁ δίκαιος (FOLLIERI, _Initia_ I 370) und 'Εν ἀνομίαις συλληφθείς (FOLLIERI, _Initia_ I 430) zusammen, das zweite — von Burmester mit dem ersten zusammengenommen und so nicht eigens genannt — ist das Kathisma 'Αγκάλας πατρικάς (FOLLIERI, _Initia_ I 30) mit dem Text von Lk 15,18b–19 am Ende; für das dritte (Theot.; »Für jede Sünde, die ich mit Begierde und Eifer begangen habe ...«) konnte ich eine byzantinische Parallele bisher nicht ausmachen.

[77] All diese Texte, außerdem noch das Credo, auch in den beiden vatikanischen Handschriften Vat. copt. 40 (_Cod. Copt._ I 212) und Barb. or. 17 (_Cod. Copt._ II 6), doch fehlt in letzterer das Unser-Vater.

[78] Oxforder Handschrift (O'LEARY, _Office_ 104); _Horol._ (1750) 250 f.; _Horol._ (1930) 264 f.; _Horol._ (1930; arab.) 138. Wahrscheinlich auch in der Leipziger Handschrift;

auch noch das Würdige-dich[79]. Als Schlußgebet der Hore — ein solches fehlt nur im Cod. Sin. ar. 389 — werden verschiedene Texte, auch wahlweise, gegeben[80]. Mit dem Würdige-dich, das einige ältere Zeugen angeben, enthält die Vesper auch Textgut der »Psalmodie«.

Der Variantenreichtum in der Überlieferung der koptischen Vesper-Troparien ist auffällig. Wenn die Erklärung dieses Tatbestandes gelingen sollte, so wären für die Geschichte des koptischen Horologions wichtige Erkenntnisse zu gewinnen. Der gemeinte Tatbestand sei noch einmal kurz so umrissen: Die ältesten Zeugen des koptischen Horologions kommen darin überein, daß sie überhaupt keine Vesper-Troparien kennen. Dann taucht in den Handschriften vom 16. Jahrhundert an eine bestimmte Reihe von Vesper-Troparien auf, die jedoch in den modernen Ausgaben kaum noch anzutreffen ist. In den jüngeren Handschriften erscheint dagegen eine andere Troparienreihe, die in die Mehrzahl der modernen Ausgaben übernommen wurde. Beide Reihen setzen sich aus Texten zusammen, die Parallelen im byzantinischen Ritus haben[81]. Nach meiner Auffassung[82] ist daraus zunächst einmal zu folgern, daß das koptische Horologion in der Vesper ur-

---

diese hat zwar an der betreffenden Stelle eine Lücke (QUECKE, *Fragmente* 317), der Text hätte darin aber gut Platz.

[79] Oxforder Handschrift (O'LEARY, *Office* 104 f.) und *Horol.* (1750) 251. Ob die Leipziger Handschrift das Würdige-dich enthielt, ist wegen der gerade genannten Lücke (siehe vorige Anm.) nicht mehr festzustellen. Der ausgeschriebene Text des Würdige-dich wäre in der Lücke nicht unterzubringen; vielleicht wurde aber auch nur, wie in den beiden vatikanischen Handschriften und bei Ṭūḫī, auf den Text verwiesen.

[80] Ganz unklar ist der Textbestand der Kairoer Handschrift. BURMESTER gibt *Hours* 93 f. für die Vesper jene Troparien, die auch in den Handschriften von Oxford und Leipzig und bei Ṭūḫī stehen. Diese ältere Troparienreihe findet sich aber, wie GIAMBERARDINI, *Theotokos* 343 ausdrücklich sagt, nicht in der Kairoer Handschrift. Wenn diese Behauptung Giamberardinis zutreffend ist, hat Burmester hier nicht die Texte der Kairoer Handschrift, sondern die von Ṭūḫīs Ausgabe angegeben. Da Giamberardini aber keine positiven Angaben über die Vesper-Texte der Kairoer Handschrift macht, muß es vorläufig offen bleiben, ob dieser Zeuge überhaupt keine Vesper-Troparien oder aber die andere Reihe von Vesper-Troparien kennt und was er vielleicht noch an weiteren Vesper-Texten enthält.

[81] Von der älteren Gruppe kann ich nur für das 3. Troparion (Theot.; »Rette deine Herde ...«) im Augenblick keine byzantinische Parallele nachweisen. Die Initia der byzantinischen Texte sind bei BURMESTER, *Liturgical Services* 104 verzeichnet, leider ohne Hinweis auf Fundort und Verwendung. Die byzantinischen Parallelen zu den Troparien der jüngeren Gruppe, von BURMESTER, *Rites* 298 nicht identifiziert, wurden soeben genannt (Anm. 76); eigenartigerweise ist es auch in diesem Fall das Theotokion, für das ich bisher eine Parallele nicht finden konnte.

[82] Auch an anderer Stelle vorgelegt: QUECKE, *Sub tuum praesidium.*

sprünglich gar keine Troparien hatte. Dafür spricht sowohl die Tatsache, daß gerade die ältesten Handschriften übereinstimmend keine Vesper-Troparien kennen, als auch der Umstand, daß später zwei völlig verschiedene Gruppen von Vesper-Troparien zur Verwendung kommen. Eben weil es keine altüberlieferten Vesper-Troparien gab, konnte es bei der Einführung von solchen leicht geschehen, daß man auf verschiedene Textgruppen zurückgriff; das Vorhandensein von Parallelen im byzantinischen Ritus zeigt klar, daß man schon vorliegende Texte übernahm. Das ursprüngliche Fehlen von Vesper-Troparien möchte ich dann weiterhin mit der Herkunft der Vesper aus dem Gemeindeoffizium erklären. Die fixen Troparien nach den Lesungen sind bei den Kopten offensichtlich ein Charakteristikum der monastischen Horen. Die andere Hore des Offiziums, die auf das alte Gemeindeoffizium zurückgeht, das Morgengebet, ist auch heute noch frei von solchen Troparien[82a]. Bestandteile von Morgengebet und Vesper sind, entsprechend der Herkunft dieser Horen aus dem Gemeindeoffizium, Texte der »Psalmodie« und die Weihrauchdarbringung. Wenn auch die Vesper später fixe Troparien erhielt, dann zweifellos in sekundärer Angleichung an die monastischen Horen[83].

Die drei restlichen Horen weisen noch mehr Besonderheiten auf. Im Morgengebet folgen auf die allgemeinen Einleitungsgebete einige Abschnitte, die dem Morgengebet eigen sind[84]. Diese Texte stehen auch in der »Psalmodie«. Nur in den neueren Ausgaben hat auch diese Hore[85] (vor den Psalmen) den Einleitungshymnus »den Morgenhymnus des gesegneten Tages will ich darbringen …« Im Gegensatz zu den übrigen Tageshoren enthält das Morgengebet nicht nur zwölf Psalmen aus dem ihm entsprechenden Abschnitt des Psalters[86], sondern

[82a] Abgesehen von einigen modernen Horologien, die das »Psali« »Wahres Licht …« zu Troparien umformen (vgl. unten S. 31, Anm. 98).

[83] Bei den Troparien der Komplet ist genau derselbe Tatbestand zu konstatieren (s. u. S. 32 f.) und wohl auch die Erklärung ganz in der gleichen Richtung zu suchen. Nur hat natürlich das ursprüngliche Fehlen von Troparien in der Komplet einen ganz anderen Grund: Die Komplet hatte zunächst keine Troparien, weil sie ursprünglich von den Mönchen »privat« gebetet wurde.

[84] Sie stehen in den älteren Handschriften (vgl. oben S. 20, Anm. 34) vor dem Psalm 50.

[85] Entsprechend den übrigen Horen, vgl. oben S. 21.

[86] Vgl. oben S. 21. Die Überlieferung schwankt bei der Zusammenstellung dieser Zwölfergruppe von Psalmen insofern, als einmal Ps 10, ein andermal stattdessen Ps 8 aufgenommen ist, nur ausnahmsweise im Cod. Borg. copt. 11, einer von Ṭūḫī zusammengestellten Handschrift, Ps 8 und 10, womit sich natürlich 13 Psalmen ergeben (*Cod. Copt.* II 65).

zusätzlich dazu sieben Psalmen aus den übrigen Teilen des Psalters, nämlich Ps 24, 26, 62, 66, 69, 112 und 142. Die Hinzufügung dieser Psalmen bedeutet ein eigenes Problem. Burmester meint, daß sie »are added in modern practice[87].« Nun fehlen diese Psalmen in der Tat in älteren Handschriften[88]. Andererseits kann man nicht übersehen, daß wir es hier mit typischen »Morgenpsalmen« zu tun haben[89], zumal der Psalm 62 zu den Bestandteilen des morgendlichen Gemeindeoffiziums der alten Kirche gehört, wie wir aus den Apostolischen Konstitutionen wissen[90]. Wenn diese Psalmen also in der Tat erst später »hinzugefügt« worden sein sollten, so stammen sie doch höchstwahrscheinlich aus älterer Tradition. Ibn al-ʿAssāls Nomokanon[91] bzw. die von ihm zitierte Didaskalie[92] bezeugen uns, daß auch den Kopten Ps 62 als Morgengebet bekannt war. Damit sind wir zwar letztlich auf die Apostolischen Konstitutionen zurückverwiesen[93], ohne daß wir aber deshalb schon annehmen müßten, Ps 62 könne nicht auch in Ägypten zu relativ früher Zeit zum morgendlichen Gemeindeoffizium gehört haben. Und so stellt sich die Frage, welche der beiden Psalmengruppen des koptischen Morgengebetes nun eigentlich der anderen »hinzugefügt« worden ist. Die endgültige Psalmenzusammenstellung des koptischen Morgengebetes ließe sich etwa verstehen als eine Kombination von Gemeinde- und Mönchsoffizium[94]. Die Tatsache, daß die zweite Psalmengruppe vielleicht tatsächlich erst spät im Horologion auftaucht, ist auf keinen Fall ein Beweis dafür, daß die Kopten sie überhaupt erst spät kennengelernt oder zusammengestellt hätten. Auf die Psalmen folgt die Evangelienlesung[95]

---

[87] BURMESTER, *Hours* 90, Anm. 1; *Rites* 295; *Liturgical Services* 100.

[88] Kairoer Handschrift, von den vatikanischen Handschriften der Barb. or. 17, Oxforder Handschrift Marsh. 57, außerdem der Sin. ar. 184 (rein arab., unveröffentlicht). Die vielleicht älteste erhaltene Handschrift, der Vat. copt. 40 (vgl. unten S. 81 f.), hat von diesen Psalmen schon Ps 26 und 142 (*Cod. Copt.* I 211).

[89] Vgl. HANSSENS, *Matines* 13, 23, 31.

[90] Apostol. Konst. II 59,2 (FUNK, *Didasc.* I 171,19 f.), vgl. oben S. 6 f.

[91] *Nomokanon* 132,1.

[92] Kap. 10; vgl. oben S. 6 f.

[93] Apostol. Konst. II 59,2 und II 36; vgl. oben S. 6 f.

[94] Eine Psalmengruppe mit dem Ps 62 ist andernorts schon früh Bestandteil der monastischen Morgenhore, wie in der von Kassian beschriebenen »matutina solemnitas« (*Inst.* III 6, PETSCHENIG 41,5; vgl. auch 3,10, PETSCHENIG 38,6 f.), wobei MATEOS Ps 62 auch hier als eine Entlehnung aus dem Gemeindeoffizium betrachtet (*Office monastique* 67).

[95] Sie fehlt natürlich in den Zeugen, die auch für die übrigen Horen die Lesungen nicht bringen, vgl. oben S. 21, Anm. 42.

und darauf der Hymnus (»Psali«) »Das wahre Licht…[96]« Letzterer
gehört wiederum zu den Texten, die sich auch in der »Psalmodie«
finden[97]. Der Text dieses Hymnus ist in den verschiedenen Zeugen
unterschiedlich lang und fehlt in vielen ganz[98]. Auch die dann
folgenden Texte stehen wiederum sowohl im Horologion[99] als auch
in der »Psalmodie«: große Doxologie, Trishagion mit einigen an-
schließenden Bitten, Unser-Vater, eine Reihe von Anrufungen an
Maria[100] und Glaubensbekenntnis, dem in den Ausgaben[101] ein Lobpreis
Mariens vorausgeht. Nach dem Kyrieeleison haben die modernen
Ausgaben dann durchweg noch das »Heilig, heilig, heilig…« mit
einigen dazugehörigen Anrufungen und nochmals das Unser-Vater.

[96] Der koptische Hymnus hat mit der Εὐχή der byzantinischen Prim Χριστέ, τὸ φῶς
τὸ ἀληθινόν (Byzant. Horol. 142) nur das einleitende Zitat Joh 1,9 gemeinsam.

[97] Dies wird auch O'LEARY gemeint haben, wenn er sagt, daß dies Psali sich in
»copies of the Horologion and of the Psalterion« finde (Office 90, Anm. 2); sonst ist
»Psalterion« O'Learys Bezeichnung für das Horologion (vgl. z. B. ebd. 50).

[98] Nur Horol. (1930) 80–85 hat unter den modernen Horologion-Ausgaben den Hymnus
in der Form und dem Umfang der »Psalmodie« (z. B. Jahres-Psalm. [1908; Kairo] 285–291).
Die meisten lassen ihn ganz weg. Horol. (1952) 73–75 und Horol. (1961) 47–49 haben
unter dem Titel qiṭaʿ, der normalerweise zur Bezeichnung der Troparien dient, nur den
ersten Teil des Hymnus, teilen diesen in zwei Abschnitte, fügen entsprechend dem
Theotokion der anderen Troparienreihen einen marianischen Abschnitt an und schalten
zwischen diese drei Abschnitte die beiden Teile der kleinen Doxologie ein. Der marianische Abschnitt beginnt »Du bist die geehrte Mutter des Lichtes…«; es ist mir keine
koptische oder griechische Parallele dazu bekannt. Der Text hat mit der beinahe genauso
beginnenden koptischen »Doxologie« des Morgengebetes (z. B. Jahres-Psalm. [1908;
Kairo] 291) nur die Anfangsworte gemeinsam. Inhaltlich machen die einzelnen Strophen
des vollständigen Hymnus, wie ihn die »Psalmodie« enthält, nicht den Eindruck ursprünglicher Zusammengehörigkeit. Ich habe keine vollständigen Erhebungen darüber angestellt, inwieweit einzelne Strophen oder Gruppen von Strophen anderswo für sich vorkommen. Die beiden letzten Strophen dienen etwa als »Antwort« nach dem Evangelium
bei der Trauung (z. B. Diakonale 521). Der Schluß des 9. Abschnitts der Montags-
Theotokie (z. B. Jahres-Psalm. [1908; Kairo] 170 f.) ist identisch mit den ersten vier
Strophen des Hymnus. Der vollständige Text des Hymnus steht aber schon in den
ältesten Horologion-Handschriften wie dem Cod. Vat. copt. 40 und dem Cod. Barb. or.
17; vgl. Cod. Copt. I 211 und II 5 (ich habe zudem die Originale verglichen).

[99] Die beiden vatikanischen Handschriften (Cod. Copt. I 211 und II 5) und Ṭūḫis
Ausgabe (Horol. [1750] 79) verweisen auf diese Texte nur. Heute stehen sie auch in den
Ausgaben des Horologions, ebenso schon in der Oxforder Handschrift (O'LEARY, Office
94–96) und wohl auch in der Kairoer Handschrift, obwohl das aus BURMESTER, Hours
90 nicht mit letzter Sicherheit zu ersehen ist.

[100] Diese Anrufungen fehlen in allen vier oben S. 20, Anm. 34 genannten älteren
Handschriften.

[101] Wiederum nicht in den älteren Handschriften, vgl. vorige Anm.

Den Abschluß bildet ein spezielles Entlassungsgebet dieser Hore[102], dem aber noch ein oder zwei weitere Schlußgebete folgen, die eigentlich als Schlußgebete aller Horen fungieren sollen, dort aber oft nicht mehr erwähnt werden[103].

Die Komplet beginnt in der üblichen Weise mit den allgemeinen Einleitungsgebeten und dem speziellen Eröffnungshymnus[104]. Auf die zwölf Psalmen der Hore folgt dann die Evangelienlesung[105]. Im Cod. Barb. or. 17 folgt darauf nur noch Würdige-dich, Trishagion, Unser-Vater, Credo und Kyrieeleison[106]. Nur noch ein oder zwei Schlußgebete zusätzlich haben auch einige moderne Ausgaben[107].

---

[102] Schon im Cod. Barb. or. 17 stehen zwei Schlußgebete (*Cod*. Copt. II 5); so auch in den modernen Ausgaben.

[103] Das zweite dieser allgemeinen Schlußgebete steht häufig erst am Ende des Horologions, so etwa in der Kairoer Handschrift (BURMESTER, *Hours* 98). Manche Zeugen scheinen allein dieses zu kennen, so die Kairoer Handschrift und die Oxforder, wo O'LEARY es vor Beginn des Morgengebetes gibt (*Office* 87). Das erste dieser beiden allgemeinen Schlußgebete, »Der du zu jeder Zeit und zu jeder Stunde ...«, scheint früher auch in koptischen Horologien nur in griechischer Sprache (und natürlich gegebenenfalls in arab. Übersetzung) gestanden zu haben. Eine koptische Fassung ist mir nur aus *Horol*. (1930) bekannt (S. 103 ff.), wobei eine Anmerkung zum Text sagt, daß er erst »neuerlich aus dem Arabischen, in das er aus dem Griechischen übersetzt worden war, (ins Koptische) übersetzt worden ist.«

[104] Natürlich nur in den Zeugen, die diese Texte auch in den anderen Horen haben; vgl. oben S. 21 mit Anm. 39.

[105] Soweit die Horologien die Lesungen bringen, vgl. oben S. 21, Anm. 42. Die Lesung der Komplet ist gewöhnlich Lk 2,25–32. Man erinnere sich, daß das Canticum Simeonis (Lk 2,29–32) in einigen Zeugen schon in der Vesper vorkam (vgl. oben S. 27).

[106] *Cod. Copt*. II 6. Dies dürfte die richtige Rubrik sein. Wenn im Cod. Vat. copt. 40 an der entsprechenden Stelle das Trishagion nicht genannt ist (f. 203ᵛ; aus *Cod. Copt*. I 213 nicht zu ersehen), so vermutlich durch ein Versehen des Schreibers. Der Cod. Sin. ar. 389 nennt dieselben Texte (nur in etwas anderer Reihenfolge), einschließlich des Trishagion (QUECKE, *Horologion* 116). — Die Reihe vom Würdige-dich bis zum Credo entspricht der Reihe von der großen Doxologie bis zum Credo im Morgengebet. Anders gesagt: es handelt sich um eine Textfolge, in der morgens und abends nur der erste Text verschieden ist (große Doxologie / Würdige-dich), alle anderen aber identisch sind. Diese Texte stehen, wie schon gesagt, auch in der »Psalmodie«. Sie werden dort aber nicht für Morgen- und Abendgebet getrennt gegeben, sondern nur einmal, wobei an die große Doxologie unmittelbar das Würdige-dich angeschlossen ist (vgl. unten S. 62 mit Anm. 51). — Auf das Würdige-dich folgt in den bohairischen und arabischen Texten regelmäßig (von den Kopten als dazugehörig betrachtet?) Ps 91,2 f. Diese Psalmverse gehören bekanntlich auch im byzantinischen Ritus zu jener speziellen Textgruppe, die im ferialen Orthros auf die Doxologie (mit Würdige-dich) folgt.

[107] *Horol*. (1936) (hier fehlt allerdings das Unser-Vater) und *Horol*. (1955) (hier zwei Schlußgebete).

Alle anderen Zeugen haben noch weitere Texte. Das sogenannte
Gebet des Isajas, der Cento aus Is 8–9, findet sich nur in einigen
älteren Handschriften[108] und bei Ṭūḫī[109], fehlt aber in den modernen
Ausgaben. In denselben Handschriften und bei Ṭūḫī steht dann weiter-
hin das Ἡ ἀσώματος φύσις auf koptisch nebst Anrufungen an Maria
und andere Heilige; voraus geht ein dreimal zu sprechender kurzer
Text, mit dem man für den vergangenen Tag dankt und um Schutz
für die kommende Nacht bittet[110]. Andere Zeugen haben auch eine
Reihe von drei Troparien, von denen das dritte, wie sonst auch, ein
Theotokion ist. Von den älteren Zeugen haben derartige Troparien
die Kairoer Handschrift und die Oxforder Handschrift Marsh. 57[111].
Zwei andere Troparienreihen finden sich in modernen Ausgaben [112].

[108] Kairoer (BURMESTER, *Hours* 95) und Oxforder Handschrift (O'LEARY, *Office*
106 f.). Auch im Sin. ar. 184 (f. 145ᵛ–147ʳ), aber ohne die im folgenden genannten Texte.

[109] *Horol.* (1750) 288–291.

[110] Diese Texte auch in den beiden Ausgaben *Horol.* (1930) 299–303 und *Horol.* (1930;
arab.) 157–159 und im *Schatz* 44 f. Nach dem Ἡ ἀσώματος φύσις in den Handschriften
Kairo und Marsh. 57 und bei Ṭūḫī noch das Credo.

[111] Diese Texte dienen in den jüngeren Horologien als Troparien der 2. Komplet;
um Verwechslungen auszuschließen, seien hier eigens die Initia genannt: »Du, Herr,
kennst das Aufstehen meiner Feinde ...«, »Furchtbar ist dein Gericht ...« und »Gottesgebärerin, wenn wir auf dich vertrauen ...« Der koptische Wortlaut ist *Horol.* (1750)
297 ff. ([1.] Komplet) und *Horol.* (1930) 311 ff. (2. Komplet) zugänglich. Wenn BUR-
MESTER diese Troparien auch *Liturgical Services* 105 nennt, man also annehmen muß, daß
die Horologien von 1922 und 1936 (vgl. ebd. 100, Anm. 2) sie in der (1.) Komplet haben,
so ist dazu zu sagen, daß *Horol.* (1936) sie an dieser Stelle nicht hat (wohl aber in der
2. Komplet [S. 85 f. = BURMESTER, *Liturgical Services* 107]); ob sie in der Ausgabe von
1922 stehen, konnte ich nicht überprüfen. — O'LEARY, *Office* und BURMESTER, *Hours*
und *Liturgical Services* wenden die Bezeichnung »Troparion« auch noch auf andere
Texte der (1.) Komplet an, denen sie nach meinem Urteil nicht zukommt und die
auch bei den Kopten nicht *qiṭaʿ* genannt werden.

[112] Die Troparien von *Horol.* (1952) und *Horol.* (1961) beginnen wie folgt: »Siehe,
ich werde vor dem gerechten Richter zu stehen haben ...«, »Wenn das Leben sicher
wäre ...« und »Reine Jungfrau, laß fallen deinen schnell helfenden Schatten (Schutz)
auf deinen Knecht ...« Ich kann sie bislang anderswo nicht nachweisen. Im *Horol.*
(1957) ist das 1. Troparion weithin mit dem 1. Troparion der älteren Reihe (»Du, Herr,
kennst das Aufstehen meiner Feinde ...«) identisch, das heute in der 2. Komplet steht;
so hat diese Ausgabe praktisch denselben Text als 1. Troparion der 1. und der 2. Komplet.
Das 2. Troparion der (1.) Komplet stimmt hier weithin mit dem byzantinischen Tropar
Ὡς ὁ περιπεσών (vgl. FOLLIERI, *Initia* V 192) überein. Für das 3. Troparion (Theot.;
»Freue dich, Gottesgebärerin, Jungfrau, die du für den Erhabenen Wohnung geworden
bist ...«) konnte ich bisher weder eine griechische noch eine koptische Parallele ausfindig machen. — Ursprünglich hatte die Komplet wohl keine Troparien; vgl. dazu
oben S. 29 mit Anm. 83.

Den Abschluß der Hore bildet wieder ein spezielles Entlassungsgebet, für das es zwei verschiedene Texte gibt[113].

Nach der Komplet steht in den modernen Ausgaben[114] eine zweite Komplet, die in den älteren Handschriften fehlt und die صلاة الستار genannt wird. Diese Hore wird von Abū 'l-Barakāt erwähnt[115], und es scheint, daß dies die erste Bezeugung dieser Hore ist[116]. Es handelt sich dabei, wie die Texte durchweg angeben, um eine den Mönchen[117] eigene Hore. Nicht nur der Sinn der Bezeichnung صلاة الستار ist unklar, sondern schon die Lesung des ستار geschriebenen Wortes, da die arabischen Schreiber ja bekanntlich kaum jemals die Vokalzeichen und gewöhnlich auch nicht das Verdoppelungszeichen (*šaddah*) setzen. So kommen aus dem überlieferten arabischen Vokabular zwei Wörter in Frage, nämlich *sitār* und *sattār*. Da *as-sattār* = »der Beschützer« Beiname Gottes ist, hätte *ṣalāt as-sattār* den Sinn »das Gebet Gottes, der beschützt«, also den eines besonderen Gebetes zu Gott, um ihn um seinen Schutz für die kommende Nacht zu bitten. Eine eindeutige ausdrückliche Entscheidung für die Lesung *sattār* habe ich bei den modernen Autoren nur bei Hanna Malak gefunden, der aber keine Erklärung für die Bezeichnung *ṣalāt as-sattār* gibt[118]. Sonst sehen die modernen Autoren, die das Wort vokalisieren, darin *sitār* = »Schleier, Decke, Vorhang«[119]. Als Erklärung für den Ausdruck »Gebet des

---

[113] Einer davon dient in den modernen Ausgaben als Schlußgebet der 2. Komplet, vgl. unten S. 37 mit Anm. 139.

[114] Schon im *Horol.* (1750) 305–311.

[115] VILLECOURT, *Observances liturgiques* II 217 f.

[116] So auch BURMESTER, *Hours* 98 und *Liturgical Services* 97. Nach MATTĀ 'L-MISKĪN würde in der (arab.) Didaskalie auf diese Hore unter der Bezeichnung »Gebet der Abendstunde (*sā'ah 'l-masā'*)« hingewiesen (*Lobpreis* 215). Da keine bestimmte Stelle zitiert ist, kann ich nur vermuten, daß das 37. Kapitel »Über die Gebetsstunden des Bischofs und der Priester« gemeint ist (*Didask.* [*arab.*] 138; lat. Übers. bei FUNK, *Didasc.* II 130; das Kapitel hat keine Entsprechung in den Apost. Konstit.). Wenn dem so ist, dann hat das dort gemeinte Gebet am Abend (*masā'*) natürlich keinerlei erkennbaren Bezug zur späteren صلاة الستار.

[117] Nach MATTĀ 'L-MISKĪN würde es richtiger »den Bischöfen und den Priestern« heißen (*Lobpreis* 215).

[118] MALAK, *Livres liturgiques* 17. Ich glaube aber, daß auch das schlecht plazierte *šaddah* über الستار in der *Jahres-Psalm.* (1949), S. 1 (2 ×) nur damit zu erklären ist, daß der Herausgeber an *as-sattār* dachte.

[119] BELOT, *Vocabulaire* 310b; BURMESTER, *Hours* 98; *Rites* 300, Anm. 4; *Liturgical Services* 97 und 107, Anm. 2; GIAMBERARDINI, *Preghiera* 40; *Orazione* 768.

Schleiers« (Prayer of the Veil[120]) gibt Burmester an, daß diese Hore deshalb so genannt werde,»since it is recited at the time when darkness veils or covers the earth[121].« Hanssens' erläuternder Zusatz »l'heure dite du voile ou, mieux, de l'indulgence«[122] ist mir nicht verständlich. Eine philologische Erklärung des Wortes ستار ist damit jedenfalls nicht gegeben. Irritieren muß den unbefangenen Leser die Übersetzung, die Villecourt von Abū 'l-Barakāts Text gibt: »la prière du voile (de Dieu qui voile, qui protège)[123].« Bei der minutiösen Weise, mit der Villecourt sonst Abū 'l-Barakāts Text widergibt, müßte man eigentlich annehmen, daß der eingeklammerte Text »(de Dieu qui voile, qui protège)« bei Abū 'l-Barakāt selbst zu finden ist. Dies ist aber keineswegs der Fall. Obwohl der vollständige Text von Abū 'l-Barakāts Werk bisher nicht veröffentlicht ist[124], ist der arabische Wortlaut des betreffenden Satzes allgemein zugänglich[125]. Allerdings kann man daraus nicht mit letzter Sicherheit entnehmen, was es mit Villecourts eingeklammertem Text auf sich hat. Dies kann nur ein Vergleich der handschriftlichen Überlieferung klären. Bei Zugrundelegung des mir allein bekannten Pariser Textes[126] erweist sich der bei Villecourt in Klammern stehende Satzteil als ein erläuternder Zusatz des Übersetzers[127]. Auch läßt die ganze Ausdrucksweise Villecourts den Leser im unklaren darüber, wie das ستار der Handschrift zu verstehen ist. Die Übersetzung »voile« spricht für *sitār*, die Erläuterung »Dieu, qui voile, qui protège« für *sattār*. Was der Leser der Übersetzung nicht ahnen kann, ist, daß das Wort zumindestens in der Pariser Hand-

---

[120] So BURMESTER mehrfach, z. B. *Hours* 98. BUTE sagt »Prayer of the Curtain« (*Morning Service* 163). Deutsch auch »Gebet des Vorhangs«, so ENGBERDING, *Liturgie* 99.

[121] BURMESTER, *Liturgical Services* 97; ähnlich *Hours* 98. MATTĀ 'L-MISKĪN sagt ausdrücklich, daß das Wort falsch ausgesprochen werde, und gibt die nach ihm richtige Aussprache genau an: mit *i* beim ersten Konsonanten und ohne Verdoppelung des zweiten. Auch er erklärt den Ausdruck mit Hinweis auf »die Stunde des Schleiers der Dunkelheit (*ḥiǧāb aẓ-ẓulmah*)« (*Lobpreis* 215).

[122] HANSSENS, *Matines* 16.

[123] VILLECOURT, *Observances liturgiques* II 218.

[124] Vgl. oben S. 5, Anm. 23.

[125] BURMESTER, *Hours* 98.

[126] Bibl. Nat., ar. 203. Diese Handschrift bildet die Grundlage von VILLECOURTS Übersetzung (*Observances Liturgiques*).

[127] Die Kollation der Pariser Handschrift verdanke ich der Freundlichkeit von Herrn R.-G. Coquin.

schrift vokalisiert ist und eben *sattār* lautet[128]. Dennoch ist es wenig wahrscheinlich, daß die ursprüngliche Lesung von ستار in diesem Ausdruck *sattār* und seine Bedeutung »Beschützer« war. Vielmehr ist anzunehmen, daß das arabische Wort aus dem Syrischen übernommen wurde, wo die Komplet sowohl im antiochenischen als auch im maronitischen Ritus ܣܘܬܪܐ (*suttārā*, nach späterer westsyrischer Aussprache *sutōrō*) heißt. Als zumindestens ursprüngliche Vokalisation dieses arabischen Wortes ستار wäre dann *suttār* anzusetzen[129], als Bedeutung »Schutz«[130]. Diese meiner Meinung nach einzig zutreffende Deutung von صلاة الستار scheint auch Muyser zu vertreten[131], wenngleich er nicht auf das Problem der Lesung von ستار eingeht.

Der Aufbau der 2. Komplet ist dem von Terz, Sext und Non recht ähnlich. Auch diese Hore beginnt mit den allgemeinen Einleitungsgebeten und dem Eröffnungshymnus, wenigstens in der Mehrzahl

[128] Wiederum nach freundlicher Mitteilung von Herrn Coquin. Die Schreibung von ستار mit *šaddah* ist mir etwa noch aus der Karschunihandschrift Vat. syr. 225 (vgl. dazu unten S. 46, Anm. 176), fol. 42ʳ bekannt.

[129] GRAF leitet das arab. ستار, insofern es bei den Maroniten in Gebrauch ist (den koptischen Gebrauch erwähnt er nicht), gleichfalls vom syrischen ܣܘܬܪܐ ab und vokalisiert es *suttār* (*Verzeichnis* 58). Auch FEGHALI, *Emprunts syriaques* 65 nimmt für das libanesisch-arabische ستار Herkunft aus dem Syrischen an und bezeugt zumindestens die Verdoppelung des zweiten Radikals in dem arabischen Wort. Ob man ihn auch als Zeugen für die *u*-Vokalisation der ersten Silbe in Anspruch nehmen kann, wage ich nicht zu entscheiden. Er umschreibt das Wort *söttår*, und *ö* bedeutet einen Laut »entre *e* muet et *o* fermé« (S. XVI). Ich habe verschiedene Maroniten danach gefragt, wie sie das Wort vokalisieren. Die Antworten waren unterschiedlich. Entweder sagte man mir *sattār*, oder man konnte die Qualität des Vokals der ersten (unbetonten) Silbe nicht angeben.

[130] Die syrische Bezeichnung der Komplet als »Schutz« könnte von dem Vorkommen dieses Wortes — natürlich in der Form ܣܬܪܐ (*settārā*), die Form ܣܘܬܪܐ (*suttārā*) dient nur zur Bezeichnung der Komplet — am Beginn von Ps 90 (nach syrischer Zählung Ps 91) hergeleitet werden; diese Erklärung etwa bei MATEOS, *Office chaldéen* 266. Der Psalm 90 (»Wer im Schutz des Allerhöchsten wohnt ...«) steht im maronitischen Ritus gleich nach dem Eröffnungsgebet der Komplet (vgl. *Officium Maronit.* 14 [2. Pagin.] für Sonntag [für die anderen Wochentage vgl. die entsprechenden Stellen] und S. 9 [3. Pagin.]) und ist im antiochenischen Ritus der zweite Psalm der Komplet (vgl. *Syr. Horol.* [1937] 16). In einer älteren Ausgabe des antiochenischen Ferialbreviers hat die Komplet zudem ein Eröffnungsgebet, das mit den Worten »Beschütze (ܣܬܪ) uns ...« beginnt (*Syr. Horol.* [1902] 31), auf das von den einzelnen Wochentagen später allerdings nur der Mittwoch Bezug nimmt (S. 247). Mag man aber nun das Wort ܣܘܬܪܐ mit einem bestimmten Text der Komplet in Verbindung bringen wollen oder nicht, es ist in jedem Fall verständlich, wenn Gott zu Beginn der Nacht in besonderer Weise um seinen »Schutz« angefleht wird und die Komplet deshalb diesen Namen erhält.

[131] »Het Gebed der beschutting« (MUYSER, *Maria's heerlijkheid* 240).

der Ausgaben[132]. Die Zahl der Psalmen ist allerdings wesentlich höher als in allen bisher betrachteten Horen. Gewöhnlich werden 29 Psalmen angegeben[133], wobei der letzte, Ps 118, nur den Schlußteil dieses Psalms (von Vers 153 an) umfaßt[134]. Der sekundäre Charakter der Hore tritt klar aus der Psalmenauswahl zutage. Alle diese Psalmen kommen auch in anderen Horen vor[135], der am Schluß stehende Abschnitt aus Ps 118 im Mitternachtsgebet, die anderen in den Tageshoren. Auch diese zweite Komplet hat dann eine Evangelienlesung und darauf folgend Troparien, doch handelt es sich hier nur um eine einzige Reihe von drei Troparien, von denen das letzte natürlich wiederum ein Theotokion ist[136]. Nach den Troparien stehen Trishagion[137], Glaubensbekenntnis, Kyrieeleison, »Heilig, heilig, heilig...« und Unser-Vater[138]. Den Schluß bildet wie immer ein Entlassungsgebet[139].

---

[132] Z. B. *Horol.* (1936) 83; *Horol.* (1955) 132; *Horol.* (1961) 162. Kein Hinweis auf diese einleitenden Texte *Horol.* (1930) 308 und Horol. (1930; arab.) 163. Der Text beginnt in den modernen Ausgaben تسبحة السِتار. Ṭūḫi hat in seiner Ausgabe »Den Hymnus des Abends«, gibt aber nur dies Initium (*Horol.* [1750] 305). In einer Psalmodie-Handschrift heißt es dagegen »Den Hymnus des Nachtgebetes ...« (Cod. Borg. copt. 70, f. 210ʳ; ich fasse ϨΑΝΠⲢⲞⲤⲈⲨⲬⲎ wie das häufige ϨΑΝΑⲬⲠ (z. B. Quecke, *Horologion* 105) als Analogiebildung zu ϨΑΝΑⲦⲞⲞⲨⲒ und ϨΑΝΑⲢⲞⲨϨⲒ auf, nicht als »Gebete« [mit unbestimmtem Pluralartikel]).

[133] Nur 24 im *Horol.* (1955) 132 f. Hier scheinen die Angaben aber auch aus anderen Gründen fehlerhaft. Selbst unter den 24 Psalmen sind noch zwei Psalmen zweimal genannt.

[134] Es sind dies die drei letzten Abschnitte des Psalms. Rechnet man sie als drei »Psalmen«, so ergeben sich insgesamt 31 Psalmen für die Hore.

[135] Man beachte dabei, daß das koptische Horologion nicht alle Psalmen des Psalters verwendet.

[136] Diese Troparien stehen in einigen älteren Handschriften in der (1.) Komplet, vgl. oben S. 33, Anm. 111.

[137] Davor nach Burmester, *Liturgical Services* 107 noch das Würdige-dich, das von den mir zugänglichen Zeugen aber nur das *Horol.* (1750) 309 hat. Hier folgt »darauf« (wohl zu interpretieren: auf das Trishagion) dann noch der marianische Abschnitt »Gegrüßt seist du. Wir bitten dich ...«, der auch im Morgengebet steht (vgl. oben S. 31 mit Anm. 100), im *Horol.* (1750) an der betreffenden Stelle (S. 79) aber nicht ausdrücklich genannt ist.

[138] Im *Horol.* (1930) steht zwischen Troparien und Entlassungsgebet nur Kyrieeleison (S. 315), im *Horol.* (1930; arab.) Trishagion, Glaubensbekenntnis, Kyrieeleison und Unser-Vater (S. 168).

[139] Es dient in älteren Handschriften als Entlassungsgebet der (1.) Komplet (vgl. oben S. 34 mit Anm. 113). Zu diesem Entlassungsgebet findet sich in einem Pariser Fragment eine etwas abweichende saïdische Fassung, die im Schlußteil dieser Arbeit veröffentlicht ist (S. 519 ff.; dort auch Näheres zu den verschiedenen bohairischen Fassungen).

Bei den Abendgebeten des koptischen Offiziums ist also einmal das Aufkommen einer zweiten Komplet[140] zu beobachten, die den älteren Handschriften noch unbekannt ist, und zum anderen, wie das doppelte Vorkommen der Psalmodie-Texte Würdige-dich bis Credo in Vesper und (1.) Komplet[141] reduziert wird. Beide Phänomene sind wohl als Ergebnis ein und desselben Entwicklungsvorganges zu deuten. Wie ich vermuten möchte, war ursprünglich die letzte »im Chor« gefeierte Hore die Vesper, entsprechend der Abendhore des Gemeindeoffiziums, während die Komplet von den Mönchen »privat« auf ihren Zellen gebetet wurde[142]. Später wurde dann auch die Komplet gemeinsam gebetet und entweder sofort oder nach einer gewissen Zeit mit der Vesper verbunden[143], so wie es in der Praxis noch heute gehandhabt wird. Das Würdige-dich gehörte in der fraglichen Zeit sicher in die Vesper[144]. Seine Aufnahme in die Komplet könnte auf verschiedene Weise vor sich gegangen sein. Entweder enthielt schon die Komplet als selbständiges Gebet gleichfalls diesen Text[145], oder aber er wechselte bei der Verbindung beider Horen in sie hinüber. Das doppelte Vorkommen desselben Textes behielt man aber auf die Dauer nicht bei, und das Würdige-dich in der Vesper wurde aufgegeben. Kein mir bekannter moderner Druck enthält mehr den Text selbst oder auch nur einen Verweis darauf[146]. Nach der Verbindung der alten Komplet

[140] Drei Abendgebete weist auch das armenische Offizium auf, nämlich eine Vesper (»Abendhore«) und zwei der Komplet vergleichbare Horen (»Hore des Friedens« und »Hore der Ruhe«).

[141] Nur in den älteren, oben S. 20, Anm. 34 genannten Handschriften : Cod. Vat. copt. 40 (*Cod. Copt.* I 212 und 213), Cod. Barb. or. 17 (Cod. Copt. II 6), Kairoer Handschrift (BURMESTER, *Hours* 94 und 95) und Oxforder Handschrift (O'LEARY, *Office* 104 f. und 108).

[142] Hiermit erklärt sich auch der fehlende Einleitungshymnus der Komplet in der »Psalmodie« (vgl. unten S. 59).

[143] Für die relativ frühe Verbindung von Vesper und Komplet spricht auch die Tatsache, daß in verschiedenen Psalmodie-Handschriften ein kombinierter Eröffnunghymnus für diese beiden Horen erscheint (Näheres dazu unten S. 59 f.).

[144] Zu anderen Psalmodie-Texten des Abendgebetes, die ausdrücklich der Vesper zugewiesen werden, vgl. unten S. 71, Anm. 96.

[145] Auch das byzantinische Stundengebet hat in der Vesper das Würdige-dich und in der Komplet die große Doxologie (mit Würdige-dich).

[146] BURMESTER, der seine Beschreibung des Stundengebetes in *Liturgical Services* nach der Ausgabe *Horol.* (1936) und einer mir nicht zugänglichen Ausgabe von 1922 gemacht hat (S. 100, Anm. 2), gibt das Würdige-dich sowohl für die Vesper als auch für die Komplet (S. 104 und 105). Von diesen beiden Ausgaben enthält sicher das *Horol.* (1936) das Würdige-dich nicht in der Vesper. Für die Ausgabe von 1922 muß ich die

mit der Vesper spürte man aber wieder das Bedürfnis für ein eigenes
Gebet nach Art der alten Komplet. Das führte zur Entstehung der
2. Komplet. Auf dem heute erreichten Stand der Entwicklung wird
nun selbst dieses Gebet wieder mit (Non,) Vesper und (1.) Komplet
zusammen verrichtet[147], was natürlich nicht ausschließt, daß die
Mönche danach auf ihren Zellen diese Hore(n) noch einmal beten[148].

Das Mitternachtsgebet, die noch verbleibende Hore, setzt sich
aus drei Teilhoren zusammen, die in den orthodoxen Ausgaben »Dienst«
(ḥidmah), in den unierten »Wache« (ογερϣι/haǧ'ah) heißen[149].
Die einzelnen Teilhoren sind in ihrem Aufbau wieder ähnlich dem der
anderen Horen. Nach den meisten Druckausgaben beginnt auch die
Mitternachtshore mit den allgemeinen Einleitungsgebeten[150], und diese
Praxis scheinen von den älteren Handschriften schon die beiden
vatikanischen zu kennen[151]. Dann folgt ein längerer Abschnitt, den
alle modernen Ausgaben enthalten, der aber in den älteren Handschriften fehlt[152]. Dieser Abschnitt, der mit »Erhebet euch, Söhne des
Lichts ...« beginnt, steht dafür in den Handschriften und den modernen Drucken der »Psalmodie«. Wir haben es also mit einer jener
Textfolgen des koptischen Offiziums zu tun, die später sowohl ins
Horologion als auch in die »Psalmodie« aufgenommen wurden. Es ist
aber aufgrund des Befundes der älteren Handschriften anzunehmen,
daß dieser Abschnitt ursprünglich nicht zu den Horologion-Texten
gehört hat. Die Psalmen des Mitternachtsgebetes dürften in älterer
Zeit nur die 22 Abschnitte des 118. Psalms gewesen sein, in den

---

Frage offen lassen. M. W. gibt allein Ṭûḫî die Psalmodie-Texte Würdige-dich usw.
mehrfach in den Abendhoren, und zwar gleich dreimal, nämlich in Vesper, 1. und
2. Komplet (Horol. [1750] 251, 297, 309). Wenn BURMESTER in Liturgical Services dieselben Angaben macht (S. 104, 105, 107), so wird er darin Ṭûḫî folgen. Jedenfalls ist
wiederum zu sagen, daß das Horol. (1936) das Würdige-dich nicht in der 2. Komplet
hat; sollte die mir nicht zugängliche Ausgabe von 1922 es dort haben?

147 Vgl. unten S. 71 f.

148 »It is still the practice with many monks to recite again the Canonical Hours in
their cells, after they have recited them in the church« (BURMESTER, Fragments Jo 209,
Anm. 1). Ähnlich MUYSER, Essai 97 für das Mitternachtsgebet.

149 Die älteren Handschriften scheinen noch keine eigene Bezeichnung für die Teilhoren
des Mitternachtsgebetes zu haben. Auch im Horol. (1750) fehlt eine solche noch.

150 Vgl. oben S. 20. Ein Hinweis auf die allgemeinen Einleitungsgebete fehlt Horol.
(1955) 138.

151 Cod. Copt. I 213 und II 6.

152 Die oben S. 20, Anm. 34 genannten Handschriften und Cod. Sin. ar. 184. Ebenso
noch nicht in der Erstausgabe Horol. (1750).

modernen Ausgaben gehen dem Psalm 118 aber noch acht weitere Psalmen voraus, die alle schon irgendwo in den Tageshoren ihren Platz hatten; vor diesen Psalmen steht hier auch der spezielle Eröffnungshymnus der Hore[153]. Auf den Psalm 118 folgt dann wieder eine Evangelienlesung und darauf eine Reihe von drei Troparien, von denen das letzte, wie immer, ein Theotokion ist. Den Abschluß dieser ersten »Wache« wie der beiden folgenden bilden das »O himmlischer König ...«, das schon als Troparion der Terz vorkam, Kyrieeleison, Trishagion und Unser-Vater. Die zweite »Wache« besteht aus den Psalmen der Vesper[154], einer eigenen Evangelienlesung, einer Reihe von drei Troparien (einschließlich eines Theotokions) und den eben genannten abschließenden Texten. Die dritte »Wache« ist in einer kürzeren Form ebenso aufgebaut; es kommen die Psalmen der Komplet zur Verwendung und auf das Unser-Vater folgt das Schlußgebet der Mitternachtshore[155]. Von dem gewöhnlichen Schlußgebet der Hore sagen einige Ausgaben[156] ausdrücklich, daß es für Nichtpriester bestimmt ist. Zusätzlich haben die meisten modernen Ausgaben[157] eine eigene, recht umfangreiche »Priester-Entlassung«. Eine längere Form, die nach den Troparien der dritten »Wache« eine ganze Reihe weiterer Texte bietet, liegt in zwei älteren Handschriften vor[158]. Diese beiden Handschriften beschließen die Horologion-Texte des Mitternachtsgebetes auch anders als die vatikanischen Handschriften

---

[153] Vgl. oben S. 21.

[154] Nur ausnahmsweise geht den Psalmen auch in der 2. (und 3.) »Wache« der spezielle Eröffnungshymnus (vgl. oben S. 21) voraus, so im *Horol.* (1957) 265 und 272; der Text ist gegenüber dem der 1. »Wache« (S. 234 f.) unbedeutend verändert.

[155] Diese reine Form hat nur das *Horol.* (1957). Die übrigen Ausgaben fügen weitere Texte hinzu: das *Horol.* (1955) hat nach dem Unser-Vater noch das Glaubensbekenntnis (S. 167). Das Glaubensbekenntnis findet sich auch im *Horol.* (1930; arab.) 207, wo nur die Texte anders angeordnet sind. Eine wieder andere Anordnung eben dieser Texte zeigt das *Horol.* (1930) 382, das außerdem noch ein zweites Unser-Vater hinzufügt. Das Glaubensbekenntnis und eine Wiederholung von Kyrieeleison, Trishagion und Unser-Vater hat das *Horol.* (1952) 292 f. und *Horol.* (1961) 205, welche Ausgaben aber außerdem vor das Glaubensbekenntnis noch das Nunc-dimittis (Lk 2,29–32) setzen. Dies Canticum am Ende des 3. »Dienstes« nennt auch MATTĀ 'L-MISKĪN, *Lobpreis* 168 (vgl. auch S. 117).

[156] *Horol.* (1952) 293 und *Horol.* (1961) 205. Das Initium dieses Schlußgebetes ist »Herr, Herr Jesus Christus, Sohn des lebendigen Gottes ...«

[157] Nicht *Horol.* (1936) und *Horol.* (1936; arab.).

[158] Kairoer Handschrift (BURMESTER, *Hours* 97) und Oxforder Handschrift Marsh. 57 (O'LEARY, *Office* 113–116). Ein Teil dieser Texte, darunter das Gebet des Ezechias (Is. 38, 10–20) und das Symeons des Styliten, auch im *Horol.* (1750) 369–378.

und die Ausgaben. Es fehlt ihnen nicht nur das Schlußgebet der anderen Zeugen, sondern auch irgendein anderer Text, der den üblichen
Titel der Schlußgebete (»Entlassung«) trüge. Stattdessen finden wir
eine andere Textkombination, deren Charakter nicht leicht zu bestimmen ist[159]. Diese Textkombination treffen wir auch auf Fragmenten von zwei anderen Horologion-Handschriften an[160]. Einmal

[159] Der Gesamttext ist aus drei Abschnitten kombiniert, die durch die beiden Teile
der kleinen Doxologie voneinander abgesetzt sind und deren dritter marianischen
Inhalt hat. Der Aufbau entspricht also genau dem der Troparienreihen in den anderen
Horen, und die Abschnitte 2 und 3 haben auch tatsächlich ihre Parallelen unter den
Troparien des byzantinischen Ritus. Der erste Abschnitt, für den ich bisher keinen
griechischen Paralleltext finden konnte, ist aber merklich länger als die gewöhnlichen
Troparien und könnte ursprünglich ein Gebet gewesen sein. Im vorliegenden Zusammenhang hat dies Gebet jedoch die Funktion des 1. Troparions in einer der üblichen Troparienreihen. Das Initium des 1. Troparions ist »Vor allen Äonen aus dem Vater Gebo-
rener«, das des 2. Troparions »Deine Erbarmungen mögen uns schnell zuvorkommen«
und das des 3. Troparions (Theot.) »Alle Geschlechter werden dich seligpreisen«; der
byzantinische Paralleltext des 2. Troparions muß trotz einiger Divergenzen das Tropar
Ταχεῖαν καὶ σταθηράν (u. a. in der Terz; vgl. im übrigen die Vorkommen bei FOLLIERI,
Initia IV 36) sein, der des dritten (= Theot.) ist ganz eindeutig das Theotokion Μακα-
ρίζομέν σε πᾶσαι αἱ γενεαί (u. a. im Mesonyktikon; vgl. im übrigen FOLLIERI, *Initia* II
364). Die Oxforder Handschrift hat nur die beiden ersten Troparien und beschließt das
zweite mit »Amen« statt mit dem zweiten Teil der kleinen Doxologie (O'LEARY, *Office*
116 f.). Über Umfang und Einteilung dieser Textkombination in der Kairoer Handschrift läßt sich derzeit nichts sagen, da BURMESTER unter dem Titel »Gebet« nur das
Initium des 1. Troparions gibt (*Hours* 98). Der vollständige koptische Text der ganzen
Troparienreihe ist allgemein zugänglich nur *Choiak-Psalm.* (1764) 319–321 (danach
niederländische Übersetzung bei MUYSER, *Maria's heerlijkheid* 271 f.). Ein allgemeiner Titel wird dabei nicht gegeben; es geht die Rubrik »Am Schluß der Theotokien
sprich« voraus (S. 318). Dieser koptische Text weist nicht wenige Varianten gegenüber
dem der bis heute veröffentlichten koptischen Fragmente (vgl. folgende Anm.) auf.

[160] Die Fragmente beider Handschriften scheinen sich in Kairo zu befinden. Die
von MS. Horolog. 1 sind vollständig veröffentlicht (BURMESTER, *Fragments*; Näheres
unten S. 85 f.). Auch unsere Troparien sind hier nur fragmentarisch erhalten (S. 33
unten). Der Herausgeber konnte den Text nicht identifizieren und bezeichnete ihn als
»Gebet«. Es handelt sich um zwei kleinere Abschnitte aus der zweiten Hälfte des 1. Troparions. Von MS. Horolog. 4 ist hingegen erst das Blatt veröffentlicht, dessen Text
einen Ausschnitt aus unserer Troparienreihe darstellt (BURMESTER, *Four Folios* 51). Der
Herausgeber, der die Handschrift ins 13./14. Jh. datiert, konnte das Bruchstück wiederum nicht identifizieren. Erhalten ist diesmal der Schluß des 2. Troparions mit dem zweiten Teil der kleinen Doxologie und der Anfang des 3. Troparions (Theot.). Eine Bemerkung zu Burmesters Ausgabe: Bei ⲀⲬⲰⲢⲒ[Ⲥ]ⲦⲞⲤ handelt es sich nach meinem
Vermuten nicht um eine Lücke im Beschreibstoff oder einen unleserlichen Buchstaben,
sondern um eine Konjektur des Herausgebers. Wie immer dem aber auch sei, ⲀⲬⲰⲢⲒ-
ⲦⲞⲤ oder ⲀⲬⲰⲢⲎⲦⲞⲤ, wie das Wort in korrekter Schreibung heißen muß, ist

folgt dabei noch das gewöhnliche Schlußgebet der Mitternachtshore[161].

* * *

Im Vorstehenden ist in summarischer Weise das beschrieben
worden, was man die Normalform des koptischen Horologions nennen
könnte. Diese Form wird von der überwältigenden Mehrheit der
Handschriften und allen modernen Drucken bezeugt. Daß es gewisse
Divergenzen zwischen den einzelnen Zeugen gibt, geht gleichermaßen
aus der obigen Darstellung hervor. Doch kann man dessenungeachtet
von einer einheitlichen Form des koptischen Horologions sprechen.
Wenn nun im Folgenden einige Zeugen besprochen werden sollen,
deren Besonderheiten gegenüber dieser Normalform bisher nicht
erwähnt wurden, so repräsentieren diese zwar auch keine grundlegend
andere Form des Horologions, doch bieten sie eine Reihe von Texten,
die in der Hauptmasse der Zeugen nicht anzutreffen sind. Da sie diese
Texte durchweg zusätzlich zu den aus der Normalform bekannten
Texten haben, könnte man hier vor einer erweiterten Form des
koptischen Horologions sprechen.

Am ausgeprägtesten findet sich diese erweiterte Form im äthiopischen Horologion[162]. Das äthiopische Horologion folgt in seinem
Aufbau ganz dem koptischen, von dem es ja abhängig ist, und enthält
als Grundstock auch dieselben Texte wie dieses. Darüber hinaus
enthält es aber eine beachtlich Menge weiterer Texte, die sich nicht
im koptischen Horologion, wie es oben beschrieben wurde, finden.
Es stellt sich die Frage, ob dieser Zuwachs an Texten erst auf äthio-
pischem Boden erfolgt ist oder ob die Äthioper auch diese Texte von
den Kopten übernommen haben. Es scheint, daß letzteres der Fall ist,
oder genauer: zumindestens ein Teil dieser Texte läßt sich auch bei
den Kopten nachweisen. Eine ganz präzise Antwort auf die eben
gestellte Frage ist zwar vorerst nicht möglich; es ist noch mit der
Möglichkeit zu rechnen, daß die Äthioper dem von ihnen übernom-

___

auf jeden Fall die richtige Lesart. Sie ergibt nicht nur den besseren Sinn im Kontext,
sondern wird auch durch andere koptische Zeugen (*Choiak-Psalm.* [1764] 320) und die
griechische Vorlage (vgl. z. B. *Byzant. Horol.* 38) formell bestätigt.

[161] Burmester, *Fragments* 34.

[162] Es scheint gut, in diesem Zusammenhang ausdrücklich daran zu erinnern, was
in dieser Arbeit unter »dem äthiopischen Horologion« verstanden wird, wozu man oben
S. 18, Anm. 26 vergleiche.

menen koptischen Horologion auch den einen oder anderen Text hinzugefügt haben. Andererseits kann es aber nicht zweifelhaft sein, daß sie jedenfalls einen guten Teil jener Texte, die ihr Horologion über das koptische Horologion (dessen »Normalform«) hinaus hat, schon von den Kopten übernommen haben, eben aus jener Form des Horologions, die soeben die »erweiterte« genannt wurde.

Leider sind die Zeugen für diese erweiterte Form des koptischen Horologions zahlenmäßig sehr gering, was aber vielleicht nur auf unsere dürftige Kenntnis der Handschriften zurückzuführen ist. Erst eine eingehende Überprüfung des handschriftlichen Materials könnte zeigen, wie verbreitet diese erweiterte Form des koptischen Horologions in Wirklichkeit war. Dabei darf man diese »erweiterte Form« natürlich nicht als eine fixe Größe auffassen. Die verschiedenen Zeugen zeigen eine in ganz unterschiedlichem Maß erweiterte Form des koptischen Horologions. Einheitlich ist diese erweiterte Form insofern, als die zusätzlichen Texte der in geringerem Maße erweiterten Zeugen jeweils in denen der stärker erweiterten enthalten sind[163].

Insofern es die meisten zusätzlichen Texte bietet, steht an erster Stelle unter den Zeugen für die erweiterte Form des koptischen Horologions das eben schon behandelte äthiopische Horologion. Sein Zeugniswert für eine erweiterte Form des koptischen Horologions ergibt sich natürlich erst aus einem Vergleich mit den gleich zu nennenden eigentlich koptischen Zeugen. Genuin koptische Zeugen für alle Erweiterungen des äthiopischen Horologions sind mir bisher nicht bekannt. Daß es somit vorerst fraglich bleibt, ob alle Erweiterungen des äthiopischen Horologions der erweiterten Form des koptischen Horologions zuzurechnen sind, wurde schon gesagt.

Der gewichtigste koptische Zeuge für die erweiterte Form des Horologions ist der Codex Sin. ar. 184, eine rein arabische Horologion-Handschrift des koptischen Ritus, die leider nur fragmentarisch auf uns gekommen ist. Die Handschrift ist bis heute weder ediert noch detailliert beschrieben[164], und eine solche Beschreibung kann natürlich

---

[163] Das gilt für die eigentlichen Horologien des koptisch-äthiopischen Ritus, nicht für das maronitische Gebetbuch, von dem unten S. 46 f. die Rede sein wird.

[164] Die Handschrift ist natürlich in den Katalogen genannt: GIBSON, *Catalogue* 27 (Frau Gibson nennt die Horologion-Handschriften etwas ungenau »Euchologien«); ATIYA, *Manuscripts* 7a; KAMIL, *Catalogue* 24 und *Katalog* 43 (Nr. 257); CLARK, *Checklist* 34a. Doch konnte die besondere Form des Horologions dabei natürlich keine Erwähnung finden. Kurze Hinweise darauf bei QUECKE, *Horologion* 100 mit Anm. 4 und *Fragmente* 312 mit Anm. 2. Mir ist die Handschrift durch den Mikrofilm der Library of Congress bekannt. Vgl. zur Handschrift auch unten S. 83.

an dieser Stelle nicht gegeben werden. In der Handschrift sind alle Horen vom Morgengebet[165] an erhalten. Nur die Mitternachtshore ist unvollständig; der Schluß der Handschrift fehlt. Die Anzahl der dem Sin. ar. 184 und dem äthiopischen Horologion gemeinsamen, der Normalform des koptischen Horologions aber fremden Texte ist recht beachtlich[166]. Nicht unerwähnt darf in diesem Zusammenhang noch ein anderer Tatbestand bleiben. Unter den fraglichen Texten finden sich auch solche, die wieder Parallelen im byzantinischen Ritus

[165] Die ersten 20 Blätter der ursprünglichen Handschrift sind, soweit der Film dies erkennen läßt, später durch 15 von anderer Hand ersetzt worden. Dadurch erklärt es sich, daß von Blatt 16 an die Zählung der faktisch vorhanden Blätter nicht mehr mit der Originalfoliierung übereinstimmt. Ich zitierte im folgenden nach der modernen Blattzählung; von f. 16 an ist die Originalfoliierung jeweils um fünf Einheiten höher.

[166] Da der Sin. ar. 184 unveröffentlicht ist, seien hier in knappster Form die gemeinten Paralleltexte aufgezählt, die ich vollständig erfaßt zu haben hoffe. Zugleich gebe ich auch die byzantinischen Parallelen an, soweit ich sie bisher feststellen konnte. Sin. ar. 184, fol. 23 Tropar (Theot.) »Wie sollen wir (dich) nennen ...« = TURAEV, Horol. 22; die Vorkommen des byzantinischen Textes vgl. bei FOLLIERI, Initia IV 150. Sin. ar. 184, fol. 23 f. Ps 118,133–135 und 70,8 = Byzant. Horol. 139; bei TURAEV, Horol. 22 nur die Initia von Ps 118,133 und 70,8, womit durchaus derselbe Text gemeint sein kann wie im Sin. ar. 184 und dem byzantinischen Horologion; in Horol. aeth. 18 und Äthiop. Horol. 44 jedoch nur die Verse Ps 118,133 und 70,8 (ausgeschrieben). Sin. ar. 184, fol. 37 f. die Troparien »Herr, wahres Licht ...« = TURAEV, Horol. 30 = Byzant. Horol. 142 (Εὐχή) und »Du Führer zur Weisheit ...« = TURAEV, ebd. = FOLLIERI, Initia IV 129 (Byzant. Horol. 713 »Kontakion«) mit dem Theotokion »Mutter Christi, deren Ehre überragend ist ...« = TURAEV, Horol. 32 = FOLLIERI, Initia IV 101. Sin. ar. 184, fol. 39 f. das Gebet »Herr, Gott, Vater, Allherrscher ...« = Byzant. Horol. 264 und fol. 40 f. die Tropare »Gott unserer Väter ...« = FOLLIERI, Initia III 37, »Erbarme dich unser, Herr, erbarme dich unser ...« = FOLLIERI, Initia I 416 und »Erbarme dich unser, Herr, denn auf dich haben wir vertraut ...« = FOLLIERI, Initia II 304 mit dem Theotokion »Öffne uns das Tor des Erbarmens ...« = FOLLIERI, Initia IV 119; alle genannten Text von Sin. ar. 184, fol. 39 ff. bei TURAEV, Horol. 98 f. (im Abendgebet [Komplet]; für ihre handschriftliche Bezeugung im Morgengebet vgl. TURAEV, Horol. 34 mit Anm. 14). Sin. ar. 184, fol. 67 ff. die Schlußgebete »Herr, Herr, Allherrscher, Vater unseres Herrn ...« = TURAEV, Horol. 50 f. und »Herr, Allherrscher, Vater deines Gesalbten ...« = TURAEV, Horol. 52 = Apostol. Konstit. VII 45,3 (FUNK, Didasc. I 452,4 ff.). Sin. ar. 184, fol. 91 f. Schlußgebet »Ich habe auf dich gehofft ...« = TURAEV, Horol. 60. Sin. ar. 184, fol. 113 f. die Tropare »Es erwies sich dein Kreuz, Herr, zwischen (zwei) Räubern ...« = TURAEV, Horol. 68 = FOLLIERI, Initia I 447 und »Der du durch das Kreuz erleuchtet hast ...« = TURAEV, ebd. = FOLLIERI, Initia III 248 mit dem Theotokion »Gottesgebärerin, verlasse mich nicht ...« = TURAEV, ebd. = FOLLIERI, Initia II 128. Sin. ar. 184, fol. 114 ff. die Schlußgebete »Herr, Leben von allen ...« = TURAEV, Horol. 68 f. und »Herr, der du gemessen hast ...« = TURAEV, Horol. 70. Sin. ar. 184, fol. 130 f. Schlußgebet »Herr, furchtbarer, heiliger ...« = TURAEV, Horol. 82 f. Sin. ar. 184, fol. 147 ff. Schlußgebet »Herr, rette uns vor jedem Pfeil ...« = TURAEV, Horol. 96 f. = Byzant. Horol. 256.

haben[167]. Damit ist die schon in sich höchst unwahrscheinliche Möglichkeit vollends ausgeschlossen, daß der Sin. ar. 184 selbst vom äthiopischen Horologion abhängig sein könnte. Daß Texte, die dem byzantinischen und dem koptisch-äthiopischen Ritus gemeinsam sind, ihren Ursprung in Äthiopien gehabt haben könnten, ist gänzlich undenkbar.

Ein weiterer Zeuge für Texte der genannten Art ist die Leipziger Handschrift Tisch. XXI (mit den dazugehörigen Berliner Blättern), die schon verschiedentlich im Vorhergehenden genannt wurde. Von dieser gleichfalls nur fragmentarisch erhaltenen koptisch-arabischen Handschrift liegt seit kurzem wenigstens eine eingehende Beschreibung vor[168]. Wenn diese Handschrift uns auch nur zwei von jenen Gebeten erhalten hat, die sich im äthiopischen Horologion (und dem Sin. ar. 184[169]), nicht aber in der Normalform des koptischen Horologions finden, so ist sie doch deshalb besonders wertvoll, weil sie uns nicht nur den arabischen, sondern auch einen koptischen Text dieser beiden Gebete überliefert[170]. Es sind bisher die einzigen Texte dieser Art, von denen auch eine koptische Version bekannt ist. Es ist deshalb besonders interessant, daß einer dieser Texte einige sprachliche Eigentümlichkeiten aufweist, die zu der Vermutung Anlaß geben, er könnte aus dem Arabischen übersetzt sein[171]. Es ist ohnehin wahrscheinlich, daß die Kopten die zusätzlichen Texte der erweiterten Form des Horologions erst relativ spät geschaffen bzw. übernommen haben[172]. So erklärt sich am besten die Tatsache, daß diese Texte keinen Eingang mehr in die große Masse der Horologion-Handschriften gefunden

---

[167] Für Einzelheiten vgl. die vorige Anmerkung. Dort ist für alle »Hymnen«, die mehr als einmal in den liturgischen Büchern des byzantinischen Ritus vorkommen, jeweils nur auf FOLLIERI, *Initia* verwiesen. Ebenso verfahre ich immer im Folgenden.

[168] QUECKE, *Fragmente*.

[169] Eines davon auch in dem gleich zu nennenden maronitischen Gebetbuch.

[170] Der koptische Text beider Gebete ist mit vollem Wortlaut veröffentlicht: QUECKE, *Fragmente* 318–322.

[171] Siehe QUECKE, *Fragmente* 318, Anm. 4. Ich denke dabei nur an das Schlußgebet der Vesper (ebd. 321), nicht an das der Non (319f.). In letzterem ist das fehlerhafte ⲀⲓⲫⲱⲦⲈⲂ (für ⲀⲔ-) zwar vielleicht vom arabischen قَتَلْتِ beeinflußt, aber sicher nicht die ursprüngliche Lesart der koptischen Fassung. Das Gebet ist bruchstückhaft auf einem Fragment, das nach dem Herausgeber aus dem 10./11. Jh. stammt, erhalten, und dort steht das korrekte ⲀⲔⲫⲱⲦⲈⲂ (BURMESTER, *Four Folios* 54 unten links).

[172] Das zusätzliche Schlußgebet der Non ist allerdings auf einem Fragment des 10./11. Jh. erhalten, für einen Horologion-Text eine beachtlich frühe Bezeugung (Näheres siehe unten S. 46 und 82).

haben. Die »Normalform« war damals eben schon eine einigermaßen fixe Größe. Wenn wir nun sehen, daß von den beiden Gebeten der erweiterten Form des koptischen Horologions, für die uns bisher allein die koptische Fassung bekannt ist, eines den Eindruck erweckt, als sei sein koptischer Text aus dem Arabischen übersetzt, so können wir daraus folgern, daß dieser Text erst in einer Zeit entstand bzw. von den Kopten übernommen wurde, in der das Koptische als gesprochene Sprache schon vom Arabischen verdrängt war. Ob das für die Gesamtheit der uns hier beschäftigenden Texte gilt, können wir zwar nicht mit letzter Sicherheit sagen. Das philologische Argument, das uns der Cod. Tisch. XXI für eines der beiden Gebete, von denen er uns die koptische Fassung erhalten hat, liefert, gilt natürlich nur für eben dieses Gebet. Aber schon die Tatsache, daß uns bisher überhaupt nur ein so geringer Bruchteil dieser Texte auch in koptischer Version vorliegt, könnte in die gleiche Richtung weisen, daß nämlich die Kopten diese Texte erst kennenlernten oder schufen, als sie sprachlich schon weithin arabisiert waren.

Wenigstens bruchstückhaft ist uns dann noch einmal eines der beiden zuletzt genannten Gebete in koptischer Sprache erhalten. Von derzeit bekannten Blättern eines sehr alten Horologions[173] enthält eines den Schlußteil jenes Entlassungsgebetes, das in den anderen Zeugen als zusätzliches Entlassungsgebet der Non fungiert[174]. Hier scheint es aber ins Mitternachtsgebet zu gehören[175].

Schließlich wäre noch jener Typ eines maronitischen Gebetbuches arabischer Sprache zu nennen, der seine Abhängigkeit vom koptischen Horologion nicht verleugnen kann[176]. Auch dieses Gebetbuch enthält

---

[173] BURMESTER, *Four Folios*; vgl. unten S. 82.

[174] BURMESTER, *Four Folios* 54, vom Herausgeber nicht identifiziert. Auch ich habe diesen Zeugen bei meiner Ausgabe (QUECKE, *Fragmente* 319 f.) übersehen (vgl. ebd. 312). Soweit das Kairoer Blatt zu dem von mir herausgegebenem Text parallel läuft, bestätigt es meine Konjekturen (ebd. 319, Anm. 5–7).

[175] BURMESTER, *Four Folios* 50 f.

[176] Der älteste derzeit bekannte Zeuge dieses eigenartigen Gebetbuches ist der Cod. Vat. syr. 225 (Karschuni). Die Handschrift hat eine Schlußnotiz vom Jahre 1542 (ASSEMANI, *Catalogus* 512; vgl. LEVI DELLA VIDA, *Ricerche* 226), ist also über 40 Jahre älter als der Erstdruck (*Maronit. Gebetbuch*); weitere Drucke siehe bei GRAF, *Geschichte* I 660 f. und *General Catalogue B. M.* 97. Die andere vatikanische Handschrift, der Cod. Vat. syr. 224, stammt aus dem Jahre 1646, ist also wesentlich jünger. Ich habe nur die ältere Handschrift und die Erstausgabe verglichen; zwischen beiden Zeugen bestehen nicht geringe Divergenzen. Beide bieten Gebete für die sieben Stunden des Tagzeitengebetes und andere Gelegenheiten. Das Tagzeitengebet entspricht keinem aus einem

eine größere Anzahl jener Texte, die in der Normalform des koptischen Horologions nicht zu finden sind, wohl aber im äthiopischen Horologion[177]. Seine koptische Quelle ist also unter jenen Horologien zu suchen, die irgendwie erweiterte Formen des koptischen Horologions repräsentieren.

* * *

Auch eine noch so summarische Information über das koptische Stundengebet darf nicht unerwähnt lassen, daß wir für die Hauptmasse der Horologiontexte griechische Parallelen, vor allem im byzantinischen Horologion, kennen. Die damit aufgeworfene Problematik kann hier allerdings nicht erschöpfend behandelt, sondern bestenfalls gestreift werden. Im übrigen hat die moderne Liturgiegeschichte ihr auch noch nicht allzu viel Aufmerksamkeit geschenkt. Am eingehendsten hat sich bisher Baumstark mit der Frage nach dem wechselseitigen Verhältnis von byzantinischem und koptischem Horologion beschäftigt[178]. Nach ihm müssen die parallelen Texte beider Horologien auf eine gemeinsame Quelle zurückgehen, die nur in Palästina gesucht werden kann. Eine direkte Abhängigkeit des einen Ritus vom anderen, was praktisch nur heißen kann: des koptischen vom byzantinischen,

---

anderen Ritus bekannten Schema. Es handelt sich im wesentlichen um Zusammenstellungen von Troparien, dann aber auch anderen Gebeten, die sich zur Rezitation an den fraglichen Tagzeiten eignen. Ein großer Teil dieser Troparien und Gebete (sowohl in der Handschrift als auch in der Ausgabe) stimmt mit Texten des koptischen Horologions überein und muß von diesem abhängen. Natürlich ist die Mehrzahl dieser Texte wieder mit solchen des byzantinischen Ritus identisch, doch ist es wenig wahrscheinlich, daß diese Texte direkt von den Byzantinern übernommen wurden. Jedenfalls enthält das Gebetbuch Texte des koptischen Ritus, zu denen keine Parallele im byzantinischen Ritus bekannt ist. Den Cod. Vat. syr. 225 hätte nach LEVI DELLA VIDA Leonardo Abel von dem zyprischen Maroniten Georg Samuel Buslūqītī, Bischof von Damaskus und Zypern, erhalten (*Ricerche* 226 f.). In der Tat enthält die Handschrift eine Notiz über die Eroberung von Nikosia und Famagusta durch die Türken (vgl. ASSEMANI, *Catalogus* 513 und LEVI DELLA VIDA, *Ricerche* 226). Sollte die Handschrift auch auf Zypern geschrieben sein, dann jedenfalls an einem Ort, wo Kopten und Maroniten Kontakt miteinander haben konnten; zu den Kopten auf Zypern vgl. u. a. BURMESTER, *Copts in Cyprus*, HALKIN, *Monastère copte* oder VANSLEB, *Histoire* 31.

[177] Da sowohl das maronitische Gebetbuch als auch das äthiopische Horologion veröffentlicht sind, kann sich der daran Interessierte selbst über die Paralleltexte informieren. Ein sehr einfaches, aber leider kaum jemandem zugängliches Hilfsmittel ist das *Horol. Aeth.*, wo van Lantschoot in den Anmerkungen die Parallelen ausgewiesen hat.

[178] BAUMSTARK, *Paläst. Erbe.*

hält Baumstark für ausgeschlossen. Es sei undenkbar, daß die monophysitische Kirche Ägyptens für ihr Horologion in so großem Ausmaß Anleihen in Konstantinopel gemacht habe[179]. Inwieweit das Argument stichhaltig ist, bleibe hier dahingestellt. Schon lange vor Baumstark hat Woolley einmal geltend gemacht, daß auch miteinander verfeindete religiöse Gemeinschaften, die im selben Land zusammen leben, notwendig gegenseitiger Beeinflussung unterliegen und daß es zudem auch später noch Zeiten besserer Beziehungen zwischen Kopten und Griechen gegeben hat[180]. Burmester nimmt an, daß die Kopten die in Frage stehenden Texte von den Byzantinern übernommen haben, daß diese Übernahme aber erst etwa vom 8. Jahrhundert an stattgefunden haben könne, da in den ersten Jahrhunderten nach dem Konzil vom Chalzedon die Gegensätze zwischen den beiden Kirchen so hart gewesen sein müßten, daß sie einen solchen Austausch unmöglich gemacht hätten[181]. Auch zu dieser Argumentation soll hier keine Stellung genommen werden. Es sollte nur um der Vollständigkeit der Information willen auf das Problem hingewiesen werden. Darüber hinaus sei noch vermerkt, daß gerade für in Palästina überlieferte Texte ägyptische Herkunft keineswegs als a priori ausgeschlossen angesehen werden kann. Wir haben in dem für den palästinischen

---

[179] A. a. O., S. 468. An anderer Stelle (*Liturgie comparée* 103) sagt BAUMSTARK, daß nach dem 6. Jahrhundert keine byzantinischen Texte mehr in die Liturgie der Monophysiten Ägyptens Eingang gefunden hätten. Jeglichen Einfluß des byzantinischen Ritus auf den koptischen (und umgekehrt) nach dem 5. Jahrhundert glaubt auch MERCENIER ausschließen zu müssen (*Antienne mariale* 229, Anm. 2).

[180] WOOLEY, *Offices* xvii f. Vgl. etwa die Angabe Abū Ṣāliḥs über eine Kirche in Saft Maidum mit drei Altären, je einem für Kopten, Armenier und Melkiten (*Churches* 81). Das (für liturgisches Textgut formulierte) Prinzip »Gemeinsamer Textbestand in getrennten Kirchengemeinschaften rechtfertigt a priori die Vermutung, daß das Alter des Textes bis in die Zeit vor der Spaltung hinaufzurücken ist« (ENGBERDING, *Homologia* 152) ist im konkreten Fall eben doch nur von eingeschränkter Brauchbarkeit. Es wäre noch zu untersuchen, wie sich das Zusammenleben von Christen verschiedener Denominationen im Osten gestaltet hat und in welchem Maße sie Schriften, Texte, Gebräuche usw. voneinander übernommen haben. Mit Bezug auf die kanonistische Literatur spricht GRAF zweimal davon, daß Texte über die ägyptischen Melkiten zu den Kopten gekommen sind (*Geschichte* I 557 und 558).

[181] BURMESTER, *Observance liturgique* 41 f. Burmester nimmt weiterhin an, daß die Troparien des koptischen Horologions nach einer älteren griechischen Fassung dieser Texte übersetzt wurden als der, die im heutigen byzantinischen Horologion vorliegt (*Hours* 87–89). Obwohl dies in Einzelfällen durchaus zutreffen kann, ist seine Argumentation jedoch nicht überzeugend; vgl. dazu HENGSTENBERG, *Anz. Burmester* und BAUMSTARK, *Paläst. Erbe* 467.

Raum bezeugten Ritus der Nilwasserweihe[182] ein klares Beispiel für die Übernahme eines ägyptischen liturgischen Brauches und seiner Texte.

Weiterhin soll in kürzester Form über den Bestand an Texten des koptischen Horologions, zu denen wir griechische Parallelen besitzen, informiert werden. Äußerst dienlich sind hier die Vorarbeiten Burmesters, der in seinen drei Beschreibungen des koptischen Horologions jedesmal auch die griechischen Parallelen ausgewiesen hat[183]. Diese umfangreiche Dokumentation soll hier natürlich nicht erneut abgedruckt werden. Der Verweis darauf genügt durchaus[184]. Es seien hier nur einige ergänzende Hinweise gegeben, die jedoch auch keinen Anspruch darauf machen können, zusammen mit Burmesters Angaben eine absolut vollständige Aufstellung der griechischen Parallelen zu den Texten des koptischen Horologions zu sein[185]. Es werden dafür alle mir bekannten griechische Paralleltexte herangezogen, auch wenn es nicht sicher ist, daß sie jemals im byzantinischen Ritus im engeren Sinn in Verwendung waren. Auch die in griechischer Fassung meines Wissens bisher nicht wiedergefundenen Texte des christlich-palästinischen Horologions[186] werden mit berücksichtigt.

---

[182] Griechischer Text bei DMITRIEVSKIJ, *Opisanie* II 684–691 und BLACK, *Rituale* 28–35, christlich-palästinischer (aram.) Text bei MARGOLIOUTH, *Liturgy of the Nile*. Vgl. zum ganzen auch ENGBERDING, *Nil* 69 f.

[183] BURMESTER, *Hours* 89–98; *Rites* 295–300; *Liturgical Services* 100–107, jeweils zumeist in den Anmerkungen.

[184] Am vollständigsten und genauesten sind natürlich die Angaben bei BURMESTER, *Liturgical Services*. Darüber hinaus finden sich in *Hours* noch die Hinweise auf das Vorkommen einer griechischen Fassung des »Gebetes der Danksagung« am Beginn der Markusliturgie (S. 89, Anm. 3) und auf die Anklänge in den Schlußgebeten von Terz und Sext an die entsprechenden Texte des byzantinischen Horologions (vgl. oben S. 26, Anm. 65). Bisweilen wären genauere Hinweise auf die Fundorte angebracht, so etwa zu dem 1. Troparion der Vesper »Ich habe gegen dich gesündigt ...« (*Liturgical Services* 104, Anm. 2), schon damit der Leser nicht dem Irrtum erliegt, er könne das Troparion Ἥμαρτον εἰς σέ im byzantinischen Horologion finden; vgl. die Vorkommen bei FOLLIERI, *Initia* II 42. Nicht zu erfahren ist aus Burmesters Beschreibung, daß es neuerdings von dem allgemeinen Schlußgebet »Der du zu jeder Zeit ...« auch eine koptische Fassung gibt (vgl. oben S. 32, Anm. 103).

[185] Einige Hinweise auf griechische Parallelen wurden schon oben S. 27, Anm. 76, S. 33, Anm. 112, S. 41, Anm. 159 und S. 44, Anm. 166 gegeben. Sie werden hier nicht wiederholt.

[186] BLACK, *Horologion*.

Aus den liturgischen Büchern des heutigen byzantinischen Ritus
wären folgende Texte zu nennen: Das im koptischen Morgengebet
zwischen dem Unser-Vater und dem Credo stehende »Sei gegrüßt ...«
ist an seinem Beginn engstens mit dem ῾Υπερένδοξε ...[187] verwandt.
Das von Burmester gar nicht eigens genannte »Laß nach, verzeih ...«
vor dem letzten Unser-Vater des Morgengebetes ist eng verwandt
mit dem ῎Ανες, ἄφες ...[188] Der ursprünglich nach dem dritten Troparion (1. Theot.) der Terz als »Stichus« dienende Psalmabschnitt
67,19c–21a, von Burmester als »additions at the end (dieses Theotokions)« betrachtet[189], findet sich auch im byzantinischen Horologion
an dieser Stelle. Das fünfte Troparion der Terz (»Wie du mitten unter
deinen Jüngern erschienen bist ...«), das Burmester wieder »short
additions« zum vierten Troparion (»O himmlischer König ...«) nennt[190],
kommt im byzantinischen Ritus mehrfach vor[191]. Auf einen griechischen Text zu dem Schlußgebet der Morgenhore »Herr, Gott der
Mächte ...« hat Baumstark einmal hingewiesen[192]. Weitere Texte
sind in der palästinischen Überlieferung des byzantinischen Horologions nachzuweisen. Hier wäre einmal der Cod. Sin. gr. 863[193] zu
nennen, der griechische Parallelen zu zwei Troparien und noch einem
anderen Text des koptischen Horologions enthält[194]. Eine noch größere
Anzahl von Parallelen findet sich, wenn auch nicht in griechischer
Sprache, sondern im christlich-palästinischen Dialekt des Aramäischen,
in einem melkitischen Horologion vom Ende des 12. Jahrhunderts[195].
Vor allem haben wir hier die Parallelen zu fast allen Schlußgebeten
der Horen, also zu Texten, zu denen das heutige byzantinische Horo-

---

[187] Z. B. im Mesonyktikon.

[188] Z. B. im Offizium der Τυπικά; vgl. zu diesem Text etwa noch Baumstark, Messe
151 und Engberding, Cyrillusliturgie 59–62.

[189] Burmester, Hours 91, Anm. 4; Rites 296, Anm. 6; Liturgical Services 102, Anm. 2.

[190] Burmester, Hours 91, Anm. 6; Rites 296, Anm. 7; Liturgical Services 102, Anm. 3.

[191] Vgl. die Vorkommen bei Follieri, Initia V 1 167 (῾Ως ἐν μέσῳ).

[192] Baumstark, Paläst. Erbe 465 oben. Der griechische Text (aus der als ganzer
nicht veröffentlichten Handschrift Coisl. 213) bei Dmitrievskij, Opisanie II 1003.

[193] Herausgegeben von Mateos, Horologion.

[194] Vgl. im einzelnen Quecke, Griech. Parallelen. Es handelt sich um die 2. Troparien
von Terz, Sext und Non, also wohl die Texte, die Burmester jeweils »additions at the
end (des 1. Trop.)« nennt (Hours 91, Anm. 3, 92, Anm. 1, 93, Anm. 1; Rites 296, Anm. 5,
297, Anm. 3 und 8; Liturgical Services 102, Anm. 1 und 6, 103, Anm. 3). Wenn ich oben
im Text nur von zwei Troparien gesprochen habe, so deshalb, weil für die Terz das 1.
und 2. Troparien in dem vom Sin. gr. 863 belegten Umfang praktisch identisch sind.

[195] Ausgabe Black, Horologion. Auf einige dieser Parallelen hatte schon seinerzeit
Baumstark hingewiesen (Paläst. Erbe 465 Mitte).

logion zumeist keine sicheren Parallelen bietet[196]. Natürlich entsprechen die Texte einander nicht immer wortwörtlich, aber ihre substanzielle Identität springt bei einem Vergleich unmittelbar in die Augen. Im einzelnen handelt es sich um eines der Schlußgebete des Morgengebetes[197], das von Terz[198], Non[199], und Vesper[200], eines der Schlußgebete der Komplet[201] und das der Mitternachtshore[202]. Außer-

---

[196] Griechisch bekannt sind nur die Schlußgebete der Morgenhore (vgl. zu dem einen oben S. 50, Anm. 192) und eines der Komplet (heute 2. Komplet).

[197] BLACK, Horologion 189 f. (Übers. 76). Das hier (S. 189) und noch zweimal im folgenden (S. 207 und 267) stehende ܡܒܪܟܝܢ ܐܢܚܢ übersetzt Black immer mit »we bless« (S. 76, 78 und 87), ähnlich ܐܒܪܟ (S. 289) mit »I praise« (S. 90) und ܢܒܪܟܝܘ (267) mit »praise« (S. 87). Der koptische Text hat an all diesen Stellen »danken« bzw. »Dank(sagung)«, und da die betreffenden christlich-palästinischen Wörter sehr wohl diese Bedeutung haben können, scheint es angezeigt, auch die christlich-palästinischen Texte nun in diesem Sinn zu verstehen. Für die Stelle auf S. 189 besitzen wir sogar die griechische Parallele (DMITRIEVSKIJ, Opisanie II 1003), die uns mit εὐχαριστοῦμεν den koptischen Text bestätigt. Für ܟܝܢܐ ܕܬܪܝܨܘܬܐ ܠܒ steht in der Pariser Handschrift nur σωφρόνως, im Koptischen dagegen ϧⲉⲛ ⲞⲨⲦⲞⲨⲂⲞ ⲚⲈⲘ ⲞⲨⲘⲈⲐⲘⲎⲒ ⲚⲈⲘ ⲞⲨⲞⲒⲔⲞⲚⲞⲘⲒⲀ ⲈⲚⲀⲚⲈⲤ (Horol. [1930] 101). Die weitgehende Übereinstimmung zwischen dem christlich-palästinischen und dem koptischen Text zeigt, daß noch andere griechische Fassungen dieses Gebetes als die von Dmitrievskij edierte existiert haben müssen. Und eindeutig entspricht dem ܕܒܪܐ das koptische ⲞⲒⲔⲞⲚⲞⲘⲒⲀ, das selbst nur die Bedeutung »Führung, Verhalten« haben kann (so auch die arabische Übersetzung: tadbīr). Blacks Übersetzung »to be guided aright« (S. 76) trifft den Sinn nicht genau.

[198] BLACK, Horologion 207 (78 f.). Vgl. vorige Anm.

[199] Ebenda 253 (84). Hier ist Blacks Übersetzung zu verbessern: ܒܓܠܝܢܗ heißt nicht »manifestly«, sondern »durch seine Offenbarung (Erscheinung)«; so auch der koptische Text: ϧⲉⲛ ⲠⲈϥⲞⲨⲱⲚϨ ⲈⲂⲞⲗ (Horol. [1930] 232). Auch glaube ich nicht, daß ܕܢܗܠܟ ܐܝܟ ܡܐ ܕܫܘܐ ܠܗ ܩܪܝܢܐ »to walk, as he is worthy, in this calling …« bedeutet. Ich nehme vielmehr an, daß hier Eph 4,1 verwendet ist. Entsprechend wäre zu übersetzen: »zu wandeln, wie es der Berufung entspricht …« oder kurz »würdig der Berufung … zu wandeln.« So auch wiederum der koptische Text (Horol. [1930] 233).

[200] BLACK, Horologion 267 f. (87) und 289 (90 f.). Der Text kommt hier, mit leichten Varianten, in Vesper und Komplet vor. Obskur erscheint mir der Passus ܒܟܠ ܙܒܢ ܘܒܟܠ ܐܬܪ (S. 268); vielleicht ist er verderbt. Blacks Übersetzung gibt auch nicht das doppelte ܒܟܠ wieder. Gerade dies aber findet seine Stütze in dem koptischen Text »zu jeder Zeit und an jedem Ort« (Horol. [1930] 268 f.). Im übrigen vgl. wiederum oben Anm. 197.

[201] BLACK, Horologion 310 f. (94). Es handelt sich um das Gebet »Herr, alles, wodurch ich gesündigt habe …« Im christlich-palästinischen Horologion beginnt das Gebet einfach »Ich habe gesündigt …«

[202] Ebenda 344 f. (97).

dem finden wir das Gebet des Ezechias[203], den Schluß des zweiten
Troparions der Terz[204] und eine Form der großen Doxologie (mit
Würdige-dich), die von größter Bedeutung ist. Die große Doxologie
weist bei den Kopten bekanntlich eine Reihe von Erweiterungen
gegenüber der byzantinischen (und armenischen) Form auf, die bisher
für Ägypten typisch scheinen mußten, da sie meines Wissens außerhalb
Ägyptens noch nicht zu belegen waren. Diese Erweiterungen bestehen
ausschließlich aus kurzen Bibelworten, fast durchweg sind es Psalmverse. Drei dieser Psalmverse finden sich nun auch an den entsprechenden Stellen in der großen Doxologie des christlich-palästinischen
Horologions[205]. Damit ist die Bezeugung dieser Erweiterungen nicht
mehr auf Ägypten allein beschränkt. Die Frage, ob diese Erweiterungen
der großen Doxologie erst in Ägypten hinzugefügt wurden, kann aber
mit diesem Material allein noch nicht entschieden werden[206].

DIE »PSALMODIE«

Die notwendige Ergänzung zum Horologion ist die sogenannte
»Psalmodie«. Über den Namen »Psalmodie« wird weiter unten noch
zu sprechen sein. Hier sei zunächst bemerkt, daß die »Psalmodie«
die eigentliche Bezeichnung für das ist, was bei uns häufig »die Theo-
tokie(n)« genannt wird. Die Bezeichnung der »Psalmodie« als »Theotokie« hat eine gewisse sachliche Rechtfertigung darin, daß in ihr
eben jene Texte, die »Theotokien« genannt werden, einen breiten
Raum einnehmen. Anlaß dafür, daß bei uns weithin die Bezeichnung

---

[203] Is 38,10–20; BLACK, *Horologion* 341–343. Das Gebet des Ezechias steht hier in
der Mitternachtshore nach den Troparien; dazwischen sind laut dort stehender Rubrik
jedoch noch Ps 50, Credo und große Doxologie zu sprechen. Das Gebet des Ezechias
findet sich in einigen Zeugen des koptischen Horologions am Schluß (der dritten »Wache«)
des Mitternachtsgebetes. Es sind dies die Kairoer Handschrift (BURMESTER, *Hours* 97),
die Oxforder Handschrift (O'LEARY, *Office* 113) und die Ausgabe *Horol.* (1750) 369–372;
vgl. zu dieser Textgruppe oben S. 40 mit Anm. 158. Hier folgt das Gebet des Ezechias
jeweils unmittelbar auf die Troparien der 3. »Wache«.

[204] BLACK, *Horologion* 205 (78).

[205] Näheres siehe unten S. 286.

[206] Abhängigkeit der palästinischen Form von der ägyptischen läge nicht völlig außerhalb des Bereiches des Möglichen; vgl. oben S. 48 f.

»Theotokien« in Gebrauch ist, kann auch gewesen sein, daß die Editio
princeps der »Psalmodie« durch Ṭūḫī den Titel »Das Buch der Theotokien« trägt[1]. Es empfiehlt sich aber zweifellos, daß auch wir dies
liturgische Buch so nennen, wie es bei den Kopten heißt, nämlich
»Psalmodie«.

Eine summarische Beschreibung der »Psalmodie« ist entsprechend
schwieriger als eine solche des Horologions, da die Textzusammenstellung und -anordnung bei der »Psalmodie« weitaus mehr fluktuiert
als beim Horologion. Die modernen Ausgaben machen einen Unterschied zwischen Jahres-Psalmodie[2] und Choiak-Psalmodie[3]. Der
Grundbestand an Texten ist in beiden Büchern der gleiche, aber die
Choiak-Psalmodie läßt eine Reihe von Texten weg, die für Tage
und Zeiten außerhalb des Monates Choiak bestimmt sind, während
umgekehrt in der Choiak-Psalmodie die sogenannten Theotokien
mit zahlreichen Texten, besonders »Paraphrasen« und »Psali«, versehen
sind, die in der Jahres-Psalmodie fehlen. Inwieweit diese doppelte
»Psalmodie« eine Stütze in den Handschriften hat, bedarf noch genauerer Untersuchung. Es wäre dabei zweierlei feststellen : Einmal,
ob sich schon in den Handschriften jene beiden verschiedenen Textsammlungen nachweisen lassen, die zumindestens im großen und
ganzen der Jahres- und der Choiak-Psalmodie der Druckausgaben
entsprechen. Zum anderen, ob die weitaus reicheren Theotokien-Texte
der Choiak-Psalmodie von vornherein nur für den Monat Choiak
bestimmt waren oder ob alle diese Texte ursprünglich zum täglichen

---

[1] *Choiak-Psalm.* (1764). Daß das Buch eigentlich »Die Psalmodie« heißt, hat natürlich
auch Ṭūḫī gewußt; so verweist er etwa in seiner Ausgabe des Horologions unter diesem
Namen darauf (*Horol.* [1750] 309).

[2] Arabischer Titel *Kitāb al-ibṣalmūdīyah 's-sanawīyah.* Die Jahres-Psalmodie ist
neuerdings erstmals in eine europäische Sprache übersetzt worden : Brogi, *Salmodia.*
So kann sich auch der, dem die Ausgaben nicht zugänglich sind oder die nötigen Sprachkenntnisse fehlen, leicht über den Inhalt informieren. Übersetzung einzelner Texte
aus der »Psalmodie« an verschiedenen Stellen. So die gesamten Theotokien mit dazugehörigen Texten englisch bei O'Leary, *Office* 120 ff., niederländisch bei Muyser,
Maria's heerlijkheid 78 ff.

[3] Choiak (*Kīhak, Kiyahk*) ist der vierte Monat des koptischen Jahres. Am Ende dieses
Monats (28. und/oder 29.) wird das Weihnachtsfest gefeiert. Das eigentliche Datum des
Festes ist natürlich der 29. Choiak (= 25. Dez. jul.). Eine Feier am 28. wird u. a. damit
begründet. daß im Schaltjahr der Tag der Geburt auf diesen Tag fällt (*Synax.*, Ed.
Forget I 179,16 f.; Ed. Basset 537 [461]); nach einem Schaltjahr des koptischen
Kalenders entspricht dem 25. Dezember des julianischen Kalenders der 28. Choiak.

Offizium gehörten und ihre Verwendung allein im Monat Choiak
erst eine spätere Einschränkung darstellt. Diese Fragen müssen hier
offengelassen werden. Auf jeden Fall bieten aber schon die Handschriften recht unterschiedliche Textzusammenstellungen, was die
aufgenommenen Texte und deren Anordnung betrifft[4].

Die älteste, äußerst knappe Beschreibung der »Psalmodie« verdanken wir Abū 'l-Barakāt. Nach ihm umfaßt dies liturgische Buch
»die Oden, die Theotokien und die Doxologie«[5]. Die Angabe paßt
noch vorzüglich zum Befund der uns bekannten Psalmodie-Handschriften und -Drucke. Zweifellos enthielt die »Psalmodie« schon zu
Abū 'l-Barakāts Zeit im wesentlichen dieselben Texte wie heute.
Die Gesamtmasse dieser Texte scheint Abū 'l-Barakāt dann in drei
Gruppen einzuteilen. Die erste Gruppe wird von den biblischen Oden[6]
gebildet. Es sind dies bei den Kopten schon zur Zeit Abū 'l-Barakāts
vier, nämlich das Moses-Lied Ex 15,1–21, der Psalm 135, der Gesang
der drei Männer im Feuerofen Dan 3,52–88 und die Psalmen 148–150.
Diese Oden kommen täglich im Offizium zur Verwendung, alle vier
zusammen in der Mitternachtshore[7], die vierte allein auch im Abendgebet[8]. Die zweite Gruppe, die sogenannten Theotokien, sind umfangreiche hymnische Texte zum Lobpreis Mariens. Jeder Tag der
Woche hat seine eigene Theotokie[9], und zumindestens in der Theorie
ist die Theotokie des betreffenden Tages an zwei Stellen im Offizium

---

[4] O'LEARYS Arbeiten vermitteln einen einigermaßen detaillierten Überblick, *Office*
72–83 für die Handschriften als solche, *Office* 57–69 und *Theotokia* (Ed.) iv–xi für die
Theotokien mit den dazugehörigen Texten. Die eingehendste Beschreibung geben
Hebbelynck und van Lantschoot von den vatikanischen Handschriften, vgl. die Indizes
in *Cod. Copt.* I 696b und II 478b unter dem Stichwort »Psalmodia«. Alle diese Handschriften führen uns aber nicht weit zurück; Genaueres unten S. 83 f.

[5] So nach VILLECOURTS Übersetzung, *Observances liturgiques* I 260. Dagegen O'LEARY:
»The Odes, the *Theotokia*, and the Doxologies« (*Theotokia* [Ed.] v).

[6] Koptisch ϨⲰⲤ = »Lied, Gesang«; davon arabisch هوس.

[7] So ausdrücklich bei Abū 'l-Barakāt selbst (VILLECOURT, *Observances liturgiques* II
226–228). Aus der modernen Rubrizistik vgl. etwa ṢALĪB, *Riten* 58–60.

[8] Es sei wiederum nur auf VILLECOURT, *Observances liturgiques* II 223 f. und ṢALĪB,
Riten 36 verwiesen.

[9] Die Kopten gebrauchen das Wort ⲐⲈⲞⲦⲞⲔⲒⲀ als femininen Singular, im
Arabischen ثاوطوكية (und ähnlich). Entsprechend verwende ich im Deutschen
»(die) Theotokie« in diesem speziellen Sinn. Ein einfaches marianisches Troparion, wie
deren in den meisten Horen des koptischen Stundengebetes zwei vorkommen, nenne
ich dagegen »Theotokion«; die Kopten haben für letzteres keine eigene Bezeichnung
(vgl. oben S. 22, Anm. 44).

zu singen, im Abend- und im Mitternachtsgebet[10]. Die dritte Gruppe, die von Abū 'l-Barakāt so genannte »Doxologie«, sezt sich aus verschiedenen Hymnen zusammen, die an einzelnen Tagen oder zu bestimmten Zeiten des Kirchenjahres Verwendung finden. Die Mehrzahl dieser Hymnen wird von den Kopten selbst als »Doxologien« bezeichnet, und dadurch wird sich Abū 'l-Barakāts Benennung des ganzen Komplexes erklären. Aber je nach Handschrift oder Ausgabe werden auch noch anderen Hymnen in die »Psalmodie« aufgenommen, etwa sogenannte »Psali«. Werden schon die »Psali« nicht nur im Offizium, sondern bisweilen auch in der Messe als Kommuniongesang verwendet[11], so kann eine Psalmodie-Ausgabe sogar spezielle Kommuniongesänge (tawzī‘) enthalten[12].

Diese grobe Beschreibung der »Psalmodie« kann für unsere Zwecke genügen. Nur zu einzelnen Punkten seien noch kurz zusätzliche Hinweise gegeben. So enthält die »Psalmodie« außer den Oden und Theotokien noch eine Reihe weiterer Texte des täglichen Offiziums, die heute aber größtenteils auch in den Horologien zu finden sind[13]. Weiterhin gehören zu den Oden und Theotokien gleichfalls bestimmte »Psali« (und andere Texte); es gibt also neben den vorher genannten wechselnden »Psali« auch solche, die jeden Tag zur Verwendung kommen, und solche, die an den Wochentag gebunden sind.

Die Dreiteilung der »Psalmodie« in Oden, Theotokien und »Doxologie« entspricht nach dem Gesagten auch ziemlich genau der in einen täglichen, einen wöchentlichen und einen jährlichen Zyklus[14]. Ich selbst möchte aber eine anderen Einteilung den Vorzug geben und die Oden und Theotokien zu einer Gruppe zusammenfassen. Auch die Kopten betrachten zumindestens heute offensichtlich Oden und Theotokien als eine Einheit, wenn sie in den Ausgaben nach den Theotokien einen entsprechenden Schlußvermerk anbringen[15]. In

[10] Vgl. wiederum etwa VILLECOURT, Observances liturgiques II 224 und 228 und ṢALĪB, Riten 36 und 60.

[11] Vgl. MALAK, Livres liturgiques 20.

[12] Z. B. Jahres-Psalm. (1908; Kairo) 494 ff., 454 ff., 548 f., 563 ff. und 570 ff.

[13] Es wurde schon oben bei der Beschreibung des Horologions darauf hingewiesen (S. 20 f., 28, 31, 32, Anm. 106, und S. 39).

[14] BROGI, Salmodia XVII und 213 f. Brogi liest diese Einteilung aus der tatsächlichen Textanordnung der (Jahres-)Psalmodie ab, eben der Abfolge Oden, Theotokien, Doxologien usw.

[15] Die Jahres-Psalm. (1908; Kairo) hat S. 92 (nach den Oden) »Zu Ende sind die vier Oden ...«, dann aber S. 276 (nach den Theotokien) nicht einfach einen nur auf die Theotokien bezüglichen Vermerk, sondern »Zu Ende sind die vier Oden und die sieben Theotokien ...« Die Jahres-Psalm. (1908; Alex.) hat nach den Oden (S. 96) überhaupt

der Tat scheint mir der Unterschied zwischen Oden und Theotokien
mit den dazugehörigen Texten einerseits und der »Doxologie« anderseits entscheidender als der zwischen den absolut fixen Oden und
den mit dem Wochentag wechselnden Theotokien. Und ich möchte
Oden und Theotokien zusammenfassend als die das tägliche Offizium
mitkonstituierenden Psalmodie-Texte bezeichnen und der »Doxologie«
als den mit dem Laufe des Kirchenjahres wechselnden Texten gegen-
überstellen.

Nebenbei wurde im Vorhergehenden schon gesagt, daß die Gruppierung Oden, Theotokien, »Doxologie« auch zugleich die tatsächliche
Textanordnung der »Psalmodie« wiederspiegelt. Dies gilt aber nicht
für alle Handschriften und Drucke. Es zeigen zwar alle Ausgaben
der Jahres-Psalmodie die angegebene Textfolge, nicht aber Labībs
Ausgabe der Choiak-Psalmodie[16]. Letztere bringt die Oden in einer
bestimmten Anordnung unter die Theotokien verteilt[17]: 1. Ode,
Montags- und Dienstags-Theotokie, 2. Ode, Mittwochs- und Donnerstags-Theotokie, 3. Ode, Freitags- und Samstags-Theotokie, 4. Ode
und schließlich Sonntags-Theotokie. Diese Anordnung[18] wäre nach
M. Cramer sogar die »normale«[19]. Dies ist aber keineswegs richtig.
Zwei Punkte sind dabei zu unterscheiden. Einmal die relative Häufigkeit, mit der diese Anordnung in den Handschriften belegt ist; zum
anderen die Frage nach der ursprünglichen Anordnung. Wenn man
die von O'Leary analysierten 14 Psalmodie-Handschriften[20] als repräsentativ ansehen darf, dann ist die getrennte Anordnung von
Oden und Theotokien weitaus häufiger bezeugt. Zehn Handschriften
zeigen diese Anordnung[21]; nur vier schieben die Oden in der ange-
benen Weise zwischen die Theotokien der einzelnen Wochentage

keinen Vermerk, und nach den Theotokien dann »Zu Ende sind ... die vier Oden und
die sieben Theotokien ...« (S. 266).

[16] *Choiak-Psalm.* (1911).

[17] Der Großteil der »Doxologien« der Jahres-Psalmodie, da für Feste und Zeiten
außerhalb des Monats Choiak bestimmt, fällt in der Choiak-Psalmodie sowieso weg.

[18] Die Anordnung der einzelnen Theotokien selbst und der zu bestimmten Horen
gehörigen Psalmodie-Texte ist eine andere Frage. Darauf wird weiter unten eingegangen
werden (S. 62 ff.).

[19] CRAMER, *Liturgical MSS.* 314. Vgl. auch CRAMER, *Theotokie* 199 f.

[20] O'LEARY, *Office* 72–83 und *Theotokia* (Ed.) v–vii. Die fragmentarischen und in
Unordnung befindlichen Handschriften habe ich hier nicht mit gezählt.

[21] O'LEARY, *Office* 72–80: Handschrift A–G, L, N, und O; *Theotokia* (Ed.) vii: Gruppe I.
Hinzu kämen noch Cod. Vat. copt. 82 und Borg. copt. 13 (*Cod. Copt.* I 572 ff. und II
75 ff.).

ein[22]. Vor allem aber — und das ist das entscheidende — ist diese zweite Anordnung sicher nicht die ursprüngliche. Einmal findet sie sich erst in jüngeren Handschriften[23]. Vor allem aber paßt sie schlecht zu der liturgischen Zweckbestimmung dieser Texte. Zum Offizium eines bestimmten Tages gehören die vier Oden und die Theotokie des Wochentages, auf den er fällt. Es ist von daher nicht einzusehen, warum die Oden unter die Theotokien der sieben Wochentage verstreut wurden. Andererseits liegt der Grund für diese einwandfrei sekundäre Textanordnung auf der Hand: die spätere Praxis des Nachtgottesdienstes im Monat Choiak. Ein täglich geübtes Gemeindeoffizium konnte sich auch bei den Kopten auf die Dauer nicht halten[24]. Da den Kopten aber offensichtlich daran gelegen war, die weitgehend marianisch bestimmten Theotokien wenigstens in der Vorweihnachtszeit vollständig beizubehalten, legten sie die Theotokien aller sieben Wochentage zusammen, um diese Kombination im Monat Choiak jeweils in der Nacht vom Samstag auf Sonntag zu singen[25]. Letztlich handelt es sich dabei um ein zusammengelegtes Mitternachtsoffizium

[22] O'LEARY, *Office* 77–83: Handschrift K, Q, T und Z; Theotokia (Ed.) vii: Gruppe II. Hinzu kämen noch Cod. Vat. copt. 36 (*Cod. Copt.* I 144 ff.) 89 (I 604 ff.), 101 (I 678 ff.), Cod. Borg. copt. 70 (II 305 ff.) und 79 (II 393 ff.).

[23] Schon O'LEARY hatte festgestellt, daß die Handschriften, die diese Anordnung zeigen, »mostly of later date« sind (*Theotokia* [Ed.] vi). Das »mostly« ist allerdings zu streichen; diese Handschriften sind *alle* spät, wenigstens die von O'Leary selbst unteruntersuchten: alle vier (vgl. vorige Anm.) stammen aus dem 18. oder 19. Jahrhundert. Dagegen stammen von den acht Handschriften der anderen Gruppe, für die O'Leary die Entstehungszeit angibt, nämlich Handschrift A–G und L (vgl. oben S. 56, Anm. 21), sieben aus dem 14. bis 16. Jahrhundert und nur eine aus dem 18. Die jüngere Praxis wurde allerdings erwiesenermaßen auch schon lange vor dem 18. Jahrhundert geübt. Das älteste mir bekannte Zeugnis ist die Uppsalaer Handschrift von Abū 'l-Barakāts »Lampe der Finsternis« (VILLECOURT, *Observances liturgiques* II 242); die Handschrift wurde 1546 geschrieben. Ein formelles Zeugnis über die frühere Praxis des Makarius-Klosters haben wir in dem von O'LEARY veröffentlichten *Directory Fragment* (Text S. 431 f.): 1. Ode, 2. Ode, Theotokie, 3. Ode, 4. Ode. Hier ist noch keine Rede von einer Verteilung der Theotokien aller sieben Wochentage unter die vier Oden.

[24] Daß es ein solches um Mitternacht jemals gegeben hat, ist äußerst unwahrscheinlich. Ein Rest des Gemeindeoffiziums ist, wie gesagt, die im Zusammenhang mit der Meßfeier gehaltene Weihrauchdarbringung, mit der sich dann schließlich auch die monastischen Teile des Offiziums verbanden.

[25] Vgl. z. B. MALLON, *Théotokies* 24; MUYSER, *Maria's heerlijkheid* 50; O'LEARY, *Office* 53; *Theotokia* (Ed.) v und *Theotokia* 419; CRAMER *Christl.-kopt. Ägypten* 44. Handschriftlich bezeugt etwa in der Handschrift Nr. 430 [17] der John Rylands Library: »The End of what must be read in the Seven and the Four [= Theotokien und Oden] in the Sundays in Kîhak« (CRUM, *Catalogue Rylands*, S. 205).

von sieben Tagen. Natürlich wiederholte man aber nicht siebenmal die jeden Tag gleichen Texte wie die Oden, sondern sang sie nur ein einziges Mal. Und man lockerte die Abfolge der sieben Theotokien dadurch etwas auf, daß man die vier Oden zwischen sie verteilte. Nur so ist jene Anordnung in Psalmodie-Handschriften und -Drucken zu erklären, die die vier Oden nicht hintereinander vor den Theotokien, sondern zwischen diese eingeschaltet bringt[26]. Das Wissen, daß diese Textanordnung der Choiak-Psalmodie sekundär ist, ist augenscheinlich auch bei den Kopten nie verlorengegangen oder jedenfalls wieder gewonnen worden. Während ʻAṭā-ʼllāh Arsāniyūs für seine Neuausgabe der Jahres-Psalmodie Labībs Text unverändert nachgedruckt hat[27], ist er bei der Neuausgabe der Choiak-Psalmodie grundlegend von der Ausgabe seines Vorgängers abgewichen und hat die ursprüngliche Anordnung wiederhergestellt: Die vier Oden stehen wieder zusammen für sich vor den Theotokien[28].

Die »Psalmodie« enthält in den Druckausgaben nur Texte zum Morgen-, Abend- und Mitternachtsgebet. Im Gegensatz hierzu bringen zumindestens einzelne Handschriften auch je einen Text für die übrigen Horen, nämlich den speziellen Eröffnungshymnus, der für alle Horen gleich lautet, abgesehen von der Zeitangabe (Morgen, dritte Stunde usw.). Diese Eröffnungshymnen stehen heute allein in den Horologien, fehlen hingegen gerade in den älteren Handschriften des Horologions[29]. Wenn der Fall bei der »Psalmodie« in etwa umgekehrt liegt[30], so läßt sich daraus vielleicht schließen, daß diese Texte ur-

---

[26] So auch O'LEARY, *Theotokia* (Ed.) v.

[27] *Jahres-Psalm.* (1960).

[28] *Choiak-Psalm.* (1955).

[29] Alle vier oben S. 20, Anm. 34 genannten Handschriften.

[30] Hier die mir bekannten Handschriften mit Eröffnungshymnen für die Horen: Cod. Vat. copt. 36, fol. 11 für alle Horen (*Cod. Copt.* I 143); Cod. Vat. copt. 101, fol. 5 für alle Horen von der Terz an (ebd. 678); Cod. Borg. copt. 10, fol. 76 für alle Horen (ebd. II 53); Cod. Borg. copt. 70, fol. 210 für alle Horen einschließlich der 2. Komplet (310); letztere wird im Hymnus selbst als ⲢⲀⲚⲦⲢⲞⲤⲈⲨⲬⲎ ⲘⲦⲒⲈⲬⲰⲢⲢ = »Gebet der Nacht« bezeichnet wird (vgl. oben S. 37, Anm. 132). Paris, Bibl. Nat., Copte 35, fol. 11 für das Abendgebet, fol. 233 für die Horen vom Morgengebet bis zur Non (aus O'LEARY, *Office* 75 nicht zu ersehen); Berlin, Staatsbibl., Ms. or. quart. 400 (z. Z. in Tübingen), fol. 5 für die Non. Erwähnung verdienen auch die Handschriften, die nur die entsprechenden Texte für das Abend- und Morgengebet enthalten, denn in den modernen Ausgaben finden sich ja nicht einmal mehr diese Texte. Es sind der Vat. copt. 89 (fol. 108 und 109; *Cod. Copt.* I 610) und der Borg. copt. 96 (fol. 169 und 171; ebd. II 378); im Vat. copt. 82 nur der Text für das Morgengebet (fol. 180; siehe I 576). Da ich nur wenig Psalmodie-Handschriften selbst einsehen konnte, kann die Zahl der

sprünglich in der »Psalmodie« standen, dann aber ins Horologion übernommen wurden und deshalb aus der »Psalmodie« verschwanden. Wichtig ist in diesem Zusammenhang noch, daß es in keiner der mir bekannten Psalmodie-Handschriften, die diese Eröffnungshymnen aller oder einzelner Horen enthalten, einen solchen für die Komplet gibt; vielmehr erscheint in jedem Fall ein kombinierter Text für Vesper und Komplet[31]. Darin heißt es gewöhnlich ΠΙ2ΥΜΝΟC ΝΤΕ 2ΑΝΑΡΟΥ2Ι ΜΠΙ2ΥΝΙΜ = »Den Hymnus des Abends des Schlafes ...[32]« Vom Sinn her gesehen scheint mir diese Formulierung wenig befriedigend, und ich möchte die andere ΠΙ2ΥΜΝΟC ΝΤΕ 2ΑΝΑΡΟΥ2Ι ΝΕΜ ΠΙ2ΥΝΙΜ = »Den Hymnus des Abends und des Schlafes ...«[33] als die richtige ansehen, obwohl ich sie vorerst nur in einer einzigen Handschrift belegen kann[34]. Den Ursprung dieser Kombination möchte ich darin vermuten, daß Vesper und Komplet schon früh »im Chor« nicht als zwei getrennte Horen behandelt, sondern unmittelbar hintereinander gebetet wurden.

Die Eröffnungshymnen der Horen sind unter mancherlei Rücksicht problematisch. Schon ihr reiner Wortlaut wird nicht einheitlich verstanden. Hebbelynck und van Lantschoot betrachten das am Beginn stehende ΠΙ2ΥΜΝΟC ... als den Titel »Der Hymnus ...« und lassen den Text selbst erst mit ϮΝΑΤΗΙϥ ΜΠΧC̄ beginnen, das sie mit »Ich will Christus anziehen« übersetzen[35]. Daß die Kopten den Text zumindestens in späterer Zeit als »Den Hymnus ... will ich Christus darbringen ...« verstanden haben, geht eindeutig aus den arabischen

Handschriften, die alle diese Texte oder einen Teil davon enthalten, leicht größer sein. Wichtig wäre vor allem eine Untersuchung der älteren Handschriften. Von den hier aufgeführten Handschriften dürfte die Pariser koptische Handschrift Nr. 35 die älteste sein; sie stammt nach O'Leary aus dem 16. Jahrhundert (*Office* 75; *Theotokia* [Ed.] vii).

[31] Gemeint ist hier »das Gebet des Schlafes« (= 1. Komplet). Für die 2. Komplet (صلاة الستار) haben die Psalmodie-Handschriften sowieso den Eröffnungshymnus nicht, abgesehen vom Cod. Borg. copt. 70 (vgl. vorige Anm.). Nicht einmal diese Handschrift hat einen eigenen Eröffnungshymnus für die 1. Komplet.

[32] Dieser kombinierte Text kommt auch einmal in einem Horologion vor, dem Sin. ar. 389 (Quecke, *Horologion* 105 und 115). Meine frühere Annahme, daß diese Kombination überhaupt fehlerhaft sei, war ein Irrtum. Ungewöhnlich dürfte die Kombination aber nach wie vor für ein Horologion sein. Man beachte noch, daß der Sin. ar. 389 konsequenterweise für die Komplet keinen eigenen Eröffnungshymnus hat, wohl aber einen Hinweis auf die allgemeinen Einleitungsgebete (ebd. 116).

[33] »Gebet des Schlafes« ist, wie erinnerlich, der koptische Name für die Komplet.

[34] Cod. Vat. copt. 36, f. 11; außerdem bei Ṭūḫī (*Choiak-Psalm.* [1764] 141). Vielleicht ist das ΜΠΙ2ΙΝΙΜ = »das Schlafes« in den anderen Zeugen nichts anderes als ein Versehen für ΝΕΜ ΠΙ2ΙΝΙΜ = »und des Schlafes« (= »und der Komplet«).

[35] *Cod. Copt.* I 143.

Übersetzungen hervor[36]. Inhaltlich gesehen erhebt sich die Frage,
ob man einen solchen Text überhaupt als »Hymnus« ansehen kann.
Er ist fast vollständig in der Ich-Form abgefaßt[37], geht erst im abschließenden Nebensatz in die Wir-Form über und macht überhaupt
weit eher den Eindruck einer mehr persönlichen Weihe der Gebets-
stunde als einer eigentlichen Lobpreisung Christi. Wenn ich mich
trotzdem der Bezeichnung »Hymnus« bediene, so nicht zuletzt aufgrund
der Tatsache, daß diese Texte wenigstens hier und da auch in Psalmodie-Handschriften bezeugt sind.

Weiterhin stehen diese Eröffnungshymnen im Morgen-, Abend-
und Mitternachtsgebet in Konkurrenz zu anderen Texten, die offensichtlich eine ganz ähnliche Funktion und irgendwie verwandten Inhalt
haben. Im Morgengebet ist es ein dreifaches »Kommt, laßt uns anbeten.
Kommt, laßt uns flehen zu Christus, unserem Gott[38].« Dieser Text
steht sowohl im Horologion als auch in der »Psalmodie«. Der entsprechende Text des Abendgebetes ist dagegen nur in einigen Psalmodie-
Ausgaben zu finden[39]. Er setzt sich wie folgt zusammen: auf ein
dreifaches »Kommt, laßt uns den Herrn anbeten« folgt zunächst »wir
wollen uns Tag und Nacht vor ihm niederwerfen« und dann der Satz,
mit dem auch der Eröffnungshymnus aller Horen schließt: »Mein Herr
und mein Gott! Auf ihn will ich hoffen, und er wird uns unsere Sünden
vergeben[40].« Ich zweifele nicht daran, daß der stereotype Eröffnungshymnus aller Horen ins Morgen-, Abend- und Mitternachtsgebet erst
sekundär Eingang gefunden hat. Allerdings kann auch der eben genannte andere Einleitungshymnus des Abendgebetes in der vorliegenden Form nicht den ursprünglichen Wortlaut bieten. Dies

---

[36] Daß diese Interpretation aber nicht erst jüngeren Datums ist, zeigt die äthiopische
Übersetzung.

[37] Die äthiopische Fassung hat jedoch in der Mehrzahl der Handschriften die Wir-
Form; vgl. Turaev, *Horol.* 8 mit Apparat für das Morgengebet (Turajev gibt den Text
in den anderen Horen nicht).

[38] Beim zweiten und dritten Mal wird »Gott« durch »König« und »Retter« ersetzt.
Es schließen sich noch weitere Texte an, die hier nicht im einzelnen genannt zu werden
brauchen.

[39] *Choiak-Psalm.* (1764) 140; *Jahres-Psalm.* (1908; Kairo) 281 f.; *Jahres-Psalm.*
(1949) 266.

[40] Oder: »..., daß er ... vergebe.« Selbst dieser Satz ist vielleicht schon keine organische Komposition, sondern aus vorliegenden Bausteinen nicht allzu geschickt
zusammengesetzt. Auch der Wechsel von der 1. Person Sing. in die 1. Plural könnte
darauf hindeuten. Die arabische Übersetzung sagt: »Ich bitte ihn, ... zu vergeben«
(*arǧūhu an* ...; in anderer Konstruktion würde dasselbe Verb »hoffen« bedeuten).

zeigt die genaue Übereinstimmung des Schlußsatzes mit dem der Eröffnungshymnen aller Horen und das dort vorkommende Possessivpronomen der ersten Person Singular (»mein Herr …«), das nicht zur Wir-Form des übrigen Textes paßt.

Der eigentliche Eröffnungshymnus des Mitternachtsgebetes ist das »Erhebet euch, Söhne des Lichtes …«, mit dem wir uns später noch eingehender beschäftigen werden. Es wurde schon gesagt, daß dieser Text nicht in den älteren Handschriften des Horologions zu finden ist[41]. Die modernen Druckausgaben des Horologions enthalten ihn alle. Zugleich steht der Text in der »Psalmodie«. Die Tatsache, daß dieser Text auch in der »Psalmodie« steht, hat merkwürdige Folgen gehabt. Einmal scheint er dadurch in der heutigen Praxis der Kopten seinen Platz im Offizium gewechselt zu haben. Und weiterhin hat man ihm — ich vermute, nur in der Theorie — sogar ein doppeltes Vorkommen im Offizium zugeschrieben, und dies aufgrund der irrigen Meinung, die Psalmodie-Texte würden unabhängig vom Horologion eine Art eigenes Offizium bilden. Burmester charakterisiert die »Psalmodie« folgendermaßen: »The Psalmodia is a daily choral service, which is performed (a) at the conclusion of the Office of Compline … (b) at the conclusion of the Office of Midnight Prayer, (c) at the conclusion of the Office of Morning Prayer[42].« Was das »Erhebet euch, Söhne des Lichtes …« betrifft, so käme diese Textgruppe nach Burmester zweimal zum Vortrag, einmal am Beginn des Mitternachtsgebetes[43] und ein zweites Mal am Beginn der dazugehörigen Psalmodia »after the Office of the Midnight Prayer«[44]. Diese Angaben können weder der ursprünglich gemeinten Textanordnung noch der heutigen Praxis des koptischen Stundengebetes entsprechen. Die — oder jedenfalls eine — heute geübte Praxis wird sich aus jenen Angaben koptischer Autoren erheben lassen, die das »Erhebet euch …« mit den übrigen Psalmodie-Texten auf die Horologion-Texte des Mitternachtsgebetes folgen lassen[45]; hier findet sich nirgendwo der geringste Hinweis darauf, daß das »Erhebet euch …« schon vorher am Beginn der Horologion-Texte

---

[41] Vgl. oben S. 39 mit Anm. 152.

[42] BURMESTER, *Liturgical Services* 108.

[43] Ebenda 105.

[44] Ebenda 109.

[45] *Jahres-Psalm.* (1949) 1 (Verlauf des Mitternachtsgebetes am Sonntag; bei den entsprechenden Angaben für die übrigen Tage [S. 2] ist das »Erhebet euch …« nicht eigens genannt); ṢALĪB, *Riten* 33 und 57 f.; MATTĀ 'L-MISKĪN, *Lobpreis* 167 f.

gesprochen worden wäre. Diese Praxis ist also insofern konsequent,
als sie eine zweimalige Verwendung des »Erhebet euch ...« vermeidet.
Sie entspricht aber schwerlich der ursprünglich gemeinten Ordnung
der Texte, wie sie z. T. auch noch in den modernen Ausgaben richtig
angegeben ist. So wird man schon die einfache Rubrik verstehen
müssen, die Labīb[46] und Mīnā al-Baramūsī[47] dieser Textgruppe mit-
geben, daß sie nämlich »am Beginn des Mitternachtsgebetes« zu sprechen
sei. In seiner Ausgabe der Choiak-Psalmodie macht Labīb sogar vor
Beginn der für das Mitternachtsgebet bestimmten Texte detaillierte
Angaben über »den Beginn des Mitternachtsgebetes«. Hier sind die
Texte im einzelnen aufgezählt. Die Ordnung ist folgende: die allgemeinen Einleitungsgebete, Trishagion, »Erhebet euch, Söhne
des Lichts ...«, Ps 50, der spezielle Einleitungshymnus »Den Lobgesang der Mitternacht ...« und erst dann die dem Horologion zu
entnehmenden Psalmen des Mitternachtsgebetes[48]. Die vorher beschriebene moderne Praxis steht also in klarem Wiederspruch auch zu
den Angaben rezenter Psalmodie-Ausgaben, ganz zu schweigen von
älteren Zeugnissen wie etwa der detaillierten Beschreibung Abū 'l-
Barakāts[49].

* * *

Während die Horologien alle eine einheitliche Textanordnung zeigen
und am Anfang durchweg das Morgengebet steht, schwankt die Textanordnung der »Psalmodie« in den verschiedenen Zeugen. In Labībs
Ausgabe der Jahres-Psalmodie[50] stehen an erster Stelle — nach den
allgemeinen Einleitungsgebeten — die Texte für das Mitternachtsgebet,
darunter die Theotokien aller sieben Wochentage; der Theotokien-
Zyklus beginnt mit der Sonntags- und endet mit der Samstags-
Theotokie. Darauf folgen die Texte für das Morgengebet. Eine eigene
Zusammenstellung der Texte für das Abendgebet fehlt. Die ausschließ-
lich dem Abendgebet eigenen Texte werden an den entsprechenden
Stellen des Morgengebetes gegeben[51]. Von den Texten, die das Abend-

---

[46] *Jahres-Psalm.* (1908; Kairo) 16.
[47] *Jahres-Psalm.* (1908; Alex.) 27.
[48] *Choiak-Psalm.* (1911) 197.
[49] VILLECOURT, *Observances liturgiques* II 225.
[50] *Jahres-Psalm.* (1908; Kairo).
[51] Der Eröffnungshymnus »Kommt, laßt uns anbeten ...« (vgl. dazu oben S. 60)
auf S. 281 f. nach den Texten, die an den Beginn des Morgengebetes gehören (S. 277–281).

gebet mit dem Mitternachtsgebet gemeinsam hat, der 4. Ode (Ps 148–150) und der Theotokie des Tages, wird die Verwendung im Abendgebet nicht einmal erwähnt; sie wird als bekannt vorausgesetzt. Dieselbe Anordnung der uns hier interessierenden Texte zeigt auch eine neuere Ausgabe der Jahres-Psalmodie[52]. Die Stellung der Texte für das Morgen- und Abendgebet hinter denen für das Mitternachtsgebet findet sich nach der Übersicht bei O'Leary[53] auch gewöhnlich in den Handschriften. Nur ausnahmsweise stehen, soweit es diese Übersicht erkennen läßt, die für den Anfang des Morgengebets bestimmten Texte am Beginn der »Psalmodie«[54]. Diese Anordnung hat auch Mīnā al-Baramūsī für seine Ausgabe gewählt[55].

Eine ganz andere Anordnung zeigt Labībs Choiak-Psalmodie[56]. Hier stehen am Beginn die Texte für das Abendgebet, in erster Linie die Samstags-Theotokie mit den dazugehörigen Texten[57]. Darauf folgt das Mitternachtsgebet mit allen sieben Theotokien; die des Samstag wird hier wiederholt. Der Wochenzyklus der sieben Theotokien wird durch die Montags-Theotokie eröffnet. Diese Textanordnung ist ganz zugeschnitten auf die jüngere Praxis, im Monat Choiak die Theotokien aller sieben Wochentage jeweils in der Nacht vom Samstag auf Sonntag zu singen. Der Gottesdienst beginnt dann am Samstagabend mit dem Abendgebet dieses Tages. In das Abendgebet des Samstags gehört die Samstags-Theotokie, und deshalb steht diese in der Ausgabe voran. Auf das Abendgebet folgt das Mitternachtsgebet der Nacht zum Sonntag, in dem nach der schon genannten jüngeren Praxis nicht nur die Sonntags-Theotokie verwendet wird, sondern die Theotokien der ganzen Woche, angefangen mit der Montags-Theotokie. Wir sehen also eine Reihe von Besonderheiten in direktem Zusammenhang mit jener Praxis, die sieben Theotokien in der Nacht

---

Das Würdige-dich auf S. 322–325 nach dem »Ehre (sei) Gott in den Höhen…« (S. 319–322); auf S. 326 ff. stehen die Texte, die im Morgengebet auf das »Ehre …« und im Abendgebet auf das Würdige-dich folgen. Das in beiden Fällen folgende Credo und »Heilig, heilig, heilig …« steht erst S. 449 ff., und zwar ohne jede Zuweisung an Morgen- und Abendgebet.

[52] *Jahres-Psalm.* (1949). Das ins Morgen- und Abendgebet gehörende Credo und »Heilig, heilig, heilig …« erscheint in dieser Ausgabe überhaupt nicht.

[53] O'Leary, *Office* 72–83.

[54] Handschrift Q (ebenda 80) und wohl auch T (ebenda 81).

[55] *Jahres-Psalm.* (1908; Alex.); die übrigen ins Morgengebet gehörenden Texte stehen hinter denen für das Mitternachtsgebet.

[56] *Choiak-Psalm.* (1911).

[57] Das Würdige-dich und die darauf folgenden Texte sind nicht gegeben.

vom Samstag auf Sonntag zusammen zu singen: Die »Psalmodie« beginnt mit dem Abendgebet; am Anfang steht die Samstags-Theotokie; die Samstags-Theotokie ist zweimal aufgenommen; der Theotokien-Zyklus beginnt mit der Montags-Theotokie. Da die Praxis, die Theotokien zusammenzulegen, selbst sekundär ist, besteht zunächst einmal kein Anlaß, irgendeine der genannten Besonderheiten mit der ursprünglichen Anordnung der »Psalmodie« in Verbindung zu bringen. ʻAṭā-ʼllāh ist in seiner Neuausgabe[58] zwar insofern Labīb gefolgt, als er mit dem Abendgebet und der Samstags-Theotokie beginnt. Wie er aber die Oden von den Theotokien getrennt und diesen wieder vorangestellt hat, so hat er auch den Theotokien-Zyklus wieder mit der Sonntags-Theotokie beginnen lassen[59]. Der Beginn mit dem Abendgebet scheint sich in keiner der von O'Leary beschriebenen Handschriften zu finden, die die spezielle Anordnung für den Vortrag aller sieben Theotokien in der Sonntagnacht aufweisen[60]. Doch beginnt der Theotokien-Zyklus selbst in allen diesen Handschriften, wie in Labībs Ausgabe, mit der Montags-Theotokie. Das doppelte Vorkommen der Samstags-Theotokie ist auch handschriftlich bezeugt, nämlich in der Handschrift Rylands 430 [17][61]. Auch hier liegt der Anlaß für die Verdoppelung allein darin, daß die Texte für das Samstagabendgebet eigens gegeben werden. Diese werden jedoch im Gegensatz zur Anordnung bei Labīb dem Mitternachtsgebet nicht vorausgeschickt, vielmehr folgen sie erst auf dieses.

Auf zwei Handschriften sei noch speziell hingewiesen. Die Pariser koptische Handschrift Nr. 35 beginnt mit den Texten für das Abendgebet[62] und der Samstags-Theotokie[63]. Da die Samstags-Theotokie im Rahmen des Abendgebetes erscheint, muß man vermuten, daß auch diese Handschrift die jüngere Praxis voraussetzt, nach der alle Theotokien in der Sonntagnacht gesungen werden. Dennoch weist diese Handschrift nicht die für jene Praxis typische Einreihung der vier

---

[58] *Choiak-Psalm.* (1955).

[59] So kommt der Samstag wieder an den Schluß der »Psalmodie«. Der Theotokien-Text selbst für den Samstag ist aber nicht wiederholt; es wird auf sein Vorkommen im Abendgebet verwiesen (S. 697).

[60] O'LEARY, *Office* 77 ff. (Handschrift K, Q, T und Z).

[61] Bei O'LEARY, *Office* 83 (Handschrift Z) nicht zu ersehen. Vgl. stattdessen CRUM, *Catalogue Rylands*, S. 204 und 205.

[62] O'LEARY, *Office* 75 ungenau.

[63] Diese wird später nicht wiederholt.

Oden unter die Theotokien auf. Vielmehr gehen, entsprechend der ursprünglichen Anordnung, die vier Oden den Theotokien voraus. Diese Anordnung spricht aber keineswegs gegen die eben gemachte Annahme, daß die Handschrift die Rezitation aller Theotokien in einer Nacht voraussetzt. Die Rezitation aller Theotokien in einer Nacht wird ja nicht von Anfang an immer und überall nur in der Weise erfolgt sein, daß die Oden zwischen die Theotokien eingeschaltet wurden. Es ist durchaus wahrscheinlich, daß die Texte zunächst einmal in der Reihenfolge gesungen wurden, in der sie ursprünglich in der »Psalmodie« standen, das heißt: erst die vier Oden, dann die Theotokien aller sieben Wochentage. Sicher wird man erst allmählich dazu übergegangen sein, die Oden unter die Theotokien zu verteilen. Umgekehrt hat der Cod. Vat. copt. 36 schon die Oden unter die Theotokien verteilt; auch gehen den Texten für das Mitternachtsgebet solche für das Abendgebet voraus, aber die Samstags-Theotokie ist nicht mit letzteren verbunden[64]. Auch hier wird eindeutig die jüngere Praxis der Rezitation aller Theotokien in einer Nacht vorausgesetzt. Wir sehen aber, daß in der Textanordnung der Handschrift die Samstags-Theotokie nicht notwendig mit anderen Texten des Abendgebetes verbunden sein muß, selbst wenn solche dem Mitternachtsgebet vorausgeschickt werden.

Diese natürlich höchst unvollständige Übersicht zeigt zunächst einmal, daß jene Anordnung der Psalmodie-Texte, die mit dem Mitternachtsgebet beginnt, in den Handschriften am häufigsten bezeugt ist, und zudem gerade in den älteren. Diese Ordnung beruht also sicher auf alter Tradition, und es ist nicht unwahrscheinlich, daß es sich hierbei um die ursprüngliche Anordnung der Psalmodie-Texte handelt. Wir hätten dann eine grundverschiedene Horenanordnung in Horologion und »Psalmodie«. Jenes beginnt mit der Morgenhore, diese mit der Mitternachtshore. Während aber beim Horologion die Überlieferung einheitlich ist, ist bei der »Psalmodie« ein gewisses Schwanken in der Überlieferung festzustellen, so daß wir hier nicht zu einer wirklichen Sicherheit kommen. Es können in der »Psalmodie« auch für das Abend- oder Morgengebet bestimmte Texte voranstehen[65]. Die Voranstellung des Abendgebetes scheint durch die spätere Praxis veranlaßt, nach der die Theotokien aller sieben Wochentage in einer

---

[64] *Cod. Copt.* I 143 (fol. 12–14ᵛ der Handschrift).

[65] Oder auch die Eröffnungshymnen aller Horen: Cod. Vat. copt. 36 (*Cod. Copt.* I 143) und 101 (ebenda 678; beginnend mit der Terz).

Nacht gesungen werden; dieser Gottesdienst wird mit dem Abendgebet eröffnet. Ob die Anordnung mit dem Abendgebet an der Spitze auch unabhängig von dieser Praxis vorkommt, kann ich mit dem mir zugänglichen Material nicht entscheiden. Die Voranstellung von Texten aus dem Morgengebet könnte etwa durch die Anordnung der Horen im Horologion beeinflußt sein. Sicher alt ist also die mit dem Mitternachtsgebet beginnende Anordnung der Psalmodie-Texte. Ob andere Textanordnungen daneben gleichfalls auf alte Tradition zurückgehen, muß ich vorläufig offenlassen.

Was die Anordnung der Theotokien der einzelnen Wochentage im Wochenzyklus betrifft, so kann meiner Meinung nach kein Zweifel daran bestehen, daß der ursprüngliche Zyklus mit dem Sonntag beginnt und dem Samstag endet. Erst aus der späteren Gewohnheit, alle sieben Theotokien in einer Nacht zu singen, entstanden zwei andere Zyklen. Die Rezitation der Theotokien aller sieben Wochentage in der Sonntagnacht begann mit dem Montags-Theotokie. Das erklärt den Zyklus Montag bis Sonntag. Da dieser Gottesdienst in der Sonntagnacht aber durch das Abendgebet des Samstags, in dem die Samstags-Theotokie ihren Platz hat, eröffnet wurde, konnte auch die Samstags-Theotokie vorangestellt und dann sogar später an ihrem Platz im Zyklus wiederholt werden[66].

*   *

Daß die Texte von Horologion und »Psalmodie« zusammen ein einziges Offizium bilden[67], wurde im Vorhergehenden immer als selbstverständlich vorausgesetzt. Ein eigentlicher Beweis braucht für einen so offenkundigen Tatbestand auch gar nicht gegeben zu werden. Eine gewisse Schwierigkeit bereitet aber vielleicht der Umstand, daß die beiden genannten liturgischen Bücher nur ein Minimum an Hinweisen darauf enthalten, wie sich das Offizium aus den in ihnen überlieferten Texten aufbaut. Dennoch können die wirklichen Zusammen-

---

[66] Dabei kann sich eine Art Zyklus Samstag, Sonntag, Montag usw. ergeben (so in der *Choiak-Psalm.* [1955]), doch ist das Wort »Zyklus« dann nur in einem weiteren Sinn verstanden. Zwischen die Samstags- und der Sonntags-Theotokie schiebt sich in diesem Fall eine große Textmasse, vor allem die vier Oden mit allen dazugehörigen Texten. Andernfalls folgt auf die Samstags-Theotokie, aber wiederum nicht unmittelbar, der mit dem Montag beginnende Wochenzyklus (so *Choiak-Psalm.* [1911]).

[67] Daß sich allerdings in der »Psalmodie« im »Proprium« auch für die Messe bestimmte Texte finden können, wurde schon oben erwähnt (S. 55).

hänge nicht verkannt werden, und sie sind auch von einigen modernen Autoren mit aller nur wünschenswerten Deutlichkeit dargelegt worden[68]. Allerdings stehen daneben andere Darstellungen des koptischen Stundengebets, aus denen der Leser diese Zusammenhänge nicht einmal erahnen kann[69]. So kann es von Nutzen sein, wenn auch diese Frage hier kurz behandelt wird.

Zunächst sei nochmal an die ausführliche Darstellung des koptischen Stundengebetes durch Abū 'l-Barakāt erinnert[70], die man nur zu überfliegen braucht, um zu sehen, wie sich das Stundengebet aus Texten des Horologions und der »Psalmodie« — natürlich nicht nur aus solchen[71] — zusammensetzt. Und auch hier gilt wieder, daß die Praxis der Kopten sich in der Zwischenzeit nicht wesentlich geändert hat und daß dies auch in ihren eigenen Darstellungen deutlich zum Ausdruck komt[72]. Zum zweiten seien jene Horologien genannt, die eine Beziehung zur »Psalmodie« ausdrücklich herstellen. Es sind mir nur wenige Texte dieser Art bekannt, und es lassen sich darin nur im Mitternachtsgebet Verweise auf die »Psalmodie« finden. Diesen Umstand könnte man vielleicht damit zu erklären versuchen, daß das Mitternachtsgebet diejenige Hore ist, der im größten Umfang Psalmodie-Texte zugehören, darunter die vier Oden und die Theotokie des jeweiligen Tages. Da wir aber nur über sehr wenige Zeugen der gemeinten Art verfügen, ist bei solchen Erklärungen Vorsicht geboten. Stünde uns eine umfangreichere Dokumentation zur Verfügung, so würde sich vielleicht zeigen, daß ältere Horlogien nicht nur Psalmodie-Texte der Mitternachthore enthalten oder auf solche verweisen, sondern auch solche anderer Horen. Schon hier sei darauf aufmerksam gemacht, daß die fraglichen Zeugen wahrscheinlich die ältesten Horologion-Handschriften bzw. Fragmente von solchen sind, die wir besitzen.

Der erste Zeuge ist eine unlängst von Burmester veröffentlichte,

---

[68] O'LEARY, *Office*; MUYSER, *Maria's heerlijkheid* 76 f.

[69] So wird in BURMESTERS klassischem Artikel über »The Canonical Hours of the Coptic Church« (*Hours*) und in der Studie *Observance liturgique* desselben Autors die Existenz der »Psalmodie« mit keinem Wort erwähnt, so als ob man sich vom koptischen Stundengebet allein mithilfe des Horologions ein rechtes Bild machen könnte. Später erscheint dann bei Burmester die »Psalmodia« als eine Art eigenes Offizium am Schluß bestimmter Horen (vgl. oben S. 61).

[70] VILLECOURT, *Observances liturgiques* II 218–243; vgl. auch I 281–283.

[71] Vgl. oben S. 1.

[72] Vgl. etwa ṢALĪB, *Riten* 32–61 oder *Abendgebet*.

sehr fragmentarische Horologion-Handschrift[73], auf die später noch
näher eingegangen werden wird[74]. Da Burmester die Handschrift
ins 13./14. Jahrhundert datiert, könnten diese 22 (z. T. beschädigten)
Blätter noch älter als der Cod. Vat. copt. 40 sein; auf jeden Fall
gehören sie zu den ältesten Zeugen des koptischen Horologions[75].
Bei dem äußerst fragmentarischen Erhaltungszustand der Handschrift müssen wir es als einen besonders glücklichen Zufall betrachten,
daß wir davon gerade jenes Blatt besitzen, auf dessen Vorderseite
die letzten Zeilen des Schlußgebetes der Mitternachtshore stehen;
es folgt unten auf der Seite der ausdrückliche Schlußvermerk der Hore
in arabischer Sprache: »Zu Ende ist das Mitternachtsgebet. Im Frieden
des Herrn. Amen[76].« Auf der Rückseite desselben Blattes treffen wir
dann zu unserer Überraschung den koptischen Titel »Die Mitternacht(s-
hore)«; außerdem ist dort der Anfang des »Erhebet euch, Söhne
des Lichtes ...« erhalten, mit dem bekanntlich die Mitternachtshore
beginnt. Natürlich beginnt an dieser Stelle der Handschrift nicht ein
zweites Mal die Mitternachtshore oder genauer gesagt: die Horologion-
Texte der Mitternachtshore. Wie wir schon früher feststellen konnten,
wurde das »Erhebet euch ...« in älterer Zeit gar nicht ins Horologion
aufgenommen[77]. Vielmehr stand es allein in der »Psalmodie«, und auch
unsere Handschrift enthält im fraglichen Abschnitt eben Psalmodie-
Texte. Nach dem gerade beschriebenen Blatt fehlt erst einmal eine
Reihe von Blättern. Nach dieser Lücke sind uns noch sieben weitere
aufeinanderfolgende Blätter erhalten, auf denen der Schluß der zweiten
Ode, das zugehörige »Psali«, die dritte Ode und der Anfang des dazugehörigen »Psali« stehen, und zwar alle Stücke mit voll ausgeschriebenem Text. Es sind dies alles Texte, die auch heute noch ausschließlich in der »Psalmodie« zu finden sind. Wir haben es also mit einem
Horologion zu tun, das zugleich Psalmodie-Texte enthält. Über die
Bedeutung dieser Zusammenstellung kann meiner Meinung nach kein
Zweifel bestehen; es sollten jene Texte vereinigt werden, die beim
kanonischen Offizium zum Vortrag kommen. Ich halte es für ausgeschlossen, daß diese Textzusammenstellung reinem Zufall ihre
Entstehung verdankt. Höchst interessant ist aber, daß Horologion-

---

[73] Burmester, *Fragments*.
[74] Unten S. 85 f.
[75] Siehe unten S. 81 ff.
[76] Burmester, *Fragments* 34.
[77] Vgl. oben S. 39 mit Anm. 152.

und Psalmodie-Texte nicht nach ihrer wirklichen Abfolge im Offizium kombiniert sind, sondern vielmehr die Psalmodie-Texte geschlossen auf das Horologion folgen. Mögen sie auch beide zum Vortrag beim Offizium bestimmt sein, so sind Horologion und »Psalmodie« eben doch zwei verschiedene Textsammlungen, und dieser Unterschied bleibt auch dort, wo sie einmal ausnahmsweise in einem Band vereinigt sind, durchaus gewahrt. Was die Handschrift, von der ja nur wenige Blätter erhalten sind, ursprünglich alles an Psalmodie-Texten enthielt, können wir natürlich nicht mehr feststellen. Sicher ist aber, daß bei dem Format der Handschrift und der Größe ihrer Schrift keinesfalls eine vollständige »Psalmodie« auch nur mit jenen Texten, die die heutige Jahres-Psalmodie bilden, darin Platz gehabt haben kann. Ich möchte deshalb vermuten, daß die Handschrift nicht jene »Doxologien«, »Psali« usw. enthielt, die bestimmten Tagen und Zeiten des Kirchenjahres eigen sind[78], sondern nur jene Teile der »Psalmodie«, die ins tägliche Offizium gehören. Dazu könnten meiner Meinung nach auch durchaus die Theotokien der sieben Wochentage gehört haben, aber kaum ihre »Paraphrasen« und sonstiges Beiswerk, jedenfalls nicht in der ausgebildeten Form der späteren Handschriften.

Der zweite Zeuge ist der Cod. Vat. copt. 40, wohl die älteste vollständig erhaltene Horologionhandschrift. Im Gegensatz zu der vorher behandelten fragmentarischen Handschrift enthält diese Handschrift nicht die fraglichen Psalmodie-Texte für das Mitternachtsgebet, wohl aber an der betreffenden Stelle einen Verweis darauf. Vor dem Schlußgebet der Mitternachtshore steht in der Handschrift folgender Vermerk: »Dann spricht er die vier Cantica und die Theotokie jenes Tages und die bekannten Abschnitte[79] sowie den Engelshymnus[80], das Credo, 50 Kyrieeleison, Unser-Vater und diese(s) Entlassung(sgebet)[81].« Hier ist also in einem Horologion eindeutig die Verbindung

---

[78] Vgl. oben S. 55.

[79] *Qiṭaʿ* ist eine häufige arabische Bezeichnung für die Troparien und wird von Hebbelynck und van Lantschoot auch an dieser Stelle so übersetzt. (*Cod. Copt.* I 213). Er heißt aber eigentlich nur »Stücke«, und da ich nicht sicher bin, was der Ausdruck hier bedeutet, wähle ich eine neutrale Übersetzung. Er dient z. B. auch zur Bezeichnung der »großen *hūs*« (vgl. unten S. 73, Anm. 109); diese Kombination von Psalmversen hat ihren Platz jedoch sonst vor Oden und Theotokie. Wahrscheinlich sind mit den »Stücken« an unserer Stelle die normalerweise auf die Theotokie folgenden Texte gemeint; vgl. etwa Abū ʼl-Barakāt (VILLECOURT, *Observances liturgiques* II 230 f.) oder BURMESTER, *Liturgical Services* 110.

[80] D. h. die große Doxologie (»Ehre [ist] Gott in den Höhen ...«).

[81] *Cod. Copt.* I 213.

zu den betreffenden Psalmodie-Texten, den Oden und der Theotokie, hergestellt. Erst nach den Oden und der Theotokie sind die abschließenden Texte und das Entlassungsgebet der Hore zu sprechen. Keinen unabhängigen Zeugniswert kann man der Horologion-Ausgabe Ṭūḫīs zuerkennen, die ebenfalls die zitierte Rubrik vor dem Entlassungsgebet der Mitternachtshore enthält[82], denn Ṭūḫī hat den Vat. copt. 40 gekannt und sogar abgeschrieben[83]. Immerhin ist positiv zu vermerken, daß Ṭūḫī die Zusammenhänge noch gesehen zu haben scheint, woran wohl auch nichts ändert, daß er vor die genannte Rubrik eine Vignette gesetzt und davor sogar eine ganze Seite freigelassen hat.

Ein zusätzliches Zeugnis liefert uns wieder das äthiopische Horologion[84], das die Oden und die Theotokie[85] mit anderen dazugehörigen Texten an ihrer Stelle im Mitternachtsgebet bzw. im »Gebet beim Hahnenschrei«[86] nennt[87]. Soweit ich darüber informiert bin, liegt die koptische »Psalmodie« als solche in äthiopischer Übersetzung nicht vor. Der volle Text des den koptischen Theotokien entsprechenden »Marienlobs«, das ja nicht nur in diesem Typ des Stundengebets zur Verwendung kommt, steht bei den Äthiopiern mit den biblischen Cantica[88] (und z. T. anderen Texten) in Psalter- aber auch sonstigen Handschriften[89], darunter auch Handschriften, die Horologion und »Marienlob« enthalten[90]. Selbstverständlich stehen dann auch solche Texte des täglichen liturgischen Morgengebetes, die dem koptischen und dem äthiopischen Ritus gemeinsam sind, bei den Kopten aber

---

[82] *Horol.* (1750) 380.

[83] *Cod. Copt.* I 213.

[84] Vgl. oben S. 18, Anm. 26.

[85] Äthiopisch **ውዳሴ : ማርያም :** = »Lob Mariens«, im *Äthiop. Horol.* jeweils **ውዳሴሃ : ለእግዝእትነ : ማርያም :** = »das Lob unserer Herrin Maria«.

[86] Vgl. oben S. 18 f.

[87] Turaev, *Horol.* 128–156 (jeweils nur Titel bzw. Rubriken); *Horol. Aeth.* 64–100; *Äthiop. Horol.* 262–331.

[88] Natürlich die ganze Reihe der bei den Äthiopiern üblichen 15 Cantica des Alten und Neuen Testaments und nicht nur die Cantica aus Ex 15 und Dan 3.

[89] Vgl. beispielsweise die summarischen Angoben bei Fries, *Weddâsê* V und die Beschreibungen der Handschriften ebenda 19–27. Für die Londoner liturgischen Psalterhandschriften vgl. Wright, *Catalogue* 111–125 (S. 72 ff.), für die vatikanischen Handschriften *Cod Aeth.* II 79a (Index; Stichwort »Wĕddāsē Māryām«).

[90] So die Pariser Handschriften Nr. 9 (Zotenberg, *Catalogue* 14), 12 und 13 (ebenda 17a) und 81 (ebenda 87). Nur Horologion-Texte und »Marienlob« enthält die Pariser Handschrift Nr. 84 (ebenda 88a; die beiden Teile sind von verschiedenen Händen), ebenso die Leningrader Handschrift Papadopulos-Kerameus 6 (Turaev, *Horol.* 106; *Äthiop. Hss.* 177 f. [Separatausg. 65 f.]).

ausschließlich in die »Psalmodie« aufgenommen sind, bei den Äthiopiern im Horologion, wie z. B. die »Doxologien«[91].

Die Zusammengehörigkeit der Horologion- und Psalmodie-Texte für das Abendgebet erhält durch die Vielfalt der Bezeichnungen höchstens den Anschein einer gewissen Unklarheit. Im Horologion heißen, wie wir schon sahen, die beiden Abendhoren Vesper und Komplet entweder »Gebet des Abends« und »... des Schlafes« oder »... der elften ...« und »... der zwölften Stunde«[92], wobei für »Abend« im Arabischen das Wort *ġurūb* (eigentlich »[Sonnen]-Untergang«) gebraucht wird. In den Rubriken und Titeln der »Psalmodie« und der Weihrauchdarbringung und in der rubrizistischen Literatur werden dagegen die gewöhnlichen Ausdrücke für »Abend«, *masā'*[93] und *ʿašīyah*[94], verwendet. Es wurde gleichfalls schon darauf hingewiesen, daß die »abendlichen« Psalmodie-Texte ursprünglich mit der Vesper verbunden gewesen sein müssen[95]. Ein formelles Zeugnis dafür liegt in der Uppsalaer Handschrift von Abū 'l-Barakāts »Lampe der Fisternis« vor, die diese Texte ausdrücklich auf die Psalmen des »Sonnenuntergangs« folgen läßt[96]. Die alten Horologien gaben, wie erinnerlich, das für das Abendgebet typische Würdige-dich in Vesper und Komplet; die späteren geben es nur noch in der Komplet[97]. Und Rubriken und Rubrizistik reihen heute auch die anderen Psalmodie-Texte des Abendgebetes, darunter die vierte Ode und die Tages-Theotokie, der Komplet ein[98],

---

[91] Turaev, *Horol.* 16–18; *Horol. aeth.* 15 f.; *Äthiop. Horol.* 41–44.

[92] Vgl. oben S. 15 mit Anm. 9.

[93] So *Jahres-Psalm.* (1908; Kairo) 281 und 322; *Jahres-Psalm.* (1949) 317; vgl. auch folgende Anm.

[94] So *Choiak-Psalm.* (1911) 3, 14 und oft; *Choiak-Psalm.* (1955) 12; *Jahres-Psalm.* (1949) 1 und 2; *Euchol.* 3 ff.; so auch schon Abū 'l-Barakāt (Villecourt. *Observances liturgiques* II 223 und 238. Die *Jahres-Psalm.* (1908; Alex.) kombiniert *ṣalāt ʿašīyah* « *'l-masā'* » (S. 4).

[95] Vgl. oben S. 38.

[96] Villecourt, *Observance liturgiques* II 238; es geht hier um Ps 148–150. Villecourt zieht aus dieser Angabe eigenartigerweise die Folgerung, daß das Abendgebet (*ʿašīyah*) von der Vesper (Sonnenuntergangsgebet) verschieden sei (ebenda, Anm. 1). In der Pariser Handschrift erfolgt an dieser Stelle nur ein Hinweis auf das Horologion ohne weitere Präzisierung (ebenda 223). — Im Sin. ar. 184 wird das Würdige-dich der Vesper zugewiesen (vgl. unten S. 282, Anm. 35).

[97] Vgl. oben S. 26 ff. und 32 f. oder S. 38 mit Anm. 141.

[98] Ṣalīb, *Riten* 35 f.; *Jahres-Psalm.* 1908; Alex.) 4; *Jahres-Psalm* (1949) 1; *Choiak-Psalm.* (1911) 13; Burmester, *Liturgical Services* 32 und 108. Wenn *Abendgebet* 6 die (1.) Komplet nicht genannt ist, so liegt ein offenkundiges Versehen vor; die 2. Komplet für das monastische Offizium ist richtig genannt.

im Mönchsoffizium der 2. Komplet[99]. Der ganze Komplex des Abendgebetes umfaßt im Normalfall die Horen von der Non bis zur
Komplet[100].

* * *

Weiterhin verlangt der Name »Psalmodie« eine Erklärung, womit
sich zugleich eine genauere Charakterisierung dieser Textsammlung
ergibt. O'Leary führt das Buch so ein: »The Psalmodia or the Theotokia
containing the Odes, Theotokia, Doxologies, etc. chanted by the
Deacon or the choir … we may call the Psalmodia either a Deacon's
manual or a choir book[101].« Die Definition der »Psalmodie« als »Chor-
Buch«[102] dürfte die gemeinte Sache durchaus treffen. Von einem
»Deacon's manual« sollte man aber ohne ein Wort der Erklärung wohl
besser nicht reden. Zunächst besteht natürlich schon zwischen dem
gewöhnlich »Diakonale« genannten Buch mit den den Diakon betreffenden liturgischen Funktionen und der »Psalmodie« ein großer Unterschied. Vor allem aber ist zu fragen, ob die in der »Psalmodie« enthaltenen Texte wirklich »vom Diakon gesungen« werden. Hierzu ist
zu sagen, daß die Ausführung dieser Gesänge keineswegs zu den
spezifischen Funktionen des Diakons gehören kann. Weder kann es
seine Aufgabe gewesen sein, diese Texte selbst vorzutragen, noch die,
ihren Vortrag durch Chor oder Gemeinde zu leiten. Allenfalls könnte
man von einer Art »Oberaufsicht« des Diakons darüber sprechen, daß
Gemeinde bzw. Chor und Vorsänger in der den Vorschriften entsprechenden Weise am Gottesdienst teilnehmen. Sollten Diakone
tatsächlich selbst mit dem Vortrag der Gesänge betraut gewesen
sein, so hätten sie nur Funktionen ausgeübt, die eigentlich anderen
zukommen[103]. Dafür, daß dies auch in der koptischen Kirche in etwa
der Fall war, gibt es verschiedene Indizien. So treffen wir häufig

[99] Ṣalīb, *Riten* 35; *Jahres-Psalm.* (1908; Alex.) 4; *Jahres-Psalm.* (1949) 1; *Choiak-
Psalm.* (1911) 13; *Abendgebet* 6; Burmester, *Liturgical Services* 32.

[100] Ṣalīb, *Riten* 35; *Jahres-Psalm.* (1908; Alex.) 4; *Jahres-Psalm.* (1949) 1; *Choiak-
Psalm.* (1911) 13. *Abendgebet* 6; an Fasttagen jedoch nur Vesper und Komplet (vgl.
die genannten Stellen); die Non wird dann an die Terz und Sext angehängt Ṣalīb,
Riten 66; Burmester, *Liturgical Services* 32 und 99).

[101] O'Leary, *Office* 50.

[102] Auch ebenda 72 ff.: »The Psalmodia or Choir Book«. Ebenso Hebbelynck,
Fragment de psalmodie 153, Anm. 1 (Livre du Chœur) und *Cod. Copt.* I 142 (liber choralis).

[103] Man vgl. etwa, was Eisenhofer, *Handbuch* I 230 über die Ersetzunge von fehlenden
Sängern durch Lektoren und Diakone sagt. Nach Epitaphien (Einzelbelege werden nicht
gegeben; vgl. etwa Leclercq, *Chantres* 353 f.) hätten sowohl in Rom als auch in Mailand
im 4.–5. Jahrhundert Diakone das Amt des Vorsängers wahrgenommen.

Handschriften an, die »Psalmodie« und Diakonale zusammen enthalten,
worauf sich auch O'Leary beruft[104]; aber auch andere liturgische
Gesangsstücke stehen oft in ein und derselben Handschrift mit einem
Diakonale[105]. Besonders interessant ist aber in diesem Zusammenhang
Abū 'l-Barakāts Beschreibung des Offiziums. Der Vortrag der Gesangsstücke wird darin meistens den Sängern zugewiesen, einige Male den
Diakonen und einmal sogar dem Priester, ohne daß man meines
Erachtens diese Zuweisungen als charakteristische Funktionsunter-
schiede interpretieren darf. So ist es nach Abū 'l-Barakāt beim Abend-
gebet der Priester, der die vierte Ode (Ps 148–150) und die Theotokie
des Tages »liest«[106]. Gerade dies ist aber im heutigen Ritus Aufgabe der
Sänger[107], und es gibt keinen sachlichen Grund zu der Annahme,
daß dies früher grundsätzlich anders gewesen wäre. Der Diakon
erscheint in Abū 'l-Barakāts Beschreibung des Offiziums dreimal mit
Gesangstücken befaßt[108]. Zweimal geschieht dies mit Bezug auf ganz
bestimmte Texte. Einmal ist von dem Alleluja mit den dazugehörigen
Psalmversen im Mitternachtsgebet die Rede[109]. Abū 'l-Barakāt sagt
ausdrücklich, daß der Chor dem Diakon hierbei antwortet. Ob es
sich hier um eine spezielle Funktion des Diakons handelt oder ob der
Diakon hier als Vorsänger fungiert, kann ich nicht entscheiden.
Das andere Mal geht es um das »Psali« vor der Theotokie[110]. Nach
Abū 'l-Barakāt soll man den alten »Psali« den Vorzug geben, »die die
Menge und die Mehrzahl der Diakone auswendig kennt.« Hier ist es
ziemlich deutlich, daß die Diakone nur als Sänger fungieren. Eine
letzte Stelle[111] klingt allgemeiner, und ich glaube nicht, daß sie nur

[104] O'Leary, Office 50.
[105] Vgl. z. B. die Cod. Vat. copt. 27 und 28 (Cod. Copt. I 93 ff.).
[106] Villecourt, Observances liturgiques II 223 f.
[107] Vgl. unten S. 74 f.
[108] Villecourt, Observances liturgiques II 226. Natürlich werden die Diakone auch
sonst noch wiederholt genannt.
[109] Gemeint sein werden die wiederum هوس (vom koptischen ϨⲰⲤ) genannten
Zusammenstellungen bestimmter Psalmverse für einzelne Feste und Zeiten des Kirchenjahres; vgl. beispielsweise die für den Monat Choiak in Choiak-Psalm. (1911) 211–225
bzw. Choiak-Psalm. (1955) 158–169 oder für Weihnachten und Epiphanie in Weihnachten-Epiphanie 55–68 und 130–140. Nach meinen Informationen wird ein solcher
Text heute gewöhnlich »großes (kabīr) hūs« oder »hūs des Festes (al-ʿīd)« genannt, doch
kann ich diese Ausdrücke in den liturgischen Büchern und der Literatur nicht nachweisen. Gelegentlich kommt für hūs in diesem Sinne auch qiṭaʿ (»Stücke«) vor (Weihnachten-Epiphanie 55 und 130).
[110] Villecourt, Observances liturgiques II 228.
[111] Ebenda 220.

auf die davor genannten »Doxologien« zu beziehen ist. Es wird gesagt,
daß »es besser ist, nur das zu singen, was die Diakone oder der größere
Teil unter ihnen auswendig kennt.« Auch hier erscheinen die Diakone
wiederum eindeutig in der Funktion von Sängern. Zusammenfassend
möchte ich die Angaben Abū 'l-Barakāts so deuten[112], daß es auch in
Ägypten nicht selten an geschulten Sängern für den feierlichen Gottesdienst fehlte und daß deshalb Diakone und selbst Priester Gesangs-
partien übernehmen mußten. Daß es sich bei den Texten der »Psalmodie« in Wirklichkeit um Gesangsstücke handelt, deren Vortrag eigentlich den Sängern (wenn nicht der Gemeinde) zukam, ergibt sich schon
aus der Natur der Sache. Deshalb findet man gewöhnlich auch keine
Angaben hierzu. Nur ausnahmsweise wird einmal der Sänger (*murattil*)
genannt. Es seien hier einige Belege aus neuerer Zeit angeführt, die
den Vortrag der zentralen Stücke der »Psalmodie«, der Oden und
Theotokien, den Sängern zuweisen. In der Einleitung der Euchologion-
Ausgabe von 1902 ist bei der Beschreibung des Mitternachtsgebetes
davon die Rede, daß »die Sänger die *tasbiḥah* koptisch sprechen (*yaqūl*);
diese besteht aus den vier Oden und einer Theotokie mit dem, was
noch dazukommt[113].« Und dieser Satz kehrt wörtlich, abgesehen von
dem Ausdruck »mit dem, was noch dazukommt«, in der modernen

---

[112] Möglicherweise zeichnet sich schon bei Abū 'l-Barakāt jener Wandel in der Terminologie ab, der nach meinen Informationen jedenfalls heute weithin gilt. Danach
würden die Sänger und alle, die irgendwie am Altar Dienst tun, *šammās* genannt, welche
Bezeichnung ursprünglich dem geweihten Diakon zukam. Für den eigentlichen Diakon
soll heute in erster Linie wieder das griechische Wort »Diakon« gebraucht werden.
— Nach BAUMSTARK wäre der Psalmengesang während der Meßfeier, für den im Laufe
der Zeit der Rang der ψάλται geschaffen worden war, in Ägypten schließlich Sache des
Diakons geworden (*Messe* 94). In den heutigen liturgischen Büchern läßt sich das nicht
belegen. Von dem Psalmabschnitt vor dem Evangelium heißt es nur, daß »er gesungen
wird«; von wem, ist nicht angegeben (*Euchol.* 258; *Diakonale* 65; ṢALĪB, *Riten* 76;
BURMESTER, *Liturgical Services* 59). Heute singt der Diakon den Psalm nur, wenn kein
anderer Sänger zur Verfügung steht. Beim Psalm 150 als Kommuniongesang heißt es
ausdrücklich, daß das Volk ihn singt (*Euchol.* 410; ṢALĪB, *Riten* 92; BURMESTER, *Liturgical Services* 77; nicht ganz eindeutig *Diakonale* 125, vielleicht Diakone und Volk).
Dagegen wird der Diakon noch bei Abū 'l-Barakāt genannt. Der Psalm vor der Evangelienlesung wird in der Weihrauchdarbringung in der Tat vom Diakon, nach einem
bestimmten lokalen Brauch sogar vom Archidiakon gesungen (VILLECOURT, *Observances
liturgiques* II 223). Bei der Messe gibt Abū 'l-Barakāt noch genauere Unterschiede
an. Der Psalm wird entweder vom Priester selbst angestimmt oder von einem Diakon;
in beiden Fällen respondiert das Volk. Im Makarius-Kloster singen hingegen die Sänger
den Psalm, ohne daß jemand respondiert (VILLECOURT, *Observances liturgiques* II 251).
Vom Psalm 150 bei der Kommunion heißt es einfach, daß »man« ihn singt (ebd. 257).
[113] *Euchol.* 6; ebenso *Jahres-Psalm.* (1908; Alex.) 4f.

theologischen Enzyklopädie von Yūḥannā Salāmah wieder, wo dieser
beschreibt, was der Weihrauchdarbringung am Sonntagmorgen vorausgeht[114]. Ebenso wird gesagt, daß die vierte Ode im Abendgebet des
Samstags von den Sängern gesungen wird[115], was vermutlich ebenso
für die folgende Theotokie[116] gelten soll und dort nur deshalb nicht
ausdrücklich gesagt wird, weil es als bekannt vorausgesetzt werden
kann.

Von der an sich selbstverständlichen Tatsache her, daß die »Psalmodie« Gesangsstücke enthält und unter die Kompetenz der »Sänger«
fällt, läßt sich dann auch völlig zwangslos ihr Name erklären. ⲮⲀⲗⲧⲏⲤ
und ⲮⲀⲗⲘⲰⲀⲞⲤ sind im Koptischen Bezeichnungen für den
(Kirchen-)Sänger; in der »Psalmodie« stehen die von ihnen zu singenden
Texte. Nur läßt sich wohl nicht entscheiden, ob »Psalmodie« genauer
mit »Buch der Gesänge« oder »Buch des Sängers« wiederzugeben wäre.
Hier kurz einiges zur Terminologie. Fast durchweg werden ⲮⲀⲗⲘ-
ⲰⲀⲞⲤ[117] und ⲮⲀⲗⲧⲏⲤ[118] gebraucht, selten ein anderes Wort[119].
Bei Aufzählung der kirchlichen Grade erscheint der Sänger immer nach
dem Lektor, auf ihn folgt entweder der Ostiarier[120] oder der Exorzist[121].

114 SALĀMAH, *Perlen* I 201.

115 Ebenda I 195.

116 Ebenda I 196.

117 Vgl. z. B. BURMESTER, *Liturgical Services* 174 das Gebet zur Weihe des Sängers.
Aus der sonstigen koptischen Literatur sei beispielsweise auf AMÉLINEAU, *Monuments*
161 und 168 verwiesen. Das Wort ist auch als ابصلملدس (und ähnliche Schreibungen)
ins Arabische übernommen; vgl. GRAF, *Verzeichnis* 3. Ein Beispiel: *Pontif.* I 229.

118 Formelle Gleichsetzung im Titel des Weihegebetes bei Ṭūḫī: »Gebet über den,
den man zum ψαλμῳδός, d. h. ψάλτης, machen will« (*Pontif.* I 229). Auch dieser Titel in
der übrigen koptischen Literatur häufig, vgl. z. B. *Sinuthii vita* 45,27; BUDGE, *Miscell.*
Texts 174 und 179. Bei Übersetzung ins Äthiopiosche wird wieder eine entsprechende
Bildung von der Wurzel *zmr* gebraucht: ⲘⲎⲄⲘⲤ ፡ (Joh. v. Nikiu, *Chronik* 207 [Separa-
ratausg. 87], Zeile 25), nur ist wegen des fehlenden koptischen Textes natürlich nicht
mehr festzustellen, ob dort ⲮⲀⲗⲘⲰⲀⲞⲤ oder ⲮⲀⲗⲧⲏⲤ stand. Auch die Form
ⲮⲀⲗⲧⲏⲤ wird zuweilen ins Arabische übernommen, so etwa in der Übersetzung der
genannten Stelle der Schenutevita mehrfach als ابصلدس (AMÉLINEAU, *Monuments*
401 f.). Vermutlich ist diese Form auch mit dem ابصليتس bei SALĀMAH, *Perlen* II 248
und 249 gemeint.

119 Wie ⲒⲈⲢⲞⲮⲀⲗⲧⲏⲤ in den *Quarante-neuf vieillards* 347 (Separatausg. 25);
kurz darauf dann ⲮⲀⲗⲘⲰⲀⲞⲤ (348 [26]).

120 Einige Stellen mit ⲮⲀⲗⲘⲰⲀⲞⲤ: *Dorm. Mariae,* ed. LAGARDE, *Aegyptiaca* 47
oben; ein liturgisches Fürbittgebet griechischer Sprache, JUNKER-SCHUBART, *Kirchen-*
gebet 18 unten; mit ⲮⲀⲗⲧⲏⲤ WESSELY, *Texte* 5, Nr. 270c; eine anderes liturgisches
Fürbittgebet griechischer Sprache bei PLEYTE-BOESER, *Manuscrits* 135.

121 So ⲮⲀⲗⲧⲏⲤ im anaphorischen Fürbittgebet der Gregorius- und Cyrillus-

Weit seltener erscheint eine Art Vorsänger oder Chorleiter terminologisch faßbar. Ein diesbezügliches Weihegebet steht wohl normalerweise nicht in den Handschriften und ist nur (in französischer Übersetzung) bei Wansleben zu finden[122]. Der fragliche Weihegrad heißt nach Wansleben im Titel des Gebetes »premier chantre«, während dann im Weihegebet selbst von »grands chantres« die Rede ist. Nicht sicher ist, was es mit dem in den saïdischen Typikonfragmenten[123] häufig

liturgie (*Euchol.* 507 und 617). Im saïdischen Text bei LANNE, *Euchologe* 298 [34], Z. 7 f., einer Parallele zu der zuletzt genannten Stelle, fehlt der Exorzist; auf die Sänger folgen gleich die Mönche. Desgleichen in einem verwandten Texte ebenda 300 [36] Z. 17 f. (hier ⲯⲁⲗⲙⲱⲁⲟⲥ statt ⲯⲁⲗⲧⲏⲥ).

[122] VANSLEB, *Histoire* 181; von daher hat es DENZINGER, *Ritus Orient.* II 64 übernommen. Das Weihegebet findet sich nicht in Ṭûḫîs *Pontif.* und ist nicht einmal bei BURMESTER, *Liturgical Services* erwähnt.

[123] Als Typika bezeichne ich mangels eines besseren Ausdrucks solche liturgischen Handschriften, die nicht die ausgeschriebenen liturgischen Texte, sondern stattdessen Initia oder sonstige Verweise auf die Verwendung bestimmter Texte in Messe oder Offizium enthalten. Die saïdischen Typika sind inhaltlich ganz verschiedener Art und enthalten keinesfalls nur Angaben über die Lesungen, so daß sich Bezeichnungen wie »Leseliste« o. ä. nicht empfehlen. Manche dieser Typika verweisen außer auf Lesungen auf andere wechselnde Texte der liturgischen Funktionen, andere nennen überhaupt keine Lesungen. Man könnte natürlich auf arabische Ausdrücke zurückgreifen, wie sie heute von den Kopten gebraucht werden. Hier kämen *tartîb* und *dallâl* in Frage, doch ziehe ich das allgemein verständliche »Typikon« vor, obwohl sich der Inhalt der gemeinten saïdischen Handschriften natürlich nicht hundertprozentig mit dem deckt, was das Typikon des byzantinischen Ritus vorstellt. Die Herausgeber derartiger Texte bedienen sich ganz verschiedener Bezeichnungen. Am häufigsten findet man »Direktorium«, so bei CRUM, *Catalogue Rylands* 53–57 und 60 (S. 18–22; vgl. auch im Index S. 272a) und (für einen bohairischen Text) bei O'LEARY, *Directory Fragment*, und »Index«, so bei PLEYTE-BOESER, *Manuscrits* (vgl. im Index S. 488, Ms. Ins. 33–40 und 42) und Hebbelynck und van Lantschoot (*Cod. Copt.* I 693, Cod. Vat. copt. 103, Teil 4), auch beides zugleich, so bei CRUM, *Catalogue B. M.* 144 (S. 30; vgl. auch im Index S. 616a) und MUNIER, *Mélanges* 83. Oder man verwendet Umschreibungen wie »table de morceaux de l'écriture et des pères à lire aux divers offices« (MASPERO, *Fragments* 143) und »Verzeichnis der liturgischen Lektionen« (WESSELY, *Texte* 4, Nr. 204; bei ähnlichen Texten verzichtet Wessely später [*Texte* 5, Nr. 261–266] auf jede nähere Bezeichnung). Wo in einem Typikon Lesungen angegeben sind, wird auch — weniger glücklich — der Ausdruck »Lektionar« gebraucht: DRESCHER, *Lectionary Fragment* und ERNŠTEDT, *Eremitage* 55 (S. 135). (Mit den genannten Publikationen hat der Interessent zugleich einen ersten Überblick über die veröffentlichten Texte dieser Art; andere sind noch unveröffentlicht.) »Direktorium« und »Typikon« als Bezeichnung derartiger Texte verwendet GOUSSEN (*Orient.-liturg. Fund*), ebenso SCHERMANN (*Aufbau* 248; *Abendmahlsliturgien* 199 [ebenda 225 nur »Direktorium«]). JUNKER, *Poesie* 376 (Separatausg. 58) gebraucht nur »Direktorium«, allerdings für Texte, die nach meinem Urteil keine Typika sind (Ms. Ins. 43 und 44; PLEYTE-BOESER, *Manuscrits* 239 ff.).

anzutreffenden Titel ⲤⲀϨ auf sich hat[124]. Drescher übersetzt diesen Titel einmal als »cantor«[125], und ich glaube, daß er den Sinn damit gut getroffen hat. Leider bieten die Texte uns nicht die Möglichkeit, eine präzise Beziehung zwischen ⲤⲀϨ und »Sänger« herzustellen. Beide Titel (Sänger = ⲮⲀⲖⲧⲎⲤ) kommen als Beischriften zu verschiedenen Fresken der Kapelle 28 von Bawit vor[126], aber nur eine der Beischriften vereinigt beide Titel: ⲮⲀϨ ⲘⲀⲔⲀⲣⲉ ⲡϢⲎ ⲚⲮⲀϨ ⲘⲎⲚⲀ ⲡⲚⲟϬ ⲚⲚⲉⲮⲀⲖⲧⲎⲤ[127] = »der ⲤⲀϨ Makarius, der Sohn des ⲤⲀϨ Menas, des ersten (wörtlich: Großen) der Sänger.« Möglicherweise ist hier der ⲤⲀϨ ausdrücklich als Vorsänger oder Chorleiter bezeugt, doch ist diese Interpretation nicht über jeden Zweifel erhaben. Die primäre Bedeutung des Wortes ⲤⲀϨ = »Schreiber« läßt sich hier nicht ausschließen[128]. Andererseits erinnert »der Große der Sänger« an die »grands chantres« aus dem dem vorher genannten Weihegebet. Der Titel ⲤⲀϨ ist im Hinblick auf die später zu behandelnde Handschrift M 574 von besonderer Bedeutung, insofern deren Hauptinhalt sogenannte »Hermeniai« ausmachen und es nach den saïdischen Typika vorzugsweise der ⲤⲀϨ ist, der mit dem Vortrag der »Hermeniai« betraut ist[129]. Sehr interessant, jedoch leider wiederum nicht genügend klar ist eine Stelle aus der koptischen Handschrift Nr. 68 der Pariser Bibliothèque Nationale, nach der man sich zu Beginn des »Festes der

[124] Einige Belegstellen bei CRUM, *Dict.* 384a. Crum gibt keine eigentliche Übersetzung, sondern einen Hinweis darauf, daß es sich um einen »ecclesiastical title« handelt. Die von Crum für das Bohairische zitierten Stellen aus Tūḫīs *Pontif.* I 112 und 137 (= BURMESTER, *Consecration of the Patriarch* 26 und 42) gehören nach meinen Urteil nicht hierher. ⲞⲨⲤⲀⳇ ⲚⲆⲓⲁⲔⲰⲚ meint an den angegebenen Stellen wohl einen »schrift-«, d. h. »lesekundigen Diakon«. Wenn RENAUDOT, der beim ersten Vorkommen »qui legere probe sciat« übersetzt (*Liturg. Orient.* I 468), den fraglichen Ausdruck wiederzugeben hatte, dann hat er m. E. den Sinn gut getroffen. Weniger präzis ist schon DENZINGER, *Ritus Orient.* II 59 (2. Vorkommen) mit »doctus«. BURMESTER scheint in erster Linie auf möglichst buchstabengetreue Wiedergabe bedacht gewesen zu sein: »a scribe (who is) a deacon« (*Consecration of the Patriarch* 67 und 79; *Liturgical Services* 185).

[125] DRESCHER, *Concordances* 65.

[126] CLÉDAT, *Baouit* 158 und 159, dazu Taf. 102, 103 und 105 oben.

[127] Ebenda 158; vgl. Taf. 103.

[128] Cledat gebraucht, wo er ⲤⲀϨ in diesen Beischriften übersetzt, immer »Schreiber« (ebenda 155 und 159).

[129] Ms. Ins. 34, pag. 56,1 (PLEYTE-BOESER, *Manuscrits* 150); CRUM, *Catalogue B. M.* 144 (S. 31); WESSELY, *Texte* 5, Nr. 261b; Paris, B.N., Copte 129(20), fol. 168r, Z. 26 (unveröffentlicht). Allerdings scheinen die »Hermeniai« nicht ausschließlich unter die Kompetenz ⲤⲀϨ zu fallen, sondern Ms. Ins. 34, pag. 58,14 f. (PLEYTE-BOESER, *Manuscrits* 153) wohl unter die des Priesters (so auch CRUM, *Papyri Antinoe* 176) und Paris, B.N., Copte 68, fol. 4r (unveröffentlicht; Näheres vgl. unten S. 488 ff.) unter die des Archidiakons.

Wüste des Apa Schenute« bei ⲦⲔⲈⲖⲬⲈ ⲘⲠⲤⲀϨ, arab. تلّ المعلّمين,
versammelt[130]. Wörtlich bedeutet das »die Ecke des ⲤⲀϨ«[131], und hier
beginnt man dann auch mit dem Singen von »Hermeniai«, für die
jedoch der Archidiakon zuständig zu sein scheint. Wenn ⲤⲀϨ und
mu'allim hier einander entsprechen, so ist das natürlich nicht im
mindesten auffällig, da beide Wörter »Lehrer« bedeuten[132]. Interessant
ist die Entsprechung aber deshalb, weil wir auf der einen Seite feststellen mußten, daß ⲤⲀϨ in den saïdischen Typikon-Fragmenten
höchstwahrscheinlich so etwas wie »Vorsänger« bedeutet und andererseits bei den Kopten heute *mu'allim* eine ganz ähnliche Bedeutung
hat[133]. Allerdings ist es mir nicht möglich, die drei heute bei den
Kopten üblichen Bezeichnungen *murattil*, *mu'allim* und *'arīf* genau
gegeneinander abzugrenzen. Die einzige mir bekannte Stelle, an der
sie alle drei nebeneinander vorkommen[134], scheint sie eher synonym
zu verstehen. Ich möchte vermuten, daß *murattil* eine allgemeinere
Bedeutung hat und alle diejenigen bezeichnet, die irgendwie im
»Kirchenchor« mitsingen. Der *'arīf* und der *mu'allim* dürften dagegen
eine spezielle Funktion als »Lehrer und Leiter des Kirchengesangs«[135]
ausüben und die *tasbiḥah*, d. h. die Psalmodie-Texte des Offiziums,
insbesondere das Mitternachtsgebet, auch ohne Anwesenheit der
Gemeinde (und des Priesters) in der Kirche singen. Ob die Kopten
einen Unterschied zwischen *'arīf* und *mu'allim* machen, konnte ich
nicht mit Sicherheit feststellen. Obwohl wir also weder über die genaue
Bedeutung des saïdischen »ecclesiastical title« ⲤⲀϨ, noch über die des
modernen *mu'allim* letzte Sicherheit haben, scheinen deren Inhalte
doch auf jeden Fall so eng miteinander verwandt, daß der Annahme,
im arabischen *mu'allim* lebe das saïdische ⲤⲀϨ weiter, wohl kein
ernstlicher Einwand entgegensteht.

* * *

[130] Fol. 4ʳ (unveröffentlicht). Crums Bestimmung des Ausdrucks als »a place-name
in Scete« (*Dict.* 108a) scheint mir verfehlt, da die Handschrift die Gegebenheiten von
Achmim voraussetzt (vgl. unten S. 490 ff.). Zudem ist fraglich, ob es sich überhaupt um
einen Ortsnamen handelt.

[131] Arabisch »Hügel der Lehrer«. Ob »Lehrer« hier schon für »Kirchensänger« steht,
ist nicht festzustellen.

[132] Die ursprüngliche und auch in der Literatur noch gut bezeugte Bedeutung des
koptischen Wortes ist allerdings »Schreiber«.

[133] In keinem mir bekannten Lexikon. Ein Vorkommen des Wortes in dieser Bedeutung
Euchol. 16.

[134] Vgl. vorige Anm.

[135] Diese Bedeutung gibt Graf für *'arīf* (*Verzeichnis* 78)

Schließlich ist, wie beim Horologion, ein kurzer Hinweis auf griechische und speziell byzantinische Parallelen zu Psalmodie-Texten nützlich, wobei ein beachtenswerter Unterschied zwischen Horologion und »Psalmodie« in Erscheinung tritt. Im koptischen Horologion haben wir kaum einen Text, zu dem wir nicht eine byzantinische Parallele, zumindestens in christlich-palästinischer Überlieferung, nachweisen können. In der »Psalmodie« finden wir solche Parallelen dagegen fast ausschließlich für biblische Stücke und einige Texte allgemeinerer Verwendung, die u. a. auch im Horologion stehen[136]. In griechischer Sprache bekannt, aber bisher nicht außerhalb Ägyptens belegt ist das die Mitternachtshore einleitende »Erhebet euch, Söhne des Lichtes ...[137]« Eine Parallele im byzantinischen Ritus hat der Osterhymnus des koptischen Mitternachtsgebetes »Wir sehen Christi Auferstehung ...[138]« Für einen kleinen Abschnitt der Theotokien hat eine einigermaßen eindeutige Parallele im Textbestand der byzantinischen Liturgie erstmals Turajev nachgewiesen[139]. Seine Hoffnung, daß sich weitere griechische Parallelen zu den koptischen Theotokien finden würden, ging aber nicht eigentlich in Erfüllung[140]. Nur zu

---

[136] »Kommt, laßt uns anbeten ...«, große Doxologie und Würdige-dich, Trishagion und Credo, die der koptische Ritus, zum Teil in etwas anderer Form, mit dem byzantinischen gemeinsam hat. Auch griechisch erhalten, aber vermutlich original ägyptisch und nicht außerhalb Ägyptens belegt ist das sogenannte »Gebet der Danksagung« (griechisch in der Markusliturgie; BRIGHTMAN, *Liturgies* 113 f); die Äthiopier schreiben es Basilius zu (TURAEV, *Horol.* 2; *Äthiop. Horol.* 2; *Horol. aeth.* 1).

[137] Vgl. unten S. 221 ff.

[138] Vgl. zu diesem Text und seinen Parallelen ʿABD AL MASĪḤ, *Canon of the Resurrection* mit griechischem, koptischem und arabischen Texten. Mir scheint der koptische Text drei Stücke zu vereinigen, die anderswo eine selbständige Existenz führen. Am Anfang steht das Ἀνάστασιν Χριστοῦ θεασάμενοι (FOLLIERI, *Initia* I 103). Darauf folgen zwei Strophen, die ich im Augenblick anderswo nicht nachweisen kann — nach ʿABD AL-MASĪḤ ist dieser Abschnitt »missing in Greek« (a. a. O. 27, Anm. 3) —, ohne deshalb schon zu folgern, daß eine Parallele im byzantinischen Ritus tatsächlich nicht zu finden ist. Den Schlußteil bilden die Εὐλογητάρια ἀναστάσιμα des byzantinischen Orthros (*Byzant. Horol.* 86 f.).

[139] TURAEV, *Theotokien*. Es handelt sich auf koptischer Seite um die Strophen 3–6 des 7. Abschnitts der Mittwochs-Theotokie (z. B. *Jahres-Psalm.* [1908; Kairo] 205), auf byzantinischer um das 3. Στιχηρὸν ἰδιόμελον (Πῶς ἐξείπω) aus der Vesper (am Vorabend) des 26. Dezember (*Menaia* 677). Obwohl die Texte einander keineswegs wörtlich entsprechen — der koptische ist zudem länger als der griechische —, ist an einer Verwandtschaft jedenfalls nicht zu zweifeln.

[140] MUYSER lehnt griechischen Ursprung der koptischen Theotokien ab, ist vielmehr überzeugt, daß Einfluß von Ephräms Hymnen vorliegt (*Maria's heerlijkheid* 57–60). Für syrischen Einfluß waren aufgrund der äthiopischen Überlieferung schon früher

einem kleinen Abschnitt der koptischen Theotokien konnte dann noch eine Parallele in der byzantinischen Liturgie nachgewiesen werden[141], und es ist bezeichnend, daß dieser Text schon sehr früh in Ägypten in griechischer Sprache bezeugt ist. Griechische Quellen für zwei weitere Abschnitte der koptischen Theotokien scheinen schließlich je eine Homilie Proklus' von Konstantinopel und Cyrills von Alexandrien zu sein[142]. Zu anderen Psalmodie-Texten, »Doxologien«, »Psali« usw., sind bisher keine griechischen Parallelen bekannt, und es ist mir auch nicht besonders wahrscheinlich, daß wir derartige Parallelen noch auffinden werden. Es scheint sich hier um genuin ägyptische Kirchenpoesie zu handeln, zudem schon fast ausschließlich in koptischer Sprache verfaßt. Selbst zu einem Stück, das die Kopten auch heute noch in einem völlig verballhornten Griechisch in der »Psalmodie« weitertradieren[143], kennen wir keine außerägyptische Parallele; auch dieser Text dürfte also wahrscheinlich auf ägyptischem Boden entstanden sein.

FRIES, *Weddâsê* 7 und GROHMANN, *Marienhymnen* 11–18 eingetreten; vgl. zum Ganzen auch CERULLI, *Miracoli di Maria* 295–297. — In seinem Referat »Epigraphical questions with regard to Faras« auf der internationalen Arbeitstagung zur Ausstellung »Das Wunder aus Faras« in Villa Hügel/Essen im September 1969 hat St. Jakobielski auch einen Überblick über das gesamte in Faras gefundene Textmaterial gegeben (das Referat erscheint 1970 unter dem Titel »Some remarks on Faras inscriptions« in »Kunst und Geschichte Nubiens in christlicher Zeit. Ergebnisse und Probleme der jüngsten Ausgrabungen«, hrsg. von E. Dinkler, S. 29–37); darunter befindet sich »one leaf [Pergament] of Theotokia in Greek with Old-Nubian intercalations« (S. 30). Herr Dr. Jakobielski, nicht selbst mit der Bearbeitung des fraglichen Blattes befaßt, hatte dennoch die große Freundlichkeit, mir Fotos beider Seiten dieses Blattes zur Verfügung zu stellen. Danach konnte ich feststellen, daß sich unter den Texten weder Parallelen zu den Texten finden, die im technischen Sinn die »Theotokien« des koptischen Mitternachts- und Abendoffiziums heißen, noch, falls ich nichts übersehen habe, zu sonstigen Partien unserer Psalmodie-Ausgaben. Natürlich bleibt nun noch positiv die Herkunft dieser Texte zu klären. Ich habe eine nähere Untersuchung nicht in Angriff genommen, zumal ich auch dem Herausgeber nicht vorgreifen kann. Ein Hinweis sei immerhin gestattet: Das Blatt enthält den vollständigen Text des byzantinischen Psalmsonntags-Troparions Ἦλθεν ὁ Σωτὴρ σήμερον (Vorkommen vgl. bei FOLLIERI, *Initia* II 33).

[141] BAUMSTARK, *Frühchristl. Theotokion.* Ausführlicher unten S. 315.

[142] MUYSER, *Maria's heerlijkheid* 64, Anm. 13; 117, Anm. 273 und 276; 143, Anm. 481; 160 f.

[143] Das **TENEN OⲐEN** auf die drei Männer im Feuerofen, das zu den nach der 3. Ode (Dan 3,52–88) verwendeten Texten gehört. Zu den ersten drei Zeilen vgl. QUECKE, *Griech. Strophe.* Meine Rekonstruktion dieser Zeilen scheint BURMESTER nicht überzeugt zu haben, da er *Liturgical Services* 289, Anm. 12 an der früher von Hebbelynck und van Lantschoot vorgelegten festhält.

DIE ÄLTESTEN TEXTZEUGEN

Die heute vorliegende Form des koptischen Stundengebetes kann natürlich nur das Ergebnis einer längeren Entwicklung sein. Leider wissen wir jedoch über die Entstehung dieses Stundengebetes nur sehr wenig. Wahrscheinlich besitzen wir weder vom Horologion noch von der »Psalmodie« Handschriften, die über das 14. Jahrhundert zurückgehen. Was das Horologion betrifft, so wäre allein die von Burmester[1] beschriebene Kairoer Handschrift[2] wesentlich älter, wenn man der Notiz, daß sie im Jahre 750 der Matyrerära (= 1033/34 A.D.) geschrieben wurde, trauen darf[3]. Graf hält die Handschrift aber für ganz entscheidend jünger und vermutet, daß »Martyrerära« irrtümlich für »Hedschra« steht[4]; ebenso, vermutlich in seinem Gefolge, Simaika[5]. In diesem Fall würde die Handschrift aus den Jahren 1349/50 stammen und somit noch jünger sein als die älteste vatikanische Handschrift. Nach Burmesters früherer Ansicht könnte der Kolophon der Handschrift mit dem inkriminierten Datum vom Kopisten aus der Vorlage übernommen sein[6]; eine bestimmte Meinung über das Alter der Handschrift hat Burmester damals aber nicht geäußert. Später nennt er das Jahr 1034 ohne Vorbehalt als das Jahr der Entstehung der Handschrift und erklärt diese zugleich ausdrücklich zur ältesten Horologion-Handschrift, die wir besitzen[7]. Ein gewisses Indiz gegen

[1] BURMESTER, *Hours* 89–98. Vgl. auch oben S. 20, Anm. 34.

[2] Im Koptischen Museum zu Alt-Kairo. Nr. 148 in GRAFS *Catalogue* (S. 61); in SIMAIKAS *Catalogue* Serial No. 141 = Call No. Lit[urg]. 361 (S. 71). Soweit ich sehe, wird die Handschrift aber erst in allerjüngster Zeit auch in der Literatur unter dieser Nummer zitiert, nämlich von GIAMBERARDINI: Ms. copto ar. 361 (*Theotokos* 343). BURMESTER hatte sie MS. 355 genannt (*Hours* 83), und diese Bezeichnung war seitdem allgemein in Gebrauch. Es muß sich um eine ältere Museumsnummer handeln; auch Graf hat sie noch in Klammern angegeben.

[3] Die Notiz, die vor dem Mitternachtsgebet steht, gilt überhaupt nur für den älteren Teil der Handschrift. Die Handschrift wurde zu Beginn des 19. Jahrhunderts restauriert, wobei ein Teil der ursprünglichen Blätter durch neue ersetzt wurden, nach Graf 211 (!) von 355, nach Simaika »some folios«.

[4] GRAF, *Catalogue* 61. *Geschichte* I 650 gibt Graf diskussionslos das Jahr 1349/50 als Datum.

[5] SIMAIKA, *Catalogue* 71. — Auch GIAMBERARDINI scheint die Spätdatierung zu vertreten, obwohl seine Angabe »AM. 750, AD. 1349« (*Theotokos* 343) den Widerspruch zwischen den beiden Daten unausgeglichen läßt.

[6] BURMESTER, *Hours* 83, Anm. 3.

[7] BURMESTER, *Observance liturgique* 42.

ein allzu hohes Alter der Handschrift besteht noch darin, daß sie
mehrfach mit der sicher jüngeren Oxforder Handschrift gegen die
beiden aus dem 14. Jahrhundert stammenden vatikanischen Handschriften zusammengeht[8], von denen nun die Rede sein muß. Die
vatikanische Bibliothek besitzt zwei Handschriften des koptischen
Horologions, die beide nach Angaben ihrer Kolophone im 14. Jahrhundert geschrieben wurden, die ältere von ihnen, der Cod. Vat. copt.
40, sogar noch in der ersten Hälfte dieses Jahrhunderts. Die Handschrift wurde in den letzten Dezembertagen des Jahres 1333 oder im
Januar 1334 vollendet[9]. Über ein halbes Jahrhundert jünger ist der
Cod. Barb. or. 17, dessen Kolophon[10] nur das Jahr nennt, nämlich
1112 der Martyrerära, was 1395/96 A. D. entspricht. Wesentlich jünger,
aber mit den drei genannten Handschriften noch eng verwandt ist die
Oxforder Handschrift Marsh. 57, die O'Leary übersetzt hat[11], »probably dating from the sixteenth century[12].« Von den fragmentarischen
Handschriften sollen hier nur die wichtigsten erwähnt werden[13]. Die
ältesten erhaltenen Fragmente eines koptischen Horologions, soweit
sie uns heute bekannt sind, dürften die drei Blätter von Burmesters
MS. Horolog. 3 mit dem dazugehörigen Blatt des Britischen Museums
sein[14]. Mag man Burmesters Datierung der Handschrift ins 10./11.
Jahrhundert[15] nun uneingeschränkt zustimmen oder nicht, das un-
gewöhnlich hohe Alter dieser Fragmente steht außer Zweifel. Einen
Sonderplatz nimmt dieser Textzeuge schon dadurch ein, daß hier noch
Pergament als Beschreibstoff für ein Horologion benutzt wurde.
Beachtenswert ist auch das Fehlen einer arabischen Übersetzung.

---

[8] Einige dieser Übereinstimmungen zwischen der Kairoer und der Oxforder Handschrift gegen die vatikanischen Handschriften sind oben genannt (siehe S. 31 mit Anm. 99,
S. 32 f. mit Anm. 108 und S. 40 f. mit Anm. 158 und 159). Andererseits könnte der oben
S. 28, Anm. 80 genannte Tatbestand Übereinstimmung zwischen der Kairoer Handschrift
und den vatikanischen Handschriften in einem wichtigen Punkt bedeuten.

[9] Kolophon *Cod. Copt.* I 214 mit Diskussion der Datierungsfrage. Der Schreiber hat
nur den Monat (Ṭūbah) angegeben Der Monat Ṭūbah des Jahres 1050 der Martyrerära
ging vom 27. Dezember 1333 bis zum 25. Januar 1334.

[10] *Cod. Copt.* II 7.

[11] O'Leary, *Office* 87 ff.

[12] Ebenda 71.

[13] Die Fragmente einer weiteren Handschrift werden gleich unten (S. 85 f.) behandelt.

[14] Burmester, *Four Folios.* Burmesters drei Blätter scheinen in Kairo zu liegen.
Das Londoner Blatt ist bei Crum, *Catalogue B. M.* als Nr. 722 (S. 318) beschrieben.

[15] Burmester, *Four Folios* 50.

Wesentlich jünger ist dann der fragmentarische Leipziger Cod. Tisch.
XXI mit den dazugehörigen Berliner Blättern[16]. Die Handschrift
hat uns aber noch einen beachtlichen Teil des Horologions, über ein
Drittel des Gesamttextes, erhalten und gehört einwandfrei zu den
älteren Zeugen des koptischen Horologions. Wenn sie aus dem 16.
Jahrhundert stammen sollte[17], wäre sie der vorher genannten Oxforder
Handschrift an die Seite zu stellen, mit der sie auch darin überein-
kommt, daß beide dieselbe Troparienreihe in der Vesper haben[18].
Daß der gleichfalls fragmentarische Cod. Sin. ar. 389[19], ein großenteils
arabisches Horologion des koptischen Ritus, aus dem 13. Jahrhundert
stammt, wie die Kataloge übereinstimmend angeben[20], glaube ich
nicht. Die Handschrift muß wesentlich jünger sein. Ich würde etwa
an das 16. Jahrhundert denken, kann in dieser Frage aber kein kom-
petentes Urteil abgeben. Fragmentarisch ist auch eine ältere Handschrift des koptischen Horologions mit rein arabischem Text, der
Codex Sin. ar. 184[21]. Am Schluß fehlt eine nicht mehr feststellbare
Anzahl von Blättern, insgesamt aber nicht einmal ein Zehntel des
vollständigen Horologions. Am Anfang sind die ersten zwanzig Blätter
(= 2 Lagen) durch 15 Blätter von anderer Hand ersetzt; Text fehlt
hier nicht. Den Angaben der Kataloge zufolge wäre die Handschrift
entweder etwa im 13.[22] oder im 15. Jahrhundert[23] geschrieben worden.
Sollte man vielleicht aus anderen Gründen eher der Spätdatierung
zugeneigt sein, so ist das relativ hohe Alter der Handschrift durch
eine Notiz auf der Vorderseite des ersten Blattes gesichert, da dort
eine Datumsangabe von 1363 steht. Selbst der jüngere Teil der Handschrift muß also noch vor 1363 entstanden sein.

Bei den Psalmodie-Handschriften ist die Lage noch schlechter.
Über die Entstehungszeiten der Handschriften kann man sich leicht

---

[16] QUECKE, *Fragmente.*

[17] Bei meiner Bearbeitung hatte ich die Ansicht van Lantschoots, ohne sie mir zu eigen
zu machen, mitgeteilt, daß nämlich die Schrift dem 14. Jahrhundert zuzuweisen sei
(a. a. O., S. 307). Inzwischen war Herr Dr. KHS-Burmester so freundlich, mir seine
Meinung über das Alter der Handschrift mitzuteilen; er möchte sie »considerably later,
perhaps even two centuries« datieren.

[18] Vgl. oben S. 27 mit Anm. 74.

[19] QUECKE, *Horologion.*

[20] KAMIL, *Catalogue* 54; *Katalog* 127; ATIYA, *Manuscripts* 10b; CLARK, *Checklist* 35a.

[21] Vgl. auch oben S. 43 ff.

[22] ATIYA, *Manuscripts* 7a; CLARK, *Checklist* 34a.

[23] KAMIL, *Catalogue* 24; *Katalog* 43 (Nr. 257).

anhand der Übersichten bei O'Leary[24] informieren. Danach haben
wir nur eine einzige Handschrift aus dem 14. Jahrhundert, den Cod.
Vat. copt. 38[25]. Die Handschrift stammt in ihrem älteren Teil[26] aus
dem 8. Jahrzehnt des 14. Jahrhunderts[27]. Es folgen je zwei Handschriften aus dem 15. und 16. Jahrhundert.

Die genannten Texte bieten nun in allen wesentlichen Punkten
schon die heutige Form des Stundengebetes. Ob man in Hinblick auf
die Divergenzen in der Überlieferung etwa des Horologions, wie sie
oben geschrieben worden sind[28], von verschiedenen Rezensionen
sprechen kann oder muß, ist wohl zunächst eine terminologische
Frage[29]. Jedenfalls können wir bei Berücksichtigung der bekannten
Handschriften und Fragmente keine grundlegend verschiedenen
Formen des koptischen Stundengebetes unterscheiden, und auch in
der Entwicklung des Stundengebetes lassen sich seit der Zeit, aus
der wir über direkte Zeugen verfügen, keine wesentlichen Phasen
erkennen[30]. Das Stundengebet tritt uns mit seiner ältesten direkten
Bezeugung im großen und ganzen schon in seiner heutigen Form
entgegen. Dies ist auch nicht verwunderlich angesichts der Tatsache,
daß uns, wie gesagt, die ältesten direkten Zeugen kaum über das 14.
Jahrhundert hinausführen.

Damit hängt auch zusammen, daß uns allein bohairische Horo-
logion- und Psalmodie-Handschriften erhalten sind[31]. Die aus den

---

[24] O'Leary, *Office* 72–83 und *Theotokia* (Ed.) vii.

[25] Auch M. Cramer, die sich inzwischen eingehend mit der koptischen Hymnologie
beschäftigt hat, hat noch neuestens bestätigt, daß ihr keine ältere Psalmodie-Handschrift als der Cod. Vat. copt. 38 bekannt ist (*Theotokie* 198).

[26] 204 von den 275 Blättern, die die »Psalmodie« ausmachen (f. 276 ff. Diakonale);
vgl. *Cod. Copt* I 188 f. Die übrigen Blätter wurden bei einer Restauration im 17. Jahrhundert durch neue ersetzt.

[27] Daraus zu entnehmen, daß der letzte in den Diptychen der Messe genannte
Patriarch Gabriel IV. ist; vgl. *Cod. Copt.* I 187.

[28] Oben S. 20 ff.

[29] Für die Annahme von verschiedenen Rezensionen plädiert Burmester. Nach ihm
zeigt die handschriftliche Überlieferung, »that there was more than one recension of
the text of the Canonical Hours of the Coptic Church« (*Four Folios* 51).

[30] Jedenfalls nicht mit hinreichender Sicherheit. So kann man etwa, wie schon gesagt,
aus der Tatsache, daß die älteren Horologion die Lesungen der Horen nicht enthalten,
keinesfalls darauf schließen, daß die Lesungen zu der Zeit, aus der diese Handschriften
stammen, noch keinen Platz im Stundengebet hatten (vgl. oben S. 21, Anm. 42).

[31] Was Burmester, *Hours* 78 ff. als »Saʿidic offices« und »Bohairic offices« beschreibt,
hat nichts mit Bezeugung von Texten des Stundengebetes im saïdischen oder boharischen
Dialekt zu tun. Vielleicht steht »saïdisch« hier für »oberägyptisch« (praktisch: pacho-

Klöstern des Wadi Natrun stammenden Fragmente von Horologion-
Handschriften mit saïdischen Texten können weder als saïdische
Horologion-Handschriften im eigentlichen Sinn bezeichnet werden,
noch bezeugen sie eine andere Form des koptischen Stundengebetes
als die aus den übrigen Handschriften bekannte. Leider ist bisher erst
eine Gruppe derartiger Fragmente allgemein zugänglich, die derzeit
erreichbaren Blätter einer einzigen Handschrift[32]. Im saïdischen
Dialekt gibt diese Handschrift ausschließlich die Psalmen der einzelnen
Horen[33]. Im übrigen findet sich unter den erhaltenen Texten der
Handschrift nichts, was uns nicht aus anderen Handschriften bekannt
wäre. Das kleine Bruchstück des von Burmester nicht identifizierten
»Gebetes«[34] gehört zu einem Troparion, das in einigen älteren Hand-

mianisch) und »bohairisch« für »unterägyptisch«, wenn die Scheidung auch nicht konsequent durchgeführt ist, da unter den »bohairischen Offizien« auch Nachrichten über
Oberägypten (u. a. Schenutes Mönche) angeführt werden (S. 82). Überhaupt geht es
in dem ganzen Abschnitt nur um Nachrichten über das Offizium, nicht um daraus
bezeugte Texte.

[32] Die ersten Fragmente dieser Art — aus zwei Handschriften — wurden von EVELYN
WHITE gefunden und äußerst summarisch beschrieben (*Macarius* 214, Nr. 82 und 83
mit Taf. 25 B 1). Sie scheinen heute verschollen. Obwohl sich die von Evelyn White im
Makariuskloster des Wadi Natrun entdeckten Handschriften(fragmente) nach den
übereinstimmenden Angaben der Kataloge im Koptischen Museum zu Alt-Kairo befinden
müßten (GRAF, *Catalogue* VI und IX; SIMAIKA, *Catalogue* XXII), sind sie dort nicht
auffindbar. Ich bin Herrn Dr. KHS-Burmester zu großem Dank dafür verpflichtet,
daß er sich für mich persönlich mit der Suche nach diesen Fragmenten befaßt hat, die
allerdings vergeblich war. In neuester Zeit sind dann Fragmente weiterer derartiger
Handschriften gefunden worden, vgl. BURMESTER, *Fragments Jo* 209. Da Burmester
ausdrücklich von »Horologia« (im Plural) spricht, wird man anzunehmen haben, daß
immerhin noch Fragmente von mehreren Handschriften dieser Art auf uns gekommen
sind. Veröffentlicht sind aber bisher nur die zum MS. Horolog. 1 gehörigen Fragmente:
BURMESTER, *Fragments* (mit einer Tafel). Nach Burmester ist es »beinah sicher«, daß diese
Fragmente zu derselben Handschrift gehören wie die vorher genannte Nr. 83 von Evelyn
White (S. 23). Burmester datiert diese Handschrift ins 13./14. Jahrhundert (S. 25).
Evelyn White hatte seine Nr. 82 ins 14. Jahrhundert gesetzt und bei Nr. 83 nur auf die
Ähnlichkeit der Hände hingewiesen.

[33] EVELYN WHITES Angabe über seine Nr. 82 und 83 »the whole of the Psalms and
the biblical passages are in Sahidic« (*Macarius* 214) ist ungenau, wie sich schon aus
dem Text der einzigen von ihm in fotografischer Wiedergabe veröffentlichten Seite
(von Nr. 82; Taf. 25 B 1) ersehen läßt. Auf dieser Seite steht der Schluß von Ps 50 und
der Anfang von Ps 1, ersterer bohairisch, letzterer saïdisch. Da Ps 50 zu den allgemeinen
Einleitungsgebeten gehört (vgl. oben S. 20, Anm. 35), Ps 1 hingegen der erste Psalm
des Morgengebetes ist, wird man auch für diese Handschrift annehmen müssen, daß
sie nur die Psalmen der einzelnen Horen im saïdischen Dialekt enthält, nicht aber andere
biblische Texte.

[34] Blatt 229 = M (BURMESTER, *Fragments* 33).

schriften am Schluß der Mitternachtshore steht[35]. Eine Besonderheit der Handschrift ist, daß sie als einziger mir bekannter Zeuge am Schluß der Mitternachtshore sowohl diese Troparienreihe als auch das gewöhnliche Schlußgebet der Hore bringt. Auf die gerade genannten Troparien folgt nämlich das aus den meisten anderen Zeugen bekannte Schlußgebet »Herr, Herr Jesus Christus, Sohn des lebendigen Gottes ...[36]« Nicht gerechtfertigt scheint es mir, wenn Burmester das Blatt V seiner Zählung[37] mit Resten von Ps 50 am Ende des Ganzen einordnet. Da Ps 50 zu den allgemeinen Einleitungsgebeten gehört, dürfte es seinen Platz eher am Beginn der Handschrift gehabt haben[38]. Die am Anfang der Handschrift verlorenen Blätter bieten auch mehr als genügend Platz für alle Texte, die nach dem späteren Horologien dem ersten erhaltenen Text[39] vorausgehen, einschließlich der allgemeinen Einleitungsgebete. Besonderes Interesse verdient die Handschrift vielmehr deshalb, weil in ihr Texte aus Horologion und »Psalmodie« zusammengestellt sind, worüber aber alles Wesentliche schon oben mitgeteilt wurde[40]. Obwohl die Handschrift mit ihrem saïdischen Psalmentext und der Kombination von Horologion und »Psalmodie« höchst beachtenswerte Besonderheiten aufweist, bezeugt sie dennoch keine andere Form des koptischen Stundengebetes als die sonstigen bohairischen Handschriften, wie sie ja auch, wenn überhaupt, in keinem Fall wesentlich älter ist als andere erhaltene Handschriften von Horologion und »Psalmodie«, die, wie wir eben sahen, bis ins 14. Jahrhundert zurückgehen.

* * *

Dabei besitzen wir sehr wohl Dokumente aus älterer Zeit und im saïdischen Dialekt, die eine Reihe von Texten des koptischen Stundengebetes enthalten und uns zumindestens die Möglichkeit eröffnen, einen gewissen Einblick in die Geschichte des koptischen Stundengebetes zu gewinnen. Unter diesen Dokumenten nehmen einen Sonder-

---

[35] Vgl. oben S. 41 mit Anm. 160.

[36] Vgl. wiederum oben S. 41 f.

[37] Originalfoliierung nicht erhalten.

[38] Auch diese Handschrift gibt Ps 50 im bohairischen Dialekt und nicht etwa im saïdischen wie die Psalmen der Horen; dies entspricht genau dem Befund in Evelyn Whites Nr. 82 (vgl. oben S. 85, Anm. 33).

[39] Ende von Ps 5 (von Vers 12b an) auf Blatt 24 = A (S. 27).

[40] Oben S. 86 f.

platz die Handschriften M 574 und M 575 die Pierpont Morgan Library in New York ein, die beide gegen Ende des 9. Jahrhunderts im Faijum entstanden sind. Daß man sich noch nicht eingehender mit diesen Handschriften beschäftigt hat[41], ist umso verwunderlicher, als auf ihre Bedeutung schon gleich nach dem Erwerb durch die Pierpont Morgan Library verschiedentlich hingewiesen worden war[42]. Ich zitiere nur eine dieser Meldungen: »There are only three liturgical manuscripts, a Lectionary, a Breviary, and an Antiphonary, but all three are absolutely unique and of the greatest importance for the history of the ancient Egyptian liturgies[43].« Das hier genannte Lektionar trägt heute die Signatur M 573[44]; wir haben uns nicht weiter mit ihm zu beschäftigen. Das Antiphonar ist die heutige Handschrift M 575[45]. Den größeren Teil dieser Handschrift nimmt eine

[41] Benutzung dieser Handschriften durch Burmester, Cramer, Drescher, Muyser Stegemann, van Lantschoot und Yassā ʿAbd al-Masîḥ wird im folgenden jeweils erwähnt werden. An der Ausgabe von M 574 hat A. Vaschalde gearbeit, ohne jedoch die Arbeit ganz vollenden zu können. Einsichtnahme in sein (allerdings nicht mehr ganz vollständiges) Manuskript der Übersetzung des koptischen Textes verdanke ich dem freundlichen Entgegenkommen von Herrn Prof. P. W. Skehan. Vaschaldes Nachlaß befindet sich heute an der Catholic University of America, Washington. Veröffentlicht waren bisher aus M 574 nur das Canticum Dan 3,52 ff. (ʿABD AL-MASÎḤ, *Hymn of the Three Children* 8–11) und die ersten beiden Strophen (p. 163,5–11) des »Alphabeta der Auferstehung und Himmelfahrt« (ʿABD AL-MASIH, *Psali* 98 f.; in der Quellenangabe zwei Druckfehler: »Band 23« steht für »Band 13« und »M 575« für »M 574«).

[42] Kurze Berichte über den Erwerb der Handschriften und Übersichten über ihren Inhalt: *Morgan Collection*; HYVERNAT, *Hamuli-Handschriften*; *Literature* 27–29; *Morgan Collection*; CUMONT, *Bibliothèque Morgan*; CHABOT, *Bibliothèque*. 1919 erschien Hyvernats *Check List*. Der vom gleichen Verfasser geplante Katalog ist hingegen nie erschienen, liegt jedoch handschriftlich an der Pierpont Morgan Library vor (vgl. PETERSEN, *Paragraph Mark* 300, Anm. 7).

[43] HYVERNAT, *Morgan Collection* 55. So auch wörtlich CUMONT, *Bibliothèque Morgan* 11.

[44] Nr. 8 der *Check List*; Band 12 der *Fotograf. Ausgabe*.

[45] Nr. 10 der *Check List*; Band 14 der *Fotograf. Ausgabe*. Die Handschrift ist zwar vollständig erhalten, doch befinden sich nicht alle Blätter in der Pierpont Morgan Library. Zwei Blätter (pag. 23–26) wurden von den Staatlichen Museen (Hyvernat sagt in der *Fotograf. Ausgabe* irrtümlich: Staatsbibliothek) Berlin erworben und als P. 11 967 der Papyrussammlung eingereiht. Die beiden Blätter, die noch unveröffentlicht und auch nicht in der fotografischen Ausgabe wiedergegeben sind, haben den Krieg überstanden und werden nach wie vor (bzw. wieder) in der Papyrussammlung auf der (Ost-) Berliner Museumsinsel aufbewahrt. — Die Handschrift trägt ein Kolophon (veröffentlicht bei VAN LANTSCHOOT, *Colophons*, Nr. 18), nach dem sie im Jahre 609 der Martyrerära = 892/93 A. D. geschrieben ist. — Die »Antiphon« auf den hl. Merkurius mit koptischem Text und deutscher Übersetzung bei CRAMER, *Theotokie* 207–210; ebd. 220 fotogra-

Reihe von Texten ein, die unter folgendem Titel zusammengefaßt sind: »Das Buch der heiligen Antiphonen (ⲁⲛⲧⲫⲁⲛⲟⲛ) der Martyrer und der Tage von Heiligenfesten. Wir haben sie nacheinander geschrieben, wie die Schreiber[46] der Kirche sie angeordnet haben[47].« Dieser Titel erinnert natürlich sofort an den noch heute gebräuchlichen Titel »Difnar« eines liturgischen Buches des koptischen Ritus[48]. »Ce livre contient une courte notice sur la fête du jour avec un éloge en l'honneur du saint dont on célèbre la fête. On la dit durant l'office de l'encens du soir, à la prière de minuit, et à la messe après la lecture de l'évangile[49].« Es lassen sich nun in der Tat einige Texte aus M 575 im späteren Difnar nachweisen[50]. M 575 hat aber nicht nur Parallelen

---

fische Wiedergabe von zwei Seiten der Handschrift. Die »Antiphon« auf den hl. Menas mit koptischem Text und englischer Übersetzung bei DRESCHER, *Mena* 176–186. Verschiedene Abschnitte in deutscher Übersetzung bei CRAMER, *Hymnologie*.

[46] Oder »Lehrer«, koptisch ⲥⲁⲏ. Oder sollte das Wort hier den Sinn von »Kantor« (vgl. oben S. 77 f.) haben?

[47] Gute Information darüber bei MUYSER, *Maria's heerlijkheid* 60–74 und 171.

[48] دفنار ist der heute gebräuchliche Ausdruck. Daneben sind auch die Formen دفناري und انديفناري bezeugt; vgl. CRUM, *Catalogue Rylands*, S. 210, Anm. 5. Ein entsprechendes koptisches Wort wird heute nicht mehr verwendet. In einer *Scala* ist noch ⲧⲫⲱⲛⲁⲣⲓ belegt; vgl. CRUM, *Catalogue B. M.*, S. 385a. Die Handschrift M 575 wird im Kolophon ⲁⲛⲧⲫⲁⲛⲁⲣⲓ genannt (Text des Kolophons bei VAN LANTSCHOOT, *Colophons*, Nr. 18). Dieselbe Form begegnet in einer koptischen Bücherliste: CRUM, *MSS. Fayyum*, Nr. 44, Zeile 14 (S. 61). Das zuletzt genannte Vorkommen ist der älteste mir bekannte Beleg für das Wort bei den Kopten. Allerdings haben wir in diesem Fall keine Sicherheit über Inhalt und Zweckbestimmung des so genannten Buches. Natürlich muß es sich bei »Antiphonar« letzlich um ein griechisches Wort handeln, dessen reinsprachliche Form ἀντιφωνάριον wäre. Ich habe aber keinen positiven Beleg dafür, daß in der griechischen Kirche selbst jemals ein liturgisches Buch so genannt worden wäre. Auch in den modernen griechischen Lexika findet man die ausdrückliche Angabe, daß es sich um einen Terminus der westlichen Kirche handelt (PANTELAKĒS, *Antiphonar* 339b; MŌRAÏTĒS, *Antiphonar*; etwas vage ALIBIZATOS, *Antiphonar* 231b). Auch darüber, warum die Kopten den Hymnus auf den jeweiligen Tagesheiligen früher als »Antiphon« bezeichneten, lassen sich nur Vermutungen anstellen. Später heißen diese Hymnen koptisch »Psali«, arabisch *ṭarḥ* oder *madīḥ*; vgl. z. B. CRUM, *Catalogue Rylands*, S. 210 f.

[49] MALAK, *Livres liturgiques* 19.

[50] Ein ganz oberflächlicher Vergleich mit O'LEARY, *Difnar* hat folgende Übereinstimmungen ergeben: M 575, pag. 5, Nr. 13 = O'LEARY I 2a, 2. Tūt, Ton Batos, Strophe 1–4; M 575, pag. 95, Nr. 247 = O'LEARY II 44b–45a, 14. Amšīr, Ton Batos, Strophe 1–10; M 575, pag. 127, Nr. 358, Zeile 1–4 = O'LEARY II 118b, 30. Barmūdah, Ton Batos, Strophe 1–2; M 575, pag. 128 f., Nr. 361, Zeile 1–10 = O'LEARY II 118a, 30. Barmūdah, Ton Adam, Strophe 1–6 nach der Rubrik »Von hier an zu singen vor der Ikone …« (die beiden Texte weisen jedoch auch stärkere Divergenzen auf); M 575, pag. 135, Nr. 384,

im späteren Difnar, sondern auch in anderen liturgischen Büchern.
Hierher gehören zunächst einmal eine Reihe von Theotokie-Texten
(aus der »Psalmodie«)[51], dann verschiedene *ṭurūḥāt* (Sing.
ṭarḥ)[52], teilweise identisch mit Difnar-Texten, und schließlich eine größere
Anzahl von »Doxologien« (wiederum aus der »Psalmodie«)[53]. Der zweite,
wesentlich kürzere Teil der Handschrift enthält »Hermeniai«. Solche
»Hermeniai« finden sich in weit größerer Anzahl in der Handschrift
M 574, und wir werden weiter unten im Zusammenhang mit dieser
Handschrift kurz darauf zu sprechen kommen[54]. »Hermeniai« dieser
Art sind der späteren bohairischen Liturgie unbekannt. Die genannten
Texte aus M 575 belegen klar, daß die spätere Form des koptischen
Stundengebetes, wie sie uns heute im bohairischen Sprachgewand vorliegt, zumindestens gewisse Wurzeln in älteren saïdischen Texten
haben muß, eine Annahme, die zwar auch ohne diesen Beleg alle Wahrscheinlichkeit für sich hat, die aber mangels genügender Materialien
nicht immer so recht zur Geltung kommen kann. Im übrigen werden
wir uns mit Texten dieser Art im folgenden nicht beschäftigen. Es
sind Texte, von denen die Mehrzahl ihrem Inhalt nach nur an bestimmten Tagen des Kirchenjahres im Offizium (vielleicht auch in
der Messe) verwendet worden sein kann. Über den Aufbau des Offiziums
können sie uns nichts lehren. Sie sind auch ohne jede Rubrik überliefert, so daß wir nicht einmal ihren Platz im Offizium kennen, falls
wir nicht einfach denselben Platz für sie annehmen, den ihre bohairischen Nachfahren nach der späteren Praxis einnehmen. Besonders
bedauerlich ist, daß uns so auch eine Auswertung der stattlichen Anzahl
von Texten aus M 575 versagt ist, die Abschnitten der späteren bohairischen Theotokien entsprechen. Es sieht aber nicht so aus, als
wären diese Texte hier schon für eine Verwendung nach Art der
späteren Theotokien bestimmt gewesen[55].
Entschieden weiter führt uns ein Abschnitt aus der letzten der drei

---

Zeile 1–9 = O'LEARY III 26b, 3. Abīb, Ton Batos. Der Vergleich zwischen M 575 und
dem bohairischen Difnar, der unbedingt weiterzuführen ist, dürfte sich aber erst richtig
lohnen, wenn von letzterem mehr Texte zugänglich sind.

[51] Vgl. MUYSER, *Maria's heerlijkheid* 72–74 (S. 74 Liste der Parallelen), außerdem
DRESCHER, *Mena* 186, Anm. 1.

[52] Vgl. die Hinweise von BURMESTER, *Ṭurūḥāt* 81–86, ABD AL-MASIḤ, *Doxologies*
176–177 und 179, und CRAMER, *Hymnologie* 103, Anm. 1.

[53] Vgl. ABD AL-MASIḤ, *Doxologies* 179–185.

[54] Siehe S. 97 ff.

[55] Näheres unten S. 215 ff.

oben erwähnten Pierpont Morgan-Handschriften, dem von Hyvernat
so genannten »Brevier«[56], der heutigen Handschrift M 574[57]. Diese
Handschrift enthält Texte zu beinah allen Horen des Stundengebetes
und bietet uns so immerhin ein Minimum an Information über den
Aufbau des Stundengebetes jener Zeit. So dürftig diese Information
auch sein mag, die Handschrift, bis heute einzig in ihrer Art, ist für
uns ein Zeuge von höchstem Wert. Den weitaus größten Raum nehmen
auch in dieser Handschrift wiederum Texte ein, die wie die Texte
des »Antiphonars« (M 575) ihren Platz nicht im täglichen Offizium
gehabt haben können und denen wiederum keinerlei Rubriken beigegeben sind, die uns über die Verwendung dieser Texte Aufschluß geben
könnten. Es sind das im Hauptteil der Handschrift sogenannte »Hermeniai« und im zweiten Teil der Handschrift eine Reihe von alphabetisch-akrostichischen Hymnen, sogenannten ⲁⲗⲫⲁⲃⲏⲧⲁ (Sing).

Mithilfe des gesamten Textmaterials der Handschriften M 574 und
M 575 wird die weitere Forschung voraussichtlich noch wichtige
Erkenntnisse für die Geschichte der koptischen Liturgie gewinnen
können. In dieser Arbeit beschränken wir uns auf jenen Abschnitt
aus M 574, der eindeutig für das tägliche Offizium bestimmte Texte
enthält. Dieser Abschnitt wird auch im Schlußteil dieser Arbeit mit
vollständigem Wortlaut veröffentlicht. Zugleich werden hier weitere
Texte aus dem Stundengebet entweder erstmals oder erneut veröffentlicht oder zumindestens kollationiert werden. Es handelt sich dabei
nicht in jedem Fall um liturgische Handschriften und bei den liturgischen Handschriften nicht nur um solche, die dem späteren Horologion oder der späteren »Psalmodie« entsprechen. Vielmehr wurden
aus Zeugen ganz verschiedener Art Texte zusammengetragen, die
auch im Stundengebet ihren Platz haben, vor allem solche, die Parallelen in M 574 haben. Einzelheiten zu den Textzeugen, die ihrer
ganzen Struktur nach Parallelen zu M 574 darstellen, folgen unmittelbar im Anschluß an die Beschreibung dieser Handschrift. Nähere
Angaben zu den übrigen Texten werden jeweils der Veröffentlichung
im letzten Teil dieser Arbeit vorausgeschickt.

---

[56] Vgl. oben S. 87. Der Ausdruck ist natürlich wenig glücklich, da es im koptischen
Ritus kein dem Brevier der lateinischen Kirche entsprechendes liturgisches Buch gibt.
Ein Fachmann wie Hyvernat hat aber eine solche Bezeichnung zweifellos nicht aus
Unkenntnis gewählt, sondern vermutlich, um sich seinen abendländischen Lesern leichter
verständlich zu machen.

[57] Nr. 9 der *Check List*; Band 13 der *Fotograf. Ausgabe*.

DIE HANDSCHRIFT M 574

BESCHREIBUNG DER HANDSCHRIFT

Von der Handschrift M 574 bietet Hyvernats fotografische Ausgabe von koptischen Handschriften der Pierpont Morgan Library im 13. Band eine geradezu perfekte Wiedergabe in der Größe des Originals. Auf dieser Ausgabe beruht auch die folgende Beschreibung; das Original habe ich nicht gesehen[1]. Die Pergamenthandschrift, die mitsamt ihrem Originaleinband vollständig erhalten ist, enthält nach Hyvernats Check List[2] 91 Blätter. Die fotografische Ausgabe bildet hingegen nur 90 Blätter ab, ein Vorsatzblatt (»Membr. cust. interiecta«) und 89 paginierte Folios. Es ist absolut unwahrscheinlich, daß die Handschrift mehr Blätter zählt, als die fotografische Ausgabe wiedergibt[3]. Das erste Blatt, das Vorsatzblatt, zeigt auf der Vorderseite eine recht ungelenke Zeichnung eines Hahnes und andere Kritzeleien, auf der Rückseite eine farbige Darstellung der stillenden Gottesmutter[4]. Auf dem folgenden Blatt beginnt der Text, der die ganze restliche Handschrift bis zum Verso des letzten Blattes füllt; es ist keine Seite oder gar ein Blatt frei gelassen. Die Textseiten hat der Schreiber durchgezählt und mit den Ziffern 1–178 versehen[5]; dabei sind ihm zwei Fehler unterlaufen. In dem einen Fall handelt es sich um ein einfaches Versehen. Der Schreiber hat die Zahl 32 übersprungen und die wirkliche Seite 32 als Seite 33 bezeichnet. Da auch die wirkliche Seite 33 wiederum mit der Zahl 33 versehen ist, ist die übrige Seitenzählung der Handschrift nicht in Unordnung geraten. Aufschlußreich ist dagegen der zweite Paginierungsfehler: die Seite 128 trägt die

---

[1] Eine ganz knappe Beschreibung der Handschrift auch *Check List* 5 (Nr. 9).

[2] Siehe vorige Anm.

[3] Die Zahl 91 in der Check List kann natürlich ein einfacher Druckfehler sein. Vielleicht hat Hyvernat hier aber auch den hinteren Deckel, da den Kolophon tragend, mit gezählt.

[4] Farbige Reproduktion bei CRAMER, *Buchmalerei*, Abb. VII (S. 63).

[5] Bei allen Zitationen der Handschrift beziehe ich mich auf diese originale Pagination. Die Nummern der entsprechenden Tafeln in der *Fotograf. Ausgabe* sind jeweils um vier Einheiten höher.

Ziffer 2. Der Fehler läßt nur eine Erklärung zu. Auf Seite 127 beginnt
ein neuer Abschnitt. In der Vorlage des Schreibers muß dieser Abschnitt
eine eigene Paginierung gehabt haben, was nicht notwendig heißt,
daß er in einer separaten Handschrift stand[6]; wegen der Kürze dieses
Abschnitts ist das sogar wenig wahrscheinlich. Jedenfalls hat der
Schreiber bei der zweiten Seite dieses Abschnittes der Handschrift die
Paginierung der Vorlage übernommen. Auch hier ist aber die Zählung
der übrigen Seiten nicht durcheinander geraten. Seite 129 ist korrekt als
solche bezeichnet usw.

Über die Verbindung der Blätter zu Lagen läßt sich ohne Untersuchung des Originals natürlich keine letzte Sicherheit gewinnen.
Die folgenden Angaben beruhen auf den Daten, die der fotografischen
Reproduktion zu entnehmen sind. Der Schreiber hat, wie dies allgemein
üblich war, auch die Lagen durchgezählt und entsprechend bezeichnet. Diese Ziffern finden sich auf der ersten und letzten Seite
der einzelnen Lagen. Im Normalfall bestehen die Lagen aus acht
Blättern oder vier Doppelblättern. So sind zunächst die ersten sieben
Lagen beschaffen; die siebente endet also mit Seite 112. Bei der achten
Lage ist eine Unregelmäßigkeit zu konstatieren: diese Lage besteht
nur aus sieben Blättern[7]; sie geht also bis Seite 126. Die drei folgenden
Lagen haben wieder je acht Blätter, so daß Lage 11 mit Seite 174
schließt. Der restliche Text der Handschrift nimmt noch vier Seiten
ein, für die man ein Doppelblatt verwendet haben dürfte. Auf Seite 175
ist noch der Beginn der 12. Lage angegeben; am Schluß, auf Seite 178,
fehlt eine entsprechende Bezeichnung. Der Kolophon hat keinen Platz
mehr auf dem eigentlichen Beschreibstoff gefunden. Er steht auf der
Innenseite des hinteren Buchdeckels.

An Buchschmuck enthält die Handschrift, außer dem schon genann-

---

[6] Es gibt genügend Beispiele dafür, daß koptische Schreiber bisweilen die verschiedenen Teile einer Handschrift separat paginiert haben (wobei dann auch Voderseiten
mit geraden und Rückseiten mit ungeraden Zahlen bezeichnet sein können). Hier einige
Beispiele aus dem Pierpont-Morgan-Handschriften: M 569 (*Check List*, Nr. 4; *Fotograf.
Ausgabe*, Band 4) enthält die vier Evangelien; mit jedem Evangelium beginnt eine
neue Paginierung. M 602 (*Check List*, Nr. 20; *Fotograf. Ausgabe*, Band 25) enthält sieben
verschiedene Texte, die jeweils eine eigene Paginierung haben. M 578 (*Check List*,
Nr. 26, mit unzureichenden Angaben; *Fotograf. Ausgabe*, Band 31) enthält drei verschiedene Texte, von denen die beiden ersten eine durchlaufende Paginierung aufweisen
(bis p. 135); nach einer freien Seite beginnt dann der dritte Text mit einer neuen Paginierung.

[7] Wie diese ungerade Anzahl von Blättern zu einer Lage vereinigt ist, ist an der
fotografischen Ausgabe nicht zu ersehen.

ten Schutzblatt mit dem Bild der der stillenden Gottesmutter auf der Rückseite, auf dem unteren Rand der ersten Seite eine der in koptischen Handschriften häufigen Tierzeichungen[8]. Außerdem je einen Zierrahmen um die Titel auf den Seiten 1 und 127 und eine Zierleiste über dem Titel auf S. 105; diese Verzierungen sind in Flechtbandmuster ausgeführt. Reichlichen Gebrauch hat der Schreiber von den verschiedenen Paragraphos-Zeichen, Obolos, Diple und Koronis, gemacht, wobei er unterschiedliche Formen verwendet[9]. Zahlreiche Abschnitte des Textes sind an ihrem Beginn durch Initialen verschiedener Größe, die immer auf dem Rand stehen, ausgezeichnet. Es werden teilweise recht kurze Abschnitte, bis zu einzelnen Versen, so behandelt.

Die Handschrift ist praktisch unversehrt auf uns gekommen. Die einzigen Beschädigungen des Pergaments rühren von den Ingredienzien der farbigen Tinte(n?) her, die überall in der Handschrift für den Buchschmuck verwendet wurde(n). An zahlreichen dieser Stellen ist das Pergament zerfressen, doch ist dabei praktisch nur in einem einzigen Fall Text vernichtet worden, und auch dies nur in geringem Maße. Allein den Löchern, die die Tinte des Zierrahmens von Seite 1 ins Pergament gefressen hat[10], ist auf Seite 2 der Text von vier Zeilen weithin zum Opfer gefallen. Da der übrige Buchschmuck ausschließlich auf den Blatträndern angebracht ist, sind sonst nur noch ausnahmsweise einzelne Buchstaben beschädigt worden. Die Lesbarkeit des erhaltenen Textes selbst ist so gut wie unbeeinträchtigt. Ein kurzer Satz, der Seite 143 auf dem Rand nachgetragen wurde, geht in eine dunkle Stelle hinein, so daß (zumindestens nach der fotografischen Reproduktion) nicht mehr alle Buchstaben zu lesen sind.

Das Format der Blätter ist etwa 28×22 cm. Die Zahl der Zeilen ist in der Check List mit 26–28 nur sehr grob angegeben. Das sind zwar die häufigsten Werte, doch findet man daneben nicht selten 25, 29 oder 30 Zeilen pro Seite. Auch 24 Zeilen je Seite kommen noch gelegentlich vor. Mehr als 30 Zeilen pro Seite finden sich erst gegen Schluß der

---

[8] Es sind zwei Tiere dargestellt. Da die Tinte hier das Pergament weithin zerfressen hat, kann ich nicht erkennen, ob es sich um die Darstellung von imaginären oder wirklich vorkommenden Wesen handelt.

[9] Zu diesen Zeichen in koptischen Handschriften allgemein vgl. PETERSEN, Paragraph Mark; CRAMER, Christl.-kopt. Ägypten 80 f. und Buchmalerei 18–20. Auf diese Zeichen in M 574 geht kurz ein PETERSEN, a. a. O. 320, der aber den Obolos nicht nennt.

[10] Zierleiste und Zierrahmen auf den Seiten 105 und 127 haben den Beschreibstoff nicht beschädigt.

Handschrift, dort aber häufiger; der oberste Wert sind 36 Zeilen auf einer Seite[11]. Die Handschrift ist in recht sorgfältiger Halbunziale durchgehend einkolumnig geschrieben[12].

Alle nur wünschenswerten Angaben über den Ursprung der Handschrift erfahren wir aus dem Kolophon[13], von dem ich hier die deutsche Übersetzung gebe: »Vater, Sohn und Heiliger Geist, bewahre das Leben des gottliebenden Vaters, des Priesters[14] Johannes, des Oikonomos des Klosters des Erzengels Michael im Bergland (Phantau) von Sōpehes[15] im Distrikt Faijum[16], denn er hat Sorge getragen[17] für dieses Hermenia-Buch und es seinem Kloster übereignet, um dadurch für Gott Frucht zu bringen, mit denen, die nach ihm kommen, damit Gott ihn und alle Bedürfnisse seines Klosters segne, ihm seine Sünden nachlasse, so (daß er wird) wie an dem Tage, an dem er zur Welt kam, und sein Ende schön sein lasse, (so daß) es ihm inmitten aller Brüder gefalle. Amen. Es geschehe[18]. — Segnet mich! Ich werfe mich nieder, meine heiligen Väter, die ihr in[19] diesem Buch lesen werdet. Betet in Liebe für mich, damit Gott mir Kenntnis verleihe und dem geringen Werk meiner Hände Gnade gewähre! Noch bin ich ja nicht zur Einsicht gekommen, vielmehr lerne ich (noch), ich, der geringste Diakon Basilius, und der Diakon Samuel, sein Sohn, die Schüler aus Tutōn[20] im Faijum. Möge unser Geist nicht unaufmerksam gewesen sein, und mögen wir uns in keinem Wort geirrt haben[21], denn wir haben

---

[11] Als eigene Zeile zähle ich nicht die Fälle, in denen ein kurzes Textstück unter oder über das Ende einer vollen Zeile gesetzt ist, wo der Platz dies noch gestattete, also speziell bei den ersten und letzten Zeilen der Seiten, aber auch sonst gelegentlich.

[12] Abbildung einer Seite von M 574 (pag. 141) unten nach S. 96. Vgl. zur Schrift STEGEMANN, *Paläographie*, S. 19b (zu Taf. 15, Abb. 5). Schriftprobe vom selben Schreiber (aus M 580; vgl. unten S. 95f.) auch bei CRAMER, *Paläographie*, Nr. 23.

[13] Der koptische Text ist veröffentlicht (ohne Übersetzung) bei VAN LANTSCHOOT, *Colophons*, Nr. 23.

[14] Nach CRUM, *Dict.* 13b ist ⲡ̄ⲡⲁⲡⲁ = παπᾶς mit Artikel und bedeutet »Priester«.

[15] Zum Ort und seinen Benennungen vgl. VAN LANTSCHOOT, *Colophons*, Band 2, S. 7f. (Anm. 3).

[16] Koptisch ⲡⲓⲟⲙ; praktisch der alte Arsinoïtes, vgl. GROHMANN, *Geographie* 40b und 46b.

[17] D.h. »er hat in Auftrag gegeben«.

[18] »Es geschehe« ist eine häufige koptische Wiedergabe von »Amen«.

[19] Bzw. »aus«.

[20] Zum Skriptorium von Tutōn vgl. VAN LANTSCHOOT, *Colophons*, Band 2, S. 16f. und die dort angegebene Literatur.

[21] Das Verb erscheint hier in der Orthographie ⲯⲱⲃⲧ, könnte also »verändern, vertauschen« heißen. Nach allgemeiner Ansicht kommt aber in diesem Ausdruck,

es nach der uns vorliegenden Abschrift geschrieben. Ertraget uns, verzeiht uns! (Geschrieben im Jahr) 611[22] der Ära der heiligen Martyrer.«

Unsere Handschrift ist also im letzten Jahrzehnt des 9. Jahrhunderts, entweder in den Jahren 894/95 oder 897/98, im Faijum für ein gleichfalls im Faijum liegendes Kloster geschrieben worden. Die Unsicherheit von drei Jahren im Datum ist belanglos gegenüber den sonst so präzisen Angaben über Ort und Zeit der Entstehung. Ebenso nennt sich der Schreiber mit Namen, doch liegt hier eine gewisse Schwierigkeit. Der in der Einzahl beginnende Abschnitt des Kolophons, in dem der Schreiber von sich selbst spricht, geht nämlich später in die Mehrzahl über, und es werden dann auch in der Tat zwei Personen, Vater und Sohn, beide Diakone, mit Namen und Titel genannt. Ich kann aber keinen Unterschied im Duktus der Handschrift feststellen, der die Zuweisung eines Teiles des geschriebenen Textes an einen Schreiber und die eines anderen Teiles an einen anderen rechtfertigen oder gar fordern würde. Wenn der gesamte Text wirklich von einer einzigen Hand geschrieben sein sollte, dann könnte man sich die Arbeit von zwei Schreibern an der Handschrift vielleicht so vorstellen, daß der eine diktierte, der andere schrieb. Nun haben wir bei der Handschrift M 580[23] einen ganz ähnlichen Fall. Wiederum nennt sich im Kolophon[24] der Handschrift ein Basilius[25] als Schreiber und wiederum in Verbindung mit einem zweiten Schreiber, diesmal seinem Bruder Petrus. Es ist nicht leicht, die Schrift der beiden Handschriften zu vergleichen, da der Haupttext von M 580 in Unzialschrift geschrieben ist, einzig die beiden Titel[26], der Schlußtitel des ersten Textes[27] und der Kolophon[28] in Halbunziale. Diese Titel und der Kolophon scheinen nun von derselben Hand zu stammen wie der Text von M 574. Daraus würde sich ergeben, daß der eigentliche

---

einer festen Formel, das gewöhnlich ⳡⲱϥⲧ geschriebene Wort zur Verwendung; vgl. van Lantschoot, *Colophons*, Band 2, S. 146b (Index) und Crum, *Dict.* 611a.

[22] Oder 614. Das letzte Zeichen der Jahreszahl ist so geschrieben, daß man es sowohl als ⲁ (= 1) wie auch als δ (= 4) verstehen kann.

[23] Nr. 43 der *Check List*; Bd. 48 der *Fotograf. Ausgabe*. Abbildung einer Seite der Handschrift bei Cramer, *Paläographie*, Nr. 23; vgl. wiederum auch Stegemann, *Paläographie*, S. 19b (zu Taf. 15, Abb. 3).

[24] Veröffentlicht bei van Lantschoot, *Colophons*, Nr. 14.

[25] Der Name »Basilius« in beiden Handschriften in der Form »Basili«.

[26] Pag. 1 (= Taf. 5) a 1–17 und pag. 37 (= Taf. 41) a 1–11.

[27] Pag. 36 (= Taf. 40) b 17–22.

[28] Pag. 110 (= Taf. 118).

Schreiber sowohl von M 574 als auch von M 580 der Diakon Basilius war[29], der beide Handschriften unter Mitarbeit eines anderen Schreibers aus seiner nächsten Verwandschaft geschrieben haben müßte. Eine zufällige Namensgleichheit von zwei verschiedenen Schreibern mit Namen Basilius möchte ich nicht annehmen, zumal auch die sonstigen Umstände zur Annahme ein und desselben Schreibers für beide Handschriften passen. Die Formeln in den Kolophonen der beiden Handschriften sind weithin identisch. Beide Handschriften sind in Tutōn geschrieben. M 580 ist im Jahre 606 der Matyrerära, also in den Jahren 889/90 nach Christus und nur wenige Jahre vor M 574, geschrieben. Selbst die Tatsache, daß Basilius die ältere Handschrift zusammen mit seinem Bruder, die jüngere zusammen mit seinem Sohn geschrieben hat, würde gut in die Genealogie einer solchen Schreiberfamilie passen. Basilius arbeitet solange mit seinem Bruder zusammen, bis sein Sohn als Schreiber soweit ausgebildet ist, daß er die fragliche Arbeit (das Diktieren?) übernehmen kann.

Über die Sprache von M 574 wird später im Zusammenhang mit der Textausgabe ausführlicher gehandelt werden. Zur ersten Information kann Folgendes genügen: Die Handschrift ist in ihrem zweiten Teil (von Seite 127 an) zweisprachig, nämlich griechisch-koptisch; der erste Teil ist ausschließlich koptisch. Die Zweisprachigkeit des zweiten Teiles besteht großenteils darin, daß bestimmte Texte in beiden Sprachen, also griechisch und koptisch, gegeben sind. Einige Abschnitte dieses zweiten Teiles erscheinen nur in koptischer, ein anderer hingegen nur in griechischer Sprache. Die griechischen Partien sind, wie zu erwarten, recht fehlerhaft und dies nicht nur in der Orthographie; auf dem Gebiet der Deklination und der Konjugation werden oft Formen verwechselt und zwar nicht nur solche, die sich lautlich nahestehen. Die koptischen Teile sind in einem fast reinen Saïdisch geschrieben, das nur von wenigen Faijumismen durchsetzt ist. In einem Abschnitt (pag. 150–176,13) nehmen die Faijumismen etwas zu.

---

[29] Vorsichtiger drückt sich VAN LANTSCHOOT aus: »Ce personnage (der im Kolophon von M 580 genannte Basilius) me paraît être le copiste de M 574« (*Colophons*, Bd. 2, S. 19, Anm. 5 zu Nr. 14). Auffälligerweise geht STEGEMANN auf das Problem der Identität der Schreiber von M 574 und M 580 überhaupt nicht ein, obwohl er *Paläographie*, Taf. 15 Schriftproben des Kolophons (!) von M 580 neben solchen der Handschrift M 574 bringt. Der Benützer seines Werkes muß annehmen, daß es sich um zwei verschiedene Hände handelt.

.ϲ̅ρ̅μ̅α̅:—

ΟΑΤΑϹΟΥ· ΑΝΑΜΑΡΤΗΤΙ· Κ̅Ε̅·ϹΩϹΟΝ
ΗΜΑϹ· ΑΝΑΜΑΡΤΗΤΙ· Κ̅Ε̅·ΕΛΕΗ
ϹΟΝ·ΗΜΑϹ· ΑΝΑΜΑΡΤΗΤΙ·Κ̅Ε̅·ΕΠΙΚΟΥ
ϹΟΝ·ΗΜΑϹ·ΤΡΙϹΑΓΙΕ·Κ̅Ε̅·ΕΛΕΗϹΟΝ·Κ̅Ε̅
ΕΛΕΗϹΟΝ·Κ̅Ε̅·ΕΛΕΗϹΟΝ·:— ΕΝΔΩΖΑ
Ε·ΠΑΡΘΕΝΟΥ·ΘΕΩΔΟΚΕ·ΜΥΤΗΡ·Χ̅Υ̅
ΠΡΟϹΑΓΑΓΕ··ΤΗΝΥΜΕΤΕΡΑΝ·ΠΡΟϹ
ΕΥΧΗ·ΤΩΥΙΩΝϹΟΥ·ΚΕ·Θ̅Ν̅·ΗΜΩΝ·
ΔΩΖΑΠΑΤΡΙ·ΚΕΥΙΩ·ΚΕΑΓΙΩΠ̅Ν̅Ι̅·
ΘΕΩΔΩΚΟΥ·ΕΝΔΩΖΕ·ΤΩϹΕΠΛΑϹΑΝ
ΤΑ·ΩΝΕΓΕΝΝΗϹΑϹ··ΕΥΔΩΚΗϹΑΝΤΑ
ΕΝϹΗϹΑΡΚΩΘΕΝΤΑ·Θ̅Ν̅·ΛΟΓΟΝ·ΕΙΚΕ
ΔΕΥΕϹΥΝΤΗϹΑΓΙΑϹ·ϹΟϹΕΤΑϹΨΥΧΑϹΗΜΩ
ΚΥΝΙΝ·ΚΕΛΕΙ·ΚΕΕΙϹΤΟΥϹΕΩΝΑϹ·ΤΟΝΕΝΟΝΑΜΗ·
ΔΩΖΑϹΕ·Χ̅Ε̅·ΑΠΟϹΤΟΛΟΙ·ΚΑΥΧΗΜΑ·ΜΑΡΤΥ
ΡΟΝ·ΑΓΑΛΛΙΑΜΑ·ΤΩΝΚΥΡΙΚΜ·
ΤΡΙΑϹ·ΕΝΟΜΟΟΥϹΙΟΝ·ΑΛΛΗ·ΑΛΛΗ·ΑΛΛΗ·

ϹΥΝΘ̅Ω̅·ΝΑΙΝΕΝΩϢΕΒΟΛϢΠΝΑΥΝΡΟΥϹΕ
ϢΠΝΑΤΕΥϢΗ·ϢΠΠΝΑΥΝϹΥΝΑΓΕϢΠΝ
ΝΕΥΝΟΟΥΕϢΠΕϨΟΟΥΕΤΩϢΕΕΨΝΜΑΝϨΗΤΟΥ:
·ϢΠΝΑΥΝΤΕΠΡΩΤΑ·:—

ΠΡ̅ΩΕΦΘΑϹΑΝ·ΟΙΟΦΘΑΛΜΗΟΥ·ΠΡΟϹ
ΟΡΘΡΟΝ·ΤΟΥΜΕΛΕΤΑΝ·ΤΑΛΩΓΙΑΝ
ϹΟΥ·ΤΗϹΦΩΝΗϹΜΟΥ·ΑΚΟΥϹΟΝ·Κ̅Ε̅·
ΚΑΤΑΤΩ·ΜΕΓΑϹΟΥ·ΕΛΕΩϹ·ΚΕϹΟϹΟΝΜΗ·

·ΠΕΨΒΩΛ·:—
ΝΑΒΑΛ·ϢΟΡΠΟΥΕϨΤΟΟΥΕΕΜΕΛΕΤΑΝΝΕΚϢΑ
Χ̅Ε̅·ϹΩ̅Τ̅Ι̅ΕΠΑϨΡΟΟΥΠΠ̅Ϲ̅·ΚΑΤΑΠΕΚΝΟϬΝΝ̅Α̅
ΜΑΤΑΝ·ϨΟΙ·:

DER INHALT DER HANDSCHRIFT

Inhaltlich setzt sich die Handschrift M 574 aus mehreren Teilen zusammen, wenn auch kaum zu entscheiden ist, welche Textgruppen der Schreiber der Handschrift als zusammengehörig betrachtet hat. Aus rein praktischen Gründen sei zunächst folgende Unterteilung vorgenommen:

1. Den Hauptinhalt der Handschrift bilden auf den ersten 126 (von insgesamt 178) Seiten sogenannte »Hermeniai«, im Koptischen mit dem griechischen Ausdruck ϩ∈ΡΜΗΝΙ∆ bezeichnet. Die »Hermeniai« unserer Handschrift zerfallen wieder in zwei Gruppen, von denen jede ihren eigenen Titel trägt. Der erste Titel lautet »Das Buch der heiligen Hermeniai« (pag. 1); eine Gruppe von gleichartigen »Hermeniai« füllt die ersten 104 Seiten der Handschrift. Auf den Seiten 105–126 folgt dann eine andere Gruppe unter dem Titel »Das sind die kleinen Hermeniai der Kirche.« Obwohl der Terminus »Hermenia« in den Fragmenten der saïdischen liturgischen Handschriften überaus häufig vorkommt, ist es mir bisher nicht gelungen, ihn befriedigend zu erklären, ja auch nur die damit gemeinte Textgattung genauer zu bestimmen. Auch sonst hat man sich noch kaum mit dem Ausdruck bzw. den damit bezeichneten Texten beschäftigt[1]. Ich kann nicht einmal sagen, ob »Hermeniai« im täglichen Stundengebet einen Platz hatten. Die Verwendung von »Hermeniai« bei der Eucharistiefeier wird durch einige Texte bezeugt[2], was jedoch noch nicht bedeutet, daß »Hermeniai« zu jeder Meßfeier gehörten. Genaueres können wir meines Erachtens heute darüber noch nicht sagen. Daneben kommen »Hermeniai« aber auch im Abendoffizium vor[3], ebenso im Nacht-offizium (ΟΥШΗ)[4] und wahrscheinlich auch im Morgenoffizium[5]. Wir wissen aber nicht, ob das nur bei bestimmten Gelegenheiten oder täglich der Fall war. Die einzige für alle »Hermeniai« gültige Festellung

---

[1] Mir ist zur Frage nur CRUMS kurze Bemerkung *Papyri Antinoe* 175 f. und DRE-SCHERS Aufsatz *Concordances* bekannt.

[2] Beispiele in einem veröffentlichten Text: Ms. Ins. Nr. 33 (PLEYTE-BOESER, *Manuscrits* 145 ff.).

[3] So Ms. Ins. Nr. 40 (ebenda 217 ff.); daran, daß ΛΥ̇ als »Lychnikon« zu verstehen ist, kann kein Zweifel bestehen.

[4] So Ms. Ins. Nr. 34 (ebenda 149 ff.).

[5] So wiederum Ms. Ins. Nr. 40 (ebenda 217 ff.), wenn ΟṔ als »Orthros« zu deuten ist; vgl. unten S. 192.

scheint die zu sein, daß »Hermeniai« sich centohaft aus Psalmversen
zusammensetzen. Dies gilt jedenfalls für alle uns bekannten ausgeschriebenen »Hermeniai«[6]. Was die zahlreichen »Hermeniai« betrifft,
von denen wir, vor allem durch die Typika, allein die Initia kennen,
so können wir nur feststellen, daß auch alle diese Initia als Psalmverse
verstanden werden können. Bei der Mehrzahl der uns mit vollem
Text erhaltenen »Hermeniai« sind jeweils solche Psalmenabschnitte
zusammengestellt, die alle ein bestimmtes Stichwort enthalten[7].

[6] Es sind dies in erster Linie die betreffenden Texte aus M 574. Aber auch M 575
enthält unter dem einfachen Titel »Hermeniai« eine kleine Anzahl derartiger Texte,
von denen etwa die Hälfte mit solchen in M 574 identisch ist. Ausgeschriebene »Hermeniai« finden sich auch in der koptischen Handschrift Nr. 68 der Pariser Bibliothèque
Nationale (Einzelheiten zu dieser Handschrift siehe unten S. 488 ff.). Aufgrund zahl-
reicher Parallelen mit Texten von M 574 erweist sich auch eine große Anzahl von Texten
aus der unveröffentlichten Handschrift M 636 (früher: C 31) der Pierpont Morgan Library
als »Hermeniai«, obwohl dieser Titel hier nicht gebraucht wird. Selten scheint der Fall,
daß nicht der volle Text der »Hermeniai« gegeben wird, wohl aber die Initia der einzelnen
Psalmverse, aus denen sie sich zusammensetzen, so Ms. Ins. Nr. 40, pag. 70 (PLEYTE-
BOESER, Manuscripts 221 f.). Hierher dürfte auch ein aus dem Epiphanius-Kloster von
Theben stammendes Ostrakon gehören (CRUM-EVELYN WHITE, Epiphanius 10 [S. 5]),
auf dem sich auch der Titel ϨЄΡΜЄΝΙⲀ findet.

[7] Bei den »Hermeniai«, die Psalmverse gleichen Stichwortes zusammenstellen, stößt
man nicht gerade selten auch auf Psalmzitate, die das vermutliche Stichwort nicht
enthalten. Hier wird es sich wenigstens zum Teil um versehentliche Auslassungen
handeln. Man beachte auch, daß die Psalmzitate der »Hermeniai« sehr häufig nicht
ganz wörtlich aus dem betreffenden Psalm übernommen, sondern in irgendeiner Weise
abgewandelt sind. Dabei kommt es auch vor, daß eben das in Frage stehende Stichwort
eingefügt wird. In einem solchen Fall kann es natürlich bei der weiteren Überlieferung
leicht wieder verloren gehen, da die Schreiber die Psalmtexte ja praktisch immer auswendig gekannt haben werden. Hier zwei Beispiele für Versehen der genannten Art.
Die 3. »Hermenia« von M 574 (pag. 5,14–8,16) scheint nach dem Stichwort »heilig«
zusammengestellt, doch fehlt dieses verschiedentlich, so auch pag. 5,26 ff. = Ps 10,4a–c.
Das »heilig« steht an dieser Stelle auch im saïdischen Psalter und kann in unserer »Hermenia« nur versehentlich weggefallen sein, obwohl der Text auch sonst gegenüber
dem des Psalters verändert ist. In einem anderen Fall zeigt uns der glückliche Umstand,
daß wir den Text einer »Hermenia« in doppelter Überlieferung besitzen, klar, daß es
sich nur um Versehen handeln kann. Die 8. »Hermenia« von M 574 (pag. 20,2–25,8) hat
ihre Parallele in der letzten [5.] »Hermenia« von M 575 (pag. 153,3–156,13). Das Stichwort
muß ⲐⲞЄⲒⲤ sein, es fehlt aber verschiedentlich, u. a. M 575, pag. 156,3–5. An der
Parallelstelle M 574, pag. 24,20–23 steht nun in der Tat ⲐⲞЄⲒⲤ. Die zitierte Stelle ist
Ps 64,2, also ein Text, der weder im saïdischen Psalter noch in seiner griechischen
Vorlage das Wort »Herr« enthält. Die Zitationen des genannten Verses in M 574 und
M 575 weichen sowohl vom saïdischen Psalter als auch voneinander ab. In M 574 lautet
das Zitat: »Dir ziemt Lobpreis, mein Gott, aus Sion; ich werde dem Herrn mein Gelübde
einlösen in deinen Höfen, Jerusalem.« Hier ist also das »dir« des biblischen Textes durch

Es gibt aber auch »Hermeniai«, die sich nicht aus Psalmversen mit dem jeweils gleichen Stichwort zusammensetzen. Das Auswahlprinzip des jeweils gleichen Stichwortes scheint noch Abū 'l-Barakāt, dem letzten Autor, der m. W. die »Hermeniai« erwähnt, als Charakteristikum der »Hermeniai« bekannt gewesen zu sein[8].

Der vermutlich wichtigste Unterschied zwischen den beiden Gruppen von »Hermeniai« in M 574 besteht darin, daß die erste Gruppe »Hermeniai« enthält, die sich aus Psalmzitaten mit dem jeweils gleichen Stichwort zusammensetzen, während in der zweiten Gruppe keinerlei Spur eines derartigen Auswahlprinzips zu erkennen ist. Sonst lassen sich kaum mehr als ein paar Äußerlichkeiten konstatieren. Die beiden Bezeichnungen »heilige Hermeniai« und »kleine Hermeniai der Kirche« in den Titeln wurden schon genannt. Es ist höchst unwahrscheinlich, daß »heilig« im ersten Titel oder »der Kirche« im zweiten unterscheidende Merkmale sein sollen; jedenfalls können wir daraus nichts für die Unterschiede zwischen den beiden Gruppen entnehmen. So bleibt nur das »klein« im zweiten Titel. Natürlich haben wir keinerlei Sicherheit darüber, was dieses Adjektiv im vorliegenden Fall besagen soll. Immerhin sollte man mit der Möglichkeit rechnen, daß damit einfach der unmittelbar in die Augen springende Tatbestand zum Ausdruck

---

»dem Herrn« ersetzt, womit der Vers für eine Zusammenstellung von Psalmversen mit dem Stichwort »Herr« geeignet wird; die übrigen Abweichungen vom biblischen Text interessieren uns hier nicht.

[8] VILLECOURT, *Observances liturgiques* III 271 f.; Abū 'l-Barakāt erwähnt die »Hermeniai« nur gelegentlich der Prozession des Palmsonntags. Auch Abū 'l-Barakāt spricht ausdrücklich von Psalmversen. Zu seiner Zeit waren die »Hermeniai« der Liturgie Oberägyptens eigen. Ob sie das von Anfang an waren, können wir nicht sagen. Es ist durchaus möglich, daß sich auch bei den »Hermeniai« ein älterer, früher gemeinägyptischer liturgischer Brauch in Oberägypten noch gehalten hat, als er in Unterägypten schon nicht mehr in Übung war. Im übrigen scheinen diese Zusammenstellungen von Psalmversen mit gleichem Stichwort in etwa der älteren ägyptischen Liturgie eigen zu sein. Soweit ich sehe, ist dies Phänomen anderswo jedenfalls bei weitem nicht in dem Umfang anzutreffen wie in den Fragmenten der saïdischen Liturgie. Als Parallele außerhalb Ägyptens können die auf das Wasser bezüglichen Psalmverse für das Epiphanie-Fest im chaldäischen Ritus gelten (*Brev. Chald.* I 415–420 [2. Pagin.]; vgl. MATEOS, *Lelya-Ṣapra* 138), wo jedoch eine thematische Auswahl vorgenommen ist, nicht eine nach dem immer gleichlautenden Stichwort »Wasser«. Zusammenstellungen ähnlicher Art gibt es vereinzelt auch im späteren koptischen Ritus, und zwar in den als *hūs* bezeichneten Gesängen (vgl. oben S. 73, Anm. 109). Auf die Auswahl dieser Psalmverse scheinen sich bestimmte Regeln bei Abū 'l-Barakāt (VILLECOURT, *Observances liturgiques* II 226) zu beziehen, doch ist schwer zu ersehen, wie irgendein *hūs* der heutigen liturgischen Bücher aus Anwendung dieser Regeln erklärt werden könnte.

gebracht werden soll, daß die einzelnen »Hermeniai« der ersten Gruppe
fast durchweg einen bei weitem größeren Umfang aufweisen als die
der zweiten[9]. Auch in der äußeren Präsentation gibt es kleine Unterschiede zwischen den beiden Gruppen von »Hermeniai«. Zunächst
einmal trägt bei den »kleinen Hermeniai« jede einzelne auch in der
Handschrift den Titel ϨⲈⲢⲘⲎⲚⲓⲀ (mit folgender laufender Nummer);
in der anderen Gruppe ist dies nicht der Fall. Wenn weiterhin in beiden
Gruppen übereinstimmend (Titel und) Ende einer jeden »Hermenia«
durch eine einfache Zierlinie[10] hervorgehoben ist, so dient dieselbe
Linie in der ersten Gruppe noch einem anderen Zweck. Es werden
damit am Beginn und am Schluß jeder »Hermenia« jeweils ein, am
Schluß bisweilen auch zwei Verse vom übrigen Text der »Hermenia«
abgesetzt[11]. Die jeweils ersten und letzten Verse jeder »Hermenia« der
ersten Gruppe werden auch insofern anders als die übrigen Verse
derselben »Hermenia« behandelt, als sie vom Schreiber nicht mit einer
laufenden Nummer versehen sind; die übrigen Verse jeder »Hermenia«
dieser Gruppe sind durchnumeriert[12]. Die Verse der »Hermeniai« der
zweiten Gruppe sind dahingegen nicht numeriert, wohl aber durch
eine Art Trenner[13] voneinander abgesetzt.

2. Auf Seite 127 begegnet uns dann ein weiterer Titel. Wieweit der

---

[9] In beiden Gruppen sind die einzelnen »Hermeniai« schon vom Schreiber durchgezählt. Die erste Gruppe enthält 39 »Hermeniai« auf 104 Seiten, die zweite deren 57
auf nur 22 Seiten. Die unveröffentlichte Handschrift M 636 (früher: C 31) der Pierpont
Morgan Library enthält fol. 28ᵛ allem Anschein nach einen Hermenia-Index. Die
einzelnen Angaben sind gewöhnlich nach dem Muster ⲦⲀ ⲚⲤⲞⲦⲘ = »die der 'Hören'«
(= die Hermenia 'Hören') formuliert. Vereinzelt erscheinen aber auch die Epitheta
»groß« und »klein« (z. B. ⲦⲚⲀϬ ⲚϨⲈⲐⲚⲞⲤ und ⲔⲞⲨⲒ ⲚⲈϨⲈⲐⲚⲞⲤ). Hierauf weist
Drescher im Zusammenhang mit den »kleinen Hermeniai« von M 574 hin (*Concordances*
63, Anm. 1) Es sieht aber nicht danach aus, daß sich die nähere Bestimmung »klein«
in beiden Fällen auf dieselbe Sache bezieht. Die Angaben im Index von M 636 — einige
von ihnen kehren im Text selbst bei den entsprechenden Abschnitten als Titel wieder
— enthalten offensichtlich das Stichwort, nach dem die Psalmverse dieser Art von
Hermeniai zusammengestellt sind, die »kleinen Hermeniai« von M 574 bestehen aber
gerade nicht aus Psalmversen mit jeweils gleichem Stichwort.

[10] Diese Zierlinien bestehen aus Kombinationen von längeren Strichen mit Punkt-
gruppen, z. B. so: ————··———··———. Mit solchen Linien werden auch im übrigen Teil
der Handschrift Titel und Abschnitte hervorgehoben.

[11] Vaschalde (vgl. oben S. 87, Anm. 41) bezeichnete diese Verse als »Antiphonen«.

[12] Eine ähnliche Zählung findet sich im zweiten Teil der Handschrift pag. 127–129
(griech.) und 145 f. (kopt.) bei dem in 13 »Verse« eingeteilten Abschnitt Ps 133 und 118,
169–176.

[13] In der Form :— u. ä.

damit beginnende Abschnitt reicht, ist höchst problematisch. Es
seien zunächst die Seiten 127–149 als Einheit behandelt. Der Titel
von Seite 127 lautet: »Das sind die Ausrufe der Nacht.« Auf Seite 141
folgt dann ein weiterer Titel der wiederum »Ausrufe« nennt, aber
nicht nur die der »Nacht«, sondern auch anderer Horen. Da es sich um
den uns speziell interessierenden Teil der Handschrift handelt, sei
die eingehende Diskussion der damit verbundenen Fragen auf später
aufgeschoben. Für den Augenblick genüge die Feststellung, daß
dieser Teil der Handschrift Texte enthält, die offensichtlich ihren Platz
in bestimmten Horen des täglichen Offiziums haben; in der Mehrzahl
der Fälle ist die Zugehörigkeit zur betreffenden Hore auch im Einzel-
titel angegeben.

3. Auf den Seiten 150–176,13 folgt dann eine andere Textgruppe,
die jedoch nicht durch einen eigenen Gruppentitel von der vorhergehenden abgehoben ist. Ich nehme die Trennung allein aufgrund
inhaltlicher Kriterien vor. Diese neue Gruppe umfaßt eine Reihe von
Hymnen auf Christus, Maria und eine Anzahl besonders verehrter
Heiliger. Diese Hymnen dürften für besondere Tage, einzelne vielleicht
für besondere Zeiten[14] des Kirchenjahres bestimmt gewesen sein.
Es handelt sich dabei ausschließlich um alphabetisch-akrostichische
Hymnen, die auch in ihren Titeln gewöhnlich ⲁⲗⲫⲁⲃⲏⲧⲁ (Sing.)
genannt werden. Insgesamt enthalten die genannten Seiten 13 derartige Hymnen. Jeder von ihnen besteht aus 24 Strophen, die akro-
stichisch die 24 Buchstaben des griechischen[15] Alphabets nennen, einer
in rückläufiger Reihenfolge. ʿAbd al-Masīḥ sieht in diesen Texten eine
ursprüngliche Form der späteren bohairischen »Psali«[16], die ja fast
alle nach diesem Prinzip aufgebaut sind, und er dürfte damit aller
Wahrscheinlichkeit nach Recht haben. Allerdings ist es mir bisher nicht
gelungen, auch nur für eines der 13 »Alphabeta« von M 574 eine bohairische Parallele ausfindig zu machen[17].

---

[14] So könnte der Hymnus »der Auferstehung und Himmelfahrt« (pag. 163,5–164)
vielleicht für die Osterzeit bestimmt gewesen sein.

[15] Dies ist auch der weitaus häufigere Fall bei den zahlreichen bohairischen Hymnen
derselben Art. Die alphabetisch-akrostichischen Hymnen, die die 31 (oder, falls auch
noch ⲋ, das Zahlzeichen für 6, berücksichtigt wird, 32) Buchstaben des koptischen
Alphabets berücksichtigen, sind demgegenüber durchaus in der Minderheit.

[16] ʿABD AL-MASĪḤ, Psali 87 f. und 98.

[17] Man beachte in diesem Zusammenhang, daß die alphabetisch-akrostichischen
Hymnen von M 574 vermutlich im Faijum entstanden sind und vielleicht auch nur
dort verbreitet waren; vgl. unten S. 388 f.

4. Den Abschluß der Handschrift bildet auf den Seiten 167,14–178 das Moses-Canticum aus dem Exodus-Buch. Daß dies Canticum nicht zu den vorausgehenden alphabetisch-akrostichischen Hymnen gehört, ist offenkundig. Das Canticum kann aber auch keinen gesonderten Abschnitt ausmachen, sondern nur zu dem oben als Nr. 2 bezeichneten Teil der Handschrift gehören. Dort stehen nämlich »die Oden der Nacht« (Titel auf Seite 129), aber es fehlt die 1. Ode des koptischen Ritus, das Siegeslied des Moses. Es ist zu vermuten, daß es an seinem eigentlichen Platz vergessen worden war und dann am Schluß der Handschrift nachgetragen wurde.

Zu wieviel verschiedenen Teilen man die soeben summarisch aufgeführten Texte unserer Handschrift nach sachlichen Gesichtspunkten zusammenfassen soll, ist eine nicht ganz leichte Frage. Zweifelsohne stehen den »Hermeniai« der Seiten 1–126 als erstem Teil die übrigen Texte gegenüber. Der Titel auf Seite 127 ist in der gleichen Weise ausgeschmückt wie der von Seite 1, und so hat auch der Schreiber zum Ausdruck gebracht, daß die Handschrift aus zwei Hauptteilen besteht, den Seiten 1–126 und dem Rest der Handschrift (Seite 127–178). Der erste Teil hat dabei schon durch seinen Umfang ein deutliches Übergewicht, und im Kolophon wird die Handschrift auch nur als »Hermenia-Buch« bezeichnet[18]; auf den Inhalt des zweiten Teiles ist hier kein Bezug genommen. Die relative Selbständigkeit des zweiten Teiles ergibt sich aus dem Paginierungsfehler, auf den schon oben hingewiesen wurde[19].

Innerhalb des ersten Teiles der Handschrift, also bei den »Hermeniai«, ist dann aber noch ein deutlicher Unterschied zwischen den beiden oben genannten Gruppen zu erkennen. Hier spielen nicht nur die schon angeführten sachlichen Gründe eine Rolle, sondern der Schreiber hat zudem den Unterschied zwischen den beiden Gruppen auch mit graphischen Mitteln deutlich gemacht. Er hat nicht nur jeder der beiden Gruppen einen eigenen Titel gegeben, sondern dem zweiten auch noch eine sorgfältig ausgeführte Zierleiste vorangestellt. Dabei markiert diese Zierleiste deutlich einen kleineren Einschnitt als der Zierrahmen, der den Titel auf Seite 127, nach dem Ende der »Hermeniai«, schmückt. Es kann kein Zweifel daran bestehen, daß die Einteilung der Handschrift in sachliche und auch vom Schreiber entsprechend bezeichnete Teile soweit richtig erkannt ist.

[18] Siehe oben S. 94.
[19] Siehe oben S. 91 f.

Schwierig ist dagegen die Frage, ob die alphabetisch-akrostichischen Hymnen mit den für das tägliche Offizium bestimmten Texten eine Einheit bilden. Hier hat der Schreiber weder durch einen allgemeineren Titel noch durch andere Mittel wie Zierleiste oder -rahmen irgendeine weitere Einteilung kenntlich gemacht. Ob das gesamte Textmaterial der Seiten 127–178 als Einheit zu betrachten ist, möchte ich deshalb offen lassen. Unbeschadet dieser Frage werden aber die alphabetisch-akrostichischen Hymnen der Seiten 150–176,13 hier nicht behandelt. Die Hymnen auf Christus, Maria und andere Heilige sind aller Wahrscheinlichkeit nach nicht für das tägliche Offizium bestimmt, sondern für besondere Tage (vielleicht auch Zeiten) des Kirchenjahres. Demgegenüber dürften die Texte der Seiten 127–149 und 176,14–178 zumindestens in ihrer ganz überwiegenden Mehrheit dem täglichen Offizium angehören. Sodann sind die alphabetisch-akrostichischen Hymnen ohne jegliche Rubrik überliefert, und es ist nicht einmal sicher, ob sie überhaupt im Offizium Verwendung fanden[20]. Sie könnten auch für die Meßfeier, schließlich sogar sowohl für die Messe als auch für das Offizium bestimmt gewesen sein. Sollten sie im Offizium Verwendung gefunden haben, so fehlt uns jeder direkte Hinweis darauf, in welcher Hore (welchen Horen) dies geschah. Die folgende Arbeit will einzelne Punkte im Aufbau des koptischen Stundengebetes untersuchen, und zwar anhand der für das tägliche Offizium bestimmten Texte von M 574. Texte, die vielleicht an einzelnen Tagen oder zu bestimmten Zeiten, dazu an nicht näher bezeichneten Stellen im Offizium verwendet wurden, können hier nicht berücksichtigt werden[21].

Veröffentlicht und näher behandelt werden in dieser Arbeit also nur die Seiten 127–149 und 176,14–178 der Handschrift M 574. Mit Bezug auf die übrigen Teile der Handschrift wäre hier nur noch zu

---

[20] Falls sie tatsächlich den späteren »Psali« entsprechen (vgl. oben S. 101), so könnte man allenfalls vermuten, daß sie ähnlich wie diese verwendet wurden, also »an bestimmten Festen … beim Abendgebet und beim Mitternachtsgebet, manchmal auch bei der Messe während der Kommunion« (MALAK, Livres liturgiques 20); den genauen Platz im Abend- und Mitternachtsgebet vgl. bei BURMESTER, Liturgical Services 108 (Nr. 3) bzw. 110 (Nr. 16).

[21] Gegen eine Veröffentlichung der Hymnen in dieser Arbeit sprechen zudem noch rein praktische Gründe. Diese Hymnen machen sprachlich gewisse Schwierigkeiten und würden so weitere philologische Erläuterungen und die Diskussion von verschiedenen Konjekturmöglichkeiten verlangen. Vor allem aber würden sie uns mit zahllosen Einzelpunkten der Hagiographie konfrontieren und einen ausführlichen hagiographischen Kommentar fordern, der den Rahmen dieser Arbeit sprengen würde.

fragen, ob die Zusammenstellung der verschiedenen Teile eher auf
Zufälligkeiten zurückzuführen ist oder ob sich sachliche Gründe dafür
erkennen lassen. Ich möchte vermuten, daß in der Tat keine rein
zufällige Zusammenstellung von Texten vorliegt. Die Seiten 127–149
und 176,14–178 entsprechen, wie wir später sehen werden, bestimmten
Texten der »Psalmodie«, und zwar solchen des täglichen Offiziums.
Eine Kombination solcher Texte mit den alphabetisch-akrostichischen
Hymnen der Seiten 150–176,13, also Texten, die für einzelne Festtage
oder besondere Zeiten des Kirchenjahres bestimmt sein dürften, liegt
nun ganz auf einer Linie mit dieser Feststellung. Auch die »Psalmodie«
enthält ja derartige Texte[22], wenn auch in ihrer späteren Form weniger
»Psali«, die den Hymnen von M 574 am ehesten entsprechen, sondern
vor allem sogenannte »Doxologien«. Der Zusammenhang zwischen
dem ersten Teil der Handschrift, den »Hermeniai«, und dem Rest
läßt sich nicht aus einem Vergleich mit späteren bohairischen Texten
ersehen, da ja »Hermeniai«, wie schon gesagt, hier nicht mehr vorkommen. Und einen sicheren Beweis, daß alle Texte von M 574
irgendwie zusammengehören, können wir auch nicht führen. Immerhin
ist Folgendes zu bedenken: Wenn wir es beim zweiten Teil von M 574
mit einer Art »Psalmodie« zu tun haben, dann eben mit Texten, die
sich in den Händen der Sänger und damit wahrscheinlich auch in denen
des Vorsängers befunden haben müssen. Nun scheint der Vortrag der
»Hermeniai« ebenfalls weithin eine Angelegenheit des Vorsängers
gewesen zu sein. Es wurde zwar schon gesagt, daß wir bezüglich der
»Hermeniai« über Einzelheiten nicht allzu gut unterrichtet sind, daß
es aber vorzugsweise der ⲥⲁϩ ist, also wohl der Vorsänger, der mit
dem Vortrag der »Hermeniai« betraut ist[23]. Man könnte deshalb mit
gutem Grund annehmen, daß die verschiedenen Textgruppen von
M 574 deshalb in einer Handschrift vereinigt wurden, weil sie alle
in die Zuständigkeit von Sänger und Vorsänger fallen, mögen wir es
im übrigen auch mit Texten recht verschiedener Art zu tun haben,
von denen nicht einmal sicher ist, daß sie alle im Stundengebet ihren
Platz hatten.

---

[22] Vgl. oben S. 54 f.
[23] Vgl. oben S. 77, Anm. 129.

Die Seiten 127–149 und 176,14–178 der Handschrift enthalten die uns interessierenden Texte für das tägliche Stundengebet. Der Inhalt dieser Seiten muß nun noch genauer beschrieben werden. Zur Identifizierung der einzelnen Texte wird in erster Linie das spätere bohairische Stundengebet herangezogen. Eine Angabe aller Parallelen außerhalb des koptischen Ritus ist nicht beabsichtigt.

Durch einen Zierrahmen deutlich hervorgehoben steht oben auf Seite 127 der Titel »Das sind die Ausrufe der Nacht[1].« Unter diesem Titel steht zunächst eine Reihe von Texten (Sektion A), die noch heute im Mitternachtsoffizium des koptischen Ritus ihren Platz haben, und zwar an dessen Beginn. Es handelt sich um das »Erhebet euch, Söhne des Lichtes...« und die darauf folgenden Psalmen 133 und 118,169–176[2]. Diese Texte stehen heute sowohl in der »Psalmodie« als auch im Horologion, es scheint aber, daß sie ursprünglich nur in der »Psalmodie« standen und erst später Aufnahme ins Horologion gefunden haben[3]. Die Texte sind in der Handschrift M 574 in beiden Sprachen, griechisch und koptisch (saïdisch) gegeben, doch folgt die koptische Fassung nicht unmittelbar auf die griechische; sie steht vielmehr erst später auf den Seiten 144–146 (Sektion a) im Anschluß an andere »Ausrufe«. Beim »Erhebet euch...« ist in M 574 die kurze Aufforderung zum Lobpreis deutlich von der folgenden an Gott gerichteten Bitte abgehoben. Im griechischen Text geht dem zweiten Abschnitt jedenfalls die zur Trennung dienende Zierlinie voraus (pag. 127, vor Zeile 6), im koptischen zudem ein eigener Titel »Die Übersetzung von κύριε ἀποστήσας« (144,22). Die Zusammenstellung von Ps 133 und 118,169–176 ist also in M 574 schon der dritte Abschnitt dieser »Ausrufe der Nacht«. Dabei ist Ps 133 hier als wirkliche Einheit

---

[1] Die Texte von M 574 werden hier normalerweise nur in Übersetzung zitiert; der Wortlaut des Originals kann im Schlußteil dieser Arbeit jederzeit leicht verglichen werden. Ich habe den uns interessierenden Teil der Handschrift in kleine Abschnitte (»Sektionen«) eingeteilt, die ich mit den Buchstaben des lateinischen Alphabets benenne, gewöhnlich mit Großbuchstaben, nur in dem einen Fall, wo die griechische und koptische Fassung eines Textes getrennt stehen, erhält letztere den entsprechenden kleinen Buchstaben (Sektion a = pag. 144,17–146,2).

[2] An das abschließende »Die Ehre (ist) dem Vater ...« sind im heutigen bohairischen Ritus noch weitere »Verse«, darunter doxologische Formeln und Psalmzitate, angehängt.

[3] Vgl. oben S. 39.

mit Ps 118,169–176 gedacht, denn es findet sich nicht nur kein Absatz
zwischen den beiden Stücken, sondern dazu positiv eine Einteilung
des Ganzen in 13 »Verse«, die durchlaufend gezählt sind; die betreffenden Zahlen stehen auf dem linken Rand. Zwischen den einzelnen
»Versen« ist jeweils »Ehre (ist) dir, Menschenliebender« eingeschoben[4].

Auf Seite 129 folgt dann ein weiterer Titel: »Das sind die Gesänge
(Oden) der Nacht« (Zeile 10). Dieser Titel ist durch je eine doppelte Zierlinie davor und danach weit weniger auffällig markiert
als der vorhergehende. Der Titel gilt sicher zunächst einmal für die
unmittelbar folgenden vier biblischen Oden oder Cantica, von denen
drei noch im heutigen Stundengebet leicht als solche wiederzufinden
sind: Ps 135, Dan 3,52–88 und Ps 148–150. Es sind dies die Oden 2–4
der heutigen vier Oden des koptischen Stundengebets. Die erste Ode
des heutigen Stundengebets, das Moses-Canticum Ex 15,1–21, steht
in M 574 erst ganz am Schluß der Handschrift. Es ist, wie schon gesagt,
zu vermuten, daß das Moses-Lied nur durch ein Versehen des Schreibers
an diesen Platz gekommen ist; der Schreiber muß es an seinem eigentlichen Platz unter den anderen biblischen Cantica versehentlich
ausgelassen und dann später am Schluß der Handschrift nachgetragen
haben. Ich fasse das Moses-Lied hier mit den übrigen biblischen Cantica
als Sektion B zusammen[5]. Die genannten vier Oden stehen in der uns
greifbaren koptischen Überlieferung nur in der »Psalmodie«[6]. In M 574
findet sich nun noch eine weitere, also fünfte Ode, die sich aus den
beiden neutestamentlichen Cantica Lk 1,46–55 und 2,29–32 zusammensetzt. Diese Ode nimmt den vierten Platz ein, d. h. sie steht zwischen

---

[4] Die Einteilung des späteren bohairischen Textes weicht davon etwas ab. Das Ganze
ist nicht mehr in drei Abschnitte eingeteilt, vielmehr durchgehend in Verse gegliedert, die im Wechselgesang vorzutragen sind (*Jahres-Psalm.* [1908; Kairo] 16 ff.;
Jahres-Psalm. [1908; Alex.] 27 ff.; *Jahres-Psalm.* [1949] 13 ff.; keine Andeutung des
Wechselgesangs in den Ausgaben der *Choiak-Psalm.*).

[5] Entsprechend zähle ich das Moses-Lied als erste, den Psalm 135 als zweite Ode
usw.

[6] Das einzige derzeit bekannte koptische Horologion, das auch die biblischen Cantica
enthält, sind die oben S. 67 ff. besprochenen Fragmente mit saïdischem Psalmtext.
Obwohl wir es es dabei mit einem Zeugen sehr hohen Alters zu tun haben, rechtfertigt
nichts die Annahme, das Horologion habe ursprünglich auch die Oden enthalten. Die
Fragmente zeigen deutlich eine sekundäre Kombination von Horologion- und Psalmodie-
Texten, wie schon oben gesagt wurde; unmittelbar auf die Schlußformel »Zu Ende ist
das Mitternachtsgebet« folgt erneut der Titel »Die Mitternacht(shore)«. Es sind also die
Psalmodie-Texte des Mitternachtsgebetes an die Horologion-Texte derselben Hore
angehängt, ohne daß irgendeine organische Einheit zwischen beiden Textgruppen
bestünde.

dem Gesang der drei Männer und den Psalmen 148–150. Daß die beiden neutestamentlichen Cantica als eine einzige Ode anzusehen sind, ergibt sich daraus, daß sie einen gemeinsamen Titel und dasselbe Troparion als Kehrvers haben. Jede der fünf Oden hat einen eigenen Titel, abgesehen von der zweiten (Ps 135), die ja unmittelbar auf den allgemeinen Titel der Oden folgt. Der Titel der ersten Ode lautet »Die Ode unseres Vaters Moses aus dem (Buch) Exodus« (176,14), der der dritten »Der Hymnus der drei Heiligen« (13,15), der der vierten »Der Hymnus der heiligen Jungfrau Maria« (134,5) und der der fünften »Das Alleluja des Aggäus und Zacharias«[7] (135,13). Auch hat jede der Oden ihren Kehrvers. Bei der ersten bis dritten und der fünften Ode gehören die Kehrverse zum biblischen Text selbst[8], bei der vierten ist es ein längeres christologisches Troparion, das mit den Worten »Einer aus der Dreifaltigkeit ...« beginnt. Die Kehrverse sind nur bei ihrem ersten Vorkommen voll ausgeschrieben, später verweist dann jeweils das Initium darauf. Diese Kehrverse sind auch neben dem Vergleich mit den Oden des späteren bohairischen Stundengebetes ein, wie ich glaube, zuverlässiges Kriterium, um in M 574 die Oden gegenüber den folgenden Texten abzugrenzen. Sonst wird nämlich aus der Handschrift selbst nicht unmittelbar deutlich, welche Texte alle zu dem Titel »Das sind die Gesänge der Nacht« gehören. Von den Oden bietet M 574 nur den koptischen Text.

Wieder ein anderer Titel steht dann auf Seite 138, diesmal auf noch bescheidenere Weise als die anderen hervorgehoben, nämlich nur durch einfache Zierlinien. Er lautet: »Der Hymnus der Himmlischen und der Irdischen« (Zeile 7). Die so betitelte Sektion C enthält den bekannten mit dem Vers Lk 2,14 beginnenden Hymnus, und zwar einschließlich des Würdige-dich. Letzteres zeigt schon alle jene Erweiterungen, durch die der spätere koptisch-bohairische Text sich vom byzantinischen unterscheidet.

Es folgt dann auf den Seiten 140 f. das Trishagion, verbunden mit Anrufungen der Dreifaltigkeit, Christi und Mariens, die durch eine christologische Doxologie abgeschlossen werden. Diese Texte seien hier als besondere Einheit (Sektion D) behandelt, obwohl sie in der Handschrift keinen eigenen Titel tragen. Immerhin sind sie wenigstens durch eine einfache Zierlinie von dem vorhergehenden Engelshymnus

---

[7] Überschrift von Ps 148 in der Übersetzung der LXX.

[8] Der genaue Wortlaut der Kehrverse ist unten in der Ausgabe S. 440 und 398 ff. oder in der Zusammenstellung S. 205 zu vergleichen.

abgehoben. Auch erscheinen sie in der Handschrift allein in griechischer Sprache, wohingegen der Engelshymnus mit dem Würdige-dich dort nur koptisch gegeben ist. Noch im heutigen Stundengebet folgt auf den Engelshymnus das Trishagion[9], dem seinerseits Texte folgen, die wenigstens teilweise mit den oben genannten Anrufungen von M 574 identisch sind. M 574 und die späteren bohairischen Zeugen unterscheiden sich noch insofern, als dort für die gesamte Sektion D ausschließlich die griechische Sprache gebraucht wird, während hier die Sprache wechselt: nur das Trishagion und die unmittelbar folgenden Texte, kleine Doxologie und Anrufung der Dreifaltigkeit, sind griechisch, die übrigen Stücke hingegen koptisch.

Ein ganz neuer Abschnitt (Sektion E) beginnt dann auf Seite 141, mag sich auch der Titel recht unauffällig präsentieren, nämlich einzig mit einer Zierlinie davor und danach. Der Titel lautet: »Mit Gott. Das sind die Ausrufe der Abendstunde und die der Nacht und der Versammlungsstunde und der Stunden des Tages, an denen man beten muß« (Zeile 18–20). Unter diesem Titel stehen einige Texte, jeweils in griechischer und koptischer Sprache, für bestimmte Horen des Stundengebets, näherhin für die »Prim« (ⲡⲣⲱⲧⲁ), Terz, Sext, Non und Vesper (ⲗⲩⲭⲛⲓⲕⲟⲛ der Abendstunde). Für »Prim« und Vesper werden je zwei Texte, für Terz, Sext und Non nur einer gegeben. Es handelt sich zum Teil um kürzere Psalmzitate, zum Teil um andere Texte. Bei »Prim« und Vesper steht an zweiter Stelle das Würdige-dich bzw. dessen Anfang[10], also ein Text, der auch heute noch im koptischen Stundengebet vorkommt[11]. Von den Psalmtexten für »Prim«, Terz, Sext und Non lassen sich bestenfalls zwei, die für die »Prim« (Ps 118,148 f.) und die Non (Ps 137,8bc) in den entsprechenden Horen des spätere koptischen Studengebets nachweisen, und auch hier handelt es sich nicht um eine eigentlich parallele Verwendung dieser Texte. Ps 118,148 f.

[9] Im Morgengebet folgt das Trishagion auf die eigentliche Doxologie (ohne Würdige-dich), im Abendgebet auf das Würdige-dich (ohne »Ehre [ist] Gott in den Höhen ...«). Alle diese Texte stehen heute, wie schon gesagt, sowohl in Horologion als auch in der »Psalmodie«, und zwar im Horologion verteilt auf die betreffenden Horen (Morgengebet und Komplet), in der »Psalmodie« hingegen in durchgehender Folge: »Ehre (ist) Gott ...«, Würdige-dich, Trishagion usw.; vgl. für die »Psalmodie« die Ausgaben *Jahres-Psalm.* (1908; Kairo) 319 ff.; *Jahres-Psalm.* (1908; Alex.) 296 ff.; *Jahres-Psalm.* (1499) 314 ff.

[10] Nur der Anfang in der »Prim«. Allein der vollständige Text der Vesper läßt erkennen, daß das Würdige-dich diesmal nicht die typisch koptischen Erweiterungen enthält. Der Text der Vesper ist praktisch identisch mit dem Καταξίωσον der byzantinischen Vesper. Näheres vgl. unten S. 296 f.

[11] Ob allerdings eine echte Parallelität zwischen dem Würdige-dich in der Vesper

bildet zwei Strophen in dem Hymnus »Wahres Licht ...« des heutigen Morgengebets[12]. Eine Anspielung auf Ps 137,8c könnte man in einem Sätzchen des dritten Troparions (1. Theot.) der Non sehen[13].

Im Anschluß an die »Ausrufe« der Sektion E steht dann — von mir als Sektion a bezeichnet — die koptische Übersetzung der »Ausrufe der Nacht«, deren griechischer Text (Sektion A) den hier behandelten Teil der Handschrift M 574 eröffnet.

Der nächste Abschnitt (Sektion F; pag. 146–148) setzt sich aus zwei bzw. drei Texten zusammen; einen Titel tragen aber weder der gesamte Abschnitt noch dessen einzelne Stücke. Zuerst steht der vollständige griechische Text der gesamten Sektion, darauf folgt dann die koptische Übersetzung. Der Schreiber hat durch Verwendung je einer Zierlinie im griechischen und koptischen Text die Sektion in zwei Teile zerlegt. Zuerst kommen zwei parallel gebaute Troparien, das erste marianischen, das zweite christologischen Inhalts. Darauf folgt — nach der Zierlinie — ein Chairetismos an Maria. Die beiden Troparien kann ich bisher im späteren koptischen Stundengebet nirgendwo nachweisen, wohl aber im byzantinischen[14], doch stehen sie hier im Gegensatz zu M 574 niemals unmittelbar nebeneinander. Die ersten Zeilen des Chairetismos haben eine weitverzweigte Geschichte, der schon vor vielen Jahren Baumstark einmal nachgegangen ist[15]. Der Text bildet noch heute die Strophen 1–3 des dritten Abschnitts der Dienstags-Theotokie[16]. Für die restlichen Zeilen konnte ich in dieser Zusammenstellung bisher keine Parallele feststellen, wenn sich auch selbstverständlich einzelne Ausdrücke daraus in anderen Texten wiederfinden, womit jedoch kein Zusammenhang zwischen den verschiedenen Texten erwiesen ist.

Der nächste Abschnitt (Sektion G; pag. 148 f.) bringt unter dem Titel »Der Glaube von Nizäa« das in den verschiedenen Riten in der

---

von M 574 und im späteren Abendgebet (heute: Komplet) besteht, ist eine andere Frage. Vgl. dazu unten S. 128 ff.

[12] Der Hymnus steht sowohl im Horologion als in der »Psalmodie«. Die beiden fraglichen Strophen beispielsweise *Horol.* (1930) 82 oder *Jahres-Psalm.* (1908; Kairo) 287.

[13] »Die Werke deiner Hände« des Psalmes erscheinen dabei als »die, die du mit deinen Händen geschaffen hast«. So auch im griechischen Text dieses Theotokions im byzantinischen Horologion (gleichfalls Non).

[14] Sie beginnen Σὲ τὴν (τοῦ) Θεοῦ und Σὲ τὸν σαρκωθέντα; vgl. die Vorkommen bei FOLLIERI, *Initia* III 475 und 481.

[15] BAUMSTARK, *Frühchristl. Theotokion.* Näheres vgl. unten S. 314 ff.

[16] Siehe z. B. *Jahres-Psalm.* (1908; Kairo) 180 f.

Liturgie verwendete Glaubensbekenntnis, das längere Zeit unter dem
Namen Nizäno-Konstantinopolitanum lief[17]. Dieses Symbol hat auch
heute noch in der koptischen Liturgie seinen Platz, und zwar sowohl
im Stundengebet als auch in der Meßliturgie. In unserer Handschrift
wird nur der koptische Text gegeben.

Den Abschluß des uns interessierenden Teiles der Handschrift
bildet dann als Sektion H das Unser-Vater (pag. 149). Der vollständige
Wortlaut wird nur von der griechischen Fassung gegeben. Darauf
folgt der koptische Vermerk: »Die Übersetzung davon (ist): Unser
Vater in den Himmeln.« Man sieht also deutlich, daß der koptische
Text als bekannt vorausgesetzt werden konnte, während der griechische
Text zwar noch in der Liturgie verwendet worden sein muß, man seine
Kenntnis aber nicht mehr ohne weiteres voraussetzen konnte. Es
bedarf kaum einer eigenen Erwähnung, daß das Unser-Vater auch
heute noch bei den Kopten in der Messe und im Stundengebet ge-
sprochen oder gesungen wird, jedoch nicht mehr in griechischer
Sprache.

Auf das Unser-Vater folgen dann zunächst die alphabetisch-akrostichischen Hymnen[18], die uns hier nicht weiter beschäftigen sollen,
und schließlich das Siegeslied des Moses, das zweifelsohne zu den
übrigen biblischen Cantica der Sektion B[19] zu rechnen ist.

* * *

Betrachtet man die einzelnen Abschnitte der Seiten 127–149 und
176,14–178, über die wir uns soeben einen ersten Überblick verschafft
haben, im Zusammenhang, so fällt unmittelbar auf, daß es mit den
Titeln und der Textanordnung nicht in allem seine Richtigkeit haben
kann. Der uns interessierende Teil der Handschrift wird auf Seite 127
mit einem Titel eröffnet, der seiner Stellung und äußeren Aufmachung
nach für alles Folgende zu gelten scheint. Schon ein flüchtiger Blick
auf die folgenden Texte und Titel zeigt aber, daß dies in Wirklichkeit
nicht der Fall sein kann, da der erste Titel sich ja nur auf die »Ausrufe
der Nacht« bezieht. Denn im Folgenden stehen weder nur »Ausrufe«
noch ausschließlich Texte, die für die »Nacht(hore)« bestimmt wären.

---

[17] Vgl. z. B. RITTER, *Konzil von Konstantinopel* 134 f.
[18] Vgl. oben S. 101.
[19] Siehe oben S. 106.

Unmittelbar an »die Ausrufe der Nacht« (Sektion A) schließen sich
»die Gesänge der Nacht« (Sektion B) an, und wir haben es offensichtlich
mit zwei verschiedenen Arten liturgischer Texte zu tun, mag auch der
Terminus »Ausruf« (ⲱϣ ⲉⲃⲟⲗ) noch manche Unklarheit bergen[20].
Mit den »Gesängen« (ϩⲱⲥ) sind jedenfalls die biblischen Cantica
gemeint. Dies ergibt sich schon aus einem Vergleich der Texte mit den
Cantica des späteren bohairischen Stundengebets. Zudem dient der
Terminus ϩⲱⲥ noch heute bei den Kopten zur Bezeichnung der
biblischen Cantica[21] und ist von ihnen in dieser Bedeutung sogar ins
Arabische übernommen worden (هوس)[22]. Im weiteren Verlauf folgt
dann noch der Engelshymnus (Sektion C), das Trishagion (Sektion D),
das Glaubensbekenntnis (Sektion G) und das Unser-Vater (Sektion H),
und es besteht keinerlei Anlaß zu der Vermutung, daß alle diese Texte
zugleich auch als »Ausrufe« (oder gar »Ausrufe der Nacht«) bezeichnet
werden konnten, zumal die Sektion E nach Ausweis ihres Titels noch
eigens eine Sammlung von »Ausrufen« bringt. Einzig bei der Sektion F
ergibt sich aus den Texten — ein Titel fehlt — nicht klar, ob es sich
dabei vielleicht um »Ausrufe« handelt[23]. Wie immer dem auch sei, es
ist offenkundig, daß der zweite Teil der Handschrift M 574 nicht
nur »Ausrufe« enthält. Ebenso offenkundig ist es, daß dieser Teil der
Handschrift nicht nur Texte für »die Nacht(hore)« enthält. Mag es
auch bei einigen Texten fraglich sein, ob sie im Offizium der Zeit
auch oder sogar speziell ihren Platz in jener Hore hatten, die in der
Handschrift »Nacht« genannt wird, so zeigt auf jeden Fall gerade die
Sektion E, die in ihrem Titel »Ausrufe« für Vesper, Nacht(hore),
»Versammlungsstunde« und »die Stunden des Tages, an denen man
beten muß«, nennt, und im Text Stücke für »Prim«, Terz, Sext, Non und
Vesper bringt, daß in der Handschrift auch andere Horen als die
»Nacht« berücksichtigt sind. Der Titel von Seite 127, der nur »die
Ausrufe der Nacht« nennt, kann also keineswegs der Titel für die
Gesamtheit der uns hier interessierenden Teile der Handschrift M 574
sein. In Wirklichkeit ist er nichts anderes als der Titel der Sektion
A (und a) und verdankt seine besondere Aufmachung lediglich dem
Umstand, daß er eben jener Titel innerhalb dieses Teiles der Handschrift

---

[20] Vgl. unten S. 127 ff.

[21] Vgl. z. B. *Jahres-Psalm.* (1908; Kairo) 30, 40, 48 und 84.

[22] Vgl. z. B. die in der vorigen Anm. zitierten Stellen oder GRAF, *Verzeichnis* 116.

[23] Nach meinem Urteil ist das nicht der Fall, doch bleibt zugestandenermaßen unklar,
was für eine Art von Texten in Sektion F zusammengestellt ist. Eine mögliche Erklärung
siehe unten S. 213 f.

ist, der bei der Anordnung der Texte dieses Teiles an die Spitze zu
stehen gekommen ist.

Interessant ist nun auch ein Vergleich aller Titel untereinander.
Abgesehen von den Untertiteln innerhalb der Sektionen, wie sie die
einzelnen Cantica der Sektion B oder die einzelnen Horen der Sektion E
zeigen, haben wir unter den Sektionstiteln — die hier vorgenommene
Einteilung in Sektionen als richtig vorausgesetzt — auf der einen
Seite solche Titel die nur einen Text nennen wie den Engelshymnus
(Sektion C) und das »nizänische Glaubensbekenntnis« (Sektion G), auf der
anderen Seite dagegen pluralische Titel, die mehrere Texte zu einer Einheit zusammenfassen. Es sind dies die Titel der Sektionen A (»die Ausrufe
der Nacht«), B (»die Gesänge der Nacht«) und E. Der entscheidende
Titel in diesem Zusammenhang ist der von Sektion E. Er lautet:
»Mit Gott. Das sind die Ausrufe der Abendstunde und die der Nacht
und der Versammlungsstunde und der Stunden des Tages, an denen
man beten muß« (141,18–20). Wenn der Titel »Die Ausrufe der Nacht«
auf Seite 127 zwar durch seine Stellung und Aufmachung, nicht aber
durch seinen Inhalt den Anspruch erheben konnte, der Haupttitel des
zweiten Teiles der Handschrift zu sein, so käme der unscheinbare
Titel von Seite 141 aus inhaltlichen Gründen schon eher als allgemeiner
Titel in Betracht. Wichtig ist dafür schon das einleitende »Mit Gott«.
Diese Formel ist bei den Kopten bekanntlich für Anfänge von Büchern
oder neuen Texten innerhalb eines Bandes typisch[24]. Weiterhin ist
der Titel von Seite 141 allgemeiner als der von Seite 127. Er nennt
mehr Horen als nur »die Nacht«, mag der Sinn einiger Termini auch
mit Unklarheiten belastet sein. Schwierigkeiten bereitet vor allem
»die Versammlungsstunde«, die vielleicht irrtümlich für das Morgengebet oder die »Prim« steht[25]. Nicht ganz klar ist auch die Erwähnung
der »Stunden des Tages, an denen man beten muß«. Ist das ein zusammenfassender Verweis auf alle Horen des Stundengebets überhaupt
oder auf die vorher noch nicht im einzelnen genannten? Im letzteren
Fall wären damit zumindestens Terz, Sext und Non, vielleicht auch
die »Prim« gemeint, also praktisch unsere »kleinen Horen«. Noch tref-
fender wäre dann natürlich der Vergleich mit dem byzantinischen
Ritus, wo ja Prim, Terz, Sext und Non einfach »die Horen« heißen[26]. In
ganz eindeutiger Weise nennt der Titel die Vesper und »die Nacht(hore)«,

---

[24] In der arabischen Übersetzung regelmäßig als »Im Namen Gottes« wiedergegeben.
[25] Näheres siehe unten S. 118 ff.
[26] Vgl. etwa CLUGNET, *Dictionnaire* 170.

und mit der Nennung von letzterer ordnet dieser Titel sich sogar formell noch die Texte der Sektion A unter: die als Sektion A einzeln aufgeführten »Ausrufe der Nacht« werden nochmals ausdrücklich im Titel der Sektion E genannt. Wenn also überhaupt ein Titel im zweiten Teil der Handschrift M 574 Anspruch darauf machen kann, der allgemeine Titel für diesen Teil zu sein, käme am ehesten noch der Titel der Sektion E in Frage, der unter sich zumindestens noch Titel und Texte von Sektion A begreift. Dennoch kann auch dieser Titel nicht der allgemeine Titel für den ganzen uns interessierenden Teil der Handschrift M 574 sein. Auch für ihn bleibt die Schwierigkeit bestehen, die schon vorher beim Titel der Sektion A genannt wurde: Beide Titel sprechen nur von »Ausrufen«, der zweite Teil der Handschrift M 574 enthält aber sicher noch andere Texte als nur »Ausrufe«.

Die bisherigen Beobachtungen könnte man etwa wie folgt zusammenfassen: Keiner der Titel im zweiten Teil der Handschrift M 574 kann der Titel für diesen ganzen Teil sein. Der allgemeinste Titel, der nämlich die »Ausrufe« aller Horen nennt, steht nicht an seinem richtigen Platz; es geht ihm schon eine Reihe von »Ausrufen«, die der »Nacht«, die er zudem noch ausdrücklich nennt, voraus. In diesem Teil der Handschrift erscheinen »Ausrufe« mit anderen liturgischen Texten vermischt.

Einige dieser Feststellungen sind nun noch näher zu präzisieren und durch weitere Beobachtungen zu ergänzen. Zunächst einmal ist die Zusammengehörigkeit der Sektion A und E über allen Zweifel erhaben[27]. Diese beiden Sektionen enthalten die »Ausrufe« für verschiedene Horen des Stundengebetes, nur erscheinen die der »Nacht« an einer getrennten Stelle (Sektion A), werden aber immer noch im Titel der übrigen »Ausrufe« (Sektion E) aufgeführt. Es dürfte auch einigermaßen deutlich sein, wodurch diese Trennung der »Ausrufe der Nacht« von

---

[27] Aus mehr praktischen Gründen habe ich darauf verzichtet, diese Texte zu einer einzigen Sektion zusammenzufassen, wie ich es bei den auf zwei Stellen verteilten Texten der Sektion B getan habe. Im letzteren Fall ist die Reihenfolge der einzelnen Cantica aus dem Vergleich mit anderen Zeugen sicher, und diese Cantica gehören alle zu einer einzigen Hore; auch ist es hier wohl nur einem Versehen des Schreibers zuzuschreiben, daß die Cantica nicht beieinander stehen. Dagegen sind die »Ausrufe der Nacht« in M 574 wohl absichtlich von den übrigen »Ausrufen« getrennt worden, »Ausrufe« sind hier vermutlich für alle Horen des Stundengebets bestimmt, und die Anordnung dieser Texte ist, wie wir gleich noch sehen werden, höchst problematisch. Hinzu kommt, daß die »Ausrufe der Nacht« schon früh auch gesondert überliefert sind (P. 488 Yale; Hubbel, *Liturgy*) und sich als ganzes noch im heutigen Stundengebet finden, während sich von den übrigen »Ausrufen« bestenfalls einige Verbindungslinien zu Texten des späteren Stundengebetes ziehen lassen.

den übrigen »Ausrufen« veranlaßt wurde: Man wollte die Texte für die
»Nacht(hore)« zusammenstellen; unmittelbar auf die »Ausrufe der
Nacht« folgen »die Gesänge der Nacht« (Sektion B)[28]. Die ganze
Anordnung der Texte und Titel im zweiten Teil der Handschrift
M 574 legt somit schon jetzt folgenden Schluß nahe: eine ursprüngliche
Sammlung von »Ausrufen«, eine bestimmte Gruppe von Texten, die
im Stundengebet Verwendung fanden, wurde mit anderen für das
Stundengebet bestimmten Texten zu einer Einheit zusammengefaßt.
Dabei ergaben sich mancherlei Inkonvenienzen: Es fehlte ein all-
gemeiner Titel für die neue Sammlung, und ein solcher wurde auch
nicht geschaffen. Umgekehrt behielt man den allgemeinen Titel der
»Ausrufe« bei, der natürlich kein adäquater Titel für die neue Sammlung
war und übrigens vom Schreiber auch gar nicht als solcher ausgegeben
wurde. Die ursprüngliche Sammlung der »Ausrufe« wurde in zwei
Teile zerrissen, weil man an den Anfang der neuen Sammlung die
Texte für »die Nacht(hore)« stellte. An die Spitze der neuen Sammlung
kam dadurch der Titel »die Ausrufe der Nacht«, und dieser wurde,
obwohl er als Gesamttitel noch weniger geeignet war als der Titel für
alle »Ausrufe«, sozusagen zufällig wie ein allgemeiner Titel aufgemacht,
da er nun eben einmal an den Beginn einer neugeschaffenen Textsammlung geraten war. Diese Rekonstruktion der Entstehung unserer
Textsammlung im zweiten Teil der Handschrift M 574 erfährt eine
starke Stütze durch ein anderes Faktum, das erst später im einzelnen
vorgeführt werden kann, nämlich durch die Existenz eines Dokuments,
das die »Ausrufe« des Stundengebets für sich bringt[29].

Im übrigen ist es natürlich nicht ganz korrekt, zu sagen, daß die
»Ausrufe« in M 574 auf zwei verschiedene, durch andere Texte getrennte
Plätze verwiesen worden seien. Das gilt streng genommen nur für
den griechischen Text der »Ausrufe« (Sektion A und E). Die koptische
Übersetzung der »Ausrufe der Nacht« (Sektion a) folgt ja dem griechischen Text der »Ausrufe der Nacht« (Sektion A) nicht unmittelbar,
und es ist sicher kein Zufall, daß sie stattdessen gerade hinter der
Sektion E, den »Ausrufen« der übrigen Horen, eingeordnet wurde.
So sind in der koptischen Übersetzung alle »Ausrufe« praktisch doch
wieder vereint. Diese Feststellung ist völlig unabhängig von den
— auch nur mutmaßlichen — Gründen für die Trennung von grie-

[28] Ob auch die Sektionen C und D, der Engelshymnus und das Trishagion, in M 574
als Texte für »die Nacht« gemeint sind, ist eine schwierige Frage; vgl. dazu unten S. 175 ff.
[29] Vgl. unten S. 140 ff.

chischer und koptischer Fassung der »Ausrufe der Nacht«. Selbst wenn
der griechische und der koptische Text eigentlich beieinander hätten
stehen sollen und letzterer nur zunächst vom Schreiber versehentlich
ausgelassen worden wäre[30], so wäre der Platz, an dem der koptische
Text später nachgetragen wurde, immer noch aufschlußreich: eben
bei den anderen »Ausrufen«. Diese Textanordnung ist übrigens auch ein
wichtiger Grund dafür, den Abschnitt 146,3–148,6 als eine Einheit für
sich (Sektion F) zu betrachten. Der Schreiber hat den koptischen
Text der »Ausrufe der Nacht« an die übrigen »Ausrufe« angehängt;
danach beginnt ein neuer Abschnitt.

Eine noch verbleibende und auch nicht lösbare Schwierigkeit ist
die Anordnung der »Ausrufe« der einzelnen Horen. Die Abweichungen
in der Abfolge der Horen im Titel (von Sektion E) und in der Anordnung
der Texte selbst läßt sich wohl durch keinen Rekonstruktionsversuch
befriedigend erklären. Daß »die Ausrufe der Nacht« von den übrigen
»Ausrufen« getrennt wurden, kann die Abweichungen nicht veranlaßt
haben. Im Titel wird als erste Hore die Vesper genannt, deren Texte
dann aber erst als letzte gegeben werden. Wo immer die Texte für
»die Nacht« ursprünglich gestanden haben mögen, ihre Trennung von
den anderen Texten kann diese Unstimmigkeit nicht erklären. Im
übrigen ist zu beachten, daß die Abfolge der Horen in jedem Fall den
zeitlichen Ablauf respektiert. Dies wird schon für die Texte selbst gelten, die ja in der Sektion E in der Reihenfolge »Prim«, Terz, Sext, Non
und Vesper erscheinen. Wenn wir auch nicht mit Sicherheit wissen,
wo die Texte der »Nacht« ursprünglich gestanden haben, so ist es
doch äußerst wahrscheinlich, daß sie ihren Platz entweder am Anfang
oder am Schluß hatten. Denn einmal ist nicht anzunehmen, daß
gerade die Texte für »die Nacht« die logische Abfolge gestört haben
sollten, und zum anderen ist eine ursprüngliche Stellung am Anfang
oder am Schluß die beste Voraussetzung dafür, daß diese Texte bei
der Kombination mit einer anderen Textsammlung einen neuen Platz
zugewiesen bekommen können. Mögen »die Ausrufe der Nacht« aber
nun am Anfang oder am Schluß gestanden haben, jedesmal ergibt
sich ein mit dem natürlichen Zeitablauf konformer Zyklus. Einzig
der Punkt, mit dem der liturgische Zyklus einsetzt, wäre bei den
beiden Möglichkeiten verschieden; es wäre entweder die »Nacht(hore)«
oder die »Prim«. Ebenso dürfte die Horenabfolge im Titel dem natür-

---

[30] Wie ich es für das Canticum Ex 15,1–21 in Sektion B annehme; vgl. oben S. 102
und 106.

lichen Zeitablauf entsprechen, was immer man unter den in ihrer Bedeutung unklaren Ausdrücken auch verstehen will. Auf die Vesper folgt hier die »Nacht«, darauf die »Versammlungsstunde«. Auch wenn letztere nicht ein Versehen für »Prim« (o. ä.) sein, sondern wirklich die Eucharistiefeier meinen sollte, würde sie den Zyklus wohl nicht stören. Im 9. Jahrhundert ist ja für den Normalfall eine morgendliche Eucharistiefeier vorauszusetzen[31]. Nur wissen wir nicht, ob die Meßfeier schon damals so streng in die Absolvierung des Stundengebetes eingebaut war, wie dies später der Fall ist, und, wenn ja, in welcher Weise[32]. Es folgen dann nur noch »die Stunden des Tages, an denen man beten muß.« Wenn hiermit auf alle Horen zusammen verwiesen ist, was ich für wenig wahrscheinlich halte, so stört diese Angabe den Zyklus in keiner Weise. Sind damit aber, wie ich vermuten möchte, die »kleinen Horen« gemeint, dann fügt sich deren Nennung an dieser Stelle dem Zyklus perfekt ein. Die verschiedenen Daten unserer

---

[31] Die Zeit der Meßfeier kann hier nicht ausführlicher behandelt werden, zumal auch keineswegs alles völlig klar ist. Einige Hinweise mögen genügen. In den Typika, die wohl etwas jünger sind als unsere Handschrift, erhält der Terminus ⲚⲀⲨ ⲚⲤⲨⲚ-ⲀⲄⲈ (vgl. dazu unten S. 118 ff.) bisweilen die nähere Bestimmung »am Sonntagmorgen«. In der Leidener Handschrift Ins. Nr. 34 (PLEYTE-BOESER, *Manuscrits* 149 ff.) heißt es mehrfach ⲠⲚⲀⲨ ⲚⲤⲨⲚⲀⲄⲈ ⲚϢⲰⲢⲠ ⲚⲦⲔⲨⲢⲒⲀⲔⲎ, ebenso auf dem Pariser Blatt 129 (20), fol. 161 (veröffentlicht MASPERO, *Fragments* 144), das nach meinem Urteil aus derselben Handschrift stammt wie die Leidener Blätter (letztere kenne ich allerdings nur durch die Fotos der Universitätsbibliothek Löwen). Derselbe Ausdruck findet sich dann noch auf einem unveröffentlichten Blatt der Vaticana, Cod. Borg. copt. 109 (108), fol. 2, das sicher aus einer anderen Handschrift stammt. Mehrfach wird sodann in der koptischen Literatur über die Feier der Messe am Morgen von Sonn- oder Feiertagen berichtet. Hier zwei Beispiele: In einer angeblich von Athanasius stammenden Homilie erzählt der Prediger von der Feier des Festes des Erzengels Michael in einem bestimmten Einzelfall: nachdem man die Nacht zuvor gemeinsam mit Gotteslob verbracht hatte, wurde am Morgen das hl. Opfer gefeiert (Handschrift M 602, fol. 102ᵛ f. = *Fotograf. Ausgabe*, Bd. 25, Taf. 204 f.; in französischer Übersetzung auch bei LEFORT, *Vies de Pachôme* 381). In der Aphu-Vita wird dies als die normale Sonntagspraxis hingestellt; der Bischof, der Mönch ist, kommt am Samstag zu seiner Gemeinde, die Nacht zum Sonntag verbringen die Gläubigen gemeinsam im Gebet, dann wird die Liturgie gefeiert, und bis zum Sonntagmittag widmet der Bischof sich der Unterweisung des Volkes (ROSSI, *Manoscritti copti* 80 [Separatausgabe S. 18]; Text auch bei MUYSER, *Samedi et Dimanche* 95); hier ist ganz deutlich, daß die Meßfeier eine Zeitlang vor Sonntagmittag beendet gewesen muß.

[32] Nach heutiger Praxis geht der Eucharistiefeier Mitternachts- und Morgengebet, morgendliche Weihrauchdarbringung, Terz und Sext voraus, an Fasttagen auch noch die Non; vgl. ṢALĪB, *Riten* 35 und 65 f. oder BURMESTER, *Liturgical Services* 32.

Handschrift setzen also alle einen echten Zyklus voraus, unterscheiden sich nur in dem Punkt, an dem bei ihnen dieser Zyklus einsetzt. Als Beginn des Zyklus kommen in Frage Vesper, »Nacht(hore)« und »Prim«. Die Entscheidung zwischen diesen drei Anfangspunkten ist bei dem Fehlen weiterer Angaben in unserer Handschrift deshalb unmöglich, weil sich für alle drei anderweitige Parallelen beibringen lassen. Mit der Vesper beginnt bekanntlich der liturgische Tag[33]. Mit dem Mitternachtsgebet, wenn diesem die »Nacht(hore)« von M 574 entspricht, beginnen gewöhnlich die Texte der »Psalmodie«[34] oder aber auch das byzantinische Horologion. Auch in dem früher zitierten Abschnitt aus der Symeons-Vita[35] steht das Mitternachtsgebet am Beginn des Tagzeitenzyklus. Mit dem Morgengebet beginnt das koptische Horologion. Ich sehe vorläufig keine Möglichkeit, festzustellen, an welchem Punkt des Horenzyklus die »Ausrufe« ursprünglich begannen.

Es wäre nun noch genauer das Verhältnis der in den Titeln (von Sektion A und E) genannten Horen und jenen Horen zu betrachten, von denen die »Ausrufe« selbst aufgeführt werden. Dabei braucht der Titel von Sektion A, da in dem von Sektion E enthalten, nicht eigens berücksichtigt zu werden. Stellt man die beiden Reihen in Kolonnen nebeneinander, so ergibt sich folgendes Bild.

Titel	»Ausrufe«
Vesper	(siehe unten)
»Nacht«	»Nacht« (Sektion A und a)
»Versammlungsstunde«	»Prim« (Sektion E I)
»Die Stunden des Tages, an denen man beten muß« (siehe oben)	Terz (E II) Sext (E III) Non (E IV) Vesper (E V)

Bei Vesper und »Nacht(hore)« ist die Zuordnung ihrer Texte zur Nennung im Titel klar. Nicht ganz klar sind »die Stunden des Tages, an denen man beten muß.« Schon oben wurde angedeutet, daß das

---

[33] So beginnen etwa die modernen Leselisten mit den Angaben zur abendlichen Weihrauchdarbringung (am Vorabend des Tages), ebenso die rubrizistischen Anweisungen ṢALĪB, *Riten* 32 und 34; *Jahres-Psalm.* (1908; Alex.) 4 (im Text steht das Mitternachtsgebet am Anfang); *Jahres-Psalm.* (1949) 1 (der Einleitung; auch hier im Texte wieder das Mitternachtsgebet am Anfang). Auch eine bestimmte Anordnung der Psalmodie-Texte dürfte darauf zurückzuführen sein, vgl. oben S. 63 f.

[34] Vgl. oben S. 62 f.

[35] Vgl. oben S. 17.

meiner Meinung nach kaum ein zusammenfassender Hinweis auf alle
Horen des vollständigen Zyklus sein kann, sondern daß hier eher eine
Reihe von Tageshoren gemeint ist, etwa unseren »kleinen Horen«
entsprechend. Fraglich ist aber, welche der Horen, von denen »Ausrufe«
aufgeführt werden, damit gemeint sind. Sicher Terz, Sext und Non.
Aber auch die »Prim«? Hier dürften zwei Beobachtungen von Bedeutung sein. Einmal, daß für Terz, Sext und Non unter den »Ausrufen«
jeweils nur ein Text gegeben wird, für die »Prim« aber zwei. Damit rückt
die »Prim« in Parallele zur Vesper mit gleichfalls zwei »Ausrufen«.
Zum anderen ergibt sich aus obiger Übersicht, daß so in jeder Kolonne
noch eine »Hore« übrigbleibt, und zwar am jeweils gleichen Platz:
unter den im Titel aufgezählten »die Versammlungsstunde«, unter den
»Ausrufen« selbst die »Prim«. Sollte mit den beiden Bezeichnungen am
Ende ein und dieselbe Hore gemeint sein?

Was ich bisher immer als »Versammlungsstunde« übersetzt habe,
heißt im koptischen Text von M 574 ⲛⲁⲩ ⲛⲥⲩⲛⲁⲅⲉ Dieser Ausdruck
kommt in den koptischen Typika sehr häufig vor[36]. Wo immer der
Sinn aus dem Kontext eindeutig hervorgeht, ist damit die Eucharistiefeier gemeint. Dies gilt etwa für Stellen, wo der »Versammlungsstunde«
die vier traditionellen Lesungen der koptischen Messe, eine aus den
Paulusbriefen, eine aus den Katholischen Briefen, eine aus der Apostelgeschichte und eine aus den Evangelien[37], oder ein »Trishagion auf die
(Lesung der) Apostelgeschichte«[38] zugewiesen werden. Daß ⲛⲁⲩ
ⲛⲥⲩⲛⲁⲅⲉ an anderen Stellen, wo der Kontext den Sinn nicht eindeutig festlegt, eine andere Bedeutung haben könnte, ist mir höchst
unwahrscheinlich. Man könnte ⲛⲁⲩ ⲛⲥⲩⲛⲁⲅⲉ sinngemäß also durchaus als »Eucharistiefeier« übersetzen und selbst als koptische Entsprechung des griechischen σύναξις verstehen. Wenn ich trotzdem
die umständlichere und allgemeinere Übersetzung »Versammlungsstunde« gebrauche, dann einmal deshalb, weil das Vorkommen von

---

[36] An veröffentlichten Texten wären zu vergleichen: WESSELY, Texte 5, Nr. 261, 262,
263, 265 und 266; Ms. Ins. Nr. 32, 33 34 und 38 (PLEYTE-BOESER, Manuscrits 136 ff.
und 182 ff.); CRUM, Catalogue B. M. 144 und 145 (S. 30 ff.); CRUM, Catalogue
Rylands 53 (S. 18 ff.); MASPERO, Fragments 144; DRESCHER, Lectionary Fragment
250 ff.

[37] Unter den veröffentlichten Texten WESSELY 5, Nr. 262 und 265; CRUM, Catalogue
B. M. 145 (S. 32); Ms. Ins. Nr. 34 (PLEYTE-BOESER, Manuscrits 156 ff.); MASPERO,
Fragments 144.

[38] Ms. Ins. Nr. 32 (PLEYTE-BOESER, Manuscrits 136 ff.); CRUM, Catalogue Rylands
53 (S. 18 ff.).

ⲚⲀⲨ ⲚⲤⲨⲚⲀⲄⲈ in M 574 mit besonderen Unklarheiten belastet ist, können hier doch im Kontext wohl nur Horen des Stundengebets gemeint sein. Zum anderen aber auch, weil es daneben weitere Verbindungen mit ⲤⲨⲚⲀⲄⲈ gibt, die zumindestes gewisse Parallelen zu ⲚⲀⲨ ⲚⲤⲨⲚⲀⲄⲈ darstellen. So ist noch ⲢⲞⲞⲨ ⲚⲤⲨⲚⲀⲄⲈ gebräuchlich[39], womit ein Tag gemeint ist, an dem die Eucharistie gefeiert bzw. die Kommunion empfangen wird, oder es kommen ausnahmsweise auch Bildungen wie ⲀⲚⲀⲄⲚⲰⲤⲒⲤ ⲚⲤⲨⲚⲀⲄⲈ[40], also wohl eine Lesung bei der Eucharistiefeier, vor. Dabei ist schon das Element ⲤⲨⲚⲀⲄⲈ in all diesen Verbindungen nicht ganz sicher zu deuten. Wahrscheinlich ist ⲤⲨⲚⲀⲄⲈ die koptische Form des griechischen Verbs συνάγεσθαι, das vereinzelt schon im saïdischen N. T. in dieser Form vorkommt[41]; in der späteren koptischen Literatur ist dieses Wort (als Verb) dann sehr häufig. Dagegen ist substantivischer Gebrauch von ⲤⲨⲚⲀⲄⲈ (substantivierter Infinitiv?) nur in einem einzigen Fall mit Sicherheit nachzuweisen. Die Materialsammlung für das von Herrn Prof. A. Böhlig begründete Wörterbuch der griechischen Wörter im Koptischen hat aus der verzettelten koptischen Literatur nur einen einzigen Beleg aufzuweisen, bei dem der Gebrauch des Artikels den substantivischen Charakter eindeutig zeigt[42]: ⲠⲢⲰⲘⲈ ⲈⲦⲚⲀⲔⲀ ⲠⲤⲨⲚⲀⲄⲈ ⲚⲤⲰϤ ⲘⲠⲤⲀⲂⲂⲀⲦⲞⲚ ⲘⲚ ⲦⲔⲨⲢⲒⲀⲔⲎ[43] = »Wer die Messe (ⲤⲨⲚⲀⲄⲈ) am Samstag und Sonntag versäumt.« So möchte ich in Verbindungen wie ⲚⲀⲨ ⲚⲤⲨⲚⲀⲄⲈ eher das Verb ⲤⲨⲚⲀⲄⲈ annehmen[44]; Weiß katalogisiert sie dagegen beim substantivischen

[39] Revillout, *Concile de Nicée* 264 (Separatausg. 70) und die Parallele Rossi, *Testi copti* 154 (Separatausg. 46); Crum, *Coptic Ostraca*, Nr. 29 und 31; Wessely, *Texte* 4, Nr. 204: ⲢⲞⲞⲨ ⲤⲨⲚⲀⲄⲈ (sic; Original kollationiert), lies wohl ⲢⲞⲞⲨ ⲚⲤⲨⲚⲀⲄⲈ.

[40] Wessely, *Texte* 5, Nr. 262b.

[41] Vgl. Lefort, *Concordance* 285; Böhlig, *Lehnwörter* I 397; Weiss, *Lexikon* 80.

[42] Vgl. Weiss, *Lexikon* 80, wo als »Probartikel« eben συνάγειν vorgestellt ist. Herr Dr. Weiß hat mir brieflich bestätigt, daß ihm kein anderes Beispiel von ⲤⲨⲚⲀⲄⲈ mit Artikel bekannt ist. Wo ich mich sonst im folgenden auf Weiß beziehe, ist aber immer der Probartikel in *Lexikon* gemeint.

[43] Handschrift M 602 (*Fotograf. Ausgabe*, Bd. 25), fol. 96ᵛ (Taf. 192) b 25ff. = Sermo Athan. Alex. in Laudem SS. Archangel. Mich. et Gabr., pag. 14. Falls der Ausdruck von Hebr 10,25 abhängig sein sollte, so wäre das Substantiv ⲤⲨⲚⲀⲄⲈ wohl als koptische Form von ἐπισυναγωγή zu erklären.

[44] Derartige von Substantiven abhängigen Infinitive sind im Koptischen durchaus gebräuchlich, vgl. die häufigen Verbindungen ⲘⲞⲈⲒⲦ ⲚⲈⲒ ⲈⲢⲞⲨⲚ und ⲘⲞⲈⲒⲦ ⲚⲈⲒ ⲈⲂⲞⲖ, wörtlich etwa »Weg des Hineinkommens« bzw. »... Herauskommens« (einige Belege bei Crum, *Dict.* 188a), oder aus unserem Text ⲠⲤⲎⲨ ⲚⲦⲀⲀⲤ (139,16 f.) = »die Zeit des sie (die Speise) Gebens«. Grammatikalisch wäre in einer solchen Ver-

Gebrauch von ⲤⲨⲚⲀⲅⲉ. Für unwahrscheinlich halte ich es auch, daß das griechische σύναξις bei der Übernahme ins Koptische die Form des entsprechenden Verbs, also ⲤⲨⲚⲀⲅⲉ, erhalten hätte. Der umgekehrte Fall, daß nämlich ein griechisches Verb bei den Kopten in der Form des entsprechenden Substantivs erscheint, kommt zwar häufiger vor[45], daß die Kopten hingegen einem griechischen Substantiv die Form des entsprechenden Verbs geben, ist äußerst selten, und es dürften in solchen Fällen versehentliche Entstellungen vorliegen[46]. Noch abwegiger scheint mir die Annahme Haases, der in ⲤⲨⲚⲀⲅⲉ ein mir sonst nicht bekanntes griechisches Substantiv συναγή sieht[47].

Die Frage, ob im koptischen ⲤⲨⲚⲀⲅⲉ letztlich das Verb συνάγεσθαι oder das Substantiv σύναξις steckt, ist dabei weit mehr als eine müßige Spielerei, denn das koptische Substantiv ⲤⲨⲚⲀϫⲓⲤ scheint einen merklich weiteren Anwendungsbereich zu haben als das koptische Verb ⲤⲨⲚⲀⲅⲉ. Mit ⲤⲨⲚⲀϫⲓⲤ wird nicht nur die Versammlung zur eucharistischen Feier bzw. diese selbst bezeichnet, sondern jedwede religiöse Versammlung und auch das Gebet eines einzelnen, bei dem von keinerlei Versammlung mehr die Rede sein kann. Letztere Bedeutung von ⲤⲨⲚⲀϫⲓⲤ ist im Koptischen so häufig, daß es sich erübrigt, umfangreiches Belegmaterial dafür anzuführen. Es genüge hier ein Beispiel: Von dem Martyrer Sarapion heißt es ⲉϥⲓⲣⲓ ⲚⲚⲉϥ-ⲤⲨⲚⲀϫⲓⲤ ⲘⲠⲓⲉ2ⲟⲟⲨ ⲚⲉⲘ ⲠⲓⲉⲭⲱⲢ2[48] = »indem er Tag und Nacht seine Gebete (ⲤⲨⲚⲀϫⲓⲤ) verrichtete[49].« Das Verb ⲤⲨⲚⲀⲅⲉ hingegen scheint im Koptischen, wenn man von der seltenen und auf

---

bindung natürlich auch ein Substantiv möglich; ein Beispiel wiederum aus unserem Text: ⲚⲀⲨ ⲚⲢⲟⲨ2ⲉ (141,18) = »Abendstunde«.

[45] Vgl. GARITTE, *Léonce de Tripoli* 340, Anm. 3.

[46] Ein derartiges Beispiel finden wir in unserer Handschrift M 574, wo 145,21 ⲘⲉⲗⲉⲧⲀ als Substantiv steht. Es handelt sich dabei um ein Zitat aus Ps 118,174b, und in den anderen koptischen Zeugen dieses Psalmverses steht denn auch in der Tat Ⲙⲉⲗⲉⲧⲏ (BUDGE, *Psalter*; LEMM, *Bibelfragm.* II 378). Im saïdischen Text des Ignatius-Martyriums steht ⲤⲧⲀⲨⲢⲟⲨ (LEFORT, *Pères apostol.* 71 a 28) für griechisches σταυρός (FUNK-DIEKAMP, *Patres Apostol.* 343,7 f.); die bohairische Fassung hat hier ⟨Ⲥ⟩ⲧⲀⲨⲢⲟⲤ (LEFORT 71 b 29). Lefort setzt das ⲤⲧⲀⲨⲢⲟⲨ im Index auch tatsächlich unter σταυρός und nicht etwa unter σταυροῦν (125b).

[47] HAASE, *Konzil von Nicäa* 54.

[48] BALESTRI, *Serapione* 39.

[49] Auch für das Griechische Ägyptens ist σύναξις in dieser Bedeutung gut belegt; vgl. etwa ἐποίησε μεγάλην σύναξιν ... ἔβαλον σύναξιν ἕως πρωΐ (NAU, *Solitaires* 361 [Nr. 229]) oder ποιῶν τὴν μικράν σου σύναξιν (ebenda 57) und VEILLEUX, *Liturgie* 293 f. Zum koptischen Wort ⲤⲨⲚⲀϫⲓⲤ vgl. noch BÖHLIG, *Synaxeis* 225 f.

das N. T. beschränkten Bedeutung »(sich ver)sammeln« absieht,
durchweg auf die Eucharistie bezogen und bedeutet »die Messe feiern«,
»kommunizieren«, »die Kommunion reichen«. Diese Einschränkung
auf die Eucharistie kann hier nicht im strengen Sinn bewiesen werden.
Dazu wäre einmal eine vollständige Sammlung aller einschlägigen
Stellen erforderlich. Und zum anderen gibt es natürlich genügend
Stellen, an denen die Deutung auf die Eucharistie zwar möglich,
aber nicht zwingend ist. Entsprechend gibt Weiß auch (für das »Substantiv«) neben »Eucharistie« das allgemeine »Gottesdienst« und
»Gottesdienst halten« (für das Verb). Soweit ich das Material überschaue, gibt es aber keine Stelle, die den Bezug auf die Eucharistie
ausschließt. Ausgehend von den üblichen Übersetzungen könnte
man gewisse Zweifel etwa bei den Bannformeln wie ⲁⲛⲁⲑⲉⲙⲁ
ⲉⲡⲉⲧⲥⲩⲛⲁⲅⲉ ⲛⲙⲙⲁⲕ[50] oder ⲁⲛⲁⲑⲉⲙⲁ ⲉⲡⲉⲧⲥⲩⲛⲁⲅⲉ ⲛⲙⲙⲁⲩ[51]
haben und vielleicht eine Übersetzung »Bann über den, der mit dir ...«
bzw. »... mit ihnen verkehrt« vorziehen. Ich möchte aber vermuten,
daß auch hier speziell an die Eucharistiegemeinschaft gedacht ist:
»Bann über den, der mit dir ...« bzw. »... mit ihnen in Eucharistiegemeinschaft steht«; Weiß sagt wieder »Abendmahls- bzw. Gottes-
dienstgemeinschaft halten«. Für mich ist es bezeichnend, wie das Wort
ⲥⲩⲛⲁⲅⲉ in dem koptischen Bericht über den Tod des Arius verwendet
ist. Hier sagt Bischof Alexander (von Konstantinopel) auf kaiserlichen
Druck zu, Arius wieder in die Kirchengemeinschaft aufzunehmen,
wenn diesem bis zum kommenden Sonntag nichts zustoße, denn, so
fügt er hinzu, ⲧⲛⲛⲁⲉⲓⲙⲉ ⲅⲁⲣ ϩⲙ ⲡⲁⲓ ϫⲉ ⲁ ⲡⲭ̅ⲥ̅ ϩⲱⲧⲡ ⲛⲙⲙⲁϥ
ⲡⲉ ⲁⲩⲱ ⲧⲛⲛⲁⲥⲩⲛⲁⲅⲉ ⲛⲙⲙⲁϥ ⲡⲉ[52] = »daran werden wir erkennen, daß Christus sich mit ihm versöhnt hat, und wir werden mit
ihm Eucharistie feiern (ⲥⲩⲛⲁⲅⲉ).« Orlandi übersetzt zwar vorsichtiger »... cum eo communicabimus«[53], ich glaube aber, daß schon bei
diesem Ausdruck speziell an die Eucharistiefeier des kommenden
Sonntags gedacht ist, die dann ja auch im folgenden ausführlich
beschrieben wird und in deren Verlauf sich der aus der Tradition
bekannte Tod des Arius ereignet[54]. Man wird somit daran festhalten

---

[50] Handschrift M 609 (*Fotograf. Ausgabe*, Bd. 18), fol. 20ʳ (Taf. 39) b 3 ff.

[51] Ebd. fol. 26ᵛ (Taf. 52) a 20 f.

[52] Zoega, *Catalogus*, S. 260 f.; unlängst neu herausgegeben von Orlandi, *Storia* 26.

[53] Orlandi, *Storia*, S. 59; auch Zoega sagt in seinem Resümee des Textes »cum eo
communicare« (*Catalogus* 257).

[54] Man beachte auch die arabische Fassung *astadʿīhi ilā ʾš-širkah maʿa ʾl-kahanah*
(*Patriarchengesch.*, Ed. Seybold II 60,23, bzw. [mit *li* statt *ilā*] Ed. Seybold I 68,17

müssen, daß ⲚⲀⲨ ⲚⲤⲨⲚⲀⲄⲈ nur die »Stunde der Eucharistiefeier«
oder einfach die »Eucharistiefeier« bedeuten kann.

Wie steht es dann mit dem Vorkommen von ⲚⲀⲨ ⲚⲤⲨⲚⲀⲄⲈ
im Titel der »Ausrufe« (Sektion E) von M 574? Auch hier kann der
Ausdruck schwerlich etwas anderes als »Meßfeier« bedeuten. Um das
Auftreten dieser »Hore« im Titel der »Ausrufe« von M 574 vielleicht
in etwa verständlich zu machen, ist zunächst daran zu erinnern, daß
unter den Horen der Sektionen A und E ⲚⲀⲨ ⲚⲤⲨⲚⲀⲄⲈ oder irgendein
anderer Ausdruck für »Meßfeier« nicht mehr auftaucht. Daß sich
ⲚⲀⲨ ⲤⲨⲚⲀⲄⲈ im Titel der Sektion aber auf einen Text in einer
anderen Sektion als A und E bezieht, ist höchst unwahrscheinlich;
es fehlt auch jeder konkrete Anhaltspunkt dafür, welcher Text das
etwa sein könnte[55]. Umgekehrt ist im Titel der Sektion E die »Prim«,
für die dann Texte folgen, nicht genannt. Und wenn auch die »Prim«,
wie schon mehrfach gesagt, vielleicht zu den »Stunden, an denen man
beten muß«, gehört, so scheint es mir dennoch richtiger, diese letzte
Angabe nur auf Terz, Sext und Non zu beziehen. Auch hierfür wurde
schon ein wichtiger Grund genannt: diese drei Horen sind insofern
ganz in derselben Weise behandelt, als jeder von ihnen nur ein Text
(unter den »Ausrufen«) zugewiesen wird. Die »Prim« hat dagegen
zwei Texte und stellt sich dadurch neben die Vesper, die gleichfalls
zwei Texte hat. Wie uns weiterhin schon die oben gegebene parallele
Aufstellung der Horen im Titel und in den Texten gezeigt hat, stehen
»Versammlungsstunde« und »Prim« einander gegenüber und scheinen
sich zu entsprechen. Um also Titel und Texte in Einklang zu bringen,
bräuchte man nur anzunehmen, daß »Versammlungsstunde« ein anderer
Name für die »Prim« sein könnte. Nun wurde schon gesagt, daß dieser
Möglichkeit nicht viel Wahrscheinlichkeit beizumessen ist. Eher
möchte ich annehmen, daß die »Versammlungsstunde«, obwohl keineswegs mit der Prim identisch, im Titel an die Stelle der Prim getreten
ist. Es lassen sich sogar Gründe anführen, die diese Ersetzung der

---

oder Ed. Evetts 412 [148]) = »Ich will ihn (Arius) zur *širkah* mit den Priestern kommen
lassen.« Ich habe das Wort *širkah* absichtlich unübersetzt gelassen, da es doppeldeutig
ist und sowohl »Gemeinschaft« als auch »Kommunion« bedeuten kann. Vielleicht ist an
dieser Stelle sogar die gemeinsame Zelebration der Priester gemeint; vgl. die mit Ab-
leitungen von derselben Wurzel *šrk* gebildeten arabischen Ausdrücke für »Konzelebration«
und »Konzelebrant« bei Graf, *Verzeichnis* 66.

[55] Daß im uns interessierenden Teil der Handschrift M 574 Texte enthalten sind,
die *auch* in der Eucharistiefeier ihren Platz haben, steht außer Frage. Hierher dürften
in erster Linie die Sektionen G und H (Glaubensbekenntnis und Unser-Vater) gehören.

Morgenhore durch die Eucharistiefeier im Titel der Sektion E plausibel machen könnten. So kann man annehmen daß der Messe damals das kanonische Morgengebet vorausging[56], wie ihr ja auch in späterer Zeit ein längerer Abschnitt des Offiziums vorausgeht[57], und daß ⲚⲀⲨ ⲚⲤⲨⲚⲀⲄⲈ aufgrund dieser Zusammengehörigkeit der verschiedenen gottesdienstlichen Feiern in den Titel aufgenommen worden ist. In diesem Fall läge auch wirklich kein schwerwiegender Irrtum vor. Von einer Reihe von unmittelbar aufeinanderfolgenden Funktionen wäre im Titel die letzte genannt, die Meßfeier, während in Wirklichkeit das vorausgehende liturgische Morgengebet gemeint ist. Aber noch ein anderer Umstand könnte die Verwechslung von »Prim« und »Versammlungsstunde« im Titel veranlaßt haben. In den Typika erscheinen oft »Nacht(hore)« (ⲟⲨⲰⲎ) und ⲚⲀⲨ ⲚⲤⲨⲚⲀⲄⲈ unmittelbar hintereinander[58]. So könnte man sich denken, daß die Nennung der »Nacht« im Titel der Sektion E von M 574 die der »Versammlungsstunde« nach sich gezogen hat, weil es sich hier um eine dem Schreiber geläufige Abfolge handelte.

Abschließend kann man also zum Vorkommen von ⲚⲀⲨ ⲚⲤⲨⲚⲀⲄⲈ im Titel der Sektion E folgende Hypothese wagen, die sicher nicht jeder Wahrscheinlichkeit entbehrt: Der Terminus ⲚⲀⲨ ⲚⲤⲨⲚⲀⲄⲈ bedeutet hier wie auch sonst »Eucharistiefeier«. Die Eucharistiefeier selbst ist aber an dieser Stelle nicht gemeint, vielmehr steht der Ausdruck hier für die Morgenhore, ohne daß sich eine völlig sichere Erklärung für die Ersetzung des einen Terminus durch den anderen geben ließe.

Nicht näher eingegangen sei an dieser Stelle auf die Zugehörigkeit der Texte der übrigen Sektionen zu bestimmten Horen. Nur in einem Fall enthält die Handschrift selbst die nötigen Angaben: die Cantica (Sektion B) werden wiederum der »Nacht(hore)« zugewiesen. Bei den restlichen Texten muß versucht werden, ihre Zugehörigkeit zur betreffenden Hore anderweitig festzustellen, wobei manche Fragen ungelöst bleiben. Einzelne Texte dürften auch für mehrere Horen bestimmt gewesen sein, so aller Wahrscheinlichkeit nach das Unser-

---

[56] Jedenfalls in den Klöstern, vermutlich aber auch in den Pfarrkirchen. Ob und wie sich im 9. Jh. monastisches und Gemeindeoffizium unterschieden, ist nicht bekannt.

[57] Heute sind es die Horen vom Mitternachtsgebet bis zur Sext (an Fasttagen: Non); vgl. oben S. 116, Anm. 32.

[58] Veröffentlichte Texte: WESSELY, *Texte* 5, Nr. 261 und 263b; CRUM, *Catalogue B. M.* 144 (S. 30f.); CRUM, *Catalogue Rylands* 53 (S. 18ff); Ms. Ins. Nr. 34 und 38 (PLEYTE-BOESER, *Manuscrits* 149ff. und 183f.).

Vater (Sektion H), möglicherweise auch das Glaubensbekenntnis
(Sektion G). Ob etwa die fünfte Ode (= heutige 4. Ode = Ps 148–150)
schon damals sowohl in der Abend- als auch in der Nachthore vorkam,
wie das später der Fall ist[59], läßt sich aus unserer Handschrift allein
nicht erheben. Zur Entscheidung solcher Fragen bräuchten wir andere
Zeugnisse über das Stundengebet der Zeit.

                                * *
                                  *

Bei dem Überblick über die Texte von M 574, mit denen wir uns
hier beschäftigen, wurde schon jeweils angemerkt, welcher von ihnen
noch im heutigen koptischen Stundengebet wiederzufinden ist. Es ist
der umfangmäßig bei weitem größere Teil. Achtet man nun einmal
darauf, in welchem der beim Stundengebet gebrauchten Bücher diese
späteren Paralleltexte stehen, so stellt man fest, daß es sich ganz
überwiegend um Texte handelt, die später sowohl ins Horologion als
auch in die »Psalmodie« aufgenommen wurden. Einige von ihnen
finden sich jedoch nur in der »Psalmodie« und nicht im Horologion;
dagegen ist kein Text darunter, der allein im Horologion und nicht
auch zugleich in der »Psalmodie« stünde. Die uns interessierenden
Texte von M 574 weisen damit eine deutliche Verwandtschaft zur
späteren »Psalmodie« auf und können nicht etwa als eine Art Vorläufer
des späteren Horologions angesehen werden. Hier kurz eine Zusammenstellung der einzelnen Texte nach ihrem Vorkommen in den jüngeren
Liturgiebüchern. Sowohl im Horologion als auch in der »Psalmodie«
stehen die Parallelen zu folgenden Texten aus M 574: zu den »Ausrufen
der Nacht« (Sektion A), zur großen Doxologie und zum Trishagion
(Sektion C und D) und zum Glaubensbekenntnis und Unser-Vater
(Sektion G und H); schließlich kann man hierher die beiden Formen
des Würdige-dich rechnen, die unter den »Ausrufen« der übrigen Horen
als jeweils zweiter Text der »Prim« und der Vesper erscheinen (in Sektion
E), und vielleicht auch das Zitat Ps 118, 148 f., das an derselben Stelle
als erster »Ausruf« der »Prim« gegeben wird[60]. Nur in der »Psalmodie«

[59] Vgl. oben. S. 54.

[60] Vgl. oben S. 108. Zu vage scheint mir die Parallelität des »Ausrufs« der Non
(Ps 137,8bc) mit einem Ausdruck in einem Troparion der späteren Non. Auf diese
Parallelität ist gleichfalls schon oben S. 108 hingewiesen worden. Es würde sich hier
um den einzigen Abschnitt aus M 574 handeln, der eine Parallele nur im späteren
Horologion, nicht aber in der »Psalmodie« hat.

stehen hingegen die Cantica (Sektion B) und jener Abschnitt aus
Sektion F, der heute einen Teil der Dienstags-Theotokie ausmacht.
Man beachte auch, daß die Eröffnungstexte der Nachthore, große
Doxologie und Trishagion zwar heute in Horologion und »Psalmodie«
stehen, in den älteren Horologion-Handschriften aber fehlen[61]. Als
Verwandtschaft zur späteren »Psalmodie« kann man, wie schon
früher gesagt, auch jenen Umstand rechnen, daß auf die Texte, mit
denen wir uns hier beschäftigen, in M 574 die alphabetisch-akrostichischen Hymnen folgen, die aller Wahrscheinlichkeit nach für
besondere Tage (oder auch Zeiten) des Kirchenjahres bestimmt waren.
Auch die spätere »Psalmodie« enthält ja neben Texten, die für das
tägliche Offizium bestimmt sind, solche, die nur an bestimmten Tagen
oder zu bestimmten Zeiten Verwendung finden, wohingegen ins
Horologion nur Texte für das tägliche Stundengebet aufgenommen
sind.

Nachdem einmal die Verwandtschaft des zweiten Teiles der Handschrift M 574 zur späteren »Psalmodie« erkannt ist, wäre zu fragen,
ob sich hier nicht noch weitere Parallelen zu Texten aus M 574 finden
lassen, bei denen zwar keine inhaltliche Übereinstimmung besteht,
wohl aber eine funktionelle. Diese Frage ist zwar mit unseren heutigen
Kenntnissen nicht zu lösen, ich möchte aber auf einen bestimmten
Tatbestand hinweisen, mit dem die Möglichkeit zu einer Parallelität
der genannten Art zwischen Texten von M 574 und dem späteren
koptischen Stundengebet gegeben sein könnte. Vielleicht versetzt uns
dann einmal die Entdeckung weiterer Textzeugen in die Lage, diese
Frage einer befriedigenden Lösung zuzuführen. Ausgangspunkt der
folgenden Überlegung ist die Beobachtung, daß verschiedene Psalmodie-Handschriften eine Textgruppe enthalten, die sich in den
Ausgaben dort nicht mehr findet, die heute vielmehr allein im Horologion steht, die Einleitungshymnen der einzelnen Horen[62]. Es sind
dies in der uns bekannten Überlieferung der »Psalmodie« die einzigen
Texte, die sie für andere Horen als Morgen-, Abend- und Mitternachtsgebet enthält. Zieht man nun die unverkennbare Verwandtschaft
zwischen dem zweiten Teil der Handschrift M 574 und der späteren
»Psalmodie« in Betracht, so fällt auf, daß auch in M 574 nur jeweils
ein kurzes Textstück den »kleinen Horen« Terz, Sext, und Non zugewiesen wird, und zwar unter den »Ausrufen« der Sektion E (142,11–28).

---

[61] Vgl. oben S. 31 mit Anm. 99 und S. 39 mit Anm. 152.
[62] Vgl. oben S. 58 f.

Inhaltlich haben die beiden Textgruppen allerdings nichts gemeinsam.
Die »Ausrufe« von M 574 für die »kleinen Horen« bestehen allein aus
jeweils einem kurzen Psalmzitat (Ps 11,8; 64,6ab; 137,8bc), während
die Eingangshymnen der späteren Horen eine davon völlig unabhängige stereotype Komposition »Den Hymnus der dritten (sechsten,
neunten) Stunde … will ich darbringen …« darstellen. Aber die Tatsache, daß wir es hier mit den beiden einzigen Fällen zu tun haben,
in denen uns liturgische Bücher, die keine Horologien sind und die
sich zudem in ihrem sonstigen Textbestand als verwandt herausgestellt
haben, Texte für die »kleinen Horen« bieten, legt die Annahme nahe,
die inhaltlich divergierenden Texte könnten im Stundengebet verschiedener Epochen eine verwandte Zweckbestimmung gehabt haben.

Diese Hypothese — mehr ist es nicht — könnte dann vielleicht
noch einen weiteren Punkt klären helfen. Auch ohne den Horenzyklus
von M 574 näher untersucht zu haben, kann man sofort feststellen,
daß eine Komplet zumindestens formell nicht genannt ist. Nun können
wir zwar nicht mit Sicherheit sagen, seit wann die Komplet in der
ägyptischen Kirche bekannt war. Dies könnte aber am Ende des
9. Jahrhunderts bereits der Fall gewesen sein. Ein koptisches Zeugnis,
das die Komplet erwähnt, ist die Vita Symeons des Styliten[63]. Für
Palästina ist die Komplet durch eine Horologion-Handschrift, den
Cod. Sin. gr. 863, sicher für das 9. Jahrhundert bezeugt; sie trägt
dort den Namen der πρώτη ὀψέ[64]. Auch wenn in M 574 tatsächlich
keine Spur der Komplet auszumachen ist, so ist das keineswegs ein
Beweis dafür, daß das Offizium, für dessen Vollzug die Texte der
Handschrift bestimmt waren, noch keine Komplet umfaßte. Wie wir
schon gesehen haben[65], führt keine jener Psalmodie-Handschriften, die
die Eröffnungshymnen aller Horen (ausnahmsweise selbst die 2.
Komplet der Mönche eingeschlossen) enthalten, einen eigenen derartigen Text für die Komplet an, vielmehr erscheint für Vesper und
Komplet immer ein kombinierter Text. Daraus dürfte folgen, daß
Vesper und Komplet schon in der Zeit, aus der diese Eröffnungshymnen
stammen, »im Chor« zusammen persolviert wurden. Ob dies natürlich
schon im 9. Jahrhundert der Fall war, ist eine andere Frage. Aber
auch wenn dies nicht der Fall war, muß man, die Existenz der Komplet
im Ägypten des 9. Jahrhunderts vorausgesetzt, nicht notwendig

---

[63] Vgl. den Text oben S. 17.
[64] MATEOS, *Horologion* 58.
[65] Siehe oben S. 59.

einen derartigen Text für die Komplet in einer Handschrift wie
M 574 erwarten. Die Komplet könnte dann ja noch eine »Privathore«
gewesen sein, die die Mönche nicht gemeinsam beteten, sondern jeder
von ihnen für sich allein[66]. Vielleicht kam die Komplet überhaupt
erst durch Zusammenlegung mit der Vesper in das gemeinsame
Chorgebet. Wie immer die historische Entwicklung hier verlaufen
sein mag, das Fehlen eines »Ausrufes« für die Komplet in M 574 und
eines eigenen Eröffnungshymnus für diese Hore in den Psalmodie-
Handschriften wird auf ein und dasselbe Faktum hinweisen: das
Fehlen einer eigenen »im Chor« verrichteten Komplet.

* * *

In dem uns interessierenden Teil der Handschrift M 574 erscheinen
nur sehr wenige Fachtermini zur Bezeichnung bestimmter liturgischer
Texte[67]. Es sind dies ⲱϣ ⲉⲃⲟⲗ = »Ausruf« (127,1 und 141,18) und
ϩⲱⲥ = »Gesang« (129,10)[68]. Der Sinn des Ausdruckes ϩⲱⲥ ist klar.
Wie schon die Texte selbst zeigen, sind damit die biblischen Oden
gemeint[69]. Auch dient der Terminus ϩⲱⲥ bis heute zur Bezeichnung
der im Stundengebet verwendeten biblischen Cantica[70]. Unklar ist
hingegen der Terminus »Ausruf«. Die damit bezeichnete Textgruppe
findet sich als solche nicht mehr im heutigen koptischen Stundengebet, und das Wort ist in der hier gemeinten Bedeutung, wenn ich
nichts übersehen habe, in der koptischen Literatur sonst nicht nach-

[66] Vgl. zur Frage auch oben S. 38 f.

[67] Auch in den übrigen Teilen der Handschrift kommt nur das für mich unerklärliche
»Hermenia« (vgl. oben S. 97 ff.) und »Alphabeta« vor. Letzteres bedeutet, wie die so
bezeichneten Texte zeigen, einen alphabetisch-akrostichischen Hymnus, womit sich
in diesem Fall die Benennung auch als durchaus passend erweist (vgl. oben S. 101 f).

[68] Zur Bezeichnung von Einzeltexten dienen noch »Gesang« (ᾠδή) und »Hymnus«
(ὕμνος), jenes im Titel von Moses' Siegeslied (»der Gesang unseres Vaters Moses aus
dem [Buch] Exodus«; 176,14), dieses im Titel des Gesangs der drei Männer im Feuerofen
(»der Hymnus der drei Heiligen«; 131,15), der kombinierten neutestamentlichen Cantica
Lk 1,46–55 und 2,29–32 (»der Hymnus der heiligen Jungfrau Maria«; 134,5) und der
großen Doxologie (»der Hymnus der Himmlischen und der Irdischen«; 138,7).

[69] Dazu gehören bei den Kopten (bis heute) auch bestimmte Psalmen, nämlich Ps 135
und die in anderen Riten erst auf die biblischen Cantica folgenden Psalmen 148–150,
bei den Byzantinern Αἶνοι genannt.

[70] Vgl. oben S. 111, Anm. 21 f. Daneben hat der Terminus noch eine andere Bedeutung,
vgl. oben S. 73, Anm. 109.

zuweisen. Auch das Verb ⲱϣ ⲉⲃⲟⲗ = »ausrufen« kommt in den
Rubriken liturgischer Texte nur ausnahmsweise vor[71], und diese
Verwendung kann nichts Zur Klärung des Terminus technicus ⲱϣ
ⲉⲃⲟⲗ (als Substantiv) beitragen. Auch die sinnverwanten Ausdrücke
im liturgischen Vokabular anderer Riten[72] können, soweit ich sehe, das
Rätsel des koptischen Ausdruckes nicht lösen. An den Texten selbst,
die in der Handschrift M 574 »Ausrufe« genannt werden, läßt sich
Folgendes feststellen. »Die Ausrufe der Nacht« (Sektion A) haben im
späteren bohairischen Stundengebet ihre genaue Parallele zu Beginn
der Mitternachtshore. Somit hat die Annahme, daß auch »die Ausrufe
der Nacht« von M 574 für die Eröffnung der »Nacht(hore)« bestimmt
waren, eine gute Wahrscheinlichkeit für sich. Nun lassen sich auch
bei weiteren »Ausrufen« der übrigen Horen (Sektion E) Gründe dafür
anführen, daß diese gleichfalls für die Eröffnung der betreffenden
Horen bestimmt gewesen sein könnten. Der erste Text für die Vesper
beginnt mit den Worten »Kommt, laßt uns anbeten…« (143,2 und 8).
So beginnende Texte stehen öfter am Horenanfang. Der erste Text
der »Prim« ist inhaltlich sehr gut geeignet, um ein Morgengebet zu
eröffnen. Es handelt sich um Ps 118,148 f.: »Meine Augen sind dem
Morgen zuvorgekommen…« (141,22 und 27). Nun wurde schon gezeigt,
daß diese Texte sowie die der übrigen Horen Terz, Sext, und Non,
die ja alle im späteren Stundengebet keine direkte Parallele haben,
möglicherweise ihrer Funktion nach den Eröffnungshymnen der
einzelnen Horen des späteren Stundengebetes entsprechen[73]. Somit
ließe sich für die »Ausrufe« mit einer gewissen Wahrscheinlichkeit
vermuten, daß sie ihren Platz am Beginn der betreffenden Horen
hatten. Schwierigkeiten gegen diese Annahme scheinen sich vor
allem aus dem jeweils zweiten »Ausruf« von »Prim« und Vesper zu
ergeben. In der Vesper dient ja als zweiter »Ausruf« das vollständige
Würdige-dich, wie wir es aus der byzantinischen Vesper kennen, und

[71] In der Handschrift Nr. 68 der Pariser Bibliothèque Nationale (vgl. unten S. 488 ff.)
kommt pag. 138ᵛ (orig. Fol.) der Ausdruck ⲱϣ ⲉⲃⲟⲗ ⲧⲣⲓⲥⲁⲅⲓⲟⲥ = »das
Trishagion rufen« vor. Die Verwendung des Ausdruckes »rufen« für das Singen des
Epinikios durch Engel und Menschen ist durch die Verwendung des Verbs ἐκκράζειν
im LXX-Text von Is 6,3 völlig geklärt. In den koptischen Anaphoren kommt das
Verb ⲱϣ ⲉⲃⲟⲗ an den betreffenden Stellen regelmäßig vor (vgl. z. B. Euchol.
306, 319, 322 und 323); in den byzantinischen Texten wird an solchen Stellen sowohl
κράζειν als auch βοᾶν gebraucht.
[72] Man könnte an das griechische ἐκφώνησις oder das syrische ܐܠܐܝܐ bzw.
das armenische բարբառ denken.
[73] Vgl. oben S. 125 f.

in der »Prim« der Anfang eben desselben Textes. Das Würdige-dich der byzantinischen Vesper wie der entsprechende Text des späteren koptischen Abendgebetes kommen aber am Ende dieser Horen zur Verwendung und nicht an deren Anfang. Dasselbe gilt für den zweiten »Ausruf« der »Prim«, insofern dieser kürzere Abschnitt mit dem gesamten Würdige-dich auch zu den Erweiterungen der großen Doxologie des byzantinischen Ritus und des Engelshymnus von M 574 gehört. Man könnte so zu der Annahme kommen, die zweiten »Ausrufe« von »Prim« und Vesper seien nichts anderes als die bekannten Vorkommen des Würdige-dich in eben diesen beiden Horen. Diese Annahme ist aber keineswegs sicher; eine weitere Beobachtung kann in eine ganz andere Richtung weisen. Man muß dazu einmal die übrigen »Ausrufe« der Tageshoren in Sektion E ihrem Inhalt nach mit den sonst bekannten Texten des Stundengebetes vergleichen. Dieser Vergleich fällt allerdings für den ersten »Ausruf« der Vesper (E V 1) negativ aus; ich konnte einen Paralleltext bisher nicht finden. Auch der erste »Ausruf« der »Prim« (E I 1) führt noch nicht weiter. Von seinem Text (Ps 118,148 f.) wird nur der erste Vers in etwas abgewandelter Form im Hymnus »Wahres Licht…« des späteren Stundengebetes verwendet. Dagegen haben die »Ausrufe« von Terz, Sext und Non (E II, III und IV) ebenso wie die zweiten »Ausrufe« von »Prim« und Vesper (E I 2 und V 2) ihre Parallelen in der erweiterten großen Doxologie oder dem »Engelshymnus«, wie der Text bei den Kopten heute heißt. Der »Ausruf« der Terz ist identisch mit Vers 50 f.[74], der der Sext mit Vers 48 f. und der der Non mit Vers 55 f. Dabei gehören die Verse 48–51 zu den typisch koptischen Erweiterungen der großen Doxologie[75], während Vers 55 f. dem koptischen Ritus und der Ferialform des byzantinischen Textes bzw. dem trennbaren Würdige-dich gemeinsam ist. Somit hat jede der in Sektion E aufgeführten Horen einen »Ausruf«, der mit einem Abschnitt der erweiterten großen Doxologie identisch ist. Wenn also festzustellen ist, daß in jeder Tageshore ein Abschnitt der erweiterten großen Doxologie als »Ausruf« dient, dann ist das Vorkommen einer bestimmten Form des gesamten Würdige-dich bzw. eines Teiles davon unter den »Ausrufen« wohl kaum so zu interpretieren, als sei hier nur auf die bekannte Verwendung der großen Doxologie bzw. des Würdige-dich im Morgen- und Abendgebet hingewiesen.

[74] Die in dieser Arbeit verwendete Einteilung des Engelshymnus in »Verse« ist aus der Übersetzung unten S. 417 ff. zu ersehen.

[75] Vers 50 f. (= Ps 11,8) auch in der Form des christlich-palästinischen Horologion; vgl. unten S. 286.

Diese Texte müssen als »Ausrufe« eine vom Engelshymnus unabhängige
Existenz in den betreffenden Horen gehabt haben, auch wenn daneben
an einem weiteren Vorkommen des Würdige-dich oder der großen
Doxologie mit Würdige-dich in denselben Horen festzuhalten ist[76].
Das zweimalige Vorkommen eines solchen Textes in ein und derselben
Hore ist auch keineswegs ohne Parallele[77]. In unserem Fall kommt
noch hinzu, daß die typisch koptische Form des »Würdige dich ...«,
die auch schon in der Sektion C von M 574 erscheint, sehr verschieden
von dem Würdige-dich der byzantinischen Vesper ist, das in M 574
als »Ausruf« der Vesper dient (Sektion E V2). Und der zweite Ausruf
der »Prim« (E I 2) umfaßt überhaupt nur die Verse 39–43 des Engelshymnus, also einen dem Umfang nach recht unbedeutenden Teil des
Ganzen.

So können wir abschließend jedenfalls folgende zwei Punkte festhalten. Zwischen den »Ausrufen« der Tageshoren und der erweiterten
großen Doxologie muß ein Zusammenhang bestehen. Die Tatsache,
daß ein »Ausruf« von jeder Tageshore seine Parallele im Engelshymnus
hat, kann nicht eine rein zufällige Übereinstimmung sein. Allerdings
haben wir nicht die Möglichkeit, den unbestreitbaren Zusammenhang
näherhin zu deuten. Höchst unwahrscheinlich ist die Annahme, die
erweiterte große Doxologie könnte aus »Ausrufen«, wie wir sie jetzt
in M 574 antreffen, zusammengestellt worden sein. Die große Doxologie
ist auch in ihrer erweiterten Form von hohem Alter, wie der Codex
Alexandrinus ausweist, und zudem außerhalb des koptischen Ritus
verbreitet. Die hier gemeinten »Ausrufe« kennen wir dagegen bisher
nur aus koptischen Textzeugen späterer Zeit[78]. Man muß also annehmen, daß die Kopten ihre »Ausrufe« der erweiterten großen Doxologie entnommen haben. Es lag ihnen dazu schon die ihnen eigene
Sonderform des Engelshymnus vor, denn zwei der »Ausrufe«, der
für Terz und Sext, haben ihre Parallelen unter den typisch koptischen

---

[76] Ob das Würdige-dich zur Zeit von M 574 im Morgen- oder Abendgebet seinen
Platz hatte, ist nicht klar; vgl. unten S. 280 ff.

[77] Es sei speziell auf das zweimalige Vorkommen von Ps 118,169 ff. im Mitternachtsgebet verwiesen, einmal unter den Eröffnungsgesängen und ein zweites Mal in Rahmen
des gesamten Psalms. Dabei kommt der Text an der ersten Stelle — nach der Terminologie von M 574 — eben unter den »Ausrufen« vor.

[78] Der Ausdruck »Ausruf« selbst ist bisher nur in der Handschrift M 574, also für das
Ende des 9. Jahrhunderts, belegt. Die Initia der »Ausrufe« auf dem Londoner Pergamentstreifen (s. unten S. 139 ff.) dürften wohl etwas älter sein. Für die »Ausrufe« der Nachthore, wiederum ohne den Titel »Ausrufe«, haben wir noch das vermutlich aus dem 6.
Jahrhundert stammende Zeugnis der New Havener Holztafel (HUBBEL, *Liturgy*).

Zusätzen des Engelshymnus[79]. Zum zweiten besteht eine gewisse
Wahrscheinlichkeit dafür, daß die »Ausrufe« zur Eröffnung der Horen
dienten. Bei der Nachthore ist das so gut wie sicher, bei den Tageshoren
können wir es zumindestens als Arbeitshypothese annehmen; diese
Annahme wird jedenfalls vorerst, soweit ich sehe, durch kein ernst-
liches Gegenargument in Frage gestellt. Leider können wir aus all
dem nicht entnehmen, was »Ausrufe« nun genauer sind und warum
sie so heißen. Wir können lediglich feststellen, daß man zu einer bestimmten, wenn auch für uns nicht genau abgrenzbaren Zeit im
koptischen Ritus in vermutlich allen Horen bestimmte Texte verwendete, die man »Ausrufe« nannte, und daß diese Texte mit einiger
Wahrscheinlichkeit zur Eröffnung der Horen dienten. Außerdem
läßt sich noch sagen, daß die »Ausrufe« der Tageshoren textlich zum
größten Teil mit Abschnitten der erweiterten großen Doxologie
übereinstimmen und wahrscheinlich auch von dort übernommen
wurden.

* * *

Der hier behandelte Abschnitt von M 574 ist zweisprachig griechisch-
koptisch. Zweisprachigkeit liturgischer Handschriften kann für
Ägypten beinah als die Regel bezeichnet werden. Schon seit Jahrhunderten sind die meisten Handschriften und heute auch die Drucke
der koptischen liturgischen Bücher zweisprachig, nämlich koptisch
(bohairisch) und arabisch[80]. Aber schon viel früher nahmen die griechisch-koptischen Bilinguen den ersten Platz unter den zweisprachigen
Handschriften der Spätantike ein[81]. Zu dieser rund anderthalb Jahr-
tausende alten Tradition bilinguer Bibel- und liturgischer Handschriften in Ägypten ist wohl zu sagen, daß die spätere Zweisprachigkeit
der bohairisch-arabischen Handschriften liturgischen Inhalts zwar
langsam in dieselbe Funktion hineinwuchs, wie sie die griechisch-

---

[79] Andererseits ist der zweite »Ausruf« der Vesper mit dem Würdige-dich der byzantinischen Vesper identisch, welche Form des Textes sonst nirgendwo im Koptischen
nachzuweisen ist.

[80] Normalerweise nicht das Horologion. Dies enthält bei den Orthodoxen durchweg,
bei den Unierten vorwiegend nur den arabischen Text.

[81] TREU, *Bilinguen* 95. Nebenbei: auch der älteste griechisch-lateinische Bibeltext
stammt aus Ägypten; vgl. ebd., Anm. 1 (S. 107).

koptischen Bilinguen[82] von Anfang an hatten, daß deren Zweckbestimmung zunächst aber nicht die gleiche war. Heute[83] können
z. B. in der eucharistischen Liturgie beinah alle Texte, sowohl die des
Priesters als auch die des Volkes, wahlweise in der einen oder in der
anderen Sprache gesungen oder gesprochen werden[84]. Aus wohl vorwiegend praktischen Gründen werden die Texte des Horologions nur
arabisch, die der »Psalmodie« nur koptisch gebetet bzw. gesungen.
Ein zweisprachiger Vortrag ist nur bei wenigen Stücken vorgesehen.
Nach den Rubriken wäre er bei allen vier Lesungen der Messe zu
erwarten[85]. In der Praxis werden aber die drei nichtevangelischen
Lesungen vollständig nur in arabischer Sprache gelesen; vom koptischen Text wird der Anfang (fixe Einleitung und Beginn der Perikope)
und die Schlußformel koptisch gesungen[86]. Nur die Psalmverse vor
dem Evangelium und dieses selbst werden ganz in beiden Sprachen
gesungen. Nun scheint es mir ausgeschlossen, daß die arabischen
Übersetzungen in koptischen Handschriften schon gleich zu der
Zeit, in der sie ertsmals aufkamen[87], von praktischer Bedeutung für

[82] Neben griechisch-saïdischen auch griechisch-faijumische und griechisch-achmi-
mische Bilinguen; vgl. TREU, *Bilinguen* 100.

[83] Nach privater Information.

[84] Die noch heute beibehaltenen griechischen Stücke natürlich nur griechisch oder
arabisch, nie koptisch. Nicht verwendet werden soll das Arabische nur für ganz wenige
Texte, darunter das Trishagion, das immer griechisch gesungen wird. Der arabische
Text soll für das Trishagion nur dort verwendet werden, wo es gesprochen wird, d. h.
am Ende der Horen.

[85] *Euchol.* 241 und 244 (Paulus-Lesung), 247 f. (Kathol. Briefe), 256 (Apostelgesch.)
und 259 (Evang.).

[86] Die mehr praktisch ausgerichteten Bücher berücksichtigen diese Gewohnheit
natürlich. So bringt SULAYMĀN, *Perikopen* folgende zwei Teile: 1. Aufzählung der biblischen Stücke für alle Tage des Jahres mit einfacher Stellenangabe und 2. die Anfänge
der drei nichtevangelischen Lesungen für die Sonn- und Festtage (außerdem die Psalmverse für die Karwoche) in koptischer Sprache. Entsprechende Hinweise gibt weiterhin
das *Diakonale*, mögen diese vielleicht auch erst dann verständlich sein, wenn man die
gemeinte Praxis schon anderswoher kennt. Eine in allen drei Fällen gleichlautende
Rubrik gibt für den Vortrag des koptischen Textes der Apostellesungen an, daß auf die
einleitende Formel folgt, »was angemessen ist (*yulā'imu*) von den Stichen«, dann die
Schlußformel (S. 55, 57 und 60). Im ersten Fall ist noch die Erklärung hinzugefügt,
daß »die Stichen die ausgewählten Sätze sind, die aus den koptischen Briefen gesungen
werden« (S. 55, Anm. 1). — Auch die Difnar-Hymnen werden so behandelt: zuerst
Initium des koptischen Textes, dann der vollständige arabische Text (vgl. MALAK,
Livres liturgiques 19 f. und die dort zitierte Ausgabe).

[87] Die älteste datierte koptisch-arabische Handschrift bei CRAMER, *Paläographie*
stammt aus dem Jahre 1174 (Nr. 33). Die Verfasserin möchte aber andere koptisch-
arabische Handschriften ins 8./9. Jh. datieren (ebd., S. [VII]).

den gottesdienstlichen Vortrag waren. Wenn eine gewisse Zeit nach der arabischen Eroberung die liturgischen Bücher auch mit arabischen Übersetzungen ausgestattet wurden, dann sollten diese zunächst einmal das Verständnis der liturgischen Texte vermitteln, nachdem die Kenntnis der koptischen Sprache mehr und mehr zurückging. Erst später werden die arabischen Übersetzungen, vermutlich zuerst bei den Lesungen, auch im Gottesdienst verwandt worden sein. Anders liegt meiner Meinung nach der Fall bei den älteren griechisch-koptischen Bilinguen. Hier glaube ich, daß sie von Anfang an für den liturgischen Vortrag der betreffenden Texte in beiden Sprachen bestimmt waren. Einige jüngere Zeugen dieser Gruppe, darunter unsere Handschrift M 574, gestatten sogar, wie ich meine, ziemlich eindeutige Rückschlüsse hierauf[88].

In jenem Teil von M 574, mit dem wir uns hier beschäftigen, ist folgender Tatbestand zu konstatieren. Die Aufzeichnung der Texte ist, was die Sprache betrifft, auf dreifache Weise erfolgt: entweder nur griechisch oder nur koptisch, oder in beiden Sprachen. Von einem einzigen Text finden wir allein die griechische Fassung, nämlich vom Trishagion (Sektion D)[89]. Nur koptisch sind die Oden (Sektion B), die große Doxologie (Sektion C) und das Glaubensbekenntnis (Sektion G). »Die Ausrufe« (Sektion A und E) und die unbetitelten Texte der Sektion F erscheinen in beiden Sprachen. Als zweisprachig wird auch das Unser-Vater (Sektion H) zu betrachten sein, obwohl hier nur der griechische Text ganz ausgeschrieben ist. Es folgt aber darauf die Angabe: »Die Übersetzung davon ist: Unser Vater in den Himmeln« (149,26). Wenn der koptische Text nicht ausgeschrieben ist, dann sicher nur deshalb, weil er allgemein bekannt war; die Angabe des Initiums genügte. Daß also nicht nur Lesestoff, sei es in Handschriften biblischer Bücher, sei es in Lektionaren, als Inhalt zweisprachiger Bücher in Frage kommt, sondern auch Gesangstexte und Litaneien, wird eben von M 574 als einziger unversehrt erhaltener Handschrift

---

[88] Vortrag ein und desselben Textes in zwei Sprachen in gemischtsprachigen Gegenden, wie Ägypten damals eine war, hat natürlich nichts Ungewöhnliches. Für den Gesang von Psalmen und biblischen Cantica in griechischer und lateinischer Sprache in Süditalien, aber auch in anderen Gegenden Westeuropas siehe SCHNEIDER, Oden 479–491.

[89] Das Trishagion hat, wie erinnerlich, auch heute noch in der koptischen Liturgie den griechischen Wortlaut und wird auch nie in arabischer Sprache gesungen.

dieser Art bezeugt; daneben haben wir Fragmente aus vielen anderen Handschriften[90].

Der zweisprachige Text solcher Handschriften muß nun dem gottesdienstlichen Vortrag in beiden Sprachen gedient haben, wie am deutlichsten wohl das Heidelberger Fragment[91] zeigt. Auf diesem Blatt standen ja von Anfang an nur die Initia der einzelnen Verse von zwei (oder mehr?) biblischen Oden; auch im ursprünglichen Zustand hat das Blatt nie den vollständigen Text dieser Oden enthalten. Es kann also nicht so gewesen sein, daß allein der griechische Text in der Liturgie vorgetragen wurde und der koptische nur dazu gedacht war, zu dessen Verständnis beizutragen. Die Annahme, jemand habe den immer nur wenige Worte umfassenden griechischen Versanfängen die koptische Übersetzung, zudem noch auf dem Verso, als reine Verständnishilfe beigegeben, wäre absurd. Wie die griechische kann auch die koptische Fassung dieser in sich ja sinnlosen Versanfänge nichts anderes gewesen sein als eine Hilfe für den gottesdienstlichen Vortrag. Da die Cantica-Texte als bekannt vorausgesetzt werden konnten, brauchten diese nicht selbst gegeben, sondern nur die Einsätze markiert zu werden. Keinen Aufschluß gibt das Heidelberger Fragment darüber, ob im Gottesdienst jeweils entweder nur der griechische oder nur der koptische Text verwendet wurde oder aber auch beide Versionen bei derselben Gelegenheit gesungen werden konnten und wurden. Wie dem aber auch sei, es scheint mir kein Zweifel daran möglich, daß das Heidelberger Fragment eine Verwendung sowohl des griechischen als auch des koptischen Textes in der Liturgie voraussetzt.

[90] Als Gesangstexte sind etwa schon die Psalmverse vor der Evangelienlesung in Lektionaren anzusehen (zweisprachige Texte bei TREU, *Bilinguen* 120 [Anm. 53] und 121 [Anm. 56]). Für andere Gesangsstücke und für Litaneien kann man neben vielen anderen Zeugen die Leidener Handschriften Insinger Nr. 29 ff. (PLEYTE-BOESER, *Manuscrits* 127 ff.) vergleichen. In diesen Handschriften, auch den mir bekannten unveröffentlichten, die alle jüngeren Datums sind, folgt jeweils die koptische Übersetzung auf den griechischen Text. Parallele Anordnung wie in älteren Bibelhandschriften und Lektionaren zeigen die Wiener Odenhandschrift (TILL-SANZ, *Odenhandschrift*) und die ebenfalls in Wien befindlichen Fragmente einer zweisprachigen Psalterhandschrift (vgl. TILL, *Fragmente A. T.* 209 ff. oder TILL-SANZ, *Odenhandschrift* 15, Anm. 2), wo ja nicht die für einen bestimmten Tag oder eine bestimmte liturgische Feier vorgesehen Texte zusammengestellt sind, vielmehr der Psalter oder die Oden insgesamt gegeben werden. Zu den griechisch-koptischen Bilinguen vgl. u.a. HEER, *Evangelienfragm.* 7–17, TILL-SANZ, *Odenhandschrift* 14 f. oder TREU, *Bilinguen*.

[91] Vgl. unten S. 458 ff.

Ebenso weist nun die Handschrift M 574 auf eine Verwendung von Texten in beiden Sprachen, griechisch und koptisch, hin. Wenn manche Texte in beiden Sprachen erscheinen, andere aber nur auf koptisch, so ist ersteres nur damit zu erklären, daß diese Texte auch in beiden Sprachen im Gottesdienst verwendet werden konnten. Die rein koptischen Abschnitte zeigen, daß das Koptische hier als liturgische Sprache gebraucht wurde. Wenn also von anderen Abschnitten beiden Versionen gegeben werden, dann müssen auch beide für den Gebrauch in der Liturgie bestimmt gewesen sein. Wäre auch hier nur der koptische Text verwendet worden, dann fragt man sich, aus welchen Gründen in diesen Fällen noch das griechische Original mitgeschleppt wurde, während man in anderen darauf verzichtete. Wäre hingegen nur der griechische Text für den Gebrauch in der Liturgie bestimmt, die koptische Übersetzung aber als reine Verständnishilfe gedacht gewesen, dann fragt man sich, warum dem Trishagion mit den dazugehörigen Texten eine solche Übersetzung fehlt. Schon das Trishagion wurde ja vermutlich nicht mehr ohne weiteres von jedem verstanden[92] und noch weniger natürlich die damit verbundenen Texte. Wenn gerade das Trishagion ohne Übersetzung ist, dann einzig deshalb, weil dieser Text nur in der griechischen Fassung gesungen wurde, wie das noch heute der Fall ist. Die koptischen Übersetzungen von M 574 können also nicht einfach den Zweck gehabt haben, jemandem, der der Liturgie folgt, das Verständnis des griechischen Textes zu erschließen; sie müssen vielmehr selbst zum Gebrauch in der Liturgie bestimmt gewesen sein. Auf die schon oben gestellte Frage, ob solche Texte dann jeweils nur in einer Sprache oder gegebenenfalls auch bei derselben Gelegenheit in allen beiden Sprachen gesungen wurden und, wenn letzteres der Fall war, welche diese Gelegenheiten waren, bleibt auch M 574 die Antwort schuldig. Bei einem alternativen Gebrauch muß man aber nicht notwendig mit einer strengen Regelung rechnen. Heute benutzen die Kopten im Gottesdienst bald die koptische, bald die arabische Sprache, ohne daß es Vorschriften oder Regeln für den Gebrauch der beiden Sprachen gäbe.

---

[92] Darauf deutet schon hin, daß dem griechischen Text des Trishagion in der koptischen Literatur die koptische Übersetzung beigegeben wird; vgl. unten S. 301 f. Entsprechend haben die liturgischen Bücher heute immer die arabische Übersetzung des Trishagion, obwohl diese in der Liturgie außerhalb der Horen nicht gebraucht wird.

VERWANDTE DOKUMENTE

Als engstens mit der Handschrift M 574 verwandt haben zwei
Texte zu gelten, die in ihrer Art allerdings recht verschieden sind.
Der eine dieser beiden Texte sind die beiden Pergamentblätter
P. 8115 und 8099 der Papyrussammlung der Staatlichen Museen zu
Berlin[1], die aus ein und derselben Handschrift stammen. Diese Handschrift oder ein Teil von ihr bildete allem Anschein eine direkte
Parallele zu wenigstens einem Teil der Handschrift M 574, und zwar
eben dem Teil, mit dem wir uns hier beschäftigen. Leider ist es mir
trotz allen Suchens bisher nicht gelungen, weitere Blätter der Handschrift, aus der die beiden Berliner Blätter stammen, ausfindig zu
machen, und so können wir leider nicht feststellen, in welchen Abschnitten die beiden Handschriften ursprünglich wirklich parallel
liefen. Hier zunächst die eigentlichen Fakten. Die Handschrift, von
der sich die beiden in Berlin befindlichen Blätter erhalten haben,
stammt ebenso wie M 574 aus dem Faijum. Dies verrät der Dialekt,
der zwar ebenfalls überwiegend saïdisch, aber dennoch mit so vielen
Faijumismen — weit stärker als in M 574 — durchsetzt ist, daß an der
Herkunft der Handschrift aus dem Faijum nicht zu zweifeln ist.
Das Format ist nur geringfügig kleiner als das von M 574[2]. Auch die
Berliner Blätter sind nur einkolumnig beschrieben, und die Hand
ist der von M 574 wiederum recht ähnlich. So ergibt sich aus den
paläographischen Indizien, daß diese Handschrift etwa gleichzeitig
mit M 574 sein dürfte. Was den Inhalt der beiden erhaltenen Blätter
betrifft, so läuft er völlig parallel zu zwei Abschnitten von M 574.
Dadurch läßt sich auch mit ausreichender Sicherheit die ursprüngliche
Reihenfolge der beiden Blätter, die nicht unmittelbar aufeinander

---

[1] Erstausgabe BKU 179 (Band 1, S. 163–168), bearbeitet von J. Leipoldt. Verbesserte
Neuausgabe fast des gesamten Textes von P. 8099 durch JUNKER, *Engelshymnus*. Die
Originale befinden sich heute in der Papyrussammlung der Staatlichen Museen auf
der (Ost-)Berliner Museumsinsel. Meine Kollation unten S. 446 ff.

[2] Wegen der starken Zerstörung der Blattränder läßt sich keine absolut genaue Angabe
über das ursprüngliche Format machen, doch kann die heute erhaltene größte Höhe
und Breite nur unwesentlich unter den ursprünglichen Werten liegen. Leipoldt gibt
als Format 26,5 × 21 cm an, was, wenn man Abrundung auf den halben Zentimeter
voraussetzt, mit den heutigen Maßen übereinstimmt.

folgen, feststellen[3]. P. 8115 enthält Ps 135 von Vers 9 an und Dan 3,52–69[4], also den Abschnitt 129,3–132,27 von M 574. Auf dem zweiten Blatt, P. 8099, finden wir zunächst den Schluß von Ps 150, nämlich Vers 5 f., und dann den Engelshymnus einschließlich des Würdige-dich, dieses aber nicht mehr ganz vollständig, näherhin bis zu der Stelle »[in deinem L]icht werden wir das Licht sehen[5].« Diesen Stücken entspricht in M 574 der Abschnitt 138,3–140,6. Die Berliner Blätter enthalten also Stücke der Oden und des Engelshymnus (mit dem Würdige-dich), d. h. Stücke aus den Sektionen B und C von M 574. Daß die Handschrift ursprünglich auch die übrigen Sektionen des uns beschäftigenden Teiles des Handschrift M 574 enthielt, läßt sich bestenfalls vermuten. Es fehlt uns jede Möglichkeit, hier Genaueres festzustellen. So können wir nicht einmal sagen, ob zu den Texten der Handschrift auch die »Ausrufe« (Sektion A und E von M 574) gehörten. Aber auch schon die Texte, die den Sektionen B und C von M 574 entsprechen, sind von höchstem Interesse; sie gestatten wichtige Rückschlüsse. Wir hatten schon gesehen, daß M 574 nicht nur die vier Oden des heutigen koptischen Stundengebets enthält, sondern dazu ein neutestamentliches Canticum (eine Kombination von Lk 1,46–55 und 2,29–32) mit einem christologischen Troparion. Und wir werden später sehen, daß sich hieraus bedeutsame Erkenntnisse für die Geschichte des koptischen Stundengebetes ergeben. Es läßt sich nun mit höchster Wahrscheinlichkeit sagen, daß die Handschrift, aus der die beiden Berliner Blätter stammen, ursprünglich gleichfalls dieses neutestamentliche Canticum und wohl auch das (oder: ein derartiges) Troparion enthielt. Daß die beiden Blätter ursprünglich nicht aufeinander folgten, ergibt sich mit absoluter Sicherheit aus

[3] Leipoldt hat die Blätter nicht in der richtigen Reihenfolge angeordnet. Vermutlich hat er sie, da ihm die Parallelen in der späteren koptischen Liturgie offensichtlich nicht bekannt waren, einfach in der Reihenfolge der Signaturen der Papyrussammlung veröffentlicht. Die ursprüngliche Paginierung ist, soweit ich es erkennen konnte, bei dem einen Blatt nicht erhalten, bei dem anderen nicht mehr zu lesen. Bei P. 8115 ist die obere äußere Ecke weithin erhalten, und man glaubt auch die Spuren der Paginierung zu erkennen. Aber weder unter der Quarzlampe noch mithilfe einer Infrarotaufnahme konnte ich die Zeichen lesen. Bei P. 8099 ist die obere äußere Ecke und vermutlich damit auch die Originalpaginierung weggebrochen.

[4] Die Versfolge ist die der koptischen liturgischen Texte (auch der Handschrift M 574) und des Codex Alexandrinus. Es sind also vor Vers 69 noch die Verse 71 und 72 erhalten.

[5] Es ist der Text des Engelshymnus (mit dem Würdige-dich), den JUNKER bald nach der Erstausgabe noch einmal in wesentlich verbesserter Form publiziert hat (Engelshymnus).

ihrem Text. Trotz gewisser Beschädigungen der Blattränder ist der
Schriftspiegel der beiden Blätter voll erhalten. Nun schließt der Text
des einen Blattes nicht unmittelbar an den des anderen an. Also
müssen zwischen den beiden Blättern weitere verlorene Blätter,
vermutlich eine gerade Anzahl, angenommen werden. Als sicher kann
weiterhin gelten, daß das auf P. 8115 folgende Blatt zunächst den
Schluß des Gesanges der drei Männer im Feuerofen und das P. 8099
vorausgehende Blatt am Schluß den Beginn von Ps 150, höchstwahrscheinlich davor noch die Psalmen 148 und 149 enthalten hat.
Keinesfalls kann der 150. Psalm unmittelbar an das Canticum aus
dem Daniel-Buch angeschlossen haben, da die fehlenden Partien
dieser beiden Texte nicht einmal ausreichen, um ein Blatt der Handschrift zu füllen. Ebenso unmöglich ist es aber, daß die Psalmen 148–150
unmittelbar auf den Gesang der drei Männer folgten, wie das im
heutigen Stundengebet der Fall ist. Denn hierbei ergäbe sich eine
fehlende Textmasse, die für ein Blatt der Handschrift zu umfangreich,
für zwei aber nicht ausreichend ist. Um zwei Blätter der Handschrift
zu füllen, benötigt man außer dem Schluß des Gesanges der drei
Männer, den Psalmen 149 und 149 und dem Anfang von Ps 150 noch
weiteres Textmaterial. Nimmt man nun probeweise den Text, den die
Handschrift M 574 an dieser Stelle hat, nämlich das neutestamentliche
Canticum Lk 1,46–55 und 2,29–32 mit dem dazugehörigen Troparion,
so hätte man insgesamt eine Textmasse, die in geradezu idealer
Weise zwei Blätter der Handschrift in Anspruch nehmen würde[6].
Es ist somit in höchstem Grade wahrscheinlich, daß auch die Handschrift, aus der die beiden Berliner Blätter stammen, ursprünglich
das neutestamentliche Canticum enthielt, das wir aus der Handschrift
M 574 kennen, obwohl wir eine absolute Sicherheit hierüber natürlich
nicht gewinnen können. Ebenso können wir nicht mit Sicherheit
sagen, ob das neutestamentliche Canticum hier mit demselben Troparion ausgestattet war wie in M 574. Der Raum von zwei Blättern
würde bei der Annahme dieses Troparions besser gefüllt als ohne ein
solches. Daß die beiden Troparien aber auch inhaltlich überein-
stimmten, können wir nur vermuten. Es spricht immerhin eine gewisse
Wahrscheinlichkeit dafür, daß dies tatsächlich der Fall war. Wir

[6] Der Platz, den eine bestimmte Textmasse in einer der beiden Handschriften einnehmen müßte, läßt sich nicht bis auf die Zeile genau berechnen, da eine Reihe von
Texten stichisch geschrieben ist und die Schreiber dabei mit einer gewissen Freiheit
zu Werke gegangen sind. Die obigen Berechnungen basieren auf Mittelwerten, wie sie
sich für die Gepflogenheiten der Schreiber nach ihren erhaltenen Texten ergeben.

haben also in den beiden Berliner Blättern P. 8115 und 8099 Fragmente
aus einer zumindestens teilweise parallelen Handschrift zu M 574,
die sicher aus derselben Gegend, vermutlich auch aus derselben
Zeit stammt wie M 574. Diese Blätter liefern uns den genauen Paralleltext zu zwei Abschnitten aus M 574 und gestatten uns zudem den
wohlbegründeten Schluß, daß auch diese Handschrift ebenso wie
M 574 unter den biblischen Oden das aus Lk 1,46–55 und 2,29–32
zusammengesetzte neutestamentliche Canticum aufführte.

* * *

Der zweite mit der Handschrift M 574 eng verwandte Text ist ein
schmaler Pergamentstreifen, der heute als MS. Or. 5297(4) im Britischen
Museum aufbewahrt wird[7]. Ich habe diesen unscheinbaren Text
schon vor einigen Jahren einmal behandelt[8], doch ist diese Bearbeitung
heute als völlig überholt zu betrachten. Den Schlüssel zum richtigen
Verständnis des Textes gibt erst die Handschrift M 574, mögen auch
Einzelpunkte vorerst noch unklar bleiben. Der Pergamentstreifen,
der 20,8 cm lang und 3,8 cm breit ist, der gleichfalls aus dem Faijum
stammt und dessen Alter keinesfalls über das 8. Jahrhundert hinausgeht[9], bietet eine Reihe von Sätzen oder Satzanfängen[10], die teils
griechisch, teils koptisch (faijumisch) und wahrscheinlich von zwei
verschiedenen Händen, jedenfalls mit zwei verschiedenen Federn
geschrieben sind. Grob gesagt, stammen die griechischen Stücke von
der ersten, die koptischen von der zweiten Hand. Nur ein einziges
Wort der ersten Hand (Nr. 4) ist koptisch, und dieses hat, wie wir
sehen werden, eine andere Bedeutung als die übrigen Stücke. Die zweite Hand dagegen führt nur den von der ersten begonnenen Satzanfang
Nr. 10 in griechischer Sprache fort; die beiden anderen Nummern
(11 und 12), die ausschließlich auf das Konto der zweiten Hand gehen,
sind koptisch. Diese Stücke interessieren uns hier nicht, ihr rein

---

[7] Nr. 516 bei CRUM, *Catalogue B. M.* (S. 248 f.). Erstausgabe durch CRUM, *MSS.
Fayyum* 8 (S. 16–18); danach (ohne Kollation) Neuausgabe von QUECKE, *Erhebet euch* 39.
Neuausgabe nach dem Original unten S. 449 ff.

[8] QUECKE, *Erhebet euch* 39–44.

[9] Vgl. CRUM, *MSS. Fayyum*, S. VI.

[10] Die einzelnen Stücke sind in der Neuausgabe (unten S. 452) mit einer neuen durchgehenden Numerierung versehen, nach der sie hier zitiert werden.

faijumischer Dialekt ist aber, abgesehen vom Fundort, ein Beweis
für die Herkunft aus dem Faijum. Der Text ist kaum von einem
Berufsschreiber geschrieben. Die Hand scheint wenig geübt, und die
Orthographie läßt zu wünschen übrig. Die Identifizierung der von
der ersten Hand stammenden Texte fällt bei einem Vergleich mit
M 574 nicht schwer; es handelt sich um die griechischen Initia jener
Texte, die in M 574 als »Ausrufe« bezeichnet werden[11]. Allerdings klärt,
wie sich noch zeigen wird, auch der Vergleich mit M 574 nicht alle
Schwierigkeiten, die diese Initiasammlung macht. Dazu gehört schon
die Entscheidung darüber, was als Vorder- und was als Rückseite
zu betrachten ist. Die von Crum eingeführte Numerierung bedarf
auf jeden Fall einer Modifizierung; ich habe mich dabei aus primär
praktischen Gründen entschlossen, eine ganz neue Zählung ein-
zuführen[12]. Es ergibt sich so zugleich, daß nun am Beginn das Initium
jenes Textes steht, mit dem der zweite Teil der Handschrift M 574
beginnt. Dies ist aber nicht der entscheidende Grund dafür, daß ich
Vorder- und Rückseite anders als Crum ansetze. Schon oben wurde
ja festgestellt, daß die Textanordnung in M 574 selbst manche Frage
aufwirft, die wir vorerst nicht zu lösen vermögen[13]. Sie kann also
nicht dazu dienen, die Textanordnung eines anderen Dokumentes
festzulegen, die nicht aus diesem selbst mit genügender Deutlichkeit
hervorgeht. Aber nicht nur die Entscheidung darüber, welche Seite
des Londoner Pergamentstreifens in Wirklichkeit die Vorder- und
welche die Rückseite ist, bereitet vorerst noch unlösbare Schwierigkeiten, auch die Anordnung der einzelnen Initia selbst ist — nach
dem Vergleich mit M 574 — als gestört zu betrachten. Auch ergibt
sich keine perfekte Übereinstimmung zwischen den Initia des Streifens
und den »Ausrufen« der Handschrift. Hier zunächst zur besseren

---

[11] Der Terminus »Ausruf« selbst findet sich auf dem Londoner Pergamentstreifen
nicht.

[12] Crums Nr. 8 umfaßt in Wirklichkeit zwei Initia (Nr. 2 und 3 meiner Zählung),
wie schon durch einen Zwischenraum an dieser Stelle im Original nahegelegt und schließlich durch den Vergleich mit M 574 endgültig sichergestellt wird. Bei der neuen Anordnung, die die Stücke von Crums Rückseite an den Anfang stellt, folgen nun alle Stücke
in fortlaufender Numerierung derart aufeinander, daß die Stücke der zweiten Hand
an den Schluß zu stehen kommen. Nr. 12 (meiner Zählung) ist unten auf der betreffenden Seite (von mir als »Vorderseite« bezeichnet) kopfstehend zum übrigen Text dieser
Seite geschrieben.

[13] Oben S. 115 ff.

Übersicht eine Konkordanztabelle, angeordnet nach der Abfolge der Initia des Pergamentstreifens[14].

B. M., Ms. Or. 5297(4)	M 574
Nr. 1	Sektion A 1
2	A 2
3	A 3
4	wohl aus dem Titel der Sektion E
5	Sektion E V 1 (?)
6	E II
7	E I 1
8	E I 2
9	E V 1 (?)
10	E III

Trotz einiger Schwierigkeiten in Einzelpunkten, die gleich zur Sprache kommen werden, ist die grundsätzliche Entsprechung der Initia mit den Texten so frappierend, daß kein Zweifel an der Feststellung bestehen kann: der Schreiber des Pergamentstreifens hat die Initia jener liturgischen Texte aufgezeichnet, die in der Handschrift M 574 unter dem Fachterminus der »Ausrufe« erscheinen. Dabei ist es mir nicht zweifelhaft, daß die Aufzeichnung dieser Initia zu liturgischen Zwecken erfolgte[15].

Nun zu Einzelheiten. Es ist sicher nicht ohne Bedeutung, daß auf dem Pergamentstreifen beinahe alle »Ausrufe« von M 574 mit dem

---

[14] Die Nummern 11 und 12 (die Stücke der zweiten Hand) bleiben dabei unberücksichtigt. Es ist auch nicht ganz deutlich, aus welchen Gründen diese beiden Psalmverse (Ps 125,1b und 124,1b) später in koptischer Sprache an die Sammlung griechischer Initia angehängt wurde. Eine mögliche Erklärung läge in der späteren Verwendung des Streifens als Amulett; vgl. folgende Anm.

[15] Man könnte sich denken, daß der Offiziant (der ⲥⲁϩ? Vgl. oben S. 76 ff.), der die »Ausrufe« vorzutragen oder anzustimmen hatte, deren Initia als Gedächtnisstücke bei sich haben wollte. Früher hatte ich mich Crums Meinung angeschlossen, daß wir es bei dem Londoner Pergamentstreifen wahrscheinlich mit einem Amulett zu haben (QUECKE, *Erhebet euch* 43 f.). Heute scheint mir allein noch denkbar, daß der Streifen nachträglich auch als Amulett Verwendung gefunden haben könnte. Dazu würde gut der Inhalt der vom zweiten Schreiber stammenden Psalmverse passen. Einmal hat dieser das Kurzzitat aus Ps 64,6a (= Nr. 10) mit dem Vers 6b (= Nr. 10a) komplettiert, zum anderen noch ganz neu Ps 125,1b (= Nr. 11) und 124,1b (= Nr. 12) hinzugefügt. All diese Texte können speziell als Ausdruck des Vertrauens auf Gottes Hilfe und Schutz verstanden werden. Die Verwendung von ursprünglich für die Liturgie bestimmten Texten für »magische« Zwecke ist bei den Kopten in keiner Weise ungewöhnlich. Zumindestens recht wahrscheinlich ist das bei einem Wiener Pergamentstück, das ich vor einiger Zeit neu bearbeitet habe (QUECKE, *Kommunionlied*).

jeweiligen Initium angeführt sind. Es ist deshalb anzunehmen, daß
der Schreiber des Streifens die »Ausrufe« vollzählig verzeichnen
wollte, mag er sich nun — was die Abweichungen von M 574 betrifft —
das eine oder andere Mal geirrt oder aber einer etwas abweichenden
Vorlage bedient haben.

Eine erste Schwierigkeit macht die Nr. 4 auf dem Pergamentstreifen,
doch läßt sich hierfür eine recht wahrscheinliche Lösung finden.
Auffällig ist, daß alle anderen vom ersten Schreiber stammenden
Nummern griechischen Text enthalten und allein die Nummer 4 mit
ⲚⲀ ⲦⲞⲨϢⲎ einen koptischen Ausdruck. Hinzu kommt, daß gerade
dieser Ausdruck nirgendwo in M 574 als Initium eines »Ausrufs« oder
eines sonstigen Textes vorkommt. Erschwert wird die Lage zunächst
dadurch, daß sich keine eindeutige Übersetzung des Wortes geben
läßt, jedenfalls nicht, wenn man es wie die koptischen Texte der zweiten
Hand als faijumisch ansieht. In diesem Fall kann es sowohl »die der
Nacht« (ⲚⲀ ⲦⲞⲨϢⲎ) als auch die »Nachtlosen« (ⲚⲀⲦⲞⲨϢⲎ) bedeuten. Im Saïdischen allerdings wäre das Wort eindeutig; hier käme
nur die Übersetzung »die Nachtlosen« in Frage[16], was zugleich auch
den Sinn »die Schlaflosen« haben kann[17]. Ein Text mit diesem Anfang
findet sich nun, wie schon festgestellt, nicht unter den »Ausrufen«
von M 574, obwohl man sich gerade unter den »Ausrufen der Nacht«
sinnvollerweise einen so beginnenden Text vorstellen könnte. Es ist
mir aber auch sonst nicht gelungen, einen Text mit diesem Initium
aufzuspüren. Nun spricht auch der Umstand, daß das Wort koptisch
und nicht griechisch gegeben ist, eher gegen die Annahme, daß damit
ein Textanfang gemeint ist. Rechnet man aber erst einmal mit der
Möglichkeit, daß ⲚⲀⲦⲞⲨϢⲎ gar kein Initium vorstellt, dann erscheint
die Lösung des Problems auch ganz naheliegend. ⲚⲀ ⲦⲞⲨϢⲎ kann
ja im Faijumischen auch »die der Nacht« bedeuten, und unter dieser
Bezeichnung werden im Titel der Sektion E von M 574 die »Ausrufe« der
Nacht in der Tat zitiert (141,9). Das ⲚⲀ ⲦⲞⲨϢⲎ steht nun auf dem
Pergamentstreifen auch direkt bei jenen Initia, mit denen nach Ausweis
von M 574 die »Ausrufe der Nacht« beginnen, allerdings nicht vor
den Initia, sondern erst dahinter. Dennoch ist es mir sehr wahrscheinlich, daß der Schreiber des Pergamentstreifens den Initia der »Ausrufe
der Nacht« den Titel hinzufügen wollte, den sie in einem Gesamttitel
der »Ausrufe«, wie ihn etwa M 574 auf Seite 141,18 ff. führt, hatten.

[16] »Die der Nacht« heißt in klassichem Saïdisch ⲚⲀ ⲦⲈⲨϢⲎ.
[17] CRUM, *Dict.* 502b.

Daß dabei statt des gut saïdischen ⲚⲀ ⲦⲈⲨϢⲎ von M 574 das faijumische ⲚⲀ ⲦⲞⲨϢⲎ erscheint, fällt nicht ins Gewicht. Einmal kennen wir ja die Vorlage unseres Streifens nicht. Es ist nicht ganz ausgeschlossen, daß die Titel hier faijumisch waren oder Faijumismen dieser Art enthielten. Und zum anderen wird man es einem Einwohner des Faijum nachsehen, wenn er auch bei der Übertragung aus einer gut saïdischen Vorlage das Wort etwa versehentlich in seinen eigenen Dialekt transponiert haben sollte.

Bei den Initia der »Ausrufe« der übrigen Horen (von Nr. 5 an) ergibt sich in keinem Fall die Ordnung der Texte in M 574 (Sektion E), welche der Seiten des Pergamentstreifens man nun auch als Vorder- und welche als Rückseite ansieht. Zudem haben wir einen »Ausruf« weniger als in M 574 und schließlich ein abweichendes Initium. Sicher identifizierbar sind die beiden »Ausrufe« der »Prim« (Nr. 7 und 8) und die für die Terz (Nr. 6) und Sext (Nr. 10). Vergeblich suchen wir den »Ausruf« der Non und den zweiten Text der Vesper. Dafür haben wir das Initium des ersten Textes der Vesper zweimal (Nr. 5 und 9). Da wir die Vorlage nicht kennen, die dem Schreiber des Pergamentstreifens zur Verfügung stand, kommen wir in der Feststellung der Entsprechungen über Vermutungen nicht hinaus. Man kann die Möglichkeit nicht ausschließen, daß schon diese uns unbekannte Vorlage einen »Ausruf« weniger führte als M 574, doch könnte der Schreiber des Pergamentstreifens ebensogut ein Initium versehentlich ausgelassen haben. Im letzteren Fall hätte natürlich die praktische Brauchbarkeit der Initiasammlung eine entscheidende Einbuße erlitten. Wenn das »Kommt, laßt uns anbeten!« zweimal erscheint, so ist nicht zu ersehen, ob das Initium des ersten Vespertextes irrtümlich auf den zweiten übertragen wurde oder ob die Vorlage schon zwei so beginnende Texte enthielt. In diesem Fall würde ich aber eher annehmen, daß dann die Non einen so beginnenden Text hatte, der nur anders weiterging als der ebenso beginnende Text der Vesper. Mit größter Wahrscheinlichkeit geht auf das Konto unseres Schreibers noch die Angabe »drei(mal)« bei den beiden »Kommt, laßt uns anbeten!« Der Anlaß für diese nach dem Text von M 574 fälschliche Angabe dürften die bekannten Texte sein, die mit einem dreifachen »Kommt, laßt uns anbeten …« beginnen[18]. Noch heute hat das koptische Stun-

---

[18] Zusätzlich könnte ein etwa in der Vorlage vorhandenes Paragraphos-Zeichen (Koronis) die fälschliche Hinzufügung des entfernt ähnlichen Ⲅ begünstigt haben.

dengebet solche Texte für die Eröffnung des Morgen- und Abendgebetes[19].

Der Beachtung wert ist die Übereinstimmung zwischen den
Nummern 1–3 des Pergamentstreifens und der Einteilung der »Ausrufe
der Nacht« in M 574[20]. Crum hatte die Nummern 2 und 3 seinerzeit
als Einheit behandelt (seine Nr. 8). Daß das »Herr« (jetzt Nr. 2) bei
dem folgenden Text (jetzt Nr. 3 = Initium von Ps 133) stört, hatte
ich schon früher bemerkt, ohne allerdings eine positive Lösung bieten
zu können[21]. Nun zeigt zunächst der genaue Befund des Pergamentstreifens selbst, daß das »Herr« gar nicht zum folgenden Initium (Nr. 3)
gehört. Es fehlt zwar die Querlinie, mit der sonst die einzelnen Nummern auf dem Streifen voneinander getrennt werden, aber zwischen
»Herr« (Nr. 2) und dem folgenden Initium (Nr. 3) ist deutlich eine
Zeile freigelassen[22]. Was es mit dem »Herr« (Nr. 2) auf sich hat, wird
dann schließlich aus M 574 klar, wo ja die kurze einleitende Aufforderung zum Lobpreis »Erhebet euch …« von der folgenden, mit dem
Wort »Herr« beginnenden Bitte an Gott, ihn wachen Geistes preisen
zu können, mit den üblichen Mitteln abgesetzt ist (141,5 und 6).
In der koptischen Übersetzung hat diese Bitte sogar einen eigenen
Titel (144,22). Es ist hier also eine bis in die letzten Details gehende
Übereinstimmung zwischen der Initiasammlung des Pergamentstreifens und den Texten der Handschrift M 574 festzustellen.

Der Londoner Pergamentstreifen bietet also, um das Wichtigste
kurz zusammenzufassen, in den von der ersten Hand stammenden
Stücken Initia von Texten, die in der Mehrzahl der Fälle mit Anfängen
von »Ausrufen« für die verschiedenen Horen des Stundengebetes in
M 574 übereinstimmen. Man wird ohne besonderen Vorbehalt sagen
können, daß auf dem Pergamentstreifen vollständig die Initia jener
Texte verzeichnet werden sollten, für die wir aus älterer Zeit keine
andere Bezeichnung kennen als die aus M 574, eben »Ausrufe«. Nun
wären in erster Linie zwei verschiedene Möglichkeiten für die Entstehung einer solchen Initiasammlung denkbar. Entweder hat der
Schreiber des Streifens eine Vorlage nach Art der Handschrift M 574
vor sich gehabt und daraus die Initia der »Ausrufe« zusammengestellt.
In diesem Fall hat er die »Ausrufe« von zwei Stellen der Handschrift

---

[19] Vgl. oben S. 60.

[20] Zu letzterer vgl. oben S. 105 f.

[21] QUECKE, *Erhebet euch* 40.

[22] In all diesen Punkten gibt die Neuausgabe (unten S. 452) das Original so treu wie
nur möglich wieder.

(Sektion A und E) zusammensuchen müssen. Das würde bedeuten, daß die »Ausrufe«, obwohl in der Handschrift auf zwei Stellen verteilt, als zusammengehörige Textgruppe angesehen wurden. Oder aber der Schreiber fand schon eine Sammlung der »Ausrufe« vor, was nicht notwendig heißt, daß diese schriftlich festgehalten gewesen sein muß. Mündliche Tradierung wäre nicht ausgeschlossen, doch da wir von den »Ausrufen der Nacht« einen schriftlich überlieferten Text aus dem 6. Jahrhundert besitzen[23], ist es wahrscheinlicher, daß im 8. oder 9. Jahrhundert die ganze Sammlung auch schriftlich vorlag. Mir ist auch wahrscheinlicher, daß die Vorlage der Initiasammlung eine Sammlung der »Ausrufe« selbst war und nicht eine Handschrift wie M 574, in der die »Ausrufe« schon mit anderen Texten des Stundengebetes kombiniert waren. Wie immer dem aber auch sei, die Initiasammlung des Pergamentstreifens zeigt klar, daß »die Ausrufe« des Stundengebetes als eine fest umrissene und von anderen Texten des Stundengebetes präzis abzugrenzende Textgruppe angesehen wurden.

DER HORENZYKLUS VON M 574

Die Frage, welcher Horenzyklus durch die Handschrift M 574 bezeugt wird und welche ihrer Texte den einzelnen Horen angehören, ist schwieriger, als es vielleicht auf den ersten Blick scheinen will. Es sind nicht nur jene Texte, bei denen im Titel keine bestimmte Hore genannt ist oder ein Titel überhaupt fehlt, den betreffenden Horen zuzuweisen, sondern es muß außerdem untersucht werden, was bestimmte Horenbezeichnungen letztlich meinen und ob außer den ausdrücklich genannten Horen in der Handschrift noch weitere vorausgesetzt werden. Ausdrücklich genannt werden Horen nur in den Titeln und Untertiteln der Sektionen A, B und E. In Sektion A und B ist es allein die »Nacht«, in E »Nacht«, »Prim«, Terz, Sext, Non und Vesper[1]. Es könnte scheinen, als wäre der sich damit ergebende Horenzyklus leicht mit dem des späteren koptischen Stundengebetes in Einklang zu bringen: Mitternachtsgebet, Morgengebet, Terz, Sext, Non, Vesper und Komplet (dazu 2. Komplet für die Mönche); man müßte nur die »Nacht« und die »Prim« von M 574 mit dem

---

[23] P. 488 Yale (Holztafel); HUBBEL, *Liturgy*; vgl. unten S. 454 ff.

[1] Die im Titel der Sektion E genannte »Versammlungsstunde« wird hier nicht mehr als Horenbezeichnung betrachtet; vgl. oben S. 118 ff.

Mitternachts- und Morgengebet des späteren Stundengebetes identifizieren. Die Frage ist allerdings, ob diese Horen einander wirklich
entsprechen.

Sicher nicht genannt ist von den späteren Horen die Komplet.
Auch findet sich in den übrigen Sektionen kein Text, der sich entweder
durch seinen Inhalt oder durch Parallelen mit Texten des späteren
Stundengebetes als spezieller Text der Komplet ausweisen würde.
Soweit wir es beurteilen können, ist die Komplet in M 574 nicht
berücksichtigt. Es wurde schon auf eine Möglichkeit hingewiesen, die
diesen Tatbestand erklären könnte; die Komplet wird als Hore, die
entweder »privat« von den Mönchen auf den Zellen verrichtet wird,
oder aber »im Chor« eine Einheit mit der Vesper bildet, nicht in eine
Handschrift aufgenommen, die der späteren »Psalmodie« entspricht. In
einem Horologion wäre sie dagegen sehr wohl zu erwarten, falls sie
zu der fraglichen Zeit in Ägypten schon bekannt war, was als praktisch
sicher angenommen werden kann.

* * *

Eine eingehendere Untersuchung erfordert die Frage, ob die »Nacht-
(hore)« von M 574 einfachhin mit der Mitternachtshore des späteren
Stundengebetes in eins gesetzt werden darf. Von den Texten her
gesehen, die in der Handschrift der »Nacht(hore)« zugewiesen werden,
wäre diese Frage eindeutig zu bejahen. Denn sowohl die »Ausrufe der
Nacht« (Sektion A) als auch die »Gesänge der Nacht« (Sektion B) haben
im Mitternachtsgebet des heutigen koptischen Offiziums ihre direkte
Parallele, erstere in den Texten, die das heutige Mitternachtsgebet
eröffnen, letztere in den biblischen Cantica, die heute im Schlußteil des
Mitternachtsgebetes, der der »Psalmodie« zu entnehmen ist, zu finden
sind[2]. Darüber, daß zwischen der »Nacht(hore)« von M 574 und dem
Mitternachtsgebet des späteren koptischen Offiziums irgendein Zusammenhang bestehen muß, kann es auch gar keinen Zweifel geben. Zu
klären bleibt indessen, wie man sich die Beziehungen zwischen der
älteren Nachthore und dem späteren Mitternachtsgebet näherhin zu
denken hat. Vor allem zwei Fragen stellen sich. 1. War jene Hore des
koptischen Stundengebetes, die in M 574 »Nacht«, später aber »Mitternachtsgebet« heißt, von Anfang an eine Mitternachtshore? Oder

---

[2] Ein Unterschied besteht lediglich darin, daß das neutestamentliche Canticum Lk
1,46-55 und 2,29-32 im heutigen Stundengebet nicht mehr unter den biblischen Oden
steht. Zur Erklärung dieses Tatbestandes vgl. unten S. 202 ff.

haben wir es mit einer Hore zu tun, die ursprünglich gegen Ende der Nacht gehalten wurde und die erst später auf die Mitternacht vorverlegt wurde? Von den Texten der »Nacht(hore)« bzw. des »Mitternachtsgebetes« haben die biblischen Cantica in anderen Riten ihren Platz nicht in der Mitternachtshore, sondern eben, so bei den Byzantinern, im Orthros[3]. 2. Zu welcher Hore gehören in M 574 die große Doxologie und das Trishagion (Sektion C und D)? Sie folgen in M 574 auf die der »Nacht(hore)« zugewiesenen biblischen Cantica, ohne selbst ausdrücklich einer bestimmten Hore zugewiesen zu sein. Heute haben diese Texte im koptischen Offizium ihren Platz im »Morgengebet«. Im byzantinischen Offizium folgen sie gleichfalls auf die Oden, die dort, wie gesagt, zum Orthros gehören. Sollten im koptischen Ritus die Texte einer ursprünglich einheitlichen Hore, die etwa dem byzantinischen Orthros entsprach, später auf zwei Horen, das Mitternachts- und das Morgengebet, verteilt worden sein?

Was bedeutet der Terminus »Nacht«? In M 574 kommt er viermal als Bezeichnung einer Nachthore vor: 127,1; 129,10; 141,19; 144,18. Ein weiteres Vorkommen haben wir schon auf einem verwandten Dokument, dem Londoner Pergamentstreifen Ms. Or. 5297(4), festgestellt[4]. Daß ein solcher Terminus, obwohl er nicht formell »Mitternacht« bedeutet, dennoch die Mitternachtshore meinen kann, dürfte außer Zweifel stehen[5]. Allein daraus daß der etwas unbestimmte

---

[3] Wenn die syrischen Riten, vom chaldäischen abgesehen, in ihrer heutigen Form die für das Morgenoffizium typischen Cantica und Psalmen 148–150 auch im Nachtoffizium haben, so ist das mit J. MATEOS auf Überlagerung von »kathedralem« und monastischen Offizium und gegenseitige Beeinflussung der Riten zurückzuführen (vgl. *Matines* 56 ff.).

[4] Nr. 4 (unten S. 452); vgl. dazu oben S. 142 f.

[5] Alle syrischen Riten verwenden den Ausdruck ܠܠܝܐ für ihre Nachthore. Im Arabischen gebrauchen aber die Maroniten dafür neben *layl* = »Nacht« auch *niṣf al-layl* = »Mitternacht«, wie mir aus privater Information bekannt ist; doch findet sich der zweite Ausdruck auch schon in rubrizistischen Anweisungen: »Der Priester beginnt das Mitternachtsgebet (*ṣalāt niṣf al-layl*) ...« (*Maronit. Offiz.* 2 [2. Pagin.]). Daß die »Nacht«-Horen der syrischen Riten Elemente alter Mitternachtshoren enthalten, hat J. MATEOS verschiedentlich gezeigt (*Office de minuit*; *Matines*; *Office chez Athan.* 176 f.). So kommt MATEOS dann auch zu dem Ergebnis: »La dénomination 'office de la nuit' paraît être synonyme d'office de minuit« (*Matines* 72). Auch die Armenier bezeichnen die Nachthore ihres Offiziums häufiger als »Nacht« (գիշեր), seltener als »Mitternacht«; vgl. die von HACʻUNI zusammengestellten Zitate aus den armenischen Autoren (*Geschichte* 37). Im Titel der Hore heißt es heute, daß sie »um Mitternacht« (ի մէջ գիշերի) gehalten wird (*Armen. Horol.* 5; *Armen. Offiz.* 3; *Brev. Armen.* 1).

Ausdruck »Nacht« verwendet ist, kann man jedenfalls nicht folgern,
daß ein Horenzyklus wie der von M 574 keine Mitternachtshore kennt.
Außerdem darf natürlich die Mitternachtshore nicht auf ein Gebet
eingeschränkt werden, daß im strengsten Sinn um Mitternacht, also
um 24 bzw. null Uhr unserer Zeiteinteilung, beginnt oder noch gehalten
wird. Vielmehr ist ein Gebet darunter zu verstehen, das »mitten in
der Nacht« = in tiefer Nacht, nicht aber erst gegen Ende der Nacht«
stattfindet[6].

Für die Frage, ob der Ausdruck »Nacht« in einem bestimmten
Dokument eine Mitternachtshore im angegebenen Sinn meint, ist
es natürlich von Bedeutung, ob zu der Zeit, aus dem das Dokument
stammt, in der betreffenden Region ein solches Mitternachtsgebet
bekannt und üblich war. Nun haben wir keine genauere Kenntnis
davon, wann in der koptischen Kirche eine wirkliche Mitternachtshore in Übung war und seit wann der spätere Terminus »Mitternachtsgebet« in Gebrauch ist. Formelle Zeugnisse für die Mitternachtshore bietet einmal die schon mehrfach zitierte Symeons-Vita[7], außerdem die Vita des Johannes Chame. Das Wirken von letzterem fällt
wahrscheinlich in die erste Hälfte des 9. Jahrhunderts, und sein
Biograph berichtet von ihm u. a. ⲁϥⲥⲉⲙⲛⲓ ⲛⲱⲟⲩ ⲛⲟⲩⲙⲁ ⲛⲉⲱⲟⲩ-
ϯ ⲉⲑⲣⲟⲩⲑⲱⲟⲩϯ ⲉⲣⲟϥ ϧⲉⲛ ⲧⲫⲁϣⲓ ⲙⲡⲓⲉϫⲱⲣϩ ⲟⲩⲟϩ
ⲛⲥⲉϫⲱ ⲯⲁⲗⲙⲱⲁⲓⲁ ⲛⲉⲙ ϩⲁⲛⲱⲁⲏ ⲙⲡⲛⲉⲩⲙⲁⲧⲓⲕⲟⲛ ϣⲁⲛⲧⲉ
ⲡⲓⲟⲩⲱⲓⲛⲓ ϣⲁⲓ[8] = »Er bestimmte ihnen (seinen Mönchen) einen
Versammlungsort, damit sie sich dort um Mitternacht versammelten
und Psalmen (ψαλμῳδία) und geistliche Gesänge (ᾠδή) sängen, bis
der Tag anbricht.« Speziell das zweite Dokument bezeugt formell ein
Gebet von Mitternacht bis Tagesanbruch für ein ägyptisches Kloster
im 9. Jahrhundert als offensichtlich regelmäßig geübte Praxis. Dabei
kann man dem Text nicht mit Sicherheit entnehmen, daß das Mitternachtsgebet überhaupt erst von Johannes, also in der 1. Hälfte des
9. Jahrhunderts, eingeführt wurde. Es kann durchaus schon fester
Brauch gewesen und nur von Johannes in einer bestimmten Weise
organisiert worden sein. Auch für die spätere Zeit wird das Mitter-

---

[6] Legt man die im Altertum bekannte Einteilung der Nacht in vier Wachen zugrunde,
dann würde nach meiner Auffassung eine Hore zu Recht »Mitternachtsgebet« heißen,
die während der dritten Nachtwache, anders gesagt: vor dem Hahnenschrei, gehalten
wurde. Dagegen denkt J. M. Hanssens an die zweite Nachtwache, also die Zeit vor
Mitternacht (*Matines* 33 f., bes. Anm. 25).

[7] Vgl. den Text oben S. 17.

[8] Davis, *John Khamé* 352 [40]. Das ϫⲱ ⲯⲁⲗⲙⲱⲁⲓⲁ der Ausgabe gibt den
Text der Handschrift korrekt wieder (Original kollationiert).

nachtsgebet im Kloster eben desselben Abba Johannes ausdrücklich bezeugt. Von dem Mönch Bessus, der dort zur Zeit des Patriarchen Christodulos, also um die Mitte des 11. Jahrhunderts, lebte, wird uns erzählt: *niṣf al-layl ǧā('a) wa-ḍaraba 'n-nāqūs hā hunā ḥattā qāma 'r-ruhbān li-l-ibṣalmūdīyah ka-'l-'ādah*[9] = »Um Mitternacht kam er und gab dort das Zeichen, damit die Mönche sich der Gewohnheit entsprechend zur Psalmodie erhöben.« Wenn es so ausdrücklich bezeugt ist, daß im Ägypten des 9. Jahrhunderts ein wirkliches Mitternachtsgebet gepflegt wurde, dann ist es zumindestens sehr wahrscheinlich, daß auch mit dem Ausdruck »Nacht« in M 574 die Mitternachtshore gemeint ist, obgleich wir eine absolute Sicherheit hierüber nicht haben[10].

Wir haben aber zu unterscheiden zwischen der vermutlichen Praxis, die die Handschrift M 574 voraussetzt, und einem eventuell unterschiedlichen Zustand in früherer Zeit, von dem vielleicht auch in M 574 Spuren zu erkennen sind. Eine solche Spur könnte etwa der Ausdruck »Nacht« sein, zumal in allen späteren Texten das Mitternachtsgebet auch Mitternachtsgebet heißt[11]. Sollte der Ausdruck »Nacht« darauf hindeuten, daß diese Hore früher zwar zur Nachtzeit, aber nicht um Mitternacht, sondern erst später in der Nacht[12] gehalten wurde? Die Existenz einer so verstandenen »Nacht«-Hore ist unabhängig von der Terminologie in M 574 absolut sicher.

* * *

Es ist in diesem Zusammenhang von größter Bedeutung, daß das zönobitische Mönchtum Ägyptens zunächst kein allnächtliches gemeinsames Gebet um Mitternacht kannte, so hochgeschätzt bei den ägyptischen Anachoreten das nächtliche Gebet auch war[13].

---

[9] *Patriarchengesch.* II 188,20f., Übers. 288.

[10] So wissen wir z. B. auch gar nicht, inwiefern in ganz Ägypten ein irgendwie einheitliches Offizium gehalten wurde.

[11] In welchem Maße es dann im Laufe der Zeit auch immer wirklich um Mitternacht gehalten wurde, ist eine andere Frage.

[12] Also während der 4. Nachtwache bzw. nach dem Hahnenschrei. Nach der Beobachtung der Alten krähten die Hähne zur neunten Nachtstunde bzw. zu Beginn der vierten Nachtwache (Phrynichus, *Praepar. soph.*, s. v. ὄρθριος [Ed. DE BORRIES 93,14 f.]; Plinius, *Nat. hist.* X 21, 46 [Ed. MAYHOFF 232,21 f.]).

[13] Das nächtliche Gebet, speziell das Gebet um Mitternacht, kommt natürlich nicht erst mit dem beginnenden Asketentum auf, sondern gehört, wenn wir den Quellen trauen dürfen, schon zur Praxis des Christenlebens der ersten Jahrhunderte überhaupt; vgl.

Soweit wir über glaubwürdige Quellen verfügen, ist es vielmehr klar,
daß die ersten ägyptischen Mönche, die ein gemeinsames Leben
führten, sich erst gegen Ende der Nacht oder gegen Morgen zu regelmäßigem gemeinschaftlichem Gebet versammelten, und dies gilt
sowohl für Unterägypten als auch für Oberägypten[14]. Dieselben

etwa STADLHUBER, *Stundengebet* passim oder SALMON, *Prière des heures* 816 mit Anm. 3.
In den koptischen Literatur lesen wir an zahllosen Stellen vom nächtlichen Gebet der
Christen. Nicht so häufig findet sich die Präzisierung, daß das Gebet gerade um Mitternacht stattfindet. Manche Texte wollen uns glauben machen, die Christen hätten
gewöhnlich die ganze Nacht mit Gotteslob zugebracht. So steht etwa in der Vita des
Patriarchen Isaak (PORCHER, *Vie d'Isaac* 367 [69]), daß ihn nachts Engel besuchten
ⲉⲩϩⲱⲥ ⲉϥⲧ̅ ⲙⲡⲓⲉⲭⲱⲣϩ ⲧⲏⲣϥ ⲕⲁⲧⲁ ⲡⲉⲑⲟⲥ ⲛⲛⲓⲭⲣⲓⲥⲧⲓⲁⲛⲟⲥ
= »indem sie die ganze Nacht Gott sangen nach der Gewohnheit (ἔθος) der Christen.«
Eine solche Behauptung ist natürlich hyperbolisch zu verstehen; vgl. etwa Chrysostomus' Angaben über das nächtliche Gebet der Mönche, von dem er sagt, daß diese die
ganze Nacht damit zubringen (In epist. I ad Timoth. homil. 14,4; PG 62, 576 unten),
obwohl aus dem Kontext klar hervorgeht, daß dies Gebet erst beim Hahnenschrei
beginnt (vgl. dazu auch MATEOS, *Office monastique* 57 und 60). Die Verpflichtung zum
Gebet um Mitternacht wird — wenigstens in der Theorie — noch lange aufrechterhalten. Eine Randbemerkung bei Abū 'l-Barakāt, also ein Nachtrag des Autors selbst,
(vgl. unten S. 195, Anm. 28), zum 68. der kirchlichen Kanones lautet lapidarisch:
»Das Gebet um Mitternacht wird befohlen« (RIEDEL, *Kirchenrechtsquellen* 72); der 68.
Kirchliche Kanon muß der 47. der 71 Kanones der Apostel und somit das 62. Kapitel
(Lagarde = 32 Funk) der Ägyptischen Kirchenordnung sein.

  [14] Dennoch darf nicht übersehen werden, daß sich Ansätze zu einem gemeinschaft-
lichen Mitternachtsgebet schon in der Athanasius zugeschriebenen Schrift »Über die
Jungfräulichkeit« erkennen lassen, wo recht detaillierte Anweisungen für das Mitternachtsgebet der Jungfrau gegeben werden und auch der Fall vorgesehen ist, daß mehrere
Jungfrauen beieinander sind, die dann das Gebet in einer bestimmten Weise gemeinsam
verrichten sollen (Athan., *De Virg.* 20, Ed. VON DER GOLTZ 55,13–26; vgl. dazu MATEOS,
Office chez Athan. 174). Bei einem fragmentarischen Bericht über Schenute, in dem von
einem gemeinsamen Gebet um Mitternacht die Rede ist, geht es um eine einmalige
Situation, die unter wunderbaren Umständen stattfindende Begegnung zwischen Pitschimi und Schenute. Im koptischen Text heißt es dabei: ϧⲉⲛ ⲧⲫⲁϣⲓ ⲇⲉ
ⲙⲡⲓⲉⲭⲱⲣϩ ⲁⲩⲧⲱⲟⲩⲛⲟⲩ ⲁⲩⲉⲣ ⲥⲩⲛⲁ̇ⲝⲓⲥ ⲛⲉⲙ ⲛⲟⲩⲉⲣⲏⲟⲩ ⲁⲩⲉⲣ
ⲡⲓⲉⲭⲱⲣϩ ⲧⲏⲣϥ ⲉⲩϩⲱⲥ ⲉϥⲧ̅ = »Um Mitternacht erhoben sie sich und
beteten miteinander und verbrachten die ganze Nacht, indem sie Gott sangen« (*Sinuthii
vita* 77,11 f.; das Fragment als ganzes hat eine Parallele im Synaxar zum 11. Kīhak
[hl. Pitschimi], doch hat unser Satz keine Entsprechung im veröffentlichten arabischen
Text [*Synax.*, Ed. FORGET I 150; Ed. BASSET 425 (349)], ebensowenig im *Äthiop. Synax,*
726 [184]); was ich hier mit »beten« übersetzt habe, ist genauer »σύναξις machen«,
bedeutet also vielleicht »sich versammeln« (zur Bedeutung von σύναξις vgl. oben S. 120).
Ein regelmäßiges Gebet der Mönche Schenutes um Mitternacht kann man aus diesem
Text nicht erheben, zumal die arabischen und äthiopischen Texte zeigen, daß die Szene
gar nicht im Schenutekloster spielt. Zum »nächtlichen« Gebet bei Schenute siehe unten
S. 158 ff.

Quellen zeigen uns weiterhin, daß dieses lange nach Mitternacht beginnende Offizium als »nächtlich« bezeichnet werden kann. Andererseits wird mit Bezug auf dies Offizium alternierend sowohl von der »Nacht« als auch vom »Morgen« gesprochen. Ein »Nacht«-Offizium muß also keineswegs notwendig als Mitternachtsgebet verstanden sein, wie sich gerade aus ägyptischen Quellen ergibt, und Ausdrücke wie »Nacht« und »Morgen« können in diesem Zusammenhang wechseln[15]. Die gemeinten Quellen sind für die unterägyptischen Mönche die Institutiones Kassians, für die oberägyptischen die Schriften Pachoms bzw. der Pachomianer und Schenutes. Palladius' Historia Lausiaca verdient in ihrem Kapitel über die pachomianischen Mönche keine Glaubwürdigkeit[16].

Kassian will zwar das Offizium beschreiben, wie es in den Klöstern (monasteria) von »ganz Ägypten und der Thebais« gepflegt wurde[17], sein Bericht hat aber in Wirklichkeit nur für das unterägyptische Mönchtum Zeugniswert[18]. Nach Kassian hatten die ägyptischen

---

[15] Ein gewisses Schwanken in der Terminologie zwischen »Nacht« und »Morgen« ist nicht auf Ägypten beschränkt. Hier nur ein Hinweis auf den armenischen Bereich. In der »Erklärung des Offiziums« Stephans von Siunik und in einer eng verwandten Schrift »De Officiis Ecclesiae« (Joh. v. Odsun, *Opera* 180 ff.) werden jene Texte des Stundengebetes behandelt, die die Nacht- und Morgenhore des armenischen Offiziums bilden. Die erste wird bei den Armeniern immer »Nacht« oder »Mitternacht« genannt, die letztere gewöhnlich »Morgen«. Hier finden wir nun eine abweichende Terminologie. Von der ersten Gruppe von Texten heißt es, daß sie »um Mitternacht« (ի մէջ գիշերիս, Joh. v. Odsun, *Opera* 182; ähnlich Stephan v. Siunik, *Erklärung* 361), von der letzteren, daß sie »in der Nacht« (ի գիշերին, Joh. v. Odsun, *Opera* 190; ähnlich Stephan v. Siunik, *Erklärung* 485) verrichtet werden. (CONYBEARE, *Rituale* 489 f. weist einen Teil des zweiten Abschnitts bei Joh. v. Odsun [*Opera* 192 f.] denn auch dem »Night Office« und nicht den »Matins« zu, hat sich also trotz des eindeutigen Inhalts dieses Abschnitts durch die Zeitangabe im Titel irreführen lassen.) Der Sinn dieser Texte ist aber nicht in allem völlig klar; vgl. unten S. 345, Anm. 27.

[16] Vgl. DRAGUET, *Hist. Laus.* passim und bes. II 74 ff. und VEILLEUX, *Liturgie* 139–144 und 332 f.

[17] Kassian, *Inst.* II 3,1, Ed. PETSCHENIG 18,26; *Inst.* II 4, Ed. PETSCHENIG 20,16.

[18] Vgl. neuestens VEILLEUX, *Liturgie* 146–154. Zudem ist Kassian von der Engelsregel abhängig, wie wir sie aus Palladius kennen (ebenda 335). VAN DER MENSBRUGGHE läßt weder Abhängigkeit Kassians von Palladius noch umgekehrt, noch Abhängigkeit beider von einer gemeinsamen Quelle gelten (*Prayer-time* 446 f.). Kassians eigentlicher Kontakt mit pachomianischem Gedankengut ist nach VEILLEUX rein literarisch: er hat Hieronymus' Übersetzung der Schriften Pachoms und seiner Nachfolger gekannt (*Liturgie* 150–152 und 335 f.). Dazu, wie Kassian das, was er selbst erlebt oder ausgeschrieben hat, in seiner eigenen Darstellung modifiziert, vgl. VEILLEUX, *Liturgie* 337 f. und GUY, *Cassien*.

Mönche nur zwei gemeinsame Gebetszeiten im Verlauf von 24 Stunden, und zwar am Abend und in der Nacht[19]. Von der Nachthore spricht Kassian auf folgende Weise : »nocturnae vigiliae«[20], »nocturna sollemnitas«[21], »nocturna congregatio«[22], »nocturnus orationum et psalmorum modus«[23] und »cotidianae vigiliae«[24]. Daß diese Versammlungsstunde zur Nachtzeit stattfindet, ergibt sich allein schon aus den gebrauchten Termini. Das häufige Adjektiv »nocturnus« sagt es unmittelbar, aber auch das Wort »vigiliae« läßt es klar erkennen. Die Gebetsversammlung der Mönche kann sinnvollerweise nur deshalb als »Wachen« bezeichnet werden, weil sie zu einer Zeit stattfindet, in der die Menschen sonst gewöhnlich schlafen, eben in der Nacht. Daß das Gebet zumindestens zur Nachtzeit begonnen haben muß, folgt auch aus der Anweisung, daß der Mönch, der die anderen zu den »cotidianas vigilias« zu wecken hat, sorgfältig die Sterne beobachten mußte, um die festgesetzte Zeit genau einhalten zu können[25]. Genaueres über diese Zeit erfahren wir aus einer anderen Stelle, an der Kassian von den ägyptischen Mönchen sagt : »cum soleant certis temporibus etiam ante gallorum cantum consurgere[26].« Daraus ergibt sich zunächst einmal, daß das allnächtliche Gebet nicht um Mitternacht begonnen haben kann, denn nur zu bestimmter Zeit standen die Mönche überhaupt vor dem Hahnenschrei auf. Und selbst zu diesen »bestimmten Zeiten« dürften sie sich nicht schon um Mitternacht erhoben haben; das hätte Kassian sicher anders als mit »etiam ante gallorum cantum« bezeichnet. Zu welcher Zeit die Mönche an gewöhnlichen Tagen aufstanden, ist auch hier nicht formell gesagt, doch darf man den Kassian-Text wohl am ehesten so verstehen, daß dies zur Zeit des Hahnenschreis geschah[27]. An der genannten Stelle erfahren wir auch, daß dies nächtliche Gebet vor Tagesanbruch beendet war : »missa canonica

---

[19] Vgl. etwa Kassian, *Inst.* II 3,1, Ed. PETSCHENIG 19,3 f., vor allem aber Inst. III 2, Ed. PETSCHENIG 34.

[20] Kassian, *Inst.* II 3,1, Ed. PETSCHENIG 19,3 f.

[21] Kassian, *Inst.* II 4, Ed. PETSCHENIG 20,28.

[22] Kassian, *Inst.* III 2, Ed. PETSCHENIG 34,10.

[23] Kassian, *Inst.* III 1, Ed. PETSCHENIG 33,18.

[24] Kassian, *Inst.* II 17, Ed. PETSCHENIG 31,17. Nicht ganz klar ist mir die Bedeutung von »canonicae vigiliae« (*Inst.* II 13,3, Ed. PETSCHENIG 29,8), worauf hier aber nicht weiter eingegangen zu werden braucht. Zu »missa canonica« vgl. unten S. 153, Anm. 28.

[25] Kassian, *Inst.* II 17, Ed. PETSCHENIG 31,14 ff.

[26] Kassian, *Inst.* III 5,2, Ed. PETSCHENIG 40,15–17.

[27] So auch MATEOS, *Office monastique* 64, 68 und 87.

celebrata usque ad lucem post haec vigilias extendunt[28].« Nach Kassian war also bei den ägyptischen (= unterägyptischen) Mönchen ein nächtliches Offizium üblich, das im Schlußteil der Nacht gehalten wurde[29] und gegen Morgen endete.

Ob dies nächtliche Offizium mit einem bestimmten Namen benannt wurde, erfahren wir nicht[30]. Auch Kassian selbst gebraucht, wie wir oben gesehen haben, keine feste Terminologie zur Bezeichnung dieses nächtlichen Offiziums, sondern vielmehr umschreibende Wendungen, in denen die Wörter »nächtlich« und »Wachen« vorkommen. Daß dahinter ein koptisches Wort für »Nacht« steht, ist zwar nicht sicher, aber durchaus möglich. Auch im Deutschen ist es nicht leicht, eine treffende, d. h. knappe und doch völlig eindeutige Bezeichnung für diese Hore zu finden. Mateos nennt sie französisch »vigile«[31], »synaxe nocturne«[32], oder präziser »vigile nocturno-matinale«[33]. »Vigile nocturno-matinale« ist in der Tat eine sehr empfehlenswerte Bezeichnung für das gemeinte Offizium der ägyptischen Mönche. Nicht nur wird das Wort »Vigil« von Kassian selbst gebraucht, auch die Wortbedeutung paßt gut zur gemeinten Sache; eine Tätigkeit (hier: gemeinsames Gebet) als »Wachen« zu bezeichnen ist eben dann sinnvoll, wenn diese zu einem Zeitpunkt stattfindet, da die Menschen normalerweise noch schlafen[34]. »Wachen« allein ist indessen zu unbestimmt. So könnte

---

[28] »Missa canonica« scheint mir hier ein Ausdruck für das Nachtoffizium (zu »missa« = »kanonische Hore« vgl. GAMBER, *Missa* 185), während die »vigiliae« meiner Meinung nach hier besagen sollen, daß die Mönche sich nach dem Ende des Offizium nicht mehr schlafen legen. Nach MATEOS dauerte das Offizium selbst »usque ad lucem« (*Office monastique* 65). Streng genommen ist an dieser Stelle nur etwas über Zeit gesagt, zu der jenes Offizium endete, das zu bestimmten Zeiten früher als gewöhnlich begonnen wurde. Ich möchte aber annehmen, daß dieses besondere Offizium von längerer Dauer als das gewöhnliche war und eben deshalb früher begonnen wurde und daß das Tagewerk der Mönche immer zur selben Zeit begann; gerade darum wird ein länger dauerndes Nachtoffizium früher begonnen.

[29] Also während der 4. Nachtwache. Die Hähne schreien zur 9. Nachtstunde, mit der die vierte Wache beginnt (vgl. oben S. 149, Anm. 12).

[30] Kassian teilt uns nur mit, daß die ägyptischen Mönche ihre beiden täglichen Offizien mit dem Namen »synaxis« bezeichnen (*Inst.* II 10,1, PETSCHENIG 25,10).

[31] MATEOS, *Office monastique* 64.

[32] Ebenda 65.

[33] Ebenda 87.

[34] Daß die Gemeinde sich zur Zeit des Hahnenschreis zum morgendlichen Gemeindeoffizium zu versammeln hat, wird von den Hippolyt-Canones vorgeschrieben (Can. 21; vgl. oben S. 7 f.). Wie immer man diese Angabe deuten mag, es ist völlig ausgeschlossen, daß die Gemeinde täglich um drei Uhr morgens in der Kirche zusammenkommt. In der

man auch ein Mitternachtsgebet oder eine Vollvigil nennen. Eine
Präzisierung ist also unumgänglich. Der Umstand, daß diese Hore
noch zur Nachtzeit, aber schon gegen Morgen stattfindet, wird meiner
Meinung nach mit »nocturno-matinale« ausgezeichnet wiedergegeben.
Ich sehe jedoch keine Möglichkeit, diesen Ausdruck zu verdeutschen.
Ich werde mich deshalb des einfachen Ausdrucks »Vigil« (immer in
Anführungszeichen) bedienen. »Vigil« bedeutet also im weiteren
Verlauf dieser Arbeit immer ein im letzten Teil der Nacht, aber vor
Tagesanbruch gehaltenes gemeinsames Gebet. Eine solche »Vigil« kann
zugleich etwas von einem Morgengebet an sich haben, wenn, wie in
Ägypten, die Mönche sich nach der »Vigil« nicht mehr zur Ruhe
begeben, sondern ihr Tagewerk beginnen, und kein eigenes Morgen-
gebet folgt. Das Wort »Synaxis« scheint mir, obwohl gleichfalls von
Kassian selbst gebraucht, weniger geeignet. Es mangelt ihm entschieden an Eindeutigkeit. Man könnte dabei auch an die Eucharistiefeier denken. Zudem fehlt ihm der Bezug zur Nacht, den das Wort
»Vigil« von sich aus hat.

Auch in den von Pachomius in Oberägypten gegründeten Klöstern
fanden nur zweimal täglich gemeinsame Gebete statt, nämlich morgens
und abends. Es ist aber nicht ganz klar, ob morgens und abends
jeweils zwei Offizien gehalten wurden, eines von der gesamten Klostergemeinde und eines in den einzelnen Häusern[35], oder nur eines[36].
Die Frage ist jedoch für uns ohne Bedeutung und kann deshalb hier
unbehandelt bleiben. Eingehen müssen wir hingegen auf das angebliche
Mitternachtsgebet der pachomianischen Mönche, das so prominente
Verteidiger gefunden hat wie Ladeuze und Muyser. Auf die Argumente
von Ladeuze[37] ist Draguet eingegangen; sie halten einer kritischen
Nachprüfung nicht stand[38]. Auch die von Muyser aus den koptischen

---

Ägyptischen Kirchenordnung erscheint das (priv.) Gebet beim Hahnenschrei auch
vom (priv.) Gebet am Morgen nach dem Aufstehen getrennt (TILL-LEIPOLDT, *Kirchenordnung* 40, Kap. 62,22 Lagarde, 32,28 f. Funk und ebd. 34, Kap. 62,1 Lagarde, 32,1
Funk).

[35] So erst in neuerer Zeit noch H. BACHT, gerade mit Berufung auf die erhaltenen
koptischen Fragmente der Pachomiusregel(n) (*Antonius und Pachomius* 80 f.).

[36] So neuestens VEILLEUX, nach dem die gesamte Klostergemeinde nur zum morgendlichen Offizium zusammenkam, während das Abendoffizium allein in den einzelnen
Häusern gehalten wurde (*Liturgie* S. 294–300).

[37] LADEUZE, *Cénobitisme* 289 mit Anm. 3. Vgl. unten S. 157 mit Anm. 50.

[38] DRAGUET, *Hist. Laus.* II 19 f. mit Anm. 13. Ein Teil dieser Stellen und einige weitere
sind nochmals behandelt bei VEILLEUX (*Liturgie* 303–305), der zu dem gleichen negativen
Ergebnis kommt wie Draguet.

Viten angeführten Stellen[39] beweisen nichts für ein regelmäßiges gemeinsames Gebet der pachomianischen Mönche um Mitternacht. Sie beziehen sich auf das nächtliche Gebet Pachoms mit seinem Lehrer Palamon oder seinem Bruder Johannes, und auch Muyser selbst spricht ausdrücklich von den »veilles de Palémon et celles de Pachôme et leurs prières, avant que ce dernier eût institué la vie cénobitique[40].« Umso unverständlicher ist es dann, wenn er daraus entnehmen zu können glaubt: »On sait que les moines pachômiens se réveillaient vers minuit pour prier et pour 'méditer'. C'était l'heure du grand office de règle, la prière de nuit. Il se faisait en commun[41].« Natürlich wurde der zum festen Bestand der asketischen Tradition gehörende Verzicht auf Nachtschlaf und das nächtliche Gebet auch von Pachomius und seinen Mönchen in hohen Ehren gehalten und in gewissen Grenzen weitergepflegt. Aber »les veilles n'ont jamais été, chez les pachômiens, qu'un exercice de dévotion pratiqué individuellement dans des circonstances spéciales, et non pas un acte de communauté, sauf dans des cas exceptionnels, comme la veillée d'un mort[42].« Daß die pachomianischen Mönche keine regelmäßigen gemeinsamen Gebetsversammlungen mitten in der Nacht gehalten haben, kann heute als sicher gelten.

Zu welchem Zeitpunkt aber fand das »Morgen«-Gebet der Pachomianer statt, und was können wir aus den Ausdrücken »Nacht« und »nächtlich«, die verschiedentlich gebraucht werden, entnehmen? Der Zeitpunkt des »Morgen«-Gebetes läßt sich nicht mehr mit Sicherheit feststellen. Veilleux neigt mit dem nötigen Vorbehalt der Annahme zu, daß das Morgengebet der Mönche zur gleichen Zeit stattfand wie in den Kirchen der umliegenden koptischen Dörfer, »c'est-à-dire au moment ou pointait la lumière du jour et ou le travail était devenu possible[43].« In den Regeln und Viten wechseln Ausdrücke miteinander, die das Gebet als »nächtlich« oder als »morgendlich« bezeichnen. Leider besitzen wir für die diesbezüglichen Regeltexte nicht das koptische Original. In Hieronymus' Übersetzung ist von »oratio matutina« die Rede[44]. Die Angabe »Mane per singulos domus, finitis orationi-

---

[39] MUYSER, *Essai* 97 mit Anm. 1.
[40] Ebenda, Anm. 1.
[41] Ebenda 97.
[42] DRAGUET, *Hist. Laus.* II 20 f.
[43] VEILLEUX, *Liturgie* 302.
[44] Praec. 24 (*Pachom. Latina* 19,3).

bus ...«[45] bezieht sich nicht notwendig auf die Zeit des Gebetes selbst und könnte auch so interpretiert werden, daß das Gebet »am Morgen« endete bzw. schon beendet war. Andererseits erfahren wir, daß die Mönche »nocte« geweckt werden[46] und auch milder behandelt werden, wenn sie sich »nocte« beim gemeinsamen Gebet verspäten[47]. Meine eigene Vermutung geht dahin, daß die pachomianischen Mönche früher als die gewöhnlichen Gläubigen aufstanden und ihre »morgend-liche« Gebetsversammlung hielten, wenn wir auch den genauen Zeitpunkt nicht mehr ausmachen können. Ich halte es angesichts der asketischen Tradition Ägyptens für völlig undenkbar, daß die Mönche Pachoms nicht wenigstens einen gewissen regelmäßigen Verzicht auf Nachtschlaf geübt haben sollten. Dieser bestand für sie darin, daß sie sich etwas früher erhoben als die anderen Christen. Somit lag auch ihr gemeinsames Gebet nach dem Aufstehen etwas früher als das der anderen Christen. Und hieraus erklärt sich die doppelte Beziehung auf »Nacht« und »Morgen«. Als Morgengebet konnte es schon deshalb bezeichnet werden, weil es für die Mönche den Beginn ihres Tagewerkes bedeutete. Vielleicht fand es auch, zeitlich gesehen, am Morgen seinen Abschluß. Ein nächtliches war es deshalb, weil es noch vor Tagesanbruch begann[48]. Für mich ist es bezeichnend, daß wir in den Praecepta in gleicher Verteilung die Ausdrücke »Nacht« und »Morgen« finden. Beide Ausdrücke werden völlig zu Recht auf ein und dieselbe Gebetszeit bezogen, wenn es sich um eine »Vigil« im von mir definierten Sinn handelt. Ob die »Vigil« der pachomianischen Mönche dann genau zum gleichen Zeitpunkt begann wie die der unterägyptischen, ist eine andere Frage. Darüber wissen wir nichts Genaueres. Jedenfalls muß dies Gebet der pachomianischen Mönche nach meiner Ansicht im Schlußteil der Nacht vor Tagesanbruch gehalten worden sein. Veilleux warnt zwar davon, aus dem Ausdruck »nox« im Hieronymus-Text etwas zu folgern, da wir für diese Stellen den koptischen Text nicht besitzen und der Ausdruck in Praecepta 10 nur dazu diene, um eine gewisse Nachsicht denen gegenüber zu motivieren, die zum Morgengebet zu

[45] Praec. 19 (*Pachom. Latina* 17,20).

[46] Praec. 5 (*Pachom Latin.* 14,9).

[47] Praec. 10 (*Pachom. Latin.* 15,14f).

[48] Nach DRAGUET erhoben die Mönche sich »aux premières lueurs du matin« (*Hist. Laus.* II 19 Anm. 13, Punkt a); Draguet qualifiziert diesen Zeitpunkt, nach dem das Morgengebet beginnt, als »très matinal« (ebenda 18). Wenn ich es recht verstehe, läuft auch diese Interpretation darauf hinaus, daß die Mönche nicht bis zur normalen Auf-stehenszeit schlafen.

spät kommen[49]. Diese Nachsicht kann aber nur deshalb angebracht sein, weil die Mönche sich zu ungewöhnlich früher Zeit erheben müssen und nicht zur selben Zeit wie jedermann.

In den griechischen Viten kommen die Ausdrücke νυκτερινὴ σύναξις bzw. λειτουργία erst in den Paralipomena[50] und den davon abhängigen Dokumenten vor: νυκτερινὴ λειτουργία im Kap. 17[51] und 19[52], νυκτερινὴ σύναξις im Kap. 19[53], 29[54] und 35[55]. Nach Veilleux darf man nicht außer acht lassen, daß die Paralipomena, obwohl letztlich auf pachomianische Kreise zurückgehend, wahrscheinlich außerhalb dieses Milieus ihre endgültige Form gefunden haben[56] und sich nicht der bei den Pachomianern üblichen Terminologie bedienen. Ebenso macht er darauf aufmerksam, daß die Vita quinta jedesmal wieder in ὀρθρινὴ σύναξις verbessert habe[57]. Wenn weiterhin in einem saïdischen Text einmal ⲡⲥⲱⲟⲩ︤ ⲛⲧⲉⲩϣⲏ = »die Versammlung der Nacht« erwähnt wird[58], so ist nach Veilleux der Wert eines so späten Zeugen zu unsicher, als daß man daraus etwas für die ursprünglichen liturgischen Gebräuche der Pachomianer erheben könnte[59]. Die kritischen Bedenken gegenüber diesen Viten kann man nun sicher nicht einfach wegwischen. In Anbetracht der Regeltexte — mag auch das Fehlen des koptischen Originals hier beklagenswert sein — darf man die Skepsis aber auch

---

[49] VEILLEUX, *Liturgie* 301 f.

[50] Es sind die Stellen, auf die Ladeuze sich berufen hatte (vgl. oben S. 154). Die Angabe VAN DER MENSBRUGGHES, daß schon die Vita prima im 88. Kap. den Ausdruck νυκτερινὴ σύναξις enthalte (*Prayer-time* 444), ist ein Versehen. Wichtig für die Terminologie der pachomianischen Gebetszeiten bleibt aber, daß sowohl hier als auch an einer anderen Stelle in diesem Dokument von Geschehnissen berichtet wird, die sich νυκτὸς ... ἐν τῇ συνάξει zugetragen haben (Kap. 70, HALKIN, *Vitae* 48,10; Kap. 88, HALKIN 59,23).

[51] HALKIN, *Vitae* 140,17 = Vita 2ᵃ 69, HALKIN 241,20f. (νυκτερινὴ ὑμνῳδία) = Vita 3ᵃ 105, HALKIN 308,21f. = Vita 5ᵃ, HALKIN ebd., Anm. 14 (ἡ σύναξις τοῦ ὄρθρου) = VAN CRANENBURGH, *Vie latine* 45,5 (S. 196; »nocturnae orationes«).

[52] HALKIN 143,14.

[53] HALKIN 143,13 = Vita 2ᵃ 71, HALKIN 244,11 = Vita 3ᵃ 109, HALKIN 311,22 = Vita 5ᵛ, HALKIN ebd., Anm. 5 (ὀρθρινή) = VAN CRANENBURGH, *Vie latine* 46,3 (S. 202).

[54] HALKIN 156,28 = Vita 2ᵃ 45, HALKIN 214,8 = Vita 3ᵃ 122, HALKIN 328,15f. = Vita 5ᵃ, Halkin ebd., Anm. 39 (ὀρθρινή).

[55] HALKIN 160,14 = Vita 2ᵃ 87, HALKIN 266,5 (ἕως πρωὶ τὴν ὑμνῳδίαν πληροῦν) = Vita 3ᵛ 129, HALKIN 336,5 = Vita 5ᵛ, HALKIN ebd., Anm. 34 (ὀρθρινή) = VAN CRANENBURGH, *Vie latine* 73,16 (S. 224; »matutinae orationes«).

[56] VEILLEUX, *Liturgie* 23 f. und 303.

[57] Ebenda 303; zu Kap. 17–19 vgl. noch 304 f.

[58] LEFORT, *Vitae sahid.* 353 a 23 f.

[59] VEILLEUX, *Liturgie* 305.

nicht übertreiben. Zur Annahme, daß das »Morgen«-Gebet gegen Ende
der Nacht stattfand und für die Mönche den Beginn des Tagesablaufes
bedeutete, passen die verschiedenen Ausdrücke in gleicher Weise.

Auch die Mönche Schenutes kamen im Normalfall nur zweimal
täglich zu gemeinsamem Gebet zusammen, nämlich am Morgen und
am Abend[60]. Das Gebet am Sonntagmorgen hat dabei eine eigene
Bezeichnung; es wird »Sonntagnacht« genannt. Ein Mitternachtsgebet
ist aber weder hiermit noch mit dem in der Schenute-Vita auftretenden
Ausdruck »Nacht« gemeint. Ein von dem Morgengebet verschiedenes
nächtliches Gebet der Mönche Schenutes hat Ladeuze angenommen.

Wo Schenute die Gebetszeiten aufzählt oder sonstwie nebenbei
auf sie zu sprechen kommt, nennt er »Morgen«, »Abend« und »Sonntagnacht« (ⲧⲉⲩϣⲏ ⲛ̄ⲧⲕⲩⲣⲓⲁⲕⲏ)[61]. Warum die Sonntagnacht eigens
neben dem Morgen- und Abendgebet erwähnt wird und warum sie so
heißt, wird unmittelbar deutlich, wenn man sich die Bestimmungen
Schenutes über die Stunde ansieht, zu der die verschiedenen Gebete

---

[60] LEIPOLDT, *Schenute* 130. Wenn es während des Tages noch andere Zeiten ge-
meinsamen Gebetes gegeben haben sollte, wie Leipoldt annehmen möchte (ebd. 131),
so ist das für unsere Frage ohne Belang. Daß sich von »nächtlichen Gottesdiensten« in
Schenutes Werken »keine Spur« findet, sagt auch Leipoldt ganz ausdrücklich (ebd.).
Seine Feststellung ist umso wertvoller, als er im gleichen Atemzug solche nächtlichen
Gottesdienste einerseits in Pachoms Klöstern, andererseits später auch im Weißen
Kloster annimmt. Was nächtliche Gottesdienste bei Pachom angeht, so übernimmt
Leipoldt einfach Ladeuzes Behauptung (vgl. oben S. 154). Für nächtliche Gottesdienste
in der weiteren Geschichte des Weißen Klosters führt Leipoldt einen Text an, den
Lefort inzwischen für Horsiese vindiziert hat. Es geht um die Anweisung, daß der
Mönch schon in der Frühe vor Beginn des gemeinsamen Gebetes aufstehen und rezitieren
soll (*Sinuthii opera* IV 133, 22 ff. = *Œuvres de Pachôme* 86, 28 ff.). In Wirklichkeit
spricht der Text gar nicht von gemeinsamem Gebet vor dem Morgenoffizium, sondern
von »privatem«. Vgl. auch VEILLEUX, *Liturgie* 291.

[61] *Sinuthii opera* IV 60,14 f. und 155,26 f.; AMÉLINEAU, *Monuments* 282. Ob Schenute
einmal dem gewöhnlichen Morgen- und Abendgebet die »Nacht des Sonntags und des
Samstags« gegenüberstellt (*Sinuthii opera* IV 103,19 f. bzw. AMÉLINEAU, *Œuvres* II 212),
ist nicht ganz sicher. WIESMANN übersetzt den Text so (*Sin. opera* 62,5 f.). Man kann
aber ebensogut übersetzen: »in der Nacht zum Sonntag und am Samstag«, so AMÉLI-
NEAU, *Œuvres* II 212. Im übrigen scheint mir der koptische Text bei beiden Übersetzungen
eine gewisse Schwierigkeit zu machen. Statt des überlieferten ⲧⲉⲩϣⲏ ⲛ̄ⲧⲕⲩⲣⲓⲁⲕⲏ
ⲙⲛ̄ ⲛⲥⲁⲃⲃⲁⲧⲟⲛ würde ich dann eher ... ⲡⲥⲁⲃⲃⲁⲧⲟⲛ erwarten. Den Text,
wie die Ausgaben ihn bieten, würde man wohl besser übersetzen: »in der Nacht zum
Sonntag und an den Samstagen«; Sollte ⲛ̄ in ⲡ zu verbessern sein? In den späteren
Typikonfragmenten des Weißen Klosters erscheint bisweilen auch die Samstagnacht,
wobei es aber immer um Samstage besonderer Art zu gehen scheint; vgl. unten S. 161,
Anm. 76.

beginnen sollen[62]. Es wird dabei zwar nicht formell vom Beginn des Gebetes gesprochen, sondern vom morgendlichen Aufstehen, doch geschieht dies einzig im Hinblick auf das gemeinsame Gebet. Es heißt, daß die Mönche im Winter anderthalb bis zwei Stunden vor Tagesanbruch (ογοειν) aufstehen sollen[63]. In der Nacht zum Sonntag (τεγωη ντκγριακη) hingegen wird drei Stunden vor Tagesanbruch (ογοειν) aufgestanden[64]. Am Sonntag steht man somit ein bis anderthalb Stunden früher auf als an Werktagen, genauer: zur neunten Nachtstunde[65]. Das gemeinsame Gebet am Sonntagmorgen wird also ganz offensichtlich deshalb als »nächtlich« bezeichnet, weil man sich hier zu einer Zeit erhebt, zu der man an anderen Tagen noch schläft, nicht etwa, weil dies Gebet »mitten in der Nacht« oder gar präzise um Mitternacht beginnen würde; dies ist gar nicht der Fall. Daß das Offizium der »Sonntagnacht« kein eigentliches Nachtoffizium darstellt, sondern nur eine Bezeichnung für das sonntägliche Morgen- offizium ist, hat auch schon Leipoldt richtig erkannt[66].

Ein nächtliches Gebet neben dem am Morgen hat Ladeuze ver- treten[67]. Er stützt sich dafür auf zwei Stellen in der Schenute-Vita. Die eine davon bestätigt aber im Gegenteil unsere Interpretation der »Nacht«, ja, sie zeigt möglicherweise sogar, daß später der Ausdruck »Nacht« allgemein für das Morgenoffizium gebraucht wurde, nicht nur für das sonntägliche. Es wird da[68] von Schenute berichtet, daß er einmal »in der Nacht« (ϧεν πιεχωρϩ) seine Gebete verrichtete, danach ruhte (schlief?) und dabei eine Erscheinung des Apostels Paulus hatte. Er sprach dann mit ihm ωλ ϕναγ νεωογϯ ντεκκλησιλ μπιεχωρϩ[69] = »bis zur Stunde der nächtlichen Versammlung in der Kirche«. Es ist nicht nur möglich, sondern sogar wahrscheinlich, daß Schenute seine hier gemeinten Gebete in tiefer Nacht, auch etwa um Mitternacht, gehalten hat. Dies mitternächtliche

---

[62] Allerdings haben wir nur Angaben, die ausdrücklich für die Winterszeit gelten.

[63] *Sinuthii opera* IV 53,4–6. Steht man versehentlich früher oder später auf, so wird im ersten Fall mehr, im zweiten weniger gebetet.

[64] Ebenda IV 53,19 f. Angaben über die Dauer der Winterszeit und die während dieser Zeit beim Gebet in der Sonntagnacht (τεγωη ντκγριακη) zu tragenden Winterkleider auf dem *Sinuthii opera* IV, pag. V abgedruckten Fragment.

[65] Anders gesagt: zu Beginn der vierten Nachtwache oder beim Hahnenschrei (vgl. oben S. 149, Anm. 12).

[66] Leipoldt, *Schenute* 130, Anm. 2.

[67] Ladeuze, *Cénobitisme* 318 mit Anm. 3.

[68] *Sinuthii vita* 61,9 ff.

[69] Ebenda 61,24 f.

Gebet war aber kein gemeinsames Gebet der Mönche. Das gemeinsame
Gebet der Mönche kann vielmehr erst gegen Morgen stattgefunden
haben. Es geht ihm ja erstens das »private« Gebet Schenutes, und
zweitens dessen Vision voraus. Von diesem erst gegen Morgen stattfindenden Gebet wird nun ausdrücklich gesagt, daß es »in der Nacht«
gehalten wird. Da hier kein Hinweis auf die Nacht zum Sonntag
gegeben wird, darf man vielleicht annehmen, daß später das Morgengebet der Mönche Schenutes ganz allgemein als »nächtlich« bezeichnet
wurde.

Aus der anderen Stelle ist nichts Sicheres zu entnehmen. Es ist auch
dort davon die Rede, daß das Zeichen zur Versammlung in der Nacht
(ϧⲉⲛ ⲡⲓⲉϫⲱⲣϩ) gegeben wird, damit die Mönche aufsagen[70], und
daß sie in der Nacht (ϧⲉⲛ ⲡⲓⲉϫⲱⲣϩ) auswendig vortragen[71], aber es
fehlt diesmal nicht nur jede direkte Angabe über den Zeitpunkt, zu
dem das geschieht, sondern auch jeder weitere Hinweis, aus dem der
Zeitpunkt erschlossen werden könnte. Auch mangelt es dem Text
an letzter Klarheit; es ist nicht deutlich, ob die Mönche hier schon
auswendig vortragen, bevor das Zeichen zur Versammlung gegeben
wird. Wie immer dem sei, es ergibt sich aus dieser Stelle keineswegs
eine vom Morgengebet verschiedene oder gar mitternächtliche Gebetsversammlung der Mönche im Schenute-Kloster. Hinzuzufügen wäre
eine weitere Stelle aus der Vita, an der von einem nächtlichen Gottesdienst die Rede ist, der Bericht über Schenutes wunderbare Reise zu
Kaiser Theodosius II.[72] Nachdem Schenute noch am Abend mit
seinen Mönchen die Gebetsversammlung gehalten hat[73], fliegt er auf
einer Wolke zum Kaiser. Noch in derselben Nacht kehrt er auf die
gleiche Weise in sein Kloster zurück und hält mit seinen Mönchen
noch »in derselben Nacht... vor Tagesanbruch« die Gebetsversammlung[74]. Die Zeitbestimmung »bevor der Tag anbrach« schließt mit
guter Sicherheit aus, daß es sich um ein Mitternachtsgebet gehandelt
haben könnte. Außerdem wird betont, daß niemand Schenutes Ab-
wesenheit bemerkt hatte[75]. Daraus ist zu schließen, daß kein Offizium
zwischen dem am Abend und dem vor Tagesanbruch stattgefunden
hat.

[70] Ebenda 54,16 f.
[71] Ebenda 54,18 f.
[72] Ebenda 31,17 ff.
[73] ⲉⲣ ϯⲥⲩⲛⲁⲝⲓⲥ (a. a. O. 32,12); so auch im folgenden.
[74] Ebenda 33,24 f.
[75] Ebenda 33,25 f.

Die Gesamtheit der Texte von oder über Schenute zeigt deutlich, daß im Schenutekloster ein Morgengebet, das ungewöhnlich früh stattfindet, »nächtlich« genannt wird. Wir haben sogar eine erfreulich exakte Angabe über die Zeit. Wenn die Mönche sich anderthalb bis zwei Stunden vor Tagesanbruch zum Gebet erheben, dann verdient das Gebet noch nicht die Bezeichnung »nächtlich«. Geschieht das aber ein bis anderthalb Stunden früher, also zur neunten Nachtstunde bzw. zum Hahnenschrei — diese Ausdrücke werden bei Schenute nicht gebraucht —, dann nennt man das Gebet »nächtlich«. Wir finden hier also für Oberägypten bestätigt, was wir schon bei Kassian für die unterägyptischen Mönche feststellen mußten: ein mit dem Hahnenschrei beginnendes Gebet der Mönche wird »nächtlich« genannt.

Der Ausdruck »Nacht des Sonntags« (ⲦⲉⲨϢⲎ ⲚⲦⲔⲨⲢⲒⲀⲔⲎ) wird auch noch lange nach Schenute in den Typika des Weißen Klosters gebraucht[76]. Darüber, wann dieses Offizium in späterer Zeit gehalten wird, verraten diese Typika aber nichts. Man kann nur ersehen, was sowieso als selbstverständlich vorausgesetzt werden darf, daß es seinen Platz vor der Eucharistiefeier (ⲤⲨⲚⲀⲅⲉ) hat. Daneben begegnet uns bisweilen der Ausdruck ⲞⲨϢⲎ ⲚⲢⲞⲉⲒⲤ[77] = »Wache-Nacht«. Hiermit muß ein längeres nächtliches Wachen gemeint sein, als es das normale, gegen Ende der Nacht stattfindende Morgenoffizium darstellt, vielleicht eine Vollvigil. Die eben angeführten Stellen beziehen sich auf die Weihe einer Kirche und das Fest eines Klostervorstehers (ⲚⲞϬ ⲚⲢⲱⲘⲉ = »großer Mann«) oder seines Stellvertreters (δευτε-ράριος); im zweiten Fall ist die Vigil nicht generell verpflichtend. Der

---

[76] Vgl. unter den veröffentlichten Texten CRUM, *Catalogue B. M.* 144 (S. 30 f.); MASPERO, *Fragments* 144; PLEYTE-BOESER, *Manuscrits* 154 f. und 183 f.; WESSELY, *Texte* 5, Nr. 261. Außerdem kommt ⲦⲉⲨϢⲎ ⲘⲠⳠⲀⲂⲂⲀⲦⲞⲚ = »die Nacht des Samstags« vor (PLEYTE-BOESER, *Manuscrits* 150 und 201). Hier geht es aber um ganz besondere Samstage. Wenn ich die Texte recht verstehe, ist im ersten Fall der Samstag vor der Karwoche (so auch CRUM, *Dict.* 563b), im zweiten der nach Ostern gemeint. Das Wort ⲞⲨϢⲎ = »Nacht« kommt auch ohne ⲔⲨⲢⲒⲀⲔⲎ (oder ⳠⲀⲂⲂⲀⲦⲞⲚ) vor, zumeist als genitivische Bestimmung, etwa von ⲱϢ = »Lesung« (so PLEYTE-BOESER, *Manuscrits* 192, 194, 197), ⲖⲞⲅⲞⲤ (ebenda 154) oder ⳞⲉⲢⲘⲉ(ⲚⲒⲀ) (so WESSELY, *Texte* 5, Nr. 261b). Hier ergibt sich jeweils aus der vorhergehenden Rubrik, daß die Sonntagnacht gemeint ist. Ausnahmsweise kann dies aber auch genau angegeben werden: ⲠⲉⲒⲖⲞⲅⲞⲤ ⲚⲦⲉⲨϢⲎ ⲚⲦⲔⲨⲢⲒⲀⲔⲎ (WESSELY, *Texte* 5, Nr. 262b). Es kann aber auch die »Nacht« eines hohen Festes gemeint sein, wie die des Erzengels Michael (PLEYTE-BOESER, *Manuscrits* 166) oder des hl. Merkurius oder des Patriarchen Petrus und des Horsiese (CRUM, *Catalogue B. M.* 147 [S. 34]).

[77] So PLEYTE-BOESER, *Manuscrits* 156 und 163.

Terminus ογωн npoεic kommt auch sonst in der koptischen
Literatur vor und scheint dort gleichfalls zur Bezeichnung der Vollvigil zu dienen[78].

Der letzte Abschnitt hat uns schon über den Bereich des älteren
zönobitischen Mönchtums hinausgeführt, was aber keineswegs eine
Abschweifung von unserem Thema ist. Es wäre ja gerade festzustellen, ob der Terminus »Nacht« später seine alte Bedeutung
behalten oder diese im Laufe der Zeit gewandelt hat. Leider kann
ich hierüber keine genaue Auskunft geben. Was hingegen das ältere
Mönchtum selbst betrifft, insofern es organisiert war und täglich
gemeinsames Gebet gepflegt hat, so scheint mir die Terminologie
klar. Es ist nur allzu deutlich, daß ein Offizium als »nächtlich« bezeichnet werden kann, das keineswegs »mitten in der Nacht« stattfindet.
Vielmehr wird der Terminus »Nacht« auf ein Offizium angewandt,
das erst im letzten Teil der Nacht, in der vierten Nachtwache oder
von der neunten Nachtstunde an, gehalten wird. So ist als vorläufiges
Ergebnis festzuhalten, daß der Ausdruck »Nacht« im Zusammenhang
mit Gebetszeiten keinesfalls selbstverständlich als Mitternacht oder
eine andere Zeit »mitten in der Nacht« interpretiert werden darf.
Das ältere zönobitische Mönchtum Ägyptens hat ihn jedenfalls
nicht so gebraucht. Eine andere Frage ist allerdings, ob dieser Sprachgebrauch sich auch in späterer Zeit noch gehalten hat.

Wenn wir mit diesen Feststellungen zu unserer Handschrift M 574
zurückkehren, so ist das erste unmittelbare Ergebnis, daß wir dem
dort gebrachten Terminus »Nacht« nicht entnehmen können, ob in
dieser Handschrift Texte für ein Mitternachtsgebet enthalten sind
oder nicht. Dürften wir noch Terminologie und Praxis des älteren
zönobitischen Mönchtums voraussetzen, so wäre die Antwort einigermaßen klar: das als »Nacht« bezeichnete Offizium wäre wahrscheinlich
als eine »Vigil« im hier definierten Sinn anzusehen. Da aber ein halbes

---

[78] So in der Aphu-Vita (ROSSI, *Manoscritti copti* 80; vgl. oben S. 116, Anm. 31) für
gewöhnliche Sonntage oder in der Pisenthius-Predigt auf Onuphrius (CRUM, *Onnophrius*
51 und 52; Übersetzung S. 63) für einen Feiertag (wohl Wallfahrt). Daß die Gläubigen
— wenigstens in der Theorie — in der Nacht zu einem Sonn- oder Feiertag in der Kirche
Vigil halten, wird in der Literatur der Kopten immer wieder behauptet. Hier nur
einige Hinweise. Man vgl. etwa die Athanasius zugeschriebene Homilie bei LEFORT,
Vies 381 (Genaueres wieder oben S. 116, Anm. 31) für einen konkreten Fall; in der
»Prophetie« Samuels von Kalamon wird die Vigil als allgemein gepflegt vorausgesetzt
(ZIADEH, *Apocalypse* 380,7; Übers. 395), im 91. Kanon der Athanasius-Kanones allge-
mein vorgeschrieben RIEDEL-CRUM, *Canons of Athan.* 50 [2. Pagin.]).

Jahrtausend unsere Handschrift vom Zeitalter eines Pachom und
Schenute trennt und wir über die spätere Terminologie keine Sicherheit
haben, ist eine solche Interpretation nicht zu rechtfertigen. So bleibt
zur Entscheidung über die Frage, ob M 574 ein Mitternachtsgebet
kennt oder nicht, nichts anderes übrig, als die Texte selbst, die der
»Nacht« zugewiesen werden, zu untersuchen. Es wurde schon gesagt,
daß der Vergleich mit dem späteren koptischen Stundengebet zunächst
dafür zu sprechen scheint, daß die »Nacht« hier als Mitternacht zu
verstehen ist, denn die »Ausrufe ...« und »Gesänge der Nacht« von
M 574 (Sektion A und B) haben ihre Parallele im späteren Stundengebet eben in der Mitternachtshore. Es wurde aber gleichfalls schon
darauf hingewiesen, daß ein Vergleich mit anderen Riten insofern vor
voreiligen Schlüssen warnen muß, als gerade die »Gesänge« (= biblischen
Cantica) dort nicht Bestandteil der Mitternachtshore sind und sich
somit die Frage stellt, ob sie nicht auch im koptischen Ritus erst
sekundär in die Mitternachtshore gekommen sind oder ob nicht
vielleicht die heutige Mitternachtshore überhaupt nur eine vorverlegte
Morgenhore ist. Wenden wir uns zunächst den »Ausrufen der Nacht«,
der Sektion A, zu.

* * *

»Die Ausrufe der Nacht« — der Titel scheint bisher nur in M 574
belegt — bestehen aus dem einleitenden »Erhebet euch, Söhne des
Lichts ...«[79], dem Psalm 133 und Ps 118, 169–176[80]. Der Schlußabschnitt
von Psalm 118 (Vers 169–186) hat nun inhaltlich sicher keine spezielle
Beziehung zu einer Nachthore, weder zu einer eigentlichen Mitternachtshore noch zu einer »Vigil« im letzten Teil der Nacht. Ich glaube,
daß dieser Text hier verwendet wird, weil er sich seinem Inhalt nach
vorzüglich zur Eröffnung des Offiziums eignet. Diese Feststellung

[79] Darunter ist hier der Text verstanden, den M 574 deutlich als zwei Abschnitte
behandelt (Sektion A 1 und 2), hierin bestätigt durch den Londoner Pergamentstreifen
(vgl. oben S. 144).

[80] M 574 faßt Ps 133 und Ps 118,169 ff. zu einem Text zusammen (Sektion A 3),
hierin wiederum gestützt durch den Londoner Pergamentstreifen, der kein eigenes
Initium für Ps 118,169 verzeichnet. Auch im späteren koptischen Stundengebet und
in syrischen Riten (siehe gleich unten) bilden diese beiden Abschnitte des Psalters eine
Einheit. So haben auch wir letztlich den Abschnitt A 3 als Einheit zu betrachten.
Zunächst geht es aber darum, den Charakter der einzelnen Stücke zu sehen, aus denen
er sich zusammensetzt.

scheint mir selbst angesichts der Tatsache noch zutreffend, daß die
Schlußstrophe von Ps 118 auch in zwei syrischen Riten, dem von
Antiochien und dem von Tikrit, gleichfalls am Beginn der Nachthore
steht und dort ebenso wie in M 574 und im späteren koptischen
Horologion mit Ps 133 kombiniert ist[81]. Wir müssen deshalb zwar
gleich noch einmal auf diesen Text zurückkommen, zunächst aber ist
festzustellen, daß er von sich aus keinen Bezug zu einer Nachthore
hat. Abwegig wäre es auch, eine Parallelität zwischen der Verwendung
von Ps 118,169–176 in M 574 und dem Vorkommen des gesamten
Psalms 118 im Mesonyktikon des byzantinischen Ritus konstatieren
zu wollen. Hier geht es um etwas völlig anderes als dort. Ps 118 dient
in der byzantinischen Mitternachtshore zur Psalmenrezitation[82], und
dafür haben wir im späteren koptischen Horologion die genaue
Parallele: In der ersten »Wache« des koptischen Mitternachtsgebetes
wird gleichfalls der gesamte Psalm 118 rezitiert, und das selbstverständlich einschließlich der letzten Strophe. Im späteren koptischen
Stundengebet kommen also die Verse 169 ff. des 118. Psalms zweimal
vor: einmal unter den Einleitungsgesängen und dann als Bestandteil
des Psalmes selbst, der das eigentlich psalmodische Element der Hore
ausmacht. Die letzte Strophe dieses Psalms hat also unter den Eröffnungstexten eine eigene Funktion, die vom Beten das ganzen Psalmes
im Mitternachtsgebet unabhängig sein muß[83].

Was den zweiten Text, den Psalm 133, betrifft, so ist offenkundig,
was seine Verwendung an dieser Stelle veranlaßt hat, nämlich sein
zweiter Vers: »In den Nächten erhebet eure Hände zum Heiligtum
und preiset den Herrn!« Dieser Vers empfahl den Psalm für ein
nächtliches Gebet. Ein spezieller Bezug zur Mitternacht ist in dem

---

[81] Vgl. MATEOS, *Matines* 60 und 64 (Antiochien) bzw. 67, 69 und 71 (Tikrit).

[82] Daß im Mitternachtsgebet gerade Ps 118 gebetet wird, kann kein reiner Zufall
sein. Mögen vielleicht noch andere Gründe bei dieser Wahl mit bestimmend gewesen sein,
der Vers 62 Μεσονύκτιον ἐξηγειρόμην τοῦ ἐξομολογεῖσθαί σοι empfahl diesen Psalm
in besonderer Weise für die Mitternachtshore.

[83] Ein Faktum läßt allerdings an einen Zusammenhang zwischen dem Vorkommen
von Ps 118,169 ff. unter den Eröffnungsgesängen der koptischen Mitternachtshore und
dem Beten des gesamten Psalmes in derselben Hore denken. Die Psalmen 133 und 118,
169 ff. der Eröffnungsgesänge haben nach jedem Vers als Refrain Δόξα σοι, φιλάνθρωπε,
und in Ps 118 als Psalm der koptischen Mitternachtshore schließt jede der 22 Strophen
mit Δόξα σοι; so schließen sonst keine anderen Psalmen oder Psalmenabschnitte im
koptischen Stundengebet. Vielleicht ist das Δόξα σοι sekundär von den Eröffnungsgesängen auf den Psalm der Hore übertragen worden.

Psalm aber nicht zu entdecken, und es wäre verfehlt, ihn als für ein Mesonyktikon typisch hinstellen zu wollen. Der Psalm eignet sich für jedes nächtliche Gebet, auch für ein Mitternachtsgebet, aber nicht nur für ein solches. Er paßt ebensogut für ein Gebet, das erst später in der Nacht stattfindet, sofern ein solches Gebet nach der Auffassung derer, die es verrichten, nur nächtlichen Charakter hat. Da wir oben gesehen haben, daß die zönobitischen Mönche Ägyptens im 4. und 5. Jahrhundert ein im letzten Teil der Nacht gehaltenes Offizium als »nächtlich« bezeichneten, könnte Ps 133 als Eröffnung dieser »Vigil« ins ägyptische Stundengebet gekommen sein. Aus dem Vorkommen dieses Psalms in der »Nacht«-Hore kann man nicht schließen, daß hier ein ursprüngliches Mitternachtsgebet vorliegt[84].

Nun wird der 133. Psalm, wie schon nebenbei angedeutet, auch außerhalb Ägyptens zur Eröffnung der »Nacht«-Hore verwendet, und zwar in allen syrischen Riten[85]. Nach Mateos handelt es sich in all diesen Fällen um Mitternachtshoren im eigentlichen Sinn[86]. Zwei dieser Riten, der von Antiochien und der von Tikrit, haben zudem dieselbe Kombination von Ps 133 und Ps 118,169–176 am Anfang ihrer »Nacht«-Hore, wobei auch hier beide Texte[87], ganz wie in M 574 und im späteren koptischen Stundengebet, als Einheit behandelt werden. Diese Übereinstimmung in der Verwendung von Ps 133 zu Beginn der »Nacht«-Hore kann kein Zufall sein. Zwischen den genannten

---

[84] Ps 133,2 kommt auch in der armenischen »Morgenhore« vor, allerdings in ganz anderem Zusammenhang, nämlich als Antwort auf das Myrrhophoren-Evangelium (*Armen. Horol.* 149; *Armen. Offiz.* 132; *Brev. armen.* 103). Das »in der Nacht« — der armenische Text von Ps 133,2a hat nicht den Plural — wurde dabei schon früh symbolisch auf den Unglauben der Juden gedeutet (vgl. Joh. v. Odsun, *Opera* 70 und 230). Sollte darin zum Ausdruck kommen, daß man diesen Psalmvers an sich für eine »Vigil« nicht passend fand?

[85] Vgl. die Übersichten bei MATEOS, *Office de minuit*; *Matines* 55–73; *Office chez Athan.* 176 f.; *Invitatoire*. Im chaldäischen Ritus kommt Ps 133 nach Bedjans Brevierausgabe nur an bestimmten Tagen der Fastenzeit vor (*Office de minuit* 102), nach anderen Zeugen auch an allen Freitagen außerhalb der Fastenzeit (ebenda 103, Anm. 1). Der Ritus von Tikrit, wie Mateos ihn nennt, ist nicht in Druckausgaben zugänglich. Hinzuzunehmen wäre noch der Ritus von Konstantinopel, auf den MATEOS, *Office chez Athan.* 177 kurz hinweist (ohne Quellenangabe; vgl. Symeon von Thessal., De Sacra Praed. 149; PG 155, 637B). Ps 133 steht hier (nach Ps 3 und 62) zu Beginn der Orthros, doch ist dieser Teil des Orthros nach MATEOS ursprünglich ein Mesonyktikon gewesen (*Orthros* 22–31).

[86] MATEOS, *Office de minuit*; *Matines*; *Office chez Athan.* 176 f.; *Office chaldéen* 261, 272 ff., 277, 280; *Invitatoire* 353.

[87] Noch zusammen mit Ps 116.

Riten muß irgendein Abhängigkeitsverhältnis bestehen. Folgt daraus,
daß nun im koptischen Ritus (und M 574) der Psalm 133 ein Indiz
dafür ist, daß die damit eingeleitete Hore von Hause aus ein Mitternachtsgebet ist? Ich glaube nicht, daß dieser Schluß zwingend ist.
Zunächst einmal kann auch Mateos nur nachweisen, daß die »Nacht«-
Horen der syrischen Riten Elemente enthalten, die für eine Mitternachtshore kennzeichnend sind. Damit ist aber noch nicht gesagt,
daß diese Horen ursprünglich als Mesonyktika konzipiert gewesen
sein müssen. Eine eingehende Behandlung dieser Frage ist hier nicht
möglich, und ein wirklich gesichertes Ergebnis wäre dabei auch
schwerlich zu erwarten. Ich möchte deshalb lieber einen anderen
Tatbestand in den Vordergrund stellen und von da aus eine zwar
rein hypothetische, aber doch nicht ganz unwahrscheinliche Möglichkeit
skizzieren, wie die Entwicklung vielleicht verlaufen sein könnte.

J. Mateos hat aus den Angaben von zwei Chrysostomus-Predigten
eine systematische Rekonstruktion des monastischen Offiziums im
antiochenischen Raum am Ende des 4. Jahrhunderts unternommen[88].
Zwei Punkte sind in unserem Zusammenhang von Bedeutung.
Einmal: es findet sich keine Spur eines Mitternachtsoffiziums. Und
zum anderen: die von Mateos so genannte »Vigil« beginnt mit dem
Hahnenschrei[89] und wird mit Ps 133 eröffnet[90]. Danach dürfte es
am Ende des 4. Jahrhunderts ein monastisches Offizium gegeben
haben, das keine Mitternachtshore kannte, dessen einzige »nächtliche«
Hore vielmehr die mit dem Hahnenschrei beginnende »Vigil« war;
diese »Vigil« wurde mit Ps 133 eingeleitet. Eben die Verwendung
von Ps 133 gibt uns auch das Recht, diese »Vigil« als »nächtlich«
zu bezeichnen, zumal Chrysostomus aus Ps 133 gerade die Worte
»In den Nächten erhebet eure Hände zu Gott[91]« zitiert. Diese Worte
dürften eine für die spezielle liturgische Verwendung des 133. Psalms
entscheidende Aussage enthalten. Demnach fand die »Vigil«, obwohl

[88] Mateos, *Office monastique* 53–64.

[89] Vgl. dazu die »Vigil« der ägyptischen Mönche, von der oben S. 151 ff. die Rede war.
Die »Vigil« der antiochenischen Mönche unterscheidet sich dadurch von der der ägyptischen, daß auf jene eine kurze Zeit der Ruhe und dann das Morgen-Offizium folgte,
was beides bei dieser nicht der Fall war.

[90] Mateos, *Office monastique* 55–57 und 64. Die Quelle ist Chrysost., In epist. I ad
Timoth. homil. 14,4 (PG 62, 576 oben).

[91] Die Variante »Gott« für »Heiligtum« scheint sonst nicht bezeugt; vgl. Rahlfs,
Psalmi zur Stelle.

sie erst mit dem Hahnenschrei begann, nach der Auffassung der antiochenischen Mönche »in den Nächten« statt[92].

Kehren wir damit zu den syrischen Riten zurück. Zwei von ihnen, der chaldäische und der maronitische, haben den Psalm 133 ohne Hinzufügung von Ps 118,169–176 am Beginn ihrer »Nacht«-Hore[93]. Die beiden anderen, der von Antiochien und der von Tikrit, haben den Psalm 133 an derselben Stelle, aber erweitert um Ps 118,169 ff. (und Ps 116). Diese Kombination (ohne Ps 116) findet sich auch im koptischen Ritus, und zwar schon in der Handschrift M 574. M 574 nennt die betreffende Hore »Nacht«, im späteren Stundengebet heißt sie »Mitternachtsgebet«. Es ist mir nicht zweifelhaft, daß wir bei Chrysostomus und im chaldäischen und maronitischen Ritus den früheren Zustand bewahrt finden, nämlich Ps 133 als Invitatorium der »Nacht«-Hore. Ps 118,168 ff. scheint mir eine spätere Zutat. Zum Invitatorium der Nachthore kommt ein allgemeiner Text zur Eröffnung des Offiziums. Der letzte Umstand wird noch dadurch unterstrichen, daß in den beiden syrischen Riten noch Ps 116 hinzugefügt ist, gleichfalls eine allgemeine Aufforderung zum Lobpreis Gottes[94]. Durch das von Chrysostomus beschriebene Offizium ist auch klar, daß Ps 133 ursprünglich nicht notwendig als Invitatorium eines eigentlichen Mitternachtsgebetes gedacht war. Schon von daher liegt es nahe, die »Nacht«-Horen der syrischen Riten, insofern sie auch typische Elemente von Mitternachtsgebeten aufweisen, und das »Mitternachtsgebet« des späteren koptischen Ritus als sekundäre Produkte einer weiteren Entwicklung anzusehen. Hinzu kommt aber noch folgende Tatsache. Der chaldäische Ritus, dem die später hinzugefügte Schlußstrophe von Ps 118 noch fehlt und der damit einen älteren Stand der Entwicklung repräsentiert, hat an den einzelnen Tagen der Fastenzeit drei verschiedene Formen des ܩܘܡܐ, des Invitatoriums der »Nacht«-Hore[95]. Nur eine von ihnen enthält den Psalm 133. Und gerade in

---

[92] Chrysostomus selbst sagt — hyperbolisch —, daß die Mönche die ganze Nacht mit Gotteslob zubringen; vgl. oben S. 150, Anm. 13.

[93] Der chaldäische, wie gesagt, nur an bestimmten Tagen. — Im maronitischen Ritus sind noch Ps 87,2 f. und einige nichtbiblische Verse angefügt; vgl. MATEOS, *Invitatoire* 359.

[94] Nach MATEOS war der Grund für die Hinzufügung weiterer Psalmverse zum Ps 133 wahrscheinlich die Kürze dieses Psalmes, die es nicht erlaubt hätte, ihn mit einem längeren Refrain zu singen (*Invitatoire* 354).

[95] Das Invitatorium hat sich nur in der Fastenzeit gehalten; vgl. MATEOS, *Office de minuit*; *Lelya-Ṣapra* 159 f.

dieser Form fehlen typische Texte eines Mitternachtsgebetes[96].
Mateos sucht zwar nach Indizien[97], die auf ein Mitternachtsgebet
hindeuten könnten, aber diese kann man ebenso für ein »Nacht«-Gebet
in Anspruch nehmen, das zur Zeit des Hahnenschreis stattfindet; zu
diesen Indizien gehört die mehrfache Erwähnung des Aufwachens
bzw. Gewecktwerdens und das Fehlen jeglichen Hinweises auf Tagesanbruch oder Sonnenaufgang. Ich finde es aufschlußreich, daß gerade
jene Form des ܠܠܝܐ, die den Psalm 133 enthält, eines klaren Hinweises
auf die Mitternacht entbehrt. Und so muß man m. E. mit der Möglichkeit rechnen, daß dieser nicht Relikt einer alten Mitternachtshore,
sondern vielmehr einer »Vigil« im angegebenen Sinn ist. Der Psalm 133
gehört also nach meiner Auffassung — um diese kurz zusammenzufassen — ursprünglich zu den Eröffnungstexten der »Vigil«, die aber
später allgemein, nämlich in allen syrischen Riten und im koptischen,
an den Beginn der Mitternachtshore zu stehen kamen. Dem 133.
Psalm wurde außerdem im weiteren Verlauf der Entwicklung Ps
118,169 ff. (und Ps 116) hinzugefügt; dies geschah aber nur in einem
Teil des fraglichen Liturgiebereiches, nämlich in den Riten von
Antiochien und Tikrit, nicht im chaldäischen und maronitischen. Ob
die Hinzufügung von Ps 118,169 ff. zu Ps 133 noch dort geschah, wo
letzterer Invitatorium der »Vigil« war, oder erst dort, wo er schon im
Mitternachtsgebet verwendet wurde, bzw. wo aus der »Vigil« ein
Mitternachtsgebet geworden war, läßt sich vorläufig nicht feststellen.
Wenn der Psalm 133 als Eröffnung der »Nacht« schon nach Ägypten
gekommen war, bevor es dort ein Mitternachtsgebet gab, dann muß
auch die Kombination mit Ps 118,169 ff. noch im Rahmen der Vigil
stattgefunden haben.

Der hypothetische Charakter des eben skizzierten Entwicklungs-
ganges wird von mir nicht verkannt. Es dürfte aber klar geworden
sein, daß man das Vorkommen von Ps 133 (und 118,169 ff.) zu Beginn
des koptischen und der syrischen Nachtoffizien nicht einfach als
Beweis dafür nehmen kann, daß das koptische Nachtoffizium von
Hause aus ein Mitternachtsgebet war. Selbst die Tatsache, daß das
koptische Nachtoffizium später sogar den Titel »Mitternachtsgebet«
trägt, ist kein durchschlagender Beweis. In M 574 wird es noch einfach
»Die Nacht« genannt. Und selbst wenn es zur Zeit, aus der unsere
Handschrift stammt, wahrscheinlich schon tatsächlich ein Mitter-

---

[96] MATEOS, *Office de minuit* 111.
[97] Ebenda.

nachtsoffizium gewesen sein sollte, kann die Bezeichnung »Nacht« in diesem älteren Text immer noch ein Hinweis darauf sein, daß es ursprünglich vielleicht ein »Nacht«-Gebet in einem anderen Sinne war, nämlich eine »Vigil« im letzten Teil der Nacht.

Abschließend müssen wir uns noch kurz den ersten Text der Sektion A, das »Erhebet euch, Söhne des Lichts …«, ansehen. Auch hier fehlt jeder direkte Hinweis auf die Mitternacht. Selbst auf die Nacht im allgemeinen wird nur indirekt, das allerdings mit aller nur wünschenswerten Deutlichkeit, Bezug genommen. Das Aufstehen vom Schlaf zum Lobpreis Gottes ist der eigentliche Grundgedanke dieses kurzen Textes. Aber weder gehört dazu als logische Voraussetzung, daß man sich gerade um Mitternacht zum Lobpreis Gottes erhoben haben muß, noch läßt der Text irgendwie erkennen, daß eine solche Situation gemeint ist. Nicht sicher bin ich, ob aus dem Ausdruck »Söhne des Lichtes«[98] etwas für die Zeit zu entnehmen ist, für die der Text ursprünglich gedacht war. Hubbel, der erstmals den griechischen Text, ohne ihn identifizieren zu können, herausgab, hatte auch in Erwägung gezogen, daß es »a ritual for morning worship« sein könnte[99]. Dafür schien ihm u. a. der im Text ausgedrückte »contrast between sleep and light« zu sprechen[100]. Ebenso sinnvoll ist natürlich der andere Gedanke daß »die Söhne des Lichtes« auch durch das Dunkel der Nacht nicht vom Lobpreis Gottes abgehalten sind. Er kommt sehr schön zum Ausdruck etwa im Eröffnungsgesang des syrischen Nachtoffiziums mittwochs in der Vorweihnachtszeit : »Erhebet euch, Söhne des Lichtes ! In der Nacht, die Dunkelheit und Schweigen auf die Erde

---

[98] Der Ausdruck selbst wird natürlich neutestamentlich inspiriert sein: Lk 16,8; Joh 13,36 ($\nu\iota o\grave{\iota}\ \phi\omega\tau\acute{o}s$); 1 Thess 5,5 ($\nu\iota o\grave{\iota}\ \phi\omega\tau\acute{o}s\ \acute{\epsilon}\sigma\tau\epsilon\ \kappa\alpha\grave{\iota}\ \nu\iota o\grave{\iota}\ \acute{\eta}\mu\acute{\epsilon}\rho\alpha s$) und Eph 5,8 ($\tau\acute{\epsilon}\kappa\nu\alpha\ \phi\omega\tau\acute{o}s$).

[99] Das Licht des Tages spielt in den Morgenhoren verschiedener Riten immer wieder eine Rolle. Die des armenischen Ritus seien hier nur deshalb eigens genannt, weil dort mehrfach der Ausdruck »Söhne des Lichtes« gebraucht wird. Neben dem einfachen »Söhne des Lichtes« (am Montag und Dienstag in der »Morgenhore«: *Armen. Horol.* 208 und 211; *Armen. Offiz.* 168 und 169; *Brev. armen.* 147 und 149) treffen wir noch das sicher von 1 Thess 5,5 abhängige »Söhne des Lichtes und Söhne des Tages« (in der »Morgenhore« der Fasttage: *Armen. Horol.* 223; *Armen. Offiz.* 175; *Brev. armen.* 157; in der Prim: *Armen. Horol.* 238; *Armen. Offiz.* 182; *Brev. Armen.* 168). Aber auch das Morgengebet des koptischen Ritus kennt ein Schlußgebet mit »Mache uns zu Söhnen des Lichtes (und) Söhnen des Tages« (z. B. *Horol.* [1930] 101); griechischer Text bei Dmitrievskij, *Opisanie* II 1003, christlich-palästinischer (ohne »Söhne des Tages«) bei Black, *Horol.* 190 (Übers. 76).

[100] Hubbel, *Liturgy* 72. Da Hubbel die eigentlichen Parallelen nicht bekannt waren, hatte er das in der barbarischen Orthographie seines Textes als ϕos erscheinende $\acute{o}\pi\omega s$ verständlicherweise als $\phi\tilde{\omega}s$ gelesen, wodurch sich zwei Erwähnungen des Lichtes ergaben.

und alles, was auf ihr ist, geworfen hat, wecken wir unsere geistlichen Zithern und singen unserem Gott mit den Himmlischen[101].«

Wenn Hubbel, ohne zu wissen, daß er die Eröffnungsgebete der koptischen Mitternachtshore vor sich hatte, bei seiner Bearbeitung des griechischen Textes der Sektion A nach einigem Zögern, »until more positive identification can be made«, zu dem Schluß kam, »that we have here an early Μεσονύκτιον, probably from an Egyptian monastery«, so war dafür entscheidend, daß im byzantinischen Mesonyktikon sowohl die beiden Psalmen, nämlich 133 und 118, vorkommen wie auch »prayers which bear some resemblance« mit dem einleitenden »Erhebet euch ...[102]« Als Beispiel für derartige Gebete führt Hubbel die Troparien Τῆς κλίνης[103] und ῎Αξιόν ἐστιν ὡς ἀληθῶς τοῦ δοξάζειν[104] an. Nun sind diese Troparien weit davon entfernt, irgendwelche näheren Parallelen zum »Erhebet euch ...« darzustellen, und selbst das Vorkommen solcher Parallelen in einem Mitternachtsgebet würde für sich allein nicht genügen, um die Texte der Sektion A als ursprünglich für ein Mitternachtsgebet konzipiert zu beweisen. Sie können ebensogut in einem »Nacht«-Gebet zu Hause sein, das zur Zeit des Hahnenschreis gehalten wird.

* * *

Nachdem der Inhalt der Texte der Sektion A keinen Aufschluß darüber geben konnte, ob diese Textkombination ursprünglich für ein eigentliches Mitternachtsgebet geschaffen wurde und dementsprechend »Die Nacht« im Titel der Sektion als Mitternacht zu verstehen ist, wären als nächstes die Texte der Sektion B zu untersuchen, die ja in der Handschrift gleichfalls der »Nacht(hore)« zugewiesen werden. Diese Texte, »Die Gesänge der Nacht«, sind, wie schon mehrfach bemerkt, nichts anderes als die biblischen Oden des koptischen Ritus, zu denen (damals wie heute) auch die Psalmen 135 und 148–150 gehören. Und die biblischen Oden nebst den Psalmen 148–150 haben

---

[101] *Brev. Syr.* II 129. In der armenischen Mitternachtshore steht unter anderen Aufrufen, die alle mit »Erwachet« beginnen, auch »Erwachet, Söhne des Lichtes, zum Lobpreis des Vaters des Lichtes« (*Armen. Horol.* 14; *Armen. Offiz.* 8; *Brev. Armen.* 6). Chrysostomus sagt von den Mönchen, daß sie, da sie die Nacht über wachen (und Gott preisen), ὄντως υἱοὶ φωτός εἰσιν (In epist. I ad Timoth. homil. 14,4, PG 62, 577 oben).

[102] HUBBEL, *Liturgy* 73.

[103] Vgl. die Vorkommen bei FOLLIERI, *Initia* IV 122.

[104] *Byzant. Horol.* 59.

nach Ausweis der anderen Riten ihren eigentlichen Platz im Morgenoffizium, bei den Byzantinern im Orthros, in anderen Riten in entsprechenden Horen. Gerade im späteren koptischen Ritus allerdings werden die Oden im Mitternachtsoffizium gesungen, so daß die beiden Textgruppen, die M 574 für die »Nacht« vorsieht, heute in der Tat Bestandteile der Mitternachtshore sind.

Was den ursprünglichen Platz der Oden im christlichen Gottesdienst betrifft, so vertrat bekanntlich u. a. A. Baumstark die Meinung, daß diese zunächst im Schlußteil der Ostervigil beheimatet waren[105]; doch »beinah allgemein sind ... jene Abschlußstücke der Vigil, für sich allein oder in Verbindung mit einem von vornherein unabhängigen Morgengottesdienst, von dem ihnen ursprünglich Vorangehenden abgetrennt worden«[106], wodurch auch die biblischen Cantica in die Morgenhore gekommen sind[107]. Dabei wurde ursprünglich nur ein einziges Canticum verwendet, der Gesang der drei Männer im Feuerofen (Dan 3), und zwar sowohl in der Ostervigil[108] wie auch in der Morgenhore[109]. Die nächste Stufe der Entwicklung ist die Hinzunahme des Moses-Liedes aus dem Buch Exodus (Kap. 15)[110]. Die Herleitung der Cantica des Morgenoffiziums aus der Ostervigil kann mich nicht überzeugen. Die biblischen Cantica dienten den Christen früh mit den Psalmen als Gebetstexte, und Zusammenstellungen dieser Cantica gehören seit dem 5. Jahrhundert zum festen Bestand des (griechischen) Psalters[111]; ihre Verwendung geht natürlich auf ältere Zeit zurück[112].

---

[105] BAUMSTARK, *Nocturna Laus* 175.

[106] Ebenda 168.

[107] Auch H. SCHNEIDER ist der Ansicht, daß die Osternacht »die Heimat des biblischen Odengesanges« ist (*Oden* 41) und daß bestimmte Cantica wie das aus Ex 15 (ebd. 45) von dort in das Morgengebet gekommen sind; für andere dagegen verneint er das ausdrücklich (ebd. 47).

[108] BAUMSTARK, *Nocturna Laus* 58 und 175.

[109] Ebenda 181. Dieser ursprüngliche Zustand wäre für Ägypten durch die Athanasius zugeschriebene Schrift »Über die Jungfräulichkeit« bezeugt: Athan., *De Virg.* 20, Ed. v. D. GOLTZ 56,2 f.

[110] BAUMSTARK, *Nocturna Laus* 177. Dieser Entwicklungsstand ist für Ägypten durch das Londoner Blatt MS. Or. 5299 (2) festgehalten. Baumstarks Angaben hierzu bedürfen allerdings der Korrektur. Davon, daß der Herausgeber (CRUM, *MSS. Fayyum* 13–16) darin ein Amulett gesehen habe, finde ich in seinem Text nichts; vielmehr hat er es unter die »liturgischen Texte« eingereiht. Auch kann es sich nicht um »ein Blatt einer liturgischen Handschrift« handeln, wie Baumstark behauptet. Das ist dadurch ausgeschlossen, daß die Rückseite kopfstehend zur Vorderseite beschrieben ist. Wir haben es also mit einem als Einzelblatt beschriebenen Stück liturgischer Art zu tun. Derartige Einzelblätter sind neben Ostraka usw. gleicher Zweckbestimmung aus Ägypten in genügender Menge bekannt.

[111] RAHLFS, *Psalmi* 78. Von Rahlfs' Angaben über die Oden als Psalteranhang in den

Was nun den Gesang der drei Männer im Feuerofen, das nach Baumstark ursprünglich einzige Canticum der Ostervigil und der Morgenhore, betrifft, so besteht keinerlei Notwendigkeit, seine Verwendung in der Morgenhore von der in der Osternacht abhängig zu machen. Dieser Text ist wie kaum ein anderer zum jubelnden Lobpreis Gottes am Beginn des neuen Tages geeignet, so daß er sich von selbst für diese Verwendung empfiehlt. Äußerst lehrreich ist hier ein Vergleich mit dem jüdischen Morgengebet. Daß dort das Canticum aus dem 3. Kapitel des Danielbuches, da deuterokanonisch, fehlt, bedarf kaum einer Erwähnung. Hingegen finden wir dort jenes Canticum, das nach Baumstark als erstes mit dem der drei Männer kombiniert wurde, Moses' Siegeslied aus dem Buch Exodus. Und wenn das Canticum an dieser Stelle auch einer jüngeren Schicht angehört und ursprünglich nur dem Morgengebet am Sabbat eigen war[113], so ist es dort auf jeden Fall nicht von der Ostervigil abhängig[114]. Zu beachten

Übersetzungen ist die über den bohairischen Psalter unzutreffend; vgl. TILL-SANZ, *Odenhandschrift* 32 f.

[112] Für das 3. und 4. Jahrhundert vgl. H. SCHNEIDER, *Oden* 42–50.

[113] Siehe ELBOGEN, *Gottesdienst* 86 und 272.

[114] Ein eventueller Zusammenhang mit dem jüdischen Osterfest mag hier auf sich beruhen. Es spricht jedenfalls nichts dafür, daß das Lied hier in der Art, wie sie sich Baumstark für die Verwendung im christlichen Kultus dachte, aus dem Schlußteil einer nächtlichen Feier in das tägliche Morgengebet übergegangen ist. Im uns bekannten Passah-Ritus fehlt nicht nur das Moses-Lied selbst, sondern auch die leiseste Anspielung auf den Durchzug durch das Schilfmeer (vgl. etwa STRACK, *Pesaḥim*; dort S. 36 ff. auch Beschreibung der »Passafeier in neuerer Zeit«; BEER, *Pesachim*; STRACK-BILLERBECK, *Kommentar* 54 ff.). Die Samaritaner lesen Ex 15,1–21 im Zusammenhang anderer Perikopen (angefangen mit Ex 12) beim Schlachten bzw. dem darauf folgenden Enthaaren der Passah-Lämmer (JEREMIAS, *Passahfeier* 21). SCHNEIDER folgert daraus, daß auch die Juden diesen Text bei der Passah-Feier lasen (*Oden* 32). Was den jüdischen Ritus betrifft, soweit wir ihn aus der Mischna kennen, so sah dieser vor, daß bei der Schlachtung der Lämmer bzw. beim Auffangen und Sprengen des Blutes das Hallel rezitiert wurde (Traktat Pesachim 5,7; vgl. z. B. STRACK, *Pesaḥim*, 20* oder BEER, *Pesachim* 146). Die Erinnerung an den Durchzug durchs Schilfmeer wurde bei den Juden am 7. Tag des Festes gefeiert, an dem folgerichtig auch Ex 13,17–15,26 gelesen wurde (vgl. z. B. ELBOGEN, *Gottesdienst* 165 und VAN GOUDOEVER, *Fêtes* 177 ff.). Bei den Samaritanern wird Ex 15,1–21 auch gar nicht als Canticum behandelt, sondern als Lesung; die einzelnen Perikopen werden hier gerade durch Gesänge anderer Herkunft unterbrochen (vgl. wiederum JEREMIAS, *Passahfeier* 21). Moses' Siegeslied wurde im jüdischen Tempelkult beim Abendopfer am Sabbat gesungen (babyl. Talmud, Rosch Haschana 31a; GOLDSCHMIDT, *Talmud* 384,22 f.). SCHNEIDERS Angabe über Ex 15 als Festgesang bei der Passahfeier (*Oden* 32 mit Anm. 7) gilt, wenn man die zitierte Quelle (LEITNER, *Volksgesang* 31, Anm. 1) nachschlägt, nur für die Entstehung des Liedes nach neueren Theorien, die Leitner selbst übrigens ablehnt.

ist weiterhin, daß gerade in einem Dokument, in dem wir noch den urspünglichen Zustand des allein verwendeten Gesangs der drei Männer bezeugt haben, offensichtlich ein vom Morgengebet getrenntes Mitternachtsgebet vorausgesetzt ist[115]. Schließlich wäre neben der Ostervigil ein zwar inhaltlich mit ihr verwandter, aber wohl von ihr zu unterscheidender Gottesdienst als möglicher Herkunftsort dieser Texte österlichen Charakters im Morgengebet in Erwägung zu ziehen, das von Jerusalem ausgegangene sonntägliche Auferstehungsoffizium (die Gemeindevigil), auf das J. Mateos in den letzten Jahren mehrfach hingewiesen hat[116], wobei Mateos keineswegs so einseitig ist, nun die Verwendung der Cantica im Morgenoffizium generell auf die sonntägliche Gemeindevigil zurückzuführen.

Im übrigen siedelt auch Baumstark die Cantica keineswegs in einem Mitternachtsoffizium an. Schon in der Ostervigil hatten sie in deren Schlußteil ihren Platz, der »aus der nächtlichen Wache in die erste Helle des jungen Tages hinüberleitete.« Wo wir Cantica in den Mitternachtsoffizien finden, wie in den westsyrischen Riten[117], werden wir Baumstarks Erklärung von dem »zweimaligen Vortrag von Abschlußstücken der Vigil«[118] heranzuziehen haben[119]. Hier liegen in der Tat mehrfach Verdoppelungen vor, doch hat sich erst in neuerer Zeit J. Mateos eingehender mit diesen Fragen befaßt. Seine Erklärung geht insofern zu der Baumstarks parallel, als er Überlagerung verschiedener Offizien und gegenseitige Beeinflußung der Riten annimmt. Aber im entscheidenden Punkt läuft sie in entgegengesetzter Richtung zu der Baumstarks; die Cantica in den syrischen Nachthoren — für Mateos Mitternachtshoren — stammen aus dem Morgenoffizium oder der Gemeindevigil[120]. Das scheint mir die richtige Erklärung.

---

[115] Athan., *De Virg.* 20. Das Mitternachtsgebet ist von unbestimmter Länge. Die Jungfrau(en) soll(en) soviele Psalmen beten, wie sie stehend sprechen kann (können) (Ed. v. D. GOLTZ 55,20 f.). Dagegen sind am Morgen zu genau bestimmten Zeiten (ὄρθρος [55,26] und διάφαυμα [56,2]) bestimmte Gebete vorgesehen. Daraus folgt nach MATEOS, daß das Morgengebet zur Zeit der Morgenröte begann und vom Mitternachtsgebet durch einen unbestimmt langen Zeitraum getrennt war (*Office chez Athan.* 178–180).

[116] Vgl. vor allem MATEOS, *Vigile cathedrale*; *Orthros* 201 ff.; *Matines*.

[117] Zu dem maronitischen Ritus und dem von Antiochien ist noch der von Tikrit hinzuzunehmen, vgl. MATEOS, *Matines* 65–71 (nicht in Druckausgaben zugänglich).

[118] BAUMSTARK, *Nocturna Laus* 173.

[119] Cantica in den Nachtoffizien werden sonst ohne nähere Erklärung einfach erwähnt, so im koptischen Ritus (ebenda 177 f.) im syrisch-antiochenischen (ebd. 186) und im maronitischen (ebd. 177).

[120] MATEOS, *Matines* 55–73.

So bleibt vor allem der koptische Ritus, mit dem wir uns hier beschäftigen, als Zeuge für eine Verwendung der biblischen Cantica in der Mitternachtshore. Auffälligerweise hat nicht einmal Baumstark aus dieser Tatsache ein Argument zu seinen Gunsten zu machen versucht, obwohl er dies in dem ganz analogen Fall der großen Doxologie sehr wohl getan hat[121]. Daß die Cantica auch im koptischen Ritus ihren Platz ursprünglich in einer dem Orthros entsprechenden Hore hatten, ist allerdings nicht eigentlich zu beweisen. Direkte Zeugnisse dafür gibt es nicht. Man kann es nur mit mehr oder weniger großer Wahrscheinlichkeit erschließen. Ein Argument, dessen Tragweite ich im Augenblick leider nicht abzuschätzen vermag[122], ist die Tatsache, daß im äthiopischen Horologion die Cantica zum »Gebet beim Hahnenschrei« gehören. Was den innerkoptischen Bereich betrifft, so ist die Zusammenstellung des Stundengebetes aus Texten des Horologions und solchen der »Psalmodie« zu beachten. Die Horologion-Texte könnten durchweg in einem Mitternachtsgebet zu Hause sein, einige von ihnen müssen dort sogar ihren eigentlichen Platz haben. Nun gehören die Cantica nicht zu den Texten des Horologions, sondern zu denen der »Psalmodie«. Und es wird ja auch — grob gesagt — so sein, daß die Texte des Horologions mit seinem eindeutig monastischen Horenzyklus aus dem Mönchsoffizium stammen, die der »Psalmodie« dagegen aus dem Gemeindeoffizium. Für ein Mönchsoffizium ist eine Mitternachtshore durchaus typisch, für ein Gemeindeoffizium geradezu ausgeschlossen.

Mit zu berücksichtigen ist, daß der heutige koptische Ritus nicht die zwei Morgenhoren kennt, die etwa dem Orthros und der Prim des byzantinischen oder den Laudes und der Prim des römischen Ritus entsprechen würden. Auf des »Mitternachtsgebet« folgt bei den Kopten unmittelbar das Morgengebet[123], darauf die Terz. Im kop-

---

[121] Baumstark, *Nocturna Laus* 199; vgl. unten S. 176, Anm. 129.

[122] Wegen der Unsicherheit der Bezeugung, vgl. oben S. 18.

[123] Das »Morgengebet« wird im Koptischen mit zwei verschiedenen Ausdrücken bezeichnet. Einmal wird ϢⲰⲢⲠ gebraucht, so Cod. Vat. copt. 40, fol. 1ʳ (in *Cod. Copt.* I 211 nicht angegeben); Cod. Barb. or. 17 (*Cod. Copt.* II 4); *Horol.* (1750) 20; wohl auch in der Kairoer Handschrift, falls Burmester, *Hours* 90 den Titel nicht bei Ṭūḫī entlehnt hat; *Jahres-Psalm.* (1908; Alex.) 22. Daneben kommt ⲌⲀⲚⲀⲦⲞⲞⲨⲓ vor, so *Horol.* (1930) 16 und *Choiak-Psalm.* (1764) 141. Beide Wörter bedeuten die Zeit des frühen Morgens und entsprechen so in etwa auch dem griechischen ὄρθρος; sie alternieren nicht selten in der koptischen Literatur an parallelen Stellen (vgl. Crum. *Dict*, 586b–587a und 727b–728a). Im Arabischen gebrauchen die Kopten, soweit ich sehe, nur *bākir*.

tischen Morgengebet findet sich nun ein Element, das für den byzantinischen Orthros charakteristisch ist, die große Doxologie mit dem
folgenden Trishagion. Im byzantinischen Ritus gehen aber der großen
Doxologie die Αἶνοι (= Ps 148–150) und diesen die Oden voraus.
Von daher legt sich Vermutung nahe, daß auch im koptischen Ritus ein
ursprünglich zusammenhängender Abschnitt, die Oden und die große
Doxologie mit Trishagion umfassend, auseinandergerissen und auf
zwei Horen verteilt wurde, möglicherweise nachdem eine vielleicht
früher vorhandene, dem Orthros entsprechende Hore aufgegeben
worden war. Bei dieser Annahme ergäbe sich, daß im koptischen
Mitternachtsgebet gerade das Kernstück jener Texte, die der »Psalmodie« zu entnehmen sind[124], ursprünglich nicht ins Mitternachtsgebet gehört hat. Und die Texte, von denen nach meiner Annahme
die Oden bei ihrer Übernahme ins Mitternachtsoffizium getrennt
wurden, nämlich die große Doxologie und das Trishagion, stehen
wiederum in der »Psalmodie«[125]. Es würde sich also um ein zusammenhängendes Stück von Psalmodie-Texten handeln, die bei der Verteilung auf Mitternachts- und Morgengebet auseinandergerissen
wurden.

In den erhaltenen Psalmodie-Handschriften, die ja nicht über
das 14. Jahrhundert hinausgehen, ist natürlich keinerlei Bestätigung
für diese ursprüngliche Zusammengehörigkeit von Oden und großer
Doxologie zu erwarten. Daß Psalter-Handschriften die große Doxologie
unter oder nach den neutestamentlichen Cantica bringen[126], läßt sich
zwanglos dadurch erklären, daß griechische Handschriften dieselbe
Textzusammenstellung aufweisen[127]. Aber eben unsere Handschrift
M 574[128] bietet vielleicht ein gewisses Indiz dafür, daß auch im kop-

---

[124] Nämlich Oden und Theotokie, also die zum täglichen Offizium gehörenden Psalmodie-Texte (vgl. oben S. 54 ff.). Die mit dem Tag oder der Zeit des Kirchenjahres wechselnden Stücke wie »Doxologien«, »Psali« usw. haben sowieso keinen besonderen Bezug
zur Mitternachtshore.

[125] Zusätzlich aber auch noch im Horologion, in älteren Zeugen jedoch nur als Verweis,
später dann ausgeschrieben (vgl. oben S. 31, Anm. 99).

[126] TILL-SANZ, *Odenhandschrift* 36 f.

[127] RAHLFS, *Psalmi* 79 f.

[128] Und natürlich auch die Parallelhandschrift, von der uns leider nur die beiden
Berliner Blätter (siehe oben S. 136 ff.) erhalten sind. Daß die große Doxologie hier unmittelbar auf Ps 150 folgt, zeigt der Anfang von P. 8099.

tischen Stundengebet früher einmal die biblischen Oden und die
große Doxologie eine zusammenhängende Textfolge bildeten. Hier
steht nämlich die große Doxologie mit dem darauf folgenden Trishagion unmittelbar im Anschluß an die Oden (Sektion B–D). Nun
folgt daraus natürlich nicht zwingend, daß diese Texte auch im Offizium
unmittelbar hintereinander zum Vortrag kamen, ja, nicht einmal, daß
sie in ein und derselben Hore verwendet wurden. Gerade weil aber eine
derartige Textanordnung der späteren »Psalmodie« völlig fremd ist,
ist die Abfolge der Sektionen B–C–D in M 574 von höchstem Interesse und meiner Meinung nach zumindestens eine gewisse Stütze
für die Annahme, daß ursprünglich auch im koptischen Ritus einmal
die große Doxologie auf die Oden folgte. Dieses Indiz behält auch
dann seinen Wert, wenn zu der Zeit, als M 574 geschrieben wurde,
diese Texte in der Praxis (schon) auf zwei Horen verteilt waren.

Ein weiteres Indiz dafür, daß auch bei den Kopten eigentlich
biblische Oden und große Doxologie zusammengehören, sind verschiedene Angaben über das Vorkommen der großen Doxologie am
Ende des Mitternachtsgebetes. Bei Abū 'l-Barakāt heißt es, daß der
Engelshymnus im Mitternachtsgebet nach der Theotokie und den
dazugehörigen Texten gesprochen wird[129]. Der Platz der großen Doxologie ist also nicht allzu weit von dem der Oden entfernt, da diese ja
der Theotokie unmittelbar vorausgehen. Die ganze Tragweite von
Abū 'l-Barakāts Angabe wird aber erst aus einem Umstand deutlich,
der weiter unten zur Sprache kommt; die Theotokie ist selbst nichts
anderes als eine Ausschmückung der Oden[130]. Somit ergibt sich, daß
der Engelshymnus in der von Abū 'l-Barakāt überlieferten Praxis
in Wirklichkeit unmittelbar auf die Oden folgt. Inhaltlich mit Abū
'l-Barakāts Angabe voll übereinstimmend ist die Rubrik in der
Horologion-Handschrift Cod. Vat. copt. 40, die schon oben zitiert
wurde[131]. Weiterhin steht ein entsprechender Hinweis sogar noch in

---

[129] VILLECOURT, *Observances liturgiques* II 231. Ṭūḫīs Theotokien-Ausgabe (*Choiak-Psalm.* [1764]) ist allerdings kein Zeuge für den Engelshymnus im Mitternachtsgebet nach den Theotokien. BAUMSTARK, der dies irrtümlich behauptet (*Nocturna Laus* 199), muß übersehen haben, daß bei Ṭūḫī von S. 140 an Texte für das Abend- und Morgen-gebet stehen; dahin gehört auch die große Doxologie (S. 152 ff.).

[130] Unten S. 205 ff.

[131] Oben S. 69. Ṭūḫī hat in seiner Horologion-Ausgabe dieselbe Rubrik, wie gleichfalls schon oben erwähnt wurde.

den modernen Ausgaben der Choiak-Psalmodie[132]. Alle diese Zeugen
stellen die große Doxologie im Mitternachtsgebet unmittelbar hinter
Oden und Theotokie. Nicht sicher deuten kann ich den Befund der
Kairoer Horologion-Handschrift. Der Schluß der Mitternachtshore hat
hier eine andere Form als in der vatikanischen Handschrift. Ein
Verweis auf Oden und Theotokie erfolgt nicht, wohl aber hat die
große Doxologie ihren Platz am Ende der dritten Wache der Mitternachtshore[133]. Da es gerade die ältesten Zeugnisse sind, die uns
das Vorkommen des Engelshymnus nach der Theotokie im Mitternachtsgebet überliefern, dürfen wir unbedenklich annehmen, daß der
Engelshymnus in älterer Zeit dort tatsächlich seinen Platz hatte.
Es wäre dann — unter Voraussetzung der von mir vermuteten Entwicklung — anfangs die ganze Textfolge Oden, Αἶνοι und große Doxologie ins Mitternachtsgebet übernommen, die große Doxologie daneben
aber im Morgenoffizium beibehalten bzw. in dieses wieder eingegliedert
worden. Erst später verschwand die große Doxologie aus dem Mitternachtsgebet. Ursprünglich wäre die ganze Textfolge Oden, Αἶνοι und
große Doxologie in einem Offizium zu Hause gewesen, das wahrscheinlich eine »Vigil« im früher definierten Sinn war.

Bei den Kopten (und so auch schon in M 574) umfassen die Oden
nicht nur biblische Lobgesänge außerhalb des Psalters, sondern auch
Psalmen, und zwar als zweite Ode den 135. Psalm und als vierte
(M 574: fünfte) und letzte die Psalmen 148–150[134]. Für Psalm 135
kenne ich — natürlich abgesehen vom äthiopischen Ritus — keine
Verwendung in anderen Riten, die der unter den koptischen Oden
vergleichbar wäre. Hier haben wir es mit einer Eigentümlichkeit des

---

[132] *Choiak-Psalm.* (1911) 968. *Choiak-Psalm* (1955) 502. Nicht jedoch in den Ausgaben
der Jahres-Psalmodie. Auch kein derartiger Hinweis bei Ṣalīb, *Riten* 60 und Burmester,
Liturgical Services 110.

[133] Burmester, *Hours* 98. Unverständlich ist mir die Stelle, die O'Leary in seiner
Übersichtstabelle dem Engelshymnus in der 3. Wache des Mitternachtsgebetes zuweist
(*Office* 48). Später bei seiner Übersetzung der Oxforder Handschrift erscheint die große
Doxologie überhaupt nicht, wie in der 3. Wache des Mitternachtsgebetes ganz allgemein
merkliche Differenzen zwischen der genannten Tabelle und der Übersetzung der Oxforder
Handschrift (S. 112–117) herrschen.

[134] Diese beiden Oden erscheinen natürlich normalerweise nicht mehr unter den
Cantica, die den Odenanhang auch der bohairischen Psalter-Handschriften bilden.
Die dort zusammengestellten Oden (vgl. Till-Sanz, *Odenhandschrift* 36 f.) sind aber
auch gar nicht für das tägliche Offizium bestimmt. Dennoch führt immerhin der Cod.
Vat. copt. 6 wenigstens Ps 135 auch nochmals bei den Oden auf (vgl. *Cod. Copt.* I 15;
auch schon bei Mearns, *Canticles* 34 oder Till-Sanz, *Odenhandschrift* 36).

koptischen Ritus zu tun[135]. Was aber die Psalmen 148–150 betrifft,
so haben die Kopten nur die Bezeichnung »Ode« auf diesen unmittelbar
den biblischen Oden folgenden Psalterabschnitt ausgedehnt. Auch im
byzantinischen Ritus stehen diese Psalmen, Αἶνοι gennant, im Orthros
zwischen den Cantica und der großen Doxologie. Und wie sich diese
Psalmen im byzantinischen Orthros finden, so auch in entsprechenden
Horen anderer Riten. Wir haben in ihnen also ein weiteres Element der
»Nacht«-Hore von M 574 und des Mitternachtsgebetes des späteren
koptischen Offiziums, das keineswegs typisch für ein Mitternachtsgebet
ist. Es ist nur konsequent, wenn Baumstark diese Psalmen »den Schluß-
elementen nächtlicher Vigilfeier« zuweist, aus denen sie »erst sekundär
in eine selbständige morgendliche Feier hinüberwuchsen[136].« Die
Herleitung dieser Psalmen aus der Vigil (im Sinne Baumstarks) scheint
mir ebenso verfehlt wie die der biblischen Cantica. Und was deren
Vorkommen in den »Nacht«-Horen der meisten syrischen Riten, dem
maronitischen, dem von Antiochien und dem von Tikrit, betrifft, so
liegt hier auf jeden Fall eine Verdoppelung vor, und Mateos' Erklärung
von der Überlagerung verschiedener Offizien und gegenseitiger Beeinflussung der Riten untereinander ist hier ebenso plausibel wie bei
den biblischen Cantica[137]; der ursprüngliche Ort dieser Psalmen ist
danach das alte Morgenoffizium. Im übrigen ist auch hier darauf
hinzuweisen, daß die Psalmen 145–150 zum jüdischen Morgengebet
gehören[138], wie Baumstark selbst erwähnt[139], und daß die Psalmen
148–150 im Offizium der antiochenischen Mönche zu Chrysostomus'
Zeit zum Abschluß der mit dem Hahnenschrei beginnenden »Vigil«
dienten[140], ebenso in den Klöstern Palästinas und Syriens nach Kassians Beschreibung[141]. Unter den späteren Riten weist der chaldäische

---

[135] Immerhin sei auf das Vorkommen dieses Psalmes unter den Semirot des jüdischen
Morgengebetes hingewiesen; vgl. Elbogen, *Gottesdienst* 112.

[136] Baumstark, *Nocturna Laus* 195.

[137] Vgl. oben S. 173.

[138] Elbogen, *Gottesdienst* 82 und 85.

[139] Baumstark, *Nocturna Laus* 197. Baumstark scheint einen Zusammenhang
zwischen dem jüdischen und christlichen Morgengebet in diesem Punkt vor allem
deshalb abzulehnen, weil dort die sechs Psalmen 145–150, hier aber nur die drei 148–150
verwendet werden. Früher hielt Baumstark die Berücksichtigung dieses Teiles des
jüdischen Morgengebetes für die liturgievergleichende Betrachtung offensichtlich für
bedeutsamer (*Festbrevier* 129).

[140] Chrysost., In epist. I ad Timoth. homil. 14,4 (PG 62, 576 unten); vgl. Mateos,
Office chez Athan. 179; *Office monastique* 56 f. und 64.

[141] Kassian, *Inst.* III 6, Ed. Petschenig 40,28 ff.

die Besonderheit auf, daß die Psalmen 148 ff. dort den Abschluß der (fixen) Psalmen des Morgengebetes bilden[142], während sie gewöhnlich ihren Platz erst gegen Ende des Offiziums und nach dem biblischen Canticum bzw. den biblischen Cantica haben.

* * *

Die Sektionen C und D der Handschrift M 574, der Engelshymnus und das Trishagion, werden in der Handschrift selbst mit keiner bestimmten Hore in Verbindung gebracht. Ist das so zu verstehen, daß die Horenangabe der vorausgehende Sektion B, nämlich »Nacht«, auch noch für Sektion C und D gilt? Wir wissen es nicht. Immerhin ist die Textfolge Oden — mit Ps 148–150 als Abschluß —, große Doxologie und Trishagion in den verschiedenen Riten so verbreitet, daß es die nächstliegende Annahme ist, auch im koptischen Ritus seien diese Texte einmal aufeinander gefolgt, eben so, wie sie tatsächlich in der Handschrift M 574 hintereinander stehen. Es kann dann auch nicht zweifelhaft sein, welches die Hore wäre, in der all diese Texte zu Hause gewesen sein müßten. Nach allem, was wir sonst über die Verwendung dieser Texte wissen, könnte es sich nur um eine »Vigil« oder eine Morgenhore handeln. Wenn wir von daher dann den Terminus »Nacht« im Titel der Sektion B (biblische Cantica) deuten dürfen, dann ist klar, daß dieser Terminus hier zumindestens ursprünglich nicht gleichbedeutend mit Mitternacht gewesen sein kann. »Nacht« kann dann nur das meinen, was wir als »Vigil« bezeichnet haben, eine Hore im letzte Teil der Nacht. Die Angabe »Nacht« im Titel der Sektion B führt uns aber weiterhin dazu, auch die Sektion A mit einzubeziehen, in deren Titel gleichfalls die Bezeichnung »Nacht« steht. Wir gewinnen so eine durchlaufende Folge von Texten, die alle einer einzigen Hore zugehört haben müssen, die in der Handschrift selbst »Nacht« genannt wird und dem entspricht, was wir als »Vigil« definiert haben. Diese Textgruppe ist auch durchaus homogen, und bei der Annahme, daß sie einer »Vigil« zuzuschreiben sind, stimmen die bisher berücksichtigten Daten perfekt zusammen. Der Titel »Die Nacht« fordert von seinem Wortsinn her keineswegs eine Interpretation als Mitternachtshore. Zudem gibt es eine klare ägyptische Tradition, die diese Bezeichnung für eine im letzten Teil der Nacht gehaltene Hore gebraucht. Alle Texte der Sektionen A bis D finden, soweit sie außerhalb des koptischen Ritus Parallelen haben, dort nicht in Mitternachtshoren Verwendung; wo dies doch der Fall ist, haben wir es mit

---

[142] MATEOS, *Matines* 52 f.

offenkundig sekundären Verwendungen zu tun. Es sei dabei für den
Psalm 133 nochmals eigens darauf hingewiesen, daß er nach dem
Zeugnis des Chrysostomus bei den antiochenischen Mönchen zur
Eröffnung der »Vigil« diente[143]. Einzig bei der Schlußstrophe von
Ps 118, die aber inhaltlich überhaupt keinen Bezug zu einer Nachthore
hat, müssen wir es offen lassen, ob sie mit den übrigen Eröffnungstexten verbunden wurde, als diese noch die »Vigil« einleiteten, oder
erst nach deren Hinübernahme in ein Mitternachtsgebet. Das »Erhebet
euch, Söhne des Lichtes …«, für das bisher außerhalb Ägyptens keine
Parallele nachzuweisen ist, hat inhaltlich keine besondere Affinität
zur Mitternacht. Hier wie beim Psalm 133 muß man nur die Texte
nüchtern nach ihrem wirklichen Aussagewert einschätzen und darf
sich nicht davon beeinflussen lassen, daß diese Texte in späterer
Zeit — und deshalb uns in dieser Verwendung geläufig — die Mitternachtshore eröffnen. Das Gros der Texte selbst, bie biblischen Oden,
die Αἶνοι und die große Doxologie, hat nach Ausweis der Liturgiegeschichte seinen ursprünglichen Platz nicht in einem Mitternachtsgebet, sondern in einer »Vigil« oder einem Morgenoffizium; auch das
Trishagion als Abschluß ist gut belegt.

Die Horenbezeichnung »Die Nacht« von M 574, die wir hier im Sinn
einer »Vigil«, also einer Hore im letzten Teil der Nacht, gedeutet
haben, lebt nirgendwo in den Horentiteln der späteren Zeit weiter.
Alle uns bekannten Zeugen des späteren Stundengebetes kennen nur
ein Mitternachtsgebet, auf das das Morgengebet folgt. Vielleicht haben
wir aber im Text des Stundengebetes selbst noch eine Spur der alten
Horenbezeichnung »Die Nacht«. Bei den Kopten dient als Schlußgebet
der Komplet[144], jenes Gebet, das auch im byzantinischen Apodeipnon
gegen Schluß gesprochen wird und im Horologion Antiochus dem
Pandekten zugeschrieben ist. In der koptischen Übersetzung, von der
ich inzwischen auch eine etwas abweichende saïdische Fassung
auffinden konnte[145], heißt es heute noch ⲈⲔⲈⲦⲞⲨⲚⲞⲤⲦⲈⲚ
(bzw. ⲘⲀⲦⲞⲨⲚⲞⲤⲦⲈⲚ) ⲈⲠⲒϨⲨⲘⲚⲞⲤ ⲚⲦⲈ ⲠⲒⲈϪⲰⲢϨ ⲚⲈⲘ ϨⲀⲚⲀ-
ⲦⲞⲞⲨⲒ (bzw. ϢⲰⲢⲠ) = »Richte uns auf zum Lobgesang (ὕμνος)
der Nacht und des Morgens!« Die wohl ältere, aber aufs ganze
gesehen dem griechischen Text nicht näher stehende saïdische
Fassung hat hier ⲦⲞⲨⲚⲞⲤⲈⲚ ⲞⲚ ⲈϨⲢⲀⲒ ⲚⲀϨ[ⲢⲀⲔ ⲈⲠϨⲨⲘ]ⲚⲞⲤ

---

[143] Vgl. oben S. 166.

[144] Heute 2. Komplet (vgl. oben S. 37, Anm. 139); es gibt zwei deutlich verschiedene
bohairische Fassungen (vgl. unten S. 534 ff.).

[145] Veröffentlicht unten S. 533 ff.

ⲚⲦⲈⲨϢⲎ = »Richte uns wieder auf vor dir zum Lobgesang (ὕμνος) der Nacht!« Vergleicht man den griechischen Text διανάστησον δὲ ἡμᾶς ἐν τῷ καιρῷ τῆς προσευχῆς, so wird deutlich, daß die Kopten die allgemeine Angabe »zur Zeit des Gebetes« präzisieren wollten; sie haben stattdessen »zum Lobpreis der Nacht (und des Morgens)« gesetzt. Und es ist nicht ganz ausgeschlossen, daß sich in dieser präzisierten Angabe die alte Horenbezeichnung »Die Nacht« erhalten hat[146]. Ob dabei noch an eine »Vigil« oder schon an ein Mitternachtsgebet zu denken ist, läßt sich natürlich nicht mehr feststellen[147].

Mit den Sektionen A bis D der Handschrift M 574 hätte man zugleich einen Grundbestand an Texten der von mir erschlossenen älteren »Vigil«. Allerdings genügen diese Elemente nicht, um die Struktur dieser »Vigil« klar zu erkennen. Mit mehr oder weniger großer Sicherheit läßt sich Folgendes sagen: Das »Erhebet euch, Söhne des Lichtes ...« muß mit Ps 133 und 118,169–176 die »Vigil« eröffnet haben. Auch kann kaum ein Zweifel daran bestehen, daß das Trishagion zum Abschluß der Hore diente. Zusätzlich gehörten zu den Schlußgebeten dieser Hore vielleicht noch das Credo und das Unser-Vater. Diese beiden Texte bilden als von uns so genannte Sektion G und H den Abschluß des uns interessierenden Teiles der Handschrift M 574. Sie werden dort keinen bestimmten Horen zugewiesen und gehörten möglicherweise zu den Schlußgebeten verschiedener Horen. Weniger durchsichtig ist die Lage für das eigentliche Corpus der Texte dieser »Vigil«. Es sind uns davon in M 574 noch die Oden (mit den Αἶνοι) und die große Doxologie gegeben. Daß die Αἶνοι sich schon früh an die Oden anschlossen, kann nicht dem mindesten Zweifel unterliegen. Sie werden ja bei den Kopten seit relativ früher Zeit (auch schon in M 574) selbst

---

[146] Im griechischen und dem längeren bohairischen Text, nicht im saïdischen und dem kürzeren bohairischen folgt dann noch Παννύχιον ἡμῖν τὴν σὴν δοξολογίαν χάρισαι εἰς τὸ ὑμνεῖν ... τὸ ... ὄνομά σου bzw. ⲀⲢⲒ ⲚⲘⲞⲦ ⲚⲀⲚ ⲚⲦⲀⲞϨⲞⲖⲞⲄⲒⲀ ⲚⲦⲈ ⲠⲒⲈϪⲰⲢϨ ⲦⲎⲢϤ ⲈⲐⲢⲈⲚⲤⲘⲞⲨ ⲈⲠⲈⲔⲢⲀⲚ »Verleihe uns den Lobpreis (δοξολογία) der ganzen Nacht, deinen ... Namen zu preisen.« Dieser Bitte um einen die Nacht ausfüllenden Lobpreis Gottes kann natürlich kein bestimmtes liturgisches Gebet entsprechen, das täglich gehalten worden wäre. Es ist einfach unmöglich, jeden Tag völlig auf den Nachtschlaf zu verzichten, besonders für eine Gemeinschaft.

[147] Das Wort »Nacht« wurde bei den Kopten auch für die Nachtwache vor Sonn- und Festtagen gebraucht (laylat al-aḥad bzw. al-ʿīd, z. B. ZIADEH, Apocalypse 380,7; vgl. oben S. 162, Anm. 78). Im 99. Kap. bei Ibn Sabbāʿ (MISTRĪḤ, Margarita 310) ist mit der »Nacht« der Verkündigung vielleicht schon der Vorabend des Festes gemeint. Heute soll laylat al-ʿīd bei den Kopten, wie »vigilia« im Westen, die liturgische Feier am Tag vor dem Fest selbst bedeuten.

zu den Oden gerechnet, und der Vergleich mit anderen Riten kann
diese Textfolge nur bestätigen. Den Anschluß der großen Doxologie
an die Oden (die *Αἶνοι* inbegriffen) kennt der heutige koptische Ritus
nicht mehr. Wir haben aber selbst im späteren koptischen Ritus noch
Spuren einer Zusammengehörigkeit dieser Texte entdecken können[148],
und der Befund anderer Riten stützt einmal mehr unsere Annahme,
daß früher auch im koptischen Ritus diese Texte aufeinander folgten; sie stehen ja auch in M 574 unmittelbar hintereinander.
Daß sich die große Doxologie in das Trishagion fortsetzte, ist wieder
so gut wie sicher. Dies ist auch im heutigen koptischen Ritus der
Fall und wird wiederum durch andere Riten bestätigt. Die Rekonstruktion des Textbestandes der älteren »Vigil« wäre also von deren
Schlußteil aus vorzunehmen. Dem abschließenden Trishagion, dem
vielleicht noch Credo und Unser-Vater folgten, ging die große Doxologie
voraus und dieser wieder die biblischen Oden. Zwischen beiden
standen die *Αἶνοι*, schon in M 574 als letzte Ode betrachtet. Weitere
Texte sind in M 574 nicht gegeben, noch wird auf solche verwiesen.
Die große Frage ist, ob weitere Texte zwischen den Eröffnungsgesängen und dem eben beschriebenen Textblock anzusetzen sind und,
wenn ja, welche. Ich halte es nicht für wahrscheinlich, daß die Hore
aus nichts anderem als den genannten Texten bestand. Und höchstwahrscheinlich enthielt sie auch ein psalmodisches Element, für das
der angezeigte Platz eben zwischen den Eröffnungsgesängen und, den
Cantica wäre. Eine letzte Sicherheit haben wir darüber jedoch nicht.
Noch weniger wissen wir, ob gegebenenfalls fixe oder variable Psalmen
in diese Lücke einzuschalten sind. Als pure Hypothese könnte man die
Möglichkeit in Erwägung ziehen, daß hier einmal die koptischen
Morgenpsalmen verwendet wurden, die im späteren Morgengebet den
zwölf Psalmen dieser Hore angehängt sind[149]. Es fehlt aber jedes
positive Indiz dafür.

Zur Rekonstruktion der älteren ägyptischen »Vigil« hat nicht
unwesentlich der Vergleich mit anderen Riten beigetragen. Hierzu
muß noch einiges ergänzt, anderes dabei zugleich wiederholt werden.
Aus dem Offizium der Mönche in der Umgebung von Antiochien, wie
es sich aus Chrysostomus' Predigten rekonstruieren läßt[150], wäre die
mit dem Hahnenschrei beginnende »Vigil« und das kurz vor Sonnen-

---

[148] Oben S. 176 f.
[149] Vgl. oben S. 29 ff.
[150] MATEOS, *Office monastique* 53–64.

aufgang stattfindende Morgenoffizium heranzuziehen. (Ein Mitternachtsoffizium fehlt.) Die »Vigil« wird mit Ps 133 eröffnet und mit den Psalmen 148–150 beschlossen[151]. In dem nach einer kurzen Ruhepause folgenden Morgenoffizium finden wir die große Doxologie[152]. Der Unterschied zum Offizium der ägyptischen Mönche der Zeit liegt vor allem darin, daß diese nicht zwei Horen, »Vigil« und Morgenoffizium, kannten. Nimmt man also diese beiden Horen als eine, so ergibt sich eine weitgehende Übereinstimmung mit der von uns rekonstruierten ägyptischen »Vigil«. In der »Vigil« der antiochenischen Mönche haben zwischen den Eröffnungsgesängen (Ps 133 und Is 26,9 ff.) und den Psalmen 148–150 weitere Psalmen, nach Mateos variable, ihren Platz[153]. Das entspräche dem von uns vermuteten psalmodischen Element im ersten Teil der ägyptischen »Vigil«. In der Athanasius zugeschriebenen Schrift »Über die Jungfräulichkeit« ist ein eigentliches Mitternachtsoffizium bezeugt[154], das bezeichnenderweise keine Parallelen zu Texten von M 574 enthält. Dagegen haben in dem kurz vor Tagesanbruch stattfindenden Morgenoffizium der Lobgesang der drei Männer im Feuerofen und die große Doxologie ihren Platz[155]. So scheint eine gewisse Parallelität zwischen diesem Morgenoffizium und der »Vigil« gegeben. In der »Morgenhore«[156] des armenischen Offiziums stehen heute am Beginn biblische Cantica, der Gesang der drei Männer (Dan 3,26–45 und 52–88) und die neutestamentlichen Oden (Lk 1,46–55 und 68–79; 2,29–32). Im weiteren Verlauf der Hore folgen die Psalmen 148–150 und unmittelbar anschließend die große Doxologie; weiter hinten steht dann das Trishagion. Die Übereinstimmungen zwischen der armenischen »Morgenhore« — man muß natürlich von den zahlreichen Texten absehen, die keine Parallele in M 574 haben — und der aus M 574 rekonstruierten »Vigil« sind in Wirklichkeit nicht ganz so frappierend, wie es vielleicht auf den ersten Blick scheinen könnte.

[151] Chrysost., In epist. I ad Timoth. homil. 14,4 (PG 62, 576); vgl. MATEOS, *Office monastique* 55 und 56.

[152] Chrysost., In Matth. homil. 68(69),3 (PG 58, 644 Mitte); vgl. MATEOS, *Office monastique* 61.

[153] MATEOS, *Office monastique* 56, wiederum mit Bezug auf Chrysost., In epist. I ad Timoth. homil. 14,4 (PG 62, 576).

[154] Athan. *De Virg.* 20, Ed. v. D. GOLTZ 55,13–26; vgl. MATEOS, *Office chez Athan.* 173–176.

[155] Athan. *De Virg.* 20, Ed. v. D. GOLTZ 55,26–56,4; vgl. MATEOS, *Office chez Athan.* 178–180.

[156] Nicht der Prim entsprechend; dieser entspricht vielmehr die folgende »Sonnenaufgangshore«. — Für die im Folgenden genannten Texte vgl. *Armen. Horol.* 123 ff.; *Armen. Offiz.* 117 ff.; *Brev. Armen.* 91 ff.

Wie die Texte sich unmittelbar darbieten, könnte es scheinen, als
begännen beide Horen nach einer entsprechenden Eröffnung unmittelbar mit fixen biblischen Cantica. Schon bei M 574 haben wir
aber mit der Möglichkeit gerechnet, daß den Cantica Psalmen vorausgeschickt wurden, obwohl die Handschrift keinerlei diesbezügliche
Hinweise enthält. Auch in der armenischen »Morgenhore« dürften den
Cantica Psalmen vorausgegangen sein. Nach älteren Texten wäre
hier in der Tat ein »Kanon« zu sprechen, also eine Reihe aufeinander-
folgender Psalmen, die jeweils rund ein Achtel des Psalters ausmacht[157].
Auf ganz andere und sicher organischere Weise würde sich das Problem
der Psalmen in der armenischen »Morgenhore« in der Sicht O. Heimings
lösen. Nach Heiming haben wir in der armenischen Nacht- und Morgen-
Hore einen in zwei Teile zerlegten Orthros; der Schnitt erfolgte gerade
nach dem ersten Canticum des ursprünglichen Triodions[158]. Damit
wäre den Cantica der »Morgenhore« in der Mitternachtshore ein
Psalmen-Kanon vorausgegangen, der selbst durch ein wechselndes
biblisches Canticum abgeschlossen wird[159].

* * *

Der Rekonstruktion der älteren »Vigil«, die wir hier vorgenommen
haben[160], schließt mit ein, daß es wenigstens zunächst daneben keine

---

[157] CONYBEARE, *Rituale* 453. In keiner mir zugänglichen modernen Horologion-
oder Offiziums-Ausgabe. Nach HAC'UNI hätten die Armenier praktisch von Beginn an
alle acht »Kanones« des Psalters in den Horen eines jeden Tages (nach Hac'uni Mitternachtsgebet, Morgenhore, Terz, Sext, Non und Vesper) gebetet (*Geschichte* 152-157).
Dies Durchbeten des Psalters an einem Tag ist natürlich ein typisch monastischer
Brauch (vgl. auch O'LEARY, *Office* 33).

[158] HEIMING, *Odenkanones* 108.

[159] Die Ausgaben des Horologions oder Offiziums enthalten nicht den vollen Text
des mit den acht Kirchtönen wechselnden »Kanons« sondern nur dessen Abschluß
(*Armen. Horol.* 30 ff.; *Armen. Offiz.* 15 ff.; *Brev. Armen.* 15 ff.). Eine diesbezügliche
Rubrik scheint sogar vorauszusetzen, daß gewöhnlich nur dieser Abschluß gesungen
wird (*Armen. Offiz.* 26; *Brev. Armen.* 31). Auch die zu den einzelnen »Kanones« gehörigen
biblischen Cantica sind in diesen Ausgaben nicht angegeben; vgl. dazu CONYBEARE,
Rituale 446; HAC'UNI, *Geschichte* 149 f. oder auch Psalter-Ausgaben.

[160] Eine entfernt vergleichare, jedoch in den Einzelheiten völlig verschiedene und
letztlich auch ganz anders begründete Rekonstruktion einer heute nicht mehr vorhandenen »Frühhore« (*tasbiḥat as-saḥar* = »Frühlob« oder *ṣalāt qabla 'n-nūr* = »Gebet
vor dem Licht«) des koptischen Ritus findet sich bei MATTĀ 'L-MISKĪN (*Lobpreis* 171 f.).
Nach Mattā 'l-Miskīn bestand diese Frühhore, die nicht dem heutigen »Morgengebet«
entspricht, aus den Psalmen 148-150, also der vierten Ode des heutigen Stundengebetes.
Mattā 'l-Miskīn führt verschiedene Gründe dafür ins Feld, daß die vierte Ode (= Ps

Mitternachtshore gegeben hat. Ob es ebenso mit einer eigentlichen
Morgenhore stand, ist nicht ganz so sicher. Wir wissen nur, daß das
zönobitische Mönchtum Ägyptens ursprünglich keine Morgenhore
neben der »Vigil« gekannt hat. Später wurde dann auch in Ägypten ein
Mitternachtsgebet eingeführt. Es hat sich im koptischen Stundengebet
bis heute gehalten. Die Mitternachtshore zog eine Reihe von Texten
aus der älteren »Vigil« an sich, jedenfalls deren Eröffnungsgesänge
und die biblischen Cantica (mit den Αἶνοι). Zunächst vielleicht auch
die große Doxologie, entsprechend den Spuren einer Verwendung
dieses Textes in der Mitternachtshore[161]; vielleicht ist die große
Doxologie aber nur sporadisch von den ihr vorausgehenden Texten
mit in die Mitternachtshore hinübergezogen worden. Ihrem ursprünglichen Platz entsprechend hat sie sich jedoch allgemein im Morgengebet
des späteren Ritus behauptet. Das heutige koptische Stundengebet
kennt neben Nacht- und Morgengebet keine dritte Hore, die mit
diesen beiden eine Reihe wie etwa im byzantinischen Ritus Mesonyktikon, Orthros und Prim bilden würde. Wir wissen aber nicht, ob die
ältere »Vigil« einfach in den beiden noch heute vorhandenen Horen
aufgegangen ist, oder ob letztere das Ergebnis einer komplizierteren
Entwicklung sind, die über ein Zwischenstadium mit der genannten

148 ff.) ursprünglich eine selbstständige Hore war. Zunächst behauptet er, in alten
koptischen Handschriften die allgemeinen Eröffnungsgebete (»Herr, erbarme dich
unser«, »Im Namen des Vaters...«, »Ehre...« usw.) für diesen Teil des heutigen Mitternachtsgebetes gefunden zu haben. Weiterhin wirken nach ihm die *maǧmaʿ* genannten
Anrufungen der Heiligen zwischen der dritten und vierten Ode störend und zeigen,
daß die vierte Ode ursprünglich nicht zu den anderen gehörte. Außerdem beruft Mattā
ʾl-Miskīn sich auf die Tatsache, daß die Psalmen 148–150 ja auch im Abendgebet losgelöst von den übrigen Teilen des Mitternachtsgebetes vorkommen. Und schließlich
haben die Väter nach ihm das »Frühgebet« (*ṣalāt as-saḥar*) zu den sieben Gebeten gerechnet, die im Verlauf eines Tages und einer Nacht zu verrichten sind. Das heutige »Morgengebet« (*ṣalāt bākir*) wäre dann erst später eingeführt worden, nämlich um die Siebenzahl
der Gebete wieder voll zu machen, nachdem die ältere »Frühhore« mit dem Mitternachtsgebet verbunden war. Der erste Punkt, der handschriftliche Befund, ist das Interessanteste an Mattā ʾl-Miskīns Darlegungen, und vor allem seinetwegen wollte ich hier
auf seine Ansicht hinweisen. Allerdings bin ich recht skeptisch gerade gegenüber dieser
Angabe. Mattā ʾl-Miskīns Darstellung läßt auch nicht erkennen, um was für Handschriften es sich handelt (Psalmodie-Handschriften?). Sollten sich allerdings tatsächlich
alte Handschriften finden, die die Einleitungsgebete der Horen für die heutige vierte
Ode angeben, so wäre das ein höchstbedeutsames Faktum. Eine weitere, von Mattā
ʾl-Miskīn nicht herangezogene Stütze für die von ihm postulierte »Frühhore« ist das
»Gebet beim Hahnenschrei« der äthiopischen Überlieferung, das gleichfalls aus dem
Schlußteil der heutigen Mitternachtshore, der 4. Ode, besteht (vgl. oben S. 18).

[161] Siehe oben S. 176 f.

Dreizahl von Horen geführt hat. Wie wir früher gesehen haben[162],
deuten gewisse Zeugnisse darauf hin, daß es auch in Ägypten einmal
Mitternachtsgebet, Gebet beim Hahnenschrei und Morgengebet
gegeben hat. Über eine gewisse Wahrscheinlichkeit kommen wir
aber mit ihrer Hilfe in dieser Frage nicht hinaus.

Speziell im Hindblick auf die weitere Untersuchung der Handschrift
M 574 seien die verschiedenen Etappen der Entwicklung, mit denen
wir sicher oder möglicherweise zu rechnen haben, noch einmal kurz
skizziert. Ausgangspunkt der Entwicklung ist die einfache »Vigil«,
der weder ein Mitternachtsgebet vorausgeht, noch eine zweite Morgenhore, ein Morgengebet im engeren Sinn, folgt. Am Ende stehen zwei
Horen : Mitternachtsgebet[163] und Morgengebet. Vielleicht lagen
dazwischen Phasen der Entwicklung, in denen es neben der »Vigil«
ein Morgengebet und schließlich die drei Horen Mitternachtsgebet,
Gebet beim Hahnenschrei und Morgengebet gab. Läßt sich aus den
in M 574 enthaltenen Texten und sonstigen Angaben erkennen,
welches Stadium der Entwicklung als wirklich geübte Praxis in
der Handschrift vorausgesetzt ist? Wir kommen damit auf die
Frage zurück, die wir zu Beginn dieses Kapitels gestellt haben.
Einige Fingerzeige in M 574 haben uns zunächst dazu geführt, der
Frage der älteren »Vigil« nachzugehen. Das bedeutet jedoch nicht
notwendig, daß in M 574 selbst noch die von uns dabei rekonstruierte
ältere »Vigil« bezeugt ist. Dagegen spricht vor allem, daß wir für das
Ende des 9. Jahrhunderts doch wohl schon mit dem Bestehen der
späteren Mitternachtshore rechnen müssen. Die Handschrift M 574
läßt uns aber nicht nur darüber im unklaren, ob ihre »Nacht«-Hore
als Mitternachtshore zu verstehen ist. Die Angaben, die in der Handschrift zusätzlich zu den liturgischen Texten selbst enthalten sind,
sind überhaupt so spärlich, daß man sich kein rechtes Bild von dem
vorausgesetzten Horenzyklus machen kann[164]. Eine eindeutige und

---

[162] Oben S. 15 ff.

[163] Damit ist jetzt natürlich allein die so bezeichnete Hore gemeint ohne Rücksicht
auf die Zeit, zu der sie gehalten wird. Das muß keineswegs notwendig um 24 Uhr geschehen. Es gibt Berichte, nach denen die koptischen Mönche das Mitternachtsgebet
heute wirklich um Mitternacht verrichten. So kommen sie nach Johann Georg zu SACHSEN
»um Mitternacht, zwischen 3 und 4 Uhr früh und um 3 Uhr nachmittags« zum gemeinsamen Gebet zusammen (*Neue Streifzüge* 9; vgl. auch ebenda 8). Nach anderen, privaten
Informationen stehen die koptischen Mönche zwar recht früh zum Gebet auf, aber
nicht um Mitternacht.

[164] Die Benutzer der Handschrift bedurften derartiger Hinweise natürlich nicht.
Ihnen waren die Horen ihres Offiziums auch so bekannt.

sichere Antwort auf die Frage nach dem Horenzyklus von M 574 kann vorerst nicht gegeben werden. Wir müssen uns damit begnügen, die verschiedenen Möglichkeiten zu umreißen und die Probabilitäten abzuwägen.

Nachdem die Texte der Sektionen A bis D im Vorhergehenden schon zur Rekonstruktion der älteren »Vigil« in Anspruch genommen wurden, müssen sie nun zusammen mit den übrigen Texten und Angaben der Handschrift daraufhin untersucht werden, welchen Horen sie in dem Stundengebet, für das M 574 einmal geschrieben worden ist, angehören. Die Texte der Sektionen A bis D müssen nach unserer Annahme zwar auf einer bestimmten Stufe der Entwicklung eine einzige Hore, eben die ältere »Vigil«, gebildet haben, aber für den Entwicklungsstand, den M 574 selbst repräsentiert, gilt das, wie bereits gesagt, vielleicht oder sogar wahrscheinlich schon nicht mehr. Wenn »Nacht« in M 574 nicht mehr die alte »Vigil«, sondern schon die spätere Mitternachtshore meint, dann haben wir auch mit der Verteilung der ursprünglich zusammengehörigen Texte auf mehrere Horen zu rechnen. Die Handschrift weist allein die Texte der Sektionen A (Eröffnungs-gesänge) und B (biblische Cantica) in den Titeln einer bestimmten Hore zu, nämlich der »Nacht«. Bei den Texten der Sektionen C (Engels-hymnus) und D (Trishagion) fehlt jeder derartige Hinweis. Höchst-wahrscheinlich hängen die Antworten auf die beiden Fragen, welche Hore mit der »Nacht« gemeint ist und ob die Texte aller vier Sektionen einer einzigen Horen angehören, direkt zusammen. Im späteren Stundengebet dienen die Texte der Sektion A zur Eröffnung der Mitter-nachtshore. In derselben Hore werden die Oden gesungen. Große Doxologie und Trishagion hingegen im Morgengebet. Entsprechend wird der Befund von M 574 so zu deuten sein, daß »Nacht« entweder noch die alte »Vigil« meint und diese Hore dann selbstverständlich alle Texte der Sektionen A bis D umfaßt oder aber daß »Nacht« schon die spätere Mitternachtshore ist und zu dieser Hore dann nur die Texte der Sektionen A und B gehören. Theoretisch besteht natürlich noch eine dritte Möglichkeit, daß nämlich »Nacht« schon die Mitter-nachtshore ist und diese zugleich der Ort für alle Texte der Sektionen A bis D, also auch den Engelshymnus und das Trishagion ist. Da man für das 9. Jahrhundert mit der Existenz der Mitternachtshore zu rechnen hat, ist folgende Lösung als die wahrscheinlichere anzusehen: auch M 574 kennt diese Mitternachtshore und weist ihr nur die Texte zu, bei denen sie die »Nacht« ausdrücklich im Titel nennt, also die

Eröffnungsgesänge und die Oden, zugleich jene beiden Textgruppen
aus M 574, die auch im späteren Offizium zur Mitternachtshore gehören.
Für welche Horen sind dann aber in M 574 die große Doxologie und
das Trishagion bestimmt?

Wenn wir für M 574 eine Hore wie das spätere Mitternachtsgebet
annehmen, so folgt daraus nicht notwendig, daß das Stundengebet
der Zeit zum Abschluß der Nacht nur eine einzige Hore nach Art
des späteren Morgengebetes kannte. Wir haben, wie gesagt, mit der
Möglichkeit zu rechnen, daß in einem bestimmten Stadium der Entwicklung sowohl das Ende der Nacht als auch der Beginn des Tages
als Gebetszeit gefeiert wurden. Wir spielen dabei nicht mit rein theo-
retischen Möglichkeiten, sondern die Handschrift M 574 selbst bringt
in der Sektion E Texte (»Ausrufe«), die sie ausdrücklich einer »Prim«
zuweist, und nach herkömmlichem Verständnis ist die Prim ja nichts
anderes als ein zweites Morgengebet[165]. Da aber das spätere koptische
Stundengebet ein solches zweites Morgengebet nicht kennt und schon
der Ausdruck »Prim« außerhalb von M 574 im koptischen Schrifttum
nirgendwo belegt ist, stellt sich doch ernstlich die Frage, welche Hore
mit der »Prim« der Sektion E von M 574 gemeint ist und wo die Texte
der Sektionen C und D einzuordnen sind, wenn sie nicht zum Mitternachtsgebet gehören. Dürfte man in der »Nacht« von Sektion A und
B noch die alte »Vigil« sehen, also eine Hore, die nach der urspünglichen
Praxis des ägyptischen Zönobitentums zugleich als Morgengebet
fungierte, dann könnte die »Prim« der Sektion E in der Tat nur ein
zweites Morgengebet sein. Wenn aber die »Nacht« in M 574 schon die
Mitternachtshore ist, dann ist zu fragen, ob das koptische Offizium
der Zeit am Ende der Nacht und am Beginn des Tages nur eine einzige
Gebetszeit hatte oder aber zwei. Die Antwort wird durch den schon
genannten Umstand erschwert, daß wir keinen anderen Beleg für die
Horenbezeichnung »Prim« in der koptischen Literatur haben und
M 574 hier auffälligerweise auch noch das zweifellos in einem techni-
schen Sinn zu verstehende griechische Wort ⲡⲣⲱⲧⲁ gebraucht.
Wir können also bei der Deutung dieser Horenbezeichnung in M 574
nicht von einer gängigen Bedeutung des Terminus »Prim« bei den
Kopten ausgehen und müssen vor allem die Daten der Handschrift
M 574 selbst heranziehen. Folgende zwei Möglichkeiten stehen zur
Diskussion. 1. M 574 sieht für den Schluß der Nacht ein Offizium mit

---

[165] »L'heure de Prime, comme on sait, heure qui n'est qu'un doublet de l'office du
matin ...« (MATEOS, *Office chaldéen* 258).

den Texten der Sektionen C und D, d. h. der großen Doxologie und
dem Trishagion, vor, dem die Handschrift aber keinen eigenen Namen
gibt. Unter der Bezeichnung »Prim« folgt dann ein (zweites?) Morgengebet, zu dem die betreffenden Texte der Sektion E gehören[166]. 2. Sowohl die Texte der Sektionen C und D als auch die diesbezüglichen
Texte der Sektion E bilden ein einziges einheitliches Morgengebet,
das den Namen »Prim« führt. Ich halte die zweite Möglichkeit für
wahrscheinlicher. Für sie spricht vor allem der Gesamtbefund der
Sektion E. Wir finden dort »Ausrufe« für fünf Horen, nämlich »Prim«,
Terz, Sext, Non und Vesper. »Prim« und Vesper haben je zwei »Ausrufe«,
die übrigen genannten Horen nur je einen. Es wird sich also bei »Prim«
und Vesper um parallele Horen am Morgen und am Abend handeln.
Dann kann »Prim« aber schwerlich die herkömmliche Hore dieses
Namens sein. Vielmehr ist in der »Prim« eine etwa dem byzantinischen
Orthros entsprechende Hore zu sehen. Der erste der beiden »Ausrufe«
der »Prim« (Sektion E I 1) bietet auch textlich eine starke Stütze für
diese Deutung. Er besteht aus einem nicht ganz wörtlichen Zitat von
Ps 118,148 f. Mit dem Vers 118,148 begründet Basilius die Morgenhore[167], den Orthros[168]. Dieser Text würde schlecht in ein zweites Mor-
gengebet passen. Die in Sektion E genannte »Prim« muß deshalb in
Wirklichkeit eine Art Orthros sein.

Was die Nacht- und Morgenhoren betrifft, so scheint mir also
folgende Interpretation der Gegebenheiten von M 574 den Vorzug zu
verdienen. Die Handschrift meint mit dem Namen »Nacht« ein Mitternachtsoffizium, von dem sie die Eröffnungsgesänge und die Oden
gibt (Sektion A und B). Sie kennt kein doppeltes Offizium am Ende der
Nacht, sondern nur ein einfaches, das sie aber auffälligweise als »Prim«

---

[166] Es ergäbe sich so bei entsprechender Nuancierung eine Horenabfolge wie im
Horenzyklus der Symeons-Vita (Text siehe oben S. 17) mit Mitternachtsgebet, Gebet
beim Hahnenschrei und Morgengebet. Übereinstimmung zwischen der oben gemachten
Annahme und den Horen der Symeons-Vita würde dann bestehen, wenn die »Prim« von
M 574 keine »Dublette des Morgenoffiziums« ist. Die Symeons-Vita betrachtet das Gebet
beim Hahnenschrei offensichtlich noch als Nachthore, denn sie charakterisiert das
dann folgende Morgengebet so: »wenn du aufstehst.« Wenn aber in der oben gemachten
Annahme das Gebet am Ende der Nacht schon, wie die alte »Vigil«, das Morgengebet ist,
dann kann eine folgende »Prim« in der Tat nur ein zweites Morgengebet sein; es läge
keine Übereinstimmung mit den Horen der Symeons-Vita vor.

[167] Basil., Reg. fus. tract. 37,5 (PG 31, 1016B).

[168] Vgl. MATEOS, *Office monastique* 78 f. Sollte Basilius hier nicht vom Orthros sprechen,
dann von der diesem vorausgehenden »Vigil«, jedenfalls nicht von einer zweiten Morgenhore, einer Prim.

bezeichnet. Auch von dieser Hore sind die Eröffnungsgesänge angeführt (Sektion E), außerdem weitere Texte in den Sektionen C
und D (Engelshymnus und Trishagion). Mit dieser Interpretation
ergäbe sich für M 574 praktisch schon der Horenzyklus des späteren
Stundengebetes, und die Verteilung der aufgeführten Texte auf die
einzelnen Horen würde gleichfalls der Verwendung dieser Texte im
späteren Stundengebet entsprechen. Die »Nacht« von M 574 ist schon
die Mitternachtshore, und allein die Texte von M 574, die im späteren
Stundengebet ihre Parallele in der Mitternachtshore haben, nämlich
die Eröffnungsgesänge und die biblischen Cantica, gehören dieser
Nacht-Hore an. Das spätere Morgengebet erscheint in M 574 unter
dem Namen »Prim«. Auch ihm sind eben jene Text von M 574 zuzuweisen, die ihre Parallele im späteren Stundengebet in der Morgenhore
haben. Man darf aber die Unsicherheitsfaktoren in diesem Ergebnis
nicht außer acht lassen. Unsere Interpretation hat nur den Gewiß-
heitsgrad einer Hypothese. Unklarheiten verbleiben in allen entscheidenden Punkten. Weder die Anzahl der Horen noch ihre Identifizierung, noch die Zuweisung aller mitgeteilten Texte an diese Horen
ist wirklich sicher.

Die Textzusammenstellung von Sektion A–E ist nach der von mir
bevorzugten Deutung dann wie folgt zu verstehen. Eine Sammlung
von »Ausrufen«, Texten zur Eröffnung der Horen, wurde mit anderen
Texten der »Nacht«-Hore kombiniert. Dabei wurden die »Ausrufe«
auseinandergerissen, denn unmittelbar auf die »Ausrufe der Nacht«
ließ man die anderen Texte der »Nacht« folgen, erst darauf die »Ausrufe« der übrigen Horen. Der eingeschobene Block der Sektionen B–D
gehörte ursprünglich einer einzigen Hore an, eben der »Nacht«, und
diese Nachthore war zunächst eine »Vigil« im letzten Teil der Nacht,
nicht ein Mitternachtsgebet; auch entspricht die Textfolge der Sektionen B–C der Verwendung dieser Texte in der »Vigil«: an die Oden
bzw. die Αἶνοι schloß sich damals die große Doxologie an. Nachdem
später ein Mitternachtsgebet eingeführt war, ergab sich eine Verteilung der Texte der alten »Vigil« auf dies Mitternachtsgebet und ein
Morgengebet, die »Prim« von M 574. Die Eröffnungstexte (die »Ausrufe«) der »Vigil« und die Oden (mit den Αἶνοι) kamen ins Mitternachtsgebet, die große Doxologie (mit dem Trishagion) ins Morgengebet. Dieser Entwicklungsstand ist schon in M 574 vorausgesetzt.
Auch ohne Textumstellung ergab sich so eine Textverteilung, die der
Abfolge der Horen entsprach. Ins Mitternachtsgebet gehören die

Sektionen A–B, ins Morgengebet alle Texte von C bis E I; dann stehen Sektion E II–V die »Ausrufe« der übrigen Horen (Terz bis Vesper). Nur innerhalb des Morgengebetes entspricht die Textfolge der Handschrift nicht dem wirklichen Ablauf des Offiziums. Die »Ausrufe« (Sektion E I), die ihren Platz am Beginn der Hore hatten, stehen hinter den Sektionen C–D, deren Texte erst gegen Schluß der Hore gesungen wurden.

* * *

Keine Unklarheiten gibt es bei den restlichen Horen: Terz, Sext, Non und Vesper. Nur noch kurz etwas zur Terminologie. Die Vesper heißt im Titel der Sektion E einfach NAY NPOYϨЄ (141,18) = »Abendstunde«. Dieser Ausdruck entspricht einigermaßen den späteren Bezeichnungen ΠΡΟСЄΥΧΗ NTЄ ϨANAΡΟΥϨΙ[169] bzw. ΠΡΟСЄΥΧΗ NΡΟΥϨΙ[170] = »Abendgebet« oder ϨANAΡΟΥϨΙ[171] = »Abend«. Bei den »Ausrufen« der Vesper selbst steht ein ausführlicherer Titel: ΠΛΥΧΝΙ-ΚΟΝ ΜΠΝΑΥ ΝΡΟΥϨЄ (143,1) = »das Lychnikon der Abendstunde«. Der Terminus »Lychnikon« ist im Koptischen häufig[172] und von den Kopten selbst unübersetzt ins Arabische übernommen worden[173]. Auch »Lychnikon des Abends« ist mehrfach in der sonstigen koptischen

---

[169] *Horol.* (1750) 223.

[170] *Choiak-Psalm.* (1764) 140.

[171] *Horol.* (1930) 235; die arabischen Ausdrücke vgl. oben S. 71.

[172] Einige Beispiele aus veröffentlichten Typikon-Fragmenten (das Wort ist dann immer abgekürzt): CRUM, *Catalogue B. M.* 145 (S. 32); *Catalogue Rylands* 32 (S. 11); Ms. Ins. Nr. 40 (PLEYTE-BOESER, *Manuscripts* 217 ff.). — Das Wort ΛΥΧΝΙΚΟΝ scheint auch in der Bedeutung »Lampe« vorzukommen, vgl. CRUM-STEINDORFF, *Rechtsurkunden* 92,14, wozu man die Vorkommen von ϨΗΒС = »Lampe« in diesen Texten vergleichen muß (Index, S. 390b), speziell die Stelle 99,17. — »Gebet der Lampe« ist bei den Kopten eine Bezeichnung für die Krankensalbung, vgl. etwa VILLECOURT, *Observances liturgiques* I 260 oder die Titel in den Ausgaben des Ritus, auch zitiert bei MALAK, *Livres liturgiques* 34 (s'') und BURMESTER, *Liturgical Services* 352.

[173] لَحَنِيكَن (COQUIN, *Canons d'Hippolyte* 392 [124]. — Eine arabische Übersetzung des Ausdrucks könnte uns Ibn Sabbāʿ mit *surug* überliefert haben, wenn Kussaims Konjektur zu der fraglichen Stelle (Kap. 59; vgl. oben S. 6, Anm. 31) zutreffend sein sollte. KUSSAIM möchte das überlieferte شرح (eigentlich »Erklärung«) als سرج = »Lampen« lesen (*Perle* 4). بالشرح kommt aber bei Ibn Sabbāʿ noch einmal in ganz analoger Verwendung vor (Kap. 99, MISTRÎḤ, *Margarita* 310), wo die Deutung als *bi-'s-surug* nicht plausibel ist.

Literatur zu belegen[174]. »Lychnikon« scheint auch als Titel eines
liturgischen Buches belegbar[175]. Das bei den Byzantinern übliche
»Hesperinos« wird, soweit ich sehe, von den Kopten nicht gebraucht.
Was die der Vesper entsprechende Morgenhore betrifft, muß aber
weithin ein dem griechischen »Orthros« sehr ähnliches und verwandtes
Wort in Gebrauch gewesen sein. Bisweilen kommt ein ausgeschriebenes
OPΘPINON vor[176], daneben auch OPΘINON[177]; so ist die Abkürzung
$\overset{\Theta}{OP}$[178] nicht mehr eindeutig. In gleicher Bedeutung muß dann
auch $\overset{\lambda}{OP}$ stehen[179]. Obwohl nun »Orthrinon« bzw. die dafür stehenden
Formen und Abkürzungen nach den von mir notierten Stellen nicht
so häufig vorkommt wie »Lychnikon«, war der Terminus dennoch
eine geläufige Bezeichnung für die Morgenhore. Umso verwunderlicher
ist es, wenn M 574 im Titel der Sektion E zwar das »Lychnikon« nennt,
für die entsprechende Morgenhore aber das im Koptischen völlig isoliert
dastehende Wort »Prota« gebraucht.

ODEN UND THEOTOKIEN

Eine höchst interessante Auskunft gibt uns die Handschrift M 574
über die Geschichte des heute bei den Kopten üblichen »Odenkanons«
und die Entstehung der koptischen Theotokien. Im täglichen Offizium
werden heute, wie schon mehrfach erwähnt, vier[1] Oden verwendet,
von denen nur zwei biblische Oden im uns vertrauten Sinn sind,
zwei hingegen aus (biblischen) Psalmen bestehen. Es sind dies 1. das
Siegeslied des Moses aus dem Buch Exodus (Kap. 15,1–21), 2. der

---

[174] ΠΙλΥΧΝΙΚΟΝ ΝΤΕ ϨλΝλΡΟΥϨΙ (HYVERNAT, *Actes de martyrs* 174;
DE VIS, *Homélies* 154,2). Dem saïdschen ΝλΥ ΝΡΟΥϨΕ entspricht schon in den
Bibelübersetzungen mehrfach bohairisches ϨλΝλΡΟΥϨΙ; vgl. Ps 140,2b; Mk 13,35.

[175] Nach Abū 'l-Burakāt das Buch, aus dem nach dem Ordo des Georgsklosters zu
Sandamant am Abend gelesen wird (VILLECOURT, *Observances liturgiques* II 233 und
I 261).

[176] BUDGE, *Miscell. Texts* 423; BURMESTER, *Hours* 83.

[177] WESSELY, *Texte* 3, Nr. 183. Mit OPΘINON ΝϢϢΡΠ = »Morgen-Orthinon«
(CIASCA-BALESTRI, *Fragm. copt-sahid.* III, S. LIV) haben wir sogar die parallele Bildung
zum »Abend-Lychnikon« von M 574.

[178] Z. B. CRUM, *Catalogue Rylands* 32 (S. 11).

[179] Ms. Ins. Nr. 40 (PLEYTE-BOESER, *Manuscrits* 217 ff.).

[1] Ausdrücke wie »die vier Oden« (*al-arbaʿat al-ḥūsāt*) kommen oft vor, z. B. auf
dem Titelblat der *Jahres-Psalm* (1908; Kairo); die einzelnen Oden werden regelmäßig
mit der Ordnungszahl entsprechend ihrer Stellung im »Odenkanon« bezeichnet.

135. Psalm, 3. der Gesang der drei Männer im Feuerofen (Dan 3,52–88[2])
und 4. die Psalmen 148–150. Mit dem Wochentag wechselnde Cantica
kennt das heutige koptische Stundengebet nicht. Die genannten
Cantica werden alle vier zusammen im Mitternachtsgebet verwendet,
das vierte außerdem noch im Abendgebet. Daneben finden wir im
koptischen Stundengebet noch an folgenden Stellen biblische Cantica,
jedoch nicht immer einhellig in der gesamten Überlieferung: den
Lobgesang Simeons (Lk 2,29–32) in der Vesper[3] und im Mitternachtsgebet[4], das Gebet des Ezechias (Is 38,10–20) im Mitternachtsgebet[5]
und den Cento aus Is 8 f. in der Komplet[6]. Schließlich werden in der
Frühe des Karsamtages im Anschluß an den in der Nacht davor
vollständig durchgebeteten Psalter auch alle bei den Kopten in den
Psalteranhang aufgenommenen biblischen Oden gebetet[7]. Es sind dies
20 Cantica, falls man das ganz zum Vortrag kommende 3. Kapitel
des Daniel-Buches als ein einziges Canticum zählt. Daß die Oden hier
als Bestandteil des (liturgischen) Psalters angesehen sind, springt in
die Augen.

*　*　*

Über die Verwendung der Oden im älteren Stundengebet Ägyptens
haben wir verschiedene Angaben, die aber ziemlich dunkel und auch

---

[2] Mit einem nichtbiblischen Vers am Schluß.

[3] Vgl. oben S. 27 mit Anm. 78. Das Canticum wird auf jeden Fall bei der abendlichen
Weihrauchdarbringung vom Priester gesprochen, wenn er vor der Evangelienlesung
einmal den Alter inzensierend umschreitet (*Euchol.* 97; BURMESTER, *Liturgical Services*
42), doch gehört dieser Ritus (mit dem Canticum Simeonis) auch zur Evangelienlesung
der morgendlichen Weihrauchdarbringung und der Messe. Das Canticum steht auch
in der byzantinischen Vesper (*Byzant. Horol.* 230). — Der Abschnitt Lk 2,25–32 dient
in der koptischen Komplet als Lesung.

[4] Zwei Horologion-Ausgaben bringen es am Ende des Mitternachtsgebetes zwischen
den Troparien der 3. Wache und dem Schlußgebet der Hore (*Horol.* [1952] 204 f.; *Horol.*
[1961] 292). Es ist mir nicht klar, ob zwischen diesem und dem folgenden Verwendungs-
hinweis ein Zusammenhang besteht. Nach anderen Angaben wird das Canticum im
Mitternachtsgebet an Wochentagen (nicht Sonntagen) nach der 1. Ode gesprochen;
so *Jahres-Psalm.* (1949) 2 (1. Pag.) und 35; BURMESTER, *Liturgical Services* 109; BROGI,
Salmodia 12. ṢALĪB, *Riten* 58 gibt an dieser Stelle nur die Abschnitte 7–9 der Sonntags-
Theotokie an, die nach den anderen Quellen auf das Canticum folgen. In diesem Sinn
werden auch die Rubriken *Jahres-Psalm.* (1908; Alex.) 50 und *Jahres-Psalm.* (1908;
Kairo) 39 zu verstehen sein.

[5] Vgl. oben S. 40, Anm. 158.

[6] Vgl. oben S. 33 mit Anm. 108 f. Auch im großen Apodeipnon des byzantinischen
Ritus (*Byzant. Horol.* 247–249) und in der armenischen »Hore des Friedens« (*Armen.
Horol.* 346 f.; *Armen. Offiz.* 231 f.; *Brev. Armen.* 247 f.).

[7] *Karwochen-Typikon* 147–192; *Diakonale* 338–341; BURMESTER, *Liturgical Services*
287–290; SIDAROUSS, *Pâque* 20–23.

nicht recht miteinander in Einklang zu bringen sind. Vom Gesang der
drei Männer im Morgengebet wird deutlich in der Schrift »Über die
Jungfräulichkeit« gesprochen[8]. Daneben haben wir Textzeugen mit
einzeln überlieferten Cantica, die deren liturgische Verwendung
voraussetzen, zumeist auch dafür geschrieben sein werden. Manche
dieser Zeugen enthalten nichts anderes als das eben genannte Canticum
der drei Männer. Es sind uns zwei Ostraka mit dem griechischen Text
dieses Canticums erhalten[9]. Als Einzeltext wurde auch das Moses-
Lied aus dem Exodus aufgezeichnet. Von diesem Canticum, ist ein
Ostrakon mit dem griechischen[10], zwei mit dem koptischen (saïdischen)
Text erhalten[11], dazu ein Papyrusblatt mit den Versanfängen des
koptischen (fajumischen) Textes[12]. Andere Zeugen enthalten zumindestens zwei Cantica: ein Papyrusfragment das Moses-Lied und
den Gesang der drei Männer in koptischer Sprache[13], ein Pergamentfragment die Lieder des Moses und der Anna, diesmal griechisch und
koptisch[14]. Aus der zweiten Hälfte des sechsten Jahrhunderts besitzen
wir eine fragmentarische Papyrushandschrift die allem Anschein
nach nichts anderes als die biblischen Oden enthielt[15]. Ein Papyrusblatt der des 7. Jahrhunderts bietet zwei kirchliche Dichtungen in
griechischer Sprache, die in den Titeln die Angaben εἰς τὸ Εὐλογεῖτε
und εἰς τὸ Μεγ(αλύνει) tragen[16]. Es handelt sich also offensichtlich
um Troparien zum Gesang der drei Männer und zum Magnifikat[17].
Für die Verwendung von Is 26,9ff. als Ode haben wir als Beleg ein
kleines Papyrusfetzchen des 7. oder 8. Jahrhunderts in griechischer
Sprache, vielleicht ein Amulett, das Is 26,9 unter dem Titel ᾠδὴ
Ησαιου bringt[18]. Da der Titel nicht zum biblischen Text gehört,
kann er nur aufgrund einer liturgischen Verwendung dieses Abschnittes

---

[8] Vgl. oben S. 171, Anm. 109.

[9] Siehe unten S. 257 mit Anm. 67 und 71.

[10] Siehe unten S. 240 mit Anm. 3.

[11] Siehe unten S. 241 mit Anm. 7 und 8.

[12] Siehe unten S. 241 mit Anm. 12.

[13] Schon oben S. 171, Anm. 110 genannt; vgl. auch unten S. 242 mit Anm. 13 und
S. 259 mit Anm. 82.

[14] Auch hier nur die Versanfänge; Genaueres unten S. 458ff.

[15] TILL-SANZ, Odenhandschrift; vgl. dazu auch SCHNEIDER, Oden 239–242. Die Handschrift, deren Schluß ganz verloren ist, enthielt nach Sanz wahrscheinlich 14 biblische
Oden und die große Doxologie (TILL-SANZ, Odenhandschrift 22); von letzterer ist nichts
erhalten.

[16] P. Ryl. 466 (S. 288ff. und vxii); vgl. dazu auch HEIMING, Anz. P. Ryl.

[17] Vgl. auch SCHNEIDER, Oden 261f.

[18] P. Mich. 136 (S. 9).

hinzugefügt worden sein. Ein höchst eigenartiges Dokument sind die erhaltenen Blätter aus einem kleinformatigen (6,6 × 5,6 cm) Papyrusbüchlein, vielleicht des 4. Jahrhunderts, das auf griechisch und koptisch Mt 11,25–30 und Dan 3,49(?)–54 (55) enthält[19]. Die genaue Zweckbestimmung des Büchleins bleibt zwar unklar, aber seine Zweisprachigkeit könnte zumindestens in irgendeinem Zusammenhang mit der Liturgie stehen, mag es sich bei dem Büchlein auch um eine private Zusammenstellung handeln. Spätestens seit dem 6. Jahrhundert kannten die Kopten, wie die Wiener Odenhandschrift zeigt, eine Sammlung biblischer Oden, die ihrem Umfang nach weit über das hinausgeht, was an Oden später im täglicher Stundengebet verwendet wird. Eine ähnliche, jedoch nicht völlig identische Odenreihe haben auch spätere bohairische Psalterien[20]. Ein weiteres saïdisches Zeugnis für eine Odenreihe dieser Art muß ein Londoner Pergamentblatt sein, das den Schluß des Canticums aus Dtn 32, das Anna-Lied aus 1 Sam 2 und den Anfang des Canticums aus Hab 3 enthält[21]. Über die liturgische Verwendung dieser Oden in älterer Zeit ist mir nichts Sicheres bekannt. Heute kommen sie meines Wissens nur noch in der Nacht vom Karfreitag zum Karsamstag vor[22]. Diese Zeugnisse mit einzelnen Cantica können uns leider nur lehren, daß in Ägypten eine ganze Reihe biblischer Cantica in der Liturgie (oder beim privaten Gebet) verwendet wurde. Wir können daraus nicht ersehen, ob in Ägypten früher einmal mehr Cantica als die heutigen vier im täglichen Stundengebet Verwendung fanden und ob es wechselnde Cantica gab wie im byzantinischen Ritus.

Neben diesen Zeugnissen haben wir in den Kanones und der nomokanonischen Literatur direkte Angaben über die Verwendung der Cantica im täglichen Gebet, die jedoch die eben gestellten Fragen leider ebensowenig klären können. Diese Angaben fügen sich den übrigen Informationen über das tägliche Gebet nicht recht ein und widersprechen sich auch teilweise. Im Kapitel von Ibn al-'Assāls Nomokanon über das Gebet ist auch von den biblischen Cantica die Rede[23]. Die Angaben, die Ibn al-'Assāl dort macht, sind ebenso

[19] AMUNDSEN, *P. Oslo* 121–140 (der Dan-Text koptisch nicht erhalten).

[20] So Cod. Vat. copt. 5, 6 und 7 (*Cod. Copt.* I 12 f., 15 und 17 f.), Cod. Barb. or. 2 (ebd. II 2) und *Psalter* 425 ff.; weitere Handschriften bei TILL-SANZ, *Odenhandschrift* 32 f.

[21] CRUM, *Catalogue B. M.* 11 (S. 4), 16 (S. 8) und 58 (S. 15). Ein unveröffentlichtes Ostrakon mit Hab 3,1–4 siehe bei CRUM-EVELYN WHITE, *Epiphanius* 34 (S. 159).

[22] Vgl. oben S. 193.

[23] *Nomokanon* 132,3–9.

problematisch wie die Quelle, die er dafür zitiert. Beginnen wir mit
der letzteren. Ibn al-ʿAssāl beruft sich auf den 19. Kanon des Konzils
von Laodizäa. Nun behandelt der 19. Kanon des Konzils von Laodizäa
überhaupt nicht die Verwendung biblischer Cantica in der Liturgie,
geschweige daß er die Details bietet, die Ibn al-ʿAssāl zu dieser Frage
anführt[24]. Mit Bezug auf seinen wirklichen Inhalt wird der 19. Kanon
des Konzils von Laodizäa dann auch von Abū ʾl-Barakāt so resümiert:
»Über die Gebete, welche nach der Predigt gesprochen werden[25].«
Andererseits ist bei den Kopten schon von alters her ein Text bekannt,
der als 19. Kanon des Konzils von Laodizäa ausgegeben wird und
tatsächlich den von Ibn al-ʿAssāl angegebenen Inhalt hat. Das älteste
Zeugnis, das ich dafür kenne, ist der Nomokanon des Michael von
Damiette[26]. Darin ist von einem »Zusatz« zum 19. Kanon des Konzils
von Laodizäa die Rede, der nach dem Resümee bei Riedel[27] den
größten Teil der Angaben enthält, die Ibn al-ʿAssāl als Inhalt des
19. Kanon des Konzils von Laodizäa angibt. Nach Ibn al-ʿAssāl hat
dann auch Abū ʾl-Barakāt den fraglichen Text des 19. Kanons des
Konzils von Laodizäa im 5. Kapitel seiner »Lampe der Finsternis«
und zwar als Randbemerkung zu den von ihm aufgeführten Titeln
der Kanones dieser Synode[28]. Wo Abū ʾl-Barakāt den Text dieses

---

[24] Der griechische Text z. B. bei MANSI, *Concil. coll.* II 567BC. Von den arabischen
Texten (vgl. dazu GRAF, *Geschichte* I 596) scheint nur die maronitische Überlieferung
im *Kitāb al-Hudā* veröffentlicht (S. 333); jedenfalls ist es die einzige mir zugleich bekannte und zugängliche. Auch dieser Text enthält nichts über die biblischen Cantica
in der Liturgie; er stimmt praktisch mit dem griechischen überein.

[25] So nach der Berliner Handschrift (RIEDEL, *Kirchenrechtsquellen* 43). Die Kairoer
Ausgabe hat »Predigt des Dieners [= Bischofs ?]« (Abū ʾl-Barakāt, *Lampe* 128).

[26] Zum Autor vgl. GRAF, *Geschichte* II 333–335, zum Nomokanon ebd. 333.

[27] RIEDEL, *Kirchenrechtsquellen* 108.

[28] Als Randbemerkung in den Handschriften von Paris und Berlin, nicht in der von
Uppsala (?); vgl. VILLECOURT, *Lampe* 588 [14], für die Berliner Handschrift auch RIEDEL,
Kirchenrechtsquellen 43 f. Bei solchen Randbemerkungen handelt es sich um Glossen,
mit denen der Verfasser nachträgliche Korrekturen und Ergänzungen an seinem Werk
angebracht hat; vgl. VILLECOURT, *Lampe* 583 [9], 596 [22] und 601 [27]. Abū ʾl-Barakāt
muß also nach der Abfassung seines Werkes auf diesen angeblichen Kanon gestoßen sein.
Der Wortlaut dieses angeblichen Synodalkanons ist inzwischen in der (unvollständigen)
Kairoer Ausgabe der »Lampe der Finsternis« veröffentlicht (Abū ʾl-Barakāt, *Lampe* 131).
An einer anderen Stelle seines Werkes, im Kapitel über das Gebet, gibt Abū ʾl-Barakāt
den Text dieses Kanons, ohne ihn als solchen zu zitieren (nur in Übersetzung zugänglich:
VILLECOURT, *Observances liturgiques* II 218). Die Anordnung der Einzelangaben stimmt
hier nicht mit der ausdrücklichen Zitation im 5. Kapitel über die Cantica überein, folgt
vielmehr engstens dem Nomokanon Ibn al-ʿAssāls.

Kanons gefunden hat verrät er uns nicht[29]. Der Inhalt hat nichts mit
dem von Abū 'l-Barakāt selbst zitierten Titel des wirklichen 19.
Kanons der Synode von Laodizäa zu tun. Die Kairoer Ausgabe
bringt den Text des angeblichen 19. Kanons nach der Schlußbemerkung
zu den Titeln der Kanones des Konzils von Laodizäa. Auch heute
noch kennen die koptischen Autoren den Inhalt des fraglichen Kanons
und zitieren ihn als 19. Kanon des Konzils von Laodizäa[30]. Die Rückführung der darin enthaltenen Bestimmungen auf das Konzil von
Laodizäa, die die Kopten behaupten, dürfte eine nachträgliche Er-
findung sein. Wie sie aber entstehen konnte, ist mir nicht klar.

Gehen wir damit zum Inhalt des angeblichen Synodalkanons über.
Es wird darin einerseits von täglich zu betenden Cantica gesprochen,
andererseits von wechselnden. Die einzelnen Angaben sind in den
vorher genannten Quellen verschieden angeordnet, stimmen aber
inhaltlich weitgehend überein. Allerdings sind bei Michael von Damiette
und im 5. Kapitel von Abū 'l-Barakāts »Lampe der Finsternis« in der
Berliner Handschrift die täglich zu betenden Cantica nicht genannt,
wenn Riedels diesbezügliche Angaben richtig und vollständig sind[31].
Dafür, daß Michael von Damiette vielleicht den ursprünglichen Text
dieses angeblichen Synodalkanons bietet, könnte die Tatsache sprechen,
daß die Angaben über die täglich zu betenden Cantica in den anderen
Quellen an je verschiedener Stelle eingefügt sind. Bei Ibn al-ʿAssāl
und im 16. Kapitel von Abū 'l-Barakāts »Lampe der Finsternis« stehen
sie am Anfang, gehen also den Angaben über die wechselnden Cantica
voraus. Dagegen bringt Abū 'l-Barākāt sie im 5. Kapitel, dem Verzeichnis des Kanones, erst am Schluß, oder genauer: nach dem Cantica
der Werktage, vor denen des Sonntags; dem Sonntag werden aber
keinen neuen Cantica zugewiesen, sondern die der übrigen Wochentage zusammen. Als Cantica der einzelnen Wochentage werden angegeben: für Montag das Canticum aus Ex 15[32], für Dienstag das aus

---

[29] Außer dem Text der Berliner Handschrift (in Riedels Übersetzung) und dem der
Kairoer Ausgabe (vgl. vorige Anm.) kenne ich den der Pariser Handschrift (nach freundlicher Mitteilung von Herrn R.-G. Coquin). Der Text der Ausgabe weist gegenüber dem
der Pariser Handschrift einige Varianten auf, stimmt aber in der Anordnung des
Stoffes mit ihm überein.

[30] So Mattā 'l-Miskīn, *Lobpreis* 109, Anm. 1.

[31] Riedel, *Kirchenrechtsquellen* 108 und 43f; diese Angaben fehlen auch bei Mattā
'l-Miskīn.

[32] Ich beschränke mich darauf, die Kapitel der biblischen Bücher anzugeben. Die
genaue Abgrenzung der einzelnen Cantica ist aus der Art, wie letztere zitiert werden,

Dtn 32, für Mittwoch das aus 1 Sam 2, für Donnerstag das aus Hab 3,
für Freitag das aus Is 26[33] für Samstag das aus Jon 2 und für Sonntag
dann, wie schon gesagt, alle genannten zusammen. Jeden Tag sind
der Gesang der drei Männer im Feuerofen und das Magnifikat[34] zu
beten. Die letzte Angabe hat in den einzelnen Texten einen recht
unterschiedlichen Wortlaut und bereitet auch einige Schwierigkeit.
Bei Ibn al-'Assāl lautet sie: »Die Priester sollen jeden Tag den Lobgesang der drei jungen Männer beten und das Gebet immer mit dem
Gebet der Herrin beschließen[35].« Dieser Text enthält zwei Unklarheiten. Warum werden eigens die Priester genannt? Und was bedeutet
die Anweisung, das »Gebet immer« mit dem Magnifikat »abzuschließen«?
Bei Abū 'l-Barakāt werden im 5. Kapitel der »Lampe der Finsternis«
sogar die gesamten Anweisungen über das Beten der Cantica auf die
Priester bezogen, nicht nur die über die täglich zu betenden. Im 16.
Kapitel ist dagegen nicht eigens von den Priestern die Rede[36]. Davon
abgesehen stimmt Abū 'l-Barakāts Text im 16. Kapitel weithin mit
dem Ibn al-'Assāls überein. Er lautet in Villecourts Übersetzung: »La
prière du cantique des trois Enfants chaque jour. Et la prière se ter-
mine toujours par la prière de Notre-Dame[37].« Im 5. Kapitel scheint
Abū 'l-Barakāt dagegen nicht davon zu sprechen, daß das Gebet mit
dem Magnifikat abzuschließen ist. Der Text lautet in der Pariser
Handschrift: »Und man soll (sie sollen) das Gebet der drei jungen
Männer beten und ihren Lobgesang jeden Tag immer, und das Gebet

sowieso nicht zu ersehen. Beim Canticum aus dem Exodus-Buch fügt MATTĀ 'L-MISKĪN
in Klammern hinzu: »Dies wird in der koptischen Kirche täglich gesprochen.«

[33] Hier wie bei allen anderen Cantica sind keine Kapitelnummern angegeben. Daß
dieses Canticum gemeint ist, entnehme ich aus der Parallelität der ganzen Liste mit
der byzantinischen Praxis, von der gleich unten die Rede sein wird. Bei Abū 'l-Barakāt
im 5. Kapitel heißt es »das Gebet des Propheten Isaias, das er betete, um vor der Säge
gerettet zu werden (fa-ḫuliṣa).« Sollte die Berliner Handschrift eine andere Form
haben? RIEDEL übersetzt: »als er gerettet wurde«.

[34] »Das Gebet der Herrin« bei Ibn al-'Assāl, ähnlich in den anderen Zeugen. Derartige
Bezeichnungen sind bei den Kopten für das Magnifikat allgemein üblich. Z.B. »Gebet
Mariens«, saïdisch ⲠⲈϢⲖⲎⲖ ⲘⲘⲀⲢⲒⲀ (TILL-SANZ, Odenhandschrift 111), boh-
hairisch ϮⲠⲢⲞⲤⲈⲨⲬⲎ ⲚⲦⲈ ⲘⲀⲢⲒⲀⲘ (Psalter 488) oder ähnlich in den
vatikanischen Psalterhandschriften (vgl. wiederum TILL-SANZ, Odenhandschrift 42).
In M 574 heißt das Canticum »der Hymnus der heiligen Jungfrau Maria« (134,5).

[35] Nomokanon 132,3 f.

[36] So in der Pariser Handschrift nach der Übersetzung VILLECOURTS, Observances
liturgiques II 218.

[37] Ebenda.

der Herrin, der Jungfrau.« Der Text der Kairoer Ausgabe weicht
insofern ab, als diese »und ihren Lobgesang« durch »der Heiligen«
ersetzt, was dann Attribut zu den »drei jungen Männern« ist[38]. Soweit
ich die arabischen Texte kontrollieren kann, geht es also um die
Varianten ويختموا = »sie sollen abschließen«, وتسبحتهم = »und
ihr(en) Lobgesang« und القديسين = »der Heiligen«. Ich bin geneigt,
in Ibn al-'Assāls Text mit »abschließen« die ursprüngliche Lesart
dieses angeblichen Synodalkanons zu sehen, zumal er auch noch durch
den Text im 16. Kapitel von Abū 'l-Barakāts »Lampe der Finsternis«
bestätigt wird. Die für mich nicht lösbare Frage, was damit genauer
gemeint ist, verliert sofort an Schärfe, wenn man den ganzen Kanon
in den konkreten Kontext des koptischen Stundengebets zu stellen
versucht und auch daran denkt, daß das Magnifikat dort als solches
überhaupt keinen Platz hat[39].

Wenn wir früher feststellen mußten, daß der angebliche 19. Kanon
des Konzils von Laodizäa vermutlich nicht das geringste mit den
Kanones dieser Synode zu tun hat, so könnte das die Annahme be-
günstigen, daß in diesem Text eine bei den Kopten tatsächlich geübte
Praxis mit konziliarer Autorität ausgestattet werden sollte. Dies ist
aber allem Anschein nach nicht der Fall. Um mit den Angaben zu den
wechselnden Cantica zu beginnen, so kennt das koptische Stundengebet, soweit wir es zurückverfolgen können, keine mit dem Wochentag
wechselnden biblischen Cantica. Auch die detaillierte Beschreibung
Abū 'l-Barakāts weiß nichts davon, obwohl Abū 'l-Barakāt selbst
diesen angeblichen Konzilskanon zweimal anführt, einmal im 5.
Kapitel unter den Konzilsbeschlüßen ausdrücklich als solchen, ein
zweites Mal stillschweigend im 16. Kapitel über das Gebet. Aber
gerade die zweite Zitation[40] zeigt, daß Abū 'l-Barakāt selbst den
Vorschriften dieses Kanons keine Bedeutung für die Praxis des koptischen Stundengebets beimißt. Er bringt den Text nämlich nicht
dort, wo er die Verwendung der biblischen Cantica im Offizium

[38] Außerdem stehen am Schluß zwei Ausdrücke für »Herrin«, *sitt* und *sayyidah*.
Ohne Einsichtnahme in die von den Herausgebern benutzten Kairoer Handschriften
ist natürlich nicht festzustellen, ob hier Varianten der Überlieferung oder Verbesserungen
der Herausgeber vorliegen.

[39] In welcher Form das Magnifikat im koptischen Stundengebet vorkommt, wird
gleich unten behandelt werden.

[40] Sie scheint übrigens von Ibn al-'Assāls Nomokanon abhängig. Die Quelle für den
angeblichen 19. Kanon des Konzils von Laodizäa im 5. Buch dürfte davon verschieden
sein.

beschreibt[41], sondern schickt ihn seiner Beschreibung des Offiziums überhaupt voraus. Offensichtlich hatte auch er bemerkt, daß dieser Kanon mit dem wirklich gebeteten Offizium nichts zu tun hatte. Und noch ein anderer Punkt ist auffällig: Abū 'l-Barakāt präsentiert uns später noch eine andere Cantica-Liste, diesmal mit sechs Nummern: Ex 15, Dtn 32, 1 Sam 2, Hab 3, Magnifikat und den Lobgesang des Zacharias[42]. Diese Liste unterscheidet sich von der ersten durch die aufgeführten Cantica und durch das Fehlen jeglicher Angabe darüber, ob es sich um variable oder fixe Cantica handelt[43]. Sie kommt aber mit ihr darin überein, daß sie gleichfalls nicht zu der uns bekannten Praxis des koptischen Stundengebetes paßt und Abū 'l-Barakāt sich wiederum hütet, sie dort zu bringen, wo er von den biblischen Cantica im Offizium spricht. Zum Unterschied zur ersten Liste, zu der sie auch nicht gepaßt hätte, setzt er sie aber nicht vor die Beschreibung des Stundengebetes, sondern dahinter. Außerdem leitet er sie durch folgende änigmatische Bemerkung ein: »Die Cantica, die auf die Psalmen folgen, sind sechs[44].«

Wir müssen aber noch einmal zu der ersten Angabe über die Cantica zurückkehren. Nachdem wir festgestellt haben, daß sie wahrscheinlich keinen Bezug zum koptischen Ritus hat und selbst die Art, wie Abū 'l-Barakāt sie vorbringt, dies ahnen läßt, ist es nicht weiter schwer, sie in den richtigen Zusammenhang zu stellen. Die Liste der wechselnden Cantica bietet nichts anders als die Ordnung der wechselnden Cantica im Triodion des byzantinischen Ritus, wie sie vermutlich früher von allgemeiner Anwendung war[45]; es fehlt nur das zweite Canticum des Samstags (Dan 3,26 ff.). Der letzte Umstand ist vielleicht daraus zu erklären, daß der Lobgesang der drei Männer in dem angeblichen Konzilskanon als tägliches Canticum genannt ist und hier

---

[41] VILLECOURT, *Observances liturgiques* II 226 ff. (die vier Oden im Mitternachtsgebet) und 223 f. (die 4. Ode im Abendgebet).

[42] Ebd. 232.

[43] Da es sich gerade um sechs Cantica handelt, sind diese vielleicht auch als wechselnde Cantica für die sechs Werktage der Woche gemeint. Auch in der anderen Liste gibt es eben sechs wechselnde Cantica.

[44] Auch VILLECOURT konnte mit diesem Satz offensichtlich nichts anfangen; er fügt beim Wort »folgen« die Anmerkung hinzu: »Im Psalter (?) — Im Offizium?« (*Observances liturgiques* II 232, Anm. 2).

[45] Und zwar nach der späteren Verteilung der wechselnden Cantica auf die Wochentage. Man vermutet, daß hier gegenüber einem älteren Zustand eine Verschiebung eingetreten ist. Vgl. zum ganzen Fragenkomplex kurz MATEOS, *Orthros* 31 f. und unten S. 204, Anm. 57.

kein Unterschied zwischen den beiden Cantica aus Dan 3 gemacht
wurde. Da mit dem Wochentag wechselnde Cantica bei den Kopten
sonst nirgendwo bezeugt sind[46], legt sich die Annahme nahe, daß in
dem angeblichen 19. Kanon des Konzils von Laodizäa einfach die
byzantinische Praxis der wechselnden Cantica festgehalten ist. Den
Kopten war diese Praxis der Byzantiner selbstverständlich bekannt.
Ob sie sie, wenigstens zeitlich, vielleicht auch lokal begrenzt, einmal
selbst angewendet haben, entzieht sich vorläufig unserer Kenntnis.
Ein Rätsel bleibt jedenfalls, wieso gerade bei den Kopten, die sicher
seit langer Zeit keine wechselnden Cantica im Stundengebet haben,
ein anderswo nicht bekannter unechter Konzilskanon tradiert wird,
der die Verteilung der Cantica auf die Wochentage regelt. Diese Tatsache wird vielleicht etwas weniger unverständlich, wenn bei den
Kopten tatsächlich einmal sporadisch jene byzantinische Praxis
geübt oder zumindestens ihre Einführung versucht worden wäre.
Festzuhalten bleibt aber, daß schon seit der Zeit, mit der für uns die
Überlieferung des angeblichen 19. Kanons des Konzils von Laodizäa
greifbar wird, das koptische Offizium keine mit dem Wochentag
wechselnden Cantica kannte. Diese Feststellung dürfte aber in Wirklichkeit auch für eine wesentlich frühere Zeit gelten, wie man meiner
Meinung nach mit guter Sicherheit daraus erschließen kann, daß die
biblischen Cantica in M 574 schon die des späteren koptischen Stundengebetes sind[47]. Ob auch der koptische Ritus früher wechselnde Cantica
gekannt hat, läßt sich vorläufig nicht mit Sicherheit sagen. Ein
glaubwürdiges positives Zeugnis für eine solche Annahme fehlt vorerst
noch.

Wie auf der einen Seite klar ist, daß die Liste der wechselnden
Cantica in dem angeblichen Konzilskanon schon für die Zeit Michaels
von Damiette, Ibn al-ʻAssāls und Abū ʼl-Barakāts keinerlei praktische
Bedeutung (mehr ?) hatte, so ist es auf der anderen nicht weniger
deutlich, daß die knappe Liste der täglichen Cantica in dem angeblichen Konzilskanon nicht der koptischen Praxis jener Zeit entspricht. Wie wir aus Abū ʼl-Barakāt wissen, wurden damals die vier
Cantica verwendet, die auch der heutige Ritus kennt, wovon jedoch
nur zwei Cantica im engeren Sinn sind, das Moses-Lied aus Ex 15 und
der Gesang der drei Männer im Feuerofen. Nach den bisherigen
Beobachtungen über die Exaktheit der Angaben in dem angeblichen

---

[46] Über die ältere Zeit sind wir allerdings höchst unzureichend informiert.

[47] Über die neutestamentlichen Cantica wird im folgenden eigens zu sprechen sein.

Konzilskanon möchte man es eher dem Zufall zuschreiben, daß die
Angabe über das Canticum der drei Männer mit der Praxis des koptischen Stundengebetes übereinstimmt. Es wäre sinnlos, aus der
Angabe über die Verwendung des Magnifikat Schlüsse auf eine
Verwendung dieses Canticums im koptischen Stundengebet zu früherer
Zeit zu schließen. Wo das Magnifikat noch als solches erkenbar ist,
nämlich in M 574, steht es zusammen mit den vier anderen Oden, die
auch später diesen Platz behaupten. Und nichts deutet darauf hin,
daß in früherer Zeit vielleicht einmal tatsächlich nur der Gesang der
drei Männer und das Magnifikat als fixe Cantica im koptischen Ritus
vorkamen. So etwas nur aufgrund des angeblichen 19. Kanons des
Konzil von Laodizäa annehmen zu wollen, wäre allzu kühn. Im
übrigen bedarf es auch hier keines langen Suchens, um die eigentliche
Quelle für diese Angabe des angeblichen Synodalkanons zu finden.
Wiederum ist es die Praxis des byzantinischen Ritus, die uns in der
Einkleidung einer Konzilsbestimmung entgegentritt. Das byzantinische
Triodion kennt zwei fixe Cantica, den Gesang der drei Männer (Dan
3,57 ff.) und das aus Lk 1,46–55 und 68–79 zusammengesetzte neu-
testamentliche Canticum. Somit hat der gesamte Text des angeblichen Synodalkanons einen durchaus homogenen Inhalt; er spiegelt
die byzantinische Praxis der variablen und fixen Cantica im Orthros
wieder. Daß die Praxis der beiden fixen Cantica Dan 3,57 ff. und
Lk 1,46 ff. (und vielleicht 68 ff.) in Ägypten nicht nur bekannt war,
sondern auch geübt wurde, wie man aufgrund des oben[48] genannten
Blattes der John Rylands Library wohl annehmen darf, hat nichts
Ungewöhnliches. Melkiten hat es in Ägypten immer gegeben, und
das Blatt enthält in der Tat Troparien zu diesen beiden Cantica
in griechischer Sprache. Für eine entsprechende Verwendung im
koptischen Ritus fehlt bisher jeder positive Beweis.

* * *

Unter den vier biblischen Oden im Mitternachtsgebet des heutigen
koptischen Ritus findet sich kein neutestamentliches Canticum.
Speziell das Fehlen des Magnifikat im »koptischen Brevier« ist schon
als auffällig empfunden worden[49]. Nun muß man bei näherem Zusehen
feststellen, daß auch das heutige koptische Stundengebet sehr wohl

---

[48] Siehe S. 194 mit Anm. 16.

[49] BURMESTER, *Observance liturgique* 43. Burmester hat jedoch offensichtlich die
»Psalmodie« nicht berücksichtigt, sondern allein das Horologion. — Ein Nacht- bzw.
Morgenoffizium ohne Magnifikat hat auch der chaldäische Ritus, vgl. MATEOS, *Lelya-
Ṣapra* 75 f. und 95 f. und *Matines* 53.

den Text aller drei neutestamentlichen Cantica enthält. Er steht auch gar nicht so weit von den »vier Oden« entfernt und hat seinen Platz unter den Theotokien, jener »verhältnismäßig jungen und in Ober-ägypten niemals zur Rezeption ... gelangten ... Textschicht«[50] im koptischen Offizium. Er wird dort jedoch nur noch in besonderen Fällen aufgeführt. Dennoch konnte sein Vorkommen natürlich denen nicht verborgen bleiben, die sich näher mit den Theotokien beschäftigt haben[51]. Allerdings sieht man den Text der neutestamentlichen Cantica hier in der Funktion von »Lesungen«[52] und hält ihn für »inter-poliert«[53]. Vor allem die Kopten selbst werden die neutestamentlichen Cantica in ihrem Offizium kaum übersehen können[54]. Was es mit den neutestamentlichen Cantica — den vermeintlichen »Lesungen« — in Wirklichkeit auf sich hat, wird aber erst bei einem Vergleich mit M 574 recht klar.

Unter dem Titel »Das sind die Gesänge der Nacht« bringt die Hand-schrift in Sektion B nicht nur die vier Oden, die uns aus Abū 'l-Barakāts

[50] BAUMSTARK, *Nocturna Laus* 199 mit Verweis auf Abū 'l-Barakāt (VILLECOURT, *Observances liturgiques* II 229).

[51] O'LEARY, *Office* 59 u. ö. und *Theotokia* (Ed.) iv; MUYSER, *Maria's heerlijkheid* 54.

[52] Von »Lesungen« sprechen O'Leary (siehe vorige Anm.) und CRUM, *Catalogue Rylands*, S. 205, von »Perikopen« Muyser (siehe vorige Anm.).

[53] So hat ganz offensichtlich O'LEARY den Tatbestand gedeutet, denn er hält diese Abschnitte für »interpolations« (*Office* 58) und spricht demgemäß auch von »interpolated lections« (*Office* 59). Zumeist gebraucht er jedoch andere Ausdrücke, vor allem »inserted« (*Office* 59; *Theotokia* [Ed.] iv und viii), daneben aber auch »interspersed« (*Theotokia* [Ed.] iv). Der Grund dafür, daß O'Leary die neutestamentlichen Cantica als nicht ursprünglich zu den Theotokien gehörig betrachtet, ist ihr angebliches Fehlen in der äthiopischen Überlieferung (vgl. dazu unten S. 211 f.).

[54] Von ihrer Literatur ist mir jedoch leider nur eine kleine und recht zufällige Auswahl zugänglich. In seinem Buch über den »Täglichen Lobpreis und die Psalmen der Horen« behandelt MATTĀ 'L-MISKĪN nach den »Lobgesängen der Propheten« (= alttestamentliche Cantica; S. 109–112) auch die »evangelischen Texte (*nuṣūṣ*)« (S. 113–123), womit außer den drei bekannten neutestamentlichen Cantica noch Lk 2,14 und acht Texte aus der Johannes-Offenbarung gemeint sind. Von Magnifikat und Benedictus wird dabei gesagt, daß sie in der koptischen Kirche in den Vigilien des Monats Choiak (*ḫidmat sahar layālī kiyahk*) ihren Platz haben (S. 114 und 116). Da mir von einem anderen Vorkommen dieser Cantica im koptischen Offizium sonst nichts bekannt ist, muß ich die Angabe auf jenes Vorkommen beziehen, an das auch ich denke (Einzelheiten unten S. 206 f.). Beim Simeons-Canticum hat Mattā 'l-Miskīn einen entsprechenden Hinweis wohl nur versehentlich weggelassen, und dies vermutlich deshalb, weil hier auf verschiedene andere Vorkommen hinzuweisen war (S. 117 f.). Wenn er dort (S. 117) vom Nunc-dimittis im Mitternachtsgebet spricht, so wird er die oben S. 193, Anm. 4 genannte Verwendung meinen.

Beschreibung des koptischen Offiziums und der modernen Praxis
bekannt sind, sondern deren fünf. Die fünfte setzt sich aus den beiden
neutestamentlichen Cantica Lk 1,46–55 und 2,29–32 zusammen[55].
Sie nimmt nicht etwa den Platz nach den anderen vier ein, sondern
steht selbst an vierter Stelle, also zwischen der dritten und vierten
Ode heutiger Zählung, so daß letztere in M 574 als die fünfte zu
zählen wäre. Diese Ode an dieser Stelle ist nun in keiner Weise ungewöhnlich, vielmehr erwartet man sie hier geradezu, wenn man die
Verhältnisse in anderen Riten zum Vergleich heranzieht. Im byzantinischen Orthros haben wir als achte Ode den Gesang der drei Männer
im Feuerofen[56] und als neunte eine Kombination der beiden neutestamentlichen Cantica Lk 1,46–55 und 68–79; darauf folgen die Αἶνοι
(Ps 148–150). Die achte und neunte Ode sind die beiden fixen Oden,
wenn in der Fastenzeit die alte[57] Ordnung von täglich drei Oden,
darunter einer variablen, gewahrt ist. In den wesentlichen Punkten
ist eine gute Übereinstimmung zwischen den fixen Oden des byzantinischen Triodions und den Oden 3–5 der Handschrift M 574 festzustellen: hier Dan 3,52–88, Lk 1,46–55 und 2,29–32 und Ps 148–150,
dort Dan 3,57–88; Lk 1,46–55 und 68–79 und darauf folgend als Αἶνοι
Ps 148–150. Eine ähnlich treffende Übereinstimmung ergibt sich
mit dem armenischen Ritus. Dort hat die »Morgenhore« keine wechselnden Cantica. Am Beginn der Hore[58] steht das Canticum aus dem
3. Kap. des Danielbuches (Vers 26–45 und 52–88); es folgen die drei
neutestamentlichen Cantica (Lk 1,46–55; 1,68–79; 2,29–32) und, nach
dem Auferstehungs-Evangelium, die Psalmen 148–150. Wenn wir
also in M 574 die aus Lk 1,46–55 und 2,29–32 bestehende neutestament-

---

[55] Die beiden Cantica bilden hier eine Einheit; vgl. oben S. 105 f. Das neutestamentliche Canticum stand sicher auch in der Parallelhandschrift, aus der die beiden Berliner
Blätter stammen; vgl. oben S. 138 f. Das Vorkommen dort ist jedoch allein mithilfe
der Handschrift M 574 zu erschließen.

[56] Dan 3,57 ff. Das koptische Canticum beginnt mir Vers 52, nach BAUMSTARK die
ursprünglichere Abgrenzung (*Nocturna Laus* 178). Das Canticum geht sowohl bei den
Byzantinern als auch bei den Kopten bis zum Vers 88 des biblischen Textes, abgesehen
von einem kurzen nichtbiblischen Anhängsel. Wenn Baumstark es bis Vers 91 gehen
läßt (ebd.), so muß ein Versehen vorliegen.

[57] Sie dürfte allerdings in dieser Form kaum ursprünglich sein; vgl. HEIMING, *Anz.
Schneider* 406; BAUMSTARK, *Nocturna Laus* 178 f.; MATEOS, *Orthros* 31 f. (die Rekon-
struktion der ursprünglichen Verteilung ist bei Heiming und Baumstark einerseits und
Mateos andererseits verschieden).

[58] Ob dies der ursprüngliche Horenbeginn ist, ist eine andere Frage. Nach HEIMING,
Odenkanones 108 wäre dies nicht der Fall (vgl. oben S. 184).

liche Ode zwischen dem Gesang der drei Männer und den Psalmen
148–150 antreffen, dann ist diese hier durchaus am Platze. Und diese
Zusammenstellung von fünf Oden (die Psalmen 148 ff. nach koptischer
Auffassung mit gerechnet) stellt somit evidenterweise eine ältere
Tradition dar als die der vier Oden des späteren koptischen Stunden-
gebetes[59].

*
* *

Für die weitere Entwicklung innerhalb des koptischen Ritus ist
nun, so glaube ich, folgender Umstand von entscheidender Bedeutung
gewesen. Alle fünf Cantica von M 574 haben eine Art Refrain, der
nach jedem Vers wiederholt wird. Dieser ist bei dem neutestamentlichen
Canticum von ganz anderer Art als bei den vier alttestamentlichen.
Als Kehrvers dient beim ersten Canticum (Ex 15) »Laßt uns singen
dem Herrn, denn herrlich wurde er verherrlicht«, beim zweiten (Ps 135)
»Denn sein Erbarmen währet in Ewigkeit. Alleluja«, beim dritten (Dan
3) zunächst (Vers 52–56) »Du bist hochgepriesen, du wirst hocherhoben
bis in die Ewigkeiten«, dann (Vers 57 ff.) »Preiset ihn, erhebet ihn
hoch!«, beim vierten (Lk 1 und 2) das längere Troparion »Einer aus
der Dreifaltigkeit ...« und beim fünften (Ps 148 ff.) zunächst (Ps 148 f.)
»Alleluja« und dann (Ps 150) »Alelluja. Alleluja. Ehre (ist) dir, Gott
(griech.).« Man sieht sofort: die Kehrverse sind im Fall der Oden zwei
und drei schon als solche im biblischen Text vorhanden, bei den
Oden eins und fünf sind sie vom ersten Vers bzw. der Überschrift
auf die übrigen Verse übertragen worden; in allen vier Fällen gehören
sie aber zum biblischen Text selbst. Einzig die kurze Doxologie
»Ehre (ist) dir, Gott« beim Psalm 150, die auch schon durch ihre
griechische Sprache aus dem Rahmen fällt, hat keine Stütze im biblischen Text. Und es ist bezeichnend, daß sich dieser Zusatz im

---

[59] BAUMSTARK hielt das Vorkommen neutestamentlicher Cantica an dieser Stelle
des Offiziums für sekundär (*Liturgie comparée* 39) Seine Berufung auf das Fehlen neutestamentlicher Cantica im koptischen Nacht- und Morgenoffizium war aber ungerecht-
fertigt. Dies ist aus M 574 unmittelbar zu ersehen. Ob man es mit Sicherheit schon aus
der späteren Textanordnung des koptischen Mitternachtsgebetes hätte erkennen können,
können wir auf sich beruhen lassen. Wenn auf die alttestamentlichen Cantica hier ursprünglich keine neutestamentlichen folgten, dann hatten unmittelbar hinter den alttestamentlichen Cantica die Psalmen 148–150 ihren Platz, und Baumstark glaubt diese
nach ihm ursprünglichere Textfolge noch verschiedentlich bewahrt (*Nocturna Laus*
195 ff.). Auch hier ist aber seine Berufung auf den koptischen Ritus wieder verfehlt,
wie sich jedoch erst aus M 574 ergibt. Auch die Berufung auf den syrisch-antiochenischen
Ritus ist irrig, wie sich schon anhand von Baumstarks eigener Arbeit *Festbrevier* 146 f.,
auf die er selbst verweist, leicht kontrollieren läßt.

heutigen Text des Canticums nicht mehr findet; heute lautet der
Refrain des Psalms 150 einfach »Alleluja«[60]. Von diesen kurzen, dem
jeweiligen Bibeltext selbst angehörenden Kehrversen hebt sich nun
deutlich die freie Komposition des »Einer aus der Dreifaltigkeit ...«
bei der vierten Ode, dem neutestamentlichen Canticum, ab. Der
Unterschied zwischen diesen beiden Arten des Refrains hat nun in
der Folgezeit erhebliche Auswirkungen gehabt. Die zum biblischen
Text selbst gehörenden Kehrverse konnten bei den Kopten offensichtlich verhindern, daß die alttestamentlichen Cantica mit Troparien
ausgeschmückt wurden. Wenn man dagegen bei dem neutestamentlichen Canticum ein frei komponiertes Troparion einsetzte, dann
war ein Weg eingeschlagen, der beinah notwendig zu einer bestimmten
Entwicklung führen mußte, der immer reicheren Ausschmückung
des biblischen Canticums mit nichtbiblischen Stücken. Und in der
Tat konnten die Kopten dem Trend zur weiteren Ausgestaltung der
Einschalttexte nicht widerstehen. Das Ergebnis dieser Entwicklung
ist nirgendwo anders zu suchen als in den koptischen Theotokien.

Meine These lautet also folgendermaßen: Die späteren koptischen
Theotokien sind nichts anderes als eine Fortentwicklung älterer
Odentroparien, die zur Ausschmückung der neutestamentlichen
Ode des koptischen Mitternachtsgebetes, vielleicht schon der älteren
»Vigil«, bestimmt waren. Zum Beweis dieser These tragen verschiedene
Tatbestände bei. Zwei von ihnen sind gerade dargelegt worden:
Eine ältere Form des koptischen Mitternachtsgebetes besaß ein
neutestamentliches Canticum, und dies war in der Tat mit einem
Troparion ausgestattet. Beide Punkte sind durch M 574 sicher bewiesen.
Auf der anderen Seite stellt sich aufgrund dieser Tatsachen auch der
Befund des heutigen koptischen Mitternachtsgebetes in ganz neuem
Licht dar. Es geht dabei vor allem um die Stellung der Theotokien
im Mitternachts- und Abendgebet und um den Umstand, daß das
Vorkommen der neutestamentlichen Cantica-Texte unter den Theo-
tokien auch heute noch greifbar ist.

Beginnen wir mit dem zuletzt genannten Punkt. Der vollständige
Text aller drei neutestamentlichen Cantica wird auch im späteren
Offizium noch abschnittsweise zwischen den einzelnen Abschnitten
der Theotokie eines Tages vorgetragen. Nach dem in den Ausgaben

---

[60] Bei Ps 148 f. steht in M 574 das »Alleluja« bei jedem Halbvers (unserer heutigen
Zählung), nach heutiger Praxis jedoch nur in der Mitte jeden Verses (heutiger Zählung),
also nach dem ersten, dritten usw. Halbvers. — Ps 150 hat heute bei den Kopten auch in
anderer Verwendung das »Alleluja« nach jedem Vers, nämlich als Gesang zur Kommunion
(*Diakonale* 125–127).

zugänglichen Material stellt die Sachlage sich des näheren wie folgt
dar. In der Jahres-Psalmodie steht allein zwischen den Sektionen
sechs und sieben der Sonntags-Theotokie der Lobgesang Simeons
(Lk 2,29–32)[61]. In der Choiak-Psalmodie finden wir hingegen noch den
gesamten Text aller drei neutestamentlichen Cantica zwischen den
Sektionen eins bis sieben der Sonntags-Theotokie. Dabei ist der
biblische Text in folgende sechs Abschnitte unterteilt: Lk 1,46–50,
51–55, 68–72, 73–77, 78–79 und 2,29–32[62]. Bei den Theotokien der
einzelnen Werktage sind in den Ausgaben diese Abschnitte der neutestamentlichen Cantica nirgendwo eingesetzt; es finden sich auch
keine Verweise darauf. Dennoch ist nicht daran zu zweifeln, daß die
neutestamentlichen Cantica früher einmal auch hier in der angegebenen
Weise verwendet wurden, wie jene Handschriften zeigen, die an den
entsprechenden Stellen wenigstens noch durch Angabe der Initia auf
diese Abschnitte verweisen[63]. Angesichts des Befundes von M 574 ist
die Annahme, es handele sich bei diesen Abschnitten aus dem Lukas-
Evangelium um »Lesungen«[64] und diese seien erst sekundär in die
Theotokien eingeschoben worden[65], unhaltbar. Der Vergleich von
M 574 mit den späteren Theotokien zeigt klar, daß die Abschnitte
aus dem Lukas-Evangelium unter den sogenannten Theotokien das
ursprüngliche Element sind, dem die Theotokien zur Ausschmückung
beigegeben wurden. Es bliebe sonst auch unerklärt, warum man
präzis den Text aller drei neutestamentlichen Cantica[66] als »Lesungen«,
und zudem noch zerstückelt, in die schon vorhandenen Theotokien
eingeschoben haben sollte. Ebenso bliebe unerklärt, warum man
neben dem Magnifikat auch die Lobgesänge des Zacharias und Simeons

---

[61] *Jahres-Psalm.* (1908; Kairo) 121; *Jahres-Psalm.* (1908; Alex.) 123; *Jahres-Psalm.*
(1949) 116.

[62] *Choiak-Psalm.* (1764) 307–315; *Choiak-Psalm* (1911) 798–837; Choaik-Psalm (1955)
352–390. Für die Handschriften vgl. O'LEARY, *Office* 65 und *Theotokia* (Ed.) iv; außerdem
Cod. Vat. copt. 36 (*Cod. Copt.* I 155–157). Nur eine Handschrift hat für die Abschnitte 3 bis
5 eine etwas andere Abgrenzung; Lk 1,68–70, 71–75 und 76–79 (O'LEARY, *Office* 59 und
Theotokia [Ed.] iv).

[63] O'LEARY, *Theotokia* (Ed.) iv.

[64] Vgl. oben S. 203, Anm. 51 f. Die gedruckten liturgischen Bücher machen keine
Angabe über die Art des Vortrages. Als einzige Rubrik findet sich der Titel »Evangelium
nach Lukas«. Als Oden werden diese Texte heute natürlich nicht angesehen.

[65] Vgl. oben S. 203, Anm. 53.

[66] Dagegen spricht nicht, daß das Magnifikat mit Lk 1,46a (»Und Maria sprach ...«)
beginnt. Auch in M 574 (134,12) und im *Psalter* (S. 488) beginnt das Canticum mit diesen
Worten.

in Verbindung mit den ganz marianisch bestimmten Theotokien
herangezogen haben sollte. Umgekehrt ist die Zusammengehörigkeit
der drei Cantica völlig klar, wenn man sie als das primäre Element
betrachtet. Als Cantica wurden die fraglichen Texte schon früh zu
einer Einheit zusammengefaßt. Für den koptischen Bereich haben
wir eben das Beispiel unserer Handschrift M 574. Die Abschnitte
Lk 1,46–55 und 2,29–32 haben einen gemeinsamen Kehrvers und
tragen eine gemeinsame Überschrift, nämlich »Der Hymnus der
heiligen Jungfrau Maria«. Im byzantinischen Ritus bilden die Abschnitte Lk 1,46–55 und 68–79 im Orthros eine einzige Ode, die neunte,
für die wiederum ein einziger Refrain angegeben ist: $T\grave{\eta}\nu$ $\Theta\epsilon o\tau\acute{o}\kappa o\nu$
$\dot{\epsilon}\nu$ $\ddot{\upsilon}\mu\nu o\iota s$ $\mu\epsilon\gamma\alpha\lambda\acute{\upsilon}\nu o\mu\epsilon\nu$[67]. In der armenischen »Morgenhore« sind die
unmittelbar auf die drei neutestamentlichen Cantica folgenden Texte
nach dem Magnifikat benannt[68]. Wenn so die neutestamentlichen
Cantica eine Einheit bildeten und das am Beginn stehende Magnifikat
dem Ganzen sein Gepräge gab, dann ist es durchaus verständlich, daß
das um sie herumgelegte Rankenwerk der Troparien in seiner Thematik
gleichfalls überwiegend marianisch bestimmt wurde und mit »Theotokien« einen entsprechenden Titel erhielt.

Schwer einzuschätzen ist die Tragweite eines anderen Argumentes
für die Verwendung der neutestamentlichen Cantica am Ende der
späteren Mitternachtshore. Verschiedentlich finden wir das Simeons-
Canticum im Mitternachtsgebet nach der ersten Ode oder vor den
Schlußgebeten der Hore (im Horologion)[69]. Wenn sich hier gerade das
letzte der drei neutestamentlichen Cantica aus älterer Überlieferung
gehalten haben sollte, so stünde das in vollem Einklang mit der
eben gemachten Beobachtung, daß auch unter den Theotokien gerade
dies Canticum sich am erfolgreichsten behaupten konnte. Ich kann
aber nicht sagen, ob das Simeons-Canticum an den genannten Stellen
direkt auf eine ältere Tradition zurückgeht. Speziell für das Vorkommen
vor den Schlußgebeten könnte man vermuten, daß der Text wegen
seiner Ausdrucksweise als geeignet für die »Entlassung« am Schluß der

---

[67] *Byzant. Horol.* 114.

[68] *Armen. Horol.* 134 f.; *Armen. Offiz.* 124 f.; *Brev. Armen.* 99 ff. Sollten das Zacharias-
und das Simeons-Canticum hier erst später an das Magnifikat angehängt worden sein?
Joh. v. Odsun erwähnt ausdrücklich nur das Magnifikat (*Opera* 228; 24. Kanon der
Synode von Dwin, ebd. 68); ebenso Stephan v. Siunik, *Erklärung* 238, 485, 487 und 489.
»Magnifikat« könnte nach dem Gesagten aber auch ein gemeinsamer Titel für die drei
neutestamentlichen Cantica sein; so auch Hac'uni, *Geschichte* 159.

[69] Belege siehe oben S. 193, Anm. 4.

Mitternachtshore angesehen und darum hierher gesetzt wurde. Oder
sollte ein Redaktor in voller Kenntnis der eigentlichen Zusammenhänge
einem ursprünglich hierher gehörigen Text wieder zu seinem Recht
verholfen haben? Es spricht aber nichts dafür, daß Canticum hier
den ihm zukommenden Platz unter den Theotokien einnehment soll.
Vielleicht hat man auch bei der Aufnahme ins Horologion überhaupt
nur an eine private Rezitation ohne die dazugehörigen Psalmodie-
Texte gedacht. Eine größere eigene Beweiskraft kann man diesem
Argument keinesfalls zuerkennen. Ausschlaggebend bleibt allein das
Vorkommen der neutestamentlichen Cantica unter den Theotokien.

Was uns zu einem völlig glatten Beweis leider bis heute fehlt, ist
ein formelles Zeugnis dafür, daß die Kopten früher einmal im Nachtoffizium ein neutestamentliches Canticum hatten, das sich aus Lk 1,46–
55, 68–79 und 2,39–32 zusammensetzte. In M 574 sind nur Lk 1,47–55
und 2,29–32 in dieser Verwendung belegt[70]. Trotzdem bleibt M 574
ein äußerst wertvolles Beweisstück für unsere These. Diese Handschrift, der einzige ältere Zeuge für die Oden im Nachtoffizium,
enthält das neutestamentliche Canticum genau an der Stelle, an der
man es, ausgehend vom Vergleich mit anderen Riten, erwarten
würde. Wenn der Lobgesang des Zacharias, der nach unserer These
ebenfalls einmal zu dem neutestamentlichen Canticum des koptischen
Nachtoffiziums gehört haben muß, hier fehlt, dann muß man vor
allem im Auge behalten, daß uns vorerst weitere Zeugnisse neben
M 574 völlig fehlen. Wir wissen nicht, ob diese Handschrift für das
Offizium ihrer Zeit in Ägypten repräsentativ ist. M 574 kann eine
bestimmte Entwicklungsstufe im Wachsen des koptischen »Odenkanons« oder eine lokale Sonderform darstellen. Stünden uns weitere
Zeugen zu Gebote, dann ließen sie uns vielleicht eine unterschiedliche
Zusammensetzung des neutestamentlichen Canticums sehen. Vergleicht man M 574, den byzantinischen und den armenischen Odenkanon, dann sieht man die Variabilität in der Zusammensetzung der
neutestamentlichen Ode. Einmal ist es Lk 1,46–55 und 2,92–32, das
andere Mal Lk 1,46–55 und 68–79 und dann wieder Lk 1,46–55, 68–79
und 2,29–32. So ist es nicht allzu verwunderlich, wenn wir in Ägypten

---

[70] Auch in der Parallelhandschrift, aus der die beiden Berliner Blätter stammen;
vgl. oben S. 138. Wollte man dort zusätzlich den Text von Lk 1,68–79 annehmen, dann
müßten zwischen den beiden erhaltenen Blättern mehr als zwei Blätter verlorengegangen
sein. Um den Raum von (drei oder) vier Blättern auszufüllen, müßte man in diesem Teil
der Handschrift dann weitere Texte voraussetzen, die keine Parallele in M 574 haben,
eine wenig wahrscheinliche Annahme.

verschiedene Zusammenstellungen bezeugt finden. Dabei können wir nicht mit Sicherheit sagen, wie in Ägypten das historische Verhältnis zwischen dem aus Lk 1,46–55 und 2,29–33 bestehenden Canticum und dem aus Lk 1,46–55, 68–79 und 2,29–32 bestehenden zu fixieren ist. Obwohl jenes das früher (in M 574) und dieses das später (in den Theotokien) bezeugte ist, folgt nicht notwendig, daß jenes auch eine Zwischenstufe in der Entwicklung zu diesem hin bildet. Der Befund von M 574 stellt vielleicht nur einen Seitenast der Entwicklung dar, wie wir ja auch nicht wissen, ob uns in M 574 das gemeinägyptische Offizium der Zeit oder nur eine lokale Sonderform greifbar wird. Es ist nicht ausgeschlossen, daß zur selben Zeit in anderen Gegenden Ägyptens alle drei neutestamentlichen Cantica unter den Oden des Nachtoffiziums verwendet wurden. Andererseits hat auch die Zusammenstellung von Lk 1,46–55 und 2,29–32 nichts Ungewöhnliches. Schon der Codex Alexandrinus läßt auf Lk 1,46–55 (dort 11. Ode) zunächst Lk 2,29–32 (12. Ode) und erst dann Lk 1,68–79 (13. Ode) folgen[71]. Ebenso folgt in der Wiener Odenhandschrift auf Lk 1,46–55 sofort Lk 2,29–32[72]. Da der Schluß der Handschrift verloren ist, ist nicht ganz sicher, ob sie danach Lk 1,68–79 enthielt[73].

Von Bedeutung ist sodann die Stelle im Offizium, die die neutestamentlichen Oden einerseits und die späteren Theotokien andererseits einnehmen. Wenn man einmal voraussetzt, daß die Theotokien, genauer: die in ihnen versteckten neutestamentlichen Cantica, in Wirklichkeit eine fünfte Ode neben den vier auch heute noch so genannten bilden und man ihnen aufgrund ihrer Stellung im späteren Offizium die Nummer fünf gibt, dann ist die Textverschiebung von M 574 her gesehen minimal. Gegenüber M 574 hätten die Oden vier und fünf ihre Plätze getauscht. Daß der ursprüngliche Platz der neutestamentlichen Cantica vor den Psalmen 148–150, war, scheint mir aufgrund des Befundes von M 574 und der Übereinstimmung mit anderen Riten sicher. Ich möchte also annehmen, daß der Platz, den heute die Theotokien einnehmen, nicht der ist, an dem die neutestamentlichen Cantica ursprünglich standen. Was im einzelnen die Textumstellung veranlaßt hat, können wir wiederum nicht sagen. Eine solche Textumstellung wäre aber durchaus verständlich. Da die

---

[71] Vgl. *Cod. Alex.*, Blatt 569 (alte Foliierung) oder beispielsweise RAHLFS, *Psalmi* 79 f.

[72] TILL-SANZ, *Odenhandschrift* 22 und 111 f.

[73] Sanz nimmt dies aufgrund der Odenanordnung im Alexandrinus als sicher an (TILL-SANZ, *Odenhandschrift* 22). Da wahrscheinlich sechs Blätter verlorengegangen sind (ebenda 12), so war der erforderliche Platz zweifellos vorhanden.

Psalmen 148–150 bei den Kopten zu den vorausgehenden Oden
gerechnet und auch als solche bezeichnet wurden, wäre es möglich,
daß man später die alttestamentlichen Oden zusammenfassen und
die neutestamentlichen darauf folgen lassen wollte. Damit hätte man
ja auch nur die Ordnung wiederhergestellt, die ursprünglich bestand,
bevor die Psalmen 148–150 zu den Oden gezogen worden waren.
Vielleicht hat aber auch gerade die Ausbildung der Theotokien zu der
Umstellung beigetragen. Wie die spätere Entwicklung zeigt, ist unter
dieser immer mehr anschwellenden Textmasse das biblische Element
in den Hintergrund getreten und sogar weithin ausgeschieden worden.
So könnte hier auch die Überlegung mit im Spiel gewesen sein, daß
die biblischen Texte eine zusammengehörige Gruppe bilden und deshalb
auch zusammen stehen sollten; die jetzt nicht mehr als biblische Ode
empfundenen Theotokien mußten so den Psalmen 148–150 den Platz
räumen. Über Vermutungen kommen wir aber auch hier nicht hinaus.
Letztlich wissen wir nicht, ob die Umstellung der Oden vier und
fünf erfolgte, bevor es eine reicher ausgestaltete Form der Einschalttexte zu der neutestamentlichen Ode gab oder erst nachdem diese
Theotokien einen größeren Umfang angenommen hatten[74].

Der Befund, den das äthiopische Horologion in seiner überlieferten
Form bietet, ist leider nicht sicher zu deuten. Hier folgen im Mitternachtsgebet bzw. im »Gebet beim Hahnenschrei« auf die »Theotokie«
(äthiopisch »Lob Mariens«) die drei neutestamentlichen Cantica aus
Lk 1–2[75]. Auf der einen Seite sind damit eben jene neutestamentlichen
Oden als zusammenhängender Abschnitt bezeugt, die wir in den uns
bekannten direkten Quellen des koptischen Stundengebetes vergeblich
suchen. Auf der anderen Seite sind diese Oden aber nicht in einer
Weise mit der dazugehörigen »Theotokie« verbunden, die als ein
mögliches Stadium in der von uns angenommenen Entwicklung
innerhalb des koptischen Bereiches verstanden werden könnte. Wenn
bei den Kopten selbst der biblische Text der neutestamentlichen
Cantica immer mehr von der begleitenden Theotokie verdrängt wurde,

---

[74] Eine eigene Anordnung von Oden und Theotokie war früher im Makarius-Kloster
üblich : die Theotokie wurde zwischen die Oden zwei und drei eingeschaltet (O'LEARY,
Directory Fragment 431 f.). Hier haben wir es m. E. mit einer Sonderentwicklung zu tun,
die schon die Trennung von Oden und Theotokie voraussetzt.

[75] TURAEV, *Horol.* 158; *Horol. aeth.* 100 (jeweils nur Verweise); *Äthiop. Horol.* 333–336.
Es folgt dort unmittelbar ein weiteres biblisches Stück, nämlich das Gebet des Ezechias
(Is 38,10–20), das in der Überlieferung des koptischen Stundengebetes gleichfalls bezeugt
ist (vgl. oben S. 40, Anm. 158).

so bleiben dennoch seine Spuren immer noch im Text der jeweiligen
Theotokie greifbar. Demgegenüber treffen wir bei den Äthiopiern
den Text von »Theotokie« und neutestamentlichen Cantica schon
säuberlich getrennt an: die »Theotokie« geht hier den neutestamentlichen Cantica voraus. Die äthiopische Textanordnung kann also
schwerlich einen Zustand bewahrt haben, in dem die Äthiopier diese
Texte einst von den Kopten übernommen haben könnten. Damit
bleibt auch in etwa fraglich, ob die Äthiopier überhaupt Theotokie
und neutestamentliche Cantica als Einheit von den Kopten übernommen haben[76]. Es ist nicht absolut ausgeschlossen, daß sie die
neutestamentlichen Cantica selbständig in ihr Stundengebet eingeführt
haben. Dennoch sehe ich im äthiopischen Horologion eine starke
Stütze für unsere These vom Ursprung der koptischen Theotokien
als poetischem Beiwerk zu den neutestamentlichen Cantica. Und
dies nicht zuletzt eben wegen der eigenartigen Textanordnung. Denn
darin, daß die neutestamentlichen Cantica erst auf die »Theotokie« des
Tages folgen, kommt klar zum Ausdruck, daß die Äthiopier diese
Textgruppen als zusammengehörig empfunden haben. Hätten sie
nur die neutestamentlichen Oden, weil sie sie in ihrem Stundengebet
vermißten, ins Horologion aufnehmen wollen, so hätten sie sie sicher
zu den übrigen biblischen Oden gestellt, an den Platz, den diese
Cantica auch in den Offizien anderer Riten einnehmen. Wenn man
die Frage stellt, warum die Äthiopier später »Theotokie« und Oden
in der angegebenen Weise geschieden haben sollten, so ließe sich
schon ein rein praktischer Grund denken. Es könnte einfach so gewesen
sein, daß man die mit dem Wochentag wechselnden Stücke zusammenstellen wollte.

Auch auf die Frage, wie man sich bezüglich der Oden das ober-
ägyptische Offizium vorzustellen habe, das nach Abū 'l-Barakāt die
in Unterägypten entstandenen Theotokien nicht übernommen hatte[77],
ist wiederum eine Antwort vorerst nicht möglich. Es fehlt uns hier
an genaueren Zeugnissen über den Aufbau dieses oberägyptischen
Offiziums. Jedenfalls bedeutet die Tatsache, daß es in einem großen
Teil Ägyptens noch zu Abū 'l-Barakāts Zeit ein Offizium ohne
Theotokien gab, keineswegs, daß dies Offizium nicht die neutestament-

---

[76] O'Leary sah im äthiopischen »Lob Mariens« eine Form der Theotokien, die noch
frei von den später »interpolierten« neutestamentlichen »Lesungen« war (vgl. oben S. 203,
Anm. 53). Daß auch hier unmittelbar die fraglichen neutestamentlichen Cantica folgen,
muß er übersehen haben.

[77] Villecourt, *Observances liturgiques* II 229.

lichen Cantica enthielt, obwohl wir natürlich des Gegenteil auch
nicht mit Sicherheit behaupten können. Und noch weniger können
wir etwas über die Stellung dieser neutestamentlichen Cantica sagen,
ob diese nämlich ihren Platz vor oder nach den Psalmen 148–150
hatten. Überhaupt ist Abū 'l-Barakāts Angabe letzlich doch recht
vage. Man wird sie kaum so interpretieren können, als wäre das ober-
ägyptische Offizium in allen Einzelheiten dem von ihm beschriebenen
unterägyptischen gleich gewesen, nur daß ihm die Theotokien fehlten.

Die Entwicklung vom einfachen Troparion, das als Kehrvers in
den Text der Ode eingeschaltet wird, zu den späteren umfangreichen
Theotokien kann auf verschiedene Weise vor sich gegangen sein.
Wir werden mit einem Zusammenspiel der verschiedenen Möglichkeiten zu rechnen haben. Neben das einfache Troparion können
weitere zum Auswechseln treten, die es bei bestimmten Gelegenheiten
oder auch in regelmäßigem Wechsel ersetzen. Ein Troparion kann als
Musterstrophe dienen, nach dem man weitere Strophen dichtet.
Ganze Strophenfolgen können als solche komponiert sein, sich aber
auch schon vorhandene Texte einverleibt haben. Ob die Kopten von
der Möglichkeit, wechselweise verschiedenen Troparien zu verwenden,
Gebrauch gemacht haben, können wir nicht sicher feststellen. Eine
etwas kühne Vermutung könnte dahin gehen, daß die Texte der
Sektion F von M 574 eben zur Einschaltung in das neutestamentliche
Canticum bestimmt waren. Auf der einen Seite findet sich kein direkter
Hinweis auf den Verwendungszweck dieser Troparien und Chaire-
Anrufungen, auf der anderen Seite enthalten beide Troparien und
der Chairetismos das Wort $\mu\epsilon\gamma\alpha\lambda\acute{\upsilon}\nu o\mu\epsilon\nu$. Darin liegt eine gewisse
Affinität zum Magnifikat, obwohl es natürlich Texte mit diesem Wort
geben kann und gibt, die nicht zur Einschaltung in das Magnifikat
bestimmt sind, und für diesen Zweck umgekehrt auch Texte verwendet werden, die dieses Wort nicht enthalten. Da wir sonst keinen
anderen Hinweis auf den Bestimmungszweck der fraglichen Texte
haben, es immer noch die nächtsliegende Annahme, in ihnen für das
neutestamentliche Canticum bestimmte Kehrverse zu sehen[78]. Eine

---

[78] Einzig die Tatsache, daß die Texte der Sektion F in beiden Sprachen, griechisch
und koptisch, gegeben sind, die neutestamentliche Ode aber wie die übrigen nur koptisch,
könnte als eine gewisse Schwierigkeit gegen diese Annahme erscheinen. Durchschlagend
ist sie aber nicht. Der zweisprachige Charakter der ägyptischen Liturgie könnte sich
auch einmal auf diese Weise ausgedrückt haben. Vielleicht wurde aber nur mit der
koptischen Übersetzung dieser Texte ihre griechische Vorlage weiter tradiert, ohne
noch im Gottesdienst verwendet zu werden.

zusätzliche Bestätigung für diese Annahme könnte darin liegen, daß daß ein Teil der Chaire-Anrufungen in den späteren Theotokien weiterlebt[79]. Sollten diese Chaire-Anrufungen schon in M 574 dazu bestimmt gewesen sein, fallweise in das neutestamentliche Canticum eingeschaltet zu werden, dann hätten sie schon damals die Funktion erfüllt, die ihnen nach unserer These auch im Rahmen der späteren Theotokien zukommt, nämlich zur poetischen Auschmückung des biblischen Textes der neutestamentlichen Cantica zu dienen.

Die koptische und äthiopische Überlieferung führt zwar die Entstehung der späteren Theotokien auf einen individuellen, wenn auch für uns nicht mehr identifizierbaren Verfasser zurück[80], doch bilden diese Texte ganz sicher keine Komposition aus einem Guß. Ob verschiedene Teil der Theotokien[81] sukzessiv entstanden und dem jeweils schon Bestehenden hinzugefügt wurden, wissen wir einmal mehr nicht. Es ist aber unbezweifelbar, daß den Theotokien auch schon vorhandene Texte integriert wurden. Das deutlichste Beispiel sind die gerade eben genannten Strophen eins bis drei des dritten Abschnitts der Dienstags-Theotokie. Dieser Text muß ganz entschieden älter sein als die endgültige Form der Theotokien. Er ist nicht nur in Ägypten schon früh bezeugt, sondern läßt sich auch im byzantinischen und ambrosianischen Ritus nachweisen[82]. Bezeichnenderweise findet sich dieser Text auch im M 574, und wir hatten gerade die Möglichkeit erwogen, daß er dort zur Einschaltung in die neutestamentliche Ode bestimmt gewesen sein könnte. Wenn diese Annahme zutreffen sollte, dann wäre uns in M 574 das Zwischenstadium der Entwicklung vom ursprünglich selbständigen Text zum integrierenden Bestandteil der Theotokien

[79] M 574, p. 146,18–26 = Strophe 1–3 des 3. Abschnitts der Dienstags-Theotokie.

[80] Vgl. EURINGER, *Mutmaßl. Verfasser*; CERULLI, *Miracoli di Maria* 295–297 und die dort angegebene Literatur. Die koptische Tradition bei Abū 'l-Barakāt (VILLECOURT, *Observances liturgiques* II 229 f.). Die in allen Nachrichten wiederkehrende Bezeichnung des Dichters der Theotokien als »Töpfer« muß den Kopten durchaus geläufig gewesen sein. In einem »Psali« zur Sonntags-Theotokie wird einmal eine der zahlreichen Zitationen aus dem Theotokie-Text so charakterisiert: ⲠⲈϪⲈ ⲠⲒⲔⲈⲢⲀⲘⲈⲨⲤ = »Der Töpfer sagte« (*Choiak-Psalm.* [1911] 844; *Choiak-Psalm.* [1955] 394). Wahrscheinlich ist damit das vorausgehende Zitat ⲦⲈⲞⲒ ⲚϦⲒⲔⲀⲚⲞⲤ gemeint (z. B. *Jahres-Psalm.* [1908; Kairo] 131), andernfalls das folgende ⲨⲤⲞⲤ ⲚⲒⲂⲈⲚ (ebenda 117). Im Kolophon des Cod. Borg. copt. 70 werden bei der Erwähnung der Texte, die die »Psalmodie« enthält, *aṭ-ṭidākīyāt al-fāḫūrīyah* = »die Töpfer-Theotokien« genannt (*Cod. Copt.* II 316).

[81] Es ist hier nur der eigentliche Theotokien-Text gemeint, nicht auch die dazugehörigen »Psali« oder gar »Paraphrasen« usw.

[82] Vgl. unten S. 315.

greifbar. Ursprünglich war der Text von der Dienstags-Theotokie, die ja als solche viel jüngeren Datums ist, völlig unabhängig. Unabhängig war er, soweit wir es feststellen können, zunächst auch vom Magnifikat und den neutestamentlichen Cantica überhaupt. Bedarfsweise wäre er dann als Tropar in die neutestamentliche Ode eingeschaltet worden, und es wird auf diesem Wege gewesen sein, daß er schließlich fest in eine Theotokie, die des Dienstags, übernommen wurde, in der wir ihn heute noch antreffen[83].

Ein eigenes Problem bildet in diesem Zusammenhang der lange Abschnitt in der Handschrift M 575, der unter dem Titel »Über unseren Erlöser und seine jungfräuliche Mutter« eine Reihe von 89 Einzeltexten gruppiert, die in ihrer Gesamtheit den späteren Theotokien thematisch verwandt sind und von denen 23 direkte Parallelen zu Abschnitten der späteren Theotokien darstellen[84]. Hatten diese Texte etwa denselben Verwendungszweck wie die späteren Theotokien? In welchem Verhältnis stehen beide Textgruppen zueinander? Diese Fragen sind umso wichtiger, als ja die Handschrift M 575 aus derselben Zeit stammt wie die Handschrift M 574[85]. Wenn es am Ende des 9. Jahrhunderts schon etwas nach Art der späteren Theotokien gab, wie steht es dann mit der Herleitung der Theotokien aus dem Troparion zur neutestamentlichen Ode?

Mit den genannten Texten aus M 575, mit ihrem Verwendungszweck und dem Verhältnis zu den späteren bohairischen Theotokien hat sich eingehender J. Muyser befaßt[86]. Das Ergebnis seiner Bemühungen ist ein *non liquet*. Und auch mit unseren heutigen Kenntnissen kommen wir nicht wesentlich über Muyser hinaus, auf keinen Fall zu gesicherten Ergebnissen. Die Handschrift selbst gibt uns wieder einmal nur sehr unvollkommen darüber Auskunft, wo und wie die fraglichen Texte in der koptischen Liturgie Verwendung fanden. Ein möglicherweise wichtiger Hinweis in der Handschrift bleibt zudem unverständlich.

Die Handschrift enthält, wie erinnerlich, »Antiphonen«, womit vermutlich Texte gemeint sind, die eine ähnliche Funktion haben wie

---

[83] Ein anderswoher in die späteren Theotokien übernommener Abschnitt ist höchstwahrscheinlich noch das oben S. 79 mit Anm. 139 genannte Weihnachts-Sticheron der byzantinischen Liturgie.

[84] Zur Handschrift vgl. oben S. 87 ff. Die marianischen Texte p. 55–88 (Nr. 142–230). Übersicht über die Parallelen zu den bohairischen Theotokien bei MUYSER, *Maria's heerlijkheid* 74.

[85] Vgl. oben S. 87, Anm. 45.

[86] MUYSER, *Maria's heerlijkheid* 60–74.

die späteren Difnar-Hymnen. Im Gegensatz zum späteren Difnar, der
für jeden Tag zwei Hymnen, einen im Ton Adam und einen im Ton
Batos, enthält, ist in M 575 die für ein Fest oder eine bestimmte
Zeit des Kirchenjahres vorgesehene Textmasse sehr variabel, sowohl
dem Umfang nach als auch in der Anzahl der Einzelabschnitte, die
in der Handschrift durchlaufend numeriert sind[87]. Die Einzelabschnitte
selbst sind wieder von sehr unterschiedlicher Länge. Wie die einzelnen
Abschnitte verwendet und untereinander kombiniert wurden, ist
nicht zu ersehen. Die Anordnung der Texte in der Handschrift folgt
dem Lauf des Kirchenjahres[88]. Höchst fraglich ist, inwieweit der
Festkalender der Handschrift für die ägyptische Kirche des ausgehenden 9. Jahrhunderts repräsentativ ist. Nach Muyser haben
wir es mit einer »abgekürzten Form« des Antiphonars zu tun[89]. Die
89 Einzelabschnitte marianischen Inhalts stehen nun unter den
Festen des Monats Choiak. Muyser fand diese Stellung unerklärlich[90],
mir scheint sie dahingegen durchaus natürlich. Diese Texte sind ganz
auf das Geheimnis der Mutterschaft Mariens und der Geburt Christi
abgestimmt, nicht etwa auf die Thematik anderer Marienfeste, so
daß sie kaum für eine andere Zeit des Kirchenjahres als das Weihnachtsfest und den zur Vorbereitung auf dieses Fest dienenden Advent
bestimmt gewesen sein können. Wenn die anderen »Antiphonen« der
Handschrift wie die späteren Difnar-Hymnen verwendet wurden,
dann hat es alle Wahrscheinlichkeit für sich, daß die Nummern 142–230
vor und am Weihnachtsfest die Funktion solcher »Antiphonen« hatten
und damit in ihrer Verwendung ebenfalls den späteren Difnar-Hymnen
entsprechen. Unklar bleibt eine dreimal[91] vorkommende Rubrik ⲕⲉ-

---

[87] Verschiedene Feste haben nur einen einzigen Abschnitt dieser Art, den kürzesten
das der heiligen Psate und Kallinikus von nicht einmal einer halben Seite (88,7–18).
Am umfangreichsten sind die Texte »Über die Auferstehung unseres Erlösers und sein
Kreuz« (p. 111,24–126,10 = Nr. 295–353), die aber vielleicht nicht nur für den Tag
des Osterfestes, sondern für die ganze Osterzeit bestimmt waren.

[88] Vgl. die Übersicht bei MUYSER, *Maria's heerlijkheid* 68–71. Hinzufügen wäre das
Fest der »Weihe der heiligen Kirche von Kalamon«, dessen Texte auf einem der Muyser
offensichtlich nicht zugänglichen Berliner Blätter (vgl. oben S. 87, Anm. 45) beginnen
(Titel p. 24,28 f.; Beginn mit Nr. 66). Dies Fest fällt nach dem äthiopischen Synaxar
auf den 14. Hatür (BUDGE, *Book of the Saints* 245). Das Datum paßt zu dem Platz, den
das Fest in M 575 einnimmt.

[89] MUYSER, *Maria's heerlijkheid* 72.

[90] Ebenda.

[91] Vor Nr. 157 (61,24), vor Nr. 179 (69,22) und vor Nr. 207 (79,29).

ⲞⲨⲞⲈⲓⲰ ⲞⲚ = »zu anderer Zeit«[92]. Daß der ganze marianische
Abschnitt der Handschrift M 575 selbst schon praktisch ein Vorläufer
der späteren Theotokien gewesen wäre, halte ich für wenig wahrscheinlich. Die 23 Nummern, die Parallelen zu Abschnitten der
späteren Theotokien darstellen, finden sich in M 574 in völlig anderer
Ordnung; sie bilden dort auch keine zusammenhängende Gruppe[93].
Und der Zusammenhang zwischen den Texten von M 575 und den
späteren Theotokien dürfte so zu sehen sein, daß die Texte von M 575
den späteren Theotokien als Quelle gedient haben. Als einmal der
Schritt vom einfachen Troparion der neutestamentlichen Ode zur
umfangreicheren Komposition, die den biblischen Odentext aus-
schmücken sollte, getan war, benutze man zum Ausbau der Theotokien
auch die schon vorliegenden marianischen »Antiphonen«. Zur Zeit,
als die Handschriften M 574 und M 575 geschrieben wurden, wird
es wohl keine Konkurrenz zwischen dem Odentroparion von M 574
und den »Theotokie«-Texten von M 575 gegeben haben. Die umfangreicheren Theotokien der späteren Zeit waren damals weder in dieser
noch in jener Form bekannt. In die neutestamentliche Ode wurde
ein einfaches Troparion eingeschaltet. Die Texte von M 575 wurden
etwa nach Art der späteren Difnar-Hymnen in der Advents- und
Weihnachtszeit verwendet. Vielleicht wurden derartige Texte auch
schon gelegentlich als Kehrvers in die neutestamentliche Ode übernommen. Eine solche Annahme ist aber nicht notwendig, um das

[92] Oder »Auch zu anderer Zeit«? Absolut unverständlich ist mir das ⲈⲐⲎ ⲈϤⲓⲢⲈ
Ⲛ Ⲕ̅Ⲅ̅, mit dem diese Rubrik im ersten Fall noch weitergeführt wird. Schon die Übersetzung macht Schwierigkeiten. ⲈⲐⲎ könnte für saïdisches ⲚⲐⲈ = »wie« stehen
(eigentlich saïdisches ⲈⲐⲎ wäre »vorwärts« u. ä.). Aber was soll »wie er 23 macht«
heißen?

[93] Von dem langen Abschnitt in M 575 »Über unseren Erlöser und seine jungfräuliche
Mutter« finden sich elf Nummern auch in der unveröffentlichten Papyrushandschrift
M 636 der Pierpont Morgan Library. Es handelt sich dabei nicht um einen zusammen-
hängenden Abschnitt aus M 575, und die einzelnen Texte stehen in M 636 verstreut
unter anderen. Unter diesen elf Nummern sind zwei, die selbst wieder ihre bohairische Parallele unter den späteren Theotokien haben: M 575, Nr. 143 (pag. 55 f.) =
M 646, fol 31 v 1 – 14 r 5 = 5. Abschnitt der Mittwochs-Theotokie (z. B. *Jahres-Psalm.*
[1908; Kairo] 199 ff.; zur Abhängigkeit dieses Textes von Proklus' Marienpredigt PG 65,
680 ff. vgl. MUYSER, *Maria's heerlijkheid* 117, Anm. 273, und 159 f.) und M 575, Nr. 203
(pag. 78) = M 636, fol. 2 v 9–15 = Anfang des 9. Abschnitts der Donnerstag-Theotokie
(z. B. *Jahres-Psalm.* [1908; Kairo] 230; die Parallelität geht hier praktisch nicht über
das Zitat Offb 12,1–2 hinaus). M 636 (früher: C 31) ist in einer vulgären, wenig konstanten
Spielform des Faijumischen geschrieben, der KASSER den Rang eines eigenen Dialektes
zuerkennt (»achmouninique«, Sigel: *H*; vgl. u. a. *Dialectes* 112 f.).

Faktum zu erklären, daß diese Texte später beim Ausbau der Theotokien benutzt wurden. Ihr Inhalt empfahl sie hierfür ausreichend.
Ein Teil des Textbestandes der späteren Theotokien dürfte aber
eigens für den Zweck, dem sie dienen sollten, abgefaßt sein, also nach
unserer Auffassung zur Ausschmückung der neutestamentlichen Ode.

Nachdem schon bei einem ersten Vergleich der hier behandelten
Texte von M 574 mit der späteren »Psalmodie« eine klare Verwandtschaft zwischen den beiden Textsammlungen zutage trat[94], erweist
sich diese Verwandtschaft zwischen M 574 und der »Psalmodie« durch
die inzwischen gewonnenen Ergebnisse als noch viel enger. In der
»Psalmodie« nehmen die sogenannten Theotokien einen so breiten
Raum und eine zo zentrale Stelle ein, daß dies liturgische Buch häufig
nach ihnen benannt wird. Obwohl wir in M 574 einen kleinen Abschnitt
antrafen, der sich in den späteren Theotokien wiederfindet[95], mußte
es zunächst so scheinen, als enthalte M 574 keine Texte nach Art der
späteren Theotokien. Der gerade genannte, M 574 und den späteren
Theotokien gemeinsame Abschnitt gehörte ja ursprünglich gar nicht
zu den Theotokien, und es mußte erst einmal offen bleiben, ob er in
M 574 für eine ähnliche Verwendung wie die Theotokien der späteren
»Psalmodie« bestimmt war. Die weitere Untersuchungen hat uns nun
gezeigt, daß auch in diesem Punkt zwischen M 574 und der »Psalmodie«
jene Übereinstimmung herrscht, die nach Maßgabe der Umstände
überhaupt erwartet werden kann. Zur Zeit, als M 574 geschrieben
wurde, gab es die Theotokien in der späteren Form noch nicht, aber
jener Text, von dem die Entwicklung der späteren Theotokien ausging,
das Troparion zur neutestamentlichen Ode, findet sich eben in M 574
und hat uns erst diese Zusammenhänge erkennen lassen. Umgekehrt
ist die Sektion F von M 574 nicht mehr ohne Parallele unter den für
das tägliche Offizium bestimmten Texten der »Psalmodie«, wenn diese
Sektion Auswechseltexte für das Troparion der neutestamentlichen
Ode enthält. Mangelnde Übereinstimmung zwischen M 574 und der
»Psalmodie« besteht nur in dem unvergleichlich größeren Umfang der
Theotokien in der »Psalmodie« gegenüber dem Odentroparion in M 574.
Diese Ungleichheit wird verständlich, wenn man den nicht genauer
zu bestimmenden zeitlichen Abstand in Rechnung zieht, der zwischen
M 574 und der späteren »Psalmodie« liegt, und die Kräfte der Ent-
wicklung, die eben in dieser Zeit am Werke waren. Der unproportio-

[94] Vgl. oben S. 124 ff.
[95] Vgl. oben S. 109 f.

nierte Zuwachs, den eine bestimmte Textgruppe, die sich in M 574 noch recht bescheiden ausnimmt, in relativ kurzer Zeit erfährt, kann eigentlich nicht überraschen. Das zur weiteren Ausschmückung in die neutestamentliche Ode verflochtene poetische Rankenwerk folgte nur seiner inneren Dynamik, wenn es auf immer größeres Wachstum drängte.

DIE EINZELNEN TEXTE VON M 574

Es folgen nun eine Reihe von Einzelbemerkungen zu den verschiedenen Texten von M 574. Sie sind zum überwiegenden Teil textkritischer Natur. Doch ist es natürlich nicht möglich, an dieser Stelle eine umfassende textkritische Auswertung vor allem des biblischen Materials von M 574 zu bieten. Es kann nur darum gehen, gewisse Beobachtungen allgemeinerer Art durch Einzelbeispiele zu erläutern. Es wird dabei auch in etwas vereinfachender Weise von »biblischer« und »liturgischer« Überlieferung gesprochen. Unter »biblischer« Überlieferung verstehe ich die Überlieferung der Hl. Schrift in Texthandschriften, die den fortlaufenden Text eines oder mehrerer biblischer Bücher enthalten. Mit »liturgischer« Überlieferung ist dagegen die Überlieferung biblischer Texte in bestimmten Auszügen und Zusammenstellungen gemeint, wie sie der liturgischen Verwendung dieser Einzelstücke entsprechen. Es kommen dabei Handschriften ganz verschiedener Art in Frage, die etwa selbst wieder nur biblische Texte enthalten, wie Lektionare; andere kombinieren biblische und nichtbiblische Abschnitte, wie eben unsere Handschrift M 574. Mit der hier gemachten Unterscheidung zwischen »biblischer« und »liturgischer« Überlieferung soll natürlich weder geleugnet werden, daß beide in ständigem Austausch miteinander stehen können, noch daß weithin auch Bibelhandschriften im Gottesdienst herangezogen wurden. Andererseits entsteht durch die gesonderte Überlieferung von biblischen Texten, die für die Verwendung im Gottesdienst bestimmt sind, ganz von selbst ein eigener Überlieferungsstrang — gegebenenfalls sogar mehrere —, in dem sich textliche Abweichungen von der übrigen Überlieferung gewissermaßen notwendig herausbilden und fixieren. Auch eigene Rezensionen biblischer Texte könnten so geschaffen worden sein, selbst ohne daß man dabei Adaptationen einzelner Schriftstellen an den konkreten liturgischen Verwendungszweck beabsichtigte. Schließlich ist aber in der liturgischen

Überlieferung auch in Einzelfällen mit solchen bewußten Änderungen
biblischer Texte zu rechnen, die von ihrer speziellen Verwendung in der
Liturgie inspiriert sind.

Eine eigene Schwierigkeit bei den im folgenden durchgeführten
Textvergleichen ist das Fehlen kritischer Ausgabe für einen Großteil
der Texte. Von den hier in Frage kommenden liturgischen Texten
gibt es solche überhaupt nicht. Wenn im folgenden von bestimmten
Lesarten liturgischer Texte im koptisch-bohairischen oder byzantinisch-
griechischen Bereich die Rede ist, dann ist immer der Wortlaut gemeint, den die modernen Druckausgaben bieten. Die einzelnen Texte
von M 574 werden in der Reihenfolge besprochen, in der sie in der
Handschrift angeordnet sind.

Zum Vergleich von griechischer und koptischer Fassung eines
Textes in ein und derselben Handschrift sei noch eine generelle Bemerkung vorausgeschickt. Wo wir in Ägypten demselben Text in
griechischem und koptischem Sprachgewand begegnen, spricht von
vornherein alle Wahrscheinlichkeit dafür, daß der griechische Text
das Original darstellt und der koptische die Übersetzung. Überschaut
man nun diese Texte, für die uns andere Handschriften als M 574
überreiches Material liefern, in ihrer Gesamtheit, so kann man unschwer
feststellen, daß die koptischen Fassungen solcher Texte weit davon
entfernt sind, sklavische Übersetzungen der zugrunde liegenden
griechischen Fassungen zu sein. Die koptischen Übersetzungen weisen
gegenüber ihren griechischen Vorlagen eine Unzahl von Abweichungen
auf. Bei der relativen Stabilität, die wir sonst in der Überlieferung
dieser Texte beobachten können, ist es ganz ausgeschlossen, daß
diese Abweichungen nur durch die Zufälligkeiten der Überlieferung
entstanden sind. Vielmehr müssen die koptischen Texte von Anfang
an in einer gewissen Freiheit den Gesetzen der koptischen Sprache,
vielleicht auch bestimmten Gesetzen liturgisch-poetischer Formgebung
entsprechend gestaltet worden sein. Damit ergibt sich, daß man bei
der Textherstellung mit äußerster Vorsicht zu Werke gehen muß.
Wo ein Text nicht offensichtlich verderbt ist, wird man bei Divergenzen zwischen griechischer und koptischer Fassung besser darauf
verzichten, die eine nach der anderen zu »korrigieren«. Das gilt auch
dort, wo der koptische Übersetzer einmal seine Vorlage gründlich
mißverstanden hat. Wo es nicht beweisbar ist, daß sich eine Verderbnis
dieser Art erst im weiteren Verlauf der Textüberlieferung eingeschlichen
hat, wo sie vielmehr aller Wahrscheinlichkeit nach auf das Konto

des Übersetzers geht, kann es nicht unsere Aufgabe sein, den koptischen Text nach dem griechischen zu verbessern. Nur selten kommen
Texte vor, bei denen griechische und koptische Version stärker divergieren. Ein derartiger Fall in unserer Handschrift ist gleich der erste
Text, das »Erhebet euch, Söhne des Lichtes ...« Hier weist die koptische
Fassung noch weit größere Eigenständigkeit gegenüber der griechischen
auf, als wir sie nach dem eben Gesagten in der Masse dieser zweisprachig überlieferten liturgischen Texte Ägyptens antreffen. Dennoch
besteht auch hier kein Zweifel daran, daß der koptische Text die
Entsprechung des griechischen sein soll, wie er ja auch in der Handschrift dessen »Übersetzung« (ⲃⲱⲗ) genannt wird. Es stellt sich in
diesem Zusammenhang die Frage, inwieweit in Ägypten nicht nur
schon vorliegende griechische liturgische Texte ins Koptische übertragen, sondern vielleicht auch Texte ertmals konzipiert und identische
Gehalte dann in jeder der beiden Sprachen auf je eigene Weise poetisch
geformt wurden. Diese Frage verdiente eine besondere Untersuchung
anhand umfangreicherer Materialien. Wenn hier kurz auf sie hingewiesen wurde, dann sollte dadurch nur noch einmal unterstrichen
werden, daß wir den beiden Versionen ein und desselben liturgischen
Textes erst einmal eine relative Selbständigkeit zuerkennen müssen
und nicht ohne wirklich durchschlagenden Grund die eine nach der
anderen verbessern dürfen.

Sektion A

Der erste Text im hier behandelten Teil der Handschrift M 574
ist der Eröffnungshymnus der Nachthore »Erhebet euch, Söhne des
Lichtes ...«, und zwar in griechischer Sprache. Zusammen mit der
später folgenden koptischen »Übersetzung« gewinnen wir hier einen
äußerst wichtigen Materialzuwachs für die Untersuchung von Textgestaltung und -überlieferung. Während die bohairische Fassung durch
Handschriften und Ausgaben von Horologion und »Psalmodie« schon
immer gut belegt war, ist für die griechische außer M 574 nur ein Zeuge
bekannt[1]. Ein weiterer Zeuge des griechischen Textes ist also auf
jeden Fall willkommen. Noch weit mehr gilt das von der saïdischen
Fassung, die uns vorläufig einzig durch M 574 bezeugt ist. Zunächst
seien die beiden griechischen Zeugen untereinander verglichen. Unter

---

[1] Hubbel, *Liturgy*.

Zugrundelegung meiner neuen Lesung der New Havener Holztafel[2], die allerdings erst aufgrund eines Vergleiches mit der sonstigen Überlieferung gewonnen wurde, ergibt sich eine geradezu perfekte Übereinstimmung zwischen den beiden Zeugen des griechischen Textes. Nach dem κύριε (127,6) dürfte auf der Holztafel noch θεέ anzunehmen sein, falls man in κυριεεε nicht eine ganz ungewöhnliche Dreifachschreibung des ε sehen will. Fraglich ist, ob die Holztafel am Schluß »dir« hatte oder diesen Abschnitt mit »wir wollen emporsenden« schloß.

Für den weiteren Textvergleich seien die drei Fassungen hier in parallelen Kolumnen nebeneinander gestellt:

griechisch (M 574, p. 127,2 ff.)	saïdisch (M 574, p. 144,19 ff.)	bohairisch
Erhebet euch,	Erhebet euch,	Erhebet euch,
Söhne des Lichtes,	Söhne des Lichtes	Söhne des Lichtes,
wir wollen verherrlichen	wir wollen singen	wir wollen singen
den Herrn, der vermag,	dem Herrn der Mächte,	dem Herrn der Mächte,
	damit er uns schenke	damit er uns schenke
zu retten unsere	die Rettung unserer	die Rettung unserer
Seelen.	Seelen.	Seelen.
Herr, der du	Wenn wir hintreten, Herr,	Wenn wir hintreten
den leiblichen Schlaf	vor dich leiblich,	vor dich leiblich,
wegnimmst von	nimm von unserem	nimm von unserem
(vgl. unten)	Herzen (Geist) und	Geist
unseren Augen,	unseren Augen	
(vgl. oben)	den Schlaf und	den Schlaf
	die Unachtsamkeit.	der Unachtsamkeit.
gib uns	Gib uns	Gib uns, Herr,
das geistige Wachsein,	Wachsein,	Wachsein,
damit wir in Furcht	damit wir in Furcht	damit wir verständig
		werden und
hintreten vor dich	hintreten vor dich	hintreten vor dich
	in der Stunde	in der Stunde
	des Gebetes	des Gebetes
und dir die gebührende	und dir gebührende	und dir die gebührende
Verherrlichung	Verherrlichung	Verherrlichung
emporsenden.	emporsenden,	emporsenden
	damit wir erlangen	und erlangen
	die Vergebung unserer	die Vergebung unserer
	vielen Sünden.	vielen Sünden.

[2] Die drei ersten Zeilen der Holztafel sind im 3. Teil dieser Arbeit neu herausgegeben (unten S. 454 ff.). Hubbel hatte bei seiner Ausgabe weder die bohairischen Texte noch die damals schwer zugängliche Handschrift M 574 berücksichtigt. Eine Neubearbeitung hatte ich schon früher einmal versucht (QUECKE, *Erhebet euch* 30 f.); sie hat sich jedoch inzwischen als sehr verbesserungsbedürftig herausgestellt.

Es ist unmittelbar zu ersehen und bedarf keiner näheren Erläuterung,
daß die beiden koptischen Fassungen trotz einiger Abweichungen
untereinander im wesentlichen übereinstimmen und gegenüber der
griechischen eine eigene Rezension darstellen. Die Divergenzen
zwischen den beiden koptischen Fassungen sind inhaltlich fast durchweg von untergeordneter Bedeutung. Beachtenswert ist aber, daß dort,
wo ein zum Vergleich geeigneter griechischer Paralleltext zur Verfügung steht, zumeist die saïdische Fassung mit der griechischen
gegen die bohairische übereinstimmt. So haben der griechische[3] und
der saïdische Text den Vokativ »Herr« am Beginn der Bitte, wo er im
bohairischen fehlt. Umgekehrt steht er im Bohairischen am Beginn
der zweiten Bitte (des koptischen Textes), fehlt hier aber im Saïdischen
und Griechischen. Wiederum im griechischen und saïdischen Text
steht »von unseren Augen«, nicht jedoch im bohairischen. Die einzige
Übereinstimmung zwischen dem griechischen und bohairischen gegen
den saïdischen Text besteht in dem bestimmten Artikel vor »gebührende Lobpreisung« am Schluß des Ganzen, wo der saïdische Text
den unbestimmten Artikel hat. Bei der textlich belangreichsten
Variante im koptischen Bereich gehen wieder der griechische und
der saïdische Text gegen den bohairischen zusammen. Genau dem
griechischen Text entsprechend liest der saïdische »damit wir in
Furcht hintreten«. Den stark abweichenden bohairischen Text kann
man vielleicht auf zwei verschiedene Weisen übersetzen, entweder
»damit wir verstehen, hinzutreten«[4] oder »damit wir verständig werden
und hintreten[5].« Es kann keinem Zweifel unterliegen, daß der bohairische Text hier die sekundäre Lesart bietet. Möglicherweise ist
diese durch einen gewöhnlichen Lapsus entstanden. »Furcht« ist

[3] Auch der Londoner Pergamentstreifen (Nr. 2); vgl. den Text unten S. 452.

[4] Diese Auffassung stützen alle arabischen Übersetzungen unserer Stelle, wenn sie
auch jeweils verschiedene Formulierungen gebrauchen. Dabei ist es nicht einmal sicher,
ob man den koptischen Text auf diese Weise verstehen kann; weder sehen die Grammatiken den Gebrauch des Konjunktivs nach einem Verbum sentiendi vor (vgl. etwa die
ausführliche Darstellung bei STERN, *Gramm.* §§ 442 ff.) noch bietet CRUM ein Beispiel
für den Konjunktiv als Objektsatz nach ⲕⲁ︦ϯ (*Dict.* 123a). Wenn BROGI auf diese
Weise übersetzt (*Salmodia* 6), so besteht der starke Verdacht, daß er sich, wie auch
sonst, einfach an den arabischen Text gehalten hat. Wie GIAMBERARDINI auf die Übersetzung »in modo da rimanere in piedi« kommt (*Preghiera* 26 und *Orazione* 760), ist mir
nicht recht verständlich. Sollte er *nafhama* bzw. *natafahhama* einfach übersehen oder
gar weggelassen haben?

[5] So die äthiopische Übersetzung (TURAEV, *Horol.* 110; *Äthiop. Horol.* 191; *Horol.
aeth.* 54). So übersetzt auch O'LEARY den koptischen Text (*Office* 110).

koptisch ϩⲟⲧⲉ / ϩⲟϯ; für »verstehen« ist im Bohairischen das diesem
Dialekt eigene ⲕⲁϯ gebraucht. Man könnte annehmen, daß ϩⲟⲧⲉ /
ϩⲟϯ irgendwo im Laufe der Textüberlieferung irrtümlich durch das
entfernt ähnliche ⲕⲁϯ ersetzt wurde, sei es schon bei der Übersetzung
von Saïdischen ins Bohairische, sei es bei der weiteren Überlieferung
des bohairischen Textes. Als innerkoptische Verderbnis ließe sich auch
eine andere Variante der koptischen Texte erklären, wo in der kürzeren
griechischen Rezension keine Parallele vorliegt. Für »Schlaf und
Unachtsamkeit« des saïdischen Textes hat der bohairische »Schlaf der
Unachtsamkeit«. Das würde im Saïdischen auf den geringfügigen Unterschied zwischen der Konjuktion ⲙⲛ- und der Genitivpartikel ⲛ-
hinauslaufen.

Charakteristische Unterschiede bestehen zwischen der griechischen
und der koptischen Rezension[6]. In geradezu einmaliger Konsequenz
ist der Wortlaut der griechischen Rezension auf den Lobpreis abgestimmt. Die Aussage des Textes vollzieht sich in zwei Schritten,
und dementsprechend sind zwei Teile zu unterscheiden. Der erste
Teil besteht aus einer »Einführung«, der Aufforderung zu Lobpreis,
wie sie als der typische Auftakt eines Hymnus zu gelten hat[7]. Man
könnte in diesem ersten Teil sogar schon einen Hymnus allerkürzester
Form sehen, in dem mit der »Einführung« das »Hauptstück«, eine
rühmende Aussage über Gott, unmittelbar verknüpft ist. Jedenfalls
beschränkt sich der Text auf die hymnische Prädikation »der uns zu
retten vermag«. Daran schließt sich als zweiter Teil eine Bitte an,
die aber — und das ist wichtig — ganz auf die Preisung Gottes ausgerichtet bleibt. Diese Bitte richtet sich allein darauf, daß Gott dem
Beter helfe, ihn gebührend zu preisen. Der gesamte Text ist sodann
auf die spezielle Situation zugeschnitten, in der der Beter vor Gott
tritt: er hat sich vom Schlaf erhoben, um Gott zu verherrlichen.
Von der gradlinigen Gedankenführung der griechischen Rezension
und ihrem klaren und durchsichtigen Aufbau entfernt sich der Wortlaut
der koptische Rezension merklich. Insofern die koptische Rezension in
Aussage und Aufbau nicht von gleicher Strenge ist wie die griechische,
kann sie dieser gegenüber als »sekundär« bezeichnet werden, ohne daß

---

[6] Als koptische Version sind die saïdische und bohairische Fassung zusammengenommen, die ja im wesentlichen dieselbe Textform repräsentieren.

[7] GUNKEL-BEGRICH, *Einleitung* 32 ff. Im Sinne der Terminologie Gunkels auch die
Ausdrücke »Einführung« und »Hauptstück«.

damit schon etwas über den zeitlichen Ansatz und die Entstehungs-
weise der koptischen Rezension präjudiziert ist.

Den Vergleich der beiden Rezensionen möchte ich mit dem zweiten
Teil des Textes, der Bitte, beginnen. Die griechische Rezension enthält nur eine einzige Bitte, auch grammatikalisch als ein einziger
Satz konstruiert. Die koptische Rezension, auch wesentlich länger,
besteht aus zwei Bitten, von mir hier grammatikalisch als zwei Sätze
behandelt. Die erste Bitte der koptischen Rezension (»nimm weg«)
entspricht der näheren Bestimmung der Gottesanrede in der griechischen (»der du wegnimmst«) und ist zweifellos eine Umformung
dieses Elementes. Das führt sozusagen notwendig dahin, daß die
einzige Bitte der griechischen Rezension (»gib«) in der koptischen zu
einer zweiten Bitte wird. Im übrigen ist die koptische Rezension viel
ausführlicher als die griechische. Diese ausführlichere Formulierung
im Koptischen steht in Parallele mit der Zerlegung des ursprünglich
einen Satzes in zwei. Die koptische Rezension ist gegenüber der griechischen zumindestens in einem gewissen Sinn erweitert. Außerdem
hat die koptische Rezension offensichtlich das Wortmaterial der
griechischen in freier Weise verwendet. Die vier Begriffe der einfachen
Gegenüberstellung von »leiblichem Schlaf« und »geistigem Wachsein«
sind auf völlig andere Weise in den koptischen Text hineinkomponiert.
Ob man allerdings eindeutig sagen kann, daß die koptische Rezension
hier einen schon vorliegenden griechischen Text bearbeitet hat, ist
eine andere Frage; davon wird unten noch zu sprechen sein. Die
Erweiterungen der koptischen Version können auch bei der Einzel-
betrachtung leicht als Amplifikationen verstanden werden. So die
Hinzufügung von »Unachtsamkeit«[8] zu »Schlaf«, die dort, wo »Schlaf«
in der Weise der griechischen Rezension verwendet, wenig sinnvoll
wäre. Die Zeitangabe »in der Stunde des Gebetes« gibt nur eine leicht
entbehrliche Präzisierung. Das »hintreten« am Beginn der (ersten)
Bitte ist sichtlich eine Verdoppelung des später folgenden gleichen
Wortes, wiederum bedingt durch die Zerlegung der ursprünglich
einen Bitte in zwei. Als klarer Zusatz erweist sich die Schlußbitte der
koptischen Rezension um Vergebung der Sünden. Sie sprengt den
Rahmen der nur auf das Gotteslob ausgerichteten griechischen
Rezension. Besonders hart erscheint mir, daß die Bitte um Vergebung
der Sünden als Finalsatz an das Vorhergehende angeschlossen, also

---

[8] So übersetze ich ΒϢΕ im vorliegenden Kontext. Eigentlich bedeutet das Wort
»Schlaf« oder »Vergessen«.

zum Zweck des Gotteslobes gemacht wird. Andererseits sind derartige
Formulierungen zum Abschluß liturgischer Texte so geläufig, daß
dieser Zusatz am Schluß unseres Hymnus nicht verwundern kann.

Auch im ersten Teil ist eine deutliche Abweichung der koptischen
von der griechischen Rezension festzustellen, so sehr man die beiden
Formulierungen auch sprachlich einander annähern kann. Für den
Sinn letztlich ohne Bedeutung ist der Unterschied zwischen »Rettung
schenken« und »retten«. Vielmehr hängt alles davon ab, wie »retten«
an das Vorhergehende angeschlossen ist, und hierfür fällt eine
gewisse Vorentscheidung schon mit dem vorausgehenden Text. An
τὸν κύριον τὸν δυνάμενον schließt sich »retten« unmittelbar an, so
daß »der, der zu retten vermag« hier automatisch zu einer Aussage
über Gott wird. Anders liegt der Fall, wenn man von dem Ausdruck
τὸν κύριον τῶν δυνάμεων ausgeht. Hier muß »retten« auf andere
Weise verknüpft werden, und damit öffnet sich auch die Möglichkeit
für den im Koptischen tatsächlich gewählten Finalsatz. Der Unterschied zwischen τὸν κύριον τὸν δυνάμενον und τὸν κύριον τῶν δυνάμεων ist aber im Griechischen lautlich minimal. Bei Ausgleich von
Qualität und Quantität zwischen ο und ω[9] reduziert er sich auf ein
ν. Die Frage ist, ob an dieser Stelle die koptische Rezension mit »Herr
der Mächte« vielleicht den ursprünglichen Wortlaut bewahrt hat und
das τὸν δυνάμενον der griechischen Rezension aus τῶν δυνάμεων
verderbt ist. Ich glaube nicht, daß dies der Fall ist. Das Verhältnis
der beiden Rezensionen zueinander liegt hier ganz auf der Linie dessen,
was wir schon für die folgende Bitte festgestellt haben. Die griechische
Rezension ist streng auf den Lobpreis ausgerichtet. Unser Heil wird
nur in einer rühmenden Gottesprädikation als in Gottes Macht liegend
genannt. Die koptische Rezension macht »die Rettung unserer Seelen«
zum Zweck des Lobpreises, so wie sie die Bitte des zweiten Teiles
um eine Bitte ganz ähnlicher Art, nämlich um »Vergebung unserer
vielen Sünden«, erweitert hat. Zugleich haben wir in der koptischen
Rezension an dieser Stelle eine etwas wortreichere Formulierung, wie
sie sich auch im übrigen Text als für diese Rezension typisch gezeigt
hat. Auf jeden Fall dürfte die Gedankenführung der griechischen
Rezension als ursprünglich anzusehen sein, damit aber wahrscheinlich

---

[9] Das Phänomen macht sich in Ägypten seit dem 2. vorchristlichen Jahrhundert
deutlich bemerkbar; vgl. etwa MAYSER, *Gramm.* I 97—99.

auch ihre Ausdrucksweise und die Lesart τὸν δυνάμενον[10]. Es ergibt
sich auch mit einer einfachen Korrektur von τὸν δυνάμενον in τῶν
δυνάμεων noch kein brauchbarer Text. Vielmehr wären weitere
Verbesserungen nötig[11].

Wenn man die koptische Rezension der griechischen gegenüber
für »sekundär« ansieht, wäre weiter zu fragen, wie man sich die Entstehung dieser sekundären Rezension näherhin vorzustellen hat.
Einen großen Teil der Abweichungen könnte man leicht als spätere
Retuschen an einem schon vorliegenden Text verstehen. So als Zusätze
die Angabe »in der Stunde des Gebetes« oder die abschließende Bitte
»damit wir die Vergebung unserer vielen Sünden erlangen.« Auch
bei der gerade ausführlich behandelten Variante könnte der Übergang
von dem Text »den Herrn, der unsere Seelen zu retten vermag«
zu »... den Herrn der Mächte, damit er uns die Rettung unserer Seelen
schenke« auf dem Wege einer nachträglichen Änderung vor sich
gegangen sein. Selbst ein Mißverständnis von τὸν δυνάμενον als
τῶν δυνάμεων wäre nicht ausgeschlossen. Ganz anders liegt der Fall
aber zu Beginn der Bitte, wo die beiden Rezensionen zwar kaum
inhaltlich, aber stärkstens in der Formulierung voneinander abweichen. Der griechischen Rezension mit »Herr, der du den leiblichen
Schlaf von unseren Augen wegnimmst, gib uns das geistige Wachsein«
steht in der koptischen gegenüber: »Wenn wir leiblich vor dich hin-

---

[10] Natürlich fordern Formulierungen mit τῶν δυνάμεων nicht notwendig einen
Finalsatz nach Art der vorliegenden koptischen Rezension. Für sachlich völlig zu-
friedenstellend halte ich den Vorschlag von H. Engberding »Wir wollen verherrlichen
den Herrn der Mächte, weil er unsere Seelen gerettet hat« (bei QUECKE, *Erhebet euch*
266). Doch kann man meiner Meinung nach einen Wortlaut wie τὸν κύριον τῶν δυνάμεων,
ὅτι ἔσωσε höchstens konjizieren. Schon den Text der New Havener Holztafel τωνδυν-
μηνοσισωσε könnte man nicht eigentlich als Zeugen für die Lesart τῶν δυνάμεων, ὅτι
ἔσωσε anrufen, und M 574 bietet uns nun in beinah perfekter Orthographie ΤΟΝ
ΚΙΡΙΟΝ ΤΟΝ ⲀΥΝⲀⲘⲈΝΟΝ ⲤⲰⲤⲈ (127,3 f.). Der Zeugniswert dieser Handschrift ist umso gewichtiger als der koptische Paralleltext derselben Handschrift eindeutig hat: »... den Herrn der Mächte, damit er uns die Rettung ... schenke« (144,20 f.).

[11] Man müßte dann entweder den griechischen Text ganz nach dem koptischen
verbessern, wogegen nach meiner Auffassung, wie gesagt, schwerste sachliche Bedenken
sprechen, oder einen anderen, sprachlich einwandfreien Wortlaut rekonstruieren
(z. B. nach Art des in der vorigen Anm. genannten Vorschlags von H. Engberding).
Ich hatte früher selbst den griechischen Text der New Havener Tafel nach dem späteren
bohairischen verbessern wollen (QUECKE, *Erhebet euch* 30 f.), diesen Vorschlag aber
schon bald darauf zumindest implizit zurückgezogen (ebd. 266). Nach dem hier
Dargelegten muß ich wohl kaum noch ausdrücklich bestätigen, daß ich meinen früheren
Vorschlag heute für verfehlt halte.

treten, Herr, nimm von unserem Geist und von unseren Augen den Schlaf ... Gib uns Wachsein.« Nach meinem Urteil ist es kaum möglich, den Text der koptischen Rezension als nachträgliche Änderung eines Textes mit dem Wortlaut der griechischen Rezension zu verstehen. Es liegen auch eigentlich keine inhaltlichen Abweichungen vor, und doch sind die beiden Texte, trotz Verwendung derselben Worte, so verschieden, daß es sich meiner Meinung nach um zwei eigenständige Gestaltungen desselben Gedankens handeln muß. Dabei können wir vorerst nicht feststellen, ob ein schon länger existierender griechischer Text ins Koptische übertragen und bei dieser Gelegenheit neu gestaltet wurde oder ob beide Rezensionen gleichzeitig erstellt wurden. Da der griechische Text nach der zur Zeit erreichbaren Dokumentation schon Jahrhunderte vor dem koptischen bezeugt ist, kann man vorläufig annehmen, daß er vermutlich auch schon längere Zeit vor der Übertragung ins Koptische existiert hat.

Nachdem wir bei einer zentralen Aussage unseres Textes gesehen haben, daß an dieser Stelle die koptische Rezension zwar im Vergleich mit dem griechischen Text als »sekundär«, aber dennoch in ihrer Formulierung als eigenständig anzusehen ist, wird es recht wahrscheinlich, daß auch die übrigen Varianten nicht erst das Ergebnis einer längeren Textgeschichte mit allmählichen Änderungen und vielleicht Verderbnissen sind. Eher dürfte die koptische Rezension schon zur Zeit ihrer Entstehung wenigstens in groben Zügen die Form erhalten haben, unter der sie in M 574 vorliegt. Für die Richtigkeit dieser Annahme spricht aber vor allem folgender Tatbestand. Die beiden griechischen Zeugen unseres Textes bieten trotz des nicht geringen zeitlichen Abstandes, der zwischen ihnen liegt, einen praktisch identischen Text. Ähnlich weisen die verschiedenen Zeugen der koptischen Rezension kaum nennswerte Abweichungen untereinander auf. Die markanten Unterschiede bestehen vielmehr zwischen der griechischen Rezension einerseits und der koptischen andererseits. Und diese beiden Rezensionen sind nun in ein und derselben Handschrift, eben M 574, überliefert. Daraus ergibt sich mit großer Wahrscheinlichkeit, daß die beiden verschiedenen Rezensionen von Anfang nebeneinander existiert haben müssen. Die koptische Rezension ist ja nicht unabhängig von der griechischen entstanden und etwa erst später mit dieser zusammengebracht worden. Und solange beide Textformen zusammen überliefert wurden, wie dies noch in M 574 der Fall ist, können sie sich schwerlich in dem Maß auseinanderentwickelt haben, in dem sie tatsächlich voneinander differieren.

Wenn sie mit diesen deutlichen Divergenzen nebeneinander tradiert
wurden, dann spricht das stärkstens dafür, daß sie schon ursprünglich
mit Abweichungen dieser Art komponiert worden sind. Wären die
Eigenheiten der koptischen Rezension das Ergebnis einer längeren
Textgeschichte, dann sollte man erwarten, daß sich derartige Abweichungen vom griechischen Text besonders in einer Zeit herausbilden,
in der der griechische Text schon außer Gebrauch gekommen ist.
Dies ist aber nicht der Fall. Die spätere bohairische Fassung differiert
in viel geringerem Masse von der saïdischen als diese von der griechischen, obwohl die beiden letzteren zusammen in M 574 stehen und die
saïdische dabei als »Übersetzung« (ⲃⲱⲗ) der griechischen ausgegeben
wird. Daß auch die koptische Rezension später noch einige Änderungen
erfährt, haben wir schon gesehen. Ebenso, daß in diesen Punkten die
saïdische Fassung, wie beinah zu erwarten, der griechischen viel
näher steht als der bohairischen[12]. Man wird sich also die Entstehung
und Geschichte unseres Textes kurz so zu denken haben: Für das
nächtliche Gotteslob schuf man in Ägypten zu einem nicht genauer
bekannten Zeitpunkt, spätestens im 6. Jahrhundert, einen Eröffnungshymnus in griechischer Sprache, den man vielleicht schon zur
gleichen Zeit, wahrscheinlich aber erst geraume Zeit später, spätestens
im 9. Jahrhundert, auch ins Koptische übertrug. Diese koptische
Fassung war keine Wort-für-Wort-Übersetzung, sondern eine selbständige Formulierung desselben Gedankengutes mit einer speziellen
Nuancierung. Im Verlauf der weiteren Überlieferung ist dieser Text
dann recht stabil, obwohl noch die Übertragung vom Saïdischen ins
Bohairische hinzukommt[13]. Auch die Sekundärübersetzungen der
längeren Rezension ins Arabische[14] und Äthiopische[15] halten sich eng
an den überlieferten bohairischen Text[16].

Schließlich noch eine letzte Bemerkung zu unserem Text. W. Vycichl

---

[12] Vgl. oben S. 223 f.

[13] Eine direkte Übersetzung des bohairischen Textes aus dem Griechischen ist sehr
unwahrscheinlich. In diesem Fall müßte die längere Rezension, die wir aus den koptischen (und den davon abhängigen) Texten kennen, praktisch mit all ihren Haupt-
charakteristika auch in griechischer Sprache existiert haben.

[14] In allen modernen Ausgaben der »Psalmodie« und des Horologions. Ebenso in
dem maronitischen Gebetbuch (vgl. oben S. 46, Anm. 176). Der arabische Text des
Maronit. Gebetbuches auch bei QUECKE, *Erhebet euch* 34.

[15] Veröffentlicht bei TURAEV, *Horol.* 110 und im *Äthiop. Horol.* 191 f.

[16] Auf Einzelheiten braucht hier nicht eingegangen zu werden; vgl. etwa QUECKE,
Erhebet euch 36 oder oben S. 223, Anm. 5.

hat gelegentlich[17] darauf hingewiesen, daß das »Erhebet euch, Söhne des Lichtes ...« heutzutage in Oberägypten[18] von den Frauen bei der Arbeit an der Handmühle gesungen wird, und zwar im Wechselgesang, indem eine Frau auf arabisch der anderen, die einen Vers koptisch gesungen hat, antwortet. Vycichl will diese Sitte mit der »verhältnismäßig frischen Erinnerung an gesprochenes Koptisch« erklären. Nun bin ich gegenüber dem angeblich noch bis in die Neuzeit gesprochenen Koptisch äußerst skeptisch[19]. Was den fraglichen Gesang betrifft, so bedarf es einer solchem Erklärung auch gar nicht. Die Frauen kennen den Gesang aus der Liturgie[20]. Es wäre keineswegs verwunderlich, wenn wir auch andere liturgische Gesänge bei der Arbeit gesungen finden sollten. Es ist wohl nur dem Mangel an Dokumentation zuzuschreiben, wenn uns nicht mehr darüber bekannt ist.

Ein Vergleich des griechischen Textes von Ps 133 in M 574 mit dem LXX-Text gibt zu keinen besonderen Bemerkungen Anlaß. Fraglich ist, ob man das ⲉⲩⲗⲟⲅⲏⲥⲉ von Vers 3a (128,3) als $\varepsilon\dot{v}\lambda o\gamma\acute{\eta}\sigma\varepsilon\iota$ oder als $\varepsilon\dot{v}\lambda o\gamma\acute{\eta}\sigma a\iota$ deuten soll; letztere Form ist ja u. a. in der »oberägyptischen«[21] Handschrift 2017 bezeugt. Es ist aber auf jeden Fall unsicher, ob mit $\varepsilon\dot{v}\lambda o\gamma\acute{\eta}\sigma a\iota$ noch eine echte Optativform gemeint ist oder ob das nur schlechte Schreibung für $\varepsilon\dot{v}\lambda o\gamma\acute{\eta}\sigma\varepsilon\iota$ ist[22].

Der saïdische Text von Ps 133 in M 574 weicht an zwei Stellen

---

[17] VYCICHL, *Pi-Solsel* 174.

[18] Vycichl zählt eine Reihe von Orten auf dem Abschnitt Abydos—Luksor auf. Es ist nicht zu ersehen, ob seine Angabe sich auf die ganze Gegend bezieht oder nur auf das an letzter Stelle genannte al-Biʻirāt.

[19] Hier ein paar Literaturhinweise. Im Jahre 1945 erschien LEGRAIN, *Famille*, wo J. Vergote im Anhang zeigt, wie es mit den letzten Resten angeblich noch aus lebendiger Überlieferung stammender Koptisch-Kenntnisse in Wirklichkeit steht (S. 124–126). Danach spricht noch STEINDORFF, *Lehrbuch* § 1, Anm. 2 vom Fortleben der koptischen Sprache bis in die neueste Zeit; ebenso PETRÁČEK, *Arab. Dialekt* 591. Dagegen DORESSE, *Rez. Legrain*; TILL, *Rez. Steindorff* 156; ebenso natürlich VERGOTE, *Rez. Steindorff* (1) 406 und *Rez. Steindorff* (2) 103.

[20] Auch Vycichl sah natürlich, daß es sich hier um »religiöse Lieder« handelt, was er der »christlich-koptischen Weltauffassung entsprechend« fand. Ob er auch wußte, daß er es in diesem Fall mit einem liturgischen Text zu tun hatte, ist nicht deutlich.

[21] D. h. den von RAHLFS aufgrund der Verwandtschaft mit der saïdischen Übersetzung so genannten oberägyptischen Text enthaltend; vgl. *Psalmi* 29.

[22] Zur Schreibung ⲉ für den i-Laut vgl. unten S. 357. In den Text der Ausgabe (unten S. 397) habe ich nicht zuletzt deshalb das Futur gesetzt, weil unsere Handschrift bei anderen Psalmstellen, an denen die Überlieferung schwankt, eindeutige Futurformen den wohl ursprünglicheren Optativen vorzieht: Ps 118,171a $\dot{\varepsilon}\xi\varepsilon\rho\varepsilon\acute{v}\xi o\nu\tau a\iota$ (128,13) statt $\dot{\varepsilon}\xi\varepsilon\rho\varepsilon\acute{v}\xi a\iota\nu\tau o$ und 172a $\phi\theta\acute{\varepsilon}\gamma\xi\varepsilon\tau a\iota$ (128,16) statt $\phi\theta\acute{\varepsilon}\gamma\xi a\iota\tau o$.

stärker vom griechischen ab, was bei der Kürze dieses Psalms etwas auffällig ist. Im Vers 2b hat der saïdische Text »preiset den Namen des Herrn« (145,7) statt des einfachen »preiset den Herrn«. Das Alternieren von zwei so geläufigen Formeln ist an sich nicht ungewöhnlich, nur erwartet man nicht gerade beide Lesarten in ein und derselben Handschrift, wenn die eine ausdrücklich als »Übersetzung« der anderen ausgegeben wird. Komplizierter liegt der Fall bei der Variante in 1ab. Statt »Sehet also, preiset den Herrn, alle ihr Diener des Herrn« hat der saïdische Text: »Sehet! Alle Diener des Herrn preisen den Herrn« (145,2f.). Wenn man nicht annehmen will, daß der koptische Übersetzer in so grober Weise seine griechische Vorlage mißverstanden hat, dann bleibt folgende Alternative: entweder wurde auch hier für liturgische Zwecke eine sehr freie Übertragung ins Koptische vorgenommen, oder aber der koptische Text von M 574 ist durch Verderbnis bei der Überlieferung eines saïdischen Textes entstanden, der ursprünglich anders lautete und möglicherweise die griechische Vorlage korrekt wiedergab. Doch läßt sich leider nicht mit genügender Sicherheit auf die Frage antworten, ob die saïdische Formulierung unserer Stelle in M 574 auf eine korrekte Übersetzung des griechischen Textes dieses Psalmverses zurückgehen muß. Ein solche korrekte Übersetzung von Ps 133,1 ist uns im Saïdischen zumindestens nicht erhalten. Vielleicht ist auch den Kopten das ἰδοὺ δή mit folgendem Imperativ etwas hart vorgekommen[23] und deshalb im saïdischen Psalter[24] weggefallen. Nun wird ἰδοὺ δή sonst oft nur durch »siehe« wiedergegeben[25], und so wird auch Ps 133,1 in einer »Hermenia« von

---

[23] Ἰδοὺ δή an dieser Stelle ist natürlich nur Wiedergabe von hebräischem הנה. Die Meinung der Übersetzer und Ausleger über Funktion und Bedeutung des Aufmerksamkeitserregers הנה in dieser Position sind geteilt. Manche von denen, die הנה beibehalten, geben dem Wort auch hier seine gewöhnliche Bedeutung »seht«. Viele übersetzen aber mit »wohlan«, »auf« u.ä., denn הנה steht hier »nicht ... zum Hinweis auf eine Tatsache, sondern zur Vorbereitung einer Aufforderung« (BAETHGEN, Psalmen 397; Übersetzung ebd. 396 mit »ja«). Andere streichen הנה entweder, weil es »als erstes Wort des Hymnus sonst unerhört« ist (GUNKEL, Psalmen 573), oder aber, weil es überhaupt »vor einem Imperativ ... unnatürlich« ist (HERKENNE, Psalmen 422). In jedem Fall nimmt man dabei an, daß הנה irrtümlich vom Beginn des vorhergehenden Psalms an diese Stelle geraten ist.

[24] Ps 133 ist nur durch die Londoner Handschrift (BUDGE, Psalter) bezeugt.

[25] Vgl. etwa die Isaias-Stellen 3,1 (HEBBELYNCK, Isaïe 183); 22,17 (WESSELY, Texte 4, Nr. 220b); 33,7 (MASPERO, Mss. coptes-thébains 222), jeweils ⲈⲒⲤ ϨⲎⲎⲦⲈ.

M 574 behandelt, die den Vers im übrigen gleichfalls umdeutet:
ЄⲒⲤ ϨⲎⲎⲦⲈ ЄⲨⲈⲤⲘⲞⲨ ЄⲠⳊⲞЄⲒⲤ ⲚϬⲒ ⲚЄϨⲘϨⲀⲖ ⲦⲎⲢⲞⲨ
(67,13 ff.) = »Siehe, alle Diener ... sollen den Herrn preisen.« Wenn
man einmal voraussetzt, daß für eine korrekte Wiedergabe des
LXX-Textes von Ps 133,1 auch das δή eigens übersetzt werden
sollte[26], dann käme etwa das tatsächlich belegte[27] ЄⲒⲤ ϨⲎⲎⲦⲈ ϬⲈ in
Frage. Ausgehend von einem Text ЄⲒⲤ ϨⲎⲎⲦⲈ ϬⲈ ⲤⲘⲞⲨ = »Sieh
also, preiset ...« wäre dann der Übergang zum Text unserer Handschrift
leicht verständlich. Es mußte nur ϬⲈ als ⲤⲈ mißverstanden oder gedeutet werden, und es ergibt sich ЄⲒⲤ ϨⲎⲎⲦⲈ ⲤⲈⲤⲘⲞⲨ = »Siehe, sie
preisen ...« Wenn jetzt vor ⲚϨⲘϨⲀⲖ die Partikel ⲚϬⲒ eingeschoben
wurde, um das vorher als Vokativ fungierende »Diener« zum Subjekt
des Verbums zu machen, so wäre das nur die logische Konsequenz
der neuen Lesart. Natürlich wäre es genausogut möglich, daß die
Kopten gleich bei der Übersetzung aus dem Griechischen dem »siehe«
auf diese Weise einen Sinn abzugewinnen versucht hätten.

Für den Vergleich unseres saïdischen Textes mit der saïdischen
Psalter-Überlieferung steht, wie schon gesagt, leider nur ein einziger
Zeuge zur Verfügung, die Londoner Handschrift. Diese läßt, wie
gleichfalls schon gesagt, das ἰδοὺ δή am Beginn weg, hat also hier
sowohl die griechische Überlieferung als auch den saïdischen Text
von M 574 gegen sich. Im übrigen geht sie aber mit den griechischen
Texten gegen den saïdischen von M 574; sie liest in Vers 1ab »Preiset
den Herrn, alle Diener des Herrn« und in 2b »Preiset den Herrn.«
Die Varianten des saïdischen Textes von M 574 werden ebensowenig
durch die bohairischen Texte gestützt, weder durch den bohairischen
Psalter noch durch die liturgische Überlieferung.

An den bohairischen Texten lassen sich aber andere interessante
Beobachtungen machen. In allen bohairischen Texten fehlt im Vers
1b das »alle«, wobei die liturgische Überlieferung mit der des Psalters
geht. Das scheint dafür zu sprechen, daß der bohairische liturgische
Text vom bohairischen Psalter abhängig ist. Anders liegt der Fall
aber am Schluß von Vers 2a. Das griechische τὰ ἅγια (im Sinne von
»Heiligtum«[28]) ist in dem einzigen Zeugen des saïdischen Psalters ganz
wörtlich mit ⲚЄⲦⲞⲨⲀⲀⲂ = »die Heiligen« wiedergegeben[29]. Ob die

---

[26] Bohairisch in biblischer und liturgischer Überlieferung ϨⲎⲠⲠⲈ ⲆⲈ.

[27] *Pistis Sophia* 20,1 f. (Ed. SCHMIDT).

[28] Vgl. FLASHAR, *Septuagintapsalter* 245, Anm. 2 oder GEHMAN, *Hagios* 345.

[29] Auch in M 574 ist τὰ ἅγια so übersetzt (145,6 f.), doch verwendet die Londoner
Handschrift die Präposition Є-, die eindeutig den Sinn des griechischen εἰς wiedergibt,
M 574 hingegen die Präposition Ⲛ-.

Kopten diesen Text lange richtig verstanden haben, mag dabei auf sich beruhen. Die bohairische Übersetzung dieser Stelle spricht jedenfalls nicht dafür. Laut Psalterausgabe haben alle Handschriften das dem saïdischen ⲛⲉⲧⲟⲩⲁⲁⲃ entsprechende bohairische ⲛⲏ ⲉⲑⲟⲩⲁⲃ[30], jedoch ohne jede Präposition. Im Zusammenhang des Satzes kann das also nur der Vokativ »ihr Heiligen« sein, nicht mehr »das Heiligtum«. Diese Lesart steht nun auch wiederum in zumindestens einer großen Gruppe der liturgischen Texte, nämlich in allen Psalmodie-Ausgaben[31]. Dagegen hat die koptisch-arabische Horologionausgabe von 1930 im koptischen Text ⲉⲡⲉⲑⲟⲩⲁⲃ, also zunächst einmal den Singular »der Heilige« und zum zweiten davor die Präposition ⲉ-, so daß der Sinn »zum Heiligtum« gemeint sein wird[32]. Es wäre zu untersuchen, ob die Horologien hier eine eigene Tradition dieses Textes repräsentieren und, wenn ja, worauf diese zurückgeht[33]. Ich kann vorläufig nur feststellen, daß alle mir zugänglichen arabischen Horologien[34] korrekt »zum Heiligtum« haben.

Die schon genannte »Hermenia« von M 574 enthält von Ps 133 die beiden ersten Verse, also den größeren Teil des Textes (67,13–18). Vers 2a ist dabei ziemlich verunstaltet. Der Ausdruck »die Heiligen« erscheint zweimal, das erste Mal ohne Präposition wie in den bohairischen Texten, das zweite Mal mit der Präposition ⲛⲧⲉ-. Der Sinn ist nicht klar : »Hebet eure Hände empor, ihr Heiligen, in den Nächten der Heiligen (des Heiligtums)«? Im Vers 2b steht auch hier »Name des Herrn«.

Da uns der saïdische Text von Ps 133 bisher nur durch eine einzige Handschrift bezeugt war, bedeutet das Vorkommen dieses Psalms in

---

[30] Eine Handschrift bei BURMESTER-DÉVAUD, *Psalterium* hat das gleichbedeutende ⲛⲉⲑⲟⲩⲁⲃ, ebenso der Cod. Vat. copt. 5 (VITTI, *Salterio* 348).

[31] *Choiak-Psalm.* (1764) 8; die beigegebene arabische Übersetzung lautet: »Und in den Nächten hebet eure Hände empor, preiset den Herrn, o ihr Heiligen«. *Jahres-Psalm.* (1908; Alex.) 28; arabische Übersetzung: »In den Nächten hebet eure Hände empor, o ihr Heiligen, preiset den Herrn !« Mit derselben arabischen Übersetzung noch *Jahres-Psalm.* (1949) 15; *Choiak-Psalm.* (1911) 201; *Choiak-Psalm.* (1955) 155. Die *Jahres-Psalm.* (1908; Kairo) hat denselben koptischen Text, aber in der arabischen Übersetzung: »In den Nächten hebet eure Hände empor zum Heiligtum und preiset den Herrn !«, (S. 18), was nicht dem koptischen Text entspricht.

[32] *Horol.* (1930) 319; die arabische Übersetzung entspricht diesem Text: »In den Nächten erhebet eure Hände zum Heiligtum und preiset den Herrn !«

[33] Es sei daran erinnert, daß die älteren Horologion-Handschriften die speziellen Eröffnungstexte des Mitternachtgebetes nicht enthalten; vgl. oben S. 39, Anm. 152.

[34] Auch die einzige andere Horologion-Ausgabe mit koptischem Text (*Horol.* [1750]) enthält, wie erinnerlich, »Erhebet euch ...« usw. nicht.

M 574 im saïdischen Dialekt natürlich eine höcht begrüßenswerte
Bereicherung unserer Dokumentation. Die Gesamtzahl von zwei
Textzeugen ist aber besonders angesichts der Tatsache, daß der eine
biblische, der andere liturgische Überlieferung darstellt, immer noch
zu gering für eine sichere Einordnung des neuen Textes. So kurz der
133. Psalm auch ist, sein saïdischer Text in M 574 weist gleich zwei
Sonderlesarten auf, von denen zwar die eine auch in der »Hermenia«
derselben Handschrift vorkommt, die aber in keinem anderen griechischen oder koptischen Zeugen nachzuweisen sind, auch nicht in der
griechischen Fassung derselben Handschrift. Der zuletzt genannte Umstand ist umso auffälliger, als bei zweisprachigen Handschriften eher
eine Tendenz zur Angleichung der Texte zu beobachten ist[35]. Was derartige Divergenzen zwischen den Paralleltexten einer Handschrift betrifft, so haben wir auch mit der Möglichkeit zu rechnen, daß die Kopten
bei der Übertragung von biblischen Texten für den liturgischen
Gebrauch zuweilen mit der gleichen Freiheit zu Werke gegangen
sind wie bei der »Übersetzung« anderer liturgischer Texte aus dem
Griechischen. Im übrigen müssen wir alle Fragen in etwa offen lassen.
Es liegt zwar die Vermutung sehr nahe, daß wir es bei dem saïdischen
Text von Ps 133 in M 574 mit einer speziellen, in der Liturgie gebrauchten Fassung zu tun haben, doch ist selbst das bei den beschränkten Vergleichsmöglichkeiten nicht absolut sicher. Noch
weniger sicher ist, ob diese liturgische Fassung eine stabile oder nur
ephemere Größe darstellt. Im letzteren Falle könnte eine Ad-hoc-
Übersetzung oder ein mehr zufälliges Ergebnis der Textüberlieferung
vorliegen. Weiterhin kann natürlich auch bei der Übersetzung zu
liturgischen Zwecken im Einzelfall der griechische Text genauer
wiedergegeben worden sein als im saïdischen Psalter. Wenn das den
Psalm einleitende »siehe« sich in den liturgischen Fassungen unserer
Handschrift gegen den einzigen Zeugen des saïdischen Psalters findet,
so folgt aus den Vorkommen in M 574 allein noch nicht, daß auch der
saïdische Psalter einmal diese Lesart gekannt hat. Darüber könnten
wir nur urteilen, wenn uns direkte Zeugen des saïdischen Psalters in
größerer Zahl zur Verfügung stünden.

Was den griechischen Text des in M 574 folgenden Psalmenabschnitts
(Ps 118,169–176) betrifft, so möchte ich mich auf eine einzige Bemerkung beschränken. Für das δή im Vers 169a (128,6) gibt Rahlfs als

---

[35] Ein konkreter Fall behandelt bei WEIGANDT, *Griech.-sah. Acta-Hss.*, vgl. bes.
62 f. und 66–72. Hier ist die gegenseitige Angleichung der beiden Versionen aneinander
nach Weigandts Urteil aber stärker als gewöhnlich (S. 72).

einzigen anderen Zeugen den Codex Sinaiticus an[36] und dieselbe Handschrift als einzigen griechischen Zeugen für die Kopula am Schluß von Vers 172b, wenn auch im Sinaiticus ἐστίν steht und in M 574 εἰσίν (128,18)[37].

Der koptische Text von Ps 118,169 ff. in M 574 stimmt, wie zu erwarten, keineswegs überall mit dem griechischen Text dieser Handschrift überein. Was zunächst die beiden vorher genannten Lesarten des griechischen Textes betrifft, so fehlt im koptischen Text von Vers 169a jegliche Partikel, die als Entsprechung des griechischen δή angesehen werden könnte. Was die Setzung oder Auslassung der Kopula im Vers 172b betrifft, so ist der koptische Nominalsatz nicht geeignet, diesen Unterschied wiederzugeben. Gegen den griechischen Text unserer Handschrift (128,7) hat der koptische (145,10) in Vers 169 zweimal hintereinander, am Schluß des ersten und am Beginn des zweiten Halbverses, den Vokativ »Herr«[38] und stimmt darin mit der koptischen Psalterüberlieferung überein[39]; in der Überlieferung der bohairischen Liturgie steht dagegen kein zweites »Herr«[40]. Im Vers 172b ist im koptischen Text unserer Handschrift das Prädikat determiniert, nämlich mit dem bestimmten Artikel versehen (145,16), wie auch im saïdischen Psalter (in beiden Handschriften). Der griechische Text unserer Handschrift (128,17 f.) läßt das Prädikat dagegen mit allen anderen griechischen Zeugen[41] und der gesamten bohairischen Überlieferung, der des Psalters und der liturgischen, indeterminiert. Dasselbe Zusammengehen der Zeugen ist an einer weiteren Stelle zu beobachten,

[36] Ob δή auf der New Havener Holztafel stand, kann ich nicht feststellen. Hubbel gibt es in seiner Ausgabe nicht. Die betreffende Stelle ist wohl nicht mehr zu lesen. Es wäre aber am Schluß von Zeile 7 hinreichend Platz für dieses Wort.

[37] Auch die New Havener Holztafel bezeugt die Kopula, vermutlich in der Singularform. Nach Hubbel ist noch εσ[zu erkennen (für mich nach dem Faksimile nicht zu überprüfen).

[38] Es gibt auch griechische Handschriften, die das doppelte »Herr« haben. Außerdem findet es sich auf der New Havener Holztafel (Vorderseite, Zeile 8).

[39] Für Ps 118,169 ff. haben wir außer der Londoner Handschrift (BUDGE, Psalter) einen zweiten saïdischen Zeugen, das bei LEMM, Bibelfragm. II 377 f. bzw. 83 f. veröffentlichte Leningrader Fragment, offensichtlich ein Blatt aus einer Psalter-Handschrift. Beide Zeugen haben das doppelte »Herr«, ebenso der bohairische Psalter, nur steht in letzterem das zweite »Herr« nicht am Anfang des zweiten Halbverses. Eine der bei BURMESTER-DÉVAUD, Psalterium aufgeführten Handschriften läßt das zweite »Herr« weg. Da VITTI, Salterio 348 zum Vers nichts bemerkt, wird auch der Cod. Vat. copt. 5 die beiden »Herr« haben.

[40] So in den Psalmodie-Ausgaben. Horol. (1930) hat das zweite »Herr« (S. 319).

[41] Der Text der New Havener Holztafel ist an dieser Stelle (Vorders., Z. 11) nicht zu lesen.

und zwar bei einer ganz charakteristischen Lesart. Im Vers 176b
hat unser saïdischer Text (145,25) mit den beiden saïdischen Psalter-
zeugen »und erhöre mich« nach »suche deinen Diener« eingefügt[42].
Für diese Lesart scheint es keine griechischen Zeugen zu geben. Auch
die New Havener Holztafel und der griechische Text von M 574
(129,3) haben die gewöhnliche Lesart. Ebenso wiederum die gesamte
bohairische Überlieferung.

Über den zuletzt behandelten Psalmabschnitt wäre also zu sagen,
daß der saïdische liturgische Text von M 574 eine deutliche Verwandschaft zum saïdischen Psalter zeigt. Er weicht dabei sowohl vom
griechischen Text unserer Handschrift ab als auch vom bohairischen
liturgischen Text, der der bohairischen Psalmenübersetzung verpflichtet ist. Beim Auseinandergehen der beiden koptischen Psalter-
übersetzungen steht die bohairische dem griechischen Text näher als
die saïdische.

Der Text von Ps 133 und 118,169 ff. hat den Kehrvers »Ehre (ist)
dir, Menschenliebender.« Es sei darauf hingewiesen, daß der saïdische
Text von M 574 diesen Kehrvers ins Koptische übersetzt, während
die bohairische Fassung ihn bis heute griechisch beibehalten hat.
Am Schluß des Ganzen, nach der Doxologie, steht eine vollere Formel:
»Ehre (ist) dir, Menschenliebender. Ehre (ist) dir, Menschenliebender.
Ehre (ist) dir, Allheiliger.« Vielleicht ist der Refrain aus dieser volleren
Form verkürzt. Es ergibt sich aber keine hundertprozentige Parallele
zu entsprechenden Refrains des byzantinischen Ritus, wo der voll-
ständige Text eines als Refrain dienenden »Prokeimenon« oder einer
»Antiphon« dem Text des betreffenden Psalms vorausgeschickt wird,
was in M 574 nicht der Fall ist, und wo bei einer Verkürzung des
»Prokeimenon« oder der »Antiphon« als Kehrvers jeweils der Schlußteil
verwandt wird[43], was wiederum in M 574 nicht der Fall ist.

Ein horrendes Mißverständnis ist den Kopten bei der Übersetzung
von δόξα σοι, πανάγιε unterlaufen, das sie als »Ehre (ist) allen deinen
Heiligen« wiedergegeben haben (146,2). Man fragt sich, ob eine derartige »Übersetzung« überhaupt möglich war, solange die griechische
Sprache in Ägypten noch einigermaßen verstanden wurde. Somit
ist ein gewisses Indiz dafür gegeben, daß die saïdische Übersetzung
erst jüngeren Datums ist. Die koptische Form scheint so zustande
gekommen zu sein, daß der Übersetzer im Griechischen ein Pronomen
der 2. Person (σοί) und die Wörter »all« und »heilig« erkannte und aus

---

[42] RAHLFS erklärt diese Lesart durch Einfluß von Vers 145a (*Psalmi* 304).
[43] Vgl. MATEOS, *Psalmodie* 111 f. und 116 ff.

diesen Elementen einen völlig neuen koptischen Ausdruck kombinierte: »alle deine Heiligen«. Mit dem richtig übersetzten »Ehre ...«
ergibt das eine Formulierung, die meines Wissens einmalig ist, die
»kleine Doxologie« nicht auf Gott selbst, sondern auf seine Heiligen
bezogen. Diese fehlerhafte Übersetzung gibt nun einen gewissen
Aufschluß über die Textgeschichte des späteren koptischen Stundengebetes. An der Stelle von »Ehre (ist) dir, Allheiliger« bzw. »Die Ehre
(ist) allen deinen Heiligen« finden wir in der bohairischen Fassung
»Die Ehre (ist) deiner Mutter, der Jungfrau, und allen deinen Heiligen«,
ebenso in deren arabischer Übersetzung. Diese Formel ist evident
von der gerade betrachteten saïdischen abhängig. Sie enthält in ihrem
Kern dasselbe fundamentale Mißverständnis wie diese, nur schien es
den Kopten später offensichtlich angemessen, Maria unter »allen
Heiligen« auch eigens zu nennen. Die bohairische Formel geht also
sicher nicht direkt auf griechisches δόξα σοι, πανάγιε zurück. Daß die
koptischen Übersetzer zweimal unabhängig voneinander einen so
groben Fehler gemacht haben sollten, ist absolut unwahrscheinlich.
Damit würde deutlich, daß wenigstens in diesem Fall der saïdische
Text, wie ihn M 574 überliefert, wirklich das Bindeglied zwischen dem
älteren griechischen und dem jüngeren bohairischen Text ist. Man darf
solche Feststellungen natürlich nicht voreilig auf andere Texte der
Sammlung und auf diese als Ganzes übertragen, aber es ist dennoch
unverkennbar, daß die Offiziumstexte von M 574 nicht nur ins Leere
führende Seitenwege der Überlieferung repräsentieren können. Die
Geschichte des Textes ist weiterhin nicht bei der Form »Ehre (ist)
deiner Mutter ...« stehengeblieben. Die Kopten müssen selbst gespürt
haben, daß eine solche Formel unzulässig ist. Die modernen Übersetzungen des Horologions ins Arabische sind jedenfalls in der Mehrzahl
von dem Wort »Ehre« (maǧd) abgegangen. Die meisten gebrauchen
stattdessen das in marianischen Texten sehr häufige »Gruß« (salām)[44].
Daneben kommt auch »Heil« (ṭūbā) vor[45].

Ein einfaches Versehen dürfte sich in den koptischen Text der
Schlußdoxologie eingeschlichen haben, vermutlich durch Unacht-
samkeit des Abschreibers. Es heißt dort: »Die Ehre (ist) dem Vater ...
Die Ehre (ist?) jetzt und allezeit ...« 145,27 f.). Das zweite »Die Ehre«
muß ein verstümmeltes »Die Ehre (ist) dir, Menschenliebender« sein.
Dieser Refrain, der nach Ausweis des griechischen Textes von M 574

---

[44] *Horol.* (1936) 89; *Horol.* (1952) 249; *Horol.* (1955) 140; *Horol.* (1961) 173.
[45] *Horol.* (1957) 233.

(129,6) und des späteren bohairischen Stundengebetes auch in die
Schlußdoxologie einzuschalten ist, wird im saïdischen Text von M 574
jeweils »Die Ehre (ist) dir« abgekürzt. In 145,28 muß das »dir« mit
dem folgenden Punkt irrtümlich ausgelassen sein. Der Text ist also
wie folgt zu rekonstruieren: »Die Ehre (ist) dem Vater ... Die Ehre (ist)
‹dir.› Jetzt und allzeit ...«

Ob die Schlußdoxologie auf der New Havener Holztafel in allem
mit der in M 574 übereinstimmt, kann ich nicht feststellen. Der Text
muß nach Hubbels Transkription sehr schwer lesbar sein[46]. Es ließe
sich aber auf den Zeilen 4–5 des Verso sicher der Text der Schlußdoxologie von M 574 unterbringen. Abweichen würde der Text der
Holztafel nur im letzten Wort, wenn Hubbels Lesung $\theta\epsilon o\hat{v}$ $vi\acute{\epsilon}$ zuverlässig ist; das stünde dann für das $\pi\alpha\nu\acute{\alpha}\gamma\iota\epsilon$ von M 574.

Die Textgruppe, die in M 574 »Ausrufe der Nacht« genannt wird
(Sektion A), hat auf der New Havener Holztafel ihre genau entsprechende Parallele. In der Mitternachtshore des späteren bohairischen
Stundengebetes sind jedoch an die Eröffnungsgesänge noch einige Zusätze angehängt worden, nämlich 1. (in griechischer Sprache) »Ehre
(ist) dir, Eingeborener. Heilige Dreifaltigkeit, erbarme dich unser.
Eh(re ist dir, Menschenliebender)[47].« 2. Ps 67,2. 3. »Dein Volk möge
sein (bzw. werden) in den Segnungen von Tausenden und Zehntausen-
den, indem sie[48] deinen Willen tun[49].« 4. Ps 50,17. Daß diese Texte
erst später hinzugefügt wurden, ergibt sich nicht nur aus dem Vergleich
mit der New Havener Holztafel und M 574, sondern auch noch aus
der heutigen Anordnung. Die Texte stehen nämlich erst nach der

[46] Der Text steht auf dem Verso, von dem der Veröffentlichung keine Abbildung
beigegeben ist.

[47] Die Wiederaufnahme des Refrains »Ehre (ist) dir, Menschenliebender« wird unterschiedlich gehandhabt. Nur nach Nr. 1 hat ihn *Jahres-Psalm.* (1908; Kairo) 21; nach
Nr. 1 und 2 *Jahres-Psalm.* (1908; Alex.) 31 f.; nach den Nummern 1 bis 3 *Choiak-Psalm.*
(1911) 203 f.; nach allen vier Nummern *Horol.* (1930) 322; bei keiner der vier Nummern
Horol. (1957) 234.

[48] Verschiedentlich wird »alle« hinzugefügt, so *Choiak-Psalm.* (1764) 10; *Choiak-
Psalm.* (1955) 157; *Horol.* (1930) 322.

[49] Die Kombination von Nr. 2 und 3 kommt auch in dem letzten der »drei kleinen ...«
und »... großen Gebete« vor (vgl. *Euchol.* 44 f. und 288 f.). Abweichender griechischer
Text in der Markusliturgie (BRIGHTMAN, *Liturgies* 121,29 ff.). Daß diese Texte an
den Schluß der Eröffnungsgesänge des koptischen Mitternachtsgebetes gestellt wurden,
erklärt sich vielleicht daraus, daß sie mit Ps 67,2 (»Gott möge sich erheben ...«) beginnen
und unmittelbar darauf der Osterhymnus »Wir sehen Christi Auferstehung ...« folgt
(z. B. *Jahres-Psalm.* [1908; Kairo] 22).

Schlußdoxologie, nicht etwa davor; man hat ihnen auch keine weitere Doxologie angehängt.

Die modernen Ausgaben behandeln den gesamten Text von »Erhebet euch, Söhne der Lichtes ...« bis zu dem genannten Vers Ps 50,17 als einen durchgehenden Abschnitt. Er ist in Verse eingeteilt, die abwechselnd von den beiden Chören gesungen werden[50]. Die älteren Zeugen zerlegen den Text dagegen in drei Abschnitte, das einleitende »Erhebet euch ...«, die daran anschließende Bitte »Herr, der du wegnimmst ...« und die Kombination von Ps 133 und Ps 118,169 ff. Diese Einteilung ist nicht nur klar aus M 574 zu ersehen[51], sondern ergibt sich auch aus den beiden Paralleltexten. Der Londoner Pergamentstreifen gibt eben die Initia dieser drei Abschnitte[52], und die New Havener Holztafel setzt an den entsprechenden Stellen Trenner[53]. Derartige Trenner stehen auf der Holztafel, soweit sich das noch erkennen läßt, nach jedem »Ehre (ist) dir, Menschenliebender« und außerdem am Schluß von Zeile 1. An der letztgenannten Stelle schließt aber die Aufforderung zum nächtlichen Lobpreis, der erste der drei Abschnitte des Gesamttextes. Der Trenner wäre nun noch am Ende von Zeile 3 zu erwarten, da dort der zweite Abschnitt schließt, aber die Schrift ist hier völlig verschwunden, so daß keine deutbaren Spuren mehr zu erkennen sind. Die moderne Einteilung in Verse nimmt keine Rücksicht auf den Refrain »Ehre (ist) dir, Menschenliebender« im dritten Abschnitt der ursprünglichen Einteilung, den Psalmen 133 und 118,169 ff. In diesem Abschnitt schließt eben jeder Vers mit »Ehre ...«; die einzelnen Verse werden auch hier wechselweise auf den Nord- und Südchor verteilt. Man möchte vermuten, daß das »Ehre ...« ursprünglich nicht einfach Abschluß der betreffenden Verse war, sondern als Antwort nach den einzelnen Versen von Volk oder Chor gesungen wurde. Einen sicheren Beweis dafür liefern uns aber auch die älteren Texte nicht.

Der Refrain »Ehre ...« ist auf der New Havener Holztafel an genau denselben Stellen zu finden wie in M 574. Er kommt dabei zumeist an die Zeilenenden zu stehen, wo die Schrift fast völlig verschwunden ist, und kann nicht mehr überall sicher gelesen werden. Es ist aber an allen Stellen der erforderliche Platz dafür vorhanden. Die späteren bohairischen Texte zeigen folgende Abweichung: sie haben kein

---

[50] Vgl. oben S. 106, Anm. 4 und unten S. 459 f.

[51] Vgl. oben S. 105 f.

[52] Nr. 1–3; Text unten S. 452.

[53] Als Trenner dienen auf der Tafel jeweils zwei parallele von links unten nach rechts oben gezogene Striche.

»Ehre …« nach dem Vers 1a von Ps 133, schicken dafür aber den
Refrain dem Psalm selbst voraus. Falls es sich bei dem »Ehre …«
ursprünglich um einen echten Kehrvers gehandelt hat, dann wäre
sogar zu erwarten, daß dieser Kehrvers auch dem ganzen Psalm
vorangestellt wird. Man möchte von daher vermuten, daß die späteren
bohairischen Texte eine alte Anordnung bewahrt haben. Unklar
bleibt aber, warum weder die New Havener Holztafel noch M 574
etwas davon wissen. Heute scheinen auch die Kopten das »Ehre …«
nicht als dem Psalm vorausgeschickten Kehrvers zu verstehen. Alle
mir zugänglichen modernen Ausgaben verbinden es nämlich mit dem
Schluß des vorausgehenden Textes; einzig Ṭūḫī trennt es davon,
stellt es also den Psalmen 133 und 118,169 ff. voran[54].

SEKTION B

Aus der Sektion B unseres Textes seien die einzelnen biblischen
Cantica jeweils gesondert behandelt, zuerst das am Schluß der Handschrift stehende Siegeslied des Moses. Außer den bekannten Ausgaben
der griechischen und koptischen Bibeltexte[1] und liturgischen Bücher
stehen folgende Textzeugen zur Verfügung. An ägyptisch-griechischen
Texten haben wir einmal die leider sehr beschädigte Wiener Odenhandschrift[2] mit einzelnen Worten aus Ex 15,1–8. Diese Handschrift
war vermutlich für den Gebrauch in der Liturgie bestimmt. Besser,
aber auch nicht vollständig erhalten ist uns der Text auf einem Leidener
Ostrakon (Kalksteinsplitter)[3]. Der Text des Canticums, der Vorder-
und Rückseite des Steines bedeckt, ist von zwei verschiedenen Händen
geschrieben. Ich zweifele nicht daran, daß diese Niederschrift für
liturgische Zwecke erfolgte[4]. Von vornherein nur die Versanfänge
enthielt ein Heidelberger Pergamentblatt[5]. An koptischen Texten

---

[54] *Choiak-Psalm.* (1764) 7.

[1] Im Koptischen nur der bohairische Text in LAGARDE, *Pentateuch*, und zwar auf
recht schmaler handschriftlicher Basis.

[2] TILL-SANZ, *Odenhandschrift* 48 f.

[3] Erstausgabe in *Textes Leide* 86–88 mit Nachzeichnung auf Taf. 237 und 238. Neuausgabe von SIJPESTEIJN, *Hymne des Moses*.

[4] Eine Annahme wie die Sijpesteijns, »daß der erste Besitzer den Stein bei sich daheim
an der Wand aufgehängt hatte oder daß der Stein irgendwo auf einem Tisch oder Schrank
lag, damit er ihn immer sofort lesen konnte« (S. 29 f.), halte ich für wenig wahrscheinlich.

[5] Ungenügend die Erstausgabe von DEISSMANN, *Septuaginta-Papyri* 76–79; siehe
Neuausgabe unten S. 458 ff.

besitzen wir im saïdischen Dialekt seit neuester Zeit die Exodus-
Handschrift des P. Bodmer 16, die das biblische Buch vollständig bis
15,21 enthält[6]. Auf einem Berliner Ostrakon (Tonscherbe) sind noch
fragmentarisch die Verse 11–19 erhalten[7], auf drei Bruchstücken eines
Ostrakons (gleichfalls Tonscherbe) aus dem Epiphanius-Kloster fragmentarisch der ganze Abschnitt Ex 15,1–21[8]. In der Wiener Odenhandschrift sind, wenn überhaupt, nur einzelne Buchstaben aus diesem
Canticum erhalten[9]. Das Heidelberger Blatt bietet uns wiederum die
Versanfänge in koptischer Sprache. Die von Ciasca[10] als Ex 15,19
und 21 identifizierten Verse aus dem Cod. Borg. copt. 109(99), einem
Lektionar der Karwoche, sind in Wirklichkeit weder liturgische Lesung
dieses biblischen Textes noch eine Verwendung desselben als liturgisches Canticum. Vielmehr handelt es um eine eigene Komposition,
die den Inhalt des Moses-Liedes in kürzester Form resümiert[11]. Ein
liturgisches Dokument, das wiederum nur die Versanfänge des Canticums verzeichnet, haben wir auch im faijumischen Dialekt[12]. In recht

[6] KASSER, *P. Bodmer 16*.

[7] STERN, *Bibelfragm.* 99. Heute P. 1047 der Papyrussammlung der Staatlichen Museen
zu Berlin (Ost). Sterns Ausgabe läßt nicht erkennen, daß auf Zeile 11 (Vers 17b)
[ⲉⲧ]ⲤⲂⲦⲰⲦ über [ⲉⲧ]ⲞⲨⲀⲀⲂ steht, der Schreiber also zuerst ⲈⲦⲞⲨⲀⲀⲂ geschrieben (Einfluß von V. 17c?) und dies dann in ⲈⲦⲤⲂⲦⲰⲦ verbessert hat. Die
ursprüngliche Verteilung des Textes auf die einzelnen Zeilen ist leider nicht zu rekonstruieren. Es sind sowohl die Zeilenanfänge als auch -enden verloren, und wenn man den
Text ohne allzu große Abweichungen vom überlieferten Text zu ergänzen versucht, so
ergeben sich recht unterschiedliche Zeilenlängen. Das ist kaum durch stichische Schreibung erklärbar. Versanfänge, die durch die Paralleltexte bezeugt sind, fallen mehrfach
im erhaltenen Text mitten auf eine Zeile und sind, was aus Sterns Ausgabe nicht zu
ersehen ist, vom Schreiber dadurch gekennzeichnet, daß der Raum von einigen Buch-
stabenbreiten frei gelassen ist.

[8] CRUM-EVELYN WHITE, *Epiphanius* 3 (S. 3; vgl. dazu S. 155).

[9] TILL-SANZ, *Odenhandschrift* 49.

[10] CIASCA-BALESTRI, *Fragm. copto-sahid.* I 44 f. (dort auch der Text).

[11] Der Text figuriert als Lesung bei der Wasserweihe (für die Fußwaschung) am
Gründonnerstag. Eine ganz ähnliche Lesung mit etwas ausführlicherem Text findet
sich auch in den jüngeren Lektionarien der Karwoche für die Wasserweihe am Gründonnerstag. Dabei läßt sich auch ersehen, daß es sich nach koptischer Auffassung nicht um
einen bestimmten Bibelabschnitt handelt. Die Ausgabe des *Laqqān*, die sonst immer
einen genauen Hinweis auf den Bibeltext (Angabe von Buch, Kap. und Vers) gibt,
sagt hier nur: »Exodus, Kap. 14 und 15« (S. 62). Ebenso gibt BURMESTER, *Lectionnaire*
257 [209] keinen Hinweis auf eine bestimmte Bibelstelle und nennt den Abschnitt an
anderer Stelle »a Paraphrase of the account of the crossing of the Red Sea« (*Liturgical
Services* 257).

[12] CRUM, *Catalogue B. M.* 493 (S. 237; mit Text). Auch hier wurde für die Initien ein
Pergamentstreifen verwendet, vermutlich Abfall. Der Streifen wird in der Mitte zuerst
breiter, um dann spitz auszulaufen. Die Maße sind 50,5 × 8,5 cm.

zerstörtem Zustand ist uns das Moses-Lied dann schließlich in einem bohairisch-faijumischen Mischdialekt erhalten[13]; hier handelt es sich um ein für den liturgischen Gebrauch bestimmtes Einzelblatt[14].

Der Text des Moses-Liedes in M 574 hat nur wenige völlig isoliert dastehende Sonderlesarten[15]. Einen recht eigenwilligen Wortlaut bietet die Handschrift am Anfang von Vers 1: »Dann sang Moses mit den Söhnen Israels, als sie aus dem Meer herauskamen[16].« Sonst heißt es stattdessen: »Dann sang Moses mit den Söhnen Israels Gott dieses Lied[17].« Soweit ich sehe, ist die Variante unserer Handschrift nicht durch Einfluß einer anderen Bibelstelle zu erklären. Ob Abhängigkeit von anderen Texten vorliegt, kann ich nicht sagen. Es scheint jedenfalls, daß hier bei der Herauslösung des Liedes aus seinem Kontext die Situationsangabe eingefügt wurde. Recht schwerfällig ist in unserer Handschrift Vers 10b formuliert: »Sie versanken wie Blei, das in vielen Wassern ist« (177,14 f.). Die Bodmer-Handschrift hat mit dem griechischen Text: »Sie versanken wie Blei in viel Wasser«; ähnlich auch die bohairischen Texte. Im Vers 20 hat M 574 mit »Moses' und Aarons Schwester« (178,17) gegenüber dem gewöhnlichen »Aarons Schwester« einen sehr seltenen Zusatz[18]. Ganz allein steht unsere Handschrift mit

---

[13] Ebenda 494 (S. 237 f.). Teilweise veröffentlicht von CRUM, *MSS. Fayyum* 12–16 (Nr. 7). Auf den drei später erworbenen, noch nicht veröffentlichten Fragmenten, die CRUM im *Catalogue B. M.* erwähnt, steht bruchstückhaft der Text von Vers 2 bis zum Beginn von Vers 8. Der Text gehört auf die Zeilen 6–20 nach der Zählung des Herausgebers, also die (erhaltenen) Zeilen 6–21 des Originals. (Von Zeile 8 war auf den zunächst erworbenen Fragmenten nichts erhalten, weshalb Crum diese Zeile bei der Zeilenzählung nicht berücksichtigt und die wirkliche Zeile 9 als Zeile 8 gezählt hat.) Zum Dialekt vgl. CRUM, *Catalogue B. M.*, S. 237 und *MSS. Fayyum* 14; wo CRUM den Text in seinem *Dict.* zitiert, beziehen sich die Dialektangaben, wie auch sonst, nur auf die einzelnen Wortformen, die entweder faijumisch (630b: ϨⲀⲘϨⲈⲘ), faijumisch mit bohairischem Einfluß (366a: ⲤⲦⲈⲢⲦⲈⲢ) oder bohairisch mit faijumischem Einfluß sind (765b: ϬⲀⲗ).

[14] Vgl. oben S. 171, Anm. 110.

[15] Für die nichtkoptischen Zeugen beruhen die folgenden Angaben auf der Ausgabe von Brooke-McLean, *Old Text.* (Exodus-Text) und auf RAHLFS, *Psalmi* (Odensammlungen).

[16] 176,15 f. Zur Übersetzung ist zu bemerken, daß ich ⲈϨⲢⲀⲒ als »herauf« verstehe und ϨⲚ als ⲈⲂⲟⲗ ϨⲚ = »aus ... heraus«.

[17] Neben »Gott« sowohl im Griechischen als auch im Koptischen die Variante »Herr«. Der bohairische liturgische Text liest zudem ⲦⲀⲒϨⲰⲀϨ ⲚⲦⲈ Ⲡ̄Ⲟ̄Ⲥ̄, also streng genommen »dieses Lied des Herrn«; die beigegebenen arabischen Übersetzungen deuten aber jeweils »... dem Herrn«.

[18] Brooke und McLean (*Old Test.*) notieren im Apparat nur eine Handschrift mit dieser Lesart, den Codex Ambrosianus, wo eine entsprechende Ergänzung später auf

einem Zusatz im Titel des Canticums[19]. Sie spricht von »unserem Vater Moses« (176,14). Die griechischen Texte haben nur den einfachen Namen »Moses«. So auch einige bohairische Zeugen, doch hat die Mehrzahl unter ihnen »Moses, der Prophet«[20]. In 2a liest M 574: »Mein Helfer und mein Beschützer ist der Herr. Er ist mir zum Heil geworden« (176,20f.). Das Possessivum »mein« ist der Handschrift mit dem Bodmer-Text und den Heidelberger Initia gemeinsam[21]. Die Hinzufügung von »ist der Herr« und die damit gegebene Zerlegung des Satzes in zwei Sätze ist unter den koptischen Texten ohne Parallele. So wird aber im griechischen Bereich der Text der Handschriften a und c und der der armenischen Übersetzung zu verstehen sein. Auch die Syro-Hexaplaris liest so, zeigt aber durch den Asteriskus an, daß es sich hier eben nicht um eine LXX-Lesart handelt.

Überraschende Beziehungen zeigen sich zwischen dem Leidener griechischen Ostrakon und den saïdischen Zeugen, soweit diese den Text der fraglichen Stellen erhalten haben bzw. enthalten. Das Leidener Ostrakon weist bei einem Vergleich mit dem Apparat bei Brooke-McLean acht Sonderlesarten auf, die keine anderweitige Bezeugung haben[22]. Diese finden sich nun fast ausnahmslos im Bodmer-Papyrus und in M 574 wieder, wobei der Bodmer-Text dem Ostrakon noch etwas näher steht als unsere Handschrift M 574. Durch letzteren Umstand wird nur unterstrichen, daß M 574 rund ein halbes Jahrtausend jünger ist als die Bodmer-Handschrift[23]. Eine der Sonderlesarten des Ostrakons kann im Koptischen nicht wiedergegeben werden: im Vers 2b hat das Ostrakon gegen die anderen griechischen Zeugen den Artikel bei »mein Gott«. Die einzige Sonderlesart des Ostrakons, die nicht durch den Bodmer-Text und M 574 gestützt wird,

---

dem Rand nachgetragen, von einem noch späteren Korrektor aber wieder verworfen worden ist.

[19] Titel erhalten die betreffenden Bibelabschnitte gewöhnlich dort, wo sie als Oden aus den biblischen Büchern herausgelöst werden, gelegentlich aber auch sonst. So hat Ex 15 in der Tattamschen Handschrift des bohairischen Pentateuchs einen Odentitel (LAGARDE, *Pentateuch* XIV). Deut 32 scheint dagegen in dieser Handschrift keinen derartigen Titel zu tragen, jedenfalls macht Lagarde, ebd. XXXVIII keine entsprechende Angabe.

[20] Einige Titel aus Handschriften bei TILL-SANZ, *Odenhandschrift* 38. »Prophet« nicht in der Tattamschen Pentateuchhandschrift (LAGARDE, *Pentateuch* XIV). Alle Psalmodie-Ausgaben haben »Prophet«.

[21] Die Londoner faijumischen Initia haben das Possessivum »unser«.

[22] Auch SIJPESTEIJN macht auf sie schon in seinen »Anmerkungen« aufmerksam (*Hymne des Moses* 32 f.).

[23] »D'après son écriture, on pourra peut-être dater le P. Bodmer XVI du IVᵉ siècle« (KASSER, *P. Bodmer 16*, S. 5).

ist εἰς τὸν αἰῶνα in Vers 18; die anderen Handschriften haben τὸν
αἰῶνα oder τῶν αἰώνων. Der Bodmer-Papyrus und M 574 (178,8)
lesen hier »von Ewigkeit«. Mit dem Ostrakon gehen in diesem Punkt
auch die bohairischen Texte. In Vers 7a liest allein das Ostrakon
τοὺς ὑπεναντίους σου; der griechische Normaltext kennt das Possessivum nicht. Die koptischen Übersetzungen geben ὑπεναντίος alle
mit ⲉⲧϯ ⲟⲩⲃⲉ- wieder, welcher Ausdruck notwendig einen Terminus
fordert. Im Bodmer-Papyrus und auf dem Ostrakon aus dem Epiphanius-Kloster erscheint dabei das Pronomen der 2. Person Singular,
in allen übrigen Texten, auch in M 574 (177,5), das der 1. Person
Plural. Gegenüber dem τὴν δύναμιν αὐτοῦ der anderen Zeugen hat
das Leidener Ostrakon in 4a τὸν ὄχλον αὐτου. Dem entspricht genau
ⲡⲉϥⲙⲏⲛϣⲉ im Bodmer-Text[24]. M 574 hat ⲛⲉϥⲙⲏⲛϣⲉ (176,26),
also dasselbe Substantiv »Menge«, setzt es nur in den Plural. Die
bohairischen Texte folgen, mit einem Zusatz, dem griechischen Normaltext; sie haben »seine ganze Macht«[25]. Bei den restlichen vier Sonderlesarten des Ostrakons haben wir den genau entsprechenden Text
sowohl im Bodmer-Papyrus als auch in M 574. In Vers 8c wiederholt
das Ostrakon »die Wasser« von Vers 8b; die anderen griechischen
Zeugen haben »die Wogen«. Auch der Bodmer-Text und M 574
(177,8f.) haben »die Wasser«. Die bohairischen Texte einschließlich
des Londoner bohairisch-faijumischen Textes haben mit dem griechischen Normaltext »die Wogen«. In 9a hat das Ostrakon κατα-
λήμψομαι αὐτούς; in den anderen Zeugen fehlt das Pronomen. Der
Bodmer-Papyrus, M 574 (177,10) und das Ostrakon aus dem Epiphanius-Kloster gehen mit dem Leidener Ostrakon, die bohairischen
Texte mit den anderen griechischen Handschriften. In 11b hat unter
den griechischen Zeugen allein das Leidener Ostrakon bei den
»Heiligen« das Possessivum »dein«. Dies Possessivum steht auch im
Bodmer-Text, in M 574 (177,17) und auf dem Ostrakon aus dem Epiphanius-Kloster die diesmal auch noch die bohairische liturgische
Überlieferung auf ihrer Seite haben. Der bohairische Bibeltext hat
das Possessivum nicht; der Londoner bohairisch-faijumische Text
läßt die »Heiligen« in Vers 11b überhaupt weg. Eine letzte Übereinstimmung zwischen dem Leidener Ostrakon, dem Bodmer-Text

---

[24] Kassers Übersetzung durch den Plural »multitudes« ist nicht exakt.
[25] »Ganz« fehlt nur bei WILKINS, *Pentateuch* und in dem Londoner bohairisch-faijumischen Text. Den Londoner Text hatte schon CRUM so ergänzt (*MSS. Fayyum* 13),
was durch die unveröffentlichten Fragmente des Blattes bestätigt wird.

und M 574 finden wir im Vers 11c. Dort hat das Ostrakon gegenüber dem θαυμαστός aller übrigen Zeugen θαυμαστὸς εῑ. Wenn
ich den Herausgeber recht verstehe, will er diese Änderung damit
in Verbindung bringen, daß mit Vers 11c der Text der Rückseite
beginnt, die von einem anderen Schreiber beschriftet wurde als die
Vorderseite, und das erst einige Zeit später[26]. Wie dem aber auch sei,
die Lesart des Ostrakon wird auf jeden Fall von der Bodmer-Handschrift und M 574 (177,18) bestätigt, die beide »du bist wunderbar«
lesen. Die bohairischen Texte geben auf je verschiedene Weise mehr
oder weniger genau den griechischen Normaltext wieder.

Die Übereinstimmungen zwischen M 574 und dem Bodmer-Papyrus
beschränken sich natürlich nicht auf Stellen, an denen beide mit dem
Leidener Ostrakon zusammengehen. Sehr nahe stehen die beiden
Texte sich in Vers 1 bei der Wiedergabe von εῑπαν λέγοντες. M 574
hat »er sagte: sagt« (176,16 f.), die Bodmer-Handschrift »sie sagten:
sagt[27].« Eine wörtliche Übersetzung des griechischen Textes bieten
auch die anderen koptischen Texte nicht; die bohairischen haben
»er sagte, sie sollten sagen«, der bohairisch-faijumische einfach »indem
er sagte.« Das ἐχθρούς von 6b bestimmen der Bodmer-Text, M 574
(177,4) und das Ostrakon aus dem Epiphanius-Kloster mit dem einfachen Artikel, die bohairischen Texte mit dem Possessiv »dein«. In Vers
7b hat M 574 (177,6) mit der Bodmer-Handschrift und dem griechischen
Text »wie ein Halm«, die bohairischen Texte hingegen »wie Halme«.
Das ἔσπευσαν in Vers 15a wird in den bohairischen Übersetzungen
treu mit »eilen, hasten« wiedergegeben, während M 574 (177,25) und
der Bodmer-Text »bestürzt, beunruhigt werden« haben; die letztere
Lesart auch in den Heidelberger saïdischen und den Londoner faijumischen Initia. In Vers 17a folgen die bohairischen Texte mit
»bringe sie herein (und) pflanze sie« genau dem griechischen εἰσαγαγὼν

---

[26] SIJPESTEIJN meint dann weiterhin: »Der Schreiber des zweiten Teiles der Hymne
hat aber nicht ohne weiteres das erste Wort des zweiten Teiles hinter das letzte Wort
des ersten Teiles geschrieben. Er führte nicht den Text der Hymne weiter von dem
Punkt, an dem der Schreiber der Seite I aufhörte, sondern machte einen neuen Anfang.
Anstatt den Fragesatz weiterzuführen, fügte er „Du bist" bei und fing mit einem ponier-
den Satz an« (Hymne des Moses 30).

[27] Kasser übersetzt ⲀⲬⲒⲤ mit »singt!« und gibt »sagt!« nur als mögliche zweite
Bedeutung. Soweit ich das Material überschaue, gilt für ⲬⲰ = »singen« aber nicht
dieselbe Regel wie für ⲬⲰ = »sagen«, daß nämlich dem Verb gewöhnlich ein prono-
minaler Objektsausdruck hinzugefügt wird, wenn es nicht schon ein anderes direktes
Objekt hat (vgl. etwa Ps 12,6c; 26,6c; 56,8b; 67,5a; 97,4b; 103,33a; 104,2a; 107,2b;
136,3c). Demnach würde ⲀⲬⲒⲤ eindeutig »sagt!« bedeuten.

καταφύτευσον αὐτούς. Dagegen hat M 574 im Beginn von 17a nur
»Du sollst sie hereinbringen« (178,4), beginnt dafür aber 17b mit »und
sie pflanzen« (178,5). Ebenso lesen der Bodmer-Text, die Heidelberger
saïdischen und die Londoner faijumischen Initia[28]. In 16a stimmt das
ⲉϥⲉⲍⲉⲓ ⲉⲌⲢⲎⲒ ⲉⲬⲰⲞⲨ der bohairischen Bibel genau mit dem
griechischen ἐπιπέσοι ἐπ' αὐτούς überein; entsprechend lautet auch
der saïdische Text der Heidelberger Initia, die nur das Verb in den
Plural setzen. Einzig M 574 (178,1) und der Bodmer-Text haben
»(Furcht und Zittern) fielen auf sie.« Der bohairische liturgische Text
»Es kam über sie (Zittern und Furcht)« stimmt im Tempus mit dem
Bodmer-Text und M 574 überein, hat aber »fallen« durch »kommen«
ersetzt.

Charakteristische Gemeinsamkeiten zwischen M 574 und dem
Bodmer-Papyrus zeigen sich auch bei den beiden Auslassungen in
M 574. Dieselbe Textform vertreten in beiden Fällen auch die Londoner
faijumischen Initia. Die eine dieser beiden Auslassungen findet sich
als solche in allen drei genannten Zeugen. Ihr ist fast der gesamte
Vers 16d zum Opfer gefallen, nämlich die Worte »bis dein Volk an
ihnen vorübergezogen ist[29].« Die Auslassung, die sich natürlich durch
das Vorkommen derselben Worte unmittelbar vorher in Vers 16c
erklärt, weisen im griechischen Bereich nur sehr wenige Handschriften
auf[30]. Sie scheint so typisch für einen gewissen Zweig der koptischen
Überlieferung. Alle bis heute bekannten saïdischen[31] und faijumischen
Textzeugen vertreten sie, sowohl biblische als auch liturgische. Etwas
anders liegt der Fall bei der zweiten Auslassung. Diese tritt als solche
nur in M 574 auf, doch scheint sie dort einen Text vorauszusetzen,
wie er sonst nur von dem Bodmer-Papyrus (und den Londoner faijumischen Initia) bezeugt wird. Von Vers 17b fehlt in M 574 (178,6)
eine Entsprechung zu ὃ κατειργάσω bzw. κατηρτίσω. Diese Auslassung

---

[28] Der Heidelberger Text zitiert den Anfang von 17a nur mit drei Worten, doch
kann man daraus ersehen, welcher Lesart der Text folgt.

[29] Zwischen M 574 einerseits und dem Bodmer-Text und den faijumischen Initia
andererseits besteht der Unterschied, daß in M 574 vor dem Relativsatz »das du erwählt
hast« das Demonstrativum fehlt (178,3), das die beiden anderen Texte haben.

[30] Drei Handschriften nach Brooke-McLean (*Old Test.*). Hier ist auch das »Herr«
am Ende von Vers 16c ausgefallen; es liegt also ein »saut du même au même« im strengen
Sinn (von σοῦ auf σοῦ) vor.

[31] Auch auf dem Berliner Ostrakon dürfte das Sätzchen nicht gestanden haben.
Ergänzt man seinen Text mit den fraglichen Worten, so ergäbe sich an dieser Stelle die
längste Zeile überhaupt. Ein absolut sicheres Argument ist das bei den ungleichen
Zeilenlängen (vgl. oben S. 241, Anm. 7) aber nicht. Bei dem Ostrakon aus dem Epiphanius-Kloster läßt die Länge der Lücke eine Rekonstruktion nicht zu.

erklärt sich am einfachsten, wenn man einen Text wie den des Bodmer-Papyrus voraussetzt: ⲡⲉⲕⲙⲁⲛϢⲱⲡⲉ ⲉⲧⲥⲃⲧⲱⲧ ⲡⲁⲓ ⲉⲛⲧⲁⲕⲥⲃ-ⲧⲱⲧϥ, nämlich durch das Nacheinander der sehr ähnlichen Verbalformen ⲥⲃⲧⲱⲧ und ⲥⲃⲧⲱⲧϥ. Auf eine solche Lesart dürfte also auch der Text unserer Handschrift M 574 zurückgehen. Diese Lesart selbst ist sicher nur im Bodmer-Papyrus zu belegen, wird aber wahrscheinlich auch noch durch die Londoner faijumischen Initia bezeugt[32]. Die bohairischen Texte verwenden in Vers 17b nicht zweimal das Verb ⲥⲟⲃϯ, sondern an der zweiten Stelle ⲉⲣ Ϩⲱⲃ; dieses dürfte eher griechischem κατεργάζειν als καταρτίζειν entsprechen.

Natürlich entsprechen M 574 und der Bodmer-Text einander keineswegs überall. Dies ergibt sich schon aus den Sonderlesarten der Handschrift M 574, die oben angeführt wurden. Es gilt aber auch für andere Lesarten, mit denen M 574 nicht allein steht. Hier nur zwei derartige Beispiele. Am Ende von Vers 13a gibt allein der Bodmer-Text das griechische ὃν ἐλυτρώσω genau wieder. Dagegen hat M 574 »(dein Volk ...,) das du erwählt hast« (177,21). Über die Entstehung der Variante kann kein Zweifel bestehen, wenn man die beiden koptischen Wörter vergleicht. ⲛⲧⲁⲕⲥⲟⲧϥ ist die dem Griechischen entsprechende Lesart des Bodmer-Textes, ⲛⲧⲁⲕⲥⲟⲧⲡϥ die von M 574. Durch Hinzufügung eines Buchstabens entstand also ein Wort anderer Bedeutung. Die Variante wäre kaum einer Erwähnung wert, wenn sie sich nicht in allen bohairischen Texten fände[33]. Sie muß also zu nicht allzu später Zeit die Lesart schlechthin im koptischen Bereich geworden sein. Allein im Bodmer-Text ist in Vers 19a nach »Pharaos Pferde« noch »und seine Diener« eingefügt. M 574 (178,9) folgt mit allen anderen koptischen Texten[34] dem griechischen Text.

[32] Das entscheidende ⲡⲉⲓ ⲧⲁⲕⲥⲉⲃⲧⲱⲧϥ ist sicher. Unklar ist nur das kaum noch zu lesende vorausgehende Wort, bei Crum ⲧⲟⲉⲃ (mit Fragezeichen). Ist hier ⲉⲧⲟⲩⲉⲃ (vgl. oben S. 241, Anm. 7) oder ⲉⲧⲥⲉⲃⲧⲱⲧ zu rekonstruieren?

[33] Auch in WILKINS' Ausgabe (*Pentateuch*), wo aber fehlerhaft »redemisti« übersetzt ist. Brooke-McLean schlugen Verbesserung von ⲥⲟⲧⲡϥ in ⲥⲟⲧϥ vor (*Old Test.*, Apparat zur Stelle). — Schon der Londoner bohairisch-faijumische Text scheint diese Lesart zu vertreten. Crums Rekonstruktion [ⲉⲧ]ⲁⲕ[ⲥⲱⲡ]ⲧ[ⲉ]ϥ dürfte bei der Länge der Lücke die einzig mögliche sein. Das »richtige« ⲥⲟⲧ⸗ wäre viel zu kurz. (Auch das von Crum rekonstruierte ⲱ rechtfertigt sich so; korrektes ⲥⲟⲡⲧ⸗ oder ⲥⲁⲡⲧ⸗ würde die Lücke ebensowenig füllen. Damit ergibt sich, daß der Schreiber an ⲥⲟⲡⲧ⸗ und nicht an ⲥⲁⲡⲧ⸗ dachte und daß hier schon die Verwechslung von ⲟ und ⲱ in einem koptischen Text anzunehmen ist.)

[34] Der Text ist auch in den Londoner faijumischen Initia bezeugt, wo jedoch »Pharao« bei »Pferde« weggelassen ist, sicherlich nur versehentlich, denn bei den darauffolgenden »Wagen« steht das Possessivum »sein«.

Von Divergenzen zwischen den saïdischen Texten einerseits und
den bohairischen andererseits war im Vorhergehenden schon verschiedentlich die Rede. Wenn diese Auswahl natürlich auch etwas zufällig
und vor allem weit davon entfernt ist, vollständig zu sein, so soll sie
hier dennoch genügen. Es sei nur noch bemerkt, daß die bohairische
Übersetzung des Moses-Canticums an vielen Stellen dem griechischen
Text viel sklavischer folgt als die saïdische, was bekanntlich ganz
allgemein für diese Übersetzungen gilt[35]. So wirkt beispielsweise
auffällig, wie in unserem Abschnitt der bohairische Text griechische
Nomina ohne Artikel, aber mit Possessivpronomen behandelt. Die
saïdischen Texte scheuen sich nicht, hier den gewöhnlichen Possessivausdruck, den Possessivartikel, anzuwenden[36] oder das nominale
Regens eines solchen Ausdruckes mit dem bestimmten Artikel zu
versehen[37], während die bohairischen Texte an diesen Stellen skrupulös
den unbestimmten Artikel verwenden. Vers 13b erscheint dabei in
der Form »Du hast es gestärkt ... zu einem heiligen Wohnort für
dich.« Es ist klar, daß solche Formulierungen nicht von den uns
bekannten saïdischen Texten abhängig sein können und somit sehr
wahrscheinlich unmittelbar aus dem Griechischen übersetzt sind.
Dieser unterschiedliche Possessivausdruck zeigt sich auch dort, wo
die jeweilige Vorlage der koptischen Übersetzungen selbst höchstwahrscheinlich das fragliche Possessivum gar nicht enthielt, sondern
dies erst bei der Übertragung ins Koptische hinzugefügt wurde,
und das wohl ohne Abhängigkeit der einen Übersetzung von der
anderen. Es sei hier nochmals auf Vers 2a verwiesen[38], obwohl M 574
an dieser Stelle im koptischen Bereich eine Singulärlesart aufweist.
Βοηθὸς καὶ σκεπαστής erhält in den koptischen Übersetzungen als
Bezugsterminus das Pronomen der 1. Person Singular. Im Bodmer-
Text wird dazu wieder der normale Possessivausdruck, der Possessivartikel, präfigiert: ⲡⲁⲃⲟⲏⲑⲟⲥ ⲙⲛ ⲡⲁⲥⲕⲉⲡⲁⲥⲧⲏⲥ = »mein Helfer
und mein Bedecker«. Der bohairische Text verwendet wieder den
unbestimmten Artikel und gebraucht an zweiter Stelle eine Nominal-
bildung, der das Personalpronomen in der gewöhnlichen Verbalrektion
angefügt werden kann: ⲟⲩⲃⲟⲏⲑⲟⲥ ⲛⲉⲙ ⲟⲩⲣⲉϥϩⲱⲃⲥ ⲉⲃⲟⲗ
ⲉϫⲱⲓ, also ganz wörtlich etwa so wiederzugeben: »ein Helfer und

---

[35] Vgl. z. B. Böhlig, *Bibelübers.* 393.

[36] Vers 13b; M 574, p. 177,22.

[37] Vers 17a; M 574, p. 178,4.

[38] Es ist natürlich nicht mit Sicherheit auszuschließen, daß die koptischen Übersetzer Vorlagen mit μοῦ vor sich hatten, doch ist diese Lesart im Griechischen selten.

ein Über-mich-Decker«. Der Ausdruck an sich hat im Koptischen nichts Ungewöhnliches. Hart wirkt er in unserem Zusammenhang, da hier seine Funktion trotz aller scheinbaren Parallelität des koptischen Satzes zum griechischen eine ganz andere ist als die des entsprechenden Ausdrucks im Griechischen. »Helfer ...« ist im Koptischen zum Subjekt von »werden« geworden. Der bohairische Text von Vers 2a bedeutet: »Ein Helfer und Über-mich-Decker ist mir zum Heil geworden[39].« Warum ist hier nicht der Possessivartikel verwendet, den im Saïdischen trotz ganz unterschiedlicher Wiedergabe des Satzes sowohl der Bodmer-Text als auch M 574 haben[40]?

Eine wichtige Übereinstimmung zwischen M 574, dem Ostrakon aus dem Epiphanius-Kloster und dem bohairischen liturgischen Text der »Psalmodie« liegt darin, daß sie alle die Verse 1–21 als Ode verwenden, während die übrigen Zeugen einer liturgischen Verwendung des Canticums, soweit es ihr fragmentarischer Erhaltungszustand erkennen läßt, das liturgische Canticum mit Vers 19 enden lassen[41]. Auf Unterschiede zwischen dem bohairischen Bibeltext und dem liturgischen Text der »Psalmodie« wurde schon gelegentlich hingewiesen. Dabei geht der liturgische Text verschiedentlich mit dem saïdischen Text. Hier noch ein derartiges Beispiel. In Vers 9b entsprechen die saïdischen und die bohairischen liturgischen Texte genau dem griechischen $\mu\epsilon\rho\iota\hat{\omega}$ $\sigma\kappa\hat{\upsilon}\lambda\alpha$[42]. Dagegen hat der bohairische Bibeltext »ich will teilen und rauben.« Auch der bohairisch-faijumische Text geht hier mit der bohairischen Bibel, woraus folgt, daß deren Lesart immerhin ein beachtliches Alter haben muß. Im übrigen ist klar, daß es sich nur um eine Textverderbnis in der bohairischen Überlieferung handeln kann, deren Entstehung vielleicht noch in der vom Anfang des 14. Jahrhunderts stammenden Tattamschen Handschrift greifbar wird[43].

---

[39] Entsprechend ist der Bodmer-Text zu übersetzen. Kassers Verständnis der Stelle »Mon défenseur et mon protecteur, il ⟨le⟩ fut pour moi, pour mon salut« scheint mir philologisch anfechtbar.

[40] In vielen Fällen gehen die bohairischen Übersetzer auch so voran und scheuen dabei selbst einen doppelten Pronominalausdruck nicht. Vgl. als Beispiel die Übersetzung von $\dot{\alpha}\nu\tau\iota\lambda\dot{\eta}\mu\pi\tau\omega\rho$ $\dot{\eta}\mu\hat{\omega}\nu$ in Ps 45,8b und 12b durch ΠΕΝΡΕϤϢΟΠΤΕΝ ΕΡΟϤ, also wörtlich »unser Uns-Aufnehmer«.

[41] Mit Sicherheit zu erkennen bei dem Leidener Ostrakon (Hälfte der Rückseite des Steines nach Vers 19 noch frei) und den Heidelberger Initia (auf Vers 19 folgt das Anna-Lied aus 1 Sam 2), vermutlich auch bei den Londoner faijumischen Initia. Sollte es ein Zufall sein, daß sie gerade bis Vers 19 gehen?

[42] M 574, p. 177,11.

[43] Hier steht nämlich ein sprachlich unmögliches ΝΤΑϨΑΝϢⲰⲀ (LAGARDE, Pentateuch XIV), das nachträglich zu ΝΤΑϢⲰⲀ verbessert wurde. Die ursprüngliche Lesart des bohairischen Textes wird ΝϨΑΝϢⲰⲀ gewesen sein.

Im Vers 6b hat allein der bohairische liturgische Text »mein Gott«,
alle anderen koptischen Zeugen mit den griechischen »Herr«.

Über das Verhältnis der einzelnen Zeugen bzw. Textformen zueinander ließe sich kurz etwa Folgendes sagen. Die zahlreichen Übereinstimmungen von M 574 mit dem Bodmertext[44] zeigen klar, daß der
saïdische liturgische Text des Moses-Liedes aus Ex 15 in engstem
Zusammenhang mit der alten saïdischen Übersetzung des Exodus-
Buches steht. Sonst sind uns vom saïdischen Text dieses Abschnittes
nur Splitter erhalten. Umso bedeutsamer, daß die Heidelberger Initia
und das Ostrakon aus dem Epiphanius-Kloster oft mit dem Bodmer-
Text gehen. Beachtenswert ist sodann die weitgehende Übereinstimmung auch der Londoner faijumischen Initia mit der saïdischen
Überlieferung[45]. Daß die einzelnen Zeugen auch jeweils ihre Eigenheiten aufweisen, kann nicht verwundern. Uns interessieren hier
speziell die von M 574. Es wurde deshalb auch Wert darauf gelegt, die
Abweichungen dieser Handschrift von anderen, bisweilen allen anderen
Zeugen gebührend herauszustellen. Diese Abweichungen stellen die
Abhängigkeit unseres Textes von der saïdischen Exodus-Übersetzung
nicht in Frage. Zwischen der Bodmer-Handschrift und M 574 liegen
ja wahrscheinlich fünf Jahrhunderte, Zeit genug für die Ausbildung
der Abweichungen und Sonderlesarten. Leider haben wir keinen
anderen vollständigen saïdischen Text von Ex 15 aus späterer Zeit,
um Einzelheiten der weiteren Textüberlieferung feststellen zu können.
Ein schwieriges, aber höchst interessantes Problem stellt sich durch
das Leidener griechische Ostrakon. Die Übereinstimmungen zwischen
dem Ostrakon, dem Bodmer-Text und M 574 (und dem Ostrakon aus
dem Epiphanius-Kloster) können kein Zufall sein. Aber wie ist der
Zusammenhang zwischen dem saïdischen Text der Handschriften
Bodmer 16 und M 574 und dem griechischen des Ostrakons näherhin
zu sehen? Theoretisch wäre ebensogut eine Abhängigkeit des koptischen vom griechischen Text wie auch das Umgekehrte denkbar.
Aber sollte eine griechische Textform des Exodus-Buches in Ägypten
bestanden haben, die als solche verloren ist, nur in der saïdischen
Übersetzung indirekt weiterlebt und uns rein zufällig aufgrund der

---

[44] Der Bodmer-Text stimmt weiterhin, wie KASSER ausdrücklich sagt, mit den
übrigen, leider nicht allzu umfangreichen Zeugen der saïdischen Exodus-Übersetzung
überein (*P. Bodmer 16*, S. 14).

[45] Ein anderer Zeuge des faijumischen Textes steht leider nicht zur Verfügung.
Daß eine faijumische Exodus-Übersetzung bestanden hat, ist wenig wahrscheinlich.
Es gibt keinen faijumischen Zeugen für andere Teile des Exodus-Buches; vgl. VA-
SCHALDE, *Versions coptes* [Teil 11] 301 und TILL, *Biblical Texts* 237.

Verwendung des Moses-Liedes in der Liturgie auf dem Leidener Ostrakon eine kleine Probe erhalten hat? Ich halte es für weitaus wahrscheinlicher, daß die besondere Textform, die in unseren vier Zeugen greifbar wird, im Koptischen entstanden ist und daß der griechische Text des Ostrakons von einem koptischen Text des Moses-Canticums beeinflußt ist. Beeinflussung eines griechischen Textes durch seine koptische Parallelfassung liegt durchaus im Bereich des Möglichen. Erst kürzlich hat P. Weigandt die Fragmente einer griechisch-saïdischen Acta-Handschrift untersucht und dabei festgestellt, daß deren griechischer und koptischer Text sich gegenseitig stärker beeinflußt haben, als es bei einer Bilingue gewöhnlich zu erwarten ist, und daß dabei der koptische Text mehr auf den griechischen eingewirkt zu haben scheint als umgekehrt[46]. Nun ist das Leidener Ostrakon keine bilingue Handschrift. Insofern es aber zweifellos für den Gebrauch in der Liturgie beschriftet wurde, fällt es in den hauptsächlichen Verwendungsbereich zweisprachiger Texte. Man könnte dabei sogar annehmen, daß der Text des Ostrakons aus einer bilinguen Odenhandschrift kopiert wurde, wie uns in der Wiener Odenhandschrift eine erhalten ist[47]. Eine solche Annahme ist aber nicht notwendig, um den Einfluß einer koptischen Textform auf den griechischen Text des Ostrakons zu erklären. Wenn ein derartiges Ostrakon von einem Kopten beschriftet wurde, dem der in der Liturgie gesungene koptische Text der Ode vertraut war, dann können leicht Eigenheiten der koptischen Fassung auf die griechische übertragen worden sein. Bei einer Sonderlesart des Ostrakons liegt Abhängigkeit vom koptischen Text besonders nahe. Wie schon erwähnt, verwenden alle koptischen Übersetzungen zur Wiedergabe von ὑπεναντίος in Ex 15,7a den Ausdruck ⲈⲦϮ ⲞⲨⲂⲈ-, sicher die genaueste Entsprechung des griechischen Wortes[48]. Der mit einer Präposition gebildete Ausdruck verlangt im Koptischen notwendig einen Bezugsterminus. Die koptischen Texte setzen dafür zumeist das Pronomen der 1. Person Plural ein (»unsere Gegner«), nur der Bodmer-Text und das Ostrakon aus dem Epiphanius-Kloster das der 2. Person Singular (»deine Gegner«). Es spricht so eine gute Wahrscheinlichkeit dafür, daß die Lesart »deine Gegner« in Ex 15,7a zuerst im Koptischen aufgekommen ist und dann bei der Niederschrift des Canticums für

---

[46] Weigandt, *Griech.-sah. Acta-Hss.* 72.

[47] Till-Sanz, *Odenhandschrift.*

[48] Daneben wird noch ⲪⲀϪⲈ, eigentlich »Feind«, und ⲈⲦϮ ⲘⲚ- gebraucht. Für letzteres gälte dasselbe wie für ⲈⲦϮ ⲞⲨⲂⲈ-.

die Liturgie einmal von einem Kopten auch in den griechischen Text
übernommen wurde. Von den bohairischen Texten ist zu sagen, daß
sich an unserem Abschnitt einmal mehr bestätigt, daß die bohairische
Bibelübersetzung nicht von der saïdischen abgeleitet werden kann.
Auch der liturgische Text des Moses-Liedes ist von der Übersetzung
des Exodus-Buches in diesen Dialekt weitestgehend abhängig, obwohl
selbstverständlich auch hier Varianten zwischen biblischer und liturgischer Überlieferung festzustellen sind.

Im Moses-Canticum diente nach Ausweis von M 574 nach jedem
Vers der Satz »Laßt uns singen dem Herrn, denn herrlich ist er verherrlicht worden« aus Vers 1 als Refrain. Die modernen Psalmodie-Ausgaben
geben diesen Kehrvers nicht mehr an, ebenso fehlt er in allen älteren
Textzeugen sowohl griechischer als auch koptischer Sprache. Einzig
in Lagardes Pentateuch-Ausgabe ist er bei den ersten Versen angegeben, und zwar in genauer Übereinstimmung mit M 574, also am
Schluß von Vers 1, 2a, 2c und 3b. Da Wilkins' Ausgabe ihn an diesen
Stellen nicht hat, muß Lagarde ihn in der Tattamschen Handschrift
gefunden haben. Diese Handschrift hat also den Text des Canticums
auch innerhalb des Exodus-Buches in seiner liturgischen Form,
wozu gut paßt, daß sie als einzige Bibelhandschrift dem 15. Kapitel
dieses Buches den Titel »Lied des Moses« vorausschickt[49].

* * *

Der nächste Text ist der Psalm 135, der bei den Kopten bekanntlich
noch heute die zweite Ode bildet. Die typische Odenzusammenstellung
des koptischen Ritus ist in griechischer Sprache bis heute nicht bekannt
geworden. Welchem Zweck die Aufzeichnung des 135. Psalmes in
griechischer Sprache zusammen mit einem anderen Gebetstext[50]

---

[49] LAGARDE, *Pentateuch* XIV.

[50] Heidelberger Holztafel (zur Zeit nicht auffindbar) mit dem griechischen Text von
Ps 135 auf der einen Seite (veröffentlicht : *P. Bad.* 127 [Heft 5, S. 364 ff.]), vom Herausgeber Bilabel natürlich sofort zum Amulett erklärt. Auf der anderen Seite der Tafel
steht ein mit Πρεσβείαις καὶ αἰτίαις ... beginnendes eigenartiges Gebet, vielleicht
liturgischer Herkunft (veröffentlicht : *P. Bad.* 65 [Heft 4, S. 57 ff.]; Neubearbeitung
durch einen Fachman scheint mir wünschenswert). Für dieses Gebet kann ich bisher keinen Paralleltext nachweisen, und ich kann nicht sagen, ob die Zusammenstellung der
beiden Texte auf den beiden Seiten einer Schreibtafel ihre Entstehung einem Zufall verdankt oder ob eine gemeinsame Verwendung beider Texte bei einer liturgischen Funktion
der Anlaß dafür war. Wenn die Niederschrift des Psalmes auf der Heidelberger Holztafel
im Hinblick auf seine Verwendung als biblischer Ode in der Liturgie erfolgt sein sollte
— was man bestenfalls vermuten kann —, dann hätten wir es mit einem einmaligen
Dokument zu tun.

diente, kann ich nicht sagen. Der saïdische Text des Psalmes ist uns vollständig in der Londoner Psalter-Handschrift und bruchstückhaft auf Fragmenten weiterer Psalter-Handschriften erhalten. Die Fragmente befinden sich alle in der Österreichischen Nationalbibliothek zu Wien. Ein Großteil des Psalmes findet sich auf zwei Blättern einer Papyrushandschrift[51], von der sich noch eine Reihe weiterer Fragmente erhalten hat. Ein beachtlicher Teil des Psalms steht dann auf einem Blatt, das aus einer Pergamenthandschrift stammt[52], von der gleichfalls einige weitere Blätter erhalten geblieben sind. Nur ein winziger Rest des Psalms ist auf einem anderen Pergamentfragment bewahrt[53]. Da Ps 134 vorausgeht, ist auch dies Fragment einer Psalterhandschrift zuzuweisen. Neben diesen Zeugen des saïdischen Psalters besitzen wir dann auf dem Berliner Blatt P. 8115 ein Bruchstück aus einer liturgischen Handschrift, die eine direkte Parallele zu wenigstens diesem Teil von M 574 gewesen sein muß. Der dort erhaltene Text setzt mit Vers 9 von Psalm 135 ein[54].

[51] Beide Blätter sind beschädigt und durchgerissen; beim ersten fügen sich die beiden Fragmente aneinander, beim zweiten ist das Mittelstück verloren. Das erste Blatt trägt heute die Signatur K 898 (früher K 70), das zweite ist unter zwei verschiedenen Signaturen eingeordnet: K 7523 und 7521. Den Text des ersten Blattes (p. 265–266) hatte teilweise schon KRALL veröffentlicht (*Klosterbibliothek* I 67 f.), den gesamten Text dann WESSELY (*Texte* 4, Nr. 259). TILL scheint an der Identität des von Krall und Wessely Publizierten gezweifelt zu haben (*Coptica* 197, zu K 7525; die dort stehende Nummer 269 ist ein Druckfehler, es muß 259 heißen). Diese Zweifel halte ich für unbegründet. Wesselys Ausgabe ist ihrer Anlage nach wenig glücklich. Ps 135 beginnt auf p. 265 der Handschrift im unteren Teil, bei Wessely 259f oben. Der obere Teil von p. 266 ist bei Wessely 259e rechts, der untere 259f unten. Da Wessely die Fragmente nicht zusammengesetzt hat, erweckt seine Ausgabe einen völlig falschen Eindruck über das, was erhalten, und das, was ergänzt ist. Auch hat Wessely bei der (ungerechtfertigten) Ergänzung der oberen Blatthälfte eine andere Textverteilung angenommen, als sie durch die erhaltene untere Hälfte tatsächlich bezeugt ist (der Riß oder Bruch verläuft schräg durch das Blatt). Der obere Teil von p. 267 steht bei Wessely 259d oben, der untere 259m oben rechts. Zusammen sind so von Ps 135 (zum Teil fragmentarisch) die Verse 1–21 und 25 f. erhalten. Ein unklarer Punkt bei der Rekonstruktion des zweiten Blattes (p. 267–268 der Handschrift) ist die Tatsache, daß das verlorengegangene Mittelstück auf der Vorderseite einen längeren Abschnitt aus Ps 135 (Vers 22–24) enthalten haben muß als auf der Rückseite aus Ps 136 (Vers 6c–7). Auch sind die wenigen Buchstaben, die Wessely auf den beiden ersten Zeilen des unteren Fragmentes von p. 267 gelesen hat, nicht mit dem überlieferten Text dieser Psalmstelle in Einklang zu bringen.

[52] K 9848; veröffentlicht von WESSELY, *Psalmenfragmente* 156 f. Erhalten sind von Ps 135 die Verse 1–17.

[53] K 2620; veröffentlicht von TILL, *Fragmente A. T.* 209. Erhalten sind von Ps 135 (sehr bruchstückhaft) die Verse 1–2a und 14–16.

[54] Vgl. oben S. 136 f. Ein Ostrakon mit Ps 135,5–24 ist unveröffentlicht: CRUM-EVELYN WHITE, *Epiphanius* 19 (S. 157).

Vergleicht man die genannten saïdischen Zeugen, so stellt man
unmittelbar fest, daß die beiden liturgischen Handschriften gewöhnlich
gegen die Psalterhandschriften zusammengehen. Man kann also ohne
weiteres von zwei verschiedenen Textformen sprechen, obwohl natürlich auch unter den verschiedenen Zeugen der beiden Textformen
wieder Abweichungen festzustellen sind. Hier die wichtigsten Varianten
zwischen der liturgischen und der biblischen Überlieferung. M 574[55]
hat Vers 3 des Psalms (129,15 f.), der in allen drei Zeugen des saïdischen
Psalters fehlt[56]. Ohne daß das den Sinn wesentlich ändern würde,
wird der Refrain des Psalms »denn ewig ist sein Erbarmen« im Koptischen auf zwei ganz verschiedene Weisen ausgedrückt. Die beiden
liturgischen Handschriften haben einen Verbalsatz: ΠΕϥΝΑ ϢΟΟΠ
(Ν)ϢΑ ΕΝΕϨ, alle vier Psalterhandschriften einen Nominalsatz:
ΟΥϢΑ ΕΝΕϨ ΠΕ ΠΕϥΝΑ. In Vers 9 haben die liturgischen Texte
den unbestimmten Artikel bei ΕϨΟΥϹΙΑ, die drei Psalterhandschriften
den bestimmten[57]. Die liturgischen Texte geben hier sklavisch das
artikellose ἐξουσία des griechischen Texts wieder. In Vers 10 haben
die beiden liturgischen Handschriften »die Ägypter«, die drei Psalter-
handschriften mit dem griechischen Text »Ägypten«. Vers 14 und 15
wird in den beiden liturgischen Handschriften mit einer neuen Relativ-
form begonnen (ΠΕΝΤΑϥ-), während die drei Psalter-Handschriften
die Umstandsform (ΕΑϥ-) zur Fortsetzung des Relativsatzes von
Vers 13 benutzen. Für den Sinn völlig unbedeutend sind die Fälle, in
denen eine der beiden liturgischen Handschriften mit den Psalter-
Handschriften geht. So hat etwa M 574 in den Versen 14, 16a und 16c
mit den Psalter-Handschriften den Status nominalis des Verbs ΕΙΝΕ
der Berliner Text dagegen den Status absolutus. Dasselbe gilt für
das Verb † im Vers 21. Vielleicht kann man sogar sagen, daß jede
der liturgischen Handschriften eine Vorliebe für bestimmte Konstruktionen manifestiert. Beim Infinitiv mit direktem Objekt wäre
das, wie schon gesagt, der Status nominalis in M 574, der Status
absolutus im Berliner Text. Ähnlich steht es mit der Anknüpfung des
Genitivs. Zweimal hat der Berliner Text in Ps 135 ΝΤΕ-, wo die
Morgan-Handschrift Ν- hat. Dabei ist nach klassisch saïdischer Grammatik einmal der Berliner Text im Recht: das mit dem unbestimmten
Artikel versehene Nomen in Vers 9 verlangt ΝΤΕ-. Dagegen ist in
Vers 26 das Ν- von M 574 korrekt. Unsere faijumischen Schreiber

---

[55] Auf dem Berliner Fragment sind die Verse 1–8 nicht erhalten.
[56] Weil mit Vers 26cd identisch? Die Auslassung scheint sonst nicht bezeugt.
[57] Dasselbe gilt für Vers 8, nur fehlt hier der Text von Berlin P. 8115.

haben die Regel des Saïdischen für die Anknüpfung des Genitivattributes wohl nicht mehr beachtet, und dabei hat dann der des Berliner Textes ⲚⲦⲈ- bevorzugt, der des Morgan-Textes Ⲛ-. In beiden Fällen, dem Status nominalis des Infinitivs und der Genitivanknüpfung mit Ⲛ-, hat der Schreiber von M 574 die knappere Ausdrucksweise vorgezogen. Die wohl interessanteste Variante zwischen unseren beiden liturgischen Handschriften weist der Vers 24 auf. Hier bietet schon der griechische Text zwei Lesarten. Das einfache ἐκ τῶν ἐχθρῶν ἡμῶν wird u. a. durch das von Rahlfs wegen seiner Verwandschaft mit dem saïdischen Psalter als »oberägyptisch« eingeordnete Fragment 2017 vertreten, außerdem natürlich durch die saïdische Psalmen-Übersetzung[58]. Andere Handschriften haben dagegen ἐκ χειρὸς (τῶν) ἐχθρῶν ἡμῶν, darunter des Codex Sinaiticus (ohne τῶν), nach Rahlfs ein Zeuge des »unterägyptischen« Textes. Ferner gehören hierher die bohairische Psalmen-Übersetzung und die bohairischen liturgischen Texte. M 574 (131,8) hat nun den Vers in der »oberägyptischen« Form, das Berliner Fragment in der »unterägyptischen«. Sollte im Faijum eine Interferenz von »oberägyptischen« und »unterägyptischen« Lesarten in der liturgischen Überlieferung zu beobachten sein?

Die bohairischen Texte gehen zumeist mit den saïdischen liturgischen Texten gegen den saïdischen Psalter. Mit jenen bilden sie den Kehrvers des Psalms als Verbalsatz. »Die Ägypter« von Vers 10 stehen durchweg in den liturgischen Texten, während die Handschriften des bohairischen Psalters zwischen »Ägyptern« und »Ägypten« schwanken. In den Versen 8 und 9 geht wieder die gesamte bohairische Überlieferung in der Verwendung des unbestimmten Artikels mit den saïdischen liturgischen Texten.

In anderen Fällen gehen alle saïdischen Zeugen gegen die bohairischen zusammen. Das »Wasser« von Vers 16c wird in der saïdischen Überlieferung einhellig mit dem bestimmten Artikel versehen[59], während die gesamte bohairische Überlieferung das Wort mit dem griechischen Text undeterminiert läßt. Ebenso determinieren die saïdischen Zeugen in Vers 4 die »Wunder«[60], in Vers 7 die »großen

---

[58] Leider steht außer der Londoner Handschrift kein anderer Textzeuge zur Verfügung.

[59] Die beiden liturgischen Texte und eines der Wiener Psalterfragmente (K 9856, in K 7523 Lücke) haben den bestimmten Singularartikel, die Londoner Handschrift den bestimmten Pluralartikel.

[60] Die meisten koptischen Texte lassen das Attribut »groß« hier weg, nämlich alle saïdischen Texte, die bohairische Psalmenüberzetzung und die meisten Psalmodie-

Leuchten« und in Vers 17 die »großen Könige«. Da an allen drei Stellen in allen Zeugen ⲛⲓ- verwendet ist, wird diese Form wohl als Demonstrativ und nicht als Artikel zu verstehen sein[61]. Die gesamte bohairische Überlieferung läßt diese Substantive wiederum mit dem griechischen Text indeterminiert. Alle saïdischen Zeugen lassen in Vers 7 das »allein« weg[62], das in der griechischen Überlieferung fast überall zu finden ist und von der bohairischen ohne Ausnahme bezeugt wird.

In der bohairischen Psalmenüberlieferung ist verschiedentlich Schwanken zwischen zwei Lesarten festzustellen. Ein derartiger Fall (»Ägypten« — »Ägypter«) wurde schon genannt. Ein anderer ist die Hinzufügung von »alle« zu »Macht« in Vers 15, die sich in einem Teil der bohairischen Psalterüberlieferung findet. Das »alle« steht auch in der bohairischen liturgischen Überlieferung. Von den griechischen Texten scheint es nur die Heidelberger Schreibtafel zu kennen[63], außerdem die »Syro-Hexaplaris«. Eine auffällige Sonderlesart haben die bohairischen liturgischen Texte in Vers 1 mit ⲭⲉ ⲟⲩⲭⲣⲏⲥⲧⲟⲥ ⲟⲩⲁⲅⲁⲑⲟⲥ ⲡⲉ[64]. Sollte hier eine Kombination der beiden im Griechischen vorkommenden Lesarten, χρηστός und ἀγαθός vorliegen? Das gleiche ⲭⲉ ⲟⲩⲭⲣⲏⲥⲧⲟⲥ ⲟⲩⲁⲅⲁⲑⲟⲥ ⲡⲉ wird dann auch in Vers 26c eingefügt[65].

*
* *

Beim folgenden Text, der dritten Ode, dem Gesang der drei Männer im Feuerofen oder dem »Gesang der drei Heiligen«, wie er in unserer

---

Ausgaben. Nur *Choiak-Psalm.* (1764) 28 und *Jahres-Psalm.* (1949) 36 haben »groß«. Die anderen Ausgaben lassen »groß« im koptischen Text weg, haben es aber dennoch teilweise in der beigegebenen arabischen Übersetzung, so *Jahres-Psalm.* (1908; Kairo) 41, *Jahres-Psalm.* (1908; Alex.) 51. Weder im koptischen noch im arabischen Text haben das »groß« *Choiak-Psalm.* (1911) 354 und *Choiak-Psalm.* (1955) 212.

[61] Die Verwendung entspricht der von POLOTSKY festgestellten »affektiven« bei »Ausdrücken, die etwas Großes, Staunens- und Bewunderungswertes, Schreckliches oder Abscheuliches bezeichnen« (*Rez. Till* 230).

[62] Es fehlt auch im massoretischen Text, in der Peschitta, der »Syro-Hexaplaris« (vgl. dazu RAHLFS, *Psalmi* 52 und 66 f.) und anderen Zeugen.

[63] *P. Bad.* 127, Zeile 18 (Heft 5, S. 365).

[64] Der bohairische Psalter liest ⲭⲉ ⲟⲩⲭⲣⲏⲥⲧⲟⲥ ⲡⲉ.

[65] Beachte die entfernt verwandte Lesart der »Syro-Hexaplaris«: »... den Herrn, denn er ist gut« für »... den Herrn der Herren«.

Handschrift heißt[66], besitzen wir für den Textvergleich schon weitgehende Vorarbeiten in 'Abd- al-Masīḥs Ausgabe eines griechischen
Ostrakons und des saïdischen Textes eben unserer Handschrift[67],
denn hier sind im kritischen Apparat die Varianten der meisten
anderen Zeugen notiert. Das von 'Abd al-Masīḥ edierte Ostrakon[68]
befindet sich im Koptischen Museum zu Alt-Kairo; es enthält den
Text von Dan 3,57–88. Der obere Rand scheint bis auf die rechte
Ecke vollständig erhalten, so daß der Text ursprünglich mit Vers 57
begonnen haben muß[69]. Für den griechischen Text nennt 'Abd al-Masīḥ
außer Rahlfs' LXX-Ausgabe noch die Wiener Odenhandschrift, in
der leider nicht mehr als einige Buchstaben und Wörter aus Dan
3,52–61 erhalten sind[70], und ein Ostrakon aus dem Epiphanius-Kloster,
das fragmentarisch die Verse 57–66 und 71 f. bewahrt hat[71]. Hinzu

---

[66] In der Verszählung folge ich wieder RAHLFS, *Psalmi* (S. 355 ff.). Bei RAHLFS,
Septuaginta II 889 ff. sind demgegenüber die Nummern der Verse 54 und 55 miteinander
vertauscht, desgleichen bei ZIEGLER, *Daniel* 126 ff. in der LXX-Ausgabe (unterer
Text), in der Theodotion-Ausgabe (oberer Text) hingegen die der Verse 58 und 59.
Bei Zitation der fraglichen Verse setze ich in Klammern die abweichende Zählung
hinzu. M 574 gibt in Übereinstimmung mit der späteren Liturgie Dan 3,52–88 als
dritte Ode. Dieser Abschnitt ist deshalb hier immer gemeint, wenn vom Gesang
der drei Männer die Rede ist. Die Abgrenzung der Ode im Psalteranhang der griechischen
Bibelhandschriften variiert; man vergleiche dazu die Angaben bei RAHLFS, *Psalmi* 79
und 355 f. im Apparat. Die Handschriften A und R haben den durchgehenden Text von
Dan 8,52–88 als 10. bzw. 8. Ode. T macht daraus zwei Oden (Vers 52–56 = 11. und V.
57–88 = 12.). Die Handschrift 55 hat die Verse 52–88 unter einem einzigen Odentitel,
setzt aber die laufende Nummer (8) nicht zu V. 52, sondern erst zu V. 57.

[67] 'ABD AL-MASĪḤ, *Hymn of the Three Children.*

[68] Beschreibstoff vom Herausgeber nicht weiter spezifiziert. Nach der Abbildung
(Taf. I) zu urteilen, eine Tonscherbe. Der Text zeigt die charakteristische Versfolge
57, 59, 58, 60–66, 71–72, 67–68 (69 fehlt), 70, 73 ff., die wir auf dem Ostrakon des Epi-
phanius-Klosters und einem Wiener Fragment wiederfinden, die beide auch mit dem
Kairoer Ostrakon eine Sonderlesart in Vers 65 gemeinsam haben (vgl. unten S. 262,
Anm. 96). Allein die Versfolge (unter Wegfall von Vers 62 und 68) ist noch identisch
mit der des Oxforder Blattes (siehe unten S. 258).

[69] Wenn 'Abd al-Masīḥ sagt: »Our text lacks the first 6 [lies: 5] verses« (ebd. 2), dann
wird ihm die Ode in der koptischen Liturgie als Vergleichspunkt dienen. Keineswegs
kann gemeint sein, daß der Anfang des Textes weggebrochen ist. Fast alle aus Ägypten
stammenden griechischen Texte des Canticums beginnen mit Vers 57, ebenso der byzantinische liturgische Text.

[70] TILL-SANZ, *Odenhandschrift* 106–110. Vers 55 folgt auf Vers 54; ob Vers 59 vor
Vers 58 steht, ist nicht mehr zu erkennen.

[71] CRUM-EVELYN WHITE, *Epiphanius* 582 (Text S. 119, Beschreibung S. 300, Abb.
Taf. 14). Das Ostrakon ist am Anfang unbeschädigt, so daß auch hier die Ode mit Vers 57
begonnen haben muß. Die Verse 58 und 59 sind, wie in allen ägyptischen Texten, umge-
stellt. Ob die Verse 67–70 auf dem Ostrakon von Anfang an fehlten, läßt sich nicht mehr

kommt noch ein Wiener Papyrusblatt mit dem sehr zerstörten Text von
Dan 3,62–66[72] und das Osloer Papyrusbüchlein mit Dan 3,49(?)–
54(55)[73]. Zufällig sind mir noch drei unveröffentlichte Texte bekannt.
Einmal das Blatt b.3.17² der Clarendon Press aus der früheren Sammlung Woide[74], dessen Rückseite zum größten Teil der Beginn des Gesangs der drei Männer einnimmt, näherhin die Verse 57, 59, 58, 60f.
(62 fehlt), 63–66, 71f., 67, 70, 73f. Zum anderen die unveröffentlichte
Pariser Handschrift Nr. 68 mit dem vollständigen griechischen Text[75].
Und schließlich ein Wiener Fragment mit den Versen 64–66 und 71[76].
Alle genannten Zeugen werden liturgische Texte sein. Bei der Pariser
Handschrift bedarf das kaum einer Erwähnung. Beide Wiener Blätter
sind auf der Rückseite unbeschrieben, also Einzelstücke[77]. Das Oxforder
Blatt stammt aus einem Kodex, und zwar einer liturgischen Handschrift. Auf diesem Blatt geht eine Reihe von Versen aus dem Psalmen
148 und 150 voraus, und zudem hat sich ein zweites Blatt aus dieser
Handschrift erhalten, das eindeutig liturgische Texte enthält. Fast alle
diese Texte beginnen das Canticum mit Vers 57 wie der byzantinische
Ritus, und diese Praxis muß demnach früher auch in Ägypten bekannt
gewesen sein. Nur der griechische Text der Wiener griechisch-koptischen Odenhandschrift beginnt das Canticum, wie die koptischen
Zeugen insgesamt, mit Vers 52. An saïdischen Texten berücksichtigt 'Abd al-Masīḥ neben der Morgan-Handschrift deren Parallele
auf dem Berliner Blatt und die Borgia-Handschrift 109(32) der Vati-

feststellen. Einige Handschriften stellen Vers 69f. nach Vers 71 und lassen Vers 67f.
weg. Die äthiopische Übersetzung stellt Vers 67 und 70 nach Vers 72 und läßt Vers 68f.
weg. Die Versfolge 66, 71, 72 läßt aber an Übereinstimmung mit dem vorher genannten
Kairoer Ostrakon denken, zumal beide Ostraka auch eine charakteristische Übereinstimmung in der Lesart von Vers 65 verbindet (vgl. oben Anm. 68 und unten S. 262,
Anm. 96).

[72] Sanz, *Papyri* 31 (S. 53f.).

[73] Amundsen, *P. Oslo* 124f. und 135.

[74] Vgl. unten S. 506 ff.

[75] Auf eine interessante Eigenheit dieses Textes wird speziell unten S. 264 ff. eingegangen.

[76] Kunsthistorisches Museum, Inv. Nr. 8585, gleichfalls Papyrus. Mir lediglich durch
ein Foto bekannt, das mir freundlicherweise Herr Dr. H. Satzinger zur Verfügung
gestellt hat. Die Lesart von Vers 65 und die Versfolge stellen das Stück in eine Reihe
mit dem Ostrakon des Koptischen Museums und dem aus dem Epiphanius-Kloster
(vgl. oben Anm. 68 und 71 und unten S. 262, Anm. 96).

[77] Schon Sanz hatte für das von ihm veröffentlichte Blatt richtig den liturgischen
Charakter erschlossen (*Papyri* S. 53). Nach Sanz wäre auch ein Fragment mit Dan
3,23–25 (Nr. 30; S. 52 f.) für liturgische Zwecke bestimmt gewesen.

cana[78]. Die Borgia-Handschrift enthält auf den neun erhaltenen Blättern ausschließlich alttestamentliche Lesungen und so könnte es sich auch bei dem akephal erhaltenen Abschnitt Dan 3,52–63 um eine liturgische Lesung, nicht ein liturgisches Canticum handeln. Kaum der Rede wert sind zwei andere von ʿAbd al-Masīḥ nicht genannte saïdische Zeugen. In der schon mehrfach erwähnten Wiener Odenhandschrift sind vom saïdischen Text dieses Canticums nur einzelne Buchstaben erhalten[79]. Auf einem vom Herausgeber nicht näher bezeichneten Pariser Blatt ist uns dann noch fragmentarisch Dan 3,36–52 überliefert[80]. Ich kann aus der Ausgabe nicht entnehmen, ob es sich um eine biblische oder eine liturgische Handschrift, im letzteren Fall um eine liturgische Lesung oder einen liturgischen Gesang handelt. Den bohairischen Text vergleicht ʿAbd al-Masīḥ nur nach den Ausgaben des Psalters und der »Psalmodie«; die Ausgaben des bohairischen Bibeltextes sind nicht herangezogen[81]. Ebensowenig ist das eindeutig liturgische Fragment des Britischen Museums genannt[82]. Ein anderes, unveröffentlichtes Stück des Britischen Museums[83] enthält nur Dan 3,86–91; das Blatt dürfte aus einer Psalter-Handschrift stammen. Außerdem konnte ich den unveröffentlichten Text der Pariser koptischen Handschrift Nr. 68 vergleichen[84]. Neben diesen saïdischen und bohairischen Texten ist uns ein faijumisches Fragment aus Dan 3 erhalten, auf dem sich bruchstückhaft die Verse 79–85 und 88–92 finden[85].

Zu berücksichtigen ist in diesem Zusammenhang aber noch ein ganz anderer Text. Im Martyrium des Apater (ⲀⲠⲀⲦⲎⲢ) und seiner Schwester Erai (ⲎⲢⲀⲒ)[86] wird vom gemeinsamen Gebet einer Gruppe

---

[78] Veröffentlicht bei CIASCA-BALESTRI, *Fragm. copto-sahid.* II 317.

[79] TILL-SANZ, *Odenhandschrift* 107 f.

[80] MASPERO, *Mss. coptes-thebains* 269 f.

[81] BARDELLI, *Daniel* 38 ff. und TATTAM, *Prophetas Majores* 372 ff.

[82] CRUM, *Catalogue B.M.* 494 (S. 237 f.), teilweise veröffentlicht *MSS. Fayyum*, Nr. 7. Es ist dasselbe Stück, das auf der anderen Seite den bohairisch-faijumischen Text des Moses-Liedes enthält; vgl. oben S. 242, Anm. 13. Auf den unveröffentlichten Fragmenten steht bruchstückhaft der Schluß des Textes von Vers 83 an (die Rückseite des Blattes ist kopfstehend zur Vorderseite beschrieben). Er schließt an die Zeile 20 nach Crums Zählung an und hat Buchstaben oder Text von vermutlich 14 Zeilen bewahrt; wie sich Crums Zeilen 28 f. daran anschließen, ist nicht ganz deutlich.

[83] CRUM, *Catalogue B. M.* 731 (S. 322).

[84] Vgl. dazu wiederum unten S. 264 ff.

[85] TILL, *Wiener Faijumica* 185–187. Über den Charakter der Handschrift läßt sich aus der Publikation nichts entnehmen, vielleicht auch aus dem Original selbst nicht.

[86] HYVERNAT, *Actes des martyrs* 78 ff. Die beiden Heiligen stammen aus Antiochien,

von eingekerkerten Christen berichtet, das deutliche liturgische
Reminiszenzen verrät. Apater rezitiert jeweils einen Vers, und die
anderen antworten mit »Amen. Alleluja[87].« Die vom Vorbeter gesprochenen Verse lauten in Übersetzung[88]:

1. Preiset den Herrn, all ihr Heiligen des Herrn!
2. Preiset den Herrn, ihr Himmel!
3. Preiset den Herrn, all ihr Engel!
4. Preiset den Herrn, all ihr Kräfte des Herrn!
5. Preise den Herrn, wahres Israel!
6. Preiset den Herrn, ihr Priester des Herrn!
7. Preiset den Herrn, ihr Diener des Herrn!
8. Preiset den Herrn, ihr Geister und Seelen der Gerechten!
9. Preiset den Herrn, all ihr Martyrer des Herrn!
10. Unser Helfer.
11. Jesus, meine Hoffnung[89].
12. Jesus, unser Beschützer.
13. Herr Jesus, schaue auf deine Diener, bis sie ihren Kampf vollendet haben.

Es ist deutlich, daß der Grundstock dieses Textes aus Dan 3 stammt;
uns interessieren hier nur die Verse 1–9. Vers 1 wird als abgewandelte
Form von Dan 3,87 zu verstehen sein, da ὅσιος, wie im Koptischen
häufig, auch an dieser Stelle mit ⲉⲑⲟⲩⲁⲃ übersetzt wird[90]. Der 2.
Vers ist Dan 3,59, der dritte, wenn auch nicht vollständig, Dan 3,58[91];
übrigens entspricht der 3. Vers noch genauer Ps 102,20a, da dort
auch das »alle« vorkommt. Der 4. Vers entspricht genau Dan 3,61,
hat aber zugleich wiederum eine enge Parallele in Ps 102,21a. Der
5. Vers kann nur eine christliche Umformung von Dan 3,83 sein,
welche Interpretation eine starke Stütze dadurch erhält, daß die
drei folgenden Verse Dan 3,84–86 entsprechen. Im 9. Vers werden dann
»alle Martyrer des Herrn« aufgerufen, ihn zu preisen. Die Nennung
der Martyrer an dieser Stelle ist zwar dem Daniel-Buch unbekannt
dafür aber in den liturgischen Adaptationen dieses Canticums verbreitet. So werden im byzantinischen Ritus an dieser Stelle die »Apostel,
Propheten und Martyrer des Herrn« genannt. Denselben Text hat das

aber ihre Passion entspricht genau anderen koptischen Text dieser Art, wie die Heiligen
auch ihr Martyrium in Ägypten erleiden.

[87] A. a. O. 100.

[88] Der Text ist in der Handschrift stichisch geschrieben (vgl. a. a. O. 100, Anm. 1).
Die Verszählung ist von mir hinzugefügt.

[89] Hyvernat hält »unsere Hoffnung« für logischer (a. a. O. 100, Anm. 2).

[90] Unsere konventionelle (und grundsätzliche richtige) Übersetzung dieses koptischen
Wortes als »heilig« läßt die Entsprechung nicht klar genug erkennen.

[91] Die beiden Verse erscheinen also auch hier in der typisch ägyptischen Reihenfolge.

Canticum auch bei den Kopten im Psalteranhang[92], und zwar in griechischer Sprache; in der »Psalmodie« findet sich dieser Zusatz nicht, sondern auf Dan 3,88 folgt ein Vers, der vielleicht als Umformung von Dan 3,90 zu verstehen ist: »Preiset den Herrn, die ihr den Herrn, den Gott unserer Väter, ehrt! Singet ihm! Erhebet ihn hoch in Ewigkeit!« Der fragliche Vers im Apater-Martyrium könnte leicht als Abwandlung des genannten griechischen Verses erscheinen, vielleicht sogar mit absichtlicher Beschränkung auf die »Martyrer«, weil es hier ja in der Tat ein Schar zukünftiger Martyrer ist, die dem vorbetenden Apater auf die einzelnen Aufforderungen zum Lobpreis Gottes antwortet. Der Vergleich mit unserer Handschrift M 574 zeigt aber meiner Meinung nach mit hinreichender Sicherheit, daß dem nicht so ist, daß wir es vielmehr mit einer in Ägypten üblichen Form dieses Verses zu tun haben. Auch in M 574 lautet der Vers: »Preiset den Herrn, all ihr Martyrer des Herrn!« (134,3 f.). Die Übereinstimmung zwischen den beiden Formulierungen ist perfekt. Die saïdische liturgische Handschrift M 574 und das Apater-Martyrium stützen sich so gegenseitig und bezeugen uns somit aller Wahrscheinlichkeit nach den genauen Wortlaut dieses Verses in einer bestimmten liturgischen Tradition Ägyptens.

Die Überlieferung dieses Canticums ist besonders kompliziert. So sei zunächst festgestellt, daß sich Textumfang und Abfolge der Verse in M 574, der bohairischen »Psalmodie« und dem bohairischen Bibeltext genau decken[93]. Diese Versfolge ist nun identisch mit derjenigen des Canticums im Odenanhang zum Psalter des Codex A[94]. Nur weisen die koptischen Texte gegenüber dem Codex A und der griechischen Überlieferung überhaupt einen Zusatz auf: in — oder nach — Vers 64 ist ein Glied mit »Wolken und Winde« eingeschoben[95]. Dieser Einschub

[92] So etwa *Psalter* 483.

[93] Der vollständige biblische Text steht im saïdischen Dialekt leider nicht zur Verfügung. Der in der vatikanischen Borgia-Handschrift erhaltene Abschnitt stimmt mit den genannten koptischen Texten überein. Der bohairische Text der Londoner Papyrusfragmente stimmt in der Anordnung ebenfalls damit überein, läßt aber Vers 66 oder 67 aus (wegen Beschädigung des Papyrus nicht sicher zu erkennen). Hier liegt vielleicht nur eine zufällige Auslassung durch »saut du même au même« (von καῦμα auf καύσων) vor; der bohairische Normaltext behält die beiden griechischen Wörter bei, der saïdische Text von M 574 verwendet in beiden Versen ⲔⲀⲨⲘⲀ (132,19 und 21). Der faijumische Text stellt die Verse 82 und 83 um.

[94] Nach H. SCHNEIDER von Theodotions Übersetzung beeinflußte LXX-Fassung (*Oden* 439; vgl. ebd. 55 f. und 433 ff.).

[95] Es ergibt sich keine Doppelung mit den »Wolken« von Vers 73 und den »Winden« von Vers 65, da im Koptischen jeweils verschiedene Wörter gebraucht sind, jedenfalls im

ist der gesamten griechischen Überlieferung fremd, auch den liturgischen Texten griechischer Sprache aus Ägypten[96].

Für gut die Hälfte des Canticums (bis Vers 69) steht noch einmal der saïdische Paralleltext des Berliner Fragments zur Verfügung. Die Abweichungen sind nicht sehr zahlreich. Der Sinn wird nur selten verändert. In Vers 55 (54) hat M 574 mit der griechischen und bohairischen Überlieferung »Thron deines Königtums«, der Berliner Text hingegen »Thron deiner heiligen Herrlichkeit«[97]. In Vers 59 (58) hat das Berliner Fragment dann »die Himmlischen«[98] statt »die Himmel«. Von den sachlich belanglosen Varianten sei nur erwähnt, daß der Berliner Text in Vers 56 einmal mehr den Genitiv mit ⲚⲦⲈ- anknüpft, wo M 574 Ⲛ- gebraucht (132,1). Das entspricht der Beobachtung, die wir schon früher machen konnten[99].

Zwischen dem saïdischen Text von M 574 und den bohairischen

saïdischen Text von M 574. Im Bohairischen steht für »Wind« in beiden Fällen dasselbe Wort. Die Hinzufügung des Verses steht möglicherweise in Zusammenhang damit, daß Vers 65 in der griechisch-ägyptischen Überlieferung in zwei Formen auftritt: einige Zeugen behalten das sonst übliche πνεύματα bei, während andere es durch ἄνεμοι ersetzen (vgl. folg. Anm.). Man könnte die koptische Textform so verstehen, daß hier zunächst die beiden griechischen Textformen kombiniert wurden und später im ersten Glied noch »Wolken« hinzugefügt wurde.

[96] Erwähnenswert ist aber eine Sonderlesart mehrerer ägyptisch-griechischer Texte liturgischen Charakters in Vers 65, die bis heute noch nicht im Apparat zu den griechischen Übersetzungen des Buches Daniel (ZIEGLER, *Daniel*) registriert ist. Es sind Texte, die auch in der Versfolge eine Besonderheit aufweisen: auf Vers 66 folgt Vers 71 (vgl. im übrigen oben S. 257, Anm. 68). In Vers 65 nun haben die fraglichen Texte ἄνεμοι statt πνεύματα. So liest absolut eindeutig das Kairoer Ostrakon (ʿABD AL-MASĪḤ, *Hymn of the Three Children* 5). Nicht ganz so klar liegt der Fall bei den beiden anderen Zeugen, da sie einmal nur fragmentarisch erhalten sind und zum anderen die Orthographie die übliche Verwilderung zeigt. Auf dem Papyrusfragment des Wiener Kunsthistorischen Museums (vgl. oben S. 258 mit Anm. 76) ist von Vers 65 erhalten]ⲦⲈⲤⲈⲓⲈⲚⲞⲨ-ⲘⲎⲦⲰⲚⲔⲨⲢⲒ[(Zeile 3), was nur als ... πάν]τες οἱ ἄνεμοι τὸν κύρι[ον interpretiert werden kann. An der betreffenden Stelle des Ostrakons aus dem Epiphanius-Kloster hatte Evelyn White ⲡⲁ]ⲤⲀⲒ ⲀⲚⲀⲔ[gelesen (Zeile 8). Aber trotz seines *sic* und der Behauptung »No restoration can be suggested« (CRUM-EVELYN WHITE, *Epiphanius*, S. 300) ist der Fall nicht ganz hoffnungslos. Die Abbildung zeigt, daß der zweite erhaltene Buchstabe verkleckst oder verbessert ist und ebensogut Ⲟ wie Ⲁ gelesen werden kann; von dem angeblichen Ⲕ ist nur die senkrechte Hasta erhalten, so daß man ein Ⲓ lesen oder in dem Strich den Rest eines Ⲙ sehen kann, also etwa]ⲤⲞⲒⲀⲚⲀⲒ[. Zu rekonstruieren ist demnach ... πάντε]ς οἱ ἄνε[μοι ...

[97] Somit besteht eine gewisse Verwandtschaft zur griechischen Handschrift 55, die in der Ode im Psalteranhang δόξης nach θρόνου einfügt, und einer Reihe von anderen Minuskeln, die dieselbe Lesart im Daniel-Buch haben.

[98] In der LXX-Überlieferung und bei den Kopten m. W. sonst nicht bekannt.

[99] Oben S. 254 f.

Texten, dem Bibeltext und dem Canticum in der »Psalmodie«, besteht
eine weitestgehende Übereinstimmung. Die Varianten sind gering an
Zahl und von untergeordneter Bedeutung. In Vers 52 ziehen die
bohairischen Texte »heilig« korrekt zu »Name«, während M 574
es zu »Herrlichkeit« stellt (131,19 f.). Von Vers 57 an wiederholt unser
saïdischer Text jeweils im zweiten Halbvers des Verb »preisen«
(ⲥⲙⲟⲩ); die bohairischen Texte wechseln zu »singen« (ϩⲱⲥ) und
sind so wieder dem Griechischen näher. Manchmal finden sich auch
Varianten zwischen der »Psalmodie« und dem bohairischen Bibeltext.
In Vers 64 lassen die Psalmodie-Ausgaben »alle« aus, das die Bibelhandschriften mit M 574 (132,14) zumeist haben. Die auffälligste Abweichung
ist ein kleiner Einschub in Vers 82 in allen Psalmodie-Ausgaben außer
der Ṭūḫīs. Die Ausgaben der Jahres-Psalmodie fügen ein: »betet den
Herrn an«, die der Choiak-Psalmodie: »wir wollen den Herrn anbeten«.

Der Wiener faijumische Text ist eng mit den bisher betrachteten
koptischen Texten verwandt. Mit dem saïdischen Text der Morgan-
Handschrift verwendet auch er in jedem Vers zweimal das Verb
»preisen« (ⲥⲙⲟⲩ). Abweichend vom saïdischen und bohairischen
Text gebraucht der faijumische aber das »preiset« am Beginn jeden
zweiten Halbverses absolut, während die anderen koptischen Übersetzungen hier schon den Terminus »ihn« zum Ausdruck bringen.
Wenn Till sagt, daß der faijumische Text von dem saïdischen Borgia-
Text »stark abweicht«[100], so kann er nur die in allen Versen identischen
Elemente meinen; der Borgia-Text und das Wiener Fragment haben
ja keinen einzigen Vers gemeinsam. Nun weicht der Borgia-Text
tatsächlich in der Formulierung stark auch von dem Morgan-Text ab.
In den Versen 53–56 vermeidet er das philologisch etwas verdächtige[101]
ⲣ ϩⲟⲩⲉ ⲥⲙⲁⲙⲁⲁⲧ wofür er einfaches ⲥⲙⲁⲙⲁⲁⲧ gebraucht. Aber
auch statt des philologisch einwandfreien ⲣ ϩⲟⲩⲉ ⲭⲓⲥⲉ verwendet
er hier das Qualitativ ⲭⲟⲥⲉ (in Vers 53 ⲕⲁ ⲉⲟⲟⲩ). Von Vers 57
an ist das sonst am Anfang stehende »Preiset den Herrn!« jeweils
ans Ende des ersten Halbverses gestellt. Im Refrain wird dann wieder
die Wendung ⲣ ϩⲟⲩⲉ ⲭⲁⲥⲧ⸗ vermieden und durch einfaches
ⲭⲓⲥⲉ ⲙⲙⲟ⸗ ersetzt. Sonst finden wir nur kleinere Varianten. In
Vers 58 (59) und 63 läßt der Borgia-Text mit der griechischen Überlieferung »alle« weg.

Der Londoner bohairische Papyrus liegt schon ganz auf der Linie

---

[100] TILL, *Wiener Faijumica* 186.
[101] Vgl. unten S. 380 ff.

der späteren bohairischen Texte. Die Wortwahl ist weithin dieselbe,
und auch die vom Saïdischen etwas abweichende Ausdrucksweise
der späteren bohairischen Texte findet sich schon hier, etwa in Vers 79,
wo der Morgan-Text »alle, die sich in den Wassern bewegen« liest,
der bohairische »alle Dinge, die sich in den Wassern bewegen[102].«
Auch dieser Zeuge scheint die typisch koptische Hinzufügung in bzw.
nach Vers 64 zu enthalten[103]. In Vers 88 ist als vierter der Name
Daniels genannt[103a].

Von dem vermutlich von Vers 90 abhängigen Schluß des Canticums
war schon oben die Rede[104]. Hier sei noch auf ein anderes Element im
Schluß dieses Canticums bei den Kopten hingewiesen. Es werden dort
nämlich auch die Namen besonders verehrter Heiliger eingefügt.
Von Johannes Chame wird in seiner Vita berichtet, daß er nach einer
Erscheinung des hl. Athanasius seinen Mönchen befahl, »den Namen
unseres Vaters, des Abba Athanasius, im Lobpreis der drei heiligen
Knaben zu nennen. Und sie führen diesen Befehl aus bis auf den
heutigen Tag[105].« In dem leider sehr verstümmelten Schluß des Londoner bohairischen Textes ist noch der Name des hl. Pisentius zu
erkennen[106].

Gesondert muß die Pariser koptische Handschrift Nr. 68 der
Bibliothèque Nationale behandelt werden[107]. Hier steht auf fol. 23r–26r
(originaler Foliierung) das Canticum in beiden Sprachen, griechisch
und koptisch. Das Koptische ist jedoch nicht, wie sonst in der Hand-

---

[102] So wohl auch schon der faijumische Text; Till liest NI[...]NṂ THⲎⲗOY
ⲈTKIM ϨN NIMⲗOY.

[103] Zeile 2 des erhaltenen Textes. Obwohl die Zeile fast völlig zerstört und nur der
letzte Buchstabe teilweise erhalten ist, dürfte die Rekonstruktion nicht zweifelhaft sein.
Andererseits ist hier Vers 66 oder 67 ausgefallen (vgl. oben S. 261, Anm. 93).

[103a] So schon von Crum ergänzt. Auf einem der noch unveröffentlichten Fragmente
ist an der fraglichen Stelle der Rest des ⲗ erhalten. Dieselbe Lesart in der Pariser Handschrift Nr. 68 und, nach CRUM, *MSS. Fayyum* 16, in »some Boh. liturgical versions«.

[104] S. 261.

[105] DAVIS, *John Khamé* 353 [41]; vgl. auch *Synax.*, Ed. FORGET I 175,13, Ed. BASSET
522 [446].

[106] Zeile 29 des erhaltenen Textes nach der Zählung des Herausgebers. Vielleicht ist
auch der hl. Makarius genannt. Auf den noch unveröffentlichten Fragmenten sind
Teile des Schlußabschnitts erhalten, dessen Wortlaut uns sonst in keinem anderen
Dokument überliefert ist. Leider ist der Text sehr zerstört. Weitere Namen konnte
ich nicht lesen. Es ist aber wenigstens die an dieser Stelle verwendete Formel zu erkennen.
Die dritt- und vorletzte Zeile (vor bzw. auf Crums Zeile 28 gehörig) lauten : CMOY
ⲈⲠⲞⲤ ⲠⲈNIⲰT [...] NⲈM ⲠⲈNIⲰT ⲗⲠⲗ[= »Preise(t) den Herrn, unser
Vater [...] und unser Vater, Apa [...

[107] Vgl. unten S. 488 ff.

schrift, das Saïdische, sondern das Bohairische[108]. Dieser Text ist
wegen seiner Zweisprachigkeit von höchstem Interesse. Denn die
schon betrachteten griechischen und koptischen Zeugen unterscheiden
sich ja in der Abgrenzung des Canticums, der Hinzufügung in bzw.
nach Vers 64 und in der Abfolge der Verse. Was geschieht, wenn
beide Texte nebeneinander gestellt werden? Es ergibt sich ein völlig
unorganisches Nebeneinander, bei dem über eine ganze Strecke hin
die jeweils beieinander stehenden Verse sich in Wirklichkeit gar
nicht entsprechen. Durch diese Tatsache, daß in der aus relativ später
Zeit stammenden Handschrift kein echter Ausgleich zwischen den
beiden Rezensionen erscheint, wird deutlich, daß diese bis in die
spätere Zeit nebeneinander bestanden und ihre jeweiligen Eigenarten
voll bewahrt haben. Umgekehrt haben wir darin eine gewisse Bestätigung dafür, daß die beiden Rezensionen auch von Anfang nebeneinander bestanden. Hätte es zwei wirklich aufeinander abgestimmte
Paralleltexte gegeben, dann hätten sie doch hier verwendet werden
müssen, vorausgesetzt, daß ihre Kenntnis nicht im Laufe der Zeit
verloren gegangen war. Immerhin ist es mir äußerst unwahrscheinlich,
daß jemals ein Zeuge griechischer Sprache für die im Koptischen
übliche Kombination von Textabgrenzung, Versabfolge und Zusatz
in Vers 64 auftauchen könnte. Die Divergenzen zwischen den beiden
Rezensionen springen umso mehr in die Augen, als in der Handschrift der Text des Canticums in einer einzigen Kolumne geschrieben
ist und jeweils auf den griechischen Text eines Verses dessen bohairische
»Übersetzung« folgt.

Das Canticum trägt in der Handschrift den Titel »Die dritte Ode
der heiligen drei Knaben«[109]. Die Verse 52–56 werden nur bohairisch
gegeben; der griechische Text setzt erst mit Vers 57 ein, steht dann
aber jeweils voran. Bis Vers 64 verläuft zunächst alles normal, wozu
natürlich auch gehört, daß Vers 59 vor Vers 58 steht. Der koptische Zusatz zu Vers 64 folgt in der Handschrift aber nicht an
dieser Stelle, sondern erst nach Vers 65. Für diesen Zusatz gibt es
nun keinen griechischen Text, und ein solcher wurde offensichtlich
auch nicht für zweisprachige Texte wie den unseren geschaffen.
Dieser koptische Zusatz wird zum griechischen Text von Vers 66
gesetzt, und für eine Reihe von Versen geht die Entsprechung zwi-

---

[108] Bohairisch sind in der Handschrift nur noch der unmittelbar folgende Text auf
die drei Männer im Feuerofen und ein kurzer marianischer Text auf Blatt 32 (orig. Fol.)

[109] Der Titel erklärt sich natürlich daraus, daß dies Canticum im späteren Ritus die
3. Ode bildet. Er dürfte auch fehlerhaft und nach den modernen Ausgaben so zu verbessern sein: »Die 3. Ode (ϨⲰⲤ) ‹, das Lied (ϨⰥⰡⲎ)› der heiligen drei Knaben.«

schen griechischem und koptischem Text verloren. Folgende Verse
sind in der Handschrift in den beiden Sprachen zusammengestellt:

griech.	kopt.
66	kopt. Zusatz (gewöhnlich zu V. 64)
67	72
68	66 (?)
69	66
70	68
71	71
72	70

Von Vers 73 an stimmen griechischer und koptischer Text dann
wieder überein. Im Koptischen fehlen zwei Verse, nämlich 67 und
69. Bei 67 ist der Fall allerdings nicht ganz klar. Man könnte das
erste Vorkommen von 66 als eine Kombination von 66 und 67 ansehen.
Bei diesem ersten Vorkommen sind ⲭⲣⲱⲙ (»Feuer«) und ⲕⲁⲩⲥⲱⲛ
genannt, beim zweiten ⲭⲣⲱⲙ und ⲕⲁⲩⲙⲁ. Letztere Formulierung
stimmt mit der der anderen bohairischen Texte von Vers 66 überein;
ⲕⲁⲩⲥⲱⲛ kommt im Vers 67 vor (ⲱϫⲉⲃ [»Frost«] und ⲕⲁⲩⲥⲱⲛ).
Im übrigen stimmt der Text fast hundertprozentig mit dem der
bohairischen »Psalmodie« überein. Im Vers 82 steht nicht, ebensowenig
wie in Ṭūḫīs Theotokien-Ausgabe, das zusätzliche »anbeten«. Vers 88
enthält wieder zusätzlich den Namen Daniels; diese Lesart ist uns
schon auf den Londoner bohairischen Fragmenten begegnet. Der
Schlußvers klingt nicht an Vers 90 an, sondern lautet : »Preiset den
Vater und den Sohn und den Heiligen Geist ...« Und schließlich
vermeidet auch dieser Text in den Versen 52—56 das von ⲉⲣ ϩⲟⲩⲟ
abhängige Qualitativ und hat stattdessen ⲕⲉⲣ ϩⲟⲩⲟ ⲕⲥⲙⲁⲣⲱⲟⲩⲧ[110]
bzw. ϥⲉⲣ ϩⲟⲩⲟ ϥⲥⲙⲁⲣⲱⲟⲩⲧ.

* * *

Der Text der beiden neutestamentlichen Cantica[111] unterscheidet
sich nicht wesentlich von der Form, die diese in der saïdischen Übersetzung des Neuen Testamentes haben[112]. Da Horners Ausgabe leider
verschiedentlich die zu wünschende Genauigkeit vermissen läßt, sei

---

[110] Nur in einem von fünf Fällen ⲉⲕⲥⲙⲁⲣⲱⲟⲩⲧ.

[111] Sehr fragmentarisch ist auch in der Wiener Odenhandschrift noch koptisch
Lk 1,46—51 und griechisch Lk 1,54 f. und 2,29 ff. erhalten (TILL-SANZ, *Odenhandschrift*
111 f.).

[112] Übereinstimmung besteht auch darin, daß beide Male für μακαρίζειν (Lk 1,48)
ⲧⲙⲁⲉⲓⲟ gebraucht wird. Das Verb bedeutet eigentlich »rechtfertigen«, dient aber
auch sonst zur Wiedergabe von μακαρίζειν.

hier eigens auf einen bestimmten Punkt hingewiesen. Horner gibt in seinem Text die beiden ersten Verben von Marias Lobgesang (Lk 1,46 f.) im Perfekt ohne Varianten im Apparat. Der Text von M 574 mit zweimaligem Präsens (134,12 und 13) könnte so als Abweichung vom Normaltext erscheinen. In Wirklichkeit hat auch der Cod. Borg. copt. 109(54) (Horners Nr. 89)[113] beide Verben im Präsens[114] und der Cod. Borg. copt. 109(55) (Horners Nr. 18)[115] das erste im Präsens, das zweite im Perfekt[116].

Der Text des Troparions »Einer aus der Dreifaltigkeit …« hat eine Parallele in der Toronto-Handschrift[117], natürlich mit einigen Varianten. In der Toronto-Handschrift fehlt »ohne Trennung« nach »hat Fleisch angenommen«; nach »hat das Kreuz erduldet« ist »(und) ist gestorben« hinzugefügt. Vor allem aber ist das einleitende »Einer …« mit ⲡⲓ- determiniert, das sehr wohl seinen ursprünglichen Sinn als Demonstrativ haben kann. Der Text dient ja hier als »Homologie« vor der Kommunion, und der Beter hat den eucharistisch gegenwärtigen Herrn vor sich.

Ein griechischer Text des Troparions ist meines Wissens leider nicht überliefert. Die verwendeten Formeln sind aber auch in der griechischen theologischen Literatur geläufig und werden letztlich daher stammen. Für den entscheidenden einleitenden Satz vergleiche man etwa Proklos' Tomus ad Armenios: ὁμολογοῦντες τὸν θεὸν λόγον, τὸν ἕνα τῆς τριάδος, σεσαρκῶσθαι[118]. Und obwohl im Tropar von M 574 gegenüber solchen Formeln noch zusätzlich der Christus-Name verwendet ist, glaube ich, daß man den Anfang (134,6 f.) so

---

[113] Bibelhandschrift, die ursprünglich vielleicht Lk und Joh enthalten hat.

[114] CIASCA-BALESTRI, *Fragm. copto-sahid.* III 140 (Text); von mir kollationiert.

[115] Einzelblatt, wohl gleichfalls aus Bibelhandschrift.

[116] A. a. O. (Apparat); wiederum von mir kollationiert. — Die koptische Überlieferung scheint hier ganz uneinheitlich. Von den übrigen von Horner für diese Verse herangezogenen Zeugen wird ja wohl mindestens einer das doppelte Perfekt haben, sonst hätte Horner kaum auf diesen Text kommen können. Sicher liest so die Handschrift M 569 (Tetraevangelium), fol. 63[r] (*Fotograf. Ausgabe*, Bd. 4, Taf. 127), ebenso unsere Handschrift M 574, wo sie an einer anderen Stelle diese Verse in einem Hymnus zitiert (151,18). Das erste Verb im Präsens, das zweite im Perfekt, hat die Handschrift M 615 (griech.-kopt. Evangelien-Lektionar), fol. 20[v] (*Fotograf. Ausgabe*, Bd. 11, Taf. 40). Der bohairische Text hat in Horners Ausgabe beide Male Perfekt; ebenso die Handschrift M 617 (Lk- und Joh-Evang.), fol. 3[r] (*Fotograf. Ausgabe*, Bd. 7, Taf. 5).

[117] Vgl. unten S. 468 ff., der Text des Tropars S. 487.

[118] SCHWARTZ, *Conc. Constant.* 192,7.

übersetzen muß: »Einer aus der Dreifaltigkeit, der Gott-Logos[119] Christus[120], hat Fleisch angenommen.« Abzulehnen scheint mir die Übersetzung:»Der Gott-Logos Christus ist einer aus der Dreifaltigkeit. Er hat Fleisch angenommen[121].« Sie ist auch grammatikalisch zweifelhaft. Man würde dann die Kopula erwarten[122], und diese fehlt auch in der Parallele in der Toronto-Handschrift. Im übrigen scheint mir unter den liturgischen Texten am ehesten das Troparion Ὁ μονογενής vergleichbar, dessen Text ja auch den Kopten bekannt war und ist[123].

Das Alter des Tropars »Einer aus der Dreifaltigkeit...« dürfte sich wenigstens grob abschätzen lassen. Die in dem einleitenden Satz verwendete Formel ist typisch für die christologischen Auseinandersetzungen nach Chalzedon, wo sie auch von den kaiserlichen Schiedsrichtern bei ihren Bemühungen, eine Einigung unter den streitenden Parteien herbeizuführen, verwendet wurde. Auch das gerade genannte Tropar Ὁ μονογενής wird ja bezeichnenderweise Justinian zugeschrieben. Hier sei nur noch auf einige allbekannte Texte hingewiesen. In Zenos Henotikon heißt es Ἔμεινεν γὰρ ἡ τριὰς τριὰς καὶ σαρκωθέντος τοῦ ἑνὸς τῆς τριάδος θεοῦ λόγου[124]. Der Codex Iustinianus macht dann gleichsam die Formel τὸν δεσπότην ἡμῶν Ἰησοῦν Χριστὸν τὸν υἱὸν τοῦ θεοῦ καὶ θεὸν ἡμῶν τὸν σαρκωθέντα καὶ

---

[119] Den Ausdruck »Gott-Logos« entlehne ich Rh. HAAKES Übersetzung der Henotikon-Stelle σαρκωθέντος τοῦ ἑνὸς τῆς τριάδος θεοῦ λόγου (*Kaiserl. Politik* 120).

[120] Koptisch natürlich, wie immer, mit bestimmtem Artikel.

[121] Vaschalde (vgl. oben S. 87, Anm. 41): »Unus de Trinitate, Deus Verbum, est Christus.« In der späteren bohairischen Liturgie finden wir noch ganz ähnliche Formulierungen, und diese werden von den modernen Bearbeitern auch durchweg im angegebenen Sinn verstanden. In einem Oster-Psali heißt es ⲠⲒⲞⲨⲀⲒ ⲈⲂⲞⲖ ϧⲈⲚ ⳨ⲦⲢⲒⲀⲤ ⲠⲒⲖⲞⲄⲞⲤ ⲚⲀⲒⲆⲒⲞⲚ ⲠϢⲎⲢⲒ ⲘⲪϮ ⲀⲖⲎⲐⲰⲤ ⲠⲬⲤ ⲀⲚⲈⲤⲦⲎ ⲈⲔ ⲚⲈⲔⲢⲰⲚ (z. B. *Jahres-Psalm.* [1908; Kairo] 596 f.), von BROGI übersetzt:»Uno della Trinità, il Verbo sostanziale, il Figlio del Dio vero, il Cristo è risorto dai morti« (*Salmodia* 162). Entsprechend behandeln alle Übersetzer (O'LEARY, *Office* 176; MUYSER, *Maria's heerlijkheid* 129; BROGI, *Salmodia* 65 und 137) das ⲠⲒⲞⲨⲀⲒ ⲈⲂⲞⲖ ϧⲈⲚ ⳨ⲦⲢⲒⲀⲤ ⲠⲒⲞⲘⲞⲞⲨⲤⲒⲞⲤ ⲚⲈⲘ ⲪⲒⲰⲦ aus der Donnerstags-Theotokie (z. B. *Jahres-Psalm.* [1908; Kairo] 229), das in unveränderter Form auch als »Doxologie« zu Weihnachten verwendet wird (ebd. 504).

[122] Vgl. TILL, *Gramm.* § 242.

[123] In griechischer Sprache. Mir bekannt auf einem (unveröffentlichten) Fragment der Pariser Bibliothèque Nationale, copte 129(20) 154ᵛ, als Text für den 17. Thoth (= 14. Sept. jul.), an welchem Tag auch die koptische Kirche »das Gedächtnis der Erscheinung des glorreichen Kreuzes« feiert. Nach heutiger Praxis in der Sext des Karfreitags; vgl. *Karwochen-Typikon* 126 f. oder SIDAROUSS, *Pâque* 17.

[124] SCHWARTZ, *Cod. Vat. gr. 1431*, S. 54,8 f.

ἐνανθρωπήσαντα καὶ σταυρωθέντα ἕνα εἶναι τῆς ἁγίας καὶ ὁμοουσίου
τριάδος zum offiziellen Bekenntnis des Reiches[125]. Das Tropar »Einer
aus der Dreifaltigkeit ...« paßt so am besten in eine Zeit bis etwa
Mitte des 6. Jahrhunderts.

* *
*

Für die Αἶνοι, die Psalmen 148–150, steht wenigstens für die letzten
beiden Verse wieder die direkte Parallele aus der Handschrift zur
Verfügung, aus der die beiden Berliner Blätter stammen, nämlich der
Anfang von P. 8099[126]. Aber auch die anderen Zeugen für diese drei
Psalmen sind nicht ausschließlich Psalter-Handschriften bzw. Fragmente aus solchen. In liturgischen Handschriften oder Fragmenten
finden wir folgende Parallelen: Der gesamte Psalm 148 steht im MS.
Or. 6781 des Britischen Museums, das eine offensichtlich für die liturgische Lesung am Michaels-Fest bestimmte Festpredigt von Theodosius
von Alexandrien auf den Erzengel enthält. Am Schluß der Handschrift
stehen die liturgischen Schriftlesungen des Festes, darunter der Psalm
148 als ϩⲩⲙⲟⲯⲁⲗⲙⲁ (lies »Hypopsalma«)[127]. In analoger Funktion,
aber in einem normalen, wenn auch kleinformatigen Lektionar und
unter dem gewöhnlichen Titel ⲡⲉⲯⲁⲗⲧⲏⲣⲓⲟⲛ findet sich der
Psalm 149 auf einem Berliner Fragment; erhalten ist der Text aber
nur bis zum Anfang von Vers 3[128]. Alle drei Psalmen zusammen
stehen in der späten liturgischen Handschrift Nr. 68 der Pariser
Bibliothèque Nationale[129]. Eine Zusammenstellung derjenigen Verse
aus Ps 148, die mit dem Wort αἰνεῖτε beginnen, und des gesamten
Psalms 150 steht in griechischer und koptischer Sprache auf dem
Oxforder Blatt b.3.17² der Clarendon Press[130]. Dieselbe wiederum
zweisprachige Zusammenstellung — nur fehlt der Vers 5 von Psalm
150 — steht auch in der eben genannten Pariser Handschrift[131].

---

[125] *Cod. Iustin.* I 1,6,7, Ed. KRUEGER 8a.

[126] Vgl. oben S. 136 f.

[127] BUDGE, *Miscell. Texts* 429.

[128] LEMM, *Bibelfragm.* III 0137.

[129] Fol. 21ᵛ–23ʳ (ich zitiere immer nach der originalen Blattzählung); die Psalmtexte
sind veröffentlicht bei CEUGNEY, *Fragments* 96 f. Näheres zur Handschrift vgl. unten
S. 488 ff.

[130] Vgl. oben S. 258 und unten S. 506 ff. Im koptischen Text ist Ps 148,3b durch
Dan 3,72 ersetzt.

[131] Fol. 124ᵛ–125ᵛ (unveröffentlicht).

An Psalter-Handschriften kommt natürlich der vollständige Londoner Psalter in Frage[132], außerdem die fragmentarische Berliner Psalterhandschrift[133]. Aus Psalter-Handschriften stammen aller Wahrscheinlichkeit nach auch ein Berliner Blatt mit Ps 147,6–148,8 in fragmentarischem Erhaltungszustand[134] und ein Blatt der Bodleiana mit Ps 148,5c–149,4[135]. Im faijumischen Dialekt haben wir ein Zitat von Ps 148,4b[136]. Ob der Halbvers einem faijumischen Psalter entnommen — die Existenz eines solchen ist zweifelhaft[137] — oder isoliert ins Faijumische übersetzt worden ist, läßt sich nicht sagen.

Vergleicht man den Text von M 574 mit dem der anderen genannten Zeugen, so kommt man zu folgendem auffälligem Ergebnis: im allgemeinen geht die Handschrift M 574 nicht mit den übrigen liturgischen Texten zusammen, sondern diese bilden mit den saïdischen Psalter-Handschriften eine Gruppe gegen M 574. Die Morgan-Handschrift muß also unter den saïdischen Zeugen eine besondere Textform repräsentieren, während im übrigen kein deutlicher Unterschied zwischen biblischer und liturgischer Überlieferung festzustellen ist. Dabei besteht weiterhin eine wiederum auffällige Verwandschaft des Morgan-Textes mit den bohairischen Texten, nicht selten auch mit den griechischen. Der Paralleltext zu M 574 auf dem Berliner Blatt läßt sich leider nicht sicher einordnen, da dort ja nur noch die letzten drei Zeilen von Ps 150 erhalten sind. Immerhin finden wir auf diesem kurzen Textstück eine Variante zur Morgan-Handschrift, die zwar den Sinn nicht im mindesten berührt, aber dennoch deutlich erkennen läßt, daß zumindestens in diesem einen Fall auch das Berliner Blatt mit den übrigen saïdischen Zeugen gegen M 574 geht. Es handelt sich um Ps 150,5b, wo M 574 ϨⲈⲚⲔⲨⲘⲂⲀⲖⲞⲚ ⲈⲨⲈⲰ ⲖⲞⲨⲖⲀⲒ liest (138,4), alle anderen Zeugen[138] hingegen ϨⲈⲚⲔⲨⲘ-ⲂⲀⲖⲞⲚ ⲚⲖⲞⲨⲖⲀⲒ.

---

[132] BUDGE, *Psalter*.

[133] RAHLFS, *Berl. Psalter*.

[134] P. 8779, veröffentlicht BKU 167 (Bd. 1, S. 136 f.).

[135] Veröffentlicht von KAHLE, *Bala'izah* 9 (S. 330–332). Kahle spricht irrtümlich von Ps 147 und 148, wohl im Anschluß an die unrichtige Zählung bei BUDGE, *Psalter*.

[136] KRALL, *Klosterbibliothek* I 69. Es fehlt jede Angabe darüber, um was für eine Art von »Zitat« es sich handelt.

[137] CRUM war der Annahme einer faijumischen Psalmen-Übersetzung zugeneigt (*Psaume* 75, Anm. 3). Auch wenn die Existenz einer faijumischen Psalmen-Übersetzung gesichert wäre, müßte das fragliche »Zitat« noch nicht notwendig aus dieser stammen.

[138] Londoner Psalter-Handschrift, Oxforder Blatt, Berlin P. 8099 und Paris Nr. 68 (fol. 22ᵛ und 125ᵛ).

Die Varianten, von denen natürlich wiederum nur einige Beispiele gegeben werden können, ändern den Sinn oft nur wenig oder gar nicht. Dennoch zeigen sie klar die verschiedenen Überlieferungen. Daß auch die verschiedenen Zeugen ein und derselben Textform an anderen Stellen häufig auseinandergehen, braucht kaum erwähnt zu werden. Im Ps 148,2b hat M 574 (135,17) mit den bohairischen Texten das Lehnwort ⲆⲨⲚⲀⲘⲒⲤ, während alle anderen saïdischen Texte[139] das koptische ϬⲞⲘ haben. In den Versen 1–4a dieses Psalms setzt M 574 mit der griechischen Vorlage das »preiset den Herrn (bzw. ihn)« an die Spitze; hier folgen die bohairischen Texte gleichfalls dem griechischen und stimmen so mit M 574 überein. Die anderen saïdischen Texte[140] stellen dagegen das »preiset ihn« in 3b und 4a[141] ans Ende, ebenso das faijumische Zitat. In Vers 5c steht unsere Handschrift einmal mit dem Zusatz »ihretwegen« gegen alle anderen saïdischen, bohairischen und griechischen Zeugen allein. Im Vers 9 gebraucht M 574 für »Hügel«, »fruchttragend« und »Zedern«[142], ganz andere Ausdrücke als die übrigen saïdischen Zeugen. Obwohl die bohairischen Texte die »Berge« zusätzlich als »hoch« bezeichnen[143] und für die »Hügel« ein nur in diesem Dialekt belegtes Wort gebrauchen, scheinen sie mir dem Morgan-Text näher zu stehen, denn in 9b haben sie die diesem entsprechenden Wörter für »fruchttragend« (ϧⲀⲒⲞⲨⲦⲀϨ) und »Zeder« (ϢⲈⲚⲤⲒϦⲒ). Im Vers 14b geht M 574 nochmal mit den bohairischen Texten gegen alle übrigen saïdischen Texte zusammen. Der saïdische Text von M 574 (136,22) und die bohairischen Texte behandeln 14b als einen einzigen Ausdruck, der grammatikalisch nichts anderes sein kann als eine Apposition zum Vorhergehenden, deutsch etwa »Lobpreis (oder : Segen) aller seiner Heiligen«[144]. Die anderen saïdischen Texte machen dagegen einen selbständigen Satz daraus : »Das ist der Lobpreis (Segen) für alle seine Heiligen (oder : ... aller seiner Heiligen)«.

[139] Londoner und Berliner Psalter-Handschrift, London MS. Or. 6781, Oxforder Blatt und Paris Nr. 68 (fol. 21ᵛ und 124ᵛ); Berlin P. 8779 hat hier eine Lücke.

[140] Londoner und Berliner Psalter-Handschrift, London MS. Or. 6781, Berlin P. 8779, Oxforder Blatt, Paris Nr. 68 (fol. 21ᵛ und 125ʳ).

[141] London MS. Or. 6781 auch in Vers 2b.

[142] Hier ist eine Textverbesserung nötig; vgl. unten S. 375 und 387 f.

[143] Einige Psalter-Handschriften lassen das »hoch« jedoch weg.

[144] Die arabischen Übersetzungen der bohairischen Texte machen daraus aber entweder »... für alle seine Heiligen« (*Choiak-Psalm.* [1764] 48; *Jahres-Psalm.* [1908; Kairo] 87; *Jahres-Psalm.* [1900; Alex.] 92; *Jahres-Psalm.* [1949] 84) oder »Preiset ihn, alle seine Heiligen !« (*Choiak-Psalm.* [1911] 749 und *Choiak-Psalm.* [1955] 305).

Anders liegen die Verhältnisse einmal in Ps 149,2b. Hier hat M 574 (137,2) mit anderen saïdischen Zeugen und in Übereinstimmung mit den griechischen und bohairischen Texten »die Söhne Sions«, während zumindestens ein anderer saïdischer liturgischer Text, das Berliner Lektionarfragment, in »die Töchter Sions« ändert. In 149,3a versieht allein M 574 xopoc mit dem bestimmten Pluralartikel (137,3); die anderen saïdischen Zeugen[145], denen sich diesmal auch die bohairischen Texte anschließen, geben die undeterminierte Singularform des Griechischen genau wieder. Im Vers 4a gehen die bohairischen Texte dann aber wieder mit M 574 (137,6): beide übersetzen εὐδοκεῖ — übrigens mit demselben koptischen Ausdruck — als Futur. Die anderen saïdischen Texte[146] haben das Präsens und verwenden einen anderen koptischen Ausdruck. In 8a ist unsere Handschrift M 574 der einzige koptische Zeuge, der »ihre Könige« genau wiedergibt (137,14). Sonst steht sowohl in den saïdischen[147] wie in den bohairischen Texten indeterminiert »Könige«.

In Ps 150,1a hat M 574 (137,20f.) mit den bohairischen Texten» in allen seinen Heiligen«[148] und damit offensichtlich den Sinn des griechischen Textes verkannt, wo ἁγίοις Dativ von ἅγια (»Heiligtum«) und nicht von ἅγιοι sein muß[149]. Die übrigen saïdischen Texte[150] kennen das »alle« nicht und drücken obendrein das Possessivum »sein« anders aus als die vorher genannten Texte (Possessivartikel statt NTλ=).

Zusätzliches Material für unsere Kenntnis der saïdischen Psalmen bieten natürlich noch die »Hermeniai« von M 574 und anderen Handschriften[151], da diese ausschließlich aus Psalmversen bestehen. Eine Auswertung dieses Materials ist aber äußerst schwierig, da die einzelnen Verse wohl nicht mit der Absicht einer wörtlichen Zitation zusammengestellt wurden. Sind aber einmal auf andere Weise verschiedene Textformen greifbar geworden, so gewinnt man eine bessere

---

[145] Mit Ausnahme von KAHLE, Bala'izah 9 (S. 331). Der Halbvers Ps 149a ist hier ausgefallen, vermutlich durch »saut du même au même« (Sprung von MλPOY- auf MλPOY-).

[146] Londoner Psalter-Handschrift und Paris Nr. 68 (fol. 22r).

[147] Wie vorige Anm.

[148] Doch lassen einige bohairische Psalter-Handschriften »alle« weg.

[149] Vgl. FLASHAR, Septuagintapsalter 245, Anm. 2 oder GEHMAN, Hagios 345.

[150] Berliner und Londoner Psalter-Handschrift, Oxforder Blatt, Paris Nr. 68 (fol. 22v und 125r).

[151] Vgl. oben S. 97 ff.

Möglichkeit, die Psalmenzitate, aus denen sich die »Hermeniai« zusammensetzen, zu beurteilen. Es ist natürlich nicht möglich, hier alle
Verse aus den uns interessierenden Psalmen in den »Hermeniai«
— 126 Seiten allein in M 574 — zu behandeln. Einige Hinweise auf
drei zusammenhängende »Hermeniai« von M 574 können aber vielleicht
von Nutzen sein. Die 24. (63,2–65,16) und die 25. »Hermenia« (65,17–
69,13) stellen Psalmverse mit dem Stichwort ϹΜΟΥ (»preisen«, »Lobpreis«) zusammen. Als 26. »Hermenia« folgt dann (69,14–70,18) der
gesamte Psalm 148[152], obwohl nicht alle seine Verse das Wort ϹΜΟΥ
oder ein anderes gemeinsames Stichwort enthalten. Hinzunehmen
möchte ich noch eine andere Handschrift, die nicht eigentliche »Hermeniai« enthält, sondern eine einfache Zusammenstellung von Psalmversen nach Stichworten, die Leidener Handschrift Insinger Nr. 2[153].
Das Stichwort ϹΜΟΥ nimmt dort mehrere Seiten ein[154]. Auf der
letzten erhaltenen Seite der Handschrift stehen die Vorkommen von
ϹΜΟΥ im 148. Psalm[155]. In den »Hermeniai« 24 und 25 findet sich
naturgemäß viel Material aus den Psalmen 148–150, besonders aus
148 und 150; manche Verse erscheinen mehrmals. Man hat nun den
Eindruck, daß in den hier zusammengestellten Versen aus den Psalmen
148–150 beide oben erkannten Textformen vermischt vorkommen.
Hier das zusätzliche Material aus den drei »Hermeniai« und der Leidener
Handschrift zu den oben behandelten Varianten aus den Psalmen
148–150. Für Ps 148,2b haben wir zweimal das Lehnwort ⲆⲨⲚⲀⲘⲒϹ[156],
zweimal das koptische ϬⲞⲘ[157]. Die Umstellung von »preiset ihn«
an den Schluß der betreffenden Halbverse findet mehrfach statt,
auch bei Versen, bei denen die anderen saïdischen Zeugen diese
Umstellung nicht kennen. Am Schluß steht das »preiset ihn« einmal

---

[152] Vers 2b erscheint zweimal, Vers 13c fehlt.

[153] Pleyte-Boeser, *Manuscrits* 4 ff.

[154] Dieser Abschnitt ist nicht vollständig erhalten. Auf pag. 44 der Handschrift
(Pleyte-Boeser 6) beginnt das Stichwort ϹⲀⲗⲡⲓⳅ. Danach fehlt ein Blatt. Wenn
der Text mit p. 47 (Pleyte-Boeser 7) wieder einsetzt, sind wir schon mitten im Stichwort ϹΜΟΥ, nämlich bei Ps 17. Der Text ist dann durchgehend bis p. 60 (Pleyte-
Beoeser 17) erhalten, ohne daß das Stichwort ϹΜΟΥ abgeschlossen wäre. Eigenartigerweise steht p. 42 (Pleyte-Boeser 4 f.) zwischen den Stichworten ⲬⲱⲢⲞϹ und
ⲅⲓⲑⲀⲣⲀ eine Reihe von Psalmversen mit ϹΜΟΥ, die, soweit sie in der Zählung
des Psalters angeordnet sind, den Psalmen 4–9 entnommen sind. Es fehlt hier auch
der Titel, wie er sonst am Beginn eines Stichwortes steht.

[155] Pleyte-Boeser, *Manuscrits* 17; pag. 60 der Handschrift.

[156] M 574, p. 68,14 und 69,16.

[157] M 574, p. 69,17 und Ms. Ins. 2.

in allen drei Halbversen 3a–4a[158], einmal nur in 3b und 4a[159], einmal
nur in 3a[160], einmal jedoch sogar in den vier Halbversen 2b–4a[161].
Die nicht das Wort ⲤⲘⲞⲨ enthaltenden Verse von Ps 148 kommen
nur in der 26. »Hermenia« von M 574 vor. Auch hier sehen wir wieder,
daß die beiden Vorkommen dieses Psalmes in unserer Handschrift
stark differieren. In 5c (69,23 f.) stützt die »Hermenia« zwar das sonst
nur aus dem anderen Vorkommen in M 574 bekannte »ihretwegen«.
Anders verhält es sich aber in den Versen 9 und 14b. In beiden Versen
(70,6 f. und 16 f.) geht die »Hermenia« mit den übrigen saïdischen Zeugen
gegen den Odentext derselben Handschrift. Für das ⲬⲞⲢⲞⲤ von
Ps 149,3a finden wir eine weitere Variante : mit unbestimmtem
Pluralartikel (68,22). Ps 150,1a hat durch eine geringfügige Verände-
rung eine ganz andere Form angenommen : »Preiset ihn, alle seine
Heiligen !« (68,22 f.). Durch den Wegfall der Präposition »in« hat »alle
Heiligen« den Sinn eines Vokativs bekommen. Folgt dieses Zitat mit
dem »alle« dem Text, der auch später in unserer Handschrift vorkommt,
so stimmt es im Ausdruck des Possessivums »sein« mit den anderen
saïdischen Zeugen überein (Possessivartikel).

Sektion C

Der nächste Abschnitt unserer Handschrift enthält die große
Doxologie oder den Engelshymnus[1], in M 574 »Hymnus der Himmlischen und der Irdischen« genannt (138,7). Für den folgenden Textvergleich werden in erster Linie die ägyptischen Zeugen herangezogen,
sodann die byzantinische Fassung, andere Texte nur gelegentlich[2].

---

[158] M 574, p. 63,19–22.

[159] Ms. Ins. 2. Da vor dem zweiten »die Himmel« die Genitivpartikel fehlt — sie ist
wohl nur versehentlich weggefallen —, so bedeutet der Text eigentlich »Ihr Himmel,
ihr Himmel, preiset ihn !«

[160] M 574, p. 68,14 f.

[161] M 574, p. 69,17–20.

[1] Unter »Engelshymnus« oder »großer Doxologie« ist im folgenden immer der Text im
Umfang des Ὕμνος ἑωθινός aus dem Codex Alexandrinus verstanden, also mit Einschluß des Würdige-dich, obwohl gewöhnlich zur Vermeidung von Mißverständnissen
noch eigens darauf hingewiesen wird.

[2] Für den ersten Teil des Hymnus, die eigentliche Doxologie (dem Umfang nach dem
Gloria des römischen Ritus entsprechend), hat unter Benutzung weiterer Zeugen schon
vor längerer Zeit BAUMSTARK das Material nach Art eines kritischen Apparates zum
Text der byzantinischen Liturgie zusammengestellt (Textüberlieferung). Der armenische

Dabei versteht sich von selbst, daß von vornherein auch die Erweiterungen, die die koptischen Zeugen gegenüber den griechischen aufweisen, mit berücksichtigt werden. Auch werden hier schon die beiden anderen Vorkommen des Würdige-dich aus einem späteren Teil der Handschrift (Sektion E I 2 und V 2) behandelt.

Zu den griechisch-ägyptischen Zeugen ist vielleicht schon der Codex Alexandrinus zu rechnen[3]. Ein weiterer handschriftlicher Zeuge des griechischen Textes wurde unlängst in einer koptischen Handschrift des Matthäus-Evangeliums entdeckt[4]. Der Text umfaßt in dieser Hand-

Text *Armen. Horol.* 160 f. oder *Armen. Offiz.* 137 f.; lateinische Übersetzung *Brev. Armen.* 111 f. Der chaldäische Text *Brev. Chald.*, jeweils S. 37 f. (2. Pagin.) jedes Bandes; französische Übersetzung bei MATEOS, *Lelya-Ṣapra* 77 f., deutsche bei MOLITOR, *Chald. Brev.* 122. Der syrisch-antiochenische Text (ohne Würdige-dich) *Syr. Horol.* (1937) 30 f.; englische Übersetzung bei BROOKS, *Hymns* 799 f. [387 f.]. Das antiochenische Würdige-dich *Brev. Syr.* IV 65; eine Übersetzung dieses Textes ist mir nicht bekannt.

[3] Der ägyptische Ursprung der Handschrift ist in neuerer Zeit mehrfach in Zweifel gezogen worden; vgl. vor allem *Cod. Alex.* 2–4 und SKEAT, *Cod. Alex.* Verschieden von der Frage nach der Herkunft der Handschrift ist die nach ihrer Textform (vgl. etwa CAVALLO, *Ricerche* 80). Zu dem komplexen Problem der verschiedenen Textformen im Codex A vgl. jetzt kurz JELLICOE, *Septuagint* 187. Den Psalter, in dessen Anhang der Engelshymnus überliefert ist, scheint Jellicoe als lukianisch anzusehen (ebd.). Differenzierter urteilte RAHLFS, *Psalmi* 70. Mit all dem ist natürlich noch keine endgültige Entscheidung über die Textform des ʿΕωθινός aus Codex A gefällt. Vielleicht wäre diese Textform bei einem eingehenden Vergleich mit den nichtägyptischen Überlieferungen näher zu bestimmen. Ein Versuch dazu kann an dieser Stelle nicht unternommen werden. Man müßte dafür jeweils auf die handschriftliche Überlieferung zurückgehen können. BAUMSTARK führte die armenische, byzantinische, koptische, lateinische und (west)syrische Überlieferung auf eine alexandrinische oder ägyptische Rezension zurück (*Textüberlieferung* 87). Ein gewisses Indiz für den ägyptischen Textcharakter des Psalteranhangs (Oden) im Codex Alexandrinus könnte der Umstand sein, daß die koptischen Texte von Dan 3,52 ff. dieselbe Versfolge aufweisen wie der Gesang der drei Männer im Psalteranhang des Codex Alexandrinus, die liturgischen Texte der Kopten das Canticum zudem ebenso abgrenzen wie der Psalteranhang des Alexandrinus (vgl. oben S. 261 mit Anm. 93). Auffällig ist nur, daß sich von diesen Charakteristika in den ägyptisch-griechischen Texten einzig der Odenbeginn mit Vers 52 in der Wiener griechisch-koptischen Odenhandschrift findet (vgl. oben S. 257 f. und 265 f.).

[4] Die Handschrift, die sich in Privatbesitz befindet, ist bisher nicht veröffentlicht. Erster Hinweis darauf bei PETERSEN, *Coptic Manuscript* 225 mit Anm. 1. Petersens Angabe über den Besitzer ist unzutreffend. Die Handschrift befindet sich heute in Schweinfurt (vgl. HAENCHEN-WEIGANDT, *Orig. Text of Acts* 469). Der Text des Matthäus-Evangeliums ist im sogenannten »mittelägyptischen« Dialekt des Koptischen geschrieben. Auf das Mt-Evangelium folgt (mit eigener Paginierung) der griechische und der koptische (gleichfalls »mittelägyptische«) Text der großen Doxologie. Ich verdanke die Kenntnis dieser Texte dem freundlichen Entgegenkommen von Herrn Prof. J. Aßfalg (München), der die Edition der Handschrift vorbereitet.

schrift nur den ersten Teil des Hymnus, die eigentliche Doxologie,
hat aber in diesem ersten Teil eine umfangreiche Erweiterung, die
sich als solche in keinem anderen Zeugen wiederfindet. Dennoch kann
diese Erweiterung zumindestens eine gewisse Verwandtschaft mit
einer Erweiterung im ostsyrischen Text nicht verleugnen. In der
koptischen Handschrift enthält die Erweiterung u. a. wörtlich den
fast vollständigen Text von 1 Tim 6,16, in der Erweiterung der ostsyrischen Textform sind unverkennbar Elemente aus 1 Tim 6,15 f.
verwendet[5]. Ein anderer unveröffentlichter handschriftlicher Zeuge
des vollständigen griechischen Textes, d. h. der beiden Teile des
Hymnus, ist die schon mehrfach genannte koptische Handschrift
Nr. 68 der Pariser Bibliothèque Nationale[6]. Bruchstückhaft ist dann
noch der Schlußabschnitt auf einem gleichfalls unveröffentlichten
Berliner Papyrusblatt erhalten[6a]. Zweimal kommt ein jeweils verschieden umfangreicher Abschnitt aus dem zweiten Teil auch in M 574
vor (Sektion E I 2 und V 2). Inschriftlich bezeugt ist der griechische
Text wiederum des gesamten Hymnus dann in einem Seitenraum
der Kirche von Schenutes Weißem Kloster[7]. Schließlich muß hier

---

[5] Während Baumstark eine »nähere Beziehung« zwischen der Fassung der Apostolischen Konstitutionen (VII 47; Funk, *Didasc.* I 454,17 ff.) und dem ostsyrischen Text
konstatiert hatte (Baumstark, *Textüberlieferung* 87), ist nach Capelle die »Struktur«
des ostsyrischen Textes der des »alexandrinischen« gleich (*Gloria* 456). Sollte die Erweiterung des Gloria-Textes in der neuentdeckten koptischen Handschrift eine Bestätigung für den Zusammenhang zwischen der »alexandrinischen« und der ostsyrischen
Fassung bedeuten?

[6] Fol. 85r–86r (orig. Blattzählung); vgl. unten S. 488 ff. (Text S. 500 ff.).

[6a] P. 17 449 (4./5. Jh.) der Papyrussammlung der Staatlichen Museen zu Berlin
(Ost). Der Text wird von Herrn Dr. Kurt Treu, der mich auch freundlicherweise auf ihn
aufmerksam machte, mit anderen als »Neue Berliner liturgische Papyri« im 21. Band
des *Archivs für Papyrusforschung* veröffentlicht werden. Das Blatt, teilweise zerstört,
enthält die Verse 41–43, 52–54 und 57–64, stimmt also in der Abgrenzung des Textes
mit dem Codex Alexandrinus überein, dem, verglichen mit dem byzantinischen liturgischen Text, die Verse 44 f. noch fehlen, hat aber vielleicht schon die Abwandlung der
Verben in Vers 52–54 (so der Herausgeber). Die Verzählung bezieht sich auf eine Einteilung der großen Doxologie in kleine Einheiten, die ich zum leichteren Zitieren eingeführt habe; vgl. die Übersetzung unten S. 417 ff. Leider war es nicht möglich, eine
der schon bestehenden Einteilungen des griechischen Textes (etwa bei Rahlfs, *Psalmi*
364 f.) zu übernehmen, da diese natürlich die koptischen Erweiterungen nicht berücksichtigen. Nach der von mir eingeführten Einteilung wird auch jeweils der griechische
Text zitiert, der diese Erweiterungen nicht enthält.

[7] Lefebvre, *Recueil* 237 (S. 45 f.), und danach verschiedentlich gedruckt, vgl. besonders Leclercq, *Hymnes* 2891–2893 mit Anmerkungen und Bibliographie. Nachzeichnung der Inschrift bei Lefebvre, *Deir-el-Abiad*, Abb. 3658 (Kol. 485 f.). Der Erhaltungszustand der Inschrift war schon zu Beginn des Jahrhunderts trostlos; über
ihren jetzigen Zustand ist mir nichts bekannt.

noch ein Text genannt werden, der weder in griechischer Sprache überliefert ist, noch aus Ägypten stammt, das christlich-palästinische Horologion. Dieses Horologion ist aber einerseits aus dem Griechischen übersetzt, und andererseits haben wir in ihm schon früher Beziehungen zum koptischen Horologion festgestellt[8]. Dabei wurde auch schon auf den Tatbestand hingewiesen, daß die große Doxologie des christlich-palästinischen Horologions einige jener Erweiterungen gegenüber dem byzantinischen Text aufweist, die sonst der koptischen Überlieferung eigen sind.

Im koptischen Bereich haben wir außer dem späteren bohairischen Text den saïdischen unserer Handschrift mitsamt der fast vollständig erhaltenen Parallele auf dem Berliner Fragment[9], dessen Text schon länger bekannt ist[10]. Ein weiterer vollständiger saïdischer Text ist in einer unveröffentlichten Handschrift des Royal Ontario Museum zu Toronto, die aus späterer Zeit stammt, erhalten[11]. Neuerdings besitzen wir nun den ersten Teil des Hymnus, die eigentliche Doxologie, auch im »mittelägyptischen« Dialekt, nämlich in der schon genannten noch unveröffentlichten Matthäus-Handschrift. Abschnitte aus dem zweiten Teil des Hymnus in koptischer Sprache (saïdischer Dialekt) bietet unsere Handschrift M 574 unter den Übersetzungen der »Ausrufe« (Sektion E I 2 und V 2).

Der Engelshymnus wird in der koptischen — übrigens auch der syrischen[12] — Überlieferung dem hl. Athanasius zugeschrieben, nämlich mehrfach im Titel des Hymnus. Allerdings ist diese Zuweisung bisher erst in bohairischen Texten nachzuweisen, nicht in den wenigen saïdischen Zeugen. Ältere Handschriften haben derartige Titel noch in koptischer Sprache[13], die modernen Ausgaben bringen sie nur noch arabisch[14]. Es mag auf sich beruhen, ob diese Zuweisung an Athanasius den »alexandrinischen« Charakter der im Codex Alexandrinus bezeugten und verwandter Textformen wahrscheinlich macht. Baumstark war

---

[8] Siehe oben S. 50 ff.

[9] Siehe oben S. 136 f.; der Text ist hier bis zum Vers 63 erhalten.

[10] Die Erstausgabe BKU 179 (S. 163–165) war allerdings unzulänglich. Eine wesentlich verbesserte Ausgabe legte dann bald darauf JUNKER vor (*Engelshymnus*); vgl. außerdem unten S. 446 ff.

[11] Vgl. unten S. 468 ff. (Text S. 478 ff.).

[12] So im Titel des Textes in den Brevierausgaben, z. B. *Syr. Horol.* (1937) 30.

[13] EVELYN-WHITE, *Macarius* 197; Cod. Vat. copt. 5 (*Cod. Copt.* I 13).

[14] *Jahres-Psalm.* (1908; Kairo) 319; *Jahres-Psalm.* (1908; Alex.) 296. Kein Hinweis auf Athanasius' angebliche Autorschaft *Choiak-Psalm.* (1764) 152; *Jahres-Psalm* (1949) 314. *Choiak-Psalm.* (1911) und *Choiak-Psalm* (1955), enthalten die große Doxologie nicht.

jedenfalls der Meinung, daß die syrische Überlieferung — die koptische
scheint ihm nicht bekannt gewesen zu sein — die große Doxologie wohl
»nicht von ungefähr« mit Athanasius zusammenbringen werde[15].

Im byzantinischen Orthros werden bekanntlich zwei verschiedene
Formen des Hymnus verwendet, eine festtägliche, die allein den
Namen »große Doxologie« führt, und eine feriale. Im ersten Teil, der
eigentlichen Doxologie[16], stimmen beide Formen überein. Sie unter-
scheiden sich erst im restlichen Teil. Sieht man von allen Fragen der
Entstehungsgeschichte ab und beschränkt sich rein auf eine Beschreibung der beiden vorliegenden Textformen, dann könnte man die
Unterschiede zwischen ihnen etwa so formulieren: Im zweiten Teil des
Hymnus sind die einzelnen Abschnitte in den beiden Formen je
anders angeordnet[17]. Die Verse 52–54 sind unterschiedlich formuliert.
Die Ferialform weist ein Plus an Text auf, wodurch sich zugleich ein
verschiedener Abschluß in den beiden Formen ergibt[18], auch wird
ihr $\Sigma o \grave{\iota}$ δόξα πρέπει... vorausgeschickt. Das Würdige-dich der Ferialform[19] kommt auch selbständig vor[20].

---

[15] BAUMSTARK, *Textüberlieferung* 87. Zuschreibungen des Engelshymnus an bestimmte
Autoren im Westen siehe bei BLUME, *Engelhymnus* 44–47 Chaldäische Handschriften
nennen bisweilen Theodor von Mopsvestia als Autor (vgl. BAUMSTARK, *Textüberlieferung*
85 mit Anm. 5 oder MATEOS, *Lelya-Ṣapra* 77 mit Anm. 1).

[16] Vers 1–30 unserer Einteilung. Die beiden Formen stimmen allerdings noch bis
Vers 32 überein.

[17] Der zweite Teil des Hymnus setzt sich so zusammen: in Codex A aus Vers 31 f.,
39–43, 52–54 und 57–64; in der Festtagsform des byzantinischen Orthros aus Vers 31 f.,
39–45, 52–54, 57–64 und dem Trishagion; in der Ferialform aus Vers 31 f., 57–64, 39–45,
52–56 und 66–70. Wenn Rahlfs' Apparat hier zuverlässig ist, dann stehen die Verse 44 f.
auch noch nicht in der Handschrift 55.

[18] Die Ferialform schließt mit den in der Festtagsform nicht vorkommenden Versen
55 f. und 66–70, die Festtagsform mit dem Trishagion. (Das Trishagion folgt im ferialen
Orthros nur wenig später.) Die Verse 66–70 sind praktisch identisch mit einem Abschnitt
im Abendhymnus des 7. Buches der Apostolischen Konstitutionen (48,3; FUNK, *Didasc.*
I 456,12 ff.), wo nur »durch den Sohn« statt »und dem Sohn« steht. Der Abendhymnus
steht in den Apostolischen Konstitutionen unmittelbar nach dem als Morgenhymnus
dienenden Engelshymnus. Beide Hymnen haben verschiedene Elemente gemeinsam.
Die Verse 66–70 kommen bei den Kopten auch für sich vor: zwei Fragmente des Britischen Museums siehe bei CRUM, *Catalogue B. M.* 157 (S. 45) und 158 (S. 47), ein unveröffentlichtes im Cod. Borg. copt. 109 (104), fol. 1ʳ; in allen drei Fällen steht der
griechische Text mit anschließender koptischer Übersetzung.

[19] Vers 39–45, 52–56 und 66–70.

[20] Und zwar in der Vesper; es ist nur »an diesem Tage« in »... Abend« geändert. Der
vollständige Hymnus in der Ferialform (mit »in dieser Nacht«) kommt dann wieder
in der Komplet vor. Bei den Kopten hingegen wird das Würdige-dich auch am Abend
mit »an diesem Tage« verwendet; nur M 574 hat »an diesem Abend« (143,13 f. und 144,3).

Daß der vollständige Hymnus, wie er heute in den beiden Textformen des byzantinischen Orthros vorliegt, keine ursprüngliche
Einheit darstellt, liegt auf der Hand. Der erste Teil, die eigentliche
Doxologie (Vers 1–30), ist inhaltlich in sich geschlossen und findet sich
in verschiedenen Zweigen der Überlieferung auch allein ohne den
restlichen Teil[21]. Der Frage nach der Entstehung der heutigen vollständigen Fassung ist J. Mateos nachgegangen[22]. Danach wären die
Doxologie einerseits und das Würdige-dich andererseits im Orthros
ursprünglich für Tage verschiedenen liturgischen Charakters bestimmt
gewesen, die eigentliche Doxologie für Sonn- und Festtage, das Würdige-
dich für Ferialtage. Später wären dann die ursprünglich alternativ
verwendeten Texte (mit Einschluß hinzugehöriger Psalmverse) auf
zwei (lokal) verschiedene Weisen kombiniert worden, wodurch die
beiden heutigen Formen des Hymnus entstanden wären. Sowohl die
Doxologie als auch das Würdige-dich haben so einen Platz im täglichen Orthros bekommen. Die kombinierte Form hat aber schon ein
beachtlich hohes Alter, wie ihr Vorkommen im Codex Alexandrinus
beweist. Wenn der Schreiber dieser Handschrift zwei verschiedene
Textstücke darin gesehen hätte, dann hätte er sie sicher mit eigenen
Nummern (und wohl auch Titeln) versehen[23].

Das Zeugnis des koptischen Ritus in dieser Frage ist nicht ganz
eindeutig. Am klarsten zu erkennen ist für uns noch die heutige
Praxis, wie die liturgischen Bücher sie darstellen. Danach kommt
überhaupt nie der vollständige Text, die eigentliche Doxologie mit
dem Würdige-dich, zum Vortrag. Der ganze Text ist vielmehr in zwei

---

[21] So etwa in der Messe des römischen Ritus. Es gibt aber auch lateinische Texte,
die zumindestens einzelne Verse aus dem zweiten Teil des gesamten Hymnus an das
»Gloria« anschließen. Im Antiphonar von Bangor folgen dem »Gloria« auf fol. 33ᵛ die
Verse 31 f. und 39–43 (Faksimile bei WARREN, Antiphonary I, Typensatz ebd. II 31).
Der Herausgeber gibt diesen und den folgenden Sätzen den Titel »Antiphonae« (II 31).
Fol. 33ᵛ ist von anderer Hand als fol. 33ʳ geschrieben, wie von dieser Seite an über-
haupt verschiedene Hände an der Handschrift gearbeitet haben, die aber so gut wie
gleichzeitig mit der ersten sind (vgl. WARREN, Antiphonary, Anm. 1 zu fol. 33ᵛ). Der
andere Zeuge sind einige lateinische Blätter in einer griechischen Handschrift des
Katharinen-Klosters (Cod. Sin. gr. 567). Hier wird das »Gloria« mit Vers 31 f., 39–45
und 52 fortgesetzt (LOWE, Latin Liturg. Fragm. I 266). Der Herausgeber möchte den
Ursprung dieser Handschrift im Osten suchen (LOWE, Latin Liturg. Fragm. II 14–25),
Kl. GAMBER hingegen in Nordafrika (Codices 024 [S. 51]).

[22] MATEOS, Orthros 32–34.

[23] Der Ἑωθινός hat unter den Oden die Nr. 14; er ist der letzte Text des Psalter-
Anhangs (vgl. Faksimile-Ausgabe des Cod. Alex., Blatt 569 [alte Foliierung]).

Abschnitte unterteilt (Vers 1–38 und 39–70), die nur getrennt verwendet werden, der erste im Morgen-, der zweite im Abendgebet.
In den Horologien stehen diese beiden Abschnitte auch zumeist getrennt in den genannten Horen[24]. In den modernen Psalmodie-
Ausgaben stehen die beiden Abschnitte zwar — wie in den Handschriften — zusammen, aber beim Wüdige-dich wird ausdrücklich
darauf hingewiesen, daß dieser Abschnitt für das Abendgebet bestimmt ist[25]. Obwohl also in heutiger Praxis die eigentliche Doxologie
und das Würdige-dich nur getrennt vorkommen, ist der koptische
Ritus höchstwahrscheinlich kein Zeuge dafür, daß die beiden Abschnitte ursprünglich getrennt waren und erst nachträglich zu einem
einzigen Text verbunden wurden. Zunächst einmal würde der koptische
Ritus gar nicht die von Mateos erkannte Zugehörigkeit der Doxologie
zum sonntäglichen und des Würdige-dich zum ferialen Orthros bezeugen. Die Texte sind hier ganz anders verteilt, nämlich auf Morgen-
und Abendgebet, werden aber beide täglich, sowohl an Sonn- als auch
an Wochentagen, verwendet. Und zudem wissen wir gar nicht, wieweit
die heutige koptische Praxis zeitlich zurückgeht.

Die Zuweisung der beiden Teile des vollständigen Hymnus an
Morgen- und Abendgebet läßt sich nicht allzu weit zurückverfolgen.
Weder die »Psalmodie« noch das Horologion geben uns hier sichere
Auskunft. Da es sich ursprünglich um einen Psalmodie-Text handelt,
enthalten die ältesten Horologion-Handschriften nicht die Texte
selbst, sondern nur entsprechende Verweise[26]. Solche Verweise geben
aber nur Titel oder Initium eines Textes an, nicht dessen Umfang;
dieser war dem Beter bekannt. In den beiden vatikanischen Handschriften verweisen Rubriken im Morgengebet auf den »Engelshymnus«[27], in Vesper und Komplet auf das Würdige-dich[28]. Aus der
Rubrik des Morgengebetes ist nicht zu erkennen, ob »Engelshymnus«

---

[24] Den Abschnitt für das Abendgebet, das Würdige-dich, bringen die Horologien
heute in der Komplet, nach älteren Handschriften gehört er in Vesper und Komplet
(vgl. oben S. 27 mit Anm. 79 und S. 32f.); der ursprüngliche Platz wird die Vesper gewesen
sein, vgl. oben S. 38. Beide Abschnitte stehen im Horologion nur ausnahmsweise
zusammen; einziger mir bekannter Zeuge ist der Cod. Sin ar. 184 (vgl. unten S. 282 mit
Anm. 35).

[25] *Jahres-Psalm.* (1908; Kairo) 322; *Jahres-Psalm.* (1908; Alex.) 299; *Jahres-Psalm.*
(1949) 317. Kein derartiger Hinweis *Choiak-Psalm.* (1764) 153.

[26] Eine ältere Handschrift mit ausgeschriebenem Text ist der Cod. Sin. ar. 184 (vgl.
unten S. 282, Anm. 35).

[27] *Cod. Copt.* I 211 (Cod. Vat. copt. 40) und II 5 (Cod. Barb. or. 17).

[28] *Cod. Copt.* I 212 und 213 (Cod. Vat. copt. 40) und II 6 (Cod. Barb. or. 17).

hier das Würdige-dich ein- oder ausschließt. Auch aus der Tatsache,
daß letzteres am Abend für sich vorkommt, kann man nicht schließen,
daß im Morgengebet die große Doxologie ohne Würdige-dich verwendet worden sein muß. Man erinnere sich daran, daß auch im
byzantinischen Ritus das Würdige-dich am Morgen im Rahmen der
Doxologie und in der Vesper getrennt für sich vorkommt; außerdem
in der Komplet noch einmal im Rahmen des Gesamttextes. Was
die Kairoer Handschrift betrifft, so ist aus Burmesters Beschreibung[29]
nicht zu erfahren, ob dort im Morgengebet nur eine Rubrik oder
der ausgeschriebene Text steht. Wo dann der ausgeschriebene Text
im Horologion erscheint, wie in der Oxforder Handschrift, da enthält
das Morgengebet die Doxologie ohne das Wüdige-dich[30]. Zweifelhaft
ist sodann, in welchem Umfang die Psalmodie-Handschriften das
Würdige-dich dem Abendgebet zuweisen. Ich konnte nur wenige
Handschriften daraufhin überprüfen, nämlich die vatikanischen.
Diese enthalten den fraglichen Hinweis nicht, auch noch nicht Ṭūḫīs
Ausgabe[31]; die Pariser koptische Handschrift Nr. 35 scheint ihn
dagegen zu haben, wenn ich O'Learys Angaben[32] recht verstehe.
Nun kann man aus dem Fehlen eines solchen Hinweises natürlich
noch nicht folgern, daß im Morgengebet der vollständige Text (einschließlich des Würdige-dich) zur Verwendung kam. Doch scheinen
für die ältere Zeit ausdrückliche Angaben darüber, daß schon damals
allein der erste Abschnitt (ohne Würdige-dich) ins Morgengebet
gehört hätte, zu fehlen. Andere Indizien sprechen sogar eher dafür,
daß früher auch die Kopten, wie heute noch die Byzantiner, den
Gesamttext (einschließlich Würdige-dich) im Morgengebet stehen
hatten.

In diese Richtung könnte ganz deutlich der Befund des äthiopischen
Horologions weisen, das den vollständigen Text (mit Würdige-dich)
im Morgengebet verzeichnet[33]. Da die Äthiopier diese Form des

---

[29] BURMESTER, *Hours* 90.

[30] O'LEARY, *Office* 94 f. In dem sicher älteren Cod. Sin. ar. 184 allerdings mit Würdige-
dich (vgl. unten S. 282, Anm. 35).

[31] *Choiak-Psalm.* (1764) 153.

[32] O'LEARY, *Office* 75. Die Handschrift stammt nach O'Leary aus dem 16. Jahrhundert.

[33] TURAEV, *Horol.* 24 f.; *Äthiop. Horol.* 45–47; *Horol. aeth.* 18 f. Weder Turajev noch
das *Äthiop. Horol.* läßt einen der Abschnitte, in die der Text des Hymnus unterteilt
ist, mit dem Würdige-dich (äthiop. etwas anders formuliert) beginnen; dies tun hingegen
wohl die Übersetzung im *Horol. aeth.* und, wenn ich Turajevs Apparat (S. 24, Anm. 22)
recht deute, zwei der von ihm benützten Handschriften (በቍዐን [bei Turajev በቍጓን]
ist dort Rubrum).

Horologions von den Kopten übernommen haben, ist es das nächstliegende, anzunehmen, daß diese Praxis bei ihnen koptischen Ursprungs ist[34]. Eine direkte Parallele bei den Kopten wäre der Cod.
Sin. ar. 184[35]; die Handschrift ist als Zeuge der »erweiterten« Form
des koptischen Horologions auch sonst mit dem äthiopischen eng
verwandt[36]. Noch wichtiger scheint mir allerdings das Zeugnis verein-
zelter koptischer Texte, obwohl es nicht absolut eindeutig ist. Hierher
gehören zunächst einmal jene Zeugen, die den Engelshymnus nicht im
Kontext des täglichen Stundengebetes überliefern. Auch dort erscheint immer der vollständige Text einschließlich des Würdige-dich.
Eine Ausnahme macht nur die neue »mittelägyptische« Matthäus-
Handschrift, die aber wegen ihres hohen Alters für die uns jetzt
beschäftigende Frage ohnehin bedeutungslos ist. Daß die Doxologie
ursprünglich selbständig war und erst später mit dem Würdige-dich
verbunden wurde, steht hier nicht zur Debatte. Unsere Frage ist, ob
durch die ganze Geschichte des koptischen Stundengebetes die Doxologie und das Würdige-dich so auf Morgen- und Abendgebet verteilt
waren, wie das heute der Fall ist, oder ob das koptische Stundengebet
früher die Rezitation des vollständigen Textes (also mit Würdige-dich)
im Morgengebet kannte. Für letzteres spricht die Tatsache, daß wir
immer den gesamten Text kombiniert antreffen. In griechischer

---

[34] Eine nachträgliche Kombination der beiden Abschnitte scheinen mir die Äthiopier
im Abendgebet (in der Komplet) vorgenommen zu haben, falls der dort vollständig
verwendete Text (Doxologie plus Würdige-dich) nicht direkt auf byzantinischen Einfluß
zurückgeht, was ich aber für wenig wahrscheinlich halte. Vielmehr glaube ich, daß die
Äthiopier ursprünglich wie die Kopten im Abendgebet nur das Würdige-dich kannten.
Die spätere Praxis sieht dort den vollständigen Text, also auch die Doxologie, vor.
Aber die diesbezügliche Rubrik — der Text ist in den mir zugänglichen Zeugen nicht
ausgeschrieben — sagt in der Form, die mir die ältere zu sein scheint, daß zuerst das
Würdige-dich, dann ein anderer Text und erst danach die Doxologie zu rezitieren ist
(Turaev, *Horol.* 92; *Horol. aeth.* 50). Diese Rubrik kann ich mir nur so erklären, daß ursprünglich allein das Würdige-dich in die Komplet gehörte und die Doxologie erst
später hinzukam; Im *Äthiop. Horol.* spricht diese Rubrik vom »Engelshymnus und was
darauf folgt« (S. 179). Ich sehe das als eine jüngere Form der genannten Rubrik an.
Ihr Alter wäre aber anhand der handschriftlichen Überlieferung noch genauer zu überprüfen.

[35] Hier steht (von fol. 29[r] an) der durchgehende Text der großen Doxologie mit dem
Würdige-dich. Letzteres ist weder durch einen Absatz noch durch irgendeine Rubrik
hervorgehoben. Erst eine zweite Hand hat bei »Würdige dich« auf dem Rand den Vermerk
al-ġurūb = »der Abend« hinzugesetzt (fol. 30[v]). Weder in der Vesper noch in der Komplet
hat diese Handschrift einen Verweis auf das Würdige-dich.

[36] Vgl. oben S. 43 ff. Zur Handschrift vgl. weiterhin oben S. 83.

Sprache haben wir noch die Pariser koptische Handschrift Nr. 68 und
die Inschrift des Weißen Klosters. Die Pariser Handschrift enthält
den Ritus eines bestimmten Wallfahrtsfestes[37]. Wenn darin der vollständige Text des Engelshymnus einschließlich des Würdige-dich
erscheint[38], so muß das besagen, daß dieser Text auch als ganzer zu
rezitieren war. Dies erklärt sich am besten bei der Annahme, daß die
Kopten auch sonst den Gesamttext als Einheit behandelt haben.
Bei einem inschriftlichen Text wie dem des Weißen Klosters wären
natürlich in keinem Fall Rubriken zu erwarten, die einzelne Teile
verschiedenen Horen zuweisen, für die sie eventuell bestimmt gewesen
wären. Die Tatsache, daß eine Inschrift nichts anderes als den Engelshymnus einschließlich des Würdige-dich enthält, und dies als durchlaufenden Text[39], scheint mir aber deutlich dafür zu sprechen, daß
der Gesamttext für die Kopten eine geläufige Einheit bedeutete.
Als koptischen Zeugen dieser Art haben wir die Toronto-Handschrift,
die unsere bisherigen Feststellungen nur bestätigen kann. Hier sind
verschiedene liturgischen Texte unabhängig von ihrem Kontext zusammengestellt[40], darunter auch der Engelshymnus. Dieser umfaßt die
Doxologie und das Würdige-dich als durchgehenden Text ohne
jegliche Andeutung eines Einschnittes[41]. Anderer Art sind die beiden
noch verbleibenden saïdischen Zeugen, unsere Handschrift M 574
und der Paralleltext auf den Berliner Blättern. Hier erscheint der
Engelshymnus in seinem liturgischen Kontext wie später in der
»Psalmodie«; unsere beiden Handschriften können ja auch geradezu
als Vorläufer der »Psalmodie« angesehen werden. Auch hier bilden
Doxologie und Würdige-dich einen durchlaufenden Text. Nichts
weist darauf hin, daß die Verse 39 ff. nicht mit dem ersten Teil zusammen zu rezitieren gewesen wären. In M 574 steht zwar Würdige-dich
am Beginn einer neuen Zeile (139,8), aber offensichtlich nur deshalb,

[37] Siehe unten S. 489 ff.

[38] Und zwar ohne Unterteilung in die beiden Abschnitte. Der Schreiber verwendet
zwar bei »Würdige dich« eine Initiale und beginnt eine neue Zeile. Dies tut er aber auch
sonst mehrfach im Verlauf des Textes.

[39] Leider ist die Inschrift dort, wo das Würdige-dich beginnt, zerstört, so daß wir
nicht sehen, ob dort vielleicht das Zeichen eines Neuanfanges war. Dies ist aber äußerst
unwahrscheinlich angesichts der Tatsache, dass καταξίωσον ganz am Ende einer Zeile
(Z. 8) beginnt. Am Zeilenende konnte der Schreiber nur noch κατα- unterbringen. Wäre
das Würdige-dich für ihn ein selbständiger Text gewesen, was hätte dann näher gelegen,
als die neue Zeile mit καταξίωσον zu beginnen ?

[40] Siehe unten S. 468 ff.

[41] Die Worte »Würdige dich« stehen mitten auf Zeile 7 von fol. 13ʳ (Text unten S. 481).

weil der vorhergehende Text gerade zufällig die Zeile füllte. Der
Anfang von Vers 39 ist durch nichts besonders hervorgehoben. Auf den
Berliner Blättern steht Würdige-dich mitten auf einer Zeile[42] und ist
wiederum durch nichts vom vorhergehenden Text abgehoben. Ich
halte es für ausgeschlossen, daß man den Text so geschrieben hätte,
wenn er regelmäßig im Morgengebet nur bis Vers 38 hätte rezitiert
werden sollen.

Ein zusätzliches Indiz dafür, daß im koptischen Morgengebet
früher einmal der ganze Hymnus, einschließlich des Würdige-dich,
seinen Platz hatte, bietet der Text des Würdige-dich selbst, wie
ihn die Kopten heute im Abendgebet verwenden. Dies Würdige-dich
des Abendgebetes ist nämlich allem Anschein nach aus dem Morgengebet übernommen worden, ohne daß der Text dem neuen Verwendungszweck angepaßt worden wäre. Im byzantinischen Ritus wird,
wie schon einmal nebenbei erwähnt, das $\dot{\epsilon}\nu$ $\tau\hat{\eta}$ $\dot{\eta}\mu\dot{\epsilon}\rho\alpha$ $\tau\alpha\dot{\upsilon}\tau\eta$...
$\phi\upsilon\lambda\alpha\chi\theta\hat{\eta}\nu\alpha\iota$ $\dot{\eta}\mu\hat{\alpha}\varsigma$ in den anderen Horen entsprechend abgewandelt.
In der Vesper heißt es stattdessen $\dot{\epsilon}\nu$ $\tau\hat{\eta}$ $\dot{\epsilon}\sigma\pi\dot{\epsilon}\rho\alpha$ $\tau\alpha\dot{\upsilon}\tau\eta$ ... und in der
Komplet $\dot{\epsilon}\nu$ $\tau\hat{\eta}$ $\nu\upsilon\kappa\tau\grave{\iota}$ $\tau\alpha\dot{\upsilon}\tau\eta$ ... Die Kopten haben dagegen heute in
der Komplet »an diesem Tage«, was nach meinem Dafürhalten bedeutet,
daß sie diesen Ausdruck beibehalten haben, als sie das Würdige-dich
aus dem Morgen- ins Abendgebet übernahmen. Und dies, obwohl
sie früher den byzantinischen Vespertext selbst mit dem korrekten
»an diesem Abend« als »Ausruf« der Vesper gebraucht hatten, wie
eben unsere Handschrift M 574 bezeugt[43].

Ein grober Vergleich der koptischen mit der byzantinischen Überlieferung führt zunächst einmal zu der Feststellung, daß alle Texte
der Kopten, seien es solche griechischer oder solche koptischer Sprache,
im zweiten Teil des Hymnus, was die Anordnung der einzelnen Abschnitte betrifft, der Festtagsform des byzantinischen Orthros folgen[44].
Andererseits zeigen aber alle Texte unverkennbar Einflüsse der Ferialform, wenn auch in unterschiedlichem Maße. Alle Texte weisen in

---

[42] P. 8099^v, Zeile 6.

[43] Allerdings in der Formulierung etwas vom heutigen byzantinischen Text ab-
weichend: $\tau\grave{\eta}\nu$ $\dot{\epsilon}\sigma\pi\dot{\epsilon}\rho\alpha\nu$ $\tau\alpha\dot{\upsilon}\tau\eta\nu$ (143,13 f.; koptisch 144,3).

[44] Die einzige Ausnahme ist der Vesper-Ausruf in Sektion E V 2 von M 574. Hier
ist genau das Würdige-dich der byzantinischen Vesper, also das trennbare Würdige-dich
der Ferialform, übernommen. Ob einzelne Abweichungen in der Formulierung, wie
der in der vorigen Anmerkung genannte Ausdruck und vor allem das einleitende
$\pi\alpha\rho\alpha\kappa\lambda\dot{\eta}\theta\eta\tau\iota$, sich als Varianten auch in der byzantinischen Überlieferung finden, könnte
nur eine Untersuchung des handschriftlichen Materials klären. Nicht koptischer Pro-
venienz sind unter den ägyptischen Zeugen der Codex Alexandrinus und das Berliner
Papyrusblatt.

den Versen 52–54 die Variation der Ferialform δίδαξόν με τὰ δικαιώματά σου ... συνέτισόν με τὰ δικαιώματα σου ... φώτισον με τοῖς δικαιώμασιν σου auf[45]. Fast alle Texte der Kopten haben die Verse 55 f. und 66–70, die für die Ferialform typisch sind[46]. Es kann also nicht zweifelhaft sein, daß die beiden verschiedenen griechischen Textformen in der koptischen Überlieferung zusammengeflossen sind.

Die Texte koptischer Sprache weisen sodann einige Erweiterungen gegenüber allen griechischen Texten, seien sie byzantinischer, seien sie koptischer Herkunft, auf. Im ersten Teil des Hymnus sind es nur zwei kurze Verse, unsere Nummern 6 und 8[47]. Die Hauptmasse der koptischen Erweiterungen[48] findet sich erst im zweiten Teil des Hymnus. Es sind die Verse 33–38, 46–51 und 65. Wie der ganze zweite Teil fast ausschließlich von Schrift- und Psalmstellen inspiriert ist, so sind es auch diese koptischen Zusätze. Vers 33 f. ist auf Is 26,9, Vers 35 auf Ps 118,70b[49], Vers 36 auf Ps 62,8a und Vers 37 f. auf

---

[45] Die Inschrift des Weißen Klosters hat δίδαξόν με τὰ δικαιώματά σου ... [...] τὰ δικαιώματά σου ... συνέτισόν με τὰ δικαιώματά σου (Zeile 12 f.). Wie immer man das nicht lesbare Verb ergänzen und den Text sonst deuten mag, die Abhängigkeit von der Ferialform ist deutlich, ganz abgesehen davon, daß die Inschrift auch die Verse 55 f. und 66–70 enthält (Zeile 16 ff.), die der Festtagsform überhaupt fremd sind. — In der Abwandlung κύριε, δέσποτα und ἅγιε folgen die Kopten der Ferialform nur ausnahmsweise; mit der Festtagsform haben sie dreimal κύριε bzw. ⲠⲬⲀⲈⲓⲤ/Π̅Ⲟ̅Ⲥ̅. Nur die Pariser Handschrift hat nach zweimaligem κύριε an der dritten Stelle ἅγιε (fol. 85ᵛ, Zeile 19).

[46] Sie fehlen in der Pariser Handschrift. In der Inschrift haben die Verse 55 f. eine für die koptische Tradition ungewöhliche Stellung, nämlich unmittelbar vor Vers 66, also ganz wie im byzantinischen Text.

[47] Nicht die koptische Übersetzung der »mittelägyptischen« Mt-Handschrift. — Die Entsprechung der griechischen und koptischen Ausdrücke in Vers 4 f. ist nicht hundertprozentig klar. Wo im Griechischen zwei der drei Verben αἰνεῖν, ὑμνεῖν und εὐλογεῖν vorkommen, kann man sie als Entsprechung des koptischen Textes von Vers 4 und 5 betrachten. Manche griechischen Texte haben aber alle drei Verben. Der griechische Text der »mittelägyptischen« Mt-Handschrift hatte ursprünglich nur das erste und dritte; später wurde dazwischen das zweite nachgetragen (nicht im koptischen Text!). Die Pariser Handschrift Nr. 68 hat alle drei Verben, ebenso die Inschrift des Weißen Klosters (letztere in der Reihenfolge 1, 3, 2). Keines dieser Verben entspricht dem »dienen« oder »bekennen« von Vers 6 und 8 der koptischen Texte. Die drei Verben finden sich auch im Text der Apostolischen Konstitutionen (VII 47,2; FUNK, Didasc. I 454,18).

[48] Nicht im koptischen Text der Sektion E V 2 von M 574, der genau dem byzantinischen folgt.

[49] Vielleicht erst sekundär für Ps 62,7b (so das christlich-palästinische Horologion; vgl. unten S. 286). Beide Stellen enthalten nämlich das Verb μελετᾶν, das ἐν τοῖς ὄρθροις von Ps 62,7b würde ausgezeichnet in den Zusammenhang passen, und es folgt Ps 62,8a.

Ps 5,4 zurückzuführen; Vers 46 f. auf Ps 144,15, Vers 48 f. auf Ps 64, 6ab, Vers 50 f. auf Ps 11,8 und Vers 65 auf Ps 35,11b. Das auffällige ist nun, daß wir diese Zusätze in keinem einzigen griechischen Zeugen nachweisen können, auch in keinem griechischen liturgischen Text der Kopten[50]. Umso mehr Beachtung verdient deshalb das christlich-palästinische Horologion[51], das auf eine griechische Vorlage zurück-gehen muß. Es enthält im Text der großen Doxologie drei der für die koptische Rezension typischen Psalmstellen, nämlich Ps 62,7b–8a, 5,4 und 11,8 also die Verse 35–38 und 50 f. Wie man sich die Zusammen-hänge zwischen dem koptischen und dem christlich-palästinischen Horologion näherhin zu denken hat, liegt noch völlig im Dunkeln. Aber es gibt, wie wir schon sahen, noch eine Reihe anderer Texte, die sich nach unserer derzeitigen Dokumentation ausschließlich in diesen beiden Horologien nachweisen lassen.

Weiterhin besteht ein kleiner Unterschied zwischen den saïdischen und den bohairischen Texten des Engelshymnus. Im bohairischen Text wird am Schluß des Würdige-dich, also im Abendgebet, noch Ps 91,2 f. angehängt, eine offensichtliche Entlehnung aus dem by-zantinischen Ritus, wo dieselbe Psalmstelle im ferialen Orthros kurz nach dem Engelshymnus steht. Unsere saïdischen Texte kennen diesen Zusatz noch nicht[52].

Zur großen Doxologie der »mittelägyptischen« Matthäus-Handschrift hier nur noch zwei kurze Bemerkungen. Einmal enthält dieser Text in beiden Versionen auch den Vers 27 (ὕψιστος/ⲡⲉⲧⲭⲁⲥⲉ), der zwar von allen koptischen Texten einmütig bezeugt ist[53], aber in den

---

[50] Inschrift des Weißen Klosters und Pariser Handschrift. Der Vesper-Ausruf von M 574 (Sektion E V 2) gehört nicht eigentlich hierher, da es sich bei diesem Text sowieso um eine treue Wiedergabe des trennbaren Würdige-dich der byzantinischen Liturgie handelt.

[51] Vgl. oben S. 50 ff. Text der großen Doxologie BLACK, Horologion 300 ff. (Komplet).

[52] M 574 und die Toronto-Handschrift. In letzterer noch ein Einschub nach Vers 69; vgl. den Text unten S. 485. — Wie im bohairischen Text bildet auch im syrisch-antio-chenischen (Brev. Syr. 65) der Anfang von Ps 91 (syrisch 92) unmittelbar den Abschluß des Würdige-dich.

[53] Aber nicht nur von diesen. Bekanntlich geht hier die koptische Überlieferung mit der armenischen und der lateinischen zusammen; es variiert nur die Stellung des Verses. In der »mittelägyptischen« Handschrift steht er vor σὺ εἶ μόνος κύριος (in der koptischen Übersetzung »unser Herr«), ebenso im armenischen Text (der gleichfalls »unser Herr« hat). Im lateinischen Text folgt »su solus altissimus« erst auf »tu solus dominus«. Die saïdischen und bohairischen Texte haben letzteren Vers als solchen überhaupt nicht, sondern schicken dafür dem folgenden »Jesus Christus« ein einfaches »Herr« voraus.

griechischen Texten fehlt[54], auch in den anderen griechischen Texten der Kopten[55]. Zum anderen teilt in Vers 2 die koptische Übersetzung der Handschrift eine Eigentümlichkeit mit den saïdischen Texten. Sie alle haben entgegen dem Wortlaut von Lk 2,14 auch der saïdischen Bibelübersetzung »sein Friede« (mit Possessiv).

Von Vers 31 an besteht die große Doxologie bekanntlich ausschließlich aus Bibel-, vor allem Psalmstellen[56]. Natürlich haben wir zur Feststellung der Zitationen vom griechischen Text auszugehen. In freier Weise wird in Vers 41–43 Dan 3,52 verwendet. Die Verse 53 und 54 sind Abwandlungen des im Vers 52 verwendeten Zitates Ps 118,12 mit Verben, die an anderen Stellen desselben Psalms vorkommen. Vers 66–68 scheint eine Erweiterung von Ps 64,2a zu sein (Vers 67 ist wörtliches Zitat dieser Stelle). Der ganze übrige Text setzt sich aus wörtlichen Zitaten zusammen[57]. Es ist nun von vorherein zu erwarten, daß der koptische Text des Hymnus nicht überall mit den koptischen Texten der entsprechenden Bibelstellen übereinstimmt, da der Hymnus ja nicht erst im Koptischen zusammengestellt, sondern als solcher aus dem Griechischen übersetzt wurde. Und es finden sich in der Tat merkliche Abweichungen des Textes bestimmter Psalmverse, wie sie in dem Hymnus »zitiert« sind, von den entsprechenden Stellen in den koptischen Psalter-Übersetzungen. Es erübrigt sich, Einzelbelege dafür zusammenzustellen; verschiedene Stellen dieser Art werden im folgenden genannt werden.

Interessant ist nun, daß solche Abweichungen in keineswegs geringerem Maße auch bei jenen Schriftstellen vorkommen, aus denen sich die typisch koptischen Erweiterungen des Hymnus zusammensetzen. Hierfür einige Beispiele. Zunächst für das häufig zu beobachtende Phänomen unterschiedlicher Wortwahl. Vers 34 hat ⲟⲩⲉϩ-

---

[54] In einigen griechischen Handschriften soll er sich nach GASTOUÉ, *Grande doxologie* 285 finden. Gastoués Annahme, »tu solus altissimus« sei wohl erst im Lateinischen hinzugefügt worden (ebd.) ist angesichts des Vorkommens dieses Verses in der armenischen Version und nun auch in der »mittelägyptischen« Handschrift höchst unwahrscheinlich.

[55] Inschrift des Weißen Klosters und Pariser Handschrift.

[56] Keinen Bezug zu einer Bibelstelle haben abgesehen von den Versen 66 f. nur die Verse 39–40. Gerade diese finden sich wörtlich im Tedeum wieder: »Dignare, Domine, die isto sine peccato nos custodire.«

[57] Vers 31 f. = Ps 144,2; 44 f. = Ps 32,22 mit der Wortstellung des Vaticanus, Sinaiticus und anderer Zeugen; 52 = Ps 118,12; 57 = Ps 89,1; 58 f. = Ps 40,5; 60 f. = Ps 142,9b–10a unter Hinzunahme des κύριε von 9a und Weglassung des ὅτι am Anfang von 9b; 62–64 = Ps 35,10–11a. Die entsprechenden Angaben für die koptischen Zusätze siehe oben S. 285 f.

CⲀϨⲚⲈ[58] statt ⲠⲢⲞⲤⲦⲀⲄⲘⲀ von Is 26,9[59], Vers 65 ⲘⲚⲦⲘⲈ[60]
statt ⲆⲒⲔⲀⲒⲞⲤⲨⲚⲎ von Ps 35,11b[61]; für ⲚⲀⲨ ⲚϨⲦⲞⲞⲨⲈ in Ps 5,4a
und b[62] steht in Vers 37 ⲀⲚⲀⲦⲱⲞⲨⲈ[63] und in Vers 38 ϢⲱⲢⲠ[64].
Stärkstens weicht Vers 33 vom koptischen Wortlaut seiner biblischen
Quelle Is 26,9 ab. Dabei folgt der liturgische Text ϪⲒⲚ ϬⲱⲢϨ
ⲠⲀⲠⲚⲀ ϢⲱⲢⲠ ⲘⲘⲞϥ ϢⲀⲢⲞⲔ[65] = »Früh, noch in[66] der Nacht,
macht mein Geist sich auf[67] zu dir« dem LXX-Text. Der durch Fragmente von zwei Handschriften[68] bezeugte Bibeltext lautet dagegen:
ⲠⲀⲠⲚⲀ ⲚⲀϢⲞⲢⲠϥ ϪⲒⲚ ⲦⲈⲨϢⲎ ϥⲚⲀϢⲞⲢⲠϥ ϢⲀⲢⲞⲔ = »Mein
Geist wird sich früh, noch in der Nacht, aufmachen, früh wird er zu
dir eilen.« Der Bibeltext unterscheidet sich vom liturgischen Text
durch ein anderes Tempus und die Wiederholung des Verbs, aber
beim Substantiv »Nacht« auch durch andere Wortwahl und -stellung.

Was ist aus derartigen Divergenzen zu folgern? Ich glaube nicht,
daß es sich einfach um freie Zitationen handelt. Gerade das von mir
gewählte Beispiel von Vers 33 dürfte eine solche Erklärung ausschließen. Daß der Kompilator dieses liturgischen Textes allein durch

---

[58] M 574, pag. 139,4; Berlin P. 8099ᵛ, Zeile 1; Toronto-Handschrift, fol. 12ᵛ, Zeile 2.

[59] MASPERO, *Fragments* 216 und LACAU, *Textes A. T.* 106.

[60] Nur M 574, pag. 140,8; auf dem Berliner Blatt P. 8099 ist der Text nicht soweit
erhalten. Die Toronto-Handschrift (fol. 18ʳ, Zeile 8) geht mit dem saïdischen Psalter.

[61] LAGARDE, *Psalterium* 120; BUDGE, *Psalter*; RAHLFS, *Berl. Psalter*; WORREL,
Coptic Manuscripts 70.

[62] Berliner, Londoner (s. vorige Anm.) und Turiner Handschrift (PEYRON, *Psalterium*).
Außerdem das saïdische Karwochen-Lektionar Cod. Borg. copt. 109(99) (CIASCA-
BALESTRI, *Fragm. copto-sahid.* II 70).

[63] M 574, pag. 139,6 und Berlin P. 8099ᵛ, Zeile 4. Die Toronto-Handschrift (fol.
13ʳ, Zeile 1) geht wieder mit dem saïdischen Psalter.

[64] M 574, pag. 139,7; Berlin P. 8099ᵛ, Zeile 5. Toronto-Handschrift, fol. 13ʳ, Zeile 3 f.

[65] M 574, pag. 139,2 f.; Berlin P. 8099ʳ, Zeile 30; Toronto-Handschrift fol. 12ʳ, Zeile
5–8 (der Text ist stark verderbt, folgt aber eindeutig den beiden anderen saïdischen
liturgischen Zeugen).

[66] Eigentlich »seit«, griechisch ἐκ.

[67] Eine allseitig befriedigende Übersetzung für das koptische ϢⲞⲢⲠ= (refl.)
(hier »sich früh aufmachen«) ist ebenso schwer zu finden wie für das griechische ὀρθρίζειν,
das es seinerseits wiedergibt. Noch schwieriger ist die Übersetzung des Bibeltextes,
in dem das Verb zweimal hintereinander gebraucht ist (hier beim zweiten Vorkommen
»früh eilen«).

[68] MASPEROS Text (*Fragments* 216) hat ϢⲀⲢⲞⲔ, LACAUS (*Textes A. T.* 106) ⲈⲢⲞⲔ.
Beides dürfte gleichermaßen »zu dir« bedeuten, doch könnte man ⲈⲢⲞⲔ nach CRUM
auch als »deinetwegen« auffassen (*Dict.* 586b). Entsprechend könnte man übersetzen:
»... um deinetwillen wird er sich früh erheben.«

eine freie Zitation ganz zufällig auf einen Wortlaut gekommen wäre, der so genau dem LXX-Text entspricht, ist äußerst unwahrscheinlich. Viel eher ist zu vermuten, daß eine wirkliche Abhängigkeit vom LXX-Text bzw. einem genauen Zitat dieses Textes vorliegt[69]. Das würde bedeuten, daß der koptische Text des Hymnus mitsamt den typisch koptischen Erweiterungen auf eine griechische Vorlage zurückgeht, die schon diese Erweiterungen enthielt. Nun ist uns, wie schon mehrfach betont, kein griechischer Text mit diesen Erweiterungen erhalten. Seine Existenz ist nur zu erschließen. Ein solcher Schluß basiert aber nicht allein auf Überlegungen, wie wir sie eben angestellt haben, sondern es läßt sich noch ein anderes Argument dafür ins Feld führen, die unbestreitbaren Beziehungen der koptischen Versionen des Hymnus zu dem christlich-palästinischen Text[70], die gerade darin bestehen, daß der christlich-palästinische Text einige der typisch koptischen Erweiterungen des Hymnus enthält. Ein wie immer geartetes Verhältnis zwischen dem christlich-palästinischen Text und den koptischen ist aber ohne Annahme eines griechischen Zwischengliedes kaum denkbar. Auch die Beziehungen zwischen dem christlich-palästinischen Text des Hymnus und den koptischen Versionen fordern also die Existenz eines griechischen Textes mit den typisch koptischen Erweiterungen. Obwohl sich von diesem griechischen Text kein einziger direkter Zeuge erhalten hat, so halte ich gleichwohl seine Existenz für im höchsten Grade wahrscheinlich. Und dieser griechische Text kann dann nicht erst die Übersetzung der koptischen Fassung, sondern muß schon deren Vorlage gewesen sein. Anders sind die Differenzen zwischen dem Text des Hymnus selbst und den Bibeltexten, die dafür Pate gestanden haben, nicht zu erklären.

Alle sicher ägyptischen Texte[71] stimmen darin überein, daß sie den Heiligen Geist zweimal nennen, einmal im Vers 16 und ein zweites Mal im Vers 29. Die ursprüngliche griechische Formulierung könnte die der »mittelägyptischen« Handschrift gewesen sein: καὶ ἅγιον πνεῦμα in Vers 16 und σὺν τῷ ἁγίῳ πνεύματι in Vers 29[72]. In der koptischen

[69] Vgl. auch unten S. 295, Anm. 101.

[70] Vgl. oben S. 286.

[71] Also alle oben S. 274 f. aufgeführten Texte einschließlich der »mittelägyptischen« Handschrift, mit alleiniger Ausnahme des Codex Alexandrinus. Das Berliner Papyrusblatt, da nur den Schlußabschnitt enthaltend, bleibt hier außer Betracht.

[72] So wohl auch die anderen griechisch-ägyptischen Zeugen. Daß die Endungen hier fehlerhaft sind, fällt nicht ins Gewicht; solche Verwechslungen sind für jüngere koptische Schreiber typisch. Eher wäre zu beachten, daß überall der Artikel weggefallen ist.

Übersetzung fällt dieser Unterschied in der Formulierung weg. Alle Handschriften verwenden übereinstimmend an beiden Stellen die Präposition M N- für »und«[73]. Außerdem determinieren sie den Ausdruck im ersten Fall. Der byzantinische Text und der Codex Alexandrinus kennen nur eine Nennung des Hl. Geistes, nämlich die an der ersten Stelle, entsprechend dem Vers 16 unserer Zählung[74]. Auch der lateinische Text der römischen Liturgie nennt den Hl. Geist nur einmal, diesmal an der zweiten Stelle, also im Vers 29 unserer Zählung[75]. Das christlich-palästinische Horologion stimmt auch in diesem Punkt mit den ägyptischen Texten überein; es hat an beiden Stellen »mit dem Hl. Geist«[76]. In vollem Einklang mit der ägyptischen Überlieferung steht auch die syrisch-antiochenische; sie hat gleichfalls zweimal »mit dem Hl. Geist«[77]. Der armenische Text hat in Vers 29 »Herr und Heiliger Geist«[78], in Vers 16 jedoch die eigenartige Lesart »und heiliger Sohn«, die wohl kaum anders erklärt werden kann denn als Verderbnis aus »und Heiliger Geist«. Überhaupt nicht genannt wird der Hl. Geist in der Fassung der apostolischen Konstitutionen[79].

Die Inschrift des Weißen Klosters hat in Vers 16 καὶ ἅγιον πνεῦμα (Zeile 4) und in Vers 29 σὺν ἅγιον πνεῦμα (Z. 7). Die Pariser Handschrift καὶ ἁγίου πνεύματι und σὺν ἁγίῳ πνεύματι.

[73] Dies entspricht normalem koptischem Sprachgebrauch. Die primäre Bedeutung von M N- ist »mit«.

[74] Auch die chaldäische Fassung nennt den Hl. Geist im ersten Teil des Hymnus (*Brev. Chald.* 37). Der Text weicht aber so stark von der übrigen Überlieferung ab, daß keine sichere Parallelität zum Vers 16 unseres Textes behauptet werden kann. Der betreffende Abschnitt ist nach Capelle als interpoliert anzusehen, und die Nennung der drei göttlichen Personen »au milieu des attributs divins surprend aussi en peu« (CAPELLE, *Gloria* 456).

[75] In älteren nichtrömischen lateinischen Zeugen wird aber der Hl. Geist außerdem noch in Vers 16 genannt: drei irische Texte, angefangen mit dem Antiphonar von Bangor (vgl. *Gloria* 18: »sancte spiritus dei«); der ältere Mailänder Ritus (vgl. PRADO, *Gloria* 483; »sancte spiritus«; der spätere Mailänder Text stimmt mit dem römischen überein, vgl. *Miss. Ambros.* 234); eine der drei Fassungen im mozarabischen Antiphonar der Kathedrale von León (vgl. PRADO, *Gloria* 483: »cum sancto spiritu«).

[76] BLACK, *Horologion* 300 und 301. An beiden Stellen steht die Präposition ܥܡ.

[77] *Syr. Horol.* (1937) 31. Sollten die syrischen Texte mit zweimaligem ܥܡ eine griechische Vorlage mit zweimaligem σύν voraussetzen?

[78] »Geist« hat den bestimmten Artikel (Հոգին). Vorausgeht: »Du allein (bist) unser Herr, Jesus Christus.«

[79] Apost. Konst. VII 47; FUNK, *Didasc.* I 454, 17 ff. Nach Capelle haben wir es hier mit einer tendenziös bearbeiteten Fassung zu tun, in der eine Erwähnung von Sohn und Geist wie in der übrigen Überlieferung an dieser Stelle fehl am Platze gewesen wäre (CAPELLE, *Gloria* 450). Der Text der Apostolischen Konstitutionen taugt deshalb

In der Frage, ob und an welcher Stelle gegebenenfalls eine Erwähnung des Hl. Geistes in dem Hymnus von Hause aus gestanden hat, gehen die Meinungen auseinander[80]. Mit dieser Frage engstens verknüpft ist die andere, ob die Doxologie (Vers 1–30), die gegenüber dem Gesamttext den Eindruck relativer Geschlossenheit macht, als eine ursprüngliche Einheit oder als selbst wieder aus älteren Stücken aufgebaut anzusehen ist. Diese Fragen bedürfen noch weiterer Untersuchung[81]. Vielleicht ließen sich dann auch die ägyptischen Texte historisch genauer einordnen.

Einige Besonderheiten sind allen koptischen Texten[82] gegenüber den griechischen gemeinsam. So lassen die koptischen Texte ohne Ausnahme den Vers σὺ εἶ μόνος κύριος (nach Vers 27) weg. Geblieben ist davon nur das »Herr«, das zum folgenden »Jesus Christus« gezogen und als Vokativ zu verstehen ist. Die griechischen Texte der Kopten folgen den übrigen griechischen Texten[83]. In Vers 42 f. haben fast alle koptischen Texte »Hochgepriesen bist du. Ruhmvoll ist dein Name«[84], offensichtlich eine andere Zusammenziehung von Dan 3,52bc als die der griechischen Texte mit καὶ αἰνετὸν καὶ δεδοξασμένον τὸ ὄνομά σου. Letztere Lesart vertreten auch die griechischen Texte der Kopten, nicht nur die Inschrift des Weißen Klosters und die Pariser Handschrift Nr. 68, sondern auch M 574 in Sektion E I 2 und V 2 (142,4 f. und 143,16 f.). Die koptischen Übersetzungen in den Sektionen

nicht als Beweis dafür, daß die Nennung des Hl. Geistes erst nachträglich in die große Doxologie eingefügt wurde.

[80] Nach Gastoué (*Grande doxologie* 284 f.) und Blume (*Gloria* 50–53 und 61) gehört keine der beiden Erwähnungen des Hl. Geistes zum ursprünglichen Text. Auch Stapelmann, gibt dieser Ansicht den Vorzug. Nach ihm wäre die Erwähnung des Hl. Geistes zunächst in Vers 16 eingefügt worden, im Laufe der Zeit dort aber wieder verschwunden, um erneut am Schluß des Hymnus aufzutauchen (*Hymnus angelicus* 22–25). Lebreton (*Gloria* 324 f.) hält allein die zweite Erwähnung für ursprünglich, die im ersten Teil für sekundär. Nach Brinktrine (*Gloria* 311) wäre umgekehrt die im ersten Teil ursprünglich; sie wäre später von der am Schluß verdrängt worden.

[81] Hier wären vor allem noch die Beobachtungen von Capelle, *Gloria* auszuwerten. Obwohl man dem Kompilator der Konstitutionen keineswegs kritiklos gegenüberstand, wurde seine Version der Προσευχὴ ἑωθινή wohl doch noch zu hoch eingeschätzt.

[82] Abgesehen von der »mittelägyptischen« Mt-Handschrift.

[83] Sie scheinen aber die Kopula εἶ wegzulassen. Sicher fehlt sie in der Inschrift des Weißen Klosters (Zeile 7), nicht klar ist der Text der Pariser Handschrift: OTI CI MONOC ⲀⲅⲒⲟⲥ ⲈⲒ MONOC K̅C̅. Entweder ist im zweiten Glied CⲨ und dann wohl auch im ersten ⲈⲒ zu ergänzen oder das ⲈⲒ des zweiten Gliedes in CI (= CⲨ) zu verbessern.

[84] In den bohairischen Texten »... dein heiliger Name«.

E I 2 und V 2 von M 574 schließen sich aber im Sinn grundsätzlich
den vorher genannten koptischen Texten an, wenn sie auch in der
Formulierung von ihnen abweichen (142,8 ff. und 144,3 ff.). Einzig die
Toronto-Handschrift liest unter engstem Anschluß an die griechischen
Texte: »Hochgepriesen und ruhmvoll ist dein heiliger Name.«

Zwischen den parallelen Texten M 574 und dem Berliner Fragment
sind nicht viele Abweichungen zu konstatieren. In Vers 38 hat der
Morgan-Text »am Morgen wirst du mich vor dich hinstellen« (139,7),
das Berliner Fragment »...werde ich mich ... hinstellen«. Beide Lesarten
werden durch andere Zeugen gestützt, die erste durch die bohairischen
Texte, die zweite durch die Toronto-Handschrift. Ich möchte der
ersten den Vorzug geben. Im Vers 38 des Hymnus ist Ps 5,4b in auf
jeden Fall sehr freier Weise verwendet, und ich möchte annehmen,
daß dabei durchgehend die 1. Person des Psalmtextes in die 2. Person
verändert wurde. Beim zweiten Verb (»sehen«) ist die Bezeugung auch
einheitlich, und die Hinzufügung des Objektes »mich« macht es völlig
sicher, daß der Hymnus den Psalmtext abändert. Wenn die Zeugen
in Berlin und Toronto das erste Verb (»hinstellen«) in der 1. Person
haben, dann dürfte der Psalmtext hier wieder den Hymnus beeinflußt
haben. In Vers 24 hat M 574 mit fast allen anderen Zeugen »zur
Rechten des Vaters« (138,22 f.), während das Berliner Fragment »...
seines Vaters« liest, wiederum in Übereinstimmung mit der Toronto-
Handschrift. Obwohl das Berliner Fragment zweimal von der Toronto-
Handschrift gegen M 574 gestützt wird, kann man meiner Meinung
nach in ihm doch nicht einen grundsätzlich besseren Textzeugen
sehen. In Vers 63 determiniert das Berliner Fragment »Licht« durch
den bestimmten Artikel; es steht damit unter allen griechischen und
koptischen Zeugen allein[85]. In Vers 58 hat es das Futur III statt des
Imperativs »erbarme dich«, für den Sinn eine kaum merkliche Nuance.
In Vers 49 möchte ich dem Morgan-Text mit »unsere Hoffnung von
den Enden der Erde« (139,18) den Vorzug vor der Lesart des Berliner
Fragments geben, das das Possessivum »unser« wegläßt. Die bohairischen Texte halten sich enger an die Quelle (Ps 64,6b): »die Hoffnung
der Enden der ganzen Erde«[86]. Die Abweichung vom Text des Psalters

---

[85] Der armenische Text hat, wie übrigens auch der armenische Psalter in 35,10b,
զլոյս, also die schwächste Determinierung, die im Armenischen überhaupt möglich
ist; hier vielleicht nur zum deutlichen Ausdruck des Akkusativs.

[86] Hier ist gegenüber dem Psalmtext nur das »ganz« hinzugefügt, das sich aber auch
in einigen Handschriften des bohairischen Psalters findet. Die Toronto-Handschrift
liest mit dem saïdischen Psalter »die Hoffnung aller Ufer (Grenzen) der Erde«.

scheint mir in M 574 konsequenter als auf dem Berliner Fragment. In Vers 50 hat das Berliner Fragment ⲧⲉ, letztlich sicher nichts anderes als eine graphische Variante für das ⲗⲉ der anderen Zeugen[87]. Vielleicht hat aber der Schreiber (oder die Benutzer) die Partikel als Kopula (= ⲡⲉ) gedeutet und den Anfang des Satzes so verstanden: »Du bist der Herr.« In Vers 51 unterscheiden die beiden Paralleltexte sich noch einmal in der Anknüpfung des Genitivs. Diesmal ist es aber das Berliner Fragment, das — übrigens korrekt — einfaches ⲛ- gegenüber ⲛ̄ⲧⲉ- in der Morgan-Handschrift (139,10) hat. Eine bemerkenswerte Übereinstimmung zwischen der Morgan-Handschrift und dem Berliner Fragment gegen alle anderen Zeugen haben wir in Vers 60. An dieser Stelle ist Ps 142,9b verwendet, wobei im griechischen Text des Hymnus der Psalm wörtlich zitiert ist. Der bohairische Text des Hymnus folgt mit »ich bin zu dir geflohen« genau dem griechischen Text und stimmt zudem buchstäblich mit dem Wortlaut dieses Verses im bohairischen Psalter überein. Auch der saïdische Psalter liest Ps 142,9b so[88], und der saïdische Text des Engelshymnus in der Toronto-Handschrift folgt ihm darin. Allein unsere Handschrift M 574 mit dem Berliner Paralleltext[89] hat an dieser Stelle »ich bin dir gefolgt.«

Der dritte und letzte saïdische Zeuge für den Engelshymnus, die Toronto-Handschrift, stammt aus späterer Zeit, und in der Korrektheit der Sprache läßt sie in höchstem Grade zu wünschen übrig. Wenn dieser Text die meisten und auffälligsten Varianten im hier betrachteten Bereich aufweist, dann handelt es sich evidenterweise zu einem guten Teil um einfache Korruptelen. Zum Teil haben wir es aber auch mit sekundären Lesarten zu tun, die von anderswoher eingedrungen sind. Am meisten springt das in die Augen, wo Lesarten in der Überlieferung des Hymnus sonst nicht oder nur schwach bezeugt sind, aber mit den biblischen Parallelstellen übereinstimmen. Einige Varianten dieser Art aus dem zweiten Teil des Hymnus wurden schon im Vorhergehenden angeführt. Hier noch zwei weitere Beispiele, zunächst eines aus dem ersten Teil, der eigentlichen Doxologie. In dem Zitat aus Lk 2,14 im Vers 3 des Hymnus folgt dessen griechischer Text der Lesart εὐδοκία. Dies tun dann auch die koptischen Ver-

---

[87] ⲗⲉ fehlt in der Toronto-Handschrift.

[88] Budge, *Psalter* und Wessely, *Texte* 4, Nr. 259a (der Wiener Text ist zwar fast völlig zerstört, seine Lesart aber noch zweifelsfrei festzustellen).

[89] Vgl. unten S. 448.

sionen[90]. Der saïdische Bibeltext von Lk 2,14 setzt dagegen die Lesart
εὐδοκίας voraus, und diese Lesart finden wir auch im Engelshymnus
der Toronto-Handschrift[91]. Am Schluß des Hymnus ist dann in Vers 64
ein auffälliges Auseinandergehen der verschiedenen Zeugen zu beobachten. Das aus Ps 35,11a stammende παράτεινον wird in M 574 mit
ⲥⲟⲟⲩⲧⲛ (»ausstrecken«) übersetzt, während der saïdische Psalter
an dieser Stelle ⲡⲱⲣϣ ⲉⲃⲟⲗ (»ausbreiten«) gebraucht[92]. Es handelt
sich dabei um eine echte Übersetzungsvariante, da beide Verben
häufig zur Wiedergabe verschiedener Komposita von τείνειν verwendet werden[93]. Dem saïdischen Psalter-Text folgt nun die Toronto-
Handschrift im Vers 64 des Engelshymnus[94]. Von den bohairischen
Texten geht der Psalter in der Übersetzung von παράτεινον nicht
mit dem saïdischen Psalter, sondern mit dem Zitat von Ps 35,11a
in M 574, während der bohairische Text des Engelshymnus dem
Vers 64 eine ganz andere Form gibt[95].

Eine Lesart, die zwar sprachlich völlig korrekt ist, aber durch
Mißverständnis des richtigen Textes entstanden sein könnte, ist der
Schluß von Vers 38. In Abänderung der Quelle (Ps 5,4b) heißt es hier:
»du wirst mich sehen«, saïdisch ⲉⲕⲉⲛⲁⲩ ⲉⲣⲟⲓ[96]. Die Toronto-Handschrift hat stattdessen ⲉⲕⲛⲁ ⲛⲁⲓ = »indem du dich meiner erbarmst.«
Sollte dieser sicher sekundäre Text aus der entfernten Ähnlichkeit
der saïdischen Wörter für »sehen« (ⲛⲁⲩ) und »sich erbarmen« (ⲛⲁ)
zu erklären sein? Oder hat hier ein anderer Text eingewirkt? Jedenfalls ist der neue Text nicht allein eine gedankenlose Verschreibung;
die beiden koptischen Verben werden verschieden konstruiert, und im
saïdischen Text der Toronto-Handschrift ist eben die Präposition

---

[90] Auch die »mittelägyptische« Mt-Handschrift, die nur wiederum, wie schon bei
»Frieden« (vgl. oben S. 287), »sein« hinzufügt.

[91] Dieser Text unterscheidet sich nur geringfügig durch Verwendung einer anderen
Präposition vom saïdischen Bibeltext: ⲛⲛⲣⲱⲙⲉ ⲙⲡϥⲟⲩⲱϣ gegen ⲍⲛ
ⲛⲣⲱⲙⲉ ⲙⲡⲉϥⲟⲩⲱϣ im N.T. Wenn ⲛ- nicht überhaupt nur ein verderbtes
ⲍⲛ- ist, dann bedeutet der Toronto-Text »den Menschen seines Wohlgefallens (wörtl.:
Willens)«.

[92] LAGARDE, *Psalterium* 120; BUDGE, *Psalter*; WORRELL, *Coptic Manuscripts* 70.
Höchstwahrscheinlich auch RAHLFS, *Berl. Psalter*, doch ist hier die Lesart wegen Beschädigung nicht absolut sicher.

[93] Vgl. CRUM, *Dict.* 371 und 270b.

[94] Nur verwendet sie die Präposition ⲉⲝⲛ- anstelle der Präposition ⲛ- im Psalter.

[95] Siehe gleich unten S. 296.

[96] M 574, pag. 139,7.

verwendet, die das Verb ⲚⲀ fordert. Vers 10 ist in der Toronto-Handschrift eigenartigerweise verdoppelt. Er steht zuerst einmal wie in den anderen koptischen Zeugen mit dem echt koptischen Wort für »danken«, dann ein zweites Mal mit dem griechischen ⲈⲨⲬⲀⲢⲒ-ⲤⲦⲞⲨ[97]. In den Versen 4–11 ist das Pronomen der 2. Person durch das der 3. ersetzt. Dasselbe ist in Vers 42 der Fall, wo das Pronomen das Subjekt des Satzes ist, das sich somit auf das folgende »dein Name« beziehen muß. Da das Pronomen der 3. Person Singular Maskulinum hier in der Form ⲃ- erscheint, könnte einfache Verschreibung (für ⲕ-) vorliegen.

Der bohairische Text folgt überraschend treu dem saïdischen, womit ich hier den Text von M 574 und dem Berliner Fragment meine. Bei den Abweichungen läßt sich vielfach sofort ersehen, woher sie eingedrungen sind. Hier die wichtigsten Stellen. In Vers 20 und 22 hat der saïdische Text den Plural »die Sünden«[98], der bohairische den Singular »die Sünde«. Vielleicht spiegeln sich hier die verschiedenen Lesarten der griechischen Texte wieder. Diese bieten überwiegend den Plural, nämlich die Bibelhandschriften A und T, die »mittelägyptische« Handschrift des Matthäus-Evangeliums[99] und die byzantinischen liturgischen Texte. Den Singular in Vers 20 haben die Bibelhandschrift 55 und die Inschrift des Weißen Klosters, in Vers 22 die Pariser Handschrift. Vers 35 lautet im Saïdischen: »ich habe über dein Gesetz nachgedacht«[100], im Bohairischen: »ich dachte nach über deine Wege.« Sollte der bohairische Wortlaut von Ps 118,59a beeinflußt sein, obwohl dort nicht dasselbe Verb verwendet ist wie in Ps 118,70b, der Quelle unserer Stelle? In Vers 47 steht das Futur, ganz wie im bohairischen Bibeltext von Ps 144,15b; der saïdische Text des Hymnus hat das Präsens, obwohl der saïdische Bibeltext an dieser Stelle gleichfalls das Futur hat[101]. Ein durch Abhängigkeit vom Bibeltext erklärbarer Tempusunterschied könnte auch in Vers 33

---

[97] Im Koptischen auch sonst in dieser Form belegt, vgl. unten S. 358, Anm. 19.

[98] M 574, pag. 138,19 ff.

[99] Entsprechend hat auch die koptische Übersetzung der Handschrift den Plural, jedenfalls in Vers 20; Vers 21 f. fehlen (wohl »saut du même au même«).

[100] M 574, pag. 139,4 f.

[101] Londoner und Berliner Handschrift (BUDGE, *Psalter* und RAHLFS, *Berl. Psalter*); außerdem WESSELY, *Psalmenfragmente* 159. — In der LXX δίδως. Wir hätten hier also einen Fall wie den oben S. 288 f. besprochenen; der koptische Text in den typisch koptischen Zusätzen des Hymnus steht dem LXX-Text näher als dem koptischen Bibeltext.

vorliegen. Wo der saïdische Text das Präsens hat[102], hat der bohairische
das Perfekt, ganz wie die bohairische Bibelübersetzung in Is 26,9.
Der bohairische Text des Hymnus weicht aber auch etwas vom bohairischen Bibeltext ab. Letzterer lautet: »Früh, noch in der Nacht,
hat sich mein Geist aufgemacht zu dir.« Im Hymnus heißt es dagegen:
»Früh ... hat sich mein Geist aufgemacht, um zu dir zu kommen[103].«
Wenn der bohairische Text von Vers 61 (= Ps 142,9b) mit »rette mich«
beginnt, so stammt dies zusätzliches Wort sicher aus Ps 142,9a. Der
Vers 64 (= Ps 35,11a) beginnt im bohairischen Text des Hymnus
nicht »breite aus dein Erbarmen«, sondern »es möge kommen dein
Erbarmen«. Höchstwahrscheinlich macht sich auch hier Einfluß
irgendeiner anderen Textstelle geltend, wenngleich diese nicht mit
Sicherheit auszumachen ist. Man könnte etwa an Ps 118,41a denken,
wenn dort auch die Wortstellung im bohairischen Psalter von der im
Hymnus abweicht. Einflüsse formelhafter Wendungen, nicht be-
stimmter Textstellen, sind etwa die Hinzufügung von »mein« zu
»Herr« in Vers 28 oder des Vokativs »Herr« in Vers 63.

Kurz gesondert besprochen werden müssen die beiden Texte in
Sektion E I 2 und V 2, obwohl im Vorhergehenden schon gelegentlich
auf sie verwiesen wurde. E I 2 setzt sich aus den Versen 39–43, E V 2
aus den Versen 39–45, 52–56 und 66–70 zusammen. Ein selbständiges
Vorkommen der Verse 39–43 ist mir anderswoher nicht bekannt.
Dafür, daß dieses Stück auch selbständig verwendet wurde, könnte
das nach Vers 43 auch im vollständigen Hymnus stehende »Amen«
sprechen. Oder sollte dies nur durch εἰς τοὺς αἰῶνας angezogen worden
sein? Dagegen ist die selbständige Existenz des Textes von E V 2
eine bekannte Tatsache; es handelt sich ja um nichts anderes als
das Würdige-dich der Ferialform des Hymnus, wie es getrennt vom
übrigen Text in der byzantinischen Vesper vorkommt. Der Text
unserer Handschrift ist auch praktisch identisch mit dem der byzantinischen Vesper und sonst bei den Kopten nicht belegt. Einmal
fehlen die typisch koptischen Zusätze auch in der koptischen Übersetzung, und zum anderen finden wir allein hier die Versfolge der
Ferialform; einzig hier fehlen die Verse 57–64, weil diese in der Ferialform dem Würdige-dich vorausgehen. Es gibt so zwei auffällige
Fakten zu konstatieren: einmal, daß diese sonst in der koptischen
Tradition nicht bezeugte Textform des zweiten Teiles des Hymnus

---

[102] M 574, pag. 139,2.
[103] Vgl. den saïdischen Bibeltext oben S. 288.

nun überhaupt einmal bei den Kopten nachgewiesen ist, und zum anderen, daß dieser Beleg sich in einer Textsammlung findet, die nur wenige Seiten vorher zugleich den vollständigen Hymnus in der typisch koptischen Form enthält. Man kann in diesem Phänomen eine gewisse Parallele zum byzantinischen Ritus sehen: hier das Nebeneinander von Festtags- und Ferialform, dort das Nebeneinander der typisch koptischen Form und der byzantinischen Ferialform des zweiten Teiles. Leider fehlen uns genügend Daten, um diese Tatsachen historisch einzuordnen. Sollte das trennbare Würdige-dich der byzantinischen Ferialform bei den Kopten neben der ihnen eigenen Form des Hymnus nur ephemer und lokal begrenzt aufgetaucht sein? Oder hat auch der koptische Ritus durch längere Zeit zwei verschiedene Formen des Hymnus gekannt, von denen die eine erst im Laufe der Zeit die andere verdrängen konnte?

Die Abweichungen der griechischen Texte des Würdige-dich in M 574 vom heutigen Text der Ferialform des byzantinischen Ritus sind minimal. Nur in der Vesper — nicht in der »Prim« (142,1) — ist das Wort καταξίωσον durch παρακλήθητι ersetzt[104], das ich für diese Stelle sonst nirgendwo nachweisen kann. Den Vers 40 beginnt der Morgan-Text mit καὶ τὴν ἡμέραν (ἑσπέραν) ταύτην[105], der byzantinische Text in der Festtags- und in der Ferialform mit ἐν τῇ ἡμέρᾳ (ἑσπέρᾳ) ταύτῃ. Obwohl unser Text in Vers 52 ff. mit der Abwandlung δίδαξον — συνέτισον — φώτισον (143,21 ff.) der Ferialform des Hymnus folgt, hat er mit der Festtagsform dreimal Κύριε, also nicht mit der Ferialform Δέσποτα an der zweiten und Ἅγιε an der dritten Stelle[106]. In Vers 70 (143,28) fehlt das νῦν καὶ ἀεί des byzantinischen Textes.

Von den koptischen Übersetzungen dieser Texte in unserer Handschrift ist ganz allgemein zu sagen, daß sie gegenüber den anderen koptischen Texten des Würdige-dich durchaus selbständig sind, aber dennoch in einem Punkt von ihnen beeinflußt scheinen. Die Unabhängigkeit von den anderen koptischen Texten zeigt sich weniger in inhaltlicher Varianten als in unterschiedlichen Formulierungen. So ist das Wort καταξίωσον hier ausnahmsweise durch eine echt koptische Formulierung wiedergegeben, und zwar als »Mache uns

---

[104] 143,13; in der koptischen Übersetzung »Wir bitten dich« (144,2), vom Kopten also wohl als »Laß dich bitten« verstanden.

[105] 142,1 f. und 143,13 f.; diese Lesart auch im Psalter-Anhang der Bibelhandschriften, der Inschrift des Weißen Klosters und der Pariser Handschrift.

[106] So auch fast durchweg die sonstige Überlieferung der Kopten; vgl. oben S. 285, Anm. 45.

würdig (und bewahre uns, bzw. uns zu bewahren)« (142,7); früher
hieß es unserer Handschrift »Würdige dich; (mögest du uns bewahren)«
(139,8). Eine inhaltliche Variante liegt vielleicht in Vers 54 vor.
Das φώτισόν με τοῖς δικαιώμασί σου[107] wäre dann in den beiden
koptischen Übersetzungen jeweils verschieden verstanden worden.
Der Text von 144,10 f. hat eindeutig »erleuchte mich durch (ϨN-)
deine Gerechtigkeiten.« 139,24 steht aber Є- statt ϨN-. Wenn der
Übersetzer oder Abschreiber hier wirklich an die Präposition Є-
gedacht hat, dann würde der Satz etwa bedeuten: »erleuchte mich
über deine Gerechtigkeiten.« Wenn man Є aber als späte Form für
N̄ deutet[108], könnte man auch 139,24 den Sinn von 144,10 f. geben.
Die Variante würde dann nur in der Verwendung verschiedener
Präpositionen gleicher Bedeutung bestehen. Auf den deutlichen
Einfluß des koptischen Normaltextes von Vers 42 auf die koptischen
Übersetzung in Sektion E I 2 und V 2 wurde schon oben hingewiesen[109].
Die beiden koptischen Übersetzungen in Sektion E sind selbst zu-
mindestens insofern voneinander unabhängig, als sie dort, wo die
griechischen Texte voneinander abweichen — παρακλήθητι (143,13)
für καταξίωσον (142,1) — diesen Unterschied auch in der Übersetzung
zum Ausdruck bringen (142,7 und 144,2).

In den bohairischen und arabischen Texten beginnt die große
Doxologie bei den Kopten immer mit der Formel »Laßt uns (lob)-
singen mit den Engeln.« Diese Formel findet sich nicht in den griechischen und saïdischen Zeugen, auch nicht in der Pariser Handschrift[110] und der Toronto-Handschrift[111]. Der Titel »der Hymnus
der Himmlischen und der Irdischen« scheint den beiden älteren
saïdischen Zeugen, M 574 und dem Berliner Paralleltext, eigentümlich
zu sein. Heute trägt der Text den einfachen Titel »Engelshymnus«,
in den liturgischen Büchern gewöhnlich allein auf arabisch (*tasbiḥat
al-malā'ikah*), nur ausnahmsweise auch auf koptisch: ΠΙϨⲰⲤ ⲚⲦⲈ

---

[107] In M 574 auf dem Rand nachgetragen (143,23a) und nicht sicher zu lesen. Auf
jeden Fall steht ⲦⲀ statt τοῖς, aber die Endung des Substantivs ist nicht zu erkennen.

[108] In diesem Teil der Handschrift selten, vgl. unten S. 372. Im Berliner Paralleltext
steht in der Tat Ⲛ- (P. 8099ᵛ, Zeile 22). Auch die Toronto-Handschrift hat Ⲛ- (fol.
16ʳ, Zeile 2), doch steht hier »Gerechtigkeit« im Singular. Vielleicht war der Schreiber bei
dem Є- von M 574, pag. 139,24 von dem zweimaligen ⲈⲚⲈⲔⲘⲚⲦⲘⲈ kurz zuvor
(Zeile 22 und 23) beeinflußt.

[109] Siehe S. 291 f.

[110] Eine entsprechende griechische Formel ist mir auch anderswoher nicht bekannt.

[111] Hier beginnt der Text mit ⲤⲘⲞⲨ ⲈⲢⲞⲚ = »Segne uns!«

ⲚⲒⲀⲅⲅⲈⲗⲟⲤ[112]. Ob die Ähnlichkeit des Titels »Hymnus der Himmlischen und der Irdischen« mit der mittelalterlichen lateinischen
Formulierung »hymnus et angelorum est et hominum«[113] auf Zufall
beruht oder auf eine gemeinsame Überlieferung zurückgeht, kann
ich nicht sagen.

SEKTION D

Die Sektion D unserer Handschrift, zu der wir hiermit übergehen,
enthält das Trishagion und eine Reihe von anderen Texten, die auch
im heutigen koptischen Stundengebet noch eine Einheit bilden und
wie in M 574 auf die große Doxologie folgen. Einen anderen älteren
Zeugen für diese Textfolge kenne ich nicht. Auch im heutigen byzantinischen Horologion finden wir nirgendwo alle diese Texte zusammen. Immerhin enthält das »Eingangsgebet«[1] des byzantinischen
Ritus die Zusammenstellung von Trishagion, kleiner Doxologie und
»Allheilige Dreifaltigkeit ...«[2], die zumindestens dem Abschnitt
140,14–141,1, wahrscheinlich aber 140,14–141,5 von M 574 entspricht.
In der Toronto-Handschrift folgt auf Trishagion und kleine Doxologie
eine kürzere Form des »Heilige Dreifaltigkeit ...« und darauf Unser-
Vater. Auch im byzantinischen »Einleitungsgebet« steht Unser-Vater
nach »Allheilige Dreifaltigkeit ...«
Das Trishagion ist außerordentlich häufig in den koptischen litur-

---

[112] *Horol.* (1930) 86. — Die Bezeichnung »Engelshymnus« wird *Jahres-Psalm.* (1908;
Alex.) ausschließlich auf den Anfang des Textes, den Gesang der Engel von Lk 2,14,
bezogen, während die »Ergänzung« oder »Vervollständigung« (*takmilah*) dem hl. Athanasius
zugeschrieben wird (S. 296).

[113] Rupert von Deutz, De div. off. I 30 (PL 170, 27C) und die unter den Werken
Hugos von St. Viktor herausgegebene Schrift De caerem. ... eccles. II 15 (PL 177, 420C).

[1] *Προσευχὴ προοιμιακή* am Beginn des Horologions, ebenso die Eröffnungsgebete
einzelner Horen. Vgl. dazu MATEOS, *Prières initiales.* Mateos zeigt, daß diese Textgruppe ursprünglich nicht zur Eröffnung der Horen, sondern zu deren Abschluß diente
(S. 494 ff.). Der koptische Ritus, den Mateos nicht berücksichtigt, hat somit den älteren
Zustand bewahrt, denn dort werden die genannten Texte gegen Schluß der Horen verwendet. Allerdings sind die Details nicht völlig klar. Eindeutig ist, daß diese Gebete
an den Schluß von Morgen- und Abendgebet gehören (vgl. z. B. *Horol.* [1930] 89 und
306). Nicht ganz klar sind die Angaben der Horologien darüber, ob am Schluß der
anderen Horen das Trishagion oder das »Heilig, heilig, heilig ...« zu sprechen ist; vgl. dazu
oben S. 24, Anm. 53.

[2] Die koptischen Texte divergieren ein wenig vom byzantinischen und untereinander;
vgl. unten S. 304 f.

gischen Texten belegt, und zwar durchweg irgendwie erweitert,
nicht nur mit den bekannten christologischen Formeln, die eine solche
Rolle in den dogmatischen Auseinandersetzungen gespielt haben,
sondern auch auf vielfache andere Weise[3]. Diese Erweiterungen
beziehen nicht nur auf Christus, sondern auch auf Heilige. Es ist
unmöglich, sie hier im einzelnen aufzuführen oder auch nur vollständige
Verweise zu geben[4].

Das Trishagion hat auch heute noch bei den Kopten in den liturgischen Büchern den griechischen Text. Im Gegensatz zu fast allen
übrigen Texten, die heute beliebig auch in arabischer Sprache gesprochen oder gesungen werden, wird beim Gesang des Trishagion
ausschließlich der griechische Text verwendet[5]. Der griechische Text

---

[3] Dem Trishagion wurde »entsprechend dem Tagescharakter der Liturgie eine Er-
gänzung gegeben« (SCHERMANN, *Abendmahlsliturgien* 221). Häufig werden andere
Erweiterungen mit den stereotypen christologischen Zusätzen kombiniert. In welchem
Maße solche erweiterten Trishagien auch im Offizium verwendet wurden, läßt sich nicht
genauer erkennen. Zumeist sind diese Texte in den liturgischen Handschriften der
Eucharistiefeier (ⲤⲨⲚⲀⲄⲈ) zugewiesen. Ein derartiges Trishagion vor dem für die
Eucharistiefeier, also höchstwahrscheinlich für eine Hore des feierlichen Offiziums
bestimmt, bei CRUM, *Catalogue B. M.* 973 (S. 404a). Ebensowenig bin ich sicher, ob
solche Texte dann nur die konkrete Form darstellen, die das Trishagion an den betreffenden Tagen annimmt, oder ob sie als Begleitgesänge zu einer immer fixen Form des
Trishagion gedacht sind. Schließlich ist es nicht möglich, zwischen den Texten zu
scheiden, die für den Gesang des Trishagion in der Katechumenenmesse und gegen
Ende des liturgischen Morgen- und Abendgebetes bestimmt sind, und anderen liturgischen Gesängen, die die Elemente des Trishagion verwenden. Die Handschriften
ermangeln der Rubriken fast völlig, und wir kennen auch die liturgische Terminologie
viel zu wenig, um die immerhin zumeist beigegebenen Titel recht deuten zu können.
Bisweilen ist aus dem übrigen Wortlaut die Zweckbestimmung eines Textes zweifelsfrei
zu erkennen. So kann es sich bei den folgenden beiden Texten nur um Kommuniongesänge handeln. »Nach dem Empfang der Geheimnisse senden wir unserem Herrn
einen Lobgesang empor, indem wir so singen: Heilig ist Gott (usw.)« (Cod. Borg. copt.
109[104], fol. 4ᵛ); »Nachdem wir der unbefleckten Geheimnisse gewürdigt wurden,
danken wir dir und singen dir so: Heilig ist Gott (usw.)« (ebd., fol. 3ʳ). Auch die Byzantiner
haben in ihrer liturgischen Dichtung Texte, die Elemente des Trishagion verwenden,
wobei sich Glieder ergeben, die bestimmten erweiterten Trishagien der Kopten recht
ähnlich sind. Vgl. z. B. Ἅγιος Ἰσχυρός, ὁ Υἱὸς ὁ σαρκωθείς (in Προεορτάσωμεν ... τὸ ἐν
Σπηλαίῳ FOLLIERI, *Initia*, III 353); doch ist das Trishagion auch hier trinitarisch
und nicht christologisch verstanden.

[4] Der weitaus größte Teil ist unveröffentlicht. Ein Teil der veröffentlichten Texte
ist etwa bei SCHERMANN, *Abendmahlsliturgien* 221–224 oder KOENEN, *Prosahymnus*
39–46 zusammengestellt.

[5] Vgl. oben S. 132, Anm. 84.

des Trishagion wird bekanntlich verschieden gedeutet[6]. Die von den Kopten später in den liturgischen Büchern dem griechischen Text beigegebene arabische Übersetzung *quddūs al-lāh, quddūs al-qawīy, quddūs al-ḥayy allaḏī lā yamūtu* kann wohl nur als »Heilig ist Gott. Heilig ist der Starke. Heilig ist der Lebendige, der nicht stirbt«[7] verstanden werden. Diese Auffassung wird durch koptische Übersetzungen bestätigt, die mehrfach in den liturgischen Handschriften den griechischen Text begleiten: ϭⲟⲩⲁⲁⲃ ⲛϭⲓ ⲡⲛⲟⲩⲧⲉ (...) ϭⲟⲩⲁⲁⲃ ⲛϭⲓ ⲡⲭⲱⲱⲣⲉ (...) ϭⲟⲩⲁⲁⲃ ⲛϭⲓ ⲡⲁⲧⲙⲟⲩ ⲙⲁⲩⲁⲁϥ[8] = »Heilig ist Gott. Heilig ist der Starke. Heilig ist der allein Unsterbliche.« Dazu paßt weiterhin, daß die Kopten bisweilen in ihren liturgischen Texten ⲁⲅⲓⲟⲥ ⲟ ⲑⲥ ⲉⲥⲧⲓⲛ schreiben[9]. Daneben finden wir allerdings auch ein anderes Verständnis des Trishagions bei den Kopten. In einer Dioskorus zugeschriebenen Homilie auf Makarius von Tkow, wo einmal vom Gesang des Trishagion berichtet wird,

---

[6] Die richtige Auffassung ist meiner Meinung nach die ENGBERDINGS: »Heilig (ist) Gott, heilig (und) stark...« (*Formgeschichtl. Verständnis*). Ebenso MATEOS, *Lelya-Ṣapra* 78. Hier wäre allerdings zu fragen, ob das syrische ܩܲܕܝܼܫ ܐܲܠܵܗܵܐ (*Brev. Chald.* 38 [2. Pagin.] jeden Bandes) diesen Sinn haben kann. Das adjektivische Prädikat steht nur ganz ausnahmsweise im Status emphaticus (NÖLDEKE, *Syr. Gramm.* § 204 A); man wird den Text deshalb zunächst als »Heiliger Gott ...« verstehen müssen. So auch MOLITOR, *Chald. Brev.* 65. Der armenische Trishagion-Text Սուրբ Աստուած, սուրբ եւ Հզոր ... (*Armen. Horol.* 182) setzt beim zweiten und dritten Glied das »und« hinzu, das nach Engberdings Deutung sinngemäß auch im griechischen Text steckt. Das Armenische hat aber keine spezielle Vokativform, weshalb der Text nicht absolut eindeutig ist. Kein Zweifel kann über den Sinn der georgischen Übersetzung bestehen. Das Georgische verfügt über eine eigene Vokativform, und diese ist in ღ(ჶთოვ)ნ �(ჶჶჶ)ნ ... (*Byzant. Horol.* [georg.] 87) verwendet, was somit nur »Heiliger Gott ...« bedeuten kann.

[7] Ein Großteil der Ausgaben hat nur »der, der nicht stirbt« (ohne »der Lebendige«).

[8] Kein einziger dieser Texte ist mit vollständigem Wortlaut des Trishagion veröffentlicht. Jeweils das erste Glied bei CRUM, *Catalogue B. M.* 973 (S. 404a); *Catalogue Rylands* 53 (S. 20); PLEYTE-BOESER, *Manuscrits* 144 (nur der Anfang erhalten). Weitere Texte: Cod. Borg. copt. 109 (102), fol. 2ʳ und 109 (104), fol. 2 (beide Male dieselbe Strophe); Cod. Borg. copt. 109 (104), fol. 3ʳ; Cod. Borg. copt. 109 (105), fol. 2ᵛ; Paris, Bibl. Nat., copte 129 (20), fol. 116ʳ. Außerdem noch Berlin, Ms. or. oct. 409, fol. 38 (kopt. Gesang »auf die Auferstehung« ohne griech. Original). Allgemein zugänglich ist der koptische Wortlaut nur in einem saïdisch-bohairischen Mischtext (ohne griechischen Paralleltext) in einem griechisch-koptischen Hymnus auf die drei Männer im Feuerofen (z. B. *Jahres-Psalm.* [1908; Kairo] 67). Zu diesen liturgischen Gesängen vgl. noch die Zitation des Trishagions in homiletischem Kontext im Cod. Cair. Ham. B (*Fotograf. Ausgabe*, Bd. 19), fol. 20ʳ (Taf. 41); die Paralleltexte weichen ab (siehe gleich unten mit Anm. 10).

[9] Cod. Borg. copt. 109 (104), fol. 3ʳ; Paris, Bibl. Nat., copte 129 (20), fol. 116ʳ.

wird eine Übersetzung aller drei Glieder gegeben, jeweils ausdrücklich
durch ⲉⲧⲉ ⲡⲁⲓ ⲡⲉ = »das ist« eingeführt. Dieser Text lautet
ⲕⲟⲩⲁⲁⲃ ⲡⲛⲟⲩⲧⲉ... ⲕⲟⲩⲁⲁⲃ ⲡϫⲱⲱⲣⲉ... ⲕⲟⲩⲁⲁⲃ ⲡⲁⲧⲙⲟⲩ[10]
= »Du bist heilig, Gott. Du bist heilig, Starker. Du bist heilig, Unsterb-
licher.«

Es mögen hier nun einige Hinweise auf die christologischen Zusätze
zum Trishagion in ihrer Normalform folgen[11]. Das einfache Trishagion, ohne jeden Zusatz, ist bei den Kopten selten anzutreffen[12],
was angesichts der Bedeutung, die die christologischen Zusätze in
den Auseinandersetzungen um die Entscheidung von Chalzedon
bekommen haben, nicht verwunderlich ist. Diese Form erscheint
heute noch auf Hostienstempeln[13]. Der entscheidende, zum anti-

---

[10] M 609 (*Fotograf. Ausgabe*, Bd. 18), fol. 16ᵛ (Taf. 32). Den genau entsprechenden
bohairischen Text siehe bei AMÉLINEAU, *Monuments* 125. Eine andere saïdische Version
hat den gewöhnlichen Text (vgl. gerade oben mit Anm. 8). Sollte dieser eine koptische
Text mit »Du bist heilig, Gott ...« vom ... ܩܕܝܫ ܐܠܗܐ des syrisch-antiochenischen
Ritus (z. B. *Syr. Horol.* [1937] 32) abhängen ?

[11] Es kann dabei nicht auf die genaue Form eingegangen werden, die das Trishagion
oder die Strophe, in der es verwendet wird, hat. Ebenso bleibt die Zweckbestimmung,
soweit sie überhaupt klar ist, außer Betracht. Jedenfalls heute hat das Trishagion in
der Katechumenenmesse und im liturgischen Morgen- und Abendgebet bei den Kopten
fast immer dieselbe Form. Es sind kaum noch Sonderformen in Gebrauch. Eine Ausnahme
machen die Hochfeste, doch besteht die Eigenart dieser Trishagion vor allem darin,
daß ein Element der gewöhnlichen Zusätze dreimal gebraucht wird, an Weihnachten
»der aus der Jungfrau geboren wurde«, am Karfreitag und -samstag »der für uns gekreuzigt wurde«, an Ostern und während der Osterzeit »der von den Toten erstanden
ist« und an Himmelfahrt »der von den Toten erstanden und in die Himmel aufgestiegen
ist«; nur an Epiphanie kommt ein ganz eigener Zusatz (3 ×) zur Verwendung: »der im
Jordan getauft wurde« (alle diese Texte *Diakonale* 62 f.). Ein Trishagion mit drei verschiedenen Zusätzen, die von den gewöhnlichen abweichen, wird in der Sext des Karfreitags gesungen (*Karwochen-Typikon* 127 f. oder *Diakonale* 315 f; vgl. die Bearbeitung
von BAUMSTARK, *Passionsgesänge* 75; wir besitzen von dem Text auch einen älteren
Zeugen auf einem Einzelblatt, siehe CRUM, *Catalogue Rylands* 34 [S. 12]; vgl. hierzu die
Bearbeitungen von SCHERMANN, *Abendmahlsliturgien* 222 und KOENEN, Prosahymnus 41).
Die Elemente des Trishagion werden in eindeutig trinitarischer Interpretation in einem
Hymnus (*madīḥah*) auf die dritte Ode im Choiak verwendet (*Choiak-Psalm.* [1911] 489;
Choiak-Psalm. [1955] 233). Das einfache Trishagion dient als erste Strophe einer
madīḥah auf die zweite Ode im Choiak (*Choiak-Psalm.* [1955] 207 f.).

[12] Abgesehen von den meisten Ausgaben der Unierten, die die christologischen Zusätze
aus dogmatischen Bedenken oft streichen; vgl. oben S. 13, Anm. 1.

[13] Siehe z. B. BUTLER, *Churches* II 278 f. Ein wohl älteres Exemplar Kairo 8807 (STRZY-
GOWSKI, *Kopt. Kunst* 139 f.; Inschrift vom Bearbeiter gründlich mißverstanden). Vgl.
auch BURMESTER, *Liturgical Services* 81. Der ebd., Taf. 21B abgebildete Hostienstempel
enthält entgegen der dazugehörigen Erklärung (S. 419) nicht das Trishagion als Inschrift,

chalzedonischen Kampfruf gewordene Zusatz ist das ὁ σταυρωθεὶς δι᾽ ἡμᾶς. Aber auch ein einfaches Trishagion mit nichts als diesem Zusatz (und natürlich »erbarme dich unser«) ist bei den Kopten selten[14]. Ich habe auch keine Belege dafür, daß die Kopten jemals eine dreifache Wiederholung des Trishagions mit diesem stereotypen »der für uns gekreuzigt wurde« gekannt hätten[15]. Stattdessen sind bei den Kopten für das dreimalige Trishagion drei verschiedene christologische Zusätze in Gebrauch, die in kürzester Form Menschwerdung, Kreuzestod und Auferstehung (mit Himmelfahrt) nennen. In den Fragmenten der saïdischen liturgischen Handschriften erscheint nun an Stellen, wo nicht alle drei Zusätze stehen, weit häufiger allein der erste (»der … Fleisch angenommen hat«) als der zweite. Leider wissen wir zu wenig darüber, was derartige Texte in den älteren Handschriften bedeuten, bzw. wie der Gesang des Trishagion (oder anderer Strophen mit Trishagion) konkret ausgeführt wurde. Sollte zumindestens in bestimmten Fällen eine doppelte Wiederholung als selbstverständlich vorausgesetzt sein, bei der dann nacheinander die anderen Zusätze eingesetzt wurden ? Oder haben die Kopten tatsächlich die Nennung der Menschwerdung im Trishagion der der Kreuzigung vorgezogen ? Erstere »vermeidet den dogmatischen Anstoß«[16] und findet sich ähnlich auch bei den Byzantinern, wenn die Elemente des Trishagion in anderen liturgischen Dichtungen gebraucht werden[17].

Die Formulierung unserer Handschrift entspricht noch nicht in allem dem heutigen Text. Dieser lautet: Ὁ ἐκ παρθένου γεννηθείς … ὁ σταυρωθεὶς δι᾽ ἡμᾶς… ὁ ἀναστὰς ἐκ τῶν νεκρῶν καὶ ἀνελθὼν εἰς τοὺς οὐρανούς. Die ältere, unendlich oft bezeugte Form des ersten Zusatzes ist ὁ σαρκωθεὶς δι᾽ ἡμᾶς[18]. M 574 nimmt eine Mittelstellung zwischen diesen beiden Formen ein. Die Handschrift hat noch das ältere σαρκωθείς bewahrt[19], dafür aber schon das spätere ἐκ παρθέ-

---

ebensowenig die beiden bei MEINARDUS, *Brot* 211 oben (linke Abb. identisch mit der bei BURMESTER, *Liturgical Services*).

[14] Ein inschriftliches Beispiel (Grabstele): BRUNTON, *Qau*, Taf. 55, Abb. 4.

[15] Wie die Syrer; vgl. z. B. BRIGHTMAN, *Liturgies* 77.

[16] KOENEN, *Prosahymnus* 37.

[17] Vgl. oben S. 300, Anm. 3.

[18] Z. B. CRUM, *Catalogue Rylands* 53 (S. 19). Nur selten heißt es ὑπὲρ ἡμῶν, so z. B. PLEYTE-BOESER, *Manuscrits* 140.

[19] Die Toronto-Handschrift und die Pariser Handschrift haben das erste Glied schon ganz in der späteren Form (vgl. die Texte unten S. 485 und 504).

νου[20]. Der zweite Zusatz hat sowohl in den älteren saïdischen als
auch den späteren bohairischen Texten dieselbe Form wie in M 574.
der dritte beschränkt sich in M 574 wie in den anderen saïdischen
Texten auf ein einfaches »der von den Toten auferstanden ist«. Später
kommt noch hinzu »und in die Himmel hinaufgestiegen ist«[21].

Auf das Trishagion folgt die kleine Doxologie und das »(All)heilige
Dreifaltigkeit, erbarme dich unser.« Der Verdacht liegt nahe, daß
diese Textkombination von trinitarischer Deutung des Trishagion
inspiriert ist, und es ist interessant, daß auch die Kopten diese trini-
tarischen Texte an das Trishagion anschließen[22], denn der »monophysitische« Zusatz »der für uns gekreuzigt worden ist« ist ja in klassisch monophysitischer Auffassung immer streng christologisch verstanden worden[23]. Die Anrufung der Dreifaltigkeit beginnt im byzantinischen Text mit »Allheilige Dreifaltigkeit, erbarme dich unser«, in
M 574 mit »Heilige Dreifaltigkeit ...« Ganz feierlich bringt die bohairische Fassung erst dieses, dann jenes (beides auf griechisch) und dann
von letzterem noch den koptischen Wortlaut; M 574 fährt griechisch
fort. Die Toronto-Handschrift hat »Heilige Dreifaltigkeit ... Allheilige...
Dreimalheilige ...«, alles auf griechisch. Hier folgt dann noch ein drei-
maliges Kyrieeleison und das Unser-Vater. Damit schließt dieser
Textabschnitt in der Toronto-Handschrift. Der Text der Pariser

---

[20] Das kann ich in älteren Zeugen nur in etwas abgewandelter Form belegen:
ὁ σαρκωθεὶς δὶ ἡμᾶς ἐκ τῆς παρθένου Μαρίας (Cod. Borg. copt. 109 [104], fol. 4ᵛ) oder
ἐκ τῆς παρθένου σαρκωθεὶς ηὐδόκησας (Cod. Borg. copt. 109 [108], fol. 3ᵛ und Berlin,
Ms. or. fol. 1609, fol. 6ᵛ; in beiden Fällen dieselbe Strophe). Wenn man im zweiten
Beispiel das letzte Wort als Partizip *εὐδοκήσας* (oder auch augmentiert *ηὐδοκήσας*)
deuten will, müßte man wohl dem ganzen Ausdruck noch den Artikel *ὁ* voranstellen.

[21] In der Toronto-Handschrift fehlt dieser Zusatz noch (siehe unten S. 486), die
Pariser Handschrift hat ihn schon (siehe unten S. 504).

[22] Diese Kombination schon in dem oben S. 302, Anm. 11. genannten Rylands-Text.
Die Byzantiner, die dieselbe Kombination kennen, wollen nach MATEOS dadurch eben
die trinitarische Deutung des Trishagion unterstreichen, wodurch sich die kleine Doxologie und das »Allheilige Dreifaltigkeit ...« als spätere Zusätze erweisen (*Prières initiales*
492 f.; zum ursprünglich christologischen Sinn des Trishagion auch bei den Byzantinern
vgl. Näheres bei JANERAS, *Trishagion christologique*). Weniger auffällig ist nun, daß
sich auch in diesem Fall trinitarische Deutung des Trishagion bei den Kopten findet
— sie ist auch sonst zu belegen (vgl. wiederum oben S. 302, Anm. 11) —, sondern vielmehr,
daß eine in diesem Sinn von den Byzantinern sekundär geschaffene Textkombination
bei ihnen Eingang gefunden hat.

[23] Und gerade deshalb dogmatisch nicht zu beanstanden; vgl. J. LEBON, *Christologie* 573 f.

Handschrift entspricht schon ganz dem späteren bohairischen, doch folgt noch ein koptisches »Dreifaltigkeit, erbarme dich unser.«

Der Text geht dann so weiter[24]:

byzantinisch	M 575	bohairisch
Κύριε, ἱλάσθητι ταῖς ἁμαρτίαις ἡμῶν. Δέσποτα συγχώρησον τὰς ἀνομίας ἡμῶν.	Κύριε, ἱλάσθητι τὰς ἁμαρτίας ἡμῶν. Κύριε ἱλάσθητι τὰς ἀνομίας ἡμῶν.	Herr, vergib uns unsere Sünden! Herr, vergib uns unsere Missetaten (ἀνομία)! Herr, vergib uns unsere Vergehen (παράπτωμα)!
Ἅγιε, ἐπίσκεψαι καὶ ἴασαι τὰς ἀσθενείας ἡμων (siehe oben) ἕνεκεν τοῦ ὀνόματός σου.	Κύριε, ἐπίσκεψαι τὰς ἀσθενείας ἡμων ἕνεκεν τοῦ ὀνόματός σου.	Herr, besuche (siehe unten) die Kranken deines Volkes und heile sie um deines heiligen Namens willen! Gib Ruhe den Seelen unserer entschlafenen Väter und Brüder!

Der griechische Text von M 574 ist also der kürzeste. Dennoch wird das Fehlen von »heile!« kaum ursprünglich sein. Eine Bitte, die sich darauf beschränkt, Gott möge die Sünden ansehen, ist so unbefriedigend, daß diese Lectio difficilior keine Beachtung verdient. Hier ist zweifellos dem byzantinischen Text der Vorzug zu geben. Im übrigen reduzieren sich die Unterschiede zwischen dem byzantinischen Text und dem von M 574 auf ein Phänomen, das wir schon einmal beobachten konnten[25]: dort Abwandlung der Ausdrücke in parallelen Sätzen, hier Wiederholung. Genau wie in den Versen 52–54 des Engelshymnus finden wir in den ägyptischen Texten dreimal »Herr«, im byzantinischen Κύριε, Δέσποτα, Ἅγιε. Ebenfalls machen die ägyptischen Texte die Abwandlung des Verbs in den ersten beiden Gliedern nicht mit. Sie haben ἱλάσκεσθαι/ⲔⲰ ⲈⲂⲞⲖ, während der byzantinische Text von ἱλάσκεσθαι zu συγχωρεῖν übergeht. Daß die die ägyptischen Texte bei »Schwächen« dann nicht noch einmal dasselbe Verb haben, ist übrigens ein weiterer Beweis dafür, daß im ägyptisch-griechischen Text

[24] Auch den Text der Pariser Handschrift nehme ich nicht mehr in die folgende Übersicht auf. Er hat nur noch zu den Anfangsworten eine Parallele: »Nimm unser Flehen auf und laß uns die Menge unserer Sünden nach.« Darauf folgt dreifaches Kyrieeleison.

[25] Bei der großen Doxologie, s. oben S. 285, Anm. 45.

»heilen« erst sekundär ausgefallen ist, zumal in drittes »verzeihen«
mindestens so gut passen würde wie das jetzige »ansehen«. Entscheidend
aber ist, daß die zwei Verben »ansehen« und »heilen« des ursprünglichen
Textes natürlich schlecht durch ein drittes »vergeben« ersetzt werden
konnten.

Immerhin steht der saïdische Text dem ursprünglichen noch be-
deutend näher als der bohairische. Die beiden Glieder, die dieser in
der Mitte und am Schluß über den griechischen und saïdischen Text
hinaus hat, können nur sekundäre Erweiterungen sein. Offensichtlich
stehen sie in Zusammenhang mit einer Fehlübersetzung von ἐπισκέπτεσθαι und/oder einer Verwechslung von ἀσθενείας und ἀσθενεῖς.
Unter den Bedeutungen von ἐπισκέπτεσθαι hat der koptische Übersetzer eine gewählt, die im ursprünglichen Kontext keinen Sinn
ergibt, nämlich »besuchen«. Unklar ist, ob das ein Folge der falschen
Lesung ἀσθενεῖς für ἀσθενείας war oder deren Anlaß. Da so die dreifach
vorgetragene Bitte um Verzeihung verstümmelt war, wurde ein
neues Glied hinzugefügt. Man empfand es offensichtlich als selbstverständlich, daß eine an die Dreifaltigkeit gerichtete Bitte so vorzutragen sei. Wenn die erste Hinzufügung also den ursprünglichen
Zustand zu bewahren versucht, so liegt die zweite ganz auf der Linie
der vorher genannten Fehlübersetzung und fügt der so entstandenen
Fürbitte eine weitere hinzu. Die beiden Bitten für Kranke und Ver-
storbene stehen in den liturgischen Fürbitten vielfach nebeneinander.
Im späteren koptischen Text hat also das Mißverständnis der dritten
Bitte um Sündenvergebung einen völlig neuen Akzent in diese Anrufung der Dreifaltigkeit gebracht: sie schließt mit zwei der häufig gebrauchten Fürbitten.

Im byzantinischen Text erfolgt dann unmittelbar der Abschluß
mit einem dreimaligen Kyrieeleison. In den koptischen Texten geht
ihm noch eine weitere dreifache Anrufung voraus, die im bohairischen
wiederum sekundär erweitert ist. Wenn ich die Verhältnisse richtig
sehe, wären die Texte so zu vergleichen:

M 574	bohairisch
Ἀναμάρτητε Κύριε, σῶσον	Sündenloser, Herr, erbarme dich
ἡμᾶς. Ἀναμάρτητε Κύριε,	unser! Sündenloser, Herr, hilf
ἐλέησον ἡμᾶς. Ἀναμάρτητε	(βοηθεῖν) uns!
Κύριε, ἐπάκουσον ἡμας,	Nimm unsere Bitte auf!
	Denn dein ist die Ehre und die
τρισάγιε	Macht und das Trishagion[26].

[26] Ṭūḫi hat **ⲦⲢⲒⲤⲀⲄⲒⲞⲤ** (*Choiak-Psalm.* [1764] 156); ebenso *Jahres-Psalm.* (1908;

Grundsätzlich muß man auch hier den Text von M 574 als den besseren ansehen, obwohl man natürlich nicht in jedem Fall sagen kann, daß er in seiner Wortwahl genau den ursprünglichen Text wiedergibt. Ich glaube aber, daß im bohairischen Text beim dritten Glied die Vokative ausgefallen sind. Und vor allem, daß der bohairische Schluß eine Erweiterung des Vokativs »Dreimalheiliger« ist. Man wollte den Text mit einer Doxologie beschließen und hat dahinein das vorgefundene »Dreimalheiliger« — vermutlich mißverstanden — verarbeitet. Es ist mir allerdings nicht klar, ob das τρισάγιε nach ursprünglichem Verständnis zu den vorhergehenden Anrufungen gehört oder aber zum folgenden Kyrieeleison[27].

In allen Texten folgt ein dreifaches Kyrieeleison, und danach steht dann bei den Byzantinern, in der Toronto-Handschrift und im bohairischen Text das Unser-Vater. In M 574 und der Pariser Handschrift fehlt das Unser-Vater.

Der Rest der Sektion D in M 574 wird von einer Textgruppe eingenommen, die auf eine bei Byzantinern und Kopten sehr gebräuchliche Weise gegliedert ist: drei kurze Abschnitte sind dadurch miteinander verbunden, daß zwischen sie die beiden Teile der kleinen Doxologie (Δόξα Πατρί... καὶ νῦν...) eingeschoben werden. In solchen Dreiergruppen sind beispielsweise die Troparien der einzelnen Horen im koptischen Horologion angeordnet[28]. Während nun gewöhnlich die letzte Strophe ein Theotokion ist, finden wir in unserem Fall zwei marianische Texte, und diese stehen voran. Es scheint sich hier nicht um eine ursprüngliche Einheit zu handeln. Die Kombination als solche kann ich nirgendwo anders nachweisen. Abschnitt eins und drei finden sich beide sowohl im byzantinischen Ritus als auch in den Fragmenten der saïdischen liturgischen Handschriften wieder, aber nie zusammen[29]. Daß der saïdische Text von M 574 eine nachträg-

---

Alex.) 304 und *Horol.* (1930) 90. Dagegen steht *Jahres-Psalm.* (1908; Kairo) 328 und *Jahres-Psalm.* (1949) 323 ⲦⲢⲒⲀⲤⲀⲅⲒⲟⲤ; diese Ausgaben geben auch dem Trishagion diesen Titel (*Jahres-Psalm.* [1908; Kairo] 326 und *Jahres-Psalm.* [1949] 321).

[27] In der Toronto-Handschrift steht statt des gerade behandelten Abschnitts eine dreifache Anrufung der Dreifaltigkeit (f. 21ᵛ–22ʳ; Text unten S. 486 f.). Darauf folgt das dreimalige Kyrieeleison.

[28] Vgl. oben S. 22 f.

[29] Die Parallele zu 141,5–8 im byzantinischen Horologion gegen Ende von Mesonyk-

liche Kombination ursprünglich selbständiger Stücke darstellt, kann nicht zweifelhaft sein. Der spätere bohairische Text hat nun aufs ganze gesehen einen größeren Umfang als der saïdische von M 574. Beide haben aber nur einen Abschnitt gemeinsam, nämlich den ersten. An diesen sind im Bohairischen dann weitere marianische Strophen angeknüpft, und nur solche. Von dem dritten, nichtmarianischen Abschnitt ist hier keine Spur zu finden, nicht einmal eine entfernte Parallele dazu. Es ist keineswegs sicher, daß dieser bohairische Text letztlich auf eine Vorlage, wie wir sie in M 574 haben, zurückgeht. Jedenfalls wären dann zwei der drei Abschnitte ausgeschieden und dem Ganzen ein ausschließlich marianischer Charakter verliehen worden. Da aber, wie schon gesagt, der Text von M 574 selbst nur einer Kombination schon vorliegender kleinerer Einheiten ist, wäre es denkbar, daß neben der durch M 574 bezeugten Kombination auch andere ähnliche verwendet wurden und daß der spätere bohairische Text auf eine solche zurückgeht.

Die verschiedenen Überlieferungen weichen auch in den gemeinsamen Abschnitten etwas voneinander ab. Gegen den heutigen byzantinischen Text stimmt M 574 mehrfach mit der unter Kosmas' Namen überlieferten Fassung überein. Sie haben beide einfaches ἔνδοξε gegen ὑπερένδοξε, in beiden fehlt εὐλογημένη, wofür beide wieder μήτηρ χριστοῦ haben, das im heutigen byzantinischen Text fehlt. Mit letzterem hat M 574 θεοτόκε, während im angeblichen Kosmas-Text dafür τοῦ θεοῦ auf das schon erwähnte μήτηρ χριστοῦ folgt. Die Abweichungen der bohairischen Fassung scheinen mir sekundäre Veränderungen zu sein. Das einleitende »Gruß dir. Wir bitten dich«

---

tikon und Komplet; mit einigen Varianten auch unter dem Namen Kosmas' des Meloden überliefert (PG 98, 481C), aber nicht von CHRIST-PARANAKIS aufgenommen (*Anthologia* 193). In den Fragmenten saïdischer liturgischer Handschriften konnte ich diesen Abschnitt (in griechischer Sprache) dreimal ausfindig machen; Cod. Borg. copt. 109(106), fol. 2ʳ und 109(108), fol. 3ʳ; Berlin, Ms. or. fol. 1609, fol. 6ʳ. Dieser Abschnitt auch im armenischen Stundengebet, wo er unmittelbar auf das Trishagion folgt (*Armen. Horol.* 182 und 318; *Armen. Offiz.* 154 und 219; *Brev. Armen.* 132 und 229). Für die byzantinischen Parallelen zu 141,15–17 vgl. FOLLIERI, *Initia* I 322 (Δόξα σοι, Χριστὲ ὁ θεός). Für diesen Abschnitt konnte ich unter den Fragmenten der saïdischen liturgischen Texte bisher erst eine Parallele feststellen (gleichfalls in griechischer Sprache): CRUM, *Catalogue Rylands* 53, pag. 22 (S. 18; aber nicht vollständig wiedergegeben). Wenn ich für den mittleren Abschnitt (141,10–13) keine Parallele nachweisen kann, so ist das vielleicht nur mangelnder Aufmerksamkeit oder Ausdauer beim Suchen zuzuschreiben.

halte ich für später hinzugefügt, ebenso das »geliebt« bei »Sohn«; dafür fehlt hier »unser Gott«, das alle anderen Zeugen haben.

Mit dem Text von Abschnitt eins und drei in M 574 stimmt der Wortlaut in den oben genannten Fragmenten saïdischer Handschriften überein, wenn auch jeder Zeuge seine »orthographischen« Besonderheiten aufweist.

SEKTION E

Die Texte von Sektion E, die »Ausrufe«, sind teils Psalmverse, teils andere Kompositionen. Zu letzteren gehören die beiden Formen des Würdige-dich (I 2 und V 2), die schon oben behandelt wurden[1]. Außerdem das »Kommt, laßt uns anbeten ...« (V 1), für das ich keine eigentliche Parallele finden konnte. Die zweite Hälfte ist sicher verwandt mit dem byzantinischen Sticheron ʿΥμνοῦμέν σου, Χριστέ[2]. Der Text von M 574 ist aber hier besonders unsicher und die Parallelität beider Texte nicht klar genug, um einen Vergleich im einzelnen sinnvoll erscheinen zu lassen.

Der erste »Ausruf« für die »Prim« besteht aus Ps 118,148f., doch weicht Vers 149 schon im griechischen Text (141,25) stark vom Wortlaut der LXX ab. Sicher handelt es sich hier nicht um eine Variante der biblischen Überlieferung, die sonst nicht bezeugt wäre, sondern um eine freie Verwendung des Psalmverses in der Liturgie. Die koptische Übersetzung unserer Stelle folgt recht genau dem griechischen Text — sie läßt nur das »und« vor »rette mich« aus — und ist nicht etwa dem saïdischen Psalter entnommen. Dennoch ist vielleicht ein gewisser Einfluß des saïdischen Psalters zu spüren. Denn für das σῶσον, das M 574 hier abweichend vom LXX-Text (ζῆσον) hat, steht in der koptischen Übersetzung in M 574 (141,29) wie im saïdischen Psalter ΜΑΤΑΝϨΟ⸗. Zur Wiedergabe von σώζειν ist sonst aber ΤΟΥΧΟ (und für das Passiv entsprechend ΟΥΧΑΙ) gebräuchlicher, und so verfährt denn auch die saïdische Übersetzung etwa an allen vier Stellen, an denen dies Wort im Psalm 118 vorkommt (Vers 94a, 117a, 146a und 173a). Nun wird Ps 118,148f., natürlich in etwas

---

[1] S. 296 ff.

[2] Vgl. die Vorkommen bei FOLLIERI, *Initia* IV 396 (ʿΥμνοῦμέν σου, Χριστέ, τὸ σωτήριον).

abgewandelter Form, auch in dem Hymnus »Wahres Licht ...«[3] verwendet. Auch hier heißt es an der Vers 149a entsprechenden Stelle
»nach deinem großen Erbarmen«, also mit der gleichen Hinzufügung
von »groß« wie in dem Ausruf von M 574. Allzuviel wird man aus
dieser Gemeinsamkeit zwischen dem »Ausruf« und dem bohairischen
Hymnus sicher nicht entnehmen können, da »großes Erbarmen« ein
geläufiger biblischer Ausdruck ist. Aber die Möglichkeit, daß zwischen
diesem »Ausruf« und dem bohairischen Hymnus irgendwelche Beziehungen bestehen, ist angesichts der Tatsache, daß in beiden Fällen
gerade Ps 118,148 f. verwendet wird[4], nicht völlig von der Hand
zu weisen; dies gemeinsame Element verdient immerhin Beachtung.

Als »Ausruf« der Terz dient Ps 11,8. Der griechische Text von M 574
(142,12 f.) unterscheidet sich vom LXX-Text höchstens in den Verbalformen, die bei der entstellten Orthographie nicht sicher zu identifizieren
sind. ⲫⲨⲖⲀⲌⲎ·ⲤⲎ und ⲀⲓⲀⲦⲎⲢⲎⲤⲎ ist aber wahrscheinlich mit
dem LXX-Text als $\phi\upsilon\lambda\acute{a}\xi\epsilon\iota s\{\eta\}$ und $\delta\iota\alpha\tau\eta\rho\acute{\eta}\sigma\epsilon\iota\langle s\rangle$ zu lesen.
Nach der Schreibweise unserer Handschrift könnte man darin natürlich
auch die Optativformen (-$\alpha\iota s$) sehen, zumal wenn man annimmt,
daß dann die koptische Übersetzung unserer Handschrift mit dem
Futur III genauer zum griechischen Text passen würde. Die Optative
sind aber nur in einer Reihe von Zeugen der Rezension Lukians
belegt. Sollte man mediale Formen annehmen dürfen, dann wäre
zwar bei $\delta\iota\alpha\tau\eta\rho\acute{\eta}\sigma\eta$ nichts zu verbessern, umso mehr aber dafür bei
$\phi\upsilon\lambda\acute{a}\xi\eta\{\sigma\eta\}$. Die koptische Übersetzung in M 574 (142,15 f.) folgt
weder genau dem griechischen Text dieser Handschrift noch dem
saïdischen Psalter. Von beiden unterscheidet sie sich durch die Einführung eines dritten Verbs (»rette«). Vom saïdischen Psaltertext, der
hier allerdings allein durch die Londoner Handschrift vertreten wird,
weicht M 574 einmal durch die Verwendung des Futur III (dort Futur I)
und zum zweiten durch das dort fehlende »und« vor »bis in Ewigkeit«
ab. Das »und« steht auch in allen bei Rahlfs verzeichneten griechischen
Handschriften mit Ausnahme einer ägyptischen. Ps 11,8 gehört zu

---

[3] Der Text steht in der »Psalmodie«, in den Horologien nur teilweise; Näheres vgl.
oben S. 31, Anm. 98. Das Zitat Ps 118,148 f. auch in den Horologien, die nur die Kurzform
haben (es sind die in der folgenden Anm. genannten).

[4] Die Herausgeber der neueren Horologien betrachten aber wohl nur die dem Vers
148 entsprechende Stelle als Zitat; sie setzen jedenfalls allein diese Worte in Anführungszeichen (*Horol.* [1952] 74 und Horol. [1961] 48). Auch diese Stelle entspricht nicht
wörtlich dem biblischen Text; es ist, wie auch im Text des Hymnus in der »Psalmodie«,
zu »deine Worte« noch »alle« hinzugefügt.

den typisch koptischen Erweiterungen der großen Doxologie[5] und
dies Zitat stimmt mit dem »Ausruf« der Terz fast bis auf den Buchstaben überein. In beiden Fällen steht das Futur III, steht zusätzlich
das Wort »retten« und schließlich auch das »und« vor »bis in Ewigkeit«,
nur ist jeweils ein anderes koptisches Wort für »und« gebraucht[6].

Beim »Ausruf« der Sext, Ps 64,6ab, stimmt der griechische Text
(142,18 f.) genau mit dem der LXX überein, der koptische (142,21 f.)
mit dem des koptischen Psalters. Auch dies Psalmzitat gehört zu
den koptischen Erweiterungen der großen Doxologie[7] und steht dort
unmittelbar vor der eben genannten. Hier weichen aber die beiden
Zitationen deutlich von einander ab. In der großen Doxologie heißt
es »unsere Hoffnung von den Enden der Erde« statt »die Hoffnung
aller Ufer (Grenzen) der Erde«[8].

In Ps 137,8bc, dem »Ausruf« der Non, stellt M 574 im griechischen
Text von Vers 8b gegen die griechische Psalterüberlieferung κύριε
hinter τὸ ἔλεός σου (142,24) und folgt am Schluß des Verses mit
παρίδῃς (142,25) der Mehrzahl der griechischen Psalter-Handschriften.
Die koptische Fassung (142,27 f.) stellt mit den griechischen und
koptischen Psalter-Handschriften den Vokativ »Herr« an die Spitze
von Vers 8b und stimmt auch sonst genau mit dem saïdischen Psalmentext dieser Stelle überein. Auch dies Psalmzitat kommt im Engelshymnus vor (Vers 55 f.). Der Wortlaut in M 574 weicht dort (139,25 f.) im
Vers 8c etwas ab. Die beiden Texte haben eine unterschiedliche
Wortstellung, der der großen Doxologie fügt außerdem den Vokativ
»Herr« ein, der sich auch in einem Zeugen des griechischen Psalters
findet.

Der Bezug der »Ausrufe« zu den Horen, in denen sie verwendet
werden, bleibt leider unklar. Am ehesten scheint der erste »Ausruf«
der »Prim«, Ps 118,148 f., für diese Hore passend. Sonst ist im Inhalt
der Texte keine besondere Affinität zu den betreffenden Horen zu
erkennen. Dennoch liegt der Zuweisung dieser Texte an ihre Horen

---

[5] Vers 50 f.; M 574, pag. 139, 19 ff.

[6] Auch der bohairische Text der großen Doxologie stimmt hiermit weitestgehend
überein; auch dieser hat dieselben drei Verben, nur in anderer Reihenfolge, und gegen
Schluß das »und«. Der bohairische Psalter hat in 11,8 entsprechend dem griechischen
Text nur zwei Verben und verbindet diese durch »und«; im übrigen herrscht Überein-
stimmung zwischen dem bohairischen Psalter und dem Zitat von 11,8 in der großen
Doxologie.

[7] Vers 48 f.; M 574, pag. 139,17 f.

[8] Weiteres vgl. oben S. 292.

vielleicht eine alte Tradition zugrunde. Denn von dem als»Ausruf« der
Non fungierenden Zitat aus Ps 137 ist wohl Vers 8c in dem Theotokion
dieser Hore[9] wiederzuerkennen, das dem byzantinischen und dem
koptischen Ritus gemeinsam ist (kopt. 3. Trop. = 1. Theot.). Im
byzantinischen Text heißt es μὴ παρίδῃς οὓς ἔπλασας τῇ χειρί σου
genau entsprechend auch in der koptisch-bohairischen Übersetzung[10].

SEKTION F

Die an Maria und Christus gerichteten Strophen, der erste Teil
der Sektion F, haben noch im heutigen byzantinischen Ritus direkte
Parallelen[1]; die christologische Strophe kommt sogar mehrfach vor,
doch finden wir nirgendwo beide Strophen zusammen. Der gleichartige
Bau der Strophen beweist nicht, daß sie ursprünglich zusammen-
gehörten und erst später bei den Byzantinern getrennt wurden.
Es ist ebenso gut möglich, daß die Kopten zwei zunächst unabhängig
existierende Strophen aufgrund ihrer Strukturähnlichkeit nachträglich
zusammengestellt haben[2].

Die Varianten zwischen dem byzantinischen und dem ägyptisch-
griechischen Text scheinen angesichts des zeitlichen Abstandes
zwischen beiden nicht besonders auffällig. Der ägyptische Text hat
in beiden Strophen den Singular ἐν φωνῇ (146,5 und 12) gegenüber
dem Plural ἐν φωναῖς des byzantinischen. Im ägyptischen Text der
marianischen Strophe steht θεοῦ ohne Artikel (146,3); vor »Jungfrau«
fehlt »und«. Statt πάναγνε finden wir παναγία (146,9), außerdem
θεοτόκε ὁμολογοῦμέν σε (146,6 f.) für θεοτόκον ὁμολογοῦμεν. In der
christologischen Strophe steht »Gott« (146,10) statt »Christus«, σῶσαι

---

[9] Weitere Vorkommen siehe bei FOLLIERI, *Initia* III 17 ('Ο δι᾿ ἡμᾶς γεννηθεὶς ἐκ
παρθένου, καὶ σταύρωσιν).

[10] Näher am Text von Ps 137,8c steht die christlich-palästinische Übersetzung,
was aber Zufall sein mag. In dem Theotokion steht dort ܝܒܪ̈ܝ ܐܘܡ ܐܝܕ̈ܐ = »das
Gebilde deiner Hände« (BLACK, *Horologion* 252), in der Übersetzung von Ps 137
ܝܒܪ̈ܝ ܐܘܡ ܥܒܕ̈ܐ = »die Werke deiner Hände« (ebd. 257).

[1] Die marianische Strophe dient als Theotokion gegen Schluß des Orthros am Montag
in der zweiten Fastenwoche. Die Vorkommen von Σὲ τὸν σαρκωθέντα siehe bei FOLLIERI,
Initia III 481.

[2] Man kann aber wohl mit der Möglichkeit rechnen, daß die eine Strophe als Modell
für die andere bzw. eine dritte als Modell für beide gedient hat.

(146,16 f.) für σώζων und schließlich ΤΡΙΗΜΕΡΑ (146,16) für τριήμερος; ΤΡΙΗΜΕΡΑ wird man als τριήμερον zu deuten haben[3].

Die koptische Fassung unserer Handschrift ist keine sklavische
Übersetzung der griechischen. Wenn einige Abweichungen auf Mißverständnissen beruhen, so dürfte sich bei anderen der koptische
Übersetzer eine gewisse Freiheit genommen haben. An einigen Stellen
weckt die koptische Übersetzung Zweifel über die Deutung des
griechischen Textes. So wird ΜΕΓΑΛΗΝωΜΕΝ (146,5 und 12) beide
Male mit Futur wiedergegeben (147,7 und 14), so daß man darin den
Konjunktiv μεγαλύνωμεν sehen könnte. Dennoch habe ich mit
dem byzantinischen Text den Indikativ gesetzt. ο und ω wechseln
in ägyptischen Texten der Zeit so wahllos, daß die Schreibung für
die Textherstellung nicht ausschlaggebend sein kann. Auch die
koptische Übersetzung kann nur zeigen, wie der Übersetzer die Form
verstanden hat, ist aber kein sicheres Zeichen für eine eigene griechisch-
ägyptische Rezension mit Konjunktiv. Bei ΤΟΝ ΟΥΡΑΝΟΝ (146,11)
wäre aufgrund der koptischen Übersetzung (147,13) Verbesserung in
τῶν οὐραν⟨ί⟩ων in Erwägung zu ziehen, wenn nicht der byzantinische Text gleichfalls τῶν οὐρανῶν hätte. Auch hier ist ein Mißverständnis durch den koptischen Übersetzer weitaus wahrscheinlicher als eine abweichende ägyptische Textform. Den Anfang beider
Strophen gestaltet die koptische Fassung als selbständige Sätze:
»Du bist die Mutter Gottes« (147,5) und »Du hast Fleisch angenommen[4].«

[3] So sonst durchweg in griechisch-ägyptischen Texten. Vgl. an veröffentlichten
Texten *P. Ryl.* 466, rº 9 (S. 32) oder PLEYTE-BOESER, *Manuscrits* 141; an unveröffentlichten Texten Oxford, Cl. Pr. b.3, Nr. 19³, vº 16 f.; Bibl. Nat., copte 129 (20), fol. 117ᵛ,
Zeile 29 und 118ᵛ, Zeile 7; Berlin. Ms. or. fol. 1609, fol. 6ᵛ, Zeile 23 (an den beiden zuletzt
zitierten Stellen dieselbe Strophe).

[4] Dafür, daß ΝΤΟΚ ΠΕΝΤΑΚΧΙ ΣΑΡΞ (147,12) so aufzufassen ist und nicht
etwa als »Du, der du Fleisch angenommen hast«, spricht neben dem Parallelismus mit
147,5 natürlich die Grammatik. Es muß sich um eine Cleft Sentence handeln, auch wenn
die »bessere« Orthographie dann ΠΕ ΝΤΑΚ- wäre (vgl. POLOTSKY, *Nominalsatz* 414,
Anm. 2 zu 413, und 423; an der letztgenannten Stelle auch zwei Beispiele für ΝΕΝ-
ΤΑΥ- statt ΝΕ ΝΤΑΥ-). Als wichtigstes Kriterium ist das Pronomen der 2. Person
im Relativsatz anzusehen. Bei einem substantivierten Relativsatz, der Apposition
zu »Du« wäre, würde man das Pronomen der 3. Person erwarten; vgl. etwa ΚΤΕ
ΘΗΥΤΝ ωΑΑΡΟΙ ΝωΗΡΕ ΕΝΤΑΥΟΥΕ ΕΒΟΛ (Jer 3,22 als Zitat bei
BUDGE, *Homilies* 13) = »Kehret zurück zu mir, ihr Kinder, die ihr euch entfernt habt
(kopt. : die sich entfernt haben)« oder Lk 1,28; letztere Stelle auch M 574, pag. 147,19
zitiert, gefolgt von anderen Ausdrücken dieser Art. Absolut eindeutig ist allerdings auch
der Gebrauch der Pronomina nicht. Man findet auf der einen Seite auch ΝΤωΤΝ
ΛΕ ΝΕΝΤΑΥ2ΥΠΟΜΙΝΕ (Lk 22,28) = »Ihr aber habt ausgeharrt«, also mit Pro-

Die Adjektive ἀγνός und ἅγιος (146,3 f.) sind mit »erwählt« und
»geehrt« übersetzt, wobei letzteres wiederum zu einem selbständigen
Satz gemacht ist: »Du bist geehrt«, falls man im koptischen Text
nicht ⲧⲉⲧ⟨ⲧ⟩ⲁⲓⲏⲩ verbessern will. Ἐν φωνῇ ἀσμάτων (146,5 und
12) wird beide Male »mit lauter Stimme« (147,6 f. und 13 f.). Das ὅτι
von 146,6 ist unübersetzt geblieben und ψυχῇ καὶ σώματι zu »unsere
Seele und unser Leib« verdeutlicht (147,7 f.)[5]. Zu »gebären« (146,7 f.) ist
im Koptischen »uns« hinzugefügt (147,9)[6] und κυρίως (146,7) ist als
»Herr« (147,9) völlig mißverstanden. Πρέσβευε … ὑπὲρ τῶν ψυχῶν
ἡμῶν (146,8 f.) ist mit »bitte ihn…, unsere Seelen zu retten« recht
frei übersetzt (149,10 f.). Daß πανάγιος (146,9) mit einfachem »heilig«
übersetzt wird (147,10), kommt auch sonst vor[7]. Statt »Gott« (146,10)
steht in der Übersetzung »unser Gott« (147,12) und ὡς φιλάνθρωπος
(146,14 f.) scheint als ὦ φιλάνθρωπε mißverstanden (147,16).

Von besonderem Interesse ist der zweite Teil der Sektion F, die
Chaire-Anrufungen an Maria. Der erste Teil dieser Chairetismoi
gehört zu den wenigen bis heute bekannten saïdischen Zeugen für
einzelne Abschnitte der späteren, nur bohairisch vorliegenden Theotokien. Zweifelhaft ist, inwieweit dieser Fund zu der Hoffnung berech-
tigt, daß wir in Zukunft in den saïdischen Handschriften noch weitere
derartige Parallelen zu den späteren Thotokien finden könnten. In
M 575, der Schwesterhandschrift von M 574, haben wir weit umfang-
reicheres saïdisches Material zu den Theotokien gefunden[8], und diese
Texte sind für die Bezeugung von Theotokien im saïdischen Dialekt
von ungleich größerer Bedeutung. Bei dem kurzen Theotokien-
abschnitt in M 574 haben wir es dagegen mit einem Text ganz besonderer Art zu tun. Er muß, wie aus seiner weiten Verbreitung in
der alten Kirche zu erschließen ist, ein relativ hohes Alter haben.
Und da er in griechischer Sprache auch in Ägypten belegt ist, kann es
nicht überraschen, wenn wir nun feststellen, daß er zu gegebener

---

nomen der 3. Person im Relativsatz der Cleft Sentence, was schon POLOTSKY als
»merkwürdig« registriert hat (*Nominalsatz* 423), und auf der anderen ⲚⲀⲒ ⲚⲦⲀⲦⲈ-
ⲦⲚⲬⲒ (Apg 7,53; als Übersetzung von οἵτινες ἐλάβετε).

[5] Die koptische Sprache zeigt in solchen und anderen Fällen eine gewisse Tendenz zur
Hinzufügung der Possessiva; vgl. QUECKE, *Rez. Schrage* 238. — Im koptischen Text ist
ⲧⲉⲛⲯⲩⲭⲏ vielleicht in ⲚⲦⲉⲛⲯⲩⲭⲏ zu verbessern.

[6] Dasselbe Phänomen später noch einmal; s. unten S. 317.

[7] So wird τὸ πανάγιόν σου Πνεῦμα (*Byzant. Horol.* 156) als ⲡⲉⲕⲡⲛⲁ ⲉⲑⲩ übersetzt (*Horol.* [1930] 146).

[8] Vgl. oben S. 215 ff.

Zeit auch in koptisch-saïdischer Übersetzung in Umlauf war. Dieser saïdische Text ist für uns vor allem deshalb wichtig, weil durch die Paralleltexte sein hohes Alter sichergestellt ist und er uns somit zeigt, daß man sich zum Ausbau der späteren koptischen Theotokien auch schon vorliegender Texte bedient hat.

Für den zweiten Teil der Sektion F (146,18–147,3 bzw. 147,19– 148,6) als solchen ist mir kein Paralleltext bekannt. Die Elemente der zumeist als Chairetismoi formulierten Aussagen über Maria lassen sich aber auch sonst in griechischen oder koptischen liturgischen Texten wiederfinden. Als zusammenhängendes Textstück lebt, wie schon angedeutet, die erste Hälfte (146,18–26 bzw. 147,19–27) in den späteren bohairischen Theotokien weiter[9]. Sie ist aber in griechischer Sprache schon für eine weit frühere Zeit bezeugt. So einmal auf einem Papyrusblatt des Britischen Museums[10] und zum zweiten in leider recht zerstörtem Zustand auf einem Brüsseler Ostrakon[11]. Eine lateinische Fassung dient als Transitorium in der dritten Weihnachtsmesse des ambrosianischen Ritus[12]. Nicht der volle Text der bisher genannten Zeugen sondern nur dessen zweite Hälfte, kommt noch heute an verschiedenen Stellen in der Liturgie des byzantinischen Ritus vor[13]. Aufgrund all dieser Materialien, abgesehen von M 574, hat schon vor längerer Zeit A. Baumstark eine Rekonstruktion des ursprünglichen Textes versucht[14]. Für die zweite Hälfte des zweiten Teiles der Sektion F (146,27–147,3 bzw. 147,28–149,6) kann ich keinen Paralleltext nennen.

Der griechische Text unserer Handschrift ist mit dem der beiden

---

[9] Strophe 1–3 des 3. Abschnitts der Dienstags-Theotokie. Die beiden ersten Strophen des 3. Abschnitts der Dienstags-Theotokie gibt Ṭūḫī zugleich als Gesang zum Friedenskuß für den 2. Sonntag im Choiak (*Choiak-Psalm.* [1764] 324). *Diakonale* 198 ist für diesen Zweck ein anderer Text vorgesehen.

[10] *P. Lond.* 1029 (S. 284 f.). Mehrfach wieder abgedruckt. Auf der anderen Seite des Blattes der Hymnus ʿΗ ἀσώματος φύσις, der heute noch in der Komplet des byzantinischen (großes Apodeipnon) und des koptischen Ritus seinen Platz hat.

[11] CRUM, *Coptic Ostraca* Ad. 39 (Taf. 96 und S. 4b). Auch der Text dieses Ostrakons ist andernorts mehrfach wieder abgedruckt. Neueste Bearbeitung bei KOENEN, *Prosahymnus* 42–44. Unser Text steht auf dem Ostrakon mit anderen liturgischen Texten, für die ich keine Parallelen kenne, und Ps 109,1–4 zusammen. SCHERMANN, bezeichnet ihn als »Refrain« dazu (*Abendmahlsliturgien* 219, Anm. 3 und 221). Neuausgabe unten S. 516 ff.

[12] *Miss. Ambros.* 48 f. Text auch bei BAUMSTARK, *Frühchristl. Theotokion* 48 f.

[13] Vgl. die Vorkommen bei FOLLIERI, *Initia* V 52 (Χαῖρε, ἡ δι' ἀγγέλου).

[14] BAUMSTARK, *Frühchristl. Theotokion.*

anderen ägyptischen Zeugen eng verwandt. Vergleichen wir zunächst
M 574 mit dem Londoner Papyrus, auf dem der Text unbeschädigt
erhalten ist, so stellen wir folgende Divergenzen fest: dort findet sich
κεχαριτωμένη in ersten Vers (146,18), hier im dritten, dort steht im
dritten Vers εὐλογημένη (146,22), hier schon im ersten, wie dann
nochmals im zweiten, θεοτόκε. Im sechsten Vers hat M 574 κληθῆναι
(146,26), der Londoner Text γενέσθαι. Da das Papyrusblatt ins 6.
Jahrhundert datiert wird, weist zumindestens ein Zweig der ägyptischen Überlieferung des Textes für gute 300 Jahre eine gewisse
Stabilität auf. Außerdem glaube ich nicht, daß der Text des Brüsseler
Ostrakons in dem Maße abweicht, wie es nach Brightmans Bearbeitung[15] scheinen muß. Nach meiner Ansicht[16] haben der Abschnitt
146,18–22 von M 574[17] und die Zeilen 21–23 auf der Außenseite des
Ostrakons genau denselben Wortlaut, nur steht dort κεχαριτωμένη
im ersten und θεοτόκε im zweiten Vers, hier dagegen θεοτόκε im
ersten und κεχαριτωμένη im zweiten. So scheint, was die griechisch-
ägyptische Überlieferung der ersten drei Verse betrifft, nur eine
Frage offen: in welcher Reihenfolge standen θεοτόκε, κεχαριτωμένη
und εὐλογημένη ? Am wahrscheinlichsten ist mir die eben angegebene
Reihenfolge. Für beinah sicher halte ich es, daß entgegen der Meinung
Baumstarks ursprünglich nicht κεχαριτωμένη im dritten Vers stand.
Der dritte Vers wäre dann nämlich mit Lk 1,28b identisch[18], und es
ist viel wahrscheinlicher, daß ein nur ähnlich lautender Vers bei der
Textüberlieferung an den jedem geläufigen Bibeltext angeglichen
wurde, als daß ein so bekannter Bibeltext dabei verändert worden
wäre. Da für den dritten Vers εὐλογημένη durch das Ostrakon und
M 574 (147,22) bezeugt ist und diese Lesart auch noch durch das
»benedicta« des lateinischen Textes bestätigt wird, ist sie der allein

[15] Bei Crum, *Coptic Ostraca*, S. 4. Baumstark (*Frühchristl. Theotokion* 37) und
Leclercq (*Ostraca* 85) hatten diese Lesung kritiklos übernommen. Montagna waren
wenigstens in dem Sinn Zweifel gekommen, daß er den Text für verderbt hielt; er
machte Verbesserungsvorschläge (*Lode alla Theotokos* 529 mit Anm. 1 und 2). Koenen
hat bei seiner Neubearbeitung (*Prosahymnus* 42 ff.) besondere Sorgfalt der Textherstellung gewidmet, hält aber in wichtigen Punkten an Brightmans Interpretation fest.

[16] Näheres zur Lesung siehe unten bei der Neuausgabe S. 516 f.

[17] Für die folgenden Verse ist der Text des Ostrakons zu schlecht erhalten, um einen
genaueren Vergleich zu gestatten. Die erhaltenen Reste lassen sich aber ohne Schwierigkeit nach dem Text der griechischen Zeugen ergänzen.

[18] Wenn man davon absieht, daß Baumstark aufgrund des »gaudeas« im lateinischen
Text an den Anfang χαίροις und nicht χαῖρε stellt (*Frühchristl. Theotokion* 50 f.).

durch den Londoner Papyrus bezeugten Variante κεχαριτωμένη auf
jeden Fall vorzuziehen.

Für die folgenden drei Verse[19] steht dann der byzantinische Text
zum Vergleich zur Verfügung. Dieser hat im fünften Vers σοῦ nach
ποιητήν, das in den beiden ägyptischen Zeugen, dem Londoner
Papyrus und der Morgan-Handschrift (146,25) ebenso wie im lateinischen Text fehlt und kaum ursprünglich ist[20]. Mit dem Londoner
Papyrus hat der byzantinische Text im sechsten Vers γενέσθαι
gegen κληθῆναι in der Morgan-Handschrift (146,26). Da noch der
lateinische Text mit »esse« hinzukommt, wird man die Lesart unserer
Handschrift als sekundär anzusehen haben.

Die koptische Übersetzung der ersten sechs Verse in M 574 (147,19–
25) weicht nur unwesentlich von der griechischen Vorlage ab. Im
ersten Vers ist der Vokativ »Freude der Engel« zu einem selbständigen
Satz gemacht: »Du bist die Freude...« (147,19 f.)[21]. Im fünften Vers
ist zu »gebären« wiederum »uns« hinzugefügt (147,25)[22], ebenso zu
»Schöpfer« das Possessivum »unser«, außerdem haben »Schöpfer« und
»Herr« die Plätze getauscht. Im sechsten Vers wird »Mutter Christi«
zu »Mutter des Herrn« (147,27).

Die spätere bohairische Fassung in der »Psalmodie« kann kaum auf
eine saïdische Vorlage, wie sie die Morgan-Handschrift bietet, zurückgehen, aber wohl auch nicht auf einen griechischen Text, wie ihn die
erhaltenen ägyptischen Zeugen repräsentieren. Die schwankend überlieferten Epitheta der ersten drei Verse lauten hier: »Gottesgebärerin ...
σεμνή[23] ... Begnadete«. »Die Freude der Engel« in Vers 1 treffen
wir wieder als gewöhnlichen Vokativ an und in Vers 6 »Mutter Christi«.
In Vers 5 fehlt wieder das »uns« nach »gebären«, dann heißt es »Schöpfer
des Alls«; »Herr« ist ganz weggelassen.

Für den Schluß des Textes haben wir nur unsere Handschrift
M 574 als Zeugen (146,27–147,3 bzw. 147,28–148,6), und unter den
Parallelen zu den einzelnen Ausdrücken kann ich nur für den letzten

[19] M 574, pag. 146,23–26.
[20] Auch BAUMSTARK betrachtet es als spätere Hinzufügung (*Frühchristl. Theotokion*
42 und 49).
[21] Vgl. einen ähnlichen Fall schon oben S. 313, einen weiteren unten S. 318.
[22] Wie schon einmal in einem anderen Text, vgl. oben S. 314.
[23] Nach BAUMSTARK die ursprüngliche Lesung. Das »Domini virgo« des lateinischen
Textes wäre »eine notgedrungen freie, aber durchaus sinngemäße Wiedergabe von
ἡ σεμνή« (*Frühchristl. Theotokion* 49).

Vers eine vollständige wörtliche Parallele nachweisen[24]. Die koptische Fassung unserer Handschrift stimmt wieder einmal nicht ganz genau mit der griechischen Vorlage überein. »Im Allerheiligsten« (146,29: εἰς τὰ ἅγια τῶν ἁγίων) ist im Koptischen zu »von den Priestern des Heiligtums (wörtlich: der Heiligen)« geworden (147,1 f.). Es läßt sich nicht entscheiden, ob hier der Übersetzer den griechischen Text mißverstanden hat, oder ob der koptische Text von späteren Abschreibern entstellt worden ist. Die koptischen Ausdrücke für ἅγια = ΝΕΤΟΥΑΑΒ und »Priester« = Ν(Ε)ΟΥΗΗΒ sind ja stammverwandt und einander zumindestens entfernt ähnlich, und könnten also durchaus einmal verwechselt worden sein. Und es wäre auch nicht ausgeschlossen, daß eine Verwechslung dieser Wörter dann die Ersetzung der Präposition »in« durch die Präposition »von« im Gefolge hatte, obwohl diese als solche keinen Anlaß zu gegenseitiger Verwechslung geben. Das τόκος des letzten Verses (147,3), das hier aller Wahrscheinlichkeit nach den Sinn von »Geburt (= Gebären)« hat[25], gibt der Kopte als »den du geboren hast« wieder (148,5 f.); natürlich hat τόκος auch die Bedeutung »das Geborene«. ΜΕΚΑΛΥΝΩΜΕΝ ist wieder als Futur übersetzt, dennoch ziehe ich die Deutung μεγαλύνομεν vor[26]. Bei den beiden Formen ΑΝΑϹΤΡΑΦΗϹΑ (146,29) und »die ernährt wurde« (148,1) wird keine eigentliche Variante vorliegen, sondern ein einfacher Schreibfehler für ἀνατραφεῖσα[27]. Nach einem schon mehrfach beobachteten Verfahren[28] hat der koptische Übersetzer auch in diesem Abschnitt aus einem nominalen Ausdruck einen unabhängigen Satz gemacht, hier aus dem Vokativ »Mutter« (147,2) »Du bist die Mutter des Herrn« (148,4 f.). Da eine derartige Umformung bei einem einfachen Nomen wenig sinnvoll erscheint, besteht eine gewisse Wahrscheinlichkeit dafür, daß der griechische Text hier verderbt und μήτηρ τοῦ κυρίου oder ähnlich zu rekonstruieren ist. Das letzte

[24] Cod. Borg. copt. 109(106), fol. 2ᵛ: ΥΜΝΙϹ ΤΩΝ ΤΩΚΤΟΝ ϹΟΥ ΜΕ-ΓΑΛΥΝΟΜΕΝ, ebenso in buchstäblicher Übereinstimmung (nur ΜΕΓΑΛΗ-ΝΟΜΕΝ) auch 109(108), fol. 3ʳ.

[25] Vgl. byzantinisches μεγαλύνομεν τὸν τόκον σου τὸν ἄφραστον in dem Troparion Προφῆται προεκήρυξαν ... ἐπιστεύσαμεν θεοτόκον (siehe die Vorkommen bei FOLLIERI, Initia III 371).

[26] Vgl. oben S. 313. Ebenso der gerade genannte byzantinische Text (siehe vorige Anm.), obwohl das Troparion als solches keine Parallele zu dem Morgan-Text darstellt. Auch die beiden vorher genannten Parallelen dieses Verses (Anm. 24) haben diesmal die Schreibung mit Ο, ohne daß man daraus aber etwas Sicheres entnehmen könnte.

[27] Vgl. unten S. 358.

[28] Vgl. oben S. 313 und 317.

χαῖρε weist der koptische Text durch die Zeichensetzung dem Schluß
des Verses »die das Licht... geboren hat« zu (148,3). Hier muß ein
Fehler im koptischen Text vorliegen. Im Vorhergehenden stand das
χαῖρε jeweils am Versanfang, und dies gilt im griechischen Text
auch für das fragliche Vorkommen, das hier gleichfalls den folgenden
Vers eröffnet (147,2).

SEKTION G

Der nächste Text unserer Handschrift (Sektion G) ist das liturgische Glaubensbekenntnis. Für welche Hore oder Horen er bestimmt
war, wird nicht gesagt. Die Benutzer der Handschrift bedurften eines
solchen Hinweises ja auch gar nicht. Heute wird das Glaubensbekenntnis im Morgen-, Abend-[1] und Mitternachtsgebet[2] gesprochen[3]. In der
handschriftlichen Überlieferung wird es gelegentlich auch einer
anderen Hore zugewiesen[4]. Nach Ibn al-'Assāls Nomokanon wäre
das Credo bei jedem Gebet (*kull ṣalāt*) zu rezitieren[5]. Wenn Ibn al-
'Assāl sich für diese Vorschrift auf das Konzil von Nizäa beruft, so
bedeutet das vielleicht nur, daß er das als »Nizänum« bekannte Glaubensbekenntnis meint, und nicht, daß nach seiner Meinung das
Konzil von Nizäa die Rezitation des Symbols für »jedes Gebet« vorgeschrieben hat. Ich kann auch keine derartige Vorschrift unter den mir
zugänglichen koptischen oder arabischen Texten zum Konzil von
Nizäa finden[6]. Andererseits steht im Synaxar zum 9. Hatūr, dem

---

[1] Das Abendgebet ist in diesem Fall heute natürlich wieder die Komplet. Von den
älteren Horologion-Handschriften haben die beiden vatikanischen es in Vesper und
Komplet. (*Cod. Copt.* I 212 und 213; II 6).

[2] Von den älteren Handschriften hat es hier nur der Cod. Vat. copt. 40 bei dem Verweis auf die Psalmodie-Texte (ebd. I 213). Wenn es in den anderen nicht genannt ist,
so bedeutet das nicht notwendig, daß es erst später ins Mitternachtsgebet eingeführt
wurde.

[3] Der Text steht in den Horologien und ein einem Teil der Psalmodie-Ausgaben:
Choiak-Psalm. (1764) 158 ff.; *Jahres-Psalm.* (1908; Kairo) 450 ff.; *Jahres-Psalm.* (1908;
Alex.) 307 ff.

[4] In einigen Handschriften kommt es auch in der Sext vor (vgl. oben S. 25 f. mit Anm. 62).

[5] *Nomokanon* 131,16. Der äthiopische Text präzisiert noch »am Ende« (*Fetha Nagast*
107 b 19; *Fetha Nagast* [Übers.] 153).

[6] Vgl. zu den arabischen Texten GRAF, *Geschichte* I 586–593; Teilausgaben und
-übersetzungen 590–593. In der Einleitung zu den 20 Kanones heißt es in einem nicht
ganz klaren Text, daß die Konzilsväter »in einer Erklärung den heiligen (und) göttlichen
Glauben für die vorgeschrieben haben, die das Christentum und die Religion der Taufe

Gedenktag des Konzils von Nizäa, eine Notiz, daß die Väter des
Konzils von Konstantinopel dem nizänischen Symbol nicht nur die
bekannten Schlußsätze hinzugefügt, sondern außerdem »vorgeschrieben
haben (*amarū*), daß alle, Priester und Volk, Alt und Jung, Frauen
und Männer, Knechte und Mägde, es bei ihren Messen (*quddāsātihim*)
und Gebetszeiten (*awqāt ṣalawātihim*) vortragen (*yaqr[a']ūhā*) und
daß sie es lernen und rezitieren (*yatlūhā*)[7].« Hier haben wir jedenfalls
in der koptisch-arabischen Literatur eine ausdrückliche Angabe
darüber, daß ein Konzil das tatsächlich in der Liturgie verwendete
Symbolum für diesen Gebrauch vorgeschrieben habe[8]. Noch viel
weniger präzis ist eine andere Nachricht, nämlich in den »Questions
de Théodore« in denen von dem Glaubensbekenntnis die Rede ist,
»das wir täglich sprechen[9].«

Was die Textüberlieferung des liturgischen Glaubensbekenntnisses
in koptischer Sprache betrifft, so war bisher praktisch nur die spätere
bohairische Fassung bekannt. Die hauptsächlichsten Zeugen dieses
Textes im saïdischen Dialekt waren noch unveröffentlicht: unsere
Handschrift M 574, eine Londoner Schreibtafel, eine späte Handschrift
des Royal Ontario Museum und ein Oxforder Blatt mit dem Schlußabschnitt eines zweisprachigen (griechisch-koptischen) Textes[10]. Allgemein zugänglich waren bisher nur ein winziges Papyrusfragment vom
Beginn des Credos[11] und zwei Fragmente eines Londoner Ostrakons;
das Ostrakon ist aber von seinem Herausgeber so ungenau wieder-

angenommen haben, welches (Glaubensbekenntnis) in allen Messen (قداسات muß
für *quddāsāt* stehen) auf der ganzen Welt gesprochen wird« (BEVERIDGE, *Synodicon* I
868BC). Das Verständnis des arabischen Textes macht gewisse Schwierigkeiten, auf
die ich hier aber nicht eingehen möchte; vgl. die etwas abweichende Übersetzung bei
Beveridge, die auch von Späteren nachgedruckt wurde, etwa MANSI, *Concil. coll.* II
708C. Auch sonst finden sich in den von Abraham Ecchellensis übersetzten arabischen
Schriften Hinweise auf den Gebrauch des nizänischen Symbols in der Liturgie (MANSI,
Concil. coll. II 1029E; 1063B).

[7] *Synax.*, Ed. FORGET I 100,7–9; Ed. BASSET 270 [194].

[8] In den arabischen Texten zum Konzil von Konstantinopel (vgl. Graf I 597–599),
soweit sie bei BEVERIDGE, *Synodicon* I 700–706 (= MANSI, *Concil. coll.* III 575–580)
zugänglich sind, kann ich eine derartige Bestimmung allerdings nicht finden. Es wird
höchstens konstatiert, daß damals das Glaubensbekenntnis fixiert wurde, das heute
noch überall rezitiert wird (BEVERIDGE, *Synodicon* I 701E = MANSI, *Concil. coll.* III
576B).

[9] VAN LANTSCHOOT, *Questions* 28 (kopt. Text), Übers. 196. Die arabische Übersetzung
sagt ausdrücklich, daß das »beim Gebet« geschieht (S. 87).

[10] Alle vier Texte werden unten veröffentlicht (s. S. 436f., 514, 475ff. und 510).

[11] CRUM-EVELYN WHITE, *Epiphanius* 43 (S. 8; vgl. S. 160).

gegeben und falsch ergänzt worden[12], daß dieser Text bislang nicht richtig eingeordnet werden konnte. Wo ein Credo-Text einzeln überliefert ist — wir besitzen mehrere Fragmente dieser Art —, liegt zwar die Vermutung nahe, daß es sich um das in der Liturgie verwendete Glaubenbekenntnis handelt, und dementsprechend hat Crum, der Herausgeber aller dieser Fragmente, sie auch unter die liturgischen Texte der betreffenden Publikationen eingereiht. Dies ist aber dort nicht absolut sicher, wo ein solcher Text das nizänische Symbol bietet; in die Liturgie hat ja schon früh das Symbol von Konstantinopel Eingang gefunden. Offenlassen möchte ich deshalb die Frage nach dem Verwendungszweck bei einem Ostrakon, bei dem uns vier Fragmente leider nur einen relativ geringen Teil des Gesamttextes erhalten haben[13]; hier liegt eindeutig das Nizänum vor. Unklar bleibt die Zuordnung bei den zwei Fragmenten eines Londoner Ostrakons, solange man sich an den Text, so wie er plubliziert ist[14], hält. Würde man dem von Crum gedruckten Wortlaut trauen, so müßte man darin einen Mischtext mit Eigenheiten sowohl des Nizänums als auch des Konstantinopolitanums sehen[15]. Die Ausgabe gibt deshalb ein völlig falsches Bild von dem Text, weil sie die Zeilenlängen des Originals nicht korrekt wiedergibt. Versucht man die Lücken nach ihren wirklichen Längen zu ergänzen, so kommt man eindeutig auf den Text des Konstantinopolitanums[16]. Das Konstantinopolitanum enthielt auch das schon genannte Papyrusblatt, von dem sich ein kleines Fragment im Epiphanius-Kloster gefunden hat. Ein vollständig erhaltenes Einzelstück mit dem Text des Konstantinopolitanums, also dem liturgischen

---

[12] Näheres dazu gleich unten.

[13] CRUM, *Short Texts* 15 (S. 5).

[14] *Wadi Sarga* 14 (S. 45 f.). Das Original befindet sich im Department of Egyptian Antiquities des Britischen Museums (Nr. 55 764).

[15] In Crums Text fehlt nach »Schöpfer« das »von Himmel und Erde« aus dem Konstantinopolitanum. Die beiden Aussagen des Nizänums »das heißt aus der Wesenheit des Vaters« und »Gott aus Gott« haben auch an der vom Herausgeber nicht vollständig ergänzten Lücke keinen Platz. Das »vor allen Äonen« gehört eigentlich ins Konstantinopolitanum, mag es auch hier und da in die Überlieferung des Nizänums eingedrungen sein (vgl. DOSETTI, *Simbolo* 228 f.). Am Anfang fehlen zwei Elemente sowohl des Nizänums als auch des Konstantinopolitanums, das »ein« bei »Gott« und das dann folgende »Vater«.

[16] Eine Neuausgabe scheint mir nicht nötig. Richtig ergänzt ist bei Crum einzig Zeile 3, die ja auch beinahe vollständig erhalten ist. Alle übrigen Zeilen sind vom Herausgeber entscheidend verstümmelt worden. Der rechte Rand des Ostrakons läuft, soweit erhalten, annähernd senkrecht (nach unten zu verjüngt sich das Ostrakon etwas).

Glaubensbekenntnis, ist die gleichfalls schon genannte Londoner Schreibtafel.

Die Symbole der Konzile von Nizäa und Konstantinopel sind auch bei den Kopten dann noch im Rahmen größerer Werke über die ersten Konzilien überliefert. Der Text des Nizänums findet sich einmal in einem sehr detaillierten koptischen Werk über das Konzil von Ephesus. Es sind Fragmente von zwei Handschriften bekannt, aber nur die der einen haben uns den Text des nizänischen Symbols bewahrt[17]. Von einem anderen umfangreichen Werk über die ersten Konzilien[18] sind uns gleichfalls Fragmente aus zwei Handschriften erhalten. Hier wird der Text des Nizänums gleich zweimal mitgeteilt. Für das erste Vorkommen haben wir nur einen Textzeugen, und hier ist auch der Anfang des Symbols verloren gegangen[19]; beim zweiten Vorkommen verfügen wir über den Text beider Handschriften[20]. Im selben Werk ist uns auch das Nizäno-Konstantinopolitanum überliefert, aber nur in der einen Handschrift und unvollständig erhalten; es fehlt der Anfang[21].

Das den verschiedenen Riten gemeinsame liturgische Glaubensbekenntnis trägt häufig den Namen des Nizänums, und dies ist auch in unserer Handschrift so. In Wirklichkeit handelt es sich natürlich um den etwas veränderten und erweiterten Text des Konstantinopolitanums[22]. Für den folgenden Textvergleich beschränken wir uns

---

[17] BOURIANT, *Concile d'Éphese* 91; vgl. DOSSETTI, *Simbolo* 47 f.

[18] Vgl. DOSSETTI, *Simbolo* 123–131 und 53 f.; nach Dossetti koptische Übersetzung eines griechischen »Corpus Canonum«, das im Original nicht erhalten ist.

[19] ZOEGA, *Catalogus*, S. 242; LENORMANT, *Concilium Nicaenum* 513; REVILLOUT, *Concile de Nicee* 209 (Separatausg. 15).

[20] 1. Borgia-Text (nur die 2. Hälfte erhalten): ZOEGA, *Catalogue*, S. 246; LENORMANT, *Concilium Nicaenum* 520; REVILLOUT, *Concile de Nicée* 219 f. (Separatausg. 25 f.; jeweils der obere Text, darunter die Parallele des Turiner Textes). 2. Turiner Text (vollständig erhalten): REVILLOUT, *Concile de Nicée* 219 f. (Separatausg. 25 f.; jeweils der untere Text, darüber die Parallele des Borgia-Textes); ROSSI, *Testi copti* 148 (Separatausg. 62).

[21] Paris, Bibl. Nat., copte 129(14), fol. 63 (zu der Handschrift gehörig, aus der die Borgia-Fragmente stammen). Der Text ist bisher nicht eigentlich veröffentlicht. DOSSETTI, *Simbolo* gibt eine fotografische Reproduktion (Taf. nach S. 196) und griechische Rückübersetzung (S. 195 f.). Diese Rückübersetzung scheint eher eine Rekonstruktion der griechischen Vorlage als eine treue Übersetzung des koptischen Textes sein zu wollen.

[22] Zur Problematik der Rückführung dieses Textes auf das Konzil von 381 vgl. jetzt RITTER, *Konzil von Konstantinopel* 132 ff. Wie auch Ritter andeutet, war man sich im Altertum noch lange des Unterschiedes zwischen den Symbolen von Nizäa und Konstantinopel bewußt (S. 134). Für den koptischen Bereich vgl. etwa den oben (S. 319 f.) zitierten Synaxartext oder den dort Anm. 8 gegebenen Verweis.

auf diese Formel und in erster Linie auf deren liturgische Zeugen. Doch können wir auch diese nicht alle im einzelnen vergleichen[23]. Der griechische Text des Oxforder Fragments, der leider erst mitten in dem Artikel über den Hl. Geist einsetzt, weist natürlich auch schon die entstellte Orthographie auf, die für die griechischen Partien koptischer liturgischer Handschriften späterer Zeit typisch ist. Der vom Schreiber intendierte Wortlaut kann aber nicht zweifelhaft sein. [ΣΥΜΠΡΟΣΚΥΝΟΥ]ΜΕΝΟΣ ΚΑΙ ΣΥΝΔΟΖΑΣΟΜΕΝΟΣ muß für συμπροσκυνούμενον καὶ συνδοξαζόμενον stehen und ΤΟΝ ΜΕΛΛΟΝΤΟΣ ΑΙѠΝΑϹ für τοῦ μέλλοντος αἰῶνος. Dann ist nur eine Variante gegenüber dem byzantinischen liturgischen Text festzustellen: der ägyptische hat die erste Person Plural ὁμολογοῦμεν und προσδοκοῦμεν, der byzantinische dafür jeweils die 1. Person Singular. Diese Pluralformen sind kennzeichnend für alle bekannten koptischen Fassungen der Symbola. Am Beginn heißt es »Wir glauben«, in derselben Form wird das Verb oft vor den Artikeln über den Sohn und den Geist wiederholt, und am Schluß stehen, wie gerade gesagt, »bekennen« und »erwarten« gleichfalls in der Wir-Form. Der Oxford-Text zeigt nur, daß diese Formen nicht erst der Übersetzung ins Koptische ihre Existenz verdanken, sondern auf eine entsprechende griechische Vorlage zurückgehen. Mit den Pluralformen folgt die griechisch-ägyptische Fassung des liturgischen Glaubensbekenntnisses übrigens nur der Mehrzahl auch der griechischen Zeugen der konziliaren Symboltexte[24]. Dagegen scheint die Wiederholung von »wir glauben« sonst nur in der lateinisch-spanischen Überlieferung des Konstantinopolitanums vorzukommen[25]. Die Varianten zwischen dem griechischen und dem koptischen Text des Oxforder Fragments bestehen in Folgendem: »Die Propheten« wird im Koptischen zu »seine Propheten«, ebenso »die Sünden« zu »unsere Sünden«. Das Wort »Kirche« wird in der koptischen Übersetzung des Artikels über die Kirche zweimal gebraucht. Und »das Leben des zukünftigen Äons« wird mit »das Leben, das bis in die Ewigkeiten der Ewigkeiten dauert« recht frei wiedergegeben[26].

---

[23] Die Varianten zwischen dem byzantinischen liturgischen Credo und dem bohairischen bei BURMESTER, *Liturgical Services* 327. Ich möchte zusätzlich darauf aufmerksam machen, daß erstens der griechische Text σαρκωθέντα ἐκ Πνεύματος Ἁγίου (ohne Artikel!) hat, wohingegen der koptische den Artikel setzt, und daß zweitens der koptische Text das adjektivische Attribut τὸ Κύριον beim hl. Geist als »Herr« übersetzt.

[24] DOSSETTI, *Simbolo* 226 f. 244 f., 250 f.

[25] Ebenda 249.

[26] Näheres zu diesem Ausdruck unten S. 327 ff.

Wenn wir nun als nächstes den Schlußabschnitt im Glaubensbekenntnis unserer Handschrift M 574 zum Vergleich heranziehen,
dann müssen wir sofort eine interessante Feststellung machen: die
Credo-Texte dieser zeitlich nicht allzu weit auseinander liegenden
Zeugen stimmen nicht völlig überein. Es hat also am Ende des 1.
Jahrtausends von einem so fundamentalen Text auch für den regelmäßigen Gebrauch in der Liturgie keine einheitliche Textform gegeben.
Ob diese verschiedenen Formen lokal — etwa als unter- und oberägyptisch — differenziert sind, können wir mangels weiterer Ver-
gleichmaterials vorerst nicht feststellen. Hier die vollständige Liste
der Varianten. M 574 sagt: »Derjenige (Demonstrativ), den wir...
anbeten und verehren« (149,4 ff.), der Oxford-Text: »Der (Artikel),
den sie ... anbeten und verehren« = »der ... angebetet und verehrt
wird.« Vor dem Artikel über die Kirche hat der Oxford-Text die Präposition Є-, wie sie regelmäßig nach dem Verb ΠΙϹΤΕΥΕ gebraucht
wird, der Morgan-Text hingegen die Präposition ϨΝ- = »in« (149,7).
Nun ist es nicht ganz ausgeschlossen, daß ϨΝ- hier das griechische
εἰς wiedergeben soll, doch ist ϨΝ- bei dem Verb ΠΙϹΤΕΥΕ alles
andere als gewöhnlich, und auch in M 574 steht vorher immer das
zu erwartende Є- (148,8 und 149,2). Es liegt deshalb näher, den Morgan-
Text so zu verstehen: »(Der hl. Geist, der ...) durch seine Propheten
in einer einzigen heiligen ... Kirche gesprochen hat[27].« Und dafür,
daß Schreiber und Leser des Textes diesen tatsächlich so verstanden

---

[27] Der Toronto-Text hat »über die eine ... Kirche«. Die hier verwendete Präposition
ЄΤΒЄ- ist zwar auch nach ϢΑϪΕ eher selten (vgl. Crum, *Dict.* 613a), kann aber
wohl nicht zur Anknüpfung des Objektes von ΠΙϹΤΕΥΕ dienen, muß also auf einem
Mißverständnis beruhen. Ein Mißverständnis wird auch bei dem Morgan-Text vor-
liegen. Dabei ist der Morgan-Text zudem noch doppeldeutig und könnte etwa so wie
der Toronto-Text verstanden werden. Einleitung des Objektes von ϢΑϪΕ durch die
Präposition ϨΝ- ist zwar in Crums *Dict.* 613b nicht berücksichtigt, sie kommt aber
gelegentlich vor. Schon eine der von Crum a. a. O. zitierten Stellen (Weish 1,8: Lagarde,
Aegyptiaca 65 und Thompson, *Certain Books O. T.* 61) könnte man so auffassen, denn
ϢΑϪΕ ϨΝ- übersetzt hier φθέγγεσθαι mit Akkusativ. Crum selbst versteht in einem
von ihm edierten Text ΜΑΡΕΝϢΑϪΕ ΝϨΗΤΟΥ (*Onnophrius* 55) als »citons-les«
(ebd. 66). Im saïdischen Psalter dient ϢΑϪΕ ϨΝ- ausnahmsweise einmal (Ps 49,16b;
Budge, *Psalter*; Rahlfs, *Berl. Psalter*; Worrell, *Coptic Manuscripts* 103) zur Wiedergabe von διηγεῖσθαι mit Akkusativ. In der Hermenia ϢΑϪΕ von M 574 kommt
ϢΑϪΕ ϨΝ- in diesem Sinn mehrfach vor (92,6.8; 93,8.18; 94,20), wofür an den
mutmaßlichen Parallelen im saïdischen Psalter ϪϢ Ν- steht. In einer anderen »Hermenia« steht ϢΑϪΕ ϨΝ- (68,1) für λαλεῖν mit Akk. (Ps 144,21a; im saïdischen Psalter
wieder ϪϢ Ν-). Derselbe Sprachgebrauch auch im Bohairischen; vgl. z. B. ΑϤϹΑϪΙ
ϧЄΝ ϯΟΥΡϢ (*Choiak-Psalm.* [1911] 844 oder *Choiak-Psalm.* [1955] 394).

haben könnten, spricht das Fehlen jeglichen Satzzeichens vor dem
Artikel über die Kirche. Der Passus über die Kirche selbst beginnt
in M 574 mit ογει νογωτ, und »Kirche« steht erst nach dem
letzten Epitheton (149,7 ff.); das Oxford-Fragment beginnt gleich mit
ογεκκλησιλ νογωτ, setzt aber dennoch an den Schluß noch
einmal »Kirche«. »Wir bekennen« steht in M 574 im Präsens I (149,9),
im Oxford-Text im Präsens II. Für »wir erwarten« (diesmal in beiden
Zeugen im Präsens I) gebraucht M 574 den griechischen (149,11), der
Oxford-Text den koptischen Ausdruck. Vor »Leben« stehen in beiden
Texten verschiedene koptische Wörter für »und«, und der Schluß-
artikel selbst ist jeweils ganz anders gefaßt[28]. Gemeinsam sind beiden
Texten gegenüber dem griechischen die Possessiva bei »Propheten«
und »Sünden«[29].

Der Vergleich der drei vollständigen saïdischen Texte in M 574,
auf der Londoner Schreibtafel und in der Toronto-Handschrift zeigt
noch deutlicher, wie variantenreich die Überlieferung des liturgischen
Credos im saïdischen Dialekt ist. Es ergibt sich auch keine klare
Gruppierung dieser drei Zeugen. Nur soviel läßt sich sagen, daß
speziell die Toronto-Handschrift Varianten aufweist, die eindeutig als
spätere Textveränderungen anzusprechen sind[30]. Es kann hier nur eine
Auswahl von Varianten vorgeführt werden. Ein späterer Zusatz ist
in der Toronto-Handschrift ganz eindeutig »wesensgleich mit seinem[31]
guten Vater *und dem heiligen Geiste*[32]. Ebenso liegt der Fall, wenn im
Artikel über die Kirche am Schluß ein zweites »heilig« und dasselbe
Epitheton dann gleich darauf auch noch zu »Taufe« hinzugefügt wird
(fol. 7ᵛ). Eine eindeutig sekundäre Entstellung ist es, wenn es nach »er
hat Fleisch angenommen« heißt : »er ist heiliger Geist« (fol. 5ʳ). Wenn
allein die Toronto-Handschrift im Artikel über die Taufe »der Sünden«
statt »unserer Sünden«[33] hat, so dürfte der Schreiber mit den vier ν

---

[28] Vgl. unten S. 327 ff.

[29] Hinzufügung des Possessivums im Koptischen häufig, vgl. oben 314, Anm. 5 und
unten S. 330.

[30] Vgl. schon oben S. 293.

[31] Das »sein« auch in M 574 (148,17) und im zweiten Text des Nizänums im Corpus
Canonum. Dagegen fehlt »sein« im ersten Text des Nizänums und in dem des Konstantino-
politanums im Corpus Canonum, im Werk über das ephesinische Konzil und auf dem
Ostrakon aus CRUMS, *Short Texts* und auf der Londoner Schreibtafel.

[32] Fol. 4ᵛ; »... mit seinem guten Vater und dem hl. Geist« ist ein geläufiger Ausdruck
der doxologischen Schlußformeln (Beispiel unten S. 384).

[33] So alle anderen Texte : M 574 (149,10), Oxforder Fragment, Londoner Schreibtafel
und Konstantinopolitanum im Corpus Canonum.

nicht zurecht gekommen sein. Seine Form ⲈⲚⲚⲞⲂⲈ (fol. 7ᵛ) ist
zweifellos als ⲈⲚⲚ⟨Ⲛ⟩ⲞⲂⲈ zu verstehen (das Ⲉ am Anfang steht
für das Ⲛ̄- des Akkusativs). In anderen Fällen haben wir es mit echten
Varianten der Überlieferung zu tun, im Einzelfall vielleicht mit Übersetzungsvarianten. In dem Satz δι᾽ οὗ τὰ πάντα ἐγένετο ist »alles« in
M 574 (148,17 f.) und auf der Schreibtafel mit (Ⲉ)ⲚⲔⲀ ⲚⲒⲘ = »jedes
Ding« übersetzt[34], in der Toronto-Handschrift mit ⲠⲦⲎⲢϥ = »das
All«[35]. Im Artikel über die Auferstehung hat M 574, wie schon gesagt,
das griechische Verb ⲠⲢⲞⲤⲆⲞⲔⲀ, ebenso die Schreibtafel[36], der
Toronto-Text hingegen das koptische ϬⲰϢⲦ ⲈⲂⲞⲖ ⲈϨⲎⲦ⸗[37]. Jeweils
anders formulieren M 574 (148,12f.) und die Londoner Schreibtafel »der
eingeborene Sohn Gottes«; hier geht der Toronto-Text (fol. 4ʳ) mit dem
Londoner[38]. Auch das dann folgende »gezeugt aus dem Vater« ist in
M 574 (148,13) und auf der Schreibtafel unterschiedlich formuliert, und
diesmal steht die Toronto-Handschrift (fol. 4ʳ) dem Morgan-Text näher,
ohne jedoch völlig mit ihm übereinzustimmen (dort unbestimmter, hier
bestimmter Artikel)[39]. Zwei ganz verschiedene koptische Ausdrücke gebrauchen M 574 (148,24)[40] und die Schreibtafel für »begraben«, wobei
der Toronto-Text (fol. 5ᵛ) mit M 574 geht. M 574 hat wörtlich »der
gesprochen hat durch seine Propheten« (149,6f.), die Schreibtafel
hingegen »... durch den Mund seiner Propheten«, ebenso der Toronto-
Text (fol. 7ʳ), in dem nur das Possessivum »sein« fehlt[41]. Auseinander
gehen M 574 (148,28) und die Schreibtafel in dem Zusatz »er hat sich
gesetzt ... *in den Höhen*«, der auf der Schreibtafel fehlt. Die Toronto-
Handschrift hat ihn gleichfalls (fol. 6ᵛ)[42], doch könnte die Tatsache,

---

[34] Ebenso der zweite Text des Nizänums im Corpus Canonum und das Ostrakon aus
CRUMS *Short Texts*.

[35] Fol. 4ᵛ. Ebenso der erste Text des Nizänums und der des Konstantinopolitanums im
Corpus Canonum und das Werk über das ephesinische Konzil.

[36] In der Form ⲠⲢⲞⲤⲆⲞⲔⲈⲒ; ebenso im Konstantinopolitanum im Corpus
Canonum.

[37] Ebenso, wie gleichfalls schon gesagt, das Oxford-Fragment.

[38] Desgleichen das Corpus Canonum.

[39] Wieder eine andere Formulierung im Corpus Canonum: ⲠⲈⲚⲦⲀ ⲠⲈⲒⲰⲦ
ⲬⲠⲞϥ = »den der Vater gezeugt hat.«

[40] Desgleichen das Corpus Canonum.

[41] Der Text im Corpus Canonum stimmt genau mit dem der Schreibtafel überein.

[42] Ebenso der Text im Corpus Canonum. Die Texte des Nizänums kennen den Zusatz
nicht (Werk über das ephesinische Konzil und Corpus Canonum an beiden Stellen, an der
zweiten Stelle in beiden Handschriften).

daß der Schreiber hier nach »er hat sich zur Rechten seines Vaters gesetzt« zunächst mit »er wird wiederkommen« fortfahren wollte, unterstreichen, daß den Kopten der auch durch die Londoner Schreibtafel
bezeugte Normaltext durchaus geläufig war. Gegen M 574 (149,2) und
die Toronto-Handschrift (fol. 6ᵛ) fehlt auf der Schreibtafel auch die
typisch koptische Wiederholung des »wir glauben« vor dem Artikel
über den Hl. Geist[43]. Vor dem Artikel über die Kirche fehlt auf der
Schreibtafel die Präposition, wodurch eindeutig der richtige Sinn zum
Ausdruck kommt[44].

Eine bisher noch nicht genannte, meines Erachtens wichtige Variante
soll hier zum Abschluß noch unter Heranziehung aller saïdischen
Zeugen und des byzantinischen und des bohairischen liturgischen
Textes besprochen werden. Das am Schluß des Symbolums stehende
»Leben des zukünftigen Äons« ist im Bohairischen fast buchstäblich
genau wiedergegeben, nur mit dem bestimmten Artikel: ΠΙⲰΝϧ ΝΤⲈ
ΠΙⲈⲰΝ ⲈⲐΗⲨ. Dagegen haben alle fünf saïdischen Texte einen
deutlich abweichenden Wortlaut, ohne daß einer von ihnen völlig mit
einem der übrigen übereinstimmte. Die vier liturgischen saïdischen
Texte haben mit dem bohairischen den bestimmten Artikel, der Text
des Konstantinopolitanums im Corpus Canonum hat als einziger,
dem artikellosen griechischen Nomen entsprechend, den unbestimmten
Artikel. Die vollständigen Texte lauten:

Corpus Canonum	Oxford-Fragment	M 574[45]	Toronto-Handschrift
ⲞⲨⲰΝϨ	ΠⲰΝϨ	ΠⲰΝϨ	ΠⲰΝϨ
ⲈⲦⲘΗΝ ⲈⲂⲞⲖ	ⲈⲦⲘΗΝ ⲈⲂⲞⲖ	ⲈⲦΝⲀϢⲰΠⲈ	ⲈⲦΝⲀϢⲰΠⲈ
ϨⲘ ΠⲀⲒⲰΝ ⲈⲦΝΗⲨ			ϨⲘ ΠⲒⲈⲰΝ ⲈⲦΝΗⲨ
	ϢⲀ ⲈΝⲈϨ	ϢⲀ ⲈΝⲈϨ	ϢⲀ ⲈΝⲈϨ
	ΝⲈΝⲈϨ		ΝⲈΝϨ

Zunächst fällt auf, daß alle Texte zu »Leben« eine nähere Bestimmung

---

[43] Sie fehlt auch im Text des Konstantinopolitanums im Corpus Canonum und in
einem des Nizänums ebenda (2. Vorkommen des Nizänums, Turiner Handschrift), sie
steht hingegen an der Parallele zur zuletzt genannten Stelle in der Borgia-Handschrift,
beim ersten Vorkommen des Nizänums in demselben Werk (wiederum Borgia-Handschrift) und in dem Werk über das ephesinische Konzil.

[44] M 574 und die Toronto-Handschrift haben mit ihren (als Wiedergabe von εἰς
gedachten?) Präpositionen den Sinn entstellt. Die richtige Präposition findet sich auf
dem Oxforder Blatt und im Corpus Canonum. Vgl. zur Frage oben S. 324 mit Anm. 27.

[45] Ebenso die Londoner Schreibtafel, nur daß dort statt artikellosem »Ewigkeit«
»die Ewigkeiten« (mit bestimmtem Pluralartikel) steht.

haben, die keinerlei Entsprechung in irgendeinem griechischen Text
hat. Dies Epitheton selbst erscheint in zwei verschiedenen Formen.
Wir haben auf der einen Seite ⲈⲦⲘⲎⲚ ⲈⲂⲞⲖ, also etwa »welches
bleibt, dauert«, auch für »ewig« gebraucht. Diese Lesung treffen wir
in zwei Texten an, die sich im übrigen wieder unterscheiden. Am
eindeutigsten wäre hier der Oxforder Text zu übersetzen: »das Leben,
das bis in die Ewigkeiten der Ewigkeiten dauert.« Vom »künftigen
Äon« ist hier nicht die Rede, und es ist schwer zu sagen, ob dieser
Ausdruck sekundär weggefallen ist. Der Text ist jedenfalls philologisch einwandfrei und fordert nicht etwa eine Ergänzung dieser
Art. Im Corpus Canonum fehlt »bis in die Ewigkeiten...«, stattdessen
steht »im kommenden Äon«. Der Text kann auf zwei Weisen verstanden werden, die den Sinn natürlich nicht wesentlich ändern, aber
doch eine gewisse Nuancierung beinhalten: entweder »das ewige Leben
im kommenden Äon« oder »das Leben, das im kommenden Äon
fortdauert.« Die drei anderen Texte haben als nähere Bestimmung
zu »Leben« ⲈⲦⲚⲀϢⲰⲠⲈ = »welches sein wird«, was auch »künftig«
bedeuten kann. Daran schließt sich in M 574 und auf der Schreibtafel
direkt »bis in (die) Ewigkeit(en)« an. Obwohl mir dieser Text von allen
vieren am härtesten scheint, glaube ich nicht, daß er aus philologischen
Gründen notwendig eine Ergänzung verlangt, so daß man etwa
Ausfall von »im kommenden Äon« annehmen müßte. Wiederum
könnte man die beiden Bestimmungen entweder parallel auffassen:
»das zukünftige ewige Leben«, oder in Abhängigkeit voneinander
setzen: »das Leben, das in Ewigkeit sein wird.« In der Toronto-Handschrift schließen sich die beiden präpositionalen Ausdrücke »im kommenden Äon« und »bis in die Ewigkeiten der Ewigkeiten« an; gemeint
sein kann wohl nur: »das Leben, das im kommenden Äon bis in die
Ewigkeiten der Ewigkeiten dauern wird.«

Wenn so schon die Deutung im einzelnen mit einigen Unsicherheiten
belastet ist, so kann ich auch auf die entscheidende Frage nach dem
Verhältnis der verschiedenen Fassungen zueinander keine sichere
Antwort geben: sind diese Text aufeinander rückführbar? Beim
Fehlen des »künftigen Äon«, könnte man annehmen, daß der Ausdruck
bei der koptischern Überlieferung ausgefallen ist. Ebenso wäre es
denkbar, daß »in Ewigkeit« bzw. »bis in die Ewigkeiten der Ewigkeiten«
dort hinzugefügt wurde. Wie verhält es sich aber mit ⲈⲦⲘⲎⲚ ⲈⲂⲞⲖ
und ⲈⲦⲚⲀϢⲰⲠⲈ? Ein griechischer Text des Konstantinopolitanums,

der irgendein Adjektiv zu ζωήν enthalten hätte, scheint nicht belegt[46]. Vielleicht waren die koptischen Übersetzer (oder späteren Abschreiber) von einem der zahlreichen anderen Symboltexte beeinflußt, die an dieser Stelle in der Tat ζωὴν αἰώνιον haben. Die Kombination mit τοῦ μέλλοντος αἰῶνος kommt aber meines Wissens im Griechischen nicht vor. Das würde dann auch jene koptischen Übersetzungen rechtfertigen, in denen der »künftige Äon« ganz fehlt. Man müßte dann nicht notwendig annehmen, daß dieser Ausdruck erst in der koptischen Textüberlieferung teilweise verlorengegangen ist. Eher könnte er in den anderen koptischen Zeugen später hinzugefügt worden sein, falls diese Übersetzungen nicht von vornherein »ewiges Leben« und »Leben des künftigen Äon« kombiniert hatten. Mir ist eine spätere Hinzufügung von »künftiger Äon« sogar wahrscheinlicher, da die Kopten ja den Genitiv in einen präpositionalen Ausdruck umgewandelt haben. Dies scheint mir eher verständlich, wenn sie den ihnen natürlich bekannten Ausdruck erst nachträglich in einen schon vorliegenden Text eingefügt haben, als wenn sie von Anfang an auch τοῦ μέλλοντος αἰῶνος in ihre Übersetzung mitaufgenommen hätten. Ob aber ⲉⲧⲙⲏⲛ ⲉⲃⲟⲗ und ⲉⲧⲛⲁϣⲱⲡⲉ selbst ursprüngliche Übersetzungsvarianten von αἰώνιος sind oder erst später im Laufe der Zeit das eine durch das andere in einem Teil der Überlieferung ersetzt wurde, wage ich nicht zu entscheiden. Die genauere Entsprechung zu αἰώνιος dürfte jedenfalls ⲉⲧⲙⲏⲛ ⲉⲃⲟⲗ sein.

Nach der Besprechung unserer fünf saïdischen Texte möchte ich dann nochmals auf den eingangs zitierten bohairischen zurückkommen. Meines Erachtens kann man schon allein aus der Gegenüberstellung nur dieses zweiten Teiles des Schlußartikels mit Sicherheit ersehen, daß der spätere bohairische Text auf keinen saïdischen Text, wie wir ihn kennen, zurückgehen kann. Die große Nähe des bohairischen Textes zum griechischen spricht weiterhin dafür, daß er auch direkt von diesem, ohne Vermittlung eines anderen koptischen Zwischengliedes, abhängt. Bis zum Beweis des Gegenteils, d. h. bis zur Auf-

---

[46] Dossetti, *Simbolo* 250. Der einzige Zeuge für das dort im Apparat verzeichnete αἰώνιος ist eben die koptische Übersetzung des Konstantinopolitanums im Corpus Canonum. Dossettis griechische Rückübersetzung ζωὴν αἰώνιον τοῦ μέλλοντος αἰῶνος (S. 196) ist höchst problematisch. Das »im kommenden Äon« ist mit τοῦ μέλλοντος αἰῶνος jedenfalls nicht korrekt wiedergegeben. Dossetti wollte aber wohl eher die zu vermutende griechische Vorlage rekonstruieren. Doch erhebt sich dann die Frage, ob man die Existenz eines griechischen Textes mit αἰώνιον nach ζωήν allein auf das Zeugnis des koptischen Textes hin auch nur als entfernt wahrscheinlich annehmen kann.

findung eines saïdischen Textes, der die Vorlage des bohairischen sein könnte, hat die Annahme der direkten Übersetzung des bohairischen Textes aus dem Griechischen die weitaus größere Wahrscheinlichkeit für sich.

Schließlich noch einige Punkte für den Vergleich der saïdischen liturgischen Texte mit dem byzantinischen einerseits und dem bohairischen andererseits. Schon erwähnt wurde die allen koptischen Texten gemeinsame Wir-Form der Verben »glauben« usw. gegenüber der Ich-Form der byzantinischen liturgischen Texte. Gleichfalls schon genannt wurde die allerdings nicht in allen koptischen Texten streng durchgeführte Hinzufügung der Possessiva bei »(wesensgleich mit dem) Vater«, »Propheten« und »Sünden«. Ebenso heißt es »zur Rechten *seines* Vaters« und »in *seiner* Herrlichkeit« in allen vier saïdischen Zeugen des Konstantinopolitanums und im bohairischen Text.[47] Die Mehrzahl der saïdischen Zeugen[48] fügt nach »er hat sich zur Rechten seines Vaters gesetzt« noch »in den Höhen« hinzu; hier geht der bohairische Text mit dem griechischen. Die drei liturgischen saïdischen Texte und der bohairische übersetzen das Adjektiv $\kappa\acute{\nu}\rho\iota o\nu$ bei »Hl. Geist« mit als Apposition angeknüpftem »Herr« (natürlich mit Artikel). Der Übersetzer des Corpus Canonum hat sich offensichtlich um eine genauere Wiedergabe nach den Möglichkeiten seiner Sprache bemüht, indem er einen Relativsatz verwendete: »welcher Herr (artikellos!) ist.« Eine wieder andere Gruppierung der Zeugen ergibt sich bei der Wiedergabe von $\dot{\epsilon}\kappa\pi o\rho\epsilon\upsilon\acute{o}\mu\epsilon\nu o\nu$. Das Corpus Canonum und der bohairische liturgische Text haben »der hervorkommt«, die drei saïdischen liturgischen Texte »der hervorgekommen ist«. Bei $\sigma\alpha\rho$-$\kappa\omega\theta\acute{\epsilon}\nu\tau\alpha$ $\dot{\epsilon}\kappa$ $\pi\nu\epsilon\acute{\upsilon}\mu\alpha\tau o\varsigma$ $\dot{\alpha}\gamma\acute{\iota}o\upsilon$ haben alle saïdischen Zeugen »aus heiligem Geist«[49], natürlich mit unbestimmtem Artikel, der bohairische Text indessen »aus dem heiligen Geist«. Der bohairische Text unterscheidet sich von den saïdischen Texten außer in den schon genannten Punkten etwa noch darin, daß in den im Koptischen notwendigen Relativsätzen dort ein unbestimmtes Subjekt steht, hier dagegen das bestimmte »wir«. So heißt es im Saïdischen[50] »(die Wesen,) die

---

[47] Wenn das Possessiv bei »Vater« *Horol.* (1930) 96 fehlt, so steht es zumindestens in der beigegebenen arabischen Übersetzung.

[48] Nicht die Londoner Schreibtafel (vgl. oben S. 326).

[49] Zu der Textverderbnis der Toronto-Handschrift siehe oben S. 325.

[50] So auch im zweiten Text des Nizänums im Corpus Canonum, im Werk über das ephesinische Konzil und auf den oben S. 319 f., Anm. 11, 13 und 14 genannten drei Fragmenten.

wir sehen und die wir nicht sehen«, im Bohairischen »die man sieht
und die man nicht sieht« = »die Sichtbaren und die Unsichtbaren«.
Entsprechend finden wir später im Artikel über den Hl. Geist »den
wir ... anbeten und verherrlichen«[51] gegen »der angebetet und verherrlicht wird[52].« Verschiedene unter den angeführten Punkten be-
kräftigen die schon oben ausgesprochene Ansicht, daß der bohairische
Text nicht auf einen saïdischen Text zurückgehen kann, wie er uns
aus den erhaltenen Zeugen bekannt ist.

Nirgendwo in den uns erhaltenen saïdischen Zeugen sind jene
Formeln schriftlich niedergelegt, mit denen heute das liturgische
Credo eröffnet wird. Ob diese damals noch nicht in Gebrauch waren,
entzieht sich unserer Kenntnis. Nach heutiger Praxis geht dem Credo
zunächst ein längerer Text voraus, der mit »Wir erheben dich, Mutter
des Lichtes ...« beginnt[53]. Dieser »Anfang« oder »Vorspruch« (ⲁⲣⲭⲏ/
bad' oder *muqaddimah*) des Glaubensbekenntnisses genannte Text
wird aber nicht bei der eucharistischen Liturgie gebraucht. Dann
folgt 'Ἐν σοφίᾳ θεῷ[54] πρόσχωμεν, zweimaliges Kyrieeleison[55] und
»in Wahrheit (Richtigkeit)«. Die Horologion-Ausgaben sowohl der
Orthodoxen als auch der Unierten lassen aber grundsätzlich 'Ἐν
σοφίᾳ ... und Kyrieeleison weg.

Sektion H

Den Abschluß der hier behandelten Texte von M 574 bildet das
Unser-Vater. Das Gebet, das der Herr selbst seine Jünger gelehrt hat,

---

[51] Hier kommen nur die Zeugen des Konstantinopolitanums in Frage, und zwar
M 574, Londoner Schreibtafel, Toronto-Handschrift und Corpus Canonum; das Oxforder
Fragment geht mit dem bohairischen Text.

[52] Und von den saïdischen Zeugen das Oxforder Fragment!

[53] Vollständig übersetzt auch bei Burmester, *Liturgical Services* 326 f.

[54] Die Ausgaben haben ⲐⲈⲞⲨ, und die Kopten verstehen das auch wirklich
als Genitiv, wie ihre arabischen Übersetzungen ausweisen. Auch Brightman gibt
θεου (*Liturgies* 161), und Burmester übersetzt entsprechend (*Liturgical Services* 327).
Ich zweifle nicht daran, daß ⲐⲈⲞⲨ nur späte Schreibung für θεῷ ist. Vgl. etwa das
πρόσχωμεν θεῷ μετὰ φόβου aus der Basiliusliturgie (Renaudot, *Liturg. Orient.* I 80), das
bei den Kopten später ebenso ⲠⲢⲞⲤⲬⲰⲘⲈⲚ ⲐⲈⲞⲨ ⲘⲈⲦⲀ ⲫⲞⲂⲞⲨ geworden
ist (*Euchol.* 396).

[55] Siehe *Euchol.* 289. Das Kyrieeleison nicht in der *Jahres-Psalm.* (1908; Kairo)
450, ebensowenig *Choiak-Psalm.* (1764) 158. *Jahres-Psalm.* (1908; Alex.) 306 f. folgt das
Credo unmittelbar auf »Wir erheben dich ...«

hat schon früh einen besonderen Platz unter den festen Gebetsformeln
der Christen eingenommen. Bekanntlich schreibt die Didache, die
auch ins Koptische übersetzt war[1], vor, es dreimal täglich zu sprechen[2].
Bei Ibn al 'Assāl wird das Unser-Vater als erster unter den Texten
genannt, die »beim Gebet rezitiert werden«[3]; nähere Angaben werden
nicht gemacht. Heute gehört das Unser-Vater bei den Kopten zu den
allgemeinen Einleitungsgebeten, mit denen praktisch jede liturgische
Funktion beginnt[4]. Eine nur leicht verschiedene Gruppe von Einleitungsgebeten, darunter das Unser-Vater, eröffnet nach den Druckausgaben die einzelnen Horen des Tagzeitengebetes[5]. Auch unter
den Abschlußgebeten der Horen hat das Unser-Vater seinen Platz.
Nach O'Leary wäre es »as preparation for the office« erst in späterer
Zeit hinzugegekommen, während das Vorkommen am Schluß der
Horen auf altchristliche Praxis zurückgeht[6]. Auch in M 574 steht
das Unser-Vater am Schluß der für das Stundengebet bestimmten
fixen Texte, und man mag darin eine Bestätigung von O'Learys
Ansicht sehen, daß hier sein eigentlicher Platz in den Horen ist.
Das Unser-Vater führt heute bei den Kopten, ähnlich wie bei uns,
den Namen »Gebet des Herrn«, koptisch ΠΙϢⲖΗⲖ ⲚΤⲈ ⲠⲞⲤ,
arabisch aṣ-ṣalāt ar-rabbīyah[7] oder ... ar-rabbānīyah[8]. Früher war in
Ägypten auch die Bezeichnung »Gebet des Evangeliums« üblich,
griechisch ἡ εὐαγγελικὴ εὐχή[9], saïdisch ΠⲈϢⲖΗⲖ ⲘΠⲈΥⲀⲄⲄⲈⲖⲒⲞⲚ[10],
bohairisch ΠΙϢⲖΗⲖ ⲚΤⲈ ΠΙⲈΥⲀⲄⲄⲈⲖⲒⲞⲚ[11].

In unserer Handschrift erscheint das Unser-Vater mit vollständigem

---

[1] LEFORT, Pères apostol. IX ff. und 32 ff.

[2] Didache 8,3; Ed. AUDET 234,10. — Später benützen auch die Asketen das Unser-
Vater, um damit ihre Höchstleistungen zu vollbringen. Von Apa Pitschimi wird berichtet,
daß er jeden Tag Tausende Unser-Vater sprach (Synax., Ed. FORGET I 149 f.; Ed.
BASSET 424 [348]). Oder sollten hier nur die Anfangsworte gemeint sein?

[3] Nomokanon 131,14 f.

[4] BURMESTER, Liturgical Services 320.

[5] Bei BURMESTER, Liturgical Services 101 ff. und O'LEARY, Office 48 und 97 ff. nicht
vermerkt.

[6] O'LEARY, Office 47.

[7] So Horol. (1930) 4.

[8] So Jahres-Psalm. (1908; Kairo) 4.

[9] PGM P 9,14 f. (S. 197).

[10] MUNIER, S. Isidore 128 oder Toronto-Handschrift, fol. 2ʳ (unten S. 474). Es handelt
sich um eine alte Bezeichnung, die etwa schon bei Horsiese vorkommt (Œuvres de
Pachôme 84,24), dort noch neben »das Gebet, das im Evangelium geschrieben steht« (ebd.
84,3).

[11] HYVERNAT, Actes des martyres 190.

Text allein in griechischer Sprache. Zum Vergleich ziehe ich hier nur
noch ein Oxforder Fragment heran, das aus einem saïdischen liturgischen Buch stammt[12], und eine Heidelberger Schreibtafel[13]. Letztere
enthält den griechischen Text in koptischen Buchstaben, wobei
auch Hori (ϩ) zur Schreibung des Spiritus asper verwendet ist. Wozu
dieser Text niedergeschrieben wurde, läßt sich mit Sicherheit wohl
nicht mehr feststellen. Ein liturgischer Verwendungszweck ist aber
keineswegs ausgeschlossen. Meiner Meinung nach deutet die Schreibung
des Hauches im Anlaut mithilfe des koptischen Hori zumindestes
darauf hin, daß der Text dazu bestimmt war, öffentlich vorgetragen
zu werden. Dem steht auch nicht entgegen, daß die Orthographie im
übrigen alles andere als korrekt ist. Vom koptischen Text des Unser-
Vater gibt M 574 nur das Initium. Daß der Text nicht ausgeschrieben
wurde, dürfte seinen Grund darin haben, daß er als bekannt vorausgesetzt werden konnte. Koptische Textzeugen, die nichts als das
Unser-Vater enthalten, kenne ich nicht. Von den Zitationen in der
koptischen Literatur berücksichtige ich hier nur zwei. Eine im Panesneu-Martyrium, die den vollständigen Text bietet[14]. Man wird den
Kontext vielleicht paraliturgisch nennen können. Der zukünftige
Martyrer heilt im Gefängnis die kranken Füße des Gefängniswärters
durch Salbung mit Öl und Sprechen des Unser-Vater. Eine andere in
einem Apophthegma[15] enthält jenen Satz, der in den liturgischen
Texten nicht einheitlich überliefert ist.

Wenn wir zunächst einmal von der Schlußdoxologie absehen, so
stimmt der Unser-Vater-Text von M 574 bis auf eine Kleinigkeit mit
dem byzantinischen liturgischen Text überein. Der einzige Unterschied
besteht darin, daß im Morgan-Text nach Mt 6,13a κύριε eingefügt
ist. Dies zusätzliche κύριε steht an der gleichen Stelle auch auf der
Heidelberger Schreibtafel[16] und in dem Oxforder Fragment. Es dürfte

---

[12] Clarendon Press b.3, Nr. 171 r°. Es ist dasselbe Blatt, auf dem der Schluß des Credo
steht. Auf dieses folgt, wie in M 574, das Unser-Vater in griechischer Sprache. Der Text
ist unten S. 510 herausgegeben.

[13] *P. Baden* 60 (Heft 4, S. 49 ff.), heute Inv.-Nr. 761 des Ägyptologischen Instituts.

[14] TILL, *Heiligenlegenden* 99,12–20.

[15] ZOEGA, *Catalogus*, S. 309; CHAÎNE, *Apophthegmata* 158 (S. 35). Die lateinische
Übersetzung des Apophthegmas hat »dimittimus« (PL 73, 975C). Die griechische Quelle
oder eine andere Parallele war BOUSSET nicht bekannt (*Apophthegmata* 106 [Hyperechios,
XVII 13]).

[16] *P. Baden* 60 (Heft 4, S. 49).

sich hier um eine besondere Textform der griechisch-ägyptischen
Liturgie handeln[17].

Der Oxforder Text weicht nur in einem Punkt von M 574 ab: er
hat ἀφήκαμεν statt ἀφίεμεν. Diese Lesart scheint mir von einiger
Bedeutung. Einmal zeigt sie uns von neuem den Tatbestand, den
wir schon oben[18] beim Credo feststellen mußten, daß nämlich für so
zentrale Texte gegen Ende des 1. Jahrtausends in Ägypten keine
einheitliche Textform für den liturgischen Gebrauch existierte. Zum
anderen setzt die Lesart des Oxforder Fragments wohl eine eigene
liturgische Tradition mit diesem Unser-Vater-Text voraus, die zeitlich
recht weit zurückgehen muß. Sowohl die saïdische[19] als auch die
bohairische Bibelübersetzung lesen gleichfalls »wie auch wir vergeben«
(Präsens). Einzig ein faijumisches Fragment hat das Perfekt[20]. Es ist
schwer vorstellbar, daß man für eine etwa im 10. Jahrhundert geschriebene koptische liturgische Handschrift plötzlich auf diese auch
im griechischen Bereich nicht allzu oft bezeugte Lesart[21] zurückgegriffen hätte. Hier muß Anschluß an ältere liturgische Überlieferung
vorliegen.

Das Unser-Vater unter den allgemeinen Einleitungsgebeten wird
heute bei den Kopten durch folgende Formel eingeleitet: »Mache uns
würdig, mit Danksagung zu sprechen: ...«[22], nicht jedoch bei dem
Vorkommen gegen Schluß der Horen. In M 574 finden wir diese Formel
nicht, vielleicht deshalb, weil das Unser-Vater hier für die Verwendung
am Schluß der Horen bestimmt ist. Vielleicht aber war die Einleitungs-
formel damals noch nicht üblich. Sie fehlt gleichfalls in der Toronto-
Handschrift. Beschlossen wird das Unser-Vater in M 574 ohne die
bekannte Doxologie mit einfachem »In Christus Jesus, unserem Herrn«
(149,25 f.). Dieser Abschluß findet sich auch heute noch in bestimmten

---

[17] Dieselbe Lesart auf einem Amulett: PGM P 9,23 (S. 197; mit Literatur).

[18] Siehe S. 324 f.

[19] Ebenso in den beiden oben Anm. 14 und 15 genannten Zitationen.

[20] DAVID, *Fragments Mt* 84.

[21] Auch als Zeuge dieser heute weithin als ursprünglich angesehenen Lesart darf
das Oxford-Fragment eine gewisse Aufmerksamkeit beanspruchen.

[22] Auch mit vorausgehendem Vokativ »Gott ...« — Ob die Formel sich dadurch
erklärt, daß das »Unser Vater« hier dem sogenannten »Gebet der Danksagung« vorausgeht?
— In der eucharistischen Liturgie wird das Unser-Vater durch das sogenannte »Bre-
chungsgebet« eingeleitet, für das es je nach dem liturgischen Charakter des Tages verschiedene Formulare gibt.

liturgischen Büchern[23] und wäre nach Burmester sogar »the regular
ending of the Lord's Prayer in the Coptic Church«[24]. Die letzte Angabe
dürfte aber unzutreffend sein. Nach privater Information durch
Kopten wird dieser Schlußformel noch die Doxologie angehängt:
»denn dein ist die Königsherrschaft und die Macht und die Ehre in
Ewigkeit. Amen[25].« Die Kombination beider Formeln findet sich auch
schon auf dem Oxford-Fragment, nur geht hier die Doxologie dem
»In Christus Jesus ...« voran. Die Doxologie selbst enthält nur die
beiden letzten Glieder, δύναμις und δόξα. Nur die Doxologie, wiederum
allein mit den beiden letzten Gliedern, hat auch die Toronto-Handschrift[26]. Was die koptischen Bibelübersetzungen betrifft, so scheint
die saïdische in allen bekannten Zeugen die Doxologie zu enthalten,
und zwar gleichfalls nur mit den letzten beiden Gliedern, also ohne
»Königsherrschaft«[27]. Denselben Text hat der einzige mir bekannte
Zeuge der faijumischen Übersetzung[28]. Von den Handschriften der
bohairischen Übersetzung hat die Mehrzahl die Doxologie nicht.
Andere haben sie, dann aber in der vollen Form mit allen drei Gliedern[29].

*　*　*

Die nähere Betrachtung der einzelnen Texte von M 574, die wir mit
unterschiedlicher Ausführlichkeit vorgenommen haben, zeigt meiner
Meinung nach, daß die Überlieferung dieser Texte in M 574 als relativ
zuverlässig betrachtet werden kann. Hierbei ist natürlich von den auf
Unkenntnis von Formenlehre und Grammatik beruhenden Entstellungen der griechischen Texte abgesehen; die griechischen Texte

---

[23] In den Psalmodie-Ausgaben, in der Weihrauchdarbringung (Euchologion) und in
allen mir zugänglichen Horologion-Ausgaben der Unierten (Ausgaben von 1750, 1930
und 1955; ebenso *Schatz*).

[24] BURMESTER, *Liturgical Services* 320.

[25] In allen mir zugänglichen Horologion-Ausgaben der Orthodoxen (Ausg. von 1936,
1952, 1957 und 1961). Man beachte dabei, daß *Horol.* (1936) mit einem Euchologion
kombiniert ist, wo das Unser-Vater in der Weihrauchdarbringung natürlich den kurzen
Schluß hat.

[26] Fol. 3ʳ (Text unten S. 474). Die Doxologie schließt hier mit »bis in die Ewigkeiten.
Amen.« Genau derselbe Schluß des Unser-Vater auch im Panesneu-Martyrium (TILL,
Heiligenlegenden 99,19 f.).

[27] Hier schließt die Doxologie mit »in Ewigkeit. Amen.«

[28] DAVID, *Fragments Mt* 84. Auch hier mit »in Ewigkeit. Amen.«

[29] Wo die Doxologie steht, wird sie wiederum mit »in Ewigkeit. Amen« beschlossen.

sind aber in M 574 keineswegs weniger korrekt als in anderen koptischen
liturgischen Handschriften der Zeit.

Die der Hl. Schrift entnommenen liturgischen Texte dürfen natürlich
nicht einfach mit den entsprechenden Bibeltexten verglichen werden.
Bei der Verwendung in der Liturgie kann sich eine eigene Textform
herausbilden, mögen die Texte nun mit Hinblick auf ihre liturgische
Verwendung bewußt abgeändert worden sein — sicher der weit seltenere
Fall — oder nicht. Zu einem endgültigen Urteil müßten wir zunächst
die genaue liturgische Form der betreffenden Texte kennen. Dazu
fehlt uns weithin das nötige Material. Nur zu einem kleineren Abschnitt haben wir auf den Berliner Blättern die direkte liturgische
Parallele. Da die Berliner Blätter zugleich stärkeren Dialekteinfluß
zeigen, ist deutlich, daß wir nicht zwei Zeugen eines Textes vor uns
haben, die diesen in gleicher Weise weitertradieren. Angesichts dieser
Tatsache ist die weitgehende Übereinstimmung der beiden Handschriften umso beachtlicher. Anderseits sehen wir, wie derartige
Texte auch leichter verschiedenen Einflüssen ausgesetzt sind. Die
Berliner Blätter entstammen eindeutig einer mit aller Sorgfalt geschriebenen Handschrift, aber der dialektische Einfluß ihrer mutmaßlichen Heimat kommt doch in starkem Maße zum Ausdruck. Um die
der hl. Schrift entnommenen Partien mit dem Bibeltext selbst zu
vergleichen, müßte man sodann natürlich wissen, welche Form des
biblischen Textes dem liturgischen zugrunde liegt. Hier tappen wir
weithin im dunkeln, da er uns wieder am nötigen Vergleichsmaterial
fehlt. Ich betrachte es als einen besonders glücklichen Zufall, daß uns
nun seit allerjüngster Zeit der P. Bodmer 16 zum Vergleich zur Verfügung steht. Ohne diesen erst seit kurzer Zeit bekannten Text hätte
nie so deutlich werden können, daß das Moses-Canticum in M 574
gewisse charakteristische Gemeinsamkeiten mit einer bestimmten
Textform des Exodus-Buches aufweist. Die Treue der Überlieferung
wird hier außerdem durch die im griechischen Bereich völlig isoliert
dastehenden Lesarten des Leidener Ostrakons bezeugt. In anderen
Fällen haben wir es jedoch meiner Meinung nach mit einer eigenständigen liturgischen Überlieferung der betreffenden Texte zu tun.

Noch weit schwieriger ist der Vergleich der nichtbiblischen Texte
von M 574 mit ihren größtenteils bekannten Parallelen im byzantinischen Ritus. Hier stehen ja keine kritischen Ausgaben, sondern nur
die für den praktischen Gebrauch bestimmten liturgischen Bücher
zu Verfügung. Wenn man zudem berücksichtigt, daß diese Texte

über einen langen Zeitraum in zwei voneinander getrennten Kirchen überliefert wurden, dann ist die weitgehende Übereinstimmung zwischen beiden Überlieferungen wiederum höchst eindrucksvoll.

Für eine Reihe von Texten bringt M 574 die griechische und die koptische Version. Der Vergleich der verschiedenen Fassungen zeigt einwandfrei, daß es den Kopten nicht darum gegangen sein kann, eine möglichst buchstabengetreue Übersetzung der griechischen Vorlagen zu erstellen. In einzelnen Fällen ist der griechische Text offensichtlich vom koptischen Übersetzer mißverstanden worden. Grundsätzlich scheinen die Übersetzer aber den koptischen Text nach den Regeln ihrer Sprache gestaltet und dabei für diese Sprache typische Ausdrucksweisen gewählt zu haben. In diesem Sinn möchte ich die schon mehrfach erwähnte Hinzufügung des Possessivums[1] deuten, um nur ein Beispiel zu nennen. Dabei kann man gerade in diesem Fall nicht von einer strengen Regel sprechen. Solche Possessiva sind keineswegs obligatorisch, und so ist der Gebrauch an einigen Stellen in der Tat auch schwankend[2]. Inwieweit bei poetisch geformten Texten auch metrische Regeln für die Gestaltung der koptischen Übersetzung maßgebend waren, kann ich nicht entscheiden[3]. Gerade eine Abweichung von der griechischen Vorlage, wie sie die Hinzufügung des Possessivums darstellt, ist jedenfalls nicht mit Erfordernissen der Metrik, wie wir sie kennen, zu begründen, da es sich beim Possessivartikel um grundsätzlich unbetonte Silben handelt und deren Anzahl zwischen den betonten Silben nach allgemeiner Ansicht für das Metrum irrelevant ist. Der Vergleich von koptischer Übersetzung und griechischer Vorlage zeigt aber auch, daß die Freiheit der koptischen Fassung deutlich verschiedene Grade annehmen kann. Im allgemeinen geben die koptischen Übersetzungen trotz Freiheiten der genannten Art ihre Vorlage noch einigermaßen genau wieder. Eine Ausnahme macht jedoch der koptische Text des »Erhebet euch, Söhne des

---

[1] Vgl. S. 287, 294, Anm. 90, 314, 323, 325 f. und 330.

[2] Vgl. S. 294, Anm. 90, 325 mit Anm. 31, 326 und 330 mit Anm. 47.

[3] Zur koptischen Metrik vgl. ERMAN, *Volkslitteratur* 44–52; JUNKER *Poesie* 353–374 (Separatausg. 35–56); CZERMAK, *Rhythmus* 140 ff.; SÄVE-SÖDERBERGH, *Remarks* und *Studies*, besonders S. 3–27 und 41–84; CRAMER, *Pascha-Bücher* 104–107. Hinzu kommen sporadische Bemerkungen wie die von MÖLLER, *Liederhandschrift* 111; TILL, *Lied* 134 f. und *Kleinliteratur* 108. Ob die neuerdings von FECHT anhand des sogennanten Evangeliums der Wahrheit aufgestellten metrischen Regeln (*Evangelium Veritatis* 377, Anm. 1) für die übrige koptische Poesie Gültigkeit haben, wäre erst noch im einzelnen zu zeigen. Nach meiner Ansicht ist das letzte Wort in der Frage der koptischen Metrik noch nicht gesprochen.

Lichts ...« in Sektion A. Hier repräsentieren der griechische und der
koptische Text zwei deutlich verschiedene Rezensionen, und wir
wissen nur nicht, ob jene Rezension, die wir durch den koptischen Text
(und seine Tochterübersetzungen) kennen, auch in griechischer Sprache
existierte oder erst bei der Übertragung ins Koptische geschaffen
wurde. Ich halte das letztere für weitaus wahrscheinlicher, doch ist
es vorerst nicht zu beweisen.

Über das Verhältnis von saïdischen liturgischen Texten zu den
noch heute gebrauchten bohairischen Paralleltexten können wir
aufgrund der vorliegenden Arbeit nur einige Bemerkungen ganz
allgemeiner Art machen. Die Frage müßte einmal eigens unter Heranziehung möglichst vieler Texte untersucht werden[4]. Die ganz vorläufigen Feststellungen aufgrund eines ersten Vergleiches von M 574
mit den entsprechenden bohairischen Parallelen führen zu keinem
einheitlichen Urteil. In einigen Fällen kann kein Zweifel daran bestehen,
daß der heute gebrauchte bohairische Text nicht auf einen saïdischen
Text zurückgeht, wie ihn M 574 oder andere saïdische Zeugen bieten.
Ob ein solcher bohairischer Text von einer anderen saïdischen Rezension abzuleiten ist, die uns bisher nicht bekannt ist, oder direkt von
einem griechischen Text, läßt sich nicht mit Sicherheit sagen. In
einigen Fällen ist eine direkte Abhängigkeit vom griechischen Text
ohne saïdischens Zwischenglied im höchsten Grade wahrscheinlich.
Daneben gibt es Fälle, wo der bohairische Text eine Vorlage voraussetzt, wie wir sie nun im saïdischen Text von M 574 kennen. Das
schlagendste Beispiele ist die auf die Heiligen bezogene Doxa-Formel[5].

Eine interessante Beobachtung ist bei jenen Abschnitten zu machen,
wo sich ein Text aus strophenartigen Einheiten zusammensetzt, wie
das am Schluß der Sektion D (141,5 ff.) und am Anfang von Sektion F
(146,3–17 bzw. 147,5–18) der Fall ist. Im Gegensatz zu dem, was z. B.
bei den Troparien der Horen des späteren Stundengebetes die Regel
ist, stehen in M 574 die marianischen Strophen voran, und wo es sich
um einen Komplex von drei Strophen handelt (Sektion D), sind es
deren zwei gegenüber einer nichtmarianischen. Zumindestens die
Voranstellung der marianischen Strophe(n) ist aber nicht notwendig
so zu verstehen, als erhielte Maria hier einen ihr nicht zukommenden
Ehrenplatz vor Christus und Gott selbst. Eine solche Reihenfolge

---

[4] Bis heute fehlt jede systematische Untersuchung. Es gibt nur vereinzelte Feststellungen zu bestimmten Texten; vgl. z. B. HAMMERSCHMIDT, *Gregoriusanaphora* 106 f.

[5] Oben S. 236 f.

kann für die Rangfolge je nach Auffassung einen ganz verschiedenen Stellenwert haben. Ob in einer solchen Anordnung Christus »erst an zweiter Stelle« genannt wird oder ob dadurch zum Ausdruck kommt, daß jede Hinwendung zu Maria in letzter Konsequenz zu Christus führt, läßt sich nicht a priori festlegen.

M 574 IN DER GESCHICHTE DES KOPTISCHEN STUNDENGEBETES

Eine genaue Einordnung unserer Handschrift in die Geschichte des koptischen Stundengebetes ist äußerst schwierig. Viele Fragen müssen vorläufig offenbleiben, und auch die Antworen, die man versuchen kann, haben ganz vorläufigen Charakter.

Das koptische Stundengebet kann nicht losgelöst vom byzantinischen betrachtet werden. Das koptische Horologion besteht fast ausschließlich aus Texten, die Parallelen im byzantinischen Horologion haben[1]. Zusätzliche Beziehungen zum byzantinischen Ritus zeigen sich nun in M 574. Wir finden dort Parallelen zu Texten des byzantinischen Ritus, die im späteren koptischen Stundengebet nicht mehr anzutreffen sind. Hier ein zusammenhängender Überblick über die Parallelen zwischen M 574 und dem byzantinischen Ritus. Von den »Ausrufen der Nacht« (Sektion A) besitzen wir zwar zwei griechische Zeugen, nämlich neben dem Text von M 574 noch die New Havener Holztafel[2], aber beide Zeugen stammen aus Ägypten. Eine byzantinische Parallele ist nicht bekannt, und es ist auch wenig wahrscheinlich, daß wir eine solche noch auffinden werden. Die in Sektion A als »Ausrufe der Nacht« zusammengefaßten Texte zeigen nämlich als ganzes eher Verwandtschaft zu den Eröffnungstexten in syrischen Riten. Zwar kommen die Psalmen der »Ausrufe der Nacht«, Ps 133 und 118,169 ff., auch im byzantinischen Mesonyktikon vor, aber in ganz anderem Zusammenhang[3]. In den syrischen Riten dienen sie dagegen wie im koptischen zur Eröffnung der Nachthore[4]. Bei der Sektion B, den Oden, scheint auf den ersten Blick eine größere Nähe zwischen M 574 und dem byzantinischen Ritus als zwischen dem

---

[1] Siehe oben S. 47 ff.
[2] Hubbel, *Liturgy*.
[3] Ps 118,169 ff. sogar nur im Rahmen des gesamten Psalms 118.
[4] Siehe oben S. 164 ff.

späteren koptischen Mitternachtsgebet und dem byzantinischen
Orthros vorzuliegen, insofern M 574 zwei neutestamentliche Cantica,
Lk 1,46–55 und 2,29–32, kennt, von denen ersteres auch im byzan-
tinischen Orthros vorkommt. Wie aber oben ausführlich gezeigt wurde,
sind trotz gegenteiligen Anscheins auch dem späteren koptischen
Stundengebet die neutestamentlichen Cantica keineswegs fremd[5].
Für das Troparion der neutestamentlichen Ode, »Einer aus der Dreifaltigkeit…«, kann ich eine griechische Version nicht einmal für
Ägypten nachweisen. Der Engelshymnus mit dem Würdige-dich
(Sektion C) hat natürlich seine Parallele in der großen Doxologie des
byzantinischen Ritus, aber der Text von M 574 weist schon alle
Eigenheiten der koptischen Fassung gegenüber der byzantinischen
auf. Das Trishagion mit den folgenden Texten (Sektion D) hat wiederum
seine Parallele im byzantinischen Ritus, aber die Texte von M 574
liegen schon ganz auf der Linie der späteren bohairischen Texte.
Die »Ausrufe« der Tageshoren (Sektion E), zum großen Teil Psalmverse, lassen sich sonst nirgendwo in der Funktion wiederfinden,
die sie vermutlich in M 574 haben. Das hier als »Ausruf« der Vesper
vorkommende Würdige-dich folgt aber sowohl in der griechischen
als auch in der koptischen Version genau der Fassung der byzantinischen Vesper. Diese Fassung ist außerhalb von M 574 für Ägypten
sonst nicht bezeugt[6]. Von den Texten der Sektion F sind die beiden
ersten Troparien in ägyptischen Quellen sonst nicht nachzuweisen,
doch haben sie ihre Parallelen im byzantinischen Ritus[7]. Die folgenden
Chairetismoi sind zum Teil auch dem byzantinischen und dem späteren
koptischen Ritus gemeinsam[8]. Daß die Texte der beiden noch
verbleibenden Sektionen G und H, Glaubensbekenntnis und Unser-
Vater, in beiden Riten ihren gesicherten Platz haben, braucht kaum
erwähnt zu werden.

Die aufgezählten byzantinischen Parallelen sind von nicht geringer
Bedeutung, wenn man zwei Tatsachen bedenkt, die wir schon früher
festgestellt haben, daß nämlich der uns interessierende Teil der

---

[5] Siehe oben S. 206 ff.

[6] Die griechischen Texte der Kopten (Inschrift des Weißen Klosters und Pariser kopt.
Handschrift Nr. 68) kennen zwar die typisch koptischen Erweiterungen nicht, aber sie
stimmen deshalb im Würdige-dich noch nicht mit dem trennbaren Würdige-dich der
Ferialform der byzantinischen Doxologie überein wie der Text von M 574 (vgl. oben
S. 284 f.).

[7] Siehe oben S. 312.

[8] Vgl. oben S. 315.

Handschrift M 574 eine Art Vorläufer der späteren »Psalmodie«
darstellt und daß die spätere »Psalmodie« relativ wenig Textgut enthält, das ihr mit dem byzantinischen Ritus gemeinsam ist. M 574
zeigt uns, daß die koptische »Psalmodie« dem byzantinischen Ritus
früher einmal viel enger verwandt war, als ihre heutige Form noch
erkennen läßt. Erst im Laufe der weiteren Entwicklung ist die »Psalmodie« um die Hauptmasse jener Texte bereichert worden, die dem
koptischen Ritus eigentümlich und ohne Parallele im byzantinischen
Ritus ist.

Ein eigenes Problem stellen jene Texte von M 574 dar, die heute
noch eine Parallele im byzantinischen, aber keine solche mehr im
koptischen Ritus haben. Die beiden ersten Troparien der Sektion F
kommen im späteren koptischen Ritus überhaupt nicht mehr vor,
während das Würdige-dich der Vesper aus Sektion E zwar eine gewisse
Parallele im Würdige-dich des koptischen Ritus hat, in dieser speziellen
Form aber genau dem Würdige-dich der byzantinischen Vesper
entspricht und ohne Parallele in koptischen Texten ist. Müssen wir
daraus schließen, daß im koptischen Stundengebet früher noch weit
mehr Texte standen, die ihre Parallele im byzantinischen Stundengebet hatten, daß eine Reihe dieser Texte aber im Laufe der Zeit
wieder ausgeschieden wurde? Oder haben wir es in M 574 mit einer
ganz besonderen Form des koptischen Stundengebetes zu tun, einer
einmaligen Kombination byzantinischer und koptischer Texte, der
keine Zukunft beschieden war? Obwohl ich eine sichere Antwort
nicht geben kann, neige ich doch mehr der zweiten Möglichkeit zu.
Wir haben meines Erachtens in M 574 nicht einfach eine ältere Form
des koptischen Stundengebetes vor uns, von der sich die spätere u. a.
eben dadurch unterscheiden würde, daß die fraglichen Texte inzwischen
außer Gebrauch gekommen wären. Vielmehr glaube ich, daß M 574
uns wirklich nur eine zeitweilige Verbindung von byzantinischen
und koptischen Elementen belegt. Entscheidend ist für mich hier die
Tatsache, daß die Handschrift von ein und demselben Text, nämlich
dem Würdige-dich, die charakteristischen Formen der beiden Riten
enthält, die koptische Form im vollständigen Text des Engelshymnus
(Sektion C) und das trennbare Würdige-dich der Ferialform der byzantinischen Doxologie unter den »Ausrufen« der Tageshoren (Sektion E).
Das Nebeneinander dieser beiden Formen ist weder als Ausgangspunkt
noch als Ergebnis einer organischen Entwicklung zu begreifen. Hier
muß es sich um eine künstliche Zusammenstellung handeln, die nur

unter besonderen Umständen erfolgt sein kann. Daß eine solche
Sonderform dann nicht die ganze weitere Entwicklung des koptischen
Stundengebetes geprägt hat, ist beinah zu erwarten. Die hier getroffene
Feststellung mahnt natürlich zu großer Vorsicht, wenn man aus dem
Befund von M 574 Folgerungen für die Geschichte des koptischen
Stundengebetes ziehen will. Nur dort, wo sich Verbindungslinien zu
älteren oder jüngeren Formen des koptischen Stundengebetes ziehen
lassen, können uns Eigentümlichkeiten von M 574 zu einigermaßen
gesicherten Schlußfolgerungen berechtigen. Solange Einzelzüge von
M 574 völlig isoliert dastehen, können wir sie nicht als charakteristisch
für das koptische Stundengebet der Zeit ansehen.

Der byzantinische Einfluß macht sich in M 574 aber nur in den
hier behandelten Texten der Seiten 127–149 und 176,14–178 geltend,
die allem Anschein nach für das tägliche Stundengebet bestimmt
waren. Die übrigen Teile sind völlig frei davon. Sowohl bei den »Hermeniai« des ersten Teiles[9] als auch bei den später folgenden alphabetisch-akrostichischen Hymnen haben wir es mit typisch ägyptischen
Texten zu tun. Die zuletzt genannten Hymnen sind zweifellos ein
original ägyptisches Gewächs. Sie preisen neben Christus und Maria
auschließlich speziell in Ägypten verehrte Heilige, und die streng
durchgeführte Akrostichie einer solchen Textmasse ist bei einer
Übersetzung kaum denkbar. Beide Textgruppen waren nun offensichtlich dem Offizium (oder der Messe) einer bestimmten Epoche
eigen; weder von der einen noch von der anderen lassen sich auch
nur Splitter noch in der heutigen Liturgie wiederfinden. Von den
alphabetisch-akrostichischen Hymnen ist sogar zu vermuten, daß
sie im Faijum selbst entstanden sind[10] und so vielleicht auch nie
darüber hinaus verbreitet waren. Somit stellt sich in M 574 eine
höchst eigenartige Textsammlung vor. Die Hauptmasse der Texte
ist ägyptischen Ursprungs; ihre Verwendung war zeitlich und vielleicht
auch lokal begrenzt. Es sind dies Texte, die für einzelne Tage oder
Zeiten des liturgischen Jahres bestimmt waren. Auch unter den für
das tägliche Offizium bestimmten Texten, mit denen wir uns hier
speziell beschäftigen, steht eine Textgruppe, die »Ausrufe« der Tageshoren, die ohne direkte Parallele im späteren koptischen Stundengebet
oder außerhalb Ägyptens ist. Die Hauptmasse dieser Texte des täglichen Stundengebetes hat aber sehr wohl ihre Parallelen im späteren

---

[9] Siehe oben S. 97 ff.
[10] Vgl. unten S. 388 f.

koptischen und im byzantinischen Stundengebet. Einmalig an dieser
Textgruppe ist die auffällige Symbiose, die hier typisch koptische und
typisch byzantinische Texte eingegangen sind. Und als diese besondere
Kombination koptischer und byzantinischer Texte hat unser Abschnitt aus M 574 vielleicht gleichfalls nur eine lokal begrenzte Verbreitung gefunden, jedenfalls hat sie sich auf die Dauer nicht durch-
setzen können.

Über das Alter der Textsammlung in dem hier behandelten Teil
der Handschrift M 574 als solcher läßt sich vorläufig nichts sagen.
Mit Mühe kann man bei diesem oder jenem Einzeltext eine ungefähre
Angabe über das Alter machen. Ausnahmsweise bietet uns die Bezeugung der Sektion A auf der New Havener Holztafel des 6. Jahrhundert für diese Textgruppe einen vagen Terminus ante quem[11].
Der Anfang der Chaire-Anrufungen in Sektion F stammt nach Baumstark aus dem 4. oder beginnenden 5. Jahrhundert[12]. Wenn aber
die in M 574 auf diesen Abschnitt folgenden Zeilen 141,5–8 und 13
tatsächlich Kosmas den Meloden zum Autor haben sollten, in dessen
Werke sie in fast wörtlich übereinstimmender Form aufgenommen
sind[13], dann kann diese Kombination auch im besten Fall nur anderthalb Jahrhunderte älter sein als die Handschrift M 574 selbst. Das
Troparion »Einer aus der Dreifaltigkeit...« zur neutestamentlichen
Ode könnte meines Erachtens aus dem 5./6. Jahrhundert stammen[14].

Eine bessere Kenntnis der Geschichte der Prim in Orient gäbe uns
vielleicht noch die Möglichkeit, aus dem Vorkommen des Horentitels »Prim« in M 574 Folgerungen für das Alter unserer Textsammlung
zu ziehen. Dabei bereitet die Untersuchung der Prim selbst schon
spezielle Schwierigkeiten. Eben in M 574 haben wir feststellen müssen,
daß in dieser Handschrift zwar der Horentitel »Prim« gebraucht wird
(141,21), daß es deshalb aber noch nicht sicher ist, ob damit wirklich
eine Prim im herkömmlichen Sinn gemeint ist[15]. Und was soll man
überhaupt unter »Prim« verstehen? Eine Hore, die zur ersten Tages-
stunde gehalten wird? Oder eine Hore, die »nur eine Dublette des
Morgenoffiziums«[16] ist? Im Westen gehört eine Hore, die den Namen

---

[11] So die Datierung bei HUBBEL, *Liturgy* 71.

[12] BAUMSTARK, *Frühchristl. Theotokion* 52 f.

[13] PG 98, 481 C; nicht bei CHRIST-PARANIKAS, *Anthologia* 193. Der gemeinte Abschnitt
führt bei den Kopten auch eine unabhängige Existenz; vgl. oben S. 308, Anm.

[14] Vgl. oben S. 268 f.

[15] Vgl. oben S. 188 ff.

[16] MATEOS, *Office chaldéen* 258.

»Prim« führt und tatsächlich nur ein zweites Morgenoffizium ist, schon im 6. Jahrhundert fest zum Offizium[17]. Im Osten taucht die Bezeichnung »Prim« dagegen erst viel später auf. Ob es dort schon früher eine Art zweites Morgenoffizium gab, ist eine Frage der Interpretation. Wenn man auf der einen Seite die »Vigil« der antiochenischen und syro-palästinischen Mönche vom »Nacht«-Offizum der ägyptischen Mönche herleitet[18], andererseits aber bedenkt, daß dieses ägyptische Offizium die eigentliche Morgenhore ist, mit der das Tagewerk der Mönche beginnt[19], dann sind die Morgenhoren der Mönche von Antiochen[20], Palästina und Syrien[21] schon Verdoppelungen der ursprünglichen Morgenhore. Dazu würde auch Mateos' Feststellung passen, daß das Morgenoffizium der antiochenischen Mönche »recht kurz« war[22]. Es wäre doch verwunderlich, wenn das eigentliche Morgenoffizium, mit dem die Mönche den Tag beginnen, von auffälliger Kürze gewesen sein sollte. Dennoch möchte ich nicht allzusehr darauf insistieren, daß diese Morgenhore mit der uns geläufigen Prim in Parallele zu setzen sei. Da hier — so meine Auffassung — das alte Morgenoffizium, wie es auch in den Gemeinden gepflegt wurde, durch Adaptation an das Mönchsleben zu einer »Vigil« geworden war, kann man das dann neugeschaffene Morgenoffizium so oder so beurteilen. Das wohl älteste mir bekannte Vorkommen der Bezeichnung πρώτη stammt aus dem 8. oder 9. Jahrhundert; ich meine die unter dem Namen von Theodor Studites laufende Ὑποτύπωσις καταστάσεως des Studiu-Klosters, die aber nach allgemeiner Ansicht in dieser Form nicht von Theodor selbst herrührt[23]. Zudem steht der fragliche Passus über die Prim nur in der Vatopedi-Handschrift aus dem 13./14. Jahrhundert[24], nicht in der vatikanischen Handschrift aus dem Jahre 1085/86[25]. In einem palästinischen Horologion des 9.

[17] *Bened. Reg.*, Kap. 15–18 mehrfach, vgl. Ed. HANSLIK im Index 289b; Magister-Regel, Kap. 19,1 und oft, vgl. den Index *Règle du Maître* III 351 (die Frage nach der Priorität von Benedikt- und Magister-Regel braucht uns hier nicht zu beschäftigen); Aurel. v. Arles, Reg. ad. mon. 28 (PL 68, 391B).

[18] MATEOS, *Office monastique* 68.

[19] Vgl. oben S. 151 ff.

[20] MATEOS, *Office monastique* 57 f. und 59–64.

[21] Ebd. 66 f. und 68.

[22] Ebd. 58 und 64.

[23] BECK, *Kirche* 494.

[24] DMITRIEVSKIJ, *Opisanie* I 230.

[25] Cod. Vat. gr. 2029 (PG 99, 1708); vor und nach dem fraglichen Abschnitt der Vatopedi-Handschrift stehen dort die Abschnitte, die den Nummern 10 und 11 der vatika-

Jahrhunderts ist die Prim selbst belegt[26]. Auch andere orientalische Riten dürften kaum vor dem byzantinischen eine Prim gekannt haben[27]. Die Bezeichung πρωτα in M 574 — welche Hore auch

nischen entsprechen. Man beachte auch, daß der fragliche Abschnitt mit Γνωστέον beginnt, was bei keinem Abschnitt der vatikanischen Handschrift der Fall ist; dabei beginnen fast alle Abschnitte mit bestimmten stereotypen Formeln.

[26] Cod. Sin. gr. 863; MATEOS, *Horologion* 48: ἡ πρώτη ὥρα τῆς ἡμέρας. Die Komplet heißt in dieser Handschrift ἡ πρώτη ὀψέ (ebd. 58).

[27] In den syrischen Riten fehlt diese Hore überhaupt. Im armenischen Ritus entspricht der Prim anderer Riten die »Sonnenaufgangshore« (*արեւագալի ժամ*). Wann sie dort eingeführt wurde, läßt sich meiner Meinung nach nicht mit Sicherheit sagen. Wenn BAUMSTARK dies in der ersten Hälfte des 7. Jh. unter Katholikos Esra geschehen sein läßt (*Literaturen* 76 f.), dann wird er sich auf eine Angabe im 24. Kanon der Synode von Dwin beziehen (Joh. v. Odsun, *Opera* 70; vgl. auch ebd. 230), die er jedoch mißverstanden hat. Joh. v. Odsun spricht dort vom »Sonnenaufgangs*psalm*« (vgl. auch *Opera* 48, 64 und 66; an der letztgenannten Stelle steht das Wort im Plural; sollte *սաղմոսն* ein Fehler für *սաղմոսն* sein?). Die Stelle bei Joh. v. Odsun, *Opera* 48 übersetzt allerdings auch der Herausgeber Aucher als »Ortûs Solis officium« und erklärt dies als »Prim« (ebd. 49 mit Anm. 3). Diese Übersetzung ist jedoch unzutreffend, und entsprechend hat auch CONYBEARE, der sonst Auchers Übersetzung übernimmt, diese Stelle stillschweigend verbessert (*Rituale* 491). Bei dem »Sonnenaufgangspsalm« handelt es sich in Wirklichkeit um einen Psalm am Ende der »Morgenhore« (*առաւոտեան ժամ*); vgl. dazu HANSSENS, *Matines* 19, Anm. 11 und HACʿUNI, *Geschichte* 197. HACʿUNI sagt zudem ausdrücklich, daß Joh. v. Odsun die »Sonnenaufgangshore« nicht erwähnt (*Geschichte* 31). Andererseits ist Hacʿuni der Meinung, daß die armenische Prim ungefähr um diese Zeit (Anfang 8. Jh.) eingeführt worden sein muß; sie wird nach ihm nur »wenige Jahre später« von Stephan v. Siunik bezeugt (ebd.; ausführlicher S. 198; vgl. außerdem S. 37 und 42). Das 5. Kapitel in Stephan v. Siuniks *Erklärung* (S. 492 f.) ist für HACʿUNI das älteste Zeugnis für die armenische Prim (*Geschichte* 198). Hinzunehmen wäre noch (vgl. ebd. 37 und 198) der weithin wörtlich übereinstimmende Abschnitt in einer Schrift Joh.' v. Odsun *De Officiis Ecclesiae* (*Opera* 204 f.), die nach Hacʿuni von einem Pseudo-Johannes des 9. Jh. stammt. Ich habe aber starke Zweifel, ob diese Kapitel über das »Morgengebet (*առաւոտին աղօթք*), das gegen Sonnenaufgang (*արեւագալ*) verrichtet wird« (so bei [Ps.]-Joh. v. Odsun), tatsächlich die »Sonnenaufgangshore« behandeln. Irgendwelche Angaben über einzelne Teile dieses »Morgengebetes« fehlen völlig, und es wird ausschließlich erklärt, daß »dies Gebet die Wiederkunft Christi bedeutet« (so bei [Ps.]-Joh. v. Odsun). Nach einer anderen Stelle in derselben Schrift steht die Wiederkunft Christi zum »Morgendienst« (*առաւոտին պաշտօն*) in Beziehung (*Opera* 194), womit eher die »Morgenhore« als die »Sonnenaufgangshore« gemeint sein dürfte. All diese Ausführungen sind aber sehr dunkel, und ich muß offen gestehen, daß ich bisher zu keiner sicheren Deutung gekommen bin. In beiden Schriften werden Texte, die zu den sonst »(Mitter)nacht« und »Morgen« genannten Horen gehören, in einer Weise behandelt, daß man meinen könnte, sie müßten alle zu einer einzigen »Nacht«-Hore gehören (vgl. auch oben S. 151, Anm. 15). Besonders der änigmatische Ausdruck *Հարցումն երեքորդ ժամուն* bei Stephan von Siunik im Titel des Abschnitts über das bei »Sonnenaufgang« zu verrichtende »Morgengebet« (*Erklärung* 492) könnte dann für die Existenz einer

immer damit gemeint sein mag — setzt nun sicher eine fest eingebürgerte griechische und wohl außerhalb Ägyptens entstandene
Terminologie voraus, da es sonst nicht verständlich wäre, warum in
diesem Dokument, in dem alle Horen koptische Namen tragen[28],
ausgerechnet die Bezeichnung »Prim«, die in der gesamten Literatur
der Kopten in griechischer, koptischer und arabischer Sprache völlig
isoliert dasteht, in griechischer Sprache gegeben wird. Die Textsammlung als ganze, die M 474 uns überliefert hat, kann somit nicht wesentlich älter sein als die Handschrift selbst, die aus dem letzten Jahrzehnt
des 9. Jahrhunderts stammt.

Die Bezeichnung »Prim« ist, wie schon mehrfach hervorgehoben,
in der gesamten ägyptischen Überlieferung außerhalb unserer Handschrift M 574 nicht ein einziges Mal nachzuweisen. Das Vorkommen
dieses Horentitels unterstreicht also die schon getroffene Feststellung,
daß das Offizium von M 574 eine Sonderstellung in der Geschichte
des koptischen Stundengebets einnimmt. Es ist so gut wie ausgeschlossen, daß M 574 *das* ägyptische Offizium des ausgehenden 9.
Jahrhunderts repräsentiert. Es ist schwer vorstellbar, daß eine Horenbezeichnung, die einmal allgemein in Gebrauch war, so vollkommen
aus allen späteren Zeugen des Stundengebetes und der gesamten
Literatur verschwunden sein sollte. So ergibt sich erneut, daß das
Offizium von M 574, wie es als solches keine allzu lange Lebens-
dauer hatte, auch nur eine örtlich beschränkte Verbreitung gekannt
haben kann.

Die Verbreitung dieses Offiziums zeitlich und örtlich genauer
abzugrenzen ist vorerst nicht möglich. Wenn man von den Daten
der Handschrift ausgeht, kann man sagen, daß die Offizium gegen
Ende des 9. Jahrhunderts im Michaels-Kloster im westlichen Faijum
in Gebrauch gewesen sein wird. Daß dies Offizium als ganzes nicht
sehr viel älter sein kann, haben wir soeben schon festgestellt. Wie
lange es in dieser Form in Gebrauch war, wissen wir nicht. Ob es nur
in dem Kloster, für das die Handschrift geschrieben wurde, bekannt
war, wissen wir ebenfalls nicht. Es ist jedoch nicht unwahrscheinlich,
daß es auch in anderen Klöstern des Faijum gepflegt wurde, doch

eigenständigen Prim sprechen. Man wird ihn nämlich als »Frage über die zweite Hore«
verstehen müßen; die auch mögliche Übersetzung »zweite Frage über die Hore« ist im
vorliegenden Zusammenhang recht unbefriedigend. Doch wäre wieder zu fragen, aus
welcher Zeit und von wem die uns erhaltene Formulierung des Titels stammt.

[28] Nur die Vesper trägt neben der koptischen Bezeichung »Abendstunde« (141,18)
auch die kombiniert griechisch-koptische »Lychnikon der Abendstunde« (143,1).

glaube ich nicht, daß es außerhalb des Faijum eine weitere Verbreitung
gefunden haben könnte.

Wenn im Vorhergehenden mehrfach der Sondercharakter des
Offiziums von M 574 unterstrichen wurde, so darf man darüber nicht
aus den Augen verlieren, daß dies Offizium in den Texten, die M 574
uns überliefert hat, dem späteren Offizium, wie es nach Ausweis der
Handschriften spätestens seit dem 14. Jahrhundert, höchstwahrscheinlich aber schon wesentlich früher bestanden hat, sehr nahe
steht. Wir können aber, was die Eigenheiten betrifft, die dies Offizium
von dem späteren gemeinägyptischen unterscheiden, nur in sehr
begrenztem Maße feststellen, inwieweit es sich dabei um lokale Sonder-
bräuche des Faijum handelt und inwieweit um allgemeine Züge des
Offiziums der Zeit, die im Verlaufe der weiteren Entwicklung verlorengegangen sind oder entsprechende Veränderungen erfuhren. Von der
Horenbezeichnung »Prim« etwa meine ich, daß sie niemals in ganz
Ägypten bekannt war. Umgekehrt bin ich davon überzeugt, daß das
Vorkommen der neutestamentlichen Cantica unter den Oden des
Stundengebetes nicht nur ein lokaler Brauch des Faijum war. Wenn
sich aber diese neutestamentliche Ode in M 574 nur aus zwei neutestamentlichen Cantica zusammensetzt, dann bleibt es unklar, ob
sich darin der gemeinägyptische Brauch der Zeit wiederspiegelt oder
ein lokaler Sonderbrauch des Faijum vorliegt. Ein solcher Sonderbrauch
könnte weiterhin entweder eine eigene Entwicklung darstellen oder
aber die Bewahrung eines älteren Zustandes, während im Lande sonst
schon ein anderer Entwicklungsstand mit allen drei neutestamentlichen Cantica als Ode im Nachtoffizium erreicht war. Daß von einem
bestimmten Zeitpunkt an alle drei neutestamentlichen Cantica die
Ode bildeten, ergibt sich aus dem Befund des späteren Stundengebetes.

Wenn das Offizium von M 574 dem modernen koptischen Stunden-
gebet schon recht nahe zu stehen scheint, so können wir zu älteren
Formen des Stundengebetes keinerlei Beziehungen herstellen. Ältere
Textsammlungen nach Art des hier behandelten Abschnittes aus
M 574 fehlen uns völlig, und aus den wenigen verstreuten Nachrichten
über das ältere Stundengebet können wir uns keine präzise Vor-
stellung von diesem machen. Ausführlichere, wenn auch in vielen
Punkten unklare Beschreibungen haben wir nur vom gemeinsamen
Gebet der Mönche des 4. und 5. Jahrhunderts. Vom gemeinsamen
Gebet des älteren ägyptischen Mönchtums führt aber kein direkter

Weg zum späteren koptischen Stundengebet, dem man auch schon die spezielle Form von M 574 zurechnen muß.

Ein evidentes Faktum ist, daß das koptische Stundengebet später in stärkstem Maße vom byzantinischen beeinflußt wurde[29]. Wann und wie sich dieser Einfluß im einzelnen ausgewirkt hat, entzieht sich einmal mehr unserer Kenntnis. M 574 bestätigt uns aber, was ohnehin zu vermuten wäre, daß sich dieser Prozeß vor Ende des 9. Jahrhunderts vollzogen haben muß. Wenn wir in M 574 zusätzlich byzantinische Elemente feststellen können, die dem späteren Stundengebet fremd sind, so handelt es dabei meiner Meinung nach um eine besondere Form des ägyptischen Offizium, die nicht für das ägyptische Stundengebet der Zeit typisch ist.

---

[29] Das ist hier rein beschreibend gemeint: das koptische Stundengebet hat Einflüsse erfahren, die es in enge Verwandtschaft zum byzantinischen rücken. Inwieweit vielleicht beide Riten von einer dritten Größe abhängig sind, soll hier nicht untersucht werden; vgl. auch oben S. 47 ff. Ich halte direkten Einfluß des byzantinischen Ritus für weitaus wahrscheinlicher.

TEXTAUSGABE

In die folgende Ausgabe sind außer den Seiten 127–149 und 176,14–178 von M 574 einige weitere Textzeugen aufgenommen, die für die Geschichte des koptischen Stundengebetes oder die Überlieferung einzelner Texte, die auch im Stundengebet Verwendung finden oder fanden, interessant sind. Diese Texte sind hier teilweise erstmals veröffentlicht, teilweise handelt es sich um verbesserte Neuausgaben. Von dem schon zweimal veröffentlichten Berliner Blatt P. 8099 wird hier nur eine Kollation der Junkerschen Ausgabe nach dem Original gegeben; den vollständigen Text erneut abzudrucken schien nicht nötig. Was die Oxforder Blätter Clar. Press b.3 und die Pariser Handschrift Nr. 68 betrifft, so sind außer den unten wiedergegebenen Texten schon oben bei der Behandlung der entsprechenden biblischen Passagen einzelne Lesarten zitiert worden. Eine vollständige Wiedergabe dieser Texte schien gleichfalls nicht angezeigt. Von einigen häufigen liturgischen Texten wird unten der vollständige Wortlaut verschiedener Zeugen mitgeteilt. Es geht bei diesen Texten nicht darum, eine kritische Ausgabe herzustellen; vielmehr soll in erster Linie gezeigt werden, wie diese Texte bei den Kopten überliefert wurden. Jedem Text wird eine Einleitung vorausgeschickt, die die nötigen Daten bietet und gegebenenfalls die Textherstellung rechtfertigt. Die Einleitungsfragen zur Handschrift M 574 sind schon oben behandelt und werden hier natürlich nicht erneut aufgenommen. Andererseits wird im Zusammenhang mit der Textausgabe die Sprache dieses Dokuments näher untersucht. Eine allgemeine Charakteristik wurde schon oben gegeben.

DIE HANDSCHRIFT M 574
DER PIERPONT MORGAN LIBRARY
(pag. 127–149 und 176,14–178)

DIE SPRACHE DES TEXTES

Im folgenden soll in erster Linie die Sprache jenes Teiles der Handschrift M 574 dargestellt werden, der uns hier besonders interessiert und der auch anschließend veröffentlicht ist (pag. 127–149 und 176,14–178). Stellen aus den übrigen Teilen der Handschrift werden nur gelegentlich herangezogen, ausnahmsweise auch solche aus der Handschrift M 575. Diese Handschrift ist 892/93 geschrieben. Beide Handschriften sind also mit einem zeitlichen Abstand von nur wenigen Jahren entstanden und auch sprachlich eng verwandt.

Es werden zunächst die griechischen Partien des Textes behandelt. Diese zeigen noch eine relativ korrekte Sprache, wenn man sie mit jüngeren koptischen Handschriften, die griechische Abschnitte enthalten, vergleicht[1]. Es zeigen sich aber schon allenthalben die Zersetzungserscheinungen, die für das Griechische Ägyptens bald nach der arabischen Eroberung kennzeichnend werden. Ein Großteil der Abweichungen vom klassischen Sprachgebrauch liegt auf dem Gebiet

---

[1] Weit stärker entstellt sind beispielsweise die griechischen Texte in dem von JUNKER-SCHUBART herausgegebenen *Kirchengebet*, das aus nicht viel späterer Zeit als M 574 stammen wird. Diese Handschrift bietet aber noch keineswegs das schlechteste Griechisch das in koptischer Überlieferung auf uns gekommen ist. Es gibt Fälle, in denen das Verständnis und eine befriedigende Rekonstruktion des griechischen Textes trotz beigegebener koptischer Übersetzung praktisch ausgeschlossen scheint. Zahlreiche Texte dieser Art enthält die unveröffentlichte Pariser Handschrift Nr. 68 (vgl. unten S. 488 ff.). Allgemein läßt sich sagen, daß von einem gewissen Zeitpunkt an liturgische Handschriften mit griechisch-koptischen Texten ein deutliches Gefälle an sprachlicher Korrektheit vom Koptischen zum Griechischen aufweisen. Damit zeigt sich klar, daß die Schreiber (und vermutlich auch Benutzer) dieser Handschriften das Griechische, wenn überhaupt noch, weit schlechter als das Koptische verstanden. Dasselbe Phänomen beobachtet man in den jüngeren Handschriften bezüglich des Koptischen und Arabischen. Inzwischen ist das Koptische als gesprochene Sprache vom Arabischen verdrängt, und die koptischen (jetzt bohairischen) Texte vieler liturgischer Handschriften sind nun sprachlich recht verwildert, während ihre arabischen Übersetzungen demgegenüber fast durchweg korrekt und verständlich sind und bisweilen allein das Verständnis ihrer koptischen Vorlagen erschließen können.

der Orthographie, doch kommen daneben auch zahlreiche andere Fehler vor. Eine sichere Beurteilung aller Phänomene ist mir nicht möglich. Es fehlen auch bis heute systematische Untersuchungen über die griechischen Texte später koptischer Handschriften[2]. Eine schwierige Frage ist schon, inwieweit wir überhaupt an diese Texte den Maßstab der klassischen Grammatik anlegen dürfen. Was auf der Linie der Weiterentwicklung der griechischen Sprache liegt und in den Texten der Zeit mit einer gewissen Regelmäßigkeit zu beobachten ist, kann man nicht einfachhin als Fehler ansehen und nach den Regeln der klassischen Sprache verbessern[3]. Man müßte wissen, welche Sprachform ein Schreiber als Ideal hatte und an welche Formen er im Einzelfall gedacht hat[4]. Wollte der Schreiber unserer Handschrift etwa, um nur ein derartiges Beispiel zu nennen, in ΜΕΤΑ ΑШΚΟΥ (= τόκου; 146,28) einen Genitiv setzen, oder hat er, wie auch sonst mehrfach, ΟΥ für Ο geschrieben und das Ν der Akkusativendung weggelassen? Dabei erhebt sich aber die weitere Frage, ob eine solche atomisierende Betrachtungsweise diesem »Griechisch« überhaupt angemessen ist. Wäre es nicht ebenso möglich, daß den Kopten der Zeit die Kenntnis der griechischen Sprache weithin und das Gefühl für die Bedeutung der Flexion völlig verloren gegangen war?

Meine eigene Meinung geht nun auch in der Tat dahin, daß die vielen nicht korrekten Formen unserer Handschrift von einer weitgehenden Unkenntnis der griechischen Sprache zeugen, die in Ägypten schon wenige Jahrhunderte nach der Eroberung durch die Araber geherrscht haben muß. Die Schreiber, vermutlich auch Benutzer solcher Handschriften können keine lebendige Kenntnis der griechischen Sprache mehr gehabt haben. Durch die zahlreichen grie-

---

[2] Etwas ausführlicher sind HESSELING, Rez. Pleyte-Boeser und JUNKER-SCHUBART, Kirchengebet 2–5. Sonst sind mir nur noch Einzelbemerkungen bekannt wie etwa BAUMSTARK, Passionsgesänge 71 (mit wichtigen grundsätzlichen Überlegungen).

[3] BAUMSTARK macht geltend, daß das Griechische Ägyptens auf dem Weg zu einer hellenistischen Sondersprache war, die sich bei voller Entwicklung zum Altgriechischen verhalten haben müßte wie eine romanische Sprache zum Lateinischen (Passionsgesänge 71). Daraus ergibt sich aber unmittelbar nichts für das Sprachniveau der liturgischen Texte. Weder hat der byzantinische Ritus in Griechenland jeden Schritt zum Neugriechischen hin noch der lateinische etwa in Italien jeden Schritt zum Italienischen hin mitgemacht. Vielmehr sind die liturgischen Sprachen beider Riten, obwohl sie weder das streng klassische Griechisch noch das streng klassische Latein sind, jeweils der klassischen Sprachstufe bis heute aufs engste verbunden geblieben.

[4] BAUMSTARK ging soweit, etwa ΓΕΓΟΝΑϹ als γεγόνας beizubehalten, anstatt es in γεγονώς zu korrigieren (Passionsgesänge 71 und 75).

chischen Texte und Formeln in der Liturgie waren sie zwar noch mit griechischen Wörtern vertraut — wieweit sie verstanden, ist eine andere Frage —, aber der Mechanismus von Deklination und Konjugation war ihnen längst fremd. So dürfte für sie auch, um zunächst beim obigen Beispiel zu bleiben, TOKOY ebensogut wie TOKON für TOKOC stehen können[5]; die verschiedenen Endungen hatten für sie keine Bedeutung mehr. Gerade die Vertauschung von verschiedenen Formen ein und desselben Wortes ist charakteristisch für dieses »Griechisch«. Dabei werden gewöhnlich Formen gebraucht, die sehr wohl existieren, aber eben nicht in den jeweiligen Zusammenhang passen[6]. Wenn den Kopten die verschiedenen Formen eines griechischen Wortes praktisch gleichwertig wurden, so ist sicher die Struktur ihrer eigenen Sprache nicht ohne Einfluß hierauf gewesen. Es sind eben die Endungen der griechischen Nominal- und Verbalflexion, die im Koptischen ohne Parallele sind. Kasusendungen kennt das Koptische bekanntlich überhaupt nicht, besondere Pluralformen der Nomina sind die Ausnahme. Auch die Konjugation weist entscheidende Unterschiede zu der des Griechischen auf. Den Endungen des Griechischen entsprechen — grob gesagt — im Koptischen Morpheme, die dem Infinitiv oder

[5] Wobei noch — dies eine rein graphische Erscheinung — die Zeichen der stimmlosen mit denen der stimmhaften Verschlußlaute und die Zeichen für die früher einmal differenzierten o-Laute vertauscht werden können.

[6] JUNKER-SCHUBART haben, wie ich meine, den Tatbestand zutreffend beurteilt, und ich erlaube mir, mit einem längeren Zitat näher zu zeigen, wie sie die Griechisch-kenntnisse des Schreibers, der für den von ihnen herausgegebenen Text verantwortlich war, einschätzten: »Von den Unterschieden der Kasus hat der Schreiber keine Vorstellung; oft genug braucht er das Substantiv in einem anderen Kasus als den zugehörigen Artikel. Alle denkbaren Verwechslungen von Nominativ, Genitiv, Dativ und Akkusativ kommen vor, und wenn unter ihnen die Vertauschung von Nominativ und Akkusativ mit dem Genitiv besonders häufig erscheint, so wäre es doch verkehrt, in diesem Unsinn eine Methode zu suchen. Vielmehr gebraucht er diejenige Form des Wortes, die ihm in der betreffenden Wortfolge oder aus anderen Liturgien geläufig ist. Die Formen an sich sind ihm bekannt, wenn auch in der Hauptsache nur durch Auswendiggelerntes ... Auch die Formen des Singulars und des Plurals kann er nicht unterscheiden. Ebenso liegt es bei den Formen der Konjugation. Auch hier beruhen fast alle Fehler ... auf einer völligen Unkenntnis der Bedeutungen. Indikativ, Imperativ, Infinitiv und Partizipium kann er nicht unterscheiden und gebraucht wie oben diejenige Form, die ihm geläufig ist. In einigen Fällen hat er sogar statt einer Verbalform ein Substantiv gesetzt und umgekehrt, ohne Zweifel, weil ihm Formen aus anderen Gebeten im Sinne waren, oder auch nur, weil eine ähnlich endende Form vorherging. Damit ist aber erwiesen, daß er nichts von den Formen verstand« (*Kirchengebet* 2 f.). Das könnte man ganz ähnlich auch von den griechischen Partien unserer Handschrift sagen, nur daß Fehler dieser Art hier weit weniger zahlreich sind.

Qualitativ präfigiert werden, und die zahlreichen griechischen Verben, die im Koptischen als Lehn- und Fremdwörter gebraucht werden, erscheinen dort unter einer einzigen unveränderlichen Form, ohne durch Endungen abgewandelt zu werden. Es wäre dann abwegig, aufgrund von Formen, die in den ägyptisch-griechischen Texten vom Gebrauch der klassischen Sprache abweichen, Änderungen im Formenbestand von Deklination und Konjugation feststellen zu wollen, und weithin selbst nutzlos, hierin — solche Formen als fehlerhaft anerkannt — orthographische und phonetische Gesetzmäßigkeiten zu suchen. Wenn der Schreiber etwa ΤΗС ΑΓΙΑС für τοῖς ἁγίοις setzt (141,13), dann hat er meiner Meinung nach einfach zwei Formen dieses Adjektivs durcheinandergeworfen, vielleicht mit davon beeinflußt, daß τῆς und τοῖς unterschiedslos mit i gesprochen wurden, und es wäre verfehlt, hierin eine Verwechslung von i- und a-Laut zu konstatieren, obwohl diese (in umgekehrter Richtung) noch ein zweites Mal vorkommt: CΤΑΥΡШΘΕΝΤΑ für σταυρωθέντι (143,4); auch im zweiten Fall handelt es sich nach meinem Urteil um nichts anderes als die Verwechslung verschiedener Kasus desselben Wortes, hier vielleicht noch begünstigt durch das Übergewicht des Akkusativs über die anderen obliquen Kasus im späteren Griechisch. Wie wenig den Kopten die Endungen griechischer Wörter bedeuteten, sieht man umgekehrt daraus, daß sie bei verschiedenen Formen, die dem Zusammenhang nach parallel zu denken sind, ganz verschiedene Endungen verwenden. Am sprechendsten ist hier der Abschnitt 143,2–7, wo es nicht einmal möglich ist, ohne eine gewisse Willkür einen sinnvollen Text zu rekonstruieren. Auf diesen sechs Zeilen wechseln — andere Fehler außer acht gelassen — die Verbalformen von der 1. Person Singular in die 1. Plural, dann in die 3. Plural, um schließlich zur 1. Singular zurückzukehren. Andere »orthographische« Fehler erklären sich aus dem Einfluß geläufiger Wörter. So möchte ich etwa in ΑШϨΑΛШΓΙΑ (= δοξολογίαν; 127,12) das fehlerhafte a damit erklären, daß der Schreiber an das ihm geläufige δόξα gedacht hat. Einen ganz analogen Fall haben wir in ΑΓΙΑ · ΤΕΡΑ (= ἁγιωτέραν; 146,4), wo zudem der Trenner noch deutlich zeigt, daß der Schreiber ἁγία oder ἅγια vor Augen hatte. Falsch gesetzte Trenner sind übrigens sehr häufig und erklären sich weithin in der angegebenen Weise. Wenn Ἐγγισάτω δή in der Feder unseres Schreibers ΕΓΙСΑ · ΤШΑΗ wird (128,6), so sicher nur deshalb, weil dieser in ΤШΑΗ das ihm ge-

läufige griechische ᾠδή mit dem koptischen Artikel[7] wiederzuerkennen
glaubte. Hier noch als Probe eine volle Zeile der Handschrift:
ⲕⲁⲧⲁⲕⲣⲓⲙⲁ·ⲧⲁⲥⲟⲩ·ⲃⲟⲏⲑⲓ·ⲥⲏⲙⲉ (128,26). Das steht für καὶ
τὰ κρίματά σου βοηθήσει μοι (Ps 118,175b). Die Worttrennung ist
offensichtlich von den Wörtern κατάκριμα und βοήθει inspiriert.
Hatten wir es hier schon mit Formen zu tun, die zwar nicht mehr
zum gleichen Wort gehören, in denen aber noch in irgend einer Weise
derselbe Stamm erscheint, so kommen natürlich auch Verwechslungen
vor, bei denen eine entfernte lautliche Verwandtschaft das einzige
Bindeglied ist. So steht zweimal ⲅⲉⲛⲏⲧⲱ für καὶ αἰνετόν (142,4 und
143,16); ich möchte vermuten, daß der Schreiber an γένοιτο gedacht
hat. Es wird im folgenden darauf verzichtet, diese verballhornten
Formen möglichst vollständig zusammenzustellen und auf etwaige
Regelmäßigkeiten zu untersuchen. Eine solche Zusammenstellung
könnte bestenfalls den Grad der Verwilderung demonstrieren, der
griechische Texte auch einer sonst sorgfältigen koptischen Handschrift
der Zeit schon kennzeichnet.

Beim Zustandekommen der fehlerhaften Formen hat zweifelsohne
auch ein phonetisch-akustisches Element eine Rolle gespielt. Die
betonten Silben sind verhältnismäßig weit seltener entstellt als die
unbetonten. Offensichtlich hat der Akzent und die durch ihn bedingte
Längung des Vokals zur Erhaltung der Vokalqualitäten beigetragen,
während die unbetonten Vokale, kürzer und flüchtiger gesprochen,
die Klangfarbe nicht so rein erhalten konnten. Zu bedenken ist dabei,
daß diese Texte ja nicht nur in Skriptorien kopiert, sondern vor allem
im Gottesdienst vorgetragen wurden. Sie wurden also zugleich auch
als gesprochene bzw. gesungene tradiert. Die Schreiber, die sie ko-
pierten, hatten sie schon im Ohr. Dennoch wäre es verfehlt, allein die
Phonetik für die zahlreichen Fehler verantwortlich zu machen. Auch
bei den betonten Vokalen kommen bisweilen Irrtümer vor. Vor allem
aber sind die fehlerhaften Silben, mag es sich um Endungen oder
andere Wortteile handeln, in der Mehrzahl der Fälle in sich mögliche
Bildungen. Diese Regelmäßigkeit wäre aber einem unerklärlichem
Zufall zuzuschreiben, wollte man die Deformationen allein darauf
zurückführen, daß sich in unbetonten Silben die Vokalqualitäten
soweit verflüchtigt hätten, daß verschiedene Vokalbuchstaben beliebig austauschbar geworden wären.

Zunächst zu den Konsonanten. Bei Texten, die von Ägyptern

---

[7] ⲧⲱⲁⲏ 176,14, außerdem pag. 96–100 oft.

koptischer Sprache geschrieben sind, ist die Verwechslung von ⲅ
und ⲕ, ⲗ und ⲧ in griechischen Wörtern ein allbekanntes Phänomen,
das darauf zurückzuführen ist, daß das spätere Ägyptisch keine
Opposition zwischen stimmhaften und stimmlosen Verschlußlauten
kannte[8]. So finden wir auch in unserer Handschrift ⲅ für ⲕ, ⲕ für ⲅ,
ⲗ für ⲧ und ⲧ für ⲗ. Für ⲅⲕ wird einmal ⲛⲕ geschrieben (149,23),
für ⲅⲅ ebenso einmal ⲅ (128,6). Die Schreibung ⲕⲉ für ⲭⲉ, die zweimal vorkommt (142,2; 143,14 f.), ist auch in den griechischen Grammatiken registriert[9].

Unter den übrigen Konsonanten sind es vor allem ⲥ und ⲛ, bei
denen einige Unregelmäßigkeiten auftreten. Einfaches ⲥ statt doppeltem steht im Wortinneren nur einmal (ⲅⲗⲱⲥⲁ; 128,16), häufiger
aber, zumeist bei Enklitika, in der Wortfuge, z. B. ⲱⲛⲱⲙⲱⲥⲟⲩ
(= ὁ νόμος σου; 128,23), außerdem ⲁⲛⲉⲥⲧⲏⲥⲱⲥⲏ (= ἀνέστης
σῶσαι; 146,16 f.). Einmal ist ⲥ in der Wortfuge verdoppelt: ⲉⲛ-
ⲧⲱⲗⲉⲥⲥⲟⲩ (= αἱ ἐντολαί σου; 128,17)[10].

Was das ⲛ betrifft, so fehlt es mehrfach am Wortende, in der
Mehrzahl der Fälle bei der Akkusativendung[11]. Solche Formen liegen
eindeutig auf der Linie der Entwicklung zum Neugriechischen hin.
Wenn ⲛ sonst fehlt, ist die betreffende Form auch in anderer Hinsicht

---

[8] In koptischen Wörtern ägyptischen Ursprungs erscheinen in klassischer Orthographie — von besonderen Kombinationen abgesehen — nur ⲕ und ⲧ, nicht ⲅ oder
ⲗ. Wenn in schlechteren und vor allem späteren koptischen Handschriften bei den
griechischen Wörtern stimmhafte und stimmlose Gutturale und Dentale (fast ausnahmslos nichtaspirierte) vertauscht werden, so zeigt das, daß ⲅ und ⲕ, ⲗ und ⲧ dabei von
den Kopten gleich ausgesprochen wurden, also ⲅ wie ⲕ und ⲗ wie ⲧ. In späterer Zeit
zeigen sich dann vereinzelt Spuren der Verwilderung auch in genuin koptischen Wörtern;
vgl. z. B. ⲗⲓ für ϯ (»geben«) in der Toronto-Handschrift, fol. 7ͬ (unten S. 477) oder
ⲉⲅⲉ- für ⲉⲕⲉ- (Futur III) ebenda, fol. 15ͬ (unten S. 482). — Verwechslungen von
ⲃ und ⲡ kommen nicht vor; ⲃ bezeichnet ja weder im Griechischen der Zeit noch
im Koptischen einen Verschlußlaut.

[9] SCHWYZER, Gramm. 210 f.; MAYSER, Gramm. I 172.

[10] Das kommt auch sonst in griechisch-ägyptischen Texten vor, und zwar sowohl bei
auslautendem s des ersten als auch anlautendem des zweiten Wortes; vgl. z. B. ευλογη-
τοσσει und δικαιωματασσου in Zeile 12 der Inschrift des Weißen Klosters (LEFEBVRE,
Recueil 237 [S. 45]). — ⲍ für ⲥ möchte ich in unserer Handschrift nicht annehmen. Bei
ⲉⲗⲡⲓⲥⲁⲙⲉⲛ ⲉⲗⲡⲓⲍⲉ (143,20) dürfte sich unter dem Einfluß des ersten Wortes
dessen koptische Form ⲉⲗⲡⲓⲍⲉ an die Stelle des folgenden ἐπὶ σέ gesetzt haben.
Auffälligerweise hat der andere ägyptisch-griechische Zeuge, die Pariser Handschrift
Nr. 68 (auf der Inschrift des Weißen Klosters ist die Stelle, Schluß von Zeile 11, zerstört)
ebenfalls ⲉⲗⲡⲓⲍⲓ an dieser Stelle (fol. 85ᵛ; Text unten S. 502).

[11] Zwei Beispiele schon oben S. 353 (127,12 und 146,4); vgl. auch oben S. 351 (146,28);
ein weiteres Beispiel auf den nächsten Zeilen (146,7).

fehlerhaft, z. B. ⲦⲀⲠⲈⲢⲀⲚⲦⲞⲚ (= τῶν περάτων; 142,19)[12], oder es
handelt sich um Einfachschreibung von doppeltem Ⲛ, die einmal im
Wortinneren vorkommt: ⲄⲈⲚⲎⲤⲀⳆⲀ (= γεννήσασαν; 146,7 f.), einmal
in der Wortfuge: ⲦⲰⲚⲈⲔⲢⲰⲚ (= τῶν νεκρῶν; 140,20). Überflüssiges Ⲛ steht im Wortinnern nur in dem eben zitierten ⲠⲈⲢⲀⲚ-
ⲦⲞⲚ (142,19), mehrmals dafür in der Wortfuge, z. B. ⲦⲰⲄⲒⲰⲚⲤⲞⲨ
(= τῷ υἱῷ σου; 141,8); bei ⲤⲰⲦⲎⲢⲀⲚ (146,10) kann die spätgrie-
chische Akkusativendung -n im Spiel sein[13]. Einmal erscheint Ⲛ
statt Ⲙ vor Labial in ⲀⲚⲀⲠⲈⲚⲮⲰⲘⲈⲚ (127,13). Hier sei dann auch
der Fall eines ungerechtfertigterweise verdoppelten Ⲙ in ⲀⲄⲀⲖ-
ⲖⲒⲀⲘⲘⲀ (141,16) angeführt.

Beim Vokalismus sind die eigentlich regelmäßigen Abweichungen
in der Orthographie diejenigen, die auf entsprechende Veränderungen
in der Lautung zurückgehen. Äußerst häufig ist die Schreibung ⲱ
für ⲟ. Es möge hier ein Beispiel genügen, das insofern besonders
interessant ist, als hier vermutlich der Artikel mit dem irrtümlichen
ⲱ die Umwandlung des gesamten Ausdrucks in einen Genitiv Plural
zur Folge hatte: ⲦⲰⲚⲎⲰⲚⲰⲚ (142,14) = τὸν αἰῶνα. Selbstverständlich ist der Ausgleich von Qualität und Quantität zwischen den
beiden o-Lauten der Grund für diese Schreibungen. Es verdient deshalb
vermerkt zu werden, daß der umgekehrte Fall, nämlich die Schreibung
ⲟ für ⲱ, ganz entschieden seltener ist. Noch seltener ist die Verwechslung von ⲟ oder ⲱ mit ⲞⲨ[14], und auch hier könnte man zumeist
einfache Verwechslung der Kasus annehmen, z. B. ⲦⲞⲨⲠⲀⲦⲢⲒ
(= τῷ πατρί; 143,27).

Verwechslungen von o-Lauten, wozu auch ⲞⲨ zu rechnen ist, mit
anderen Vokalen ist nicht sehr häufig und zumeist dubios, d. h. man
kann wiederum einfache Verwechslungen mit anderen Kasus oder
anderen Wörtern annehmen[15]. Die auffälligsten Beispiele sind wohl
ⲀⲪⲎⲖⲎⲘⲀⲦⲀ und ⲀⲪⲎⲖⲎⲦⲀⲤ für ὀφειλήματα und ὀφειλέταις
(149,21 und 22) und die schwer erklärliche viermalige Schreibung ⲞⲨ
für ⲉⲓ̂[16].

---

[12] Vgl. auch die oben S. 354 zitierten Stellen 142,4 und 143,16.

[13] DEBRUNNER, *Nachklass. Griechisch* § 174.

[14] In späteren bohairischen Handschriften werden auch im koptischen Text ⲟ, ⲱ
und ⲞⲨ nicht selten verwechselt.

[15] Vgl. wiederum die beiden oben S. 353 angeführten Beispiele (127,12 und 146,4).

[16] 142,3; 143,15.21.22. Es handelt sich in allen vier Fällen um das Sätzen εὐλογητὸς εἶ,
das durchweg ⲈⲨⲖⲞⲄⲎⲦⲞⲤⲞⲨ geschrieben ist (korrektes ⲈⲨⲖⲞⲄⲒⲦⲞⲤ ⲈⲒ
143,23). Sollte ⲤⲞⲨ hier als Pronomen der 2. Person Singular und der ganze Ausdruck
als eine Art »Nominalsatz« verstanden sein?

Zahlreiche Schreibungen zeugen von itazistischer Aussprache von
н, γ, єι und οι. Ein Beispiel, in dem zwei der genannten Zeichen-
(kombinationen) durch i ersetzt sind: xιλι (=χείλη; 128,13). Die
theoretisch denkbaren Vertauschungsmöglichkeiten kommen in Wirklichkeit natürlich nicht alle vor; bei den anderen ist die Häufigkeit
sehr unterschiedlich. Die Schreibung н für οι etwa kommt insgesamt
über zehnmal vor; ein Beispiel: οφθαλμн (141,22).

Eine weitgehende Verwechslung herrscht auch zwischen den Zeichen-
(gruppen), die i gesprochen werden, und denen für den e-Laut. Sowohl
є als λι wurden bekanntlich zu der Zeit, aus der unsere Handschrift
stammt, in gleicher Weise e ausgesprochen. Die Schreibung von
є für klassisches λι ist auch in unserer Handschrift außerordentlich
häufig. Die große Mehrzahl der Fälle betrifft zwar die Konjuktion
καί, die niemals kλι, sondern fast ausnahmslos kє geschrieben wird[17].
Es bleiben aber noch genügend andere Fälle, von denen einer als Beispiel genannt sei: ργcє (= ῥῦσαι; 128,12). Der umgekehrte Fall,
daß λι für є geschrieben würde, kommt nicht vor. Von den Verwechslungen der Zeichen(gruppen) für i- und e-Laut seien wiederum
nur einige Beispiele angeführt; auch kommen natürlich nicht alle
theoretisch denkbaren Vertauschungsmöglichkeiten wirklich vor. ι
steht sowohl für є wie in λφιєμιν (149,22) als auch für λι in πλcι
(= πᾶσαι; 128,17); im letzteren Fall könnte man auch wieder an
Verwechslung zweier Formen desselben Wortes denken. Nur zweimal
steht є für ι, so in нργтєcλμєν (= ἠρετισάμην; 128,20 f.), dreimal
für γ, so νєξιν (= νυξίν; 127,20), einmal auch für єι: єc (= εἰς;
128,1). Ein Beispiel von є für н wurde schon eben genannt (нργтєcλμєν; 128,20 f.); darin auch ein solches von γ für є. Nicht gerade
selten steht є für οι, und zwar meistens in cє (= σοί), wofür es zwanzig
Beispiele gibt. Ich möchte diese Schreibung in der Tat als phonetisch
bedingt ansehen[18] und nicht etwa als Verdrängung des Dativs durch
den Akkusativ erklären, da wir noch die weiteren Beispiele єkω (127,18)
und єkογ (127,19) für οἴκῳ und οἴκου und γιє (127,2) für υἱοί
haben; nur im letzten Fall könnte Verwechslung von zwei Formen
desselben Wortes als Erklärung dienen. Nur einmal steht єι für
є: єιcτιν (128,24).

Schließlich noch kurz einige Beispiele für vereinzelte Phänomene
und verderbte Stellen. Ein überflüssiges єι findet sich in τωνˑєιοφ-

---

[17] Einige Male auch kγ, ausschließlich in καὶ νῦν (129,7; 140,21; 141,14).
[18] Ebenso bei мє für μοί (128,26).

ⲐⲀⲖⲘⲰⲚ (127,7 f.). Das Verb ὑμνεῖν ist in 143,5 nach der *o*-Klasse der Verba contracta behandelt (ⲄⲘⲚⲰⲤⲰ)[19]. In 146,29 ist ⲀⲚⲀⲤⲦⲢⲀⲪⲎⲤⲀ zweifelsohne ein Fehler für ἀνατραφεῖσα. Dafür spricht nicht nur die koptische Übersetzung in unserer Handschrift[20], sondern auch der ganz gleichlautende Satz im Protevangelium des Jakobus[21], der ja sicher die letzte Quelle für alle Formulierungen dieser Art ist[22]. Recht verderbt ist ⲦⲰⲚⲔⲨⲢⲓⲔⲘⲀ (141,16) und ⲈⲚⲞⲘⲞⲞⲨⲤⲓⲞⲚ (141,17), was nach der byzantinischen Parallelen für ὧν τὸ κήρυγμα und ἡ ὁμοούσιος stehen muß[23].

Bei den griechischen Wörtern in den koptischen Teilen der Handschrift treten ganz analoge Erscheinungen auf, nur ist das Material hier viel weniger umfangreich; selbstverständlich entfällt hier die Frage der Deklinations- und Konjugationsformen. Einzelheiten über den Konsonantismus und den Vokalismus, die nur das oben Gesagte bestätigen würden, brauchen hier nicht angeführt zu werden. Hinzuzufügen wäre die Schreibung ⲤⲌ für Ⲍ ind ⲬⲀⲖⲀⲤⲌⲀ[24]. Wenn Ⲁ für Ⲏ im Substantiv ⲘⲈⲖⲈⲦⲀ (145,21) steht, so kann natürlich Verwechslung mit dem Infinitiv angenommen werden. Eine derartige Erklärung ist dagegen bei ⲠⲢⲰⲦⲀ (141,21) für πρώτη nicht möglich. Die Schreibung Ⲛ̄ⲦⲞⲖⲎ (145,17.26)[25] ist auch sonst in koptischen Handschriften üblich. Nachdem wir schon im griechischen Text die

---

[19] Ein sonst nicht allzu häufiges Phänomen; vgl. Mayser, *Gramm.* I 2, S. 117 und Böhlig, *Lehnwörter* 51. Im Koptischen erscheint z. B. εὐχαριστεῖν auch als ⲈⲨⲬⲀⲢⲓⲤⲦⲞⲨ (so Toronto-Handschrift, fol. 9v [Text unten S. 479] oder Crum, *Catalogue Rylands* 317 [S. 148]); ἐπαινεῖν hat bekanntlich schon im saïdischen N. T. die Form ⲈⲠⲀⲓⲚⲞⲨ.

[20] »Die ernährt wurde« (148,1); allerdings hat der Kopte die Fortsetzung des Satzes völlig entstellt: »von den Priestern des Heiligtums«.

[21] Dort wird Maria zweimal als ἡ ἀνατραφεῖσα εἰς τὰ ἅγια τῶν ἁγίων angesprochen (13,2 und 15,3; de Strycker, *Protevangile* 124 und 134).

[22] Als Kuriosum sei erwähnt, daß die römische Ausgabe des byzantinisch-griechischen Horologions in einem ganz ähnlichen Text einmal denselben Fehler macht. Das Τῇ ἀνατραφείσῃ ἐν τῷ ναῷ, εἰς τὰ Ἅγια τῶν Ἁγίων ... beginnende Theotokion (vgl. die Vorkommen bei Follieri, *Initia* IV 48) erscheint einmal korrekt (*Byzant. Horol.* 797), ein anderes Mal hingegen mit dem Fehler ἀναστραφείσῃ (ebd. 782).

[23] In dem Martyrikon Δόξα σοι, Χριστὲ ὁ Θεός (Vorkommen bei Follieri, *Initia* I 322).

[24] 136,4 = Ps 148,8a. Ebenso in der Londoner Psalter-Handschrift (Budge, *Psalter*). Unsere Handschrift hat im selben Psalmzitat an anderer Stelle ⲬⲀⲖⲀⲤⲤⲀ (70,3); diese Schreibung auch bei Budge, *Miscell. Texts* 429. Das korrekte ⲬⲀⲖⲀⲌⲀ haben die Pariser koptische Handschrift Nr. 68 (Ceugney, *Fragments* 96) und ein Berliner (BKU 167 [Bd. 1, S. 137]) und Oxforder (Kahle, *Bala'izah* 9 [S. 330]) Fragment.

[25] Unmittelbar daneben aber auch ⲈⲚⲦⲞⲖⲎ (145,19).

Form ɣⲙⲛⲱⲥⲱ angetroffen haben, finden wir im koptischen Text
für dies Verb nun ⲅⲩⲙⲛⲉⲩⲉ (143,10 f.)[26]. ⲡⲉⲇⲏⲥ (137,15) für
πέδη ist, zumindestens was das *s* am Schluß betrifft, die gewöhnliche
koptiche Form[27]. Mit Bezug auf Christus steht in unserer Handschrift
das Adjektiv ⲅⲟⲙⲟⲟⲩⲥⲓⲟⲛ im Neutrum (148,16 f.), was aber auch
sonst vorkommt[28].

Die Sprache der koptischen Texte unserer Handschrift ist ein
ziemlich reines Saïdisch. Daß sich gelegentlich Abweichungen vom
klassischen Sprachgebrauch und vereinzelte faijumische Formen[29]
finden, ist bei einer Handschrift, die gegen Ende des 9. Jahrhunderts
im Faijum geschrieben wurde, nicht verwunderlich.

Zunächst seien Fragen der Orthographie und Phonetik behandelt,
und zwar zusammen. Dabei soll etwas ausführlicher auch der übergesetzte Strich zur Sprache kommen. Dieser hat in der Handschrift
zwei deutlich zu unterscheidende Formen. Der Strich, der im eigentlichen Sinn diesen Namen verdient und etwa so lang ist wie ein durch-
schnittlicher Buchstabe breit, kommt nur selten zur Anwendung.
In den meisten Fällen ist der »Strich« wesentlich kürzer und von einem
Punkt kaum zu unterscheiden. Einen funktionellen Unterschied in
der Verwendung beider Formen konnte ich nicht feststellen, und beide
werden im folgenden einheitlich als »Strich« bezeichnet[30]. Gleichfalls
meist deutlich zu unterscheiden sind in der Handschrift zwei ver-

---

[26] Auch sonst in koptischen Texten belegt, z. B. Müller, *Einsetzung* mehrfach
(vgl. im Index 98b).

[27] Der Vokalismus schwankt, und zwar in beiden Silben (z. T. sind die unterschiedlichen Schreibungen jedoch phonetisch gleichwertig). Ps 149,8a hat die Londoner
Psalter-Handschrift (Budge, *Psalter*) ⲡⲁⲓⲇⲁⲓⲥ, die Berliner Psalter-Handschrift
(Rahlfs, *Berl. Psalter*) ⲡⲉⲇⲁⲓⲥ, die Pariser Handschrift Nr. 68 ⲡⲉⲓⲇⲏⲥ (Ceugney, *Fragments* 97). 2 Sam 3,34 steht ⲡⲁⲓⲇⲏⲥ (Ciasca-Balestri, *Fragm. copto-*
sahid. I), Sir 30,38 (33,30) ⲡⲁⲓⲇⲉⲥ (Thompson, *Certain Books O. T.* 171), in einer
Athanasius zugeschriebenen Predigt ⲡⲉⲇⲏⲥ (Budge, *Homilies* 118).

[28] In den anderen Zeugen des Nizäno-Konstantinopolitanums steht einmal das
Neutrum (Toronto-Handschrift, fol. 4ᵛ [Text unten S. 475] und Londoner Schreibtafel
[Text unten S. 514]), einmal das Maskulinum (Dossetti, *Simbolo*, Taf. nach S. 196);
ebenso steht an der entsprechenden Stelle des Nizänums sowohl das Neutrum (Revil-
lout, *Concile de Nicée* 209 [Separatausg. 15]) als auch das Maskulinum (Revillout,
Concile de Nicée 219 [Separatausg. 25]) oder Rossi, *Testi copti* 148 [Separatausg. 62]).

[29] Die beiden Blätter der Parallelhandschrift (BKU 179; vgl. oben S. 136 ff. und
unten S. 446 ff.) sind gleichfalls saïdisch, aber mit weit stärkerem faijumischem Einschlag.

[30] Die beiden Formen der Striches können bei dem in dieser Arbeit verwendeten
Typendruck nicht unterschieden werden. Übrigens lasse ich bei Zitationen, bei denen
es nicht gerade um die Setzung des Striches geht, diesen gewöhnlich weg.

schiedene Stellungen des Strichs. Der Strich steht in der Mitte über
dem Buchstaben oder leicht nach rechts verschoben, wo er zur Bezeichnung eines einzelnen Buchstabens, der in diesem Fall ein Vokal- oder
Konsonantenzeichen sein kann, dient. Wo der Strich über zwei
Buchstaben steht, die dann natürlich nur Konsonantenzeichen sein
können, hat er seine Stellung entweder über dem rechten Zeichen,
wobei er aber mehr oder weniger deutlich nach links verschoben ist,
oder in der Mitte über den beiden Zeichen[31]. Ein einziger Strich über
drei Buchstaben wird in der Handschrift nicht verwendet[32].

Unsere Handschrift teilt mit anderen saïdischen Handschriften der
Zeit die Eigentümlichkeit, daß der Strich nicht nur dort zur Anwendung
kommt, wo er nach den Regeln der klassischen saïdischen Orthographie
zu stehen hat, sondern außerdem noch dort, wo ihn die spätere bohairische Orthographie fordert. Allerdings wird der Strich in unserer
Handschrift nicht konsequent gesetzt, d. h. unter völlig gleichen
Bedingungen wird er bald gesetzt, bald weggelassen[33]. Man wird
sagen dürfen, daß der Schreiber auf sorgfältige Verwendung des
Striches keinen sonderlichen Wert gelegt hat. Daraus ergibt sich
eine gewisse Unsicherheit für die Feststellung der Prinzipien, nach
denen der Strich gesetzt wird. Wo wir nur vereinzelte Beispiele haben,
kann man aus dem Fehlen des Striches noch nicht entnehmen, daß
er in einem solchen Fall nicht zu stehen hat. Umgekehrt kann man
bei Schwankungen im Gebrauch des Striches normalerweise annehmen,
daß die Setzung des Striches hier der Regel entspricht. Das System
der Bezeichnung von Buchstaben durch (Punkt und) Strich in den
jüngeren saïdischen Handschriften ist m. W. noch nie genauer untersucht worden[34]. Die folgende Darstellung beschränkt sich streng auf
die Handschrift M 574[35], noch genauer: auf den hier behandelten Teil

[31] Auch die genaue Stellung des Striches kann hier im Typendruck nicht wiedergegeben werden. Statt des Striches über zwei Buchstaben muß der Strich über dem
zweiten Buchstaben verwendet werden.

[32] Es werden stattdessen zwei Striche verwendet, einer über den ersten beiden Buchstaben, ein anderer über dem dritten; vgl. unten S. 368.

[33] Man vergleiche etwa pag. 132 ff.; hier ist CMOY in jeweils gleicher Stellung
bald mit, bald ohne Strich geschrieben. Allerdings könnte man das Fehlen des Striches
oft durch Platzmangel erklären. In vielen anderen Fällen versagt eine solche Erklärung
aber; so etwa ⲀPI- 133,21.23.25 neben dem regelrechten ⲀPI- der meisten anderen
Verse.

[34] Außer den kurzen Bemerkungen bei STERN, *Gramm.* § 6 und TILL, *Gramm.* § 25 B
kenne ich nur SCHWARTZE, *Ägypten* 1340 f. und *Gramm.* § 44.

[35] In den verschiedenen Handschriften kommen nicht immer genau die gleichen

der Handschrift (pag. 127–149 und 176,14–178). Nur zur Ergänzung und vor allem zur Lösung von Zweifelsfällen wird bisweilen auch auf die übrigen Teile der Handschrift oder die Handschrift M 575 zurückgegriffen[36].

Wie schon gesagt, läßt sich das System, nach dem in Handschriften dieser Art der Strich gesetzt wird, zumindestens grob als eine Kombination des älteren saïdischen mit dem jüngeren bohairischen beschreiben. Das bohairische System ist in meisterhafte Kürze und Klarheit von Polotsky dargestellt worden[37]. Polotsky gibt sechs Regeln, nach denen der Strich[38] in den bohairischen Handschriften gesetzt wird: Bezeichnet werden 1. Vokale, die für sich eine Silbe bilden; 2. м und н als grammatikalisches Element (Präposition, Genitivzeichen, Negation) und als erster Radikal vor einem anderen Konsonanten; 3. der erste von zwei Konsonanten am Wortanfang, bei griechischen Komposita auch im Wortinnern; 4. die nur aus einem Konsonanten bestehenden Präformative des Präsens I, und zwar sowohl vor Konsonant als auch vor Vokal[39]; 5. die »schwachen« Formen des Artikels п- (ф-) und т- (ѳ-), und zwar wiederum sowohl vor Konsonant als auch vor Vokal; 6. das Hilfsverb ϣ- = »können«. Polotsky äußert sich auch vorsichtig zu der Frage, seit welcher Zeit diese Regeln befolgt werden. Dies ist nach ihm nicht ganz sicher, doch spräche vieles dafür, daß bis zum Ende des 14. Jahrhunderts nur die beiden ersten Regeln Gültigkeit hatten. Mit einer gewissen Modifizierung werden nun alle diese Regeln auch in der Handschrift M 574 beobachtet[40]. Darüber wird gleich zu sprechen sein. Zunächst muß zu einer der Regeln noch eine kleine Präzisierung angebracht werden, nämlich zur Behandlung von griechischen Wörtern mit Konsonantenhäufungen im Wortinnern (vgl. Regel 3). Hier ist einmal zu sagen, daß Doppelkonsonanz im Anlaut des zweiten Gliedes von

Prinzipien zur Anwendung. Schon die nahe verwandte Handschrift M 575 zeigt einige Abweichungen gegenüber M 574; sogar zwischen einzelnen Teilen dieser Handschrift zeigen sich leichte, aber klar erkennbare Unterschiede.

[36] Nach meinem Urteil wird in allen Teilen der Handschrift M 574 der Strich nach denselben Prinzipien gesetzt.

[37] POLOTSKY, *Orthographe* 25f.; vgl. auch WORRELL, *Pointing*.

[38] Im Bohairischen natürlich ein punkt- oder akzentförmiges Zeichen.

[39] Damit natürlich auch auf den entsprechenden Präformativen des Futur II, die Polotsky nicht eigens nennt.

[40] Das Verb ϣ- (Regel 6) kommt in dem hier behandelten Teil der Handschrift nicht vor, wohl aber in den anderen Teilen, wo es regelmäßig den Strich erhält (z. B. 3,20; 6,19; 17,6).

griechischen Komposita keineswegs immer bezeichnet wird[41]. Zum anderen scheint es so zu sein, daß bei drei aufeinanderfolgenden Konsonanten im Wortinnern, auch wenn keine Zusammensetzung vorliegt, der zweite Konsonant in jedem Fall bezeichnet wird[42].

Nun zu dem Unterschied zwischen dem modernen bohairischen System, wie Polotsky es beschreibt, und dem unserer saïdischen Handschrift. Dieser Unterschied betrifft zwar drei der genannten Regeln (2, 4 und 5), läßt sich aber auf eine einfache Formel bringen: In M 574 werden, wenn sie vor Vokal stehen, weder N- (M-) als grammatikalisches Element (vgl. Regel 2) noch die nur aus einem Konsonanten bestehenden Präformative des Präsens I (vgl. Regel 4), noch die »schwachen« Singularartikel (vgl. Regel 5) mit dem übergesetzten Strich (bohairisch: Punkt) bezeichnet. In der Behandlung der Partikel N- (M-) steht das System von M 574 aber nicht nur im Gegensatz zum späteren bohairischen System, sondern auch zum älteren saïdischen System, da auch dort N- (M-) vor Vokal mit dem Strich bezeichnet wird. Hinzuzunehmen ist dann noch der bestimmte Pluralartikel N- (M-), der im älteren Saïdisch gleichfalls vor Vokal den Strich erhält[43], was in M 574 wiederum nicht der Fall ist. Bei drei anlautenden Konsonanten erhält sowohl der erste als auch der zweite,

---

[41] Einige Beispiele aus der *Jahres-Psa m.* (1908; Kairo): ⲀⲚⲀⲤⲦⲀⲤⲒⲤ (S. 22 ff. oft), ⲠⲢⲞⲤⲦⲀⲦⲎⲤ (S. 28), ⲠⲢⲞⲆⲢⲞⲘⲞⲤ (S. 72). Ich kann nicht sagen, ob, aufs ganze gesehen, der Gebrauch bei demselben Wort schwankt oder ob bestimmte Wörter dieser Art regelmäßig mit dem Punkt bezeichnet werden und andere ebenso regelmäßig nicht. Ebensowenig kann ich sagen, was, wenn letztere Möglichkeit zutrifft, der Grund dafür ist. Man könnte dann daran denken, daß die Kopten nur Wörter entsprechend bezeichnet haben, bei denen sie die Zusammensetzung noch als solche empfanden.

[42] Es gibt schon im Griechischen nur eine beschränkte Anzahl von Wörtern dieser Art und natürlich noch weit weniger, die auch ins Koptische übernommen wurden. Ein mehrfach vorkommendes Beispiel ist ⲀⲢⲬⲒⲘⲀⲚⲀⲢⲒⲦⲎⲤ (*Jahres-Psalm.* [1908; Kairo] 80 oder *Laqqān* 73). Ich bin nicht sicher, ob die Bezeichnung des zweiten Konsonanten in diesen Fällen mit absoluter Konsequenz durchgeführt wird, ich kann mich aber aus meiner Lektüre an kein gegenteiliges Beispiel erinnern.

[43] Jedenfalls vor betontem anlautendem Vokal. Vor unbetontem anlautendem Vokal bleibt nach Polotsky der bestimmte Pluralartikel im Saïdischen ohne Strich (*Plural Article* 245). Ausnahmen von dieser Regel scheinen selten zu sein; ein derartiger Fall ist ⲚⲀⲦⲢ[ⲈⲈⲨⲈ] (Labib, *Papyri* 64,30 = Krause-Labib, *Apokr. John.* 155). Häufiger sind Abweichungen bei Wörtern griechischen Ursprungs, was ganz in Einklang mit der Feststellung Polotskys steht, daß die Regel über die Verbindung des Pluralartikels mit dem Substantiv von Haus aus wohl nur für Wörter ägyptischen Ursprungs gilt und nur bei solchen einigermaßen konsequent durchgeführt wird (*Rez. Husselman* 253, Anm. 1).

jeder für sich, den Strich. Somit könnte man für das in unserer Handschrift angewandte System die Regeln 2–5 in eine einzige zusammenfassen: Bei Konsonantenhäufung am Wortanlaut, mag diese nun mit
dem Stamm des Wortes gegeben oder durch die Präfigierung ein-
konsonantiger Morpheme entstanden sein, werden der erste Konsonant
von zweien, die beiden ersten von dreien mit dem Strich bezeichnet[44].
Bei der Erläuterung der einzelnen Regeln versuche ich mich im
folgenden auf ein Minimum an Beispielen zu beschränken.

In den bohairischen Handschriften erhalten bekanntlich auch die
griechischen Lehnwörter die den Regeln entsprechenden Punkte.
Ebenso werden in den liturgischen Handschriften ganze Formeln
und längere Texte griechischer Sprache behandelt. Genauso erhalten
auch in M 574 die umfangreichen griechischen Partien des uns interessierenden Abschnittes der Handschrift Striche nach den oben
angegebenen Regeln. Beispiele für Vokale, die allein eine Silbe bilden:
ⲁ̄ⲣⲓⲁ̄ (128,1); für Doppelkonsonanz im Anlaut und Dreifachkonsonanz
im Inlaut: ⲡ̄ⲣⲟⲥ ⲟⲣ̄ⲑ̄ⲣⲟⲛ (141,22 f.); für Komposita, deren zweiter
Bestandteil mit Doppelkonsonanz anlautet, die aber unbezeichnet
bleibt: ⲡⲁⲣⲁⲥⲧⲱⲙⲉⲛ (127,10 f.) und ⲁ̄ⲛⲁⲥⲧⲁⲥ (140,19 f.).

Die koptischen Wörter erfordern eine eingehendere Behandlung.
Schon bei der Bezeichnung von Vokalen ergeben sich verschiedene
Fälle, die nicht ganz leicht zu beurteilen sind. Keines Kommentars
bedürfen Wörter wie ⲁ̄ⲣⲓ- (132,3 und oft), ⲉ̄ⲣⲟϥ (ebenda und oft)
ⲉ̄ⲡⲉⲕⲣⲁⲛ (138,27 f.) und ⲉ̄ⲁϥ- (130,23 und 134,10), wo der bezeichnete Vokal eindeutig eine Silbe für sich bildet. Wenn man diese
Erklärung auch für die Bezeichnung von Doppelvokalen annehmen
will, dann ergäbe sich, daß der Doppelvokal jedenfalls in der Zeit,
aus der unsere Handschrift stammt, nicht mehr das bedeutet haben
kann, was man für die klassische Sprache weithin vermutet: Schreibung
für Vokal mit folgendem Alif[45]. Es geht hier nur darum, das System,
nach dem in unserer Handschrift der Strich gesetzt wird, zu beschreiben,
nicht darum, es zu deuten. Immerhin sei bemerkt, daß dies System
unter der Annahme, es solle eine wirkliche Syllabierung festgehalten
werden, recht konsequent durchgeführt erscheint. So erhält das

---

[44] Ausnahmen machen 1. ⲭ und ϭ (unten S. 367) und 2. einkonsonantige Morpheme
vor Sonor (unten S. 367, Anm. 63 und S. 368 f.).

[45] So Till, *Gramm.* § 33; anders Edgerton, *Rez. Till.* Zugunsten der Auffassung,
daß durch den Doppelvokal der »feste Absatz« in der Schrift ausgedrückt wird, spricht
die von Polotsky, *Rez. Till* 231 (die Belegstellen Polotsky, *Rez. Kahle* 348 f.) beobach-
tete orthographische Erscheinung.

häufige ϢΟΟΠ nie einen Strich, was gut zur Aussprache šŏ|ŏp passen
würde. Sehr aufschlußreich ist die Behandlung von ΟΟϨ, von welchem
Wort wir glücklicherweise Beispiele mit »schwachem« und »starkem«
Artikel haben. So ergibt sich entweder ΠΟΟϨ (130,3 und 135,18),
also pŏ|ŏh, oder ΠΙΟΟϨ (132,11), also pi|ŏ|ŏh. Daß im zweiten Fall
das erste Ο bezeichnet wird, im ersten aber nicht, ergibt sich allein
aus der Struktur der jeweiligen Kombination, nicht der des einzelnen
Wortes für sich. Und wenn hier das erste Zeichen des Doppelvokals
bezeichnet werden muß, so unter anderen Bedingungen das zweite,
wie etwa ϨΗ̄Η̄ΤΕ (134,16 und 145,2), also hē|ē|tĕ. Die Bildungen
mit ΤΟΟΤ⸗ zeigen, daß je nach Suffix eine unterschiedliche Behandlung des Doppelvokals erfolgt. Mit dem Suffix der 3. Person
Plural haben wir ϨΙΤΟΟ̄ΤΟΥ[46], dagegen ϨΙΤΟΟΤ̄ϥ[47], † ΤΟΟΤ̄ϥ[48].
Für entsprechende Formen mit dem Suffix der 1. Person Plural wäre
auf ΕΤΒΗΗ̄Τ̄Ν̄ (148,18 f.) zu verweisen.

    Regelmäßig mit dem Strich bezeichnet wird das Ε der Relativ-
partikel ΕΤ- vor Vokal: Ε̄ΤΟ (136,11) und Ε̄ΤΟϢ (144,29), also auf
Syllabierungen ĕ|tŏ und ĕ|tŏš hindeutend[49]. Ein auffälliges Schwanken
ist in zwei anderen Fällen zu beobachten, bei denen man vielleicht
erwarten würde, daß das anlautende Ε hier analog zum vorigen Fall
behandelt wird. Dabei treten zudem deutliche Präferenzen je nach
dem Suffix der Verbalform in Erscheinung. Die beiden gemeinten
Fälle sind der Umstandssatz der Gleichzeitigkeit bzw. das Präsens II
und das Futur III, wenn diese Verbalformen mit einem aus einem
einzigen Konsonanten bestehenden Pronominalsuffix gebildet sind[50].

[46] 147,28 und 148,1; ganz entsprechend ΕΤΒΗΗ̄ΤΟΥ (135,24). In den anderen
Teilen der Handschrift kommt noch einige Male Ε̄ΤΟΟ̄ΤΟΥ vor (12,27; 85,22;
125,1).

[47] 139,20; 142,16; 147,24; 148,18. Vgl. auch den übrigen Teilen der Handschrift
noch Ε̄ΤΟΟΤ̄ϥ (56,7 und 150,22) und Ν̄ΤΟΟΤ̄ϥ (155,22). Ebenso Ν̄ΤΟΟΤ̄Κ
(138,13), das auch noch in einem anderen Teil der Handschrift vorkommt (112,25) und
ϨΑΤΟΟΤ̄Κ (140,5); vgl. in einem anderen Teil der Handschrift noch ϨΙΤΟΟΤ̄Κ
(159,15), das dort aber auch einmal mit fehlendem Strich vorkommt (172,5 f.).

[48] 135,2; ebenso in anderen Teilen der Handschrift auch † Ν̄ΤΟΟΤ̄ϥ (171,5 f.
und 27,11 [hier wegen Platzmangels nur † Ν̄ΤΟΟΤϥ]).

[49] Entsprechend auch in den übrigen Teilen der Handschrift. Präsentische Relativsätze mit pronominalem Subjekt sind äußerst selten. Im uns interessierenden Teil der
Handschrift kommt nur Ε̄Τ̄Ν̄ΟΥϢϢ̄Τ (149,4 f.) vor, doch kann man auch Ε̄ΤϢ̄ϢΕ
hierher rechnen (141,20).

[50] Also alle Formen dieser Paradigmen außer der 2. Person Plural, die aber, wenn
ich nichts übersehen habe, in der ganzen Handschrift nicht vorkommt. Ebenso fehlen
in der Handschrift Beispiele für die 2. Singular Femininum.

Im hier behandelten Teil der Handschrift kommen aber nur vereinzelte Formen dieser Paradigmen vor, weshalb auch Formen aus den übrigen Teilen der Handschrift berücksichtigt werden sollen. Die schon angedeuteten Präferenzen gehen dahin, daß in beiden Paradigmen das anlautende ϵ bezeichnet wird, wenn das Suffix der 2. Person Singular Makulinum, der 3. Singular Femininum und der 1. Plural folgt, wohingegen bei den übrigen Suffixen das anlautende ϵ unbezeichnet bleibt. Hier die Belege, zunächst für die Formen, in denen das anlautende ϵ vorzugsweise bezeichnet wird: 2. Singular Maskulinum, Umstandssatz: Ēκειρε (168,2) und Ēκονϩ (168,11); bei dieser Form finden wir auch die einzige Ausnahme, die ich feststellen konnte: N̄ϫιν εκō[51]; bei Futur III entsprechend Ēκε-[52]. 3. Singular Femininum, Umstandssatz: Ēco[53], Ēcωϣ Ēβολ (159,21) und faijumisches Ēceλ- (161,29); bei Futur III entsprechend Ēce- (81,22; 103,15; 116,4). Die 1. Plural ist nur im Umstandsatz bezeugt: Ēνονϩ (43,25) und Ēνο (139,9 und 144,3). Sodann die Belege für die Formen, in denen das erste ϵ unbezeichnet bleibt: 1. Singular, Umstandssatz: ειō (168,12); bei Futur III entsprechend ειē- (29,7; 73,23; 80,8.12.16.19.23; 81,15.18.20). 3. Singular Maskulinum, Umstandssatz: εqō (3,9; 22,1; 75,24; 156,9) und εqοϣ[54]; bei Futur III entsprechend εqē-[55]. 3. Plural, Umstandssatz: εγō (18,25 und 98,21 f.); bei Futur III entsprechend εγē- (43,3; 64,27; 67,8; 82,10.17). Folgt im Umstandssatz dem Präformativ ein Sonor, so unterbleibt auch bei der ersten Gruppe von Suffixen die Bezeichnung des anlautenden ϵ, so daß sich einheitliche Formen ergeben: εcp̄- (17,10; 44,14; 114,3); wie εqp̄- (1,10).

Eine eigene Erwähnung verdient die Bezeichnung von Vokalen und Doppelvokalen in der Nachbarschaft von ει und ογ. Was ογ betrifft, so stimmt die Behandlung der benachbarten Vokale wiederum

[51] 152,16. Sollte diese Ausnahme durch die vorhergehende Konjuktion zu erklären und eine Syllabierung n̩|či|něk|ŏ vorauszusetzen sein?
[52] Z.B. 2,18; 8,15; 27,19 und oft; in unserem Teil der Handschrift 139,6.7.8.19.20; 142,15.16; 178,4.
[53] 32,13.14.15; 35,1 (Ēcω); 147,30; daneben mehrfach ohne Strich.
[54] Sicher ohne Strich 177,15. Doch dürfte auch 160,15 das ϵ unbezeichnet sein; der leichte Schatten über diesem Buchstaben, den man in der fotografischen Ausgabe wahrnimmt, kann meiner Meinung nach nicht der übersetzte Strich sein.
[55] Z.B. 6,14.15; 8,1; 25,13 und oft; außerdem 144,20.

im grundätzlichen mit der des späteren bohairischen Systems überein[56]. ⲟⲩⲁ wird regelmäßig ⲟⲩⲁ̄ geschrieben (134,6 und oft), ⲉⲓⲟⲧⲉ meist ⲉⲓⲟ̄ⲧⲉ[57], entsprechend ⲟⲩⲱ̄ⲛϩ̄ (129,13 und öfter), ⲟⲩⲟ̄ⲙⲟⲩ (177,6) und ⲟⲩⲟ̄ⲉⲓⲛ (129,23 u. ö.), bei Doppelvokal ⲟⲩⲁ̄ⲁⲃ (136,22 und oft) und ⲟⲩⲏ̄ⲏⲃ[58]. Das häufige ⲁⲩⲱ wird regelmäßig ⲁⲩⲱ̄ geschrieben, eine entsprechende Form mit Doppelvokal ist ⲙⲁⲩⲁ̄ⲁⲕ (138,23 und 24) bzw. ⲙⲁⲩⲁ̄ⲁϥ[59]. Ebenso erhält bei den auf -ⲟⲩⲉ, -ⲓⲉ, -ⲟⲩⲟ und -ⲓⲟ auslautenden Wörtern der Schlußvokal den Strich: ⲛⲉϩⲃⲏⲩⲉ̄ (132,2 u. ö.), ⲡⲏⲩⲉ̄ (132,4 u. ö.), ⲧⲃ̄ⲛⲟⲟⲩⲉ̄ (133,16), ⲁⲛⲁⲧⲱⲟⲩⲉ̄ (139,6), ⲧⲥⲓⲉ̄- (134,27), ⲧⲁⲩⲟ̄ (145,16), ⲧⲙⲁⲓⲟ̄[60] und ϫⲡⲓⲟ̄ (137,13). Auch die so auslautenden griechischen Wörter werden auf die gleiche Weise behandelt, und zwar sowohl die griechischen Lehnwörter im Koptischen wie ϩⲩⲙⲛⲉⲩⲉ̄ (143,10 f.) und ⲡⲓⲥⲧⲉⲩⲉ̄ (148,8 und 149,2) als auch Imperative in den griechischen Partien der Handschrift: ⲉⲓⲕⲉⲗⲉⲩⲉ̄ (= ἱκέτευε; 141,12 f.) und

---

[56] In diesem Punkt impliziert die koptische Orthographie schwer lösbare Probleme bezüglich des konsonantischen oder vokalischne Charakters von ⲓ und ⲟⲩ. LAGARDE qualifizierte die Bezeichnung der Vokale in der Nachbarschaft von ⲟⲩ als »unsinnig«, da ⲟⲩ = w sei (*Pentateuch* VIII). Umgekehrt hatte schon SCHWARTZE aus dieser Vokalbezeichnung gefolgert, daß »der Laut ⲟⲩ in einem weiten Umfang ... in der späten Punctations-Zeit vor einem Vokal nicht konsonantisch ... = Deut. w, sondern vokalisch = Deut. u ausgesprochen worden ist« (*Ägypten* 1334). Daß ⲓ und ⲟⲩ »wenigstens in alter Zeit als Vokal gilt« und nicht als Konsonant, entnahm RAHLFS der Art, wie die Wörter gegebenenfalls am Zeilende gebrochen werden (*Berl. Psalter* 19, Anm. 2). — Das spätere bohairische System der Vokalbezeichnung stimmt in folgenden Punkten mit dem hier behandelten saïdischen überein. Dem saïdischen ⲟⲩⲁ̄ entsprechend wird ⲟⲩⲱ̄ geschrieben; ebenso beispielsweise ϥⲏⲟⲩⲓ̄ und ⲧⲉⲃⲛⲱⲟⲩⲓ̄ oder ⲧⲥⲓⲟ̄ und ⲧⲁⲓⲟ̄; schließlich auch ϣⲟⲩ̄. Dagegen bleiben Wörter wie ⲓⲟ†, ⲟⲩⲱⲛϩ und ⲟⲩⲱⲓⲛⲓ ohne Strich, der nur in Fällen wie ⲟⲩⲟ̄ⲙⲟⲩ (»sie [Akk.] essen«) und ⲟⲩⲓ̄ⲛⲁⲙ gesetzt wird. — Bei der Interpretation, die hier nicht versucht wird, sollte man mit der Möglichkeit rechnen, daß die Bezeichnung der Vokale nicht nur von lautlichen, sondern auch von graphischen Gesichtspunkten her bestimmt sein könnte. Es fällt jedenfalls auf, daß vor ⲟⲩ jene Vokale nicht bezeichnet werden, nach denen das ⲟ des ⲟⲩ elidiert wird. Während also regelmäßig ⲉ̄ⲟⲟⲩ/ϣⲟⲩ geschrieben wird, erhalten ⲁ und ⲉ in ⲁⲩ- und ⲉⲩ- nie den Strich, weder im Saïdischen noch im Bohairischen. Umgekehrt werden ⲉⲓ und ⲟⲩ selbst nie bezeichnet, obwohl das bohairische ⲓ, das saïdischen ⲉⲓ entspricht, unter entsprechenden Bedingungen sehr wohl den Punkt erhält, etwa in ⲓ̈ⲡⲓ. Man beachte auch die Bezeichnung von Konsonanten nach ⲟⲩ (siehe unten S. 370 mit Anm. 89).

[57] 131,16 f.; 139,10; 144,4. Ohne Strich dagegen 135,4 und 142,9.

[58] 133,20. Dagegen 148,2 ⲟⲩⲏ̄ⲏⲃ.

[59] 138,16. Dagegen 129,17 und 136,18 ohne Strich.

[60] 145,12. Das Wort steht hier wohl fälschlich für ⲧⲁⲉⲓⲟ, vgl. unten S. 388.

ⲡⲣⲉⲥⲃⲉⲩⲉ̄ (146,8). Das häufige ⲉⲟⲟⲩ erscheint gewöhnlich als ⲉ̄ⲟ̄ⲟⲩ[61].

Bei der Bezeichnung der Doppel- bzw. Dreifachkonsonanz im Anlaut[62] scheint kein Unterschied zwischen Wörtern gemacht zu werden, bei denen sich die Konsonantenhäufung aus den Radikalen des Wortes selbst ergibt, und solchen, denen einkonsonantige Morpheme, also die Artikel ⲡ-, ⲧ-, ⲛ̄-, die Pronominalpräfixe des Präsens I und ⲛ̄- in allen seinen Funktionen präfigiert werden. Wie schon gesagt, wird dann bei zwei Konsonanten im Anlaut der erste bezeichnet, bei dreien die beiden ersten. Hier einige Beispiele: ⲥ̄ⲙⲟⲩ (pag. 132 und sonst oft) und ⲙ̄ⲡ̄ϣⲁ (»würdig sein«; 147,26), ⲡ̄ⲛⲟⲩⲧⲉ (z. B. 129,13), ⲡ̄ⲧⲣⲉⲩⲉⲓⲣⲉ (137,12), ϥ̄ⲙⲉ̄ (139,11) und ⲕ̄ⲥⲙⲁⲙⲁⲁⲧ (131,21 u. ö.). Ebenso natürlich auch Futur I, z. B. ϥ̄ⲛⲁϫⲓⲥⲉ (136,20 und 137,7)[63]. Eine Ausnahme scheinen nur ϫ und ϭ im Wortanlaut zu machen, falls man die geringe Zahl der vorkommenden Beispiele als hinreichend für einen solchen Schluß betrachten will[64]: ϫⲡⲓⲟ̄ (137,13), ϫⲡⲟ (148,13 und 16) und ϫⲡⲟ⸗ (148,6), ϭⲃⲟⲓ[65] und ϭⲗⲟϭ[66].

Anders als im klassischen saïdischen System wird der Konjunktiv

---

[61] Z. B. 142,10. Mit bestimmten Artikel oder der Präposition ⲛ̄- natürlich ⲡⲉ̄ⲟ̄ⲟⲩ (z. B. 135,11) und ⲛⲉ̄ⲟ̄ⲟⲩ (139,11); vgl. unten S. 370.

[62] Auch hier beschränke ich mich auf die Darstellung der Fakten und versuche keine Deutung. STERN war bekanntlich der Ansicht, daß die späteren saïdischen Handschriften, die das bohairische System der Buchstabenbezeichnung »nachahmen«, hiermit ein Vorschlags-e andeuten, das seinen Ursprung einem Einfluß des Arabischen auf das Koptische verdankt (*Gramm.* § 6).

[63] Die Verbindung eines einkonsonantigen Morphems mit einem silbischen Sonor gehört natürlich nicht hierher. In einem solchen Fall bleibt der erste Konsonant unbezeichnet wie etwa in ⲡⲣ̄ⲣⲟ (130,25; 131,1; 138,14), genauer: er bildet mit dem folgenden Sonor eine Silbe (im Typendruck ist die Stellung des Striches nicht genau wiedergegeben; dieser müßte mitten über den beiden Zeichen stehen, ebenso im folgenden). Beim Präsens I des Stat. pron. von ⲉⲓⲣⲉ wechseln ⲕⲣ̄- (131,17.20.22.24; 132,1; 139,10) mit ⲕⲉⲣ- (131,26; 142,9; 144,4) und ϥⲣ̄- (140,10; 144,13.15; ohne Strich 140,9 [wohl Platzmangel]) mit ϥⲉⲣ- (140,10; 144,14).

[64] Man könnte daran denken, daß der Grund für das Fehlen des Striches hier die äußere Form der beiden Buchstaben ist, die ja mit ihrem oberen Teil deutlich über die Linie hinausragen. Der Strich wäre dann aus ganz ähnlichen Gründen weggefallen wie bei jenen Buchstaben, die ihn eigentlich erhalten müßten und nur deshalb nicht erhalten, weil in der Zeile darüber z.B. ein ϣ steht; der unter die Zeile reichende Schwanz dieses Buchstabens läßt den zu erwartenden Strich fast immer wegfallen. Der genannte Grund kann aber nicht als sicher angesehen werden, da in ϫ anderer Stellung sehr wohl den Strich erhält: ⲡⲱⲣϫ̄ (134,7 f.; auch 61,4). Bohairisch werden auch ϫ und ϭ vor Konsonant im Wortanlaut bezeichnet.

[65] 134,22 und 178,2; in einem anderen Teil der Handschrift noch 3,26 und 123,6.

[66] 137,9; auch 4,12; 5,17; 121,16.

mit einkonsonantigem Suffix bezeichnet[67]. Solche Formen werden in unserer Handschrift N̄q̄- usw. (mit zwei Strichen) geschrieben, jedenfalls vor folgendem Konsonant[68]. Ob vor Vokal und Sonor der Strich über dem zweiten Zeichen wegfallen muß, läßt sich wegen der geringen Zahl der vorkommenden Beispiele wiederum nicht mit Sicherheit sagen[69].

Auch der Strich, der im »normalen« System[70] eine Gruppe von drei Konsonanten bezeichnet, wird in unserer Handschrift in zwei Striche aufgelöst. Der erste Strich steht über den beiden ersten Konsonanten, der zweite über dem dritten. So jedenfalls im Wortauslaut und bei folgendem Konsonant; folgt ein Vokal, so scheint der zweite Strich wegfallen zu müßen. Wir haben als Beispiele: ϩOMN̄T̄ (137,16 f.), ϢOMN̄T̄ (147,17; 148,26), ϢP̄P̄MICE (130,5 f.) und das häufige MN̄T̄- zur Bildung von Abstrakta[71], andererseits MN̄TEPO[72].

Schließlich verliert N̄- als Pluralartikel, als Präposition in allen Verwendungen, als Genitiv- und Akkusativzeichen und als Negation seinen Strich, wenn es vor Vokal zu stehen kommt. Dabei scheinen EI und OY immer als Vokal betrachtet zu werden, wozu selbstverständlich auch der unbestimmte Singularartikel gehört. Hier einige Beispiele: Pluralartikel NⲰϢ (141,18), NENEϩ (145,28), NAⲅⲅEⲗOC (147,20), NIⲰTE (132,22); Präposition NOYⲬⲰ (»mit einem Liede«; 136,25), NOYŌEIϢ (145,28), TCIE̅ ... NAⲅAⲐON (134,27), MEϩ NE̅OOY (139,11); prädikativ NATNOBE (139,9 und 142,8); Akkusativ NOYϩAⲡ (137,18); Genitiv NAMN̄TE (147,17), NOYⲰNE (177,2); Negation NOYTAMIŌ AN (148,16). Dasselbe gilt für N̄- vor silbischem Konsonant, also in erster Linie beim Akkusativ oder

---

[67] Die klassische Schreibung für die 3. Person Singular Maskulinum ist Nq̄- (hier im Druck wiederum nicht genau wiedergegeben; der Strich müßte über den beiden Zeichen stehen); vgl. POLOTSKY, Rez. Till 223.

[68] 2. Person Singular Maskulinum entsprechend N̄r̄- (142,7; 145,25; 178,5), 3. Singular Femininum N̄C̄- (145,22).

[69] Einerseits finden wir N̄qEI (39,26), N̄ⲅEIME (70,19 f.; 92,4 f.), N̄q̄P̄- (39,26) und NCP-(177,12), andererseits aber auch N̄ⲅEP- (42,6). — Auch vor Konsonant wird mehrfach N̄q- (Strich allein über dem N) geschrieben (z. B. 7,2).

[70] Im Gegensatz zum »Langstrichsystem«; vgl. wiederum POLOTSKY, Rez. Till 224, Anm. 2.

[71] Vor Konsonant z. B. 134,18. Nur MN̄T- in solcher Stellung 144,9 und 11.

[72] 131,25 f. und 149,2. In einem anderen Teil der Handschrift auch MN̄TP̄PO (31,24).

Genitiv mit bestimmtem Pluralartikel[73]. In einem solchen Fall wird
N N̄-[74] bzw. N M̄- (135,20.21) geschrieben, wofür auch N Є N- steht
(131,13; 134,23; 135,9). Entsprechend verliert auch prädikatives N̄-
mit der Pluralform P̄PⲰOY seinen Strich: N P PⲰOY[75]; M̄ΠⲰⲀ[76]
mit prädikativem N̄- ergibt N M̄ΠⲰⲀ (142,7). Nach moderner bohairischer Praxis wird N̄- auch vor Vokal bezeichnet.

Von der Konsequenz, mit der das System der Bezeichnung durch
den übergesetzten Strich angewandt wird, zeugt das Faktum, daß in
Fällen, wo ein einzelner Vokal vor Doppelkonsonanz zu stehen kommt,
weder dieser Vokal noch der erste Konsonant den Strich bekommen.
Auch hier drängt sich die Interpretation auf, daß die Silbenverhältnisse
ausschlaggebend für diese Orthographie sind; der Vokal bildet mit
dem folgenden Konsonanten eine Silbe, und deshalb unterbleibt die
Bezeichnung durch den Strich. Wiederum nur einige Beispiele. Der
häufigste Fall ist die Kombination der Präposition Є- mit dem bestimmten Singularartikel vor einem Substantiv, das mit Konsonant
anlautet, wie etwa ЄΠϪOЄIC[77], ЄΠNOYTЄ[78], ЄΠPⲀN[79] oder ЄTΠЄ[80].
Ebenso verliert nach der Präposition Є- das T des kausativen Infinitivs seinen Strich: ЄTPЄK2ⲀPЄ2[81], oder der erste Konsonant eines
mit Doppelkonsonanz anlautenden Infinitivs: ЄϢⲀHⲀ[82] oder ЄKPI-
NЄ[83], und selbstverständlich auch eines sonstigen Substantivs:
Є2PⲀI[84]. Ein anderer Fall dieser Art ist die Konjugationsbasis des

---

[73] Natürlich nicht bei vokalisch anlautendem Substantiv; in solchen Fällen ergeben
sich Formen wie N̄ NⲀΓΓЄⲖOC (Gen.; 147,20).

[74] 129,13.15; 135,11; 137,7. Hier wie im folgenden ist der Strich im Typendruck
wiederum nicht genau wiedergegeben; er müßte mitten über den beiden Zeichen stehen.

[75] 130,21; daneben N Є PⲰOY (136,12). In einem anderen Teil der Handschrift
kommt auch N Є P PⲰOY vor (106,8 f.).

[76] Vgl. 147,26.

[77] 136,2; 178,7.24. Aber regelmäßig Є̄ΠŌC; vgl. speziell die zahlreichen Vorkommen
pag. 132 f.; wo auf diesen Seiten ausnahmsweise einmal die ausgeschriebene saïdische
Form vorkommt, heißt es wieder ЄΠϪOЄIC (132,25). Allerdings steht 178,24, wenn
richtig gelesen, Є̄Π̄ϪOЄIC.

[78] 137,20; dagegen Π̄NOYTЄ (z. B. 129,13).

[79] 135,22 und 145,7; dagegen Є̄ΠЄKPⲀN (138,27 f.).

[80] 134,11; dagegen T̄ΠЄ (132,1).

[81] 144,2; dagegen Π̄T̄PЄYЄIPЄ (137,12).

[82] 141,20; sonst Ϣ̄ⲀHⲀ (147,10).

[83] 148,29; sonst K̄PINЄ, allerdings nur in einem anderen Teil der Handschrift
belegt (13,5.8; 31,11; 77,9.13).

[84] Sehr häufig und immer ohne Strich geschrieben; dagegen muß 2PⲀI ohne Є-
natürlich den Strich erhalten: 2̄PⲀI (137,18; ebenso in anderen Teilen der Handschrift).

Perfekt I vor nominalem Subjekt, das mit einem Konsonant anlautet und den bestimmten Singularartikel hat: ⲁⲡⲭⲟⲉⲓⲥ (131,6). Für die Verbindung der Präposition ⲉ- mit einem silbischen Sonor steht nur ein Beispiel mit dem Stat. nom. von ⲉⲓⲣⲉ zur Verfügung; dabei ergibt sich ⲉⲣ̄- (135,2), entsprechend dem ⲉⲣ̄- der klassischen Orthographie. Wiederum wäre zu sagen, daß nach moderner bohairischer Praxis ⲉ- bzw. ⲁ- und der folgende Konsonant auf jeden Fall bezeichnet werden.

Eine ganz analoge Erscheinung, die kaum einer Erwähnung bedarf ist, ist die Auflösung der Doppelkonsonanz im Anlaut von Substantiven bei Verwendung der vollen Formen des Artikels ⲡⲉ-, ⲧⲉ- und ⲛⲉ-, die ja im klassischen Saïdisch in bestimmten Fällen obligatorisch ist[85]. Ein Beispiel möge genügen: ⲡⲉⲥⲙⲟⲩ[86]. Die einzige regelmäßige Ausnahme ist der Plural von ⲡⲛ̄ⲁ, der gewöhnlich ⲛⲉⲡⲛ̄ⲁ geschrieben wird[87]. Die Singular wird nur selten auf diese Weise geschrieben: ⲡⲉⲡ̄ⲛ̄ⲁ (70,4f.; 138,17); gewöhnlich aber ⲡⲉⲡⲛ̄ⲁ (138,25 und oft).

Umgekehrt erhält der anlautende Vokal eines Wortes, der für sich eine Silbe bildet, keinen Strich, wenn eine einkonsonantisches Morphem davor tritt, z.B. ⲛⲁⲅⲁⲑⲟⲛ (»mit Gutem«; 134,27) oder ⲡⲁϣⲁⲓ (137,25). Im Bohairischen wird ein solcher Vokal in jedem Fall bezeichnet (z. B. ⲡⲱ̄ⲟⲩ).

Der übergesetzte Strich findet sich schließlich noch an zahlreichen anderen Stellen, wo man ihn zunächst nicht erwarten würde, und zwar auf Endkonsonanten nach ⲟⲩ. Das häufigste Wort dieser Art ist ⲉ̄ϧⲟⲩⲛ̄, das nur zufällig gerade in dem hier behandelten Teil der Handschrift etwas seltener ist[88]. Gleichen Typs ist das Substantiv ⲛⲟⲩⲛ̄[89]. Auch in den griechischen Partien unserer Handschrift wird der Strich auf diese Weise verwendet, etwa bei ⲧⲟⲩⲥ̄ (143,18) und ⲁ̄ⲛⲁⲙⲁⲣⲧⲏⲧⲟⲩⲥ̄ (142,2 und 143,14).

Abschließend noch kurz ein Wort zum Alter dieses Systems der

---

[85] Nicht so in M 574, wo offensichtlich auch ⲡⲓ-, ϯ- und ⲛⲓ- als Artikel fungieren; vgl. unten S. 376.

[86] 140,9 gegenüber dem häufigen ⲥ̄ⲙⲟⲩ; letzteres ist dann allerdings Verb.

[87] 132,18 und 133,24; so auch sonst in der Handschrift (58,14).

[88] 136,24; 145,10; 178,4.5.9 (145,12 wegen Platzmangels ohne Strich); in den anderen Teilen der Handschrift dagegen sehr häufig: 1,5; 2,16.26; 3,8 usw.

[89] 131,23; 136,3; 177,1; auch in den anderen Teilen der Handschrift häufig. Aus den anderen Teilen der Handschrift seien auch noch einige weitere Beispiele für Wörter dieser Art genannt: ⲙⲟⲩϩ̄ (8,10 und öfter), ⲙⲟⲩⲣ̄ (118,11; ohne Strich 170,35) und ⲛⲁⲛⲟⲩϥ̄ (116,21 u. ö.), ebenso die Possessiva ⲛⲟⲩϥ̄ (109,18) und ⲛⲟⲩⲕ̄ (112,8 und 126,26).

Bezeichnung von Buchstaben durch den übergesetzten Strich (bzw. Punkt). Schon eingangs wurde Polotskys Meinung angeführt, daß das in jüngeren bohairischen Handschriften und Drucken gebräuchliche System vermutlich erst seit dem Ende des 14. Jahrhunderts in Gebrauch ist. Ich kann diese Angabe nicht eigentlich bestätigen, sondern nur sagen, daß eine Prüfung des mir zugänglichen beschränkten Materials keine älteren bohairischen Texte zutage gefördert hat, die schon dieses System anwenden. Nun steht das oben beschriebene System von M 574, das in vielen anderen saïdischen Handschriften der Zeit Parallelen hat, diesem späteren bohairischen System trotz einiger Unterschiede äußerst nahe. Grob gesprochen handelt es sich um ein und dasselbe System. Das System ist also auch in dem Fall, daß es sich wirklich nicht in älteren bohairischen Handschriften finden sollte, dennoch um ein halbes Jahrtausend älter als seine Bezeugung in den jüngeren bohairischen Handschriften und kann nicht als für letztere typisch angesehen werden[90].

[90] Die Bezeichnung einzelner Vokale dürfte sogar noch viel älter sein. Die große Doxologie in der neugefundenen »mittelägyptischen« Mt-Handschrift (siehe oben S. 275, Anm. 4) ist hierin schon äußerst konsequent (die Handschrift verwendet übergesetzte Punkte, Striche nur bei der Kontraktion von Nomina sacra). Folgende Fälle kommen vor, teilweise mehrfach: ΝΕE̅ (= »sich erbarmen«), E̅ꙆΟΥΝ, E̅ΡⲀ⸗, E̅ΤΟΥΕΒ, E̅ΤΕ-; nach (Ο)Υ: ϹΜΟΥΕ̅, ΟΥⲀE̅ΙΝ, ΟΥⲀE̅, ΠΗΥE̅, ꙆΥΜΝΕΥE̅; bei E̅ΠⲀΥ (= »zur Ehre«) scheint der Artikel mit dem vokalisch anlautenden Substantiv eine Silbe und die davor stehende Präposition Ε- eine Silbe für sich zu bilden; Aufmerksamkeit verdient das zweimal vorkommende E̅ΤΒΕ-. Aus eigener Anschauung (nach Xerographien) kenne ich nur diese Seiten mit der großen Doxologie. Nach Auskunft des Instituts für neutestamentliche Textforschung der Universität Münster, das über Filme der Handschrift und der gleichaltrigen Acta-Handschrift verfügt (vgl. HAENCHEN-WEIGANDT, Orig. Text of Acts 469), kommt in beiden Handschriften durchgehend dasselbe System der Vokalbezeichnung durch übergesetzte Punkte zur Anwendung. Die Acta-Handschrift stammt nach der Meinung verschiedener von PETERSEN befragter Experten aus dem 4./5. Jahrhundert (Coptic Manuscript 225, Anm. 3), nach HAENCHEN-WEIGANDT aus dem 5./6. Jahrhundert (Orig. Text of Acts 479). Die Doxologie der Mt-Handschrift ist — wiederum nach Auskunft des Instituts für neutestamentliche Textforschung — keinesfalls wesentlich später als der Evangelientext, möglicherweise sogar vom selben Schreiber, wenn auch nicht ganz so sauber geschrieben. Auch von den wenigen anderen veröffentlichten Texten im »mittelägyptischen« Dialekt (vgl. KAHLE, Bala'izah 220, Anm. 2 und 3) bezeichnen zwei die Vokale in derselben Weise (auch E̅ΤΒΕ-), nämlich CRUM, Meletian Documents 26 und Wadi Sarga 1 (S. 29 f.). Nach KAHLE gehören diese Handschriften ins 4./5. bzw. ins 5. Jh. (Bala'izah 274). — Auch die Bezeichnung anlautender Doppelkonsonanz kommt vereinzelt schon in älterer Zeit vor. RAHLFS ist in der Berliner Psalter-Handschrift, die er in die Zeit um 400 datiert (Berl. Psalter 13), zweimal Q̅ΝⲀ- und einmal K̅ΧΟϹΕ aufgefallen (ebd. 40). Wenn der Befund der Londoner Psalter-Handschrift bei BUDGE, Psalter korrekt wiedergegeben ist, dann wäre auch dort ein einkonsonantiges Pronominalpräfix vor Konsonant

Die Ersetzung von N̄ durch є kommt in unserem Text nur selten vor. Wohl nicht anders verstehen kann man єпєкмєϩϣомнт Nϩооγ (147,17f.) = »am dritten Tage«. Eindeutig ist auch мє- für мN̄-[91]. Zweifelhaft ist єNєкмNтмє (139,23 und 24); hier könnte wirklich die Präposition є- gemeint sein[92]. Das єϣⲁ єNєϩ (135,25f.) wird man nicht notwendig in diesem Sinn deuten müssen, auch wenn die von Crum[93] angeführten Belege alle N̄ϣⲁ haben. Auf den Seiten 150–176,13 der Handschrift ist є für N̄ sehr häufig[94].

Die Regeln, nach denen in klassischer Orthographie eine Silbe entweder den übergesetzen Strich erhält oder mit є geschrieben wird, werden in unserem Text noch weitgehend beachtet. So ist der Unterschied zwischen der Präposition ϩN̄- und dem unbestimmten Pluralartikel ϩєN- fast durchweg aufrechterhalten; nur einmal wird die Präposition ϩєN- geschrieben (177,14), zweimal der Pluralartikel ϩN- (134,18 und 177,18). Im übrigen seien von den ohnehin nicht sehr zahlreichen Fällen wiederum nur einige Beispiele genannt. Einmal erscheint мN̄- als мєN- (139,21). Das Präformativ des Präsens (und Futur) I wird bald тN̄- geschrieben (z. B. 148,8), bald тєN- (z. B. 149,2). Die Stat. pron. von єıNє und бıNє sind єN- (130,7.13.17.19) und бєN- (147,19 und 148,4). Das nur einmal vorkommende Wort »Ding« wird єNкⲁ geschrieben (148,17f.). Neben dem Stat. pron. сєвтωт⸗ (178,7; auch 135,9) steht das Qualitativ сⲃ̄тωт (178,6).

Typisch faijumische Schreibungen finden wir in тнNϩ[95] und нвϣє (144,25). Als faijumischen Einfluß wird man auch die konsequente Bevorzugung von в in einigen Wörtern ansehen müssen, die

im Präsens bzw. Futur I mehrfach bezeichnet; ich habe mir für q̄- im Pr. I Ps 38,7c; 39,8b; 40,14a, 47,2a, 51,3a und 118,90b notiert, für q̄- im Fut. I Ps 36,6a und 90,1b, für к̄- im Pr. I Ps 19,16b. Ein anderer Fall von Doppelkonsonanz im Anlaut wird in dieser Handschrift — wiederum nach Budge, Psalter — aber mit großer Regelmäßigkeit bezeichnet, nämlich das Zusammentreffen des männlichen Singularartikels mit п und des weiblichen mit т. Einige Beispiele: Fast immer wird п̄пєт- (Ps 35,4b; 51,5a u. o.; ohne Strich 114,7b und 118,37a) und т̄тапро (Ps 36,30a; 62,12c; 108,2a; ohne Strich 21,22a) geschrieben, immer п̄пⲁϣ (Ps 24,15b; 65,11a; 127,7bc; 140,9a) oder т̄таϩıс (Ps 109,4b).

[91] 144,17; Titel, der kaum ursprünglich sein dürfte.

[92] Vgl. auch oben S. 298.

[93] Crum, Dict. 57a.

[94] Z. B. єпрⲁϣє (Genitiv; 151,25), ϩє- für ϩN̄- (153,1 und öfter), мє- für мN̄- (154,20 u. ö.). Es kommt darin ein stärkerer faijumischer Einfluß in diesem Teil der Handschrift zur Geltung.

[95] 136,11; so auch noch einmal in einem anderen Teil der Handschrift (121,24), wo daneben noch тN̄ϩ vorkommt (83,12 und 114,23). In wieder einem anderen Teil auch тнNⲁϩ (173,11).

in saïdischen Texten sonst gewöhnlich mit ϥ geschrieben werden:
ϪⲀⲧⲂⲈ (136,11), ⲤⲎⲂⲈ (137,11 und 177,12), ⲚⲒⲂⲈ (138,5), ⲤⲒⲂⲦ[96]
und ⲂⲀⲒ-[97].

Ⲛ̄- assimiliert sich zweimal nicht an folgendes ⲡ, und zwar auffälligerweise beide Male bei demselben Wort, nämlich ⲡⲀⲢⲐⲈⲚⲞⲤ[98].

Als ein rein phonetisches Phänomen ist vermutlich auch die Form
ⲚⲘ̄ⲠⲎⲨⲈ̄ als Plural von ⲡⲉ mit bestimmten Artikel zu betrachten[99].
Es ist zwar nicht ausgeschlossen, daß hier die bohairische Form des
Pluralartikels vorliegt, die ja auch im Faijumischen gebraucht wird[100],
doch stellt sich dann die Frage, warum in unserer Handschrift diese
Form praktisch nur bei dem Wort für »Himmel« verwendet wird,
außerdem nur noch ein einziges Mal bei einem gleichfalls mit ⲡ
anlautenden Wort[101]. Ich halte es deshalb für wenig wahrscheinlich,
daß wir es hier mit dem Pluralartikel ⲚⲈⲚ- zu tun haben[102]. Auch
ist in älteren Handschriften sehr wohl ein Plural ⲘⲠⲎⲨⲈ zu ⲡⲉ
belegt, nämlich in der Pistis Sophia[103] und im Codex II von Hag
Hammadi[104]. Im zweiten Fall gibt der Herausgeber dazu die Erklärung,
daß im Plural von ⲡⲉ das ⲡ nasaliert werde[105]. Man kann natürlich
nicht ohne weiteres Verbindungslinien von jenen alten saïdischen
Handschriften zu M 574, einer saïdischen Handschrift vom Ende
des 9. Jahrhunderts mit faijumischem Einschlag, ziehen, aber die
Existenz einer Pluralform ⲘⲠⲎⲨⲈ ist auf jeden Fall nicht auszuschließen. In diesem Zusammenhang muß man möglicherweise auch

---

[96] Bei diesem 136,8f. vorkommenden Wort muß es sich um einen Fehler für ⲤⲒⲂⲈ
= ⲤⲒϧⲈ handeln; vgl. unten S. 387.

[97] 136,8; aber immer ϧⲒ (z. B. 138,19).

[98] 136,15 (Pluralartikel) und 147,30 (prädikativ); im letzteren Fall am Zeilenende.

[99] 132,4; 138,14f.; 148,27; in einem anderen Teil der Handschrift auch ⲚⲈⲘⲠⲎⲨⲈ
geschrieben (6,8).

[100] TILL, *Chrest.* § 11 (S. 4).

[101] Und zwar in einem anderen Teil der Handschrift Ⲛ̄ⲚⲘ̄ⲠⲨⲖⲎ (Akkusativ;
15,7); an einer Parallelstelle steht dafür einfaches Ⲛ̄Ⲙ̄ⲠⲨⲖⲎ (124,10).

[102] TILL scheint zwar zu behaupten, daß gerade bei dem Plural ⲠⲎⲨⲈ in faijumischen Texten der bestimmte Pluralartikel als Ⲛ Ⲙ- erscheint (*Rez. van Lantschoot*
320), doch wird ⲚⲈⲚ- auch bei anderen Nomina gebraucht und auch nicht nur bei
bei solchen, die mit ⲡ anlauten; vgl. wiederum TILL, *Chrest.* § 11 und etwa noch GA-
RITTE, *Panégyrique* 109 oder KUHN, *Panegyric* XV (zwei faijumisch beeinflußte saïdische
Texte). Wo also der Pluralartikel ⲚⲈⲚ- sonst nicht vorkommt, dürfte er wohl kaum in
Ⲛ(Ⲉ)ⲘⲠⲎⲨⲈ anzunehmen sein.

[103] *Pistis Sophia* 32,2 und 33,4 (Ed. SCHMIDT) ⲚⲈⲨⲘⲠⲎⲨⲈ = »ihre Himmel«.

[104] BÖHLIG-LABIB, *Schrift ohne Titel*, vgl. im Index 113a; es sind vier Vorkommen
notiert, doch ist bei 169,32 der Text vom Herausgeber ergänzt.

[105] Ebenda 15. Ebenso NAGEL, *Untersuchungen* § 12: a (S. 407).

die Form ⲘⲠⲈⲬⲈ- (167,17) für ⲠⲈⲬⲈ- sehen, die dies eine Mal in unserer Handschrift zu belegen ist, also in jenem Teil, der speziell faijumisch beeinflußt ist. Diese Form kommt auch sonst vor[106].

Orthographische Fehler sind im koptischen Text des hier behandelten Teiles der Handschrift äußerst selten. Selbst für die später so gewöhnliche Verwechslung von ⲟ und ⲱ die auch die griechischen Partien der Handschrift in so starkem Maße kennzeichnet, finden sich nur zwei zweifelhafte Beispiele. In dem für das Saïdische sonst nicht belegten ⲀⲚⲀⲦⲰⲞⲨⲈ (139,6) würde man ⲟ statt ⲱ in der Tonsilbe erwarten, denn es wird sich bei dem Wort ja in der Tat um eine Zusammensetzung mit ⲦⲞⲞⲨⲈ handeln. Da das Wort aber sonst nur bohairisch belegt[107] und saïdisch auf jeden Fall höchst selten ist, wird man verstehen können, daß einem saïdischen Schreiber auch im Faijum die Orthographie unbekannt gewesen sein kann. Der zweite Fall ist das ⲈⲬⲞⲞⲨ in 178,11, bei dem offensichtlich eine Dittographie des vorhergehenden ⲈⲬⲰⲞⲨ vorliegt[108]. Zu vermerken wäre dann der Doppelvokal in ⲘⲀⲚ⳯ⲰⲰⲠⲈ (178,5), bei dem es sich nicht um ein zufälliges Versehen handeln kann, da das Wort in den anderen Teilen der Handschrift noch mehrfach in dieser Schreibung erscheint[109], wenn auch das korrekte ⲘⲀⲚ⳯ⲰⲠⲈ überwiegt (z. B. 99,27 und 177,22).

Im Vokabular des koptischen Textes finden sich nur wenige Wörter, die nicht auch sonst für das Saïdische gut bezeugt wären. Selten in saïdischen Texten belegt ist ϬⲎⲠⲈ, das einmal (132,16) vorkommt[110]. Überhaupt selten ist ⲦⲀⲖⲀⲦⲎⲖ (136,7), für das Crum ein einziges Vorkommen verzeichnet[111], und zwar aus einem faijumischen Text. Ähnlich steht es mit dem schon vorher erwähnten ⲀⲚⲀⲦⲰⲞⲨⲈ (136,9), für das der einzige »saïdische« Beleg bisher die entsprechende

---

[106] CRUM, *Dict.* 285a und TILL, *Chrest.*, S. 22. In dieser Nasalierung trifft sich das Faijumische mit dem Subachmimischen (und Achmimischen).

[107] Vgl. CRUM, *Dict.* 727b. Crum hat allerdings nicht das Vorkommen auf Berlin P. 8099 gebucht, das zwar von Leipoldt BKU 179 (Bd. 1, S. 164) verlesen, doch bald darauf von JUNKER, *Engelshymnus* 444 korrigiert worden war. Da das Wort hier die Form ⲀⲚⲀⲦⲰⲞⲨ hat, könnte die Vokalisation insofern für das Bohairische konsequent scheinen, als dort unmittelbar vor tautosyllabischem ⲞⲨ stets ⲱ geschrieben wird (vgl. z. B. TILL, *Dialektgramm.* § 28). Die korrekte bohairische Form ist aber ϨⲀⲚⲀⲦⲞⲞⲨⲒ.

[108] In den übrigen Teilen der Handschrift ist mir nur noch eine einzige Verwechslung von ⲟ und ⲱ aufgefallen, nämlich ⲱ als Qualitativ von ⲈⲒⲢⲈ in 35,1.

[109] 54,15; 55,19f.; 95,4; 107,23f. Vgl. auch KASSER, *Compléments* 87a.

[110] Nach CRUM, *Dict.* 825b und KASSER, *Compléments* 113a.

[111] CRUM, *Dict.* 408a. Auch bei KASSER, *Compléments* keine weiteren Belege. Die von Crum zitierte Stelle (Is 30,17) dürfte CHASSINAT, *Fragments* 177 sein.

Stelle im Berliner P. 8099, dem Fragment einer Parallelhandschrift zu M 574, war; P. 8099 ist so stark faijumisch beeinflußt, daß man ihn nicht als saïdischen Zeugen für eine Form ansehen kann, die nicht daneben in anderen rein saïdischen Handschriften nachzuweisen ist[112]. Nicht ganz klar ist ϢΗ ‾ΝϹΙΒ‾Τ (136,8 f.). Da es sich um Ps 148,9b handelt, muß der Ausdruck »Zeder« bedeuten. ϹΙΒ‾Τ ist Fehler für ϹΙΒЕ (ϹΙϥЕ)[113]. Saïdisches ϢЕΝϹΙϥЕ ist nun nach Crum nur für »Zedernholz« belegt, während für »Zeder(nbaum)« das griechische ΚЕΔΡΟϹ gebraucht wird[114]. Einige der von Crum genannten Stellen, denen sich weitere hinzufügen ließen, belegen aber für bohairisches ϢЕΝϹΙϥΙ die Bedeutung »Zeder«, und so könnte man diese in einem Text wie dem unseren ohne Bedenken auch für saïdisches ϢЕΝϹΙϥЕ annehmen. Allerdings steht in M 574 ϢΗ. Dies kann nur als ϢЕ verstanden werden, und obwohl es eigentlich »Holz« und nicht »Baum« heißt, möchte ich an der angegebenen Bedeutung »Zeder(nbaum)« festhalten[115]. An nichtsaïdischen Wortformen sind aus dem uns interessierenden Teil der Handschrift fast nur die Nomina sacra »Gott« und »Herr« zu nennen. Einmal kommt die eindeutig bohairisch-faijumische Form ΝΟΥϯ vor[116]. Die bohairische Abkürzung ‾ΠϹС ist in späteren saïdischen Handschriften nichts Ungewöhnliches. Auch in M 574 überwiegt sie gegenüber dem ausgeschriebenen saïdischen ΠΧΟЕΙϹ. Ein Faijumismus ist ΑΡΑϢ (132,21). Zudem wird man wohl in ϢΗ (136,8) eine Neigung zu faijumischem Vokalismus sehen müssen[117], obschon Crum diese Form zugleich als saïdisch belegt anführt[118].

[112] Vgl. zu dem Wort noch oben S. 374 mit Anm. 107.

[113] Vgl. auch unten S. 387 f.

[114] CRUM, *Dict.* 379a.

[115] Nach CRUM ist es schon grundsätzlich nicht zu entscheiden, ob das Element ϢЕΝ- der Bildungen vom Typ ϢЕΝϹΙϥЕ als ϢЕ + ‾Ν- oder als ϢЕΝ- (Stat. constr. von ϢΗΝ = »Baum«) zu verstehen ist (*Dict.* 568b). Nimmt man in unserem Fall die Schreibung mit Η und den Strich über dem Ν erst, dann kann nur ϢЕ = »Holz« gemeint sein. In welchem Maße bei den Kopten Konfusion zwischen den beiden Bildungen, die einander lautlich und bedeutungsmäßig recht nahe stehen, herrschte, kann ich nicht sagen. Die Bedeutung von »Zeder« für das ϢΗ ‾ΝϹΙΒЕ unseres Textes ist aber wohl nicht zu beanstanden, selbst wenn man den Ausdruck als singulär oder gar als groben Fehler ansehen wollte.

[116] 129,13. Die Abkürzung ‾ΦϮ, eigentlich bohairisch, aber auch im Faijumischen üblich, kommt im hier behandelten Teil der Handschrift überhaupt nicht vor, in anderen Teilen nur äußerst selten (104,8; 162,6; 163,16).

[117] CRUM, *Dict.* 546a.

[118] Dieselbe Vokalisation in einem anderen Teil der Handschrift in dem Substantiv ϨΗ (»Art«; 152,20; 158,4; 167,13) und dem Stat. pron von ‾Ν-/ΝΑⳤ mit Suffix der 2. Femininum: ΝΗ (151,13 und 155,2).

Bei ⲐⲀⲖⲀⲤⲤⲀ wird, wie häufig im Saïdischen, im Singular das
anlautende ⲧ (in Ⲑ) als bestimmter Artikel angesehen (176,16;
177,9.13; 178,15), im Plural hingegen als zum Stamm gehörig betrachtet: ⲚⲈⲐⲀⲖⲀⲤⲤⲀ (133,10). ⲐⲈⲞⲦⲞⲔⲞⲤ (geschrieben ⲐⲈⲱⲖⲞⲔⲞⲤ
und ⲐⲈⲱⲖⲱⲔⲞⲤ) dient in dieser Form zweimal als Vokativ (147,8
und 21). Da der Vokativ eines Appellativums den bestimmten Artikel
verlangt, muß hier entweder das anlautende ⲧ (in Ⲑ) gleichfalls als
Artikel aufgefaßt oder aber das Wort als Eigennahme angesehen
worden sein. In einem anderen Teil der Handschrift steht dagegen
mehrfach das zu erwartende ⲦⲈⲐⲈⲱⲖⲱⲔⲞⲤ (oder andere Orthographie), davon einmal als Vokativ (151,5)[119].

Nicht wenige Abweichungen vom klassischen Saïdisch zeigen die
Formen des bestimmten Artikels. Neben den »schwachen« Formen
ⲡ-, ⲧ- und Ⲛ̄- kommen auch die »starken« Formen ⲡⲓ-, ϯ-, und Ⲛⲓ-
vor, im Plural außerdem die volle Form ⲚⲈ- in Verbindungen, in denen
sie nach klassischem Sprachgebrauch nicht zu stehen hätte. Beim
maskulinen Singular finden wir mehrfach die Form ⲡⲓ- wo nur der
Artikel gemeint sein kann[120], ebenso einmal beim Femininum ϯ-
(148,22). Im Plural hat verschiedentlich Ⲛⲓ- die Funktion des Artikels
(z. B. 136,3), noch häufiger aber steht ⲚⲈ- an Stellen, an denen nach
klassischem Sprachgebrauch einfaches Ⲛ̄- stehen würde[121]. Selbst
Unregelmäßigkeiten in der Schreibung der Artikel ⲡⲓ- und Ⲛⲓ-
scheinen vorzukommen. Bei ⲡⲈⲓ̣ⲎⲨⲘⲚⲞⲤ (144,13 f.) und ⲡⲈⲓ̣ⲰⲤ
(140,10 und 144,14) wird man es offenlassen müssen, ob der Schreiber
— gegen die griechische Vorlage — das Demonstrativpronomen setzen
wollte. Dagegen kann in ⲚⲈⲓⲦⲀⲖⲀⲦⲎⲖ (136,7) meiner Meinung nach
nur der bestimmte Artikel gemeint sein. Denn warum sollte im
Zusammenhang des gesamten Psalms 148 gerade bei den »Hügeln«
(Vers 9a) das Demonstrativ auftauchen? Einmal steht der Pluralartikel Ⲛ̄-, obwohl die Doppelkonsonanz (Ⲑ) im Anlaut des Substantivs die Form ⲚⲈ- verlangen würde[122]. Zwei Artikel, und noch

---

[119] Nach meinen Beobachtungen findet sich sonst in der koptischen Literatur dort,
wo man ⲐⲈⲞⲦⲞⲔⲞⲤ mit dem Artikel erwartet, meistens die Form ⲦⲈⲐⲈⲞⲦⲞ-
ⲔⲞⲤ (mit den bekannten graphischen Varianten); ein Gegenbeispiel: Lefort, Homélie
15 (ⲐⲈⲞⲖⲞⲔⲞⲤ).

[120] Z. B. 133,1. Natürlich kann man nicht an allen Stellen mit Sicherheit sagen, ob
der Schreiber Demonstrativ oder Artikel setzen wollte.

[121] So z. B. gleich im Titel unseres Abschnittes: ⲚⲈⲱϢ (127,1).

[122] Ⲛ̄ⲐⲨⲠⲒⲞⲚ (133,16); an anderer Stelle korrekt ⲚⲈⲐⲨⲠⲒⲞⲚ (136,10).

dazu verschiedenen Geschlechtes, zeigt der Titel des Buches Exodus:
ⲡⲗⲉϧⲟⲧⲟⲥ[123].

Erwähnung verdient der Vokativ ⲱ ⲡⲟⲥ̄ ⲁⲩⲱ ⲙⲙⲁⲓⲣⲱⲙⲉ
(147,16) der griechischem ὡς φιλάνθρωπος κύριος (146,14 f.) entsprechen
soll. Daß es sich dabei nicht um eine wörtliche Übersetzung handelt,
ist unmittelbar deutlich[124]. Grammatikalisch interessant ist, daß die
beiden Nomina »Herr« und »Menschenliebender« sowohl durch »und«
als auch durch die Partikel ⲛ̄- verknüpft sind. Diese Konstruktion ist
mir aus dem klassischen Saïdisch nicht bekannt[125]. Sicher belegbar
ist sie dagegen im Bohairischen. Mallon[126] und Steindorff[127] erwähnen
sie jedoch nur für die Anreihung von Nomina im Nominalsatz. Schon
Stern brachte, wenn auch ohne nähere Untersuchung, einige Beispiele für eine weitere Anwendung, darunter eines aus dem Neuen
Testament: ⲛⲓⲥⲟϫ ⲟⲩⲟϩ ⲙⲃⲉⲗⲗⲉ = »Ihr Toren und Blinden«[128].
Auch im späteren Bohairisch kommen solche Verbindungen immer
wieder als Vokativ vor, wie etwa ⲓ̄ⲏ̄ⲥ ⲡⲭ̄ⲥ̄ ⲡⲓϧⲓⲏⲃ ⲟⲩⲟϩ ⲛⲗⲟⲅⲟⲥ
ⲛ̄ⲧⲉ ⲫ̄ϯ[129] = »Jesus Christus, Lamm und Wort Gottes« oder ⲡⲓⲁ-
ⲅⲁⲑⲟⲥ ⲟⲩⲟϩ ⲙⲙⲁⲓⲣⲱⲙⲓ[130] = »Du Guter und Menschenliebender«.
Aus solchen Beispielen wird klar, daß man auch in M 574 »menschen-
liebend« nicht etwa als Attribut zu »Herr« verstehen kann. Daß wir
diese Konstruktion überhaupt in unserem Text antreffen, ist möglicherweise einem Einfluß des Bohairischen (und Faijumischen?) auf das
spätere Saïdisch zuzuschreiben.

Nicht selten wird in unserem Text der Genitiv mit ⲛ̄ⲧⲉ- ange-

---

[123] 176,14. Es ist wenig wahrscheinlich, daß der Schreiber in diesem Fall den primären
Artikel noch als solchen empfunden hat; er wird ihn als integrierenden Bestandteil
des Buchtitels angesehen haben, dem er den maskulinen Artikel vorsetzte. Korrekt,
nur eben in der verwilderten Orthographie der Spätzeit (vgl. oben S. 355, Anm. 8), finden
wir den Titel in einer vatikanischen Handschrift ⲗⲉϧⲟⲧⲟⲥ (CIASCA-BALESTRI,
Fragm. copto-sahid. I, S. XXV und 43, Apparat). Mit doppeltem, aber beide Male
weiblichem Artikel, wenn auch jeweils in verschiedener Schreibung, hat den Titel eine
andere vatikanische Handschrft: ⲧⲗⲟϧⲟⲗⲟⲥ (ebenda 43 mit Apparat).

[124] Das ὡς dürfte als Vokativpartiel mißverstanden sein.

[125] Etwas anderes ist der Fall, in dem »und« mehrere mit ⲛ̄- angeschlossene Attribute
verknüpft. Dabei kann auch im Saïdischen ⲁⲩⲱ ⲛ̄- verwendet werden. Ein Beispiel
vgl. unten S. 384.

[126] MALLON, *Grammaire* § 360.

[127] STEINDORFF, *Lehrbuch* § 413,4.

[128] STERN, *Gramm.* § 592 (S. 386). Es handelt sich um Mt 23,17, und Stern übersetzt
die Stelle nicht als Vokativ; sollte er sie mißverstanden haben?

[129] Aus einem Wasserweihegebet, siehe *Euchol.* 774.

[130] Aus dem Gebet nach der Paulus-Lesung der Messe, siehe ebd. 245.

knüpft, wo in klassischer Sprache gewöhnlich N̄- steht, z.B. NϢHPE
NTE NEPⲰME (133,18).

Irgendwelche Regeln für die Kongruenz der Kopula im Nominalsatz
scheinen in den Texten unserer Handschrift nicht beachtet. Es heißt
NTO ΠE TMⲀⲀⲨ MΠNOⲨTE (147,5) und NTO ΠE TMⲀⲀⲨ MΠⲞⲤ
(148,4 f.)[131]. So wird es eher Zufall sein, wenn in NTO ΠE ΠTEⲀHⲀ
NNⲀⲄⲄEⲀOC (147,19 f.) die Kopula mit dem zweiten Glied kon-
gruiert[132].

Unter den Verben kommt einmal die Konstruktion eines griechischen Verbs mit P̄- vor, und zwar im Imperativ: ⲀPIKⲀTⲀⳄIOⲨ
(139,8), wie dies sonst im Saïdischen nicht üblich ist. Man wird hier
also faijumischen Einfluß anzunehmen haben[133]. Unter den koptischen
Verben hat ϯ als Imperativ an parallelen Stellen einmal MⲀ- (139,23
und 24), das andere Mal ϯ- (144,9 und 10). Im Imperativ dient als
Stat. pron. von EIPE mit dem Suffix der 1. Person Plural, wie auch
sonst[134], die Form ⲀⲀ⸗ (142,7). Die Form TⲀMIO fungiert mehrfach
als Stat. nom. (129,17.19.23). Die direkte Anküpfung des Akkusativs
an den Stat. abs.[135] kennen andere koptische Texte gleichfalls; häufiger
kommt sie gerade auch bei Texten dieser Provenienz und speziell
wieder bei den T-Kausativen vor[136].

Unter den Konjugationsformen finden sich drei Faijumismen,
einmal ⲀC- als Präsens II[137], einmal das Futur II in der hybriden
Form ENNE- (144,29), also mit faijumischem NE- für saïdisches
Nⲁ-, aber gut saïdischem EN- (nicht faijumischem ⲀN-), und
schließlich einmal die 3. Person Plural des kausativen Infinitivs als

---

[131] In einem anderen Teil der Handschrift haben wir sogar Sätze wie ⲀNOK TE
ΠPPO (154,18) und BIKTⲰP TE ΠEKϢHPE (154,24). Vgl. auch Crum, Dict.
391b, wo auffallend viele Beispiele dieser Art aus dem Faijum angeführt sind.

[132] Aufgrund des Sinnes dieser Sätze, nicht zuletzt wegen der griechischen Vorlagen,
möchte ich in dem jeweils zweiten Glied das Prädikat sehen, obwohl nach der von Polotsky, Nominalsatz 426 gegebenen Regel eigentlich das Pronomen, da in der volltonigen
Form gebraucht, Prädikat sein müßte.

[133] In anderen Teilen der Handschrift kommen noch einige weitere Fälle dieser Art
vor. Ich nenne nur ein Beispiel, in dem wir eine hundertprozentig faijumische Form
haben: EⲀ-ETIN (= αἰτεῖν; 161,29).

[134] Z. B. Lanne, Euchologe 348 [84], Zeile 3; 356 [92], Z. 16; 390 [126], Z. 7.

[135] Also Stat. abs. für Stat. nom.; so Till, Gramm. § 276. Ein anderes Mal vom selben
Autor erklärt als Stat. pron. für Stat. nom. (Rez. van Lantschoot 321).

[136] Eine Reihe von Beispielen in van Lantschoot, Questions, wo dies Phänomen
gerade beim Verb TⲀMIO besonders häufig ist (S. 17, 24, 36 ff. und 46).

[137] 140,4. Das faijumische Präsens II kommt auch sonst in der Handschrift vor
(30,7; 166,2.18).

ⲧⲣⲟⲩ-[138]. Zweimal finden wir ein Perfekt unter der Form
ⲉⲁϥ- (130,23 und 134,10), wo kein Umstandssatz gemeint sein kann
und auch ein 2. Tempus[139] wenig wahrscheinlich ist. Die Form kann an
unseren beiden Stellen nur zur Anknüpfung dienen, und sie kommt in
dieser Funktion auch sonst in der koptischen Literatur vor. An der
einen Stelle[140] setzt sie einen substantivierten Relativsatz fort; in
der griechischen Vorlage stehen zwei durch καί verbundene Partizipien. Andere Beispiele für diese Funktion der fraglichen Form
dürften Ps 135,14a und 15a[141] oder das ⲡⲉⲛⲧⲁϥⲉⲓ ⲉⲡⲕⲟⲥⲙⲟⲥ …
ⲉⲁϥϥⲟⲣⲉⲓ ⲛⲟⲩⲥⲁⲣⲝ in einer Fassung des nizänischen Glaubensbekenntnisses sein[142], wo wiederum in beiden Fällen die griechischen
Vorlagen durch καί verbundene Partizipien haben[143]. An der anderen
Stelle (134,10) kann es sich natürlich nicht um die Fortführung eines
perfektischen Relativsatzes handeln, da ein solcher nicht vorausgeht.
Hier wird also durch die fragliche Form ein gewöhnliches Perfekt I
wiederaufgenommen[144]. Für beide Verwendungen der Form ⲉⲁ-
haben wir Parallelen in M 575. Hier jeweils ein Beispiel: ⲉⲁϥⲧⲁϣⲉ
ⲟⲉⲓϣ dient in 5,13 als Fortsetzung eines substantivierten Relativsatzes[145], und in 14,20 führt ⲉⲁⲕ- ganz offensichtlich ein voraus-
gehendes ⲁⲕ- fort.

Das Verb ⲙⲡϣⲁ ist in 147,26 mit einem asyndetisch angeschlossenen
zweiten Verb konstruiert, wie dies auch sonst in unserer Handschrift
geschieht (155,22; 170,5).

Die Form ⲧⲛ̄- kann an verschiedenen Stellen[146] kaum Präsens I

---

[138] 137,14. Daneben zweimal die saïdische Form ⲧⲣⲉⲩ- (137,12.18).

[139] Vgl. zu dieser Form des Perfekt II POLOTSKY, *Études* 48f. und STEINDORFF,
Lehrbuch § 341.

[140] 130,23 = Ps 135,18a. So auch die Londoner Handschrift (BUDGE, *Psalter*); die
anderen Zeugen fallen hier aus.

[141] Und zwar in allen erhaltenen Zeugen: BUDGE, *Psalter*; WESSELY, *Texte* 4, Nr. 259f;
Psalmenfragmente 157.

[142] REVILLOUT, *Concile de Nicée* 219f. (Separataug. 25f.; jeweils oberer Text). In
allen anderen Texten die einfache Perfektform.

[143] Die Fortsetzung eines perfektischen Relativsatzes durch die Umstandsform des
Perfekts bei Schenute hat auch STEINDORFF, *Lehrbuch* § 475, registriert. TILL be-
handelt *Gramm.* § 486 allgemein die Fortsetzung eines Relativsatzes durch einen
Umstandssatz, gibt aber kein Beispiel für das Perfekt.

[144] TILL behandelt *Gramm.* § 331 ganz allgemein die Fortsetzung einer anderen Satzart
durch den Umstandssatz, hat aber wiederum keine Beispiele für das Perfekt.

[145] Ein publizierter bohairischer Paralleltext hat stattdessen ⲉϥⲱϣ ⲉⲃⲟⲗ
ⲉϥⲭⲱ ⲙⲙⲟⲥ (O'LEARY, *Difnar* I 2a).

[146] 134,11; 143,8; 144,19. Nicht so klar 143,10.11.12.

sein. Man erwartet jedenfalls den Konjuktiv. Wegen des mehrmaligen
Vorkommens dieser Form wird man schlecht ein zufälliges Wegfallen
des ersten N von N̄TN̄- annehmen können. Wahrscheinlich haben
wir es mit der in späteren Texten vorkommenden »vulgären« Form
TЄϥ-[147] zu tun, zumal diese Formen in Bohairischen auch neben der
in diesem Dialekt normalen Form NTЄϥ- anzutreffen sind.

Besonders interessant ist das von P̄ ϨΟΥЄ- abhängige Qualitativ
CMAMAAT[148]. Ein derartiger Gebrauch des Qualitativs in abhängiger
Position ist in den Grammatiken nicht verzeichnet[149], ja, er wäre nach
den allgemeinen Regeln direkt auszuschließen[150]. Vor einigen Jahren
habe ich einmal einen parallelen Fall, nämlich das Qualitativ verschiedener Verben in Abhängigkeit von ϢΠ- behandelt[151] und dabei
die Ansicht vertreten, daß ein solcher Gebrauch sich aus einem Einfluß
der griechischen Sprache erklärt. Die koptische Sprache kennt keine
Bildungen nach Art der griechischen Komposita, in denen ein Verb
mit einer Präposition zusammengesetzt ist. Soche Verbalkomposita
werden bei der Übersetzung ins Koptische je nach Fall auf ganz
verschiedene Weise wiedergegeben. Eine dieser Möglichkeiten besteht
darin, daß das koptische Verb, das zur Wiedergabe des griechischen
Verbalstammes dient, von einem anderen verbalen Ausdruck[152]
abhängig gemacht wird, der geeignet scheint, den Sinn der Präposition
des griechischen Kompositums wiederzugeben[153]. Legt nun die griechische Verbalform, wie etwa ein Perfekt Passiv, eine Übersetzung
durch das Qualitativ nahe, so ist diese Art der Wiedergabe nicht

---

[147] Vgl. TILL, *Kleinliteratur* 110 f. In einem anderen Teil der Handschrift kommt TЄ-
als Konjugationsbasis des Konjunktivs vor nominalem Subjekt vor (160,2).

[148] 131,17 (ff.); 139,10 f.; 142,9; 144,4 f. Es handelt sich in allen Fällen um dieselbe
Schriftstelle, nämlich Dan 3,52 (ff.).

[149] Entfernt vergleichbar ist einzig der Gebrauch des Qualitativs nach P̄ ΠΚЄ-,
den aber auch TILL nur als »merkwürdig« konstatieren kann (*Gramm.* § 349).

[150] »Das Qualitativ kommt nur als Prädikat vor« (TILL, *Gramm.* § 257), seine »only
function is to fill the second position in the Bipartite Conjugation Pattern« (POLOTSKY,
Conjugation System 395).

[151] QUECKE, *Qualitativ*. Übersetzung von verbalen Präpositionalkomposita mit
προ-.

[152] Der selbst wieder aus einem Verbum und einem davon abhängigen Substantiv
zusammengesetzt sein kann wie etwa in unserem Fall das P̄ ϨΟΥЄ- oder das ЄP̄
ϢΟΠ, das im Bohairischen gewöhnlich saïdischem ϢΠ- entspricht. Ebenso
ϢΩΠΙ NϢЄΒΙΩ zur Übersetzung eines Kompositums mit ἀντι- (*Euchol.* 601;
vgl. dazu HAMMERSCHMIDT, *Formkriterium* 63).

[153] Vgl. auch BÖHLIG, *Lehnwörter* 70 f., wo zugleich zu ersehen ist, daß dies Verfahren
im N. T. relativ selten angewendet wird.

mehr möglich, da hier ein Qualitativ in eine abhängige Position
geriete, während es in Wirklichkeit nur als Prädikat (im zweiteiligen
Konjugationsschema) fungieren kann. Es ist nun meiner Meinung
nach allein durch die Geläufigkeit dieser Kombination von zwei
verbalen Ausdrücken zu erklären, wenn man sie auch mit dem entsprechenden Qualitativ in der abhängigen Position antrifft. Inwieweit
man derartige Bildungen nun als korrektes Koptisch bezeichnen kann,
bleibe dahingestellt. Sie finden sich jedenfalls nicht nur in der
Übersetzungsliteratur, sondern selbst bei Schenute[154] und müssen so
als zum Instrumentarium der koptischen Sprache gehörig betrachtet
werden. Dennoch glaube ich eine gewisse Reserve ihnen gegenüber
feststellen zu müßen. Ich habe schon früher[155] gezeigt, daß etwa die
Wiedergabe von προκεῖσθαι durch ϣⲣⲡ ⲕⲏ ⲉϩⲣⲁⲓ (o. ä.), die
einmal in einem liturgischen Text belegt ist[156], weder im Alten noch
im Neuen Testament in irgendeinem erhaltenen Teil einer koptischen
Übersetzung vorkommt. Etwas anders steht es mit dem ⲣ ϩⲟⲩⲉ
ⲥⲙⲁⲙⲁⲁⲧ unseres Textes, das ja hier im Gesang der drei Männer im
Feuerofen steht, also einem Textstück, das dem biblischen Buch
Daniel entnommen ist[157]. Nicht ganz sicher ist, welches Verb der
griechischen Vorlage auf diese Weise wiedergegeben ist, ob ὑπεραινετός
εἶναι oder ὑπερυμνητός εἶναι. Jedenfalls dient der verbale Ausdruck
ⲣ ϩⲟⲩⲉ- zur Wiedergabe des ὑπερ- eines griechischen Verbalkom-
positums. Aber M 574 ist keine eigentliche Bibelhandschrift, und es
ist auch keine andere saïdische Bibelhandschrift bekannt, die uns den
Text von Dan 3,52 (ff.) erhalten hätte. Die saïdischen Zeugen für
diesen Abschnitt sind ausschließlich liturgische Handschriften. M 574
ist die einzige von ihnen, die die Verbindung ⲣ ϩⲟⲩⲉ ⲥⲙⲁⲙⲁⲁⲧ
bezeugt. Der Cod. Borg. copt. 109(32), ein Lektionarfragment, hat in
den Versen 53b, 54b, 55b und 56b[158] einfaches ⲥⲙⲁⲙⲁⲁⲧ statt des
ⲣ ϩⲟⲩⲉ ⲥⲙⲁⲙⲁⲁⲧ von M 574. Im Cod. Borg. copt. 109(32) wird
weiterhin auch die andere Zusammensetzung mit ⲣ ϩⲟⲩⲉ- vermieden,
die sich in diesem Abschnitt in M 574 findet: ⲣ ϩⲟⲩⲉ ⲝⲓⲥⲉ. Hier
hat M 574 zwar nicht das Qualitativ, sondern den offensichtlich in

---

[154] So ⲛⲣⲱⲙⲉ ⲉⲧⲣ ϩⲟⲩⲉ ⲥϩⲟⲩⲟⲣⲧ (AMÉLINEAU, Œuvres I 266); Amélineau übersetzt »les hommes plus que maudits«.

[155] QUECKE, Qualitativ 294f.

[156] DORESSE-LANNE, Liturgie de S. Basile 20.

[157] Daß es sich um einen deuterokanonischen Abschnitt des Buches handelt, ist für
unsere Frage ohne Bedeutung.

[158] CIASCA-BALESTRI, Fragm. copto-sahid. II 317. Vers 52 ist nicht erhalten.

passivem Sinn zu verstehenden Infinitiv; der Borg. copt. 109(32) hat
aber auch hier das einfache Qualitativ ϫⲟⲥⲉ, d. h. ohne ⲣ ϩⲟⲩⲉ-.
Auch in der Wiener Odenhandschrift steht Dan 3,52b einfaches
ⲥⲙⲁⲙⲁⲁⲧ statt des ⲣ ϩⲟⲩⲉ ⲥⲙⲁⲙⲁⲁⲧ von M 574[159]. Die Wiener
Odenhandschrift ist aber zu zerstört, als daß man feststellen könnte,
ob die Verbindung eines Qualitativs mit ⲣ ϩⲟⲩⲉ- auch im übrigen
Text des Canticums konsequent vermieden ist. Auf wieder eine andere
Weise verwendet die Toronto-Handschrift in dem Zitat aus Dan 3,52
im Engelshymnus (Vers 42) das Qualitativ ⲥⲙⲁⲙⲁⲁⲧ. Auch dort
ist ⲣ ϩⲟⲩⲉ- gebraucht, aber das Qualitativ ist als finite Verbalform
konstruiert, wie man es erwartet: ⲃⲉⲣ ϩⲟⲩⲉ ϥⲥⲙⲁⲙⲁⲁⲧ (für
ⲉϥⲥⲙⲁⲙⲁⲁⲧ ?)[160]. So muß es vorerst offen bleiben, ob der saïdische
Bibeltext in Dan 3,52 ff. wirklich die Verbindung ⲣ ϩⲟⲩⲉ ⲥⲙⲁⲙⲁⲁⲧ
enthielt. Doch kann man deshalb natürlich diesen Ausdruck in M 574
nicht beanstanden, zumal im Bohairischen nicht nur die liturgischen
Texte[161], sondern auch der Bibeltext selbst[162] die entsprechende
Form ⲉⲣ ϩⲟⲩⲟ ⲥⲙⲁⲣⲱⲟⲩⲧ haben.

Aufmerksam machen möchte ich weiterhin auf den Satz ⲧⲉⲧⲉ
ⲙⲛⲛⲥⲁ ⲧⲣⲉⲥⲙⲓⲥⲉ ⲁⲥϭⲱ ⲟⲛ ⲉⲥⲟ ⲛⲡⲁⲣⲑⲉⲛⲟⲥ (147,
30), in dem zwischen Relativpartikel und Verbform (mit Subjekts-
ausdruck) eine adverbielle Wendung eingeschoben ist. Diese Konstruktion ist bisher nur im Bohairischen beobachtet worden, wo sie
der Nachahmung griechischer Wortstellung bei der Übersetzung ins
Koptische dient[163]. Soweit ich es im Augenblick übersehe, hat das
klassische Saïdisch diese Konstruktion in der Tat nicht gekannt.

---

[159] TILL-SANZ, *Odenhandschrift* 107.

[160] Fol. 13ᵛ (Text unten S. 486). Dieselbe Konstruktion bohairisch im Gesang der drei
Männer in der Pariser Handschrift Nr. 68 und vereinzelt in den Bibelhandschriften
(vgl. die beiden folgenden Anmerkungen).

[161] Siehe etwa *Jahres-Psalm.* (1908; Kairo) 48 f. Doch glaube ich auch hier wieder eine
gewisse Reserve gegenüber dieser Konstruktion feststellen zu müssen, insofern als in der
koptischen Handschrift Nr. 68 der Pariser Bibliothèque Nationale (vgl. unten S. 488 ff.)
im Gesang der drei Männer (einer der zwei bohairischen Texte dieser Handschrift) nur
der Infinitiv ϭⲓⲥⲓ von ⲉⲣ ϩⲟⲩⲟ abhängig gemacht wird; das Qualitativ ⲥⲙⲁⲣⲱⲟⲩⲧ wird dagegen als finite Verbalform konstruiert: Auf fol. 23 heißt es mehrfach
ⲕⲉⲣ ϩⲟⲩⲟ ⲕⲥⲙⲁⲣⲱⲟⲩⲧ ⲕⲉⲣ ϩⲟⲩⲟ ϭⲓⲥⲓ wobei für die erste Form
einmal ⲕⲉⲣ ϩⲟⲩⲟ ⲉⲕⲥⲙⲁⲣⲱⲟⲩⲧ steht (fol. 23ᵛ), was man als die korrektere
Verbindung ansehen möchte; ebenso einmal in der 3. Person ϥⲉⲣ ϩⲟⲩⲟ ϥ-
ⲥⲙⲁⲣⲱⲟⲩⲧ ϥⲉⲣ ϩⲟⲩⲟ ϭⲓⲥⲓ (fol. 23ʳ).

[162] Aber auch hier in den Handschriften gelegentlich das gerade genannte ⲕⲥⲙⲁⲣⲱⲟⲩⲧ bzw. ϥⲥⲙⲁⲣⲱⲟⲩⲧ statt ⲥⲙⲁⲣⲱⲟⲩⲧ (siehe BARDELLI, *Daniel* 38,
Anm. 3, 4 und 6).

[163] POLOTSKY, *Orthographe* 31 f.

Um zu sehen, wie das saïdische N. T. sich verhält, braucht man nur
die von Polotsky angeführten Beispiele[164] durchgehen. In der Mehrzahl
der Fälle wird in der saïdischen Übersetzung die adverbiele Bestimmung
hinter das Prädikat gestellt. In einigen wenigen Fällen behält aber
auch die saïdische Übersetzung, wie die bohairische, die Wortstellung
der griechischen Vorlage bei, läßt dann aber, dies im Unterschied
zum Bohairischen, die Relativpartikel weg. Als Beispiel diene 3 Joh 6:
οὓς καλῶς ποιήσεις προπέμψας. Die bohairische Übersetzung kann
diesen Relativsatz mit Relativpartikel und ohne Änderung der Wortstellung wiedergeben: ⲚⲀⲒ ⲈⲦⲈ ⲔⲀⲖⲰⳞ ⲬⲚⲀⲀⲒⳞ ⲈⲔⲦⲪⲞ
ⲘⲘⲰⲞⲨ. Auch die saïdische Übersetzung behält in diesem Fall,
wie die bohairische, die Wortstellung des griechischen Textes bei,
muß aber dafür auf die Setzung der Relativpartikel verzichten[165]:
ⲚⲀⲒ ⲔⲀⲖⲰⳞ ⲔⲚⲀⲀⳞ ⲈⲀⲔⲐⲠⲞⲞⲨ. Der Satz ist auch ohne die
Relativpartikel vollständig und korrekt. Um ihm einen Sinn zugeben,
braucht man ihn auch nicht als Relativsatz aufzufassen. Man muß
nur das am Anfang stehende Demonstrativum als Casus pendens
verstehen, das der Regel zufolge an der betreffenden Stelle im Satz
durch das entsprechende Suffixpronomen wiederaufgenommen wird:
»Du wirst gut tun, diese geleitet zu haben.« Daß dieser koptische Satz
als wirkliche Vorlage hat: »welche geleitet zu haben du gut tun wirst«,
ist aus der koptischen Fassung allein nicht sicher zu rekonstruieren
und erst aus der Vorlage zu ersehen. Die Frage ist nun: hat ein saïdischer Satz wie der zitierte für die Kopten den Wert eines Relativsatzes gehabt oder nicht? Meine Meinung geht dahin, daß für die
Kopten in der Tat auch ein solcher Satz relativen Sinn hatte. Ich
sehe darin also eine Art »virtuellen« Relativsatzes. Diese Ausdrucksweise kommt nämlich im Saïdischen, wenn auch nicht gerade häufig,
so doch mit einer gewissen Regelmäßigkeit vor. Es wäre verwunderlich,
wenn die Kopten in all diesen Fällen den relativen Charakter, der aus
der Vorlage zu ersehen ist, nur deshalb völlig vernachlässigt haben
sollten, um die Wortstellung der Vorlage nachahmen zu können,
während sie in vielen anderen Fällen auch von dieser abgewichen sind.
Vor allem aber findet sich stets das Demonstrativum, das man als ein
Minimum relativer Anzeige betrachten kann. Das Demonstrativ dient
ja im Koptischen so häufig als unmittelbares Beziehungswort des

---

[164] Ebenda 32.

[165] Die beiden Texte unterscheiden sich sonst nur noch darin, daß die saïdische Übersetzung das griechische Partizip Aorist durch einen Umstandssatz der Vorzeitigkeit, die
bohairische durch einen solchen der Gleichzeitigkeit wiedergibt.

Relativsatzes, vor dem es das eigentliche Beziehungswort wieder-
aufnimmt[166], daß schon hiermit ein deutlicher, wenn auch nicht
absolut eindeutiger Hinweis auf den relativen Charakter des Satzes
gegeben ist. Die Kopten wären auch, wenn ein solcher Satz für sie
nicht gleichbedeutend mit einem Relativsatz gewesen wäre, in all
diesen Fällen vom präzisen Sinn der Vorlage abgewichen.
Dabei wäre es vollig unerklärlich, warum sie jedesmal 1. überhaupt
ein Demonstrativum als entsprechendes Satzglied eingeführt und
diesem 2. immer die sonst der Hervorhebung dienende Spitzenstellung
zugewiesen hätten. Daraus folgt meiner Meinung nach mit guter
Sicherheit, daß diese Sätze in den genannten Fällen eben die Relativsätze zu vertreten haben. Merkwürdig bleibt allerdings, warum nur
ausnahmsweise von einem anderen Mittel, den relativen Charakter des
Satzes noch deutlicher auszudrücken, Gebrauch gemacht wurde,
nämlich dem Umstandssatz. Dies Verfahren wird Hebr 7,19 angewandt:
ΘΕΛΠΙⲤ ΕΤⲤⲞⲦⲠ ⲦⲀⲒ ΕΒⲞⲖ ϨΙⲦⲞⲞⲦⲤ ΕΝΝⲀϨⲰⲚ ΕϨⲞⲨⲚ
ΕⲠⲚⲞⲨⲦΕ = »die bessere Hoffnung, durch die wir zu Gott hinzutreten
werden[167].« Weiteste Verbreitung hat der saïdische »virtuelle« Relativsatz in den doxologischen Schlußformeln gefunden, entsprechend
griechischem $\delta\iota$' $o\tilde{\upsilon}$ und/oder $\mu\epsilon\theta$' $o\tilde{\upsilon}$. Bei »adverbiellem« Prädikat
im Relativsatz lautet eine derartige Formel etwa so: ⲠⲀⲒ ΕΒⲞⲖ
ϨΙⲦⲞⲞⲦϤ ⲠΕⲞⲞⲨ ⲚⲀϤ ⲘⲚ ⲠΕϤΕΙⲰⲦ ⲚⲀⲄⲀΘⲞⲤ ⲘⲚ ⲠΕⲠⲚⲀ̅
ΕⲦⲞⲨⲀⲀⲂ ⲚⲢϤⲦⲀⲚϨⲞ ⲀⲨⲰ ⲚϨⲞⲘⲞⲞⲨⲤΙⲞⲚ[168] = »durch den
ihm[169] und seinem guten Vater und dem lebenspendenden wesens-
gleichen Heiligen Geist die Ehre (ist)[170].« Wird dagegen im Relativsatz

---

[166] Über den Sinn dieses Demonstrativums gehen die Meinungen der Grammatiker
auseinander. Nach Till dient es zur Hervorhebung des nominalen Beziehungswortes
(*Gramm.* § 477), nach Polotsky erhält dadurch der Relativsatz eine gewisse Selbständigkeit gegenüber dem Beziehungswort (*Rez. Till²* 480 f.).

[167] Im Bohairischen bisweilen auch die Umstandsform im regelrechten Relativsatz,
z. B. ⲦⲘΕⲦⲚΙϢϯ ⲚⲀⲦϯϢΙ ΕⲢⲞⲤ ⲚⲦΕ ⲦΕⲔⲘΕⲦϤⲀΙⲢⲰⲞⲨϢ
ΕϨⲞⲨⲚ ΕⲠΕⲚⲄΕⲚⲞⲤ ⲚΕⲂΙⲎⲚ ΘⲀΙ ΕⲦΕ ΕΒⲞⲖ ϨΙⲦⲞⲦⲤ ΕⲤ-
ⲚⲀϨⲞⲘϨΕⲘ ⲘⲘΕⲚ ⲚⳢΕ ⲦⲤⲞⲨⲢΙ ⲘϤⲘⲞⲨ (De Vis, *Homélies* 19,8 ff.) =
»die unermeßliche Größe deiner Sorge für unser armes Geschlecht, durch die einerseits der
Stachel des Todes zertreten werden wird …« Ein weiteres Beispiel gleich unten.

[168] Budge, *Miscell. Texts* 420 (oberer Text).

[169] Daß Christus hier zweimal genannt ist, als Mensch und als zweite Person der
Dreifaltigkeit, ist in diesen Formeln bei den Kopten das übliche.

[170] Nur selten wird in diesen Formeln der adverbielle Ausdruck (»durch ihn«) entweder
hinter das Prädikat des Relativsatzes gestellt oder ganz weggelassen, wobei dann die
nun an sich mögliche Relativpartikel nicht in ihre Rechte eingesetzt wird; dies erkläre
ich mir aus dem häufigen Gebrauch der anderen Formeln. Ein Beispeil für den ersten

ein Verb gebraucht, dann kommt durchgehend der Umstandssatz zur Anwendung, wie Πⳁⲓ ⲈⲂⲞⳡ ⳅⲓⲦⲞⲞⲦϥ ⲈⲢⲈ ⲈⲞⲞⲨ ⲚⲒⳚ ΠⲢⲈΠⲈⲒ Ⲛⳁϥ ⳙⲚ ΠⲈϥⲈⲒⲰⲦ ⲚⳁⲄⳁⲐⲞⲤ ⳙⲚ ΠⲈΠⲚⲀ̄ ⲈⲦⲞⲨⳁⳁⲂ[171] = »durch den ihm und seinem guten Vatern und dem Heiligen Geist alle Ehre gebührt.« Das Bohairische verwendet hier durchweg den Umstandssatz im Relativsatz: ϥⳁⲓ ⲈⲦⲈ ⲈⲂⲞⳡ ⳅⲓⲦⲞⲞⲦϥ ⲈⲢⲈ ΠⲓⲰⲞⲨ ⲚⲈⳙ ΠⲓⲦⳁⲒⲞ ⲚⲈⳙ Πⲓⳁⳙⳁⳅⲓ ⲚⲈⳙ †ΠⲢⲞⲤⲔⲨⲚⲎⲤⲒⲤ ⲈⲢΠⲢⲈΠⲓ ⲚⳁⲔ ⲚⲈⳙⳁϥ ⲚⲈⳙ ΠⲓΠⲚⲀ̄ ⲈⲐⲨ̄[172] = «durch den dir (dem Vater) und ihm (dem Sohn) und dem Heiligen Geist die Ehre und der Ruhm und die Herrschaft und die Anbetung gebührt.«

Wo ein Text bzw. ein Ausdruck mehrfach ins Saïdische übersetzt ist, sind auch die beiden Arten der Wiedergabe anzutreffen, die dem klassischen Sprachgebrauch entsprechen, also entweder Beibehaltung der Wortstellung und Verzicht auf die Relativpartikel (»virtueller« Relativsatz) oder echter Relativsatz mit veränderter Wortstellung. Ein solcher Text ist der Satz τὸν δι' ἡμᾶς... κατελθόντα im Credo. In den saïdischen Übersetzungen steht auf der einen Seite Πⳁⲓ ⲈⲦⲂⲎⲎⲦⲚ ... ⳁϥⲈⲒ ⲈΠⲈⲤⲎⲦ[173], auf der anderen ΠⲈⲚⲦⳁϥⲈⲒ ⲈΠⲈⲤⲎⲦ ⲈⲦⲂⲎⲎⲦⲚ[174]. Was wir nicht finden, ist die Konstruktion mit Relativpartikel und der Wortstellung der Vorlage, wie sie das Bohairische kennt: ϥⳁⲓ ⲈⲦⲈ ⲈⲐⲂⲎⲦⲈⲚ ... ⳁϥⲓ ⲈΠⲈⲤⲎⲦ[175]. Diese

---

Fall: Πⳁⲓ ΠⲈⲞⲞⲨ ⳙΠⲈⲒⲰⲦ ⲈⲂⲞⳡ ⳅⲓⲦⲞⲞⲦϥ ⳙⲚ ΠⲈΠⲚⲀ̄ ⲈⲦⲞⲨⳁⳁⲂ (Pleyte-Boeser, *Manuscrits* 382); = »durch den dem Vater und dem Heiligen Geist die Ehre (ist)«; etwas häufiger sind Formeln der zweiten Art wie Πⳁⲓ ΠⲈⲞⲞⲨ Ⲛⳁϥ ⳙⲚ ΠⲈϥⲈⲒⲰⲦ ⲚⳁⲄⳁⲐⲞⲤ ⳙⲚ ΠⲈΠⲚⲀ̄ ⲈⲦⲞⲨⳁⳁⲂ (Porcher, *Hom. cathédrale* 139), die, wenn man kein unausgedrücktes ⲈⲂⲞⳡ ⳅⲓ-ⲦⲞⲞⲦϥ voraussetzt, so zu übersetzen wäre: »diesem (ist) mit seinem guten Vater und dem Heiligen Geist die Ehre.«

[171] Lagarde, *Aegyptiaca* 237 (oberer Text).

[172] So in der heutigen Liturgie, z. B. *Euchol.* 29.

[173] So M 574 (148,18 ff.), Londoner Schreibtafel (Text unten S. 514) und die Toronto-Handschrift (fol. 5ʳ; Text unten S. 476). Außerdem Revillout, *Concile de Nicée* 219 f. (Separatausg. 25 f.; jeweils der untere Text) bzw. Rossi, *Testi copti* 148 (Separatausg. 62) und Dossetti, *Simbolo*, Taf. nach S. 196. Bei Bouriant, *Concile d'Ephèse* 91 dieselbe Konstruktion, aber κατελθόντα ist nicht wiedergegeben; es steht sofort ⳁϥⳒⲓ ⲤⳁⲢⳜ (als Übersetzung von σαρκωθέντα). Diese Konstruktion sicher auch bei Crum, *Short Texts* 15 (S. 5), doch ist der Text hier sehr fragmentarisch.

[174] Revillout, *Concile de Nicée* 209 (Separatausg. 15); etwas anders formuliert ebenda 219 f. (Separatausg. 25 f.; jeweils der obere Text): ΠⲈⲚⲦⳁϥⲈⲒ ⲈΠⲔⲞⲤ-ⳙⲞⲤ ⲈⲦⲂⲈ ΠⲞⲨⳜⳁⲓ ⲚⲚⲢⲰⳙⲈ.

[175] Z. B. *Euchol.* 291 f.

Konstruktion ist eben dem klassischen Saïdisch fremd und nur dem
Bohairischen und Faijumischen[176] bekannt. Wenn wir also eine
derartige Konstruktion an der genannten Stelle 147,30 in M 574
antreffen, dann ist hier ein Einfluß der nördlichen Dialekte zu vermuten.

Verderbnisse in dem Maße, wie sie der griechische Text aufweist,
finden wir im koptischen nicht. Zweimal dürfte Dittographie vorliegen,
einmal bei dem doppelten ⲁϥⲧⲱⲟⲩⲛ in 134,9 f., dann aber auch bei
dem schon genannten ⲉⲭⲱⲟⲩ ⲉⲭⲟⲟⲩ (178,10 f.)[177]. Falsche
Zeichensetzung ist 148,3[178] und 149,7 festzustellen[179]. Man beachte
aber, daß es sich hier um falsche Satzzeichen handelt. Fehlerhafte
Worttrennung, wie sie im griechischen Text der Handschrift gang
und gäbe ist, kommt im koptischen Text nicht vor. Daß in 178,3
gerade der Schreiber unserer Handschrift einige Worte ausgelassen hat,
wird man nicht sagen können, da sich die Auslassung auch in anderen,
sowohl griechischen als auch koptischen Texten findet[180]. Wenn
zweimal das n̄- des Genitivs fehlt, so wird man in dem einen Fall
wohl an gewöhnliche Haplographie denken dürfen: ⟨ⲛ⟩ⲛⲁⲓⲱⲛ
(140,13). Bei ⲛⲁⲣⲭⲱⲛ ⲙⲙⲱⲁⲃⲓⲧⲏⲥ (177,26) käme vielleicht auch
eine andere Erklärung in Frage, zumal der Bodmer-Papyrus dieselbe
Lesart hat hat[181]. Könnte der Kopte nicht — natürlich fehlerhaft — in
ⲙⲱⲁⲃⲓⲧⲏⲥ einen Länder- statt eines Völkernamens gesehen und
diesen wie das unmittelbar vorausgehende ⲉⲗⲱⲙ konstruiert haben?
Im Bodmer-Papyrus heißt es sogar, wiederum unmittelbar vorher[182],
ϩⲙ ⲫⲩⲗⲓⲥⲧⲓⲉⲓⲙ das man dann entsprechend als »in Philistäa«
deuten könnte. Hier hat jedoch der Herausgeber in ϩⲛ⟩ ⲙⲫⲩⲗⲓⲥ-
ⲧⲓⲉⲓⲙ verbessert, während er das ⲙⲙⲱⲁⲃⲓⲧⲏⲥ seines Textes nicht

---

[176] Für das Faijumische kann ich im Augenblick nur ein, noch dazu fragmen-
tarisches Beispiel nennen, einen Zeugen für den Text von Röm 12,4: ⲕⲁⲧⲁ ⲧϩⲏ ⲅⲁⲣ
ⲉⲧⲉ ϩⲛ ⲟⲩⲥⲱ[ⲙⲁ (Crum, *Catalogue B. M.* 506 [S. 243]). Ein anderer faijumischer
Zeuge gibt die Stelle in der anderen, dem Saïdischen entsprechenden Konstruktion:
ⲕⲁⲧⲁ ⲑⲏ ⲅⲁⲣ ⲉⲧⲉ ⲟⲩⲁⲛⲧⲏⲛ ⲛⲟⲩⲁⲧⲁ ⲙⲙⲉⲗⲟⲥ ϩⲛ ⲟⲩⲥⲱⲙⲁ
ⲛⲟⲩⲱⲧ (Krall, *Klosterbibliothek* II 71a).

[177] Eine Dittographie im griechischen Text haben wir 149,16.

[178] Vgl. oben S. 318 f.

[179] Vgl. oben S. 324 f.

[180] Vgl. oben S. 246.

[181] Kasser, *P. Bodmer 16*, S. 186,9.

[182] Ebenda 186,6 f.

beanstandet und dennoch als »des Môabites« übersetzt hat[183]. In
147,7 ist vielleicht vor ⲧⲉⲛⲯⲩⲭⲏ die Präposition ⲛ- ausgefallen.

Vielleicht ist einmal einfaches ⲧ für doppeltes geschrieben, nämlich
in ⲧⲉⲧⲁⲓⲏⲩ (147,6). Das ist zwar eine durchaus korrekte Präsensform,
die zudem im Zusammenhang einen brauchbaren Sinn ergibt: »Du
(fem.) bist geehrt.« Würde man aber in den substantivierten Relativsatz
ⲧⲉⲧ⟨ⲧ⟩ⲁⲓⲏⲩ = »die Geehrte« verbessern, so wäre man näher am
griechischen Text. Das ist jedoch kein durchschlagendes Argument,
da auch hier der koptische Text keineswegs sklavisch dem griechischen
folgt und z. B. schon den einleitenden Akkusativ »Dich, die Mutter
Gottes …« in einen selbstständigen Satz aufgelöst hat: »Du bist die
Mutter Gottes …«

Die am meisten verderbte Stelle ist wohl 136,8 f. = Ps 148,9 b.
Wenn man auch nicht über alle Einzelpunkte der Korrektion des
dort stehenden ⲛⲉⲩⳃⲏ ⲛ̅ⲥⲓⲃⲧ̅ letzte Sicherheit gewinnen kann, so
ist diese doch in ihren Grundlinien klar. Dem Ausdruck entspricht
im griechischen Text »Zedern«, und eine dahingehende Verbesserung
ist durchaus plausibel. So ist ⲥⲓⲃⲧ zweifellos ein Fehler für ⲥⲓⲃⲉ
(= ⲥⲓϥⲉ). Letzteres heißt »Harz, Pech«, und wenn es hier durch das
lautlich nahestehende ⲥⲓⲃⲧ verdrängt wurde, so mag mit herein-
gespielt haben, daß dieses Wort »Hügel« bedeutet und in anderen
Textzeugen dieses Psalmes zur Übersetzung von βουνός im vorausgehenden Halbvers verwendet wird. ⳃⲏ wird eine faijumisch-saïdische
Form für ⳃⲉ = »Holz« sein. ⳃⲉⲛⲥⲓϥⲉ heißt nun zunächst
»Zedernholz«, und dies ist sogar die einzige Bedeutung, die Crum dem
Ausdruck gibt[184]. Es wurde aber schon oben darauf hingewiesen,
daß zumindestens das bohairische ⳃⲉⲛⲥⲓϥⲓ auch »Zeder(nbaum)«
bedeutet, und gerade die Stelle Ps 148,9 b kann als Beleg für diese
Bedeutung des fraglichen Ausdrucks dienen. So bliebe schließlich
nur noch die Frage, ob das Possessivum »*ihre* Zedern«[185] ernst zu
nehmen oder als zufälliger Fehler zu verbessern ist. In dieser mir
zweitrangig erscheinenden Frage bietet sich wohl keine eindeutige
Lösung an. Behält man »ihre Zedern« bei, so braucht man von ⲛⲉⲩⳃⲏ

---

[183] Gewöhnlich wird auch im Koptischen ⲙⳓⲁⲃⲓⲧⲏⲥ als Völkername behandelt
und mit dem Pluralartikel versehen; vgl. etwa Kasser, *P. Bodmer 18*, S. 60,9; 62,4;
72,4.

[184] Crum, *Dict.* 379a.

[185] Die Möglichkeit, daß der Schreiber bei ⲛⲉⲩⳃⲏ an »die Nächte« gedacht haben
könnte, scheint mir nicht ernstlich in Betracht zu kommen.

N̄CIBT̄ nur das T am Schluß in є zu verbessern. Zieht man »die Zedern«
vor, so wäre jedenfalls noch das γ von Nєγ- zu streichen[186].

Nicht klar ist, ob man das TMλIO = »Preisen« in 145,12 = Ps 118,
170a als Fehler für TλєIO = »Ehren« ansehen soll. Im griechischen
Text steht ἀξίωμα, und wenn das Wort hier die Bedeutung
»Bitte« hat, wäre sowohl TMλєIO als auch TλєIO eine Fehlübersetzung. Man wird aber TλєIO als bessere koptische Entsprechung
von ἀξίωμα gelten lassen, und dies Wort steht dann auch in den
anderen saïdischen Zeugen für diesen Psalmvers[187]. So spricht sicher
mehr dafür, TMλIO in TλєIO zu verbessern, als es beizubehalten.

Die Sprache der koptischen Partien des uns interessierenden Teiles
der Handschrift erweist sich als ein nahezu völlig korrektes Saïdisch.
Textverderbnisse sind selten und sicher rein zufällige Versehen;
auf mangelnde Kenntnis der koptischen Sprache lassen sie nicht
schließen. Faijumische Formen kommen nur vereinzelt vor, ebenso
Konstruktionen, die vielleicht kein klassisches Saïdisch sind und als
Einfluß der nördlichen Dialekte auf das Saïdische in späterer Zeit
zu erklären wären.

Die Faijumismen nehmen in einem anderen Teil der Handschrift,
auf den Seiten 150–176,13, etwas zu. Auf Einzelheiten kann hier
nicht eingegangen werden; am auffälligsten ist die häufige Ersetzung
von N̄ durch є[188]. Der sprachliche Charakter der koptischen Texte
wandelt sich auf diesen Seiten gegenüber dem Rest der Handschrift
zwar nur wenig, aber doch unverkennbar. Schon hierin könnte man
ein gewisses Indiz dafür sehen, daß die Texte der Seiten 150–176,13
nicht denselben Ursprung haben wie die der Seiten 127–149 und
176,14–178. Die Seiten 150–176,13 enthalten nun eine einheitliche
Textgruppe, ausschließlich alphabetisch-akrostichische Hymnen[189].
Wenn diese Textgruppe auch einheitlichen Ursprungs sein sollte,
so würden alle diese Hymnen aus dem Faijum selbst stammen. Für
einen von ihnen können wir das nämlich mit guter Sicherheit feststellen. Denn von den in diesem Teil der Handschrift auftretenden
Faijumismen ist einer für die Akrophonie relevant. Das λєϣI
NH (= saïdisch ρλϣє Nє) in 155,2 steht eben am Beginn der

---

[186] Als bestimmter Pluralartikel kommt in unserem Text neben N̄- auch Nє-
(und NI-) zur Anwendung; vgl. oben S. 376.

[187] BUDGE, Psalter und LEMM, Bibelfragm. II 378 (84). Eine »Hermenia« von M 574
hat allerdings TMλIO (69,6 f.). Im bohairischen Psalter ist griechisches λξIωMλ
beibehalten.

[188] Siehe oben S. 372, Anm. 94.

[189] Siehe oben S. 101 f.

Strophe, die in diesem Hymnus mit dem Buchstaben Lamba zu beginnen hat. Die faijumische Form kann nicht durch eine Unauf-
merksamkeit des im Faijum beheimateten Schreibers hierher geraten
sein, der versehentlich die saïdische Form seiner Vorlage ins Faijumische transponiert hätte. Die entsprechende saïdische Form würde
die Akrostichie des Hymnus stören. Zumindestens der Hymnus auf
den hl. Viktor (pag. 154,4–156,12) muß also seinen Ursprung im Faijum
selbst haben. Dafür, daß alle Hymnen dieses Abschnittes nur eine
lokale Sondertradition des Faijum darstellen, spricht dann auch
der Umstand, daß es mir bisher nicht gelungen ist, auch nur für
einen dieser Hymnen eine Parallele unter den späteren bohairischen
Texten derselben Art ausfindig zu machen. Für den uns interessierenden
Teil der Handschrift (p. 127–149 und 176,14–178) ergibt sich aus all
dem aber unmittelbar nichts. Die in diesem Teil enthaltenen Texte
haben großenteils Parallelen im byzantinischen Ritus, und der Abschnitt als ganzer kann so keinesfalls seinen Ursprung im Faijum
haben. Ob vielleicht der eine oder andere Einzeltext dieses Abschnitts
aus dem Faijum stammt oder in unserer Handschrift in einer für das
Faijum typischen Form erscheint, läßt sich nicht mit Sicherheit
entscheiden. Ich halte eine solche Möglichkeit für wenig wahrscheinlich.

Bemerkungen zu Ausgabe und Übersetzung

Da es sich bei M 574 um eine liturgische Handschrift, noch dazu
ein absolutes Unikum, handelt, soll die Ausgabe zeilengerecht die
Textanordnung und soweit möglich auch andere Details des Originals
wiedergeben. Allerdings sind der Treue der Wiedergabe durch die
technischen Möglichkeiten der Druckerei Grenzen gesetzt. So muß
etwa auf die Verwendung eigener Typen für die Initialen verzichtet
werden. Noch weniger ist es möglich, die recht unterschiedliche Größe
der Initialen im Typensatz wiederzugeben. Die am Anfang längerer
Texte verwendeten Initialen sind zumeist größer als die am Beginn
kleinerer Abschnitte oder, bei stichischer Schreibung, am Beginn einzelner Zeilen. Ganz weggelassen werden die verschiedenen Paragraphos-
Zeichen, die die Initialen, auch die einzelner Zeilen, regelmäßig
begleiten. Die Abkürzungen der Handschrift werden als solche beibehalten. Die Wörter sind entweder durch Kontraktion oder durch
Suspension abgekürzt. Im ersten Fall dient zur Bezeichnung einheitlich
ein übergesetzter Strich. Bei Suspension geschieht die Bezeichnung
auf dreierlei Weise: 1. allein durch einen übergesetzten Strich;
2. durch einen übergesetzten Strich und ein komma- oder schleifen-
förmiges Zeichen hinter oder unter dem letzten geschriebenen Buchstaben; 3. durch Hochstellung des letzten geschriebenen Buchstabens.
Der über dem Wort stehende Abkürzungsstrich wird in der Ausgabe
wie in der Handschrift gebraucht, doch wurde aus praktischen Gründen
auf die Verwendung durchgehender Striche verzichtet. Die im Original
hochgestellten Buchstaben werden in der Ausgabe auf die Zeile gesetzt[190]. Für das hinter und unter dem letzten Buchstaben eines durch
Suspension abgekürzten Wortes stehende komma- oder schleifenförmige
Zeichen wird in der Ausgabe einheitlich ein Schrägstrich hinter dem
letzten Buchstaben verwendet. Nicht beibehalten wurde die am Zeilenende gelegentlich vorkommende Ligatur für die Buchstabengruppe ΟΥ.
Hier und da wird am Zeilenende der letzte Buchstabe auch eines
nicht abgekürzten Wortes über den vorhergehenden Buchstaben
gestellt; auch diese Buchstaben werden in der Ausgabe auf die Zeile

---

[190] Unklarheiten sind damit nicht verbunden. Wo in der Ausgabe ein Wort erscheint,
dessen Schlußteil nicht ausgeschrieben ist, ohne daß es den übergesetzten Strich oder
ein anderes Abkürzungszeichen hat, dort liegt eindeutig Suspension durch Hochstellung
des letzten geschriebenen Buchstabens vor.

gestellt. Wo jedoch größere Wortteile oder ganze Wörter am Ende
der Zeile über oder unter diese gestellt werden, behält die Ausgabe
diese Anordnung bei. Auch in unserer Handschrift wird die bekannte,
etwas abweichende Form des T verwendet, wo dieser Buchstabe,
sei es bei einer Abkürzung, sei es sonst als letzter Buchstabe einer
Zeile, über den vorhergehenden Buchstaben gesetzt wird.

Auch was den übergesetzten Strich als Lesezeichen betrifft, so kann
die Ausgabe leider den Befund des Originals nicht in allem genau
wiedergeben. Einmal mußte für den in der Handschrift zumeist verwendeten kurzen, oft beinah punktförmigen Strich[191] ein Strich in
Normallänge gesetzt werden. Vor allem aber konnte die Stellung des
Striches mitten über zwei Buchstaben[192] nicht nachgeahmt werden.
An einigen wenigen Stellen, die ich aber nicht eigens nenne, konnte ich
in der fotografischen Ausgabe nicht erkennen, ob der Strich gesetzt ist
oder nicht.

Worttrennung wird nur bei den koptischen Texten eingeführt.
Bei den griechischen konnte schon deshalb leicht darauf verzichtet
werden, weil diesen statt der Übersetzung die Transkription in
normalisierter Orthographie beigegeben wird. Worttrennung in den
griechischen Texten wäre aber aus anderen Gründen sogar untunlich.
So wäre es dann etwa schlecht möglich, die Trenner des Originals
beizubehalten. Die beiden ganz verschiedenen Worttrennungen sind
einfach nicht zugleich anwendbar. Bei der gewählten Lösung ist
auf der einen Seite der Befund des Originals an der Ausgabe abzulesen,
während daneben der griechische Text auch mit regulärer Worttrennung transkribiert ist. Der als Trenner und Satzzeichen dienende
einfache Punkt (durchweg zweifarbig) steht im Original auf halber
Zeilenhöhe.

In der Ausgabe wird der Text grundsätzlich nicht verbessert.
Auf unumgängliche Verbesserungen wird im Apparat hingewiesen.

Die Übersetzung will möglichst wörtlich sein. So wird etwa die
Wortstellung des koptischen Textes übernommen, soweit das irgendwie
mit den Regeln der deutschen Sprache vereinbar scheint. Auch die
Übertragung der Tempora ist nach Möglichkeit schematisch. Ein koptisches Perfekt etwa wird immer durch ein deutsches Perfekt wiedergegeben. Andere Tempora, so das Futur III, aber auch das Futur I,
mußten je nach dem Zusammenhang unterschiedlich übersetzt werden.

[191] Vgl. oben S. 359.
[192] Vgl. oben S. 359 f.

Inhaltsübersicht

ⲑ   ⲣⲕⲍ

ⲛⲁⲓ̈ ⲛⲉ ⲛⲉⲱ︤ⲱ ⲉ̄ⲃⲟⲗ ⲛⲧⲉⲩⲱ̄ⲏ
ⲉⲅⲓⲣⲓⲥⲑⲉ · ⲩⲓⲉⲫⲱⲧⲟⲥ · ⲇⲟ
ⲍⲁⲥⲱⲙⲉⲛ · ⲧⲟⲛⲕⲓⲣⲓⲟⲛ ·
ⲧⲟⲛⲇⲩⲛⲁⲙⲉⲛⲟⲛ · ⲥⲱⲥⲉ

5   ⲧⲁⲥⲯⲩⲭⲁⲥ︤ⲏⲙⲱⲛ :· ———

——— · · · ——— · · · ———

ⲕⲓⲣⲓⲉ · ⲁⲡⲱⲥⲧⲏⲥⲁⲥ · ⲧⲱⲛⲥⲱⲙⲁ
ⲧⲓⲕⲟⲛ · ⲩⲡⲛⲱⲛ · ⲁ̄ⲡⲱⲧⲱⲛ · ⲉⲓⲟⲫ
ⲑⲁⲗⲙⲱⲛ · ︤ⲏⲙⲱⲛ · ⲇⲱⲥⲩⲙⲓⲛ ·
ⲧⲏⲛⲛⲱ︤ⲏ · ⲧⲏⲛ︤ⲅⲣⲏⲅⲱⲣⲏⲥⲓⲛ ·

10   ⲱ̄ⲡⲱⲥ · ⲉⲛⲫⲱⲃⲟⲩ · ⲡⲁⲣⲁⲥⲧⲱ
ⲙⲉⲛ ·   ⲉ̄ⲛⲱⲡⲓⲱⲛⲥⲟⲩ · ⲕⲉⲧⲏⲛ
ⲡ̄ⲣⲉⲡⲟⲩⲥⲁⲛ ·   ⲇⲱⲍⲁⲗⲱⲅⲓⲁ
ⲁⲛⲁⲡⲉⲛⲯⲱⲙⲉⲛⲥⲉ :· ———

——— · · · ——— · · · ———

ⲁ̄   ⲓⲇⲟⲩⲧⲉ · ⲉⲩⲗⲱⲅⲓⲧⲉ · ⲧⲱⲛⲕⲓⲣⲓⲱⲛ
15   ⲇⲱⲍⲁⲥⲉⲫⲓⲗⲁⲛⲑⲣⲱⲡⲉ : ———
ⲃ̄   ⲡⲁⲛⲧⲏⲥ · ⲉⲓⲇⲟⲩⲗⲟⲩⲕⲓⲣⲓⲟⲩ ·
ⲇⲱⲍⲁⲥⲉⲫⲓⲗⲁⲛⲑⲣⲱⲡⲉ :—
ⲅ̄   ⲱ̄ⲉⲥⲧⲱⲧⲉⲥ · ⲉ̄ⲛⲉⲕⲱⲕⲓⲣⲓⲱ̄ · ⲉ̄ⲛⲁⲩⲗⲏ
ⲥⲉⲕⲟⲩ · ⲑⲉⲟⲩ · ︤ⲏⲙⲱⲛ · ⲇⲟⲍⲁⲥⲉⲫⲓⲗⲁⲛⲑ :—
20 ⲁ̄   ⲉⲛⲧⲏⲥⲛⲉⲍⲓⲛⲉ̄ⲡⲁⲣⲁⲧⲉⲧⲁⲥ · ⲭⲓⲣⲁⲥ
                           ⲏⲙⲱⲛ ·

9   127

Das sind die Ausrufe der Nacht.

'Εγείρεσθε, υἱοὶ φωτός. Δοξάσωμεν τὸν Κύριον
τὸν δυνάμενον σῶσαι
5   τὰς ψυχὰς ἡμῶν.

Κύριε ὁ ἀποστήσας τὸν σωματικὸν ὕπνον ἀπὸ τῶν ὀ-
φθαλμῶν ἡμῶν, δὸς ἡμῖν
τὴν νοητὴν γρηγόρησιν,
10   ὅπως ἐν φόβῳ παραστῶμεν ἐνώπιόν σου, καὶ τὴν
πρέπουσαν δοξολογίαν
ἀναπέμψωμέν σοι.

1   'Ιδοὺ δὴ εὐλογεῖτε τὸν Κύριον.
15   Δόξα σοι, Φιλάνθρωπε.
2   Πάντες οἱ δοῦλοι Κυρίου.
          Δόξα σοι, Φιλάνθρωπε.
3   Οἱ ἑστῶτες ἐν οἴκῳ Κυρίου, ἐν αὐλαῖς
         οἴκου Θεοῦ ἡμῶν. Δόξα σοι, Φιλάνθρωπε.
20   4   'Εν ταῖς νυξὶν ἐπάρατε τὰς χεῖρας ὑμῶν

1 Titel in Zierrahmen   5 Der Artikel ὁ mit dem Text der New Havener Holztafel (siehe unten S. 457) einzufügen.   16 Die Ziffer (2) in der Initiale (Π).

B

       ЄСΤΑᾱΓΙᾱ · ΚЄЄΓΛШΓΙΤЄ · ΤШΝ
       ΚΙΡΙШΝ · ΔШ3ΑСЄΦΙΛΑΝΘ̄ΡШΠЄ :—
ε̄ ЄΥΛΟΓΗСЄСЄΚΙΡΙШС · ЄΚСΙШ̄ΝШ
       ΠΗΗ̄САС · ΤШΝΟΥΡΑΝΟΝ · ΚЄΤΗΝ
5   ΓΗΝ · ΔШ3ΑСЄΦΙΛΑΝΘ̄ΡШΠЄ :—
ς̄ Ε̄ΓΙСΑ · ΤШΔΗ · Η̄ΔЄΗ̄СΙСΜΟΥ · Ε̄ΝШ
       ΠΙШΝСΟΥ · ΚΙΡΙЕ̄ · ΚΑΤΑΤШΛШΓΙ
       ШΝСΟΥ · СΥΝΗΔΙСШΝΜЄ · ΔШ
       3ΑСЄΦΙΛΑΝΘ̄ΡШΠЄ :——
10 ζ̄ ЄΙСЄΛΘΗΤШ · ᾱ3ΙШ̄ΜΑΜΟΥ · Ε̄ΝШΠΙ
       ШΝ · СΟΥΚΙΡΙЕ̄ · ΚΑΤΑΤШΛШΓΙШΝ
       СΟΥ · ΡΥСЄΜЄ · ΔШ3ΑСЄΦΙΛΑΝΘ :—
η̄ Є3ЄΡЄΥ3ШΝ · ΤЄΤΑΧΙΛΙΜΟΥ · ΥΜ
       ΝШΝШΤΑΝ · ΔΙΔΑ3ΙС · ΜЄΤΑΔΙ
15   ΚЄШ̄ΜΑ · ΤΑСΟΥ · ΔΟ3ΑСЄΦΙΛΑΝΘ :—
θ̄ ΦΘЄΓ3Є · ΤЄΗΓΛШСΑΜΟΥ · ΤΑΛШ
       ΓΙᾱСΟΥ · Ш̄ΤΙΠΑСΙ · ЄΝΤШΛЄССΟΥ ·
       ΔΙΚЄΟ̄СΥΝΗ · ЄΙСΙΝ · ΔΟ3ΑСЄΦΙΛΑΝΘ :—
ῑ ΓЄΝЄСΘШ · ЄΙΧΙΡСΟΥ · ΤШСШСЄΜЄ ·
20   Ш̄ΔΙΔΑС · ЄΝΤШΛΑССΟΥ · Η̄ΡΥΤЄСΑ
       ΜЄΝ · ΔШ3ΑСЄΦΙΛΑΝΘΡШΠЄ :—
ιᾱ Ε̄ΠЄΠШΘΗСΑ · ΤШСШΤΗΡΙШΝСΟΥ ·
       ΚΙΡΙЕ̄ · ΚЄШ̄ΝШΜШСΟΥ · ΜЄΛЄΤΗ
       ΜΟΥЄΙСΤΙΝ · ΔШ3ΑСЄΦΙΛΑΝΘ :—
25 ιβ̄ ΖΗСЄΤЄ · Η̄ΨΥΧΗΜΟΥ · ΚЄЄΝЄСΙСЄ ·
       ΚΑΤΑΚΡΙΜΑ · ΤΑСΟΥ · ΒΟΗ̄ΘΙ · СΗΜЄ ·
                ΔΟ3ΑСЄΦΙΛΑΝΘ :—

2

εἰς τὰ ἅγια, καὶ εὐλογεῖτε τὸν
Κύριον. Δόξα σοι, Φιλάνθρωπε.

5   Εὐλογήσει σε Κύριος ἐκ Σιων, ὁ
ποιήσας τὸν οὐρανὸν καὶ τὴν
γῆν. Δόξα σοι, Φιλάνθρωπε.

6   Ἐγγισάτω δὴ ἡ δέησίς μου ἐνώπιόν σου, Κύριε, κατὰ τὸ λόγι-
όν σου συνέτισόν με. Δό-
ξα σοι, Φιλάνθρωπε.

7   Εἰσέλθοι τὸ ἀξίωμά μου ἐνώπιόν σου, Κύριε, κατὰ τὸ λόγιον
σου ῥῦσαί με. Δόξα σοι, Φιλάνθρωπε.

8   Ἐξερεύξονται τὰ χείλη μου ὕ-
μνον, ὅταν διδάξῃς με τὰ δικαιώματά σου. Δόξα σοι, Φιλάνθρωπε.

9   Φθέγξεται ἡ γλῶσσά μου τὰ λόγιά σου, ὅτι πᾶσαι αἱ ἐντολαί σου
δικαιοσύνη εἰσίν. Δόξα σοι, Φιλάνθρωπε.

10   Γενέσθω ἡ χείρ σου τοῦ σῶ̣σαί με,
ὅτι τὰς ἐντολάς σου ἡρετισά-
μην. Δόξα σοι, Φιλάνθρωπε.

11   Ἐπεπόθησα τὸ σωτήριόν σου,
Κύριε, καὶ ὁ νόμος σου μελέτη
μού ἐστιν. Δόξα σοι, Φιλάνθρωπε.

12   Ζήσεται ἡ ψυχή μου, καὶ αἰνέσει σε,
καὶ τὰ κρίματά σου βοηθήσει μοι. Δόξα σοι, Φιλάνθρωπε.

Zur Seitenzahl (2) siehe oben S. 91 f.   3 Oder εὐλογῆσαι (siehe oben S. 230 mit
Anm. 22).

ρκθ

ιΓ ⲉⲡⲗⲁⲛⲏⲑⲏⲛⲱⲥ · ⲡⲣⲱⲃⲁⲧⲟⲛ · ⲁ̄ⲡⲱ
ⲗⲱⲗⲱⲥ · ⲍⲏⲧⲏⲥⲱⲛ · ⲧⲱⲛⲧⲱ
ⲗⲱⲛⲥⲟⲩ · ⲱ̄ⲁⲓⲁⲁⲥⲉⲛ · ⲧⲱⲗⲁⲥⲥⲟⲩ ·
ⲟⲩⲕⲉⲡⲉⲗⲁⲑⲱⲙⲉⲛ · ⲁⲟⲝⲁⲥⲉⲫⲓⲗⲁⲛⲑ :·

5 ⲁⲱⲝⲁⲡⲁⲧⲣⲓ · ⲕⲉⲩⲓⲱ · ⲕⲉⲁ̄ⲅⲓⲱ̄ⲡ̄ⲛⲁⲧⲓ ·
ⲁⲟⲝⲁⲥⲉⲫⲓⲗⲁⲛⲑⲣⲱⲡⲉ :—
ⲕⲩⲛⲉⲛ · ⲕⲉⲁ̄ⲉⲓ · ⲕⲉⲉⲓⲥⲧⲟⲩⲥⲉⲱ̄ⲛⲁⲥ · ⲧⲱⲛ
ⲉ̄ⲱ̄ⲛⲱⲛ · ⲁ̄ⲙⲏⲛ · ⲁⲟⲝⲁⲥⲉⲫⲓⲗⲁⲛⲑ
ⲁⲟⲝⲁⲥⲉⲫⲓⲗⲁⲛⲑ :— ⲁⲱⲝⲁⲥⲉⲡⲁⲛⲁⲅⲓⲉ̄ :—

———— · · · ———— · · · ———— · · · · · · ————

10 ⲛⲁⲓ ⲛⲉ ⲛⲉⲅⲱⲥ ⲛ̄ⲧⲉⲩϣⲏ :· ————

———— · · · ———— · · · ———— · · · · · · ————

ⲟⲩⲱ̄ⲛⲅ̄ ⲉ̄ⲃⲟⲗ ⲙ̄ⲡ̄ⲭⲟⲉⲓⲥ ⲭⲉ ⲟⲩⲭ̄ⲥ̄ ⲡⲉ · ⲁⲗⲗⲏ/
ⲭⲉ ⲡⲉϥⲛⲁ ϣⲟⲟⲡ ϣⲁ ⲉ̄ⲛⲉⲅ ⲁⲗⲗ̄ⲏ̄
ⲟⲩⲱ̄ⲛⲅ̄ ⲉ̄ⲃⲟⲗ ⲙ̄ⲡⲛⲟⲩⲧⲉ ⲛ̄ⲛⲟⲩϯ ⲁ̄ⲗⲗ̄/
ⲭⲉ ⲡⲉϥⲛⲁ ϣⲟⲟⲡ ⲛ̄ϣⲁ ⲉ̄ⲛⲉⲅ · ⲁⲗⲗ̄ⲏ̄

15 ⲟⲩⲱ̄ⲛⲅ̄ ⲉ̄ⲃⲟⲗ ⲙ̄ⲡ̄ⲭⲟⲉⲓⲥ ⲛ̄ⲛ̄ⲭⲟⲉⲓⲥ ⲁⲗⲗ̄ⲏ̄/
ⲭⲉ ⲡⲉϥⲛⲁ ϣⲟⲟⲡ ⲛ̄ϣⲁ ⲉⲛⲉⲅ · ⲁⲗⲗ̄ⲏ̄
ⲡⲉⲛⲧⲁϥⲧⲁⲙⲓⲟ ⲛⲓϣ̄ⲡⲏⲣⲉ ⲙⲁⲩⲁⲁϥ · ⲁ̄ⲗⲗ̄ⲏ̄/
ⲭⲉ ⲡⲉϥⲛⲁ ϣⲟⲟⲡ ⲛ̄ϣⲁ ⲉ̄ⲛⲉⲅ · ⲁⲗⲗ̄ⲏ̄/
ⲡⲉⲛⲧⲁϥⲧⲁⲙⲓⲟ ⲙ̄ⲡⲏⲩⲉ̄ ⲅⲛ̄ ⲟⲩⲙⲛ̄ⲧⲣ̄ⲙ

20 ⲛ̄ⲅⲏⲧ · ⲁⲗⲗ̄ⲏ̄ · ⲭⲉ ⲡⲉϥⲛⲁ
ⲡⲉⲛⲧⲁϥⲥ̄ⲙ ⲥ̄ⲛ̄ⲧⲉ ⲙ̄ⲡⲕⲁⲅ ⲅⲓⲭⲛ̄ ⲙ
ⲙⲟⲟⲩ · ⲁⲗⲗ̄ⲏ̄ · ⲭⲉ ⲡⲉϥⲛⲁ
ⲡⲉⲛⲧⲁϥⲧⲁⲙⲓⲟ̄ ⲛⲓⲛⲟ6 ⲛ̄ⲣⲉϥⲣ̄ⲟⲩⲟ̄ⲉⲓⲛ ⲁⲗⲗ̄/
ⲭⲉ ⲡⲉϥⲛⲁ ϣⲟⲟⲡ ⲛ̄ϣⲁ ⲉ̄ⲛⲉⲅ · ⲁⲗⲗ̄ⲏ̄/

129

13   Ἐπλανήθην ὡς πρόβατον ἀπο-
λωλός· ζήτησον τὸν δοῦ-
λόν σου, ὅτι τὰς ἐντολάς σου
οὐκ ἐπελαθόμην. Δόξα σοι, Φιλάνθρωπε.
5   Δόξα Πατρί, καὶ Υἱῷ, καὶ Ἁγίῳ Πνεύματι.
     Δόξα σοι, Φιλάνθρωπε.
Καὶ νῦν, καὶ ἀεί, καὶ εἰς τοὺς αἰῶνας τῶν
αἰώνων. Ἀμήν. Δόξα σοι, Φιλάνθρωπε.
Δόξα σοι, Φιλάνθρωπε. Δόξα σοι, Πανάγιε.

10   Das sind die Gesänge der Nacht.

     Bekennet den Herrn, denn er ist gut. Alle(luja).
       Denn sein Erbarmen währet in Ewigkeit. Alle.
     Bekennet den Gott der Götter. All.
       Denn sein Erbarmen währet in Ewigkeit. Alle.
15   Bekennet den Herrn der Herren. Alle.
       Denn sein Erbarmen währet in Ewigkeit. Alle.
     Der allein die Wunder geschaffen hat. Alle.
       Denn sein Erbarmen währet in Ewigkeit. Alle.
     Der die Himmel geschaffen hat in Weis-
20   heit. Alle. Denn sein Erbarmen.
     Der gegründet hat die Erde auf den
       Wassern. Alle. Denn sein Erbarmen.
     Der geschaffen hat die großen Leuchten. All.
       Denn sein Erbarmen währet in Ewigkeit. Alle.

12 Die von hier an durchweg verwendete Abkürzung »All(e)« für »Alleluja« ist auch in der Übersetzung beibehalten.   17 Oder »diese Wunder«.   20 »Denn sein Erbarmen« Abkürzung des Kehrverses. So auch verschiedentlich im folgenden. 23 Oder »diese ... Leuchten«.

ρλ

ⲠⲢⲎ ⲉⲩⲉ̄ⲝⲟⲩⲥⲓⲁ̄ ⲛ̄ⲧⲉ ⲡⲉ̄ⲥⲟⲟⲩ ⲁⲗⲗⲏⲗⲟⲅⲓⲁ̄ ·

ⲭⲉ ⲡⲉϥⲛⲁ ϣⲟⲟⲡ ⲛ̄ϣⲁ ⲉ̄ⲛⲉⲥ · ⲁⲗⲗⲏ

ⲡⲟⲟⲥ ⲙⲛ̄ ⲛ̄ⲥⲓⲟⲩ ⲉⲩⲉ̄ⲝⲟⲩⲥⲓⲁ̄ ⲛ̄ⲧⲉⲩϣⲏ · ⲁⲗⲗⲏ

ⲭⲉ ⲡⲉϥⲛⲁ ϣⲟⲟⲡ ⲛ̄ϣⲁ ⲉ̄ⲛⲉⲥ · ⲁⲗⲗⲏ

5　　ⲡⲉⲛⲧⲁϥⲡⲁⲧⲁⲥⲥⲉ ⲛⲛⲁ ⲕⲏⲙⲉ ⲙⲛ̄ ⲛⲉⲩϣⲣ̄ⲡ̄

ⲙⲓⲥⲉ ⲁⲗⲗⲏ · ⲭⲉ ⲡⲉϥⲛⲁ ϣⲟⲟⲡ

ⲡⲉⲛⲧⲁϥⲉⲛ ⲡⲓⲏⲗ ⲉ̄ⲃⲟⲗ ⲥⲛ ⲧⲉⲩⲙⲏⲧⲉ ⲁⲗⲗⲏ

ⲭⲉ ⲡⲉϥⲛⲁ ϣⲟⲟⲡ ⲛ̄ϣⲁ ⲉ̄ⲛⲉⲥ ·

ⲥⲛ̄ ⲟⲩϭⲓⲝ ⲉⲥⲭⲟⲟⲣ ⲙⲛ̄ ⲟⲩⲃⲟⲓ ⲉϥⲭⲟⲥⲉ ⲁⲗⲗⲏ ·

10　　ⲭⲉ ⲡⲉϥⲛⲁ ϣⲟⲟⲡ ϣⲁ ⲉ̄ⲛⲉⲥ · ⲁⲗⲗⲏ ·

ⲡⲉⲛⲧⲁϥⲡⲉϣ ⲧⲉⲣⲩⲑⲣⲁ ⲑⲁⲗⲁⲥⲥⲁ ⲛ̄ⲥⲉⲛ

ⲧⲟ · ⲁⲗⲗⲏ · ⲭⲉ ⲡⲉϥⲛⲁ

ⲡⲉⲛⲧⲁϥⲉⲛ ⲡⲓⲏⲗ ⲉ̄ⲃⲟⲗ ⲥⲛ̄ ⲧⲉⲥⲙⲏⲧⲉ · ⲁⲗⲗⲏ

ⲭⲉ ⲡⲉϥⲛⲁ ϣⲟⲟⲡ ⲛ̄ϣⲁ ⲉ̄ⲛⲉⲥ · ⲁⲗⲗⲏ

15　　ⲡⲉⲛⲧⲁϥⲣⲱⲥⲧ ⲙ̄ⲫⲁⲣⲁⲱ̄ ⲙⲛ̄ ⲧⲉϥϭⲟⲙ ⲉⲧⲉ

ⲣⲩⲑⲣⲁ ⲑⲁⲗⲁⲥⲥⲁ · ⲁⲗⲗⲏ · ⲭⲉ ⲡⲉϥⲛⲁ

ⲡⲉⲛⲧⲁϥⲉⲛ ⲡⲉϥⲗⲁⲟⲥ ⲉ̄ⲃⲟⲗ ⲥⲙ̄ ⲡ̄ⲭⲁⲓⲉ · ⲁⲗⲗⲏ

ⲭⲉ ⲡⲉϥⲛⲁ ϣⲟⲟⲡ ϣⲁ ⲉ̄ⲛⲉⲥ · ⲁⲗⲗⲏ ·

ⲡⲉⲛⲧⲁϥⲉⲛ ⲡ̄ⲙⲟⲟⲩ ⲉ̄ⲃⲟⲗ ⲥⲛ̄ ⲟⲩⲡⲉⲧⲣⲁ

20　　ⲉⲥⲛⲁϣ̄ⲧ · ⲁⲗⲗⲏ · ⲭⲉ ⲡⲉϥⲛⲁ

ⲡⲉⲛⲧⲁϥⲡⲁⲧⲁⲥⲥⲉ ⲛ̄ⲛⲓⲛⲟϭ ⲛ̄ⲣ̄ⲣⲱⲟⲩ · ⲁⲗⲗⲏ ·

ⲭⲉ ⲡⲉϥⲛⲁ ϣⲟⲟⲡ ⲛ̄ϣⲁ ⲉ̄ⲛⲉⲥ · ⲁⲗⲗⲏ ·

ⲉ̄ⲁϥⲙⲟⲩⲟⲩⲧ ⲛ̄ⲥⲉⲛⲉ̄ⲣⲱⲟⲩ ⲉⲩⲧⲁⲭⲣⲏⲩ · ⲁ̄ⲗ/

ⲭⲉ ⲡⲉϥⲛⲁ ϣⲟⲟⲡ ϣⲁ ⲉ̄ⲛⲉⲥ · ⲁⲗⲗⲏ ·

25　　ⲥⲏⲱⲛ ⲡ̄ⲣ̄ⲣⲟ ⲛ̄ⲛⲁⲙⲟⲣⲣⲁⲓⲟⲥ · ⲁⲗⲗⲏ

ⲭⲉ ⲡⲉϥⲛⲁ ϣⲟⲟⲡ ⲛ̄ϣⲁ ⲉ̄ⲛⲉⲥ · ⲁⲗⲗⲏ ·

130

Die Sonne zur Herrschaft über den Tag. Alleluja.
   Denn sein Erbarmen währet in Ewigkeit. Alle.
Den Mond und die Sterne zur Herrschaft über die Nacht. Alle.
   Denn sein Erbarmen währet in Ewigkeit. Alle.
5   Der geschlagen hat die Ägypter und ihre Erst-
   geborenen. Alle. Denn sein Erbarmen währet.
Der herausgeführt hat Israel aus ihrer Mitte. Alle.
   Denn sein Erbarmen währet in Ewigkeit.
Mit starker Hand und erhobenem Arm. Alle.
10   Denn sein Erbarmen währet in Ewigkeit. Alle.
Der geteilt hat das Rote Meer in
   Teile. Alle. Denn sein Erbarmen.
Der Israel mitten durch es hindurchgeführt hat. Alle.
   Denn sein Erbarmen währet in Ewigkeit. Alle.
15   Der geworfen hat Pharao und seine Macht ins
   Rote Meer. Alle. Denn sein Erbarmen.
Der herausgeführt hat sein Volk aus der Wüste. Alle.
   Denn sein Erbarmen währet in Ewigkeit. Alle.
Der hervorgebracht hat das Wasser aus dem harten
20   Fels. Alle. Denn sein Erbarmen.
Der geschlagen hat diese großen Könige. Alle.
   Denn sein Erbarmen währet in Ewigkeit. Alle.
Der getötet hat mächtige Könige. Al.
   Denn sein Erbarmen währet in Ewigkeit. Alle.
25   Seon, den König der Amorräer. Alle.
   Denn sein Erbarmen währet in Ewigkeit. Alle.

---

13 »Aus« (ⲈⲂⲞⲖ ϨⲚ-) wird für »durch« (ⲈⲂⲞⲖ ϨⲒⲦⲚ-) stehen; vgl. Crum, *Dict.*
71b.   17 Vielleicht steht »aus« wieder für »durch«; vgl. vorige Anm.   21 Oder »die …
Könige«? Vgl. oben S. 256 mit Anm. 61.

ⲣⲗⲁ

ⲱⲅ ⲡⲣ̅ⲣⲟ ⲛ̅ⲧⲃⲁⲥⲁⲛ · ⲁⲗⲗⲏ̅ · ⲭⲉ ⲡⲉϥⲛⲁ
ⲁϥϯ ⲡⲉⲩⲕⲁϩ ⲉⲩⲕ̅ⲗⲏⲣⲟⲛⲟⲙⲓⲁ̅ ⲁⲗⲗⲏ̅
⳩ⲭⲉ ⲡⲉϥⲛⲁ ϣⲟⲟⲡ ⲛ̅ϣⲁ ⲉ̅ⲛⲉϩ · ⲁⲗⲗⲏ̅ ·
ⲛ̅ⲕⲗⲏⲣⲟⲛⲟⲙⲓⲁ̅ ⲙ̅ⲡⲓⲏⲗ̅ ⲡⲉϥϩⲙ̅ϩⲁⲗ · ⲁⲗⲗⲏ̅ ·
5 ⳩ⲭⲉ ⲡⲉϥⲛⲁ ϣⲟⲟⲡ ϣⲁ ⲉ̅ⲛⲉϩ · ⲁⲗⲗⲏ̅ ·
ⲁ ⲡⲭⲟⲉⲓⲥ ⲣ̅ ⲡⲉⲛⲙⲉⲉⲩⲉ ϩⲙ̅ ⲡⲉⲛⲑⲃ̅ⲃⲓⲟ · ⲁⲗⲗⲏ̅
⳩ⲭⲉ ⲡⲉϥⲛⲁ ϣⲟⲟⲡ ⲛϣⲁ ⲉ̅ⲛⲉϩ · ⲁⲗⲗⲏ̅ ·
ⲁϥⲥⲟⲧ̅ⲛ̅ ⲉⲃⲟⲗ ϩⲓⲧ̅ⲛ̅ ⲛⲉⲛϫⲓϫⲉⲉⲩ · ⲁⲗⲗⲏ̅
⳩ⲭⲉ ⲡⲉϥⲛⲁ ϣⲟⲟⲡ ϣⲁ ⲉ̅ⲛⲉϩ · ⲁⲗⲗⲏ̅ ·
10 ⲡⲉⲧϯ ϩ̅ⲣⲉ ⲛ̅ⲥⲁⲣⲝ̅ ⲛⲓⲙ ⲁⲗⲗⲏ̅ · ⲭⲉ ⲡⲉϥⲛⲁ
ⲟⲩⲱ̅ⲛϩ̅ ⲉⲃⲟⲗ ⲙ̅ⲡ̅ⲛⲟⲩⲧⲉ ⲛ̅ⲧ̅ⲡⲉ · ⲁⲗⲗⲏ̅ ·
⳩ⲭⲉ ⲡⲉϥⲛⲁ ϣⲟⲟⲡ ⲛ̅ϣⲁ ⲉ̅ⲛⲉϩ · ⲁⲗⲗⲏ̅ ·
ⲟⲩⲱ̅ⲛϩ̅ ⲉⲃⲟⲗ ⲙ̅ⲡⲭⲟⲉⲓⲥ ⲛⲉⲛϫⲟⲉⲓⲥ ⲁⲗⲗⲏ̅ ·
⳩ⲭⲉ ⲡⲉϥⲛⲁ ϣⲟⲟⲡ ⲛ̅ϣⲁ ⲉ̅ⲛⲉϩ · ⲁⲗⲗⲏ̅ ·

15 ⲡ̅ϩⲩⲙⲛⲟⲥ ⲙ̅ⲡ̅·ⲅ̅ · ⲛ̅ϩⲁⲅⲓⲟⲥ :-

ⲕⲥⲙⲁⲙⲁⲁⲧ ⲡ̅ⲭⲟⲉⲓⲥ ⲡⲛⲟⲩⲧⲉ ⲛ̅ⲛⲉⲛⲉⲓⲟ̅
ⲧⲉ · ⲕⲣ̅ ϩⲟⲩⲉ̅ ⲥⲙⲁⲙⲁⲁⲧ · ⲕⲣ̅ ϩⲟⲩⲉ̅ ϫⲓ
ⲥⲉ ⲛ̅ϣⲁ ⲛⲓⲉ̅ⲛⲉϩ :—
ⲁⲩⲱ̅ ϥⲥⲙⲁⲙⲁⲁⲧ ⲛ̅ϭⲓ ⲡⲣⲁⲛ ⲙ̅ⲡⲉⲕⲉ̅ⲟ̅ⲟ̅ⲩ
20 ⲉ̅ⲧⲟⲩⲁ̅ⲁⲃ · ⲕⲣ̅ ϩⲟⲩⲉ̅
ⲕⲥⲙⲁⲙⲁⲁⲧ ϩⲙ̅ ⲡⲉⲣⲡⲉ ⲙ̅ⲡⲉⲕⲉ̅ⲟ̅ⲟ̅ⲩ ⲉ̅ⲧⲟⲩ
ⲁⲁⲃ · ⲕⲣ̅ ϩⲟⲩⲉ̅
ⲕⲥⲙⲁⲙⲁⲁⲧ ⲡⲉⲧϭⲱϣⲧ̅ ⲉϫ̅ⲛ̅ ⲛ̅ⲛⲟⲩⲛ̅
ⲉⲧϩⲙⲟⲟⲥ ⲉϩⲣⲁⲓ ⲉϫ̅ⲛ̅ ⲛⲉⲭⲉⲣⲟⲩⲃⲓⲛ · ⲕⲣ̅ ϩⲟⲩⲉ̅ ·
25 ⲕⲥⲙⲁⲙⲁⲁⲧ ϩⲓϫⲙ̅ ⲡⲉⲑⲣⲟⲛⲟⲥ ⲛ̅ⲧⲉⲕⲙ̅ⲛ̅
ⲧⲉⲣⲟ · ⲕⲉⲣ ϩⲟⲩⲉ̅ ·

131

Og, den König von Basan. Alle. Denn sein Erbarmen.
Er hat ihr Land zum Erbe gegeben. Alle.
　　Denn sein Erbarmen währet in Ewigkeit. Alle.
Zum Erbe Israel, seinem Knecht. Alle.
5　　Denn sein Erbarmen währet in Ewigkeit. Alle.
Der Herr hat unser gedacht in unserer Erniedrigung. Alle.
　　Denn sein Erbarmen währet in Ewigkeit. Alle.
Er hat uns gerettet vor unseren Feinden. Alle.
　　Denn sein Erbarmen währet in Ewigkeit. Alle.
10　Der Speise gibt allem Fleisch. Alle. Denn sein Erbarmen.
Bekennet den Gott des Himmels. Alle.
　　Denn sein Erbarmen währet in Ewigkeit. Alle.
Bekennet den Herrn der Herren. Alle.
　　Denn sein Erbarmen währet in Ewigkeit. Alle.

15　　Der Hymnus der drei Heiligen.

Gepriesen bist du, Herr, Gott unserer Vä-
　　ter. Du bist hochgepriesen. Du wirst hocherho-
　　ben bis in die Ewigkeiten.
Und gepriesen ist der Name deiner heiligen
20　　Herrlichkeit. Du bist hoch.
Gepriesen bist im Tempel deiner heiligen Herrlich-
　　keit. Du bist hoch.
Gepriesen bist du, der du herabschaust auf die Abgründe,
　　der du sitzest über den Cherubim. Du bist hoch.
25　Gepriesen bist auf dem Thron deines König-
　　tums. Du bist hoch.

20 »Du bist hoch« Abkürzung des Kehrverses; vgl. Zeile 17 f. So auch im folgenden.

ⲣⲗⲃ

ϩⲟⲩⲉ̄

ⲕ̄ⲥⲙⲁⲙⲁⲁⲧ ϩⲙ̄ ⲡⲉⲥⲧⲉⲣⲉⲱⲙⲁ ⲛ̄ⲧⲡⲉ · ⲕ̄ⲣ̄

ⲥⲙⲟⲩ ⲉ̄ⲡⲟ̄ⲥ̄ ⲛⲉϩⲃⲏⲩⲉ̄ ⲧⲏⲣⲟⲩ ⲛ̄ⲧⲉ ⲡⲟ̄ⲥ̄ ⲥⲙⲟⲩ

     ⲉ̄ⲣⲟϥ · ⲁ̄ⲣⲓ ϩⲟⲩⲉ̄ ϫⲁⲥⲧϥ̄

ⲥⲙⲟⲩ ⲉ̄ⲡⲟ̄ⲥ̄ ⲛ̄ⲙ̄ⲡⲏⲩⲉ̄ ⲥⲙⲟⲩ ⲉ̄ⲣⲟϥ · ⲁ̄ⲣⲓ ϩⲟⲩⲉ̄

5   ⲥⲙⲟⲩ ⲉ̄ⲡⲟ̄ⲥ̄ ⲛⲉⲁⲅⲅⲉⲗⲟⲥ ⲧⲏⲣⲟⲩ ⲛ̄ⲧⲉ ⲡⲟ̄ⲥ̄

     ⲥ̄ⲙⲟⲩ ⲉ̄ⲣⲟϥ   ⲁ̄ⲣⲓ ϩⲟⲩⲉ̄

ⲥ̄ⲙⲟⲩ ⲉ̄ⲡⲟ̄ⲥ̄ ⲛⲉⲙⲟⲟⲩ ⲧⲏⲣⲟⲩ ⲉⲧⲥⲁ ⲡϣⲱⲓ

     ⲛ̄ⲧⲡⲉ · ⲥⲙⲟⲩ ⲉ̄ⲣⲟϥ ⲁ̄ⲣⲓ ϩⲟⲩⲉ̄

ⲥ̄ⲙⲟⲩ ⲉ̄ⲡⲟ̄ⲥ̄ ⲛⲉϭⲟⲙ ⲧⲏⲣⲟⲩ ⲛ̄ⲧⲉ ⲡⲟ̄ⲥ̄

10   ⲥ̄ⲙⲟⲩ ⲉ̄ⲣⲟϥ   ⲁ̄ⲣⲓ ϩⲟⲩⲉ̄   ϩⲟⲩⲉ̄

ⲥ̄ⲙⲟⲩ ⲉ̄ⲡⲟ̄ⲥ̄ ⲡⲓⲣⲏ ⲙⲛ̄ ⲡⲓⲟ̄ⲟϩ ⲥ̄ⲙⲟⲩ ⲉ̄ⲣⲟϥ ⲁ̄ⲣⲓ

ⲥ̄ⲙⲟⲩ ⲉ̄ⲡⲟ̄ⲥ̄ ⲛⲉⲥⲓⲟⲩ ⲧⲏⲣⲟⲩ ⲛ̄ⲧⲉ ⲧⲡⲉ

     ⲥ̄ⲙⲟⲩ ⲉ̄ⲣⲟϥ   ⲁ̄ⲣⲓ ϩⲟⲩⲉ̄

ⲥ̄ⲙⲟⲩ ⲉ̄ⲡⲟ̄ⲥ̄ ⲛⲉⲙⲟⲩ ⲛ̄ϩⲱⲟⲩ ⲧⲏⲣⲟⲩ ⲙⲛ̄ ⲛⲉ

15   ⲓⲱⲧⲉ · ⲥ̄ⲙⲟⲩ ⲉ̄ⲣⲟϥ   ⲁ̄ⲣⲓ ϩⲟⲩⲉ̄

ⲥ̄ⲙⲟⲩ ⲉ̄ⲡⲟ̄ⲥ̄ ⲛⲉϭⲏⲡⲉ ⲙⲛ̄ ⲛⲉⲛⲓϥ ⲥ̄ⲙⲟⲩ

     ⲉ̄ⲣⲟϥ ·   ⲁ̄ⲣⲓ ϩⲟⲩⲉ̄

ⲥ̄ⲙⲟⲩ ⲉ̄ⲡⲟ̄ⲥ̄ ⲛⲉⲡ̄ⲛ̄ⲁ̄ ⲧⲏⲣⲟⲩ ⲥ̄ⲙⲟⲩ ⲉ̄ⲣⲟϥ · ⲁ̄ⲣⲓ

ⲥ̄ⲙⲟⲩ ⲉ̄ⲡⲟ̄ⲥ̄ ⲡⲕⲱϩⲧ ⲙⲛ̄ ⲡⲕⲁⲩⲙⲁ ⲥⲙⲟⲩ

20   ⲉ̄ⲣⲟϥ ·   ⲁ̄ⲣⲓ ϩⲟⲩⲉ̄

ⲥ̄ⲙⲟⲩ ⲉ̄ⲡⲟ̄ⲥ̄ ⲡⲁⲣⲁϣ ⲙⲛ̄ ⲡⲕⲁⲩⲙⲁ · ⲥ̄ⲙⲟⲩ ⲉ̄ⲣⲟϥ ⲁ̄ⲣⲓ

ⲥ̄ⲙⲟⲩ ⲉ̄ⲡⲟ̄ⲥ̄ ⲛⲓⲱⲧⲉ ⲙⲛ̄ ⲛⲉⲛⲓϥ · ⲥ̄ⲙⲟⲩ ⲉ̄ⲣⲟϥ ⲁ̄ⲣⲓ

ⲥ̄ⲙⲟⲩ ⲉ̄ⲡⲟ̄ⲥ̄ ⲛⲉⲩϣⲟⲟⲩⲉ ⲙⲛ̄ ⲛⲉϩⲟⲟⲩ · ⲥ̄ⲙⲟⲩ

     ⲉ̄ⲣⲟϥ ·   ⲁ̄ⲣⲓ ϩⲟⲩⲉ̄

25   ⲥ̄ⲙⲟⲩ ⲉⲡϫⲟⲉⲓⲥ ⲡⲓⲟⲩⲟ̄ⲉⲓⲛ ⲙⲛ̄ ⲡ̄ⲕⲁⲕⲉ

     ⲥ̄ⲙⲟⲩ ⲉ̄ⲣⲟϥ ·   ⲁⲣⲓ ϩⲟⲩⲉ̄

ⲥ̄ⲙⲟⲩ ⲉ̄ⲡⲟ̄ⲥ̄ ⲡⲓϫⲁϥ ⲙⲛ̄ ⲡⲉⲭⲓⲱⲛ ⲥ̄ⲙⲟⲩ

         ⲉ̄ⲣⲟϥ · ⲁ̄ⲣⲓ ϩⲟⲩⲉ̄

132

Gepriesen bist du im Firmament des Himmels. Du bist hoch.

Preiset den Herrn, all ihr Werke des Herrn. Preiset
ihn. Hoch erhebet ihn.

Preiset den Herrn, ihr Himmel. Preiset ihn. Hoch.

5 Preiset den Herrn, all ihr Engel des Herrn.
Preiset ihn. Hoch.

Preiset den Herrn, all ihr Wasser über
dem Himmel. Preiset ihn. Hoch.

Preiset den Herrn, all ihr Kräfte des Herrn.

10 Preiset ihn. Hoch.

Preiset den Herrn, Sonne und Mond. Preiset ihn. Hoch.

Preiset den Herrn, all ihr Sterne des Himmels.
Preiset ihn. Hoch.

Preiset den Herrn, aller Regen und

15 Tau. Preiset ihn. Hoch.

Preiset den Herrn, ihr Wolken und Winde. Preiset
ihn. Hoch.

Preiset den Herrn, all ihr Winde. Preiset ihn. Hoch.

Preiset den Herrn, Feuer und Hitze. Preiset

20 ihn. Hoch.

Preiset den Herrn, Kälte und Hitze. Preiset ihn. Hoch.

Preiset den Herrn, Tau und Winde. Preiset ihn. Hoch.

Preiset den Herrn, ihr Nächte und Tage. Preiset
ihn. Hoch.

25 Preiset den Herrn, Licht und Finsternis.
Preiset ihn. Hoch.

Preiset den Herrn, Frost und Schnee. Preiset ihn. Hoch.

---

4 »Preiset ihn. Hoch« Abkürzung des Kehrverses (»Preiset ihn. Hoch erhebet ihn«;
vgl. den vorhergehenden Vers). So auch im folgenden.   14 f. »Regen« und »Tau« im
Koptischen Plural.   14 »Wind« ($\pi\nu\epsilon\hat{\upsilon}\mu\alpha$) ein anderes Wort als im vorhergehenden
Vers.

ρλγ

 ⲥⲙⲟⲩ ⲉⲡ̅ⲟ̅ⲥ̅ ⲡⲓⲡⲁⲭⲛⲏ ⲙⲛ̅ ⲡⲉⲭⲓⲱⲛ
　　　ⲥⲙⲟⲩ ⲉ̅ⲣⲟϥ · ⲁ̅ⲣⲓ ϩⲟⲩⲉ̅
 ⲥⲙⲟⲩ ⲉⲡ̅ⲟ̅ⲥ̅ ⲛⲉⲃⲣⲏϭⲉ ⲙⲛ̅ ⲛⲉⲕⲗⲟⲟ̅ⲗⲉ · ⲥⲙⲟⲩ
　　　ⲉ̅ⲣⲟϥ · ⲁ̅ⲣⲓ ϩⲟⲩⲉ̅
5　ⲥⲙⲟⲩ ⲉⲡ̅ⲟ̅ⲥ̅ ⲡⲓⲕⲁϩ ⲥⲙⲟⲩ ⲉ̅ⲣⲟϥ · ⲁ̅ⲣⲓ ϩⲟⲩⲉ̅
 ⲥⲙⲟⲩ ⲉⲡ̅ⲟ̅ⲥ̅ ⲛⲓⲧⲟⲟⲩ ⲙⲛ̅ ⲛⲓⲧⲁⲗ ⲥⲙⲟⲩ ⲉ̅ⲣⲟϥ · ⲁ̅ⲣⲓ
 ⲥⲙⲟⲩ ⲉⲡ̅ⲟ̅ⲥ̅ ⲛⲉϭⲣⲱⲱϭ ⲧⲏⲣⲟⲩ ⲛ̅ⲧⲉ ⲡⲕⲁϩ
　　　ⲥⲙⲟⲩ ⲉ̅ⲣⲟϥ · ⲁ̅ⲣⲓ ϩⲟⲩⲉ̅
 ⲥⲙⲟⲩ ⲉⲡ̅ⲟ̅ⲥ̅ ⲛⲉⲡⲩⲅⲏ ⲥⲙⲟⲩ ⲉ̅ⲣⲟϥ · ⲁ̅ⲣⲓ ϩⲟⲩⲉ̅
10　ⲥⲙⲟⲩ ⲉⲡ̅ⲟ̅ⲥ̅ ⲛⲉⲑⲁⲗⲁⲥⲥⲁ ⲙⲛ̅ ⲛⲓⲉ̅ⲣⲱⲟⲩ
　　　ⲥⲙⲟⲩ ⲉ̅ⲣⲟϥ · ⲁ̅ⲣⲓ ϩⲟⲩⲉ̅
 ⲥⲙⲟⲩ ⲉⲡ̅ⲟ̅ⲥ̅ ⲛ̅ⲕⲏⲧⲟⲥ ⲙⲛ̅ ⲛⲉⲧⲕⲓⲙ ⲧⲏⲣⲟⲩ
　　　ϩⲛ̅ ⲙⲙⲟⲟⲩ · ⲥⲙⲟⲩ ⲉ̅ⲣⲟϥ · ⲁ̅ⲣⲓ ϩⲟⲩⲉ̅
 ⲥⲙⲟⲩ ⲉⲡ̅ⲟ̅ⲥ̅ ⲛ̅ϩⲁⲗⲁⲧⲉ ⲧⲏⲣⲟⲩ ⲛ̅ⲧⲉ ⲧⲡⲉ
15　　　ⲥⲙⲟⲩ ⲉ̅ⲣⲟϥ · ⲁ̅ⲣⲓ ϩⲟⲩⲉ̅
 ⲥⲙⲟⲩ ⲉⲡ̅ⲟ̅ⲥ̅ ⲛ̅ⲑⲩⲣⲓⲟⲛ ⲙⲛ̅ ⲛ̅ⲧⲃⲛⲟⲟⲩⲉ
　　　ⲧⲏⲣⲟⲩ · ⲥⲙⲟⲩ ⲉ̅ⲣⲟϥ · ⲁ̅ⲣⲓ ϩⲟⲩⲉ　　　 ⲁⲣⲓ
 ⲥⲙⲟⲩ ⲉⲡ̅ⲟ̅ⲥ̅ ⲛ̅ϣⲏⲣⲉ ⲛ̅ⲧⲉ ⲛⲉⲣⲱⲙⲉ ⲥⲙⲟⲩ ⲉ̅ⲣⲟϥ
 ⲥⲙⲟⲩ ⲉⲡ̅ⲟ̅ⲥ̅ ⲡⲓⲏⲗ̅ ⲥⲙⲟⲩ ⲉ̅ⲣⲟϥ · ⲁ̅ⲣⲓ ϩⲟⲩⲉ̅
20　ⲥⲙⲟⲩ ⲉⲡ̅ⲟ̅ⲥ̅ ⲛⲉⲟⲩⲏⲏⲃ ⲧⲏⲣⲟⲩ ⲛ̅ⲧⲉ ⲡ̅ⲟ̅ⲥ̅
　　　ⲥⲙⲟⲩ ⲉ̅ⲣⲟϥ · ⲁ̅ⲣⲓ ϩⲟⲩⲉ̅
 ⲥⲙⲟⲩ ⲉⲡ̅ⲟ̅ⲥ̅ ⲛⲉϩⲙ̅ϩⲁⲗ ⲧⲏⲣⲟⲩ ⲛ̅ⲧⲉ ⲡ̅ⲟ̅ⲥ̅
　　　ⲥⲙⲟⲩ ⲉ̅ⲣⲟϥ · ⲁ̅ⲣⲓ ϩⲟⲩⲉ̅
 ⲥⲙⲟⲩ ⲉⲡ̅ⲟ̅ⲥ ⲛⲉⲡ̅ⲛ̅ⲁ̅ ⲙⲛ̅ ⲛⲉⲯⲩⲭⲏ ⲛ̅ⲛⲉ
25　　　ⲇⲓⲕⲁⲓⲟⲥ ⲥⲙⲟⲩ ⲉ̅ⲣⲟϥ · 　　ⲁ̅ⲣⲓ ϩⲟⲩⲉ̅
 ⲥⲙⲟⲩ ⲉⲡ̅ⲟ̅ⲥ̅ ⲛⲉⲧⲟⲩⲁⲁⲃ ⲙⲛ̅ ⲛⲉⲧⲑ̅ⲃⲃⲓⲏⲩ
　　　ϩⲙ̅ ⲡⲉⲩϩⲏⲧ ⲥⲙⲟⲩ ⲉ̅ⲣⲟϥ · ⲁ̅ⲣⲓ ϩⲟⲩⲉ

133

Preiset den Herrn, Reif und Schnee.
    Preiset ihn. Hoch.
Preiset den Herrn, ihr Blitze und Wolken. Preiset
    ihn. Hoch.
5   Preise den Herrn, du Erde. Preise ihn. Hoch.
Preiset den Herrn, ihr Berge und Hügel. Preiset ihn. Hoch.
Preiset den Herrn, all ihr Samen der Erde.
    Preiset ihn. Hoch.
Preiset den Herrn, ihr Quellen. Preiset ihn. Hoch.
10   Preiset den Herrn, ihr Meere und Flüsse.
    Preiset ihn. Hoch.
Preiset den Herr, ihr Seeungeheuer und alles, was sich bewegt
    in den Wassern. Preiset ihn. Hoch.
Preiset den Herrn, all ihr Vögel des Himmels.
15   Preiset ihn. Hoch.
Preiset den Herrn, ihr Wildtiere und all ihr
    Haustiere. Preiset ihn. Hoch.
Preiset den Herrn, ihr Menschenkinder. Preiset ihn. Hoch.
Preise den Herrn, Israel. Preise ihn. Hoch.
20   Preiset den Herrn, all ihr Priester des Herrn.
    Preiset ihn. Hoch.
Preiset den Herrn, all ihr Knechte des Herrn.
    Preiset ihn. Hoch.
Preiset den Herrn, ihr Geister und Seelen der
25   Gerechten. Preiset ihn. Hoch.
Preiset den Herrn, die ihr rein und demütigen
    Herzens seid. Preiset ihn. Hoch.

ⲣⲗⲇ

ⲥⲙⲟⲩ ⲉⲡⲟⲥ ⲁⲛⲁⲛⲓⲁⲥ · ⲁⲍⲁⲣⲓⲁⲥ · ⲙⲓⲥⲁⲏⲗ
   ⲥⲙⲟⲩ ⲉⲣⲟϥ ·   ⲁⲣⲓ ϩⲟⲩⲉ
ⲥⲙⲟⲩ ⲉⲡⲟⲥ ⲛⲉⲙⲁⲣⲧⲩⲣⲟⲥ ⲧⲏⲣⲟⲩ ⲛⲧⲉ
   ⲡⲟⲥ ⲥⲙⲟⲩ ⲉⲣⲟϥ ·   ⲁⲣⲓ ϩⲟⲩⲉ

— · · · — · · · — · · · — · · · —

5   ⲡϩⲩⲙⲛⲟⲥ ⲛⲧⲡⲁⲣⲑⲉⲛⲟⲥ ⲉⲧⲟⲩⲁⲁⲃ ⲙⲁⲣⲓⲁ

— · · · — · · · — · · · —

ⲟⲩⲁ ⲉⲃⲟⲗ ϩⲛ ⲧⲉⲧⲣⲓⲁⲥ · ⲡⲛⲟⲩⲧⲉ ⲡⲗⲟ
ⲅⲟⲥ ⲡⲉⲭⲥ ·   ⲁϥϫⲓ ⲥⲁⲣⲝ ⲁϫⲉⲛ ⲡⲱ
ⲣⲝ ϩⲛ ⲧⲡⲁⲣⲑⲉⲛⲟⲥ ⲙⲁⲣⲓⲁ · ⲁϥϩⲩⲡⲟ
ⲙⲓⲛⲉ ⲉⲡⲉⲥⲧⲁⲩⲣⲟⲥ ·   ⲁϥⲧⲱⲟⲩⲛ ⲁϥ
10 ⲧⲱⲟⲩⲛ ϩⲛ ⲛⲉⲧⲙⲟⲟⲩⲧ · ⲉⲁϥⲃⲱⲕ ⲉϩⲣⲁⲓ
ⲉⲧⲡⲉ · ⲁⲙⲏⲓⲧⲛ ⲧⲛⲟⲩⲱϣⲧ ⲛⲁϥ :—
ⲁⲩⲱ ⲡⲉϫⲉ ⲙⲁⲣⲓⲁ ϫⲉ ⲧⲁⲯⲩⲭⲏ ϫⲓⲥⲉ
ⲙⲡϫⲟⲉⲓⲥ · ⲁⲩⲱ ⲡⲁⲡⲛⲁ ⲧⲉⲗⲏⲗ
ⲉϫⲙ ⲡⲛⲟⲩⲧⲉ ⲡⲁⲥⲱⲧⲏⲣ ·   ⲟⲩⲁ
15 ϫⲉ ⲁϥϭⲱϣⲧ ⲉϩⲣⲁⲓ ⲉϫⲙ ⲡⲉⲑⲃⲃⲓⲟ ⲛ
ⲧⲉϥϩⲙϩⲁⲗ ·   ⲉⲓⲥ ϩⲏⲏⲧⲉ ⲅⲁⲣ ϫⲓⲛ
ⲧⲉⲛⲟⲩ ⲥⲉⲛⲁⲧⲙⲁⲓⲟⲓ ⲛϭⲓ ⲅⲉⲛⲉⲁ ⲛⲓⲙ · ⲟⲩⲁ
ϫⲉ ⲁϥⲉⲓⲣⲉ ⲛⲁⲓ ⲛϩⲛⲙⲛⲧⲛⲟϭ ⲛϭⲓ ⲡⲉ
ⲧⲉ ⲟⲩⲛ ϭⲟⲙ ⲙⲙⲟϥ · ⲁⲩⲱ ⲡⲉϥⲣⲁⲛ ⲟⲩ
20 ⲁⲁⲃ ·   ⲡⲉϥⲛⲁ ϫⲓⲛ ⲟⲩϫⲱⲙ ϣⲁ ⲟⲩ
ϫⲱⲙ ⲉϫⲛ ⲛⲉⲧⲣ ϩⲟⲧⲉ ϩⲁⲧⲉϥϩⲏ · ⲟⲩⲁ
ⲁϥⲉⲓⲣⲉ ⲛⲟⲩϭⲟⲙ ϩⲙ ⲡⲉϥϭⲃⲟⲓ · ⲁϥϫⲱ
ⲱⲣⲉ ⲉⲃⲟⲗ ⲛⲉⲛϫⲁⲥⲓϩⲏⲧ ϩⲙ ⲡⲙⲉⲉⲩⲉ
ⲛⲛⲉⲩϩⲏⲧ ·   ⲟⲩⲁ ⲉⲃⲟⲗ
25 ⲁϥϣⲟⲣϣⲣ ⲛⲛⲇⲩⲛⲁⲥⲧⲏⲥ ϩⲓ ⲛⲉⲩⲑ
ⲣⲟⲛⲟⲥ · ⲁⲩⲱ ⲁϥϫⲓⲥⲉ ⲛⲛⲉⲧⲑⲃⲃⲓ
ⲏⲩ · ⲁϥⲧⲥⲓⲉ ⲛⲉⲧϩⲕⲁⲉⲓⲧ ⲛⲁⲅⲁⲑⲟⲛ

134

Preiset den Herrn, Ananias, Azarias, Misael.
  Preiset ihn. Hoch.
Preiset den Herrn, all ihr Martyrer des
  Herrn. Preiset ihn. Hoch.

5   Der Hymnus der heiligen Jungfrau Maria.

Einer aus der Dreifaltigkeit, der Gott-Logos Christus, hat Fleisch angenommen ohne Trennung in der Jungfrau Maria. Er hat erduldet das Kreuz. Er ist auferstanden
10   von den Toten. Er ist aufgestiegen
zum Himmel. Kommt, laßt uns ihn anbeten.
Und Maria sprach : Meine Seele erhebet
den Herrn, und mein Geist jubelt
über Gott, meinen Retter. Einer.
15   Denn er hat herabgeschaut auf die Niedrigkeit seiner Magd. Denn siehe, von
nun an werden mich rechtfertigen alle Geschlechter. Einer.
Denn Großes hat mir getan der
Mächtige, und sein Name ist hei-
20   lig. Sein Erbarmen (ist) von Geschlecht zu
Geschlecht über denen, die ihn fürchten. Einer.
Er hat Macht getan mit seinem Arm. Er hat
zerstreut, die hochmütig sind im Denken
ihrer Herzen. Einer aus.
25   Er hat die Herrscher gestürzt von ihren
Thronen, und er hat erhöht die Niedri-
gen. Er hat gesättigt die Hungrigen mit Gütern,

8 »In« kann auch die Bedeutung »aus« haben.   9 f. »Er ist auferstanden« zweimal
im koptischen Text (Dittographie).   14 »Einer« Abkürzung des als Kehrvers dienenden Troparions (Z. 6–11). So auch im folgenden.   17 »Rechtfertigen« (ⲦⲘⲀⲈⲒⲞ)
steht bisweilen für »seligpreisen« (vgl. CRUM, *Dict.* 415b); so auch in der saïdischen
Bibelübersetzung Lk 1,48.   18 »Großes« im Koptischen Abstraktbildung und Plural.

ⲣⲗⲉ

ⲟⲩⲁ ⲉ̄ⲃⲟⲗ

ⲁⲩⲱ̄ ⲁϥⲭⲉⲩ ⲛ̄ⲣⲙⲙⲁⲟ̄ ⲉ̄ⲃⲟⲗ ⲉⲩϣⲟⲩⲉⲓⲧ :—

ⲁϥϯ ⲧⲟⲟⲧϥ̄ ⲙ̄ⲡⲓⲏ̄ⲗ ⲡⲉϥϩⲙ̄ϩⲁⲗ · ⲉ̄ⲣ ⲡ̄

ⲙⲉⲉⲅⲉ̄ ⲙ̄ⲡⲛ̄ⲁ · ⲕⲁⲧⲁ ⲑⲉ ⲛ̄ⲧⲁϥϣⲁ

ⲭⲉ ⲙⲛ̄ ⲛⲉⲛⲉⲓⲟⲧⲉ · ⲁⲃⲣⲁϩⲁⲙ ⲙⲛ̄ ⲡⲉϥ

5   ⲥ̄ⲡⲉⲣⲙⲁ ϣⲁ ⲉ̄ⲛⲉϩ · ⲟⲩⲁ̄ ⲉ̄ⲃⲟⲗ

ⲧⲉⲛⲟⲩ ⲕⲛⲁⲕⲱ ⲉ̄ⲃⲟⲗ ⲙ̄ⲡⲉⲕϩⲙ̄ϩⲁⲗ

ⲡ̄ⲭⲟⲉⲓⲥ ⲕⲁⲧⲁ ⲡⲉⲕϣⲁⲭⲉ ϩⲛ̄ ⲟⲩⲉⲓⲣⲏ

ⲛⲏ · ⲭⲉ ⲁ ⲛⲁⲃⲁⲗ ⲛⲁⲩ ⲉ̄ⲡⲉⲕⲟⲩⲭⲁⲓ · ⲟⲩⲁ̄

ⲡⲁⲓ ⲛ̄ⲧⲁⲕⲥⲃ̄ⲧⲱⲧϥ̄ ⲙ̄ⲡⲙ̄ⲧⲟ ⲉ̄ⲃⲟⲗ ⲛⲉⲛ

10   ⲗⲁⲟⲥ ⲧⲏⲣⲟⲩ · ⲡⲟⲩⲟ̄ⲉⲓⲛ ⲉⲩϭⲱⲗⲡ̄

ⲉ̄ⲃⲟⲗ ⲛ̄ⲛ̄ϩⲉⲑⲛⲟⲥ · ⲁⲩⲱ̄ ⲡⲉⲟⲟⲩ ⲙ̄ⲡⲉⲕ

ⲗⲁⲟⲥ ⲡⲓⲏ̄ⲗ · ⲟⲩⲁ̄ ⲉ̄ⲃⲟⲗ ϩⲛ̄ ⲧⲉⲧⲣⲓⲁⲥ

———— ··· ———— ··· ———— ···

ⲁⲗⲗⲏⲗⲟⲩⲓⲁ ⲡⲁ ⲁⲅⲅⲁⲓⲟⲥ ⲙⲛ̄ ⲍⲁⲭⲁⲣⲓⲁⲥ

ⲥⲙⲟⲩ ⲉ̄ⲡⲟ̄ⲥ ⲉ̄ⲃⲟⲗ ϩⲛ̄ ⲙ̄ⲡⲏⲩⲉ̄ · ⲁⲗⲗⲏⲗⲟⲩⲓⲁ̄ ·

15   ⲥ̄ⲙⲟⲩ ⲉ̄ⲣⲟϥ ϩⲛ̄ ⲛⲉⲧⲭⲟⲥⲉ · ⲁⲗⲗⲏ :

ⲥ̄ⲙⲟⲩ ⲉ̄ⲣⲟϥ ⲛⲉϥⲁⲅⲅⲉⲗⲟⲥ ⲧⲏⲣⲟⲩ · ⲁⲗⲗⲏ ·

ⲥ̄ⲙⲟⲩ ⲉ̄ⲣⲟϥ ⲛⲉϥⲇⲩⲛⲁⲙⲓⲥ ⲧⲏⲣⲟⲩ · ⲁⲗⲗⲏ ·

ⲥ̄ⲙⲟⲩ ⲉ̄ⲣⲟϥ ⲡ̄ⲣⲏ ⲙⲛ̄ ⲡⲟⲟϩ · ⲁⲗⲗⲏ ·

ⲥ̄ⲙⲟⲩ ⲉ̄ⲣⲟϥ ⲛ̄ⲥⲓⲟⲩ ⲧⲏⲣⲟⲩ ⲙⲛ̄ ⲡⲟⲩⲟ̄ⲉⲓⲛ · ⲁⲗⲗ/

20   ⲥ̄ⲙⲟⲩ ⲉ̄ⲣⲟϥ ⲙ̄ⲡⲏⲩⲉ̄ ⲛ̄ⲙ̄ⲡⲏⲩⲉ̄ · ⲁⲗⲗⲏ

ⲛ̄ⲕⲉⲙⲟⲟⲩ ⲉⲧⲥⲁ ⲡϣⲱⲓ ⲛ̄ⲙ̄ⲡⲏⲩⲉ̄ · ⲁⲗⲗⲏ ·

ⲙⲁⲣⲟⲩⲥ̄ⲙⲟⲩ ⲧⲏⲣⲟⲩ ⲉⲡⲣⲁⲛ ⲙ̄ⲡ̄ⲭⲟⲉⲓⲥ · ⲁⲗⲗⲏ ·

ⲭⲉ ⲛⲧⲟϥ ⲁϥⲭⲟⲟⲥ ⲁⲩⲱ̄ ⲁⲩϣⲱⲡⲉ · ⲁⲗⲗⲏ ·

ⲁϥϩⲱⲛ ⲉⲧⲃⲏⲏ̄ⲧⲟⲩ ⲁⲩⲱ̄ ⲁⲩⲥⲱⲛ̄ⲧ · ⲁⲗⲗⲏ

25   ⲁϥⲧⲁϩⲟⲟⲩ ⲉ̄ⲣⲁⲧⲟⲩ ⲛ̄ϣⲁ ⲉⲛⲉϩ · ⲙⲛ̄ ⲉ̄ϣⲁ ⲉ̄

ⲛⲉϩ ⲛ̄ⲧⲉ ⲡⲓⲉ̄ⲛⲉϩ · ⲁⲗⲗⲏ

135

und er hat die Reichen leer fortgeschickt. Einer aus.
Er hat geholfen Israel, seinem Knecht, um zu
gedenken seines Erbarmens, wie er gesprochen hat
mit unseren Vätern, (mit) Abraham und seinem
5   Samen in Ewigkeit. Einer aus.
Jetzt wirst du entlassen deinen Knecht,
Herr, nach deinem Wort in Frie-
den, denn meine Augen haben gesehen dein Heil. Einer.
Das du bereitet hast vor
10   allen Völkern, das Licht zur Offenbarung der Völker und die Ehre deines
Volkes Israel. Einer aus der Dreifaltigkeit.

Das Alleluja des Haggäus und Zacharaias.

Preiset den Herrn aus den Himmeln. Alleluja.
15   Preiset ihn in den Höhen. Alle.
Preiset ihn, all seine Engel. Alle.
Preiset ihn, all seine Kräfte. Alle.
Preiset ihn, Sonne und Mond. Alle.
Preiset ihn, all ihr Sterne und du Licht. All.
20   Preiset ihn, ihr Himmel der Himmel. Alle.
Und auch ihr Wasser über den Himmeln. Alle.
Mögen alle den Namen des Herrn preisen. Alle.
Denn er hat gesprochen, und sie sind geworden. Alle.
Er hat ihretwegen befohlen, und sie sind geschaffen worden. Alle.
25   Er hat sie hingestellt in Ewigkeit und bis in
die Ewigkeit der Ewigkeit. Alle.

11 ΠΕΟΟΥ könnte für ΕΠΕΟΟΥ stehen (vgl. TILL, *Gramm.* § 377), und zwei
der drei Handschriften Horners lesen in der Tat so. Es ist aber fraglich, ob der Sinn
dann »zur Ehre …« (so Horner) wäre, da dann das determinierte »Ehre« mit dem nicht
determinierten »Offenbarung« verknüpft sein müßte. Sollte man dann nicht eher Anknüpfung von »Ehre« an »Heil« annehmen? Legt man einen Text ohne Wiederholung
von Ε- zugrunde, dann verknüpft »und« entweder »Ehre« mit »Licht« (so die Übersetzung
oben) oder zwei Sätze (»und die Ehre [ist] deinem Volke Israel«).   14 In allen
koptischen Texten, die hier übersetzt sind, dient ϹΜΟΥ unterschiedslos zur Wiedergabe sowohl von εὐλογεῖν als auch von αἰνεῖν. Dementsprechend wird für ϹΜΟΥ
in der deutschen Übersetzung einheitlich »preisen« verwendet.   15 Die von hier
an häufige Abkürzung »Al(le)« für »Alleluja« ist auch in der Übersetzung beibehalten.
21 f. Oder »Und auch die Wasser … mögen alle preisen.«

ρλϛ

ⲁⲗⲗⲏ̅

ⲁϥⲕⲁⲁⲩ ⲉⲩ̅ⲡⲣⲟⲥⲧⲁⲅⲙⲁ ⲛ̅ⲛⲉⲩⲟⲩⲉⲓⲛⲉ ·

ⲥ̅ⲙⲟⲩ ⲉⲡϫⲟⲉⲓⲥ ⲉ̅ⲃⲟⲗ ϩ̅ⲙ ⲡ̅ⲕⲁϩ · ⲁⲗⲗⲏ̅ ·

ⲛⲓⲁⲣⲁⲕⲱⲛ ⲙ̅ⲛ̅ ⲛ̅ⲛⲟⲩⲛ̅ ⲧⲏⲣⲟⲩ · ⲁⲗⲗⲏ̅ ·

ⲡ̅ⲕⲱϩⲧ · ⲧⲉⲭⲁⲗⲁⲥⲍⲁ · ⲡⲉⲭⲓⲱⲛ ·

5   ⲡⲉⲕⲣⲩⲥⲧⲁⲗⲗⲟⲥ · ⲡⲉⲡ̅ⲡ̅ⲛ̅ⲁ̅ ⲛ̅ⲑⲁⲧⲏⲩ

ⲡⲉⲧⲉⲓⲣⲉ ⲙ̅ⲡⲉϥϣⲁϫⲉ · ⲁⲗⲗⲏ̅ ·

ⲛⲓⲧⲟⲟⲩ ⲙ̅ⲛ̅ ⲛⲉⲓⲧⲁⲗⲁⲧⲗⲁ ⲧⲏⲣⲟⲩ · ⲁⲗⲗⲏ̅ ·

ⲛ̅ϣⲏⲛ ⲛ̅ⲃⲁⲓⲟⲩⲧⲁϩ ⲙ̅ⲛ̅ ⲛⲉⲩϣⲏ ⲛ̅ⲥⲓ

ⲃⲧ ⲧⲏⲣⲟⲩ · ⲁⲗⲗⲏ̅

10   ⲛⲉⲑⲩⲣⲓⲟⲛ ⲙ̅ⲛ̅ ⲛ̅ⲧⲃ̅ⲛⲟⲟⲩⲉ̅ ⲧⲏⲣⲟⲩ · ⲁ̅ⲗ/

ⲛ̅ϫⲁⲧⲃⲉ ⲙ̅ⲛ̅ ⲛ̅ϩⲁⲗⲏⲧ ⲉ̅ⲧⲟ ⲛⲧⲏⲛϩ · ⲁⲗⲗⲏ̅

ⲛⲉⲣⲱⲟⲩ ⲙ̅ⲡⲕⲁϩ ⲙ̅ⲛ̅ ⲗⲁⲟⲥ ⲛⲓⲙ · ⲁⲗⲗⲏ̅ ·

ⲛⲓⲁⲣⲭⲱⲛ ⲙ̅ⲛ̅ ⲛ̅ⲣⲉϥϯϩⲁⲡ ⲧⲏⲣⲟⲩ

ⲛ̅ⲧⲉ ⲡⲕⲁϩ · ⲁⲗⲗⲏ̅ ·

15   ⲛ̅ϩⲣ̅ϣⲓⲣⲉ ⲙ̅ⲛ̅ ⲛ̅ⲡⲁⲣⲑⲉⲛⲟⲥ · ⲁⲗⲗⲏ̅ ·

ⲛ̅ϩⲗⲗⲟ ⲙ̅ⲛ̅ ⲛ̅ϣⲏⲣⲉ ϣⲏⲙ · ⲁⲗⲗⲏ̅ ·

ⲙⲁⲣⲟⲩⲥ̅ⲙⲟⲩ ⲧⲏⲣⲟⲩ ⲉⲡⲣⲁⲛ ⲙ̅ⲡⲟ̅ⲥ̅ · ⲁⲗⲗⲏ̅ ·

ϫⲉ ⲁ̅ ⲡⲉϥⲣⲁⲛ ϫⲓⲥⲉ ⲙⲁⲩⲁⲁϥ · ⲁⲗⲗⲏ̅ ·

ⲡⲉϥⲟⲩⲱ̅ⲛ̅ϩ ⲉ̅ⲃⲟⲗ ϩⲓϫ̅ⲙ ⲡ̅ⲕⲁϩ · ⲙ̅ⲛ̅ ϩⲓϫ̅ⲛ

20   ⲧⲡⲉ · ⲁⲗⲗⲏ̅ · ϥⲛⲁϫⲓⲥⲉ ⲙ̅ⲡⲧⲁⲡ ⲛ̅ⲧⲉ

ⲡⲉϥⲗⲁⲟⲥ · ⲁⲗⲗⲏ̅ ·

ⲟⲩⲥⲙⲟⲩ ⲛ̅ⲧⲉ ⲛⲉⲧⲟⲩⲁ̅ⲁ̅ⲃ ⲧⲏⲣⲟⲩ ⲛⲧⲁϥ · ⲁ̅ⲗ/

ⲛⲉϣⲏⲣⲉ ⲙ̅ⲡⲓⲏ̅ⲗ ⲡⲗⲁⲟⲥ ⲉⲧϩⲏⲛ

ⲉ̅ϩⲟⲩⲛ̅ ϣⲁ ⲡ̅ϫⲟⲉⲓⲥ · ⲁⲗⲗⲏ̅ ·   ⲁⲗⲗⲏ̅

25   ⲁⲗⲗⲏⲗⲟⲩⲅⲓⲁ̅ ϫⲱ ⲉⲡⲟ̅ⲥ̅ ⲛⲟⲩϫⲱ ⲛ̅ⲃ̅ⲣ̅ⲣⲉ ·

ϫⲉ ⲉ̅ⲣⲉ ⲡⲉϥⲥ̅ⲙⲟⲩ ϩ̅ⲛ̅ ⲧⲉⲕ̅ⲕⲗⲏⲥⲓⲁ

ⲛ̅ⲧⲉ ⲛⲉⲧⲟⲩⲁⲁⲃ · ⲁⲗⲗⲏ̅/

136

Er hat sie als Befehl gesetzt, sie werden nicht vergehen. Alle.
Preiset den Herrn von der Erde. Alle.
Ihr Drachen und all ihr Abgründe. Alle.
Feuer, Hagel, Schnee,
5   Eis (und) Sturm des Wirbelwindes,
der sein Wort tut. Alle.
Ihr Berge und all ihr Hügel. Alle.
Ihr fruchttragenden Bäume und all ihr
Zedern. Alle.
10 Ihr Wildtiere und all ihr Haustiere. Al.
Ihr Kriechtiere und ihr gefiederten Vögel. Alle.
Ihr Könige der Erde und ihr Völker alle. Alle.
Ihr Herrscher und all ihr Richter
der Erde. Alle.
15 Ihr jungen Männer und ihr Jungfrauen. Alle.
Ihr Greise und ihr Kinder. Alle.
Alle mögen preisen den Namen des Herrn. Alle.
Denn sein Name allein ist erhoben worden. Alle.
Sein Bekenntnis (ist) auf der Erde und über
20 dem Himmel, er wird erhöhen das Horn
seines Volkes. Alle.
Ein Lobpreis aller seiner Heiligen. Al.
Der Kinder Israels, des Volkes, das nahe ist
dem Herrn. Alle.
25 Alleluja. Singet dem Herrn ein neues Lied. Alle.
Denn sein Lobpreis (ist) in der Gemeinde der Heiligen. Alle.

8 f. Die Stelle ist verderbt; siehe oben S. 387 f.

ρλΖ

ⲁⲗⲗⲏ ·

ⲙⲁⲣⲉⲡⲓⲏⲗ ⲉⲩⲫⲣⲁⲛⲉ ⲉ̄ⲭ̄ⲙ ⲡⲉⲛⲧⲁϥⲧⲁⲙⲓⲟϥ ·

ⲛⲉϣⲏⲣⲉ ⲛ̄ⲥⲓⲱⲛ ⲙⲁⲣⲟⲩⲧⲉⲗⲏⲗ ⲉ̄ⲭ̄ⲙ ⲡⲉⲩⲣⲣⲟ · ⲁ̄ⲗ̄/

ⲙⲁⲣⲟⲩⲥ̄ⲙⲟⲩ ⲉⲡⲣⲁⲛ ⲙ̄ⲡⲟⲥ̄ ϩⲛ̄ ⲛ̄ⲭⲟⲣⲟⲥ · ⲁⲗⲗⲏ ·

ϩⲛ̄ ⲟⲩⲧⲩⲙⲡⲁⲛⲟⲛ · ⲙⲛ̄ ⲟⲩⲯⲁⲗⲧⲏⲣⲓ

5　　　ⲟⲛ · ⲙⲁⲣⲟⲩⲯⲁⲗⲗⲉⲓ ⲉ̄ⲣⲟϥ · ⲁⲗⲗⲏ ·

ϫⲉ ⲡⲟⲥ̄ ⲛⲁϯ ⲙⲁⲧⲉ ⲉ̄ⲭ̄ⲙ ⲡⲉϥⲗⲁⲟⲥ · ⲁ̄ⲗ̄ⲗ̄ⲏ ·

ϥⲛⲁϫⲓⲥⲉ ⲛ̄ⲛ̄ⲣ̄ⲙⲣⲁϣ ϩⲛ̄ ⲟⲩⲟⲩϫⲁⲓ · ⲁⲗⲗⲏ

ⲛⲉⲧⲟⲩⲁ̄ⲁⲃ ⲛⲁϣⲟⲩϣⲟⲩ ⲙⲙⲟⲟⲩ ϩⲛ̄ ⲟⲩⲉ̄ⲟⲟⲩ · ⲁ̄ⲗ̄/

ⲥⲉⲛⲁⲧⲉⲗⲏⲗ ϩⲓϫⲉⲛ ⲛⲉⲩⲃⲗⲟϭ · ⲁⲗⲗⲏ ·

10　　ⲡ̄ϫⲓⲥⲉ ⲙ̄ⲡⲛⲟⲩⲧⲉ ⲡⲉⲧϩⲛ̄ ⲧⲉⲩϣⲟⲩⲱⲃⲉ · ⲁ̄ⲗ̄/

ⲛ̄ⲥⲏⲃⲉ ⲛ̄ϩⲟ ⲥ̄ⲛⲁⲩ ⲡⲉⲧϩⲛ̄ ⲛⲉⲩϭⲓϫ · ⲁⲗⲗⲏ ·

ϩⲙ̄ ⲡⲧⲣⲉⲩⲉⲓⲣⲉ ⲛⲟⲩϫⲓⲕⲃⲁ ϩⲛ̄ ⲛ̄ϩⲉⲑⲛⲟⲥ · ⲁ̄ⲗ̄/

ⲙⲛ̄ ϩⲉⲛϫⲡⲓⲟ̄ ϩⲛ̄ ⲛ̄ⲗⲁⲟⲥ · ⲁⲗⲗⲏ ·

ϩⲙ̄ ⲡⲧⲣⲟⲩⲙⲟⲩⲣ ⲛ̄ⲛⲉⲩⲉ̄ⲣⲱⲟⲩ ϩⲛ̄ ϩⲉⲛ

15　　ⲡⲉⲇⲏⲥ ·　　ⲁⲗⲗⲏ ·

ⲙⲛ̄ ⲛⲉⲧϩⲁ ⲉ̄ⲟⲟⲩ ⲛ̄ⲧⲁⲩ ϩⲛ̄ ϩⲉⲛⲉⲓⲛⲉ ⲛ̄ϩⲟ

ⲙⲛ̄ⲧ ·　　ⲁⲗⲗⲏ ·　　　　　ⲥⲏϩ · ⲁⲗⲗⲏ

ϩⲙ̄ ⲡⲧⲣⲉⲩⲉⲓⲣⲉ ϩⲣⲁ̈ⲓ ⲛ̄ϩⲏⲧⲟⲩ ⲛⲟⲩϩⲁⲡ ⲉϥ

ⲡⲁⲓ ⲡⲉ ⲡⲉⲟⲟⲩ ⲛ̄ⲛⲉⲧⲟⲩⲁ̄ⲁⲃ ⲧⲏⲣⲟⲩ ⲛⲧⲁϥ · ⲁ̄ⲗ̄/

20　ⲁⲗⲗⲏⲗⲟⲩⲓⲁ ⲥ̄ⲙⲟⲩ ⲉⲡⲛⲟⲩⲧⲉ ϩⲛ̄ ⲛⲉⲧⲟⲩ

ⲁ̄ⲁⲃ ⲧⲏⲣⲟⲩ ⲛ̄ⲧⲁϥ · ⲁⲗⲗⲏ · ⲁⲗⲗⲏ · ⲇⲟⲝⲁⲥⲉⲟⲑⲥ ·

ⲥⲙⲟⲩ ⲉ̄ⲣⲟϥ ϩⲙ̄ ⲡⲉⲥⲧⲉⲣⲉⲱⲙⲁ ⲛ̄ⲧⲉ ⲧⲉϥ

ϭⲟⲙ · ⲁⲗⲗⲏ · ⲁⲗⲗⲏ · ⲇⲟⲝⲁ

ⲥⲙⲟⲩ ⲉ̄ⲣⲟϥ ϩⲛ̄ ⲧⲉϥϭⲟⲙ · ⲁⲗⲗⲏ · ⲁⲗⲗⲏ

25　ⲥⲙⲟϥ ⲉ̄ⲣⲟϥ ϩⲙ̄ ⲡⲁϣⲁⲓ ⲛ̄ⲧⲉϥⲙⲛ̄ⲧⲛⲟϭ · ⲁⲗⲗⲏ ·

ⲥⲙⲟⲩ ⲉ̄ⲣⲟϥ ϩⲛ̄ ⲟⲩϩ̄ⲣⲟⲟⲩ ⲛ̄ⲥⲁⲗⲡⲓⲅⲝ̄ · ⲁⲗⲗⲏ ·

ⲥⲙⲟⲩ ⲉ̄ⲣⲟϥ ϩⲛ̄ ⲟⲩⲯⲁⲗⲧⲏⲣⲓⲟⲛ ⲙⲛ̄ ⲟⲩⲕⲓ

ⲑⲁⲣⲁ · ⲁⲗⲗⲏ · ⲁ̄ⲗ̄/

137

Israel möge sich freuen über den, der es geschaffen hat. Alle.
Die Söhne Sions mögen jubeln über ihren König. Al.
Sie mögen preisen den Namen des Herrn mit Reigentänzen. Alle.
Mit Pauken- und Saiten-
5   spiel mögen sie ihm spielen. Alle.
Denn der Herr wird Wohlgefallen finden an seinem Volk. Alle.
Er wird erheben die Sanften mit Heil. Alle.
Die Heiligen werden sich rühmen in Ehre. Al.
Sie werden jubeln auf ihren Lagern. Alle.
10 Das Erheben Gottes ist in ihrer Kehle. Al.
Die zweischneidigen Schwerter sind in ihren Händen. Alle.
Wenn sie Vergeltung üben an den Heiden. Al.
Und Strafgerichte (vollziehen) an den Völkern. Alle.
Wenn sie binden ihre Könige mit
15 Fußfesseln. Alle.
Ihre Würdenträger mit ehernen Ket-
ten. Alle.
Wenn sie vollziehen an ihnen geschriebenes Urteil. Alle.
Dies ist die Ehre für alle seine Heiligen. Al.
20 Alleluja. Preiset Gott in allen
seinen Heiligen. Alle. Alle.
Preiset ihn im Firmament seiner
Kraft. Alle. Alle.
Preiset ihn in seiner Kraft. Alle. Alle.
20 Preiset ihn in der Fülle seiner Größe. Alle.
Preiset ihn mit Trompetenschall. Alle.
Preiset ihn mit Saitenspiel und Zither. Alle. Al.

ΡΛΗ

ΑΛΛΗ · ΑΛ/

ϹΜΟΥ ΕΡΟϤ Ϩ︤Ν︦ Ν︦ΤΥΜΠΑΝΟΝ Μ︤Ν︦ Ν︦ΧΟΡΟϹ

ϹΜΟΥ ΕΡΟϤ Ϩ︤Ν︦ Ν︦ΧΟΡΤΗ Μ︤Ν︦ Ϩ ΕΝΟΡΓΑΝΟΝ · ΑΛ/

ϹΜΟΥ ΕΡΟϤ Ϩ︤Ν︦ Ϩ ΕΝϪΙΝϪΙΝ Ε︦ΝΕϹΕ ΤΕΥϹΜΗ ΑΛ/

ϹΜΟΥ ΕΡΟϤ Ϩ︤Ν︦ Ϩ ΕΝΚΥΜΒΑΛΟΝ ΕΥΕϢ ΛΟΥΛΑΙ ·

5   ΜΑΡΕ ΝΙϤΕ ΝΙΜ Ϲ︦ΜΟΥ Ε︦ΠΟ︦Ϲ · ΑΛΛΗ︦ · ΑΛΛΗ︦

ΔΩϪΑϹΕΟΘ︦Ϲ̄ :· ⸺

⸺ ... · ... ·· ·· ·· ... ·

Π︤Ϩ︦ΥΜΝΟϹ Ν︦ΝΑ ΜΠΗΥΕ︦ Μ︤Ν︦ ΝΑ ΠΚΑϨ :⸺

⸺ ... · ... ·· ...

ΠΕΟΟΥ Μ︤Π︦ΝΟΥΤΕ Ϩ︤Ν ΝΕΤΧΟϹΕ · ΤΕϤΕΙ

ΡΗΝΗ ϨΙϪΜ Π︦ΚΑϨ · ΟΥ†ΜΑΤΕ Ϩ︤Ν Ν︦ΡΩΜΕ ·

10   Τ︦ΝϨΩϹ Ε︦ΡΟΚ ·   Τ︦ΝϹΜΟΥ Ε︦ΡΟΚ ·

Τ︦ΝϢΜ̄ϢΕ ΝΑΚ ·   Τ︦ΝΟΥΩϢ︦Τ ΝΑΚ ·

Τ︦ΝΟΥΩΝϨ ΝΑΚ Ε︦ΒΟΛ · Τ︦ΝϢΑϪΕ Ε︦ΠΕΚΕ︦ΟΟΥ ·

Τ︦ΝϢ︤Π︦ ϨΜΟΤ Ν︦ΤΟΟΤ︦Κ · ΕΤΒΕ ΠΕΚΝΟ6

ΝΕΟΟΥ ·   Π︦ΧΟΕΙϹ Π︦Ρ̄ΡΟ ΕΤϨΙΧ︦Ν ΝΜ

15   ΠΗΥΕ︦ · Π︦ΝΟΥΤΕ ΠΙΩΤ Π︦ΠΑΝΤΟΚΡΑΤΩΡ ·

Π︦ΟϹ ΠΙϢΗΡΕ ΜΑΥΑ︦Α︦Ϥ · ΠΙΜΟΝΟΓΕΝΗϹ

Ι︦Ϲ ΠΕΧ︦Ϲ · Μ︦Ν ΠΕΠ︤Ν︦Α︦ Ε︦ΤΟΥΑΑΒ ·   Π︦ΟϹ

Π︦ΝΟΥΤΕ ΠΕϨΙΕΙΒ Ν︦ΤΕ ΠΝΟΥΤΕ · ΠΙϢΗ

ΡΕ Ν︦ΤΕ ΠΙΩΤ ·   ΠΕΤϤΙ Ν︦ΝΕΝΟΒΕ

20   Ν︦ΤΕ ΠΙΚΟϹΜΟϹ ΝΑ ΝΑΝ · ΠΕΤϤΙ Ν︦ΝΕ

ΝΟΒΕ Ν︦ΤΕ ΠΙΚΟϹΜΟϹ Ϣ︤Π︦ ΠΕΝΤΩΒϨ

Ε︦ΡΟΚ ·   ΠΕΤϨΜΟΟϹ Ν︦ϹΑ ΟΥΝΑΜ Μ︦ΠΙ

ΩΤ ΝΑ ΝΑΝ · Ν︦ΤΟΚ ΜΑΥΑ︦ΑΚ ΠΕΤΟΥ

ΑΑΒ · Ν︦ΤΟΚ ΜΑΥΑ︦ΑΚ ΠΕΤΧΟϹΕ · Π︦Ο︦Ϲ

25   Ι︦Ϲ ΠΕΧ︦Ϲ Μ︤Ν ΠΕΠ︤Ν︦Α︦ Ε︦ΤΟΥΑ︦ΑΒ · ΕΥΕ︦ΟΟΥ

Μ︤Π︦ΝΟΥΤΕ ΠΙΩΤ ϨΑΜΗΝ · †ΝΑϹΜΟΥ

Ε︦ΡΟΚ Μ︦ΜΗΝΕ Μ︦ΜΗΝΕ · †ΝΑϹΜΟΥ Ε︦ΠΕΚ

138

Preiset ihn mit Pauken und Reigentänzen. Alle. Al.
Preiset ihn mit Saitenspiel und Flöten. Al.
Preiset ihn mit wohlklingenden Instrumenten. Al.
Preiset ihn mit lauttönenden Zimbeln.
5   Jeder Atem möge den Herrn preisen. Alle. Alle.
    Δόξα σοι, ὁ θεός.

    Der Hymnus der Himmlischen und Irdischen.

    (1) Die Ehre (ist) Gott in den Höhen. (2) Sein
    Friede (ist) auf der Erde, (3) ein Wohlgefallen unter den Menschen.
10   (4) Wir singen dir. (5) Wir preisen dich.
    (6) Wir dienen dir. (7) Wir beten dich an.
    (8) Wir bekennen dich. (9) Wir sprechen von deiner Herrlichkeit.
    (10) Wir danken dir (11) wegen deiner großen
    Herrlichkeit. (12) Herr, König über den
15   Himmeln. (13) Gott, Vater, Allherrscher.
    (14) Herr, einziger Sohn, Eingeborener.
    (15) Jesus Christus. (16) Mit dem Heiligen Geist. (17) Herr,
    Gott, (18) Lamm Gottes, (19) Sohn
    des Vaters. (20) Der du trägst die Sünden
20   der Welt, (21) erbarme dich unser. (22) Der du trägst die
    Sünden der Welt, (23) nimm unsere Bitte
    an. (24) Der du sitzest zur Rechten des Va-
    ters, (25) erbarme dich unser. (26) Du allein bist hei-
    lig. (27) Du allein bist hoch. (28) Herr
25   Jesus Christus. (29) Mit dem Heiligen Geist. (30) Zur Ehre
    Gottes, des Vaters. Amen. (31) Ich werde dich prei-
    sen täglich. (32) Ich werde loben deinen

---

8 ff. In Klammern die »Verse«, nach denen der Text in dieser Arbeit zitiert wird.
17 Oder »Und Hl. Geist«.   23 f. Hier und im folgenden Vers also, im Gegensatz zur
saïdischen Übersetzung von Ps 82,19b, Cleft Sentence; vgl. POLOTSKY, *Nominalsatz*
427. Die griechische Vorlage war wohl mit dem Text der »mittelägyptischen« Mt-Handschrift (vgl. oben S. 275, Anm. 4) identisch: Σὺ εἶ μόνος ἅγιος· σὺ εἶ μόνος ὕψιστος.
Koptisch dort ⲚⲦⲀⲔ ⲈⲦⲈ ⲠⲈⲦⲞⲨⲈⲂ ⲞⲨⲀⲈϤ· ⲚⲦⲀⲔ ⲈⲦⲈ ⲠⲈⲦⲬⲀⲤⲈ
ⲞⲨⲀⲈϤ.   25 Oder »Und Hl. Geist«.

ρλθ

ραν ϣα ⲉⲛⲉϩ ⲁⲩⲱ ϣⲁ ⲉⲛⲉϩ ⲛⲧⲉ ⲡⲓⲉⲛⲉϩ ·
ϫⲓⲛ ⳓⲱⲣϩ ⲡⲁⲡⲛⲁ ϣⲱⲣⲡ ⲙⲙⲟϥ ϣⲁ
ⲣⲟⲕ ⲡⲁⲛⲟⲩⲧⲉ · ϫⲉ ϩⲉⲛⲟⲩⲟⲉⲓⲛ ⲛⲉ
ⲛⲉⲕⲟⲩⲉϩⲥⲁϩⲛⲉ ϩⲓϫⲙ ⲡⲕⲁϩ · ⲁⲓⲙⲉⲗⲉⲧⲁ
5   ϩⲙ ⲡⲉⲕⲛⲟⲙⲟⲥ ϫⲉ ⲁⲕϣⲱⲡⲉ ⲛⲁⲓ ⲛⲃⲟⲏⲑⲟⲥ ·
ⲁⲛⲁⲧⲱ̄ⲅⲉ ⲡⲟⲥ ⲉⲕⲉⲥⲱⲧⲙ ⲉⲧⲁⲥⲙⲏ ·
ϣⲱⲣⲡ ⲉⲕⲉⲧⲁϩⲟⲓ ⲛⲁϩⲣⲁⲕ ⲉⲕⲉⲛⲁⲩ ⲉⲣⲟⲓ ·
ⲁⲣⲓⲕⲁⲧⲁⲝⲓⲟⲩ ⲡⲟⲥ ⲉⲕⲉϩⲁⲣⲉϩ ⲉⲣⲟⲛ ⲙⲡⲓ
ϩⲟⲟⲩ ⲡⲁⲓ ⲉⲛⲟ ⲛⲁⲧⲛⲟⲃⲉ · ⲕⲥⲙⲁⲙⲁ
10   ⲁⲧ ⲡⲟⲥ ⲡⲛⲟⲩⲧⲉ ⲛⲧⲉ ⲛⲉⲛⲉⲓⲟⲧⲉ · ⲕⲣ ϩⲟⲩⲉ
ⲥⲙⲁⲙⲁⲁⲧ · ϥⲙⲉϩ ⲛⲉⲟⲟⲩ ⲛⳓⲓ ⲡⲉⲕⲣⲁⲛ
ϣⲁ ⲉⲛⲉϩ ϩⲁⲙⲏⲛ · ⲙⲁⲣⲉϥϣⲱⲡⲉ
ⲛⳓⲓ ⲡⲉⲕⲛⲁ ⲉϩⲣⲁⲓ ⲉϫⲱⲛ ⲡⲟⲥ · ⲕⲁⲧⲁ ⲑⲉ
ⲛⲧⲁⲛϩⲉⲗⲡⲓⲍⲉ ⲉⲣⲟⲕ ⲡⲟⲥ · ϫⲉ ⲉⲣⲉ ⲛⲃⲁⲗ
15   ⲛⲟⲩⲟⲛ ⲛⲓⲙ ϩⲉⲗⲡⲓⲍⲉ ⲉⲣⲟⲕ ⲡⲟⲥ · ⲡⲟⲥ
ⲛⲧⲟⲕ ⲉⲧϯ ⲛⲁⲩ ⲛⲧⲉⲩϩⲣⲉ ⲙⲡⲥⲏⲩ ⲛⲧⲁ
ⲁⲥ · ⲥⲱⲧⲙ ⲉⲣⲟⲛ ⲡⲛⲟⲩⲧⲉ ⲡⲉⲛⲥⲱⲣ ·
ⲧⲉⲛϩⲉⲗⲡⲓⲥ ϫⲓⲛ ⲁⲣⲏϫϥ ⲙⲡⲕⲁϩ · ⲛⲧⲟⲕ
ⲇⲉ ⲡⲟⲥ ⲉⲕⲉϩⲁⲣⲉϩ ⲉⲣⲟⲛ · ⲉⲕⲉⲧⲟⲩϫⲟⲛ
20   ⲉⲕⲉⲛⲁϩⲙⲉⲛ · ⲉⲃⲟⲗ ϩⲓⲧⲟⲟⲧϥ ⲙⲡⲉⲓϫⲱⲙ
ⲙⲉⲛ ⲛϣⲁ ⲉⲛⲉϩ · ⲕⲥⲙⲁⲙⲁⲁⲧ ⲡⲟⲥ
ⲙⲁⲧⲥⲁⲃⲟⲓ ⲉⲛⲉⲕⲙⲛⲧⲙⲉ · ⲕⲥⲙⲁⲙⲁⲁⲧ
ⲡⲟⲥ ⲙⲁ ⲡⲓⲙⲉ ⲛⲁⲓ ⲉⲛⲉⲕⲙⲛⲧⲙⲉ · ⲕⲥⲙⲁ
ⲙⲁⲁⲧ ⲡⲟⲥ ⲙⲁ ⲡⲟⲩⲟⲉⲓⲛ ⲛⲁⲓ ⲉⲛⲉⲕⲙⲛⲧⲙⲉ ·
25   ⲡⲟⲥ ⲡⲉⲕⲛⲁ ϣⲟⲟⲡ ϣⲁ ⲉⲛⲉϩ · ⲛⲉϩⲃⲏⲩⲉ
ⲛⲛⲉⲕⳓⲓϫ ⲡⲟⲥ ⲙⲡⲣⲕⲁⲁⲩ ⲛⲥⲱⲕ · ⲡⲟⲥ
ⲁⲕϣⲱⲡⲉ ⲛⲁⲓ ⲙⲙⲁⲙⲡⲱⲧ ϫⲓⲛ ⲟⲩϫⲱⲙ ϣⲁ ⲟⲩ
ϫⲱⲙ ·

139

Namen bis in Ewigkeit und bis in die Ewigkeit der Ewigkeit.
(33) Früh, noch in der Nacht, macht sich mein Geist auf zu
dir, mein Gott. (34) Denn Licht sind
deine Befehle auf der Erde. (35) Ich habe nachgedacht
5   über dein Gesetz. (36) Denn Du bist mir Helfer geworden.
(37) Am Morgen, Herr, höre auf meine Stimme.
(38) Früh stelle mich vor dich (und) sieh auf mich.
(39) Würdige dich, Herr; (40) bewahre uns an diesem Tage sündenlos. (41) Gepriesen
10   bist du, Herr, Gott unserer Väter; (42) hochgepriesen bist du. (43) Ruhmvoll ist dein Name
in Ewigkeit. Amen. (44) Dein Erbarmen möge
über uns kommen, Herr, (45) wie
wir auf dich gehofft haben, Herr. (46) Denn aller
15   Augen hoffen auf dich, Herr. (47) Herr,
du gibst ihnen ihre Speise zur rechten
Zeit. (48) Erhöre uns, Herr, unser Retter,
(49) unsere Hoffnung von den Enden der Erde. (50) Du
aber, Herr, bewahre uns, (51), heile uns
20   (und) rette uns vor diesem Geschlecht
und in Ewigkeit. (52) Gepriesen bist du, Herr;
lehre mich deine Gerechtigkeiten. (53) Gepriesen bist du, Herr;
laß mich deine Gerechtigkeiten verstehen. (54) Gepriesen
bist du, Herr; erleuchte mich über deine Gerechtigkeiten.
25   (55) Herr, dein Erbarmen währet in Ewigkeit. (56) Die Werke
deiner Hände laß nicht im Stich. (57) Herr,
du bist mir Zuflucht geworden von Geschlecht zu Geschlecht.

2 Siehe auch oben S. 288.   24 Siehe auch oben S. 298 f.

ΡΜ

ⲀⲚⲞⲔ ⲀⲒⲬⲞⲞⲤ ⲬⲈ ⲠⲞ̄Ⲥ̄ ⲚⲀ ⲚⲀⲒ · ⲘⲀⲦⲞⲨ
ⲬⲞ Ⲛ̄ⲦⲀⲮⲨⲬⲎ ⲬⲈ ⲀⲒⲢ̄ ⲚⲞⲂⲈ Ⲉ̄ⲢⲞⲔ · ⲠⲞ̄Ⲥ̄
ⲀⲒⲞⲨⲀ2Ⲧ̄ Ⲛ̄ⲤⲰⲔ · ⲘⲀⲦⲤⲀⲂⲞⲒ ⲦⲀⲈⲒⲢⲈ Ⲙ̄ⲠⲈ
ⲦⲈ 2ⲚⲀⲔ ·   ⲬⲈ ⲚⲦⲞⲔ ⲠⲈ ⲠⲀⲚⲞⲨⲦⲈ ⲀⲤ

5   ⲔⲎ 2ⲀⲦⲞⲞⲦ̄Ⲕ̄ · Ⲛ̄ⳞⲒ Ⲧ̄ⲠⲨⲄⲎ Ⲛ̄ⲦⲈ ⲠⲰⲚ2̄ ·
2Ⲙ̄ ⲠⲈⲔⲞⲨⲞ̄ⲈⲒⲚ Ⲧ̄Ⲛ̄ⲚⲀⲚⲀⲨ ⲈⲨⲞⲨⲞ̄ⲈⲒⲚ ·
ⲤⲞⲨⲦⲰⲚ ⲠⲈⲔⲚⲀ ϢⲀ ⲚⲈⲦⲤⲞⲞⲨⲚ̄ Ⲙ̄ⲘⲞⲔ ·
ⲦⲈⲔⲘ̄Ⲛ̄ⲦⲘⲈ ϢⲀ ⲚⲈⲦⲤⲞⲨⲦⲰⲚ 2Ⲙ̄ ⲠⲈⲨ
2ⲎⲦ ·   ⳞⲢ̄ ϢⲀⲨ ⲚⲀⲔ Ⲛ̄ⳞⲒ ⲠⲈⲤⲘⲞⲨ ·

10   ⳞⲈⲢ ϢⲀⲨ ⲚⲀⲔ ⲚⳞ ⲒⲠⲈⲒ2ⲰⲤ ·   ⳞⲢ̄ ϢⲀⲨ
ⲚⲀⲔ Ⲛ̄ⳞⲒ ⲠⲈⲞ̄ⲞⲨ ·   ⲠⲒⲰⲦ Ⲙ̄Ⲛ̄ Ⲡ̄ϢⲎⲢⲈ
Ⲙ̄Ⲛ̄ ⲠⲈⲠ̄Ⲛ̄Ⲁ̄ Ⲉ̄ⲦⲞⲨⲀ̄ⲀⲂ · ϢⲀ ⲚⲀⲒⲰⲚ ⲦⲎⲢⲞⲨ
ⲚⲀⲒⲰⲚ 2ⲀⲘⲎⲚ :———

—————— · · ·   —————— · · ·   ——————

ⲀⲄⲒⲞⲤⲞ̄Ⲑ̄Ⲥ̄ · Ⲁ̄ⲄⲒⲞⲤⲈⲒⲤⲬⲨⲢⲞⲤ · ⲀⲄⲒⲞⲤⲀ̄Ⲑ̄Ⲁ

15   ⲚⲀⲦⲞⲤ · Ⲱ̄ⲈⲔⲠⲀⲢⲐⲈⲚⲞⲨⲤⲀⲢⲔⲰⲐⲒⲤ · Ⲉ̄ⲖⲈⲎ
ⲤⲞⲚⲎ̄ⲘⲀⲤ :——   ⲀⲄⲒⲞⲤⲞ̄Ⲑ̄Ⲥ̄ · Ⲁ̄ⲄⲒⲞⲤⲈⲒⲤ
ⲬⲨⲢⲞⲤ · Ⲁ̄ⲄⲒⲞⲤⲀ̄ⲐⲀⲚⲀⲦⲞⲤ · ⲞⲤⲦⲀⲨⲢⲞⲐⲒⲤ
Ⲁ̄ⲒⲎ̄ⲘⲀⲤ · Ⲉ̄ⲖⲈⲎ̄ⲤⲞⲚⲎ̄ⲘⲀⲤ :—— Ⲁ̄ⲄⲒⲞⲤⲞ̄Ⲑ̄Ⲥ̄
ⲀⲄⲒⲞⲤⲈⲒⲤⲬⲨⲢⲞⲤ · Ⲁ̄ⲄⲒⲞⲤⲀ̄ⲐⲀⲚⲀⲦⲞⲤ · Ⲱ̄Ⲁ̄

20   ⲚⲀⲤⲦⲀⲤⲈⲔⲦⲰⲚⲈⲔⲢⲰⲚ · Ⲉ̄ⲖⲈⲎ̄ⲤⲞⲚⲎ̄ⲘⲀⲤ
Ⲁ̄Ⲱ̄ⳅⲀⲠⲀⲦⲢⲒ · ⲔⲈⲨ̄ⲒⲰ · ⲔⲈⲀ̄ⲄⲒⲰ̄Ⲡ̄Ⲛ̄Ⲓ̄ · ⲔⲨ
ⲚⲒⲚ · ⲔⲈⲀ̄ⲈⲒ · ⲔⲈⲈⲒⲤⲦⲞⲨⲤⲈⲰ̄ⲚⲀⲤ · ⲦⲰⲚⲈ
Ⲱ̄ⲚⲰⲚ · Ⲁ̄ⲘⲎⲚ :—— ⲀⲄⲒⲀ̄Ⲧ̄ⲢⲒⲀⲤⲈ̄ⲖⲈⲎ
ⲤⲞⲚⲎ̄ⲘⲀⲤ · Ⲕ̄Ⲉ̄ⲈⲒⲖⲀⲤⲐⲎⲦⲒⲦⲀⲤ · Ⲁ̄ⲘⲀⲢ

25   ⲦⲒⲀⲤⲎⲘⲰⲚ · Ⲕ̄Ⲉ̄ⲈⲒⲖⲀⲤⲐⲎⲦⲒⲦⲀⲤ
ⲀⲚⲰⲘⲒⲀⲤⲎⲘⲰⲚ · Ⲕ̄Ⲉ̄Ⲉ̄ⲠⲒⲤⲔⲈⲮⲎⲦⲀⲤ
ⲀⲤⲐⲈⲚⲒⲀⲤⲎⲘⲰⲚ · Ⲉ̄ⲚⲈⲄⲈⲚⲦⲰ · Ⲱ̄ⲚⲞ

140

(58) Ich habe gesagt: Herr, erbarme dich meiner. (59) Heile meine Seele, denn ich habe gesündigt gegen dich. (60) Herr,
ich bin dir gefolgt. (61) Lehre mich zu tun, was dir
gefällt, denn du bist mein Gott. (62) Bei
5   dir ist die Quelle des Lebens.
(63) Durch dein Licht werden wir Licht sehen.
(64) Strecke aus dein Erbarmen gegen die, die dich kennen;
(65) deine Gerechtigkeit gegen die, die rechten Herzens
sind. (66) Dir gebührt der Lobpreis.
10   (67) Dir gebührt dies Lied. (68) Dir gebührt die Ehre. (68) Vater und Sohn
und Heiliger Geist. (70) In alle Ewigkeiten
der Ewigkeiten. Amen.

῞Αγιος ὁ Θεός, ῞Αγιος Ἰσχυρός, ῞Αγιος Ἀθά-
15   νατος, ὁ ἐκ Παρθένου σαρκωθείς, ἐλεη-
σον ἡμᾶς.   ῞Αγιος ὁ Θεός, ῞Αγιος Ἰ-
σχυρός, ῞Αγιος Ἀθάνατος, ὁ σταυρωθεὶς
δι’ ἡμᾶς, ἐλέησον ἡμᾶς. ῞Αγιος ὁ Θεός,
῞Αγιος Ἰσχυρός, ῞Αγιος Ἀθάνατος, ὁ ἀ-
20   ναστὰς ἐκ τῶν νεκρῶν, ἐλέησον ἡμᾶς.
Δόξα Πατρί, καὶ Υἱῷ, καὶ Ἁγίῳ Πνεύματι. Καὶ
νῦν, καὶ ἀεί, καὶ εἰς τοὺς αἰῶνας τῶν αἰώνων. Ἀμήν. Ἁγία Τριάς, ἐλέη-
σον ἡμᾶς. Κύριε, ἱλάσθητι τὰς ἁμαρ-
25   τίας ἡμῶν. Κύριε, ἱλάσθητι τὰς
ἀνομίας ἡμῶν. Κύριε, ἐπίσκεψαι τὰς
ἀσθενείας ἡμῶν, ἕνεκεν τοῦ ὀνο-

10 Oder »das Lied«; vgl. oben S. 376.   13 Lies ΝΝⲟΙωΝ.

ρμα

ΜΑΤΑСΟΥ · ἈΝΑΜΑΡΤΗΤΙ · ΚΕ · СѠСΟΝ

ΗΜΑС · ἈΝΑΜΑΡΤΗΤΙΚΕ · ΕΛΕΗ

СΟΝΗΜΑС · ἈΝΑΜΑΡΤΗΤΙΚΕ · ΕΠΑΚΟΥ

СΟΝΗΜΑС · ΤΡΙСΑΓΙΕ · ΚΕΕΛΕΗСΟΝ · ΚΕ

5　　ΕΛΕΗСΟΝ · ΚΕΕΛΕΗСΟΝ :— ΕΝΑѠΞΑ

ΕΙΠΑΡΘΕΝΟΥ · ΘΕѠΔΟΚΕ · ΜΥΤΗΡ · ΧΥ

ΠΡΟСΑΓΑΓΕ · ΤΗΝΥΜΕΤΕΡΑΝ · ΠΡΟС

ΕΥΧΗ · ΤѠΓΙѠΝСΟΥ · ΚΕΘΥΗΜѠΝ ·

ΔѠΞΑΠΑΤΡΙ · ΚΕΥΙѠ · ΚΕΑΓΙѠΠΝΙ ·

10　ΘΕѠΔѠΚΟΥ · ΕΝΔѠΞΕ · ΤѠСΕΝΠΛΑСΑΝ

ΤΑ · ѠΝΕΓΕΝΝΗСΑС · ΕΥΔѠΚΗСΑΝΤΑ ·

ΕΝСΗСΑΡΚѠΘΕΝΤΑ · ΘΝΛΟΓΟΝ · ΕΙΚΕ

ΔΕΓΕ · СΥΝΤΗСΑΓΙΑС · СΟСΕΤΑСΨΥΧΑСΗΜѠ :—

ΚΥΝΙΝ · ΚΕΑΕΙ · ΚΕΕΙСΤΟΥСΕѠΝΑС · ΤΟΝΕΝΟΝΑΜΗΝ·

15　ΔѠΞΑСΕ · ΧΕ · ἈΠΟСΤΟΛΟΙ · ΚΑΥΧΗΜΑ · ΜΑΡΤΥ

ΡΟΝ · ΑΓΑΛΛΙΑΜΜΑ · ΤѠΝΚΥΡΙΚΜΑ ·

ΤΡΙΑС · ΕΝΟΜΟΟΥСΙΟΝ · ΑΛΛΗ · ΑΛΛΗ · ΑΛΛΗ ·

———— · · · ———— · · · ————

СΥΝ ΘѠ · ΝΑΙ ΝΕ ΝѠѠ ΕΒΟΛ ΜΠΝΑΥ ΝΡΟΥΖΕ

ΜΝ ΝΑ ΤΕΥѠΗ · ΜΝ ΠΝΑΥ ΝСΥΝΑΓΕ · ΜΝ

20　ΝΕΥΝΟΟΥΕ ΜΠΕΖΟΟΥ ΕΤѠѠΕ ΕѠΛΗΛ ΝΖΗΤΟΥ

———— · · · ———— · · · ————

ΠΝΑΥ ΝΤΕΠΡѠΤΑ :—

ΠΡѠΕΦΘΑСΑΝ · ΟΙΟΦΘΑΛΜΗΜΟΥ · ΠΡΟС

ΟΡΘΡΟΝ · ΤΟΥΜΕΛΕΤΑΝ · ΤΑΛѠΓΙΑΝ

СΟΥ · ΤΗСΦѠΝΗСΜΟΥ · ἈΚΟΥСΟΝ · ΚΕ ·

25　ΚΑΤΑΤѠΜΕΓΑСΟΥ · ΕΛΕѠС · ΚΕСΟСΟΝΜΗ ·

———— · · · ———— · · · ————

ΠΕϥΒѠΛ :—

Α ΝΑΒΑΛ ѠΟΡΠΟΥ ΕΖΤΟΟΥΕ ΕΜΕΛΕΤΑ ΝΝΕΚѠΑ

ΧΕ · СѠΤΜ ΕΠΑΖΡΟΟΥ ΠΟС · ΚΑΤΑ ΠΕΚΝΟϬ ΝΝΑ

———— · · · ———— · · · ———— ΜΑΤΑΝΖΟΙ :—

—— · · · ——

141

μματός σου. Ἀναμάρτητε, Κύριε, σῶσον
ἡμᾶς. Ἀναμάρτητε, Κύριε, ἐλέησον ἡμᾶς. Ἀναμάρτητε, Κύριε, ἐπάκου-
σον ἡμᾶς. Τρισάγιε Κύριε, ἐλέησον. Κύριε,
5 ἐλέησον. Κύριε, ἐλέησον. Ἔνδοξε, Ἀ-
ειπάρθενε, Θεοτόκε, Μῆτερ Χριστοῦ,
προσάγαγε τὴν ἡμετέραν προσ-
ευχὴν τῷ Υἱῷ σου καὶ Θεῷ ἡμῶν.
Δόξα Πατρί, καὶ Υἱῷ, καὶ Ἁγίῳ Πνεύματι.
10 Θεοτόκε, Ἔνδοξε, τὸν σὲ πλάσαν-
τα, ὃν ἐγέννησας, εὐδοκήσαντα
ἐν σοὶ σαρκωθῆναι Θεὸν Λόγον ἱκέτευε σὺν τοῖς Ἁγίοις σῶσαι τὰς ψυχὰς ἡμῶν.
Καὶ νῦν, καὶ ἀεί, καὶ εἰς τοὺς αἰῶνας τῶν αἰώνων. Ἀμήν.
15 Δόξα σοι, Χριστέ, Ἀποστόλων καύχημα, Μαρτύ-
ρων ἀγαλλίαμα, ὧν τὸ κήρυγμα
Τριὰς ἡ ὁμοούσιος. Ἀλληλούϊα, Ἀλληλούϊα, Ἀλληλούϊα.

Σὺν θεῷ. Das sind die Ausrufe der Abendstunde
und die der Nacht und der Versammlungsstunde und
20 der Stunden des Tages, an denen man beten muß.

Die Prim

Προέφθασαν οἱ ὀφθαλμοί μου πρὸς
ὄρθρον τοῦ μελετᾶν τὰ λόγιά
σου. Τῆς φωνῆς μου ἄκουσον, Κύριε,
25 κατὰ τὸ μέγα σου ἔλεος, καὶ σῶσόν με.

Die Übersetzung davon :

Meine Augen sind dem Morgen zuvorgekommen, nachzusinnen
über deine Wor-
te. Höre auf mein Rufen, Herr. Nach deinem großen Erbarmen
rette mich.

---

14 ƐΝΟΝ sic.   16 f. Text verderbt; vgl. oben S. 358.

ⲢⲘⲂ

ⲔⲀⲦⲀⲌⲒⲞⲚ · ⲔⲨⲢⲒⲉ · ⲔⲉⲦⲏⲚ · Ⲏ̄ⲘⲉⲢⲀⲚ · ⲦⲀⲨ
ⲦⲏⲚ · Ⲁ̄ⲚⲀⲘⲀⲢⲦⲏ · ⲦⲞⲨⲤ̄ · ⲪⲨⲗⲀⲔⲐⲏⲚⲏ
Ⲏ̄ⲘⲀⲤ · ⲉⲨⲗⲞⲅⲏⲦⲞⲤⲞⲨⲔⲒⲢⲒⲉ̄ · ⲱⲐⲉⲞⲤ ·
ⲦⲰⲚⲠⲀⲦⲏⲢⲱⲚⲎⲘⲰⲚ · ⲅⲉⲚⲏⲦⲱ · Ⲕⲉ
5   ⲇⲉⲇⲱⲌⲀⲤⲘⲉⲚⲰⲚ · ⲦⲰ̄ⲚⲱⲘⲀⲤⲞⲨ ·

ⲉⲒⲤⲦⲞⲨⲤⲏⲱ̄ⲚⲀⲤ · Ⲁ̄ⲘⲏⲚ :⸺   ⲠⲉϥⲂⲰⲗ :⸺

ⲀⲀⲚ ⲚⲘⲠ̄ⲱⲀ ⲠⲞ̄Ⲥ · Ⲛ̄ⲅ̄ⲀⲢⲉⲌ ⲉⲢⲞⲚ ⲘⲠⲉⲒϨⲞ
ⲞⲨ ⲠⲀⲒ ⲉ̄ⲚⲞ ⲚⲀⲦⲚⲞⲂⲉ · ⲔⲤⲘⲀⲘⲀⲀⲦ ⲠⲞ̄Ⲥ
Ⲡ̄ⲚⲞⲨⲦⲉ Ⲛ̄ⲚⲉⲚⲉⲒⲞⲦⲉ · ⲔⲉⲢ ϨⲞⲨⲉ̄ ⲤⲘⲀⲘⲀⲀⲦ ·
10   ϥϨⲀ ⲉ̄ⲞⲞⲨ Ⲛ̄ϬⲒ ⲠⲉⲔⲢⲀⲚ ϢⲀ ⲉ̄ⲚⲉϨ ϨⲀⲘⲏⲚ :⸺

Ⲡ̄ⲚⲀⲨ Ⲛ̄ⲬⲠ̄ ϢⲞⲘⲦⲉ :⸺
ⲤⲚⲔⲒⲢⲒⲉ̄ · ⲪⲨⲗⲀⲌⲏ · ⲤⲚⲎ̄ⲘⲀⲤ · ⲔⲉⲇⲒⲀⲦⲏⲢⲏ
ⲤⲚⲎ̄ⲘⲀⲤ · Ⲁ̄ⲠⲞⲦⲏⲤ · ⲅⲉⲚⲀⲤ · ⲦⲀⲨⲦⲏⲤ · ⲔⲉⲉⲒⲤ

ⲦⲰⲚⲎ̄ⲰⲚⲰⲚ :⸺   ⲠⲉϥⲂⲰⲗ :⸺
15   Ⲛ̄ⲦⲞⲔ ⲇⲉ ⲠⲞ̄Ⲥ ⲉ̄ⲔⲉϨⲀⲢⲉϨ ⲉ̄ⲢⲞⲚ · ⲉ̄ⲔⲉⲦⲞⲨⲬⲞⲚ
ⲉ̄ⲔⲉⲚⲀϨⲘⲉⲚ · ⲉ̄ⲂⲞⲗ ϨⲒⲦⲞⲞⲦϥ Ⲙ̄ⲠⲉⲒⲬⲰⲘ · ⲀⲨⲱ̄
                     ϢⲀ ⲉ̄ⲚⲉϨ :⸺
Ⲡ̄ⲚⲀⲨ Ⲛ̄ⲬⲠ̄ ⲤⲞ :⸺

ⲉ̄ⲠⲀⲔⲞⲨⲤⲞⲚⲎⲘⲰⲚ · Ⲟ̄ⲐⲤ · ⲞⲤⲱ̄ⲢⲎⲘⲰⲚ · Ⲏ̄ⲉⲗ
ⲠⲒⲤⲠⲀⲚⲦⲰⲚ · ⲦⲀⲠⲉⲢⲀⲚⲦⲰⲚ · ⲦⲏⲤⲅⲏⲤ :⸺

20   ⲠⲉϥⲂⲰⲗ :⸺
ⲤⲰⲦⲘ̄ ⲉ̄ⲢⲞⲚ Ⲡ̄ⲚⲞⲨⲦⲉ ⲠⲉⲚⲤⲰ̄Ⲣ · ⲐⲉⲗⲠⲒⲤ
Ⲛ̄ⲚⲉⲔⲢⲰⲞⲨ ⲦⲏⲢⲞⲨ Ⲙ̄Ⲡ̄ⲔⲀϨ :⸺

Ⲡ̄ⲚⲀⲨ Ⲛ̄Ⲧ̄ⲬⲠ̄ ⲮⲒⲦⲉ :⸺
Ⲧⲱ̄ⲉⲗⲉⲱ̄ⲤⲞⲨ · Ⲕ̄ⲉ · ⲉⲒⲤⲦⲰⲚⲉⲱ̄ⲚⲀ · ⲦⲀⲉⲢⲅⲀ
25   ⲦⲰⲚ · ⲬⲒⲢⲰⲚⲤⲞⲨ · ⲘⲉⲠⲀⲢⲒⲦⲏⲤ :⸺

ⲠⲉϥⲂⲰⲗ :⸺
Ⲡ̄ⲬⲞⲉⲒⲤ ⲠⲉⲔⲚⲀ ϢⲞⲞⲠ ϢⲀ ⲉ̄ⲚⲉϨ · Ⲙ̄Ⲡ̄Ⲣ̄Ⲕⲱ
Ⲛ̄ⲤⲰⲔ Ⲛ̄ⲚⲉϨⲂⲎⲨⲉ̄ Ⲛ̄ⲚⲉⲔϬⲒⲬ :⸺⸺

12 f. Deutung des griechischen Texts nicht ganz sicher; vgl. oben S. 310.

142

Καταξίωσον, Κύριε, καὶ τὴν ἡμέραν ταύ-
την ἀναμαρτήτους φυλαχθῆναι
ἡμᾶς. Εὐλογητὸς εἶ, Κύριε, ὁ Θεὸς
τῶν Πατέρων ἡμων, καὶ αἰνετὸν καὶ
5   *δεδοξασμένον τὸ ὄνομά σου*
εἰς τοὺς αἰῶνας. ᾿Αμήν.

Die Übersetzung davon :

Mache uns würdig, Herr, und bewahre uns an diesem Tage sündenlos. Gepriesen bist du, Herr,
Gott unserer Väter, hochgepriesen bist du.
10   Geehrt ist dein Name in Ewigkeit. Amen.

Die Zeit der dritten Stunde

Σύ, Κύριε, φυλάξῃ ἡμας, καὶ διατηρή-
σῃ ἡμᾶς ἀπὸ τῆς γενεᾶς ταύτης καὶ εἰς
τὸν αἰῶνα.

Die Übersetzung davon :

15   Du aber, Herr, mögest uns behüten, mögest uns heilen
und retten vor diesem Geschlecht und in Ewigkeit

Die Zeit der sechsten Stunde

᾿Επάκουσον ἡμῶν, ὁ Θεός, ὁ Σωτὴρ ἡμῶν, ἡ ἐλ-
πὶς πάντων τῶν περάτων τῆς γῆς.

20   ### Die Übersetzung davon :

Erhöre uns, Herr, unser Retter, Hoffnung
aller Ufer der Erde.

Die Zeit der neunten Stunde

Τὸ ἔλεός σου, Κύριε, εἰς τὸν αἰῶνα · Τὰ ἔργα
25   *τῶν χειρῶν σου μὴ παρίδῃς.*

Die Übersetzung davon :

Herr, dein Erbarmen währet in Ewigkeit; laß nicht
die Werke deiner Hände im Stich.

ⲓ ⲣⲙⲅ

ⲡⲗⲩⲭⲛⲓⲕⲟⲛ ⲙ̄ⲡ̄ⲛⲁⲩ ⲛ̄ⲣⲟⲩⲍⲉ :—

ⲇⲉⲩⲇⲉ · ⲡⲣⲟⲥⲕⲩⲛⲏ · ⲥⲱⲙⲉⲛ · ⲕⲉⲡⲣⲱⲥⲡⲉ
ⲥⲱⲙⲉⲛ · ⲭ̄ⲣⲓⲥⲧⲉ · ⲧⲱⲱⲫⲑⲉⲛⲧⲓ · ⲉⲛ
ⲥⲁⲣⲕⲓ . ⲕⲉⲥⲧⲁⲩⲣⲱⲑⲉⲛⲧⲁ · ⲇⲓⲏ̄ⲙⲁⲥ ·
5 ⲩⲙⲛⲱⲥ · ⲱ̄ⲡⲁⲑⲱⲥ · ⲭ̄ⲣⲓⲥⲧⲉ · ⲡ̄ⲣⲟⲥⲕⲩ
ⲛⲟⲩⲥⲓⲛ · ⲧⲟⲛⲥ̄ⲧⲁⲩⲣⲟⲛⲥⲟⲩ · ⲇⲱⲝⲁ
ⲥⲱⲥⲟⲩ ⲧⲏⲛⲁ̄ⲛⲁⲥⲧⲁⲥⲓⲛ :— ⲡⲉϥⲃⲱⲗ

ⲁⲙⲏⲓⲧⲛ̄ ⲧⲛ̄ⲟⲩⲱϣⲧ · ⲛ̄ⲧⲛ̄ⲡⲁ2ⲧⲛ ⲙ̄ⲡⲉ
ⲭ̄ⲥ · ⲡⲉⲛⲧⲁϥⲟⲩⲱⲛ2̄ ⲉ̄ⲃⲟⲗ 2ⲛ̄ ⲧⲥⲁⲣⲝ̄ ·
10 ⲁⲩⲱ̄ ⲁⲩⲁϣⲧϥ̄ ⲉ2ⲣⲁⲓ ⲉ̄ϫⲱⲛ · ⲧⲛ̄2ⲩⲙ
ⲛⲉⲩⲉ̄ ⲉ̄ⲛⲉϥ2ⲓⲥⲉ · ⲧⲛ̄ⲟⲩⲱϣⲧ ⲙ̄ⲡⲉϥ
ⲥ̄ϯ̄ⲟⲥ · ⲧⲉⲛϯ ⲉ̄ⲟⲟⲩ ⲛⲧⲉϥⲁⲛⲁⲥⲧⲁⲥⲓⲥ :—

ⲡⲁⲣⲁⲕⲗⲏⲑⲓⲧⲉ · ⲕ̄ⲉ̄ · ⲕⲉⲧⲏⲛⲏⲥⲡⲉⲣⲁⲛ
ⲧⲁⲩⲧⲏⲛ · ⲁ̄ⲛⲁⲙⲁⲣⲧⲏⲧⲟⲩⲥ̄ · ⲫⲩⲗⲁⲕ
15 ⲑⲏⲛⲏⲙⲁⲥ · ⲉⲩⲗⲟⲅⲏⲧⲟⲥⲟⲩⲕ̄ⲉ̄ · ⲟ̄ⲑ̄ⲥ̄ ·
ⲧⲟⲛⲡⲁⲧⲏⲣⲱⲛⲏ̄ⲙⲱⲛ · ⲅⲉⲛⲏⲧⲱ ·
ⲕⲉⲇⲉⲇⲱⲝⲁⲥⲙⲉⲛⲟⲛ · ⲧⲟⲟ̄ⲛⲟⲙⲁⲥⲟⲩ ·
ⲉⲓⲥⲧⲟⲩⲥ̄ⲉ̄ⲱ̄ⲛⲁⲥ · ⲁ̄ⲙⲏⲛ · ⲅⲉⲛⲏⲧⲱ
ⲕⲉ̄ · ⲧⲱⲉⲗⲉⲟ̄ⲥⲟⲩ · ⲉ̄ⲫⲩⲙⲁⲥ · ⲕⲁⲑⲁⲡⲉⲣ ·
20 ⲉⲗⲡⲓⲥⲁⲙⲉⲛ · ⲉⲗⲡⲓⲍⲉ · ⲉⲩⲗⲟⲅⲏⲧⲟ
ⲥⲟⲩ ⲕ̄ⲉ̄ · ⲇⲓⲧⲁⲝⲱⲛ · ⲙⲉⲧⲁⲇⲓⲕⲉⲱⲙⲁ
ⲧⲟⲥⲟⲩ · ⲉⲩⲗⲟⲅⲏⲧⲟⲥⲟⲩⲕ̄ⲉ̄ · ⲥⲉⲛⲉⲧⲓⲥⲱⲛ
23 ⲙⲉⲧⲁⲇⲓⲕⲁⲓⲱ̄ⲙⲁⲧⲟⲥⲟⲩ · ⲉⲩⲗⲟⲅⲓⲧⲟⲥⲉⲓⲕ̄ⲉ̄
23a ⲫⲟ̣ⲧⲓⲥⲟⲛⲙⲉⲧⲁⲇⲓⲕⲉⲱⲙⲁ[.ₓ.ⲥ]ⲟⲩ
24 ⲕ̄ⲉ̄ⲧⲟⲉⲗⲉⲟ̄ⲥⲟⲩ · ⲉⲓⲥⲧⲱⲛⲉⲱ̄ⲛⲁ · ⲕ̄ⲉ̄ · ⲧⲁⲉⲣⲅⲁ ·
25 ⲧⲱⲛ · ⲭⲓⲣⲱⲛⲥⲟⲩ · ⲙⲉⲡⲁⲣⲓⲧⲏⲥ · ⲥⲏⲡⲣⲉ
ⲡⲓ · ⲩⲙⲛⲟⲥ · ⲥⲏⲡⲣⲉⲡⲓ · ⲏ̄ⲛⲱⲥ · ⲥⲏⲇⲱⲝⲁ
ⲡⲣⲉⲡⲓ · ⲧⲟⲩⲡⲁⲧⲣⲓ · ⲕⲉⲧⲟⲩ1̄ⲓⲱ · ⲕⲉⲧⲟⲩⲁ̄ⲅⲓ
ⲱ̄ⲡ̄ⲛ̄ⲓ̄ · ⲧⲟⲥⲁⲓⲱⲛⲁⲥ · ⲧⲱⲛⲉⲱ̄ⲛⲟⲛ · ⲁⲙⲏⲛ :—

10　　　　　　　　　　　　143

Das Lychnikon der Abendstunde.

Δεῦτε προσκυνήσωμεν καὶ προσπέ-
σωμεν Χριστῷ τῷ ὀφθέντι ἐν
σαρκὶ καὶ σταυρωθέντι δι' ἡμᾶς.
5　ʽΥμνώσωμέν σου τὸ Πάθος, Χριστέ· προσκυνήσωμεν τὸν Σταυρόν σου · δοξά-
σωμέν σου τὴν Ἀνάστασιν.

Die Übersetzung davon :

Kommt, laßt uns anbeten und uns niederwerfen vor
Christus, der im Fleisch erschienen ist
10　und für uns gekreuzigt worden ist. Wir wollen
lobsingen seinen Leiden; wir wollen anbeten sein
Kreuz; wir wollen ehren seine Auferstehung.

Παρακλήθητι, Κύριε, καὶ τὴν ἑσπέραν
ταύτην ἀναμαρτήτους φυλα-
15　χθῆναι ἡμᾶς. Εὐλογητὸς εἶ, Κύριε, ὁ Θεὸς
τῶν Πατέρων ἡμῶν, καὶ αἰνετὸν
καὶ δεδοξασμένον τὸ ὄνομά σου
εἰς τοὺς αἰῶνας. Ἀμήν. Γένοιτο,
Κύριε, τὸ ἔλεός σου ἐφ' ἡμᾶς, καθάπερ
20　ἠλπίσαμεν ἐπὶ σέ. Εὐλογητὸς
εἶ, Κύριε· δίδαξόν με τά δικαιώματά σου. Εὐλογητὸς εἶ, Κύριε· συνέτισόν
23　με τὰ δικαιώματά σου. Εὐλογητὸς εἶ, Κύριε·
23a　φώτισόν με τοῖς δικαιώμασί σου.
24　Κύριε, τὸ ἔλεός σου εἰς τὸν αἰῶνα · Κύριε, τὰ ἔργα
25　τῶν χειρῶν σου μὴ παρίδῃς. Σοὶ πρέ-
πει ὕμνος, σοὶ πρέπει αἶνος, σοὶ δόξα
πρέπει, τῷ Πατρί, καὶ τῷ Υἱῷ, καὶ τῷ Ἁγί-
ῳ Πνεύματι, ⟨εἰς⟩ τοὺς αἰῶνας τῶν αἰώνων. Ἀμήν.

2 ff. Besonders verderbt; vgl. oben S. 353.　　10 ff. Oder »wir lobsingen … beten an …
ehren …«; vgl. oben S. 379 f.　　　　23 ff. ΕΥΛΟΓΗΤΟCΕΙΚΕ auf Rasur, die ganze
Zeile 23a auf dem rechten Rand, und die Worte ΚΕΤΟ von 24 auf dem linken Rand
nachgetragen, alles von der ersten Hand. In 23a wird ΤΑ ΔΙΚΕѠΜΑ[ΤΑ] zu lesen
sein. So auch in der Pariser Handschrift Nr. 68 (fol. 85 v 20; Text unten S. 502).
Ebenso hat die Inschrift des Weißen Klosters (LEFEBVRE, Recueil 237 [S. 45]) dreimal τὰ
δικαιώματα, doch sind nur zwei der drei Verben erhalten (darunter nicht φωτίζειν), und
es kann nicht als sicher angesehen werden, daß in der Lücke φώτισον zu ergänzen ist
(Text auch oben S. 284, Anm. 45 zitiert).

ρμⲁ

ⲡⲃⲱⲗ ⲙ̄ⲡⲁⲣⲁⲕⲗⲏⲑⲓⲧⲉ :—

ⲧⲉⲛⲧⲱⲃⲍ̄ ⲙ̄ⲙⲟⲕ ⲡ̄ⲟ̄ⲥ ⲉⲧⲣⲉⲕⲍⲁⲍⲉⲍ ⲉ̄ⲣⲟⲛ
ⲙ̄ⲡⲉⲓⲣⲟⲩⲍⲉ ⲡⲁⲓ ⲉ̄ⲛⲟ ⲛⲁⲧⲛⲟⲃⲉ · ⲕ̄ⲥⲙⲁ
ⲙⲁⲁⲧ ⲡ̄ⲟ̄ⲥ ⲡⲛⲟⲩⲧⲉ ⲛ̄ⲛⲉⲛⲉⲓⲟ̄ⲧⲉ · ⲕⲉⲣ ⲍⲟⲩⲉ̄
5   ⲥ̄ⲙⲁⲙⲁⲁⲧ · ϥ̄ⲍⲁ ⲉ̄ⲟⲟⲩ ⲛ̄ϭⲓ ⲡⲉⲕⲣⲁⲛ ϣⲁ ⲉ̄
ⲛⲉⲍ ⲍⲁⲙⲏⲛ ·   ⲙⲁⲣⲉϥϣⲱⲡⲉ ⲡ̄ϭⲓ ⲡⲉⲕ
ⲛⲁ ⲉⲍⲣⲁⲓ̈ ⲉⲭⲱⲛ ⲡ̄ⲟ̄ⲥ · ⲕⲁⲧⲁ ⲑⲉ ⲛ̄ⲧⲁⲛⲍⲉⲗ
ⲡⲓⲍⲉ ⲉ̄ⲣⲟⲕ ·   ⲕ̄ⲥⲙⲁⲙⲁⲁⲧ ⲡ̄ⲟ̄ⲥ ⲙⲁⲧⲥⲁ
ⲃⲟⲓ ⲉ̄ⲛⲉⲕⲙ̄ⲛ̄ⲧⲙⲉ · ⲕ̄ⲥⲙⲁⲙⲁⲁⲧ ⲡ̄ⲟ̄ⲥ † ⲡⲓⲙⲉ ⲛⲁⲓ
10   ⲉ̄ⲛⲉⲕⲙ̄ⲛ̄ⲧⲙⲉ · ⲕ̄ⲥⲙⲁⲙⲁⲁⲧ ⲡ̄ⲟ̄ⲥ † ⲡⲟⲩⲟ̄
ⲉⲓⲛ ⲛⲁⲓ ⲍ̄ⲛ̄ ⲛⲉⲕⲙ̄ⲛ̄ⲧⲙⲉ ·   ⲡ̄ⲟ̄ⲥ ⲡⲉⲕⲛⲁ
ϣⲟⲟⲡ ϣⲁ ⲉ̄ⲛⲉⲍ · ⲛⲉⲍⲃⲏⲩⲉ̄ ⲛ̄ⲛⲉⲕϭⲓⲝ ⲡ̄ⲟ̄ⲥ
ⲙ̄ⲡⲣ̄ⲕⲁⲁⲩ ⲛ̄ⲥⲱⲕ ·   ϥ̄ⲣ ϣⲁⲩ ⲛⲁⲕ ⲛ̄ϭⲓ ⲡⲉⲓ
ⲍⲩⲙⲛⲟⲥ ·   ϥⲉⲣ ϣⲁⲩ ⲛⲁⲕ ⲛ̄ϭⲓ ⲡⲉⲓⲍⲱⲥ ·
15   ϥ̄ⲣ ϣⲁⲩ ⲛⲁⲕ ⲛ̄ϭⲓ ⲡⲉⲟⲟⲩ · ⲡⲓⲱⲧ ⲙ̄ⲛ̄ ⲡ̄ϣⲏⲣⲉ
ⲙⲛ ⲡⲉⲡ̄ⲛ̄ⲁ̄ ⲉⲧⲟⲩⲁ̄ⲁⲃ ϣⲁ ⲉ̄ⲛⲉⲍ ⲍⲁⲙⲏⲛ :—

ⲍⲱⲙⲉⲟⲥ · ⲡ̄ⲃⲱⲗ ⲛⲉⲕⲓⲣⲓⲥⲑⲉ · ⲙⲉ ⲡⲉⲩⲗⲟⲅⲓ
ⲧⲉ ⲛ̄ⲧⲉⲩϣⲏ :—

ⲧⲱⲟⲩⲛ̄ ⲉⲍⲣⲁⲓ ⲛⲉϣⲏⲣⲉ ⲙ̄ⲡⲟⲩⲟ̄ⲉⲓⲛ · ⲧⲛ̄ⲍⲱⲥ
20   ⲉ̄ⲡⲟ̄ⲥ ⲛⲧⲉ ⲛⲉϭⲟⲙ ·   ⲭⲉⲕⲁⲥ ⲉϥⲉ̄ⲣ ⲍⲙⲟⲧ
ⲛⲁⲛ ⲙ̄ⲡⲥⲱⲧⲉ ⲛ̄ⲛⲉⲛⲯⲩⲭⲏ :· —

ⲡ̄ⲃⲱⲗ · ⲛ̄ⲕⲓⲣⲓⲉⲁ̄ⲡⲟⲥⲧⲏⲥⲁⲥ :—
ⲍⲙ̄ ⲡ̄ⲧⲣⲉⲛⲁ̄ⲍⲉⲣⲁⲧⲛ̄ ⲡ̄ⲟ̄ⲥ ⲙ̄ⲡⲉⲕⲙ̄ⲧⲟ ⲥⲱⲙⲁ
ⲧⲓⲕⲟⲥ · ϥⲓ ⲉ̄ⲃⲟⲗ ⲍⲓⲭⲙ̄ ⲡⲉⲛⲍⲏⲧ ⲙ̄ⲛ̄ ⲛⲉⲛ
25   ⲃⲁⲗ · ⲙ̄ⲡⲍⲓⲛⲏⲃ · ⲙ̄ⲛ̄ ⲧⲏⲃϣⲉ · ⲙⲁ ⲛⲁⲛ ⲛⲟⲩ
ⲙ̄ⲛ̄ⲧⲣⲉϥⲛⲏϥⲉ ·   ⲭⲉⲕⲁⲥ ⲍ̄ⲛ̄ ⲟⲩⲍⲟⲧⲉ ⲉⲛ
ⲛⲁⲁ̄ⲍⲉⲣⲁⲧⲛ̄ ⲙ̄ⲡⲉⲕⲙ̄ⲧⲟ ⲉ̄ⲃⲟⲗ ⲙ̄ⲡⲛⲁⲩ ⲙ̄ⲡⲉ
ϣⲗⲏⲗ · ⲛ̄ⲧⲛ̄ⲧ̄ⲛ̄ⲛⲟⲟⲩ ⲛⲁⲕ ⲉⲍⲣⲁⲓ ⲛⲟⲩⲇⲟⲝⲟⲗⲟ
ⲅⲓⲁ̄ ⲉⲥⲡ̄ⲣⲉⲡⲓ · ⲭⲉⲕⲁⲥ ⲉⲛⲛⲉⲙⲁⲧⲉ ⲙ̄ⲡⲕⲱ ⲉⲃⲟⲗ
ⲛ̄ⲛⲉⲛⲛⲟⲃⲉ ⲉ̄ⲧⲟϣ :—

144

Die Übersetzung von Παρακλήθητι.

Wir bitten dich, Herr, uns an diesem Abend
sündenlos zu bewahren. Gepriesen
bist du, Herr, Gott unserer Väter; hochgepriesen
5 bist du. Geehrt ist dein Name in
Ewigkeit. Amen. Dein Erbarmen möge
über uns kommen, Herr, wie wir auf dich gehofft haben. Gepriesen bist du, Herr; lehre
mich deine Gerechtigkeiten. Gepriesen bist du Herr; laß mich
10 deine Gerechtigkeiten verstehen. Gepriesen bist du Herr; erleuchte mich durch deine Gerechtigkeiten. Herr, dein Erbarmen
währet in Ewigkeit. Die Werke deiner Hände, Herr,
laß nicht im Stich. Dir gebührt dieser
Lobgesang. Dir gebührt dieses Lied.
15 Dir gebührt die Ehre. Vater und Sohn
und Heiliger Geist. In Ewigkeit. Amen.

Ebenso die Übersetzung von Ἐγείρεσθε und des Εὐλογεῖτε der Nacht.

Erhebet euch, Söhne des Lichtes. Wir wollen singen
20 dem Herrn der Mächte, damit er uns schenke
die Rettung unserer Seelen.

Die Übersetzung von Κύριε ὁ ἀποστήσας.

Wenn wir hintreten vor dich leib-
lich, nimm von unserem Herzen und unseren
25 Augen den Schlaf und die Unachtsamkeit. Gib uns
Wachsein, damit wir in Furcht hin-
treten vor dich in der Stunde des
Gebetes und dir emporsenden die gebührende
Verherrlichung, damit wir erlangen die Vergebung unserer vielen
Sünden.

---

13 f. Oder »der Lobgesang ... das Lied«; vgl. oben S. 376.

ΡΜΕ

ā　　　　ⲠⲂⲰⲖ ⲚⲒⲦⲞⲨⲆⲈⲈⲨⲖⲞⲄⲒⲦⲈ

––––– ··· ––––– ··· ––––– ··· ––––– ··· ––

ⲈⲒⲤ ⳍⲎⲎⲦⲈ ⲤⲈⲤⲘⲞⲨ ⲈⲠⲞⲤ · ⲠⲈⲞⲞⲨ ⲚⲀⲔ ⲠⲘⲀⲒⲢⲰⲘⲈ :—

ⲃ̄　ⲚϬⲒ ⲚⳍⲘⳍⲀⲖ ⲦⲎⲢⲞⲨ ⲚⲦⲈ ⲠⲞⲤ · ⲠⲈⲞⲞⲨ ⲚⲀⲔ ⲠⲘⲀⲒ

ⲅ̄　ⲚⲈⲦⲀⳍⲈⲢⲀⲦⲞⲨ ⳍⲘ̄ ⲠⲎⲒ ⲘⲠⲬⲞⲈⲒⲤ · ⳍⲚ ⲚⲀⲨⲖⲎ

5　　　ⲘⲠⲎⲒ ⲘⲠⲈⲚⲚⲞⲨⲦⲈ · ⲠⲈⲞⲞⲨ ⲚⲀⲔ ⲠⲘⲀⲒⲢⲰⲘⲈ

ⲇ̄　ϤⲒ ⲚⲚⲈⲦⲚ̄ϬⲒⳍ ⲈⳍⲢⲀⲒ ⳍⲚ̄ ⲚⲈⲨϢⲞⲞⲨⲈ ⲚⲚⲈⲦⲞⲨ

　　ⲀⲀⲂ ⲚⲦⲈⲦⲚ̄ⲤⲘⲞⲨ ⲈⲠⲢⲀⲚ ⲘⲠⲞⲤ · ⲠⲈⲞⲞⲨ ⲚⲀⲔ

ⲉ̄　ⲈⲢⲈ ⲠⲞⲤ ⲤⲘⲞⲨ ⲈⲢⲞⲔ ⲈⲂⲞⲖ ⳍⲚ ⲤⲒⲰⲚ ⲠⲈⲚⲦⲀϤ

　　ⲦⲀⲘⲒⲞ̄ ⲚⲦⲠⲈ ⲘⲚ̄ ⲠⲔⲀⳍ · ⲠⲈⲞⲞⲨ ⲚⲀⲔ

10　ⲋ̄　ⲘⲀⲢⲈ ⲠⲀⲤⲞⲠⲤ ⳍⲰⲚ ⲈⳍⲞⲨⲚ ⲈⲢⲞⲔ ⲠⲞⲤ · ⲠⲞⲤ

　　ⲘⲀⲦⲤⲀⲂⲞⲒ ⲔⲀⲦⲀ ⲠⲈⲔϢⲀⳍⲈ · ⲠⲈⲞⲞⲨ ⲚⲀ[Ⲕ]

ⲍ̄　ⲘⲀⲢⲈ ⲠⲀⲦⲘⲀⲒⲞ̄ ⲈⲒ ⲈⳍⲞⲨⲚ ⲘⲠⲈⲔⲘ̄ⲦⲞ ⲈⲂⲞⲖ

　　ⲘⲀⲦⲞⲨⲬⲞⲒ ⲔⲀⲦⲀ ⲠⲈⲔϢⲀⳍⲈ · ⲠⲈⲞⲞⲨ ⲚⲀⲔ

ⲏ̄　ⲚⲀⲤⲠⲞⲦⲞⲨ ⲚⲀⲬⲰ ⲚⲞⲨⲤⲘⲞⲨ · ⲈⲔϢⲀⲚⲦⲤⲀ

15　　ⲂⲞⲒ ⲈⲚⲈⲔⲆⲒⲔⲈⲰⲘⲀ · ⲠⲈⲞⲞⲨ ⲚⲀⲔ

ⲑ̄　ⲠⲀⲖⲀⲤ ⲚⲀⲦⲀⲨⲞ̄ ⲚⲚⲈⲔϢⲀⳍⲈ · ϪⲈ ⲦⲀⲒⲔⲀⲒ

　　ⲞⲤⲨⲚⲎ ⲚⲈ ⲚⲈⲔⲚ̄ⲦⲞⲖⲎ ⲦⲎⲢⲞⲨ · ⲠⲈⲞⲞⲨ ⲚⲀⲔ

ⲓ̄　ⲘⲀⲢⲈ ⲦⲈⲔϬⲒⳍ ϢⲰⲠⲈ ⲈⲠⲦⲞⲨⲬⲞⲒ · ϪⲈ ⲀⲒ

　　ⲞⲨⲈϢ ⲚⲈⲔⲈⲚⲦⲞⲖⲎ · ⲠⲈⲞⲞⲨ ⲚⲀⲔ

20　ⲓⲀ̄　ⲀⲒⲘⲈⲢⲈ ⲠⲈⲔⲞⲨϪⲀⲒ ⲠⲞⲤ · ⲀⲨⲰ ⲠⲈⲔⲚⲞⲘⲞⲤ

　　ⲠⲈ ⲦⲀⲘⲈⲖⲈⲦⲀ · ⲠⲈⲞⲞⲨ ⲚⲀⲔ

ⲓⲂ̄　ⲦⲀⲯⲨⲬⲎ ⲚⲀⲰⲚⳍ ⲚⲤⲤⲘⲞⲨ ⲈⲢⲞⲔ · ⲀⲨⲰ

　　ⲚⲈⲔⳍⲀⲠ ⲚⲀⲂⲞⲎⲐⲒ ⲈⲢⲞⲒ · ⲠⲈⲞⲞⲨ ⲚⲀⲔ

ⲓⲅ̄　ⲀⲒⲤⲰⲢⲘ̄ ⲚⲐⲈ ⲚⲞⲨⲈⲤⲞⲞⲨ ⲈϤⲤⲞⲢⲘ̄ · ϢⲒⲚⲈ ⲚⲤⲀ

25　　ⲠⲈⲔⳍⲘ̄ⳍⲀⲖ · ⲀⲨⲰ Ⲛ̄ⲄⲤⲰⲦⲘ̄ ⲈⲢⲞⲒ ϪⲈ Ⲙ

　　ⲠⲒⲈⲢ ⲠⲰⲂ̄Ϣ ⲚⲚⲈⲔⲚ̄ⲦⲞⲖⲎ · ⲠⲈⲞⲞⲨ ⲚⲀⲔ

　　ⲠⲈⲞⲞⲨ ⲘⲠⲒⲰⲦ ⲘⲚ̄ ⲠϢⲎⲢⲈ ⲘⲚ̄ ⲠⲈⲠⲚ̄Ⲁ ⲈⲦⲞⲨⲀⲀⲂ

　　ⲠⲈⲞⲞⲨ ⲦⲈⲚⲞⲨ ⲀⲨⲰ ⲚⲞⲨⲞ̄ⲈⲒϢ ⲚⲒⲘ ϢⲀ ⲈⲚⲈⳍ ⲚⲈ

　　　　　　　　　　　　　ⲚⲈⳍ ⳍⲀⲘⲎⲚ

145

1   Die Übersetzung von *Ἰδοὺ δὴ εὐλογεῖτε.*

Siehe, sie preisen den Herrn. Die Ehre (ist) dir, Menschenliebender.

2   Alle Diener des Herrn. Die Ehre (ist) dir, Menschen.

3   Die stehen im Hause des Herrn, in den Höfen

5   des Hauses unseres Gottes. Die Ehre (ist) dir, Menschenliebender.

4   Erhebet eure Hände in den Nächten zum Hei-

ligtum und preiset den Namen des Herrn. Die Ehre (ist) dir.

5   Der Herr segne dich von Sion her, der

den Himmel und die Erde geschaffen hat. Die Ehre (ist) dir.

10   6   Mein Flehen komme zu dir, Herr. Herr,

lehre mich nach deinem Wort. Die Ehre (ist) dir.

7   Meine Ehrung möge vor dich kommen;

heile mich nach deinem Wort. Die Ehre (ist) dir.

8   Meine Lippen werden Lobpreis sprechen, wenn du mich

15   deine Rechtssatungen lehrst. Die Ehre (ist) dir.

9   Meine Zunge wird deine Worte aussprechen, denn Gerech-

tigkeit sind alle deine Gebote. Die Ehre (ist) dir.

10   Deine Hand möge hervorkommen, um mich zu retten, denn ich

habe deine Gebote gewollt. Die Ehre (ist) dir.

20   11   Ich habe liebgewonnen dein Heil, Herr, und dein Gesetz

ist (Ziel) mein(es) Nachsinnen(s). Die Ehre (ist) dir.

12   Meine Seele wird leben und dich preisen, und

deine Rechtssprüche werden mir helfen. Die Ehre (ist) dir.

13   Ich bin in die Irre gegangen wie ein verirrtes Schaf. Suche

25   deinen Knecht. Und erhöre mich, denn ich

habe deine Gebote nicht vergessen. Die Ehre (ist) dir.

Die Ehre (ist) dem Vater und dem Sohne und dem Heiligen Geiste.

Die Ehre ⟨(ist) dir.⟩ Jetzt und allezeit und in die Ewigkeiten der

Ewigkeiten. Amen.

---

3 »Diener« ist Subjekt zum Verbum »preisen« der vorhergehenden Zeile. — »Die Ehre
(ist) dir (Menschen.)« ist Abkürzung des Kehrverses; vgl. Zeile 2.   6 Oder »in den Nächten der Heiligen (des Heiligtums)«? Vgl. oben S. 233.   12 ⲦⲘⲀⲒⲞ wohl Fehler für
ⲦⲀⲈⲒⲞ und dies mißverstandenes ἀξίωμα (vgl. auch oben S. 388).   28 Nach dem
griechischen Text (129,5 ff.) zu verbessern; vgl. auch oben S. 237 f.

ρμ̅ϛ̅

πε̅ο̅ογ ναϙ · πε̅ο̅ογ ναϙ π̅μαιρωμε ·
πε̅ο̅ογ ν̅νεϙπετογα̅α̅β τηρογ :—

———— · · · ———— · · · ———— · · · ———— · · · ————

ϲητην θ̅ω̅ · μητηρα · παρθενον · αγ
νην · ϙετονχερογβιμ · α̅γι̅α̅ · τερα ·
5　ενφωνη · αϲμα · τονμεγαληνωμεν ·
ω̅τιψγχη · ϙεϲωματι · θεω̅α̅ωϙε ·
ο̅μολογογμεν · ϲε · ωϲϙιριοϲ · γενηϲα
ϲα · θεον · ϲεϲαϙωμενον · π̅ρεϲβεγ̅ε̅
παναγια · γπερτον · ψγχον · η̅μων :—
10　ϲητηνϲαρϙωθεντα · ϲωτηρανθεων ·
ϙετονογρανον · μεχωριϲθεντα ·
ενφωνη · αϲματων · μεγαληνωμεν ·
ω̅τιϲταγρογ · ϙεθανατον · ϙατα
λεξογ · δια̅τωγενοϲ · η̅μων · ωϲφι
15　λανθ̅ρωποϲ · ϙγριοϲ · ϲ̅ϙγλεγϲα ·
ϲατογπγλαϲ · τ̅ρι̅η̅μερα · α̅νεϲτη · ϲω
ϲηταϲψγχαϲη̅μων :∼

———— · · · ———— · · · ———— · · · ———— · · · ————

χαιρεϙεχαριτωμενι · αγαλλιαμα ·
τοναγγελον ·
20　χαιρεθεω̅α̅ωϙε · τωνπ̅ρωφητον
τωνϙγριϙμα ·
χαιρεη̅εγλογημενη · ο̅ϙιριοϲμεταϲογ ·
χαιρεη̅διαγγελον · τηνχαραντογ
ϙοϲμοϲ · δεξαμενη ·
25　χαιρε · η̅τεϙογϲατονπητην · ϙεϙιριον ·
χαιρε · η̅αξιωθηϲα · ϙ̅ληθηνημητηρχ̅γ̅ ·
χαιρε · η̅διαμαγον · δεξαμενη · ταδωρα ·
χαιρε · η̅μεταδωϙογ · παρθενοϲ μηναϲαϲα ·
η̅αναϲτ̅ραφηϲα · ειϲτα̅α̅για · τον α
γιων ⸗

146

Die Ehre (ist) dir. Die Ehre (ist) dir, Menschenliebender.
Die Ehre (ist) allen deinen Heiligen

Σὲ τὴν Θεοῦ Μητέρα, παρθένον ἁγ-
νὴν καὶ τῶν Χερουβὶμ ἁγιωτέραν
5 ἐν φωνῇ ἀσμάτων μεγαλύνομεν,
ὅτι ψυχῇ καὶ σώματι, Θεοτόκε,
ὁμολογοῦμέν σε ὡς κυρίως γεννήσασαν Θεὸν σεσαρκωμένον· πρέσβευε,
Παναγία, ὑπερ τῶν ψυχῶν ἡμῶν.
10 Σὲ τὸν σαρκωθέντα Σωτῆρα, Θεὸν,
καὶ τῶν οὐρανῶν μὴ χωρισθέντα
ἐν φωνῇ ἀσμάτων μεγαλύνομεν·
ὅτι σταυρὸν καὶ θάνατον κατε-
δέξω διὰ τὸ γένος ἡμῶν, ὡς φιλ-
15 άνθρωπος Κύριος· σκυλεύσας
Ἅδου πύλας, τριήμερος ἀνέστης, σῶσαι τὰς ψυχὰς ἡμῶν.

Χαῖρε, Κεχαριτωμένη, ἀγαλλίαμα
τῶν Ἀγγέλων.
20 Χαῖρε, Θεοτόκε, τῶν Προφητῶν
τὸ κήρυγμα.
Χαῖρε, ἡ εὐλογημένη· ὁ Κύριος μετὰ σοῦ.
Χαῖρε, ἡ δι' ἀγγέλου τὴν χαρὰν τοῦ
κόσμου δεξαμένη.
25 Χαῖρε, ἡ τεκοῦσα τὸν Ποιητὴν καὶ Κύριον.
Χαῖρε, ἡ ἀξιωθεῖσα κληθῆναι Μήτηρ Χριστοῦ.
Χαῖρε, ἡ διὰ τῶν Μάγων δεξαμένη τὰ δῶρα.
Χαῖρε, ἡ μετὰ τόκον Παρθένος μείνασα.
Ἡ ἀνατραφεῖσα εἰς τὰ Ἅγια τῶν Ἁγίων.

---

5 Oder μεγαλύνωμεν.   8 CECΑΚWΜΕΝΟΝ sic.   12 Oder μεγαλύνωμεν.
23 Die Handschrift hat (nach χαῖρε) N statt H.

ⲣⲙⲍ

ⲛ̄ⲧⲉⲕⲟⲩⲥⲁ · ⲧⲱⲫⲱⲥⲧⲏⲥ · ⲟⲓⲕⲟⲩⲙⲉⲛⲏⲥ ⸗
ⲭⲁⲓⲣⲉⲕⲉⲭⲁⲣⲓⲧⲱⲙⲉⲛ · ⲙⲏⲧⲏⲣ · ⲩⲙ
  ⲛⲏⲥ · ⲧⲟⲛⲇⲟⲕⲟⲛⲥⲟⲩ · ⲙⲉⲕⲁⲗⲩⲛⲱⲙⲉⲛ :∼

——— · · · ——— ——— · · · ——— ——— · · ·

  ⲟⲙⲉⲟⲥ · ⲡⲉⲩⲃⲱⲗ :∼

——— · · · ——— · · · ——— ——— · · · ———

5   ⲛ̄ⲧⲟ ⲡⲉ ⲧⲙⲁⲁⲩ ⲙ̄ⲡ̄ⲛⲟⲩⲧⲉ · ⲧ̄ⲡⲁⲣⲑ ⲉⲧⲥⲟⲡⲧ ·
ⲧⲉⲧⲁⲓⲏⲩ ⲉ̄ϩⲟⲩⲉ̄ ⲛⲉⲭⲉⲣⲟⲩⲃⲓⲛ · ϩⲛ̄ ⲟⲩⲛⲟϭ
ⲛ̄ⲥⲙⲏ · ⲧⲛ̄ⲛⲁϫⲓⲥⲉ ⲙ̄ⲙⲟ · ⲧⲉⲛⲯⲩⲭⲏ ⲙⲛ̄
ⲡⲉⲛⲥⲱⲙⲁ · ⲑⲉⲱ̄ⲇⲱⲕⲟⲥ · ⲧⲉⲛϩⲟⲙⲟⲗⲟⲅⲓ
ⲙ̄ⲙⲟ · ϫⲉ ⲁⲣⲙⲓⲥⲉ ⲛⲁⲛ ⲙ̄ⲡ̄ⲟ̄ⲥ ⲡ̄ⲛⲟⲩⲧⲉ ⲛ̄ⲧⲁϥ
10   ϫⲓ ⲥⲁⲣⲝ̄ · ϣ̄ⲗⲏⲗ ⲉϩⲣⲁⲓ ⲉ̄ⲣⲟϥ ⲧⲉⲧⲟⲩⲁⲁⲃ · ϣⲁⲛ
ⲧⲉϥⲛⲟⲩϩⲙ̄ ⲛ̄ⲛⲉⲛⲯⲩⲭⲏ :—   ⲇⲱϩⲝⲁ
ⲛ̄ⲧⲟⲕ ⲡⲉⲛⲧⲁⲕϫⲓ ⲥⲁⲣⲝ̄ · ⲡ̄ⲥⲱ̄ⲣ ⲡⲉⲛⲛⲟⲩⲧⲉ ·
ⲁⲩⲱ̄ ⲙ̄ⲡⲉⲕⲡⲱⲣϫ ⲥⲁⲃⲟⲗ ⲛ̄ⲛⲁ ⲙ̄ⲡⲏⲩⲉ̄ · ϩⲛ̄
ⲟⲩⲛⲟϭ ⲛ̄ⲥⲙⲏ ⲧⲛ̄ⲛⲁϫⲓⲥⲉ ⲙ̄ⲙⲟⲕ · ϫⲉ ⲟⲩⲙⲟⲩ
15   ⲙⲛ̄ ⲟⲩⲥ̄ⲧ̄ⲟⲥ · ⲁⲕϣⲟⲡⲟⲩ ⲉ̄ⲣⲟⲕ ⲉⲧⲃⲉ ⲡⲉⲛⲅⲉⲛⲟⲥ ·
ⲱ̄ ⲡ̄ⲟ̄ⲥ ⲁⲩⲱ̄ ⲙ̄ⲙⲁⲓⲣⲱⲙⲉ · ⲁⲕϣⲱⲗ ⲛ̄ⲛⲉⲡⲩⲗⲏ
ⲛⲁⲙⲛ̄ⲧⲉ · ⲁⲕⲧⲱⲟⲩⲛ̄ ⲉ̄ⲡⲉⲕⲙⲉϩϣⲟⲙⲛ̄ⲧ̄ ⲛ̄ϩⲟ
ⲟⲩ · ϣⲁⲛⲧⲉⲕⲛⲟⲩϩⲙ̄ ⲛ̄ⲛⲉⲛⲯⲩⲭⲏ :—
ⲭⲉⲣⲉ ⲧⲉⲛⲧⲁⲥϭⲉⲛ ⲟⲩⲭⲁⲣⲓⲥ ⲛ̄ⲧⲟ ⲡⲉ ⲡⲧⲉⲗⲏⲗ
20   ⲛ̄ⲛⲁⲅⲅⲉⲗⲟⲥ ⸗
ⲭⲉⲣⲉ ⲑⲉⲱ̄ⲇⲟⲕⲟⲥ ⲡⲧⲁϣⲉⲟ̄ⲉⲓϣ ⲛ̄ⲛⲉⲡⲣⲟⲫⲏⲧ ⸗
ⲭⲁⲓⲣⲉ ⲧⲉⲧⲥ̄ⲙⲁⲙⲁⲁⲧ ⲡ̄ⲟ̄ⲥ ϣⲟⲟⲡ ⲛⲙ̄ⲙⲉ :∼
ⲭⲁⲓⲣⲉ ⲧⲉⲛⲧⲁⲥϫⲓ ⲡ̄ⲣⲁϣⲉ ⲙ̄ⲡⲕⲟⲥⲙⲟⲥ ⲉ̄ⲃⲟⲗ
    ϩⲓⲧⲟⲟⲧ̄ϥ̄ ⲙ̄ⲡⲁⲅⲅⲉⲗⲟⲥ :———   ⲧⲁⲙⲓⲟ :—
25   ⲭⲁⲓⲣⲉ ⲧⲉⲛⲧⲁⲥⲙⲓⲥⲉ ⲛⲁⲛ ⲙ̄ⲡ̄ⲟ̄ⲥ · ⲁⲩⲱ̄ ⲟⲛ ⲡⲉⲛⲣⲉϥ
ⲭⲁⲓⲣⲉ ⲧⲉⲛⲧⲁⲥⲙ̄ⲡϣⲁ ⲁⲩⲙⲟⲩⲧⲉ ⲉ̄ⲣⲟⲥ ϫⲉ ⲧ
    ⲙⲁⲁⲩ ⲙ̄ⲡ̄ϫⲟⲉⲓⲥ :—
ⲭⲁⲓⲣⲉ ⲧⲉⲛⲧⲁⲥϫⲓ ⲛ̄ⲛⲉⲇⲱⲣⲟⲛ ⲉ̄ⲃⲟⲗ ϩⲓⲧⲟⲟ̄
    ⲧⲟⲩ ⲛ̄ⲛⲉⲙⲁⲅⲟⲥ :—
30   ⲭⲁⲓⲣⲉ ⲧⲉⲧⲉ ⲙⲛ̄ⲛ̄ⲥⲁ ⲧⲣⲉⲥⲙⲓⲥⲉ ⲁⲥϭⲱ ⲟⲛ · ⲉ̄ⲥⲟ ⲛ
        ⲡⲁⲣⲑ :—

147

ʿΗ τεκοῦσα τὸ φῶς τῆς οἰκουμένης.
Χαῖρε, Κεχαριτωμένη· Μῆτερ, ὕ-
μνοις τὸν τόκον σου μεγαλύνομεν.

Ebenso die Übersetzung davon:

5   Du bist die Mutter Gottes, erwählte Jungfrau.
Du bist geehrt über die Cherubim. Mit lauter
Stimme wollen wir dich erheben. (Mit) Seele und
Leib, Gottesgebärerin, bekennen wir,
daß du uns geboren hast den Herrn, den fleisch-
10 gewordenen Gott. Bete zu ihm, Heilige, damit
er unsere Seelen rette.
Du hast Fleisch angenommen, Retter, unser Gott,
und hast dich nicht von den Himmlischen getrennt. Mit
lauter Stimme wollen wir dich erheben, denn Tod
15 und Kreuz hast du auf dich genommen wegen unseres Geschlechtes.
O Herr, Menschenliebender, du hast geplündert die Tore
der Unterwelt. Du bist auferstanden am dritten
Tag, um unsere Seelen zu retten.
Gruß dir, die du Gnade gefunden hast. Du bist die Freude
20   der Engel.
Gruß dir, Gottesgebärerin, Verkündigung der Propheten.
Gruß dir, Gepriesene. Der Herr ist mit dir.
Gruß dir, die du empfangen hast die Freude Welt durch
den Engel.
25 Gruß dir, die du uns geboren hast den Herrn und unseren Schöpfer.
Gruß dir, die du gewürdigt worden bist, Mutter des Herrn
genannt zu werden.
Gruß dir, die du empfangen hast die Geschenke von
den Magiern.
30 Gruß dir, die du auch nach der Geburt Jungfrau geblieben bist.

---

3 Oder μεγαλύνωμεν.   7 Vielleicht ist ΝΤΕΝⲮⲨⳍΗ zu lesen.   12 Zur
Übersetzung vgl. oben S. 313, Anm. 4.   16 Zur Übersetzung vgl. oben S. 377.

ρмн

ⲧⲉⲛⲧⲁⲩⲥⲁⲛⲟⲩⲱⲥ̄ ⲉ̄ⲃⲟⲗ ϩⲓⲧⲟⲟ̄ⲧⲟⲩ ⲛⲛⲉ
　　ⲟⲩⲏ̄ⲏ̄ⲃ ⲛⲧⲉ ⲛⲉⲧⲟⲩⲁⲁⲃ :—
ⲧⲉⲛⲧⲁⲥⲙⲓⲥⲉ ⲙ̄ⲡⲟⲩⲟ̄ⲉⲓⲛ ⲛ̄ⲧⲟⲓⲕⲟⲩⲙⲉⲛⲏ ⲭⲉⲣⲉ :—
ⲧⲉⲛⲧⲁⲥϭⲉⲛ ⲟⲩⲭⲁⲣⲓⲥ · ⲛ̄ⲧⲟ ⲡⲉ ⲧⲙⲁⲁⲩ

5　　　ⲙ̄ⲡⲟ̄ⲥ̄ · ϩⲛ̄ ϩⲉⲛϩⲩⲙⲛⲟⲥ ⲧⲛ̄ⲛⲁϫⲓⲥⲉ ⲙⲡⲉⲛ
ⲧⲁⲣⲭⲡⲟϥ :· ————

———— · · · ———— · · · ———— · · · ———— · · · ————

ⲧⲡⲓⲥⲧⲓⲥ ⲛ̄ⲛⲓⲕⲉⲁ :—

ⲧⲛ̄ⲡⲓⲥⲧⲉⲩⲉ̄ ⲉⲩⲛⲟⲩⲧⲉ ⲛⲟⲩⲱⲧ · ⲡⲓⲱⲧ
ⲡ̄ⲡⲁⲛⲧⲱⲕⲣⲁⲧⲱⲣ · ⲡⲉⲛⲧⲁϥⲧⲁⲙⲓⲟ̄ ⲛ̄ⲧ

10　　ⲡⲉ ⲙ̄ ⲡⲕⲁϩ · ⲛⲉⲧⲛ̄ⲛⲁⲩ ⲉ̄ⲣⲟⲟⲩ ⲙⲛ̄ ⲛⲉⲧⲛ̄
ⲧⲛ̄ⲛⲁⲩ ⲉ̄ⲣⲟⲟⲩ ⲁⲛ · ⲙⲛ̄ ⲟⲩⲭⲟⲉⲓⲥ ⲛⲟⲩⲱⲧ ⲓ̄ⲥ̄
ⲡⲉⲭⲥ̄ · ⲡ̄ⲙⲟⲛⲟⲅⲉⲛⲏⲥ ⲛ̄ϣⲏⲣⲉ ⲛⲧⲉ ⲡⲛⲟⲩ
ⲧⲉ · 　ⲡⲉϫⲡⲟ ⲉ̄ⲃⲟⲗ ϩⲙ̄ ⲡⲓⲱⲧ ϩⲁⲑⲏ ⲛ̄ⲛⲉ
ⲱⲛ ⲧⲏⲣⲟⲩ · ⲡⲟⲩⲟ̄ⲉⲓⲛ ⲉ̄ⲃⲟⲗ ϩⲙ̄ ⲡⲟⲩⲟ̄

15　　ⲉⲓⲛ · ⲡ̄ⲛⲟⲩⲧⲉ ⲙ̄ⲙⲉ ⲉ̄ⲃⲟⲗ ϩⲙ̄ ⲡ̄ⲛⲟⲩⲧⲉ ⲙ̄ⲙⲉ ·
ⲟⲩϫⲡⲟ ⲡⲉ ⲛⲟⲩⲧⲁⲙⲓⲟ̄ ⲁⲛ ⲡⲉ · 　ⲟⲩϩⲟ
ⲙⲟⲟⲩⲥⲓⲟⲛ ⲡⲉ ⲙⲛ̄ ⲡⲉϥⲓⲱⲧ · ⲡⲉⲛⲧⲁ ⲉⲛ
ⲕⲁ ⲛⲓⲙ ϣⲱⲡⲉ ⲉ̄ⲃⲟⲗ ϩⲓⲧⲟⲟⲧϥ̄ · ⲡⲁⲓ ⲉⲧⲃⲏ
ⲏ̄ⲧⲛ̄ ⲁⲛⲟⲛ ⲛⲉⲣⲱⲙⲉ · 　ⲁⲩⲱ̄ ⲉⲧⲃⲉ ⲡⲉⲛ

20　　ⲟⲩϫⲁⲓ · ⲁϥⲉⲓ ⲉ̄ⲡⲉⲥⲏⲧ ⲉ̄ⲃⲟⲗ ϩⲛ̄ ⲙ̄ⲡⲏⲩⲉ̄ · ⲁϥ
ϫⲓ ⲥⲁⲣⲝ̄ ϩⲛ̄ ⲟⲩⲡ̄ⲛ̄ⲁ̄ ⲉϥⲟⲩⲁⲁⲃ · ϩⲙ̄ ⲙⲁⲣⲓ̄ⲁ
ϯⲡⲁⲣⲑⲉⲛⲟⲥ · 　ⲁϥⲣ̄ ⲣⲱⲙⲉ ⲁⲩⲥ̄ⲧ̄ⲟⲩ
ⲙ̄ⲙⲟϥ ϩⲁⲣⲟⲛ ϩⲓ ⲡⲟⲛⲧⲓⲟⲥ ⲡⲓⲗⲁⲧⲟⲥ · ⲁϥ
ϣⲡ̄ ϩⲓⲥⲉ ⲁϥⲙⲟⲩ ⲁⲩⲕⲁⲁϥ ϩⲛ̄ ⲟⲩⲧⲁⲫⲟⲥ ·

25　　ⲁⲩⲱ̄ ⲁϥⲧⲱⲟⲩⲛ̄ ⲉ̄ⲃⲟⲗ ϩⲛ̄ ⲛⲉⲧⲙⲟⲟⲩⲧ ⲙ̄
ⲡⲉϥⲙⲉϩϣⲟⲙⲛ̄ⲧ ⲛ̄ϩⲟⲟⲩ ⲕⲁⲧⲁ ⲛⲉⲅⲣⲁⲫⲏ ·
ⲁϥⲃⲱⲕ ⲉϩⲣⲁⲓ ⲉ̄ⲛⲙ̄ⲡⲏⲩⲉ ⲁϥϩⲙⲟⲟⲥ ⲛ̄ⲥⲁ
ⲟⲩⲛⲁⲙ ⲙ̄ⲡⲉϥⲉⲓⲱⲧ ϩⲛ̄ ⲛⲉⲧϫⲟⲥⲉ · ϥⲛⲏⲩ
ⲟⲛ ϩⲙ̄ ⲡⲉϥⲉ̄ⲟⲟⲩ ⲉⲕⲣⲓⲛⲉ ⲛ̄ⲛⲉⲧⲟⲛϩ̄ ⲙⲛ̄

148

Die du aufgezogen worden bist von den
    Priestern des Heiligtums.
Die du geboren hast das Licht der Welt, Gruß dir.
Die du Gnade gefunden hast. Du bist die Mutter
5   des Herrn. Mit Lobgesängen wollen wir preisen, den
    du geboren hast.

      Der Glaube von Nizäa.

Wir glauben an einen einzigen Gott. Den Vater,
den Allherrscher, der geschaffen hat den
10   Himmel und die Erde, was wir sehen und was
nicht sehen. Und an einen einzigen Herrn Jesus
Christus, den eingeborenen Sohn Gottes, gezeugt aus dem Vater vor allen Äonen. Das Licht aus dem Licht,
15   den wahren Gott aus dem wahren Gott.
Er ist gezeugt, er ist nicht geschaffen. Er ist
wesensgleich mit seinem Vater. Durch den
alle Dinge geworden sind. Der für
uns Menschen und um unseres Heiles
20   willen aus den Himmeln herabgestiegen ist. Er hat
Fleisch angenommen aus heiligem Geist (und) aus Maria,
der Jungfrau. Er ist Mensch geworden. Er ist gekreuzigt worden für uns unter Pontius Pilatus. Er hat
gelitten. Er ist gestorben. Es ist begraben worden.
25   Und er ist auferstanden von den Toten am
dritten Tag, gemäß den Schriften.
Er ist aufgestiegen zu den Himmeln. Er hat sich gesetzt zur
Rechten seines Vaters in den Höhen. Er wird wiederkommen in seiner Herrlichkeit, zu richten die Lebendigen und

---

3 »Gruß dir« vom Kopten falsch bezogen; es gehört zum folgenden Vokativ.   20 ff.
Diese Sätze können ebensogut als Relativsätze aufgefaßt werden.

ρμθ

ⲛⲉⲧⲙⲟⲟⲩⲧ · ⲁⲩⲱ ⲙⲛ̄ ϩⲁⲉ̄ ⲛⲁϣⲱⲡⲉ ϩⲛ̄
ⲧⲉϥⲙⲛ̄ⲧⲉⲣⲟ ·   ⲧⲉⲛⲡⲓⲥⲧⲉⲩⲉ̄ ⲉⲡⲉⲡⲛ̄ⲁ̄
ⲉⲧⲟⲩⲁ̄ⲁⲃ · ⲡⲟ̄ⲥ ⲁⲩⲱ̄ ⲡ̄ⲣⲉϥⲧⲁⲛϩⲟ · ⲡⲉⲛ
ⲧⲁϥⲉⲓ ⲉ̄ⲃⲟⲗ ϩⲓⲧⲙ̄ ⲡⲓⲱⲧ ·   ⲡⲁⲓ ⲉ̄ⲧⲛ̄ⲟⲩ
5   ⲱϣ̄ⲧ ⲛⲁϥ ⲙⲛ̄ ⲡⲓⲱⲧ ⲙⲛ̄ ⲡ̄ϣⲏⲣⲉ · ⲁⲩⲱ
ⲉⲛϯ ⲉ̄ⲟ̄ⲟⲩ ⲛⲁϥ ·   ⲡⲉⲛⲧⲁϥϣⲁϫⲉ
ϩⲛ̄ ⲛⲉϥⲡ̄ⲣⲟⲫⲏⲧⲏⲥ ϩⲛ̄ ⲟⲩⲉⲓ ⲛⲟⲩⲱⲧ ⲉⲥⲟⲩ
ⲁⲁⲃ · ⲛ̄ⲕⲁⲑⲟⲗⲓⲕⲏ · ⲁⲩⲱ̄ ⲛⲁⲡⲟⲥⲧⲟⲗⲓⲕⲏ
ⲉⲕ̄ⲕⲗⲏⲥⲓⲁ ·   ⲧⲉⲛϩⲟⲙⲟⲗⲟⲅⲉⲓ ⲛⲟⲩⲃⲁⲡ
10   ⲧⲓⲥⲙⲁ ⲛⲟⲩⲱⲧ ⲉⲡⲕⲱ ⲉ̄ⲃⲟⲗ ⲛ̄ⲛⲉⲛⲛⲟⲃⲉ ·
ⲁⲩⲱ̄ ⲧⲉⲛⲡ̄ⲣⲟⲥⲇⲟⲕⲁ ⲉ̄ⲧⲁⲛⲁⲥⲧⲁⲥⲓⲥ ⲛ̄
ⲛⲉⲧⲙⲟⲟⲩⲧ̄ ·   ⲙⲛ̄ ⲡⲱⲛϩ̄ ⲉⲧⲛⲁϣⲱⲡⲉ
ϣⲁ ⲉⲛⲉϩ ϩⲁⲙⲏⲛ :~

⸺⸺ ··· ⸺⸺ ⸺⸺ ··· ⸺⸺

ⲡⲁⲧⲏⲣⲏⲙⲱⲛ · ⲱ̄ⲉⲛⲧⲏⲥ · ⲟⲩⲣⲁⲛⲏⲥ
15   ⲁ̄ⲅⲓⲁⲥ · ⲑⲏⲧⲱⲧⲱ · ⲱ̄ⲛⲱⲙⲁⲥⲟⲩ · ⲉⲗ
ⲑⲁⲧⲱ · ⲉⲗⲑⲁⲧⲱ · ⲏ̄ⲃⲁⲥⲓⲗⲓⲁⲥⲟⲩ ·
ⲅⲉⲛⲏⲑ · ⲧⲱⲧⲱⲑⲉⲗⲏⲙⲁⲥⲟⲩ · ⲱ̄ⲥⲉ
ⲛⲟⲩⲣⲁⲛⲟⲩ · ⲕⲉⲉ̄ⲡⲓⲧⲏⲥⲅⲏⲥ · ⲧⲱⲛⲁⲣ
ⲧⲱⲛⲏ̄ⲙⲱⲛ ·   ⲧⲱⲛⲉ̄ⲡⲓⲟⲩⲥⲓⲟⲛ ·
20   ⲧⲱⲥⲙⲓⲛ · ⲥⲏⲙⲉⲣⲟⲛ · ⲕⲉⲁ̄ⲫⲉⲥⲩⲙⲓⲛ ·
ⲧⲁⲁ̄ⲫⲏⲗⲏⲙⲁⲧⲁ · ⲏ̄ⲙⲱⲛ ·   ⲱⲥⲕⲉⲩ̄ⲙⲓⲥ ·
ⲁ̄ⲫⲓⲉ̄ⲙⲓⲛⲧⲏⲥ · ⲁ̄ⲫⲏⲗⲏⲧⲁⲥⲏ̄ⲙⲱⲛ ·
ⲕⲉⲙⲏⲉⲓⲥ · ⲉ̄ⲛⲉⲛⲕⲉⲥⲏⲙⲁⲥ · ⲉⲓⲥⲡⲓⲣⲁⲥ
ⲙⲟⲩ · ⲕⲩⲣⲓⲉ · ⲁⲗⲗⲁⲣⲏⲥⲉⲏ̄ⲙⲁⲥ · ⲁ̄ⲡⲱ
25   ⲧⲟⲩ · ⲡⲱⲛⲏⲣⲟⲩ · ⲉⲛⲭ̄ⲣⲓⲥⲧⲟⲩ · ⲓⲩ̄
ⲧⲱⲕⲩⲣⲓ ⲏ̄ⲙⲱⲛ :⸺ ⲡⲉϥⲃⲱⲗ ⲡⲉⲛⲉⲓⲱⲧ
⸺⸺ ··· ⸺⸺ ··· ⸺ ⲉⲧϩⲛ̄ ⲙ̄ⲡⲏⲩⲉ :⸺

⸺⸺ ··· ⸺⸺ ··· ⸺⸺

149

die Toten. Und es wird kein Ende sein in
seinem Königtum. Wir glauben an den Heiligen
Geist, den Herrn und Lebendigmacher. Der
hervorgekommen ist aus dem Vater. Den wir an-
5   beten mit dem Vater und dem Sohn und
verherrlichen. Der gesprochen hat
durch seine Propheten in einer einzigen, heiligen, katholischen und apostolischen
Kirche. Wir bekennen eine einzige
10   Taufe zur Vergebung unserer Sünden.
Und wir erwarten die Auferstehung der
Toten. Und das Leben, das sein wird
in Ewigkeit. Amen.

Πάτερ ἡμῶν ὁ ἐν τοῖς οὐρανοῖς,
15   ἁγιασθήτω τὸ ὄνομά σου. Ἐλ-
θάτω ἡ βασιλεία σου.
Γενηθήτω τὸ θέλημά σου, ὡς ἐν
οὐρανῷ, καὶ ἐπὶ τῆς γῆς. Τὸν ἄρτον ἡμῶν τὸν ἐπιούσιον
20   δὸς ἡμῖν σήμερον. Καὶ ἄφες ἡμῖν
τὰ ὀφειλήματα ἡμῶν, ὡς καὶ ἡμεῖς
ἀφίεμεν τοῖς ὀφειλέταις ἡμῶν.
Καὶ μὴ εἰσενέγκῃς ἡμᾶς εἰς πειρασμόν, Κύριε, ἀλλὰ ῥῦσαι ἡμᾶς ἀπὸ
25   τοῦ πονηροῦ. Ἐν Χριστῷ Ἰησοῦ
τῷ Κυρίῳ ἡμῶν. Die Übersetzung davon : Unser Vater
in den Himmeln.

7 Oder »über« (statt »in«)? Vgl. oben S. 324 mit Anm. 27.   12 ff. Oder »das zukünftige ewige Leben«.   16 Streiche ΕΛΘΑΤω (Dittographie).

ⲣⲟⲥ

ⲧⲱⲇⲏ ⲙ̄ⲡⲉⲛⲓⲱⲧ ⲙⲱⲩⲥⲏⲥ ⲉⲃⲟⲗ ϩⲙ̄ ⲡⲇⲉϩⲟⲧⲟⲥ

——— · · · ——— · · · ——— · · · ———

15 ⲧⲟⲧⲉ ⲁϥϩⲱⲥ ⲛ̄ϭⲓ ⲙⲱⲩⲥⲏⲥ · ⲙⲛ̄ ⲛⲉϣⲏⲣⲉ ⲙ̄
ⲡⲓⲏ̄ⲗ · ⲉⲩⲛⲏⲩ ⲉϩⲣⲁⲓ ϩⲛ̄ ⲑⲁⲗⲁⲥⲥⲁ · ⲁⲩⲱ ⲡⲉ
ϫⲁϥ ϫⲉ ⲁ̄ϫⲓⲥ ϫⲉ ⲙⲁⲣⲉⲛϫⲱ ⲉⲡⲟ̄ⲥ̄ ϩⲛ̄ ⲟⲩⲉ̄ⲟⲟⲩ
ⲅⲁⲣ ⲁϥϫⲓ ⲉ̄ⲟⲟⲩ :——
——— · · · ——— · · · ——— · · · ——— ⲗⲁⲥⲥⲁ ⸗ ⲙⲁⲣⲉⲛ
ⲟⲩϩⲧⲟ ⲙⲛ̄ ⲡⲉⲧⲧⲁⲗⲉ ⲉϩⲣⲁⲓ ⲉ̄ϫⲱϥ ⲁϥⲛⲟϫⲟⲩ ⲉⲑⲁ

——— · · · ——— · · · ——— · · · ———

20 ⲡⲁⲃⲟⲏ̄ⲑⲟⲥ ⲙⲛ̄ ⲡⲁⲥⲕⲉⲡⲁⲥⲧⲏⲥ ⲡⲉ ⲡⲟ̄ⲥ̄ · ⲁϥϣⲱ
ⲡⲉ ⲛⲁⲓ ⲛⲟⲩϫⲁⲓ ⸗ ⲙⲁⲣⲉⲛϫⲱ ⲉⲡⲟ̄ⲥ̄

——— · · · ——— · · · ——— · · · ———

ⲡⲁⲓ ⲡⲉ ⲡⲁⲛⲟⲩⲧⲉ ϯⲛⲁϯ ⲉ̄ⲟⲟⲩ ⲛⲁϥ · ⲡ̄ⲛⲟⲩⲧⲉ
ⲙ̄ⲡⲁⲓⲱⲧ ϯⲛⲁϫⲓⲥⲉ ⲙⲙⲟϥ ⸗ ⲙⲁⲣⲉⲛϫⲱ

——— · · · ——— · · · ——— · · · ———

ⲡ̄ϫⲟⲉⲓⲥ ⲡⲉⲧⲟⲩⲱϣ̄ϥ̄ ⲛ̄ⲙⲡⲟⲗⲉⲙⲟⲥ · ⲡⲟ̄ⲥ̄
25 ⲡⲉ ⲡⲉϥⲣⲁⲛ ⸗ ⲙⲁⲣⲉⲛϫⲱ ⲉ̄ⲡⲟ̄ⲥ̄

——— · · · ——— · · · ——— · · · ———

ⲛ̄ϩⲁⲣⲙⲁ ⲙ̄ⲫⲁⲣⲁⲱ ⲙⲛ̄ ⲛⲉϥⲙⲏⲏϣⲉ · ⲁϥ
ⲛⲟϫⲟⲩ ⲉ̄ⲑⲁⲗⲁⲥⲥⲁ ⸗ ⲙⲁⲣⲉⲛϫⲱ ⲉ̄ⲡⲟ̄ⲥ̄

——— · · · ——— · · · ——— · · · ———

ⲛ̄ⲥⲱⲧⲡ̄ ⲛ̄ⲣⲉϥⲇⲁⲗⲉ ⲛ̄ⲧⲣⲓⲥⲧⲁⲧⲏⲥ · ⲁⲩⲱⲙⲥ̄
ⲉ̄ⲧⲉⲣⲩⲑⲣⲁ ⲑⲁⲗⲁⲥⲥⲁ · ⲡ̄ⲙⲟⲟⲩ ⲁϥϩⲱⲃⲥ̄

ⲣⲟⲍ

ⲉ̄ⲃⲟⲗ ⲉ̄ϫⲱⲟⲩ · ⲁⲩⲱ̄ⲙⲥ̄ ⲉ̄ⲡⲉⲥⲏⲧ ⲉ̄ⲡⲛⲟⲩⲛ̄
ⲛ̄ⲑⲉ ⲛⲟⲩⲱ̄ⲛⲉ ⸗ ⲙⲁⲣⲉⲛϫⲱ

——— · · · ——— · · · ——— · · · ———

ⲧⲉⲕⲟⲩⲛⲁⲙ ⲡ̄ϫⲟⲉⲓⲥ ⲁⲥϫⲓ ⲉ̄ⲟⲟⲩ ϩⲛ̄ ⲟⲩϭⲟⲙ · ⲧⲉⲕ
ϭⲓϫ ⲛⲟⲩⲛⲁⲙ ⲡⲟ̄ⲥ̄ ⲁⲥⲟⲩⲱϣ̄ϥ̄ ⲛ̄ⲛ̄ϫⲁϫⲉ · ⲁⲩ̄ⲱ
5 ϩⲙ̄ ⲡⲁϣⲁⲓ ⲙ̄ⲡⲉⲕⲉ̄ⲟⲟⲩ · ⲁⲕⲟⲩⲱϣ̄ϥ̄ ⲛ̄ⲛⲉⲧϯ ⲟⲩⲃⲏⲛ ⸗

——— · · · ——— · · · ——— · · · ———

176

Das Lied unseres Vaters Moses aus dem (Buch) Exodus.

15 Damals hat Moses mit den Söhnen Israels
gesungen, als sie aus dem Meer herauskamen. Und er
sagte : Sagt : Laßt uns singen dem Herrn, denn herrlich
ist er verherrlicht worden.

Roß und Reiter hat er ins Meer geworfen. Laßt uns.

20 Mein Helfer und mein Beschützer ist der Herr. Er ist mir
zum Heil geworden. Laßt uns singen dem Herrn.

Dieser ist mein Gott. Ich will ihn verherrlichen. Den Gott
meines Vaters, ich will ihn erheben. Laßt uns singen.

Der Herr zerschmettert die Kriege. 'Der Herr'
25 ist sein Name. Laßt uns singen dem Herrn.

Pharaos Wagen und seine Haufen hat er
ins Meer geworfen. Laßt uns singen dem Herrn.

Die Elite-Wagenkämpfer sind versunken
im Roten Meer. Das Wasser hat sie be-

177

deckt. Sie sind versunken in der Tiefe
wie ein Stein. Laßt uns singen.

Deine Rechte, Herre, ist kraftvoll verherrlicht worden. Deine
rechte Hand, Herr, hat zerschmettert die Feinde. Und
5 in der Fülle deiner Herrlichkeit hast du zerschmettert unsere
Gegner.

16 Zur Übersetzung vgl. oben S. 242, Anm. 16.   19 »Laßt uns« Abkürzung des
Kehrverses. So auch noch gelegentlich im folgenden.   24 »... zerschmettert die
Kriege« muß hier als Übersetzung von $\sigma\upsilon\nu\tau\rho\iota\beta\omega\nu$ $\pi o\lambda\epsilon\mu o\upsilon\varsigma$ gemeint sein. Der kop-
tische Text kann auch bedeuten »... zerschmettert *durch* die Kriege«.

ⲁⲕⲭⲟⲟⲩ ⲛ̄ⲧⲉⲕⲟⲣⲅⲏ ⲁⲥⲟⲩⲟ̄ⲙⲟⲩ ⲛ̄ⲑⲉ ⲛⲟⲩⲣⲟⲟⲩⲉ̄

ⲁⲩⲱ̄ ϩⲙ̄ ⲡⲉⲡⲛ̄ⲁ̄ ⲙ̄ⲡⲉⲕϭⲱⲛⲧ̄ · ⲁ ⲡⲙⲟⲟⲩ ⲁϩⲉⲣⲁⲧϥ̄ ⸗

                                       ⲙⲁ

ⲁⲩⲱ̄ϭⲣ̄ ⲛ̄ϭⲓ ⲙⲙⲟⲟⲩ ⲛ̄ⲑⲉ ⲛⲟⲩⲥⲟⲃⲧ · ⲁⲩⲱ̄ϭⲣ̄ ⲛ̄ϭⲓ ⲙ

ⲙⲟⲟⲩ ⲛ̄ⲧⲙⲏⲧⲉ ⲛ̄ⲑⲁⲗⲁⲥⲥⲁ ⸗ ⲙⲁⲣⲉⲛⲭⲱ

10   ⲁϥⲭⲟⲟⲥ ⲛ̄ϭⲓ ⲡ̄ⲭⲁⲭⲉ ϫⲉ ϯⲛⲁⲡⲱⲧ ⲧⲁⲧⲁϩⲟⲟⲩ ·

ϯⲛⲁⲡⲱϣ ⲛ̄ϩⲉⲛϣⲱⲗ · ⲧⲁⲧⲥⲓⲟ̄ ⲛ̄ⲧⲁⲯⲩⲭⲏ ·

ϯⲛⲁϩⲱⲧⲃ̄ ϩⲛ̄ ⲧⲁⲥⲏⲃⲉ · ⲛ̄ⲥⲣ ⲭⲟⲉⲓⲥ ⲛ̄ϭⲓ ⲧⲁϭⲓϫ ⸗

ⲁⲕⲧⲛ̄ⲛⲟⲟⲩ ⲙ̄ⲡⲉⲕⲡ̄ⲛ̄ⲁ̄ · ⲁ̄ ⲑⲁⲗⲁⲥⲥⲁ ϩⲱⲃⲥ̄

ⲉ̄ⲭⲱⲟⲩ · ⲁⲩⲱ̄ⲙⲥ̄ ⲛ̄ⲑⲉ ⲛⲟⲩⲧⲁϩⲧ̄ . ⲉϥϩⲉⲛ

15   ⲟⲩⲙⲟⲟⲩ ⲉϥⲟϣ ⸗   ⲙⲁⲣⲉⲛⲭⲱ ⲉ̄ⲡⲟⲥ̄

ⲛⲓⲙ ⲡⲉⲧⲓⲛⲉ ⲙ̄ⲙⲟⲕ ϩⲛ̄ ⲛ̄ⲛⲟⲩⲧⲉ ⲡ̄ⲭⲟⲉⲓⲥ · ⲁⲩⲱ̄

ⲛⲓⲙ ⲡⲉⲧⲉⲓⲛⲉ ⲙ̄ⲙⲟⲕ ⲉⲕϫⲓ ⲉ̄ⲟⲟⲩ ϩⲛ̄ ⲛⲉⲕⲡⲉⲧⲟⲩ

ⲁⲁⲃ · ⲛ̄ⲧⲕ ⲟⲩϣⲡⲏⲣⲉ ϩⲛ̄ ⲛⲉⲕⲉ̄ⲟⲟⲩ · ⲉⲕⲉⲓⲣⲉ

                                    ⲛ̄ϩⲛ̄ⲙⲟⲓϩⲉ ⸗

ⲁⲕⲥⲟⲟⲩⲧⲛ̄ ⲉ̄ⲃⲟⲗ ⲛ̄ⲧⲉⲕⲟⲩⲛⲁⲙ · ⲁ ⲡⲕⲁϩ ⲱⲙⲕ̄

20   ⲙ̄ⲙⲟⲟⲩ · ⲁⲕϫⲓ ⲙⲟⲉⲓⲧ ϩⲏⲧϥ̄ ⲙ̄ⲡⲉⲕⲗⲁⲟⲥ ϩⲛ̄

ⲟⲩⲇⲓⲕⲁⲓⲟⲥⲩⲛⲏ · ⲡⲁⲓ ⲛ̄ⲧⲁⲕⲥⲟⲧⲡϥ̄ · ⲁⲕⲥⲡ̄ⲥⲱⲡϥ̄

ϩⲛ̄ ⲧⲉⲕϭⲟⲙ · ⲉ̄ⲡⲉⲕⲙⲁⲛϣⲱⲡⲉ ⲉ̄ⲧⲟⲩⲁⲁⲃ ⸗ ⲙⲁ

ⲁⲩⲥⲱⲧⲙ̄ ⲛ̄ϭⲓ ⲛ̄ϩⲉⲑⲛⲟⲥ ⲁⲩⲛⲟⲩⲃⲥ̄ · ⲛ̄ⲛⲁⲁⲕⲉ

ⲁⲩⲧⲁϩⲉ ⲛⲉⲧⲟⲩⲏϩ ϩⲛ̄ ⲛⲉⲫⲓⲗⲓⲥⲧⲓⲉⲓⲙ ⸗ ⲙⲁⲣⲉⲛ

25   ⲧⲟⲧⲉ ⲁⲩϣⲧⲟⲣⲧⲣ̄ ⲛ̄ϭⲓ ⲛ̄ϩⲏⲅⲉⲙⲱⲛ ⲛⲉⲇⲱⲙ ·

ⲁⲩⲱ̄ ⲛⲁⲣⲭⲱⲛ ⲙⲙⲱⲁ̄ⲃⲓⲧⲏⲥ · ⲁ̄ⲡⲉⲥⲧⲱⲧ ϫⲓⲧⲟⲩ

ⲁⲩⲃⲱⲗ ⲉⲃⲟⲗ ⲧⲏⲣⲟⲩ ⲛ̄ϭⲓ ⲛⲉⲧⲟⲩⲏϩ ϩⲛ̄ ⲭⲁⲁⲛ ⸗

                                          ⲙⲁⲣⲉⲛ

Du hast deinen Zorn ausgesandt, er hat sie gefressen wie einen
Halm.
Und im Schnauben deiner Wut hat das Wasser sich hingestellt.
Laßt.

Die Wasser sind erstarrt wie eine Mauer, und die Wasser
sind erstarrt inmitten des Meeres. Laßt uns singen.

10 Der Feind hat gesagt : Ich will nachjagen und sie packen.
Ich will Beute teilen und sättigen meine Seele.
Ich will töten mit meinem Schwert, und meine Hand soll herrschen.

Du hast deinen Atem ausgesandt. Das Meer hat sie bedeckt. Sie sind versunken wie Blei, das in
15 viel Wasser ist. Laßt uns singen dem Herrn.

Wer gleicht dir unter den Göttern, Herr? Und
wer gleicht dir, der du verherrlicht wirst in deinen Heiligen? Wunderbar bist du in deinen Ruhm(estaten), der du Wunder
tust.

Du hast deine Recht ausgestreckt, und die Erde hat sie ver-
20 schlungen. Du hast dein Volk geführt in
Gerechtigkeit, das du erwählt hast. Du hast es gerufen
in deiner Macht an deinen heiligen Wohnplatz. Laßt.

Die Heiden haben (es) gehört, sie sind in Zorn geraten. Die Wehen
haben die befallen, die in Philisterland wohnen. Laßt uns.

25 Damals sind die Fürsten von Edom in Bestürzung geraten,
und die Herrscher der Moabiter hat Zittern ergriffen.
Alle, die in Kanaan wohnen, sind dahingeschmolzen. Laßt uns.

7 und 18 Die Zeilen sind im Original nicht gebrochen.   21 M 574 liest mit dem
bohairischen Text »erwählen« statt »retten«; vgl. oben S. 247. — Das Verbum ϹⲞⲡϹⲡ
(dieselbe Lesart im P. Bodmer 16 und auf dem Heidelberger Blatt [Text unten S. 466])
kann hier nicht in seiner eigentlichen Bedeutung (»bitten«, »trösten«) verstanden werden.
Es dient Ex 15,13b schematisch zur Wiedergabe des griechischen παρακαλεῖν, das seinerseits hier die Bedeutung von »herbeirufen« haben muß (Schmitz, Parakaleo 775, Anm. 18).
    24 Φυλιστιμ steht Ex 15,14 eindeutig für »Philistäa«. Dementsprechend ist die Lesart
des Bodmer-Textes (vgl. oben S. 386), die ⲪⲨⲖⲒϹⲦⲒⲈⲒⲘ als Ländernamen zu behandeln scheint, sachlich richtig. In M 574 hat das Wort allerdings, wie in koptischen
Texten auch sonst, den Pluralartikel, so daß eigentlich »in (unter) den Philistern« zu
übersetzen wäre.   26 Lies ⲚⲘⲘⲰⲀⲂⲒⲦⲎϹ; vgl. aber auch oben S. 386f.
    27 ⲬⲀⲀⲚ sic.

ⲣⲟⲏ

ⲑⲟⲧⲉ ⲙⲛ̄ ⲡⲉⲥⲧⲱⲧ ⲁⲩϩⲉ ⲉϩⲣⲁⲓ ⲉ̄ⲭⲱⲟⲩ · ϩⲙ̄
ⲡⲁϣⲁⲓ ⲙ̄ⲡⲉⲕϭⲃⲟⲓ · ⲙⲁⲣⲟⲩⲣ̄ ⲱⲛⲉ ϣⲁⲛⲧⲉ
ⲡⲉⲕⲗⲁⲟⲥ ⲥⲁⲁⲧⲟⲩ ⲡⲟ̄ⲥ ⲛ̄ⲧⲁⲕⲥⲟⲧⲡϥ̄ ⸗ ⲙⲁⲣⲉⲛ

ⲉ̄ⲕⲉⲭⲓⲧⲟⲩ ⲉ̄ϩⲟⲩⲛ̄ ⲉⲡⲧⲟⲟⲩ ⲛ̄ⲧⲉⲕⲕⲗⲏⲣⲟⲛⲟⲙⲓⲁ
5 ⲛ̄ⲅⲧⲱⲃⲉ ⲙ̄ⲙⲟⲟⲩ ⲉ̄ϩⲟⲩⲛ̄ ⲉⲡⲉⲕⲙⲁⲛϣⲱⲡⲉ ·
ⲉⲧⲥⲃ̄ⲧⲱⲧ ⲡⲟ̄ⲥ · ⲡⲙⲁ ⲉ̄ⲧⲟⲩⲁⲁⲃ ⲛ̄ⲧⲁ ⲛⲉⲕ
ϭⲓⲝ ⲥⲉⲃⲧⲱⲧϥ̄ ⸗ ⲙⲁⲣⲉⲛⲭⲱ ⲉⲡⲭⲟⲉⲓⲥ

ⲡⲟ̄ⲥ ⲟ̄ ⲛⲉⲣⲟ ⲭⲓⲛ ⲉⲛⲉϩ ϣⲁ ⲉⲛⲉϩ · ⲁⲩⲱ ⲙⲛ̄ⲛⲥⲱⲥ ⸗

ⲭⲉ ⲁⲩⲉⲓ ⲉϩⲟⲩⲛ̄ ⲛ̄ϭⲓ ⲛⲉϩⲧⲱⲱⲣ ⲙ̄ⲫⲁⲣⲁⲱ̄ · ⲙⲛ̄
10 ⲛⲉϥϩⲁⲣⲙⲁ · ⲙⲛ̄ ⲛⲉⲧⲧⲁⲗⲉ ⲉϩⲣⲁⲓ ⲉ̄ⲭⲱⲟⲩ
ⲉ̄ⲭⲟⲟⲩ ⲉ̄ⲑⲁⲗⲁⲥⲥⲁ ⸗ ⲙⲁⲣⲉⲛⲭⲱ ⲉⲡⲟ̄ⲥ

ⲁⲩⲱ̄ ⲡⲟ̄ⲥ ⲁϥⲉⲓⲛⲉ ⲉϩⲣⲁⲓ ⲉ̄ⲭⲱⲟⲩ ⲙ̄ⲡⲙⲟⲟⲩ
ⲛ̄ⲧⲉⲣⲩⲑⲣⲁ ⲑⲁⲗⲁⲥⲥⲁ · ⲛ̄ϣⲏⲣⲉ ⲇⲉ ⲙ̄ⲡⲓⲏ̄ⲗ
ⲁⲩⲙⲟⲟ̄ϣⲉ ϩⲓⲭⲙ̄ ⲡⲡⲉⲧϣⲟⲩⲱⲟⲩ ⲛ̄ⲧⲙⲏⲧⲉ
15 ⲛ̄ⲑⲁⲗⲁⲥⲥⲁ ⸗ ⲙⲁⲣⲉⲛⲭⲱ ⲉⲡⲟ̄ⲥ

ⲁⲥⲭⲓ ⲇⲉ ⲛ̄ϭⲓ ⲙⲁⲣⲓϩⲁⲙ ⲧⲉⲡⲣⲟⲫⲏⲧⲏⲥ ·
ⲧⲥⲱⲛⲉ ⲙ̄ⲙⲱⲩⲥⲏⲥ ⲙⲛ̄ ⲁ̄ⲣⲱⲛ ⲙ̄ⲡⲉⲥⲕⲟⲩ
ⲕⲉⲙ · ⲉϩⲣⲁⲓ ⲉ̄ⲛⲉⲥϭⲓⲭ · ⲁ̄ ⲛⲉϩⲓⲟⲙⲉ ⲧⲏⲣⲟⲩ
ⲉⲓ ⲉ̄ⲃⲟⲗ ⲁⲩⲟⲩⲁ̄ϩⲟⲩ ⲛ̄ⲥⲱⲥ · ⲙⲛ̄ ⲛⲉⲩⲕⲟⲩⲕⲉⲙ
20 ⲁⲩⲱ̄ ⲛⲉⲩⲭⲱⲣⲟⲥ ⸗ ⲭⲉ ⲙⲁⲣⲉⲛⲭⲱ ⲉⲡⲟ̄ⲥ

ⲁⲥⲙⲟⲟϣⲉ ⲇⲉ ϩⲁⲧⲉⲩϩⲏ · ⲛ̄ϭⲓ ⲙⲁⲣⲓϩⲁⲙ ⲉⲥⲭⲱ
ⲙ̄ⲙⲟⲥ ⸗ ⲭⲉ ⲙⲁⲣⲉⲛⲭⲱ ⲉⲡⲟ̄ⲥ

ⲟⲩϩⲧⲟ ⲙⲛ̄ ⲡⲉⲧⲧⲁⲗⲉ ⲉϩⲣⲁⲓ ⲉ̄ⲭⲱϥ · ⲁϥ
ⲛⲟⲭⲟⲩ ⲉ̄ⲑⲁⲗⲁⲥⲥⲁ ⸗ ⲙⲁⲣⲉⲛⲭⲱ ⲉⲡⲭⲟⲉⲓⲥ
25 ϩⲛ̄ ⲟⲩⲉ̄ⲟⲟⲩ · ⲅⲁⲣ ⲁϥⲭⲓ ⲉⲟⲟⲩ :~

178

Furcht und Zittern hat sie befallen. Durch
die Größe deines Armes mögen sie versteinern, bis
an ihnen vorbeigezogen ist dein Volk, Herr, das du erwählt hast.
Laßt uns.

Bringe sie zu dem Berg deines Erbes
5   und pflanze sie ein in deinen bereiteten
Wohnplatz, Herr, den heiligen Ort, den deine
Hände bereitet haben. Laßt uns singen dem Herrn.

Der Herr ist König von Ewigkeit zu Ewigkeit und danach.

Die Rosse Pharaos mit seinen
10   Wagen und den Reitern sind hineingezogen
ins Meer. Laßt uns singen dem Herrn.

Und der Herr hat über sie gebracht das Wasser
des Roten Meeres. Die Söhne Israels aber
sind auf dem Trockenen mitten durch das Meer
15   gezogen. Laßt uns singen dem Herrn.

Maria aber, die Prophetin, Moses'
und Aarons Schwester, hat ihre Handpauke in
ihre Hände genommen. Alle Frauen
sind herausgekommen (und) ihr gefolgt mit ihren Handpauken
20   und Reigentänzen. Laßt uns singen dem Herrn.

Maria aber ist vor ihnen hergezogen, indem sie
sagte : Laßt uns singen dem Herrn.

Roß und Reiter hat er
ins Meer geworfen. Laßt uns singen dem Herrn,
25   denn herrlich ist er verherrlicht worden.

---

10 »Reiter« oder »Wagenkämpfer« (wörtlich »der, der aufsteigt«).   11 ⲈⲬⲞⲞⲨ (Dittographie ?) ist zu streichen.   16 Koptische Namensform : Mariham; ebenso Zeile 21.

P. 8115 UND 8099 DER STAATLICHEN MUSEEN ZU BERLIN

Es handelt sich um zwei stärker beschädigte Blätter einer Pergamenthandschrift, als BKU 179 veröffentlicht[1]. Die größte erhaltene Höhe von gut 26,5 und größte erhaltene Breite von gut 20,5 cm dürften zugleich das ursprüngliche Format bewahrt haben. Der Schriftspiegel mißt etwa 20 × 16 cm. Die Blätter sind wie bei M 574 einkolumnig beschrieben. Auch die Schrift[2] (Halbunziale) und sonstige Aufmachung zeigt enge Verwandtschaft mit M 574. Alle kodikologischen Kriterien weisen auf eine Datierung ins 9./10. Jahrhundert. Der Dialekt ist saïdisch mit starken faijumischen Einschlägen. Damit ist an der Herkunft aus dem Faijum nicht zu zweifeln. Die Handschrift ist also auch in derselben Gegend entstanden wie M 574. Die Reihenfolge der beiden erhaltenen Blätter, deren Paginierung bei 8115 weggebrochen und bei 8099 völlig unleserlich geworden ist, ergibt sich aus dem Vergleich des Textes mit dem von M 574[3]. Damit läßt sich auch der Umfang des zwischen den erhaltenen Blättern Fehlenden bestimmen, nämlich zwei Blätter[4]. Da 8115[r] und 8099[v] Fleischseite und 8115[v] und 8099[r] Haarseite sind, könnten die beiden Blätter ursprünglich ein Doppelblatt gebildet haben, das dann seinen Platz in einer Lage der Handschrift an zweitoberster Stelle gehabt haben müßte. Die Linien waren blind vorgezogen, wurden vom Schreiber aber später nicht eingehalten. Auf den Fleischseiten ist die Schrift heute zum Teil fast völlig verschwunden (auf P. 8115[r] noch stärker als auf P. 8099[v]), und weder die Quarzlampe noch Infrarotaufnahmen verbessern die Lesbarkeit entscheidend.

Der Text der großen Doxologie, also fast das gesamte Blatt 8099 (außer den drei ersten Zeilen der Vorderseite) wurde schon bald nach dem Erscheinen der Erstausgabe von H. Junker in wesentlich ver-

---

[1] 1. Band, S. 163–168; bearbeitet von J. Leipoldt.

[2] Schriftprobe BKU 179[6] (S. 168).

[3] Leipoldt hat die Blätter bei der Veröffentlichung BKU 179 vermutlich nach der numerischen Folge der Signaturen angeordnet. Daß diese Anordnung nicht die ursprüngliche ist, war damals nicht so leicht zu erkennen wie nun aufgrund der direkten Parallele in M 574.

[4] Alles Nähere vgl. oben S. 137 ff.

besserter Neubearbeitung vorgelegt[5]. Der übrige Text, ausschließlich Bibelabschnitte umfassend, war von Leipoldt korrekt gelesen worden und bedurfte einer solchen Neubearbeitung nicht. Da Leipoldt den Text zeilengerecht ediert und Junker die Lücken und Fehler dieser Ausgabe fast alle richtig ergänzt und verbessert hat, braucht der Text hier nicht erneut abgedruckt zu werden. Ein Vergleich des Originals gibt nur zu folgenden Bemerkungen Anlaß[6], die sich alle auf P. 8099 beziehen[7].

Vorderseite, Zeile 2: das von Leipoldt mit einem *sic* versehene ⲗⲟⲩⲗⲩ steht wahrscheinlich nicht im Original. Jedenfalls hindert nichts, in dem stark zerstörten Wort das zu erwartende ⲗⲟⲅⲗⲁⲓˑ zu lesen.

Rückseite, Zeile 6 : es ist wohl ⲕⲁⲧⲁ̅ⲍ̅ⲓⲟⲩ zu lesen.

Zeile 7: statt des änigmatischen ⲉⲛ[?]ⲟ hätte ⲉⲛⲟ gedruckt werden sollen. Der Abstand zwischen ⲛ und ⲟ, der etwa der Breite von zwei Buchstaben entspricht, erklärt sich daraus, daß der weit heruntergezogene Schwanz des ⲍ in der Zeile darüber (ⲕⲁⲧⲁⲍⲓⲟⲩ) den Platz unmittelbar hinter dem ⲛ okkupiert.

Zeile 14: ⲉⲧ† steht sicher nicht als solches da. Auf ⲉⲧ- folgt eine senkrechte Hasta mit großer Über- und Unterlänge, die deshalb auch kein ⲓ sein kann; somit verbietet sich wohl auch eine Lesung ⲉⲧ⟨ⲧ⟩ⲓ. Das fragliche Zeichen sieht wie ein † ohne Querstrich aus, es fehlt aber auch beiderseits der nötige Platz für diesen gar nicht vorhandenen Querstrich. — Am Ende der Zeile ist ⲙⲡⲉⲥⲥ[ⲏⲩ ⲛ]ⲧ[ⲉ]ⲉⲥ zu lesen, wörtlich also »zu ihrer (der Speise) Zeit des sie (die Speise) Gebens«. Der Paralleltext in M 574 hat ⲙⲡⲥⲏⲩ ⲛⲧⲁⲁⲥ (139,16 f.), ohne das Possessivum am Anfang. Wenn man will, mag man annehmen, daß das Possessivum in den Berliner Text durch Dittographie gekommen ist: ⲡⲉⲥ{ⲥ}ⲏⲩ. Oder es könnten in dem Berliner Text Lesarten wie die von M 574 und die der Toronto-Handschrift, nämlich ⲙⲡⲉⲥⲟⲩⲟⲉⲓⲱ = »zu ihrer (der Speise) Zeit«[8]

---

[5] Junker, *Engelshymnus.*

[6] Die Angaben über die Lücken sind bei Junker ungenau, doch gehe ich darauf nicht ein.

[7] Bei P. 8115 bestehen nur an den schlecht lesbaren Stellen Zweifel bezüglich einzelner Buchstaben. Mir will scheinen, daß die Assimilation des ⲛ an folgendes ⲡ nicht konsequent durchgeführt ist. Auf Zeile 11 und 20 der Rückseite möchte ich eher ⲍⲛ- statt ⲍⲙ- lesen und Zeile 28 ⲛⲡⲉⲕⲉⲟⲟⲩ.

[8] Fol. 14ᵛ (Text unten S. 482).

kontaminiert sein. Ich meine jedoch, daß der doppelte Pronominalausdruck keineswegs notwendig als irregulär angesehen werden muß. Man vergleiche etwa das ⲡⲉⲩϣⲟⲡⲟⲩ ⲉⲅⲟⲩⲛ von Röm 11,15, wörtlich »ihr Sie-Annehmen«, wo der griechische Text überhaupt kein Pronomen aufweist (ἡ πρόσλημψις); oder die nicht gerade seltenen Bildungen der Art ⲡⲁⲣⲉϥϣⲟⲡⲧ ⲉⲣⲟϥ (z. B. Ps 118,114a), was wörtlich überhaupt nicht wiederzugeben ist (etwa »mein Mich-Aufnehmer«), griechisch ἀντιλήμπτωρ μου[9].

Zeile 18 wäre nach M 574 (139,20 f.) so zu ergänzen: ⲅⲓⲧ[ⲟⲟⲧϥ (bzw. ⲅⲓⲧⲁⲁⲧϥ) ⲙⲡⲉⲓϫⲱⲙ ⲙⲛ ⲛϣⲁ].

Zeile 27: am Schluß der Zeile steht wohl nicht das von Leipoldt gelesene und mit einem *sic* versehene ⲙⲁⲧⲟⲩϫⲉ-, sondern durchaus korrektes ⲙⲁⲧⲟⲩϫⲁ.

Zeile 29: die ersten Worte sind mit bloßem Auge nicht vollständig zu lesen, doch stellt die Infrarotaufnahme den Text [ⲡ̄]ⲟ̄ⲥ̄ ⲁⲓⲟⲩⲁⲅⲧ ⲛⲥⲱⲕ sicher. Junker hat sich bei seiner Ergänzung ⲡⲛⲟⲩⲧⲉ [ⲁⲓⲡⲱ]ⲧ ⲛⲥⲱⲕ sicher vom bohairischen Paralleltext beeinflussen lassen, dabei aber übersehen, daß ⲡⲱⲧ ⲛⲥⲁ- einen ganz anderen Sinn hat als ⲫⲱⲧ ⲅⲁ-.

---

[9] Bohairisch oben S. 249, Anm. 40.

MS. OR. 5297(4) DES BRITISCHEN MUSEUMS

Für alles, was den Text dieses schmalen Pergamentstreifens betrifft, sei auf die Darlegung oben S. 139ff. verwiesen. Beschreibungen des Stückes hat schon Crum an zwei verschiedenen Stellen gegeben[1]. Die genauen Maße sind 20,8 × 3,8 cm. Die Schrift stammt sicher nicht von einem Berufsschreiber und ist paläographisch kaum zu datieren. Das Stück wurde 1889 im östlichen Faijum (Kloster von El-Hammam, nördlich von El-Lahun) erworben[2]. Die gesamte Fundmasse dürfte nach Crums Beobachtungen aus dem 8. und 9. Jahrhundert stammen[3]. Der Text ist sicher mit zwei verschiedenen Federn und Tintensorten geschrieben, vermutlich auch von zwei verschiedenen Händen. Die Nummern 10b, 11 und 12[4] sind mit feinerer Feder und dunklerer Tinte geschrieben; doch sind beide Tinten rein schwarz getönt. Die Schrift läuft parallel zu den Schmalseiten des Streifens. Nr. 12 ist kopfstehend zum übrigen Text geschrieben. Die einzelnen Abschnitte sind zumeist durch waagerechte Striche voneinander getrennt[5], doch ist nach Nr. 2 stattdessen ein Zwischenraum gelassen. Eine endgültige Entscheidung darüber, was als Vorder- und was als Rückseite anzusehen ist, ist nicht möglich. Da aber die einzelnen Abschnitt nun einmal irgendwie bezeichnet werden müssen und Crum die Eigenständigkeit eines Abschnittes (meiner Nr. 2) verkannt hat, seine Numerierung also auf jeden Fall geändert werden muß, führe ich bei dieser Gelegenheit eine neue Zählung ein, die meiner Meinung nach praktische Vorteile bietet[6]. Das Zahlzeichen r̄ ist sowohl am Anfang von Nr. 5 als auch bei Nr. 9 erst nachgetragen, aber wohl von der ersten Hand; jedenfalls sind diese Zeichen mit derselben Tinte und Feder geschrieben wie die übrigen Texte der ersten Hand. Bei Nr. 9 fand der Schreiber

---

[1] CRUM, *MSS. Fayyum* 8 (S. 16–18) und CRUM, *Catalogue B. M.* 518 (S. 248 f.). An der erstgenannten Stelle auch Veröffentlichung des Textes. Neuausgabe danach (ohne Kollation des Originals oder eines Fotos) bei QUECKE, *Erhebet euch* 39.

[2] CRUM, *MSS. Fayyum*, S. V.

[3] CRUM, *MSS. Fayyum*, S. VI.

[4] Gemeint ist die von mir in dieser Arbeit neu eingeführte Einteilung, die sich von Crums (früher auch von mir übernommen) unterscheidet.

[5] Nach jenen Abschnitten der ersten Hand, die ursprünglich die letzten auf ihren Seiten waren (Nr. 6 und 10), sind keine solchen Striche gezogen.

[6] Vgl. oben S. 140, Anm. 12.

noch genügend Platz zwischen den Zeilen, um das Zeichen über die Zeile zu setzen; deshalb wird in diesem Fall in der Ausgabe das Zeichen auf eine eigene Zeile (Z. 6 der »Rückseite«) gesetzt. Im anderen Fall, bei Nr. 5, hatte der Schreiber Mühe, das Zeichen noch nachträglich vor dem ersten Buchstaben der betreffenden Zeile (Z. 11 der »Vorderseite«) unterzubringen. Ich halte es nicht für ausgeschlossen, daß der Schreiber ein auf dem Rand stehendes Paragraphos-Zeichen (Koronis) seiner Vorlage als r̄ gedeutet hat[7]. Der Text ist teils griechisch, teils koptisch; die koptischen Partien sind faijumisch. Da der Text nicht sehr umfangreich ist und eine anschauliche Wiedergabe des Originals bisher fehlt, schien mir ein erneuter Abdruck des vollständigen Textes gerechtfertigt, bei dem das Original so treu wie nur möglich wiedergegeben wird.

---

[7] Bei der Nr. 9 unseres Textes kann man sogar zweifeln, ob das Zahlzeichen oder eine Koronis gemeint ist. Bei Nr. 5 ist das Zahlzeichen klar.

(1)	егеιρес	1	(7)	προе
	ѳаιγιοιφ	2		φѳасаⲛ
	ⲱⲧⲟⲥ	3	(8)	катаⲝι
(2)	кγрιе	4		ⲟⲛⲥⲟⲛк
		5		γрιе
(3)	ιⲇⲟγⲇⲏ	6	(9)	г̄
	еγⲗⲟⲅе	7		ⲇеγте
	ιⲧеⲧⲟⲛ	8		проск
	кγрιⲟⲛ	9		ⲏⲛⲥⲟⲙ
(4)	ⲛⲁ ⲧⲟγⲱⲏ	10		еⲛ
(5)	г̄ ⲇеγте	11	(10)	еⲡак
	проскⲏ	12		ⲟⲥⲟⲛ
	ⲛⲥⲟⲙеⲛ	13		ⲏⲙⲟⲛ
(6)	сγкγр	14		
	ιе	15		
		16	(10a)	+ ⲟι еⲗ
	ⲛⲱιⲟⲛ	17		ⲡιⲥⲧ
	ⲗⲁⲧⲗ	18		ⲱⲛⲡ
	ⲙ ⲏⲍⲧ	19		ераⲧ
	ⲛ ⲟⲟⲛⲇ	20		ⲱⲛⲧ
	ⲗⲟⲏⲧ	21		ⲏⲥг
	ⲍⲛ ⲱк	22		ⲏⲥ
(12)	ⲧⲉⲛ +	23	(11)	ⲛⲧе
		24		ⲗе ⲡⲟⲥ̄
		25		кⲱ†ⲛ
		26		ⲧехⲙ
		27		ⲁⲗⲟⲥιⲁ

(1) Ἐγείρε-	1	(7) Προέ-	
σθε, υἱοὶ	2	φθασαν	
φωτός	3	(8) Καταξί-	
(2) Κύριε	4	ωσον,	
	5	Κύριε	
(3) Ἰδοὺ δὴ	6	(9) γ'	
εὐλογεῖ-	7	Δεῦτε,	
τε τὸν	8	προσ-	
Κύριον	9	κυνήσω-	
(4) Die (Ausrufe) der Nacht	10	μεν	
(5) γ' Δεῦτε,	11	(10) Ἐπά-	
προσκυ-	12	κουσον	
νήσωμεν	13	ἡμῶν	
(6) Σύ, Κύ-	14		
ριε	15		
	16	(10a) + ἡ ἐλ-	
Sion	17	πὶς	
der Berg	18	τῶν	
(sind) wie	19	περά-	
den Herrn,	20	των	
en auf	21	τῆς	
vertrau-	22	γῆς	
(12) Die +	23	(11) Als	
	24	der Herr	
	25	wendete	
	26	die Gefan-	
	27	genschaft	

P. 488 YALE
(Vorderseite, Zeile 1–3)

Die als P. 488 Yale inventarisierte Holztafel (6. Jh.) ist mir nur durch H. M. Hubbels Edition bekannt[1]. Ich habe weder das Original noch direkte fotografische Aufnahmen davon gesehen. Die folgende Neuausgabe der ersten drei Zeilen der Vorderseite beruht allein auf meiner eigenen Lesung der allgemein zugänglichen fotografischen Reproduktion und einem Vergleich der anderen Textzeugen, die dem Herausgeber seinerzeit offensichtlich nicht bekannt waren[2]. Zur Lesung und Interpretation wäre noch Folgendes zu bemerken:

Am Anfang der 1. Zeile gibt Hubbel zwei Kreuze. Vielleicht sind vor dem Zeilenanfang in der Tat noch Spuren eines weiteren Zeichens auszumachen, die mir jedoch nicht zu einem Kreuz zu passen scheinen.

Statt δοξάσωμεν τὸν κύριον hatte der Schreiber zuerst irrtümlich δόξα σοι, φιλάνθρωπε geschrieben, die fehlerhaften Zeichen dann aber mit einem waagerechten Strich getilgt und den richtigen Text über die Zeile geschrieben.

Hubbels Lesung δυνμενοσ[3] statt δυνμηνοσ ist ein offenkundiges Versehen. Seine Deutung dieses Wortes als δυνάμενος = δυνάμενον ist aber richtig und mein früherer Verbesserungsvorschlag δυνάμεων[4] abzulehnen. Ich hatte τωνδυνμηνοσι damals im Hinblick auf die bohairische Übersetzung als τῶν δυνάμεων ὥστε interpretiert. Aber obwohl der saïdische Text von M 574 (144,20) den bohairischen stützt, steht der griechische Text derselben Handschrift M 574 ΤΟΝ ΔΥΝΑΜΕΝΟΝ (127,4) so eindeutig auf seiten der New Havener Holztafel, daß der griechisch-ägyptische Text jener Zeit damit gesichert

---

[1] HUBBEL, *Liturgie*. Der Ausgabe ist eine ausgezeichnete fotografische Reproduktion der Vorderseite beigegeben. Hubbel sagt allerdings nicht ausdrücklich, daß die Abbildung jene Infrarotaufnahme darstellt, die nach seinen eigenen Worten manches erst lesbar gemacht hat, was anders nicht sichtbar ist (ebd. 71). Der von Hubbel hergestellte Text mit einem heute als überholt anzusehenden Verbesserungsvorschalg auch bei QUECKE, *Erhebet euch* 30.

[2] P. 488 Yale enthält den griechischen Text der Eröffnungsgesänge des Mitternachtsgebetes (= Sektion A von M 574). Es handelt sich also zum größten Teil um Psalmentexte (Ps 133 und 118,169 ff.). Diese Psalmtexte neu herauszugeben besteht kein Anlaß.

[3] HUBBEL, *Liturgy* 74 und 76.

[4] QUECKE, *Erhebet euch* 30.

sein dürfte. Eine andere Frage wäre, ob τὸν δυνάμενον die ursprüngliche Lesart darstellt. Ein τῶν δυνάμεων ὅτι ἔσωσε[5] könnte aber nur aufgrund einer Konjektur wiederhergestellt werden.

Auf Zeile 2 scheinen mir ernstliche Zweifel an der Lesung αποσθυσας nicht möglich. Schon Hubbel hatte sie in Erwägung gezogen und das nun durch M 574 (127,6) bestätigte ἀποστήσας als Deutung vorgeschlagen; er gab aber selbst der Lesung αποσευσας den Vorzug[6].

Hubbels Lesung υμνον[7] statt ημνον ist wiederum ein Versehen, seine Deutung ὕπνον aber natürlich richtig.

Am Schluß von Zeile 2 ist nach τωνωητη[noch Platz für drei Buchstaben. Hubbels Ergänzung τὸ νοητι[κὸν ἐγρη-[8] ist damit ausgeschlossen. Ich interpretiere hier τὴν νοητη[ν und das κορκορσινφος am Anfang der folgenden Zeile als γ{ο}ρ⟨η⟩γόρ⟨η⟩σιν[9] ⟨ὅ⟩πως. Diese Deutung steht einmal in perfektem Einklang mit dem Text von M 574 (127,9 f.) und tut andererseits dem Text von P. 488 Yale nicht übermäßig Gewalt an. Natürlich ist nicht auszuschließen, daß unser Schreiber tatsächlich an τὸ … φῶς gedacht hat.

Hubbels Lesung πρασθωμεν[10] ist einmal mehr ein Versehen. Auf der Abbildung ist παρασθωμεν deutlich zu erkennen, auch wenn der Bruch im Holz mitten durch das erste α geht.

Bei πεπριπουσα[11] sprechen die auf der Abbildung erkennbaren Spuren des ersten Buchstabens in der Tat dafür, daß es sich um ein π handelt. Ich kann die Lesung aber nicht als sicher ansehen; vielleicht stand dort doch das zu erwartende τ. Da zudem M 574 an der entsprechenden Stelle ΤΗΝ ΠΡΕΠΟΥϹΑΝ hat (127,11 f.), zweifele ich nicht daran, daß der Schreiber der Holztafel das natürlich auch von Hubbel[12] in Betracht gezogene τὴν πρέπουσαν gemeint hat.

---

[5] So H. Engberding bei Quecke, *Erhebet euch* 266. Vgl. auch oben S. 226 f.

[6] Hubbel, *Liturgy* 76. Als weitere Deutung des von ihm gelesenen Textes käme nach Hubbel noch ἀποσείσας in Frage (ebd. und 77).

[7] Hubbel, *Liturgy*, 74 und 76.

[8] Ebenda.

[9] So auch M 574 (127,9). Daneben käme noch γ{ο}ρ⟨ή⟩γορσιν in Frage, das sogar weniger Änderung am überlieferten Buchstabenbestand verlangt. In diesem Fall hätte der Schreiber aber gerade den Tonvokal weggelassen, was man nicht ohne Not annehmen möchte, obwohl es auch sonst vorkommt (vgl. δυνμηνος in Zeile 1).

[10] Hubbel, *Liturgy* 74 und 76.

[11] Das dritte π ist aus zwei anderen Buchstaben verbessert und, wie Hubbel, *Liturgy* 77 mit Recht sagt, »sehr zweifelhaft«.

[12] Hubbel, *Liturgy* 77. In seinem Text läßt Hubbel das meines Wissens nicht belegte πεπριπουσα⟨ν⟩ stehen.

Wenn Hubbel am Schluß von Zeile 3 ανατει[las, so war ihm durchaus klar, daß die liturgische Terminologie für ἀναπέμπειν (Hubbel: ἀναπέμπωμεν) spricht; »τει however seems certain[13].« Obwohl die letzten Buchstaben dieser Zeile zum Teil völlig verblaßt sind, scheint mir gerade an der fraglichen Stelle ein π noch soeben erkennbar, und ich halte es für vertretbar, die Lesung von M 574 (ἀναπέμψωμεν; 127,13) auch für die New Havener Holztafel anzunehmen.

Für das durch den griechischen Text von M 574 und die koptischen Übersetzungen bezeugte σοι ist auf dieser Zeile der Holztafel kein Platz mehr. Vielleicht hatte der Schreiber es unter das Ende der Zeile gesetzt; wenn dort auch keinerlei Spuren davon zu entdecken sind, so ist am Schluß der folgenden Zeile nach dem letzten Wort jedenfalls noch Platz für fünf Buchstaben frei.

---

[13] Ebenda. Hubbel ergänzte ἀνατείνωμεν.

σωμεντονκν

+εκυριστεπιφοτοστωξασυφιλανθρωπε=τουνδυπμηροσιωσετασψιχαστμων=
κυριεεουναποσθυσαστωνσωματικωνημνοναποτωνοθαλμονημανντωσυμντωνοητη[ν]
κορκορσυνφοσσεμφοβουπαραστθωμενενοπειωνσουκαιπεπριπουσατωξαλοκι[αν]α[ινα]π[εμψωμεν]
[σοι (?)]

+ Ἐγείρεσθε, υἱοὶ φωτός, δοξάσωμεν τὸν κ(ύριο)ν τὸν δυνάμενον σῶσαι τὰς ψυχὰς ἡμῶν.
Κύριε, θεέ, ὁ ἀποστήσας τὸν σωματικὸν ὕπνον ἀπὸ τῶν ὀφθαλμῶν ἡμῶν, δὸς ἡμῖν τὴν νοητὴν
γρηγόρησιν, ὅπως ἐν φόβῳ παραστῶμεν ἐνώπιόν σου καὶ τὴν πρέπουσαν δοξολογίαν ἀναπέμψωμεν
σοι (?).

Das koptische Pergament Nr. 35 der Papyrussammlung der Universität Heidelberg (Inv. Nr. 1362), ein Einzelblatt, trägt auf der Haarseite in griechischer, auf der Fleischseite in koptischer Sprache die Initia der einzelnen Verse des Moses-Liedes Ex 15,1–19 und noch den Beginn des Anna-Liedes 1 Sam 2,1. Der griechische Text ist schon seit langer Zeit in der Bearbeitung Deißmanns[1] oder Wesselys[2] zugänglich. Da Deißmann seiner Ausgabe dankenswerterweise ein Faksimile beider Seiten des Blattes mitgegeben hatte[3], konnte man sich von Anfang an eine gewisse Vorstellung auch vom koptischen Text machen. Ich möchte hier mit der Bearbeitung des koptischen Textes eine Neuausgabe des griechischen verbinden. Daß Deißmann und Wessely das Stück völlig falsch beurteilt hatten, hat schon seinerzeit Heinrich Schneider festgestellt[4]. Von dem Blatt, das wahrscheinlich von Anfang an als Einzelblatt beschriftet war[5], ist uns in einem Teil des Mittelabschnittes vermutlich die ursprüngliche Breite erhalten, nämlich gut 8 cm. Die größte Höhe beträgt heute gut 13,5 cm. Das Blatt ist unten abgerissen, und über die ursprüngliche Höhe läßt sich nichts sagen. Der eine Blattrand (Haars. links, Fleischs. rechts) ist stärkstens beschädigt, der andere so gut wie intakt. Nach Wilcken wäre das Blatt etwa ins 7. Jahrhundert zu datieren[6]. Ich halte es für wesentlich jünger[7].

Deißmanns und Wesselys Ansicht, das Blatt habe im ursprünglichen Zustand den fortlaufenden Text des Moses-Canticums enthalten, war völlig abwegig. Sie hatten nicht erkannt, daß sie es mit einem für die Liturgie geschriebenen Stück zu tun hatten, und glaubten, ein Amulett vor sich zu haben. Nur noch als Kuriosum kann der Versuch vermerkt

---

[1] DEISSMANN, *Septuaginta-Papyri* 76–79.

[2] WESSELY, *Monuments* 408–410 [184–186]. Es handelt sich nicht um eine Neubearbeitung, sondern um eine Übernahme von Deißmans Ausgabe.

[3] DEISSMANN, *Septuaginta-Papyri*, Taf. 57 a und b.

[4] SCHNEIDER, *Oden* 261 f.

[5] Nach SCHNEIDER, *Oden* 261 vielleicht auch Stück eines Doppelblattes oder eines Heftes.

[6] Bei DEISSMANN, *Septuaginta-Papyri* 76.

[7] Schon CRUM hatte gleich nach der Veröffentlichung festgestellt: »The MS. cannot be as early as the 7th century« (*Anz. Deißmann*).

werden, jene Sätzchen und Satzteile feststellen zu wollen, die im biblischen Text ausgefallen sein mußten, um auf eine einigermaßen gleiche Zeilenlänge zu kommen. Das Blatt enthielt von vornherein nur die Initia der einzelnen Verse, ganz wie MS. Or. 4717(11) des Britischen Museums[8]. Bei dem Heidelberger Blatt wird das noch zusätzlich durch einen Umstand deutlich, der auch der Aufmerksamkeit Schneiders entgangen zu sein scheint; vor den einzelnen Versanfängen steht bis zu den beiden Teilen der abschließenden kleinen Doxologie hin immer abwechselnd ein liegendes Kreuz[9] und ein größerer Punkt. Ich werde auch hierin den Befund des Originals in der Ausgabe so genau wie möglich wiedergeben[10]. Diese Kreuze und Punkte sind aber natürlich weit weniger deshalb interessant, weil sie einmal mehr sicherstellen, daß das Blatt von Anfang an nur die Initia der einzelnen Verse enthielt, sondern vor allem wegen ihrer eigentlichen Bedeutung. Meiner Meinung nach müssen diese Zeichen Angaben über den gottesdienstlichen Vortrag der Cantica beinhalten. Und da es sich um einen regelmäßigen Wechsel von zwei verschiedenen Zeichen handelt, ist auch irgendein regelmäßiger Wechsel von einem Vers zum anderen im Vortrag des Canticums anzunehmen. Allerdings kann ich nicht feststellen, worum es sich näherhin handelt. Ursprünglich wurde das Canticum vermutlich reponsorial mit dem Refrain »Lasset uns singen dem Herrn, denn herrlich wurde er verherrlicht« vorgetragen. Diese Art des Vortrags scheint auch die Handschrift M 574 vorauszusetzen. Ob jemals in Ägypten das Moses-Lied auch antiphonal, also mit abwechselnd von zwei Chören gesungenem Refrain[11], gesungen wurde, ist mir nicht bekannt. Von der äußeren Aufmachung her läßt der Heidelberger Text unwillkürlich an die heutigen Ausgaben der Jahres-Psalmodie denken, in denen bei der Mehrzahl der Texte,

---

[8] Crum, *Catalogue B.M.* 493 (S. 237). Die Initia des griechischen Textes der Psalmen 140 und 141 enthält ein Papierblatt in Privatbesitz (*P. Bad.* 129 [Heft 5, S. 368 ff.]).

[9] Deissmann erkannte nicht, das ΓΕΝΗΝ Schreibung für καὶ νῦν ist und hielt das davor stehende liegende Kreuz offensichtlich für ein Χ. Er bekannte dann recht freimütig, daß er diese Buchstaben nicht deuten könne; er dachte an eine »Buchstabenverbindung wie das bekannte χμγ« (*Septuaginta-Papyri* 79).

[10] Auffällig ist, daß auf der koptischen Seite in der oberen Hälfte auch bei glatt geschnittenem Rand die Kreuze nur halb auf dem Blatt erscheinen. Vielleicht wurde das Blatt noch nach der Beschriftung beschnitten, und zwar unter Berücksichtigung der griechischen Seite. Dabei könnte auf der koptischen Seite ein wenig Schrift dem Messer zum Opfer gefallen sein.

[11] Oder zwei verschiedenen Refrains; vgl. zu dieser Vortragsweise Mateos, *Psalmodie* 113 ff.

auch bei den Oden, jeder zweite Vers entweder mit einem Sternchen[12] oder mit dem arabischen Buchstaben ق[13] bezeichnet ist, was nichts anderes bedeutet, als daß die einzelnen Verse abwechselnd von zwei Chören, die die Kopten »nördlich« (*baharī*) und »südlich« (*qiblī*) nennen, vorzutragen sind[14]. Seit wann diese Praxis bei den Kopten in Übung war, entzieht sich meiner Kenntnis. Falls das Heidelberger Blatt ein Zeugnis für diese Vortragsweise sein sollte, müßte der alternierende Gesang der Cantica in Ägypten jedenfalls gegen Ende des 1. Jahrtausends bekannt gewesen sein.

Soweit der Beschreibstoff erhalten ist, ist auch die Schrift zumeist noch leidlich lesbar. Wo die Lesung Schwierigkeiten macht, hilft auch die Quarzlampe nicht weiter. Deißmanns Transkription des griechischen Textes ist fast durchweg zuverlässig. »Über Zeile 1 scheinen noch Buchstabenreste zu stehen«, wie schon Deißmann festgestellt hat[15]. Wahrscheinlich steht hinter jedem Initium: —(und ähnlich, manchmal vielleicht nur:) als Schlußzeichen, doch sind diese Zeichen nicht überall deutlich erhalten. Der erste Buchstabe von Zeile 5 ist nicht mehr sicher zu erkennen, entweder є oder н (Deißmann: єι). Am Schluß von Zeile 6 behalte ich das von Deißmann gelesene єχ- θραγϲєн bei, obwohl es gleichfalls nicht sicher ist. Wenn das γ wirklich dasteht, muß es nachträglich eingefügt sein. Von dem н sind nur noch Spuren zu erkennen, die man vielleicht auch als Schlußzeichen deuten könnte. Über dem Schluß des Wortes glaube ich Spuren von drei oder vier Buchstaben kleinerer Schriftgröße zu erkennen, von denen die beiden ersten wohl als λγ zu lesen sind. Bei diesem kurzen Einzelstück behalte ich in der Ausgabe in allem die Buchstabenstellung des Originals bei, obwohl der sich daraus ergebende ungleiche Zeilenabstand nicht gerade schön wirkt. Mehrfach ist am Zeilenende in der Buchstabengruppe ογ das γ über das ο gestellt. Ähnlich ist beim ersten Wort von Zeile 21 θн über das Wortende gestellt. Diese Buchstaben kommen damit praktisch auf Zeile 20 und unmittelbar vor den Text dieser Zeile (Titel zum Anna-Lied) zu stehen. Deißmanns Ausgabe könnte der irrigen Lesung

---

[12] *Jahres-Psalm.* (1908; Kairo) 30 ff.

[13] *Jahres-Psalm.* (1908; Alex.) 40 ff. und *Jahres-Psalm.* (1949) 26 ff. ق ist Abkürzung von *qiblī* = »südlich«.

[14] Vgl. *Jahres-Psalm.* (1908; Kairo) 16, Anm. Keine entsprechende Bezeichnung in den Ausgaben der Choiak-Psalmodie.

[15] Deissmann, *Septuaginta-Papyri* 79.

ἡ ᾠδ(ή) ... Vorschub leisten[16]. Auf Zeile 22 sind noch die Spitzen von zwei bis drei Buchstaben erhalten, darunter vielleicht ∈N. Zeile 14 steht am Zeilenende über Tⲱ noch ein Zeichen, das eindeutig wie ein ⲁ aussieht und nicht wie das zu erwartende ⲙ; für das ⲙ von ∈Tⲱⲙ (= ∈ⲁⲱⲙ) ist am Zeilenende kein Platz. Vielleicht sollte T in ⲁ verbessert werden.

Bei der Deutung der Schreibungen im griechischen Text habe ich völlig darauf verzichtet, irgendwelche sonst nicht bezeugten Varianten anzunehmen. So interpretiere ich ∈ⲍ∈TINⲁⲌ∈N (Zeile 12) als ἐξέτεινας und nicht als ἐξετίναξε(ν), ⲡⲁⲣⲁⲅⲁⲗⲏⲥⲁⲥ (Z. 13) als παρεκάλεσας. und nicht als παρακαλέσας. In ⲕⲁT∈ⲩⲫⲩⲕ∈N (Z. 16) möchte ich nicht etwa ein mir sonst nicht bekanntes κατευφυκεν bzw. κατηυφυκεν sehen, sondern eine Verballhornung des gewöhnlich in Ex 15,17a stehenden καταφύτευσον. Ein solches Vorgehen ist umso mehr zu rechtfertigen, als gerade in derselben Zeile 16 τῇ ἰσχύι σου als ⲁⲏⲥⲅⲏⲥⲥⲟⲩ erscheint. Es wäre sinnlos, eine Variante τῆς γῆς σου für diesen Vers annehmen zu wollen. Ebensowenig kann ich eine Form wie ∈ⲥⲡ∈ⲩⲥⲟN[17] für ἔσπευσαν ernst nehmen. Ersetzung von -αν durch -ον würde der ganzen Tendenz der Sprachentwicklung zuwiderlaufen. Was die vorher genannten, von der sonstigen griechischen Überlieferung abweichenden »Lesarten« betrifft, so sei noch hinzugefügt, daß keine einzige von ihnen eine Stütze im koptischen Text auf der Rückseite des Blattes findet. In den Titeln des griechischen Textes hat der Schreiber bei Moses und Anna nicht die sonst üblichen Genetivformen verwandt und sich damit einmal mehr als Kopte zu erkennen gegeben. In den normalisierten Text setze ich natürlich diese Formen ein.

Zeile 6 des griechischen Textes ist wohl als irrtümliche Kombination von Ex 15,6a und b anzusehen, daraus zu erklären, daß beide Halbverse mit denselben Worten beginnen. Der Schreiber dürfte bei dem Wort κύριε von a auf b gesprungen sein. Der koptische Text gibt den Anfang von Vers 6a.

Zur Ausgabe des koptischen Textes wäre noch zu bemerken, daß

---

[16] DEISSMANN selbst könnte den Text so verstanden haben. Jedenfalls hatte er nicht bemerkt, daß ΘH (er las .H) zu Zeile 21 (bei ihm 22) gehört (siehe Septuaginta-Papyri 77).

[17] Zeile 16. Die Form ist trotz des Punktes, den Deißmann unter das ⲁ des von ihm gelesenen ∈ⲥⲡ∈ⲩⲥⲁN gesetzt hat, ganz erhalten und gut zu lesen.

ich den nicht erhaltenen Titel des Moses-Liedes[18] als Zeile 1 zähle. So bekommen die entsprechenden Verse auf beiden Seiten jeweils dieselbe Zeilennummer. Zeile 13 steht nach Ϭⲟⲙ ein unklares Zeichen; vielleicht ist ein Schlußzeichen gemeint.

Im koptischen Text finden wir ein reines Saïdisch, das keinerlei Einfluß irgendeines anderen Dialekt zeigt. Grammatik und Orthographie sind korrekt. Zu dem Verbum ⲥⲟⲡⲥⲡ in Zeile 13 siehe oben S. 443.

---

[18] Über dem Anfang von Zeile 2 ist noch unbeschriftetes Pergament von der Höhe mindestens einer Zeile erhalten. Sichere Spuren von Beschriftung kann ich dort nicht feststellen.

ω^Δ][Μω]ϹΗϹ

αϹω]ΜΕΝΤΟΥΚ͞Υ͞

● ΒΟΗΘΟϹ]ΚΕϹΚΕΠΑϹΤΗϹ :—

╳ Κ͞Ϲ͞ϹΥΝ]ΤΡΙΒΟΝΠΟΛΕΜΟϹ

5 ●] ΕΠΙΛΑΚΤΟΥΑΝΑΒΑΤΗϹ :—

ΑΥ[ ]
╳ ΗΔΕΞΙΑΝϹΟΥΚ͞Υ͞ΕΧΘΡΑΥϹΕΝ

Υ
● ΑΠΕϹΤΗΛΑϹΤΟΝΟΡΓΗΝϹΟ :—

╳ ΕΠΕΓΙΟϹΥΔΙΧΟϹΤΑΥΔΑΔΑ :

● ΕΙΠΕΝΟΕΧΘΡΟϹΔΙωΞΑϹ :

10 ╳] ΑΠΕϹ[ΤΕΙ]ΛΑϹΔΟΠ͞Ν͞Α͞ϹΟΥ :—

● ΤΙϹΟ]ΜΕΟϹ · ΗΕΝΘ͞Ϲ͞Κ͞Υ͞ :—

Υ
╳ ΕΞΕ]ΤΙΝΑΞΕΝΔΥΝΔΕΞΙΑΝϹΟ :—

Υ
● Π]ΑΡΑΓΑΛΗϹΑϹ · ΔΗϹΓΗϹϹΟ :—

Δ
╳ Τ]ΟΤΕΕϹΠΕΥϹΟΝΗΓΕΜΟΝΕΙϹΕΤω

15 ● Ε]ΠΙΠΕϹΙΕΠΑΥΤΟΥϹΦΟΒΟϹΚΕΤΡΟΜΟϹ

╳ ΕΙϹΑ]ΓΕΓωΝΚΑΤΕΥΦΥΚΕΝΑΥΤΟΥϹ

● Κ͞]Ϲ͞ΒΑϹΙΛΕΥΕΝΤΟΝΕωΝΑ :—

╳ Κ]ΕΕΠΗΓΑΚΕΝΕΠΑΥΤΟΥϹ : ∼

———— · · · ————

● ΔΟ]Ξα ╳ ΓΕΝΗΝ

Δ ——— ——— ————
20 ω ΑΝΝΑΜΗΡϹΑΜΟΥΗΛ

ΘΗ
ΕϹ]ΤΡΕωΓΑΡ[ΔΙΑΜΟΥ

22   Buchstabenreste

'Ωδὴ Μωυσεως

    ×   ῎Ασωμεν τῷ κυρίῳ

    ●   Βοηθὸς καὶ σκεπαστής

    ×   Κύριος συντρίβων πολέμους

5   ●   'Επιλέκτους ἀναβάτας

    ×   ῾Η δεξιά σου, κύριε, ἔθραυσεν

    ●   'Απέστειλας τὴν ὀργήν σου

    ×   'Επάγη ὡσεὶ τεῖχος τὰ ὕδατα

    ●   Εἶπεν ὁ ἐχθρός· Διώξας

10   ×   'Απέστειλας τὸ πνεῦμά σου

    ●   Τίς ὅμοιός σοι ἐν θεοῖς, κύριε

    ×   'Εξέτεινας τὴν δεξιάν σου

    ●   Παρεκάλεσας τῇ ἰσχύι σου

    ×   Τότε ἔσπευσαν ἡγεμόνες Εδωμ

15   ●   'Επιπέσοι ἐπ' αὐτοὺς φόβος καὶ τρόμος

    ×   Εἰσαγαγὼν καταφύτευσον αὐτούς

    ●   Κύριος βασιλεύων τὸν αἰῶνα

    ×   Καὶ ἐπήγαγεν ἐπ' αὐτούς

         ●   Δόξα × Καὶ νῦν

20   'Ωδὴ Αννας μητρὸς Σαμουηλ

     'Εστερεώθη ⟨ἡ⟩ καρδία μου

✕ ⲙⲁⲣⲉⲛⲭⲱ [

● ⲡⲁⲃⲟⲏⲑⲟⲥ ⲙⲛ [

✕ ⲡⲭⲟⲉⲓⲥ ⲡⲉⲧⲟⲩⲱϣ[ϥ

5　● ⲛⲥⲱⲧⲡ ⲛⲣⲉϥⲁ[ⲗⲉ

✕ ⲧⲉⲕⲟⲩⲛⲁⲙ ⲡⲭⲟⲉⲓⲥ ⲁⲥⲭ[ⲓ ⲉⲟⲟⲩ

● ⲁⲕⲭⲟⲟⲩ ⲛⲧⲉⲕⲟⲣⲅⲏ ⲁⲥⲟⲩⲟⲙⲟ[ⲩ

✕ ⲁⲩⲱϭⲣ ⲛϭⲓ ⲙⲙⲟⲟⲩ ⲛ̄ⲑⲉ ⲛⲟⲩⲥⲟⲃ[ⲧ

●] ⲁϥϫⲟⲟⲥ ⲛϭⲓ ⲡϫⲁϫⲉ ϫⲉ ϯⲛⲁⲡⲱ[ⲧ

10　✕ ⲁⲕϫⲟⲟⲩ ⲙⲡⲉⲕⲡ̄ⲛ̄ⲁ̄ ⲁ ⲑⲁⲗⲁⲥⲥⲁ

● ⲛⲓⲙ ⲡⲉⲧⲓⲛⲉ ⲙⲙⲟⲕ ϩⲛ ⲛ̄ⲛⲟⲩⲧⲉ

✕ ⲁⲕⲥⲟⲟⲩⲧⲛ ⲉⲃⲟⲗ ⲛⲧⲉⲕⲟⲩ[ⲛⲁⲙ

● ⲁⲕⲡⲥⲱⲡϥ ϩⲛ ⲧⲉⲕϭⲟⲙ

✕ ⲧⲟⲧⲉ ⲁⲩϣⲧⲟⲣⲧⲣ ⲛϭⲓ ⲛϩⲩⲅⲉⲙ[ⲱⲛ

15　● ⲑⲟⲧⲉ ⲙⲛ ⲡⲉⲥⲧⲱⲧ ⲉⲩⲉϩⲉ ⲉϩⲣⲁ[ⲓ

✕ ⲉⲕⲉⲭⲓⲧⲟⲩ ⲉϩⲟⲩⲛ ⲉⲡⲧⲟⲟⲩ

● ⲡⲭⲟⲉⲓⲥ ⲟ ⲛⲣⲣⲟ ϫⲓⲛ ⲉⲛⲉϩ ϣ[ⲁ

✕ ⲁⲩⲱ ⲡⲭⲟⲉⲓⲥ ⲁϥⲉⲓⲛⲉ ⲉϩⲣⲁⲓ ⲉϫ[ⲱⲟⲩ

———— · · ———— · · ————

● ⲇⲟⲝⲁ ✕ ⲅⲉ ⲛⲏⲛ

20　　　　　　　ⲱᵃ ⲁ̄ⲛ̄ⲛ̄ⲁ

———— · · ———— · · ————

Buchstabenreste

[Das Lied des Moses]

    ✕ Laßt uns singen [

    ● Mein Helfer und [

    ✕ Der Herr zerschmette[rt

5   ● Die Elite-Wagen[kämpfer

    ✕ Deine Rechte, Herr, ist verherr[licht worden

    ● Du hast deinen Zorn ausgesandt, er hat sie gefres[sen

    ✕ Die Wasser sind erstarrt wie eine Maue[r

    ● Der Feind hat gesagt : ich will nachja[gen

10   ✕ Du hast deinen Atem ausgesandt. Das Meer hat.

    ● Wer gleicht dir unter den Göttern.

    ✕ Du hast ausgestreckt deine Re[chte

    ● Du hast es (dein Volk) gerufen in deiner Macht.

    ✕ Damals sind in Bestürzung geraten die Fürs[ten

15   ● Furcht und Zittern mögen fallen au[f

    ✕ Bringe sie zu dem Berg.

    ● Der Herr ist König von Ewigkeit z[u

    ✕ Und der Herr hat gebracht über [sie

    ● Δόξα. ✕ Καὶ νῦν.

20   Das Lied Annas

DIE HANDSCHRIFT 924.68.2
DES ROYAL ONTARIO MUSEUM

(f. 2ʳ–22ʳ und f. 32)

Gegen Ende des Jahres 1965 machte Th. C. Petersen († 13.3.66) mich brieflich auf die Existenz einer saïdischen Handschrift mit liturgischen Texten im Royal Ontario Museum zu Toronto aufmerksam. Eine spätere Anfrage beim Museum ergab, daß es sich um eine Handschrift des West Asian Departments dieses Museums handelt, wo sie unter accession number 924.68.2 eingetragen ist. Gleichzeitig erhielt ich einen Film der Handschrift und weitere Angaben. Darauf beruht die folgende Beschreibung und Ausgabe. Das Original habe ich nicht gesehen.

Die Handschrift muß das Vademecum eines koptischen Mönches gewesen sein. Vermutlich hat er sich nicht nur die Texte persönlich zusammengestellt, sondern auch die Handschrift materiell selbst verfertigt. Die 88 Blätter, deren durchschnittliches Format 8,2 × 7 cm beträgt, sind größtenteils Pergament; nur die Blätter 2–7 und 37–46 sind Papier. Die Lagenanordnung kann ich nach dem Film nicht feststellen. Es fehlt auch jede originale Seiten-, Blatt- oder Lagenzählung. Das für unsere Handschrift verwendete Pergament wurde aus mehr oder weniger sorgfältig abgeschabten Blättern einer älteren Handschrift zurechtgeschnitten[1]. Die Handschrift ist fast völlig intakt. Nur die beiden letzten Blätter sind stärker beschädigt. Da sie — die gelöschte frühere Schrift außer acht gelassen — nicht beschriftet sind, ist dadurch kein Text verloren gegangen. Überhaupt sind die Palimpsestblätter von f. 75 an nicht mehr beschrieben. Die einzelnen Seiten haben zumeist neun oder zehn Zeilen Text, bisweilen aber auch weniger oder mehr. Die Hand ist keineswegs ungeübt. Ich würde sie

---

[1] Eine vollständige Lesung und Identifizierung der älteren Texte habe ich noch nicht versucht. Von verschiedenen Stellen, die sich auch auf dem Film ohne allzu große Schwierigkeit lesen lassen, kann ich vorerst nur sagen, daß sich darunter weder Bibel- noch liturgische Texte finden. Auf den ersten Blick scheinen alle Pergamentblätter aus ein und derselben Handschrift zu stammen. Die Zusammengehörigkeit der Blätter bedarf aber noch genauerer Untersuchung. Die Blätter dürften ursprünglich ein ansehnliches Format gehabt haben und zweikolumnig beschrieben gewesen sein.

etwa ins 13./14. Jahrhundert setzen. F. 22^v und 32^v, Zeile 7 f. stammen von einer anderen Hand als der übrige Text.

Das erste Blatt trägt noch keinerlei Text. Die Vorderseite ist ganz frei gelassen, auf der Rückseite ist ein größeres Kreuz gezeichnet; über dem linken Arm des Querbalkens steht $\overline{\text{IC}}$, über dem rechten $\overline{\text{XC}}$. Rechts unten findet sich noch ein kleineres Kreuz. Zu Beginn einzelner Texte hat der Schreiber, nach meinem Urteil allerdings mit geringer Kunstfertigkeit, Zierleisten gezeichnet, auf f. 41^r selbst einen Zierrahmen. Im letzteren Fall hat er den Titel des dort beginnenden Textes aber nicht in den Rahmen gesetzt — der Raum reichte dafür auch gar nicht aus —, sondern darunter wie unter eine gewöhnliche Zierleiste.

Der Inhalt der Handschrift setzt sich aus folgenden Stücken zusammen:

f. 2^r–3^r Unser-Vater

f. 3^v–8^r Credo

f. 8^v–20^r große Doxologie

f. 20^v–22^r Trishagion

Von f. 22^v an stehen verschiedene Gebete zum Empfang der hl. Kommunion. Die erste Stelle nimmt eine sogenannte »Homologie« ein[2], die in der Handschrift Johannes dem Inklusen[3] zugeschrieben

---

[2] Nicht identisch mit dem liturgischen Text, den die heutigen Euchologien enthalten (*Euchol.* 405–408 bzw. 538–540) und der vermutlich ein recht hohes Alter hat; vgl. ENGBERDING, *Homologia*.

[3] Der Beiname lautet in der Handschrift ἔγκλειστος. In der koptischen Literatur sind mehrere Johannes bezeugt, die unter Verwendung dieses Ausdrucks als Inklusen bezeichnet werden. Da ist einmal der Inkluse Johannes und spätere Bischof von Schmun (el-Aschmunen/Hermopolis Magna) zur Zeit des Patriarchen Damian (569–605). Vgl. zur Persönlichkeit GARITTE, *Panégyrique* 100–103; seine Lobrede auf Antonius ebd. 104 ff. Von demselben Autor muß die Lobrede auf den Evangelisten Markus stammen, die unlängst ORLANDI (*Studi* 7–52) herausgegeben hat. Für eine viel frühere Zeit, nämlich als Zeitgenosse und Freund Schenutes, wird eine Inkluse Johannes genannt, der seine Zelle bei Siut (Assiut/Lykopolis) hatte (*Sinuthii vita* 55,10 ff.). Dieser Inkluse von Siut muß mit dem aus der Hagiographie bestens bekannten Johannes von Lykopolis identisch sein. Zu koptischen Fragmenten über letzteren vgl. PEETERS, *Vie copte* und DEVOS, *Hist. Monach.* Sein Fest ist am 21. Hatur, vgl. *Synax.*, Ed. FORGET I 305–309; Ed. BASSET 321–329 [245–253]. Nun wird im Titel einer Theophilus von Alexandrien zugeschriebenen Homilie auf die drei Männer im Feuerofen noch ein weiterer Inkluse Johannes genannt, der ebenfalls später Bischof von Schmun geworden wäre (DE VIS, *Homélies* 124 f.). Dieser Inkluse und spätere Bischof von Schmun wäre nach GARITTE von dem zur Zeit des Patriarchen Damian verschieden (*Panégyrique* 103, Anm. 1). Patriarch Theophilus (385–412) hat allerdings in der Tat rund 2 Jahrhunderte vor seinem Nachfolger Damian

wird. Unter diesen Texten steht f. 32 das »Dieser Eine aus der Dreifaltigkeit...«, das in M 574 als Troparion der neutestamentlichen
Ode dient. Es folgen

　　f. 37ʳ–40ᵛ je ein Gebet vor und nach Tisch[4] und schließlich
　　f. 41ʳ–51ᵛ Athanasius und
　　f. 52ʳ–75ᵛ Evagrius zugeschriebene »Lehrworte«[5].

Die Texte von f. 2–22ʳ und f. 32 werden im folgenden abgedruckt.

Das Trishagion (f. 20ᵛ–22ʳ) ist natürlich griechisch. Alle übrigen
Texte sind koptisch, und zwar saïdisch. Die Sprache zeigt typische
Kennzeichen der Spätzeit. Auch finden sich fehlerhafte Formen und
verderbte Stellen. Vielleicht besaß der Schreiber schon keine perfekte
Kenntnis der koptischen Sprache mehr. Auf einige häufiger vorkommende oder sonstwie eine Erklärung verlangende Phänomene sei hier
kurz eingegangen, wobei nur die unten veröffentlichten Teile der
Handschrift berücksichtigt sind. Der Verfall der Sprache zeigt sich
darin, daß gelegentlich in koptischen Wörtern ⲅ für ⲕ und ⲗ für ⲧ
erscheint : ⲅ als Suffix der 2. Sing. Mask. im Futur III (f. 15ʳ), ⲗ in
ⲗⲓ (»geben«; f. 7ʳ). Bei der Wortbrechung am Zeilenende kommt
öfter der silbenschließende Konsonant auf die folgende Zeile :
ⲟⲩⲉⲛⲧⲁ|ⲛ (f. 2ᵛ), ⲉϩⲟⲩ|ⲛ (f. 3ʳ); ⲡⲟ|ⲛϯⲟⲥ (f. 5ᵛ), ϩⲱ|ⲥ (f. 8ʳ).

gelebt, so daß die beiden Johannes schlecht identisch sein können, wenn man sie beide
als historische Persönlichkeiten nimmt. Die Angaben der Theophilus-Homilie sind aber
höchst verdächtig. Es handelt sich um den Johannes, den der Patriarch nach Babylon
geschickt haben soll, damit er von dort die Reliquien der drei Männer nach Ägypten
überführe. Nun wird der von Theophilus nach Babylon entsandte Johannes gewöhnlich
mit Johannes Kolobos identifiziert (vgl. etwa Dᴇ Vɪs, *Homélies* 122). In der Theophilus-
Homilie wird er auch durchweg allein mit dem Namen Johannes bezeichnet; nur beim
ersten Vorkommen heißt er »der heilige Johannes, der im Kloster vom Berge Siut ist«
(129,15 f.). Die weitere Präzisierung »Abba Johannes der Inklusse, der Archimandrit
vom Berge Siut« steht ausschließlich im Titel der Homilie (124,6 f.). Der »Inkluse« ist
vielleicht auf das Konto dessen zu setzen, der den Titel fabriziert hat. Ob die im Text
der Homilie einmal vorkommende Bestimmung »der im Kloster vom Berge Siut ist«,
eine spätere Hinzufügung ist, mag dahingestellt bleiben, da die Homilie »certainement
l'œuvre d'un faussaire« ist (Dᴇ Vɪs, *Homélies* 121). Aus der Homilie kann man meiner
Meinung nach weder entnehmen, daß der von Theophilus angeblich nach Babylon
entsandte Johannes mit dem Inklusen von Siut identisch ist, noch daß es auch zur
Zeit des Patriarchen Theophilus eine Inklusen Johannes gab, der später Bischof von
Schmun geworden wäre. Hier scheint der Name Johannes Charakteristika zweier
anderer Träger dieses Namens an sich gezogen zu haben, des Inklusen aus dem 4. und
des Bischofs aus dem 6. Jahrhundert.

　[4] Nicht identisch mit den Gebeten *Euchol.* 759–772.

　[5] Einen Versuch zur Identifizierung dieser Texte habe ich bislang nicht unternommen.

Wenn das dreimal vorkommende ⲉⲧⲭⲟⲥⲉ konsequent ⲉ̣ⲭⲟⲥⲉ geschrieben wird (f. 6ᵛ, 8ᵛ und 11ʳ), dann kann kein pures Versehen vorliegen. Das auslautende *t* von ⲉⲧ- wurde vor dem anlautenden *č* von ⲭⲟⲥⲉ nicht selbstständig gesprochen und infolgedessen auch nicht mehr geschrieben. Mehrfach wird ⲃ für ϥ geschrieben (f. 10ʳ, 10ᵛ 2×, 13ᵛ und 19ʳ), nur einmal ϥ für ⲃ (f. 10ʳ). Die häufigsten Abweichungen von der klassischen Orthographie finden sich in der Schreibung des silbischen *n*. Vor Konsonanten wird es nicht selten zu ⲉ, z. B. ⲉⲡⲉⲩⲁⲛⲅⲉⲗⲓⲟⲛ (Genitiv; f. 2ʳ) oder ⲉⲧⲟⲕ (f. 14ᵛ 2×), vor Vokal hingegen ⲉⲛ geschrieben, z. B. ⲉⲛⲟⲩⲱⲧ (f. 3ᵛ) oder ⲉⲛⲁⲅⲁⲑⲟⲥ (f. 4ᵛ). Bei ⲟⲩⲡ̅ⲟ̅ⲥ̅ (f, 3ᵛ) wird ein rein graphisches Phänomen vorliegen und keine wirkliche Kombination von bestimmtem und unbestimmtem Artikel. Verdoppelung des *n* von ϩⲛ- vor Vokalen kommt zweimal vor (f. 5ᵛ und 12ʳ). Das zwar regelmäßige, aber sekundäre *n* vor *t* erscheint mehrfach als ⲏ. So treffen wir ⲙⲏⲧ- für klassisches ⲙⲛⲧ-[6] und ϣⲟⲙⲏⲧ = »drei«[7]. ⲙⲉ wird öfter ⲙⲏ geschrieben (f. 4ᵛ, 15ᵛ 2×, 16ʳ), umgekehrt steht einmal ϩⲉ für ϩⲏ (f. 4ʳ). Einige Verbalformen sind nicht sicher zu beurteilen. Ist in ⲛⲑⲉ ϩⲱⲱⲛ ⲧⲉⲛⲕⲱ ⲉⲃⲟⲗ (f. 2ᵛ) das ⲉ von ⲉⲧⲛⲕⲱ versehentlich ausgefallen, oder wurde ⲛⲑⲉ als Konjunktion betrachtet und danach gewöhnliches Präsens I gesetzt? Möglicherweise haben wir an drei Stellen reduzierte Formen des Futur III. Steht ⲉⲕϯ (f. 2ᵛ) für das in der saïdischen Bibel an dieser Stelle (Mt 6,11) verwandte ⲛⲅϯ, oder dachte der Schreiber an ⲉⲕⲉϯ? Soll ⲉⲕⲛⲁ[8] Umstandsform sein oder das in den Paralleltexten stehende Futur III? Dieselbe Frage stellt sich für das kurz vorher stehende ⲉⲓⲧⲁϩⲟ. Man könnte sogar fragen, ob hier und da schon die später in bohairischen Handschriften häufiger auftretende Verwechslung von ⲁ und ⲉ in Spiele ist. Das ⲉⲧⲟⲕ ⲁⲕϯ ⲛⲁⲛ (f. 14ᵛ) ist letztlich Zitat aus Ps 144,15b, und man erwartet deshalb Präsens oder Futur, aber kein Perfekt. Als faijumisches Präsens II möchte ich ⲁⲕ- ungern deuten, da unser Text sonst keine eigentlichen Faijumismen aufweist. Der Satz ist seiner Quelle gegenüber aber auf jeden Fall verändert, so daß man ihn meiner Meinung nach für das nehmen sollte, was er

---

[6] Fol. 2ʳ, 6ᵛ, 15ᵛ 2 x und 16ʳ. Weitere Vorkommen bei Kasser, *Compléments morphologiques* 32a. Zu dem von einer einzigen Handschrift bezeugten »Dialekt« *H* (ausführlicher Kasser, *Dialectes* 112 f.) sei nochmals bemerkt, daß der Papyruskodex C. 31 der Pierpont Morgan Library heute die Signatur M 636 hat.

[7] Fol. 6ʳ. Kassers »Dialekt« *H* hat ϣⲁⲙⲏⲧ (*Compléments morphologiques* 62).

[8] Fol. 13ʳ. Die Stelle ist jedenfalls verderbt; vgl. oben S. 294 f.

unmittelbar besagt (»du hast uns gegeben«), womit man ihn natürlich
zugleich für verderbt erklärt. Dreimal finden wir den Plural von
»Himmel« mit Artikel unter der Form ⲚⲈⲚⲠⲎⲨⲈ (f. 2ʳ) bzw.
ⲚⲈⲘⲠⲎⲨⲈ (f. 5ʳ) und ⲚⲘⲠⲎⲨⲈ (f. 9ᵛ). Da sonst nie ein Plural-
artikel ⲚⲈⲚ- vorkommt, möchte ich hier, wie schon oben[9], eine
Pluralform ⲘⲠⲎⲨⲈ annehmen.

Sprachlich ist an dem Text manches zu beanstanden. Kleinere
Fehler werden im Apparat zur Ausgabe verbessert. Kurze Erläuterungen fordern die folgenden Stellen. Beim Übergang von f. 10ᵛ zu f. 11ʳ
steht dort, wo ein Wort für »Bitte« zu erwarten ist, ⲦⲞⲨⲒⲞ = »ent-
fernen«, »vergelten«, was an dieser Stelle überhaupt keinen Sinn gibt.
Sollte Verderbnis aus ⲦⲰⲂⲢ vorliegen, das an der entsprechenden
Stelle in M 574 steht (138,21)? Oder auch das Ⲧⲓ-ⲢⲞ des bohairischen
Textes eingewirkt haben? Mit ⲢⲀ ⲠⲀⲠⲚⲀ̄ ⲦⲰⲢⲠ ⲘⲘⲞⲚ (f. 12ʳ)
kann ich gleichfalls nichts anfangen. Ob das ⲢⲀ (statt Ⲁ) eine per-
fektische Auffassung des Satzes ausdrückt? Auch der bohairische
Text hat ja an dieser Stelle Perfekt. Meine Übersetzung setzt folgenden
Text voraus: Ⲁ ⲠⲀⲠⲚⲀ̄ ⲦⲰⲢⲠ ⲘⲘⲞϤ. Das ⲠⲈⲦⲈⲢⲈⲚⲀⲔ von
f. 17ʳ muß für ⲠⲈⲦⲈ ⲢⲚⲀⲔ stehen. Ob sich der Fehler nur wegen
der häufigen Form ⲠⲈⲦⲈⲢⲈ eingeschlichen hat? Falls der Schreiber
an Ⲣ ⲢⲚⲀⲔ gedacht haben sollte, hätte er sich einen groben gram-
matischen Schnitzer geleistet, denn Ⲣ ⲢⲚⲀ⸗ kann nur im dreiteiligen
Konjugationsschema gebraucht werden[10]. Oder sollte Verwechslung
mit Ⲣ ⲀⲚⲀ⸗ und wiederum Alternieren von Ⲁ und Ⲉ anzunehmen
sein? Verschiedene Fehler, darunter Dittographie, dürften ⲈⲒⲦⲀⲢⲞ
ⲘⲘⲞⲒ ⲈⲢⲀⲦⲦ ⲈⲈⲚⲀⲢ ⲚⲚⲀⲢⲢⲀⲦⲔ (f. 13ʳ) entstellt haben. Ich lese …
ⲈⲢⲀⲦ ⲚⲀⲢⲢⲀⲔ. Das doppelte Ⲧ in ⲈⲢⲀⲦⲦ läßt sich zur Not damit
erklären, daß das Suffix der 1. Pers. Sing. im Bohairischen bei auf *t*
auslautenden Stämmen als zweites Ⲧ geschrieben werden kann[11].

---

[9] S. 373f.

[10] Polotsky, *Rez. Till* 231. Danach dann auch verbessert bei Till, *Gramm.* § 283.

[11] Die Grammatiken registrieren das nur für auf *t* endende Verbalstämme (Stern,
Gramm. 342 [nicht § 196]; Mallon, *Grammaire* § 281,I,2 gegen § 84,1). Jedenfalls
später kommen vereinzelt auch andere Fälle vor, vgl. etwa ⲈⲐⲂⲎⲦⲦ bei Hammerschmidt, *Gregoriasanaphora* 30, App. zu Nr. 118. Auch saïdisch wird übrigens bisweilen
noch ein Ⲧ als Suffix der 1. Person Singular einem auf *t* endenden Stamm angefügt.
Ein derartiges Beispiel wird etwa von Stern genannt (*Gramm.* § 196: »nicht am Platze«
[S. 94]). Nicht gerade selten sind Schreibungen mit doppeltem Ⲧ in der Londoner Psalter-
Handschrift (Budge, *Psalter*); die Schreibungen mit einfachem Ⲧ haben dort nur ein
leichtes Übergewicht, und selbstverständlich kommen auch Schwankungen bei ein und
demselben Wort vor. Hier nur zwei Beispiele: neben ϤⲒⲦ (101,11b) finden wir ϤⲒⲦⲦ

Von ∈ρⲁⲧ wird das ⲧ dann auch fehlerhaft in (ⲛ)ⲛⲁϩⲣⲁⲕ eingedrungen sein. Schwer verständlich ist, wie der Schreiber f. 18ᵛ zweimal
ⲡⲣⲉⲡⲓ ⲛⲁⲕ[12] ohne Pronominalpräfix bei erst folgendem Subjekt
setzen konnte. Sollte der Ausfall des ϥ- durch den Labial im Anlaut
des Verbums zu erklären sein?

In der folgenden Edition gebe ich wieder genau den Text der Handschrift. Die unumgänglichen Verbesserungen werden in den Apparat
verwiesen. Auch die Lesezeichen und die Interpunktion sind die des
Originals. Der Schreiber verwendet den übergesetzten Strich recht
selten und vorzugsweise bei ϩ. Am Zeilenschluß findet sich häufiger
ein übergesetzter Strich, von dem ich vermuten möchte, daß er als
Interpunktionszeichen gedacht ist und nur wegen Platzmangels über
statt hinter den letzten Buchstaben gesetzt wurde. In der Ausgabe
ist ein solcher Strich immer hinter das betreffende Wort gesetzt.
Im übrigen mußten die Satzzeichen für die Ausgabe stark vereinfacht
werden. Der Schreiber hat recht wahllos von Punkten und Strichen
sehr unterschiedlicher Länge Gebrauch gemacht.

(151,4b), neben ⲛϩⲏⲧ (54,5a; 55,13; 138,6a; 141,4a und 142,4a) ⲛϩⲏⲧⲧ (41,7a;
50,12a; 84,9a und 138,24a).

[12] Das zweite der drei ⲡⲣⲉⲡⲓ ⲛⲁⲕ muß Dittographie sein, falls man nicht ein
weiteres, ausgefallenes Subjekt annehmen will, für das aber die Paralleltexte keine
Stütze bieten.

2ʳ ΠΕϢΛΗΛ ΕΠΕΥΑΓΓΕΛΙΟΝ	Das Gebet des Evangeliums
· · ── · ── · · ── · · ──	
ΠΕΝΙⲰΤ : ΕΤϨΝ	Unser Vater in
ΝΕΝΠΗΥΕ · ΜΑΡΕ	den Himmeln, ge-
ΠΕΚΡΑΝ · ΕΟΥΟΠ	heiligt werde dein Name.
ΤΕΚΜΗΤΕΡΟ ΜΑ	Dein Reich
ΡΕⲤΕΙ · ΠΕΚΚΟΥ	komme. Dein Wil-
ⲰϢ ΜΑΡΕϥϢⲰ	le gesche-
ΠΕ ·· ΝΘΕ ΕΤΕϥ	he; wie er
ϨΝ ΤΠΕ · ΝϥϢⲰ	im Himmel (ist), ge-
2ᵛ ΠΕ ΠΕ ΟΝ ϨΙⲬΜ Π	schehe er auch auf der
ΚΑϨ : ΠΕΝΟΕΙΚ ΕΤ	Erde. Unser zukünftiges
ΝΗΥ · ΕΚϯ ΜΜΟϥ	Brot gib
ΝΑΝ ΜΠΟΟΥ =	uns heute.
ΚⲰ ΝΑΝ ΕΒΟΛ · ΕΝ	Vergib uns
ΝΕΤΕΡΟΝ · ΝΘΕ ϨⲰ	unsere Schulden, wie
ⲰΝ ΤΕΝΚⲰ ΕΒΟΛ	auch wir vergeben
ΕΝΕΤΕ ΟΥΕΝΤΑ	unseren
Ν ΕΡΟΟΥ =	Schuldnern.
3ʳ ΝΓΤΜⲬΙΤΝ ΕϨΟΥ	Und bringe uns nicht in
Ν ΕΠΕΙΡΑⲤΜΟⲤ =	Versuchung,
ΑΛΛΑ · ΕΚΕΝΑϨ ‑	sondern rette
ΜΕΝ ΕΒΟΛ ϨΙΤΟΟΤϥ	uns von
ΕΠΠΟΝΗΡΟⲤ =	dem Bösen.
ⲬΕ ΤⲰΚ ΤΕ ΤϬΟΜ	Denn dein ist die Macht
ΜΝ ΠΕΟΟΥ : ϢΑ	und die Ehre bis
ΕΝϨ̄ ·· ΕΝΙΝϨ ‑	in die Ewigkeiten der Ewigkeiten.
ϨΑΜΗΝ =	Amen.
· · · ── · · · ── · · ──	

2 r Oben auf der Seite Zierleiste. Links, unten und rechts ist der Text mit Punkten eingefaßt.   2r 8 ff. Dies die gewöhnliche Formulierung dieser Stelle in der saïdischen Bibelübersetzung; das zweite ΠΕ 2 v 1 ist aber Dittographie und zu streichen.

3ᵛ ⲦⲚⲠⲒⲤⲦⲈⲨⲈ ⲈⲨ	Wir glauben an einen
ⲚⲞⲨⲦⲈ ⲈⲚⲞⲨⲰⲦ	einzigen Gott.
⸗ ⲠⲒⲰⲦ ⲠⲀⲚⲦⲰ	Den Vater, den All-
ⲔⲢⲀⲦⲰⲢ ⲠⲈⲚ	herrscher, der
ⲦⲀϥ · ⲦⲀⲘⲒⲈ ⲦⲠⲈ	geschaffen hat den Himmel
ⲘⲚ ⲠⲔⲀⲌ ⸗ ⲚⲈⲦⲚ	und die Erde, was wir
ⲚⲀⲨ ⲈⲢⲞⲞⲨ : ⲚⲈⲦⲚ	sehen, was wir
ⲚⲀⲨ ⲈⲢⲞⲞⲨ ⲀⲚ	nicht sehen.
ⲘⲚ̄ ⲞⲨⲠⲞ̄Ⲥ̄ ⲈⲚ	Und einen einzigen
4ʳ ⲚⲞⲨⲰⲦ̄ : ⲒⲤ̄ ⲠⲈⲬⲤ̄	Herrn Jesus Christus,
ⲠϢⲎⲢⲈ : ⲘⲠⲚⲞⲨ	den Sohn Got-
ⲦⲈ · ⲠⲘⲞⲚⲞⲄⲎ	tes, den Eingebo-
ⲚⲎⲤ ⸗ ⲞⲨ⳪ⲠⲞ ⲠⲈ	renen. Er ist gezeugt
ⲈⲂⲞⲖ ⸗ ⳍⲘ ⲠⲒⲰⲦ ⸗	aus dem Vater
ⳍⲀⲐⲈ ⲚⲚⲈⲰⲚ	vor allen
ⲦⲎⲢⲞⲨ : ⲠⲞⲨⲞⲈⲒⲚ ⸗	Äonen. Das Licht
ⲈⲂⲞⲖ ⳍⲘ ⲠⲞⲨ	aus dem Licht,
ⲞⲈⲒⲚ ⸗ ⲠⲚⲞⲨⲦⲈ ⸗	der wahre
4ᵛ ⸗ ⲘⲘⲈ ⲈⲂⲞⲖ ⳍⲘ	Gott aus
ⲠⲚⲞⲨⲦⲈ ⲘⲘⲎ ⸗	dem wahren Gott.
ⲞⲨ⳪ⲠⲞ ⲠⲈ ⲈⲚⲞⲨ	Er ist gezeugt, er ist
ⲦⲀⲘⲒⲞ ⲀⲚ ⲠⲈ	nicht geschaffen.
ⲞⲨⳍⲞⲘⲞⲞⲨⲤⲒⲰⲚ	Er ist wesens-
ⲠⲈ ⲘⲚ̄ ⲠⲈϥⲒⲰⲦ	gleich mit seinem guten
ⲈⲚⲀⲄⲀⲐⲞⲤ · ⲘⲚ	Vater und
ⲠⲈⲠⲚ̄Ⲁ̄ ⲈⲦⲞⲨⲀⲀⲂ ⸗	dem Heiligen Geist.
ⲠⲀⲒ ⲚⲦⲀ ⲠⲦⲎⲢϥ	Durch den

---

3 v Oben auf der Seite Zierlinien aus Punkten und Wellenlinien.   3 v 3 ⲠⲀⲚⲦⲰ·
ⲔⲢⲀⲦⲰⲢ sic.

5ʳ   ϣⲱⲡⲉ ⲉⲃⲟⲗ ϩⲓ   das All geworden

     ⲧⲟⲟⲧϥ ⳾ ⲡⲁⲓ ⲉⲧ   ist. Der

     ⲃⲏⲧⲛ · ⲁⲛⲟⲛ ⲛ̅   für uns

     ⲣⲱⲙⲉ : ⲁⲩⲱ ⲉⲧⲃⲉ   Menschen und um

     ⲡⲉⲛⲟⲩϫⲁⲓ : ⲁϥ   unseres Heiles willen herab-

     ⲉⲓ ⲉⲡⲉⲥⲏⲧ : ⲉⲃⲟⲗ ⳾   gestiegen ist aus

     ϩⲛ ⲛⲉⲙⲡⲏⲩⲉ ⳾   den Himmeln.

     ⲁϥϫⲓ ⲥⲁⲣⲝ̅ ‑   Er hat Fleisch angenommen —

     ⲟⲩⲡⲛⲁ̅ · ⲉϥⲃⲟⲩⲁⲁⲃ   er ist heiliger

          ⲡⲉ ‑   Geist —

5ᵛ   ⲉⲃⲟⲗ · ϩⲙ ⲙⲁⲣⲓⲁ   aus Maria,

     ⲧⲡⲁⲣⲑⲉⲛⲟⲥ ⳾   der Jungfrau.

     ⲁⲩⲱ ⲁϥⲉⲣ ⲣⲱⲙⲉ   Und er ist Mensch geworden.

     ⲁⲩⲥ⳨ⲟⲩ̅ · ⲙⲙⲟϥ   Er ist gekreuzigt worden

     ϩⲁⲣⲟⲛ : ϩⲓⲧⲙ ⲡⲟ   für uns unter Pon-

     ⲛⲧⲟⲥ ⲡⲓⲗⲁⲧⲟⲥ ⳾   tius Pilatus.

     ⲁϥϣⲉⲡ ϩⲓⲥⲉ ⲁϥ   Er hat gelitten. Er ist

     ⲙⲟⲩ ⳾ ⲁⲩⲕⲁⲁϥ   gestorben. Er ist

     ϩⲛⲛⲟⲩⲧⲁⲫⲟⲥ ⳾   begraben worden.

6ʳ   ⲁⲩⲱ ⲁϥⲧⲱⲟⲩⲛ   Und er ist auferstanden

     ⲉⲃⲟⲗ · ϩⲛ ⲛⲉⲧ   von den

     ⲙⲟⲟⲩⲧ : ϩⲙ ⲡⲙⲉ̅ϩ̅   Toten am

     ϣⲟⲙⲏⲧ ⲛϩⲟⲟⲩ   dritten Tag

     ⲕⲁⲧⲁ ⲛⲉⲅⲣⲁⲫⲏ   gemäß den Schriften.

     ⲁⲩⲱ ⲁϥⲃⲱⲕ ⲉϩⲣⲁⲓ   Und er ist aufgestiegen

     ⲉⲙⲡⲏⲩⲉ ⳾ ⲁϥϩⲙⲟⲟⲥ ‑   zu den Himmeln. Er hat sich

     ϩⲓ ⲟⲩⲛⲁⲙ ⲙⲡⲉϥ   gesetzt zur Rechten seines

     ⲓⲱⲧ : ⲉϥⲛⲏⲩ ⲟⲛ   Vaters (Er wird wiederkommen)

---

5 r 8 ff. Diese Sätze können ebensogut als Relativsätze aufgefaßt werden.   6 r 9
»Er wird wiederkommen« vom Schreiber selbst getilgt.

6ᵛ	ϨΝ ΝΕϪΟϹΕ : ΕϤ	in den Höhen. Er
	ΝΗΥ ΟΝ · ϨΜ ΠΕϤ	wird wiederkommen in seiner
	ΕΟΟΥ = ΕΚΡΙΝΕ Ν	Herrlichkeit, zu richten
	ΝΕΤΟΝϨ · ΜΝ ΝΕΤ	die Lebendigen und die
	ΜΟΟΥΤ : ΠΑΙ ΜΝ	Toten. In dessen
	ϨΑΗ = ΝΑϢϢΠΕ	Königtum kein
	ϨΝ ΤΕϤΜΝΤΕΡΟ	Ende sein wird.
	ΤΝΠΙϹΤΕΥΕ ΠΕΠ	Wir glauben an den
	Ν͞Α͞ ΕΤΟΥΑΑΒ =	Heiligen Geist,
	Π͞Ο͞Ϲ͞ · ΑΥϢ ΠΡΕϤ	den Herrn und Leben-
7ʳ	ΤΑΝΤϨΟ = ΠΕΝ	digmacher. Der
	ΤΑϤΕΙ ΕΒΟΛ ϨΜ	hervorgekommen ist aus dem
	ΠΙϢΤ · ΠΕΤΝ	Vater. Den
	ΟΥϢϢΤ ΝΑϤ	wir anbeten mit
	ΠΙϢΤ ΜΝ ΠϢΗ	dem Vater und dem
	ΡΕ · ΑΥϢ ΤΝΑΙ	Sohn und ver-
	ΕΟΟΥ ΝΑϤ : ΠΕΝΤΑϤ	herrlichen. Der
	ϢΑϪΕ ϨΝ ΤΑΡΟ	gesprochen hat durch den Mund
	ΝΝΕΠΡΟΦΗΤ͞Ϲ͞ :	der Propheten
7ᵛ	ΕΤΒΕ ϮΟΥΕΙ ΕϹ	über die eine
	ΟΥΑΑΒ · ΝΓΑΘΟ	heilige, katho-
	ΛΙΚΗ · ΕΝΑΠΟϹ	lische, apo-
	ΤΟΛΙΚΗ · ΕΚΛΗ	stolische, hei-
	ϹΙΑ ΕΤΟΥΑΑΒ =	lige Kirche.
	ΤΝϨΟΜΟΛΟΓΕΙ	Wir bekennen
	ΕΝΟΥΒΑΠΤΙϹΜΑ	eine einzige
	ΕΤΟΥΑΑΒ Μ	heilige
	ΝΟΥϢΤ ΕΠΚϢ Ε	Taufe zur Vergebung
	ΒΟΛ ΕΝΝ͞ΟΒΕ	unserer Sünden.

---

6 v 8 f. Lies ΠΙϹΤΕΥΕ ⟨Ε⟩ΠΕΠ͞Ν͞Α (wohl Haplographie).　　7 r 1 ΤΑΝΤϨΟ sic.
7 r 4 f. Ergänze ΜΝ- = »mit«.　　7 r 8 ΤΑΡΟ sic.　　7 v 5 »Heilig« zweimal im Text.
7 v 10: Lies ΕΝΝ͞⟨Ν⟩ΟΒΕ.

8ʳ	ⲦⲚϬⲰϢⲦ Ⲉ	Wir er-
	ⲂⲞⲖ ⲈϨⲎⲦϤ Ⲉ	warten
	ⲦⲀⲚⲀⲤⲦⲀⲤⲓⲤ ⸗	die Auferstehung
	ⲚⲚⲈⲦⲘⲞⲞⲨⲦ	der Toten
	ⲀⲨⲱ ⲠⲰⲚϨ · ⲈⲦ	und das Leben, welches
	ⲚⲀϢⲰⲠⲈ ϨⲘ	sein wird im
	ⲠⲈⲰⲚ ⲈⲦⲚⲎⲨ	künftigen Äon
	ϢⲀ ⲈⲚϨ ⲚⲈⲚϨ	bis in die Ewigkeiten der Ewig-
	ϨⲀⲘⲎⲚ ⸗	keiten. Amen.
8ᵛ	ⲤⲘⲞⲨ ⲈⲢⲞⲚ ⸗	Segne uns.
	ⲠⲈⲞⲞⲨ ⲈⲠⲚⲞⲨⲦⲈ	Die Ehre (ist) Gott
	ϨⲚ ⲚⲈ⳪ⲞⲤⲈ	in den Höhen,
	ⲦⲈϤⲈⲓⲢⲎⲚⲎ	sein Friede (ist)
	Ϩⲓ⳪Ⲙ ⲠⲔⲀϨ	auf der Erde
	ⲚⲚⲢⲰⲘⲈ ⲘⲠϤ	den Menschen seines
	ⲞⲨⲰϢ · ⲦⲚϨⲰⲤ	Wohlgefallens. Wir singen
	ⲈⲢⲞϤ	ihm.
9ʳ	ⲦⲚⲤⲘⲞⲨ ⲈⲢⲞϤ	Wir preisen ihn
	ⲦⲚϢⲘϢⲘ	Wir dienen
	·· ⲚⲀϤ : ⲦⲚⲞⲨ	ihm. Wir be-
	ⲞⲨⲰϢⲦ ⲚⲀϤ	ten ihn an.
	ⲦⲚⲞⲨⲰⲚϨ ⲚⲀϤ	Wir bekennen
	ⲈⲂⲞⲖ : ⲦⲚϢⲀ	ihn. Wir sprechen
	⳪Ⲉ · ⲈⲠⲈϤⲈⲞⲞⲨ ⸗	von seiner Herrlichkeit.
	ⲦⲚϢⲈⲠ ϨⲘⲞⲦ	Wir danken
	ⲈⲂⲞⲖ ⲈⲦⲞⲞⲦϤ	ihm.

8 r 2 Lies ⲈϨⲎⲦⲤ. 8 v Oben auf der Seite Zierleiste. 8 v 7 Das koptische Wort für »Wohlgefallen« (wörtlich »Wollen«) nicht mit dem in M 574 (138,9) identisch. 9 r 2 ϢⲘϢⲘ sic. 9 r 3 f. Streiche ein ⲞⲨ (Dittographie). 9 r 9 ⲈⲦⲞⲞⲦ⸗ in ϨⲓⲦⲞⲞⲦ⸗ verbessert ?

9ᵛ ⲧⲛⲉⲩⲭⲁⲣⲓⲥ	Wir dan-
ⲧⲟⲩ ⲛⲁϥ · ⲉⲧⲃⲉ	ken ihm wegen
ⲡⲉϥⲛⲟϭ ⲉⲛⲉ	seiner großen Herr-
ⲟⲟⲩ ⲭ ⲡⲭⲟⲉⲓⲥ	lichkeit. Herr,
ⲡⲉⲣⲟ · ⲡⲉⲧϩⲓ	König, der (du bist)
ϫⲛ · ⲛⲙⲡⲏⲩⲉ	über den Himmeln.
ⲡⲛⲟⲩⲧⲉ · ⲡⲓⲱⲧ	Gott, Vater,
ⲡⲓⲡⲁⲛⲧⲱⲕ	Allherr-
ⲣⲁⲧⲱⲣ ⲭ	scher.
10ʳ ⲡ̅ⲟ̅ⲥ̅ ⲡⲓϣⲏⲣⲉ ⲙⲁ	Herr, einziger
ⲟⲩⲁⲁⲃ · ⲡⲓⲙⲟⲛⲟ	Sohn, Einge-
ⲅⲏⲛⲏⲥ ⲓ̅ⲥ̅ ⲡⲉⲭ̅ⲥ̅	borener, Jesus Christus.
ⲙⲛ ⲡⲉⲡ̅ⲛ̅ⲁ̅	Mit dem Heiligen
ⲉⲧⲟⲩⲁⲁⲃ ⲭ	Geist.
ⲡ̅ⲟ̅ⲥ̅ ⲡⲛⲟⲩⲧⲉ	Herr, Gott,
ⲡⲉϩⲓϥ ⲛⲧⲉ ⲡ	Lamm
ⲛⲟⲩⲧⲉ ⲭ	Gottes.
11ᵛ ⲡⲓϣⲏⲣⲉ ⲛⲧⲉ ⲡ	Sohn des
ⲓⲱⲧ ⲡⲉⲧⲃⲓ	Vaters. Der du trägst
ⲛⲛⲉⲛⲟⲃⲉ ⲙⲡ	die Sünden der
ⲕⲟⲥⲙⲟⲥ · ⲛⲁ	Welt, erbarme dich
ⲛⲁⲛ ⲛⲁ ⲛⲁⲛ	unser, erbarme dich unser.
ⲡⲉⲡⲃⲓ ⲛⲛⲉⲛⲟ	Der du trägst die Sün-
ⲃⲉ ⲙⲡⲕⲟⲥⲙⲟⲥ	den der Welt,
ϣⲉⲡ ⲡⲉⲛⲧⲟⲩ	nimm unsere Bit-

9 v 1 »Danken« im Koptischen anderes Wort als 9 r 8.   10 r 4 f. Oder »Und Hl. Geist«.
10 v 6 ⲡⲉⲡⲃⲓ sic.   10 v 8 f. ⲡⲉⲛⲧⲟⲩⲓⲟ sic. Deutung nicht klar, vgl. oben S.
472.

11ʳ ιο ερoκ ⸗ πετ	te an. Der
ϩμooc · ϩι oυ	du sitzest zur Rech-
ναμ μν πεϥ	ten deines
ιωτ να ναν	Vaters, erbarme dich unser.
ντoκ μαoυ	Du al-
ααϰ πε ππετoυ	lein bist der Hei-
ααв ⸗ ντoκ μα	lige. Du al-
oυααϰ πε ππε	lein bist der
ϫocε ——	Hohe.
11ᵛ π̄oc̄ ī c̄ πεχ̄c̄ ⸗	Herr Jesus Christus.
μν πεπν̄ᾱ	Mit dem Heiligen
ετoυααв ⸗	Geist.
πεooυ επνoυ	Die Ehre (ist) Gott,
τε πιωτ ⸗	dem Vater.
ϩαμην ⸗	Amen.
†ναcμoυ ερoκ	Ich werde dich preisen
εμηνε μμηνε	täglich.
†ναcμoυ επк̄	Ich werde loben deinen
12ʳ ραν ετoυααв ⸗	heiligen Namen
ϣα ενεϩ̄ : αγω	bis in Ewigkeit und
ϣα ενεϩ̄ : ντε	bis in die Ewigkeit der
πιενεϩ · ϩαμν̄ ⸗	Ewigkeit. Amen.
ϫιν εϭωρϩ̄ ⸗	Früh, noch in der Nacht,
ϩα παπν̄ᾱ · νϣ	hat mein Geist
ωρπ μμoν ε ·	sich aufgemacht zu
ρoκ πνoυτε	dir, Gott.
ϫε ϩννoυoειν	Denn Licht

12ᵛ	ЄIN NЄ NЄK	sind deine
	ОУЄϨ · САϨNЄ	Befehle
	ϨIXM ПКАϨ ⸗	auf der Erde.
	АIМЄΛЄТА М	Ich habe bedacht
	ПЄКNОМОС	dein Gesetz,
	П͞О͞С · ХЄ АКϢШ	Herr. Denn du bist mir
	ПЄ NАI · ЄВОН	Helfer gewor-
	ѲО͞С · ЄПNАУ	den. Zur Morgen-
13ʳ	М͞П͞NАУ ЄϨТООУЄ	stunde,
	П͞О͞С · ЄКЄСШТ͞М	Herr, höre
	ЄТАСМН · NϢШ	auf meine Stimme. Früh
	Р͞П · ЄIТАϨО ММОI ⸗	will ich mich
	ЄРАТТЄ ЄNАϨ	hinstellen
	NNАϨРАТК	vor dich.
	ЄКNА NАI · АРI КА	Erbarme dich meiner. Wür-
	ТАК͞Ξ͞ΙОУ П͞О͞С	dige dich, Herr,
13ᵛ	NГϨАРЄϨ ЄРОN ϨМ	uns zu bewahren an
	ПIϨООУ ПАI ЄNО	diesem Tag sün-
	NАТNОВЄ ⸗ КСМА	denlos. Gepriesen
	МААТ П͞О͞С ПNОУ	bist du, Herr, Gott
	ТЄ NТЄ N͞NIОТЄ	unserer Väter.
	ВЄР ϨОУЄ ЧСМА	Hochgeprie-
	МААТ АУШ Ч	sen und
	МЄϨ · ЄNЄООУ	ruhmvoll ist

---

12 v 1 Streiche ЄIN (Dittographie).   12 v 4 Dasselbe Verb (μελετᾶν) wie in M 574 (139,4), aber hier in der TorontoHandschrift wie in der saïdischen Übersetzung Ps 118,80b mit Akkusativ konstruiert.   13 r 1 Streiche М͞П͞NАУ (Dittographie). 13 r 4 ff. Die Stelle ist verderbt; vgl. oben S. 294 f. und 472 f.   13 v 6 Die Beziehung von »hochgepriesen« auf das folgende »dein Name« ist sprachlich hart. Der Text ist verderbt, vgl. oben S. 295.

14ʳ ⲛϬⲓ ⲡⲉⲕⲣⲁⲛ	dein heiliger
ⲉⲧⲟⲩⲁⲁⲃ ϣⲁ	Name bis in
ⲉⲛⲉϩ ⲁⲩⲱ ϣⲁ ⲉ	Ewigkeit und bis in die Ewig-
ⲛⲉϩ ⲛⲧⲉ ⲡⲓⲉⲛⲉϩ	keit der Ewigkeit.
: ϩⲁⲙⲏⲛ ———	Amen.
ⲙⲁⲣⲉϥϣⲱⲡⲉ	Dein Erbarmen
ⲛϬⲓ ⲡⲉⲕⲛⲁ ⲉϩ	möge über
ⲣⲁⲓ ⲉⲭⲱⲛ : ⲡⲟⲥ	uns kommen, Herr,
ⲕⲁⲧⲁ ⲑⲉ ⲛⲧⲁⲛ	wie wir auf dich
14ᵛ ϩⲉⲗⲡⲓⲥ ⲉⲣⲟⲕ ⸗	gehofft haben.
ⲡⲟⲥ ⲉⲧⲟⲕ ⲡⲉⲧⲉ	Herr, auf dich
ⲣⲉ ⲛⲃⲁⲗ · ⲉⲟⲩⲟⲛ	hoffen
ⲛⲓⲙ · ϩⲉⲗⲡⲓⲥ	aller Au-
ⲉⲣⲟⲕ ⸗ ⲡⲟⲥ · ⲉⲧⲟⲕ	gen. Herr, du
ⲁⲕⲧ ⲛⲁⲛ · ⲉⲧⲉϩ	hast uns die Speise
ⲣⲉ · ⲙⲡⲉⲥⲟⲩⲟ	gegeben zu ihrer
ⲉⲓϣ · ⲥⲱⲧⲙ	Zeit. Erhöre
ⲉⲣⲟⲛ · ⲡⲛⲟⲩⲧⲉ	uns, Gott,
15ʳ ⲡⲉⲛⲥⲱⲧⲏⲣ ⸗	unser Retter,
ⲑⲉⲗⲡⲓⲥ ⲉⲛⲉⲕ	die Hoffnung al-
ⲣⲱⲟⲩ · ⲧⲏⲣⲟⲩ ⸗	ler Enden
ⲙⲡⲕⲁϩ ⸗ ⲛⲧⲟⲕ	der Erde. Du,
ⲡⲟⲥ ·: ⲉⲅⲉϩⲁⲣⲉϩ	Herr, bewahre
ⲉⲣⲟⲛ · ⲉⲕⲉⲛⲁϩ	uns. Rette
ⲙⲉⲛ ⲉⲃⲟⲗ ϩⲓ	uns vor
ⲧⲟⲟⲧϥ · ⲉⲡⲓ	diesem

14 v 6 Vgl. oben S. 471 f.

15ᵛ	ϫⲱⲙ ⲡⲁⲓ · ϣⲁ	Geschlecht bis in
	ⲉⲛⲍ̄ ⳿ ⲕⲥⲙⲁⲙⲁ	Ewigkeit. Gepriesen bist
	ⲁⲧ ⲡⲟⲥ̄ ⲙⲁⲧ	du, Herr; leh-
	ⲥⲁⲃⲟⲓ ⳿ ⲉⲧⲉⲕ	re mich deine
	ⲙⲏⲧⲙⲏ ⳿ ⲕⲥ	Gerechtigkeit. Ge-
	ⲙⲁⲙⲁⲁⲧ ⲡⲟⲥ̄	priesen bist du, Herr;
	† ⲧⲉϩⲓⲏ ⲛⲁⲓ	laß mich (gehen) den Weg
	ⲛⲧⲉⲕⲙⲏⲧⲙⲏ ⳿	deiner Gerechtigkeit.
	ⲕⲥⲙⲁⲙⲁⲁⲧ ⳿	Gepriesen bist du,
16ʳ	ⲡⲟⲥ̄ · † ⲡⲟⲩⲟⲉⲓⲛ	Herr; erleuchte
	ⲛⲁⲓ ⲛⲧⲉⲕⲙⲏⲧ	mich durch deine Gerech-
	ⲙⲏ : ⲡⲟⲥ̄ : ⲡⲉⲕ	tigkeit. Herr, dein
	ⲛⲁ ϣⲟⲟⲡ ϣⲁ	Erbarmen währet in
	ⲉⲛⲉϩ ⳿	Ewigkeit.
	ⲛⲉϩ · ⲃⲏⲩⲉ ⲛ	Die Werke
	ⲛⲉⲕϭⲓϫ · ⲡⲟⲥ̄	deiner Hände, Herr,
	ⲙⲡⲉⲣⲕⲁⲁⲩ	laß nicht im
	ⲉⲥⲱⲕ ⳿	Stich.
16ᵛ	ⲡⲟⲥ̄ · ⲁⲕϣⲱⲡⲉ	Herr, du bist mir
	ⲛⲁⲓ ⲉⲙⲁⲙⲡⲱⲧ	Zuflucht geworden
	ϫⲓⲛ · ⲉⲟⲩϫⲱⲙ	von Geschlecht
	ϣⲁ ⲟⲩϫⲱⲙ	zu Geschlecht.
	ⲁⲛⲟⲕ ⲁⲓϫⲟⲟⲥ	Ich habe zum Herrn
	ⲉⲡⲟⲥ̄ : ϫⲉ ⲛⲁ	gesagt: Erbarme dich
	ⲛⲁⲓ · ⲙⲁⲧⲁⲗ	meiner. Hei-
	ϭⲉ ⲧⲁⲯⲩⲭⲏ	le meine Seele,

17ʳ	ⲭⲉ ⲁⲓⲉⲣ ⲛⲟⲃⲉ	denn ich habe gesündigt
	ⲉⲣⲟⲕ ·: ⲡ̅ⲟ̅ⲥ̅ : ⲁⲓ	gegen dich. Herr, ich bin
	ⲡⲱⲧ · ⲉⲣⲁⲧⲕ ⸗	zu dir geflohen.
	ⲙⲁⲧⲥⲁⲃⲟⲓ ⲧⲁ	Lehre mich, zu
	ⲉⲓⲣⲉ · ⲙⲡⲉⲧⲉ	tun, was
	ⲣⲉⲛⲁⲕ ⲛⲟⲩ	dir gefällt, al-
	ⲟⲉⲓϣ ⲛⲓⲙ ⸗	le Zeit.
	ⲭⲉ ⲛⲧⲟⲕ	Denn du
17ᵛ	ⲡⲉ ⲡⲁⲛⲟⲩⲧⲉ	bist mein Gott.
	ⲉⲥⲕⲏ ϩⲁⲧⲟⲟⲧⲕ	Bei dir ist
	ⲛ̅ϭⲓ ⲧⲡⲓⲅⲏ	die Quelle
	ⲙⲡⲱⲛ̅ϩ̅ ⸗	des Lebens.
18ʳ	ⲉϩⲣⲁⲛ ϩⲙ ⲡⲉⲕ	In deinem
	ⲟⲩⲟⲉⲓⲛ ⲧⲛⲛⲁ	Licht werden wir
	ⲛⲁⲩ ⲉⲩⲛⲟϭ ⲉⲛ	ein großes Licht
	ⲛⲟⲩⲟⲉⲓⲛ ⲡⲉⲣⲉϣ	sehen. Breite aus
	ⲡⲉⲕⲛⲁ ⲉⲃⲟⲗ ⲉⲝⲛ	dein Erbarmen über
	ⲛⲉⲧⲥⲟⲟⲩⲛ ⲙ	die, die dich ken-
	ⲙⲟⲕ · ⲁⲩⲱ ⲧⲉⲕ	nen, und deine
	ⳁⲕⲉⲟⲥⲏⲛⲏ	Gerechtigkeit
18ᵛ	ⲉⲝⲛ ⲛⲉⲧⲥⲟⲩ	über die, die
	ⲧⲱⲛ ϩⲙ ⲡⲉⲩ	reinen Herzens
	ϩⲏⲧ ⲡⲣⲉⲡⲓ	sind. Dir
	ⲛⲁⲕ ⲡⲣⲉⲡⲓ	gebührt, dir
	ⲛⲁⲕ ⲉϭⲓ ⲡⲓϩⲱ	gebührt dies Lied.
	ⲥ ⲡⲣⲉⲡⲓ ⲛⲁⲕ	Dir gebührt
	ⲉϭⲓ ⲡⲓⲥⲙⲟⲩ	dieser Lobpreis.
	ⲃⲉⲣ ϣⲁⲩ ⲛⲁⲕ	Dir gebührt

17 r 5 f. Die Stelle ist verderbt; siehe oben S. 472.   17 v Untere Hälfte der Seite frei.
18 r 1 Zwischen ⲁ und ⲛ ein ⲓ eingefügt und ⲉϩⲣⲁⲓ zu lesen?   18 v 3 f. Vgl. oben
S. 473. Das zweite »dir gebührt« wohl Dittographie.

19ʳ ⲉϭ ⲡⲉⲟⲟⲩ	die Ehre
ⲙⲛ ⲡⲧⲁⲓⲟ	und die Verherrlichung.
ⲡⲉⲟⲟⲩ ⲙⲛ ⲡⲧⲁ	Ehre und Verherr-
ⲓⲟ ⲡⲣⲉⲡⲓ ⲛⲁⲕ	lichung gebührt dir,
ⲡⲓⲱⲧ · ⲙⲛ ⲡ	Vater und
ϣⲏⲣⲉ ⲙⲛ ⲡⲉⲡ	Sohn und Hei-
ⲛⲁ̄ ⲉⲧⲟⲟⲩⲁⲁⲃ	liger Geist.
ⲁⲣⲓ ⲃⲟⲏⲑⲓⲁ	Hilf
19ᵛ ⲉⲣⲟⲛ ⲛⲕⲛⲁ ⲛⲁⲛ	uns und erbarme dich unser.
ⲛⲅⲥⲙⲟⲩ ⲉⲣⲟⲛ	Und segne uns.
ⲛⲕⲕⲁ ⲛⲉⲛⲛⲟⲃⲉ	Und laß uns unsere
ⲛⲁⲛ ⲉⲃⲟⲗ	Sünden nach,
ⲡⲉⲧϣⲟⲟⲡ ⲭⲓ	der du bist von
ⲛ ⲉⲧⲉϩϩⲟⲩⲉⲓ	Anbeginn
ⲧⲉ ϣⲁⲉ̊ⲛⲉϩ ⲁⲩⲱ	bis in Ewigkeit und
ϣⲁ ⲉⲛⲉϩ ⲛⲧⲉ	bis in die Ewigkeit
20ʳ ⲡⲓⲉⲛⲉϩ ϩⲁⲙⲏⲛ ⁼	der Ewigkeit. Amen.

ⲁⲅⲓⲟⲥ · ⲟⲑ̄ⲉ̄ⲟ̄ⲥ̄	Ἅγιος ὁ Θεός,
ⲁⲅⲓⲟⲥ · ⲉⲓⲥⲭⲉⲣ̄ⲟ̄ⲥ̄	Ἅγιος Ἰσχυρός,
ⲁⲅⲓⲟⲥ · ⲁⲑⲁⲛⲁ	Ἅγιος Ἀθάνα-
ⲧⲟ̄ⲥ̄ · ⲟⲉⲕⲡⲁⲣⲑⲉ	τος, ὁ ἐκ Παρθέ-
ⲛⲟⲩⲅⲉⲛⲉⲑⲓⲥ	νου γεννηθείς,
ⲉⲗⲉⲏⲥⲟⲛⲏⲙⲁⲥ ⁻	ἐλέησον ἡμᾶς.
ⲁⲅⲓⲟⲥ · ⲟⲑ̄ⲉ̄ⲟ̄ⲥ̄	Ἅγιος ὁ Θεός,

19r 7 ⲟⲟⲩⲁⲁⲃ sic.   19v 6f. ⲧⲉϩϩⲟⲩⲉⲓⲧⲉ sic.

20ᵛ ΑΓΙΟС · ΕΙСΧΕΡΟС	Ἅγιος Ἰσχυρός,
ΑΓΙΟС · ΑΘΑΝΑΤΟС	Ἅγιος Ἀθάνατος,
ΟСϜΟΘΙСϮΕΜΑС	ὁ σταυρωθεὶς δι' ἡμᾶς,
ΕΛΕΗСΟΝΗΜΑС	ἐλέησον ἡμᾶς.
ΑΓΙΟС · ΕΘΕΟС	Ἅγιος ὁ θεός,
ΑΓΙΟС · ΕΙСΧΕΡΟС	Ἅγιος Ἰσχυρός,
ΑΓΙΟС · ΑΘΑΝΑΤΟС	Ἅγιος Ἀθάνατος,
ΟΑΝΑСΤΑСΕΚ	ὁ ἀναστὰς ἐκ
21ʳ ΤΟΝΝΕΚΡѠΝ –	τῶν νεκρῶν,
ΕΛΕΕΙСΟΝΕΙΜΑС –	ἐλέησον ἡμᾶς.
= ΤΟΚΞΑΠΑΤΡΙ	Δόξα Πατρί,
ΚΕΝΙѠС · ΚΕ	καὶ Υἱῷ, καὶ
ΑΙΓΙΟΠΝΑϮ	Ἁγίῳ Πνεύματι.
ΚΕΝΟΥΝΚΕΔΕΙΝ	Καὶ νῦν, καὶ ἀεί,
ΚΕΕΙСΤΟΥСΕ	καὶ εἰς τοὺς αἰ-
ΟΝΑСΤΟΝ	ῶνας τῶν
21ᵛ ΝΕΟΝΟΝ	αἰώνων.
ϨΑΜΗΝ =	Ἀμήν.
ΑΙΓΙΑΝΤΡΙ	Ἁγία Τρι-
ΑСΕΛΕΕΙСΟΝ	άς, ἐλέησον
ΗΜΑС · ΠΑΝΑΙ	ἡμᾶς. Πανα-
ΓΙΑΝΤΡΙΑС	γία Τριάς,
ΕΛΕΕΙСΟΝ	ἐλέησον
ΗΜΑС	ἡμᾶς.

20 v 5 ΕΘΕΟС sic.

22ʳ	ⲧⲣⲓⲥⲁⲓⲅⲓⲁⲛ	Τρισαγία
	ⲧⲣⲓⲁⲥⲉⲗⲉⲉⲓ	Τριάς, ἐλέη-
	ⲥⲟⲛⲉⲓⲙⲁⲥ	σον ἡμᾶς.
	ⲕⲓⲣⲓⲉⲗⲉⲥⲟⲛ	Κύριε, ἐλέησον.
	ⲕⲓⲣⲓⲉⲗⲉⲥⲟⲛ	Κύριε, ἐλέησον.
	ⲕⲓⲣⲓⲉⲗⲉⲥⲟⲛ	Κύριε, ἐλέησον.
	ⲡⲉⲛⲓⲱⲧ ⲉⲧ	Unser Vater
	ϩⲛ ⲙⲡⲏⲩⲉ ⸗	in den Himmeln,
32ʳ	ⲡⲓⲟⲩⲁ ⲉⲃⲟⲗ	Dieser eine aus
	ϩⲛ ⲧⲉⲧⲣⲓⲁⲥ	der Dreifaltigkeit,
	ⲡⲛⲟⲩⲧⲉ · ⲡⲗⲟⲅⲟⲥ	der Gott-Logos
	ⲡⲉⲭ̄ⲥ̄ · ⲁϥϫⲓ ·	Christus, hat Fleisch
	ⲥⲁⲣ̄ⲝ̄ · ⲁϥⲉⲣ ⲣⲱⲙⲉ	angenommen. Er ist Mensch ge-
	ϩⲛ ⲧⲡⲁⲣⲑⲉⲛⲟⲥ	worden in der Jungfrau
	ⲙⲁⲣⲓⲁ · ⲁϥϩⲏ	Maria. Er hat er-
	ⲡⲟⲙⲟⲛⲏ · ϩⲓ	duldet
	ⲡⲉⲥⲧⲁⲩⲣⲟⲥ	das Kreuz.
32ᵛ	ⲁϥⲙⲟⲩ ⲁϥⲧⲱ	Er ist gestorben. Er ist
	ⲟⲩⲛ ϩⲓ ⲛⲉⲧ	auferstanden von den
	ⲙⲟⲟⲩⲧ · ⲁϥⲃⲱⲕ	Toten. Er ist auf-
	ⲉϩⲣⲁⲓ ⲛⲙⲡⲏⲩⲉ ⸗	gestiegen zu den Himmeln.
	ⲁⲙⲏⲓⲧⲛ · ⲧⲛ	Kommt, laßt uns
	ⲟⲩⲱϣⲧ ⲛⲁϥ ·	ihn anbeten.

32 r 6 »In« kann auch für »aus« stehen.

DIE KOPTISCHE HANDSCHRIFT NR. 68
DER BIBLIOTHÈQUE NATIONALE ZU PARIS

Von einer jüngeren liturgischen Handschrift saïdischer Sprache auf Papier, deren ursprünglicher Umfang sich nicht mehr feststellen läßt, sind uns nach meiner vorläufigen Kenntnis 78 Blätter bewahrt geblieben, von denen sich 77 in Paris befinden, eines in Leiden. Die Pariser Blätter sind zur Zeit Karls X., also zwischen 1824 und 1830, in ihrer jetzigen Form eingebunden worden[1]. Seit wann die Handschrift die heutige Nummer 68 trägt, kann ich nicht sagen[2]. Die Handschrift ist nach Auskunft der Bibliothek von Wansleben in Zypern gekauft worden, und zwar schon zusammengebunden mit der arabischen Handschrift Nr. 160[3]. Ein Beweis für den Erwerb der Handschrift durch Wansleben ist — wiederum nach Auskunft der Bibliothek — der Vermerk K. 10, der auf dem oberen Rand des ersten erhaltenen Blattes steht. Das Leidener Blatt[4] wird unter der Signatur MS. Insinger N°. 44 im Rijksmuseum van Oudheden aufbewahrt[5]. Wie schon die Signatur angibt, gehört das Blatt zu den von Insinger gegen Ende des letzten Jahrhunderts angekauften Stücken.

[1] Der Einband trägt das Wappen Karls X. Früher war die Handschrift mit der arabischen Handschrift Nr. 65, ancien fonds (heute Nr. 160; siehe DE SLANE, *Catalogue* 39b), zusammengebunden. So nach Ausweis einer Notiz von älterer Hand auf Seite 1, die später eine jüngere Hand auch auf das Vorsatzblatt übertragen hat; vgl. auch CHABOT, *Inventaire* 360. QUATREMÈRE gibt allerdings an, daß die Handschrift zu seiner Zeit mit der arabischen Handschrift Nr. 167 zusammengebunden gewesen sei (*Recherches* 299 mit Anm. a). Wenn die koptische Handschrift Nr. 68 tatsächlich mit der arabischen Handschift Nr. 160 zusammengebunden war, was aufgrund der genauen Übereinstimmung im Format und der durchlaufenden Foliierung als sicher anzusehen ist, dann muß sie von dieser spätestens zur Zeit Napoleons I. getrennt worden sein, da deren heutiger Einband das Wappen dieses Kaisers trägt. Die arabische Handschrift Nr. 160 wurde im Juni 1671 von Wansleben in Nikosia erworben, wie aus einem entsprechenden Eintrag f. 187ᵛ hervorgeht.

[2] Auf den Vorsatzblatt steht noch eine durchgestrichene Signatur: Suppl. copte n° 17.

[3] In den von OMONT (*Missions archéol.* 54 ff. und 879 ff.) veröffentlichten Dokumenten finde ich keine Erwähnung unserer Handschrift.

[4] Mir nur durch ein Foto der Universitätsbibliothek Löwen bekannt. Die Zugehörigkeit dieses Blattes zur Pariser Handschrift ergibt sich sowohl aus kodikologischen als auch aus inhaltlichen Kriterien; sie ist absolut sicher. Weitere Blätter in anderen Bibliotheken konnte ich bisher nicht ausfindig machen.

[5] PLEYTE-BOESER, Manuscrits 244–246 (mit Veröffentlichung des vollen Textes).

Die erhaltenen Blätter tragen alle noch die Originalfoliierung[6], nach der ich hier ausschließlich zitiere. Die entsprechenden Ziffern in der Form der gewöhnlichen koptischen Buchstaben stehen jeweils auf der Rückseite der Blätter. Die Pariser Handschrift umfaßt folgende Blätter: 4–9, 21–37, 50–68, 78–86, 93–102, 124–131 und 134–141; in Leiden befindet sich Blatt 158. Die einzelnen Lagen setzen sich nicht jeweils aus der gleichen Anzahl von Blättern zusammen. Soweit sich das nach der Pariser Handschrift feststellen läßt, bestehen die meisten Lagen aus zehn Blättern (fünf Doppelblättern), andere aber nur aus acht oder sechs Blättern (vier oder drei Doppelblättern). Kurze Inhaltsangaben oder Beschreibungen der Handschrift sind schon verschiedentlich gegeben worden[7]; auch sind einzelne Abschnitte veröffentlicht[8].

Die Handschrift trägt f. 4^r (= erstes erhaltenes Blatt) folgenden Titel in koptischer und arabischer Sprache: »Das ist der Ritus (τύπος/ tartīb) des Festes der Wüste des Apa Schenute (am) Montag[9] der zweiten Woche der heiligen vierzig Tage[10].« Wegen der vielen Lücken

---

[6] Natürlich sind die in Paris befindlichen Blätter außerdem von moderner Hand als Blatt 1–77 durchnumeriert. Daneben tragen die Blätter aus der Zeit, als die Handschrift mit der arabischen Handschrift Nr. 160 zusammengebunden war, in umgekehrter Reihenfolge eine von 188–264 laufende Foliierung.

[7] QUATREMÈRE, *Recherches* 298–300; HYVERNAT, *Versions coptes* 549; CHABOT, *Inventaire* 360. Für das Leidener Blatt siehe oben S. 488, Anm. 5.

[8] Hinweise auf die veröffentlichten Texte unten S. 495 mit Anm. 39 und 40, S. 496, Anm. 42 und S. 497, Anm. 44 und 45.

[9] ΠΕϨΟΟΥ ΜΠΕⲤΝⲀⲨ ist nicht die gewöhnliche saïdische Bezeichnung für »Montag« und entspricht dem bohairischen ΠΙΕϨΟΟΥ ΜΠⲤⲚⲀⲨ (vgl. TILL, *Wochentagsnamen* 101 und 102).

[10] Für die heutige koptische Liturgie kann ich ein entsprechendes Fest nicht nachweisen. Es ist aber auch nicht ganz klar, welcher Tag des Kirchenjahres gemeint ist. Als 2. Woche der vierzigtägigen Fastenzeit sehen die Kopten heute eindeutig die Woche *vor* dem 2. Fastensonntag an (vgl. etwa BĀNŪB, *Schätze* 157 ff.), so daß sich mit der Karwoche acht Fastenwochen ergeben (vgl. u. a. noch RAHLFS, *Alttest. Lektionen* 85–87). BURMESTER rechnet noch mit sieben Wochen (*Liturgical Services* 13), so daß hier also die 2. Fastenwoche die Woche *nach* dem 2. Fastensonntag ist. Legt man die letztere Berechnung zugrunde, so fällt das fragliche Fest auf den Montag nach dem 2. Fastensonntag. Dieser Tag, der Montag in der sechsten Woche vor Ostern, war während einer längeren Periode, etwa vom 4. bis zum 6. Jahrhundert, der Beginn der Fastenzeit in der ägyptischen Kirche (vgl. z. B. RAHLFS, *Alttest. Lektionen* 84 f.). Und die Evangelien-Lesungen sind noch heute die synoptischen Berichte über die Versuchung Jesu (Mk 1,12–15; Lk 4,1–13; Mt 4,1–11; vgl. z. B. wieder BĀNŪB, *Schätze* 203 ff.). Das Fest könnte also auf die Praxis Bezug nehmen, nach der die Mönche sich zu Beginn der großen Fastenzeit in die Wüste zurückzogen. Andererseits ist in einem Typikon-

und des fehlenden Schlusses muß offen bleiben, ob die Handschrift nichts anderes als den Ritus des genannten Festes enthält oder enthielt. Mein persönlicher Eindruck geht dahin, daß zumindestens im erhaltenen Teil der Handschrift nur der Ritus dieses Festes verzeichnet steht. Es muß sich um eine Art Prozessions- oder Wallfahrtsgottesdienst handeln, bei dem »das ganze Volk auf den Berg hinaufsteigt« (f. 4ʳ). Mit dem »ganzen Volk« müssen »die Leute von Achmim« gemeint sein, die später zweimal erwähnt werden (f. 32ᵛ und 138ᵛ). Aufgrund dieser Angaben scheint es mir auch unbezweifelbar, daß bei dem Ritus die konkreten Gegebenheiten der Umgebung von Achmim vorausgesetzt sind, wenn auch die Deutung der Einzelangaben vorerst noch unlösbare Schwierigkeiten mit sich bringt. Man versammelt sich zunächst bei ⲧⲕⲉⲗⲝⲉ ⲙⲡⲥⲁⲍ = »der Ecke des Schreibers« bzw. »... Lehrers« (f. 4ʳ); der Ausdruck[11] ist mir unverständlich[12]. Für Crum war es ein »place-name in Scete«[13], doch halte ich eine solche Deutung für abwegig. Der erhaltene Teil der Handschrift bietet noch folgende Angaben über den Verlauf der Prozession. Ein schon philologisch unlösbares Problem enthält für mich die nächste Rubrik, sich nach Norden zu wenden, »zur Kirche ⲉⲧⲣⲓⲅⲁⲙⲟⲩ« (f. 32ʳ). Später zieht man zum »Meer unseres heiligen Vaters Apa Schenute, des Archimandriten vom Berge Atripe«[14]. Für das Wort »Meer« (θάλασσα) habe ich wiederum keine sichere Erklärung[15]. Dann kommt

Fragment aus dem Weißen Kloster ein »Sonntag der Wüste« (ⲔⲨⲢⲒⲀⲔⲎ ⲘⲠⲬⲀⲒⲈ belegt, der dem Karnevalssonntag (ⲔⲨⲢⲒⲀⲔⲎ ⲘⲠⲘⲞⲨⲢ ⲈⲌⲞⲨⲚ) unmittelbar vorausgeht (PLEYTE-BOESER, Manuscrits 136). Es besteht aber wenig Wahrscheinlichkeit, daß unser Fest etwas mit diesem »Sonntag der Wüste« zu tun haben könnte.

[11] Im Arabischen تل المعلمين = »der Hügel der Lehrer«.

[12] Vgl. auch oben S. 78.

[13] CRUM, Dict. 108a.

[14] Fol. 65ʳ; der koptische Text in Sinuthii opera IV, S. XV. Nach CRUM, der unsere Stelle zitiert, hat »Berg« hier die Bedeutung »Kloster« (Dict. 441a).

[15] Auf das »Meer« wird sichtlich in den Begleittexten zu dem Zug dorthin angespielt. Es handelt sich um Zusammenstellungen von Psalmversen nach Stichworten, unter denen sich auffallend viele finden, die irgendwie auf Wasser Bezug nehmen: »Wolke« (f. 65ᵛ–66ʳ), »Schiff« (f. 66ᵛ–67ʳ), »Meer« (f. 67), »Fluß« (f. 67ᵛ–68ʳ), »Welle« (f. 68ʳ), »Quelle« (f. 68ᵛ) und »Wasser« (f. 68ᵛ). — Eine sichere Möglichkeit, das »Meer unseres heiligen Vaters Apa Schenute« aus den Daten seiner Vita zu deuten, sehe ich nicht. Von dem dort Berichteten könnte man heranziehen: Der junge Schenute verbringt ganze Nächte im Wasser stehend (Sinuthii vita 8,8 ff.). Schenute läßt eine Nilinsel im Wasser versinken (41,25 ff.). Beim Ausbleiben der Nilflut zieht Schenute sich zum Gebet in seine Zelle in der Wüste zurück (50,1 ff. und 56,6 ff.). Vielleicht kommen auch die wunderbaren Reisen Schenutes über See auf Wolken in Betracht (16,6 ff. und 31,20 ff.),

man zum Topos, wo zuerst ein Umzug um die Kirche[16] und dann die
Messe (ϲⲩⲛⲁⲅⲉ) stattfindet[17]. Nach der Messe erfolgt der Auszug und
Abstieg (f. 100ʳ). Der Zug geht nach Norden zum »Tor des Klosters
unseres heiligen Vaters Apa Schenute« (f. 137ʳ). Von der Ankunft am
»Tor des Klosters« ist gleich darauf die Rede (f. 138ᵛ). Die nächste
Etappe ist das »Tor der Kirche der Jungfrau Maria und des heiligen
Georg« (f. 139ʳ); man zieht in die »Kirche der Jungfrau Maria« ein
(f. 139ᵛ), dann in den »Topos des heiligen Georg« (f. 140ᵛ). Kurz
darauf bricht der Pariser Teil der Handschrift ab. Das Leidener
Einzelblatt bringt keine weitere Rubrik in der Art der bisher aufgeführten. Der eigentliche Text der Handschrift besteht aus den
Lesungen und Gesangsstücken, die an den einzelnen Orten bzw. auf
dem Weg dorthin vorzutragen sind. Die Gesänge sind zum großen
Teil Zusammenstellungen von Psalmversen, die das gleiche Stichwort
enthalten. In vielen Fällen ist ein deutlicher Bezug dieses Stichwortes
auf Einzelheiten des Ritus oder den Punkt, an dem die Prozession
sich gerade befindet, festzustellen.

Wenn auch, wie schon gesagt, vieles im Vollzug der Riten und in
der Lokalisierung der Örtlichkeiten unklar bleibt, so ergibt sich meiner
Meinung nach doch aus der zweimaligen Nennung der »Leute von
Achmim« mit aller Deutlichkeit, daß die beschriebene Prozession in
der Gegend dieser Stadt gehalten worden sein muß. Auch habe ich
keine ernstlichen Zweifel daran, daß das f. 137ʳ genannte Schenute-
Kloster mit dem Weißen Kloster zu identifizieren ist[18]. Allerdings
lassen die mitgeteilten Daten wiederum an Eindeutigkeit zu wünschen
übrig. Der Titel einer Marienkirche[19] ist wirklich kein typisches Merk-

wo im ersten Fall der Anlaß darin bestand, daß man ihn nicht auf ein Schiff zusammen
mit Cyrill ließ. — Oder sollte mit θάλασσα die Höhlung im Altar, und zwar als Aufbe-
wahrungsplatz von Heiligenreliquien, gemeint sein? (Vgl. dazu BUTLER, *Churches* II
5 und 12–18.) Das würde dann wohl bedeuten, daß die Prozession zu einer Kirche ging,
in der Schenutes Reliquien aufbewahrt wurden oder wenigstens früher einmal aufbewahrt worden waren. Man vergleiche dazu die Angabe Abū Ṣāliḥs über das Kloster
mit dem Schenute-Schrein, das, wenn ich den Text richtig verstehe, nicht das Weiße
Kloster war (s. unten S. 492 f.).

16 Fol. 82ʳ; die Rubrik auch bei CRUM, *Dict.* 125a.

17 Die Texte für die Messe, Lesungen und Psalmverse, stehen f. 93ʳ–99ᵛ.

18 Daß in der Handschrift das Weiße Kloster gemeint ist, scheint auch YOUNG
anzunehmen (*Precept* 515, Anm. 1).

19 Nach einer Notiz des äthiopichen Synaxars zum 2. Ṭer (28. Dezember jul.) war die
Kirche von Schenutes Kloster der Jungfrau Maria geweiht (BUDGE, *Book of the Saints*
443 [2. Bd.]). Bei einer Angabe des koptischen Synaxars zum 5. Amšīr (30. Januar

mal[20]. Doch scheint gerade die Kombination mit einem »Topos des
heiligen Georg« gut zur Kirche des Weißen Klosters zu passen[21].
Andererseits wäre zu fragen, ob ein Ausdruck wie Schenute-Kloster
überhaupt eindeutig ist. Wenn ich Abū Ṣāliḥs[22] diesbezügliche Angaben recht verstehe, dann unterscheidet dieser Autor das »Kloster
des großen heiligen Apa Schenute« von jenem, in dem der Schrein
mit Schenutes Reliquien aufbewahrt wurde, dem »Kloster auf dem
Gipfel des Berges, der unter dem Namen Atripe bekannt ist[23].« Für
die Annahme, in der Gegend von Achmim habe es neben dem Weißen
Kloster ein zweites mit Schenutes Namen verbundenes Heiligtum
gegeben, bietet meines Erachtens gerade die Pariser Handschrift
eine gute Stütze. Nähere Einzelheiten dazu erfahren wir zwar einmal
mehr nur in sehr geringem Maße bzw. in uns unverständlichen Termini, und es ist auch nicht ersichtlich, ob es sich dabei allein um
eine Kirche oder ein zweites Kloster handelt, aber ein Punkt ist doch
klar: dieses Heiligtum muß auf der Höhe gelegen haben. Am Beginn
des Ritus wird ausdrücklich gesagt, daß man »auf den Berg hinaufsteigt« (ⲃⲱⲕ ⲉϩⲣⲁⲓ ⲉⲡⲧⲟⲟⲩ; f. 4ʳ), und nach der Messe, in der
sicher das zentrale Geschehen des Festablaufes zu sehen ist, »kommt
man herab« (ⲛⲏⲩ ⲉⲡⲉⲥⲏⲧ; f. 100ʳ), um schließlich zu dem
Schenute-Kloster zu gelangen, das nach meinem Dafürhalten allein
das Weiße Kloster sein kann. Soweit ich sehe, ist jedoch das hier

---

jul.) über die Errichtung einer Marien-Kirche durch Schenute, Pschoi und Pkjol ist
nicht deutlich, um welche Kirche es sich handelt (*Synax.*, Ed. FORGET I 452,18 f.; Ed.
BASSET 793 [759]); vgl. dazu MONNERT DE VILLARD, *Couvents* 16 und 32.

[20] Nach Crum hätten auch die Handschriften, die im Kolophon den »Topos der
heiligen Jungfrau Maria der Wüste des Apa Schenute vom Berg von Atripe« (VAN
LANTSCHOOT, *Colophons*, Nr. 77,1,12 ff. [S. 128]) und die »in der Wüste (gelegene) ... Kirche
auf dem Berg der Jungfrau Maria« (ebd., Nr. 92,18 ff. [S. 156]) nennen, ursprünglich
nicht dem Weißen Kloster gehört (CRUM, *Catalogue B. M.*, S. XI mit Anm. 2 und 3, und
Catalogue Rylands, S. 29, Anm. 5).

[21] »The church has three sanctuaries which are dedicated to St. George (north), St.
Shenute (centre) and the Blessed Virgin Mary (south)«(MEINARDUS, *Christian Egypt* 292).

[22] Zum Autor und seinem Werk vgl. GRAF, *Geschichte* II 338–340 und 478.

[23] Abū Ṣāliḥ, *Churches* 104 (Text), 235 ff. (Übers.). Für MONNERET DE VILLARD ist
dieser Text gerade der Beweis dafür, daß Schenute gegen seinen eigenen Willen in der
Kirche des Weißen Klosters begraben worden sei (*Couvents* 18). AMÉLINEAU (*Moines* 366)
und DE BOCK (*Materiaux* 40) hatten aufgrund einer nicht ganz klaren Stelle am Schluß
der arabischen Schenute-Vita (AMÉLINEAU, *Monuments* I 475 f.) angenommen, daß
Schenutes Leichnam zwar zunäbt außerhalb des Weißen Klosters begraben, gleich
darauf aber heimlich umgebettet und doch im Kloster selbst beigesetzt worden sei.

postulierte Schenute-Heiligtum im Bergland westlich vom Weißen Kloster archäologisch bisher nicht nachgewiesen[24].

Wenn der in der Handschrift beschriebene Ritus die Gegend von Achmim voraussetzt, so haben wir damit auch schon einen wichtigen Anhaltspunkt gewonnen, um die Herkunft der Handschrift zu bestimmen. Ist es dann nicht die nächstliegende Annahme, daß die Handschrift aus dem Weißen Kloster stammt? Hierzu paßt ganz vorzüglich, daß das Leidener Blatt der Handschrift zur Sammlung Insinger gehört, die ja als ganzes aus dem Weißen Kloster stammen soll[25]. Grundsätzlich wäre es natürlich nicht auszuschließen, daß ein lokaler Ritus auch einmal anderswohin verpflanzt wird oder die diesbezüglichen Texte auch anderswo tradiert werden. Crums schon zitierte Identifizierung des rätselhaften Ausdrucks ⲦⲔⲉⲗⲭⲉ ⲘⲠⲤⲁϨ als ein »place-name in Scete« scheint mir nun zu implizieren, daß er das Wadi Natrun als Entstehungsort der Handschrift ansah. Dabei kann ich nicht feststellen, was Crum zu dieser Deutung des fraglichen Ausdrucks geführt hatte. Sollte dafür entscheidend gewesen sein, daß ein Teil der späten saïdischen Papierhandschriften aus dem Wadi Natrun zu uns gekommen ist[26]? Doch hatte Crum schon selbst konstatieren müssen, daß wir Handschriften dieser Art auch aus dem Weißen Kloster kennen[27]. Schwer verständlich bleibt natürlich, wie der Hauptteil der Handschrift spätestens um die Mitte des 17. Jahrhunderts nach Zypern gekommen ist, um dort im Jahre 1671 von Wansleben für die Bibliothek des Königs von Frankreich erworben zu werden. Immerhin scheint die Annahme unumgänglich, daß die Zerstückelung der Handschriften des Weißen Klosters nicht erst begann, als in der 2. Hälfte des 18. Jahrhundert erstmals größere Posten davon nach Europa gelangten[28].

Das Alter der Handschrift wird allgemein als sehr gering angesetzt.

[24] MEINARDUS (*Christian Egypt* 290–295) kennt auf dem Westufer in der Gegend von Sohag außer dem Weißen und Roten Kloster nur die von DE BOCK (*Matériaux* 68–70) beschriebene Höhle im Abhang des Berges von Atripe (*Christian Egypt* 294 f.). Es scheint, als beziehe DE BOCK den bekannten Ausdruck »Berg von Atripe« überhaupt nur auf diese Gegend 3 km südlich des Weißen Klosters (*Matériaux* 68). Man erinnere sich, daß eine Rubrik der Pariser Handschrift (f. 137ʳ) ausdrücklich angibt, daß man von Süden zum Schenute-Kloster (nach meiner Deutung: zum Weißen Kloster) kommt.

[25] PLEYTE-BOESER, *Manuscrits*, S. V; HYVERNAT bei PORCHER, *Manuscrits coptes* 109, Anm. 3.

[26] CRUM, *Catalogue B. M.*, S. XIII.

[27] Ebenda.

[28] HYVERNAT, *Anciennes collections* 425 f.

Quatremère wollte mit der Datierung nicht über das 16. Jahrhundert zurückgehen[29]. Ebenso wäre nach Hyvernat die Entstehungszeit etwa das 16. Jahrhundert[30]. Chabot sprach sich für das 15. Jahrhundert aus[31]. In der Tat sollte man die Spätdatierung in diesem Fall auch nicht übertreiben. Gewiß, die Schrift ist sicher nicht so alt, wie sie in vielen Einzelzügen scheinen möchte. Wie Crum mit Recht sagt, handelt es sich bei der Schreibweise dieser späten saïdischen Papierhandschriften um »apparently archaizing imitations of earlier types«[32]. Ich möchte von den Handschriften, die Crum zu dieser Gruppe rechnet, speziell auf die Borgia-Handschrift 109 (99) hinweisen, nicht nur deswegen, weil die Schriftzüge[33] eine gewisse Ähnlichkeit mit denen der Pariser Handschrift aufweisen, sondern vor allem deshalb, weil die vatikanische Handschrift zu einer Sammlung gehört, die als ganze gleichfalls aus dem Weißen Kloster stammt[34]. In dieser Handschrift steht eine Notiz aus dem Jahre 1443/44, aus welcher Ciasca folgert, daß die Handschrift selbst gegen Ende des 14. Jahrhunderts entstanden sein muß[35]. Nach Balestri stammt sie sogar aus dem »13. oder 14. Jahrhundert«[36].

Die Sprache der Pariser Handschrift ist, wie schon angedeutet, das Saïdische. Bohairisch sind im erhaltenen Teil nur zwei Abschnitte. Einmal der Gesang der drei Männer im Feuerofen (Dan 3,52 ff.), f. 23r–26r. Von Vers 57 an ist der Text des Canticums zweisprachig griechisch-koptisch, wobei jeweils auf den griechischen Text eines Verses sofort die koptische Übersetzung folgt. Ebenso ist bohairisch ein an das biblische Canticum angehängter Gesang, der kurz die in Dan 3 berichteten Geschehnisse resümiert (f. 26r–27r). Von f. 23r bis f. 27r nehmen der koptische und griechische Text jeweils nur die linke Hälfte der einzelnen Seiten ein, so daß man den Eindruck hat, es habe daneben noch die arabische Übersetzung gesetzt werden sollen,

---

[29] QUATREMÈRE, *Recherches* 299.

[30] HYVERNAT, *Versions coptes* 549.

[31] CHABOT, *Inventaire* 360.

[32] CRUM, *Catalogue B. M.*, S. XIII, Anm. 1.

[33] Abbildung einer Seite bei CIASCA-BALESTRI, *Fragm. copto-sah.* I, Taf. 18.

[34] Was natürlich erst nachträglich erschloßen werden konnte; vgl. HEBBELYNCK, *Manuscrits coptes-sahidiques* 94 f.

[35] CIASCA-BALESTRI, *Fragm. copto-sah.* I, S. XXVII.

[36] Ebd. III, S. LXI.

was dann aber aus irgendeinem Grunde nicht geschehen ist. Der
zweite bohairische Text sind vier kurze marianische Strophen[37].

Eine Anzahl von Texten ist griechisch; zumeist, aber nicht immer,
ist die koptische Übersetzung beigegeben[38]. Bei allen zweisprachigen
poetischen Texten stehen griechisches Original und koptische Übersetzung nicht in Kolumnen nebeneinander, vielmehr folgt der koptische Text auf den griechischen, gewöhnlich vers- oder strophenweise.
Die Übersetzung ist in diesen Fällen mit roter Tinte geschrieben,
doch wechseln schwarze und rote Tinte bisweilen auch bei Strophen
eines einsprachigen Textes. In parallelen Kolumnen sind jene Partien
angeordnet, bei denen koptische Texte mit einer arabischen Übersetzung versehen sind. Es sind dies außer einigen Rubriken fast alle
Lesungen, nicht nur die biblischen, sondern auch ein langer Schenute-
Sermo.

Auf den Inhalt der liturgischen Texte dieser umfangreichen Handschrift kann hier nicht näher eingegangen werden. Ich beschränke
mich auf einige kurze Hinweise zu den Texten, die schon andernorts
veröffentlicht sind oder in dieser Arbeit herangezogen werden. Veröffentlicht sind einmal eine Reihe biblischer Abschnitte, nämlich die
Mehrzahl der in der Handschrift enthaltenen Psalmen[39] und zwei
neutestamentliche Lesungen[40]. Die erste Lesung der Handschrift,
Mt 17,1–9, dürfte noch an dem Ort vorzutragen sein, wo man sich zur
Formierung der Prozession versammelt. Die Wahl dieser Lesung
scheint von dem besonderen Charakter der Prozession her bestimmt:
die Prozession führt auf den Berg, und dazu paßt der Bericht von
der Verklärung Jesu, die gleichfalls auf einem Berg stattfand. Die
folgende Lesung, Joh 12,12–36, können wir schon nicht mehr mit
Sicherheit einordnen, weil eine Lücke von elf Blättern den Zusammen-

---

[37] Fol 32. Diese Strophen sind identisch mit der ersten Hälfte des 7. Abschnittes der
Sonntags-Theotokie.

[38] Das Griechisch dieser Handschrift ist teilweise so sehr entstellt, daß das Verständnis
der Texte auch mithilfe der koptischen Übersetzung nur schwer oder gar nicht möglich
ist.

[39] CEUGNEY, *Fragments* 96 f. Die Handschrift enthält außerdem noch Ps 86 (f. 93r).
Was den von CEUGNEY (*Fragments* 96) abgedruckten Text von Ps 121,1–4b betrifft, so
hat der Herausgeber sich ausschließlich an das erste Vorkommen (f. 8r) gehalten,
ohne die Varianten des zweiten Vorkommens (f. 96) zu erwähnen.

[40] CEUGNEY, *Fragments* 97 f. und 103 f. die übrigen neutestamentlichen Lesungen
(alttestamentliche kommen nicht vor) der Handschrift sind: Mt 17,1–9 (f. 8v–9v);
Joh 12,12–36 (f. 28r–30v); Apg 7,44–53 (f. 95r–96r); Apg 27,39–41 (f. 66v); 2 Petr 1,13–
19 (f. 94v–95r).

hang unterbrochen hat. Der nächste neutestamentliche Abschnitt,
Apg 27,39–41, scheint keine eigentliche Lesung zu sein. Er steht
unter den Texten. die auf dem Wege zu dem »Meer unseres heiligen
Vaters Apa Schenute« zu sprechen sind, und hat auch keine arabische
Übersetzung. Ob die Auswahl eines Abschnittes aus dem Bericht
über den Schiffbruch vor Malta mit dem »Meer« zusammenhängt?
Die übrigen Lesungen gehören zu den Meßtexten. Es ist die für die
Messe normale Reihe von vier Lesungen aus den Paulusbriefen,
den Katholischen Briefen, der Apostelgeschichte und den Evangelien.
Die Lesung 2 Petr 1,13–19 berichtet wieder die Verklärung auf dem
Berg. Die Lesungen Hebr 9,2–10 und Apg 7,44–53 beziehen sich auf
das Bundeszelt in der Wüste. Man kann vermuten, daß sie deswegen
für eine Prozession, die zu einem Heiligtum in der Wüste führt,
gewählt wurden. Die Evangelienlesung Mt 16,13–20 enthält die
Primatsverheißung an Petrus[41].

Als ganzes veröffentlicht ist das Leidener Blatt[42]. Da ihm eine
lange Lücke vorausgeht, können wir es wiederum nicht genauer
einordnen. Den Hauptinhalt macht der Abschnitt Mt 17,9–13 aus,
und er wurde nach meiner Vermutung nur deshalb gewählt, weil
darin der Abstieg vom Berge nach der Verklärung berichtet wird.
Wie schon bei dem Abschnitt Apg 27,39–41 scheint es sich nicht um
eine eigentliche Lesung zu handeln. Wiederum fehlt die arabische
Übersetzung, und die einleitende Rubrik lautet ΜΕΛΗΤΕ[43]. Ich
möchte annehmen, daß dieser Text beim Rückweg vom Schenute-
Kloster nach Achmim gesprochen wurde.

Der Schenute-Sermo ist nebst der arabischen Übersetzung unserer

---

[41] Die Perikope Mt 16,13–19 dient im heutigen koptischen Ritus nicht selten als
Evangelienlesung; Einzelheiten siehe bei VASCHALDE, *Versions coptes* [Teil 10] 128.

[42] PLEYTE-BOESER, *Manuscrits* 244–246.

[43] Apg 27,39–41 wurde durch ΝΕΚΜΗΛΕΤΕ ϨΝ ΝΕΠΡΑϨΙC eingeleitet
(f. 66ᵛ). Bei eigentlichen Lesungen aus den Evangelien lauten die Rubriken ΠΚΑΤΑ
ΜΑΘΕΟC (f. 8ᵛ), ΠΕΥΑΓΓΕΛΙΟΝ ΚΑΤΑ ΙⲰϨΑΝΝΗC (f. 28ʳ), ΠΕΥΑΓ-
ΓΕΛΙΟΝ ΠΚΑΤΑ ΜΑΘΕΟC (f. 96ᵛ), bei der Apostelgeschichte einfach ΠΕ-
ΠΡΑϨΙC (f. 95ʳ). Für die liturgische Terminologie ergibt sich daraus, daß μελετᾶν
zwar das laute Aufsagen von Schrifttexten bedeutet (vg. BACHT, *Meditatio*; die koptischen Quellen bieten noch viel Material) und dieses auch in der Liturgie geübt wurde,
daß aber die liturgische Verkündigung eines Schrifttextes nicht mit diesem Ausdruck
bezeichnet wurde.

Handschrift in Leipoldts Ausgabe veröffentlicht[44]. Außerdem hat
Leipoldt noch zwei vollständige Seiten der Handschrift abgedruckt[45].
Der Leser findet so einige typische Beispiele für die Zusammenstellung
von Psalmversen mit demselben Stichwort; das Stichwort ist auch
in jedem Fall eigens als Titel vorangestellt. Die erste von Leipoldt
veröffentlichte Seite[46] enthält eine Rubrik, die sich auf die erste (?)
Station der Prozession, die Kirche mit dem rätselhaften Namen (?)
ⲉⲧⲣⲓⲅⲁⲙⲟⲩ (f. 32ʳ) beziehen muß. Jetzt betrit man das Heiligtum
und begibt sich zur Kathedra. Als Begleittext dient eine Zusammenstellung von Psalmversen mit dem Stichwort »Heiligtum« (ⲙⲁ ⲉⲧⲟⲩⲁⲁⲃ). Der Schenute-Sermo beginnt unmittelbar nach einer langen
Lücke. Vielleicht kam er noch in der eben genannten Kirche zur
Verlesung. Außerdem hat Leipoldt das auf den Schenute-Sermo
folgende Blatt veröffentlicht[47]. Es beginnt mit der Rubrik, die den
Zug zum »Meer unseres heiligen Vaters Apa Schenute« vorschreibt.
Wiederum dienen als Begleittexte Zusammenstellungen von Psalmversen mit demselben Stichwort. Hier ist das erste Stichwort »Wüste«.
     Zwei Abschnitte der Handschrift werden im folgenden abgedruckt,
die große Doxologie und das Trishagion[48]. Nicht nur dieses, sondern
auch jene ist griechisch. Das Griechisch dieser Texte ist auch in
unserer Handschrift nicht weniger mangelhaft als sonst in koptischen
liturgischen Handschriften. Große Doxologie und Trishagion folgen
in der Handschrift aufeinander, wie das auch im koptischen Stundengebet der Fall ist. Wir wissen aber nicht, was wir von dem normalen
Rahmen des koptischen Stundengebetes für unseren Festritus vorauszusetzen haben. Große Doxologie und Trishagion werden hier nach
der Ankunft beim Topos vor der Messe gesprochen. Näheres kann
ich aus den vorhergehenden Texten nicht entnehmen. Abgeschlossen
wird das Trishagion hier durch einen Text, der keine Parallele in
M 574 oder im späteren Stundengebet hat und den ich hier nicht

---

[44] *Sinuthii opera* IV 173–197. Wir besitzen ältere Fragmente dieses Sermo, von denen
Leipoldt feststellen mußte, daß sie unserem späten Text an Korrektheit überlegen sind
(ebenda, S. XV).

[45] Ebenda, S. XIV f.

[46] Fol. 37ᵛ = *Sinuthii opera* IV, S. XIV.

[47] Fol. 65ʳ = *Sinuthii opera* IV, S. XV.

[48] Gemeint ist hier wieder nur das Trishagion mit den stereotypen christologischen
Erweiterungen, dem zudem einige Texte folgen, die auch in M 574 und im späteren
koptischen Stundengebet mit dem Trishagion kombiniert sind. Daneben enthält unsere
Handschrift noch anders erweiterte Trishagien: f. 32ᵛ, 138ᵛ und 140ʳ.

abdrucke[49]. Es wird dabei nach einer Anrufung Christi eine lange Reihe von Heiligen gepriesen. Die Heiligenreihe zeigt einige Verwandtschaft mit der im Segensgebet der heutigen Weihrauchdarbringung[50]. Andere Abschnitte der Handschrift wurden allein oben bei der Behandlung der entsprechenden Texte berücksichtigt, ohne daß ich sie hier mit vollem Wortlaut veröffentlichen möchte. Es sind dies der Gesang der drei Männer im Feuerofen[51], die Psalmen 148–150[52] und die Zusammenstellung bestimmter Verse aus den gerade genannten Psalmen 148 und 150[53]. Das Canticum aus Dan 3 folgt in der Handschrift unmittelbar auf die Psalmen 148 ff. Das Nebeneinander der beiden Texte entspricht ihrem Vorkommen in der Mitternachtshore des koptischen Stundengebetes; doch ist dort die Reihenfolge umgekehrt. In unserer Handschrift geht den Psalmen 148 ff. noch eine Zusammenstellung von Psalmversen mit dem Stichwort CMOY (»segnen; preisen«) voraus[54]. Dieser ganze Abschnitt f. 21 ff. wurde vielleicht noch auf dem Weg vom Ausgangspunkt der Prozession gesprochen. Da vor f. 21 aber eine längere Lücke in der Handschrift ist, wissen wir das nicht genau. Die Zusammenstellung von Versen aus Ps 148 und 150 (f. 124ᵛ–125ᵛ) scheint zu den »ΨΑΛΛΕΙ[55] ΝΕΛΛΕΝΙΚΟΝ an den Festen des Herrn und am Fest der Wüste« (f. 124ʳ) zu gehören, die hier ihren Platz nach der Meßfeier am Topos, beim Abstieg zum Schenute-Kloster haben. Dabei gehen den Versen aus Ps 148 und 150 hier einige Verse aus anderen Psalmen voraus. Jeder Psalmvers erscheint in beiden Sprachen, zuerst griechisch, mit schwarzer Tinte geschrieben, dann in koptischer Übersetzung, mit roter Tinte geschrieben. Diese Zusammenstellung bestimmter Verse aus den Psalmen 148 und 150 findet sich in genau derselben Form auch auf den Oxforder Blättern, die anschließend besprochen werden.

---

[49] Diese Strophen sind aber als unmittelbare Fortsetzung des letzten von mir abgedruckten Textes (†ΘΡΙΑC ...; f. 86ʳ) zu betrachten, da sie alle mit dreimaligem Kyrieeleison schließen und auch vorher jegliches Schlußzeichen fehlt.

[50] Euchol. 140–143; BURMESTER, *Liturgical Services* 340.

[51] Fol. 23ʳ–26ʳ; vgl. oben S. 264 ff.

[52] Vgl. oben S. 269 ff. Diese Psalmtexte sind veröffentlicht bei CEUGNEY, *Fragments* 96 f. sie stehen in der Handschrift f. 21ᵛ–23ʳ.

[53] Fol. 124ᵛ–125ᵛ; vgl. wiederum oben S. 269 ff.

[54] Auch das αἰνεῖτε in den Psalmen 148 und 150 ist im Koptischen durch CMOY wiedergegeben.

[55] Das Substantiv ΨΑΛΛΕΙ ist auch sonst im Saïdischen belegt, z. B. PLEYTE-BOESER, *Manuscrits* 147 und 183.

In der folgenden Ausgabe mußte der übergesetzte Strich verwendet werden, wo die Handschrift den Punkt hat. In einigen Fällen ist nicht sicher zu erkennen, ob das Zeichen gesetzt ist oder nicht.

6   ΔΟΞΑΕΝΥΜΨΙC

    ΤΟΙCΘΕω · ΚΑΙΕΠΙΓΗC ·

    ΕΙΡΗΝΗCΕΝΑΝΘΡΟΠΙC · ΕΥΔΟΚΙΑΝ

    ΕΝΟΥΜΕΝCΕ · ΥΜΝΟΥΜΕΝCΕ ·

10   ΕΥΛΟΓΟΥΜΕΝCΕ · ΠΡΟCΚΥΝΟΥ

    ΜΕΝCΕ · ΔΟΞΟΛΟΓΟΜΕΝCΕ ·

    ΕΥΧΑΡΙCΤΟΥΜΕΝCΕ ·

    ΔΙΑΤΗΝΜΕΓΑΛΙΝCΟΥΔΟΞΑΝΚΕ ·

    ΒΑCΙΛΕΥCΕΠΟΥΝΙΕ · ΘΥΠΑ

15   ΤΗΡΠΑΝΤΟΚΡΑΤωΡΚΕΙΓΕ

    ΜΟΝΟΓΕΝΗC · ΙCΧΕ

    ΚΑΙΑΓΙΟΥΠΝΙ · ΚΕΟΘC · ΟΑΜ

    ΝΟCΤΟΥΘΥ · ΟΥΙΟCΤΟΥΠΡΟC ·

    ΟΕΙΕΡΟΝΤΙCΑΜΑΡΤΙΑCΤΟΥΚΟC

20   ΜΟΥ · ΕΛΗΙCΟΝΗΜΑC ·

    ΟΕΙΕΡΟΝΤΙΝΑΜΑΡΤΙΑΝΤΟΥ

    ΚΟCΜΟΥ · ΠΡΟCΔΕΞΕΤΙΝΔΕ

    ΗCΙΝΥΜωΝ · ΟΚΑΘΙΜΕΝΟC

    ΝΤΕΞΙΑΝΤΟΥΠΡC · ΕΛΗΙCΟΝ

25   ΗΜΑC ·

    ΟΤΙCΙΜΟΝΟC · ΑΓΙΟC · ΕΙΜΟΝΟC

    ΚCΙCΧC · CΥΝΑΓΙωΠΝΙ

    ΔΟΞΑΝΘΥΠΑΤΡΟC · ΑΜΗΝ ·

6 Δόξα ἐν ὑψί-
στοις, καὶ ἐπὶ γῆς
εἰρήνη, ἐν ἀνθρώποις εὐδοκία.
Αἰνοῦμέν σε, ὑμνοῦμέν σε,
10 εὐλογοῦμέν σε, προσκυνοῦ-
μέν σε, δοξολογοῦμέν σε,
εὐχαριστοῦμέν σοι
διὰ τὴν μεγάλην σου δόξαν. Κύριε,
Βασιλεῦ ἐπουράνιε, Θεὲ Πά-
15 τερ παντοκράτορ · Κύριε, Υἱὲ
μονογενές, Ἰησοῦ Χριστέ,
καὶ Ἅγιον Πνεῦμα. Κύριε ὁ Θεός, ὁ Ἀ-
μνὸς τοῦ Θεοῦ, ὁ Υἱὸς τοῦ Πατρός,
ὁ αἴρων τὰς ἁμαρτίας τοῦ κό-
20 σμου, ἐλέησον ἡμᾶς.
Ὁ αἴρων τὴν ἁμαρτίαν τοῦ
κόσμου, πρόσδεξαι τὴν δέ-
ησιν ἡμῶν. Ὁ καθήμενος
ἐν δεξιᾷ τοῦ Πατρός, ἐλέησον
25 ἡμᾶς.
Ὅτι σὺ ⟨εἶ⟩ μόνος Ἅγιος, ⟨σὺ⟩ εἶ μονος
Κύριος, Ἰησοῦς Χριστός, σὺν Ἁγίῳ Πνεύματι,
⟨εἰς⟩ δόξαν Θεοῦ Πατρός. Ἀμήν.

26 Textherstellung nicht ganz sicher; vgl. auch oben S. 291, Anm. 83.

ΠЄ

ΚΑΘΙϹΚΑϹΤΗΝ · ΥΜЄΡΑΝЄΥΛΟ
ΓΙϹΩϹЄ · ΚΑΙЄΝЄϹΑΤΟ · ΤΟΟ
ΝΟΜΑϹϹΟΥЄΙϹΤΟΥϹΑΙΩΝΑ
ΚΑΙЄΙϹΤΟΝΑΙΩΝΑ · ΤΟΥΑΙ
5 ΩΝΑϹ ·
ΚΑΤΑΞΙΩϹΟΝΚЄ · ΚΑΙΤΗΝΥΜЄ
ΡΑΝΤΑΥΤΗϹ · ΑΝΑΜΑΡΤΙ
ΤΟΥϹΦΥΛΑΧΘΗΝΑΙΥΜΑϹ ·
ЄΥΛΟΓΙΤΟϹЄΙΚЄ · ΟΘϹΤΟΝΠΡΘΝ
10 ΗΜΩΝ · ΚΑΙΑΙΝЄΤΟ · ЄΔЄΔЄ
ΞΑϹΜЄΝΟϹ · ΤΟΟΝΟΜΑϹϹΟΥ
ЄΙϹΤΟΥϹΑΙΩΝΑϹ · ΑΜΗΝ
ΓЄΝЄΤΟΚЄ · ΤΟЄΛЄΟϹϹΟΥ
ЄΦΥΜΑϹ · ΚΑΘΑΠЄΡЄΛΠΙΞΑΜЄΝ
15 ЄΛΠΙΖΙ · ЄΥΛΟΓΙΤΟϹЄΙΚЄ ·
ΔΙΔΑΞΟΝΜЄΤΑΔΙΚΑΙΩΜΑΤΑϹ
ϹΟΥ · ЄΥΛΟΓΙΤΟϹЄΙΚЄ · ΖЄΝЄ
ΤΙϹΟΝΜЄΤΑΔΙΚΑΙΩΜΑΤΑϹ
ϹΟΥ · ЄΥΛΟΓΙΤΟϹЄΙΑΓΙЄ · ΦΩ
20 ΤΙϹΟΝΜЄΤΑΔΙΚΑΙΩΜΑΤΑϹ
ϹΟΥΚЄ · ΚΑΤΑΦΥ
ΓЄ · ЄΓЄΝΝЄΘΗϹΥΜΗΝ · ЄΙϹΓЄΝЄ
Α · ΚЄΓЄΝЄΑ · ЄΙΓΩЄΙΠΑ
ΚЄ · ЄΛΗΙϹΟΝΜЄ · ЄΙΑΖЄΤΙΝ ·
25 ΨΥΧΗΜΟΥ · ΟΤΙΑΜΑΡΤΟΛΟΝ
ϹЄ · ΚΑΙΠΡΟϹЄΝΚΑΤЄΛΦΥΓΑ
ΔΙΔΑΞΟΝΜЄ · ΤΟΥΠΟΥΗΝΤΟ
ΘЄΛЄΜΑϹϹΟΥ · ΟΤΙϹΙΟΘϹΜΟΥ

85

Καθ' ἑκάστην ἡμέραν εὐλο-
γήσω σε, καὶ αἰνέσω τὸ ὄ-
νομά σου εἰς τὸν αἰῶνα,
καὶ εἰς τὸν αἰῶνα τοῦ αἰ-
5 ῶνος
Καταξίωσον, Κύριε, καὶ τὴν ἡμέραν ταύτην ἀναμαρτή-
τους φυλαχθῆναι ἡμᾶς.
Εὐλογητὸς εἶ, Κύριε, ὁ Θεὸς τῶν Πατέρων
10 ἡμῶν, καὶ αἰνετον ⟨κ⟩αὶ δεδοξασμένον τὸ ὄνομά σου
εἰς τοὺς αἰῶνας. Ἀμήν.
Γένοιτο, Κύριε, τὸ ἔλεός σου
ἐφ' ἡμᾶς, καθάπερ ἠλπίσαμεν
15 ἐπὶ σέ. Εὐλογητὸς εἶ, Κύριε·
δίδαξόν με τὰ δικαιώματά
σου. Εὐλογητὸς εἶ, Κύριε· σουνέ-
τισόν με τὰ δικαιώματα
σου. Εὐλογητὸς εἶ, Ἅγιε· φώ-
20 τισόν με τοῖς δικαιώμασί
σου. Κύριε, καταφυ-
γὴ ἐγενήθης ἡμῖν ἐν γενε-
ᾷ καὶ γενεᾷ. Ἐγὼ εἶπα·
Κύριε, ἐλέησόν με· ἴασαι τὴν
25 ψυχήν μου, ὅτι ἥμαρτόν
σοι. Καὶ πρὸς σὲ κατέφυγον·
δίδαξόν με τοῦ ποιεῖν τὸ
θέλημά σου, ὅτι σὺ ⟨εἶ⟩ ὁ Θεός μου.

2 Es scheint mir abwegig, die Schreibung der Handschrift ernst zu nehmen und ἠνέσατο zu lesen.   3 Oder τοὺς αἰῶνα⟨ς⟩?   9 ΠΡΘΝ sic.   20 Vgl. oben S. 427 den Apparat zu M 574, pag. 143,23 ff.   22 f. Oder εἰς γενεὰ⟨ν⟩ καὶ γενεά⟨ν⟩?   25 ΑΜΑΡΤΟΛΟΝ sic.   26 Καὶ wohl falsch aufgelöstes ΚΕ (= κύριε). — ΚΑΤΕΛΦΥΓΑ sic.

ΟΤΙΠΑΡΑϹϹΕΠΥΓΗϹΖΩΗϹ · ΕΝ

ΤΟΦΩΤΙϹϹΟΥ · ΟΨΩΜΕ

ΤΑΦΩϹ · ΠΑΡΑΤΙΝΟΝΤΩ

ΕΛΕΟϹϹΟΥ · ΤΙϹΓΕΙΝΟϹΚΟΥ

5   ϹΙΝϹΕ

ΑΓΙΟϹΟΘ͞Ϲ · ΑΓΙΟϹΕΙϹΧΥΡΟϹ · ΑΓΙΟϹ

ΑΘΑΝΑΤΟϹ · ΟΕΚΠΑΡΘΕΝΟΥΓΕΝ

ΝΕΘΙϹΕΛΗΙϹΩΝΗΜΑϹ

ΑΓΙΟϹΟΘ͞Ϲ · ΑΓΙΟϹΕΙϹΧΥΡΟϹ · ΑΓΙΟϹ

10   ΑΘΑΝΑΤΟϹ · ΟϹΤΑΥΡΟΘΙϹΛΙΥΜΑϹ

ΕΛΗΙϹΟΝΕΙΜΑϹ

ΑΓΙΟϹΟΘ͞Ϲ · ΑΓΙΟϹΕΙϹΧΥΡΟϹ · ΑΓΙΟϹ

ΑΘΑΝΑΤΟϹ · ΟΑΝΑϹΤΑϹΕΚΤΟΝ

ΝΕΚΡΟΝ · ΚΑΙΑΝΕΛΘΟΝΕΙϹΟΥΡΑ

15   ΝΟΥϹ · ΕΛΗΙϹΟΝΗΜΑϹ

ΛΟΞΑΠΑΘΡΙ · ΚΕΕΙΟΚ/ΑΓΙΟΠ͞Ν͞ΑΤΙ

ΝΙΝΚΕΛΕΙ ΚΕΙϹΤΟΥϹΕΩ͞ΝΑϹΤΟΝ

     ΕΩΝΟΝ ·   ΑΜΗΝ ·

ΑΓΙΑΘΡΙΑϹΕΛΗΙϹΟΝΗΜΑϹΠΑΝΑΓΙΑΘ

20   ΡΙΑϹΕΛΗΙϹΟΝΗΜΑϹ ·

†ΘΡΙΑϹ ΕΤΟΥΑΑΒ ΝΑΙ ΝΑΝ · †ΘΡΙΑϹ

ΝΑΙ ΝΑΝ · ϢΕΠ ΠΕΝΤΩΒϨ ΕΡΟΚ ·

ΝΕΓΚΑ ΠΑϢΑΙ ΝΝΕΝΝΟΒΕ ΝΑΝ ΕΒΟΛ

        Λ͞   Λ͞   Λ͞
        ΚΕ   ΚΕ   ΚΕ

6–8 und 12–15 mit roter Tinte geschrieben.

"Ὅτι παρὰ σοὶ πηγὴ ζωῆς· ἐν
τῷ φωτί σου ὀψόμε-
θα φῶς. Παράτεινον τὸ
ἔλεός σου τοῖς γινώσκου-
5   σί σε.

"Ἅγιος ὁ Θεός, "Ἅγιος Ἰσχυρός, "Ἅγιος
Ἀθάνατος, ὁ ἐκ Παρθένου γεννηθείς, ἐλέησον ἡμᾶς.
"Ἅγιος ὁ Θεός, "Ἅγιος Ἰσχυρός, "Ἅγιος
10   Ἀθάνατος, ὁ σταυρωθεὶς δι᾽ ἡμᾶς,
               ἐλέησον ἡμᾶς.
"Ἅγιος ὁ Θεός, "Ἅγιος Ἰσχυρός, "Ἅγιός
Ἀθάνατος, ὁ ἀναστὰς ἐκ τῶν
νεκρῶν καὶ ἀνελθὼν εἰς οὐρα-
15 νούς, ἐλέησον ἡμας.
Δόξα Πατρί, καὶ Υἱῷ, καὶ Ἁγίῳ Πνεύματι·
νῦν, καὶ ἀεί, καὶ εἰς τοὺς αἰῶνας τῶν
           αἰώνων. Ἀμήν.
Ἁγία Τριάς, ἐλέησον ἡμας· παναγία
20 Τριάς, ἐλέησον ἡμας.
Heilige Dreifaltigkeit, erbarme dich unser. Dreifaltigkeit,
erbarme dich unser. Nimm unsere Bitte an.
Und laß uns die Menge unserer Sünden nach.
        Κύριε, ἐλέησον· Κύριε, ἐλέησον· Κύριε, ἐλέησον.

Die ehemalige Sammlung Woide, die sich heute an der Bodleiana
in Oxford befindet, vereinigt eine Reihe von Fragmenten aus dem
Weißen Kloster[1]. Die beiden Blätter, die die Nr. 17 von MS. Cl. Pr.
b.3 bilden, stammen aus ein und derselben Pergamenthandschrift, sie
folgen aber nicht unmittelbar aufeinander. Sie tragen beide noch
die ursprünglichen Paginationen, das erste die Seitenzahlen 123–124,
das zweite 133–134. Sie sind mit sorgfältig ausgeführten Initialen und
Paragraphos-Zeichen reich verziert. Das zweite Blatt mißt etwa
33 × 26 cm und dürfte annähernd die ursprünglichen Maße bewahrt
haben. Die Beschädigungen der Ränder sind bei Blatt eins (etwa
32 × 25,5 cm) etwas stärker. Der Schriftspiegel auf pag. 123 ist,
wenn man die ausgerückten Zeilen und die Initialen nicht berücksichtigt, etwa 25 × 15 cm. Die Entstehungszeit wäre nach Hyvernat
das 10. oder 11. Jahrhundert. Aus derselben Handschrift — jedenfalls
von derselben Hand — stammt das Blatt 109(108), f. 1 der ehemaligen
Sammlung Borgia[2].

Den Charakter der Handschrift nach den drei genannten Blättern
genauer zu bestimmen ist nicht möglich[3]. Das erste erhaltene Blatt

[1] Nach Woides Tod kam die Sammlung im Jahre 1888 an die Clarendon Press und
wurde in der Bodleiana deponiert. Es existiert dazu ein handgeschriebener Katalog von
H. Hyvernat aus den Jahren 1886/87 (vgl. HYVERNAT bei PORCHER, *Manuscrits coptes*
106, Anm. 2). Die von Hyvernat gegebenen Maße sind zumeist ein wenig größer als
die von mir gemessenen, was aber nicht auf fortschreitende Beschädigung der Blätter
zurückzuführen ist; meine eigene Messung differiert von der Hyvernats auch beim
Schriftspiegel.

[2] Aber nicht die Blätter 2 und 3 dieser Nummer. Teilabbildung von Blatt 1 bei
HYVERNAT, *Album*, Taf. 13 rechts; Text dazu S. 14 (Nr. 13,2; Datierung: etwa 10. Jh.);
diese Abb. auch bei HYVERNAT, *Fragmente*. Hyvernat selbst scheint die Zusammengehörigkeit der Blätter nicht erkannt zu haben. Das vatikanische Blatt hat am Rand
mehr verloren; es ist wohl zur Ausbesserung zurechtgeschnitten worden. Die größten
Maße betragen nun etwa 30 × 24,5 cm. Die Höhe des Schriftspiegels ist einmal (p. 179)
26 cm, das andere Mal 25 cm. Die nicht ausgerückten Zeilen sind bis zu 16 cm lang.
Das Blatt hat auf Vorder- und Rückseite je 32 Zeilen, von denen jedoch auf der Vorderseite vier von Zierlinien eingenommen werden. Nach dem Textzusammenhang muß das
als p. 179 bezeichnete Blatt die Rückseite sein; man vgl. die Parallele im Cod. Borg.
copt. 109(101), der bei GIORGI, *Fragmentum* veröffentlicht ist (355,21–357,27).

[3] Im Inhaltsverzeichnis des handgeschriebenen Katalogs werden unsere Fragmente
zweimal als zu einem »Book of Antiphons« gehörig bezeichnet (S. 5 und 9). Bei der
Beschreibung heißt es dann später: »Part of the book which contains the part of the
people during the Mass« (S. 45).

enthält auf der Vorderseite den Schluß des liturgischen Credo in
griechischer und koptischer Sprache. Wiederum folgt jeweils auf einen
griechischen Vers unmittelbar dessen koptische Übersetzung; ersterer
ist schwarz, letztere rot geschrieben. Daran an schließt sich das
Unser-Vater auf griechisch. Diese Seite wird im folgenden vollständig
abgedruckt werden. Im heutigen Stundengebet folgt auf das Credo
zunächst das »Heilig, heilig, heilig...« mit kurzen anderen Texten
und dann erst das Unser-Vater[4]. Auf der Rückseite des Blattes stehen
unter dem Titel ⲦⲈⲔⲤⲀⲢⳈ = »Dein Fleisch« verschiedene Strophen,
jeweils griechisch und koptisch, die vielleicht als Kommuniongesänge
gedacht sind; die zweite, die eben mit »Dein Fleisch« beginnt, spricht
vom Empfang des Leibes und Blutes Christi. Das zweite Blatt enthält
zunächst die gleiche Zusammenstellung der mit αἰνεῖτε beginnenden
Verse aus Ps 148 und des ganzen Psalms 150 wie die Pariser Handschrift Nr. 68, f. 124ᵛ–125ᵛ. Auch auf dem Oxforder Blatt ist jeder
Vers in beiden Sprachen gegeben, und zwar in der bekannten Anordnung: auf den griechischen Text des Verses folgt, rot geschrieben,
dessen koptische Übersetzung[5]. Leider fehlt am Beginn ein Titel; er
könnte auf dem vorhergehenden (verlorenen) Blatt gestanden haben[6].
Unter dem Titel »Das sind die ⲤⲘⲞⲨ« (ⲤⲘⲞⲨ = »preisen« oder »Lobpreis«) folgen mit nur wenigen Auslassungen die Verse Dan 3,57–74
in griechischer Sprache. Die Texte dieses zweiten Blattes werden hier
nicht abgedruckt. Einige Lesarten wurden schon oben berücksichtigt[7].
Das vatikanische Blatt enthält Fürbittgebete die uns an dieser Stelle
nicht interessieren[8]. Der im folgenden abgedruckte Text erfordert
kaum zusätzliche Erklärungen. Im Artikel über die Kirche erscheint
das Wort »Kirche« im koptischen Text (Zeile 8 f.) zweimal, am Anfang
und am Schluß, was ich in der Übersetzung nicht wiedergegeben
habe. Das »Amen« von Zeile 15 ist mit etwas kleinerer Schrift, aber
wohl von derselben Hand hinter die volle Zeile auf den rechten Rand

---

[4] In M 574 steht aber das Unser-Vater gleichfalls im Anschluß an das Credo (Sektion
G–H).

[5] Statt Ps 148,3b steht im Koptischen Dan 3,72. Der griechische Text von Ps 148,1a,
der am Schluß des vorhergehenden (verlorenen) Blattes gestanden haben muß, ist nicht
erhalten.

[6] Den Titel in der Pariser Handschrift siehe oben S. 498.

[7] S. 268 ff.

[8] Der Inhalt ist aus der fast buchstäblichen Parallele Giorgi, *Fragmentum* 355,21–
357,27 zu ersehen.

gesetzt worden, wobei die beiden letzten Buchstaben eine Ligatur bilden (rechte Hasta des H zugleich linke des N).

Der Schreiber hat sowohl bei den griechischen als auch bei den koptischen Texten ein sehr formenreiches System von Lesezeichen zur Anwendung gebracht, das hier im Typendruck leider nicht wiedergegeben werden kann. Außer den Trennern ist nur beibehalten: im griechischen Text der Abkürzungsstrich, im koptischen der »übergesetzte Strich« (Tills »Vokalstrich«).

ρκγ

ΜΕΝΟϹΚΑΙϹΥΝΔΟΞΑϹΟΜΕΝΟϹ ·
ΠΕΤΟΥΟΥΩϢͫ ΝΑϥ Μͫ ΠΙΩΤ Μͫ ΠϢΗ
ΡΕ ΑΥΩ ΕΥϯ ΕΟΟΥ ΝΑϥ ·
ΤΟΛΑΛΗϹΑΝΤΙΑΤΩΝΠΡΟϤΗΤΩΝ ·
5 ΠΕΝΤΑϥϢΑϪΕ Ϩͫ ΝΕϤΠΡΟϤΗΤΗϹ ·
ΕΙϹΜΙΑΝΑΓΙΑΝΚΑΘΟΛΙΚΗΚΑΙΑΠΟϹΤΟ
ΛΙΚΗΝΕΚΚΛΗϹΙΑΝ ·
ΕΟΥΕΚΚΛΗϹΙΑ ͫΟΥΩΤ ΕϹΟΥΑΑΒ ͫΚΑΘΟΛΙ
ΚΗ ΑΥΩ ͫΑΠΟϹΤΟΛΙΚΗ ΕΚΚΛΗϹΙΑ ·
10 ΟΜΟΛΟΓΟΥΜΕΝΕΝΒΑΠΤΙϹΜΑ ·
ΕΝϨΟΜΟΛΟΓΕΙ ͫΟΥΒΑΠΤΙϹΜΑ ͫΟΥΩΤ ·
ΕΙϹΑϤΗϹΙΝΑΜΑΡΤΙΩΝ ·
ΕΠΚΩ ΕΒΟΛ ͫΝΕΝΝΟΒΕ ·
ΚΑΙΠΡΟϹΔΟΚΟΥΜΕΝΑΝΑϹΤΑϹΙΝΝΕΚΡΩΝ :—
15 ΚΑΙΖΩΗΝΤΟΝΜΕΛΛΟΝΤΟϹΑΙΩΝΑϹΑΜΗΝ
ΑΥΩ ΤͫϬΩϢͫ ΕΒΟΛ ϨΗΤϹ͞ ͫΤΑΝΑϹΤΑϹΙϹ ͫ
ΝΕΤΜΟΟΥΤ · ΑΥΩ ΠΩΝϨͦ ΕΤΜΗΝ ΕΒΟΛ ϢΑ Ε
ΝΕϨ ͫΕΝΕϨ ϨΑΜΗΝ :—
ΠͫΗΡΗΜΩΝΟΕΝΤΟΙϹΟͦΥͦΝΟͦΙϹΑΓΙΑϹΘΗ
20 ΤΩΤΟΟΝΟΜΑϹΟΥ · ΕΛΘΕΤΩΗΒΑϹΙ
ΛΕΙΑϹΟΥ · ΓΕΝΗΘΗΤΩΤΟΘΕΛΗΜΑ
ϹΟΥ · ΩϹΕΝΟΥΡΑΝΟΥ · ΚΑΙΕΠΙΓΗϹ ·
ΤΟΝΑΡΤΟΝΗΜΩΝΤΟΝΕΠΙΟΥϹΙΟΝ
ΔΟϹΗΜΙΝϹΗΜΕΡΟΝ · ΚΑΙΑϤΕϹΗΜΙΝ
25 ΤΑΟϤΙΛΗΜΑΤΑΗΜΩΝ · ΩϹΚΑΙ
ΗΜΕΙϹΑϤΗΚΑΜΕΝΤΟΙϹΟϤΕΙΛΕ
ΤΑΙϹΗΜΩΝ · ΚΑΙΜΗΕΙϹΕΝΕΓΚΗϹ
ΗΜΑϹΕΙϹΠΕΙΡΑϹΜΟΝΚͦΕͦ · ΑΛΛΑΡΗ
ϹΑΙΗΜΑϹΑΠΟΤΟΥΠΟΝΗΡΟΥΟΤΙϹΟΥ ·
30 ΕϹΤΙΝΗΔΥΝΑΜΙΝ · ΚΑΙΗΔΟΞΑΕΙϹ
ΤΟΥϹΑΙΩΝΑϹΑΜΗΝ :— ΕΝΧͫΩͫΙϒΤΩ
Κͫ Ωͫ ΗΜΩΝ :——

μενον καὶ συνδοξαζόμενον.
Der mit dem Vater und dem Sohn
angebetet und verherrlicht wird.
Τὸ λαλῆσαν διὰ τῶν Προφητῶν.
5   Der gesprochen hat durch seine Propheten.
Εἰς μίαν, ἁγίαν, καθολικήν, καὶ ἀποστο-
λικὴν Ἐκκλησίαν.
An eine einzige, heilige, katholi-
sche und apostolische Kirche.
10 Ὁμολογοῦμεν ἓν Βάπτισμα.
Wir bekennen eine einzige Taufe.
Εἰς ἄφεσιν ἁμαρτίων.
Zur Vergebung unserer Sünden.
Καὶ προσδοκοῦμεν ἀνάστασιν νεκρῶν,
15 καὶ ζωὴν τοῦ μέλλοντος αἰῶνος. Ἀμήν.
Und wir erwarten die Auferstehung der
Toten. Und das Leben, das bleibt bis in
die Ewigkeiten der Ewigkeiten. Amen.

Πάτερ ἡμῶν ὁ ἐν τοῖς οὐρανοῖς, ἁγιασθή-
20 τω τὸ ὄνομά σου· ἐλθέτω ἡ βασιλεία σου· γενηθήτω τὸ θέλημά
σου, ὡς ἐν οὐρανῷ καὶ ἐπὶ γῆς.
Τὸν ἄρτον ἡμῶν τὸν ἐπιούσιον
δὸς ἡμῖν σήμερον· καὶ ἄφες ἡμῖν
25 τὰ ὀφειλήματα ἡμῶν, ὡς καὶ
ἡμεῖς ἀφήκαμεν τοῖς ὀφειλέταις ἡμῶν· καὶ μὴ εἰσενέγκῃς
ἡμᾶς εἰς πειρασμόν, Κύριε, ἀλλὰ ῥῦσαι ἡμᾶς ἀπὸ τοῦ πονηροῦ. Ὅτι σοῦ
30 ἐστιν ἡ δύναμις, καὶ ἡ δόξα εἰς
τοὺς αἰῶνας. Ἀμήν. Ἐν Χριστῷ Ἰησοῦ τῷ Κυρίῳ ἡμῶν.

DIE SCHREIBTAFEL NR. 54 037
DES BRITISCHEN MUSEUMS

Im Department of Egyptian Antiquities des Britischen Museums ist unter Nr. 54 037 eine Schreibtafel registriert, die uns auf der einen Seite das liturgische Glaubensbekenntnis im saïdischen Dialekt erhalten hat. Ich verdanke die Kenntnis dieses Textes der Freundlichkeit von Herrn Dr. A. F. Shore, der mich im Juni 1970 auf einige unveröffentlichte liturgische Texte des Britischen Museums hinwies[1].

Die Holztafel mißt 36,5 × 17 cm. Die Schrift läuft quer zu den Längsseiten (und der Maserung des Holzes). Der Text des Credo füllt, mit einer Zierleiste am Schluß, gerade die eine Schreibfläche, wohl die Vorderseite. Den größeren Teil der Rückseite nimmt ein Text von anderer, vermutlich späterer Hand ein, der heute weithin verblaßt und nur schwer zu entziffern ist. Er scheint rein griechisch zu sein, mit einem erweiterten Trishagion am Schluß. Etwa das letzte Drittel dieser Seite ist unbeschrieben.

Die Maserung des Holzes läuft in der Längsrichtung der Tafel. In dieser Richtung ist die Tafel auch zweimal gebrochen, besteht also heute aus drei länglichen Stücken. Eine kleinere Beschädigung infolge eines Astloches weist die Tafel noch am oberen Rand auf. An vier Stellen ist die Tafel durchbohrt worden: in der rechten Hälfte zwischen Zeile 5 und 6, am Ende von Zeile 15 und am Anfang der Zeilen 16 und 20.

Der Text der Vorderseite ist relativ gut erhalten. Einzelne Buchstaben sind an den Bruchstellen verloren, mehr noch sind praktisch unleserlich geworden, speziell an den nicht wenigen Stellen, an denen die Grundierung abgerieben oder abgesprungen ist. An keiner Stelle wird aber die Lesung zweifelhaft. Unsicher bin ich dagegen oft in bezug auf die Lesezeichen. Ich gebe im gedruckten Text nur die, die noch deutlich zu erkennen sind, ohne sie dort zu ergänzen, wo sie zu erwarten, aber nicht mehr zu lesen sind. So ergibt sich ein etwas uneinheitliches Bild. Das ı trägt im allgemeinen nur einen einfachen Punkt. Derselbe Punkt steht auch mehrfach über der rechten Hasta

---

[1] Die Schreibtafel mit dem Credo-Text war früher im koptischen Raum des Museums ausgestellt (Nr. 45) und ist deshalb in einem älteren Führer kurz erwähnt (*Guide B. M.* 318).

des н. Davon zu unterscheiden ist der übergesetzte Strich bei ϩⲁⲏ̄
(Z. 20), der natürlich eine andere Bedeutung hat als der eben genannte
Punkt und den Vokal bezeichnet, der für sich eine Silbe bildet. Auffälligerweise ist aber auch ϣⲟⲙⲏ̄ⲧ geschrieben (Z. 16). Zweimal
sind am Zeilenschluß Buchstaben über die Zeile gesetzt (einer auf
Z. 6, drei bei Z. 21); im übrigen sind die Zeilen 4, 6 und 8 im Original
nicht gebrochen. Warum das Wort ⲧⲟⲙⲥϥ durch einen darüber
gesetzten Strich ausgezeichnet ist, kann ich nicht sagen.

Die Sprache unseres Schreibers ist ein reines Saïdisch. Einige Male
treffen wir das für späte, vor allem im Faijum geschriebene Handschriften typische ⲉ für ⲛ̄ an; mindestens zweimal steht ⲙⲉ- für
ⲙⲛ̄- (Z. 3 und 20), einmal ⲉ- für ⲛ̄- (Z. 28). Dazu paßt auch die Form
ϣⲟⲙⲏⲧ (Z. 16). Fehler hat unser Schreiber verschiedentlich gemacht. Eigens erwähnt sei, daß er schon einmal ⲟ und ⲱ verwechselt (Z. 15 : ⲧⲟⲟⲩⲛ). Da er auf den Schlußkonsonanten von
ⲟⲩⲛⲁⲙ den Strich setzt und ⲙⲉ statt des folgenden ⲙ̄- schreibt,
hat man den Eindruck, als habe er in einem Augenblick der Zer-
streuung an ⲟⲩⲛⲁ ⲙ̄ⲙⲉ = »wahres Erbarmen« gedacht.
Προσδοκᾶν wird ⲡⲣⲟⲥⲇⲟⲕⲉⲓ, was auch sonst in koptischen
Texten vorkommt[2]. Andere Formen seien lediglich, um nicht für
Druckfehler gehalten zu werden, einmal genannt: ϩⲁⲑ (Z. 5),
ϩⲟⲙⲟⲟⲥⲓⲟⲛ (Z. 8), ⲛⲉⲛⲣⲱⲙⲉ (Z. 10), ⲡ̄ⲛ̄ⲁ̄ (Z. 21), ⲁⲅⲁⲱ
(Z. 24), ⲧⲁⲡⲣⲟ (Z. 25), ⲉⲥⲥⲟⲩⲁⲁⲃ (Z. 26); ⲧⲡⲁⲣⲑⲉⲛⲟⲥ auf Z. 13
ist Dittographie.

ⲟⲩⲡ̄ⲛ̄ⲁ̄ (Z. 12) scheint auf einem getilgten Wort, wohl ⲟⲩⲁⲁⲃ,
zu stehen. Das ⲛ in ⲛⲟⲩⲱⲧ von Zeile 25 ist aus ⲉ verbessert,
ebenso das ⲏ in ⲁⲡⲟⲥⲧⲟⲗⲓⲕⲏ auf Zeile 26.

---

[2] Z.B. ⲡⲣⲟⲥⲇⲟⲕⲓ bei Worrell, *Coptic Manuscripts* 232,11 f. (in der Übersetzung als »thinking« wiedergegeben [S. 353]).

ⲢⲒ ⲧⲛⲡⲓⲥⲧⲉⲩⲉ [ⲉ][ⲟ]ⲩⲛⲟⲩⲧⲉ ⲛⲟⲩⲱⲧ ⲡⲓⲱⲧ ⲡⲡⲁⲛ
ⲧⲱⲕⲣⲁⲧⲱⲣ · ⲡⲉⲛⲧⲁϥⲧ[ⲁ]ⲙⲓⲉ ⲧⲡⲉ ⲙⲛ ⲡⲕⲁϩ ·
ⲛⲉⲧⲛⲛⲁⲩ ⲉⲣⲟⲟ[ⲩ] ⲙⲉ ⲛⲉⲧⲛⲛⲁⲩ ⲉⲣⲟⲟⲩ ⲁⲛ · ⲁⲩⲱ ⲟⲩ
ⲭⲟⲉⲓⲥ ⲛⲟⲩⲱⲧ ⲓ̄[ⲥ̄] ⲡⲉⲭ̄ⲥ̄ ⲡϣ[ⲏ]ⲣⲉ ⲙ[ⲡ]ⲛⲟⲩⲧⲉ
                                       ⲡⲙⲟⲛⲟⲕⲉ

5   ⲛⲏⲥ · ⲡⲉⲛⲧⲁⲩⲭⲡⲟϥ ⲉⲃⲟⲗ ϩ[ⲓ]ⲧⲙ ⲡⲓⲱⲧ ϩⲁⲑ ⲛ
ⲛⲁⲓⲱⲛ ⲧⲏⲣⲟⲩ · ⲡⲟⲩⲟ̄ⲉⲓ̄ⲛ̄ ⲉⲃⲟⲗ ϩⲙ ⲡⲟⲩⲟⲉⲓⲛ
                                       ⲡⲛⲟⲩⲧⲉ
ⲙ̄ⲙⲉ ⲉⲃⲟⲗ ϩⲙ̄ ⲡⲛ[ⲟ]ⲩⲧⲉ ⲙⲙⲉ · ⲟⲩⲭⲡⲟ ⲡⲉ ⲛⲟⲩⲧⲁ
ⲙⲓⲟ ⲁⲛ ⲡⲉ · ⲟⲩϩ[ⲟ]ⲙⲟⲟ̄ⲥⲓⲟⲛ [ⲡ]ⲉ [ⲙ]ⲛ ⲡⲓ̄ⲱⲧ
                                     ⲡⲉⲛⲧⲁ ⲛ
ⲕⲁ ⲛ̄ⲓⲙ ϣⲱⲡⲉ ⲉⲃⲟⲗ ϩⲓ̄ⲧ[ⲟ][ⲟ]ⲧϥ · ⲡⲁⲓ ⲉⲧⲃⲏⲧⲛ

10 ⲁⲛⲟⲛ ⲛⲉⲛⲣⲱⲙⲉ ⲁⲩⲱ̄ ⲉⲧⲃⲉ ⲡⲉⲛⲟⲩⲭⲁⲓ · ⲁϥⲉⲓ
ⲉⲡⲉⲥⲏ̄ⲧ ⲉⲃⲟⲗ ϩⲛ̄ ⲙ̄ⲡ[ⲏ]ⲩⲉ · ⲁϥⲭⲓ̄ ⲥⲁⲣ[ⲝ] ϩⲛ
ⲟⲩⲡ̄ⲛ̄ⲁ̄ ⲉϥⲟⲩⲁⲁϥ ⲉ̄ⲃⲟⲗ [ϩ]ⲙ̄ ⲙⲁⲣⲓ̄ⲁ̄ ⲧⲡⲁⲣⲑⲉⲛⲟⲥ
ⲧⲡⲁⲣⲑⲉⲛⲟⲥ · ⲁⲩⲱ ⲁϥⲣ̄ ⲣ[ⲱ]ⲙⲉ · ⲁⲩⲥ[ⲧ]ⲁⲩⲣⲟⲩ ⲇⲉ
ⲙⲙⲟϥ ϩⲁⲣⲟⲛ ϩⲓ ⲡⲟⲛⲧⲓⲟ[ⲥ] [ⲡ]ⲓⲗⲁⲧⲟⲥ · ⲁϥϣⲡ ϩⲓ̄ⲥⲉ

15 ⲁϥⲙⲟⲩ ⲁⲩⲧⲟ̄ⲙ̄ⲥ̄ϥ · ⲁⲩⲱ ⲁϥⲧⲟⲟⲩⲛ̄ ⲉⲃⲟⲗ ϩⲛ
     ⲛⲉⲧⲙⲟⲟⲩⲧ ϩⲙ ⲡⲙⲉϩϣⲟⲙⲏ̄ⲧ ⲛ̄ϩⲟⲟⲩ ⲕⲁ
ⲧⲁ ⲛⲉⲅⲣⲁⲫⲏ · ⲁⲩⲱ ⲁϥⲃⲱⲕ ⲉϩⲣⲁⲓ̄ ⲛ̄ⲛⲉⲙ
ⲡⲏⲩⲉ · ⲁⲩⲱ ⲁϥϩⲙⲟⲟⲥ [ϩ]ⲓ ⲟⲩⲛⲁ̄ⲙ̄ ⲙⲡⲉϥⲓⲱ
ⲧ · ⲁⲩⲱ̄ ϥⲛⲏⲩ ⲟⲛ ϩⲙ̄ ⲡⲉϥⲉⲟⲟⲩ ⲉ̄ⲕⲣⲓ̄ⲛⲉ ⲛ̄ⲛⲉ

20 ⲧⲟⲛϩ ⲙⲉ ⲛⲉⲧⲙⲟⲟⲩⲧ [·] ⲙⲉⲛ ϩⲁⲏ̄ ⲛⲁϣⲱⲡⲉ
ϩⲛ ⲧⲉϥⲙⲛⲧⲉⲣⲟ · ⲁⲩⲱ ⲡ̄ⲛ̄ⲁ̄ ⲉⲧⲟⲩⲁ̄ⲁⲃ ⲡⲭⲟⲉⲓⲥ
ⲁⲩⲱ ⲡⲣⲉϥⲧⲁⲛϩⲟ · ⲡⲉⲛⲧⲁϥⲉⲓ ⲉⲃⲟⲗ ϩⲓⲧⲛ
ⲡⲓⲱⲧ · ⲡⲉⲧⲛⲟⲩ[ⲱ]ϣⲧ ⲛⲁϥ ⲙ[ⲉ] ⲡⲓ̄ⲱⲧ ⲙⲉ[ⲛ] ⲡϣⲏ
ⲣⲉ ⲁⲩⲁⲱ ⲧⲛ̄ϯ ⲉⲟⲟⲩ ⲛⲁϥ [· ⲡⲉⲛ]ⲧⲁϥϣⲁϫⲉ

25 ϩⲛ ⲧⲁⲡⲣⲟ ⲛ̄ⲛⲉϥⲡⲣⲟⲫⲏⲧⲏⲥ · ⲟⲩⲉⲓ ⲛⲟⲩⲱⲧ
ⲉⲥⲥⲟⲩⲁⲁⲃ ⲛ̄ⲕⲁⲑⲟⲗⲓⲕⲏ ⲛⲁⲡⲟⲥⲧⲟⲗⲓⲕⲏ
ⲛⲉⲕⲗⲉⲥⲓⲁ · ⲉⲛϩⲟⲙⲟⲗⲟⲅⲉⲓ [ⲛ]ⲟⲩⲃⲁⲡⲧⲓ̄ⲥⲙⲁ ⲛ
ⲟⲩⲱⲧ ⲉⲡⲕⲱ ⲉⲃⲟ[ⲗ] ⲉⲛⲉⲛⲛ[ⲟ]ⲃⲉ · ⲁⲩⲱ̄ ⲧⲛⲡⲣ
ⲟⲥⲇⲟⲕⲉⲓ̄ ⲉⲧⲁⲛ[ⲁ]ⲥⲧⲁⲥⲓⲥ ⲛ̄ⲛⲉⲧⲙⲟⲟⲩⲧ ⲙⲛ

30 ⲡⲱⲛϩ ⲉⲧⲛⲁϣⲱⲡⲉ ϣⲁ ⲛⲓⲉⲛⲉϩ ϩⲁ
ⲙⲏⲛ +

Wir glauben an einen einzigen Gott, den Vater, den Allherrscher. Der geschaffen hat den Himmel und die Erde.
Was wir sehen und was wir nicht sehen. Und einen
einzigen Herrn Jesus Christus, den Sohn Gottes, den eingebore-
5 nen. Der gezeugt worden ist vom Vater vor
allen Äonen. Das Licht aus dem Licht, den wahren
Gott aus dem wahren Gott. Er ist gezeugt, er ist nicht
geschaffen. Er ist wesensgleich mit dem Vater; durch den
alle Dinge geworden sind. Der für uns
10 Menschen und um unseres Heiles willen herabgestiegen ist aus den Himmeln. Er hat Fleisch angenommen aus
heiligem Geist (und) aus Maria, der Jungfrau.
Und er ist Mensch geworden. Er wurde aber gekreuzigt
für uns unter Pontius Pilatus. Er hat gelitten,
15 er ist gestorben, er ist begraben worden. Und er ist auferstanden
von den Toten am dritten Tage ge-
mäß den Schriften. Und er ist aufgestiegen zu den
Himmeln. Und er hat sich gesetzt zur Rechten seines Vaters. Und er wird wiederkommen in seiner Herrlichkeit, zu
20 richten die Lebendigen und die Toten. Es wird kein Ende sein
in seinem Königtum. Und (an) den Heiligen Geist, den Herrn
und Lebendigmacher. Der hervorgekommen ist aus
dem Vater. Den wir anbeten mit dem Vater und dem
Sohn und verherrlichen. Der gesprochen hat
25 durch den Mund seiner Propheten. (An) eine einzige
heilige, katholische (und) apostolische
Kirche. Indem wir bekennen eine einzige
Taufe zur Vergebung unserer Sünden. Und wir erwarten die Auferstehung der Toten und
30 das Leben, das sein wird bis in die Ewigkeiten.
Amen.

DAS OSTRAKON E.370 DER KÖNIGLICHEN MUSEEN FÜR KUNST UND GESCHICHTE ZU BRÜSSEL

(Außenseite, Zeile 21 ff.)

Zu dem Abschnitt 146,18–26 der Handschrift M 574 kennen wir verschiedene Paralleltexte in der altkirchlichen Liturgie und im heutigen byzantinischen Ritus[1], darunter die Zeilen 21 ff. des Brüsseler Ostrakons E.370[2]. Dies Ostrakon, eine beidseitig beschriebene Topfscherbe, ist leider nicht ganz vollständig erhalten. Im unteren Teil sind sowohl Zeilenanfänge als auch Zeilenenden und am Schluß wohl auch einige Zeilen ganz verlorengegangen. Die heutigen Maße sind gut 14 × 12 cm[3]. an. Der Text der Außenseite ist rein griechisch. Er beginnt mit einem Hymnus auf Christus, darauf folgt ein erweitertes Trishagion und schließlich ein Theotokion, dessen zweite Hälfte (von Zeile 21 an) die Parallele zu M 574, p. 146,18 ff. darstellt. Auf der Innenseite steht zunächst Ps 109,1–4[4] griechisch, dann noch die erste Hälfte von Ps 109,1a koptisch. Etwa das letzte Viertel der erhaltenen Schreibfläche ist hier unbeschrieben[5].

Da mir Lesung und Rekonstruktion von Crum und Koenen zweifelhaft erschienen, habe ich das Original kollationiert. Die entscheidende Stelle ist der Anfang von Zeile 23, von Crum als ..ΗΓΜΑΝΗ gelesen und (von Brightman?) als $\kappa\epsilon\kappa|\eta\rho\nu\gamma\mu\acute{\epsilon}\nu\eta$ interpretiert. Nun ist der

---

[1] Siehe oben S. 315.

[2] So die heutige Signatur. Das Ostrakon ist bei CRUM, *Coptic Ostraca* als Nr. Ad. 39 (S. 4b und Taf. 95f.) noch unter einer früheren Signatur (10952) veröffentlicht; die Bearbeitung stammt von Brightman. Es handelt sich um das Ostrakon, das BAUMSTARK, *Frühchristl. Theotokion* 37, Anm. 2 irrtümlich als Ostrakon Ad. 39 des Britischen Museums bezeichnet. Heute ist unbedingt die Neubearbeitung von KOENEN, *Prosahymnus* 42–44 zu vergleichen (die Zeilen bei Koenen sind nicht die des Originals, sondern die der metrischen Gliederung).

[3] Die Scherbe ist in der unteren Hälfte stark gekrümmt. Die abgerollte Breite (der Außenseite) beträgt deshalb erheblich mehr als gut 12 cm, nämlich 15,5 cm.

[4] Nicht Vers 1–5, wie Brightman bei CRUM, *Coptic Ostraca*, S. 4b sagt.

[5] Damit dürfte sichergestellt sein, was auch unabhängig davon zu erwarten war, daß nämlich der Text der Außenseite dem der Innenseite vorausgeht (falls überhaupt ein unmittelbarer Zusammenhang zwischen den beiden Texten besteht). Nach SCHERMANN, *Abendmahlsliturgien* 221 wäre der Psalmentext der Innenseite den Strophen der Außenseite vorausgegangen.

Anfang der Zeile nicht etwa weggebrochen, sondern nur schwer leserlich. Zu einer sicheren Lesung der Buchstaben, die schon Crum nicht lesen konnte, bin aber auch ich nicht gekommen. Immerhin läßt sich feststellen, daß die von Crum als unsicher oder beschädigt bezeichneten Buchstaben ΗΓ an der fraglichen Stelle nicht stehen. Crum dürfte bei seiner Lesung von dem als $\kappa\eta\rho\acute{\upsilon}\gamma\mu\alpha\tau\iota$ interpretierten ΚΥΡΥ[der vorhergehenden Zeile beeinflußt gewesen sein; die Paralleltexte waren ihm und Brightman offensichtlich nicht bekannt. Mein eigener Lesungsversuch nimmt hingegen Rücksicht auf diese Paralleltexte. Danach glaube ich den Anfang von Zeile 23 so lesen zu müssen: ·ΟΓΗΜΕΝΗ, wobei die mit Punkten verstehenen Buchstaben nicht ganz sicher sind. Auch die Ergänzung der abgebrochenen Zeilenenden habe ich nach den Paralleltexten vorzunehmen versucht. Hier sehe ich die eigentliche Schwierigkeit meiner Textrekonstruktion. Die Zeilen 21–23 werden etwas länger, als man es nach der Länge der vorangehenden Zeilen zunächst erwarten würde. Da wir aber die ursprüngliche Form des Ostrakons nicht kennen, kann das nicht als entscheidendes Argument angesehen werden. Die Verteilung des Textes auf den Zeilen 24 ff. ist rein hypothetisch. Allerdings ist unter dem Anfang von Zeile 23 so viel unbeschriebener Platz, daß der Anfang der Zeilen 24 ff. wohl wesentlich gegenüber dem der vorhergehenden versetzt gewesen sein muß. Meine Neubearbeitung beschränkt sich auf die Zeilen 21 ff. der Außenseite als Parallele zu dem Abschnitt in M 574. Unsicher ist die Lesung nicht nur am Anfang von Zeile 23, wovon schon die Rede war, sondern auch an deren Ende. Vielleicht steht dort nicht das ⲁ von $\delta\iota\acute{\alpha}$, sondern das zu erwartende Η ($\acute{\eta}$).

21   χαιρεθεοτοκεαγαλλιαματωναγγελ[ωνχαιρεκε]

        χαριτομενητωνπροφητωντωνκυργ[γμαχαιρεεγ]

        [λ]ογημενοκυριοσμετασουχαιρεΔ[ιαγγελουτην]

                    [χαρ]αντογκοσμου[Δεξαμενη]

25   [χαιρ]εετεκουσα[τονποι]

                    [ητηνκαι]κυριο[νχαιρε]

                    [ηαξιωθεισα]κλ[ηθηναι

21   *Χαῖρε, θεοτόκε, ἀγαλλίαμα τῶν ἀγγέλων. Χαῖρε, κε-*

       χαριτομένη, τῶν προφητῶν τὸ κήρυγμα. Χαῖρε, εὐ-

       λογημένη, ὁ κύριος μετὰ σοῦ. Χαῖρε, ἡ δι᾽ ἀγγέλου τὴν

                 χαρὰν τοῦ κόσμου δεξαμένη.

25   *Χαῖρε, ἡ τεκοῦσα τὸν ποι-*

                 ητὴν καὶ κύριον. Χαῖρε,

       ἡ ἀξιωθεῖσα κληθῆναι

DAS KOPTISCHE BLATT 129(20), f. 147
DER BIBLIOTHÈQUE NATIONALE ZU PARIS

(Rückseite, Zeile 4 ff.)

Von einem umfangreichen saïdischen Pergamentkodex mit Texten recht disparaten Inhalts sind uns einzelne Blätter aus verschiedenen Teilen der Handschrift erhalten[1]. Wahrscheinlich handelt es sich um eine für das Mönchsleben nützliche Zusammenstellung von Texten. Dem entspräche auch nicht schlecht die Bezeichnung ΝΕΙϹΒΟΟΥΕ ΕΤΜΕϨ ΕΝШΝϨ = »diese lebensvollen Lehren« im Kolophon[2] der Handschrift; der eigentliche Titel der Handschrift kann jedoch kaum so gelautet haben. In diese Sammlung haben nun ganz offensichtlich auch liturgische Texte ihren Weg gefunden. Dafür haben wir schon im veröffentlichten Teil der Handschrift ein Beispiel. Unter der Überschrift ΟΥШΛΗΛ ΕϪΜ ΠΜΟΟΥ ΜΠϢΛ ΝΤШΒΕ = »Gebet über das Wasser am Fest des (Monats) Tobe[3]« figuriert hier ein Text[4], der aus einem Wasserweiheritus des Epiphaniefestes stammen muß[5]. Dies Weihegebet ist in der Handschrift völlig aus seinem liturgischen Kontext herausgelöst. Davor und danach steht jeweils ein Text ganz anderer Art.

Nach paläographischen Indizien ist dieser Handschrift nun noch ein weiteres Blatt zuzuweisen, dessen Zugehörigkeit zu den übrigen Blättern meines Wissens bisher nirgendwo vermeldet ist. Ich meine das Blatt 147 in dem Band 129(20) der koptischen Handschriften der Bibliothèque Nationale. Das Blatt trägt noch die Originalpaginierung 181–182. Auf Seite 181 und den ersten drei Zeilen von Seite 182 lesen wir den Schluß eines homiletisch-aszetischen Textes, den ich bisher

---

[1] Vgl. die jüngste Übersicht *Œuvres de Pachôme*, S. XVIII und XXX. Veröffentlichte Teile der Handschrift: PLEYTE-BOESER, *Manuscripts* 341–343; CRUM, *Catalogue B. M.* 217 (S. 97–99); WESSELY, *Texte* 5, Nr. 276; TILL, *Griech. Philosophen* (mit Abbildung der letzten Seite der Handschrift); eine verbesserte Neuausgabe eines Abschnitts aus dem zuletzt genannten Teil bei VAN LANTSCHOOT, *Paraboles* 141 f.; *Œuvres de Pachôme*, 66,24–75,30 und 101,14–102,24.

[2] Veröffentlicht TILL, *Griech. Philosophen* 171 und Tafel.

[3] D. h. Epiphanie; vgl. CRUM, *Dict.* 543a.

[4] WESSELY, *Texte* 5, Nr. 276 lm.

[5] In den mir zugänglichen Ausgaben des heutigen bohairischen Wasserweiheritus an Epiphanie kann ich das Gebet allerdings nicht nachweisen; vgl. z. B. *Laqqān* 3–57.

nicht identifizieren konnte. Dann folgt ein Text, der im wesentlichen mit einem Schlußgebet der Komplet des koptischen Stundengebetes identisch ist[6], ihm gegenüber jedoch einige Erweiterungen und Auslassungen aufweist. Es ist aber dennoch ein wirklicher Ausnahmefall, daß wir einmal zu einem Gebet des späteren bohairischen Horologions eine saïdische Fassung besitzen, wenn auch keine vollkommene Übereinstimmung zwischen den beiden Versionen herrscht. In unserer Sammelhandschrift trägt das Gebet den Titel: »Das ist das Gebet, wenn du dich zu schlafen anschickst« (Zeile 4). Nach diesem Gebet vor dem Einschlafen steht auf dem Pariser Blatt ein weiterer Text, der einem liturgischen Buch entnommen sein könnte. Obwohl der Titel sehr zerstört ist, glaube ich noch rekonstruieren zu können: »Das Gebet, das du in der Nacht sprichst, wenn du dich vom Schlafe erhebst« (Zeile 23f.). Von dem Gebet selbst sind nur noch einzelne Wörter erhalten, und eine Identifizierung des Textes ist mir noch nicht gelungen[7].

Die Textüberlieferung des Gebetes vor dem Einschlafen ist sehr verzweigt und nicht ganz durchsichtig. Wie schon gesagt, unterscheidet sich die neue saïdische Fassung merklich von der bohairischen. Genauer müßte man sagen: von den bohairischen Fassungen, denn schon in diesem Dialekt ist uns das Gebet in zwei Formen überliefert, die stark voneinander abweichen. Beide finden sich in Ṭūḫīs Horologion, die eine unter den Schlußgebeten der Vesper[8], die andere unter denen der Komplet[9]. Es ist diese zweite Fassung, die heute als Schlußgebet der 2. Komplet dient[10]. Diesen beiden bohairischen Fassungen steht nun die saïdische mit ihren charakteristischen Eigenheiten gegenüber. Aber auch mit der griechischen Fassung im großen und kleinen Apodeipnon des byzantinischen Horologions, die dort unter dem Namen Antiochus' des Pandekten läuft[11], stimmt keine der drei koptischen

---

[6] In den älteren Handschriften (vgl. oben S. 20, Anm. 34), die nur eine Komplet kennen, Schlußgebet dieser Hore. Bei Ṭūḫī, der schon die 2. Komplet hat, Schlußgebet der 1. Komplet (*Horol.* [1750] 301–303). In den neueren Ausgaben Schlußgebet der 2. Komplet.

[7] Auch das byzantinische Horologion sieht Gebete vor, die der Mönch unmittelbar nach dem Aufstehen sprechen soll (*Byzant. Horol.* 7 ff.).

[8] *Horol.* (1750) 254 f.

[9] Ebenda 301–303.

[10] Koptischer Text nur *Horol.* (1930) 315 f. Der arabische beispielsweise noch *Horol.* (1961) 169 f.

[11] *Byzant. Horol.* 274 f. Mein Suchen nach diesem Text im Πανδέκτης (PG 89, 1421 ff.) war erfolglos.

überein. Man kann zwar die vielleicht auffällige Feststellung machen, daß die bohairischen Texte im großen und ganzen dem griechischen noch näher stehen als der saïdische, aber keinem der vier genannten Texte kann eine relative Eigenständigkeit abgesprochen werden. Eine Eigenheit des ersten bohairischen Textes ist, daß er zweimal in der Ich-Form spricht, dann aber beide Male wieder in die Wir-Form der übrigen Texte zurückfällt, die eindeutig als ursprünglich anzusehen ist. In einem Einzelpunkt kann zwar der saïdische Text einmal näher am griechischen sein als die bohairischen, doch herrscht im Gesamtinhalt zwischen dem griechischen Text und den bohairischen die größere Übereinstimmung. Der saïdische Text hat, hiermit verglichen, sowohl auf der einen Seite mehr weggelassen als auch auf der anderen Seite mehr hinzugefügt; ob es andere griechische Fassungen gab, die der saïdischen näher standen, kann ich nicht sagen. Doch ist wieder der erste bohairische Text selbst kürzer als der zweite und folgt darin dann bisweilen dem saïdischen. So fehlt beispielsweise im saïdischen und dem ersten bohairischen Text ein längerer Passus des griechischen ($\dot{\epsilon}\sigma\tau\eta\rho\iota\gamma\mu\dot{\epsilon}\nu\sigma\upsilon\varsigma$ ... $\chi\dot{\alpha}\rho\iota\sigma\alpha\iota$), den der zweite bohairische hat[12]. Nur ausnahmsweise hat einmal der zweite bohairische Text die kürzere Version; sicher fehlt ihm eine Entsprechung zu $\pi\hat{\alpha}\nu$ $\gamma\epsilon\hat{\omega}\delta\epsilon\varsigma$ ... $\kappa\sigma\acute{\iota}\mu\iota\sigma\sigma\nu$, die sich sowohl im saïdischen wie im ersten bohairischen Text findet, wenn auch in keinem Fall als wörtliche Übersetzung des vorliegenden griechischen Textes. Ganz allein steht die saïdische Fassung mit ihrem ausführlichen Text am Beginn des Gebetes. Häufig gehen die beiden bohairischen Fassungen gegen die saïdische zusammen, so auch in dem Punkt, dessentwegen das Gebet oben herangezogen wurde[13]; in jenen heißt es »Lobgesang der Nacht und des Morgens«, in dieser nur »Lobgesang der Nacht«. Auch in der Wortwahl ergeben sich jeweils ganz verschiedene Übereinstimmungen und Abweichungen, so daß einmal mehr die Eigenständigkeit der beiden bohairischen Fassungen greifbar wird. Für das »aufhören« in der Übersetzung des griechischen $\pi\alpha\hat{\upsilon}\sigma\sigma\nu$ gebraucht der saïdische Text ϭⲱ, der erste boahirische ⲭⲟⲗ⳥ (refl.) und der zweite bohairische ϩⲢⲟⲨⲢ. Bei dem gerade genannten »Morgen« hat der erste bohairische Text ϣⲱⲣⲡ, der zweite ϩⲀⲚⲀⲦⲞⲞⲨⲒ[14]. Der saïdische und der erste boahirische Text gehen darin zusammen,

---

[12] Der Schluß dieses Passus fällt in das oben S. 181, Anm. 147 gegebene Zitat.
[13] S. 180 f.
[14] Beide Ausdrücke dienen im Koptischen zur Bezeichnung des Morgengebetes; vgl. oben S. 174, Anm. 123.

daß sie beide das griechische ὁρμή beibehalten, während der zweite
bohairische das koptische Wort ϫⲓⲛⲕⲓⲙ gebraucht. Der saïdische
Text stimmt mit dem zweiten bohairischen in der Wahl des Wortes
ⲥⲙⲟⲩ (»preisen«) gegen den ersten bohairischen überein, der ϩⲱⲥ
(»singen«) hat[15]. Um mehr als eine Frage der Wortwahl geht es in
einem Punkt, der hier noch abschließend genannt werden soll, da er
für die Textherstellung wichtig ist. Im zweiten bohairischen Text
wird auch darum gebetet, daß Gott ein »reines Lager« gewähren möge.
Der Ausdruck hat zwar keine Entsprechung in der griechischen Fassung, ist aber im Kontext durchaus sinnvoll. Die erste bohairische
Fassung hat an dieser Stelle ⲙⲁⲛⲉⲛⲕⲟⲧ ⲛⲧⲉ ⲟⲩⲙⲧⲟⲛ (arab.
marqad rāḥah). Die einfache Bitte, Gott möge ein »Lager von Ruhe«
gewähren, ist hier sicher die schwierigere Lesart, doch findet sie einerseits im saïdischen Text ihre Bestätigung, wie sie andererseits dazu
hilft, diesen Text richtig zu ergänzen. Angesichts dieses bohairischen
Textes kann man im saïdischen nichts anders als [ⲛⲟⲩⲙⲁⲛ]ⲛⲕⲟⲧⲕ
ⲛⲁⲛⲁⲡⲁⲩⲥⲓⲥ rekonstruieren. Sollte das »Ruhe-Lager« — das
koptische Wort für »Lager« bedeutet selbst schon »Ruhe-Ort« — letztlich auf einen Ausdruck für »ruhiges Lager« zurückgehen?

Das Pariser Blatt ist unten abgerissen, doch scheint die volle Höhe
des Schriftspiegels erhalten. Dieser mißt dann gut 19 zu gut 14 cm.
Das Blatt ist 20 cm breit, und soviel könnte auch die ursprüngliche
Breite betragen haben. Der obere Rand ist gut 3 cm breit, und die
ursprünglische Gesamthöhe des Blattes dürfte 26 bis 27 cm gewesen
sein. Dies Format paßt gut zu dem der übrigen erhalten Blätter, die
jedoch nicht geringe Schwankungen zeigen[16]. Die bei Lefort[17] für den
Kodex angegebenen Maße von etwa 22×17 cm sind allerdings zu
gering und müssen auf einem Versehen beruhen. Eine beachtliche
Unregelmäßigkeit weist die Handschrift auch in der Zeilenzahl pro
Seite auf. Die Seiten des Pariser Blattes 129(20) 147 haben je 28 Zeilen.
Nach Crum umfaßte die Handschrift wahrscheinlich mehr als einen
Band[18]. Zum Alter der Handschrift äußert sich nur Lefort; sie stammt

---

[15] Der griechische Text hat hier drei Verben: ὑμνεῖν, εὐλογεῖν und δοξάζειν.
Vielleicht haben verschiedene koptische Übersetzer auf je andere Weise vereinfacht.

[16] Maßangaben von einigermaßen vollständig erhaltenen Blättern: Pleyte-Boeser,
Manuscrits 341; Crum, *Catalogue B. M.*, S. 97a; Wessely, *Texte* 5, Nr. 276a; Till,
Griech. Philosophen 166.

[17] *Œuvres de Pachôme*, S. XIX.

[18] Crum, *Catalogue B. M.*, S. 97a, Anm. 1.

nach ihm wahrscheinlich aus dem 9./10. Jahrhundert[19]. Die Schrift könnte aber auch etwas jünger sein.

Die folgende Ausgabe des Pariser Blattes 129(20) 147 beschränkt sich auf die Zeilen 4 ff. der Rückseite. Der Text ist im Original an einigen Stellen stark verwischt oder verblaßt. Die Lesung von Buchstaben wird dadurch zwar nirgendwo zweifelhaft[20], wohl aber hier und da die von Lesezeichen. Vielleicht stand im Original das eine oder andere Lesezeichen, das in der Ausgabe nicht gesetzt ist. Auf Zeile 22 ist in ⲉⲟⲟⲩ das zweite ⲟ aus ⲩ verbessert. Ich möchte vermuten, daß Z. 9 nach »vollenden« ein Akkusativobjekt ausgefallen ist. Allerdings ist der Satz grammatikalisch einwandfrei, da das Verb auch »vollendet werden«, »sterben« bedeuten kann. Das ⲉⲧⲉⲩϣⲏ (für ⲛ-) von Z. 11 möchte ich als Zeitbestimmung »in der Nacht« auffassen und nicht genitivisch an das Vorgehende anschließen. Auf Zeile 9 steht einmal, wie in koptischen Texten häufig, einfaches ⲟⲩ für doppeltes (ⲟⲩⲟⲡ für ⲟⲩⲟⲩⲟⲡ).

---

[19] *Œuvres de Pachôme*, S. XIX.

[20] Abgesehen von dem ⲙ vor ⲡⲥⲱⲙⲁ in Zeile 5, das vielleicht doch nicht dem folgenden ⲡ assimiliert ist (ⲛ).

ΡΜΒ

ΠΑΪ ΠΕ ΠΕϢΛΗΛ ΕΚΝΑΝΚΟΤΚ ⋅⋅⋅

5 ΠΧΟΕΙC ΕΚΝΑϯ ΝΑΝ ΝͅΤΜΟΤΝΕC ΜΠCωΜΑ
ΖΜͅ ΠΤΡΕΝΤΑΑΝ ΕΠΖΙ͞ΝΗΒ ⋅ ΑΥω ΝΓ͞ΖΑΡΖ͞ ΕΡΟΝ
ΕΒΟΛ ΖΜͅ ΠΚΑΚΕ ΕΤΖΤΕΜΤωΝ Ν͞ΤΕ ΠΝΟΒΕ ⋅
Ν͞ΓΝΑΖΜΕΝ ΕΤωΛΜ͞ ΝΙ͞Μ Ν͞ΤΕ ΤCΑΡΖ͞ ⋅ ΜΝͅ ΠΕ
Π͞Ν͞Α ⋅ Ν͞ΓΤΑΑC ΝΑΝ ΕΧωΚ ΕΒΟΛ ΖΝ͞ ΟΥΟΠ ΖΝ͞
10 ΤΕΚΖΟΤΕ ⋅ ΑΥω ΝΓ͞ΡΟΕΙC ΕΡΟΝ ΕΒΟΛ ΖΝ͞ ΟΥωϢ
ΝΙ͞Μ Ν͞ΤΕ ΝΕΝΖΥΔΟΝΗ ⋅ ΕΤΕΥϢΗ ΕΤΟ ΝΚΑΚΕ
ΝΓ͞ΤΡΕΥΒωΛ Ν͞ΟΙ ΝΖωΡΜΗ ΝΜ͞ΠΑΘΟC ⋅ ΑΥω
Ν͞ΓωϢΜ͞ Μ͞ΠΤΕΜΖΟ Μ͞ΠCωΜΑ ⋅ ΜΝ͞ Ν͞ΟΙ
Ν͞ΚΙ͞Μ ΝΤCΑΡΖ͞ ΕΤΤωΟΥΝ ΕΖΡΑΪ ΕΧωΝ ⋅ ΕΚΕ
15 ΤΡΕΥΒωΛ ΕΒΟΛ ⋅ ΑΥω Ν͞CΕΖΡΟΚ Ν͞ΟΙ Μ͞ΠΑΘΟC
Ν͞CωΜΑϯΚΟΝ ⋅ ΜΝ͞ ΝΕΥΜΕΕΥΕ ⋅ ΑΥω ΝΓ͞ϯ Ν͞Α͞
ΝΟΥ]ΝΟΥC ΕϥΡΗC ⋅ ΜΝ͞ ΟΥΛΟΓΙ͞CΜΟC Ν͞CΑΒΕ
ΜΝ ΟΥΠ]ΟΛΥϯΑ ΕCΜΕΖ ΝΑΡΕΤΗ ⋅ ΑΥω ΝΓ͞ϯ Ν͞Α͞
ΝΟΥΜΑΝ]Ν͞ΚΟΤΚ ΝΑΝΑΠΑΥCΙ͞C ⋅ ΜΝ ΖΕΜ
20   ]ΜΤΟΝ ⋅ ΤΟΥΝΟCΕΝ ΕΖΡΑΪ ΝΑΖ
ΡΑΚ ΕΠΖΥΜ]ΝΟC ΝΤΕΥϢΗ ⋅ ΕΤΡΕΝCΜΟΥ ΕΤ
]ΠΕΚΡΑΝ ΕΤΖΑ ΕΟΟΥ ⋅: ∼

ΠΕϢΛΗΛ ΕϢ]ΑΚΧΟΟϥ ΝΤΕΥϢΗ ΕΚϢΑΝΤω
ΟΥΝΓ ΕΒΟΛ Ζ]Α ΠΖΙ͞ΝΗΒ ⋅: ∼

25   ]ΠΑΝΤΟΚΡΑΤωΡ ⋅ ΠΑ ΠΕΙ
]Ε Ν͞ΡΑΝ ΝΙ͞Μ ⋅ ΜΝ͞ ΜΕ
]ΕΝΤΑϥΕΝΤΝ͞
]ϢΠΗΡΕ ⋅

142

Das ist das Gebet, wenn du dich zu schlafen anschickst.

5   Herr, du wirst uns geben die Ruhe des Leibes,
während wir uns dem Schlaf hingeben. Und du wirst uns bewahren
vor der dunklen Finsternis der Sünde.
Und du wirst uns retten vor jeder Befleckung des Fleisches und des
Geistes. Und du wirst es uns verleihen, rein zu vollenden ⟨...⟩
10   in deiner Furcht. Und du wirst uns behüten vor jedem
Verlangen unserer Begierden in der finsteren Nacht.
Und du wirst aufhören lassen die Antriebe der Leidenschaften.
Und du wirst zum Erlöschen bringen die Glut des Körpers. Und
die Regungen des Fleisches, die wider uns aufstehen, laß
15   sie vergehen. Und (laß) aufhören die körperlichen
Leidenschaften und ihre Gedanken. Und gib uns
einen wachen Geist und ein verständiges Denken
und einen tugendhaften Wandel. Und gib uns
ein Ru]hebett und ...
20   ] Ruhe. Und richte uns auf vor
dir zum Lob]gesang der Nacht, damit wir preisen
            ] deines ruhmvollen Namens.

Das Gebet, welches] du sprichst in der Nacht, wenn du dich
erhebst vo]m Schlaf.

INDIZES

NAMEN- UND SACHWEISER

(Stichwörter und Stellen in Auswahl)

'Abd al-Masīḥ, Y. 79, 87, 101, 256/8, 262

Abendoffizium 3, 5, 32, 38 f., 54, 60 f., 71 f., 103, 124, 280/4

Abkürzungen 390 f.

Abraham Ecchellensis 320

Abū 'l-Barakāt 2 f., 5, 34 f., 54 f., 57, 62, 67, 69, 71, 73 f., 99, 150, 176, 192, 196/1, 212/4

Abū Ṣāliḥ 48, 491 f.

Achmim 490 f., 493

achmimisch 374

Afrika, Nord- 279

Akrostichie 101, 342, 388 f.; s. a. Alphabeta

Akzente 508

Alibizatos, A. 88

Alif im Kopt. 363

Alleluja 73, 205 f., 260

»Alphabeta« 87, 90, 101, 103 f., 110, 125, 127, 342, 388 f.

alternierender Gesang 106, 239, 459 f.

ambros. Ritus 19, 214, 290, 315

Amélineau, É. 10, 75, 158, 302, 381, 492

Amulett 141, 171, 252, 334, 458

Amundsen, L. 195, 258

Antiochien 166, 178, 180, 182 f.

Antiochus Pandektes 180, 520

Antiphon (Hymnus) 87 f., 214/7; (Kehr- oder Rahmenvers) 100, 236, 279, 518 (?)

antiphonaler Gesang 459

Antiphonar s. Difnar

Apater-Martyrium 259/1

Aphu-Vita 116, 162

Apophthegmen, Mönchs- 10, 333

Archidiakon 74, 77 f.

Armenier 48

armenischer Ritus 19, 38, 147, 151, 165, 170, 193, 204, 208, 274 f., 290, 301, 308, 345 f.

Artikel, best. 375 f.

aschmunenisch (Dial.) 216, 471

Assemani, St. E. und J. S. 47

Aßfalg, J. 5, 23, 275

Assuan 10

'Aṭā-'llāh Arsāniyūs al-Muḥarraqī 58, 64

Athanasius (einschließl. »De Virg.«) 116, 119, 150, 162, 171, 173, 183, 264, 277 f., 299, 470, 489

Athanasius-Kanones 8 f., 162

äthiopischer Ritus 18 f., 26, 42/5, 70 f., 174, 177, 185, 203, 211 f., 223, 281 f.

Atiya, A. S. 43, 83

Atripe 492 f.

Aucher, J. B. 345

Audet, J.-P. 332

Aufhauser, J.-B. 10

Aurelian v. Arles 344

»Ausrufe« 101, 105, 108 f., 110/8, 122, 124 f., 127/1, 140/5, 163/0, 221–240, 309/2, 339 f., 342

Bacht, H. 154, 496

Baetgen, Fr. 231

Balestri, G. 120, 192, 241, 259, 267, 288, 318, 377, 381, 494

Bānūb 'Abduh 489

Bardelli, G. 259, 382

Basilius d. Gr. 9, 26, 79, 189

Basilius (Schreiber) 94/6

Basilius-Kanones 15 f.

Basset, R. 15, 53, 150, 264, 320, 332, 469, 492

374 f., 378, 385/7, 409, 450, 458 f.,
490/4, 516 f., 519, 522

Cumont, Fr. 87

Cyrill v. Alex. 80, 491

Cyrillusliturgie 75 f.

Czermak, W. 337

David, J. 334 f.

Davis, M. H. 148, 264

de Bock, W. 492 f.

de Borries, I. 149

Debrunner, A. 356

de Fenoyl, M. 13

Deißmann, A. 240, 458/1

Demonstrativ 376, 384

Denzinger, H. 77

de Slane, M. 488

de Strycker, É. 358

Dévaud, E. 233, 235

De Vis, H. 192, 382, 469 f.

Devos, P. 469

Diakon 7, 72/4

Diakonale 72 f.

Didache 332

Didaskalie 6 f., 9, 30, 34

Diekamp, Fr. 120

Difnar 1, 87/9, 132, 216 f.

Diktat 95 f.

Dinkler, E. 80

Dioskorus 301

Diple 93

Dittographie 386, 439, 473, 478, 512

Dmitrievskij, A. 49/1,169, 344

Doppelvokale 363 f.

Doresse, J. 230, 381

Dossetti, G. L. 321/3, 329, 359

Doxologie, große 31 f., 52, 69, 107,
129/1, 137, 174–190, 274–299, 310 f.,
340, 446/8, 469, 497; kopt. Erweiterungen 52, 107, 129/1, 276 f.,
285 f., 287/9, 310 f.

Doxologie, kleine 23, 31, 41, 105, 299,
307, 459

Doxologien, kopt. 54/6, 69, 74, 80, 89,
104, 175, 268

Draguet, R. 151, 154/6

Drescher, J. 76 f., 87/9, 97, 100, 118

Dwin, Synode 208, 345

Edgerton, W. F. 363

»Einer aus der Dreifaltigkeit …« 107,
138, 205 f., 267/9, 340, 470

Einzelblatt 171, 240 f., 258, 458

Eisenhofer, L. 72

Elbogen, I. 172, 178

Engberding, H. 2, 14, 25, 48/0, 227,
301, 455

Engelshymnus s. Doxologie, gr.

Entlassung(sgebet) s. Schlußgebet

Ephesus, Werk über das Konzil 322,
325/7, 330

Ephräm 79

Epiphanie 14 f., 73, 99, 302, 519

»Erhebet euch, Söhne des Lichtes …«
39, 61 f., 79, 105, 144, 163, 169 f.,
180 f., 221/0, 239 f., 337 f.

Erman, A. 337

Ernštedt, P. V. 76

Eröffnungstexte : allg. Einleitungsgebete 20 f., 29, 32, 36, 39, 62, 85 f.,
185, 332, 334; stereotyper Eröffnungshymnus der Horen 21, 29, 32,
36, 38, 40, 58/0, 125 f.; eigene Eröffnungsgesänge von Abend-, Mitter-
nachts- und Morgengebet 39, 60/2,
128, 454; »Ausrufe« von M 574 128/1,
454

erweiterte Form des kopt. Horologions
42/7

Euchologion 2–4, 74, 335, 469

Euringer, S. 214

Eusebius v. Cäsarea 5

Evagrius 470

Evelyn White, H. G. 85 f., 195, 241,
253, 257, 262, 277, 320

Evetts, B. 122

Exorzist 75 f.

Faijum 94 f., 136, 140, 143, 255, 342,
346, 389, 449

faijumisch 139 f., 142 f., 241, 374

Faijumismen 96, 136, 143, 241, 372/5,
378 f., 386 f., 446, 471, 513

Faras 80

Fasten : Fasttage 3, 9, 116, 123, 165,
169; Jonas-fasten 2; Quadragesima
11, 165, 167, 489

REGISTER DER SCHRIFTSTELLEN

17,1–9	495
23,17	377
Mk 1,12–15	489
1,29–34	21
13,35	192
Lk 1,28	313, 316
1,46 ff.	194, 198/0, 202 f.
1,46–55	210
1,46–55.68–79 : 202, 204, 208 f.	
1,46–55.68–79; 2,29–32 : 183, 202/4,	207/2, 339
1,46–55; 2,29–32 : 106 f., 137/9, 146,	204, 208/0, 266 f., 339
1,48	409
1,68–79	203, 209 f.
2,14	107, 203, 287, 293 f., 299
2,25–32	32, 193
2,29–32	27, 32, 40, 193, 200, 203, 208/0
4,1–13	489
4,38–41	21
11,5–11	19
15,18 f.	27
16,8	169
22,28	313
Joh 1,9	31
12,12–36	495
13,36	169
Apg 7,44–53	495 f.
7,53	501
29,39–41	495 f.
Röm 11,15	448
12,4	386
Eph 4,1	51
5,8	169
1 Thess 5,5	169
1 Tim 6,15 f.	276
Hebr 7,19	384
9,2–10	496
10,25	119
2 Petr 1,13–19	495 f.
3 Joh 6	383
Offb	203
Offb 12,1 f.	217

WORTREGISTER ZU DEN KOPTISCHEN ABSCHNITTEN DER TEXTAUSGABE

(Es wird auf die Seiten der Ausgabe verwiesen)

ⲁⲗⲉ

ⲣⲉϥⲁⲗⲉ ἀναβάτης 440,28; 466,5

ⲁⲙⲏⲓⲧⲛ kommt! 408,11; 426,8; 587, 32v

ⲁⲙⲛⲧⲉ Unterwelt 434,17

ⲁⲛⲟⲕ ich 420,1; 483, 16v

ⲁⲛⲟⲛ wir 436,19; 476, 5r; 514,10

ⲁⲛⲁⲧⲱⲟⲩⲉ Morgen 418,6

ⲁⲣⲁϣ Kälte 404,21

ⲁⲣⲏϫ= Ende 418,18

ⲁⲧ- siehe ⲛⲟⲃⲉ

ⲁϣⲁⲓ Menge 414,25; 440,5; 444,2; 504,23

ⲟϣ zahlreich sein 428,29; 442,15

ⲃⲱⲕ ⲉϩⲣⲁⲓ hinaufsteigen 408,10; 436,27; 476, 6r; 487, 32v; 514,17

ⲃⲁⲗ Auge 410,8; 418,14; 422,27; 428,25; 482, 14v

ⲃⲱⲗ siehe ⲉⲃⲟⲗ und ⲥⲁⲃⲟⲗ

ⲃⲱⲗ Übersetzung 422,26; 424,6.14.-20.26; 426,7; 428,1.17.22; 430,1; 434,4; 434,26

ⲃⲱⲗ ⲉⲃⲟⲗ vergehen, schmelzen 442,27; 524,15

ⲃⲣⲣⲉ neu 412,25

ⲃϣⲉ : ⲏⲃϣⲉ Schlaf, Vergessen, Unachtsamkeit 428,25

ⲉⲃⲟⲗ

siehe ⲃⲱⲗ, ⲉⲓ, ⲕⲱ, ⲙⲧⲟ, ⲡⲱⲣϣ, ⲥⲟⲟⲩⲧⲛ, ⲧⲱⲟⲩⲛ, ⲟⲩⲱⲛϩ, ⲱϣ, ϥⲓ, ϩⲱⲃⲥ,

ⲌⲘⲞⲦ, ⲌⲀⲢⲈⲌ, ⲬⲰⲔ, ⲬⲞⲞⲨ, ⲒⲰⲗⲡ, ⲞⲰϣⲦ

ⲈⲂⲞⲗ ⲌⲚ- aus, von, durch 400,13.17. 19; 408,6 (ff.); 410,14; 412,2; 430,8; 436,13.14.15.20.25; 475, 4ʳ·ᵛ; 476, 5ʳ·ᵛ.6ʳ; 514,6.7.11.12.15; siehe auch ⲈⲒ, ⲢⲞⲈⲒⲤ

ⲈⲂⲞⲗ ⲌⲒⲦⲚ- von, aus, durch 434,23. 28; 436,1.18; 440,14; 476, 5ʳ; 514, 5.9; siehe auch ⲈⲒ, ⲚⲞⲨⲌⲘ, ⲤⲰⲦⲈ

ⲈⲂⲢⲎⲞⲈ Blitz 406,3

ⲈⲚⲈⲌ Ewigkeit 398,12 ff.; 402,18; 410,5.25.26; 418,1.12.21.25; 424,10. 16.27; 428,5.12.16; 430,28; 438,13; 444,8; 466,17; 474, 3ʳ (ⲈⲚⲌ und ⲒⲚⲌ); 478, 8ʳ (ⲈⲚⲌ); 482, 14ʳ; 483, 15ᵛ.16ʳ; 485, 19ᵛ.20ʳ; 510,17.18; 514,30

ⲈⲤⲞⲞⲨ Schaf 430,24

ⲈⲤⲎⲦ siehe ⲈⲒ, ⲰⲘⲤ

ⲈⲞⲞⲨ Ruhm, Ehre 402,19.21; 410,11; 414,8.16.19; 416,8.14.25; 418,11; 420, 10; 424,10; 428,5.15; 430,2 ff.; 436, 29; 440,5; 442,18; 444,25; 474, 3ʳ; 477, 6ᵛ; 478, 8ᵛ; 479, 9ᵛ; 480, 11ᵛ; 481, 13ᵛ; 485, 19ʳ; 514,19; 524,22

† ⲈⲞⲞⲨ δοξάζειν 426,12; 438,6; 440,22; 477, 7ʳ (ⲀⲒ-); 510,3; 514,24

ⲬⲒ ⲈⲞⲞⲨ δοξάζεσθαι 440,18.3; 442,17; 444,25; 466,6

ϣⲀⲬⲈ ⲈⲡⲈⲞⲞⲨ δοξολογεῖν 416,12; 478, 9ʳ

ⲈⲌⲞⲨⲚ siehe ⲈⲒ, ⲦⲰⲞⲈ, ⲌⲰⲚ, ⲬⲒ

ⲈⲌⲢⲀⲒ hinauf: siehe ⲂⲰⲔ, ⲦⲀⲗⲞ, ⲦⲚⲚⲞⲞⲨ, ⲦⲞⲨⲚⲞⲤ, ⲦⲰⲞⲨⲚ, ϣⲗⲎⲗ, ϥⲒ; vgl. auch ⲌⲢⲀⲒ?

ⲈⲌⲢⲀⲒ Ⲉ- in 444,18

ⲈⲌⲢⲀⲒ ⲈⲬⲚ- über, für 418,13; 426,10; 428,7; 444,12; 482, 14ʳ

ⲈⲌⲢⲀⲒ ⲌⲚ- in 484, 18ʳ

ⲈⲌⲢⲀⲒ hinab: siehe ⲌⲈ, ⲌⲘⲞⲞⲤ, ⲞⲰϣⲦ

ⲎⲒ Haus 430,4.5

ⲈⲒ kommen 474, 2ʳ

ⲈⲒ ⲈⲂⲞⲗ herauskommen 444,19

ⲈⲒ ⲈⲂⲞⲗ ⲌⲒⲦⲚ- hervorkommen aus 438,4; 514,22

ⲈⲒ ⲈⲂⲞⲗ ⲌⲚ- hervorkommen aus 477, 7ʳ

ⲈⲒ ⲈⲡⲈⲤⲎⲦ herabkommen 436,20; 476, 5ʳ; 514,10

ⲈⲒ ⲈⲌⲞⲨⲚ hineingehen, hingelangen 430,12; 444,9

ⲈⲒⲘⲈ

† ⲡⲒⲘⲈ συνετίζειν 418,23; 428,9

ⲈⲒⲚⲈ gleichen 442,17; ⲒⲚⲈ 442,16; 466,11

ⲈⲒⲚⲈ bringen 444,12; 466,18

ⲈⲚ- 400,7.13.17.19

ⲈⲚⲦ⸗ 524,27

ⲈⲒⲚⲈ Kette 414,16

ⲈⲒⲢⲈ tun, machen 408,18.22; 410,6; 414,12.18; 420,3; 442,18; 484, 17ʳ

(Ⲉ)Ⲣ- siehe ⲘⲈⲈⲨⲈ, ⲚⲞⲂⲈ, ⲢⲰⲘⲈ, ⲞⲨⲞⲈⲒⲚ, ⲰⲂϣ, ⲰⲚⲈ, ϣⲀⲨ, ⲌⲘⲞⲦ, ⲌⲞⲦⲈ, ⲌⲞⲨⲞ, ⲬⲞⲈⲒⲤ

Ⲟ sein 412,11; 418,9; 424,8; 428,3; 434,30; 444,8; 481, 13ᵛ; 524,11

Imper. ⲀⲢⲒ 404,3 ff.; mit den griechischen Verben βοηθεῖν und καταξιοῦν

ⲀⲀ⸗ (Imper.) 424,7

ⲈⲒⲈⲢⲞ Strom

Pl. ⲒⲈⲢⲰⲞⲨ 406,10

ⲈⲒⲤ

ⲈⲒⲤ ⲌⲎⲎⲦⲈ siehe 408,16; 430,2

ⲈⲒⲰⲦ Vater 436,28; 438,26; ⲒⲰⲦ 416,15.19.22.26; 420,11; 428,15; 430, 27; 436,8.13.17; 438,4.5; 440,14.23; 474, 2ʳ; 475, 3ᵛ.4ʳ·ᵛ; 476, 6ʳ; 477, 7ʳ; 479, 9ᵛ.10ᵛ; 480, 11ʳ·ᵛ; 485, 19ʳ; 487, 22ʳ; 510,2; 514,1.5.8.18.23

Pl. ⲈⲒⲞⲦⲈ 402,16; 410,4; 418,10; 424,9; 428,4; 481, 13ᵛ (ⲒⲞⲦⲈ)

ⲒⲰⲦⲈ Tau 404,15.22

ⲈⲒϣⲈ aufhängen, kreuzigen

ⲀϣⲦ⸗ 426,10

ⲔⲈ- auch 410,21

ⲔⲰ setzen, legen

ⲔⲀⲀ⸗ 412,1; 436,24; 476, 5ᵛ

ⲔⲰ ⲈⲂⲞⲖ entlassen, vergeben 410,
　6; 474, 2ᵛ; 485, 19ᵛ (ⲔⲀ-); 504,23
　(do.)
　Nachlaß, Vergebung 428,29; 438,10;
　477, 7ᵛ; 510,13; 514,28
　ⲔⲰ ⲚⲤⲰ⸗ (refl.) verlassen 424,27;
　418,26 (ⲔⲀⲀ⸗); 428,13 (do.); 483,
　16ʳ (ⲔⲀⲀ⸗ ⲈⲤⲰ⸗)
　siehe auch ⳀⲎⲦ
　ⲔⲎ sein 420,5; 484, 17ᵛ
ⲔⲂⲀ
　ϪⲒⲔⲂⲀ Rache 414,12
ⲔⲀⲔⲈ Finsternis 404,25; 524,7.11
ⲔⲞⲨⲔⲈⳘ Handpauke 444,17.19
ⲔⲖⲞⲞⲖⲈ Wolke 406,3
ⲔⲎⳘⲈ
　ⲚⲀ ⲔⲎⳘⲈ Ägypter (Pl.) 400,5
ⲔⲒⳘ sich bewegen 406,12
　ϬⲒⲚⲔⲒⳘ Bewegung, Regung 524,13
ⲔⲢⲞ Ufer, Grenze
　Pl. ⲔⲢⲰⲞⲨ 424,22; 482, 15ʳ
ⲔⲰⳁ wenden 452, vᵒ 25
ⲔⲀⳀ Erde, Land 398,21; 402,2; 406,
　5.7; 412,2.12.14.19; 416,9; 418,4.18;
　424,22; 430,9; 436,10; 442,19; 474,
　2ᵛ; 475, 3ᵛ; 478, 8ᵛ; 482, 14ʳ; 514,2
　ⲚⲀ ⲠⲔⲀⳀ die Irdischen 416,7
ⲔⲰⳀⲦ Feuer 404,19; 410,4
ⲖⲀⲤ Zunge 430,16
ⲖⲞⲨⲖⲀⲒ
　ⲈϢ ⲖⲞⲨⲖⲀⲒ laut schreien, tönen
　416,4
ⳘⲀ Ort 444,6
　ⳘⲀⲚ- siehe ⲚⲔⲞⲦⲔ, ⲠⲰⲦ, ϢⲰ-
　Ⲡⲉ
ⳘⲈ lieben
　ⳘⲈⲢⲈ- 430,20
　ⳘⲀⲒⲢⲰⳘⲈ φιλάνθρωπος 430,2.5;
　432,1; 434,16
ⳘⲈ wahr 436,15; 475, 4ᵛ (ⳘⲈ und
　ⳘⲎ); 514, 7
　ⳘⲚⲦⳘⲈ Gerechtigkeit 418,22.23.
　24; 420,8; 428,9.10.11; 483, 15ᵛ
　(ⳘⲎⲦⳘⲎ) 16ʳ (do.)
ⳘⲞⲨ sterben 436,24; 476, 5ᵛ; 487,
　32ᵛ; 514,15
　Tod 434,14

ⳘⲞⲞⲨⲦ tot sein 408,10; 436,25;
　438,1.12; 476, 6ʳ; 477, 6ᵛ; 487,
　32ᵛ; 510,17; 514,16.20.29
ⳘⲞⲈⲒⲦ
　ϪⲒ ⳘⲞⲈⲒⲦ ⳀⲎⲦ⸗ führen 442,20
ⳘⲞⲒⳀⲈ Wunder 442,18
ⳘⳘⲎⲚⲈ täglich 416,27; 480, 11ᵛ
　(ⳘⳘⲎⲚⲈ und ⲈⳘⲎⲚⲈ)
ⳘⲚ- es gibt nicht 438,1; 477, 6ᵛ; 514,20
　(ⳘⲈⲚ-)
ⳘⲎⲚ ⲈⲂⲞⲖ dauern 510,17
ⳘⲚⲦ- siehe ⳘⲈ, ⲚⲞϬ, ⲢⲢⲞ, ⳀⲎ,
　νήφειν
ⳘⲠⲞⲞⲨ heute 474, 2ᵛ
ⳘⲠϢⲀ würdig werden 434,26
　ⲈⲒⲢⲈ ⲚⳘⲠϢⲀ würdig machen 424,
　7 (Imper. ⲀⲀ⸗)
ⳘⲞⲨⲢ binden 414,14
ⳘⲒⲤⲈ gebären 434,9.25.30; 416,3
　Geburt, Kind: ϢⲢⲠⳘⲒⲤⲈ Erst-
　geburt 398,5
ⳘⲦⲞ
　ⳘⲠⳘⲦⲞ vor 428,23
　ⳘⲠⳘⲦⲞ ⲈⲂⲞⲖ 410,9; 428,27; 430,
　12
ⳘⲀⲦⲈ erlangen 428,29
　ⳁ ⳘⲀⲦⲈ sich freuen 414,6
　Wohlgefallen 416,9
ⳘⲎⲦⲈ Mitte 400,7.13; 442,9; 444,14
ⳘⲞⲨⲦⲈ rufen, nennen 434,26
ⳘⲦⲞⲚ ruhen, Ruhe 524,20
ⳘⲞⲦⲚⲈⲤ Ruhe 524,5
ⳘⲀⲨⲀⲀ⸗ allein 398,17; 412,18; 416,
　16.23.24; 479, 10ʳ (ⳘⲀⲞⲨⲀⲀ⸗);
　480, 11ʳ (do.)
ⳘⲀⲀⲨ Mutter 434,5.27; 436,4
ⳘⲈⲈⲨⲈ Gedanke, Denken 408,23;
　524,16
　Ⲣ ⲠⳘⲈⲈⲨⲈ gedenken 402,6; 410,2
ⳘⲞⲞⲨ Wasser 398,22; 400,19; 404,7;
　406,13; 410,21; 440,29; 442,7.8.9.15;
　444,12; 466,8
　ⳘⲞⲨ- 404,14
ⳘⲞⲨⲞⲨⲦ töten 400,23; 478, 8ʳ
　ⳘⲞⲞⲨⲦ tot sein: siehe ⳘⲞⲨ
ⳘⲎⲎϢⲈ Menge, Schar 440,26
ⳘⲞⲞϢⲈ gehen 444,14.21

MOYϨ

 MЄϨ voll sein 418,11; 481, 13ᵛ; 524,18

MЄϨ- zur Bildung der Ordinalzahlen 442,17; 476, 6ʳ (MϨ)

Nλ die (Pl.) von 400,5; 422,19; 452, rᵒ 10

siehe auch KλϨ, ПЄ

Nλ sich erbarmen 416,20.23; 420,1; 479, 10ᵛ; 480, 11ʳ; 481, 13ʳ; 483, 16ᵛ; 485, 19ᵛ

Nλι 504,21.22

Erbarmen 398,12; 408,20; 410,3; 418,13.25; 420,7; 422,28; 424,27; 428,7.11; 482, 14ʳ; 483, 16ʳ; 484, 18ʳ

NI- diese, die (Pl.) 398,17.23; 400,21; 402,18; 406,6; 412,7; 514,30

vgl. auch Nλι

NOBЄ Sünde 416,19.21; 428,29; 438, 10; 477; 7ᵛ; 479, 10ᵛ; 485, 19ᵛ; 504,23; 510,13; 514,28; 524,7

(Є)P NOBЄ sündigen 420,2; 484, 17ʳ

λTNOBЄ sündenlos 418,9; 424,8; 428,3; 481, 13ᵛ

Nλι diese (Pl.) 394,1; 398,10; 422,18

NЄι- 412,7 (für NI- die)

NKλ Ding 436,17 (ЄNKλ); 514,9

NλλKЄ Wehen 442,23

NKOTK schlafen 524,7

MλNNKOTK Bett 524,19

NIM jeder 402,10; 408,17; 412,12; 416,5; 418,14; 430,28; 436,13; 482, 14ᵛ; 484, 17ʳ; 514,9; 524,8.11.26

NIM wer? 442,16.17; 466,11

NOYN Abgrund, Tiefe 402,23; 412,3; 440,1

NЄСЄ- schön sein 416,3

NTO du (fem.) 434,5.19; 436,4

NOYTЄ Gott 398,13; 402,11.16; 408, 6.14; 414,10.20; 416,8.15.18.26; 418, 3.10.17; 420,4; 424,9.21; 428,4; 430, 5; 434,5.9.12; 436,8.12.15; 440,22; 442,16; 466,11; 475, 3ᵛ.4ʳ·ᵛ; 478, 8ᵛ; 479, 9ᵛ.10ʳ; 480, 11ᵛ.12ʳ; 481, 13ᵛ;

482, 14ᵛ; 484, 17ᵛ; 487, 32ʳ; 514,1.4. 6.7

NOY† 398,13

NTOK du (mask.) 416,23.24; 418,16. 18; 420,4; 424,15; 434,12; 480, 11ʳ; 482, 14ᵛ (ЄTOK) 15ʳ; 484, 17ʳ

NTK- 442,18

NTOq er 410,23

Nλy Stunde 422,18.19.21; 424,11.17. 23; 426,1; 428,27; 482, 12ᵛ.13ʳ

Nλy sehen 410,8; 418,7; 420,6; 436, 10.11, 475, 3ᵛ; 484, 18ʳ; 514,3

NHY kommen 436,24; 476, 6ʳ; 477, 6ᵛ; 514,19

NHY ЄϨPλι heraufkommen 440,16

ЄTNHY zukünftig 474, 2ᵛ; 478, 8ʳ

NλϢT hart sein 400,20

NIq Hauch, Wind 404,16.22

NIqЄ Hauch, Wind: NIBЄ 416,5

NOYϨM retten 434,11.18

NλϨMЄ≠ 524,8

NOYϨM ЄBOλ ϨITN- retten vor 418,20 (NλϨMЄ≠); 424,16 (do.); 474, 3ʳ (do.); 482, 15ʳ (do.)

NOYX werfen

NOX≠ 440,19.27; 444,24

NOб groß 398,23; 400,21; 416,13; 422,28; 434,6.14; 479, 9ᵛ; 484, 18ʳ

MNTNOб Größe, Großes 408,18; 414,25

NOYбC zürnen 442,23

OЄIϢ

TλϢЄOЄIϢ Verkündigung 434, 21

ON wieder, auch, noch 434,30; 436,29; 474, 2ᵛ; 476, 6ʳ; 477, 6ᵛ; 514,19

OOϨ Mond 400,3; 404,11; 410,18

Пλ der von 410,3

Pl. Nλ : siehe dort

ПЄ Himmel 402,11; 404,1.8.12; 406, 14; 408,11; 412,20; 428,9; 436,10; 474, 2ᵛ; 475, 3ᵛ; 514,2

Pl. ПHYЄ 398,19; 410,14.20.21; 436,20; 438,26; 476, 6ʳ; 487, 22ʳ. 32ᵛ; 514,11; MПHYЄ 404,4; 416,

ⲥⲛⲧⲉ Fundament 398,21

ⲥⲱⲛⲧ gründen, erschaffen 410,24

ⲥⲛⲁⲩ

   ⲥ̅ⲟ ⲥⲛⲁⲩ zweischneidig 414,11

ⲥⲁⲁⲛⲱ ernähren

   ⲥⲁⲛⲟⲩⲱ= 436,1

ⲥⲟⲡⲥ Bitte 430,10

ⲥⲟⲡⲥⲡ

   ⲥⲡⲥⲱⲡ= παρακαλεῖν = herbeirufen 442,21; 466,13

ⲥⲡⲟⲧⲟⲩ Lippen 430,14

ⲥⲱⲣⲙ sich verirren 430,24

   ⲥⲟⲣⲙ verirrt sein 430,24

ⲥⲱⲧⲉ Erlösung, Rettung 428,21

   ⲥⲟⲧ= ⲉⲃⲟⲗ ϩⲓⲧⲛ- erlösen von,
   retten vor 402,8

ⲥⲱⲧⲙ hören 418,6.17; 422,28; 424,21;
   430,25; 442,20; 481, 13ʳ; 482, 14ᵛ

ⲥⲱⲧⲡ erwählen

   ⲥⲟⲧⲡ= 442,21; 444,3

   ⲥⲟⲧⲡ erwählt sein 434,5

ⲥⲱⲧⲡ ausgewählt, vorzüglich 440,28;
   466,5

ⲥⲧⲱⲧ Zittern 442,26; 444,1; 466,15

ⲥⲏⲩ Zeit 418,16; 447, vᵒ 14

ⲥⲓⲟⲩ Stern 400,3; 404,12; 410,19

ⲥⲟⲟⲩ sechs

   Fem. ⲥⲟ 424,17

ⲥⲟⲟⲩⲛ wissen, kennen 420,7; 484, 18ʳ

ⲥⲟⲟⲩⲧⲛ gerade machen, ausstrecken

   ⲥⲟⲩⲧⲱⲛ (pränom.) 420,7

   ⲥⲟⲟⲩⲧⲛ ⲉⲃⲟⲗ 422,19; 466,12

   ⲥⲟⲩⲧⲱⲛ gerade, richtig sein 420,
   8; 484, 18ᵛ

ⲥⲏϥⲉ Schwert: ⲥⲏⲃⲉ 414,11; 442,
   12

ⲥⲓϥⲉ

   ⲱⲉⲛⲥⲓϥⲉ Zeder 412,8 (ⲱⲏⲛ-
   ⲥⲓⲃⲧ̅)

ⲥⲏϩ geschrieben sein 414,18

ⲥⲁϩⲛⲉ

   ⲟⲩⲉϩⲥⲁϩⲛⲉ Anordnung, Befehl
   418,4; 481, 12ᵛ

ⲥϩⲓⲙⲉ Frau

   Pl. ϩⲓⲟⲙⲉ 444,18

ϯ- die (Sing. Fem.) 436,22

ϯ geben 418,16; 447, vᵒ 14; 474, 2ᵛ;
   482, 14ᵛ; 524,5.16.18

   ϯ- 402,2.10

Siehe auch ⲉⲟⲟⲩ, ⲉⲓⲙⲉ, ⲙⲁⲧⲉ,
   ⲧⲱⲣⲉ, ⲟⲩⲃⲉ-, ⲟⲩⲟⲉⲓⲛ,
   ϩⲓⲏ, ϩⲁⲡ

   ⲧⲁⲁ= 418,16; 524, 6 (refl.) 9

   ⲧⲉⲉ= 447, vᵒ 14

   Imper. ϯ- 428,9.10; 483, 15ᵛ.16ʳ

   ⲙⲁ- 418,23.24; 428,25

ⲧⲟ Teil 400,12

ⲧⲱ= die ... gehörige 474, 3ʳ

ⲧⲃⲛⲏ Haustier

   Pl. ⲧⲃⲛⲟⲟⲩⲉ 406,16; 412,10

ⲧⲱⲃϩ bitten 428,2

   Bitte 416,21; 504,22

ⲧⲁⲓⲟ Ehre 485, 19ʳ

   ⲧⲁⲓⲏⲩ geehrt sein 434,6

ⲧⲟⲩⲓⲟ (Fehler) 479, 10ᵛ

ⲧⲁⲗ Hügel 406,6

   siehe auch ⲧⲁⲗⲁⲧⲏⲗ

ⲧⲁⲗⲟ

   ⲉⲧⲧⲁⲗⲉ ⲉϩⲣⲁⲓ ⲉⲭⲱ= ἀνα-
   βάτης 440,19; 444,10.23

ⲧⲉⲗⲏⲗ jubeln 408,13; 414,2.9

   Jubel, Freude 434,19

ⲧⲱⲗⲙ Befleckung 524,8

ⲧⲁⲗⲁⲧⲏⲗ Hügel 412,7

ⲧⲁⲗϭⲟ heilen

   Imper. ⲙⲁⲧⲁⲗϭⲉ- 483, 16ᵛ

ⲧⲙⲁⲓⲟ (Fehler?) ἀξίωμα = Bitte
   430,7

   ⲧⲙⲁⲓⲟ= preisen 408,17

ⲧⲁⲙⲓⲟ Schöpfung, Geschöpf 436,16;
   475, 4ᵛ; 514,7

   erschaffen 398,17 (pränom.) 19 (do.)
   23 (do.); 430,9; 436,9

   ⲧⲁⲙⲓⲉ- 475, 3ᵛ; 514,2

   ⲧⲁⲙⲓⲟ= 414,1

   ⲣⲉϥⲧⲁⲙⲓⲟ Schöpfer 434,25

ⲧⲱⲙⲥ begraben

   ⲧⲟⲙⲥ= 514,15

ⲧⲉⲙϩⲟ Brennen, Hitze 524,13

ⲧⲉⲛⲟⲩ jetzt 408,17; 410,6; 430,28

ⲧⲛⲛⲟⲟⲩ (aus)senden 442,13

504,21 ; 510,8 ; 514,12 (ⲟⲩⲁⲁϥ)
21.26

ⲟⲩⲱⲧ einzig 436,8.11 ; 438,7.10 ; 475,
3ᵛ.4ʳ ; 477, 7ᵛ ; 510,8.11 ; 514,1.4.25.28

ⲟⲩⲧⲁϩ
ⲃⲁⲓⲟⲩⲧⲁϩ fruchttragend 412,8

ⲟⲩⲱⲏ Nacht 394,1 ; 398,10 ; 400,3 ;
422,19 ; 428,18 ; 452, rᵒ 10 ; 524,11.
21.23
Pl. ⲟⲩⲱⲟⲟⲩⲉ 404,23 ; 430,6

ⲟⲩⲱⲱ Wille, Verlangen 474, 2ʳ ;
478, 8ᵛ ; 524,10
ⲟⲩⲉⲱ- wollen, lieben 430,19

ⲟⲩⲱⲱⲧ verehren, anbeten 408,19 ;
416,11 ; 426,8.11 ; 438,4 ; 477, 7ʳ ;
478, 9ʳ ; 487, 32ᵛ ; 510,2 ; 514,23

ⲟⲩⲱⲱϥ zerschmettern 440,24.4.5 ;
466,5

ⲟⲩⲱϩ
ⲟⲩⲉϩ- siehe ⲥⲁϩⲛⲉ
ⲟⲩⲁϩ= (refl.) ⲛⲥⲁ- folgen 420,3 ;
444,19 ; 448, vᵒ 29
ⲟⲩⲏϩ wohnen 442,24.27

ⲟⲩⲭⲁⲓ Heil 410,8 ; 414,7 ; 430,20 ; 436,
20 ; 440,21 ; 467, 5ʳ ; 514,10

ⲱⲃⲱ
ⲉⲣ ⲡⲱⲃⲱ vergessen 430,26

ⲱⲙⲕ verschlingen 442,19

ⲱⲙⲥ versinken, untergehen 440,28 ;
442,14
ⲱⲙⲥ ⲉⲡⲉⲥⲏⲧ 440,1

ⲱⲛⲉ Stein 440,2
ⲣ ⲱⲛⲉ ἀπολιθοῦσθαι 444,2

ⲱⲛϩ leben 430,22
Leben 420,5 ; 438,12 ; 478, 8ʳ ; 484,
17ᵛ ; 510,17 ; 514,30
ⲟⲛϩ am Leben sein 436,29 ; 477,
6ᵛ ; 514,20

ⲱⲱ
ⲉⲱ- siehe ⲗⲟⲩⲗⲁⲓ
ⲱⲱ ⲉⲃⲟⲗ Ausruf 394,1 ; 422,18

ⲱⲱⲙ löschen 524,13

ⲱϩⲉ
ⲁϩⲉⲣⲁⲧ= (refl.) hintreten, stehen
428,23.27 ; 430,4 ; 442,7

ⲱϭⲣ erstarren 442,8 ; 466,8

ⲱⲉ Holz : vgl. ⲥⲓϭⲉ?

ⲱⲱⲓ
ⲥⲁ ⲡⲱⲱⲓ ⲛ- oberhalb von 404,7 ;
410,21

ⲱⲱⲗ plündern 434,16
Beute 442,11

ⲱⲗⲏⲗ beten 422,20
Gebet 428,28 ; 474, 2ʳ ; 524,4.23
ⲱⲗⲏⲗ ⲉϩⲣⲁⲓ ⲉ- beten zu 434,10

ⲱⲏⲙ siehe ⲱⲏⲣⲉ

ⲱⲟⲙⲛⲧ drei
Fem. ⲱⲟⲙⲧⲉ 424,11
ⲙⲉϩⲱⲟⲙⲛⲧ dritter 434,17 ; 436,
26 ; 476, 6ʳ (ⲱⲟⲙⲏⲧ) ; 514,16
(do.)

ⲱⲙⲱⲉ dienen 416,11 ; 478, 9ʳ (ⲱⲙ-
ⲱⲙ)

ⲱⲏⲛ Baum : vgl. ⲥⲓϭⲉ?

ⲱⲓⲛⲉ suchen 430,24

ⲱⲡ
ⲱⲡ- siehe ϩⲙⲟⲧ, ϩⲓⲥⲉ
ⲱⲡ- ⲉⲣⲟ= (refl.) annehmen, auf
sich nehmen 416,21 ; 479, 10ᵛ
(ⲱⲉⲡ-) ; 504,22 (do.)
ⲱⲟⲡ= ⲉⲣⲟ= 434,15

ⲱⲱⲡⲉ werden, sein 410,23 ; 418,5.12.
27 ; 428,6 ; 430,18 ; 438,1.12 ; 440,20 ;
474, 2ʳ ; 476, 5ʳ ; 477, 6ᵛ ; 478, 8ʳ ;
481, 12ᵛ ; 482, 14ʳ ; 483, 16ᵛ ; 514,2.
20.30
ⲱⲟⲟⲡ sein 398,12 ff. ; 418,25 ; 424,
27 ; 428,12 ; 434,22 ; 483, 16ʳ ; 485,
19ᵛ
ⲙⲁⲛⲱⲱⲡⲉ Wohnplatz 442,22 ;
444,5 (ⲱⲱⲱⲡⲉ)

ⲱⲡⲏⲣⲉ Wunder 398,17 ; 442,18 ;
524,28

ⲱⲏⲣⲉ Sohn, Kind 406,18 ; 412,23 ;
414,2 ; 416,16.18 ; 420,11 ; 428,15.19 ;
430,27 ; 432,12 ; 434,5 ; 440,15 ; 444,
13 ; 475, 4ʳ ; 477, 7ʳ ; 479, 10ʳ·ᵛ ;
485, 19ʳ ; 510,2 ; 514,4.23
ⲱⲏⲣⲉ ⲱⲏⲙ Kind 412,16

ⲱⲓⲣⲉ klein : siehe ϩⲣⲱⲓⲣⲉ

ⲱⲟⲣⲡ erster
ⲱⲣⲡ- siehe ⲙⲓⲥⲉ

ϢⲰⲢⲡ Frühe, Morgen 418,7; 481, 13ʳ
   ϢⲰⲢⲡ ⲙⲙⲟ⸗ (refl.) ὀρθρίζειν
   418,2; 480, 12ʳ
   ϢⲟⲢⲡ⸗ (refl.) προφθάνειν 422,27
ϢⲟⲢϢⲢ herabstürzen 408,25
ϢⲦⲟⲢⲦⲢ erschüttern, in Bestürzung
   versetzen 442,25; 466,14
ϢⲟⲨⲉⲓⲦ leer sein 410,1
ϢⲀⲨ
   (ⲉ)Ⲣ ϢⲀⲨ nützlich sein 420,9.10;
   428,13.14.15; 484, 18ᵛ
ϢⲟⲟⲨⲉ
   ϢⲟⲨϢⲟⲨ trocken sein 444,14
ϢⲟⲨⲰⲂⲉ Kehle 414,10
ϢϢⲉ es ziemt sich, man muß 422,20
ϢⲟⲨϢⲟⲨ ⲙⲙⲟ⸗ (refl.) sich rüh-
   men 414,8
ϢⲀⲭⲉ sprechen 410,3; 438,6; 477,7ʳ;
   510,5; 514,24
   siehe auch ⲉⲟⲟⲨ
   Wort 410,7; 412,6; 422,27; 430,11.
   13.16
ϥⲓ tragen, wegnehmen 416,19.20; 479,
   10ᵛ (ⲂⲒ)
   ϥⲓ ⲉⲂⲟⲗ wegnehmen 428,24
   ϥⲓ ⲉϨⲢⲀⲓ emporheben 430,6
   ⲂⲀⲒ- siehe ⲟⲨⲦⲀϨ
ϨⲀⲉ Ende 438,1
   Fem. (?) ϨⲀⲎ 514,20
Ϩⲉ ⲉϨⲢⲀⲓ ⲉⲭⲛ- fallen auf, befallen
   444,1; 466,15
Ϩⲉ Art, Weise 410,3; 418,13; 428,7;
   440,2; 442,6.8.14; 466,8; 474, 2ʳ·ᵛ;
   482, 14ʳ
   ϨⲎ 452, rᵒ 19
ϨⲎ Vorderseite
   ϨⲎⲦ⸗ siehe ⲙⲟⲉⲓⲦ, ϬⲰϢⲦ
   ϨⲀⲑⲏ vor 408,21; 436,13; 444,21;
   475, 4ʳ (ϨⲀⲑⲉ); 514,5 (ϨⲀⲑ)
Ϩⲟ Gesicht: siehe ⲥⲛⲀⲨ
ϨⲰⲰ⸗ selbst, auch 474, 2ᵛ
ϨⲰⲂ Sache
   Pl. ϨⲂⲎⲨⲉ 404,2; 418,25; 424,28;
   428,12; 483, 16ʳ
ϨⲰⲂⲤ ⲉⲭⲛ- bedecken 442,13
   ϨⲰⲂⲤ ⲉⲂⲟⲗ ⲉⲭⲛ- 440,29

ϨⲓⲎ
   † ⲦⲉϨⲓⲎ führen (?) 483, 15ᵛ
ϨⲓⲉⲓⲂ Lamm 416,18; 479, 10ʳ (Ϩⲓ⳿ϥ)
ϨⲕⲀⲉⲓⲦ hungrig sein 408,27
Ϩⲗⲗⲟ Greis 412,16
ϨⲀⲗⲏⲦ Vogel 412,11
   Pl. ϨⲀⲗⲀⲦⲉ 406,14
ϨⲟⲙⲛⲦ Kupfer, Erz 414,16
Ϩⲙⲟⲟⲥ sitzen, sich setzen 416,22;
   436,27; 476, 6ʳ; 480, 11ʳ; 514,18
   Ϩⲙⲟⲟⲥ ⲉϨⲢⲀⲓ ⲉⲭⲛ- sitzen auf
   402,24
ϨⲙⲟⲦ
   Ⲣ ϨⲙⲟⲦ schenken, gewähren 428,20
   Ϣⲡ ϨⲙⲟⲦ ⲛⲦⲟⲟⲧ⸗ danken 416,
   13
   Ϣⲉⲡ ϨⲙⲟⲦ ⲉⲂⲟⲗ ⲉⲦⲟⲟⲧ⸗
   478, 9ʳ
ϨⲙϨⲁⲗ Diener(in) 402,4; 406,22;
   408,16; 410,2.6; 430,3.25
Ϩⲛ- für ⲉⲂⲟⲗ Ϩⲛ- aus 408,8(?);
   436,21; 440,16; 487, 32ʳ(?); 514,11
Ϩⲛⲁ⸗ gefallen 420,4; 484, 17ʳ (ver-
   derbt)
ϨⲟⲨⲛ siehe ⲉϨⲟⲨⲛ
ϨⲰⲛ befehlen 410,24
ϨⲰⲛ ⲉϨⲟⲨⲛ sich nähern 430,10
   ϨⲎⲛ ⲉϨⲟⲨⲛ nahe sein 412,23
ϨⲓⲛⲏⲂ Schlaf 428,25; 524,6.24
ϨⲀⲡ Gesetz, Gericht, Urteil 414,18;
   430,23
   Ⲣⲉϥ†ϨⲀⲡ Richter 412,13
ϨⲢⲉ Speise 402,10; 418,16; 482, 14ᵛ
ϨⲢⲀⲓ Unteres: siehe ⲉϨⲢⲀⲓ
ϨⲢⲀⲓ Oberes
   siehe ⲉϨⲢⲀⲓ
   ϨⲢⲀⲓ Ϩⲛ- an 414,18
ϨⲢⲟⲕ ruhen, aufhören 524,15
ϨⲢⲟⲟⲨ Stimme 414,26; 422,28
ϨⲢϢⲓⲢⲉ junger Mann 412,15
ϨⲀⲢⲉϨ bewahren 418,8.19; 424,7.15;
   428,2; 481, 13ᵛ; 482, 15ʳ
   ϨⲀⲢϨ ⲉⲂⲟⲗ Ϩⲛ- bewahren vor
   524,6
Ϩⲓⲥⲉ Mühe, Leid 426,11

ⲱⲡ ϩⲓⲥⲉ leiden 436,19; 476, 5ᵛ (ϣⲉⲡ-); 514,14

ϩⲱⲥ singen 416,10; 428,14.19; 440, 15; 478, 8ᵛ
Gesang 398,10; 484, 18ᵛ

ϩⲧⲟ Pferd 440,19; 444,23
Pl. ϩⲧⲱⲱⲣ 444,9

ϩⲏⲧ Herz 406,26; 408,24; 420,9; 428,24; 484, 18ᵛ

ⲕⲱ ⲛϩⲧⲏ⸗ (refl.) vertrauen 452, rᵒ 21

ⲙⲛⲧⲣⲙⲛϩⲏⲧ Weisheit 398,19
siehe auch ⲭⲓⲥⲉ

ϩⲏⲏⲧⲉ siehe ⲉⲓⲥ

ϩⲟⲧⲉ Furcht 428,26; 444,1; 466,15; 524,10

ⲣ ϩⲟⲧⲉ fürchten 408,21

ϩⲱⲧⲃ töten 442,12

ϩⲧⲉⲙⲧⲱⲛ dunkel sein 524,7

ϩⲧⲟⲟⲩⲉ Morgen 422,27; 482, 13ʳ
vgl. auch ⲁⲛⲁⲧⲱⲟⲩⲉ

ϩⲁⲧⲏⲩ Wirbelwind 410,5

ϩⲟⲩⲟ
(ⲉ)ⲣ ϩⲟⲩⲉ- ὑπερ- siehe ⲥⲙⲟⲩ, ⲭⲓⲥⲉ
ⲉϩⲟⲩⲉ- mehr als 430,6

ϩⲟⲟⲩ Tag 400,1; 404,23; 418,9; 422,20; 424,8; 434,17; 436,26; 476, 6ʳ; 481, 13ᵛ; 514,16
siehe auch ⲙⲡⲟⲟⲩ

ϩⲱⲟⲩ Regen 404,14

ϩⲟⲩⲉⲓⲧⲉ Anfang 485, 19ᵛ

ϫⲓ nehmen, bringen 444,16
ϫⲓ- 434,23.28
siehe auch ⲉⲟⲟⲩ, ⲕⲃⲁ, ⲙⲟⲉⲓⲧ, σάρξ
ϫⲓⲧ⸗ 442,26
ϫⲓ ⲉϩⲟⲩⲛ hinein-, hinbringen 444, 4 (ϫⲓⲧ⸗); 466,16 (do.); 474, 3ʳ (do.)

ϫⲱ sagen 430,14; 444,21
ϫⲟⲟ⸗ 410,23; 420,1; 442,10; 466,9; 483, 16ᵛ; 524,23
Imper. ⲁϫⲓ⸗ 440,17

ϫⲱ singen 412,25; 440,17.21.23.25.27. 2; 442,9.15; 444,7.11.15.20.22.24; 466,2

Gesang 412,25

ϫⲁⲓⲉ 400,17

ϫⲟⲉⲓⲥ Herr 398,11.15; 402,6.12.16; 404,25; 408,13; 410,7.22; 412,2.24; 416,14; 424,27; 430,4; 434,27; 436, 11; 440,24.3; 442,16; 444,7.24; 466, 4.5.17.18; 479, 9ᵛ; 514,4.21; 524,5
ⲟ ⲥ 404,2 ff.; 410,14; 412,17.25; 414,3. 6; 416,5.16.17.24; 418,6.8.10.14.15.18. 21.23.24.25.26; 420,1.2; 422,28; 424, 15; 428, 2.4.8.9.10.11.12.20; 430,2.3. 7.8.10.20; 434,9.16.22.25; 436,5; 438, 3; 440,17.20.21.25.27.4; 444,3.6.8.11. 12.15.20.22; 448, vᵒ 29; 452, rᵒ 20, vᵒ 24; 475, 3ᵛ; 477, 6ᵛ; 479, 10ʳ; 480, 11ᵛ; 481, 12ᵛ.13ʳ·ᵛ; 482, 14ʳ·ᵛ.15ʳ; 483, 15ᵛ.16ʳ·ᵛ; 484, 17ʳ

ⲣ ϫⲟⲉⲓⲥ κυριεύειν 442,12

ϫⲱⲕ ⲉⲃⲟⲗ vollenden 524,9

ϫⲱⲙ Generation 408,20.21; 418,20. 27; 424,16; 448, vᵒ 18; 483, 15ᵛ.16ᵛ

ϫⲓⲛϫⲓⲛ Musikinstrument 416,3

ϫⲛ- Stunde 424,11.17.23

ϫⲡⲟ Zeugung, Gezeugter 436,13; 475, 4ʳ·ᵛ; 514,7

ϫⲡⲟ⸗ zeugen, gebären 436,6.16; 514,5

ϫⲡⲓⲟ Tadel, Bestrafung 414,13

ϫⲟⲟⲣ stark sein 400,9

ϫⲱⲱⲣⲉ ⲉⲃⲟⲗ zerstreuen 408,22

ϫⲓⲥⲉ erheben 408,12.26; 412,18.20; 414,7; 434,7.14; 436,5; 440,23
Erheben 414,10
ϫⲟⲥⲉ hoch sein 400,9; 410,15; 416,7.24; 436,28; 477, 6ᵛ; 478, 8ᵛ; 480, 11ʳ
ⲣ ϩⲟⲩⲉ ϫⲓⲥⲉ ὑπερυψοῦν und ὑπερυψούμενος εἶναι 402,17; 404,3 (ff.) (ϫⲁⲥⲧ⸗)

ϫⲁⲥⲓϩⲏⲧ hochmütig 408,23

ϫⲁⲧϥⲉ Reptil, Gewürm: ϫⲁⲧⲃⲉ 412,11

ϫⲟⲟⲩ (aus)senden 442,6; 466,7.10
ϫⲉⲩ- ⲉⲃⲟⲗ wegschicken 410,1

ϫⲁϥ Frost 404,27

ϫⲁϫⲉ Feind 440,4; 442,10; 466,9
Pl. ϫⲓϫⲉⲉⲩ 402,8

FREMDE WÖRTER UND NAMEN

ἐλπίς : ϨΕΛΠΙС 418,18; 424,21; 482, 15ʳ

ἐντολή 430,19
Ν̄ΤΟΛΗ 430,17.27

ἔξοδος : ΕϪΟΤΟС 440,14

ἐξουσία 400,1.3

ἐρυθρός siehe θάλασσα

εὐαγγέλιον : ΕΥΑΝΓΕΛΙΟΝ 474, 2ʳ

εὐφραίνειν : ΕΥΦΡΑΝΕ 414,1

εὐχαριστεῖν : ΕΥΧΑΡΙСΤΟΥ 479, 9ᵛ

Ζαχαριας (Ps 148) 410,13

ἡγεμών : ϨΗΓΕΜШΝ 442,25; 466,14 (ϨΥΓΕΜ[ШΝ])

ἡδονή ϨΥΔΟΝΗ 524,11

θάλασσα 406,10; 440,16.19.27; 442, 9.13; 444,11.15.24; 466,10
ΕΡΥΘΡΑ ΘΑΛΑССΑ 400,11.15; 440,29; 444,13

θεοτόκος 434,8 (ΘΕШΔШΚΟС) 21 (ΘΕШΔΟΚΟС)

θηρίον : ΘΥΡΙΟΝ 406,16; 412,10

θρόνος 402,25; 408,25

Ιησους
ΙС̄ 416,17.25; 436,11; 475, 4ʳ; 479, 10ʳ; 480, 11ᵛ; 514,4

Ισραηλ
Π̄ΙΗΛ 400,7.13; 402,4; 406,19; 410, 2.12; 412,23; 414,1; 440,16; 444,13

καθολική 438,8; 477, 7ᵛ(ΓΑΘΟΛΙΚΗ); 510,8; 514,26

κατά 410,3.7; 418,13; 428,7; 430,11.13; 436,26; 476, 6ʳ; 482, 14ʳ; 514,16

καταξιοῦν
Ρ̄ ΚΑΤΑϪΙΟΥ 418,8 (Imper. ΑΡΙ ΚΑΤΑϪΙΟΥ); 447, vᵒ 6 (do.); 481, 13ʳ (ΑΡΙ ΚΑΤΑΚϪΙΟΥ)

καῦμα 404,19.21

κῆτος 406,13

κιθάρα 414,27

κληρονομία 402,2.4; 444,4

κόσμος 416,20; 434,23; 479, 10ᵛ

κρίνειν : ΚΡΙΝΕ 436,28; 477, 6ᵛ; 514, 19

κρύσταλλος 412,5

κύμβαλον 416,4

λαός 400,17; 410,10.12; 412,12.21.23; 414,6.13; 442,20; 444,3

λογισμός 524,17

λόγος 408,6; 487, 32ʳ

λυχνικόν 426,1

μάγος 434,29

Μαρια 408,5.8.12; 436,21; 476, 5ᵛ; 487, 32ʳ; 514,12

Μαριαμ (Moses' Schwester) ΜΑΡΙ-ϨΑΜ 444,16.21

μάρτυρος 408,3

μελετᾶν : ΜΕΛΕΤΑ 418,4; 422,27; 481, 12ᵛ

μελέτη : ΜΕΛΕΤΑ 430,21

Μισαηλ 408,1

μονογενής 416,16; 436,12; 475, 4ʳ; 479, 10ʳ; 514,4 (ΜΟΝΟΚΕΝΗС)

Μωαβιτης 442,26

Μωυσης 440,14.15; 444,17

νήφειν : ΝΗΦΕ
ΜΝΤΡΕϥΝΗΦΕ Nüchterheit 428, 26

Νίκαια ΝΙΚΕΑ 436,7

νόμος 418,5; 430,20; 481, 12ᵛ

νοῦς 524,17

οἰκουμένη 434,3

ὁμολογεῖν : ϨΟΜΟΛΟΓΕΙ 434,8 (ϨΟΜΟΛΟΓΙ); 438,9; 477, 7ᵛ; 510, 11; 514,27

ὁμοούσιος
ϨΟΜΟΟΥΓΙΟΝ 436,16; 475, 4ᵛ (ϨΟΜΟΟΥΓΙШΝ); 514,8 (ϨΟ-ΜΟΟΓΙΟΝ)

ὄργανον 416,2

ὀργή 442,6; 466,7

ὁρμή : ϨШΡΜΗ 524,12

πάθος 524,12.15

παντοκράτωρ 416,15; 436,9; 475, 3ᵛ (ΠΑΝΤШΚΡΑΤШΡ); 479, 9ᵛ (do.) 514,1 (do.); 524,25 (do.)

παρθένος 408,5.8; 412,15; 434,5
(ΠΑΡ̄Θ̄) 30 (do.); 436,22; 476, 5ᵛ; 487, 32ʳ; 514,12.13

πατάσσειν : ΠΑΤΑССΕ 400,5.21

πάχνη 406,1

πέδη : ΠΕΔΗС 414,15

BIBLIOTHÈQUE DU *MUSÉON*

1929 - 1968

collection publiée conjointement à Louvain par :

INSTITUT ORIENTALISTE *et* INSTITUUT VOOR ORIËNTALISTIEK

———

Les volumes sont brochés jusqu'au n⁰ 49, et toilés à partir du n⁰ 50.
Les nouveautés et les récentes réimpressions sont marquées d'un astérique.
(Explanations in English on last page).

———

1. A. VAN LANTSCHOOT, *Recueil des colophons des manuscrits chrétiens d'Égypte.*
> Tome I. *Les colophons coptes des manuscrits sahidiques.* 2 fascicules (seuls parus), 1929, XVIII-224-154 p.   Épuisé.

2. G. RYCKMANS, *Les noms propres sud-sémitiques.*   Épuisé.
> Tome I. *Répertoire analytique.* 1934, XXI-415 p.
> Tome II. *Répertoire alphabétique.* 1934, 134 p.
> Tome III. *Concordance générale des inscriptions sud-sémitiques.* 1935, XXIV-207 p.

3. J. MUYLDERMANS, *A travers la tradition manuscrite d'Évagre le Pontique. Essai sur les manuscrits grecs conservés à la Bibliothèque Nationale de Paris.* 1932, 96 p.   180 fr.

4. Le Muséon, *Tables des années 1882 à 1931*, dressées par Arn. VAN LANTSCHOOT. 1932, VII-141 p.   Épuisé.

5. W. COUVREUR, *De Hettitische Ḫ. Een bijdrage tot de studie van het Indo-Europeesche vocalisme.* 1937, XII-395 p.   Épuisé.

6. G. RYCKMANS, *Grammaire accadienne.* 4ᵉ éd. revue par P. NASTER. 1960, XX-121-29* p.   300 fr.

7. É. LAMOTTE, *La Somme du Grand Véhicule d'Asanga (Māhāyānasaṃgraha).*
> Tome I. *Versions tibétaine et chinoise (Hiuan-tsang).* 1938, VIII-99 p., 10 pl.
> Tome II. *Traduction et commentaire.* 1938, VIII-345-72* p.
> Épuisé. — Microfilm ou xérographie disponibles chez / *Microfilm or xerography available at* / University Microfilms Ltd., St. John's Road, Tylers Green, Penn, High Wycombe (Buckinghamshire), England.

8. P. NASTER, *L'Asie Mineure et l'Assyrie aux VIIIᵉ et VIIᵉ siècles av. J.-C. d'après les Annales des rois assyriens.* 1938, XVIII-119 p.   Épuisé.

9. A. GHILAIN, *Essai sur la langue parthe, son système verbal, d'après les textes manichéens du Turkestan Oriental.* 1939, VIII-119 p. Réimpr. 1966.   230 fr.

10. C. VAN DEN EYNDE, *La version syriaque du commentaire de Grégoire de Nysse sur le Cantique des Cantiques.* 1939, XII-132 p.   Épuisé.

11. A.J. Van Windekens, *Lexique étymologique des dialectes tokhariens.* 1941, lv-219 p. Épuisé.

12. P. Naster, *Chrestomathie accadienne.* 1941, xvi-104 p. Réimpr. 240 fr.

13. S. Binon, *Les origines légendaires et l'histoire de Xéropotamou et de Saint-Paul de l'Athos* (publié par F. Halkin). 1942, xv-334 p. 480 fr.

14. B.L. Van Helmond, *Mas'oud du Ṭour 'Abdin. Un mystique syrien du XVe siècle.* 1942, xiv-64-103* p. 240 fr.

15. J. Masson, *La religion populaire dans le Canon bouddhique pāli.* 1942, 156 p. 240 fr.

16. L.Th. Lefort, *Les vies coptes de saint Pachôme et de ses premiers successeurs.* (Traduction française). 1943, xci-432 p. Réimpr. 1966. 500 fr.

17. A.J. Van Windekens, *Morphologie comparée du tokharien.* 1944, xviii-380 p. Épuisé.

18. É. Lamotte, *Le traité de la Grande Vertu de Sagesse de Nāgārjuna.*
Tome I. *Chap. I à XV.* 1944, xxxii-620 p. Réimpr. 1966.
Tome II. *Chap. XVI à XXX.* 1949. xxii p. - p. 621 à 1118. Réimpr. 1967. Les 2 vol. : 1200 fr.
(Le Tome III est publié sous le nº 2 de la collection « Publications de l'Institut Orientaliste de Louvain » mentionnée ci-dessous).
Les 3 vol. : 2.300 fr.

19. J. Vergote, *Phonétique historique de l'égyptien.* 1945, iv-150 p. Épuisé.

20. M. Hofinger, *Étude sur le concile de Vaiśālī.* 1946, 300 p. 300 fr.

21. A. Van Roey, *Nonnus de Nisibe, Traité apologétique. Étude, texte et traduction.* 1948, xii-62-72* p. 300 fr.

22. A. van Lantschoot, *Un précurseur d'Athanase Kircher, Thomas Obicini et la scala Vat. copte 71.* 1948, xv-88 p. 300 fr.

23. C.H. Roberts and Dom B. Capelle, *An Early Euchologium. The Dêr-Balizeh Papyrus Enlarged and Reedited.* 1949, 72 p. 240 fr.

24. É.M. Buytaert, *L'héritage littéraire d'Eusèbe d'Émèse. Étude critique et historique. Textes.* 1949, xiv-192-217* p. 480 fr.

25. A. van den Branden, *Les inscriptions thamoudéennes.* 1950, xvi-597 p., 22 pl. 600 fr.

26. G. Ryckmans, *Les religions arabes préislamiques.* 2e éd. 1951, 65 p. Épuisé.

27. H. De Meulenaere, *Herodotus over de 26e Dynastie.* 1951, xxiv-158 p. 240 fr.

28. Jacques Ryckmans, *L'institution monarchique en Arabie méridionale avant l'Islam (Ma'în et Saba).* 1951, xxiv-368 p. 480 fr.

29. A.J. Van Windekens, *Le pélasgique. Essai sur une langue indo-européenne préhellénique.* 1952, xii-179 p. 325 fr.

30. A. Jamme, *Pièces épigraphiques de Heid bin 'Aqîl, la nécropole de Timna' (Hagr Koḥlân).* 1952, xix-242 p., 26 pl. 450 fr.

31. J. Muyldermans, *Evagriana Syriaca. Textes inédits du British Museum et de la Vaticane.* 1952, x-186 p. 300 fr.

32. J. Gribomont, *Histoire du texte des Ascétiques de saint Basile.* 1953, xix-348 p. 850 fr.

33. P. van den Ven, *La légende de saint Spyridon, évêque de Trimithonte.* 1953, 158*-200 p., 4 pl. 400 fr.

34. M. HOFINGER, *Le Congrès du Lac Anavatapta* (*Vies de saints bouddhiques*).
I. *Légendes des Anciens*. 1954, 346 p.   480 fr.
35. A.J. VAN WINDEKENS, *Contributions à l'étude de l'onomastique pélasgique.*
1954, VIII-76 p.   120 fr.
36. R.B. SLAMETMULJANA, *Poëzie in Indonesia. Een literaire en taalkundige
studie*. 1954, XVI-248 p.   240 fr.
37. R. HESPEL, *Le florilège cyrillien réfuté par saint Sévère d'Antioche. Étude
et édition critique*. 1955, XX-258 p.   360 fr.
38. G. GARITTE, *L'ancienne version géorgienne des Actes des Apôtres d'après
deux manuscrits du Sinaï*. 1955, 184 p.   300 fr.
39. A. CARNOY, *Dictionnaire étymologique du proto-indo-européen*. 1955, XII-
224 p.   Épuisé.
40. A. VAN DEN BRANDEN, *Les textes thamoudéens de Philby*. I. *Inscriptions
du Sud*. 1956, XVI-192 p., 15 pl.   240 fr.
41. A. VAN DEN BRANDEN, *Les textes thamoudéens de Philby*. II. *Inscriptions
du Nord*. 1956, XXXIV-163 p., 23 pl.   240 fr.
42. Jacqueline PIRENNE, *Paléographie des inscriptions sud-arabes. Contribution à la chronologie et à l'histoire de l'Arabie du Sud antique*. Tome I,
Des origines jusqu'à l'époque himyarite. (Verhand. van de Kon. Vlaamse
Academie voor Wetenschappen, Letteren en Schone Kunsten van België,
Kl. der Letteren, Verh. nr. 26). Brussel, 1956, 337 p., 34 pl., 6 tableaux.
                                                                                 900 fr.
43. É. LAMOTTE, *Histoire du Bouddhisme Indien.* **Des origines à l'ère Śaka.*
1958, XII-862 p., 30 pl., 7 dessins, 5 cartes. Réimpr. 1967.   1150 fr.
44. M. MARTIN, *The Scribal Character of the Dead Sea Scrolls*, I. 1958,
XXXII-410-70* p.   690 fr.
45. M. MARTIN, *The Scribal Character of the Dead Sea Scrolls*, II. 1958,
II- p. 411 à 718-14* p.   460 fr.
46. A. CARNOY, *Dictionnaire étymologique des noms grecs de plantes*. 1959,
XI-277 p.   400 fr.
47. J. DORESSE et E. LANNE, *Un témoin archaïque de la liturgie copte de saint
Basile*. B. CAPELLE, *Les liturgies « basiliennes » et saint Basile*. 1960,
II-75 p., 5 pl.   120 fr.
48. Jacqueline PIRENNE, *Le royaume sud-arabe de Qatabân et sa datation
d'après l'archéologie et les sources classiques, jusqu'au* Périple de la Mer
Érythrée. Cartes et planches. 1961, XV-248 p.   400 fr.
49. A.J. VAN WINDEKENS, *Études pélasgiques*. 1960, XI-163 p.   300 fr.
50. *Expédition Philby-Ryckmans-Lippens en Arabie.*
     I, 3, E. ANATI, *Rock-Art in Central Arabia* :
          *Vol. 1, *The « Oval-Headed » People of Arabia*, VI-198 p., 97 fig.,
          57 pl., 1968.   420 fr.
          *Vol. 2, Part I : *Fat-Tailed Sheep in Arabia*; Part II : *The Realistic-
          Dynamic Style of Jebel Qara*, VI-82 p., 19 fig., 8 pl., 1968.   180 fr.
     II, 1, A. GROHMANN, *Arabic Inscriptions*. 1962, XXVIII-193 p., 24 pl. 400 fr.
51. É. LAMOTTE, *L'enseignement de Vimalakīrti*. 1962, XV-488 p.   500 fr.
52. A. GROHMANN, *Arabic Papyri from Ḥirbet el-Mird*. 1963, XLVI-126 p.,
35 pl.   580 fr.

53. G. Jucquois, *Phonétique comparée des dialectes moyen-babyloniens du nord et de l'ouest.* 1966, 318 p., 8 pl.   850 fr.

*54. R. Shih, *Biographies des Moines Eminents* 高僧傳 *de Houei-Kiao* 慧皎. (Traduction). Première partie : *Biographies des premiers traducteurs.* 1968, xiv-210 p., + texte chinois.   800 fr.

La collection « Bibliothèque du Muséon » est clôturée. Elle est remplacée, à partir de 1970, par la collection « Publications de l'Institut Orientaliste de Louvain » **mentionnée ci-dessous, et par la collection** « Orientalia Lovaniensia Analecta ».

ORIENTALIA ET BIBLICA LOVANIENSIA
1954 - 1962

collection publiée conjointement à Louvain par :

INSTITUT ORIENTALISTE *et* INSTITUUT VOOR ORIËNTALISTIEK

1. *L'Ancien Testament et l'Orient.* Études présentées aux VIes Journées Bibliques de Louvain (11-13 septembre 1954). 1957, 230 p.
broché : 250 fr. — toilé : 300 fr.

2. F. Gils, *Jésus Prophète d'après les Évangiles synoptiques.* 1957, xi-196 p.
broché : 190 fr. — toilé : 230 fr.

3. J. Vergote, *Joseph en Égypte. Genèse chap. 37-50 à la lumière des études égyptologiques récentes.* 1959, xi-219 p. broché : 160 fr. — toilé : 200 fr.

4. *Le Psautier, ses origines, ses problèmes littéraires, son influence.* Études présentées aux XIIes Journées Bibliques de Louvain (29-31 août 1960), éditées par R. De Langhe. 1962, 453 p.   toilé : 450 fr.

Cette collection est clôturée.

Hors série :

I. Miskgian, *Manuale lexicon armeno-latinum.* Roma, Sacra Congregatio de Propaganda Fide, 1887, xxviii-484 p. Reproduction anastatique. Louvain, 1966.   480 fr.

Trentième anniversaire de l'Institut Orientaliste, 1er février 1966 | Dertig jaar Instituut voor Oriëntalistiek, 1 februari 1966. [Discours académiques, en français et néerlandais, par J. Vergote, Mgr G. Ryckmans, J. Ryckmans, Mgr A. Descamps; conférence de G. Tucci, *Explorations récentes dans le Svat.* (Textes publiés dans *Le Muséon* 79, 1-2, 1966)]. Louvain, 1966, 72 p.   70 fr.

PUBLICATIONS
DE L'INSTITUT ORIENTALISTE DE LOUVAIN

*Collection fondée en 1970 par l'*INSTITUT ORIENTALISTE *de langue française de l'*UNIVERSITÉ CATHOLIQUE DE LOUVAIN.

Sauf indication contraire, les volumes sont brochés.

*1. A. DENIS, *Concordance de l'Apocalypse grecque de Baruch,* publiée avec la collaboration de Y. JANSSENS. 1970. XI-94 p.   270 fr.

*2. É. LAMOTTE, *Le traité de la Grande Vertu de Sagesse de Nāgārjuna.*
      Tome III. Chap. XXXI-XLII. Avec une nouvelle Introduction. 1970.
      LXVIII p. — p. 1119-1733.   1100 fr.
Les Tomes I et II ont paru sous le n° 18 de la « Bibliothèque du *Muséon* ». (Réimpr. 1966 et 1967).

*3. H. QUECKE, *Untersuchungen zum koptischen Stundengebet.* 1970. XL-552 p.
                  1100 fr.

———

En préparation :
      Jacques RYCKMANS, *Le paganisme sud-arabe préislamique.*

Adressez les commandes à l'adresse suivante :

Institut Orientaliste (*publications*) Bibliothèque de l'Université Pl. Mgr Ladeuze B-3000 - Louvain *Belgique*	Instituut voor Oriëntalistiek (*uitgaven*) Universiteitsbibliotheek Mgr. Ladeuzeplein B-3000 - Leuven *België*
Compte de chèques postaux, Bruxelles, n° 3782.26. Société Générale de Banque, Louvain, n° 48.829.00.	Postcheck-rekening, Brussel, n^r 3782.26. Generale Bankmaatschappij Leuven, n^r 48.829.00.

Conditions :

Nous accordons une remise de 30 % aux libraires et éditeurs, et de 10 % aux bibliothèques. Les frais d'envoi et les taxes assimilées au timbre sont toujours à charge des acheteurs. **MM. les correspondants étrangers sont priés de régler les factures par tranches inférieures à 10.000 frs belges.**

———

Faites-vous envoyer le dernier catalogue de nos publications.

Imprimerie Orientaliste, s.p.r.l., Louvain (Belgique)